THE OXFORD HANDBOOK OF
LEGISLATIVE STUDIES

牛津立法研究
手册

[爱尔兰]谢恩·马丁　[德]托马斯·萨尔费尔德　[美]卡雷·W.斯特罗姆　编
Shane Martin　　Thomas Saalfeld　　Kaare W. Strøm

周尚君　张玉洁　陆幸福　杨天江　等　译

当代中国出版社
Contemporary China Publishing House

版权合同登记号　图字：01-2022-5060

图书在版编目（CIP）数据

牛津立法研究手册 /（爱尔兰）谢恩·马丁,（德）托马斯·萨尔费尔德,（美）卡雷·W. 斯特罗姆编；周尚君等译 . -- 北京：当代中国出版社, 2024.9（2024.11 重印）
ISBN 978-7-5154-1381-5

Ⅰ.①牛… Ⅱ.①谢… ②托… ③卡… ④周… Ⅲ.
①立法—研究 Ⅳ.① D901

中国国家版本馆 CIP 数据核字（2024）第 098296 号

出 版 人　蔡继辉
责任编辑　刘文科　刘　照
责任校对　贾云华　康　莹
印刷监制　刘艳平
封面设计　鲁　娟
出版发行　当代中国出版社
地　　址　北京市地安门西大街旌勇里 8 号
网　　址　http://www.ddzg.net
邮政编码　100009
编 辑 部　（010）66572148
市 场 部　（010）66572281　66572157
印　　刷　北京盛通印刷股份有限公司
开　　本　787 毫米 × 1092 毫米　1/16
印　　张　55.5 印张　4 插页　933 千字
版　　次　2024 年 9 月第 1 版
印　　次　2024 年 11 月第 2 次印刷
定　　价　326.00 元

版权所有，翻版必究；如有印装质量问题，请拨打（010）66572159 联系出版部调换。

关于作者

鲁迪·B. 安德韦格（Rudy B. Andeweg）是莱顿大学（Leiden University）的政治学教授。

奥黛丽·安德烈（Audrey André）是布鲁塞尔弗里杰大学（Vrije Universiteit）博士后研究员。

约瑟芬·T. 安德鲁斯（Josephine T. Andrews）是加州大学戴维斯分校（University of California, Davis）政治科学副教授。

安德烈·贝奇泰格（André Bächtiger）是卢塞恩大学（University of Lucerne）瑞士国家科学研究教授。

斯蒂芬妮·贝勒（Stefanie Bailer）是苏黎世联邦理工学院（ETH）全球治理助理教授。

海因里希·贝斯特（Heinrich Best）是耶拿弗里德里希·席勒大学（Friedrich Schiller University）社会学教授兼社会科学研究方法 / 现代社会结构分析系主任。

安妮·斯科亚尔·宾德克朗茨（Anne Skorkjær Binderkrantz）是奥胡斯大学（Aarhus University）政治学教授。

戴安娜·M. 布兰杜斯（Diana M. Branduse）是宾厄姆顿大学（Binghamton University）政治学系博士研究生。

罗伊斯·卡罗尔（Royce Carroll）是莱斯大学（Rice University）政治科学副教授。

加里·W. 考克斯（Gary W. Cox）是斯坦福大学（Stanford University）威廉·贝内特·蒙罗（William Bennett Munro）政治学教授。

布莱恩·F. 克里斯普（Brian F. Crisp）是圣路易斯华盛顿大学（Washington University）政治学教授。

萨姆·德波（Sam Depauw）是布鲁塞尔弗里杰大学（Vrije Universiteit）政治学系助理教授兼博士后研究员。

丹尼尔·迪尔迈尔（Daniel Diermeier）是西北大学（Northwestern University）凯洛格管理学院 IBM 法规与竞争实践教授。

威廉·唐斯（William Downs）是乔治亚州立大学（Georgia State University）政治科学教授兼社会与行为科学院副院长。

詹姆斯·N. 德鲁克曼（James N. Druckman）是西北大学（Northwestern University）政策研究所佩森·S. 怀尔德（Payson S. Wild）政治学教授兼学院研究员。

鲁文·Y. 哈赞（Reuven Y. Hazan）是耶路撒冷希伯来大学（Hebrew University）政治科学系教授兼系主任。

威廉·B. 赫勒（William B. Heller）是宾厄姆顿大学政治科学系（Binghamton University）副教授。

西蒙·希克斯（Simon Hix）是伦敦政治经济学院（London School of Economics and Political Science）欧洲与比较政治学教授。

比约恩·霍伊兰（Bjørn Høyland）是奥斯陆大学（University of Oslo）政治科学教授。

克里斯托夫·卡姆（Christopher Kam）是不列颠哥伦比亚大学（University of British Columbia）政治科学系副教授。

泰德·库瑟（Thad Kousser）是加州大学圣地亚哥分校（University of California, San Diego）政治科学教授。

艾米·克雷佩尔（Amie Kreppel）是佛罗里达大学（University of Florida）政治科学系让·莫内（Jean Monnet）（个别委任）主任兼副教授。

托马斯·J. 利珀（Thomas J. Leeper）是奥胡斯大学（Aarhus University）政治科学与政府系博士后研究员。

斯科特·A. 麦肯齐（Scott A. MacKenzie）是加州大学戴维斯分校（University of California, Davis）政治科学助理教授。

埃德蒙·J. 马莱斯基（Edmund J. Malesky）是杜克大学（Duke University）政治科学副教授。

兰尼·W. 马丁（Lanny W. Martin）是莱斯大学（Rice University）政治科学副教授。

谢恩·马丁（Shane Martin）是莱斯特大学（University of Leicester）比较政治学高级讲师。

马修·D. 麦卡宾斯（Mathew D. Mccubbins）是杜克大学（Duke University）政治科学和法律教授。

卡罗·梅尔尚（Carol Mershon）是弗吉尼亚大学（University of Virginia）政治学系副教授。

沃尔夫冈·C. 穆勒（Wolfgang C. Müller）是维也纳大学（University of Vienna）民主治理教授。

凯文·J. 马利尼克斯（Kevin J. Mullinix）是西北大学（Northwestern University）政治科学博士生和政策研究所研究人员。

基斯·普尔（Keith Poole）是乔治亚大学（Geogia University）政治科学系菲利普·H. 奥尔斯顿（Philip H. Alston）杰出主任和教授。

斯文－奥利弗·普罗克施（Sven-Oliver Proksch）是麦克吉尔大学（McGill University）政治科学助理教授。

比约恩·埃里克·拉施（Bjørn Erik Rasch）是奥斯陆大学（University of Oslo）政治科学教授兼社会科学学院教育副院长。

塔皮奥·劳尼奥（Tapio Raunio）是坦佩雷大学（University of Tampere）政治科学教授。

托马斯·萨尔费尔德（Thomas Saalfeld）是班贝格大学（University of Bamberg）政治科学教授兼班贝格社会科学研究生院创始院长。

塞巴斯蒂安·M. 赛格（Sebastian M. Saiegh）是加州大学圣地亚哥分校（University of California, San Diego）政治科学副教授。

康斯坦萨·F. 希伯（Constanza F. Schibber）是圣路易斯华盛顿大学（Washington University）政治科学系博士生。。

保罗·舒勒（Paul Schuler）是加州大学圣地亚哥分校（University of California, San Diego）政治科学系博士生。

马修·S. 舒加特（Matthew S. Shugart）是加州大学戴维斯分校（University of California, Davis）政治科学教授。

乌尔里希·西贝勒（Ulrich Sieberer）是康斯坦茨大学（University of Konstanz）政治学系研究小组组长兼研究生院（Zukunftskolleg）研究人员。

乔纳森·B. 斯拉平（Jonathan B. Slapin）是休斯敦大学（University of Houston）政治科学副教授。

卡雷·W. 斯特罗姆（Kaare W. Strøm）是加州大学圣地亚哥分校

（University of California, San Diego）政治科学杰出教授。

米歇尔·M. 泰勒 – 罗宾逊（Michelle M. Taylor-Robinson）是得克萨斯农工大学（Texas A&M University）政治科学教授。

乔治·范伯格（Georg Vanberg）是杜克大学（Duke University）政治科学教授。

拉尔斯·沃格尔（Lars Vogel）是德国耶拿弗里德里希·席勒·耶拿大学（Friedrich Schiller Jena University）社会学系研究员。

约阿希姆·韦纳（Joachim Wehner）是伦敦政治经济学院（London School of Economics and Political Science）公共政策高级讲师（副教授）。

关于译者

周尚君，西南政法大学行政法学院教授、博士生导师，第十届"全国杰出青年法学家"，教育部"长江学者"特聘教授，国家"万人计划"青年拔尖人才，中国社会学会法律社会学专业委员会副会长，中国法学会法理学研究会常务理事，中国法学会立法研究会常务理事。译有托马斯·潘戈的《政制与美德：柏拉图〈法义〉疏解》（经典与解释：柏拉图注疏集），华夏出版社 2011 年版。

陆幸福，西南政法大学行政法学院教授、博士生导师，比较法律方法研究中心主任，中国法理学研究会理事，中国社会学会法律社会学专业委员会常务理事。译有《人工智能与法律推理之展望》（《法律方法》2019 年第 2 期）；《人工智能与法律推理》（《人工智能法学研究》2018 年第 2 期）；《实践原则、道德真理与最终目的》（《厦门大学法律评论》2013 年第 2 期）；《法律形式主义》（《法律方法》2013 年第 1 期）等。

杨天江，西南政法大学行政法学院副教授、硕士生导师，法哲学编译研究中心主任。译有托马斯·阿奎那的《论法律》（汉译世界学术名著丛书），商务印书馆 2018 年版；布雷特的《在自由与自然之间：晚期经院主义思想中的个人权利》，华东师范大学出版社 2020 年版；瓦克斯的《读懂法理学》，广西师范大学出版社 2016 年版；西蒙的《自然法传统：一位哲学家的反思》，商务印书馆 2016 年版。

何永红，西南政法大学行政法学院副教授、博士生导师，宪法教研室主任。译有 A.V. 戴雪的《英国宪法研究导论》（汉译世界学术名著丛书），商务印书馆 2022 年版；理查德·A.科斯格罗夫的《法治：维多利亚时代的法学家戴雪》，华东师范大学出版社 2021 年版。

梁西圣，西南政法大学行政法学院副教授、硕士生导师。译有拉采尔的《人文地理学的基本定律》，华东师范大学出版社 2022 年版；《拉采尔"生存空间"和死亡主题》《拉采尔政治地理学中的帝国主义与民族国家》，载《拉采尔的政治地理学》（《经典与解释》第 59 期），华夏出版社 2021 年版。

张玉洁，西南政法大学行政法学院讲师、硕士生导师。译有杰·M. 费曼的《开美国法律之门》，上海人民出版社 2020 年版；拉塞尔·F. 卡南的《法律还是情理？法官裁判的疑难案件》，上海人民出版社 2022 年版；凯兰·哈迪的《澳大利亚法律体系》，上海人民出版社 2023 年版。

谭清值，西南政法大学行政法学院副教授、硕士生导师，中国法学会法治研究基地浙江大学公法研究中心研究员。

目 录

第一编　立法研究的理论方法

第三编　代表与立法工作

第四编　组织和规则

第二十章 立法政党转换 / 481

第二十一章 立法机构和联合政府 / 504

第六编 政策制定与监督

第二十二章 立法议程设置的制度基础 / 525

第二十三章 立法 / 557

第七编　扩大立法分析的范围

第三十二章 不情愿的民主主义者及其立法机构 / 781

第一章　导　论[*]

谢恩·马丁（Shane Martin）

托马斯·萨尔费尔德（Thomas Saalfeld）

卡雷·W. 斯特罗姆（Kaare W. Strøm）

1.1　引言

立法机构是比较常见的政治机构。在洛文伯格近期的一项调查［洛文伯格（Loewenberg），2011，18］中，统计出的国家层面的立法机构有 191 个，地方层面的立法机构则数不胜数。至少在欧洲议会的例子中，我们看到了一个跨国立法机构正缓慢而稳定地崛起。从最广义的角度看，立法机构（legislature）可以被定义成"为通过构成国家法的各种法案而设立的机构"［诺顿（Norton），2013，1］。这一定义认为，立法机关的主要目的是立法，该定义源于 legislature 的词根 *legis* 与 *lator*。*legis* 是拉丁语中 *lex*（law）的属格，而 *lator* 在拉丁语中意为"提议者"或"载体"，并由拉丁语动词 *ferre* 演变而来。此外，立法机构（legislatures）在英文中还有"Assembly""Diet""Congress""Parliament"等地方性称谓。其中，"议会"（parliament）一词有时与"立法机构"（legislature）互换

---

[*]　周尚君译。

使用，但它有与之不同的词根，指向与立法机构活动相关而不相同的活动，如公众审议、辩论、信息公开和质询。与之相关的法语单词 parlment 出现于 12 世纪，是指法国君主（或他们的代表）向臣民讲话、倾听臣民的不满以及解释政策的集会或裁判活动。另外，parliamentum 一词则源于 11 世纪的"御前会议"（the Curia Regis），这一术语从 13 世纪开始被用于指称中世纪英格兰君主和各阶层[1]代表间的正式会议［马夏尔（Marschall），2005，24–6］。

白芝浩（Bagehot 1867）在其代表作《英国宪法》（The English Constitution）中，以"表达职能""教育职能"和"告知职能"[2]为标准描述了英国议会的一些沟通活动。然而，白芝浩所认为的 19 世纪下议院作为英国宪制"有效部分"的职能——立法机关的"选举职能"根本没有被 legislature 和 parliament 这两个词所涵盖。政府的组织、解散和维持是议会制国家立法机构的特有职能，但这一职能在严格实行立法和行政部门相分离的总统制国家中并不存在。议会制国家中，多数党领导人通过其多数票和决定议程的权力来控制立法过程。而总统制则不同，制定议程的权力并不掌握在行政部门手中，因此行政部门需要与国会合作才能使其法案生效。在议会制国家中，解散政府这种最终制裁很可能将白芝浩所强调的议会沟通职能转化为了一种问责政府的有效手段。这种策略无论是在多数党（或政党联盟）内部、多数党和少数党之间，还是政府与反对派之间的固定性竞选活动中都有效［金（King），1976］。

半个世纪以来，立法研究已成为政治学的主要子域。许多国家和国际政治科学协会（如美国政治科学协会、英国的政治研究协会、国际政治科学协会或者欧洲政治研究联盟）都有立法研究的常设部门。大量关于立法机关或议员的文章发表在该领域的顶级国际期刊上。许多在政治学领域专门从事立法研究的知名学术期刊纷纷创立，例如，《议会事务》（Parliamentary Affairs，创刊于1947 年）、《议会杂志》（Zeitschrift für Parlamentsfragen，1969 年至今）、《立法研究季刊》（Legislative Studies Quarterly，1976 年至今）、《澳大利亚议会评论》（Australasian Parliamentary Review，1986 年至今）、《立法研究杂志》（The

---

［1］ 在中世纪英国的议会中，成员根据其社会地位分为教士、贵族、平民三个等级，称为"三级"（three estates）或"王国各阶层"（estates of the realm）。——译者注

［2］ 白芝浩在其著作《英国宪法》中提到，英国下议院具有选举、表达、教育和告知四项职能。其中，表达职能的作用是表达英国人民有关他们所遇到的所有事情的看法；教育职能是议会为了改造社会，有责任教会民众所不懂的东西；告知职能是要告知君主哪些事情是错的，它将特定利益群体的不满和怨愤诉诸君主。参见［英］白芝浩：《英国宪法》，夏彦才译，商务印书馆 2010 年版，第 164 页。——译者注

Journal of Legislative Studies ，1995 年至今）。还有来自其他学科的期刊，如《议会、财产和代表》（*Parliaments, Estates and Representation* ，1981 年至今）、《议会历史》（*Parliamentary History* ，1982 年至今）。

立法机构不仅无处不在，还为政治学家提供了许多耐人寻味的谜题。这些谜题推动了立法研究领域之外的制度分析研究。议会这种建立于前民主时代的古老制度，其行为、程序和标志时常带有贵族式的特征，那么它们在向平民式民主国家过渡的过程中，是为何以及如何得以幸存的？它们又是如何适应的？议会在被认为是不合潮流、衰退、无关紧要和功能紊乱的制度之后，为何仍然存在？即使是那些拥有漫长议会制历史的民主国家，也会存在公众普遍对政治漠不关心的情况，为什么在这种情况下议会没有被废除？什么可以解释立法法则、立法权和补充立法方面的异同？是什么原因导致了议会已发展出来的组织与程序结构与其起初的"地位相平等的要员会议"这一内涵相去甚远［洛文伯格（Loewenberg），2011，14］？也许最有趣的是，立法机构的组织和运作方式会对政策或者其他方面产生什么样的影响？

简言之，立法机构存在一系列重大的难题。同时，它们一直是相对公开和透明的机构，为对制度设计、制度适应以及规则约束和策略行为感兴趣的研究者提供了很好的机会。研究者可以在议会内外获得大量关于立法机构的信息，其中包括宪法权力、机构内部规则，以及议员的背景、公开声明、透露出的偏好及其行为。今天，许多立法机构提供了很好的线上服务，可以使研究者查阅全体会议、委员会会议和整个立法过程的记录。这或许是立法研究在政治学中愈加重要且越发活跃的原因。

1.2 立法机构的重要作用

一些学者声称，议会在现代民主政治中已经衰落。这种说法并不新鲜。洛厄尔（Lowell 1896）、奥斯特罗戈尔斯基（Ostrogorski，1902）和布赖斯（Bryce，1921）分析了 19 世纪政党组织兴起的影响，并得出结论：党派之争与代表素质下降［布赖斯（Bryce）］削弱了立法机关的权力［奥斯特罗戈尔斯基，布赖斯（Ostrogorski，Bryce）］。这一批评得到了反对自由民主的学者的呼应，如 20 世纪 20 年代的施密特［Schmitt，1988（1923）］；也有支持在立法决策中使用更理性、民主商谈形式的学者，如 20 世纪 60 年代的哈贝马斯［Habermas，1992（1962）］。虽然政治学家已经逐渐了解到政党如何提高立法机构决策效率和影响力［考克斯（Cox），1987；奥尔德里奇（Aldrich），1995；考克斯麦和卡宾斯（Cox and McCubbins），2005］，但立法机构正在衰落的说法在学界内仍然存在。立法机构的外部变化被认为是衰落的原因：第二次世界大战后，许多学者认为福利国家和行政机构的扩张导致了所谓欧洲立法机构的衰落，因为这些项目和机构的扩张加剧了科层官僚和民选政治家之间的信息不对称。在 20 世纪 70 年代，这种观点还被用以说明一些民主国家（主要是在欧洲）的政府与主要生产集团达成的"新社团主义"协议。理查森和乔丹（Richardson and Jordan，1979）从而提出了"后议会民主制"（post-parliamentary democracy）。近年来，立法机构衰落论在两个层面上继续存在：一些学者认为欧洲一体化（在欧洲内部）和全球化（更普遍）是削弱立法机构权力的关键性外因。安德森和伯恩斯（Andersen and Burns，1996，229）因而认为："西方社会已经变得高度分化和复杂，这致使议会和政府既无法开展监督活动，亦无法获得足够的知识与能力，更无法进行深思熟虑。"他们认为，在当代世界，议会代表的推举是地方性的，因此无法进行有效的立法监督。赞恩在最近一篇关于 2010 年至 2013 年欧洲一揽子救援计划影响的文章中，从跨国治理的角度重申了这一论点："西方议会民主危机和超越民族国家政治权威的出现，导致了既有的合法权威正当性的转变。"［祖恩（Zürn），2013，10］一些关注公众态度的学者们呼应了他的观点。例如，道尔顿（Dalton，2004，1）观察到，公民"越来越不信任政客，怀疑民主制度，对民主程序的作用失望"。现有证据表明，尽管立法院相对透明，但世界各地的民主人士对它们既不了解，也不欢迎［洛文伯格（Loewenberg），2011，92—103］。

　　然而，这本手册的作用就是提供大量证据来证明立法机构是重要的，并说明它们如何重要；它们如何适应全球化、区域一体化、司法化这一类变化；以及它们要如何应对立法政治的核心代理人——政党的支持率下降的情况。一些简单但显而易见的例子证明了立法机构确实是重要的。2013 年 3 月，塞浦路斯共和国政府与欧盟、欧洲中央银行（European Central Bank，以下简称欧洲央行）、国际货币基金组织（Interrational Monetary Fund，IMF）达成经济救助协议。这所谓的"三巨头"附加了苛刻的援助条件，包括塞浦路斯银行的账户将会有高达 10% 的资金损失。虽然该协定的各方都预料到这将会产生不小的负面反应，但塞浦路斯政府和三巨头都没有考虑塞浦路斯议会的态度，即便是他们所制定关键性的法规必须由议会通过。因此，在政府试图说服众议院议员支持该协议之时，塞浦路斯的银行不得不继续停业。

2013 年 3 月 19 日，塞浦路斯的议员们否决了救助条款，该国 56 名议员中有超过一半的人投了反对票，19 名议员选择弃权。在危机的气氛中，塞浦路斯财政部部长前往莫斯科寻求俄罗斯的帮助，欧洲央行威胁要撤回对塞浦路斯银行的现金供应。最后，在与三巨头新一轮谈判、银行关门数周以及大量抗议之后，塞浦路斯众议院在 4 月底以仅 2 票的多数通过了一项与之前不同但更有利的救助协议。由此可见，即使是这些强大的跨国巨头也不得不考虑一个处于完全弱势谈判地位的小国议员的偏好。

尽管上述事例提醒我们立法机构在危机时期能发挥核心作用，但立法机构在常规的治理事务中也具有核心作用。在议会制国家中，议会有权力组建和解散政府［白芝浩（Bagehot）1867；惠尔（Wheare），1963；克鲁森（Kluxen），1983；拉沃尔（Laver）和谢普瑟（Shepsle），1996；穆勒（Müller）等，2003；斯特罗姆（Strøm），2003］。德意志联邦共和国就是这一观点的有力例证，从 1949 年到 2013 年，政府和反对党之间仅有一次是靠普选实现权力的完全交接。那一次交接发生在 1998 年的大选中，联邦总理赫尔穆特·科尔领导的基督教民主联盟和自由党联盟被选民抛弃，取而代之的是由格哈德·施罗德领导的社会民主党和绿党组成的新联盟。其他所有的政府过渡（1963 年阿登纳过渡到艾哈德，1966 年艾哈德过渡到基辛格，1969 年基辛格过渡到勃兰特，1974 年勃兰特过渡到施密特，1982 年施密特过渡到科尔，以及2005 年施罗德过渡到默克尔）实际上都是由立法机构中两党的谈判推动的。这有力地证明了白芝浩所说的议会制国家中选举职能的重要性。

虽然在总统制国家中，立法机构无法轻易决定政府的去留，但它们政策的影响力仍然很大。正如美国在 2010 年通过的《患者保护和平价医疗法案》（Patient Protection and Affordable Care Act，通常被称为 ACA，或奥巴马医改）所证明的那样，立法规则和立法程序的细节至关重要。当时奥巴马总统已经将医疗改革确定为他第一个任期内的优先政策，然而，医疗改革使美国人产生了分歧［布雷迪和凯斯勒（Brady and Kessler），2010］。通常情况下，这种颇具争议的立法在美国参议院通过的可能性很小，因为在参议院除非有六成的议员反对阻挠法案的议员，否则参议员仅凭个人就可以阻挠议案的通过。奥巴马总

5

统所在的政党由于在马萨诸塞州参议院补选中失败，进而未能获得通过《患者保护和平价医疗法案》所需的参议院六成多数票，这一状况极为尴尬。为了防止议案被阻挠，民主党转而采用了一种鲜为人知甚至可以说是晦涩难懂的议会策略。在参议院的程序中，议院可以用一种特殊的预算核对程序对直接影响预算的提案进行审议。医疗法案包括立法和预算两部分，因此无法确定这一法案的审议需要适用哪种程序。在这种情况下，资深议员（参议院里负责解释规则、程序和重要的先例的无党派顾问）必须决定该法案是预算法案还是立法法案。立法议案可能会引发长时间的辩论，并有可能出现议员阻挠议案的情况，这一情况只有依靠 60 名参议员的绝对多数意见才能被打破。相反，如果一个法案是预算法案，讨论时间会被限制在 20 小时内，同时也没人有机会阻挠法案。资深议员艾伦·弗鲁明（Frumin, Alan S）的解释对《患者保护和平价医疗法案》的最终通过至关重要。正如奥莱塞克（Oleszek，2013，432）后来指出的："（美国国会的）议员们旧瓶装新酒，采用了创新的手段，绕过了传统的程序和流程，完全地实现了他们的政治和政策目标。"在这种情况下，一项大型且争议激烈的法案的最终命运将取决于这个晦涩难懂的议会规则。上面所有的例子都表明，若不通过一个或多个立法机构，去研究任何发达民主国家的政治虽然不是不可能的，但至少也是困难的。这本手册后面的一些章节将表明，即使在民主制度尚未稳固确立的地方，立法机关有时也会发挥关键作用。

1.3　立法研究的演变

立法研究一直是政治学里一个丰富而多元的研究领域。关于这一领域的历史，我们主要有以下三点看法：第一，早在政治学这一学科形成之前，立法研究就出现了。哲学家、历史学家和法学家是最早分析立法问题的学者。这影响了立法机构的设立方式以及立法问题的研究方法。与此同时，政治学并不垄断对立法问题的研究。在一些国家，法律—宪法学和历史学传统仍然具有强大的影响力。第二，虽然政治学的立法研究在方法论和方法上是多元化的，但其总体轨迹主要为以下三个阶段：（a）从 19 世纪末至第二次世界大战结束期间流行的"旧"制度主义；（b）20 世纪五六十年代对政治制度的忽视和对个人行为的关注；（c）20 世纪 80 年代中期以来，"新"制度主义使用更加复杂的宏观—微观—宏观的视角，成为当代政治学的主导力量。第三，1945 年以后，尤其是在美国，立法研究从政治学的发展中受益颇多。该领域的绝大多数学者一直在美国的大学工作，其中包括对非美国立法机构研究做出重大贡献的美国学者［例如，比尔（Beer），1966；休伯（Huber），1996；洛文伯格（Loewenberg），1967］。并且，由于美国学术界内存在大量学术批评群体以及其他的一些偶然条件，使得立法研究的主要推动力来自美国。

我们的第一部分将考察漫长的立法研究史，同时涉及立法机构及其活动的各个学科。那些关于立法进程的学问在很多学科中都有着长久且重要的传统，诸如哲学、历史学、法学和 20 世纪下半叶以来的政治科学。早期关于政府（包括议会）的类型学可以在古希腊的亚里士多德的《政治学》和柏拉图的《政治家篇》中找到。此后在罗马共和国时期西塞罗的《论共和国》中也可以看到类似论述。柏拉图（《法律篇》）和西塞罗（《论法律》）在法哲学方面现存的少量著作中，主要关注的是法律的内容，而非立法的过程。整个中世纪的学者，比如托马斯·阿奎那（1225—1274），他在论及神法、自然法与人法时都追溯了希腊（主要是亚里士多德）和罗马的政治思想。在近代早期，诸如博丹、格劳秀斯、霍布斯和普芬道夫等学者都关注了现代国家的自然法和主权问题，反思了君主和不同阶层之间的权力平衡。霍布斯和洛克的契约论思想更是深刻影响了后来自由主义政治思想中对公民与君主关系的理解。洛克的《政府论（下篇）》（1690）与孟德斯鸠的《论法的精神》（1748）都主张国家行政部门和立法部门之间的权力分离，这一思想后来被美国宪法的奠基人在《联邦党人文集》（1787—1788）中采纳。18 世纪的英国，伯克和休谟对立法机构中的政党进行了理论研究，他们认为政党在很大程度上是特定利益的不同表达。博林布鲁克对此提出了一种看似更具合法性且"爱国"的反对理论［关于伯克（Burke）、休谟（Hume）和博林布鲁克（Bolingbroke），见曼斯菲尔德（Mansfield），1965］。这些列举远非详尽无遗，但足以说明立法这一重要研究领域在两千多年来政治理论中的重要性。

立法研究除了根植于哲学外，还在很大程度上受益于法学—宪法学。在 18 世纪之前，法学、神学和哲学著作还很难区分。立法政治学的"宪法化"得益于两方面的发展。首先，也是最明显的，是美国和法国革命之后立宪主义的兴起。这种发展与法律实证主义的兴起相结合，极大推动了法学研究的发展。其次，随着议院中卷宗的增加与立法工作的日益复杂，人们必须引入程序规则以

7   避免混乱。最初，这些规则是由政治家或书记员编写的。副总统杰斐逊（1812）在 1797 年至 1801 年担任副总统期间为美国参议院编纂了著名的《议会实践指南》（*Manual of Parliamentary Practice*）。这一影响广泛的议会规则受到了哈特赛尔［Hatsell，1818（1718）］为英国下议院编写的程序指南的影响，后来其"成为美国众议院以及美国各州和地方立法机构议事规则的补充"［洛文伯格（Loewenberg），2011，17］，并具有广泛的影响力。虽然这些程序性规则越来越受到政治学学者们的关注［参见本书中穆勒（Müller）和西贝勒（Sieberer）的文章］，但它们长期以来一直也是宪法学家的研究领域。在一些国家，与立法有关的法律研究，例如，德语中的"Parlamentsrecht"（议会法），已成为公法的一个领域［例如，施耐德（Schneider）和泽（Zeh），1989；杰克（Jack），2011］。

尽管 19 世纪以来立法机构在逐步实现现代化和合理化，但由于民主立法机构是从中世纪演变而来，因此许多古老的程序、符号和神话仍在继续塑造着立法实践［马诺（Manow），2010］。除了一些著名历史学家的研究外，还有一些重要的尝试，即通过一些组织来整合立法历史研究并使其制度化，如"英国议会历史基金"组织（成立于1940 年）、由一些欧洲历史学家建立的"代表和议会历史国际委员会"（1936）、"德国历史议会议政委员会"（1952）、"荷兰议会中心"（1970）以及"法国议会和政治历史委员会"（2003）。

简而言之，政治科学只是研究立法机构的诸多学科之一，且跨学科的合作研究是欠缺的［洛文伯格（Loewenberg），2011，6］。从 20 世纪 50 年代到 80 年代，特别是在美国，立法研究一直是政治学的一个非常活跃的领域。我们第二个主要的观察是，政治学当中的立法研究在整体上一直随政治科学和社会科学中制度主义的变化而变化。彼得斯（Peters，1999，3 — 11）和其他一些研究者认为，大多数早期的立法研究作品都属于 19 世纪和 20 世纪早期的"旧制度主义"。这种传统的制度分析过于多样，以至没有一个连贯的理论、方法或研究大纲。不过，旧制度主义研究依然有其普遍特征，即它十分关注政府正式机构、宪法及宪法史。洛文伯格（Loewenberg，2011，108）因此指出，除了少数例外，19 世纪 80 年代到 20 世纪 50 年代的美国国会研究被"大量讨论国会宪法权力、程序规则、法律制定与改革议案的著作"所占据。

"旧"制度主义者认为，结构与行动之间有明确的因果关系。在方法论上，他们更倾向于强调整体的宏观分析（而不是个人）。他们还关注了各机构的历

史基础，以便充分了解它们的起源及受这些机构影响的行动者。最后，与政治
学智识的基础一样，"旧"制度主义的分析也带有强烈的规范性要素，它们都
关注"良善政体"的制度条件。在这个意义上，托克维尔早期在《论美国的民
主》（1835 年在法国首次出版）中对美国国会的研究可能是一个略带瑕疵的旧
制度主义实例。这本书显示了他对美国的社会结构、相对平等主义，以及一些
社会因素对国家政治制度所产生影响的极大兴趣。并且，该书还在第五章和第
六章呈现了关于国会的早期制度主义描述［托克维尔（Tocqueville），2000］。
半个世纪后，威尔逊（1885）的《国会政体》可以被视为是美国本土旧制度主
义研究较早的清晰范例。威尔逊对国会正式制度问题的关注，与他作为一个制
度改革践行者的身份是分不开的。在欧洲，白芝浩（Bagehot，1867）、布赖
斯（Bryce，1921）、詹宁斯（Jennings，1957）和惠尔（Wheare，1963）的研
究则是更为清晰的范例。其中，由于惠尔不只研究单个立法机构，因此他的研
究在这一时期显得与众不同。然而，直到 20 世纪 90 年代，系统的、理论驱动
的比较分析才流行起来。旧制度主义者主要研究某个地区的立法问题，但仍有
一些学者，如波尔斯比（Polsby，1974），梅泽（Mezey，1979）或利普哈特
（Lijphart，1984）对类型学的发展做出了巨大贡献，这种类型学可用于跨区域
的比较研究［另见克雷佩尔（Kreppel）在本书中的文章］。

　　在 20 世纪 20 年代和 30 年代，即使是对一些旧制度主义者作品的最粗略
的评论，如果不大量参考那些质疑立法机构和议会民主的制度分析文献，就会
显得不够完整［例如，施密特（Schmitt），1988（1923）］。这些质疑的观点
主要有以下两种：一种观点认为立法机构已经不能作为理性政治辩论的公共场
域了，另一种观点则是声称立法机构是一种无效或低效的决策机构。这些论点
在 1945 年之后继续影响着学者们关于制度的争论。其中关于商谈和协商民主
的文献属于前一个主题［参见贝奇泰格（Bächtiger）在本书的文章］，而对无
序的议会投票结果的制度分析则属于后一个主题［参见拉施（Rasch）在本书的
文章］。

　　20 世纪 60 年代，政治学家从其他社会科学引入了系统论和结构功能主
义，突破了美国和其他地方旧制度主义立法研究的藩篱。在总的政治理论体
系中，支持系统论的理论视角被证明是有发展前景的。例如，阿蒙德和鲍威
尔（Almond and Powell，1966）认为立法系统是"政治系统"的分支系统，这
种看法有助于将系统环境中的政治投入转化为立法产出。在此特殊视角下，

8

大量学者专门研究立法机构可能需要履行的系统"职能"，例如，帕肯汉姆（Packenham，1970）区分了三个主要职能：（1）合法化；（2）政治领袖的选举、社会化和培养；（3）包括立法在内的决策功能。功能主义似乎提供了一个分析和比较视野的框架。然而，系统论以及立法研究中的系统论基本上仍是高度抽象与高度综合的，无法回应"宏观行为"需要依据行动者（如议员）的"微观动机"来解释这一观点对其的批评［谢林（Schelling），1978］。

9 　　20 世纪 50 年代和 60 年代，学者们对议员及其个人观念和行为越来越感兴趣，这是另一种不同于"旧"制度主义的研究方向。这类研究受到了社会科学中流行的行为主义影响，由此在根本上转向了微观层面的分析。相比之下，学界对制度的兴趣则下降了：在这种政治视角中，真正重要的是投票、利益集团的活动，甚至是那些按程序"生产"的不太合法的声音。在这种政治体系的概念中，政府的正式机构被简化为转换输入和输出的"黑箱"，而该观点在"批评这种方法的人"看来，这种简化几乎是不可思议的［彼得斯（Peters），1999，14］。尽管有一些批评，但是现代立法研究在内容和方法上都离不开一系列微观层面的研究，比如沃尔克和合作者（Wahlke，1962）采访了 4 个州议会的 474 名成员，开创了关于美国州议员代表角色定位的研究。而后他们的研究经过适当调整，启发了世界各地大量的相关研究［巴杜拉（Badura）和里斯（Reese），1976；支（Chee），1976；纳林（Narin）和普里（Puri），1976；康弗斯（Converse）和皮尔斯（Pierce），1979；哈格（Hagger）和温（Wing），1979；梅尔（Maier）等，1979；克拉克（Clarke）和普赖斯（Price），1981；安德韦格（Andeweg），1992；西林（Searing），1994；贾奇（Judge）和伊隆斯基（Ilonszki），1995；穆勒（Müller）和萨尔费尔德（Saalfeld），1997；布洛姆格伦（Blomgren）和罗森贝格（Rozenberg），2012］。同样，芬诺（Fenno，1978）对美国众议员"家庭风格"进行观察，并对美国议员在国会山的工作模式提出了一些有趣的见解。尽管该研究的影响程度不及角色定位研究，但也影响了世界各地的研究［例如，帕泽尔特（Patzelt），1993；布拉克（Brack）等，2012］。

　　尽管可获得的关于议员的信息量大得惊人，但研究立法机构的微观政治方法依然有其不足，这点即便是该方法的主要支持者也愿意承认。首先，行为主义研究促进了一系列针对立法的深入研究；但问题在于，这些有吸引力的研究结果无法确定是否可以推广到特定样本之外。其次，行为主义研究几乎没有办法解释制度变迁带来的影响。尤劳（Eulau，1996）是微观政治方法的主要支持者之一，他非常清楚地看到了这个问题，并强调有必要弥合微观与宏观之间的鸿沟。最后，行为主义研究的数据往往很难得出明确的因果推论。西林（Searing，1994，6–7）是立法角色分析领域的代表学者，他也不得不承认支撑他众多研究的仅仅是一个描述性框架，而不是一个可以恰当推导出因果关系的理论。

"新"制度主义从 20 世纪 80 年代开始逐渐主导立法研究，但它并不是方法论整体主义和"旧"制度主义中结构主义的复兴。近 30 年来，美国和其他地方关于议员个人的态度和行为的实证研究，有力地推动了新制度主义的发展。新制度主义受益于科尔曼（Coleman，1986）的（社会）行动的宏观—微观—宏观模型。在他的研究中，我们知道了议员如何在各自的政治环境中感知宏观层面的约束和激励（科尔曼的"宏观—微观问题"），进而，新制度主义为学者们各自微观层面的假设建立起了信心。

新制度主义也并非只有一种形式。实际上它主要有两种不同的形式：一种注重理性选择分析；另一种则更多地以社会学和规范为导向。理性选择方法与社会学方法在个体层面的假设和解释策略有很大的不同。采取理性选择方法的学者深受 20 世纪 60 年代以来形式建模的影响。过去 30 年的微观研究使得瑞克及其追随者确信，立法机构中的行动者是具有策略性且精于算计的，这样的假设是合理的［谢普瑟（Shepsle），2002］。洛文伯格（Loewenberg，2011，116）尽管不是这一传统的学者，但他承认，瑞克的博弈论方法"非常适合研究立法机构，因为立法机构很容易被定义为自利性与目的性强的成员所组成的机构，这些成员在规则内采取策略行动，以实现自己的目的"。相比之下，社会学制度主义者则假定议员和其他政治行动者遵循"适当性逻辑"［马奇（March）和奥尔森（Olsen），1984］。社会学制度主义者认为这一逻辑是政治行动者在政治社会化过程中获得的。虽然政治行动者存在以策略性和目的性为驱动的行为，但政治行动者对成本和效益的评价却要受到其所在社群和组织中主要社会规范的影响。随着对投票程序和其他规则的强调，理性选择的"新制度主义"开始占据主导地位，因为它对立法结果提供了有趣的、通常是反直觉的解释，解决了科尔曼（Coleman，1986）提出的"微观到宏观的问题"。

与"旧"制度主义者、行为主义者或系统论学者不同，理性选择制度主义者有一个明确的（通常相当现实的）个人动机模型。再者，理性选择制度

10

主义又与第一代研究立法政治的理性选择模型［参见，例如，赖克（Riker），1962］不同，他们认为制度并非严格内生于它们的制度模型。概言之，他们利用相关行动者的动机与偏好固定的行为假设以及制度的博弈论逻辑，尝试着推导出可观测行为的命题，并基于这些命题检验假说［迪尔迈尔（Diermeier）和克雷比尔（Krehbiel），2003，131］。相对于社会学制度主义这一"竞争对手"，理性选择制度主义的重要优势是它更适合进行比较分析。"投票博弈""否决者理论"或"议程控制"等概念工具使得研究人员能借助它们在众多不同的制度中剥离出制度的核心逻辑。否决者模型［例如，泽伯利斯（Tsebelis），2002］或关键者模型［克雷比尔（Krehbiel），1998］可以在大量不同的环境中应用和检验。随着立法权力和程序的跨国数据越来越容易获取［例如，多林（Döring），1995；菲什（Fish）和克罗尼格（Kroenig），2009；西贝勒（Sieberer），2011］，我们可以开展更复杂的关于立法机构作用的比较分析研究。

虽然理性选择方法为立法研究提供了最有影响力的新制度主义方法，但也存在其他有影响力的学术流派，特别是社会学对立法角色的研究以及采用历史学方法的研究。用历史学方法研究制度变迁是最近出现的，其中也包括理性选择理论者与历史制度理论者之间更紧密的学术合作［例如，卡兹尼尔森（Katznelson）和温加斯特（Weingast），2005］，而在此之前历史研究方法在美国主要局限于国会学术研究［卡兹尼尔森（Katznelson），2011］。立法研究中的社会学制度主义根源于上述关于立法角色的微观政治研究。尽管学者意识到"角色理论不是一种理论"［西林（Searing），1994，6—7］，但在基于立法机构个案的立法角色研究当中仍然发现了大量有趣的现象［参见，例如，布洛姆格伦（Blomgren）和罗森贝格（Rozenberg），2012］。此外，社会学分析也在"新"制度主义的背景下经历了一定程度的复兴，社会学分析有助于我们更好地理解跨国立法机关及其工作人员的长期变化［贝斯特（Best）和科塔（Cotta），2000；科塔（Cotta）和贝斯特（Best），2008；参见本书中贝斯特（Best）和沃格尔（Vogel）的文章］。

我们第三个总体发现是美国学者在立法研究领域的较为主导的地位。如果考虑到这些事实，这一点都不令人惊讶：美国政治学界规模庞大，美国国会和州议会都可能是世界上最有权力的立法机构之一，美国也拥有着悠久且从未间断的民主政体历史。由于此种优势，谢普瑟（Shepsle，2002，390）似乎义正词严地宣称："美国政治通过锻造科学工具，建立了一个经过测试、完善、并准备出口的实验室，以此来服务于更大范围的政治学界。"这篇导言赞同谢普斯勒的说法。尽管立法研究在二战之前是多学科且多极的，尽管欧洲在立法史等领域的研究可能依旧很强，但 1945 年以来最重要的立法创新研究都来源于美国，其中包括在美国找到学术家园的非美裔人员的研究，以及越来越多的跨越大西洋和太平洋、跨越北美和拉丁美洲的比较研究合作〔例如，阿莱曼（Alemán），2013〕。

1.4　手　册

我们的手册将介绍立法研究的丰富性和前瞻性，并将其划分为若干部分，这些部分调查与讨论了立法研究领域中的各关键主题与议题。我们从基础知识开始，从介绍不同的传统开始。在这些传统中，关于立法政治的众多见解已汇集且发展成为关于政治审议的理论知识体系。我们将用大概 3 个章节讨论以上问题。

1.4.1　立法研究的理论路径

就像一般的政治学一样，立法机构的学者们从不同的、至少是部分相互竞争的理论视角来研究这个主题。迪尔迈尔（Diermeier）（第 2 章）指出，形式模型，特别是博弈论方法，非常适合立法机构的比较研究。几乎所有立法机构的形式模型都属于这一传统。理性选择理论认为，政治结果和政治决策应被解释为各个理性个体决策的集合。然而，在如何模拟集体选择过程的问题上，理性选择理论的不同观点有所分歧。各个社会选择理论方法是通过其各自的投票规则来模拟集体选择过程。一系列不可能定理表明，集体选择通常应该是混乱的，导致许多理论家得出结论，粗略的社会选择理论方法是有缺陷的。理性选择理论的缺陷促使制度主义模型得到发展。这种模型在立法机构的形式模型上增加了诸如委员会或程序性特权等结构，用以解释现实立法政治中似乎存在的稳定性和偏差性。这种早期的结构导向均衡模型已经被越来越复杂的博弈论方法所取代。正如狄尔梅尔所主张的，这个框架不仅考虑到复杂机构的代表性，还可以解决稳定性和机构选择的问题。

12

尽管理性选择方法很流行，但社会学方法为研究立法机构和议员提供了另一种理论框架。议员和立法机构的社会学分析主要有两个分析对象：一个是作为社会行动者的议员，另一个是作为社会机构的立法机构。贝斯特和沃格尔（Best and Vogel）（第 3 章）集中讨论了议会内部的社会关系（内部关系）和议会与社会的关系（内部—外部关系）。他们提出了三种类型的社会互动：争夺选票的竞争；对抗式合作；层级委托代理关系。

克雷佩尔（Kreppel）（第 4 章）研究了立法类型学和分类方法的历史演变，她特别注意到了立法机构的职责和作用与政治制度的整体之间存在某些隐性和显性的联系。在她的章节中，她试图澄清立法机构术语，并根据立法机关与行政机关之间的关系，以及行政机关对立法机构的主要活动（包括代表、联系、控制和决策）可能给予的相对重视程度来区分各种子类型。克雷佩尔（Kreppel）探讨了从 20 世纪七八十年代占主导地位的"宏观"类型学比较研究向主要关注内部组织具体方面的微观分析转变，以及这一转变对比较立法研究的意义。同时，她也探讨了从以美国为中心的分析研究向更具比较性的视角的转变对立法研究的意义。克雷佩尔（Kreppel）最后引入了一种以制度和个人自主权为核心概念的替代性概念框架，并以此作出总结。

1.4.2　立法研究方法

我们在第二编的 5 个章节中回顾了当前在立法机构研究领域快速发展的研究方法和技术。当代立法研究利用一套日益多样化和复杂的实证方法来检验越来越多的理论假设。卡罗尔和普尔（Carroll and Pool）探讨了立法行为中被实证研究最多的行为之一：投票。用以评估政治行为和政治选择潜在维度的一些测量方法有助于我们理解立法当中唱名表决的特点。随着人们对立法机构空间模型越发感兴趣，这些方法已经在立法政治角色偏好理论和意识形态理论中被有所采纳。程序测量和理想点估算使得学者们能够评估投票的空间属性，并能对立法政治中的偏好理论进行大量实证研究。随着新技术和更强算力的出现，这种方法在比较政治研究中应用更加普遍。卡罗尔和普尔（Carroll and Pool）概述了这些方法及其应用，并讨论了该领域最近的发展以及方法论上的挑战。

然而，议员的行为远不止是投票。正如我们在导言中提到的，"议会"一词指的是代议制议会政治中众多且散乱的内容以及议员以立法辩论、议会质询、委员会听证和审议的形式留下的大量文字记录。斯拉平和普罗克施（Slapin and Proksch）（第 6 章）讨论了技术的最新进展，这些技术使学者们可以分析立法机构每年产生的大量文本数据。研究人员已经开始利用这些新工具解决选区代表、议程控制和政党凝聚力等问题。研究人员以文本为研究数据，因此他们能更细致地了解立法机构的意识形态和立场。但是，仔细考虑文本数据背后的生产过程与分析该数据内容同样重要。正如其他现实可观的立法数据一样，文本数据也是由议员和立法党派之间的策略性互动产生的。斯拉平和普罗克施（Slapin and Proksch）提醒道，当研究人员考虑如何最有效地使用可用文本数据时，他们必须意识到生产文本的过程。

　　贝奇泰格（Bächtiger）（第 7 章）探讨了立法机构中辩论和审议的作用。传统观点认为，辩论是政府和反对派之间的口头较量，不会对政策产生任何直接影响。在过去的二十多年中，学者们开始挑战和改进这些观点。贝奇泰格（Bächtiger）认为，议会式辩论比人们通常认为的更多样，也更有影响力。为了了解议会式辩论，学者们采用了三种方法：（1）策略和党派雄辩术，这种方法以理性选择理论为基础；（2）审议分析法，这种方法试图发现在哪些制度性和议题性条件下，立法演说可以影响决议；（3）话语分析法，这种方法关注议会式辩论基本结构特点，并调查议会的规范与惯例。贝奇泰格（Bächtiger）对议会式辩论的大致分析支持了前一章以文本为研究数据的内容，这不仅会引起研究审议问题的学者兴趣，还会吸引那些改进或应用斯拉平和普罗克施（Slapin and Proksch）于第六章所述方法的学者。

　　调查和访谈法这两种方法在行为主义最盛行时极具影响力，可以说，这两种方法在立法实证研究当中依旧占据主导地位。首先，它们不仅有助于我们了解议员在立法场域上所做的事情（投票和发言），也有助于我们了解立法委员在立法场域外的工作，例如，选区活动和选区服务。调查和访谈法可以最直接地记录政客的想法和意图，因此这两种途径是研究立法行为极具价值的数据来源。贝勒（Bailer）（第 8 章）回顾了调查和访谈法在立法研究中的运用，并为设计调查问卷及问卷问题、开展立法调查以及处理精英访谈中的可能出现的具体问题等工作提供了详细的指导。贝勒（Bailer）讨论了立法访谈（质量控制）和立法调查（低回复率和选择偏差）的主要问题，并给出了可能的解决办法。

　　其次，在立法调查与访谈中出现的质量控制和选择偏差问题需要学者们考虑可替代的，或至少是可互补的经验策略。政治学中越来越流行的实验方法提

14

供了一种可能的路径，虽然早期关于立法联盟的研究中偶尔会用到实验方法，但立法研究的大部分进展都是依靠非实验方法取得的。这种情况可能很快就会改变。德拉克曼、利珀和马利尼克斯（Druckman, Leeper and Mullinix）（第 9 章）认为，实验方法在立法研究具有独特优势。过去的十年中，政治学经历了一场针对立法机构中的投票、党派联盟和立法适应性等主题的实验方法研究浪潮。德拉克曼、利珀和马利尼克斯（Druckman, Leeper and Mullinix）讨论了实验设计的种类和应用领域的变化，最后总结了立法背景中实验方法研究在未来将面临的挑战和机会。

1.4.3　代表与立法职业

正如讨论方法论问题的五个章节所展示的，立法学研究者有一个越发巨大的工具箱，其中的工具在理论应用中愈加锋利。他们无疑会使用这些工具来解决一系列重要问题。撇开理论取向和经验策略不谈，立法研究领域的研究者已经产出了大量实质性知识，这将在本手册接下来的章节中进行探讨。

与讨论政治竞选过程时一样，这部分的分析从议会候选人的选举过程开始。哈赞（Hazan）（第 10 章）认为，议会候选人选举对立法政治有重大影响。主导这一过程的规则和实践为一些政客打开了仕途之门，但也阻碍了另一些政客的仕途。此外，议会候选人的竞选规则可能会导致议员包装他们的行为，而无论他们的真实偏好是怎样的。哈赞（Hazan）认为，议员希望重新获选的愿望会显著影响他们的行为，为了实现获选目标，他们将努力满足和回应选举团。例如，如果政党团结对重新获选有积极影响的话，议员将专注于以政党为中心的活动，并表现出高度的政党内团结。如果个人主义行为对重新当选有益，议员们就会采取以候选人为中心的行为，导致政党的团结度降低。哈赞（Hazan）特别关注了议会候选人竞选方法的转变，如今竞选方法日趋开放、包容，哈赞（Hazan）认为这种转变将对立法行为产生重大影响。

安德烈、德波和舒加特（André, Depauw and Shugart）（第 11 章）研究了选举制度和立法行为之间的关系，这已成为比较政治的一个中心话题。许多研究表明，选举制度塑造了议员的行为，从而增强或减退了他们获取个人声誉而非政党声誉的动机。但是，这些研究在很大程度上没有建立议员行为活动与正式规则之间的理论联系。为此，安德烈、德波和舒加特（André, Depauw and Shugart）通过关注问责模式和选举竞争，开始研究选举制度的"机械效应"如何转化为议员为自身拉选票的动机。进而，他们又转向选举制度的"心理效应"，研究议员的上述动机如何转化为一系列行为，如启动特别立法、承担选区工作和违反政党纪律。但是，我们不应该夸大选举制度对立法行为的影响。因为，候选人的选举策略可能会被政党领袖给出的其他可供选择的利益，如立法地方主义（legislative particularism）或超级席位（mega-seats），和选民对代表人员的偏好所打乱。

对立法机构中女性代表的研究，正持续不断地为立法学者以及性别政治学者发掘他们感兴趣的重要信息。泰勒 – 罗宾逊（Taylor-Robinson）（第 12 章）探讨了制度设计如何促进或阻碍女性选举；女性和男性议员如何看待他们的工作和选民；女性议员和男性议员如何进行选区服务、提出法案和参与审议。紧接着，她分析了立法领导职位上的女性代表。此外，她还提出了未来研究的重点领域，特别是描述性代表（descriptive representation）是否以及如何与涉及女性利益的实质性代表（substantive representation）相联系。她认为，有必要更加注意女性议员的多样性，以及注意这种多样性如何影响实质性代表。更广泛地说，她提倡在政治机会结构方面的研究，因为这种结构可能会促进或阻碍男性或女性代表改善女性利益。

政治学里没有任何一个研究领域对"角色"概念的重视比得上立法研究领域。有人会认为，随着制度主义方法占据主流，这一领域的角色分析方法目前正在重新获得重视。安德韦格（Andeweg）（第 13 章）则持怀疑态度，他主张角色研究应从单纯地描述转向有理论依据的解释。角色研究使得政治机构（如立法机构）带有个人感情色彩：它们与职位相关，但又不完全相同。感知期望、个人动机和策略算计被用来区分不同职位的角色。受伯克（Burke）研究的启发，尤劳和沃尔克（Eulau and Wahlke）在对美国州议会的研究中提出了"代表角色类型学"，该研究在立法角色研究中曾长期占据主导地位。安德威格从理论和经验两方面批评了这个概念，特别批评了它缺乏预测能力这一问题。西林的类型研究是基于英国下议院而作出的归纳性研究，其作为一种非传统的研究受到了诸多关注。安德威格认为，这两项开创性研究都存在不足，因为它们对政党问题的处理是不明确的。

学者们早就意识到政治机构和立法职业之间存在理论联系。尽管如此，基本制度因素如何在立法环境中影响职业发展的问题仍然存在。柯瑟和麦肯齐（Kousser and MacKenzie）（第 14 章）认为，解决这些问题可以帮助学者了解

16

立法职业化（legislative careerism）如何对立法能力造成影响。这一领域的制度主义转向，特别是施莱辛格（Schlesinger，1966）和波尔斯比（Polsby，1968）的研究，强调了角色和机构对职业选择的重要性。随后，学者们建立了详尽的理论和经验模型来解释议员的职业选择。柯瑟和麦肯齐讨论了任期限制研究，并阐明关注机构与立法职业之间的联系如何有助于研究立法能力。

1.4.4　组织和规则

本节主要是了解立法机构内部组织结构和规则。立法规则是规范议会事务处理正式程序的总称。在某些情况下（例如，《杰弗逊手册》，见本章 1.3 "立法研究的演变"），它们的持久性令人惊奇。在大多数情况下，它们建构并限制立法者的行为。规则的出现是为了避免全体会议的"瓶颈"问题，从而简化程序，分离程序问题和实体问题。历史上的案例表明，当规则缺失或设计不当时，就可能导致立法僵局或制度崩溃。穆勒和西贝勒（Müller and Sieberer）（第15 章）回顾了我们对西欧议会在议会选举规则、议程设置和投票、监督行政以及联系公众方面的研究状况。他们认为，这些领域的研究呈现出非常不均匀的分布。虽然我们对导致权威性决定的程序规则（内阁的就职、立法的通过）了解很多，但对立法机构其他核心职能的规则却知之甚少。

国家立法机关的议院数目一直是许多理论上和经验上的研究主题。可以说，两院制是大部分政治学专业理解上最常见的组织特征之一。赫勒和布兰杜斯（Heller and Branduse）（第 16 章）首先指出，两院制很容易识别，但很难准确衡量。一部宪法规定了两个立法院，这一事实往往掩盖了而非阐明了各个议院的相对影响、院际谈判的影响，或者上议院的审议对立法内容能够产生多大程度的影响。此外，研究两院制也是有问题的，因为与大多数政治制度一样，它的实质影响往往来自观察者难以认识的过程。因此，很难确定两院制是否重要以及为何重要。在以前对两院制及其影响的研究基础上，赫勒和布兰杜斯（Heller and Branduse）首先提出了一个需要更细致地研究两院制的研究领域，其次提出一个以上议院权力为基础的两院制评估指数，这一指数主要用来衡量两院制在多大程度上应该是重要的。

几乎每一个民主国家的立法机构都至少有一个委员会。立法学者长期以来一直试图了解立法委员会的起源、设计、作用和意义。今天的传统观念认为，一个强有力的委员会体系即使不是立法机关有效运作的充分条件，也是其必要条件。马丁（Martin）（第 17 章）着重分析了委员会这种立法组织形式受到欢迎的确切原因，他分析了美国最著名的 4 种立法组织理论：分配理论、信息理论、卡特尔型政党理论以及两院冲突理论。马丁（Martin）认为，对多种制度下委员会的研究有可能重振国会和立法机构的比较研究与更广泛的机构研究。

1.4.5 立法机构中的政党

和委员会一样，政党是大多数民主立法机构中最常见和最重要的下位结构。因此，本节将探讨政党或政党联盟运作、存在的原因和方式。萨尔费尔德和斯特罗姆（Saalfeld and Strøm）（第 18 章）指出，政党不仅几乎无处不在，而且高度组织化，通常拥有完善的领导结构和专业结构。作者回顾了各种政党研究，包括功能理论研究以及立法者个人动机研究。他们还讨论了这些理论面临的挑战，比如基思·克雷比尔对美国国会政党颇具影响力的研究。萨尔费尔德和斯特罗姆（Saalfeld and Strøm）认为，分析不同政党之间，甚至政党联盟之间的不同的党性是有意义的。他们还讨论了关于党派差异的制度根源，包括政党领导人的议程控制权以及奖惩权。

长期以来，研究美国国会的学者们一直在争论，政党团结主要由领袖成功对其追随者实施纪律约束形成，还是仅仅基于党员共同偏好而产生。有关这一争论的最新的比较研究表明，立法机构能够且确实为政党领袖提供了执行纪律的能力，即使他们的成员持有异议。而且任何多党并存的环境下，纪律应该是政党团结的必要方面。卡姆（Kam）（第 19 章）在研究这些问题时建议道，政治学家应该一方面关注政党团结和纪律之间的联系，另一方面关注候选人和领袖选择的政治问题。毕竟，政党领袖影响了那些选择加入其政党，并且被政党所接纳的人，而这些人的支持则可能为领袖所需。

立法候选人和现任立法委员可以而且有时确实会改变党派关系。梅尔尚（Mershon）（第 20 章）强调关于政党转变的研究如何为更广泛的政党、立法机构和民主政治研究提供重要经验。例如，当我们认真看待政客们党籍转变的意愿和能力时，我们就会进一步发现，政客们把政党当作赢得选票、获得职位和发挥政策影响力的工具。党籍转变的研究为我们提供了新的视角，使我们得以把立法机构看作制约代表行为的机制和被战略政治家掌握的资源。

在议会民主制下，联合指证要求政策目标相互冲突的多个政党实现共同治

18

理。多党间必要的妥协，与他们各自选举责任的承担，给多党内阁带来了在一党内阁中被弱化的紧张的关系。马丁和范伯格（Martin and Vanberg）（第 21 章）评述了最近的研究成果，这些研究探讨了参与联盟的政党如何利用立法机构来应对这些问题。特别是应对这些问题时：立法程序允许各政党持有自己的立场，以区别于联盟伙伴，并允许各政党审查和修改与其他政党有关联的部长提出的立法动议。立法机构的确切性质（最重要的是委员会的力量）对这些努力至关重要。马丁和范伯格（Martin and Vanberg）提供了关于立法机构力量的跨国数据，并讨论了议会制中立法机构重要性的更广泛影响。结合作者早先关于立法机构如何促进多党治理的研究，告诉我们立法机构在立法的政策过程以及行政监督中承担的核心角色。接下来我们将讨论这些主题。

1.4.6　政策制定和监督

立法议程控制包括议题的安排和时间表管理、产生提案的能力、避免或阻止提案的能力，以及至关重要的、对选项进行选择与排序的能力。正如拉施（Rasch）（第 22 章）所论证的，议程设置活动是立法研究的核心，关于这一主题的研究数量庞大且增长迅速。导致这一现象出现的部分原因是相关研究受到麦凯维的全球循环，和议程定理以及罗默和罗森塔尔的设置者模型等重要理论的刺激。拉施指出程序性权利和各种制度机制的重要性，表明了现实会议议程设置的自由裁量权通常要比理论模型所表明的受到更多限制。拉施认为，议程设置者总体而言似乎没那么强大，而设置者的影响机制往往是微妙且复杂的。

操纵立法议程的最终目的之一是控制法律的制定。事实上，国家立法机构的决定性特征就是制定法律，在不同程度上，国家立法机构掌握或分享着否决法律的权力。总统制政体的法律制定尤其复杂，权力分离可能会增加法律制定的复杂性。这种制度差异可能会严重影响政治行政长官使其立法提案获得通过的能力。然而，赛格（Saiegh）（第 23 章）认为，立法通过率的变化来自不确定性的差异，而不是来自党派支持程度的差异。他特别指出了影响法律制定的两个主要因素：议员投票行为的不可预测性，以及购买选票是否是一种可行的选择。这种关于政府立法表现差异性的解释扩展了我们对法律制定、不确定情况下的议程控制和政党纪律的理解。

自 20 世纪 90 年代以来，学界开始出现立法机构对公共财政影响的比较性研究。大多数研究集中在立法机构的预算批准职能上，而较少研究关注立法机构可能参与的事后财政审查。韦纳（Wehner）研究了一些比较性文献（第24章），强调了立法预算授权和程序的重大差异，并表明选举制度和政党多数有助于解释正式权力何时转化为立法行动。政治经济学家已经证明，立法机构的强势与缺乏规则约束的财政结果有关。然而，立法财政审查的其他可能影响，例如对问责制和民主制的影响，已经被肯定，但尚未被严格论证。韦纳（Wehner）建议，扩大研究的地理范围和时间范围将有利于进一步推进立法财政审查的比较研究。该领域还应调查一系列更广泛的潜在影响，并研究制度设计细微的差异是如何产生这些影响的。

法律制定活动和预算政治活动都深受利益集团和院外游说者的影响。国会游说一直是美国利益集团研究的核心。欧洲学者传统上更关注社团结构，这种结构允许社团与公务员互动。正如斯科亚尔·宾德克朗茨（Skorkjaer Binderkrantz）（第25章）所强调的那样，在过去的几十年里，人们的注意力发生了明显的转变，立法机构为整个欧洲的利益集团——因此，也为研究利益集团的学者，呈现了一个更重要的舞台。我们能从利益集团和立法机构之间关系的研究中收获很多，比如，在研究利益集团及其政治影响时要将立法机构置于中心地位，利益集团和议员之间一系列复杂的（可观察到的或不太可观察到的）联系。

人们通常认为，外交政策在很大程度上是由政治行政机关主导，而立法机构的影响极其有限。因此，外交政策被认为是由政治精英和官僚精英控制的。劳尼奥（Raunio）（第26章）批判了这些观点。他提供证据，表明立法机构在外交政策中绝对没有，也几乎从来没有被边缘化。美国国会和欧洲议会有若干影响外交政策和区域一体化的机制，它们对行政行为进行事前审查，并具有条约批准的最终否决权。从各方面看来，在过去的几十年里，行政部门在外交政策中执行偏移的水平有所下降，部分原因可能是国内政策议题和外交政策议题的日益相互依赖。劳尼奥（Raunio）认为，随着外交事务对国内分配的影响越来越明确和多样，立法者也有更多的动机参与到这一政策领域中。

在所有总统制或议会制的民主国家，政治授权的链条是复杂的，涉及大量主体，其中许多主体经常被替换。因此，官僚和政客们面临着共同代理的问题，即，他们通常必须对多个主体负责。由于许多民主制的领导阶层具有分裂性和不稳定性的因素，因此在公民控制政府的过程中，对官僚机构的政治监督是一

20

个特别有问题的环节。正如麦卡宾斯（McCubbins）（第 27 章）所指出的，这些问题长久以来都存在。长期以来，社会一直在寻求建立一种制度，既能加强对行政部门的监督，又不会同时损害政策的确定性。麦卡宾斯回顾了有关授权和监督的实证性文献和规范性文献，并讨论了当代立法研究解答这些古老问题的方法。

1.4.7 扩大立法分析的范围

正如上文讨论的主题和研究议题所显示的那样，先进民主政体的国家立法机构研究有着悠久且可贵的传统。然而，学者们日益扩大了他们的视野——通过研究不同的"非传统"背景下的立法机构，或者溯源现在已经建立的民主国家中议会制度和议会权力的历史。

欧洲议会（EP）是欧盟的议会，它已经从一个非选举产生的协商性议会转变为一个由直接选举产生的超国家立法机构。尽管与欧洲大多数国家立法机构相比，欧洲议会拥有更强大的委员会和较为弱势的议会政治团体（政党），但欧洲议会看起来仍然像一个寻常的国家议会。此外，它的成员是根据各国不同的选举方式选出的，这提供了一个难得的机会来检验有关选举机构影响的理论。希克斯和霍伊兰（Hix and Hoyland）（第 28 章）认为欧洲议会有 3 个主要方面的演变：（1）招募；（2）政治团体和委员会的构成；（3）政党和委员会对成员行为的影响。他们发现，随着欧洲议会权力的增加，政党之间的竞争和内部团结程度也在增加。

在大西洋彼岸，对美国各州议会的研究既挑战又证实了许多关于联邦立法行为的传统理论。唐斯（Downs）（第 29 章）绘制了地方立法机构研究的发展图表，他将研究分为地区级、省级、州级和其他地方级议会研究，并将研究分为 3 个核心领域：招募与选举；立法行为；制度设计。地方立法机构一度被视为有名无实的机构，但现在已成为某些研究的特定对象。这些研究的特点是理论越来越严密，并且更频繁地进行跨国比较。现存的文献使用地方立法机关来检验关于代表、审议、立法和监督的普遍理论解释。这些文献还特别讨论了地方立法机构在多层次治理体系中的作用，包括抵制中央的干涉、对抗行政机构的主导地位以及与国家层面的政党结盟保持一致。唐斯（Downs）指出了一些研究前景，包括选举后的政府组建、地方机构的国际活动，以及地方议会的媒体技术和电子民主。

在过去 10 年里，最有前景的研究领域也许就是对整个拉丁美洲立法机构的研究。许多拉丁美洲的立法政治研究都利用了立法政治理论，而这些理论最初是为研究世界其他地区而出现的。克里斯普和希伯（Crisp and Schibber）（第 30 章）对这些学术研究进行了回顾，确定了 31 本书和 151 篇期刊文章属于拉丁美洲的立法政治研究。他们根据文章对选举关系、议院政治、立法与行政关系等问题的侧重，对文章进行了分组。克里斯普和希伯（Crisp and Schibber）描述了该领域的学者是如何扩展理论或做出自己的完全原创性理论，以及如何积累大量的系统性、实证性研究。

随着"冷战"结束后中欧和东欧新制度的建立，学者们有了独一无二的机会，可以实时观察立法机构的起源和早期演变。安德鲁斯（Andrews）（第 31 章）点评了关于中欧和东欧国家立法机构实力的学术研究，认为这些研究有 3 个重要方向：（1）立法机构相对于行政机构的宪法权力；（2）立法成员的党派结构及其对决策和政府稳定的影响；（3）立法机构的内部组织特征所隐含的制度能力。安德鲁斯（Andrews）在宪法权力的基础上创造了一种独特的衡量立法力量的标准。他发现与许多说法不同的是，即使考虑到这一地区普遍流行的双重行政体制，中欧和东欧的立法机构也与西欧的立法机构一样强大。然而，要充分实现立法机构的权力，还需要更多时间让政党制度得以稳定，也要让更多的立法机构得以完善。

许多统治者只有在国内和国际压力下才接受民主的制度外衣——选举和立法机构。在本书的最后一章中，考克斯（Cox）（第 33 章）考虑了这些不情愿的民主主义者是如何管理他们的立法机构的，他认为这些人大多数重新设计了预算回归的程序，以削弱他们的立法机构的财政权力。考克斯（Cox）举了一些预算回归的例子，提出了一些概念来分析它们的差异，并探索了一些有利于行政机构的回归的制度与行为因素，比如减少信任投票程序、降低行政命令控制、减少国家信贷、更频繁地使用宪法外的手段来获得权力。他认为，除非预算回归点有利于立法机关，否则立法机关的权力以及最终建成民主政体的前景都是脆弱的。因此，尽管立法机构无处不在，立法机构在发达社会的职能似乎不受侵犯，但这一章提醒我们，通过代表机构行使人民主权一事绝非如此轻易和理所当然。

参考文献

Aldrich, J. H., 1995. Why Parties? The Origin and Transformation of Political Parties in America. Chicago: The university of Chicago Press.

Alemán, E., 2013. Latin American Legislative Politics: A Survey of Peer–Reviewed Publications in English. Journal of Politics in Latin America, 1: 15–36.

Almond G. and Powell, B., 1966. Comparative Politics: A Developmental Approach. Boston: Little Brown.

Andeweg, R. B., 1992. Executive–Legislative Relations in the Netherlands:Consecutive and Coexisting Patterns. Legislative Studies Quarterly, 17(2): 161–82.

Badura, B. and Reese, J., 1976. Jungparlamentarier in Bonn—ihre Sozialisation im Deutschen Bundestag. Stuttgart: Frommann Holzboog.

Bagehot,W., 1867 [1936]. The English Constitution. London: Humphrey Milford.

Beer, S. H., 1966. The British Legislature and the Problem of Mobilizing Consent. In E. Frank and R. K. Huitt (eds.). Lawmakers in a Changing World, pp. 30–48.

Englewood Cliffs: Prentice–Hall. Best, H. and Cotta, M., 2000. Parliamentary Representatives in Europe 1848–2000: Legislative Recruitment and Careers in Eleven European Countries. Oxford: Oxford university Press.

Blomgren, M. and Rozenberg, O. (eds.), 2012. Parliamentary Roles in Modern Legislatures. London: Routledge.

Brack, N., Costa, O., and Teixeira, C. P., 2012. Attitudes Towards the Focus and Style of Political Representation Among Belgian, French and Portuguese Parliamentarians. Representation, 48(4): 387–402.

Brady, D. W. and Kessler, D. P., 2010. Who Supports Health Reform? PS: Political Science and Politics, 43(1): 161–75.

Bryce, J., 1921. Modern Democracies. 2 Volumes. London: Macmillan.

Chee, C. H., 1976. The Role of Parliamentary Politicians in Singapore. Legislative Studies Quarterly,1: 423–41.

Clarke, H. D. and Price, R. G., 1981. Parliamentary Experience and Representational Role Orientations in Canada. Legislative Studies Quarterly, 6: 373–90.

Coleman, J. S., 1986. Social Theory, Social Research, and a Theory of Action. American Journal of Sociology, 91(6): 1309–35.

Converse, P. E. and Pierce, R., 1979. Representative Roles and Legislative Behavior in France. Legislative Studies Quarterly, 4: 525–62.

Cotta, M. and Best, H., 2008. Democratic Representation in Europe: Diversity, Change, and Convergence. Oxford: Oxford university Press.

Cox, G. W. 1987. The Efficient Secret. Cambridge: Cambridge university Press.

Cox, G. W. and McCubbins, M. D., 2005. Setting the Agenda: Responsible Party Government in the U.S. House of Representatives. Cambridge: Cambridge University Press.

Dalton, R. J., 2004. Democratic Challenges, Democratic Choices: The Erosion of Political Support in Advanced Industrial Democracies. Oxford: Oxford University Press.

Diermeier, D. and Krehbiel, K., 2003. Institutionalism as a Methodology. Journal of Theoretical Politics, 15(2): 123–44.

Döring, H. (ed.), 1995. Parliaments and Majority Rule in Western Europe. Frankfurt: Campus Verlag.

Eulau, H., 1996. Micro–Macro Dilemmas in Political Science: Personal Pathways Through Complexity. Norman: university of Oklahoma Press.

Fenno, R. F., 1978. Home Style: House Members in Their Districts. Boston: Little, Brown.

Fish, M. S. and Kroenig, M., 2009. The Handbook of National Legislatures: A Global Survey. New York: Cambridge university Press.

Habermas, J., 1992 [1962]. The Structural Transformation of the Public Sphere: Inquiry into a Category of Bourgeois Society. Oxford: Polity Press.

Hagger, M. and Wing, M., 1979. Legislative Roles and Clientele Orientations in the European Parliament. Legislative Studies Quarterly, 4: 165–96.

Hatsell, J., 1818 [1712]. Precedents of Proceedings in the House of Commons with Observations. London: Hansard.

Huber, J. D., 1996. The Vote of Confidence in Parliamentary Democracies. American Political Science Review, 90(2): 269–82.

Jack, M., 2011. Erskine May: Parliamentary Practice. 24th ed. London: Butterworth.

Jefferson, T., 1812. A Manual of Parliamentary Practice, Composed Originally for the United Sates Senate, 2nd ed. Washington, DC: Milligan and Cooper (reprinted with an extensive commentary in Constitution, Jefferson's Manual and Rules of the House of Representatives of the United States. 111th Congress, Washington, DC: US Government Printing Office 2009, 123–328).

Jennings, I., 1957. Parliament. 2nd ed., Cambridge: Cambridge university Press.

Judge, D. and Ilonszki, G., 1995. Member–Constituency Linkages in the Hungarian Parliament. Legislative Studies Quarterly, 20: 161–76.

Katznelson, I., 2011. Historical Approaches to the Study of Congress: Toward a Congressional Vantage on American Political Development. In E. Schickler and F. E. Lee. (eds). The Oxford Handbook of the American Congress, pp. 115–40. Oxford: Oxford university Press.

Katznelson, I., and Weingast, B. R. (eds.) 2005. Preferences and Situations: Points of Intersections between Historical and Rational Choice Institutionalism. New York: Russell Sage Foundation.

King, A., 1976. Modes of Executive–Legislative Relations: Great Britain, France, and West Germany. Legislative Studies Quarterly, 1(1): 11–36.

Kluxen, K., 1983. Geschichte und Problematik des Parlamentarismus. Frankfurt am Main: Suhrkamp.

Krehbiel. K., 1998. Pivotal Politics: A Theory of U.S. Lawmaking. Chicago: The university of Chicago Press.

Laver, M. and Shepsle, K. A., 1996. Making and Breaking Governments: Cabinets and Legislatures in Parliamentary Democracies. Cambridge: Cambridge university Press.

Lijphart, A., 1984. Democracies: Patterns of Majoritarian and Consensus Government in Twenty–one Countries. New Haven: Yale university Press.

Loewenberg, G., 2011 On Legislatures: The Puzzle of Representation. Boulder: Paradigm Publishers.

Loewenberg, G., 1967. Parlament in the German Political System. Ithaca: Cornell university Press. Maier, H., Rausch, H., Hübner, E., and Oberreuter, H., 1969. Parlament und Parlamentsreform: Zum Selbstverständnis des fünften Deutschen Bundestages, 2nd ed., München: Vögel 1979.

Manow, P., 2010. In the King's Shadow: The Political Anatomy of Democratic Representation. Oxford: Polity Press.

Mansfield, H. C., 1965. Statesmanship and Party Government: A Study of Burke and

Bolingbroke. Chicago: university of Chicago Press.

March, J. G. and Olsen, J. P., 1984. The New Institutionalism: Organizational Factors in Political Life. American Political Science Review, 78: 734–49.

Marschall, S., 2005. Parlamentarismus: Eine Einführung. Baden–Baden: Nomos.

Mezey, M. L., 1979. Comparative Legislatures. Durham: Duke university Press.

Müller, W. C., Bergman, T., and Strøm, K., 2003. Parliamentary Democracy: Promise and Problems. In K. Strøm, W. C. Müller, and T. Bergman (eds.) Delegation and Accountability in Parliamentary Democracies, pp. 3–32. Oxford: Oxford university Press.

Müller, W. C. and Saalfeld, T. (eds.), 1997. Members of Parliament in Western Europe: Roles and Behaviour. London: Frank Cass.

Narin I. and Puri S. L., 1976. Legislators in an Indian State: A Study of Role Images and the Pattern of Constituency Linkages. Legislative Studies Quarterly, 1: 315–30.

Norton, P., 2013. Parliament in British Politics. 2nd ed. Basingstoke: Palgrave Macmillan.

Oleszek, W. J., 2013. Congressional procedures and the policy process. Washington DC: CQ Press.

Ostrogorski, M., 1902. Democracy and the Organization of Political Parties. London: Macmillan.

Packenham, R. A., 1970. Legislatures and Political Development. In A. Kornberg and L. D. Musolf (eds.). Legislatures in Developmental Perspective, pp. 521–37. Durham: Duke university Press.

Patzelt, W. J., 1993. Abgeordnete und Repräsentation: Amtsverständnis und Wahlkreisarbeit. Pas sau: Wissenschaftsverlag Rothe.

Peters, B. G., 1999. Institutional Theory in Political Science: The 'New Institutionalism'. London: Pinter.

Polsby, N. W., 1968. The Institutionalization of the U.S. House of Representatives. American Political Science Review, 62: 144–68.

Polsby, N. legislatures in parliamentary d W., 1974. Political Promises: Essays and Commentary on American Politics. New York: Oxford university Press.

Richardson, J. J. and Jordan, A. G., 1979. Governing Under Pressure: The Policy Process in a Post–Parliamentary Democracy. Oxford: Martin Robertson.

Riker, W. H., 1962. The Theory of Political Coalitions. New Haven: Yale university Press.

Schelling, T. C., 1978. Micromotives and Macrobehavior. New York: W. W. Norton.

Schlesinger, J. A., 1966. Ambition and Politics. Chicago: Rand MacNally.

Schmitt, C., 1988 [1923]. The Crisis of Parliamentary Democracy. Translated by Ellen Kennedy. Cambridge, MA: MIT Press.

Schneider, H. P. and Zeh, W. (eds.), 1989. Parlamentsrecht und Parlamentspraxis in der Bundesrepublik Deutschland: Ein Handbuch. Berlin: de Gruyter.

Searing, D. D., 1994. Westminster's World: Understanding Political Roles. Cambridge: Harvard university Press.

Shepsle, K. A., 2002. Assessing Comparative Legislative Research. In G. Loewenberg, P. Squire, and D. R. Kiewiet (eds.). Legislatures: Comparative Perspectives on Representative Assemblies, pp. 387–97. Ann Arbor: university of Michigan Press.

Sieberer, u., 2011. The Institutional Power of Western European Parliaments: A Multidimensional Analysis. West European Politics, 34(4): 731–54.

Strøm, K., 2003. Parliamentary Democracy and Delegation. In K. Strøm, W. C. Müller, and T. Bergman (eds.). Delegation and Accountability in Parliamentary Democracies, pp. 55–106. Oxford: Oxford university Press.

Tocqueville, A. de, 2000 [1835]. Democracy in America. The Complete and unabridged Volumes I and II. Translated by Henry Reeve. With Introduction by Joseph Epstein. New York: Bantam.

Tsebelis, G. 2002. Veto Players: How Political Institutions Work. Princeton: Princeton university Press.

Wahlke, J. C., Eulau, H., Buchanan, W., and Ferguson, L. C., 1962. The Legislative System: Explorations in Legislative Behavior. New York: Wiley.

Wheare, K. C., 1963. Legislatures. Oxford: Oxford university Press.

Wilson, W., 1885. Congressional Government: A Study in American Politics. Boston: Houghton Mifflin.

Zürn, M., 2013. Die schwindende Macht der Mehrheiten. Weshalb Legitimationskonflikte in der Demokratie zunehmen werden. WZB–Mitteilungen, No. 139: 10–13.

第一编
立法研究的理论方法

第二章　立法机构的形式模型*

海因里希·贝斯特（Heinrich Best）
拉尔斯·沃格尔（Lars Vogel）

2.1　引言

对立法机构的研究从一开始就是政治学中形式模型（formal modeling）的基石之一［例如，布莱克（Black），1958］。[1]形式理论始于政治领域的数学表示，这里指立法决策。第一步是明确所涉政治领域的可能状态。这些状态可能只存在于集体选择过程的结果中（如政策采纳）；或者也可能包含政治家的行为表现（如投票赞成或反对给定法案的人）。形式表示将搁置政治领域中所有不必要的细节。例如，策略集可以简单地表示为有限集或区间。在这样的表示中，如法案的措辞或长度被认为是不重要的。当然，对于何者具有相关性，则取决于建模者的判断和意图。

---

* 罗有成译。
〔1〕 我将在本章中使用"立法机构"一词，而不是"议会"或"委员会"。在我看来，它最能表达立法理论的雄心，即适用于任何中等规模的决策机构（至少三个，不超过几百名参与者），其成员反复聚集在一起审议并做出具有约束力的决定。"委员会"一词技术性太强，而"议会"一词往往意味着议会民主国家的立法机构，因此将美国国会、拉丁美洲和欧洲、亚洲和非洲的许多其他立法机构排除在外。

形式表示可以用于各种目的。许多形式政治理论试图预测和解释集体决策过程的结果。其他人则有系统化的目的，旨在从更一般的框架中推导出已知模型。另外一些人则关注规范性问题，如某些政治机构的政策和福利后果。还有一些是方法性质的，试图用特定的形式方法或方法论来发现问题。

几乎现有的所有立法决策形式模型都属于理性选择传统。理性选择理论（rational choice theory）认为，任何对政治现象的解释都必须以理性个人的选择为基础。也就是说，一个完整的理论至少必须包括一个参与者列表（a list of actors）和一个偏好档案（a preference profile）：每个行动者可传递的和完整的偏好关系列表。[1] 然后，不同版本的理性选择理论在解释政治现象还需要什么时存在不同的观点。这些建模决策的重要性经常被那些没有密切参与形式理论构建，但尤其是在本质上具有比较性的领域（如立法机构的研究）至关重要的研究人员所忽视。原因在于形式模型的本质。由数学表示法强加的规则迫使理论家非常清楚什么是假设的，什么不是。此外，由于只有非常简单的模型可以解析求解，因此对模型中是否能够包含内容的权衡通常十分严格。这意味着建模者必须反复抉择应该将现象的哪些方面包含在内，哪些则应搁置一边。这些约束、权衡和考虑在很大程度上是由基本的形式方法塑造的，并且可能反映出对形式建模目的的不同看法。在立法机构理论的背景下，适用于比较研究的形式方法至少需要满足三个标准[2]：

（1）普遍性（universality）。该方法需能够代表立法机构之间存在的广泛的制度差异。

（2）实证内容（empirical content）。形式方法必须在许多应用中具有经验内容。这个标准具体包括两个方面：

a．与形式方法相关的解决方案概念通常必须涵盖一个解决方案；它们不能为空或不存在。

b．解决方案概念必须是可预测的；他们必须清楚地将过程的可能结果划分为符合理论的和不符合理论的。与所有可能结果一致的理论没有太多解释力。

（3）均衡制度（equilibrium institutions）。在比较的背景下，形式模型将包

---

〔1〕 这对于具有有限数量替代方案的模型来说已经足够了。在连续的情况下，通常也假设偏好是连续且严格的。

〔2〕 有关这些问题的详细讨论，参见迪尔迈尔（Diermeier，1997）。

含影响决策的相关规则和制度的表示，但其中许多制度本身就是选择的对象。任何令人满意的形式方法都必须在集体选择过程的所有层面上发挥作用——在确定政策的层面和选择制度的层面。它必须能够解释为什么一些制度特征会存在并持续存在，而另一些则不存在或暂时存在。

接下来，我们将回顾立法机构理论中使用的三种主要形式方法，并讨论它们各自的优缺点。然后，考察使用形式模型的两个主要主题领域：美国国会（以及程度小得多的非美国立法机构）和联合政府。接下来，我们将对整合这两个领域并创建比较形式模型的一些尝试进行讨论，以及概述立法机构一般理论的一些理想特征。

其中许多主题都是广泛而活跃的研究领域。我们的目标不是讨论所有甚至大部分相关贡献（这是一项不可能完成的任务），而是要追踪这种充满活力的文献的主要发展和争论。[1]其目的是提供路线图，提供足够的结构来定位各种方法，并指出一些主要差距。我们希望，这将为任何希望更详细地探索这一有时令人困惑，甚至令人生畏的研究传统的研究人员提供一些方向。

31

2.2　集体选择的抽象性质

不同类型理性选择模型的区别在于，它们在一些理性选择模型的公共组件（状态、参与者和偏好的集合）所增加的内容。由阿罗（Arrow，1951）开创的最古老的一般理性选择方法——社会选择理论（social choice theory），在其方法词汇表中又增加了一个组件：聚合函数。形式上，聚合规则只是从一组偏好断面到一个单一偏好关系的函数，它捕获了集体偏好。在立法学者感兴趣的大多数情况下，聚合函数定义中包含的所有信息都由其决定性联盟集给出。例如，在多数规则（立法者为奇数）的情况下，任何至少与多数一样大的群体都会组成一个决定性联盟。[2]在这些情况下，要得出集体决策过程的结果，我们只需要知道三件事：可能的结果集、偏好断面和决定性联盟列表。

自不必说，这是关于立法决策非常粗略的描述。例如，立法者之间的任何

---

〔1〕　有关联合政府的最新概述，参见迪尔迈尔（Diermeier，2006，2011），有关美国国会的概述，参见克雷比尔（Krehbiel，2006），考克斯（Cox，2006），沃尔登和怀斯曼（Volden and Wiseman，2011）。

〔2〕　然后，可以使用决定性联盟的概念来定义否决权参与者等其他概念。

差异（选区、选举规则、政党、年龄、性别、教育、专业背景、种族、财富等）都被搁置一旁，除非它们被优先于政策的顺序采用。同样，复杂的认可程序、投票议程和委员会系统等制度差异只会在影响决定性联盟列表的情况下被采纳。还要注意，严格来说，社会选择理论并不预测行为（例如，个别立法者或政党的投票行为），而只是预测政策结果。也就是说，给定的结果可能与非常不同的投票模式相一致。

　　这种粗略描述不一定是缺点。相反，它可以是极有利的优势，因为它会导向一般性的结果。重要的是形式方法是否允许研究人员捕捉到立法决策的相关细节。早期的形式模型是基于这样一种信念，即只有很少的要素与理解政治决策相关。它的目标是发展一种普遍的政治理论，类似于经济学中的一般均衡理论。事实上，尽管社会选择理论能够仅用几个参数来解释立法决策，但它有力地证明了选择过程的任何额外细节（如立法程序），根本不像看起来那么重要；不相关的制度复杂性将被简化为几个真正重要的参数〔麦凯尔（McKelvey），1986〕。

　　但这种方法很快遇到了严重的困难。社会选择理论以其负面结果而闻名：从阿罗不可能定理〔Arrow's Impossibility Theorem，阿罗（Arrow），1951〕到核心的一般空集〔generic emptiness of the core，普洛特（Plott），1967；麦凯尔（McKelvey），1976，1979；麦凯尔（McKelvey）和斯科菲尔德（Schofield），1987〕。当然，这些结果为政治决策的性质提供了深刻的见解，但出于解释或预测的目的，不存在的结果是有问题的：它们违反了形式方法的第二个标准〔前面列出的（2）a〕。问题在于，从方法论上讲，不可能的结果无法在许多情况下产生预测。这些结果，尤其是麦凯尔（McKelvey，1976），经常被解释为"预测混乱"。但这种解释是有问题的，而且肯定与混沌理论（chaos theory）中所使用的数学概念"混沌"不符〔例如，洛伦茨（Lorenz），1960，1993；庞加莱（Poincaré），2007（1908）〕。社会选择理论的问题不是该理论预测了剧烈的不稳定，而是在许多领域它什么都没有预测。[1]但事实上，这并不意味着社会选择理论的结果在某种程度上不重要。他们仅通过查看偏好概况和决定性联盟来调查一个人可以走多远的问题。该研究计划以其不可能的结果而闻名，这一事实表明，这些特征不足以解释政治结果。事实上，正是社

32

---

〔1〕 有关详细信息，参见迪尔迈尔（Diermeier, 1997, 2014）。

会选择理论的"消极"结果最为有力地说明了这一点。

这一传统的后续工作在于试图通过改变解决方案的构想来解决这些问题，其从改变社会选择理论中最重要的核心解决方案开始，例如，顶层循环集（the top cycle set）［米勒（Miller），1977］、未覆盖集（the uncovered set）［米勒（Miller），1980］等。这些尝试面临各种问题［迪尔迈尔（Diermeier），1997，2014］。要么是预测结果集太大而无用——这是顶层循环的情况［麦凯尔（McKelvey），1976，1979］——要么是解决方案概念隐含地强加了一个特定的议程结构，违反了"无制度属性"的雄心［麦凯尔（McKelvey），1986年］。例如，班克斯（Banks，1984）表明，如果根据修正议程进行投票，则未覆盖的集合包含复杂的投票结果［法夸尔森（Farquharson），1969］。但这不适用于其他议程类型，例如，排除议程（elimination agendas）［奥德斯霍克（Ordeshook）和施瓦兹（Schwartz），1987］或两步议程（two-step agendas）［班克斯（Banks），1989］。如果根据这些议程类型进行投票，复杂的投票结果可能会超出未覆盖的集合。这意味着在立法决策的背景下，替代解决方案的概念，例如，未覆盖的集合，隐含地假设了一个特定的、非常具体的议程结构。它并不涵盖所有二元投票议程，更不用说更一般的议程结构了。但是，如果社会选择理论方法隐含地依赖于制度细节，那么人们可能想要直接分析制度细节。而这是（新）制度主义者选择的道路。

2.3　制度主义的选择

对政治制度的形式分析可以追溯到政治科学数学建模的最初阶段，从布莱克（Black，1958）、唐斯（Downs，1957）、赖克（Riker，1962）和法夸尔森（Farquharson，1969）开始。这些方法集中于对特定制度的分析，例如，委员会［布莱克（Black）］、选举［唐斯（Downs）］、联盟［赖克（Riker）］和议程［法夸尔森（Farquharson）］。

然而，制度主义不仅仅是对制度的分析。相反，它构成了社会选择理论传统的另一种方法。在其现代形式的"新制度主义"［谢普瑟（Shepsle），1979］中，它已成为当今形式模型的主要研究领域。所有版本的制度主义都有一个共同点，那就是拒绝社会选择研究项目，即寻找集体选择的无制度一般定理。相

33

反，其目标是开发能够以结构化和系统的方式比较政治制度的形式方法。因此，制度主义的理论统一性并不在于更普遍结果的层次结构中，而在于使这种比较成为可能的一系列方法和概念中。为了获取这种制度差异，除了决定性联盟列表之外，还需要丰富制度主义的正式机制。然而，这些额外的结构参数并不是通向更一般理论的中间步骤，而是解释政治现象所必需的。[1]

迪尔迈尔和克雷比尔（Diermeier and Krehbiel，2003）将这种"制度主义作为一种方法论"的观点表述如下：

（1）在要研究的集体选择环境中为政治行为者定义并持有固定的行为假设。

（2）形式描述有效的制度（如步骤 1 中所定义）。

（3）在给定行为假设的情况下，推断在制度环境中出现的行为，并描述行为产生的结果。

（4）将推导出的含义与经验规律和数据进行比较。

步骤（1）和（2）在明确规定的制度理论的背景下是外生的：它们是理论的假设。它们通常包括一组决定性的联盟，但可能包含额外的制度细节。步骤（3）和（4）是内生的；它们是衍生、预测和解释的。

至关重要的是，行为假设在研究内部和研究之间保持固定和一致。由于制度分析的一个关键要素是在保持行为假设不变的同时改变制度特征，因此将均衡概念适用于许多集体选择问题是非常重要的。步骤（3）描述了模型的含义。该模型的影响可能仅与结果（如某项法案是否会通过）或行为规律（如哪个立法者会投票赞成或反对该法案）有关。步骤（4）包括对模型预测的经验评估。尽管检验问题超出了本章的范围，但制度理论的检验对于评价制度主义模型作为对经验现象的良好解释是必不可少的。

然而，任何制度主义模型都会立即面临一个严重问题。如果政策结果取决于集体决策制度这一判断是正确的，那么不同的制度将产生不同的结果。但这意味着理性的立法者会预见制度与结果之间的关系，并形成对制度的偏好。也就是说，他们将倾向于一种投票议程而不是另一种，即争夺委员会名额的分配，或者争夺谁有权提出或修改法案。当然，这种见解对立法政治的观察者来说并不新鲜，立法者自己也经常表达这种见解。美国前众议院少数党领袖罗伯特·米歇

34

---

[1]　参见赖克（Riker，1980）关于对制度的依赖不可减少的有力论据。

尔（Robert H. Michel）（伊利诺伊州共和党人）表达了如下观点：[1]

> 程序不仅变得比实质更重要——它还通过一种奇怪的炼金术成为我们审议的实质。谁统治众议院程序，谁就能统治众议院。

如果立法机构能够根据过去通过的法案的相同投票规则（如简单多数规则）完全确定自己的组织结构，那么这个问题就特别紧迫，就像美国国会和许多其他立法机构的情况一样。[2]

那么问题就变成了这些制度如何能够约束立法者。赖克将这一点表述如下［赖克（Riker），1980，445］：

> 从这个意义上说，规则或制度只是政策空间中的更多选择，一套规则的现状可以被另一套规则取代……如果制度是固定的取向，如果取向缺乏平衡，那么除了短期事件之外，制度也是固定的。

这一论点指出了制度主义模型的一个重要方法论要求：令人满意的形式方法必须适用于集体选择过程的所有层面——无论是在确定政策的层面，抑或在选择制度的层面。

制度理论的目标是解释为什么某些制度特征会出现，以及为什么它们会持续存在。换言之，假定的制度特征是外生的，例如，一个委员会制度，需要在一些基本的制度选择模型中被证明是均衡的；构成制度均衡的制度必须也是均衡的制度［谢普瑟（Shepsle），1986］。正是这种担忧导致了我们的方法论标准 3（均衡制度）。为了满足这一要求，一种形式方法必须适用于制度主义者选择的每个阶段。正如我们将在下一节中看到的，结果证明这给制度主义的某些变体提出了挑战。

2.4　制度主义的变体

2.4.1　结构诱导均衡

从历史上看，制度形式主义的第一个版本是结构诱导均衡（Structure-

---

〔1〕　共和党国会改革工作组的证词，1987 年 12 月 16 日。Cited from［迪尔迈尔、普拉托和弗莱库（Diermeier, Prato and Vlaicu），2014］。

〔2〕　就美国国会而言，宪法明确规定了这一点，"每院可以决定其议事规则"（美国宪法第 1 条第 5 节第 2 款）。

Induced Equilibrium，SIE）方法［谢普瑟（Shepsle），1979；谢普瑟和温加斯特（Shepsle and Weingast），1981］。SIE 方法的成功在很大程度上是因为它将形式分析的强大工具与对制度细节的关注相结合，特别是在对美国国会的研究中。SIE 模型能够形式化地分析已被确定为国会决策重要特征的委员会

35　制度等现象。在其开创性论文中，谢普瑟（Shepsle，1979）正式引入了制度结构，将其作为一种委员会制度，把每个人恰好分配给一个问题。直观地说，委员会对某一特定问题拥有专属管辖权，并由多数人规则确定结果。在给定凸和连续偏好的情况下，多数核心对于每个问题来说都是非空的。政治制度的解释性概念包含在这些结果中，这些结果在逐个问题的核心中。使用克雷默（Kramer，1972）的定点论证，可以证明对于任何委员会系统，逐个问题的核心都是非空的。

　　注意，与上面讨论的抽象社会选择理论结果相反，SIE 的理论工具包含一个额外的论点，即个体对问题或维度的分配，这确保了模型始终创建预测。虽然这乍一看似乎与社会选择理论略有不同，但它标志着对作为其基础的还原研究计划的拒绝。该模型不是寻找适用于许多制度环境的一般解释，而是旨在捕捉特定的制度安排，在这里是国会委员会制度。一个不同的应用，例如，内阁决策，将需要不同的制度结构。事实上，拉沃尔和谢普瑟（Laver and Shepsle，1990）后来提出了这种模型。

　　虽然 SIE 模型避免了社会选择理论方法的不存在问题，但它们成为赖克（Riker，1980）确定的制度选择问题的牺牲品。这在奥斯汀 - 史密斯和班克斯（Austen-Smith and Banks，1990）对拉沃尔和谢普瑟（Laver and Shepsle，1990）的内阁决策模型的批评中得到体现。奥斯汀 - 史密斯和班克斯（Austen-Smith and Banks，1990）在他们的模型中提出了以下问题：内阁部长的职位分配给各方是否构成制度均衡？形式上，管辖权分配本身是制度选择模型的（多数）核心吗？奥斯汀 - 史密斯和班克斯（Austen-Smith and Banks）表明，如果存在三方并且各方都具有欧几里得偏好，则存在部长职位核心。直观地说，这意味着在这些条件下，我们可以有"稳定"的部长职位分配。更准确地说，存在无法通过多数人规则被任何其他各方的分配击败的部长职位分配。

　　遗憾的是，任何条件都不能放宽。也就是说，一个人可以很容易地为四方或非欧几里得偏好构建反例，其中核心确实不存在。换句话说，除了在三方和欧几里得偏好的极端情况下，部长职位核心可能是空的。因此，结构诱导的均

衡方法无法逃脱拉沃尔的批评：确保制度均衡的制度通常不构成均衡制度。

2.4.2 非合作博弈论

20 世纪 80 年代中期，政治研究出现了一种新的研究进路，其使用了一种非常不同的方法：非合作博弈论（non-cooperative game theory）。与结构诱导均衡理论一样，这种方法拒绝社会选择理论的简化研究方案，而是关注集体选择的制度细节。但与结构诱导均衡理论相比，其完全放弃了核心或其他合作解决方案的概念。政治互动现在被建模为非合作博弈。鉴于博弈论分析对博弈形式细节的敏感性，这种方法从一开始就排除了任何"无制度存在"理论的概念。相反，制度细节的敏感性被视为一种力量，它允许以系统的方式改变制度细节，同时保持解释性概念的固定［迈尔森（Myerson），1996］。

其与现有模型的根本差异，可以从博弈论在立法决策中的最早也是最有影响力的应用中看出：罗默和罗森塔尔（Romer and Rosenthal，1978）的议程设置模型。最初，它是为模拟学校董事会公投而开发的，但它迅速成为立法决策形式模型的核心组成部分之一［丹佐（Denzau）和麦凯（Mackay），1983］。在基本模型中，议程制定者提出政策建议，然后以赞成或反对的多数票中与默认替代方案进行对比。这种方法抓住了立法决策中的一个突出特点：通常有一些代理人（主席、委员会、党领袖、部长等）有效地控制议程，但该代理人的权力仍然受到多数人同意要求的制约。

该模型产生了两个基本见解。第一，"提议权"的存在为议程制定者提供了在其职责范围内偏向政策结果的能力。即使在存在中间选民的情况下也是如此，因为议程制定者可以制定政策提案来满足绝大多数"最廉价"选民的需要，从而确保批准并将结果从中间值移开。[1]第二，政策结果不仅取决于选民的偏好，还取决于默认政策的位置，它定义了选民的保留效用。

罗默 – 罗森塔尔（Romer–Rosenthal）模型最初是在一个单维政策空间中开发的，其中存在一个中位选民。但是，这并不意味着它仅限于一维政策空间。事实上，它可以毫无困难地应用于多维政策环境和一般偏好配置之中。在这样的政策环境中，决定性联盟的偏好定义了所谓的"获胜集"，而提议者只需在获胜集中选择他们最喜欢的点。但是应用于一维情况有一个重要的理论目的。

36

---

[1] 可以肯定的是，在某些情况下，中位数政策占上风，例如，当现状正好位于中位数的理想点上时。这里我们重点介绍一下典型案例，罗默 – 罗森塔尔（Romer-Rosenthal）模型意味着与中位数不同的结果。

该模型暗示，即使存在中位数，预测的政策结果（通常）也不会是中位数。这一见解构成了非合作模型与产生于社会选择理论的早期形式传统之间的根本区别。正如我们稍后将看到的，这种差异直到今天还一直影响着立法机构形式模型的理论讨论。它是关于美国国会内部组织、联合政府的适当模型、欧盟的决策以及许多其他问题的最重要辩论的核心。

罗默－罗森塔尔（Romer–Rosenthal）模型是一种非常程式化的立法决策模型。特别是，它作出了三个主要假设：

（1）外生的现状。

（2）当多数人通过提案时，对给定问题的决策结束。

（3）完整的信息。

随后它放宽了这三个假设中的每一个，从而产生了广泛的子文献。外生现状的假设是潜在的问题，因为它决定了可能的政策偏见程度。迄今为止，最有影响力的没有外生现状的模型是罗默－罗森塔尔（Romer–Rosenthal）模型（1989a）。[1] 在巴伦－费里约翰（Baron–Ferejohn）模型的所有变体中，根据已知规则（通常建模为概率分布）选择提议者。然后，提议者向一组选民提出一项政策或利益分配的提案。根据给定的投票规则（通常是多数人规则），提案要么被接受，要么被拒绝。如果提案被接受，则博弈结束，所有参与者都会收到被接受提案指定的收益。否则，选择另一个提议者，等等。[2] 该过程一直持续到提案被接受或博弈结束。在许多应用程序中，博弈会无限期地继续下去，直到提案被接受。

在均衡中，提议者选择"最便宜的联盟"，即保留值最低的参与者，如果将其添加到提议者中，则构成获胜联盟（如果存在多个联盟，则提议者随机化），然后保留剩余的回报。提取额外盈余的能力取决于提议权［巴伦和费里约翰（Baron and Ferejohn），1989b］。而不是外生给定的现状，如在罗默－罗森塔尔（Romer–Rosenthal）模型中，提议者考虑每个参与者的持续价值，即如

---

［1］ 该模型的变体已被用于研究立法投票规则［巴伦和费里约翰（Baron and Ferejohn），1989a］、委员会权力［巴伦和费里约翰（Baron and Ferejohn），1989b］、政治分肥计划［巴伦（Baron），1991a］、政府组建［巴伦（Baron），1989，1991b］、多党选举［奥斯汀—史密斯和班克斯（Austen-Smith and Banks），1988；巴伦（Baron），1991b；沙里、琼斯和马里蒙（Chari, Jones and Marimon），1997］，以及内部谈判［迪尔迈尔和迈尔森（Diermeier and Myerson），1994］。

［2］ 这种设置的一个变体允许在投票之前对提案进行（嵌套）修改。这就是公开修正规则的情况［巴伦和费里约翰（Baron and Ferejohn），1989a］。

果谈判继续的预期均衡收益。获胜的联盟由最渴望被包括在内的非提议立法者组成。直观地说，提议者能够利用非提议立法者的不耐烦。这种不耐烦不仅来自对未来回报的贴现，还包括对被任何未来的联盟淘汰出局的担忧［埃拉斯兰和默洛（Eraslan and Merlo），2002］。

注意，巴伦－费里约翰（Baron-Ferejohn）模型［以及罗默－罗森塔尔（Romer-Rosenthal）模型］适用于多维环境，包括典型的"分钱"框架，其中代理需要共同决定如何分割固定的、可转移的利益（一个"美元"）。"分钱"问题是空核（on empty one）的集体决策问题。然而，这一事实甚至没有在巴伦—弗里基的开创性论文中提及［巴伦和费里约翰（Baron and Ferejohn），1989a］。相反，该方法被呈现为一种能够为复杂机构建模的独立、自给自足的形式方法。

罗默－罗森塔尔（Romer-Rosenthal）和巴伦－费里约翰（Baron-Ferejohn）模型都假设，一旦多数人批准提案，博弈就结束。这个假设适用于许多领域，例如，预算决策，但需要在一些重要的政策领域中进行修改，默认政策一直持续到它们被改变。例子包括权利计划，例如，社会保障、产权分配和监管制度。在动态的政策环境中，法案的通过不会防止立法机构日后再次讨论相同的政策问题。相反，法案的通过只是为随后的几轮政策制定设定了默认值。巴伦（Baron，1996）是第一个在一维政策空间背景下探索此类模型的人。其他方法包括卡兰德拉基斯（Kalandrakis，2004）、伯恩海姆、兰热尔和拉约（Bernheim, Rangel and Rayo，2006）以及迪尔迈尔和方（Diermeier and Fong，2011）。这些论文提出了重要且有时令人惊讶的见解，同时它们也强调了解决顺序谈判模型的一些数学困难。这是一个有许多未解决问题的领域，包括对一般提案规则的多维选择环境的完整分析。

第三个变体将不完整的信息引入了罗默－罗森塔尔（Romer-Rosenthal）框架。到目前为止，最有影响力的方法要归功于吉利根和克雷比尔（Gilligan and Krehbiel）。在一系列论文中，吉利根和克雷比尔（Gilligan and Krehbiel，1987，1989a，1989b，1990）提出了一种关于信息的基本原理，授予委员会特别提案和修正特权。他们的观点是，立法者通常不确定法案的政策后果。然后，规避风险的立法者会从减少这种政策不确定性中受益。为了减少这种不确定性，立法者可以"专业化"，即获取有关法案政策后果的私密信息。专业化是昂贵的，但为立法者提供了对整个立法机构有用的私人信息。吉利根和克雷比尔

（Gilligan and Krehbiel）将委员会（"提议者"）与场上的互动建模视为信号博弈。在委员会没有程序特权的情况下（即代表可以不受限制地修改委员会的提案），委员会的提案只是廉价的谈话，并没有向代表传达任何可信的信息。既然如此，委员会将没有动力去获取有关政策后果的昂贵信息。但是，如果法院授予委员会程序特权（如不允许修改的"封闭规则"），委员会可以在均衡的情况下可信地传输其私密信息。这允许委员会将政策结果偏向其方向，但是对于一组广泛的参数值，政策成本偏差小于专业化带来的收益。因此，议会授予委员会提案特权，委员会专门负责并可靠地将其信息传达给议会，导致具有偏见的政策结果的产生。

在讨论立法机构的形式模型时，确定了形式方法的三个必要条件：（1）普遍性（即捕捉相关制度细节的能力）；（2）经验内容（即解决方案概念存在且清晰）；（3）均衡制度（即制度必须在制度选择层面构成均衡）。

通用性对于非合作模型来说不是问题。博弈形式是捕捉制度细节的非常通用和灵活的框架。确实，非合作博弈论的一个弱点在于它的模型过于详细。其结果可能过于依赖这些细节，如谁在什么时候移动，什么是反击，等等。

存在同样也不是一个重大问题。纳什均衡存在于非常广泛的条件中。实际上，对不存在纳什均衡的非合作模型的典型反应，并不是因为这种不存在指向了一个深层次的理论问题，而是因为该模型设计不当。相反，非合作模型的阿喀琉斯之踵是它们缺乏解释力：博弈论分析确实不一定会导致清晰的预测。多重均衡和结果是许多博弈的特征。在某些情况下，例如，著名的重复博弈"民间定理"（Folk Theorems），所有个体理性的结果都可以在均衡中得到支持。

39　　　在简单的投票博弈中已经出现了多个均衡。考虑三个参与者有两个选择 x 和 y 的情况，其中每个参与者完全地偏向 x 而不是 y。获胜的替代方案是由多数人规则选择的，一致投票给 y 仍然是纳什均衡，因为没有任何参与者有动机偏离规定的策略。

为了避免这些问题，形式建模者向纳什均衡添加了额外的要求。这种所谓的"细化"有多种形式。在立法模型中，两个最流行的改进是迭代排除弱支配策略（这解决了独立于立法者偏好的投票均衡问题）和平稳性（这排除了"民间定理"）。这些假设已有效地成为标准建模实践，严格来说，它们是需要额外论据的多余假设。在不完全信息博弈领域，这些问题还没有得到解决。

这在"廉价交谈"游戏中尤其如此，例如，吉利根和克雷比尔（Gilligan and Krehbiel，1987）的开放规则案例。然而，无论使用何种改进，它们都必须普遍应用于许多情况。否则，就不可能将不同制度的影响与关于改进的假设区分开来。

那么均衡制度和赖克（Riker）的批评呢？如果制度的选择（如准入权或委员会分配制度）被内生化将会发生什么？由于纳什均衡的力量，可以很容易地给出答案。它首先由吉利根和克雷比尔（Gilligan and Krehbiel，1987）作为最优制度选择问题提出，然后由卡尔弗特（Calvert，1995）扩展。总体策略很简单。首先，博弈形式被扩展，使得参与者可以选择制度。然后每个制度对应一个子博弈。其次，对这些子博弈的均衡进行了表征。这允许人们推导出对相应制度的（诱导）偏好，并解决制度选择的扩展博弈中的均衡问题。在立法背景下，这意味着制度（如资历系统或强大的委员会的存在）最初被建模为博弈形式的特征，现在可以解释为潜在的制度选择博弈中的特定均衡［例如，麦凯尔和里兹曼（McKelvey and Riezman），1992；迪尔迈尔（Diermeier），1995；迪尔迈尔和迈尔森（Diermeier and Myerson），1999］。当然，这种制度选择博弈本身是由（高阶）制度支配的，例如，用于决定程序的投票或提案规则。但同样，我们可以将分析推进一步，将投票规则甚至宪法解释为一些更基本的博弈。这种方法已被广泛用于联合政府的研究［卢皮亚和斯特罗姆（Lupia and Strøm），1995；迪尔迈尔和默洛（Diermeier and Merlo），2000），美国国会的内部组织［麦凯尔和里兹曼（McKelvey and Riezman），1992；迪尔迈尔和弗莱库（Diermeier and Vlaicu），2011a；埃吉亚和谢普瑟（Eguia and Shepsle），2012］，以及议会和总统民主国家［迪尔迈尔和费德森（Diermeier and Feddersen），1998］。为了更详细地理解这些问题，我们现在转向立法机构中形式理论的两个主要领域：美国国会和多党民主国家的联合政府。

2.5　行动中的形式模型：委员会和美国国会的内部组织

40

除了极少数例外，立法投票规则都是匿名的和平等的。何者为提案投赞成票并不重要，因为每一票都同等重要。然而，实际立法机构的特点是多样化的组织结构，这导致个别成员对政策选择的影响存在显著差异。如委员会主席、政党领导人和发言人。这些惯例以及支持它们的规范很少受到国家宪法的授权。相反，立法多数派选择建立和维持其内部组织结构。这导致了两个问题：第一，这些惯例的后果是什么？第二，为什么它们稳定而持久？这种现象的典型例子，当然是拥有强大的委员会和规范的复杂系统的美国国会。

立法机构内部组织的形式理论主要是在美国国会，特别是国会委员会制度的背景下发展起来的。尤其是结构诱导的均衡理论被用来为强大的委员会提供分配性解释［谢普瑟（Shepsle），1979；谢普瑟和温加斯特（Shepsle and Weingast），1981；谢普瑟和温加斯特（Shepsle and Weingast），1987；温加斯特和马歇尔（Weingast and Marshall），1988］。[1] 委员会的程序特权，例如，把关规则，被解释为执行和维护委员会成员之间的分配协议的承诺工具，这些委员会成员非常关心特定的政策维度。模型表明，这些协议虽然对委员会有利，但可能会导致整个立法机构的效率低下。但这提出了为什么这样的安排是稳定的问题，因为正如我们在讨论结构引起的均衡时所看到的那样，通常存在替代委员会的结构，这些结构比任何当前的结构都更受欢迎。

分配方法的主要替代方案是前面讨论过的委员会信息理论［吉利根和克雷比尔（Gilligan and Krehbiel），1987、1990、1997］。[2] 在这一理论中，立法机构愿意承诺授予委员会限制性修正程序，因为这会导致委员会获取和共享信息。但是，与分配方法的情况一样，该论证关键取决于"程序承诺"的假设［克雷比尔（Krehbiel），1991］。在没有程序承诺的情况下，只有在产生类似于在公开规则下发生的政策结果时，多数人才会授予委员会限制性程序［吉利根和克雷比尔（Gilligan and Krehbiel），1989a，1989b；班克斯（Banks），1999］。但是，委员会没有动力首先专注于专业化。这就导致了一个问题，即立法机关如何能够在程序上承诺不违背限制性程序。[3]

一个相对较小的、通常以经验为导向的文献试图将这些方法应用于其他立

---

〔1〕 有关概述，参见谢普瑟和温加斯特（Shepsle and Weingast，1994）。

〔2〕 其他贡献包括爱泼斯坦（Epstein，1997）、巴伦（Baron，2000）、科兰德（Collander，2008）和金姆和罗滕伯格（Kim and Rothenberg，2008）。

〔3〕 关于使用代际交叠模型维持均衡承诺的模型，参见迪尔迈尔（Diermeier，1995）。另参见穆索奥谢普瑟和（Muthoo and Sepsle，2012）。麦凯尔和里兹曼（McKelvey and Riezman，1992）使用一个同时涉及立法和选举阶段的模型来表明，维持具有提案权力的资历制度会鼓励现任议员连任。另参见卡兰德（Callander，2008）的模型，其中政策复杂性提供了承诺问题的解决方案。

法机构［如休伯（Huber），1996；多林和哈勒伯格（Döring and Hallerberg），2004］。[1]许多其他立法机构也显示了委员会制度的复杂性，其中包括德国、意大利、日本、挪威和瑞典［如罗戈夫斯基（Rogowski），1990］。但是，内部组织的细节差异很大。而个别委员会在国会中相对较强，但他们在大多数议会机构中处于弱势地位［利斯和肖（Lees and Shaw），1979；马特森和斯特罗姆（Mattson and Strøm），1995］。更重要的是，由国会委员会行使的立法职能可能会由其他参与者在不同的环境中履行［参见马丁（Martin），本卷］。例如，在议会民主制中，获得政策专业知识的是部委而不是委员会，它们是起草和推销法案的机构。换言之，虽然美国国会委员会可以被解释为立法过程中的提议者和准入者，但议会委员会却不能如此。该角色主要由内阁担任，白芝浩［Bagehot，1963（1867），66—67］已经富有洞见地指出："我们所说的［内阁］是指被选为执行机构的立法机构委员会。"

白芝浩的格言给立法机构的比较理论带来了一些新的问题，因为它需要扩展到包括内阁研究，在多党民主的典型案例中，内阁研究与联合政府的研究密切相关。

2.6 联合政府

议会民主制的显著特点是行政机关从立法机关获得授权，并在政治上对立法机关负责。这有两个后果：第一，除非一个政党赢得多数席位（这在比例代表制下的选举制度中是罕见的情况），否则政府的产生并非仅由选举决定，而是在议会中由代表的各政党之间精心谈判的结果；第二，议会政府随时可能失去议会的信任，导致议会立即终止。因此，历史上，这两个问题主导了联合政府的研究：将组建哪些政府？它们会持续多久？

---

　［1］　近年来，出现了第三种重要的方法来解释美国国会的制度结构是多数党控制的结果。党派方法认为，政党多数派允许他们的政党领导控制议程，因为牺牲他们的个人政策目标以支持党内中位数有助于保持党的"品牌"，并随之保持党员的连任前景［考克斯和麦卡宾斯（Cox and McCubbins），1993，2005］。也可以支持服从党的领导通过对法案［奥尔德里奇和罗德（Aldrich and Rohde），2001］或程序［考克斯和麦卡宾斯（Cox and McCubbins），2005］进行有纪律的投票。迪尔迈尔和弗莱库（Diermeier and Vlaicu，2011a）表明，即使在没有外生强加的政党投票纪律偏好的情况下，多数人之间的近似性足以在不对称程序上引起党派投票凝聚力。这种方法在对美国国会的研究中具有很大的影响力，但在其他立法机构中则不那么重要，这些立法机构通常以多个且纪律严明的政党为特征。

　　早期关于联合政府的形式研究大多是合作性质的。[1] 这些文献的关注点是哪些政党最终进入政府，以及他们如何在联盟成员之间分配部门。20 世纪 80 年代末和 90 年代初，所有这些都发生了变化，见证了向制度主义模型的巨大转变，与美国国会研究的早期发展平行。1989 年，巴伦发表了非合作博弈论 [巴伦 – 费里约翰（Baron–Ferejohn）模型] 在政府联盟研究中的第一个应用。一年后，拉沃尔和谢普瑟（Laver and Shepsle，1990）使用结构诱导的均衡模型来研究内阁的形成和稳定性。

　　这一制度主义转变通过两个实证贡献得到了显著推进：卡雷·斯特罗姆（Kaare Strøm）关于少数派政府的工作（1985、1990）和布朗（Browne）等人的内阁稳定性研究（1984，1986，1988）。斯特罗姆的工作在各个方面都很重要。首先，它聚焦于一个令人费解但普遍存在的联合政府案例——少数派政府，即执政党或执政联盟中在议会未获过半数议席时形成的内阁。正如斯特罗姆所表明的，它们的存在既不稀有也不只发生在危机现象期间。此外，许多少数派政府相当稳定，尽管不如联合政府稳定。另外，许多国家（如意大利）通常由剩余政府统治，即某些政党在不失去参议院多数席位的情况下是可以牺牲的政府。少数派和剩余政府的存在与大多数现有的政府形成理论不一致，并重新定位了理论文献。重要的是，它将政府组建问题重新聚焦于"将组建哪个政府？"和"将形成哪种类型的政府？"

　　第二个经验贡献是布朗（Browne，1984，1986，1988）等人开创的内阁稳定性研究。然后由保罗·沃里克（Paul Warwick）和其他人进一步推进 [金（King）等，1990；沃里克（Warwick），1992a，1992b，1992c，1994；沃里克和伊斯顿（Warwick and Easton），1992；迪尔迈尔和史蒂文森 [Diermeier and Stevenson），1999，2000]。这些文献不仅关注内阁稳定性问题，还确定了与内阁稳定性相关的一系列制度特征。这一研究方向虽然提供了丰富的新经验规律，但缺乏令人信服的理论框架。然而，此类框架的竞争候选者正在使用不同的方法独立开发他们分析政府形成的方法：拉沃尔 – 谢普瑟（Laver–Shepsle）模型和巴伦的顺序谈判模型。这两项贡献都将制度的作用放在首位和

42

---

　　[1] 参见拉沃尔和斯科菲尔德（Laver and Schofield，1990），了解该领域直至 20 世纪 80 年代后期的详细回顾。

中心。[1]这两种新方法的重点不是政治制度作为一个潜在的重要研究对象被忽视，而是这两种方法都完全接受了制度主义的信条：形式的政治理论就是制度理论。这种观点的转变对后续联合政府形式模型的发展产生了深远影响。

在一篇极具影响力的论文中，拉沃尔和谢普瑟（Laver and Shepsle，1990）将这种方法应用于内阁，其中部长职位被解释为问题分配，如谢普瑟（Shepsle，1979）。与美国国会的申请相比，在美国国会中，中间值的问题是决定性的；在这里，部长们可以单方面决定其职位中的政策选择。拉沃尔和谢普瑟然后询问这种职位分配在什么情况下是稳定的，即他们是否是内阁分配投票博弈的多数核心。重要的是，这可能包括少数派政府。该模型还可以应用于内阁稳定性问题，例如，通过考虑在议会中有代表的政党。[2]

事实证明，拉沃尔和谢普瑟的工作极具影响力，一部分原因是其使用的制度主义方法将美国国会的研究与政府的研究联系起来，另一部分原因是其研究能够为先前确定的经验规律提供制度主义解释。然而，正如我们之前所讨论的那样，奥斯汀－史密斯和班克斯（Austen-Smith and Banks，1990）发现了拉沃尔－谢普瑟（Laver-Shepsle）方法的一些方法论缺陷。这些困难导致了另一种模型方法的发展——在巴伦（Baron）和费里约翰（Ferejohn）的传统中使用顺序谈判模型。由于依赖非合作博弈论，顺序谈判模型避免了与结构诱导均衡相关的不存在问题，即使在核心为空的环境（如在多数规则下划分固定收益）也是如此。这些特点使得该模型非常适合制度分析。然而，与拉沃尔－谢普瑟（Laver- Shepsle）模型相比，巴伦－费里约翰（Baron-Ferejohn）模型更难使用，尤其是当一个人离开纯粹的分配环境并考虑（多维）政策偏好时。最后，巴伦－费里约翰（Baron-Ferejohn）模型的首次应用［如巴伦（Baron），1989a，1991b］不能解释少数派政府，也不是为了解决政府稳定性问题。毕竟，在经典的巴伦－费里约翰（Baron-Ferejohn）模型中，博弈在达成协议时就结束了。

这些困难导致了替代方法的发展。这些方法也是用非合作博弈论的语言制定的，但依赖于不同的谈判协议。就我们的目的而言，最相关的方法是"有效的谈判方法"［默洛和威尔逊（Merlo and Wilson），1995；默洛（Merlo）1997；迪尔迈尔和默洛（Diermeier and Merlo），2000；巴伦（Baron）和迪尔

43

---

[1]　与此同时，传统的社会选择理论工作仍在继续。例如，参见斯科菲尔德和塞涅德（Schofield and Sened，2006）和斯科菲尔德（Schofield，2008）。

[2]　有关详细信息，参见拉沃尔和谢普瑟（Laver and Shepsle，1994，1996）。

迈尔（Diermeier），2001；迪尔迈尔、埃拉斯兰和默洛（Diermeier，Eraslan and Merlo），2003〕。在这些模型中，参与者在一致性规则下谈判，直到达成协议或博弈结束。该方法最初是在纯博弈论中发展起来的，一旦人们认识到这种谈判协议可以捕捉到联盟理论中的一个古老想法：原始联盟的概念〔阿克塞尔罗德（Axelrod），1970〕，这种方法就变得有影响力。也就是说，联盟谈判过程的特点往往是多次尝试组建政府，其中由政党领导人（通常被称为"形式主义者"）选择一个通过谈判组建新政府的原始联盟。这个谈判过程一直持续到协议达成或者各方放弃联合政府的组建进程。然后使用有效的谈判理论对原始联盟内的谈判进行建模。

有效的谈判模型具有许多吸引人的特性。即使在随机变化的收益〔默洛和威尔逊（Merlo and Wilson），1995〕或多维政策空间〔巴伦和迪尔迈尔（Baron and Diermeier），2001〕的情况下，谈判的结果总是有效的。但更重要的是，有效的谈判模型满足分离性质：谈判博弈的结果（至少部分）独立于提议者的身份和确切的谈判协议。例如，在默洛－威尔逊（Merlo–Wilson）模型中，当各方达成协议时，状态集必须独立于提议人的身份。在巴伦－迪尔迈尔（Baron–Diermeier）模型中，各方商定的政策位置不取决于谈判过程的细节，如承认概率或折扣因素，而只取决于原联盟成员的理想点。这是一个至关重要的优势，因为它避免了巴伦－费里约翰（Baron–Ferejohn）谈判协议的一些技术难题。因此，有效的讨价还价模型可以应用于更复杂的环境，例如，完全均衡模型，该模型将比例代表制下的内阁组建和投票与静态〔巴伦和迪尔迈尔（Baron and Diermeier），2001〕或动态政策环境〔巴伦，迪尔迈尔和方（Baron，Diermeier and Fong），2012〕相结合。

最重要的是，有效的谈判模型可以解决实证研究提出的原始问题：政府类型（特别是少数和剩余多数的产生）和内阁稳定性。该方法首先由卢皮亚和斯特罗姆（Lupia and Strøm，1995）在一篇论文中提出。内阁被解释为潜在的谈判过程的均衡，随着政治环境以及执政党之间谈判权力的分配发生变化，这种均衡必须随着时间的推移而持续下去。卢皮亚－斯特罗姆（Lupia–Strøm）模型的长期影响主要是概念性的。实际的谈判模型过于简单，无法描述联盟谈判的动态过程。[1]需要一个完全动态的模型来描述不断变化的内阁谈判环境。

44

---

〔1〕 参见迪尔迈尔和史蒂文森（Diermeier and Stevenson，2000）和迪尔迈尔和默洛（Diermeier and Merlo，2000）。

作为提供这种模型的第一步，迪尔迈尔和默洛（Diermeier and Merlo，2000）将巴伦－迪尔迈尔（Baron-Diermeier）有效谈判模型嵌入一个多阶段博弈中，其对选举前景和政党的保留价值都有随机冲击，这种冲击可能会导致政府在博弈结束前解散。在这种情况下，一个新的内阁将就任。另外，内阁可以通过在现任各方之间重新分配利益（"改组"）来应对外部事件，以避免终止。迪尔迈尔和默洛表明，少数派内阁和超级多数派内阁可以作为均衡现象发生。此外，少数派和剩余派联盟并非罕见的例外，其可能会针对所有参数值形成。然而，它们不如最小获胜联盟稳定，后者在较低的短期收益与较高的稳定性之间取得了均衡。根据模型的参数，组阁者可以选择任何内阁类型。对于某些参数值，最小获胜内阁是最好的选择。对于其他参数值，剩余或少数联盟是最优的。因此，所有观察到的内阁类型都可以还原为均衡现象。

迪尔迈尔和默洛框架的一个重要结论是，组阁者预测随着时间的推移维持给定内阁的好处和成本。成本和收益都取决于内阁类型。因此，根据参数，组阁者会选择不同的内阁类型，包括有时可能会提前终止的少数派内阁。不同类型政府的稳定性和相对发生率，是在均衡中共同决定的。这一见解对内阁稳定性的实证研究产生了重要影响，该研究一直由回归模型主导，即一个适当定义的随机过程，具有影响终止概率的协变量集。自斯特罗姆（Strøm，1985）以来，所有这些模型都包含政体（如宪法特征）和内阁（如其多数地位）的制度特征。但是一旦我们将内阁建模为均衡，期望关于内阁持续时间影响初始内阁的选择；内阁及其持续时间是在均衡中共同选择的。根据经验，这意味着我们不能将内阁特有的特征作为回归模型中的适当自变量。最近的论文［默洛（Merlo）1997；迪尔迈尔、埃拉斯兰和默洛（Diermeier，Eraslan and Merlo），2003］试图通过使用结构估计方法解决这些问题。该方法包括指定政府组建的谈判模型，估计模型的参数，评估模型解释数据关键特征的能力，然后使用估计结构模型进行比较制度分析的（反事实）实验。

联合政府研究的理论发展对立法机构的一般理论产生了重要影响。第一，这些模型展示了将美国国会背景下发展的方法应用于非美国立法机构和联合政府，这是多党议会民主的关键现象。第二，现有的关于内阁稳定性和内阁类型的实证研究将制度选择和稳定性问题放在首位。而在美国国会的模型中，制度结构（如委员会制度、资历规范等）在短期内是固定的，这种假设并非不合理，但这样的假设在联盟政府的研究中是根本不合适的。一旦内阁被视为必须得到

45

多数人支持的立法机构［正如白芝浩（Bagehot）所说］，人们就可以就强大的委员会和立法领导机构提出同样的问题。

这个问题不但对比较主义者很重要，而且是研究美国国会主要学者之中一些关键辩论的中心。作为一个强大的委员会或内阁的成员，某些立法成员在程序上有很大的优势。那么问题就变成了为什么议会多数派赋予其一些成员这样的特权，以及为什么这样的协议是稳定的。在美国国会就政党进行辩论的背景下，克雷比尔（Krehbiel，2004，117）将这一论点表述如下[1]：

多数主义和程序内生性意味着，中间选民在程序中立的环境中至关重要。为什么这样的立法选民会同意那些可预见后果等同于放弃权力的程序？

这一论点不仅适用于美国国会，也适用于所有立法机构。如果立法机构具有重要的分配和政策后果，我们如何解释立法机构的多样性和稳定性？

对文献的审查还指出，在建立能够解决这些问题的形式模型方面存在重大的技术困难。基于社会选择的模型是优雅的，但无法捕捉足够的制度细节或模型动态，并面临其解决方案概念化的严重问题。结构诱导均衡模型可以捕捉更多的制度细节，但继承了社会选择理论的一些存在问题，而动态的考虑只能被描述为对系统的冲击。非合作模型可以描述丰富的制度结构和动态，但难以使用。[2]

因此，仍然缺乏研究立法机构的一般理论框架也就不足为奇了。在最后一节中，我们讨论了一些现有的方法，并总结了一些未来研究的目标。

2.7　一种比较视角

现有的立法机构形式研究在很大程度上是沿着地域划分取得进展的。对美国国会的广泛研究是在议会民主国家对联合政府的同样活跃的研究中发展起来的。虽然一些勇敢的人试图跨越两种研究传统之间的鸿沟［例如，巴伦（Baron），1989；拉沃尔和谢普瑟（Laver and Shepsle），1990］，但仍然缺乏一种既能适应两种主要传统，又能适应任一立法体系的系统形式方法。目前，有两种方法可以作为这种范式的候选方法：否决者方法［泽伯利

---

〔1〕　十年前就委员会的作用进行了类似的辩论［克雷比尔（Krehbiel），1991，2004］。

〔2〕　例如，迪尔迈尔和默洛（Diermeier and Merlo，2000）中的模型仅针对具有二次偏好的三方求解。

斯（Tsebelis），1995，2002；泽伯利斯和莫尼（Tsebelis and Money），1997］和制度均衡［卡尔弗特（Calvert），1995；迪尔迈尔和费德森（Diermeier and Feddersen），1998；迪尔迈尔和迈尔森（Diermeier and Myerson），1999；迪尔迈尔和克雷比尔（Diermeier and Krehbiel），2003］。

　　泽伯利斯（Tsebelis，2002）基于否决权的概念提出了对立法机构的形式分析。其目的是提供一个能够以统一方式来表示各种政治制度的框架，然后使用该框架来研究政策后果，特别是在政策稳定性方面。否决权参与者是个人或集体行动者，如众议院，其同意是政策改变所必需的。也就是说，否决者有权阻止改变现状政策。当所有否决权参与者都倾向于维持现状的政策时，政策就会发生变化。这些点构成了现状的胜利集；胜利集越大，制定另一项政策的可能性就越大，现状的稳定性就越低。因此，通过识别否决权参与者和相关的获胜组合并在不同政体之间进行比较，我们可以推断出相对稳定性，或者反过来说，是政策改变的机会。虽然原则上，增加否决权参与者会增加政策稳定性，但如果否决权参与者是多余的，即如果增加否决权参与者时获胜组合没有改变，这将不成立。

　　这种方法的一个吸引人的特点是，它为政治制度强加了一个共同的结构，有利于比较分析并可以创造新的见解。例如，可以使立法无效的最高法院和可以阻止某种财政政策的国际货币基金组织都可以被建模为否决权参与者。同样，在比较宪法时，如总统和议会政体，所有重要的是由此产生的否决权。这意味着拥有独立最高法院的议会制可能与总统可以否决立法的总统制类似。

　　在方法论上，这种方法属于社会选择理论传统。也就是说，立法决策的形式表示由三个要素组成：一组可能的结果（这里是欧几里得的多维政策空间）；偏好断面（此处为二次偏好）；以及决定性联盟的名单（这里是个人和集体否决权的名单）。因此，它继承了这种方法的所有困难以及相关的解决方案概念，例如，未覆盖的集合。"集体否决权"（collective veto players）的概念尤其如此。此外，对社会选择理论概念的限制也限制了制度细节可以形式表示的范围。例如，尽管泽伯利斯反复讨论议程设置的重要性，但他的框架不允许形式表示议程设置的权力。因此，任何关于提案权和议程设置的讨论都必须是非形式的。泽伯利斯使用了各种其他解决方案概念［未覆盖集（the uncovered set）、"蛋黄"（the "yolk"）、赢圈（the win-circle）］，但正如他所承认的，大多数问题仍然存在，并且无法获得理论命题。我们剩下的是"规律"，[1]它们似乎在大多数偏好配置中都成立，但不是一般情况下。最后，该方法无法解释否决权参与者的稳定性和平衡特性。例如，独立的监管委员会和立法委员会都可以充当同等的否决权参与者，但在两院制中，该委员会可以通过简单的众议院多数被剥夺权力，而监管委员会只有在两院（如果适用的话，还有总统）同意的情况下才能被放弃。一般来讲，在其形式框架内，否决权参与者方法无法区分内生的否决权参与者和外生的否决权参与者：哪些否决权参与者应被视为限制因素，哪些应被视为潜在的制度选择博弈中的制度均衡。

47 制度均衡的概念是否决权参与者方法的主要替代方法——均衡制度方法的核心。我们已经在上面看到了这种方法是如何独立地应用于美国国会和联合政府研究的。然而，缺少的是一种真正的比较观点，用以解释各国的各种制度结构。为了实现这一目标，制度均衡的概念至关重要。要看到这一点，回想一下（a）内阁是议会民主制中的关键决策机构；（b）内阁需要立法机构的持续支持。用非合作博弈论的语言来说，它们必须在潜在的联盟谈判博弈中构成（制度）均衡。正如我们所讨论的，与社会选择理论相关的解决方案概念和结构诱导的均衡理论方法通常都是空洞的。因此，在制度选择模型中可能没有任何稳定的制度。正是在这里，非合作博弈论提供了关键的方法论优势。要了解原因，需注意制度选择问题定义了制度模型的层次结构，其中每个较低级别的制度都成为较高级别的选择对象。迪尔迈尔和克雷比尔（Diermeier and Krehbiel，2003）陈述如下：

（1）在集体选择过程中为政治行为者定义并持有固定的行为假设，其中明确的制度是明确的选择对象。

（2）为 A 中确定的每个制度进行和 / 或嵌入制度分析［即前面讨论的步骤（1）—步骤（4）］。

（3）形式表示限制 A 中定义的制度选择的（二级）制度。

（4）给定步骤 A—C，推断将选择的制度集。

（5）将推导出的含义和经验规律与数据进行比较。

博弈论分析的关键优势在于"子博弈"的概念，可用于对每个可行制度进行形式建模。然后，理论家求解每个子博弈的均衡，并将每个子博弈嵌入更大

---

[1] 泽伯利斯（Tsebelis）将它们称为"猜想"。

的制度选择博弈中。通过解决这个更大的博弈，我们就有了一个精确的制度均衡概念。非合作博弈论能够完成这项任务有两个原因：第一，形式广泛的博弈提供了一个非常丰富的形式框架来描述制度多样性；第二，纳什均衡存在于非常广泛的博弈类别中。因此，它们通常存在于每个子博弈的所有层面和制度选择博弈的层面。以下示例用于说明这种方法。

麦凯尔和里兹曼（McKelvey and Riezman，1992）提供了一个形式模型，该模型产生了作为一种均衡制度的资历系统［例如，波尔斯比、加拉赫和伦德奎斯特（Polsby，Gallagher and Rundquist），1969］。[1]资历制度赋予任期较长的立法机构不成比例的提案权，这导致分配给拥有更多资深立法者的地区的利益份额不成比例。但随后选民有动力重新选举高级立法者。因此，"资历"制度创造了任期优势，这将得到对连任感兴趣的立法者的支持。因此，资历制度不被假定为对集体决策的约束，而是在立法谈判和选举竞争相结合的博弈中保持均衡。

迪尔迈尔和迈尔森（Diermeier and Myerson，1999）展示了多个议院或独立选举的拥有否决权的总统之间的博弈，如何导致内部否决权参与者（如强大的委员会）或超多数规则（如美国参议院的阻挠规则）的存在。相比之下，一院制立法者提供激励措施，将权力下放给单一行为者，如总理或政党领导人。因此，该模型不仅解释了某些制度的存在，还解释了它们在不同政治制度中的差异。该模型指出，看似完全不同的制度（如内阁和美国委员会，或否决权参与者和绝对多数规则）可能是功能对等的。这与泽伯利斯的否决权方法类似，但建模方法却大不相同。

迪尔迈尔和费德森（Diermeier and Feddersen，1998）提出了巴伦－费里约翰（Baron−Ferejohn）传统中分配立法谈判的多时期模型，其中立法者需要在每个政策时期分配固定收益。在每个时期，立法者都被随机分配一个保留值（即如果提案失败，他们将获得的回报），并根据识别规则选择提案者。然而，这些承认规则并不是固定不变的，而是在立法者就政策期间的承认权进行谈判的组织期间进行表决的。然后迪尔迈尔和费德森将他们的模型应用于两种不同的宪法环境：总统民主制让人想起美国国会和多党制的议会民主制。两种设置之间的关键制度差异是信任投票程序的存在，[2]该程序允许执政联盟将对

---

〔1〕　也可参见埃吉亚和谢普瑟（Eguia and Shepsle，2012）。
〔2〕　也可参见休伯（Huber，1996）和巴伦（Baron，1998）。

特定法案的投票与执政联盟的生存联系起来。迪尔迈尔和费德森表明，这种宪法特征具有显著的后果。与总统制相比，它允许立法多数派在多个问题上进行一致投票，并获得更多的立法利益。因此，该模型可以解释议会制和总统制之间投票凝聚力的差异。注意，解释不依赖于政党规则或选举竞争。相反，当前执政联盟能否继续执政，这取决于对未来利益的预期。因此，该模型也可以解释为什么在美国国会中，议会民主国家的投票凝聚力在政党之间比政党内部更大。

如这个例子所示，我们可以看到制度均衡方法的三个主要特征。第一，除非宪法另有规定，任何立法制度必须被解释为制度选择的潜在博弈中的均衡。第二，来自不同系统和国家的机构被表示为形式的对等物。这允许模型比较不同的宪法。第三，这些模型不仅试图解释立法机构的存在，还试图解释它们在不同政治体系中的差异。[1] 但生活中没有什么东西是免费的，非合作博弈论的方法论优势也伴随着巨大的成本。首先，如上所述，非合作博弈通常有不止一个均衡。这通常需要比纳什均衡更强的均衡概念子博弈完美（Subgame-Perfection）、马尔可夫完美（Markov-Perfection）、迭代剔除劣势策略（iterated elimination of weakly dominated strategies）。例如，麦凯尔 – 里兹曼（McKelvey-Riezman）模型使用了所有这些均衡改进。在实践中，这些限制被广泛接受，但它们确实构成了额外的假设。其次，非合作模型的制度丰富性，这既是好事也是坏事。[2] 在一些应用中，它是一件好事，因为它允许我们按照政治宪法中规定的准确行动顺序建模。但在其他情况下（例如，敌对派系之间的党内谈判），确切的规则可能未知，或者决定可能是非正式谈判的结果。非合作博弈论不太适合模拟"非正式制度"。它迫使建模者做出决定（"谁可以提供？""谁先行动？"等），即使这样的建模决定可能看起来是武断的。如果各个建模变量与定性不同的均衡相关联，这就变得尤为重要。除了费力地创建可与数据进行比较的通用性和稳健性不断提高的模型之外，没有简单的解决方案可以解决这个

---

〔1〕 在迪尔迈尔 – 费德森（Diermeier-Feddersen）模型中增加不确定性可以解释立法成功率的国际差异〔迪尔迈尔和弗莱库（Diermeier and Vlaicu），2011b〕。

〔2〕 另外需注意，这些方法使用不同的政策决策模型。麦凯尔和里兹曼（McKelvey and Riezman）以及迪尔迈尔和费德森（Diermeier and Feddersen）在巴伦 - 费里约翰（Baron-Ferejohn）传统中使用顺序谈判模型。迪尔迈尔和迈尔森（Diermeier and Myerson）使用投票购买模型〔格罗斯克洛斯和斯奈德（Groseclose and Snyder），1996〕，尽管一般结果适用于更一般的方法。这些建模选择是由技术便利驱动的，最终可能无关紧要，但这些模型尚未整合到一个通用框架中。

问题。这就是与经验规律的密切联系在制度主义模型中发挥如此重要作用的原因之一。最后，非合作模型的分析通常会带来巨大的技术困难，尤其是在多维政策空间中。这并不反映方法问题，其只是与解决非合作模型相关的纯粹数学挑战。

2.8　结论：迈向立法机构的一般理论

这一论点为立法机构的一般理论的发展提出了一些方向。第一，目标应该是发展真正的比较导向。必须弥合美国国会、联合政府和其他立法机构研究之间的分歧。对选举的比较研究可以作为一个潜在的参考案例［例如，考克斯（Cox），1997］。虽然选举规则千差万别，但它们的大部分复杂性可以简化为一些关键特征，如选区规模（影响选举制度中的政党数量）和同一选区内的党派间竞争程度（影响政党纪律）。

第二，弥合这种分歧需要有能力在一个通用的形式框架内表示来自不同国家的不同制度。这可能会重新定义传统的区别，如总统和议会民主国家之间或委员会和内阁之间的区别。否决者和制度均衡方法都提供了可能的框架。

第三，唯一的外生制度是一国宪法中所规定的一般规则。所有其他立法制度，即使它们是稳定和有影响力的，也需要被解释为制度均衡。

第四，一般理论必须不仅能够解释立法制度的存在，而且能够解释它们的差异。在这种情况下，模型能够正确地处理主要的差异是很重要的。也就是说，一种可以解释挪威和德国委员会制度之间（相对较小的）权力差异，但不能解释英国议会和美国国会委员会之间的差异的模型，其用处有限。

尽管对立法政治的形式研究已经取得了长足的进步，但仍有许多工作要做。有利的一方面是，近年来，我们看到了一些真正具有比较性质的研究项目的出现。不利的一面则是，在通用框架中开发模型的技术挑战仍然是巨大的。

50

参考文献

Aldrich, J. H. and Rohde, D. W., 2001. The Logic of Conditional Party Government: Revisiting the Electoral Connection. In: L. C. Dodd and B. I. Oppenheimer (eds.). Congress Reconsidered (7th ed.), pp. 269–92. Washington, DC: Congressional Quarterly Press.

Arrow, K. J., 1951. Social Choice and Individual Values. New York: Wiley.

Austen–Smith, D., and Banks, J. S. 1988. "Elections, Coalitions and Legislative Outcomes." American Political Science Review 82(2): 405–22.

Austen–Smith, D. and Banks, J. S., 1990. Stable Governments and the Allocation of Policy Portfolios. American Political Science Review, 84: 891–906.

Axelrod, R. M., 1970. Conflict of Interest: A Theory of Divergent Goals with Applications to Politics. Chicago: Markham Publishing Company.

Bagehot, W., 1963 [1867]. The English Constitution. London: Collins.

Banks, J. S., 1984. Sophisticated Voting and Agenda Control. Social Choice and Welfare, 1: 295–306.

Banks, J. S., 1989. Equilibrium Outcomes in Two Stage Amendment Procedures. American Journal of Political Science, 33: 25–43.

Banks, J. S., 1999. Committee Proposals and Restrictive Rules. Proceedings of the National Academy of Sciences, 96: 8295–300.

Baron, D. P., 1989. A non–cooperative Theory of Legislative Coalitions. American Journal of Political Science, 33: 1048–84.

Baron, D. P., 1991a. Majoritarian Theory of Legislative Control. American Journal of Political Science, 35: 57–90.

Baron, D. P., 1991b. A Spatial Bargaining Theory of Government Formation in Parliamentary Systems. American Political Science Review, 85: 137–64.

Baron, D. P., 1996. A Dynamic Theory of Collective Goods Programs. American Political Science Review, 90: 316–30.

Baron, D. P., 1998. Comparative Dynamics of Parliamentary Governments. American Political Science Review, 92: 593–609.

Baron, D. P., 2000. Legislative Organization with Informational Committees. American Journal of Political Science, 44: 485–505.

Baron, D. P. and Diermeier, D., 2001. Elections, Governments, and Parliaments in Proportional Representation Systems. Quarterly Journal of Economics, 116: 933–67.

Baron, D. P. and Ferejohn, J. A., 1989a. Bargaining in Legislatures. American Political Science Review, 83: 1181–206.

Baron, D. P. and Ferejohn, J. A., 1989b. The Power to Propose. In P. C. Ordeshook (ed.). Models of Strategic Choice in Politic, pp. 343–66. Ann Arbor: University of Michigan Press.

Baron, D. P., Diermeier, D., and Fong, P., 2012. A Dynamic Theory of Parliamentary Democracy. Economic Theory, 49: 703–38.

Bernheim, B. D., Rangel, A., and Rayo, L., 2006. The Power of the Last Word in Legislative Policy making. Econometrica, 74: 1161–90.

Black, D., 1958. The Theory of Committees and Elections. Cambridge: Cambridge University Press.

Browne, E. C., Frendreis, J. P., and Gleiber, D. W., 1984. An "Events" Approach to the Problem of Cabinet Stability. Comparative Political Studies, 17: 167–97.

Browne, E. C., Frendreis, J. P., and Gleiber, D. W., 1986. The Process of Cabinet Dissolution: An Exponential Model of Duration and Stability in Western Democracies. American Journal of Political Science, 30: 628–50.

Browne, E. C., Frendreis, J. P., and Gleiber, D. W., 1988. Contending Models of Cabinet Stability: A Rejoinder. American Political Science Review, 82: 923–41.

Callander, S., 2008. A Theory of Policy Expertise. Quarterly Journal of Political Science, 3: 123–40.

Calvert, R., 1995. The Rational Choice Theory of Social Institutions: Cooperation, Coordination, and Communication. In J. S. Banks and E. A. Hanushek (eds.). Modern Political Economy: Old Topics, New Directions, pp. 216–55. Cambridge: Cambridge University Press.

Chari, V. V., Jones, L. E., and Marimon, R., 1997. The Economics of Split–ticket Voting in Representative Democracies. American Economic Review, 87: 957–76.

Cox, G. W., 1997. Making Votes Count: Strategic Coordination in the World's Electoral Systems. Cambridge: Cambridge University Press.

Cox, D. R., 2006. The Organization of Democratic Legislatures. In B. R. Weingast and D. A. Wittman (eds.). The Oxford Handbook of Political Economy, pp. 141–61. Oxford: Oxford University Press.

Cox, G. W. and McCubbins, M. D., 1993. Legislative Leviathan: Party Government in the House. Berkeley: University of California Press.

Cox, G. W. and McCubbins, M. D., 2005. Setting the Agenda: Responsible Party Government in the U.S. House of Representatives. Cambridge: Cambridge University Press.

Denzau, A. T. and Mackay, R. J., 1983. Gatekeeping and Monopoly Power of Committees: An Analysis of Sincere and Sophisticated Behavior. American Journal of Political Science, 27: 740–61.

Diermeier, D., 1995. Commitment, Deference, and Legislative Institutions. American Political Science Review, 89: 344–55.

Diermeier, D., 1997. Explanatory Concepts in Positive Political Theory. Working Paper. Graduate School of Business. Stanford University.

Diermeier, D. 2006. Coalition Government. In B. Weingast and D. Wittman (eds.), Oxford Handbook of Political Economy (162–79). Oxford University Press.

Diermeier, D. 2011. Coalition Experiments. In J. N. Druckman, D. P. Green, J. H. Kuklinski, and A. Lupia (eds.), Handbook of Experimental Political Science (399–412). New York: Cambridge University Press.

Diermeier, D. 2014. Positive Political Theory. Encyclopedia of Political Thought. Hoboken: Wiley–Blackwell.

Diermeier, D. and Feddersen, T. J., 1998. Comparing Constitutions: Cohesion and Distribution in Legislatures. European Economic Review, 42: 665–72.

Diermeier, D. and Fong, P., 2011. Legislative Bargaining with Reconsideration. The Quarterly Journal of Economics, 126: 947–85.

Diermeier, D. and Krehbiel, K., 2003. Institutionalism as a Methodology. Journal of Theoretical Politics, 15: 123–44.

Diermeier, D. and Merlo, A., 2000. Government Turnover in Parliamentary Democracies. Journal of Economic Theory, 94: 46–79.

Diermeier, D. and Myerson, R.B., 1994. Bargaining, Veto Power, and Legislative Committees. Center for the Mathematical Studies in Economics and Management Science. Working Paper No.1089. Northwestern University.

Diermeier, D. and Myerson, R. B., 1999. Bicameralism and its Consequences for the Internal Organization of Legislatures. American Economic Review, 89: 1182–96.

Diermeier, D. and Stevenson, R., 1999. Cabinet Survival and Competing Risks. American Journal of Political Science, 43: 1051–68.

Diermeier, D. and Stevenson, R. T., 2000. Cabinet Terminations and Critical Events. American Political Science Review, 94: 627–40.

Diermeier, D. and Vlaicu, R., 2011a. Parties, Coalitions and the Internal Organization of Legislatures. American Political Science Review, 105: 359–80.

Diermeier, D. and Vlaicu, R., 2011b. Executive Control and Legislative Success. Review of Economic Studies, 78: 846–71.

Diermeier, D., Eraslan, H., and Merlo, A., 2003. A Structural Model of Government Formation. Econometrica, 71: 27–70.

Diermeier, D., Prato, C., and Vlaicu, R., N.D. (in press). Procedural Choice in Majoritarian Organizations. American Journal of Political Science.

Döring, H. and Hallerberg, M., 2004. Patterns of Parliamentary Behavior: Passage of Legislation across Western Europe. Aldershot: Ashgate.

Downs, A., 1957. An Economic Theory of Democracy. New York: Harper & Brothers.

Eguia,J.and Shepsle, K., 2012. Endogenous Agendas and Seniority Advantage. Working Paper. Harvard University.

Epstein, D., 1997. An Informational Rationale for Committee Gatekeeping Power. Public Choice,91: 271–99.

Eraslan, H. and Merlo, A., 2002. Majority Rule in a Stochastic Model of Bargaining. Journal of Economic Theory, 103: 31–48.

Farquharson, R., 1969. Theory of Voting. New Haven: Yale University Press.

Gilligan, G. and Krehbiel, K., 1987. Collective Decision-making and Standing Committees: An Informational Rationale for Restrictive Amendment Procedures. Journal of Law, Economics and Organization, 3:287–335.

Gilligan, G. and Krehbiel, K., 1989a. Collective Choice without Procedural Commitment. In P. C. Ordeshook (ed.). Models of Strategic Choice in Politics, pp. 295–314. Ann Arbor: University of Michigan Press.

Gilligan, G. and Krehbiel, K., 1989b. Asymmetric Information and Legislative Rules with a Heterogeneous Committee. American Journal of Political Science, 33: 459–90.

Gilligan, G. and Krehbiel, K., 1990. Organization of Informative Committees by a Rational Legislature. American Journal of Political Science, 34: 531–64.

Gilligan, G. and Krehbiel, K., 1997. Specialization Decisions within Committee. Journal of Law, Economics and Organization, 13: 366–86.

Groseclose, T. and Snyder, J. M., 1996. Buying Supermajorities. American Political

Science Review, 90: 303–15.

Huber, J. D., 1996. Rationalizing Parliament: Legislative Institutions and Party Politics in France. Cambridge: Cambridge University Press.

Kalandrakis, A., 2004. A Three–player Dynamic Majoritarian Bargaining Game. Journal of Economic Theory, 116: 294–322.

Kim, J. and Rothenberg, L. S., 2008. Foundations of Legislative Organization and Committee Influence. Journal of Theoretical Politics, 20: 339–74.

King, G., Alt, J. E., Burns, N. E., and Laver, M., 1990. A Unified Model of Cabinet Dissolution in Parliamentary Democracies. American Journal of Political Science, 34: 846–71.

Kramer, G. H., 1972. Sophisticated Voting Over Multidimensional Choice Spaces. Journal of Mathematical Sociology, 2: 165–80.

Krehbiel, K., 1991. Information and Legislative organization. Ann Arbor: University of Michigan Press.

Krehbiel, K., 2004. Legislative Organization. Journal of Economic Perspectives, 18: 113–28.

Krehbiel, K., 2006. Pivots. In B. R. Weingast and D. A. Wittman (eds.). The Oxford Handbook of Political Economy, pp. 223–40. Oxford: Oxford University Press.

Laver, M., and Shepsle, K. A., 1990. Coalitions and Cabinet Government. American Political Science Review, 84: 873–90.

Laver, M. and Shepsle, K., 1994. Cabinet Ministers and Parliamentary Government. Cambridge: Cambridge University Press.

Laver, M. and Shepsle, K., 1996. Making and Breaking Governments: Cabinets and Legislatures in Parliamentary Democracies. New York: Cambridge University Press.

Laver, M. and Schofield, N.,1990. Multiparty Government: The Politics of Coalition in Europe. Oxford: Oxford University Press.

Lees, J. D. and Shaw, M., 1979. Committees in Legislatures: A Comparative Analysis. Durham: Duke University Press.

Lorenz, E. N., 1960. The Statistical Prediction of Solutions of Dynamic Equations. Symposium on Numerical Weather Prediction in Tokyo, 629–35.

Lorenz, E. N., 1993. The Essence of Chaos. Seattle: University of Washington Press.

Lupia, A. and Strøm, K., 1995. Coalition Termination and the Strategic Timing of Parliamentary Elections. American Political Science Review, 89: 648–65.

Mattson, I. and Strøm, K., 1995. Parliamentary Committees. In H. Döring (ed.).

Parliaments And Majority Rulein Western Europe, pp. 249–306. New York: St Martin's Press.

McKelvey, R. D., 1976. Intransitivities in Multidimensional Voting Models and Some Implications for Agenda Control. Journal of Economic Theory, 12: 472–82.

McKelvey, R. D., 1979. General Conditions for Global Intransitivities in Formal Voting Models. Econometrica, 47: 1085–112.

McKelvey, R. D., 1986. Covering, Dominance, and Institution–free Properties of Social Choice. American Journal of Political Science, 30: 283–314.

McKelvey, R. D. and Riezman, R., 1992. Seniority in Legislatures. American Political Science Review, 86: 951–65.

McKelvey, R. D. and Schofield, N., 1987. Generalized Symmetry Conditions at a Core Point. Econometrica, 55: 923–33.

Merlo, A., 1997. Bargaining Over Governments in a Stochastic Environment. Journal of Political Economy, 105: 101–31.

Merlo, A. and Wilson, C., 1995. A Stochastic Model of Sequential Bargaining with Complete Information. Econometrica, 63: 371–99.

Miller, N. R., 1977. Graph–theoretical Approaches to the Theory of Voting. American Journal of Political Science, 21: 769–803.

Miller, N. R., 1980. A New Solution Set for Tournaments and Majority Voting: Further Graph–theoretical Approaches to the Theory of Voting. American Journal of Political Science, 24: 68–96.

Muthoo, A. and Shepsle, K., 2012. Seniority and Incumbency in Legislatures. Working Paper. Harvard University.

Myerson, R. M., 1996. Foundations of Social Choice Theory. CMSEMS Discussion Paper No. 1162 Northwestern University.

Ordeshook, P.C. and Schwartz, T., 1987. Agenda and the Control of Political Outcomes. American Political Science Review, 81: 179–99.

Plott, C. R., 1967. A Notion of Equilibrium and its Possibility Under Majority Rule. American Economic Review, 57:787–806.

Poincaré, H., 2007 [1908]. Science and Method. New York: Cosimo Classics.

Polsby, N. W., Gallaher, M., and Rundquist, B. S., 1969. The Growth of the Seniority System in the U.S. House of Representatives. American Political Science Review, 63: 787–807.

Riker, W. H., 1962. The Theory of Political Coalitions. New Haven: Yale University Press.

Riker, W. H., 1980. Implications from the Disequilibrium of Majority Rule for the Study of Institutions. American Political Science Review, 74: 432–46.

Rogowski, Ronald., 1990. The Information–economizing Organization of Legislatures. Working Paper, UCLA.

Romer, T. and Rosenthal, H., 1978. Political Resource Allocation, Controlled Agendas, and the Status Quo. Public Choice, 33: 27–43.

Schofield, N., 2008. The Spatial Model of Politics. New York: Routledge.

Schofield, N. and Sened, I., 2006. Multiparty Democracy: Elections and Legislative Politics. Cambridge: Cambridge University Press.

Shepsle, K. A., 1979. Institutional Arrangements and Equilibrium in Multidimensional Voting Models. American Journal of Political Science, 23: 27–59.

Shepsle, K. A., 1986. Institutional Equilibrium and Equilibrium Institutions. Political Science: The Science of Politics, pp. 51–81. New York: Agathon Press.

Shepsle, K. A., and Weingast, B. R., 1981. Structure–induced Equilibrium, and Legislative Choice. Public Choice, 37: 503–19.

Shepsle, K. A. and Weingast, B. R., 1987. The Institutional Foundations of Committee Power. American Political Science Review, 81: 85–104.

Shepsle, K. A. and Weingast, B. R., 1994. Positive Theories of Congressional Institutions. Legislative Studies Quarterly, 19: 149–79.

Strøm, K., 1985. Party Goals and Government Performance in Parliamentary Democracies. American Political Science Review, 79: 738–54.

Strøm, K., 1990. Minority Government and Majority Rule. Cambridge: Cambridge University Press.

Tsebelis, G., 1995. Decision Making in Political Systems: Veto Players in Presidentialism, Parliamentarism, Multicameralism and Multipartyism . British Journal of Political Science, 25: 289–325.

Tsebelis, G., 2002. Veto Players: How Political Institutions Work. Princeton: Princeton University Press.

Tsebelis, G. and Money, J., 1997. Bicameralism. Cambridge: Cambridge University Press.

Volden, C. and Wiseman, A. E., 2011. Formal Approaches to the Study of Congress. In F. Lee and E. Schickler (eds.), Oxford Handbook on the American Congress, pp. 36–65. New York: Oxford University Press.

Warwick, P., 1992a. Ideological Diversity and Government Survival in Western European Parliamentary Democracies. Comparative Political Studies, 25: 332–61.

Warwick, P., 1992b. Rising Hazards: An Underlying Dynamic of Parliamentary Government. American Journal of Political Science, 36: 857–76.

Warwick, P., 1992c. Economic Trends and Government Survival in West European Parliamentary Democracies. American Political Science Review, 86: 875–87.

Warwick, P., 1994. Government Survival in Parliamentary Democracies. Cambridge: Cambridge University Press.

Warwick, P. and Easton, S. T., 1992. The Cabinet Stability Controversy: New Perspectives on a Classic Problem. American Journal of Political Science, 26: 122–46.

Weingast, B. R. and Marshall, W. J., 1988. The Industrial Organization of Congress; or, Why Legislatures, Like Firms, are not Organized as Markets. Journal of Political Economy, 96: 132–63.

第三章 关于立法者与立法机构的社会理论[*]

海因里希·贝斯特 (Heinrich Best)

拉尔斯·沃格尔 (Lars Vogel)

3.1 引言

"立法者与立法机构的社会理论"这一主题存在两个核心关切，即作为社会行动者的立法者与作为社会制度的立法机构。社会学研究方法不仅主张考察制度对行动者具体行为与偏好的影响，还主张分析制度得以建立、维持与变化发展的社会先决条件与因素，以及社会行动者对上述过程所产生的影响。本章重点关注议会内部的社会关系（内部关系）及议会与外部社会之间的关系（内外关系），这两种关系具体表现在三种社会互动形式之中：**选票竞争**（competitive struggle for votes），即政党中的立法者为争夺民众的支持，相互之间展开的竞争；**对抗性合作**（antagonistic cooperation），意指立法者对于组织机构与解决冲突的非正式规则所达成的共识；**委托—代理关系**（principal–agent relations），是指立法者与选民之间基于

---

[*] 高文杰译。

授权和问责规则所产生的不对称的相互依赖关系。

在一般意义上，社会制度可被定义成一种旨在维持社会互动关系的，由正式或非正式的规则、规范和价值观所构成的稳定系统；制度可使参与这一系统的行动者具有持久性、受约束性与实际存在意义。从狭义上而言，诸如立法机构之类的政治机构"是通过适用明确的规则与决策过程，将个人聚集起来，并规范他们行为的一种正式制度安排，而这些规则与决策过程则由单个或一组被正式承认拥有这种权力的行动者强制执行"［利瓦伊（Levi），1990，405］。政治制度是在"关键时刻"（critical junctures）被建立起来的（或彻底变革的）［罗坎（Rokkan），1999，34］。在这种情形下，行动者享有广泛的自由，因为制度约束并不存在，或制度对于解决问题的社会管制与社会整合变得无效。这种巨大的回旋余地导致不安全，由于行为可预测性的降低以及缺乏行使和保留权力的制度资源，将导致普遍不确定性的产生，从而降低安全感，阻碍立法者之间达成合作。在此情况下，有影响力的参与者开始寻求建立新的制度，从而为全体参与者提供一个稳定的制度框架，并在其中计算行为选择可能会带来的收益与成本（即降低交易成本）。这种崭新的制度安排成功建立后，可通过限制某些具体行为，从而促进其他行为，以减少行动者之间的不确定性。有影响力的参与者在上述这种"关键时刻"所作出的初步制度选择，将对其继任者的行为产生长期普遍的影响，因为新的制度会对其产生积极的反馈［皮尔森（Pierson），2004］。然而，上述路径依赖会受到潜在路径效率低下的限制，如果维持现有制度所产生的交易成本超过了维持它的机会成本（即现有制度在解决社会调节和整合问题上效率低下），此时就会出现另一个"关键时刻"，现有制度将受到挑战［贝斯特（Best），2010b］。

立法机构在民主国家的制度框架中居于核心地位，其构成人员之间的权力斗争以诸如选举活动等和平竞争的方式具体展开，而这些人员通常以政党的形式组织起来［熊彼特（Schumpeter），1959，259，269］。在维持规范制度稳定的前提下，平息权力斗争是一项极为艰巨的任务。数百年来，权力斗争并不是和平进行的。有许多案例表明，和平民主的权力竞争最终被专制政权所取代，而这些政权——通常是成功地——通过消灭竞争对手的方式来赢得政治斗争，有时甚至是消灭其身体来赢得政治斗争。如此问题就产生了：为什么立法者在掌握国家权力后还需要遵守民主制度的规则呢？答案是，只有其他竞争者就政治竞争规则达成基本共识，并且相互之间接受各自合法身份的情况下，选票和权力的竞争才可能是和平的。对此，美国社会学家威廉·萨姆纳（William G. Sumner）创造了"对抗性合作"（antagonistic cooperation）一词，用以表示竞争者如何建立和维持有限但持久的伙伴关系，以追求共同利益并维持互利的社会秩序［贝斯特（Best），2010a，102］。

选票竞争同时也塑造了立法者与选民之间的关系。在熊彼特（Schum-peter，1959）的研究中，这种关系被描述为领导民主（leader democracy），即强调政治领导人将其偏好强加给选民。然而在今日，这种倾向性研究的影响在理论上［科罗森尼（Körösényi），2010］和经验上（见 3.4）都存在争议。在最基本的意义上，立法者与选民互动背后的社会逻辑是委托—代理关系。用最简单的话来说，民众可被视为委托人，他们选择受托人（即立法者），并将其政治权力委托给他们行使。民众则可要求受托人对其行为后果负责［例如，斯特罗姆、穆勒和伯格曼（Strøm, Müller, and Bergman），2006］。

59 立法机构可被描述为一种政治机构，它既规范立法者之间基于对抗性合作而进行的选票竞争，又规范立法者与选民之间基于委托—代理关系而进行的互动。这种内部关系（insider–insider relation）和内外关系（insider–outsider relation）都是相互依存的。虽然立法机构等政治机构为这类互动提供了稳定的制度框架，但这些机构的稳定性却同时被相关行动者的具体行为加强或削弱。

本章主要探讨上述关系的三方面内容：在立法社会化的过程中，对抗性合作是如何形成和加强的？通过受托人（立法者）的素质和资格，以及通过立法者与选民之间的互动，民众的利益和偏好是如何在立法机关中得到表达和调和的？

3.2　制度性社会化：对抗性合作的形成

研究立法的学者们已经明确了影响立法者行为的诸多非正式规则与规范，这些规则与规范独立于议会中的党派和组织而存在［马修斯（Matthews），1959；考克斯（Cox），2000］。初次入选议会的议员面临着熟悉这些非正式规则与规范的挑战。虽然学界目前对议会社会化（parliamentary socialization）所具有的态度和偏好没有达成一致，但是普遍认为议会社会化可被视为初入者对高级成员适应的过程［阿舍（Asher），1973；巴杜拉和里斯（Badura and Reese），1976；贝尔和普赖斯（Bell and Price），1975；芬诺（Fenno），1962；海德伦德（Hedlund），1968；穆甘、博克斯－斯特芬斯梅尔和斯卡利（Mughan, Box Steffensmeier and Scully），1997］。在这一意义上，研究政治社会化（political socialization），有助于我们理解诸立法部门如何维持运作，以及它们如何向其成员输送规范性和构成性规则与行为规范。

经验研究一再表明，制度性社会化在很大程度上是（新成员）学习如何与党内和党外的竞争对手进行合作。芬诺（Fenno，1962，320）将美国众议院拨款委员会的社会化描述为一种学徒制，在这种制度中，新来者的观念、态度和行为必须与高级成员达成共识，而"作为委员会整合基础"［serve（s）as a basis for Committee integration］的新来者则几乎没有自由或灵活性，他们被期望会毫无疑问地遵守规则。除了学徒制外，上述共识的内容还可以被理解为对抗性合作的导引，即包括专业化（区分责任以减少利益冲突）、互惠（do ut des 作为主要的互动模式）和（子）委员会团结（以妥协或达成共识作为首要目标）［芬诺（Fenno），1962，316］。其他研究则明确提出，这些规范正逐渐被美国众议院的新议员［阿舍（Asher），1973］与德国的州立法机构［赖泽（Reiser）等，2011，834］所内化。戴维森（Davidson，1969，72）发现，美国国会议员在其任期内将逐渐从"局内人"转变为"局外人"（insiders to outsiders）。国会代表任职时间越长，他们就越来越关注立法事项和委员会名额的分配等内部事务，并逐渐认识到，他们追求的，自身所代表地区的特殊利益这一目标的重要性将会越来越低。这种关注优先度的转变表明，利益代表的要求被削弱，这将有利于加强议会内部的合作。穆甘（Mughan，1997，50）等人也提出了类似的观点，他们证明了几个政策领域的"去民主化"（deradicalization）［西林（Searing），1986，341］与英国下议院议员任期之间的关系。近期大多数有关立法社会化的研究均聚焦于欧洲议会之上，其所关注的核心问题是立法者是否会逐渐趋向"本地化"（going native），即议员具有长期任期是否会促进其更支持泛欧洲这一观点，是否更为支持亲欧洲的政策［斯卡利（Scully），2005，45］？然而，收集到的经验材料仅仅为这种进程提供了边缘指示［富兰克林和斯卡罗（Franklin and Scarrow），1999，57；斯卡利（Scully），2005，54，133］。

关于立法社会化的研究表明，新成员遵守议会内部规范的核心动力是希望

60

获得政治影响力的野心与缺乏实现这一野心的资源之间的矛盾。那些获得成功的人已然了解"他们对……规范（立法机构内部规范，HB/LV）的遵守是他们影响力的最终来源"[芬诺（Fenno），1962，322]。这种习得过程在立法者的日常互动之中进行，在此互动中，偏离行为将会得到制裁，制裁范围包括从微妙的非语言信号到拒绝在议会中得到进一步晋升。而在这些互动中涉及的其他重要部门则位于立法机构的专门子组织内，如委员会（committees）和政党党团会议（party caucuses）。

虽然上文已经对议会进行了较为完善的组织概述，但其整体状况则更加复杂微妙。贝尔（Bell）和普赖斯（Price，1975，166）在关于加利福尼亚州议会新任立法者的研究中证明，社会化并不是一个线性过程。他们发现，一些新成员的观念在两年或更长的时间里似乎并没有与高级成员趋同，相反，引人注目的是，高级成员亦可能主动适应新人。同时，还有证据表明，（立法机构成员）政治社会化的进程不只局限在其加入立法机构之后，还开始于他们加入议会前的职业生涯之中。因此，许多新成员在进入议会之前就已经熟悉了立法规则与规范[阿舍（Asher），1973，512；贝尔和普赖斯（Bell and Price），1975，138]。这些研究具有重要意义：有证据表明，加入议会前的社会化实际上是形塑立法者行为的主导因素，其相较实际的制度环境更为重要。这种情形尤其发生在新成立的机构之中，例如，苏格兰地区议会[斯托尔兹（Stolz），2010，284]，在这一机构之中并没有高级成员为新成员提供行为方式的固定模型。最后，拜斯特和沃格尔提出（2012a，56f），如果议会正式成员的资格受到统计控制（statistically controlled），德国立法者代表性观点的变化（最初归因于新成员身份）就会消失。

近年来，制度性社会化一直是立法研究所忽视的领域。上文提及的大多数研究均是在 1990 年之前进行的，而这些研究主要在美国进行。这些研究均没有遵循比较研究方法，只有少数的研究利用了控制组的定量个体水平面板数据[阿舍（Asher），1973；贝尔和普赖斯（Bell and Price），1975；赖泽（Reiser）等，2011]。而这是将制度性社会化与混杂队列效应（confounding cohort effects）（如果社会化是通过任期来衡量）以及议会全体立法者之间的一般变化（如果没有老成员作为控制组，就无法观察到这种变化）区分开来的唯一恰当的方法。

基于上述需求，我们应当对制度性社会化进行比较实证分析。以此来理解对抗性合作这一重要理论。这类研究应当将立法机构作为交流互惠和妥协准则的中心制度。然而，由于成功完成社会化的前提条件也受议会前职业经历的影响，因此，在研究的过程中需要将立法机构仅仅作为立法者政治生涯的一部分予以考察，立法者被招募其中，从而获得了首次使命。

3.3　立法者招募：平等与社会封闭

立法者在代议制民主合法化的过程中发挥着核心作用［贝斯特和科塔（Best and Cotta），2000，7］。因此，立法者的素质和资质对于代议制民主国家的稳定具有象征意义与功能意义［萨托里（Sartori），1987］。对立法者招募的研究有力地证实了这一观点，并确定了议会是精英制度下不同阶层的交汇之处，亦是不同社会利益代表和各种政治派别代表的混合体。然而，代表大会可以"反映"（mirror）立法者招募所处的社会背景这一假设，仅仅是一种规范性的建构，并且这一假设在"自由投票竞争"的政体之中从未存在［熊彼特（Schumpeter），1959，271；诺里斯（Norris），1997］。最接近这种"镜像"（mirroring）理想类型的议会是东欧国家中的典型议会，在这种议会中，东欧共产党的领导委员会根据精心设计的配额制度标准来控制议会的准入，而这些标准包括性别、社会出身和种族背景等。然而，即使是在上述情形下，"镜像"也可能被扭曲，从而偏向有功绩的党派积极分子和退伍军人［帕泽尔特和席尔默（Patzelt and Schirmer），2002，386—441］。以社会学研究方法界定招募立法者将产生的悖论是，通过研究原则上平等、包容和自由的选举过程，东欧的代议制民主呈现出一种不平等的秩序状态。

在决定代表权的归属这一问题上，招募立法者是民主博弈的关键。"政治领导权的竞争"（competition for political leadership）必须具备下述规则，熊彼特（Schumpeter，1959，295）称之为"自由"（free），这意味着任何人都可以自由地参与竞争，"就像每个人都可以自由地开办一家纺织厂一样"。然而，熊彼特的基本设想并未得到充分的阐释，其必须在两个方面进行完善。第一，与经济精英一样，政治精英试图通过引入卡特尔和限制新竞争者的进入以减弱竞争的影响；第二，权力竞争具有双重结构：在政治体系中，政党作为选举对象竞争更具影响力的职位，这些职位通过选举被直接或间接分配。而个体候选人

62

则为获得选举团的支持或进入重要的选举机构而相互竞争。总之，政党（即选举人员）希望借助优秀的候选人来提升自身的竞争力，在权力斗争中，这些候选人可满足政党的外部与内部需求。与此同时，候选人通过展示、运用他们所拥有的资源，以取得比其竞争对手更大的优势，并在竞选公职时站在有利的起点之上［诺里斯和洛文杜斯基（Norris and Lovenduski），1995］。这种竞争性质的变化是精英代表招募模式长期转型的驱动力。供求模型在将招募过程的运作和约束等方面进行概念化的过程中发挥着重要作用。特别是，这一模型有助于我们更好地理解，为什么欧洲精英代表招募模式的长期变化似乎遵循着一种规律性的趋势，尽管其在欧洲近代的历史转折点上出现了某些不稳定的波动［诺里斯和洛文杜斯基（Norris and Lovenduski），1995；贝斯特和科塔（Best and Cotta），2000，9—16］。在最简单的招募模式中，有需求方和供应方，以及一系列决定双方如何互动的正式和非正式规则、惯例。这些规则和惯例包括议会席位竞争中诸种角色地位的确定标准，以及竞选者在竞争中期望的可能回报或风险。代表招募过程中供需双方的主要参与者是竞选者（contenders）、选举团（selectorates）和选民（electorates）。竞选者是那些"受声望、权力、物质奖励、精神或意识形态承诺等激励因素的刺激而参加职位竞选的行动者"［贝斯特和科塔（Best and Cotta），2000，11］。他们可以使用某些赋予其参与选举竞争资格的资源，并由此决定他们在竞选职位竞争中的起始位置。竞选者自身的特点及其隶属关系会对其竞选过程产生有利或不利的影响。选举团是集体行动者，他们根据"复杂的标准来选择候选人，这包括候选人自身的资源对选举成功的可能价值、意识形态契合程度、他们的工具价值以及其对选举团的忠诚度"［贝斯特和科塔（Best and Cotta），2000，11］。在过去，选举团是由参与选举的政要或国家官员组成的非正式核心小组。而目前，大多数自由民主国家的选举团倾向于以政党组织的形式进行制度化。选举团在招募市场中处于中间桥梁位置，其可将竞选者的提案与选民的偏好进行匹配。选民是"选举市场报价的最终消费者"，也是立法招募结果的最终评判者［贝斯特和科塔（Best and Cotta），2000，12］。选民对某种类型议会代表的偏好是影响选举团决定候选人名单的一个因素。因此，议会的特定构成可被视为在招募行为进行之前的，并在（自我）选择过程中发挥作用的诸种有利因素与不利因素的最终平衡［贝斯特和科塔（Best and Cotta），2000，12］。

招募过程中参与者之间的互动被投票箱以及党团会议和政党要人会面的密室商谈所掩盖。但是，议会招募过程中的大部分程序都受到公众与媒体的监督。而这种公开程序会指引、调整并加强公众对竞选者资质和资格的看法与期望［赫瑟林顿（Hetherington），2001］。因此，立法招募应当被视为现实建构的一部分，通过这一现实建构，选举团——当今主要在政党内部——试图影响权力竞争以使自身获利。他们提出的候选人名单是向选民展现其面貌的重要形式，并且可以表明他们与选民之间存在某些方面的"亲密关系"（closeness）。因此，一个政党议会代表的构成样态既是选票的潜在吸引者，亦是政党在选民中针对群体所设置的"追踪者"［"tracer"，贝斯特（Best），2007］。

在竞选过程中，由于竞选者的特征与素质能够吸引选民的支持，因此，它们成为立法席位竞争中的重要资本（见图 3.1）。在权力斗争中，这些因素为竞选者提供了优势，故而选民更偏爱具有这些可贵品质的竞选者。符号表征（symbolic representation），意即根据竞选者向一般公众，特别是向选民传递的形象来选择代表，其与竞选者基本政治问题的先天特征相关。例如，肤色、性别、宗教（就遗传而言）或社会出身（如工人阶级背景）。这种符号表征可以与基于后天获得属性（acquired attributes）的第二类表征区分开来，后者同样对选民具有吸引力，但这种吸引力源自代表的个人声誉。这一类别包括"英雄""烈士"或久经考验的领导者。这种类型的表征可被称为"恭敬的"（deferential），因为其是基于选民对代表的个人成就的尊重。从选举团的角度来说，这两种表征均有一个外部视角（external focus）：选举团主要的关注点是他们的符号表征如何影响政党在选民中的形象。

除了外部视角之外，选举团还通过"内部视角"（internal focus）来选择议会机关候选人，如政党组织和议会政党对某些政策问题专家的需求、将其与压力集团联系起来的中介人以及能够联合不同政党组织或政治层级的整合者（见图 3.1）。同样，区分竞选者可用的两类资源也很有价值。第一类资源为关系性（relational），这以竞选者与议会外的关系为基础，通过其在各组织网络中担任的职位而建立。第二类资源为竞选者具备的资格与能力（instrumental），这些资格与能力有助于竞选者发挥代表作用，并对政党组织具有内部意义。教育水平、学科背景、进入议会前的专业技能以及先前的政治经验均属于这一类资源。

64

	视角（Focus）	
	外部（External）	内部（Internal）
来源（Origin）　后天（Acquired）	恭敬性的（deferential）	工具性的（instrumental）
先天（Attributed）	象征性的（symbolic）	关系性的（relational）

[贝斯特（Best），2007，90]

图 3.1　立法招募和职业生涯的资本

图 3.1 描绘的分类法中的"内部—外部"（internal-external）二分法意指招募的需求方指派给选举者的双重任务：为议会政党选举出能够（a）通过可信赖的方式表达选民的不同利益来吸引选民支持的人员，以及（b）通过有效的领导手段和良好的治理手段以胜任议员职能的人员。上述有时可能会相互冲突的需求已经在受托人与委托人的概念中体现了出来，委托由选民偏好衍生而来，而受托人则受决策过程的制度约束［尤劳（Eulau）等，1959；曼斯布里奇（Mansbridge），2003］。以上两种不同的代表制概念均存在于代议制民主的制度结构与政治实践之中，且必须适应集体或个人的政治活动；然而，这两种概念何者会受到强调，则会根据时代以及政体的不同而推移变化。例如，我们可以合理地假设，在大众民主化的过程中，投票权范围的扩大将随着议会招募的焦点由内向外以及向"描述性代表"（descriptive representation）的转变而实现，因为这种转变意味着选民可以选举能够代表其利益的人［皮特金（Pitkin），1967］。

图 3.1 中的"先天—后天"（attributed-acquired）二分法适用于招募的供给侧。这一方法认为，代表们能够担任议会职务的原因不仅在于他们自身所具备的美德、资质或技能，还归功于其拥有强大的组织或选举团的支持，它们期待获得代表的忠诚或服务作为回报。理论上，大众民主国家的竞选者数量等于选区的总体规模；然而，事实上，由于存在对参与竞选者的非正式要求，大大减少了竞选者的数量。"自由投票的自由竞选"（free competition for a free vote）通常受到被称为"政治专业化"（political professionalization）过程的限制，这一过程将限制议会席位以及政治职位的社会进程和非正式结构的配置［贝斯特（Best），2003，370］。政治专业化"定义了团体的准入规则与仪式要求，是将团体成员凝聚在一起，以及将他们与社会中的其他人区分开来的因素"［比弗和罗森（Beaver and Rosen），1978，66—67］。简言之，政治专业化确定了内部与外部的差异，并为职业政治家集体提供了"政治阶层"（political class）整合

的社会机制［博彻特和蔡司（Borchert and Zeiss），2003］。在欧洲，过去150
年来发展起来的候选人甄选机制目前主要由政党组织控制，这一机制已将议会
转变为政党的准内部劳动力市场。如果获得政党组织的支持已成为竞争议会席
位的关键优势，那么可以预见的是，在立法招募的过程中，关系资产将越来越
被重视。

招募机制似乎存在着内在矛盾：一方面，它通过"政治社会的开放"（opening
of political societies）和"选择机会的扩大"（expansion of choice opportunities）
来实现民主化承诺［布隆德尔（Blondel），1997，96］。从长远来看，这一机
制促进了自我表达价值观的形成，并有助于将文化准则转向更强调响应性与包
容性的精英群体［韦尔泽尔（Welzel），2002］。另一方面，这一机制亦对老派
精英的自身利益和高度复杂的决策过程功能的发挥进行了限制，同时也限制了
潜在竞选者的机会与当权者的反应能力。事实上，马克斯·韦伯［Max Weber，
1958，（1919）］已指出政治专业化与责任具有正相关性，而罗伯特·米歇尔斯
（Robert Michels，1915）的关注点则为政治民主化和与之相伴随的大规模寡头
政治之间的互动权衡。议会代议制的实践与大众民主的理想之间的差距似乎正
在扩大，这对代议制民主的合法性和其代表个人的声誉均产生了负面影响［道
尔顿（Dalton），2004］。

在以往对一系列针对特定国家立法招募的研究中，发现大众民主与政治
职业化在相互矛盾中共同演化。这种研究方法具备合理性，因为决定立法招
募的决定性背景因素正是民族国家，立法招募在国家范围内创造并重新分配
财富、获得与赋予权力、定义并确立集体身份、实现法律规范的制度化、形
成大型的官僚系统、整合利益以及构建团体政治的活动平台（如政党）［罗坎
（Rokkan），1999］。如果立法招募过程及其结果呈现出路径依赖，那么就是民
族国家为其铺平并维系了道路，即使考虑到次国家与超国家的扩展情形亦是如
此［埃丁格和雅尔（Edinger and Jahr），2015］。获得公职的正式制度，如选举
法或资格规则、竞选者的供需关系以及选民（如核心小组或政党）的组成与运
作，虽然可能发生在当地或区域范围等特定地域，但均受到政治社会的国界之
限制。因此，人们期望政治精英应当代表特定民族特色也就不难理解了［莫斯
卡（Mosca），1939］。由于在国家建设过程中所具备的区域多样性，以及所展
现出的不同民主发展道路，故而，欧洲政治本身就成为此类研究蕴含丰富资料
的观察领域。

对招募（立法）代表长时期研究的趋势已偏离了上述具有启发性的假设，即立法招募的长时段演进是由"政治的发展"（political development）或"政治现代化"（political modernization）这种单一和谐动力所驱动的［贝斯特和科塔（Best and Cotta），2000］。然而，即使是运用政治现代化这一最为普遍性的概念，我们至多也只能得到一幅矛盾的图景。虽然欧洲的议会早已不再是富人或高社会地位的人的专属俱乐部，而且妇女也越来越多地进入议会之中，但与阶级与性别障碍所不同的新困境也已经呈现出来。目前，立法招募的过程已较少受整个社会中普遍存在的阶级地位与价值体系的影响；竞选过程中的核心障碍现今存在于更为狭窄的政治体系之中［贝斯特和科塔（Best and Cotta），2000］。这种转变具体表现在，那些具有生产或分配性经济活动背景的人（如工人和农民）逐渐被排除在立法者的行列之外，而与之相应，公务员和（一段时间内的）压力集团与政党的官员数量开始增加，地方职位将（连续或同时）不断增加，竞选者越来越多地进入政党高层之中。因此，在消除进入议会的正式障碍，并建立非正式的内部—外部区分机制（informal insider-outsider differential）之后，这种机制受到选举者与政党组织的牢牢把控。如今，能够有机会担任公职的人，通常被认为拥有对政治生涯发展有作用的资格或技能（最好是拥有某种学位证书），且愿意并能够投身于地方或政党的机构之中，这种类型的候选人有更大的机会通过"过滤器"并克服进入议会的障碍。

在经历过 19 世纪早期鼎盛阶段与两次世界大战之间的衰落时期之后，公共部门（public sector）开始重新崛起，并成了欧洲议会代表的首要提供者，这种现象与一些政党的形成有关，这些政党"越来越依赖于政府为其提供的补贴与其他福利和特权"［卡茨和梅尔（Katz and Mair），1995，20—21］。随着政治的目标向更加自我的方向转变，以及政治参与本身成为一种职业，具有公共服务背景的代表能够更好地体现出政党与国家的融合；当代表是业余或半业余的政治家时，国家或政党作为雇主会慷慨地对他们予以资助，并在他们政治生涯受到威胁时为其提供安全的避难所［科塔和阿尔梅达（Cotta and Almeida），2007］。另外，他们会利用自己的工作背景与现实资源，以其代表的身份充当"国家代理人"（agents of the state）［卡茨和梅尔（Katz and Mair），1995，18］。而拥有其他专业背景的竞选者无法享受到同样的特权，当其追求政治发展时，需要面对不利的风险—收益关系。故而，公共服务部门成为议会招募的主要社会来源，不仅反映出选举人与竞选者的成本—收益计算关系，也可以与第二次世界大战后，在世界两极格局中西方政治形势所面临的主要挑战联系在一起：建立以一致同意为基础的统一政治社会，并将其作为遏制共产主义的首要手段。调解社会冲突与实现社会融合已成为西方国家的当务之急，同时，对推动企业利益冲突的调解与国家福利分配的扩大尤其重要的是提出共识性的政策。这一"共识挑战"（consensus challenge）在议会招募中得到了回应，在这一过程中，拥有公共部门工作背景的再分配专家占据了主导地位［贝斯特（Best），2007］。

有学者建议将挑战—回应（challenge-response）模型扩展为欧洲立法招募长期转型的一般解释方案［贝斯特（Best），2003；2007］。这一模型假设社会经济结构和制度秩序以及由其引发的挑战会影响精英的组织结构与议程发展，并进而影响精英对上述挑战的回应策略。同时，精英的回应也可能对精英的结构、议程以及社会结构、政治秩序的制度安排产生单独或复合的影响。自西方进入工业与民主时代以来，议会领导组织产生了模式变化，这反映出国家与社会面临的核心挑战，并非随着社会结构总体转型而线性发展。因此，作为公共部门在诸多国家议会中占主导地位第一个时期的19世纪，恰恰与民族国家建设时期相吻合。在这一时期，"代表专家"（symbol specialists）［拉斯韦尔（Lasswell），1954］与行政权力运用专家均在公共部门的较高层级中占据主导地位。

第二个挑战产生于欧洲社会受工业化全面影响的经济加速变革时期。在这一时期，生产并占有财富的专家，如企业家和地主，在议会中占据优势［贝斯特（Best），2007，98-9］。第三个挑战因大众民主的发展和国家机器之外组织力量（例如，政党和压力团体）的积累而出现。这一时期见证了群众动员专家与中介组织的兴起与运作［贝斯特（Best），2007，98—99］。这可以与早期政党类型学建立起联系，"精英政党"（elite party）为高级政府官员与经济精英（如企业家和大地主）提供了政治舞台，"大众党"（mass party）为政党与压力集团（pressure group）工作人员提供职业机遇，而"全民政党"（catch-all party）则在公共服务领域中形成了"再分配专家"（redistribution specialists）的温床［卡茨和梅尔（Katz and Mair），1995］。二战后西方民主国家立法招募与职业模式趋同的现象，无论这种现象多么少见，均可归因于政党制度的发展与西方民主国家主要政策之间的日益同步；与此同时，正式机会结构，如选举法与资格规则的变化，以及普遍的社会变革，已经对此失去了重要影

67

响力。

第二次世界大战后，立法招募与职业模式发生了重要变化。特别是这一变化将对从公共部门招募立法人员产生影响。事实上，我们的数据证实了这一预期。西欧议会中公共部门代表时代在"冷战"结束时进入了转折点，并且代表数量在那一时期起开始大幅下降［贝斯特（Best），2007，100］。其中，作为公共部门立法者中最重要的类别——教师行业的变化最为明显。自 20 世纪 90年代初以来，西欧议会中教师职业成员的平均占比，相较 20 世纪 90 年代初的峰值下降了 20% 以上，这意味着 20 世纪 70 年代初以来，这一群体已经失去了大约一半的先前增益［贝斯特（Best），2007，100］。但是由于具有公共服务专业背景立法者的主导地位尚未受到其他专业背景的挑战，因此仍可看出招募渠道的多样化特征。诸如对既定政治秩序的忠诚、在阶级冲突中保持"中立"（neutral）立场以及对再分配政策的掌控，这些因素均是公共部门竞选者所掌握的资本，但在共识挑战过去之后，这些资本的价值就开始降低了。

立法招募模式的变化与个别立法者数量的急剧更替相关［塞梅诺娃、埃丁格和贝斯特（Semenova，Edinger and Best），2014］，西欧议会的平均更替率在 20 世纪 80 年代末至 90 年代中期几乎翻了一番。新立法者的数量在这几年达到了一个明显的高峰，并且只有在两次世界大战之后的危机时期，新立法者的招募数量才超过了这一高峰。尽管自 20 世纪 90 年代中期以来，立法人员流动率趋于平稳，但仍高于二战后的平均水平。这些变化发生在东欧政权过渡时期前后绝非巧合。

立法招募的近期发展，如招募模式的日益多样化以及人员流动的增加，被解释为对西方民主国家政治体系中出现的合法性挑战的回应［道尔顿（Dalton），2004］。这是针对政治精英自身素质的新挑战，即检验代议制民主产生高效与负责的政治精英的能力。精英招募的制度设计，例如，卡特尔党（cartel party），其基于政客之间的关系，挪用并共享国家资源［卡茨和梅尔（Katz and Mair），1995］，并创建一个因共同的物质利益而团结起来的政治精英团体，以此来迎接上述挑战。但是，从长远来看，这种制度设计可能会进一步破坏代议制民主的合法性，因为内部与外部的差异可能会被急剧拉大，且可能无法通过现任者的表现来证明是否符合要求；如果权力的竞争性受到阻碍，那么"民主的真正本质"（true nature of democracy）［熊彼特（Schumpeter），1959，295］就会变得模糊不清。通过政治专业化和竞争政党之间的利益融合来关闭政治市场，是一个危及代议制民主运作的自动催化过程。在这一方面，合法性挑战的出现表明，民主国家能够产生抵消机制，并向制度注入新的竞争，以使政治职业变得比大多数领导者所期望的更加危险。

3.4 代表制：立法者及其选民

立法招募尽管不是直接的，但仍是一种通过立法者的职位与素质将社会偏好和利益融合到议会之中的强有力机制。但是，在选举期间，立法者亦与其选民进行了大量直接互动。社会偏好与议会立法者行为之间的互动关系可以用更一般的术语进行表示，即委托—代理关系（principal–agent relation）。这一基本关系格局表现为两者不对称的相互依存：选民希望他们选出的立法者支持他们的利益与偏好；而立法者反过来又依赖选民的支持以求获得（连任）。但这种关系是不对称的，因为立法者不仅比选民更了解且更有能力处理政治事务，还能以专业的方式进行政治活动（与选民不同）。因此，立法者在委托—代理关系中处于领导地位，并为选民构建了判断其政治成功的重要参考标准。选民与立法者之间不对称的关系，导致委托人与其代理人之间产生了一项基本难题：如何通过对代理人的有效监督，确保其不仅代表委托人行事，更保证他们长期利益的实现？

在规范理论中，选民控制立法者最重要的机制是多个竞选者对选票的竞争：存在多个潜在代理人，此时立法者受到议会内外竞争者的评估与监督。现任议员积极回应其选民的强大动机是，其可能在下次选举中被淘汰。在此意义上，议会是立法者与选民进行互动的场域，立法者可在议会中提出维护其委托人的利益。为保障选举竞争和平而有效地进行，立法者之间必须就议会规则的合法性达成共识。这种对抗性合作（即相互冲突行为者之间的合作）既包括关于政治规范（即在议会及其附属机构中制度化的正式或非正式规则）的共识，也包括在面对利益争夺时，作出政治妥协的意愿和能力。

由于立法者之间的互动表现为合作与竞争的平衡，故而，其具体行为需要有一定的回旋空间。一方面，这样符合委托人的利益，因为如此行事更有利于其代理人维护他们的利益；另一方面，这也必然意味着代理人至少部分地偏离了他们选民的意志。在立法机构中立法者之间的内部关系、立法者与其选民之

69

间的外部关系，两者不可分割地交织在一起。

70   不对称的相互依赖关系、对选票的竞争和对抗性合作三者结合在一起，导致了立法者与公民的不同政治偏好。公民要求对立法者的政治行为进行事前与事后严格审查，并尽可能多地限制立法者的行为［卢皮亚（Lupia），2006］。与之相反，立法者则追求更多的自主权。但是，立法者与选民的偏好也有可能会趋同，因为大多数选民不愿意或者不能积极参与政治活动。故而，人们会接受其权力的转移与立法者的领导，而立法者则通过竞选的方式对选民的授权负责。在这种方式下，立法者与其选民之间的社会互动形式包括趋同与分歧、回应与领导。

对立法者与选民两者进行比较，是任何对影响上述社会互动及其决定性制度与社会因素进行研究都必须采取的步骤。这种比较方法在研究中很少被适用［莱斯顿·班德拉（Leston-Bandeira），2012；诺顿（Norton），2002］，但这种方法在有关公共舆论、代表制和政治精英的研究中十分常见。米勒（Miller）与斯托克斯（Stokes，1963）开创性地研究了立法者与选民之间的相对一致性，即"某地区的意见……在某一方面更支持某政策的人，会通过在该方面的唱票表决得到反映"［夏皮罗（Shapiro），2011，990］。尽管两者的研究设计、数据与理论概念等存在诸多差异，但米勒与斯托克斯及其后继者的研究已经证明，在美国［斯通（Stone），1982；鲍威尔（Powell），1982；佩奇（Page）等，1984］和加拿大［索罗卡、彭纳和布利杜克（Soroka, Penner, and Blidook），2009］的地区意见在立法者的意志与行为中被反映出来。这种相对一致性的程度因地区意见的同质性［哈登和卡西（Harden and Carsey），2012］、显著性［库克林斯基和埃林（Kuklinski and Elling），1977］、低复杂性、党派间冲突问题的根本性［赫尔利和希尔（Hurley and Hill），2003，308］以及立法者对回应的承诺［麦克龙和库克林斯基（McCrone and Kuklinski），1979；但参见，弗里塞马和海德伦德（Friesema and Hedlund），1974］等影响因素而得到增强。

虽然二元代表理论（dyadic representation）注重个体立法者，但集体代表也被视为政体的系统属性，因此，可通过立法机构与人口总数两者的比较对其进行衡量［皮特金（Pitkin）1967, 126ff；韦斯伯格（Weissberg），1978］。然而，却很少有关于集体代表的研究。相反，多数研究集中在公众舆论如何影响立法者意志与政策的最终变化这一议题之上。这些研究表明，回应性

（responsiveness）在美国［佩奇（Page）等，1984；斯廷森、麦库恩和埃里克松（Stimson, Mackuen, and Erikson），1995，985；夏皮罗（Shapiro），2011］和德国［布雷特施奈德（Brettschneider），1995］已开始发挥作用。正是根据这一研究成果，代表的基本模型方才得以修正。米勒和斯托克斯的研究基于需求—供给模型（demand-input model），假设选民对制定政策态度十分积极，如果立法者追求连任的话，那么他们应该对此政策保持忠诚。旨在确保立法者积极回应的机制，是选举更替与立法者在选举之中对选举结果的理性预期［斯廷森、麦库恩和埃里克松（Stimson, Mackuen, and Erikson），1995，544—545］。同时，可引入委托—代理关系的不对称相互依赖这一理论，作为对理性预期定理的修正。因此，我们可以假设，在即将进行的选举中，立法者会根据选民的意志调整其行为，并以有利方式积极促进选民意志的实现［曼斯布里奇（Mansbridge），2003；科罗森尼（Körösényi），2010］。在美国与欧洲，立法者与选民之间的影响是互惠性的（尽管现在人们已经普遍接受，但在实证研究之中却并不常见）［雅各布斯和夏皮罗（Jacobs and Shapiro），1994；韦尔齐恩（Wlezien），1995；斯滕贝亨、爱德华兹和德弗里斯（Steenbergen, Edwards, and de Vries），2007；道尔顿、法雷尔和麦卡利斯特（Dalton, Farrell, and McAllister），2011］。

71

虽然米勒与斯托克斯证明了在跨区域政策领域，美国政党对立法行为产生了重大影响［米勒和斯托克斯（Miller and Stokes），1963，56］，但其研究主要侧重于欧洲立法者与党派的团体一致性。这种研究方法具有合理性，因为在具有明显政党凝聚性与纪律性的议会系统中，选区的地理因素似乎与立法者的行为选择关系不大［托马森（Thomassen），1994］。大多数研究［巴恩斯（Barnes），1977；法拉（Farah），1980；康弗斯和皮尔斯（Converse and Pierce），1986；埃赛亚松和霍姆伯格（Esaiasson and Holmberg），1996；米勒（Miller）等，1999］认为选民虽然不甚活跃，但会对立法者的行为作出反应，故而，立法者通过向选民提供一系列政策措施，以此在选举中征求选民的支持（责任政党模型）（responsible-party model）。关于选举制度对议员与选民之间趋同性的影响这一研究，显示了多数选举制与比例选举制的不同模式：在后一种制度中，议员往往更为接近他们的政党选民（party voters），而在前一种制度中，议员则更为接近总体的中间选民（overall median voter）［道尔顿（Dalton），1985，286f；休伯和鲍威尔（Huber and Powell），1994；韦塞尔斯

（Wessels），1999〕。这种模式对国家层面上的集体一致性（overall collective congruence）水平所产生的影响，会随着选民中党派选民的比例（即社会构成）的变化而变化〔罗尔施奈德和怀特菲尔德（Rohrschneider and Whitefield），2012〕。除了选举制度，其他因素也会影响集体一致性的水平；一般而言，政党组织的等级集中化程度越高〔道尔顿（Dalton），1985，291〕、政党之间的两极分化程度越高〔韦塞尔斯（Wessels），1999，158〕，集体一致性水平就越高。全民政党（catch-all party）将中间选民（median voter）作为他们政策的参考因素，而代表更为同质化选民（homogenous constituents）的小政党则更贴近他们的党羽〔埃兹罗（Ezrow）等，2011〕。在对拉丁美洲的几个国家之中责任政党模型（responsible-party model）的研究表明，政党的制度化程度（即政党为选票而竞争的成熟度）显著促进了立法者与其选民之间的一致性〔卢纳和泽赫迈斯特（Luna and Zechmeister）2005〕。

在一般意义上，集体一致性在特定政策问题上表现得不太明显，其更多以意识形态一致性的形式表现出来，特别是在左派—右派连续体（left-right continuum）问题上更为明显。选民与立法者之间意识形态的一致性或差异性反映了政党制度的分裂和两极分化，并以此增强了政党与选民在政党冲突相关问题上的一致性〔赫尔利和希尔（Hurley and Hill），2003；瓦伦和纳鲁德（Valen and Narud），2007〕。政党制度在很大程度上可将政策问题简化为意识形态的主导问题，这有助于社会选择问题的解决，因此成为实现集体一致性的先决条件〔托马森（Thomassen），1994，254—255〕。已经观测到的意识形态模式主要表现出一种相对一致性：立法者在左派—右派连续体问题的立场往往与其政党选民之间的差异相对应，但与在普通选民之中相比，它们往往更为显著或微弱〔"两极化"（"polarized"）与"温和"托管（"moderating" trusteeship）：基舍尔特（Kitschelt）等人，1999，82；有关概述：瓦伦和纳鲁德（Valen and Narud），2007，296〕，在此情形中，或者所有立法者都转向选民的左翼〔"精英流离失所"（Elite-mass displacement）帕特南（Putnam），1976，118〕或者（较少见地）转向选民的右翼〔道尔顿（Dalton），1985，275；埃赛亚松和霍姆伯格（Esaiasson and Holmberg），1996，94；安德威（Andeweg），2011，47〕。虽然立法者之间的两极分化表明为争夺选票的竞争占据主导地位，但倾向于中间值则明显表现出立法者之间的对抗性合作。态度的左右转变可部分解释为立法者之间的不同社会构成——尤其是他们的高等教育背景——但个人作为立法者的社会地位似乎仍存在额外的影响［麦卡利斯特（McAllister），1991，259］（即距离因委托人—代理人在群体中的不同位置而产生）。

上述研究主要关注问题与意识形态方面的政策一致性。相比之下，研究者很少关注立法者关于政治制度偏好的一致性。然而，研究者近期关于所谓"关于政治的一致性"（congruence concerning politics）的兴趣开始增加，因为对政治家或政治系统的评价不仅仅是由政策一致性单独驱动的，立法者与公民的"程序偏好"（process preferences）［即关于政治应当如何进行的偏好；希宾和泰斯－莫尔斯（Hibbing and Theiss-Morse），2001］对其产生了越来越多的影响。近几十年来，这种程序偏好已向着直接政治参与的增加和立法者回应能力的增强方向发展［梅尔（Mair），2011］。在此背景下，（选民）对民主制度、竞选者与选举程序的政治信任程度的下降，可能是由于政治程序缺乏一致性。

尽管出现了上述明显的变化，但近期仅有少数研究分析了公民的程序偏好［卡曼（Carman），2006；2007；本特松和沃斯（Bengtsson and Wass），2011］，而将这些偏好与立法者的偏好进行比较研究则更为少见［门德兹－拉戈和马丁内斯（Méndez-Lago and Martínez），2002；本特松和沃斯（Bengtsson and Wass），2012；埃赛亚松和霍姆伯格（Esaiasson and Holmberg），1996］。关于（选举程序）的基本原则和自由，政治精英和立法者与普通民众相比，其更主张自由民主的核心要素［麦克洛斯基和布里尔（McClosky and Brill），1983；佩特松（Pettersson），2010，132］。但是，研究一再表明，普通民众相较立法者更倾向于支持直接的政治参与，而直接政治参与将严重削弱立法者在上述委托—代理关系中所具有的自由裁量权。

除了上述基本的规范原则之外，立法者对其自身行为的程序偏好亦具有至关重要性，因为人们主要通过立法者的外部行为，对诸如立法机关等国家机构进行感知，这一途径进而成为选民对其选出的立法者以及立法机构进行评价的关键参考因素。对这一领域的研究沿袭了尤劳（Eulau，1959）等人的传统，主要侧重于外部行为的关注点以及风格特征。这些研究表明，在程序偏好方面，芬兰的普通选民与立法者之间存在高度一致性［本特松和沃斯（Bengtsson and Wass），2012］，而西班牙［门德兹－拉戈和马丁内斯（Méndez-Lago and Martínez），2002］与瑞典［埃赛亚松和霍姆伯格（Esaiasson and Holmberg），1996］的一致性程度则较低。安德韦格与托马森（Andeweg and Thomassen，

73

2005）研究了角色定位的新维度。他们发现，在荷兰，普通选民与立法机构中的绝大多数人均主张应当根据选举前的目标，而非通过事后评估（对立法者）进行控制。然而，对于立法者应当对政治偏好的形成过程产生何种影响，普通选民与立法者意见不一：选民更倾向于回应，而立法者则倾向于政治领导。最近德国的一项研究［贝斯特和沃格尔（Best and Vogel），2011］分析了人们对政治广泛性的态度，发现立法者通常喜欢狭义的国家责任，这要求由完全专业的政治家组成政党，进而在国家社会中发挥强大的政治领导作用。相反，普通选民则更倾向于广义的国家责任，在此模式下，政治家主要是对其选民的要求作出回应，从政只是他的一项业余职业。最近一项关于欧盟所有成员国的立法者与选民的比较研究表明，立法者比选民更加追求欧洲一体化，特别是在首要的一体化水平（即政治权力的分配）方面。立法者通过不同的方法对欧洲与国家的政策权力分配进行评估，并以此预测利益现状或某一政策领域权力的重新分配是否会使其获得授权［贝斯特（Best），2012b，240］。相反，选民则更喜欢在层级上（通常是国家层面）的权力分配能力，因为这可以维持选民对立法者的影响力［贝斯特（Best），2012a，214］。

总而言之，立法者与选民之间的关系是由两者潜在的社会地位（social constellation）决定的。政治偏好的分化不仅是通过委托—代理关系的不对称相互依赖所产生，亦是两者对抗性合作关系的必然结果。此种情形通常会导致立法者强调灵活自主行动的权力，从而使立法者更为偏爱能够赋予他们这一自主权的政治制度。因此，立法者与选民在政治上的分歧（政治分歧）是不可避免的，因为它根植于两者社会关系的基础之中。只要政治在公共事务中仍处于较低的优先级，立法者就能够通过他们制定的政策，并将该政策作为他们政治能力的直接成果（尤其是经济成果），来消除这一政治差距。然而，随着选民对立法者控制以及回应需求的增长，同时伴随着立法者实现选民意志的能力下降，两者的政治差距可能会发展为合法性挑战［贝斯特（Best），2007，108—111］。

关于具体政策，有必要区分以下两种情形。在第一种情形下，偏好基于意识形态而形成，并根植于可识别的社会群体，如同质地区或政党之中。在这种情形下，立法者与其选区的政党选民之间的相对一致性可以实现。第二种情形是，如果议题与意识形态松散地联系在一起，相对一致性则不太可能实现；在这种情况下，选民之间是异质性的，因此，他们不能为立法者提供足够的政策参考。而在任何情形下，两者（即立法者和选民的身份）绝对一致都是例外的。这种同时对应与绝对偏离选民的模式表明，立法者的行为不是由选民偏好所决定的，而是受到选民与其竞争者地位的共同约束。在此空间之中，立法者可利用委托—代理关系中的不对称性对他们的偏好施以影响，进而（对选民）作出回应。

74

立法者的政治领导受议会竞争者之间的内部关系的影响。如果对抗性合作的需求是核心利益，立法者可通过行使其自主裁量权以减少政策分歧。与此相反，如果立法者们将争夺选票作为首要任务，他们则可能会强调各自政策的差异性。反过来讲，立法者之间的对抗性合作与竞争性斗争均受到委托—代理关系的影响：选民对其的紧密控制可能会导致立法者之间不愿意进行对抗性合作，而不活跃的异质选民则更有利于实现立法者之间的趋同。目前，关于局内人与局内人、局内人与局外人之间关系如何相互影响的实证研究不多。

鉴于日益增长的选民回应需求，以及难以为选民提供理想的政治与经济成果，立法者可通过加强对抗性合作这一策略来应对此难题〔韦塞尔斯（Wessels），2011，96〕，目标是减弱争夺选票的竞争性斗争，从而降低选举失败的风险。采用此策略可缓和局内人—局内人关系，但有可能导致局内人—局外人关系的恶化。立法机构是立法者之间进行互动的中心场域，其内部规范构成了对抗性合作的准则。如果假设局内人—局内人关系与局内人—局外人关系是相互依存的，那么研究议会中的局内人—局内人关系将有助于理解代议制民主国家中立法者与普通选民之间的互动关系。

3.5　结论

关于立法者与立法机构的社会理论，究其本质而言，是一种跨学科的研究方法，它研究的主要内容是议会代表制运行的过程中涉及的社会互动形式、诸种群体与机构。从这一角度来说，代议制民主不仅是一项给定的制度，也是运作这种制度的人民之创造。故而，代表既是其行动制度环境的创造者，也是制度本身的创造者。这种双重视角为理性选择理论与新制度主义提供了理论依据。根据理性选择理论，制度被假定是一种可以提供规则的体系，其通过确定行动者的选择，来实现他们固有的和外生的野心与偏好，从而约束或促进行为的实

75

施。社会学的研究方法并不否认立法者以理性的方式作出选择，但是，它侧重于关注立法者偏好或选择的内生性与不稳定性，主张这些偏好与选择来自社会群体，并可能因立法者与其的互动而改变。新制度主义认为制度是决定行动者偏好的主要背景因素，社会学的研究方法扩展了新制度主义，认为制度的稳定与正常运作取决于发生在制度内部的社会互动关系。

上文提出的三种类型的社会关系是立法者在议会内部与外部进行互动的基础：选票竞争（competitive struggle for votes）、对抗性合作（antagonistic cooperation）与委托—代理关系（principal-agent relations）。此三者相互交织，共同决定了立法者对其同事、竞争对手与选民的行为选择。通过制度性社会化的进程，对抗性合作逐渐得到了强化。立法招募模式表明，对抗性合作的逻辑将导致进入立法机关的社会渠道被封闭，使议会转变为政党内部的劳动力市场，从而阻碍选票竞争的进行。然而，近期招募模式的变化可以被解释为是对合法性挑战与反对政治专业化的回应。这种变化可能建基在立法者与选民之间委托—代理关系的动态过程之中，其中立法者热衷于扩大其自主裁量权，而选民则倾向于对这一权力进行限制。当选民对道德风险的防范意识增强时，立法者往往会受到更为严格的约束。各政党对这种合法性挑战的回应是，拓宽新政治人物进入议会的渠道，并限制他们的任期。虽然委托人与代理人在政治倾向上存在内在差距，但立法者仅仅是受到选民政策偏好的限制，而并非完全被选民的政策偏好所决定。如此就方便立法者与其政党进行政治领导。

虽然我们在总体层面上对以上过程较为熟悉，却很少存在关于委托—代理关系和对抗性合作如何转化为实际社会互动的相关研究，反之亦然。由于局内人—局内人关系与局内人—局外人关系之间存在偶然性，这些相互作用被嵌入高度复杂的环境之中。立法者及其政党面临的困境是，要么优化其对选民需求的反应行为，同时削弱与竞争对手的内部合作；要么促进内部合作，而远离选民。因此，稳定的代议制民主政体不仅是一种制度框架，亦是一种非正式的社会安排，它们在两种不同的社会关系所产生的相互竞争之需求中达致平衡。但这种情形如何影响立法者的日常互动，则在很大程度上是未知的。尽管早期研究中已经证明了竞争对手相互关系的重要性［贝斯特（Best），2010a，112］，但除了正式机构与组织环境之外，关于非正式安排的系统性知识仍较为匮乏。关于立法者与立法机构的社会理论研究也缺乏纵向数据，而这将有助于我们更好地理解立法者中普遍存在的偏好、规则（即竞争者之间的合作）的产生、稳

76

定与转变背后的具体社会机制。

　　未来还需要进一步研究互联网如何影响立法者与选民之间的互动关系。与将互联网看作是实现更具参与性的网络民主（e-democracy）的基本途径的研究者相比〔布朗宁（Browning），1995；怀特（White），1997；有关概述：科尔曼（Coleman），2005；沃德和吉布森（Ward and Gibson），2009〕，社会学研究方法将阐释信息技术如何被它们的用户所固有的社会关系逻辑所叠加。考虑到委托—代理关系的逻辑与过程，除了通过选举和政党等既有渠道推进之外，互联网还有可能建立并加强立法者与选民之间的直接联系。通过此种方式，互联网可能会增强委托人控制其代理人的能力。然而，考虑到委托—代理关系潜在的社会逻辑，立法者可能会采取行动，以防止其自主权受到任何限制。因此，可以预见的是，立法者的网络活动将受到内部与外部关系社会逻辑的影响，而不仅仅由便捷的网络交流技术所决定。

参考文献

Andeweg, R. B., 2011. Approaching Perfect Policy Congruence: Measurement, Development, and Relevance for Political Representation. In M. Rosema, B. Denters, and K. Aarts (eds.). How Democracy Works. Political Representation and Policy Congruence in Modern Societies, pp. 39–52. Amsterdam: Pallas Publications.

Andeweg, R. B. and Thomassen, J. J. A., 2005. Modes of Political Representation: Toward a New Typology. Legislative Studies Quarterly, 30, 507–28.

Asher, H. B., 1973. The Learning of legislative Norms. American Political Science Review, 67, 499–513.

Badura, B. and Reese, J., 1976. Jungparlamentarier in Bonn–Ihre Sozialisation im Deutschen Bundestag. Stuttgart: Fromann–Holzboog.

Barnes, S. H., 1977. Representation in Italy: Institutionalized Tradition and Electoral Choice. Chicago: Chicago University Press.

Beaver, D. and Rosen, R., 1978. Studies in the Scientific Collaboration Part I: The Professional Origins of Scientific Co–Authorship. Scientometrics, 1, 65–84.

Bell, C. G. and Price, C. M., 1975. The First Term: A Study in Legislative Socialization. Beverly Hills: Sage.

Bengtsson, Å. and Wass, H., 2011. The Representative Roles of MPs: A Citizen Perspective. Scandinavian Political Studies, 34, 143–67.

Bengtsson, Å. and Wass, H., 2012. Congruence between MPs', Non–elected Candidates' and Citizens' Preferences for Representational Roles. Annual meeting of the American Political Science Association. 30 August–2 September, New Orleans.

Best, H., 2003. Der langfristige Wandel politischer Eliten in Europa 1867–2000. Auf dem Weg der Konvergenz? In S. Hradil and P. Imbusch (eds.). Oberschichten—Eliten—herrschende Klassen, pp. 369–400.Opladen: Leske + Budrich.

Best, H., 2007. New Challenges, New Elites? Changes in the Recruitment and Career Patterns of European Representative Elites. Comparative Sociology, 6, 85–113.

Best, H., 2010a. Associated Rivals: Antagonism and Cooperation in the German Political Elite. In J. Higley and H. Best (eds.) Democratic Elitism: New Theoretical and Comparative Perspective, pp. 97–116. Leiden, Boston: Brill.

Best, H., 2010b. Transitions, Transformations and the Role of Elites. In H. Best, K. Blum, M. Fritsch, and R. K. Silbereisen (eds.). Transitions—Transformations: Trajectories of Social, Economic and Political Change after Communism (Special Issue 35, Historical Social Research), pp. 9–12. Köln: Center for Social Research.

Best, H., 2012a. Elite foundations of European Integration: A Causal Analysis. In H. Best, G. Lengyel and L. Verzichelli (eds.). The Europe of Elites. A Study into the Europeanness of Europe's Political and Economic Elites, pp. 208–33. Oxford: Oxford University Press.

Best, H., 2012b. Elites of Europe and the Europe of Elites: A Conclusion. In H. Best, G. Lengyel, and L. Verzichelli (eds.). The Europe of Elites. A Study into the Europeanness of Europe's Political and Economic Elites, pp. 234–41. Oxford: Oxford University Press.

Best, H. and Cotta, M., 2000. Elites Transformation and Modes of Representation since the Mid–Nineteenth Century: Some Theoretical Considerations. In H. Best and M. Cotta (eds.). Parliamentary Representatives in Europe 1848–2000. Legislative Recruitment and Careers in Eleven European Countries, pp. 1–28. Oxford: Oxford University Press.

Best, H. and Vogel, L., 2011. Politische Eliten im vereinten Deutschland. Strukturen—Einstellungen—Handlungsbedingungen. In A. Lorenz (ed.). Ostdeutschland und die Sozialwissenschaften. Bilanz und Perspektiven 20 Jahre nach der Wiedervereinigung, pp. 120–52. Berlin: Budrich.

Best, H. and Vogel, L., 2012a. The Emergence and Transformation of Representative Roles. In O. Rozenberg and M. Blomgren (eds.). Parliamentary Roles in Modern Legislatures, pp. 37–65. Routledge.

Best, H. and Vogel, L., 2012b. Zweimal Deutsche Vereinigung: System– und Sozialintegration der politischen Eliten nach 1871 und 1990 im Vergleich. In H. Best and E. Holtmann (eds.). Aufbruch der entsicherten Gesellschaft. Deutschland nach der Wiedervereinigung, pp. 85–103. Frankfurt, New York: Campus Verlag.

Blondel, J., 1997. Political Progress. Reality or Illusion? In A. Burgen, P. McLaughin, and J. Mittelstraß (eds.). The Idea of Progress, pp. 77–101. Berlin, New York: de Gruyter.

Borchert, J. and Zeiss, J. (eds.), 2003. The Political Class in Advanced Democracies. Oxford: Oxford University Press.

Brettschneider, F., 1995. Öffentliche Meinung und Politik. Opladen: Westdeutscher

Verlag.

Browning, G., 1995. Electronic Democracy: Using the Internet to Influence American Politics. Wilton: Pemberton Press.

Carman, C. J., 2006. Public Preferences for Parliamentary Representation in the UK: An Overlooked Link? Political Studies, 54, 103–22.

Carman, C. J., 2007. Assessing Preferences for Political Representation in the US. Journal of Elections, Public Opinions and Parties, 17,1–19.

Coleman, S., 2005. New Mediation and Direct Representation: Reconceptualizing Representation in the Digital Age. New Media & Society, 7(2), 177–98.

Converse, P. E. and Pierce, R., 1986. Political Representation in France. Cambridge, MA: Harvard University Press.

Cotta, M. and Almeida, P. T., 2007. From Servants of the State to Elected Representatives: Public Sectors Background among Members of Parliament. In M. Cotta and H. Best (eds.). Democratic Representation in Europe. Diversity, Change, and Convergence, pp. 51–76. Oxford: Oxford University Press.

Cox, G. W., 2000. On the Effects of Legislative Rules. Legislative Studies Quarterly, 25, 169–92.

Dalton, R.,2004. Democratic Challenges. Democratic Choices. The Erosion of Political Support in Advanced Industrial Democracies. Oxford: Oxford University Press.

Dalton, R. J., 1985. Political Parties and Political Representation. Party Supporters and Party Elites in Nine Nations. Comparative Political Studies, 18(3), 267–99.

Dalton, R. J., Farrell, D. M., and McAllister, I., 2011. The Dynamics of Political Representation. In M. Rosema, B. Denters, and K. Aarts (eds.). How Democracy Works. Political Representation and Policy Congruence in Modern Societies, pp. 21–38. Amsterdam: Pallas Publications.

Davidson, R. H., 1969. The Role of the Congressman. New York: Pegasus.

Edinger, M. and Jahr, S. (eds.) 2015. Political Careers in Europe. Career Patterns in Multi–Level Systems. Baden–Baden: Nomos, Bloomsbury.

Esaiasson, P. and Holmberg, S., 1996. Representation from Above: Members of Parliament and Representative Democracy in Sweden. Aldershot: Dartmouth.

Eulau, H., Wahlke, J. C., Buchanan, W., and Ferguson, L. C., 1959. The Role of the Representative: Some Empirical Observations of the Theory of Edmund Burke. American Political Science Review, 53, 742–56.

Ezrow, L., De Vries, C., Steenbergen, M., and Edwards, E.,2011. Mean Voter Representation and Partisan Constituency Representation: Do Parties Respond to the Mean Voter Position or to their Supporters? Party Politics, 17, 275–301.

Farah, B., 1980. Political Representation in West Germany. Ann Arbor: University of Michigan, unpublished Dissertation.

Fenno, R., 1962. The House Appropriations Committee as a Political System: The Problem of Integration. American Political Science Review, 56(2), 310–24.

Franklin, M. N. and Scarrow, S. S., 1999. Making Europeans? The Socializing Power of the European Parliament. In R. Katz and B. Wessels (eds.). The European Parliament, the National Parliaments, and European Integration, pp.45–60. Oxford: Oxford University Press.

Friesema, H. P. and Hedlund, R. D., 1974. Th e Reality of Representational Roles. In N. R. Luttbeg (ed.). Public Opinion and Public Policy, pp. 413–17. 2nd ed. Homewoos: Dorsey Press.

Harden, J.J. and Carsey, T. M., 2012. Balancing Constituency Representation and Party Responsiveness in the US Senate: The Conditioning Effect of State Ideological Heterogeneity. Public Choice, 150, 137–54.

Hedlund, R. D., 1968. Legislative Socialization and Role Orientations: A Study of Iowa Legislature. Ann Arbor.

Hetherington, M., 2001. Resurgent Mass Partisanship: The Role of Elite Polarization. American Political Science Review, 95, 619–31.

Hibbing, J. R. and Theiss–Morse, E., 2001. Process Preferences and American Politics: What the People want Government to Be. American Political Science Review, 95, 145–53.

Huber, J.D. and Powell, B. G., 1994. Congruence between Citizens and Policymakers in Two Visions of Liberal Democracy. World Politics, 46, 291–326.

Hurley, P.A. and Hill, K.Q.,2003. Beyond the Demand–input Model: A Theory of Representational Linkages Journal of Politics, 65, 304–26.

Jacobs, L.R. and Shapiro, R.Y., 1994. Studying Substantive Democracy. PS: Political Science and Politics, 27, 9–17.

Katz, R. and Mair, P., 1995. Changing Models of Party Organization and Party Democracy. The Emergence of the Cartel Party. Party Politics, 1(1): 5–28.

Kitschelt, H., Mansfeldova, Z., Markowski, R., and Tóka, G., 1999. Post–Communist Party Systems. Competition, Representation, and Inter–party Cooperation. Cambridge: Cambridge University Press.

Körösényi, A., 2010. Beyond the Happy Consensus about Democratic Elitism. In H. Best and J. Higley (eds.). Democratic Elitism. New Theoretical and Comparative Perspectives, pp.43–60. Leiden, Boston: Brill.

Kuklinski, J.H. and Elling, R.C., 1977. Representational Role, Constituency Opinion, and Legislative Roll–Call Behaviour. American Political Science Review, 21, 135–47.

Lasswell, H.D., 1954. The Elite Concept. In H. D. Lasswell, D. Lerner, and C.E. Rothwell (eds.). The Comparative Study of Elites. An Introduction and Bibliography, pp. 6–21. Stanford: Stanford University Press.

Leston–Bandeira, C., 2012. Studying the Relationship between Parliament and Citizens. Journal of Legislative Studies, Special Issue: Parliaments and Citizens, 18, 265–74.

Levi, M., 1990. A Logic of Institutional Change. In K.S. Cook and M. Levi (eds.). Limits of Rationality, pp. 402–18. Chicago: University of Chicago Press.

Luna, J. and Zechmeister, E., 2005. Political Representation in Latin America—A Study of Elite–mass Congruence in Nine Countries. Comparative Political Studies, 38, 388–416.

Lupia, A., 2006. Delegation and its Perils. In K. Strøm, W.C. Müller, and T. Bergman (eds.). Delegation and Accountability in Parliamentary Democracies, pp.33–54. Oxford: Oxford University Press.

Mair, P., 2011. Is Governing Becoming More Contentious? In M. Rosema, B. Denters, and K. Aarts (eds.). How Democracy Works. Political Representation and Policy Congruence in Modern Societies, pp.77–86. Amsterdam: Pallas Publications.

Mansbridge, J., 2003. Rethinking Representation. American Political Science Review, 97, 515–28.

Matthews, D.R., 1959. The Folkways of the United States Senate. American Political Science Review, 53, 1064–89.

McAllister, I., 1991. Party Elites, Voters and Political Attitudes: Testing Three Explanations for Mass–Elite Differences. Canadian Journal of Political Science/Revue canadienne de science politique, 24, 237–68.

McClosky, H. and Brill, A., 1983. Dimensions of tolerance. What Americans believe about civil liberties. New York: Russell Sage Foundation.

McCrone, D.J. and Kuklinski, J. H., 1979. The Delegate Theory of Representation. American Journal of Political Science, 23, 278–300.

Méndez–Lago, M., and Martínez, A., 2002. Political Representation in Spain: An Empirical Analysis of the Perception of Citizens and MPs. The Journal of Legislative Studies, 8,

63–90.

Michels, R., 1915 [1911]. Political Parties. A Sociological Study of the Oligarchical Tendencies of Modern Democracies. New York: Free Press.

Miller, W. E., Pierce, R., Thomassen, J., Herrera, R., Holmberg, S., Esaiasson, P., and Wessels, B. (eds.). 1999. Policy Representation in Western Democracies. Oxford: Oxford University Press.

Miller, W. E. and Stokes, D.E., 1963. Constituency Influence in Congress. American Political Science Review, 57, 45–56.

Mosca, G., 1939 [1911]. The Ruling Class. New York: McGraw Hill.

Mughan, A., Box–Steffensmeier, J., and Scully, R., 1997. Mapping Legislative Socialization. European Journal of Political Research, 33, 93–106.

Norris, P., 1997. Introduction. Theories of Recruitment. In P. Norris (ed.). Passages to Power: Legislative Recruitment in Advanced Democracies, pp. 1–14. Cambridge: Cambridge University Press.

Norris, P. and Lovenduski, J., 1995. Political Recruitment: Gender, Race, and Class in the British Parliament. Cambridge, New York, Melbourne: Cambridge University Press.

Norton, P., 2002. Introduction: Linking Parliament and Citizens. In P. Norton (ed.). Parliaments and citizens in Western Europe (Parliaments in contemporary Western Europe, Vol. 3), pp. 1–18. London: Cass.

Page, B.I., Shapiro, R. Y., Gronke, P.W., and Rosenberg, R. M., 1984. Constituency, Party, and Representation in Congress. The Public Opinion Quarterly, 48, 741–56.

Patzelt, W.J. and Schirmer, R.,2002. Die Volkskammer der DDR. Sozialistischer Parlamentarismus in Theorie und Praxis. Wiesbaden: Westdeutscher Verlag.

Pettersson, T., 2010. Pro–democratic Orientations, Political Shortcuts and Policy Issues: Comparative Analyses of Elite–mass Congruence in Old and New Democracies. In. U. J. van Beek (ed.) Democracy under Scrutiny: Elites, Citizens, Cultures, pp. 117–46. Opladen: Verlag Barbara Budrich.

Pierson, P., 2004. Politics in Time: History, Institutions, and Social Analysis. Princeton: Princeton University Press.

Pitkin, H. F., 1967. The Concept of Representation. Berkeley: Berkeley University Press.

Powell, L.W., 1982. Issue Representation in Congress. Journal of Politics, 44,658–78.

Putnam, R. D., 1976. The Comparative Study of Political Elites. Englewood Cliffs: Prentice–Hall.

Reiser, M., Hülsken, C., Schwarz, B., and Borchert, J., 2011. Das Reden der Neulinge und andere Sünden. Parlamentarische Sozialisation und Parlamentskultur in zwei deutschen Landtagen. Zeitschrift für Parlamentsfragen,4, 820–34.

Rohrschneider, R. and Whitefield, S., 2012. The Strain of Representation. How Parties Represent Diverse Voters in Western and Eastern Europe. Oxford: Oxford University Press.

Rokkan, S., 1999. State Formation, Nation–Building, and Mass Politics in Europe. The Theory by Stein Rokka; Based on his Collected Works (edited by P. Flora with S. Kuhnle and D. Urwin). Oxford: Oxford University Press.

Sartori, G., 1987. Democratic Theory Revisited. Chatham: Chatham House.

Schumpeter, J. A., 1959 [1940]. Capitalism, Socialism and Democracy. London: George Allen and Unwin.

Semenova, E. / Edinger, M. and Best, H. (eds.). 2014. Parliamentary Elites in Central and Eastern Europe. Recruitment and Representation. London/New York: Routledge.

Scully, R., 2005. Becoming Europeans? Attitudes, Behaviour, and Socialization in the European Parliament. Oxford: Oxford University Press.

Searing, D. D., 1986. A Theory of Political–socialization—Institutional Support and Deradicalization in Britain. British Journal of Political Science, 16, 341–76.

Shapiro, R. Y., 2011. Public Opinion and American Democracy. Public Opinion Quarterly, 75, 982–1017.

Soroka, S., Penner, E., and Blidook, K., 2009. Constituency Influence in Parliament. Canadian Journal of Political Science/Revue Canadienne De Science Politique, 42, 563–91.

Steenbergen, M.R., Edwards, E. E., and de Vries, C.E., 2007. Who's Cueing Whom? Mass–elite Linkages and the Future of European Integration. European Union Politics, 8, 13–35.

Stimson, J.A., Mackuen, M.B., and Erikson, R.S., 1995. Dynamic Representation. American Political Science Review, 89, 543–65.

Stolz, K., 2010. Towards a Regional Political Class? Professional politicians and regional institutions in Catalonia and Scotland. Manchester: Manchester University Press.

Stone, W.J., 1982. Electoral Change and Policy Representation in Congress—Domestic Welfare Issues from 1956–1972. British Journal of Political Science, 12,95–115.

Strøm, K., Müller, W.C., and Bergman, T., 2006. Delegation and Accountability in Parliamentary Democracies. Oxford: Oxford University Press.

Thomassen, J., 1994. Empirical Research into Political Representation: Failing

Democracy or Failing Models? In M.K.M. Jennings, and E. Thomas (eds.). Elections at Home and Abroad. Essays in Honour of Warren E. Miller, pp. 237–64. Ann Arbor: University of Michigan Press.

Valen, H. and Narud, H.M., 2007. The Conditional Party Mandate: A Model for the Study of Mass and Elite Opinion Patterns. European Journal of Political Research, 46, 293–318.

Wahlke, J.C., 1971. Policy Demands and System Support——Role of Represented. British Journal of Political Science, 1, 271–90 .

Ward, S. and Gibson, R., 2009. European Political Organization and the Internet: Mobilization, Participation, and Change. In A. Chadwick and P. N. Howard (eds.). Routledge handbook of Internet politics, pp. 25–39. London, New York: Routledge.

Weber, M. 1958 [1919]. Politics as a Vocation. In H.H. Gerth and C. W. Mills (eds). Max Weber: Essays in Sociology, pp.77–128. New York: Oxford University Press.

Weissberg, R., 1978. Collective vs. Dyadic Representation in Congress. American Political Science Review, 72, 535–47.

Welzel, C., 2002. Effective Democracy, Mass Culture and the Quality of Elites: The Human Development Process. International Journal of Comparative Sociology, 43, 317–40.

Wessels, B., 1999. System Characteristics Matter. Empirical Evidence from Ten Representation Studies. In W. E. Miller, R. Pierce, J. Thomassen, R. Herrera, S. Holmberg, P. Esaiasson, and B. Wessels (eds). Policy Representation in Western Democracies, pp. 137–61. Oxford: Oxford University Press.

Wessels, B., 2011. Performance and Deficits of Present–Day–Representation. In S. Alonso, J. Keane, and W. Merkel (eds). The Future of Representative Democracy, pp. 96–123. Cambridge: Cambridge University Press.

White, C.S., 1997. Citizen Participation and the Internet. Prospects for Civic Deliberation in the Information Age. Social Studies, 88, 23–28.

Wlezien, C., 1995. The Public as Thermostat: Dynamics of Preferences for Spending. American Journal of Political Science, 39, 981–1000.

第四章　类型学与分类[*]

艾米·克雷佩尔（Amie Kreppel）

4.1　引言

　　世界上几乎每一个国家都存在立法机关，长期以来学者们都热衷于研究与比较它们，这不足为奇。然而，立法机关的多样性导致研究方法的激增，这些研究方法都将重点放置在立法机关的不同方面，尽管在某种程度上，每种方法都涉及在更广泛的政治语境之下对立法机关相对权力的评估，其中差异最大的是那些被认为是立法机关权力重要因素的属性。总的来说，大部分的研究聚焦于政治体系以及立法机关本身的制度属性，其他的研究则关注在广泛的政治制度下立法机关的职能。换言之，一部分关注立法机关做什么，另一部分则关注立法机关怎么做。一般而言，立法研究文献都或隐或显地承认这两个方面之间具有内在联系。特别是，比较立法研究的核心就是结构与其对立法机关成功履行一般赋予它们全部职能之能力的影响之间的联系。

　　在经典比较立法研究的"万神殿"中，这些研究推动

---

　　*　谢林杉译。

了将立法机关进行分类的类型学或分类方案的产生。[1]这的确有助于降低比较的难度，并为立法机关的分类提供一种通用语言，但在大多数情况下，这种方法不能提供解释。分类方法使我们可以将立法机关分类，并比较他们的相对权力、职能和结构，但它们并没有解释立法机关被归为某一类别的原因。此外，分类方案通常是静态的。立法机关的分类一旦固化，几乎不可能随时间的推移而发生变化，特别是在较短的时期内，例如，从本届选举到下届选举这段时期内。这种僵化的特性从根本上限制了多数类型学的效用，特别是在研究动态立法机关或者不太稳定的政治体系时。

　　本章的目标是重新审视该领域仍然流行的主要立法类型和分类方案，并检视它们能够在多大程度上扩展并嵌入一个连贯的理论框架之中，该框架不仅将不同的立法机关进行分类，同时也足以解释它们为何不同。本章将提出一个理论框架，该框架不仅能提供便于比较的分类方案，更能提供对立法权的理论解释。这种解释足够灵活，足以解释权力及其影响随时间的变化，即使在没有系统性制度变迁情况下也是如此。在我们进行下一步分析之前，有必要建立一些关键术语的通用定义，以确保语意清晰。

4.2　建立通用术语：第一个分类方法

　　比较立法机关研究的最大问题之一是术语的大量使用，例如，"集会"（assembly）、"国会"（congress）或"议会"（parliament），这些术语经常与"立法机关"一词互换使用。语义不够严谨会导致对所分析的立法机关（以及运作范围更广的政治体系）基本特征的混淆和误解，因此有必要制定一些明确的定义和基本的术语分类。

　　在常用来形容立法机关的词中，"集会"是最笼统的。事实上，"集会"一词不一定具有明确的政治性，该词的词义只是指一群人为了某种目的而聚集在一起，例如，学校集会。只有当我们或隐或显地添加"政治的"或"立法的"这一类限定词时，我们才会开始在与立法机关、议会和国会相同的背景下考虑集会。出于同样的原因，通常我们也要将议会和国会理解为特定类型的立法

---

[1]　就本章而言，类型学和分类方案可以互换使用。

机关。对以上四种术语的理解，创造了从最普遍（集会）到最具体（国会和议会）的等级位阶，这些机关被理解为"立法机关"的中层类别（见图 4.1）。[1]

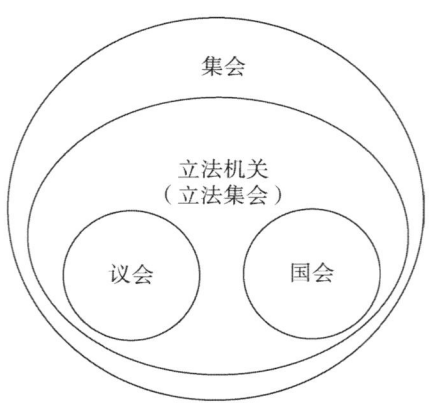

图 4.1　机关层级示意图

从这个角度来看，立法机关就是基于特定的政治目的，某种程度上是基于立法目的而组织的集会。虽然这个定义有助于将立法机关与其他集会区分开来，但它仍然非常笼统。为了能够有效地比较不同国家的立法机关，我们需要对其进行额外的解释与限定，以明确地区分立法机关的两种主要类型：国会和议会。[2] 从根本上说，这两种立法机关所属政治体系的结构特征是区分它们的基础。[3] 不管这个政治体系是不是一个民主体制，立法机关与行政机关之间的关系，便决定了立法机关的核心特征，同时也决定了它应当被称为国会还是议会。最具决定性的因素是两者之间的相互依赖程度。

在通常所说的议会制结构中，行政机关（总理和内阁）由立法机关从其自身的队伍中选举产生。[4] 此外，行政机关或"政府"形式上在任期内对立法

₈₄

---

〔1〕　应该指出的是，这种将议会和国会视为立法机关类型的解释并不一定是详尽无遗的，也不排除可能存在其他类型的立法机关。然而，在民主政治制度中，这些类型能够包含作者熟悉的所有立法机关。

〔2〕　虽然大多数人都熟悉"议会"一词的词根——源自法语动词 parler，"说话"——但很少有人认识到"国会"一词源自拉丁语 congressus，"会议或遭遇（敌对）；竞争或参与"〔哈珀（Harper），2001〕。使用国会作为一个通用术语来表示权力分离系统中的立法机关是合理的，因为与权力融合系统相比，它们政策制定更加频繁，立法部门和行政部门之间发生冲突的可能性更大。

〔3〕　认识到广泛的体制结构对立法机关类型的影响并不新鲜，但这里的术语层次结构旨在澄清持续存在的歧义。例如，近半个世纪前，惠尔（Wheare，1963）区分了议会和国会——但并没有将其与立法部门与行政部门的关系联系起来。拉沃尔（Laver，2008）强调了这种关系的重要性，却将立法机关与议会进行二元划分，而不是将立法机关看作更广泛的一种类别。

〔4〕　在议会制度中，从立法机关之外选择内阁成员是可能的，甚至是常态〔安德韦格和尼津克（Andeweg and Nijzink），1995〕。

机关负责。这意味着，无论选举周期为何，只要立法机关的多数反对，行政机关都可能随时被罢免。[1]反过来说，立法机关对行政机关的罢免可能伴随立法机关的提前选举，从而为两者"同归于尽"创造了可能性。因此行政机关和立法机关之间存在极高的相互依存关系。出于这种原因，这种模式通常被称为"融合权力"体制，它的立法机关通常被称为议会，无论它正式的国家头衔为何。

相比之下，在通常所说的总统制中，行政机关是由人民选举产生的（通常是直接选举），而不是由立法机关选举产生。因此，不同于议会制，行政机关与立法机关之间没有直接的责任关系，立法机关弹劾行政机关的可能性非常有限，也没有行政机关可以解散立法机关的规定。出于这种原因，总统制被认为是"分权制"，因为它们的核心机关分支之间是相互独立的。虽然权力分离制通常以总统制为特征，但这不是必要条件，非总统制的权力分离制度也是存在的，例如，欧盟。

与融合权力体制的立法机关不同，权力分离制度中的许多立法机关尽管具有"国会"的正式头衔，但是仍然没有被纳入公认的一般类别。"国会"与"议会"一样，两者可以被视作立法机关的一般类型。不同之处在于，"国会"以行政机关和立法机关的相对独立为基础。尽管这种区分是为了确保语义清晰，但许多类型学将其作为评估立法机关的常见指标。对行政机关的选举和监督都是立法机关"控制职能"的核心要素，但是国会型立法机关只使用后者。因此，有必要对立法机关的核心职能以及与之相关的制度特征进行简要回顾，这有助于我们更好地理解大多数现有类型学和分类方案的逻辑，并为后续分析奠定基础。[2]

85

4.3　立法机关类型与分类的历史演变

传统的理论认为立法机关有四个主要功能：联系；代表；控制／监督；政策制定〔白芝浩（Bagehot），1872；布隆德尔（Blondel），1973；洛文伯格和帕特森（Loewenberg and Patterson），1979；奥尔森（Olson），1994；洛文

---

〔1〕　当然，这是一种简化，忽视了可能的障碍，例如，要求进行建设性的不信任投票。

〔2〕　前文的 4.2 来自克雷佩尔（Kreppel，2010）首次发表的类型学。

伯格（Loewenberg），2011］。在某种程度上，大多数的立法机关都发挥着这四项职能，但是它们的不同之处在于它们在每个领域的相对权力和影响力不同，以及每个方面被考虑的优先程度不同，尽管这些显然是相互关联的。我们需要对立法机关的四项职能进行简短地回顾。这是为了解决两个问题：一是立法机关在某一政体内发挥着何种作用；二是现有类型学在多大程度上将立法机关的职能纳入对立法权及其影响力的评估中。

民主理论认为，立法机关最核心的任务是将公民与政府联系起来。即使在立法机关不能较好地履行其他职能的情况下，它都总是能够充当"选民和中央政府之间的中介"［奥尔森（Olson），1980，135］。在这方面，立法机关（通过其成员）充当信息渠道，一方面能够将地方一级的要求传达给中央政府，另一方面可以向公民解释中央政府的政策和行动。尽管所有的立法机关都在一定程度上发挥这样的作用，但它们进行有效沟通的能力以及这一职能的相对重要性有很大差异。在公民无法通过选举的方式直接向行政机关传达偏好与满意度的政治体系中，立法机关的联系作用更加重要。因此，在议会制以及大多数非民主政体中，立法机关的联系职能更为重要，它可能是公民与行政机关之间唯一稳定的沟通机制。

除了作为公民与政府的纽带之外，立法机关的成员还应该代表他们的选民。换句话说，立法者有责任为他的选民辩护，确保公民的意见、观点和价值观体现在政策制定过程中［皮特金（Pitkin），1967］。公民主要通过立法者进行政治表达。与行政机关相比，大多数立法机关的成员数相对较多，而其选区的规模相对较小，这使其有效代表各种少数群体成为可能。相比之下，由于行政机关要代表整个国家的利益，少数群体难以进入或影响行政机关[1]。行政机关的成员通常都具有相似的政治信仰，如有例外也仅占少数。而立法机关则不同，由于立法机关更大，因此除最具压迫性的制度外，所有立法机关都包含执政党和反对派团体的代表。立法机关的这种多元性特征不仅提高了它的代表能力，同时也使它成为一个公共辩论的论坛。在这里，不同意见与对立观点可以直接进行交流，进而影响公众舆论和政策结果。

---

〔1〕 在总统制和单个政党赢得议会绝对多数席位的议会制度中尤其如此。相比之下，包括各种代表少数利益政党的联合政府可以增强整个行政部门的代表职能。

统治者政府的控制是代议制民主的基本原则之一。[1]实现这一目标的主要方式是定期安排自由公平的选举。立法机关所实施的行政控制的类型和选民与行政机关、立法机关与行政机关之间的关系有直接联系。[2]融合权力体制中的立法机关与权力分离体制下的立法机关相比，控制功能的特征更为突出。在融合权力体制中，立法机关有权授职或谴责，而在权力分离体制中，行政控制仅限于确认（内阁）与弹劾。

虽然行政控制通常是指对行政部门的选举和罢免，但立法机关对行政机关的监督是一个更广泛的概念，立法机关不仅需要监督负责执行政策的行政部门，还要定期与行政首脑接触，确保它履行对公众的承诺，并充分实现国家的各种政策需求。立法机关通过预算授权以及对政策的预算影响审查的权力，来确保对行政部门的适当监督。非民主制度中的立法机关甚至也可以行使这些类型的"监督"职能，即使它们无法有效地"控制"整个行政机关。

在所有的这些方面，立法机关在很大程度上是被动的，仅有间接的影响。然而在许多的政治制度中，立法机关有能力可以直接甚至主动参与政策制定过程。这种直接地参与可能会有很大的不同，从提供咨询性意见到做出法案的重大修订，从独立提出提案到否决行政机关的提案。由于政策制定在政治过程内更具核心作用。因此，大多数类型学以立法权的这一关键方面为基础，并将其作为分类方案的主要（如果不是唯一的）要素。然而，如上文所述，立法机关有许多的职能，立法并非最重要的一项。[3]

要理解上述四个核心任务（联系、代表、控制/监督和政策制定）之间的关键差异，就要根据它们如何塑造立法机关的作用对其进行分类。当作为一个联系机关或代表机关时，立法机关充当选民的代理人。然而当它们从事行政监督和控制职能时，立法机关则成为委托人，而行政机关则承担代理人的职责。最后，在政策制定时，立法机关兼具这两种角色，既是公民的代理人，又是监督行政活动的委托人［克雷佩尔（Kreppel），2010］。这些不同职能之间的相对平衡是大多数立法机关类型学的基础。尽管许多分类方案主要关注立法机关的相对决策权［布隆德尔（Blondel），1970；波尔斯比（Polsby），1975；奥

87

---

〔1〕　读者应注意，议会型立法机关遴选行政机关的能力包含在控制功能中。然而国会型的立法机关不具备此功能，因此不作为一个单独的类别。

〔2〕　当然，温和的民主制度是预设前提。在非民主制度中，立法机关的控制职能是微不足道的。

〔3〕　在非民主制度中尤其如此，仅对民主的环境才有效。

尔森（Olson），1980〕，但有些或多或少地权衡了立法行为的其他方面，尤其是那些努力将非民主和正在经历民主化的政治体系的立法机关纳入其中的分类方案〔梅泽（Mezey），1979；金姆（Kim），1984〕。

大多数分类方案提供的是一个分类框架，使我们可以跨越时间以及政治体系比较立法机关。这些方案提供了一种简略的表述，以相对简洁和有凝聚力的方式提供大量信息。描述性类型，例如，在 4.2 中描述的国会和议会，提供了有关立法机关的宪法结构及其与政体其他方面的制度联系，但仅此而已。因此，墨西哥的立法机关应当被称为国会，而意大利的立法机关则应当被称为议会。同时这也意味着，墨西哥采取的是权力分离制，而意大利则采取权力融合体制。反过来，我们也了解了立法机关可以运用的行政控制机制（前者可以进行确认与弹劾，而后者进行授职或谴责）。然而，这都是立法机关最普遍的特征。这样的分类可以引导对立法机关的"应然"状态期望，但并未对"实然"层面的比较提供太多支持。为此，有必要更深入地分析立法机关履行上述四项职能的能力，以更好地评估立法机关对整个政治制度（或更具体地说，对政策过程）的影响。

88　　当代大多数比较立法机关的研究始于让·布隆德尔（Jean Blondel，1970；1973）的开创性工作。[1]布隆德尔（Blondel）从立法机关的制度特征开始，并专注于议会（在大多数情况下是隐含的），他通过他所称的"黏性"（viscosity）的视角来审视议会的立法监督和控制功能。这本质上是一个概念机制，用于衡量立法机关在政策过程中的消极权力。立法机关的黏性越大，它就越能推迟甚至拒绝行政机关的政策建议或行政部门发起的"规则制定"过程〔布隆德尔（Blondel），1970〕。虽然布隆德尔（Blondel）承认立法机关在政治制度中有其他职能，如联系职能和代表职能，但他也指出，立法职能"是教科书中最常提到的"（1970，71）。立法黏性基于立法机关为减缓立法进程所使用的工具被衡量，包括辩论的持续时间、提出的时间、修正案的长度和成功程度，以及它们的来源（多数党或反对党）。根据立法机关在决策过程中所体现的粘度，或者它可以在多大程度上被当作行政机关的立法机器，立法机关可以被分为"顺

---

　　〔1〕　在布隆德尔（Blondel）之前，沃尔特·白芝浩（Walter Bagehot）和洛德·布莱斯（Lord Bryce）开始关注立法机关在广泛的整体体系中不断变化的角色和特征。布隆德尔（Blondel）主要关注英国和美国制度的具体细节，沃尔特·白芝浩（Walter Bagehot）和洛德·布莱斯（Lord Bryce）则哀叹立法机关的衰落（以及政党的兴起），但都未提出一个完全成熟的比较类型。

从"或"自由"两种类型。这种将立法权解释为减缓或终止政策的消极能力的方式，出现在近期对制度否决权参与者及其对政策影响的文献中［泽伯利斯（Tsebelis），2002］。

值得注意的是，在布隆德尔（Blondel）的分析中，议会与国会这一轴心并没有因所选案例的不同（法国、印度、爱尔兰、瑞典和英国）而发生变化。最后，不出所料，布隆德尔（Blondel）发现严格的多数派议会制度（如英国和爱尔兰）的黏性低于瑞典，尤其是法国。布隆德尔（Blondel）进一步指出，立法机关能否在更多的政策领域发挥积极作用也很重要。例如，在他的分析中，法国立法机关表面上似乎更"自由"，但实际上仍然是限度内的自由（1970，85）。尽管有这个额外的结论，布隆德尔（Blondel）进行分类的焦点仍是它们如何影响政策制定。更具体地说，布隆德尔（Blondel）关注立法机关的消极权力，这种消极权力为立法机关提供了影响政策产出的机会，并且这一过程中仅有行政—立法关系。[1] 布隆德尔（Blondel）之后的学者们通过两种方式扩大分析范围：一是增加研究对象的多样性，二是延展它们的功能。

尼尔森波尔斯比（Nelson Polsby）提出了"竞技型"（arena）和"变革型"（transformative）立法机关的概念（1975）。这两个概念并非完全对立，而是立法机关发展的不同类型。沿着这一概念，立法机关可以朝两个方向变化：一是作为理想"变革型"立法机关的美国国会，二是如英国下议院一样的"竞技型"立法机关［波尔斯比（Polsby），1975，130–1］。虽然将大部分的笔墨放在对美国案例的分析上，并且在方法上也更倾向于描述而非严格的实证分析，但是在许多方面波尔斯比（Polsby）的分析为比较立法研究提供了一个比较全面的理论框架。

波尔斯比（Polsby）以立法作用以及权力场域为依据，来划分两种立法机关的理想类型。波尔斯比（Polsby）认为，要理解变革型的立法机关及其在政策过程中的作用，分析的关键主题是立法机关的内部结构。相比之下，竞技式立法机关的决策权来源必须从立法机关之外寻找。[2] 他总结道："对于竞技式的立法机关而言，外力的影响在解释立法结果方面是决定性的。对于变革型

89

---

〔1〕 在某种程度上讨论了消极权力的积极影响，具有高度"黏性"的立法机关可以在政策制定过程中通过真正使用或威胁使用消极权力来哄骗行政部门让步，［布隆德尔（Blondel），1970］。
〔2〕 波尔斯比（Polsby）指出（第130页）外部来源可能是政党，也有可能是军队、官僚机构等。尽管他指出了外部政党组织的重要性，但是他并没有特别考察其作用。

的立法机关而言，决定性的是描述内部结构和亚文化规范的变量"［波尔斯比（Polsby），1975，141］[1]。

虽然对有权塑造政策过程的具体外部行为者没有任何详细讨论，但在他的比较分析中纳入了政党组织对波尔斯比（Polsby）所称的立法"独立性"的影响。事实上，"立法机关在现代民主政治中的独立性以及由此而产生的变革能力取决于议会党团"［波尔斯比（Polsby），1975，142］。尤其是党内组织的三个方面影响着立法独立性，这三个方面又与议会党团的多数派或共识性息息相关。[2]其中包括占主导地位的议会团体的广度、有立法权政党的等级组织程度，以及特定政策问题上的多数派是否"固定和有保证"［波尔斯比（Polsby），1975，142］。更简单地说，竞技型的立法机关是指议会党团通过等级结构和在一小群参与者之间集中决策来限制成员的独立性。相比之下，政党内部结构在变革型立法机关中的作用式微。因此，多数派可以是高度联合的（变革型）或有限的（竞技型），政党管理可以是非常分散的（变革型）或集中的（竞技型）。最后，多数派可以是非常灵活的（变革型）或固定的（竞技型）。这样的分类与组合导致了一种有关立法独立性的类型学，以高度变革型（美国）和竞技型（英国）为两大类别。

尽管波尔斯比（Polsby）并未明确说明政治制度在这种类型学发展中的广泛作用，但他的论述表明，变革型立法机关存在于"权力分离"制中（国会型立法机关），作为竞技型立法机关的议会则存在于权力融合系统中。这一结论的得出基于他的案例研究（美国、荷兰、瑞典、德国、意大利、英国、比利时以及法兰西第四和第五共和国）。同时，这也是他没有在分析中明确纳入行政—立法关系和外部政党结构的结果。[3]对外生政党研究的缺失并非波尔斯比（Polsby）所提出的竞技—变革类型学的唯一不足。与前人的研究一样，它从根本上仅适用于分析民主国家和立法机关的内部特征。

比较立法研究领域中引入的下一个类型学将更多影响决策的因素纳入考量，同时也从支持度和持久性的角度思考立法权［梅泽（Mezey），1979］。这种类型学摆脱了对决策粘性或变革性权力单一轴心的依赖，将第二轴心——民众对

---

　　〔1〕　内部组织结构的重要性与他们在政策转变中所起的作用有关，例如：委员会审查、修正案等。相比之下，竞技型的立法机关的主要功能是讨论在别处构建的政策替代方案。

　　〔2〕　阿伦德·利普哈特（Arend Lijphart）关于多元社会中的民主的开创性工作的相关术语对波尔斯比（Polsby）尚不可用。

　　〔3〕　基于结构自治和党派自治（在4.4中讨论）的立法自治概念试图纠正这一缺陷。

立法机关的支持程度纳入考量。一方面，这样会增加类型学的复杂性，同时也
使这个分析框架能够适用于更广泛的立法机关，甚至包括非民主制度中的立法
机关。另一方面，民众的支持程度对于立法机关来说是外生的，有可能比政策
制定职能更直接地反映联系和代表职能的影响和意义。

尽管梅泽（Mezey）将"民众支持率"变量纳入了他的理论，但与之前
的学者一样，他的类型学仍然在很大程度上将重点放置在立法权力的行使上，
他认为这体现了"立法机关在政策制定过程中的重要性"［梅泽（Mezey），
1979，151］。梅泽（Mezey）认为，立法机关政策制定权的强度可以分为三
等：强大、适度、几乎没有。梅泽（Mezey）类型学的不同之处在于，梅泽
（Mezey）揭示了外部支持能够对内部决策和立法机关的权力产生广泛的影响。梅
泽（Mezey）尤其关注立法机关约束行政机关的能力，他认为："立法机关在政
策制定过程中发挥着重要作用，因为它们的存在与特权会限制行政机关"，不
会让它们濒临解散的边缘［梅泽（Mezey），1979，153］。他在分析中指出，外
生的大众支持是避免行政机关解散立法机关的堡垒，因此民众支持率高的立法
机关，能够更好地利用它们掌握的任何制度性政策制定资源。相比之下，由于立法
机关自身的原因，它们容易被行政机关当作其实现政治目标的障碍，因此民众
支持率低的立法机关很有可能被行政机关正式或非正式地取消。[1]

将民众支持纳入对立法机关相对权力的考量的尝试至关重要，因为它将分
析扩展到立法机关本身以外的政治环境，并认识到外部因素的重要性。[2]同时
这种方法也强调了联系和代表职能可能间接对立法机关的政策制定过程产生潜
在影响。结合这两个轴、正式的决策权以及外部支持，产生了立法机关的五种
类型（见表 4.1）。

表 4.1　梅泽（Mezey）的立法类型学

政策制定权	低支持率立法机关	高支持率立法机关
强大	易被解散	主动
适度	边际	被动
基本没有	无	最小

---

〔1〕　虽然废除立法机关并不会对一个成熟的民主国家构成威胁，但行政机关可以采取一些策略来避免立
法机关的介入（行政命令和法令）。

〔2〕　在强调外部因素对竞技场型立法机关的重要性时，波尔斯比（Polsby）也这样做了，而梅泽（Mezey）
则认为外部支持提供了一些制度性权力，足以使立法机关充分发挥其潜能。

不出所料，"主动"和"被动"类型的立法机关与波尔斯比（Polsby）的变革型—竞技型分类有很大程度的重叠。由于立法机关容易被行政机关撇开或解散，运用外部支持这一概念加深了我们对立法权的理解，有助于区分充分决策权的立法机关（美国）和那些没有充分决策权的立法机关（意大利，法兰西第四共和国）。此外，将最小立法机关和边缘立法机关纳入分析框架，使得该类型学适用于对非民主国家的分析，并使我们能够根据民众支持（或持久性）来区分它们。出于这些原因，迄今为止，梅泽（Mezey）的类型学是比较立法研究中最全面的。在不减损他做出的贡献的情况下，有一部分的原因是比较立法研究领域在这一时期的迅速衰落。事实上，除了 20 世纪八九十年代的几卷集刊之外，此后几乎没有类似的宏观比较立法著作发表。[1] 这种下降至少部分原因是微观层面的立法研究增加，而这些研究往往不适合进行广泛的跨国分析。[2]

波尔斯比（Polsby）建构的变革型—竞技型理论框架，推动了该领域从对立法权及其持久性的宏观比较分析向对立法机关内部组织结构的特定方面研究（微观分析）的转变。他强调，在变革型立法机关（例如，美国国会）的决策过程中，内部制度结构发挥着重要作用。基于此，他为研究内部立法结构奠定了基础。事实上，波尔斯比（Polsby）关于国会制度化的研究开创了这种微观研究的先河 [波尔斯比（Polsby），1968]。在之后的发展中出现了实质性转变，大家开始逐渐关注内部决策和组织结构的所有方面，特别是在美国国会文献中得以体现。这一新的研究方向重点关注立法机关的具体方面，如议程设置、预算权力、委员会权力、党团会议和领导结构，而不是对立法机关本身进行广泛比较。

学者们以美国国会文献中日益丰富和详细的微观研究为蓝本，从而产生的研究浪潮导致整个立法研究领域的转变 [多林（Döring），1995；洛文伯格、斯夸尔和基维特（Loewenberg, Squire, and Kiewiet），2002；多林和哈勒伯格（Döring and Hallerberg），2004]。微观研究方法的传播影响，远远超过了美国国会文献的影响，激发了各地立法研究者的兴趣（取得了不同程度的成

---

[1] 例如，参见奥尔森（Olson），1980；奥恩斯坦（Ornstein），1981；金姆、巴坎和朱厄尔（Kim，Barkan，Turan and Jewell），1984；科普兰和帕特森（Copeland and Patterson），1994。

[2] 应该强调的是，自这一时期以来，已经对立法机关进行了大量且优秀的"制度主义"研究，但大部分都集中在立法机关的特定内部特征以及微观分析之上 [多林（Döring），1995 是一个优秀的纲要]，或者是广泛的系统分析 [利普哈特（Lijphart），1999；泽伯利斯（Tsebelis），2002]。

功）。[1] 即使这一趋势有利于积累大量关于立法机关内部组织结构的详细研究，但是付出的成本也更加高昂。虽然在一个或多个立法背景下，对内部立法结构特定方面的影响进行了大量详细分析，但由于共享的理论框架相对较少，我们很难利用这些研究在单一国家背景下进行宏观层面的跨国比较，甚至跨时间比较，但这并不意味着这些年没有高质量的跨国立法机关比较研究［例如，见西贝勒（Sieberer），2011，或以不同方式，菲什和克罗尼格（Fish and Kroenig），2009］，只是这类工作进行得很少，也没有产生系统性的比较新类型。

　　基于以上的分析而产生的问题是，是否有一个理论框架，可以整合目前流行的立法机关微观分析和过去蓬勃发展的比较类型学。这种方式会揭示以下三个方面的关键作用：内部组织结构、各种外部因素和变量，以及影响整个立法机关的系统性政治变量。由此产生的类型将可能将国会与议会纳入其中，并且足够灵活，即使在没有实质性变化的情况下也足以解释单个立法机关的纵向变化（change over time）以及横向变化（variations across legislatures）。构建这个框架是可能的，但它需要以制度与环境这组自变量为基础，这是立法权得以产生的起源，而不是立法权本身（这是学者们最常关注的因变量）。厘清这些变量之间的相互关联和相互作用，是建构这种新类型学的基础。这种类型学可以将微观和宏观方法与比较立法研究联系起来。换句话说，有必要从简单的立法权分析，转向立法机关为何有强立法权或弱立法权的分析。

92

4.4　比较立法自治性

　　由于在更广泛的政治进程中，政策制定具有核心重要性。因此，大多数对立法机关的分析都集中在决策权上，忽略了对代议制功能和联系功能的明确分析，并且仅仅将对其控制功能的考察夹杂在其他考量之中［多林（Döring），1995；菲什和克罗尼格（Fish and Kroenig），2009］。事实上，大多数政治活动的目的和政治行为者的行为动机是控制，或者至少在一定程度上影响政策结

---

　　〔1〕　许多使用微观研究方法并关注立法机关内部属性的人并没有意识到波尔斯比（Polsby）最初的劝告，即一方面要研究内部组织结构以了解变革型立法机关的运作，另一方面要关注立法行为的外部影响以了解竞技型立法机关的运作。因此，那些寻求从竞技型立法机关中发现变革作用的学者，倾向于谴责"议会的衰落"。

果。虽然肯定有部分人为了权力而追求权力，但正是决定政策结果的权力驱使政党、游说团体以及个人选民决定如何投票。[1]立法机关影响政策输出结果的能力也是这种分类方法的因变量。然而，与以往不同的是，一系列具有核心重要性的自变量的结合，这些自变量提供了关于"立法自治性"（legislative autonomy）水平的关键信息。一个立法机关的相对自治性具有可以被用来预测其影响政策制定过程的可能性。

我们的目标是建构一个理论框架，并将我们已掌握的关于立法机关如何运作，以及它们如何受到政治体系其他方面影响的知识嵌入其中。为了全面，这种方法必须包括更广泛的政治环境、立法机关的内部结构和资源的影响，以及影响立法机关内个别成员和团体的党派框架。"立法自治性"的概念使我们能够将政治体系中所有这些要素的核心归结为决策的独立性，进而实现这一目标。这种方法关注的是外在因素对立法机关及其成员行动的相对控制程度，即外在行为者直接或间接影响立法过程结果的能力。

93　　　外部作用力可以来自行政命令等直接控制，也可以来自党派对党员职业生涯的控制等间接影响。无论哪种情况，立法机关以外的参与者都能影响立法机关和 / 或其成员在政策制定过程中的作用。这样一来，这些外部的参与者就有效地削弱了立法机关作为一个机关和 / 或其成员作为个体参与者的影响力。最近一系列微观研究所强调的立法机关决策权的重要因素中的大多数变量，都与立法机关及其成员的相对决策自主性直接相关。这些变量可以粗略地分为两大类——制度和党派。前者影响整个立法机关，而后者则影响立法机关中的个别成员和党派团体。

"制度自治性"轴中包含的变量是比较立法研究中最常见的，包括整个政治体系的大框架和内部组织特征，这些都是大多数微观层面立法研究的重点。[2]这些制度变量可以分为两类：一类是宪法规定的（相对刚性的）；另一类是制度性的，更容易修改。如前文所述，国会和议会的核心区别在于它们相对行政部门的机关自主性的水平。国会型立法机关因其受宪法保护的独立性而受益于更高的制度自治性。相比之下，议会型立法机关因行政—立法关系的"融合"特性而被削弱，这使得它们的制度自治性降低。图 4.2 显示了国会和议会之间

---

〔1〕　事实上，代议制功能和联系功能在很多方面也很重要，因为选民想要参与政治进程，并且有自己的政治表达。

〔2〕　此处使用的制度自治的解释类似于菲什和克罗尼格（Fish and Kroenig，2009）使用的，但更广泛。

的这种基本划分，即两种类型的国会都位于上面两个象限，而议会则位于下面 94
两个象限。[1]一个具体的国会或议会在纵轴上的确切位置取决于政治体系中各
种次要的制度性变量。

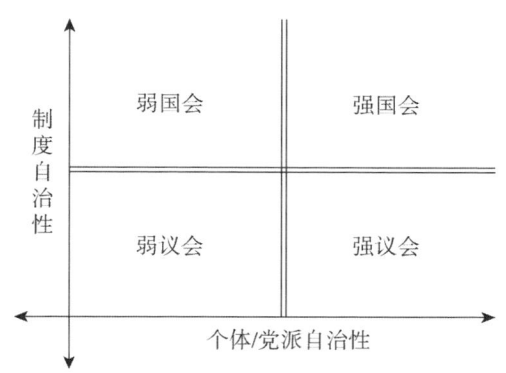

图 4.2　制度和党派自治性

　　次要的制度性特征可以是正式的或非正式的，而且有很大概率会随着时间
的推移而改变。其中包括各种各样的框架，它们是众多微观立法研究的对象，
包括议程控制、委员会结构和权力，以及其他制度资源，如时间、工作人员、
成员的质量或全职地位。这些制度性特征比宪法规定的融合制和权力分离制的
区别更容易发生变化，但这绝不表明它们对立法权的影响不那么重要。相反，
制度自治性的这两个方面是相互配合的——两者结合起来决定了整个立法机关
的制度自治性。因此，制度的自治性越大（宪法的或内部规定的），立法机关
在纵轴上的位置就越高（见图 4.2）。

　　虽然将立法机关划分至国会或议会取决于宪法规定的政府立法和行政部门
之间的关系，但横轴上每种立法机关的强弱版本的区别取决于另一种自治，一
种由政党制度和个别政党本身的特点生成的自治。这种党派自治取决于各种变
量，包括个别政党的集中控制程度、政党在社会中的渗透率、竞选资金规则、
管理选票的法律以及整个选举制度的特点，等等。[2]与纵轴一样，关键属性是
自治性，特别是政策过程中的决策自主性（立法影响）。然而，由于个别党员、
政党的核心小组和外部政党组织之间可能存在差异，这种关系可能比制度领域
中的关系更加复杂。

----

〔1〕　象限的含义是，即使是最弱的议会也将比最强的议会拥有更多的自治权。
〔2〕　这些外生变量包括那些波尔斯比（Polsby，1975）预测的对"表演"型立法机关具有重要意义的变
量，然而，它们对国会和议会都很重要，尽管在这两种制度背景下，政党通常被假定扮演非常不同的角色。

在个体层面上，一个政党（外部或内部党团）控制其成员在立法机关中的政治前途的能力越强（通过选举提名、筹资渠道、内部分配或其他关键利益），立法机关成员的个人自主性就越低，这意味着成员几乎没有能力自主地影响政策结果。相反，成员们将密切关注党内的政策指令（党内投票），而不考虑其个人甚至选区的偏好。

立法机关内的党团 / 核心小组与外部政党组织（选民中的政党）之间也存在类似的相互作用。如果外部政党的等级制度与内部政党组织的等级制度重叠，和 / 或如果外部政党控制着政党资源、候选人选拔等，那么内部政党团体的自治性就会降低，影响政策结果的独立能力也会降低。然而，当内部和外部政党组织之间存在平行的领导结构时，且 / 或当内部政党党团控制资源、候选人选拔等时，政党的内部领导人将能更好地直接影响政策结果，不受外部政党组织的干扰。[1]值得注意的是，党员个人自治和党内核心小组自治不一定有联系或成体系。因此，在党内核心小组自治程度较高或较低的情况下，个人自治也可能存在，而且在一个单一的国家政党体系中，各政党之间可能存在很大的差异。

立法机关内个别成员和 / 或党组织摆脱外在党派控制（即来自"选民中的党"和 / 或"行政中的党"）的自治性越大，整个机关的党派自治性就越高。（个人和团体）党派自治水平越高的立法机关将越接近于横轴的右侧。[2]个体 / 政党自治性的变化比制度上的自治性的变化可能性更大，因为这些变化可以通过改变选举法、竞选财务条例、党内规章以及政党本身的选举命运的简单变化来实现，从而导致行政部门的党派控制的变化。

这种理解和比较立法机关的方法乍一看似乎指向另一种分类方法，即简单地将立法机关分为四类——与波尔斯比（Polsby，1975）创建的分类方法并非完全不同。然而，采用自治概念作为评估立法权力的机制，为立法机关的决策影响提供了理论解释，能够将过去 30 年来立法研究中普遍存在的大量微观分析结合起来。它还强调了一个错误的假设，即在政策影响方面，议会必然是弱者，而国会是强者，这是早期比较立法学中所固有的。这种误解源于图 4.2 中的两

〔1〕 立法机关中的政党和选民中的政党之间的这种差异化是特别重要的，例如，当选民中的政党由政党积极分子（不那么温和）控制，而立法机关中的政党是一个联盟时，这通常需要做出可能不受政党基础欢迎的妥协。
〔2〕 应该注意到这两条轴不是独立的。融合权力体系往往具有更强的政党体系，对党员的控制更加集中，但两条轴之间的关系是趋向，而不是铁律。

条轴线的间接拼接，因为它假设议会有强大的政党，而国会有弱小的政党［萨托里（Sartori），1997；林茨（Linz），1990］。

一旦通过对前面概述的变量的分析，将这两个轴分开并单独考虑，就有可以区分四种类型的立法机关的清晰示例。虽然美国国会和英国议会分别是强势国会和弱势议会的典型代表，但也有其他代表弱势国会和强势议会类别的例子，如墨西哥国会和意大利议会。通过将影响立法自治权以及决策影响力的制度（内部）变量和党派（外部）变量结合起来，这一方法成为整合立法研究的微观和宏观方法的第一步。这样一来，它就可以发展出一种理论上的分类方法，适用于各种不同的政治背景，并能够说明随着时间的推移所发生的变化。从一种立法机关到另一种立法机关（即从议会到国会）的转变是不可能的，因为这种分类是由宪法决定的。然而，由于立法程序或机关本身的结构和制度特征的次要方面发生了变化，象限内可能会发生实质性的变化。因此，沿纵轴的移动是可能的，即使它通常被限制在象限内移动。相反，横轴上的移动，甚至从"强"类别到"弱"类别的移动（在象限之间）可以以多种方式发生，可能仅仅是由于一个或另一个政党的选举命运的变化。[1]

96

4.5　待解决的问题以及未来展望

波尔斯比（Polsby）等人的开创性工作使对美国国会的微观研究量激增，这样的一种情况或者现象也从根本上改变了比较立法研究的特质。现在，人们普遍认同立法机关内部各种组织和结构因素的重要性。修正案、投票规则、委员会制度以及立法机关的许多其他特征的重要性，不仅在美国的背景下，还在国际上的案例研究以及跨国合作项目内都已经得到充分认识和研究。［多林（Döring），1995；洛文伯格、斯夸尔和基维特（Loewenberg, Squire, and Kiewiet），2002；多林和哈勒伯格（Döring and Hallerberg），2004；菲什和克罗尼格（Fish and Kroenig），2009］。毋庸置疑，这些微观层面的分析很重要，但它们有两个关键的弱点，阻碍了比较立法研究的进一步发展。

---

〔1〕　这在政党内部组织有很大差异的体系中尤为可能。如果某些政党对成员有很强的控制，而其他政党不那么集中，那么由一党执政转向另一党执政，可能会对立法机关独立行动的能力产生重大影响。

首先，它们往往不能完全整合这些不同内部结构和规则的交互效果。对议程设置、委员会权力或组织结构的研究分析很少扩展到立法机关组织结构的其他方面，这可能会对所研究的方面产生深远的影响。立法机关是具有高度一体化结构的复杂组织，仅关注结构中的某一元素为什么或如何孤立地影响整个立法机关的决策作用，即使没有实际的解释错误，也势必会导致认识的不完全。一个包含广泛的结构／组织变量的理论类型学有助于减轻这种担忧。

其次，比较立法文献中广泛应用的微观研究方法的第二个弱点是，它只关注立法机关的内部结构，忽略了更广泛的政治环境，特别是政党制度与单个政党的特征。无论立法机关的内部组织如何，如果政党能够支配立法者的行动，并从机关外控制立法活动，那么立法机关本身的相对权力将是最小的。控制个人和／或立法党派团体从而对政策结果进行外生操纵的现象并不罕见，并且在文献中也有明显的体现，但它很少被整合到对立法结构的微观分析之中。这种缺失忽视了对政策结果进行实际立法控制的一个重要组成部分，即包含内部和外部变量（及其相互作用）的类型学促使人们能够更全面地理解立法机关自主影响政策决定的能力。

97 最后，虽然发展一种理论驱动的类型学可以连接微观与宏观途径，并为比较立法研究提供一条可能的道路，但它并没有解决 20 世纪 70 年代学者们所面临的第二个主要问题：缺乏大量的可比较数据。虽然在过去的三四十年里，对各种国内立法特征的实证个案研究、有限的比较个案研究（小样本研究），甚至广泛的跨国分析（大样本研究）的数量都有所增加，但案例、数据和分析之间的可比性仍是一个挑战。这在一定程度上是因为还没有一个宏观的方法来提供一个将这些不同研究联系起来的框架。从根本上说，这也是因为所有的政治制度都是不同的，在一个制度中重要的东西在另一个制度中可能并不重要。此外，数据收集反映了学者的兴趣和资源。因此，即使有一个统一的框架，详细广泛的跨国比较分析仍然具有潜在的挑战。但这并不意味着我们不应该渴望战胜这些挑战。事实上，立法学者的增多，部分是受到过去几十年美国国会文献"增加"的影响，这表明整体上还是乐观的。如果学者们可以一起研究，共享资源，合作完善和改进对立法影响和重要性的共同理解和解释，该领域将在整体上得到显著改善。本章是对此类合作的赞扬，近年来开始蓬勃发展的其他大规模共同努力也是如此［菲什和克罗尼格（Fish and Kroenig），2009］。

参考文献

Andeweg, R. and Nijzink, L., 1995. Beyond the Two–Body Image: Relations between Ministers and MPs. In H. Döring (ed.). Parliaments and Majority Rule in Western Europe, pp. 152–78. New York: Palgrave Macmillan.

Bagehot, W., 2001 [1872]. The English Constitution. Cambridge: Cambridge University Press.

Blondel, J., 1970. Legislative Behaviour: Some Steps towards Cross–national Measurement. Government and Opposition, 5: 67–85.

Blondel, J., 1973. Comparative Legislatures. Englewood Cliffs: Prentice Hall.

Bryce, L., 1921. Modern Democracies. London: Macmillan. Copeland, G. and Patterson, S., 1994. Parliaments in the Modern World. Ann Arbor: University of Michigan Press.

Döring, H. (ed.), 1995. Parliaments and Majority Rule in Western Europe. New York: Palgrave Macmillan.

Döring, H. and Hallerberg, M. (eds.), 2004. Patterns of Parliamentary Behaviour: Passage of Legislation Across Western Europe. Aldershot: Ashgate Press.

Fish, S. and Kroenig, M., 2009. The Handbook of National Legislatures. New York: Cambridge University Press.

Harper, D., 2001. The Online Etymology Dictionary (<http://www.etymonline.com/>).

Kim, C.L., Barkan, J., Turan, I., and Jewell, M., 1984. The Legislative Connection. Durham: Duke University Press.

Kreppel, A., 2010. Legislatures. In D. Caramani (ed.). Comparative Politics (2nd ed.), ch. 7. Oxford: Oxford University Press.

Laver, M., 2008. Governmental Politics and the Dynamics of Multiparty Competition. Political Research Quarterly, 61: 532–36.

Lijphart, A., 1977. Democracy in Plural Societies. Princeton: Yale University Press.

Lijphart, A., 1999. Patterns of Democracy. Princeton: University of Princeton Press.

Linz, J., 1990. The Perils of Presidentialism. Journal of Democracy, Vol. 1, No. 1, Winter: 51–69.

Loewenberg, G. and Patterson, S., 1979. Comparing Legislatures. Boston: Little Brown.

Loewenberg, G., 2011. On Legislatures. Boulder: Paradigm Publishers.

Loewenberg, G., Squire, P., and Kiewiet, R. (eds.), 2002. Legislatures. Ann Arbor: University of Michigan Press.

Mezey, M., 1979. Comparative Legislatures. Durham: Duke University Press.

Olson, D., 1980. The Legislative Process. New York: Harper and Row.

Olson, D., 1994. Democratic Legislative Institutions. London: M.E. Sharpe.

Ornstein, N. (ed.), 1981. The Role of the Legislature in Western Democracies. Washington: American Enterprise Institute.

Pitkin, H., 1967. The Concept of Representation. Berkeley: University of California Press.

Polsby, N., 1968. The Institutionalization of the U.S. House of Representatives. American Political Science Review, 62: 144–68.

Polsby, N., 1975. Legislatures. In F.I. Greenstein and N. Polsby (eds.). Handbook of Political Science (Vol. V). Reading: Addison–Wesley Press.

Sartori, G., 1997. Comparative Constitutional Engineering. New York: New York University Press.

Sieberer, U., 2011. The Institutional Power of Western European Parliaments: A Multidimensional Analysis. West European Politics, 34: 731–54.

Tsebelis, G., 2002. Veto Players. Princeton: Princeton University Press.

Wheare, K.C., 1963. Legislatures. Oxford: Oxford University Press.

第二编
立法研究方法

第五章　唱名分析与立法机构研究[*]

罗伊斯·卡罗尔（Royce Carroll）

基斯·普尔（Keith Poole）

5.1　引言

　　应用选择和判断的空间模型来衡量立法者的行为，是建立在应用统计程序的基础上的，这些统计程序分析观察到的数据并提取潜在的（即抽象的）维度，在这些维度上可以放置客体或主体。在政治学中，学者们通常对使用个人判断或观察到的投票行为来衡量政策或意识形态的量表（scales）感兴趣。这些量表的结果——通常被称为"理想点估算"（ideal point estimates）——揭示了选择行为的基本维度，并有可能揭示该行为背后的潜在偏好。这些偏好在政治语境下可能呈现为基本的分歧，如左和右、自由和保守、世俗和宗教或地区差异——这些差异为众多政策选择提供了一条共同的线索。对于立法学者来说，这些工具可以为检验与立法者偏好相关的假设或探索复杂数据背后的基本模式提供宝贵的手段。在对立法机关的研究中，许多论证都依赖于政治行为者之间政策距离的空间类比，量化立法行为距离的实证方法为该领域提供了巨大的效用。

---

　　[*]　陆幸福译，王焱坤、金煜昆校。

这些方法已成为美国国会研究的核心，并随着学者们出于比较的目的而采纳这些方法，这些方法在其他立法机构的研究中也逐渐发挥着重要的作用。

104　　5.2　量表技术与空间分析的演变

用于分析—唱名投票（roll-call voting）的量表方法大多源于心理学研究，这些研究通常对从数据模式中推导出的诸如智力等潜在属性感兴趣。查尔斯·斯皮尔曼（Charles Spearman，1904）和卡尔·皮尔逊（Karl Pearson，1901）分别以因子分析（factor analysis）和主成分分析（Principle Component analysis）（或特征向量—特征值分解）的形式完成了该领域的奠基性工作。L.L.瑟斯通（L.L. Thurstone）推进了这些技术，他成功开发出一种从相关矩阵中提取多个因子的方法（1931；1947）。[1]

与这些统计创新并行的是经济学模型的发展。霍特林（Hotelling，1933）也为主成分提供了坚实的统计基础，他提出了关于竞争稳定性的开创性理论工作，而这现在被普遍认为是投票的空间（几何）模型的开端（1929）。这项工作后来推动了布莱克（Black，1948；1958）的中位数选民定理的发展，而唐斯（Downs，1957）则对该定理对政治竞争的影响进行了颇具影响的探索。

1936年，埃卡特和杨（Eckart and Young，1936）以及杨和豪斯霍尔德（Young and Householder，1938）的工作为托格森（Torgerson，1952；1958）发展的经典多维量表（multidimensional scaling，MDS）奠定了基础。多维量表方法应用于关系型数据，例如，可被视为距离的相似性和优先选择数据。多维量表方法是以低维（通常是欧几里得）空间中点与点之间的距离，来表征对输入因素之间相似性的测量。该方法定位这些点的方式是：越相似之输入因素所对应的点之间，距离越近，而越不相似的输入因素所对应的点之间，距离越远。[2]谢泼德（Shepard，1962a；1962）发展出了非度量多维量表法（nonmetric multidimensional scaling，NMDS），其中，该方法所估算的距离，再现了人

---

〔1〕　见普尔（Poole，2008），本节以此为基础，对这项工作进行了全面审查。

〔2〕　方法如下：首先，将观察到的相似性／相异性转换为平方距离。（例如，如果矩阵是 Pearson 相关矩阵，则从 1 中减去所有项并对结果求平方。）接下来，通过从矩阵中的每一项中减去行的平均值、列的平均值，加上矩阵的平均值，然后除以 −2 来对平方距离矩阵进行双中心处理。这具有从矩阵中去除平方项的效果，只留下叉积矩阵〔参见高尔（Gower），1966〕。最后，执行特征值—特征向量分解以求解坐标。

们所观察到的缺乏相似性之输入因素之间的一种弱单调变换（a weak monotone transformation）（或等级排序）。[1]克鲁斯卡的（Kruskal，1964a；1964b；1965）单调回归程序（monotone regression procedure）推动了强大而实用的非度量多维量表计算机程序的开发 [克鲁斯卡、杨和西里 [Kruskal，Young and Seery），1973]。[2]

同时，格特曼（Guttman，1944；1950）开发了量表图分析（scalogram analysis）（格特曼量表），这构成了当代项目反应理论（Item Response Theory）的形成基础，[3]而克莱德·库姆斯（Clyde Coombs，1950；1952；1958；1964）发展了展开分析法（unfolding analysis）用于将偏好相关的数据进行排列。在这项工作中，库姆斯（Coombs）引入了理想点和单峰偏好函数（single-peaked preference）的概念。一种展开分析的目的是将个人理想点与表征输入因素的点按同一个量表进行排列，以使两点之间的距离重现为可观察的排序。[4]

到 20 世纪 50 年代中期，这些技术开始出现在对立法投票感兴趣的政治学家的工作之中。邓肯·麦克雷关于美国国会投票方面的开创性工作 [邓肯·麦克雷（Duncan MacRae），1958；1970]，利用了因子分析和量表方法来分析在唱名投票之间和立法者之间的相关矩阵，以揭示唱名投票的维度结构。[5]在 20 世纪 80 年代，普尔和罗森塔尔（Poole and Rosenthal）结合了经济学家 [麦克法登（McFadden）1976]开发的随机效用模型、投票的空间模型和心理测量学中开发的交替估算方法 [昌和卡罗尔（Chang and Carroll），1969；卡罗尔和昌（Carroll and Chang），1970；杨、德勒尤和高根（Young，de Leeuw and Takane），1976；高根、杨和德勒尤（Takane，Young and De Leeuw），1977]开发了 NOMINATE，这是一种用于国会投票数据的展开方法 [普尔和罗森塔

105

----

[1]　绘制"真实"（即估计或再造的）距离（d）与观察到的差异（δ）的关系图，揭示了它们之间的关系。这就是著名的"谢泼德图表"（Shepard diagram）。

[2]　这就是著名的 KYST。后来，德勒尤（de Leeuw，1977；1988）及德勒尤和海泽（de Leeuw and Heiser，1977）用 SMACOF 算法使 KYST 现代化。

[3]　它是一组按难度排序的项目（问题、难题等），以便正确回答（同意）较难（或极端）项目的人也会正确回答（同意）之前所有难度较低（极端）的项目。

[4]　展开分析和量表图分析都处理个体对一组输入因素的反应。但是，展开分析假设单峰（通常是对称的）效用函数，而 Guttman 标度和 IRT 模型则基于在相关维度或空间上总是单调递增或递减的效用函数。然而，在典型的议会投票的二元选择背景下，这些模型在观测上是等价的 [韦斯伯格（Weisberg），1968；普尔（Poole），2005 年]

[5]　参见克伦威尔（Cromwell，1982；1985）关于英国议会分支的类似应用，贝斯特（Best，1982；1995）针对欧洲议会的应用。见布罗娅什（Broach，1972）和哈梅尔和哈姆（Harmel and Hamm，1986）对美国州立法机构的早期应用，以及科利（Collie，1984）对后期工作的广泛回顾。

尔（Poole and Rosenthal），1985，1991；1997；普尔（Poole），2005〕。

NOMINATE 模型立基于投票的空间理论。[1]立法者在抽象的政策空间中拥有理想点，并投票支持最接近其理想点的政策方案。每个唱名投票都有两个政策点，一个对应"赞成"，一个对应"反对"。与随机效用模型一致，每个立法者的效用函数都是由如下两部分构成：（1）确定性的部分，即立法者与唱名投票结果之间距离的函数；（2）随机性的部分，它被用来表征效用的特异性部分，这反映了空间维度无法解释投票行为的诸多面向。效用函数的确定性部分被设定为正态分布，并且投票是概率性的。在估算参数时使用一种交替方法（an alternating method），意味着在理想点和唱名参与的估算之间交替进行迭代过程。给定立法者理想点的初始估算，就可以估算出唱名的参数。给定唱名的参数，就可以估算出新的立法者理想点，依次类推。这是用于估算参数的经典方法。

随着计算能力的进步，用于估算复杂多变量模型的模拟方法得到了普及，这些方法与长期存在的心理测量方法相融合。具体而言，Markov Chain Monte Carlo（MCMC）模拟〔梅特罗波利斯和乌拉姆（Metropolis and Ulam），1949；黑斯廷斯（Hastings），1970；格曼和格曼（Geman and Geman），1984；盖尔芬德和史密斯（Gelfand and Smith），1990；格尔曼（Gelman），1992〕在贝叶斯框架内〔格尔曼、卡林、斯特恩和鲁宾（Gelman，Carlin，Stern and Rubin），2000；吉尔（Gill），2002〕已越来越多地用于对立法机关和法院的议会唱名数据进行展开分析，特别是由于马丁和奎因（Martin and Quinn，2002）以及克林顿、杰克曼和里弗斯（Clinton，Jackman and Rivers，2004）有影响力的工作。不同之处在于，估算数是对立法者条件分布的抽样，而唱名参数使用的是吉布斯（Gibbs）抽样器〔格曼和格曼（Geman and Geman），1984；盖尔芬德和史密斯（Gelfand and Smith），1990〕，特别是杰克曼（Jackman，2008）和马丁和奎因（Martin and Quinn，2009）的应用。尽管贝叶斯 MCMC 应用程序不是估算方法固有的，但它通常使用二次确定性效用函数。[2]

---

〔1〕 参见普尔（Poole，2005），本节在此基础上对这些模型进行了更广泛的讨论。

〔2〕 如果立法者有随机误差的二次效用函数，则具有二次确定性效用函数的简单项目反应模型〔拉施（Rasch），1961〕在数学上等价于基本空间模型〔拉达（Ladha），1991；朗德雷根（Londregan），2000；克林顿、杰克曼和里弗斯（Clinton，Jackman and Rivers），2004〕。随着它归结为一系列线性回归，这具有使估算相当直接的效果。

5.3　投票的空间模型

　　所有投票的空间（几何）模型的共同点是基于这样一个理念，即投票是基于调查对象或立法者的理想点与政策建议之间的距离。我们聚焦于二元选择的立法者投票（即唱名投票）模式，因为这是最广泛使用的模型，但我们下面的发展将很容易延伸到大范围的调查数据（比例量表，排序和名义数据）。

106

　　这里的一个重要概念是空间"误差"（error）的概念。所谓误差，我们仅指不符合空间偏好的投票实例。例如，如果立法者遇到一项相较备选方案（现状）更加不利的提案，则该投票者应投"反对"票，而如果该提案更接近其理想点，则立法者应投"赞成"票。简言之，如果没有这类误差，立法者会在每次唱名投票中都会投票给政策空间中最接近理想点的备选方案。这是因为效用函数是对称的。令对应于第 J 次（J=1，…，Q）唱名上的 YEA 和 NAY 的两个策略结果分别由 O_{jy} 和 O_{jn} 表示。在大多数情况下，使用两个结果的中间点更方便：

$$Z_j = \frac{O_{jy} + O_{jn}}{2}$$

　　在一维中，Z_j 被看作是区分"赞成"与"反对"的切割点。在完美空间投票中，Z_j 左边的所有立法者都投票支持一个结果，而 Z_j 右边的所有立法者都投票给相反的结果。在二维中，将以切割线来区分"赞成"与"反对"。

　　在一维完美唱名投票中，分别以 X_i 和 Z_j 来表征立法者和唱名的中点，并且可以发现一种关于立法者中点和唱名中点的联合排序，这种排序可以精准地再现唱名表决〔普尔（Poole），2005〕。例如，图 5.1 中的投票模式的特征向量分解过程（在脚注 1 中描述），将产生对应于描绘立法者理想点的排列顺序（从 X_1 到 X_6）。

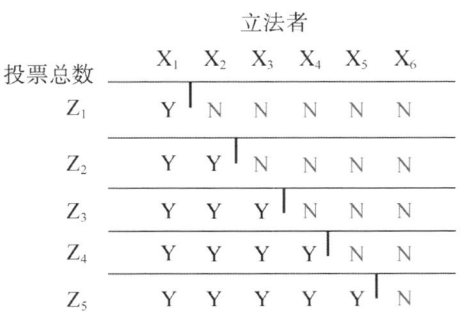

图 5.1　一维完美空间投票

在二维或多维完美投票中，立法者仍然由一个点来表征，即 S 维的向量 X_i，其中 S 是维度。但此时，唱名投票则由一个平面表示，该平面垂直于连接"赞成"和"反对"政策点的直线——即 S 维的向量 O_{jy} 和 O_{jn}——并且通过中点，即 S 维的向量 Z_j。该切割平面的法向量平行于连接赞成和反对策略点的线。图 5.2 显示了二维中 12 个立法者的简单示例，其中显示了将特定提案的赞成（Y）和反对（N）投票者分开的切割线，如果通过，结果为 O_y，如果失败，结果为 O_n。因为每个投票者都可以被这条切割线分开，所以这个二维例子不会产生误差。

107

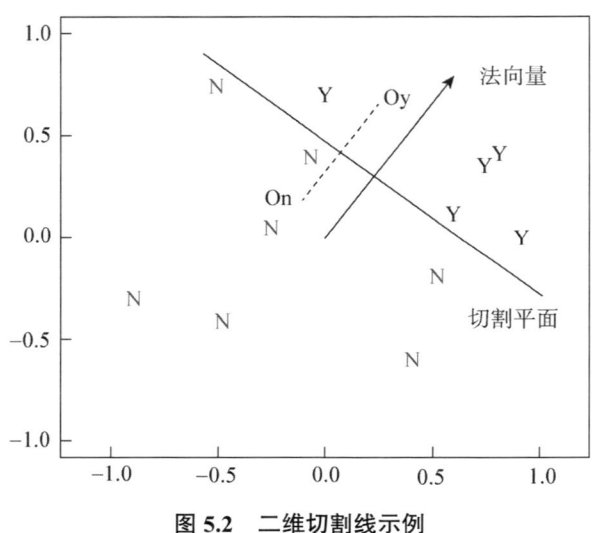

图 5.2 二维切割线示例

在二维空间中，如果立法者之间形成了各种投票联盟，那么 Q 切割线将在无数方向上相互交叉，形成大量所谓的"多面体"（polytopes）。在完美投票中，立法者只能定义为一个多面体。也就是说，每个立法者可以在对应于他或她的唱名选择的多面体中的任何地方［普尔（Poole），2005］。一种展开二元选择数据的非参数方法是"最佳分类"（Optimal Classification）［普尔（Poole），2000；普尔（Poole）等，2012b］，其优化了切割线的位置，使错误预测的票数（误差）最小。在这种方法中，坐标是通过在切割线中找到它们的最佳位置来获得的，该最佳位置使误差数量最小。图 5.3 给出了使用该方法在二维中定位议员的过程示例，该示例使用了来自第六届欧盟议会的数据［希克斯、努里和罗兰（HIX, Noury and Roland），2009］，并绘制了 MEP 坐标和

100 条切割线的样本。[1]

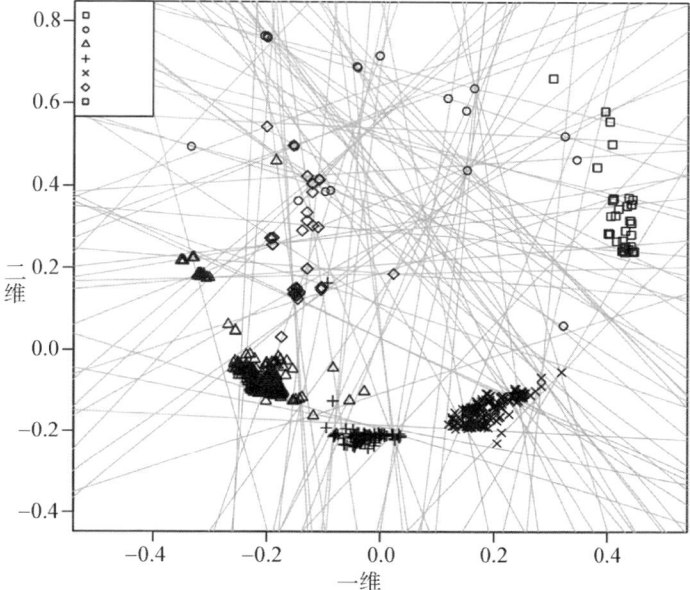

图 5.3　第六届欧盟议会的最佳分类坐标和切割线

　　如果存在误差，那么估算切割平面的问题就等价于根据对误差所做的假设进行的概率或对数分析。唱名投票分析的参数方法使用了关于误差的某种形式假设，以获得区间信息。例如，图 5.4 使用 DW-NOMINATE 展示了美国参议院对具有里程碑意义的 1964 年《民权法案》最终通过投票的空间图。左边的面板显示了所有参议员，右边的面板只显示了在 DW-NOMINATE 分析中出现误差的5 名参议员。每位参议员在图中的位置是其职业生涯中参与的所有投票的函数。切割线是专门针对每个投票具体而设的，它将那些预计投赞成票的参议员与那些预计投反对票的参议员区分开来。那些被错误预测的参议员——"误差"——在右边的图中被标示出来。

―――――――――

　　〔1〕　情形随下列政党组别而变化，欧洲人民党—欧洲民主党（EPP-ED）、欧洲社会党（SOC）、欧洲自由民主党联盟（ALDE）、欧洲国家联盟（UEN）、绿党 - 欧洲自由联盟（G/EFA）、欧洲联合左翼 / 北欧绿色左翼（EUL/NGL）、独立 / 民主（IND/DEM）。

109

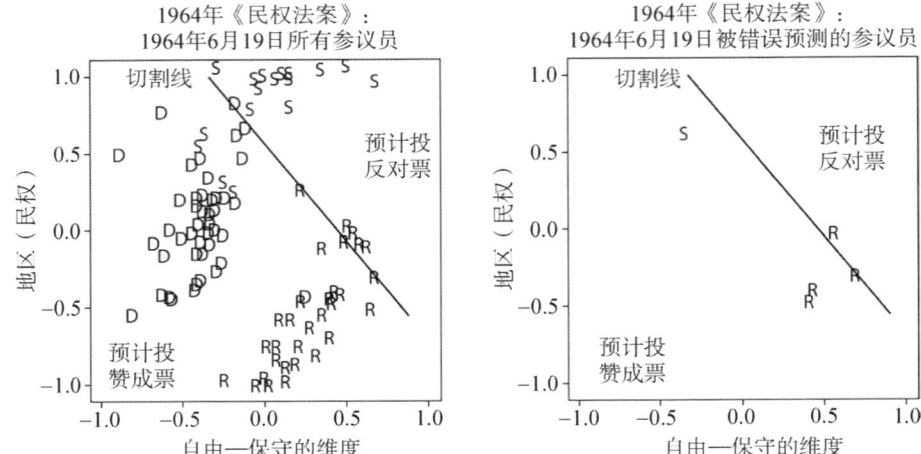

图 5.4　关于美国参议院 1964 年通过的《民权法案》的切割线和误差

　　图中的描述性标签和党派标记的相对位置表明，共和党和北方民主党的联盟投票支持该法案，南方民主党和少数共和党的联盟投票反对该法案。

　　议会投票的主要概率模型，是基于上述随机效用模型的，例如，本例中的 DW-NOMINATE。简而言之，在随机效用模型中，立法者在投票年的总体效用是确定效用与随机误差之和。根据普尔（Poole，2005）的描述，假设有 p 个立法者、Q 个唱名和 s 个维度，分别由 i=1，…，p，j=1，…，q 和 k=1，…，s 索引。立法者 i 对唱名 j 的赞成结果的效用是：

$$U_{ijy}=u_{ijy}+\varepsilon_{ijy}$$

　　其中，U_{ijy} 是效用函数的确定性部分，ε_{ijy} 是效用函数的随机部分。如果没有误差，则立法者在 $U_{ijy}>U_{ijn}$ 的情况下投赞成票。也即，如果差值 $U_{ijy}-U_{ijn}$ 为正，则立法者投赞成票。对于随机误差，效用之差为：

$$U_{ijy}-U_{ijn}=u_{ijy}-u_{ijn}+\varepsilon_{ijy}-\varepsilon_{ijn}$$

　　因此，立法者在以下情况下投票赞成：

$$u_{ijy}-u_{ijn} > \varepsilon_{ijn}-\varepsilon_{ijy}$$

　　也就是说，如果确定性效用的差异大于两个随机误差之间的差异，则立法者投票赞成。由于误差是无法观察到的，我们必须对得出误差的误差分布做出假设。我们可以计算出立法者投赞成票的概率。那就是：

　　P（立法者投票赞成）=P($U_{ijy}-U_{ijn} > 0$)= P($\varepsilon_{ijn}-\varepsilon_{ijy} < u_{ijy}-u_{ijn}$)

　　P（立法者投票反对）=P($U_{ijy}-U_{ijn} < 0$)= P($\varepsilon_{ijn}-\varepsilon_{ijy} > u_{ijy}-u_{ijn}$)

所以 P（赞成）+P（反对）=1。

普尔和罗森塔尔（Poole and Rosenthal）的 NOMINATE（名义三步估计）　110
模型是基于正态分布效用函数的。正态分布将效用集中在个人的理想点附近，
随着选择变得越来越远，尾部迅速接近零。

利用正态分布效用模型，立法者 i 对唱名 j 的赞成结果的效用为：

$$U_{ijy}=\beta e^{\left(-\frac{1}{2}\sum\limits_{k=1}^{s}w_k d_{ijky}^2\right)}$$

其中 d_{ijky}^2 是第 i 个立法者到第 k 维上赞成结果的平方距离：

$$d_{ijky}^2=(X_{ik}-O_{jky})^2$$

W_k 是显著性权重（$W_k>0$）；并且因为没有自然度量 β "调整"总干扰水平
并且与误差分布的方差成比例。W_k 允许效用函数的无差异曲线是椭圆而不是圆。
确定性效用之间的差是：

$$u_{ijy}-u_{ijn}=\beta\left\{e^{\left(-\frac{1}{2}\sum\limits_{k=1}^{s}w_k d_{ijky}^2\right)}-e^{\left(-\frac{1}{2}\sum\limits_{k=1}^{s}w_k d_{ijkn}^2\right)}\right\}$$

这个方程不能再简化了。尽管有这种明显的复杂性，但在计算上使用它并
不困难。

在二次分布确定性效用模型中，立法者 i 对唱名 j 的赞成结果的效用正好是：

$$u_{ijy}\ u_{ijy}=-d_{ijky}^2=-\sum\limits_{k=1}^{s}(X_{ik}-O_{jky})^2$$

确定性二次效用之间的差是：

$$u_{ijy}-u_{ijn}=-\sum\limits_{k=1}^{s}(X_{ik}-O_{jky})^2+\sum\limits_{k=1}^{s}(X_{ik}-O_{jky})^2$$
$$=-2\sum\limits_{k=1}^{s}X_{ik}(O_{jkn}-O_{jky})+\sum\limits_{k=1}^{s}(O_{jkn}+O_{jky})$$

通过设置，这与两个参数项目响应模型同构：　　　　　　　　　　　　　　111

$$\alpha=\sum\limits_{k=1}^{s}(O_{jkn}-O_{jky})(O_{jkn}+O_{jky})\ and\ \beta_j=\begin{bmatrix}-2(O_{j1n}-O_{j1y})\\-2(O_{j2n}-O_{j2y})\\\vdots\\-2(O_{jsn}-O_{jsy})\end{bmatrix}$$

其中 β_j 是 S 维的向量。这使得赞成和反对的潜在效用之间的差异可以写
成与项目反应模型相同的形式。即：

$$Y_{ij}^*=U_{ijy}=U_{ijn}=\alpha_j+X_i'\beta_j+\varepsilon_{ij}$$

其中 Y_{ij}^* 是潜在效用与下列结果之差

$$\varepsilon_{ij} = \varepsilon_{ijn} - \varepsilon_{ijy} \sim N(0,1)$$

这被称为二次正态模型（Quadratic-Normal Model）［普尔（Poole），2001；2005］。NOMINATE 模型和二次正态都可以用最大可能性（maximum likelihood）估算［普尔（Poole），2005；普尔（Poole）等，2012a］。

一种针对基于空间模型的最大化可能性估算量的替代方案是，蒙特卡洛模拟（Monte Carlo simulation）［梅特罗波利斯和乌拉姆（Metropolis and Ulam），1949；哈丁斯（Hatings），1970；格曼和格曼（Geman and Geman），1984；盖尔芬德和史密斯（Gelfand and Smith），1990；格尔曼（Gelman）1992］，该方法在贝叶斯框架下利用的参数空间的"随机巡回"（random tour）［杰克曼（Jackman），2000a］。随机巡回包括记录参数空间中数十万或数百万个点的概率函数。这个过程中，在巡回结束时参数空间上的分布形状在一定程度上是确定的。基于这些信息，计算出参数的平均值和标准误差。用于生成随机回路的马尔科夫链蒙特卡洛（MCMC）方法是计算密集型的，但产生了立法者理想点和唱名参数的估算以及这些估算的不确定性度量。

贝叶斯模拟方法背后的原理可以通过查看条件概率的简单公式发现。设 θ 和 y 是两个事件，则在经典概率论中：

$$P(\theta \cap Y) = \frac{P(\theta \cap Y)}{P(Y)} \text{ and } P(Y \mid \theta) = \frac{P(\theta \cap Y)}{P(\theta)}$$

因此

$$P(\theta \cap Y) = P(\theta \mid Y)P(Y) = P(Y \mid \theta)P(\theta)$$

112 和

$$P(\theta \mid Y) = \frac{P(Y \mid \theta)P(\theta)}{P(Y)}$$

在贝叶斯框架中，Y 是观测数据，θ 是参数，P（Y|θ）是样本的似然函数，P（θ）是参数的先验分布，P（Y）是样本的边缘分布，P（θ|Y）是后验分布。因为 p（y）是常数，所以后验分布与概率函数和先验分布的积成正比；那就是：

$$P(\theta \mid Y) \propto (Y \mid \theta)P(\theta)$$

研究人员指定了参数 P（θ）的先验分布。当该框架应用于唱名数据时，Y 是选择的 P×Q 矩阵，θ 是立法者理想点和唱名参数的向量。

在贝叶斯 NOMINATE 模型中（Carroll 等人，2013）可能性函数为：

$$L(O_{jy}, O_{jn}, X \mid Y)$$

其中 X 是立法者坐标的 P×S 矩阵，并且 O_{jy} 和 O_{jn} 是 Q×S 矩阵。先验分布均为正态分布，因此后验分布为：

$$\xi(O_{jy}, O_{jn}, X \mid Y) = L(O_{jy}, O_{jn}, X \mid Y)\xi(O_{1y})\xi(O_{1n})...\xi(X_P)$$

类似地，贝叶斯二次正态（IRT）模型的后验分布为：

$$\xi(\alpha_j, \beta_j, X \mid Y)$$

这些模型中的每一个都可以使用标准的 MCMC 方法来估算［克林顿、杰克曼和里弗斯（Clinton，Jackman and Rivers），2004；卡罗尔（Carroll）等，2009a；卡罗尔（Carroll）等，2013］。对于相同的模型，贝叶斯估计通常提供与 MLE 方法类似的估计值［卡罗尔（Carroll）等人，2009a］，但前者在允许使用外生信息和通过模拟获得的不确定性测量方面具有更大的灵活性，而代价是需要更多的计算资源。此外，最近许多针对特定问题定制模型的努力都使用了 Bugs 语言[1]进行统计编程，它能够灵活使用贝叶斯 MCMC 方法［例如，克林顿和杰克曼（Clinton and Jackman），2009；祖科和劳德代尔（Zucco and Lauderdale），2011］。

113

5.4　量表方法在立法研究中的开创性应用

如前所述，早期量表技术的最初实质性应用是用于美国国会［例如，克劳森和切尼（Clausen and Cheney），1970；克劳森（Clausen），1973；参见科利（Collie），1984 中的评论］。随着空间技术的发展，出现了几波使用 NOMINATE 的研究浪潮，特别是普尔和罗森塔尔（Poole and Rosenthal）的工作，他们界定了国会中日益增长的意识形态两极分化［1984；最近由麦卡蒂、普尔和罗森塔尔（McCarty、Poole and Rosenthal），2006 发展］和围绕国会维度的辩论［普尔（Poole），1984；普尔和罗森塔尔（Poole and Rosenthal），1985；科福德（Koford），1989；威尔科克斯和克劳森（Wilcox and Clausen），1991］。普尔和罗森塔尔（Poole and Rosenthal，1997）利用

---

〔1〕　参见伦恩等人（Lunn，2000）。对这些和其他软件应用的概述参见阿姆斯特朗等人（Armstrong，2014）。

DW-NOMINATE 动态量表技术（DW-Nominate Dynamic Scaling Technique）对美国国会政党制度的演变进行了里程碑式的研究。通过观察立法投票行为的潜在模式，该研究工作作为政治、经济和社会冲突的主要时代之间的转变提供了新的理解。

该方法本身的后续发展的驱动力主要在于，希望测算出国会的偏好，以便将该领域的重要理论——尤其是那些采用正式空间模型的理论——付诸实践。在这些问题中，最突出的问题之一是政党、偏好和选区对投票的相对重要性［莱维特（Levitt），1996；斯奈德和格罗斯克洛斯（Snyder and Groseclose），2000；安索拉贝赫、斯奈德和斯图尔特（Ansolabehere, Snyder and Stewart），2001；麦卡蒂、普尔和罗森塔尔（McCarty, Poole and Rosenthal），2001；考克斯和普尔（Cox and Poole），2002］。许多研究影响重大的国会组织理论的理论家也使用了这些偏好测量，包括委员会的信息和分配理论［朗德雷根和斯奈德（Londregan and Snyder），1994］，"有条件的政党政府"理论［奥尔德里奇和罗德（Aldrich and Rohde），1998；福尔杰特和萨拉（Forgette and Sala），1999］，"政党卡特尔"理论［考克斯和麦卡宾斯（Cox and McCubbins），2005］和"枢纽政治"理论［克雷比尔（Krehbiel），1998；邱和罗滕伯格（Chiou and Rothenberg），2003］。许多研究也试图使用量表技术来区分国会的党派控制和"辩论中位数"控制［克雷比尔（Krehbiel）等，2005；克林顿（Clinton）2007；2011；施蒂格利茨和温加斯特（Stiglitz and Weingast），2010］。许多关于政党的工作已经扩展到美国州立法机构［奥尔德里奇和巴蒂斯塔（Aldrich and Battista），2002；赖特和沙夫纳（Wright and Shaffner），2003；J. 詹金斯（J. Jenkins），2006；肖尔（Shor）等，2010；卡罗尔和艾霍斯特（Carroll and Eichorst），2013］和历史语境的应用中［J. 詹金斯（J. Jenkins），1999］。

随着量表方法作为国会研究的标准工具地位的巩固，这种方法在比较语境中的使用也急剧增加。同样，许多应用都集中在确定投票分歧的维度基础。希克斯（Hix，2001）和希克斯、努里和罗兰（Hix, Noury and Roland，2006）提供了理想点估算的早期重要应用，以确定欧盟议会中投票分裂的根源。类似的分析还研究了联合国（Voeten，2000；2004）、韩国［希克斯和琼（Hix and Jun），2009］、爱尔兰［汉森（Hansen），2009］、魏玛共和国［汉森和德布斯（Hansen and Debus），2011］、加拿大［戈德布特和霍伊兰（Godbout and Hoyland），2011］、瑞士［哈格和舒尔茨（Hug and Schulz），2007］和捷克共和国［奥卡尔和拉奇纳（Lyons and Lacina），2009］投票行为的关键维度。罗森塔尔和沃滕（Rosenthal and Voeten，2004）以法兰西第四共和国为重点，采用最佳分类来开发其对"完美"空间投票（即空间投票"错误"率低）情况的适当性，这种情况在政党团结程度高的议会中尤其常见。其他国家采用了某种形式的空间分析方法来评估立法数据中投票集团的基础，例如阿根廷［琼斯、黄和米科兹（Jones，Hwang，and Micozzi），2009］、智利［摩根施特恩（Morgenstern），2004；阿莱曼和赛格（Alemán and Saiegh），2007］、巴西和乌拉圭［摩根施特恩（Morgenstern），2004］、法国［索格（Sauger），2009］、匈牙利［阿格（Ágh），1999］、丹麦［汉森（Hansen），2008］、俄罗斯［巴加什卡（Bagashka），2008］和欧盟理事会［哈格曼（Hagemann），2007；哈格曼和霍伊兰（Hagemann and Hoyland），2008］。

与建立在围绕测试正式和非正式空间和意识形态论证基础上的国会研究平行，许多最近的比较研究都使用理想点估算来衡量个别立法者的政策偏好，以便对需要替代衡量意识形态偏好信息的假设进行检验。这些应用已被用于检验一些问题，诸如巴西政党轮换的原因［德斯波萨托（Desposato），2006］、俄罗斯［米亚格科夫和基维特（Myagkov and Kiewiet），1996］和意大利［库里尼和祖奇尼（Curini and Zucchini），2010］的立法组织理论，以及意识形态在巴西［祖科（Zucco），2009］和英国［卡姆（Kam），2001；舒恩哈特－贝利（Schonhardt–Bailey），2003］立法投票中所起的作用。琼斯和黄（Jones and Hwang，2005）使用理想点估算作为他们将考克斯和麦卡宾斯（Cox and McCubbins，1993）的卡特尔理论扩展到阿根廷国会的一部分。

5.5　趋势、扩展和改进

对经验模型最重要的扩展之一是那些解决跨时间可比性问题的模型。一个这样的挑战是通过将理想点限制在一个共同的量表上，使它们在时间上具有可比性。这类方法中最著名的是 DW–NOMINATE 模型［普尔和罗森塔尔（Poole and Rosenthal），1997］，该模型将理想点限制为时间的多项式函数。另一种方法是利用跨时间的"弥合"（bridge）观察［贝利（Bailey），2007］，如不同时期的选民被视为对同一问题进行了投票。

115　　　　研究人员的第二个主要关注点是在不同议院的立法者之间建立可比性，到目前为止，这主要应用在美国背景下，但在其他地方也是如此。普尔（Poole，1998），贝利（Bailey，2007）和巴蒂斯塔（Battista）等人采用的方法是利用两个或多个议会之间的共同成员使唱名数据一致。另一种类似的方法是基于共同度量重新调整坐标，肖尔、贝里和麦卡蒂（Shor, Berry and McCarty，2010）在他们的工作中采用了这种方法，旨在将美国州议员置于共同量表下。弥合技术还可以将其他机构和行为者与立法者放在同一量表下考量，正如针对美国总统所做的那样［例如，麦卡蒂和普尔（McCarty and Poole），1995；贝利和昌（Bailey and Chang），2001；贝利（Bailey），2007；特雷尔（Treier），2011］。

比较应用另一个特别关注的议题是弃权（abstentions）问题。由于弃权在国会以外的许多议院中数量众多，应如何处理弃权的问题导致多重选择模型的应用［例如，罗塞斯和肖默（Rosas and Shomer），2008］。

最后，在更广泛的偏好测量类型中，最近的一个主要创新来源是将这些方法应用于唱名投票以外的数据资源。这些资源从类似的替代方案，如英国的早期动议［凯勒曼（Kellermann），2012］，到具有非常不同属性的数据，如立法共同提案［塔尔伯特和波托斯基（Talbert and Potoski），2003；阿莱曼（Alemán）等人，2009；德斯波萨托、卡尼和克里斯普（Desposato, Kearney, and Crisp），2011；卡尔沃和萨加尔扎祖（Calvo and Sagarzazu），2011；巴恩斯（Barnes），2012］、演讲［普罗克施和斯拉平（Proksch and Slapin），2008；伯诺尔和布劳宁格（Bernauer and Bräuninger），2009］，以及其他具有有价值的选择信息的数据来源［如希克斯和克伦贝兹（Hix and Crombez），2005］。特别是共同赞助，一直是人们对密切相关的网络分析方法的兴趣来源［福勒（Fowler），2006；阿莱曼（Alemán），2009］。

5.6　量表技术的问题和议题

尽管使用理想点估算作为通过后续统计分析处理的原始数据形式（作为自变量和因变量）是一种普遍的做法，但需要注意的是每个估算背后都是一个随机过程，理论情况下，这在许多应用中应该被考虑。用这方面前沿的 NOMINATE 模型进行估算的最初限制，以及贝叶斯估算量的吸引力，是缺乏对理想点估算的不确定性的可靠度量［见普尔和罗森塔尔（Poole and Rosenthal），1997］。在确定不同投票人的理想点之间或同一投票人的理想点之间的差异的统计意义方面，这种不确定性估算通常是重要的。这在 NOMINATE 框架中是使用参数自展进行处理的［刘易斯和普尔（Lewis and Poole），2004；卡罗尔（Carroll）等，2009b；普尔（Poole）等，2011］，其提供了标准误差，以便能够对立法者分数之间的差进行统计测试。

　　对于所有的参数方法，在获得理想点之间的可信区间信息方面，有一个重要的议题始终存在，即立法者理想点之间基距的有意义基础。尽管使用许多方法恢复排序已经被证明是非常稳健的，但各点之间距离的含义仍然是一个令人担忧的领域。特别是，在误差水平较低的情况下，在议会投票的空间（几何）模型中没有恢复区间水平参数估算的基础。这个问题对于那些可能被解释为"极端"的立法者来说尤其严重。概率估算量的一个固有问题是投票者在偏好维度的外部（即政策空间的外部）进行"无误差"投票的问题，这在较小的议事机构（如委员会或法院）中尤其成问题，因为这些人在议员中占较大比例。通过最优分类的非参数方法［罗森塔尔和沃滕（Rosenthal and Voeten），2004］，通常可以更好地评估无误差投票，尽管该方法缺乏其他方法中可用的不确定性度量［普尔（Poole），2005］。

　　也许对唱名数据进行空间分析的最大限制仅仅是数据符合模型假设的程度。对于旨在获得偏好测量的研究人员来说，唱名投票的作用等同于产生唱名投票的基本过程。尽管美国国会投票产生的数据的表面有效性被广泛接受，但在某些情况下，唱名投票根本不包含关于个别立法者的真实偏好信息，且对此类应用没有用处。因此，学者们只有深入了解输入数据背后的含义，才能有效地应用这些方法。虽然量表方法总能确定立法者之间差异的潜在维度，但这些差异所表述的内容可能因情况不同而有很大差异。因此，不能假定任何两个立法环境中未披露的信息类型具有可比性。

　　在策略性投票普遍存在的情况下，投票的动机是与个人对所考虑的政策内容偏好无关的因素，不能假定数据的变化可以合理地被解释为反映了个别立法者的偏好。例如，在具有非常严格的政党纪律的系统中，背叛可能无法直接成为偏好的函数，因此不会提供关于党内个人的可靠偏好信息［斯帕林和麦克莱

116

恩（Spirling and McLean），2007；斯帕林（Spirling），2010]。当然，这种情况下的行为仍然可以提供关于群体层面偏好的有意义信息，或关于这些投票决定的立场所采策略的有意义信息。

解释理想点估算含义的另一个普遍挑战在这种情况下发生，即确定哪些投票发生的选择机制是偏颇的[例如，卡鲁巴（Carrubba）等，2006；卡鲁巴、加贝尔和哈格（Carrubba, Gabel, and Hug），2008；哈格（Hug），2010；也可以参见，克林顿和拉宾斯基（Clinton and Lapinski），2008]。如果没有选择性数据来提供信息以区分立法者有分歧的议题，那么任何技术都无法揭示潜在偏好的差异，即使投票本身反映了这些偏好。

117 在进一步扩展选择的空间模型传统应用方面，最广泛和最明显的限制可能是缺乏记录下来的投票数据。许多国家没有在个人层面记录大量唱名投票[凯里（Carey），2009]。因此，人们对替代输入因素越来越感兴趣，以满足寻求政策偏好测量的研究人员的需求[如赛格（Saiegh），2009]。因此，所讨论的标度方法系列将继续应用于那些远远超出唱名数据存在与可靠性的立法环境。当然，对于旨在解释投票行为本身的研究而言，必须直接解决在所记录投票选择上的局限性问题。

5.7 结论

分析选择数据的空间方法为我们理解立法机关作出了巨大贡献。除了涉及美国国会的无数研究外，将空间方法应用于唱名数据，使得对美国以外国家的立法机构和议会进行大量定量分析成为可能。然而，我们输出针对从美国国会的工作中得到的理想点估算的标准解释的能力依然存在很大的局限性。这并不意味着空间唱名分析在大多数情况下无法提供有用的信息，但每个应用都必须从根本上重新评估这些度量的意义。这样做需要我们在选择通过空间模型解释数据之前，对造成所讨论的选择的众多变量进行彻底的评估。反过来，这意味着我们需要深入了解我们所研究的立法机构的程序和规范。

参考文献

Ágh, A., 1999. The Parliamentarization of the East Central European Parties: Party Discipline in the Hungarian Parliament, 1990–1996. In S. Bowler, D.M. Farrell, and R.S. Katz (eds.). Party Discipline and Parliamentary Government, pp. 167–88. Columbus: Ohio State University Press.

Aldrich, J. H. and Battista, J. S. C., 2002. Conditional Party Government in the States. American Journal of Political Science, 46: 164–72.

Aldrich, J. H. and Rohde, D. W., 1998. Measuring Conditional Party Government. Presented at the Annual Meeting of the Midwest Political Science Association, April 23–25, Chicago.

Alemán, E., 2009. Institutions, Political Conflict, and the Cohesion of Policy Networks in the Chilean Congress, 1961–2006. Journal of Latin American Studies, 41: 467–91.

Alemán, E. and Saiegh, S. M., 2007. Legislative Preferences, Political Parties, and Coalition Unity in Chile. Comparative Politics, 39: 253–72.

Alemán, E., Calvo, E., Jones, M. P., and Kaplan, N., 2009. Comparing Cosponsorship and Roll– call Ideal Points. Legislative Studies Quarterly, 34: 87–116.

Ansolabehere, S., Snyder, J. M., and Stewart III, C., 2001. Candidate Positioning in U.S. House Elections. American Journal of Political Science, 45: 136–59.

Armstrong, D., Bakker, R., Carroll, R., Hare, C., Poole, K., and Rosenthal, H., 2014. Analyzing Spatial Models of Choice and Judgment with R. Boca Raton: Chapman & Hall/ CRC.

Bagashka, T., 2008. Invisible Politics: Institutional Incentives and Legislative Alignments in the Russian Duma, 1996–99. Legislative Studies Quarterly, 33: 415–44.

Bailey, M. A., 2007. Comparable Preference Estimates across Time and Institutions for the Court, Congress, and Presidency. American Journal of Political Science, 51: 433–48.

Bailey, M. A. and Chang, K. H., 2001. Comparing Presidents, Senators, and Justices: Interinstitutional Preference Estimation. Journal of Law, Economics, and Organization, 17: 477–506.

Barnes, T., 2012. Gender and Legislative Preferences: Evidence from the Argentine Provinces. Politics and Gender, 8: 483–507.

Battista, J. C., Peress, M., and Richman, J., 2013. Common–space Ideal Points, Committee Assignments, and Financial Interests in the State Legislatures. State Politics & Policy Quarterly, 13: 70–87.

Bernauer, J. and Bräuninger, T., 2009. Intra–party Preference Heterogeneity and Faction Membership in the 15th German Bundestag: A Computational Text Analysis of Parliamentary Speeches. German Politics, 18: 385–402.

Best, H., 1982. Recruitment, Careers and Legislative Behavior of German Parliamentarians, 1848–1953. Historical Social Research/Historische Sozialforschung, 23: 20–54.

Best, H., 1995. "Disorder Yields to Order Fair the Place": The Emergence of Political Parties in Western and Central Europe. Parliaments, Estates & Representation, 15: 133–42.

Black, D., 1948. On the Rationale of Group Decision–making. Journal of Political Economy, 56:23–34.

Black, D., 1958. The Theory of Committees and Elections. Cambridge: Cambridge University Press.

Broach, G. T., 1972. A Comparative Dimensional Analysis of Partisan and Urban–rural Voting in State Legislatures. The Journal of Politics, 34: 905–21.

Calvo, E. and Sagarzazu, I., 2011. Legislator Success in Committee: Gatekeeping Authority and the Loss of Majority Control. American Journal of Political Science, 55: 1–15.

Carey, J. M., 2009. Legislative Voting and Accountability. Cambridge: Cambridge University Press.

Carroll, J. D. and Chang, J. J., 1970. Analysis of Individual Differences in Multidimensional Scaling via an N-way Generalization of "Eckart-Young" Decomposition. Psychometrika, 35: 283–320.

Carroll, R. and Eichorst, J., 2013. The role of party: The legislative consequences of partisan electoral competition. Legislative Studies Quarterly, 38: 83–109.

Carroll, R., Lewis, J. B., Lo, J., Poole, K. T., and Rosenthal, H., 2009a. Measuring Bias and Uncertainty in DW–NOMINATE Ideal Point Estimates via the Parametric Bootstrap. Political Analysis, 17: 261–75.

Carroll, R., Lewis, J. B., Lo, J., Poole, K. T., and Rosenthal, H., 2009b. Comparing NOMINATE and IDEAL: Points of Difference and Monte Carlo Tests. Legislative Studies Quarterly, 34: 555–91.

Carroll, R., Lewis, J. B., Lo, J., Poole, K. T., and Rosenthal, H., 2013. The Structure of Utility in Spatial Models of Voting. American Journal of Political Science, 57: 1008–28.

Chang, J. J. and Carroll, J. D., 1969. How to use MDPREF: A Computer Program for Multidimensional Analysis of Preference Data. Multidimensional Scaling Program Package of Bell Laboratories. Murray Hill: Bell Laboratories.

Carrubba, C., Gabel, M., and Hug, S., 2008. Legislative Voting Behavior, Seen and Unseen: A Theory of Rollcall Vote Selection. Legislative Studies Quarterly, 33: 543–72.

Carrubba, C. J., Gabel, M., Murrah, L., Clough, R., Montegomery, E., and Schambach, R., 2006. Off the Record: Unrecorded Legislative Votes, Selection Bias, and Roll–call Vote Aote analysis. British Journal of Political Science, 36: 691–704.

Chiou, F.–Y. Y. and Rothenberg, L. S., 2003. When Pivotal Politics Meets Partisan Politics. American Journal of Political Science, 47: 503–22.

Clausen, A. R., 1973. How Congressmen Decide: A Policy Focus. New York: Palgrave Macmillan.

 Clausen, A. R. and Cheney, R. B., 1970. A Comparative Analysis of Senate–house Voting on Economic and Welfare Policy, 1953–1964. American Political Science Review, 64: 138–52.

Clinton, J. D., 2007. Lawmaking and Roll Calls. Journal of Politics, 69: 455–67.

Clinton, J. D., 2012. Congress, Lawmaking and the Fair Labor Standards Act, 1971–2000.American Journal of Political Science, 56: 355–72.

Clinton, J. D., 2012. Using Roll Calls to Test Models of Politics. Annual Review of Political Science, 15: 79–99.

Clinton, J. D. and Lapinski, J., 2008. Laws and Roll Calls in the U.S. Congress, 1891–1994.Legislative Studies Quarterly, 33: 511–41.

Clinton, J. D., Jackman, S. D., and Rivers, D., 2004. The Statistical Analysis of Roll Call Data: A Unified Approach. American Political Science Review, 98: 355–70.

Clinton, J. D., Bertelli, A., Grose, C., Lewis, D., and Nixon, D., 2012. Separated Powers in the United States: The Ideology of Agencies, Presidents and Congress. American Journal of Political Science,56: 341–54.

Collie, M. P., 1984. Voting Behavior in Legislatures. Legislative Studies Quarterly, 9: 3–50.

Coombs, C., 1950. Psychological Scaling without a Unit of Measurement. Psychological Review, 57: 148–58.

Coombs, C., 1952. A Theory of Psychological Scaling. Engineering Research Bulletin

Number 34. Ann Arbor: University of Michigan Press.

Coombs, C., 1958. On the Use of Inconsistency of Preferences in Psychological Measurement. Journal of Experimental Psychology, 55: 1–7.

Coombs, C., 1964. A Theory of Data. New York: Wiley.

Cox, G. W. and McCubbins, M. D., 1993. Legislative Leviathan: Party Government in the House. Berkeley: University of California Press.

Cox, G. W. and Poole, K. T., 2002. On Measuring Partisanship in Roll Call Voting: The U.S. House of Representatives, 1877–1999. American Journal of Political Science, 46: 477–89.

Cox, G. W. and McCubbins, M. D., 2005. Setting the Agenda: Responsible Party Government in the U.S. House of Representatives. Cambridge: Cambridge University Press.

Cromwell, V., 1982. Mapping the Political World of 1861: A Multidimensional Analysis of House of Commons' Division Lists. Legislative Studies Quarterly, 7: 281–97.

Cromwell, V., 1985. Computer Analysis of House of Commons' Division Lists, 1861–1936: A Report on Current Research. Parliaments, Estates and Representation, 5: 33–6.

Curini, L. and Zucchini, F., 2010. Testing the Law–making Theories in a Parliamentary Democracy: A Roll Call Analysis of the Italian Chamber of Deputies (1988–2008). In T. König, M. Debus, and G. Tsebelis (eds.). Reform Processes and Policy Change, pp. 189–212. New York: Springer New York.

Desposato, S. W., 2006a. Parties for Rent? Ambition, Ideology, and Party Switching in Brazil's Chamber of Deputies. American Journal of Political Science, 50: 62–80.

Desposato, S. W., 2006b. The Impact of Electoral Rules on Legislative Parties: Lessons from the Brazilian Senate and Chamber of Deputies. Journal of Politics, 68: 1018–30.

Desposato, S. W, Kearney, M. C., and Crisp, B. F., 2011. Using Cosponsorship to Estimate Ideal Points. Legislative Studies Quarterly, 36: 531–65.

De Leeuw, J., 1977. Applications of Convex Analysis to Multidimensional Scaling. In J. R. Barra, F. Brodeau, G. Romier, and B. van Cutsem (eds.). Recent Developments in Statistics, pp. 133–45. Amsterdam: North–Holland.

De Leeuw, J., 1988. Convergence of the Majorization Method for Multidimensional Scaling. Journal of Classification, 5:163–80.

De Leeuw, J. and Heiser, W. J., 1977. Convergence of Correction–matrix Algorithms for Multidimensional Scaling. In J. C. Lingoes, E. E. Roskam, and I. Borg (eds.). Geometric Representations of Relational Data, pp. 735–52. Ann Arbor: Mathesis Press.

Dewan, T. and Spirling, A., 2011. Strategic Opposition and Government Cohesion in

Westminster Democracies. American Political Science Review, 105: 337–58.

Eckart, C. H. and Young, G., 1936. The Approximation of One Matrix by Another of Lower Rank. Psychometrika, 1: 211–18.

Forgette, Richard and Sala, Brian R., 1999. Conditional Party Government and Member Turnout on Senate Recorded Votes, 1873–1935. Journal of Politics, 61: 467–84.

Fowler, J. H., 2006. Connecting the Congress: A Study of Cosponsorship Networks. Political Analysis, 14: 456–87.

Geman, D. and Geman, S.,1984. Stochastic Relaxation, Gibbs Distributions, and the Bayesian Restoration of Images. IEEE Transactions on Pattern Analysis and Machine Intelligence, 6:721–41.

Gelfand, A. E. and Smith, A. F. M., 1990. Sampling–based Approaches to Calculating Marginal Densities. Journal of the American Statistical Association, 85: 398–409.

Gelman, A., 1992. Iterative and Non–iterative Simulation Algorithms. Computing Science and Statistics, 24: 433–38.

Gelman, A., Carlin, J. B., Stern, H. S., and Rubin, D. B., 2000. Bayesian Data Analysis. New York: Chapman and Hall/CRC.

Gill, J., 2002. Bayesian Methods: A Social and Behavioral Sciences Approach. Boca Raton: Chapman and Hall/CRC.

Godbout, J.–F. and Høyland, B., 2011. Legislative Voting in the Canadian Parliament. Canadian Journal of Political Science/Revue canadienne de science politique, 44: 367–88.

Gower, J. C., 1966. Some Distance Properties of Latent Root and Vector Methods Used in Multivariate Analysis. Biometrika, 53: 325–38.

Guttman, L. L., 1944. A Basis for Scaling Qualitative Data. American Sociological Review, 9:139–50.

Guttman, L. L., 1950. The Basis for Scalogram Analysis. In Stouffer, S. A., Guttman, L., Suchman, E. A., Lazarsfeld, P. F., Star, S. A., and Clausen, J. A. (eds.). Measurement and Prediction: The American Soldier, Vol. IV, pp. 60–90. New York: Wiley.

Hagemann, S., 2007. Applying Ideal Point Estimation Methods to the Council of Ministers. European Union Politics, 8: 279–96.

Hagemann, S. and Hoyland, B., 2008. Parties in the Council? Journal of European Public Policy,15: 1205–21.

Hansen, M. E., 2008. Reconsidering the Party Distances and Dimensionality of the Danish Folketing. The Journal of Legislative Studies, 14: 264–78.

Hansen, M. E., 2009. The Positions of Irish Parliamentary Parties 1937–2006. Irish Political Studies, 24: 29–44.

Hansen, M. E. and Debus, M., 2011. The Behaviour of Political Parties and MPs in the Parliaments of the Weimar Republic. Party Politics, 18: 709–26.

Harmel, R. and Hamm, K. E., 1986. Development of a party role in a no–party legislature. Political Research Quarterly, 39: 79–92.

Hastings, W. K., 1970. Monte Carlo Sampling Methods Using Markov Chains and their Applications. Biometrika, 54: 97–109.

Hix, S., 2001. Legislative Behaviour and Party Competition in the European Parliament: An Application of Nominate to the EU. JCMS: Journal of Common Market Studies, 39: 663–88.

Hix, S. and Crombez, C., 2005. Extracting Ideal Point Estimates from Actors' Preferences in the EU Constitutional Negotiations. European Union Politics, 6: 353–76.

Hix, S. and Jun, H.W., 2009. Party Behaviour in the Parliamentary Arena. Party Politics,15: 667–94.

Hix, S., Noury, A., and Roland, G., 2006. Dimensions of Politics in the European Parliament. American Journal of Political Science, 50: 494–520.

Hix, S., Noury, A., and Roland, G., 2009. Voting Patterns and Alliance Formation in the European Parliament. Philosophical Transactions of the Royal Society B, 364: 821–31.

Hotelling, H., 1929. Stability in Competition. Economic Journal, 39: 41–57.

Hotelling, H., 1933. Analysis of a Complex Statistical Variables with Principal Components. Journal of Educational Psychology, 24: 498–520.

Hug, S., 2010. Selection Effects in Roll Call Votes. British Journal of Political Science, 40: 225–35.

Hug, S. and Schulz, T., 2007. Left–right Positions of Political Parties in Switzerland. Party Politics, 13: 305–30.

Jackman, S. D., 2000a. Estimation and Inference via Bayesian Simulation: An Introduction to Markov Chain Monte Carlo. American Journal of Political Science, 44: 375–404.

Jackman, S. D., 2000b. Estimation and Inference are Missing Data Problems: Unifying Social Science Statistics via Bayesian Simulation. Political Analysis, 8: 307–32.

Jackman, S. D., 2001. Multidimensional Analysis of roll Call Data via Bayesian Simulation: Identification, Estimation, Inference and Model Checking. Political Analysis, 9:

227–41.

Jackman, S. D., 2008. pscl: Classes and Methods for R Developed in the Political Science Computational Laboratory. <http://pscl.stanford.edu/>.

Jenkins, J. A., 1999. Examining the Bonding Effects of Party: A Comparative Analysis of Roll–call Voting in the U.S. and Confederate Houses. American Journal of Political Science,43: 1144–65.

Jones, M. P. and Hwang, W., 2005. Party Government in Presidential Democracies: Extending Cartel Theory Beyond the U.S. Congress. American Journal of Political Science, 49: 267–82.

Jones, M.P., Hwang, W., and Micozzi, J.P., 2009. Government and Opposition in the Argentine Congress, 1989–2007: Understanding Inter–party Dynamics Through Roll Call Vote. Journal of Politics in Latin America 1: 67–96.

Kam, C., 2001. Do Ideological Preferences Explain Parliamentary Behaviour? Evidence from Great Britain and Canada. The Journal of Legislative Studies, 7: 89–126.

Kellermann, M.,2012. Estimating Ideal Points in the British House of Commons Using Early Day. American Journal of Political Science, 56: 757–71.

Koford, K., 1989. Dimensions in Congressional Voting. American Political Science Review,83: 949–62.

Krehbiel, K., 1998. Pivotal Politics. Chicago: University of Chicago Press.

Krehbiel, K., Meirowitz, A., and Woon, J., 2005. Testing Theories of Lawmaking. Social Choice and Strategic Decisions: 249–68.

Kruskal, J. B., 1964a. Multidimensional Scaling by Optimizing a Goodness of Fit to a Nonmetric Hypothesis. Psychometrika, 29: 1–27.

Kruskal, J. B., 1964b. Nonmetric Multidimensional Scaling: A Numerical Method. Psychometrika, 29: 115–29.

Kruskal, J. B., 1965. Analysis of Factorial Experiments by Estimating Monotone Transformations of the Data. Journal of the Royal Statistical Society B, 27: 251–63.

Kruskal, J. B. and Wish, M., 1978. Multidimensional Scaling. Beverly Hills: Sage.

Kruskal, J. B., Young, F. W., and Seery, J. B., 1973. How to Use KYST: A Very Flexible Program to do Multidimensional Scaling and Unfolding. Multidimensional Scaling Program Package of Bell Laboratories. Murray Hill: Bell Laboratories.

Ladha, K. K., 1991. A Spatial Model of Legislative Voting with Perceptual Error. Public Choice,68: 151–74.

Lauderdale, B. E., 2010. Unpredictable Voters in Ideal Point Estimation. Political Analysis, 18: 151–71.

Levitt, S., 1996. How do senators vote? Disentangling the Role of Voter Preferences, Party Affiliation, and Senator Ideology. American Economic Review, 86: 425–41.

Londregan, J., 2000. Estimating Legislators' Preferred Points. Political Analysis, 8: 35–56.

Londregan, J. and Snyder, J. M., 1994. Comparing Committee and Floor Preferences. Legislative Studies Quarterly, 19: 233–66.

Lunn, D. J., Thomas, A., Best, N., and Spiegelhalter, D., 2000. WinBUGS–a Bayesian Modelling Framework: Concepts, Structure, and Extensibility. Statistics and computing, 10: 325–37.

Lyons, P. and Lacina, T., 2009. An Examination of Legislative Roll Call Voting in the Czech Republic Using Spatial Models. Czech Sociological Review, 45: 1155–90.

MacRae, D., Jr., 1958. Dimensions of Congressional Voting. Berkeley: University of California Press.

MacRae, D., Jr., 1970. Issues and Parties in Legislative Voting. New York: Harper and Row.

Martin, A. D. and Quinn, K. M., 2002. Dynamic Ideal Point Estimation via Markov Chain Monte Carlo for the U.S. Supreme Court, 1953–1999. Political Analysis, 10: 134–15.

Martin, A. D. and Quinn, K. M., 2009. MCMCpack: Markov Chain Monte Carlo (MCMC). R Package. <http://mcmcpack.wustl.edu/>.

McCarty, N., Poole, K. T., and Rosenthal, H., 2001. The Hunt for Party Discipline in Congress. American Political Science Review, 95: 673–87.

McCarty, N. M. and Poole, K. T., 1995. Veto Power and Legislation: An Empirical Analysis of Executive and Legislative Bargaining from 1961 to 1986. Journal of Law, Economics, and Organization, 11: 282–312.

McCarty, N. M., Poole, K. T., and Rosenthal, H., 2006. Polarized America: The Dance of Ideology and Unequal Riches. Cambridge: MIT Press.

McFadden, D., 1976. Quantal Choice Analysis: A Survey. Annals of Economic and Social Measurement, 5: 363–90.

Metropolis, N. C. and Ulam, S., 1949. The Monte Carlo Method. Journal of the American Statistical Association, 44: 335–41.

Montinola, G. R., 1999. Politicians, Parties, and the Persistence of Weak States: Lessons from the Philippines. Development and Change, 30: 739–74.

Morgenstern, S., 2004. Patterns of Legislative Politics: Roll–call Voting in Latin America and the United States. Cambridge: Cambridge University Press.

Myagkov, M. G. and Kiewiet, D. R., 1996. Czar Rule in the Russian Congress of People's Deputies? Legislative Studies Quarterly, 21: 5–40.

Pearson, K. P., 1901. On lines and Planes of Closest fit to Systems of Points in Space. The London, Edinburgh and Dublin Philosophical Magazine and Journal, 6: 559–72.

Poole, K.,1984. Least Squares Metric, Unidimensional Unfolding. Psychometrika, 49: 311–23.

Poole, K. T., 1988. Recent Developments in Analytical Models of Voting in the U. S. Congress. Legislative Studies Quarterly, 13: 117–33.

Poole, K. T., 2000. Non–parametric Unfolding of Binary Choice Data. Political Analysis, 8:211–37.

Poole, K. T., 2001. The Geometry of Multidimensional Quadratic Utility in Models of Parliamentary Roll Call Voting. Political Analysis, 9: 211–26.

Poole, K.T., 2005. Spatial Models of Parliamentary Voting. New York: Cambridge University Press.

Poole, K., 2008. The Evolving Influence of Psychometrics in Political Science. In J. Box–Steffensmeier, H.E. Brady, and D. Collier (eds.). The Oxford Handbook of Political Methodology, pp. 199–221. Oxford: Oxford University Press.

Poole, K. T. and Lewis, J. B., 2004. Measuring Bias and Uncertainty in Ideal Point Estimates via the Parametric Bootstrap. Political Analysis, 12: 105–27.

Poole, K. T. and Rosenthal, H., 1985. A Spatial Model for Legislative Roll Call Analysis. American Journal of Political Science, 29: 357–84.

Poole, K. T. and Rosenthal, H., 1991. Patterns of Congressional Voting. American Journal of Political Science, 35: 228–78.

Poole, K. T. and Rosenthal, H., 1997. Congress: A Political–Economic History of Roll Call Voting. New York: Oxford University Press.

Poole, K., Lewis, J., Lo, J., and Carroll, R.,2011. Scaling Roll Call Votes with Wnominatein R. Journal of Statistical Software, 42: 1–21.

Poole, K. T., Lewis, J. B., Lo, J., and Carroll, R., 2012a. wnominate: WNOMINATE Roll Call Analysis Software. R package. <http://cran.r–project.org/web/packages/wnominate/index. html>.

Poole, K. T., Lewis, J. B., Lo, J., and Carroll, R.,2012b oc: Optimal Classification Roll Call Analysis Software. R package. <http://cran.r–project.org/web/packages/oc/index.html>.

Proksch, S. O. and Slapin, J. B., 2010. Position Taking in European Parliament Speeches.

British Journal of Political Science, 40: 587–611.

Quinn, K. M., 2004. Bayesian Factor Analysis for Mixed Ordinal and Continuous Responses. Political Analysis, 12: 338–53.

Quinn, K. M. and Martin, A. D., 2002. An Integrated Computational Model of Multiparty Electoral Competition. Statistical Science, 17: 405–19.

Quinn, K. M., Martin, A. D., and Whitford, A. B., 1999. Voter Choice in Multi–party Democracies: A Test of Competing Theories and Models. American Journal of Political Science, 43: 1231–47.

Rasch, G., 1961. On General Laws and the Meaning of Measurement in Psychology. Proceedings of the IV Berkeley Symposium on Mathematical Statistics and Probability, 4: 321–33.

Rosas, G. and Shomer, Y., 2008. Models of Nonresponse in Legislative Politics. Legislative Studies Quarterly, 33: 573–601.

Rosenthal, H. and Voeten, E., 2004. Analyzing Roll Calls with Perfect Spatial Voting: France 1946–1958. American Journal of Political Science, 48: 620–32.

Saiegh, S. M., 2009. Recovering a Basic Space from Elite Surveys: Evidence from Latin America. Legislative Studies Quarterly, 34: 117–45.

Sauger, N., 2009. Party Discipline and Coalition Management in the French Parliament. West European Politics, 32: 310–26.

Schonhardt–Bailey, C., 2003. Ideology, Party and Interests in the British Parliament of 1841–47. British Journal of Political Science, 33: 581–605.

Shepard, R. N., 1962a. The Analysis of Proximities: Multidimensional Scaling with An Unknown Distance Function. I. Psychometrika, 27: 125–39.

Shepard, R. N., 1962b. The Analysis of Proximities: Multidimensional Scaling with An Unknown Distance Function. II. Psychometrika, 27: 219–46.

Shor, B., Berry, C., and McCarty, N., 2010. A Bridge to Somewhere: Mapping State and Congressional Ideology on a Cross–institutional Common Space. Legislative Studies Quarterly, 35: 417–48.

Snyder, J. and Groseclose, T., 2000. Estimating Party Influence in Congressional Roll–call Voting. American Journal of Political Science, 44: 193–211.

Spearman, C. E., 1904. General Intelligence' Objectively Determined and Measured. American Journal of Psychology, 15: 201–93.

Spirling, A., 2010. Identifying Intraparty Voting Blocs in the U.K. House of Commons.

Journal of the American Statistical Association, 105: 447–57.

Spirling, A. and McLean, I., 2007. UK OC OK? Interpreting Optimal Classification Scores for the U.K. House of Commons. Political Analysis, 15: 85–96.

Stiglitz, E. H. and Weingast, B. R., 2010. Agenda Control in Congress: Evidence from Cut Point Estimates and Ideal Point Uncertainty. Legislative Studies Quarterly, 35: 157–85.

Takane, Y., Young, F. W., and de Leeuw, J., 1977. Nonmetric Individual Differences Multidimensional Scaling: An Alternating Least–squares Method with Optimal Scaling Features. Psychometrika, 42: 7–67.

Thurstone, L. L., 1931. Multiple Factor Analysis. Psychological Review, 38: 406–27.

Thurstone, L. L., 1947. Multiple Factor Analysis. Chicago: University of Chicago Press.

Torgerson, W. S., 1952. Multidimensional Scaling: I. Theory and Method. Psychometrika, 17: 401–19.

Torgerson, W. S., 1958. Theory and Methods of Scaling. New York: Wiley.

Treier, S., 2011. Comparing Ideal Points Across Institutions and Time. American Politics Research, 39:804–831.

Voeten, E., 2000. Clashes in the Assembly. International Organization, 54: 185–215.

Voeten, E., 2004. Resisting the Lonely Superpower: Responses of States in the United Nations to U.S. Dominance. Journal of Politics, 66: 729–54.

Weisberg, H. F., 1968. Dimensional Analysis of Legislative Roll Calls. Doctoral Dissertation, University of Michigan.

Wilcox, C. and Clausen, A., 1991. The Dimensionality of Roll–call Voting Reconsidered. Legislative Studies Quarterly, 16: 393–406.

Wright, G. C. and Schaffner, B. F., 2002. The Influence of Party: Evidence from the State Legislatures. American Political Science Review, 96: 367–79.

Young, G and Householder, A. S., 1938. Discussion of a Set of Points in Terms of their Mutual Distances. Psychometrika, 3: 19–22.

Young, F. W., de Leeuw, J., and Takane, Y., 1976. Regression with Quantitative and Qualitative Variables: An Alternating Least Squares Method with Optimal Scaling Features. Psychometrika, 41: 505–29.

Zucco, C., 2009. Ideology or what? Legislative Behavior in Multiparty Presidential Settings. The Journal of Politics, 71: 1076–92.

Zucco, C. and Lauderdale, B. E., 2011. Distinguishing between Influences on Brazilian Legislative Behavior. Legislative Studies Quarterly, 36: 363–96.

第六章　作为数据的词语：立法研究中的内容分析[*]

乔纳森·B. 斯拉平（Jonathan B. Slapin）

斯文-奥利弗·普罗克施（Sven-Oliver Proksch）

6.1　引言

　民主的立法机构每年都会产生大量的文件。这些文件包括法案草案、法案修正案、委员会报告、议会式辩论记录、议会质询、特别调查报告、通过的立法和新闻稿。直到最近，上述材料中大部分都没有被研究，主要是因为将其汇编成可使用的格式是一项艰巨的任务，而且缺乏适当的内容分析技术。在没有适当方法的情况下对整个立法记录进行筛选将徒劳无益。相反，立法研究在很大程度上被限制在对唱名表决的分析——这是立法记录中的一小部分，但相对容易定义和收集。随着议会记录电子化，议会将文件存储在易于搜索的在线数据库中，研究人员更容易获取其内容，并可将其用于大规模数据分析。计算能力、机器学习技术和统计方法的进步使研究人员能够开发一种工具，这种工具能从立法机构产生的大量文本语料库中提

---

[*]　陆幸福译，鄂粤校。

取系统意义。

　　总的来说，这些进步使政治学家能够利用这个数据宝库来研究代表性、政党政治、政策制定和立法行为。在过去十年中，内容分析技术的进步使人们对政党政治和立法行为有了更好的理解，因为研究人员能够探索以前无法回答的问题。**首先，我们对内容分析进行描述，描述比较立法研究的一些重要应用，特别是最近将"词语视为数据"的方法，然后讨论学者们在前进中面临的各种挑战。最后，我们总结了该领域的持续发展趋势。**

127

6.2　作为数据的词语：经典内容分析

　　金伯利·诺伊恩多夫（Kimberly Neuendorf）将内容分析描述为"对信息特征的系统、客观、定量的分析"［诺伊恩多夫（Neuendorf），2002，1］。内容分析的目标是以一种系统的方式从整个文本语料库中提取有意义的内容。为了有效地做到这一点，学者们必须分析与他们希望回答的研究问题相关的文本，考虑产生这些文本的行为者和过程，考虑分析文本内容的技术，并考虑可以从分析中学到什么。

　　内容分析在社会科学和传播学中有着悠久的历史。它最初被用来分析报纸上外交政策报道的趋势，在第二次世界大战期间，它被当作情报工具，以获取有关德国政策变化的信息，特别是其对苏联的政策变化。第二次世界大战后，政治学家、社会学家和传播学者开始利用内容分析来研究选举活动和媒体，以及其他主题［详细历史见克里彭多夫（Krippendorff），2004］。如今，特别是政治学领域的立法学者，使用内容分析技术来了解政党意识形态的性质［例如，巴奇（Budge）等人，2001；拉沃尔、贝努瓦和加里（Laver，Benoit and Garry），2003；斯拉平和普罗克施（Slapin and Proksch），2008；舒恩哈特－贝利（Schonhardt–Bailey），2008］、代表性［如马丁（Martin），2011；格里默（Grimmer），2011］、问题显著性［例如，奎因（Quinn）等人，2010］，或者新闻媒体的意识形态倾向［例如，格罗斯克洛斯和米尔约（Groseclose and Milyo），2005］，这只是众多可能应用中的几个例子。这些领域的大部分工作都可以被归类为定量内容分析，即研究人员将文字转化为数字——他们可能会查看文本的总长度，或者根据字数或句子的数量对文档进行分类或缩放。这与定性方法形成对比，后者通常涉及阅读所有文件并对其内容进行综合或解释。

在计算机辅助技术出现之前，定量内容分析通常涉及物理性测量文本的长度（例如，用尺子量报纸的头版）、数要闻的个数，或使用人工编码员对大量文本进行人工分类，这是一个非常耗费人力和时间的过程［见克里彭多夫（Krippendorff），2004，5–9］。近年来，计算机科学、统计学和机器学习技术的进步极大地促进了定量内容分析的发展。借助以上技术将文档解析为单词和句子后对这些单元进行计数，并从它们在文档中的相对频率中提取意义，已经变得更容易。当然，基于计算机的内容分析并非没有问题（自然也有批评者）。在下文中，我们探讨了使用计算机进行机器阅读和提取文本意义的各种优缺点，特别是关于立法和政党的文件。

128

6.3　政党和立法机构的内容分析和比较研究

立法方面的学者使用内容分析来考察立法机构的至少七个特征：政党意识形态和极化、政府定位、议会审查、选区代表性、政策议程、辩论质量以及媒体的角色。表 6.1 列出了这些主题及其主要方法、核心假设、要求、典型数据源以及示例。

6.3.1　意识形态

在绝大多数多党民主国家中，政党会在议会竞选期间发表宣言。宣言通常由政党的领导人撰写，概述该政党在当选后的执政纲领，并组织该政党的竞选活动。而通过宣言项目对这些政党宣言进行手工编码也许是政治学中最具雄心的内容分析研究计划。［巴奇（Budge）等，1987；2001；克林格曼（Klingemann）等人，2006］。该项目的前身为宣言研究小组，后来被称为比较宣言项目（CMP），该项目主要审查政党宣言和政府声明，由此产生的对政党意识形态和政府立场的估算已被用于无数关于立法行为、联盟形成、政策制定和代表性的研究［例如，马丁和史蒂文森（Martin and Stevenson），2001；亚当斯（Adams）等人，2006，2011；鲍恩和罗森布鲁特（Bawn and Rosenbluth），2006；沃尔格雷夫和努伊特曼斯（Walgrave and Nuytemans），2009；利普斯迈尔和皮尔斯（Lipsmeyer and Pierce），2011；麦克唐纳和巴奇

（McDonald and Budge），2005；沃里克（Warwick），2011］。该项目试图以一种比较的方式揭示发达工业化民主国家中政党竞争的突出方面。指导该项目的政党竞争的基本概念是："各政党不是在同一问题上直接交锋，而是通过强调不同的政策重点而相互争论"［巴奇（Budge）等，2001，6–7］。而政策重点反映意识形态差异的假设被称为政党竞争的突出理论。为了争取选民，在一些问题上，各政党往往达成类似的立场（例如，每个人都必须同意环境保护是好的——没有人愿意在环境恶化的平台上竞争）。然而，一些政党被认为在某些问题上比其他政党"更好"——绿党在环境问题上比自由党更可信，而自由党在商业问题上更可信。在竞选期间，政党强调他们被认为"擅长"的问题，而 131
忽视其他问题。

表 6.1 立法机关研究的内容分析方法示例表 129

方法	假设	要求	典型数据源	示例
政党意识形态				
Wordscores	词汇次数反映了意识形态的差异，因为参考文本中的词语构成了相关的词典，所以词义恒定。	参考文本和参考分数	政党宣言，议会演讲	拉沃尔、贝努瓦和加里（Laver，Benoit and Garry，2003）
Wordfish	意识形态是潜在的，文档是可以缩放的，词汇次数反映意识形态的差异，词义是不变的	跨文档的相同数据生成机制	政党宣言，议会演讲	斯拉平和普罗克施（Slapin and Proksch，2008）
宣言项目（CMP）	政策重点反映了意识形态的差异，相同的编码方案适用于不同国家和时间	编码方案，人类编码员	政党宣言或同等文件	巴奇（Budge）等（2001）
政府定位				
手工编码	政府声明中的重点政策反映了意识形态的差异，相同的编码方案适用于不同的国家和时间	编码方案，人类编码员	政府声明、联盟协议	巴奇（Budge）等（2001）
政策议程				
文件分类和主题建模	议会演讲或新闻稿反映潜在的政治重点	需要选择主题数量	议会演讲，政党的新闻稿	奎因（Quinn）等（2010），格里默（Grimmer，2011）
监督和议会审查				
演讲长度	联合政党较长的议会演讲反映党派定位	—	议会演讲	马丁和范伯格（Martin and Vanberg，2008b）

续表

方法	假设	要求	典型数据源	示例
法案变化	法案中成功修改条款的数量反映了联盟伙伴更严格的监督	—	政府法案	马丁和范伯格（Martin and Vanberg，2005，2011）
法案长度	代表对官僚机构的立法限制代表法律复杂性	—	立法数据库	休伯和石潘（Huber and Shipan,，2002）马尔茨曼和石潘（Maltzman and Shipan，2008）
选区代表				
地理词典	问题中基于地理的参考反映了选区代表性	词典，人类编码员	议会质询	马丁（Martin，2011）
媒体和立法者的立场				
智库的引用模式	立法者和媒体根据自己的意识形态立场引用智库	智库名单	报纸文章，议会演讲	格罗斯克洛斯和米尔约（Groseclose and Milyo，2005）
辩论质量				
演讲分析	演讲可以根据说服、辩护或尊重的水平进行编码	编码方案，人类编码员	议会演讲	斯坦纳（Steiner）等（2004）

　　CMP 编码方案试图抓住政党竞争的这一方面。该项目将每个宣言中的每句话都归入 56 个类别中的 1 个类别。大多数类别在本质上都是积极的（例如，对环境的积极提及，理论上政党不会对环境进行消极提及）。因此，该编码方案可以捕捉到一个政党给予某一个类别的重视程度相对高于其他类别。我们的目标是创建一个跨国家和时间的单一编码方案。该项目的最新迭代是对 51 个国家的 651 个政党在 185 次选举中撰写的 1314 份宣言进行编码 [巴奇（Budge）等，2006]。每份宣言都经过手工编码——由研究人员阅读每个句子（或准句子），并将其归入 56 个类别中的一个（如果被认为不符合任何类别，则保持未编码状态）。最终结果是确定每份宣言属于各个类别的百分比。然后，可以将这些百分比汇总，以产生一般的左右翼政党立场尺度或其他政策维度的尺度 [拉沃尔和巴奇（Laver and Budge），1992；洛（Lowe）等人，2011]。近年来，CMP 一直受到尖锐的批评。这些宣言的阅读和编码是非常费力的，

而且容易出现不一致的情况，而 CMP 没有充分考虑到这一点［米哈伊洛夫（Mikhaylov）等人，2012］，并且人工编码协议没有考虑文本生成过程中的不确定性［贝努瓦（Benoit）等人，2009］。此外，尚不清楚 20 世纪 80 年代设计的严格僵化的编码方案是否可以像宣言项目假设的那样，在不同时间和不同国家以同样的方式应用［贝努瓦和拉沃尔（Benoit and Laver），2007］。

为了解决其中的一些问题，研究人员试图利用计算机的力量从文本中提取立场。第一次尝试使用计算机对政治文本（特别是政党宣言）进行的分类，生成了代表特定意识形态的词汇的字典，这些词汇通常选自宣言本身，然后，用计算机计算字典中的词汇在其他有关给定文本中出现的次数。［拉沃尔和加里（Laver and Garry），2000］。拉沃尔、贝努瓦和加里（Laver，Benoit and Garry，2003）在这个框架的基础上创建了一种自动化技术，用于从宣言或任何其他政治文本中评估意识形态。在创建 Wordscores 的过程中，他们开发了一种技术，将研究人员精心挑选的参考文件中的词汇次数与有关文本［拉沃尔、贝努瓦和加里（Laver，Benoit and Garry）所说的原始文本］中的词汇次数进行比较。基于参考文本中的词的相对频率（以及分配给它们以锚定政治空间的参考分数）与有关的文本词的相对频率之间的关系，将有关的文本放置在一维策略空间中。我们的假设是，政党使用词汇的相对频率可以告诉研究人员他们在政策空间中的潜在立场。通过使用政党的宣言［例如，斯拉平和普罗克施（Slapin and Proksch），2006；德布斯（Debus），2009］和议会演讲［如詹内蒂和拉沃尔（Giannetti and Laver），2005；哈克维尔迪安（Hakhverdian），2009；克莱门森（Klemmensen）等人，2007；伯诺尔和布劳宁格（Bernauer and Bräuninger），2009］作为数据，这一技术已被成功地应用于研究立法行为和政党立场。

然而，它的使用也引发了一些问题和担忧。首先，学者们倾向于将其作为一种估算长时间序列的方法，但是，有一个问题并不明确，即如何选择参考文本来创建历时性比较，并且对参考文本和立场所做的选择会极大地影响分析［巴奇和彭宁斯（Budge and Pennings，2007］。其次，词汇分数到文本分数的最初转换导致在一个不同不可比较的尺度上估算原始文本立场和参考文本。因此，在转换原始文本分数以使其与参考文本具有可比性的最佳方法上存在一些争议［洛（Lowe），2008；马丁和范伯格（Martin and Vanberg），2008a；拉沃尔和贝努瓦（Laver and Benoit），2008］。最后，在试图估计不同政策层面

132

的立场时，参考文本的选择尤为重要。拉沃尔、贝努瓦和加里（Laver，Benoit and Garry）建议在原始文本和参考文本中使用宣言中的所有文本，并在不改变实际文本输入的情况下，简单地改变分配给参考文本的参考值，以此来估算新的词汇得分。然而，这意味着选择一个不当的参考文本或参考值可能会极大地改变结果。在极端情况下，估计的维度可能与感兴趣的维度完全不相关，因为参考文本并不包含对该维度进行区分的语言。

最近的工作试图在不依赖字典或参考文本的情况下估算政党和立法者的意识形态［如门罗和梅达（Monroe and Maeda），2004；斯拉平和普罗克施（Slapin and Proksch），2008；2010］。斯拉平和普罗克施（Slapin and Proksch，2008）提出并估算了一种名为 Wordfish 的参数检测模型，该模型将文本放置在一个仅基于相对词频的一维空间中。Wordfish 不像 Wordscore 那样利用参考文本中包含的信息，而是假设文本中的词频是由一个统计模型驱动的（即它们是泊松分布的），并且是可以估算的潜在政策立场的结果。因此，该技术适用于难以找到参考文本的情况。为了估算政策层面的立场，作者建议将检测模型应用于宣言的相关部分。识别这些部分可以手动完成，因为宣言通常被组织成特定于政策的段落。然而，这只适用于广泛的政策层面［斯拉平和普罗克施（Slapin and Proksch），2008］。或者，学者可以依靠立法数据库中能清楚识别政策维度的关键词来标记宣言中的相关句子［考尼格（König）等人，2010］。无论所选择的方法为何，重要的一点是，政策层面的界定是先验的，而且是有实质性依据的。

因为该方法是无监督的，依赖于现有数据，而不需要参考文本或词典，对数据质量的要求很高。如果希望从一组文本中估算意识形态，那么因此撰写文本的作者主要目的必须是表达一种特定的意识形态。特别是，当数据生成过程允许作者强调或不强调他们想要的任何问题时，Wordfish 技术（以及 Wordscore）可以最好地捕捉文档之间的意识形态差异。研究人员在应用现成的方法时需要记住这一点。尤其，议程效应可能会影响估算。如果政治家或政党使用不同的词汇来表达不同时期的意识形态，那么议程效应可能会随着时间的推移而存在，这在很长一段时间内似乎是很自然的，但在较短的时间内可能不会存在这个问题。例如，随着新的环境问题的出现，政党可能会改变其对环境监管的立场。清洁的空气或水的标准可能是某 10 年内的主题，而有关全球气候变化的问题可能是另一个 10 年的主题。因此，政策议程在很长一段时间内的变

133

化可能会改变这一政策领域的语言使用，从而很好地将某个 10 年的所有政党与先前 10 年的政党区分开来。然而，这种差异可能仅仅是由政策领域内不断变化的主题所产生的，而不是政党在环境监管问题上的立场发生根本变化的结果。因此，这对政治文本的长时间序列分析提出了必须考虑的特殊挑战。

当政治家必须使用相同的词汇谈论非常具体的问题时，议程效应也会发生。在这种情况下，议程是预先确定的，政党或其成员不能像在宣言中那样自由地强调或不强调问题。例如，这在议会式辩论中可能是个问题，因为辩论的主题是预先确定的（而且程序性语言比宣言中更常见）。最后，当研究人员将不同类型的文本混合在一起，而这些文本并不遵循相同的数据生成过程时，就可能会出现议程效应。在这种情况下，从文本数据中提取的主要维度可能只是简单地反映不同的数据生成过程，而不是不同的意识形态。简而言之，Wordfish 或 Wordscore 等技术有可能对大量政治文本的立场进行估算，但研究人员在应用工作中应当注意这些技术背后的假设。

6.3.2　政策议程

当然，并不是所有立法机构的内容分析都旨在估算政党或立法者的立场，或者依赖政党宣言作为数据。一个新兴的研究领域是研究立法演讲或其他文本数据（如博客和新闻稿）中表达的政策议程主题。通常，这些技术利用所谓的主题模型来识别文本语料库中的潜在主题〔例如，奎因（Quinn）等，2010；格里默（Grimmer），2010〕。例如，奎因（Quinn）等人探讨了美国参议院的政策议程。他们发现了 42 个潜在的主题，并研究了对这些主题的关注度是如何随着时间的推移而变化，证明他们的衡量标准与参议院的投票议程一致，但揭示了参议院对各种议题的关注的更细微的信息。此外，他们提出了模型来解释为什么参议员就他们估算的潜在主题参与辩论。他们一致发现，当参议员在相关委员会任职时，就主题的发言更为频繁，但相较于其他委员会成员，委员会主席往往不会有更多发言。此外，意识形态上的极端分子倾向于发表更多言论，特别是在司法事务、劳工政策、税收和预算等有争议的主题上。因此，主题模型可以为立法机构和代表性的运作提供有趣的见解。这些模型是无监督的，并且像文本缩放模型一样，需要研究人员对估算进行事后解释。主题模型的另一个要求是研究人员需要设置潜在主题的数量。这可能并不总是一项简单的任务，因为如果数量太少，重要的主题可能不会被发现，而如果数量设置得太高，

134

则可能是人为的。

6.3.3 超越政策与意识形态：监督、代表性与媒体

内容分析在立法学术研究中的应用已经超越意识形态和政治关注领域，扩展到代表性、监督和媒体等不同领域。例如，其他工作通过审查法案来研究监督或法律的稳定性。休伯和石潘（Huber and Shipan，2002）通过观察法案的长度来研究对官僚机构的立法监督，并假设较长的法案对官僚机构的行为施加了更大的限制。为了实现跨国比较，他们对法案的页面格式进行了标准化，并通过应用获取不同语言效率的乘数来说明语言差异。他们的基本理论观点是，立法机构中越大的政策冲突可能会导致官僚越多的自由裁量权。因此，立法者撰写更详细（即更长）的法案，防止在将权力下放给官僚机构时出现机构损失。相反，马尔茨曼和石潘（Maltzman and Shipan，2008）使用立法的页面长度作为特定法律复杂性的衡量标准。他们用这一衡量标准来检验一个假设，即复杂的法律在未来更有可能被修改。因此，在这些情况下，法案长度作为细节和复杂性的代表，两者可能相关，也可能不相关。一个国家可能有一个涵盖许多不同的领域的非常复杂但模糊的法律，或者一个类似长度的法案，虽然侧重领域狭窄，但非常详细。对立法全文进行更多的研究似乎是可取的，但最终难度很大。法案的技术性很强，其法律语言无法与政治家的立场声明相比，而且法案的重要性可能与其长度无关。

最近关于议会监督的其他工作侧重于议会成员如何通过审查议会问题［斯拉平和普罗克施（Slapin and Proksch），2011］和演讲［马丁和范伯格（Martin and Vanberg），2008b］，而不是通过法案长度来审查政府行为。普罗克施和斯拉平（Proksch and Slapin）发现，来自国家反对党的欧洲议会成员利用其在欧洲层面的机构地位来收集信息并审查本国政府的行为。马丁和范伯格专注于立法演讲，研究联合政府中的政党如何利用后座议员来密切关注他们的联盟伙伴，并强调伙伴之间的分歧。

学者们也转向内容分析来研究国会议员与其选民之间的联系。马丁（Martin，2011）使用议会质询来衡量选区服务，而格里默（Grimmer，2010）提出了一个主题模型来理解美国参议员如何使用新闻稿与选民联系。马丁（Martin）和一组研究助理一起，对 1997—2002 年在爱尔兰议会中提出的大约 124,000 个问题进行了手工编码，以确定它们是否解决了当地的问题。他发现，

在众议院提出的所有问题中，约有 44% 的问题以地方选区服务为重点。相反，格里默（Grimmer，2010）使用贝叶斯分层主题模型来考察参议员如何向选民解释他们在华盛顿的工作。格里默（Grimmer）的修正主题模型考虑到了代表发布的新闻稿的层次结构（因此，政治声明构成较低层次，而作者构成较高层次）。他应用这个模型来评估参议员在与选民沟通时所强调的问题。根据对表达议程的估算，他表明美国参议院的委员会领导人比一般参议员更关注其政策管辖范围内的问题，并且来自同一州的参议员往往比来自其他州的参议员有更相似的表达议程。

格罗斯克洛斯和米尔约（Groseclose and Milyo，2005）的其他工作研究了美国国会演讲和媒体报道中对智库的引用。他们使用这些智库的引文作为桥梁观察，将媒体定位在与国会议员相同的意识形态空间，以评估媒体偏见的存在。基本理念是，国会议员在引用与他们持有类似意识形态的智库时会获得更高的效用，记者也是如此。他们的证据表明，与中间派国会议员相比，美国主流媒体存在左翼偏见。

最后，其他内容分析工作从协商政治的角度研究立法演讲。这项工作的目标不是评估意识形态或代表性，而是通过说服、辩护或尊重的水平来检查辩论的质量，并依赖对一些选定的演讲进行手工编码［斯坦纳（Steiner）等，2004；贝奇泰格（Bächtiger），本卷］。支持这一方法的理由是，更高质量的辩论会带来更好的民主。

6.4　内容分析中的问题

虽然在获取立法文件和内容分析技术方面的进步确实推动了立法研究的发展，但也有一些研究设计的问题是任何使用内容分析的人都必须关注的。首先，也是最重要的是，研究人员通常采用内容分析来测量潜在变量——那些无法直接观察到的，只能通过指标间接测量的变量。例如，政党的意识形态就是一个潜在变量。研究者永远无法直接观察到一个政党的意识形态。相反，研究人员可能会观察到一些指标，如政党领导人在议会中的演讲内容、政党议员的投票方向、政党支持者在调查中对问题的回答等。研究者从这些指标中推断出党的意识形态立场。甚至这也不是那么简单，因为它涉及关于政策空间维度的决策，而政策空间本身是潜在的［贝努瓦和拉沃尔（Benoit and Laver），2006］。在研究政党意识形态的指标（通常通过某种形式的内容分析从文件中提取）时，应保留多少信息？将所有信息归结为一个单一的、通用的维度是否可取？还是分别估算经济、社会和外交政策层面的立场更可取？在开始衡量政党或国会议员的立场之前，研究人员必须解决这些重要问题。

衡量这种潜在观念的任何尝试都必须考虑到拟议措施的有效性和可靠性。有效性是指给定的测量方法所能捕捉潜在观念的本质的程度，通常被认为是（无）偏差。因为我们希望测量的概念是潜在的，所以没有直接的方法来评估有效性。相反，研究人员通常通过比较同一潜在观念的两个或多个不同测量方法来评估有效性，希望它们相互关联，或者更好的是它们能达成一致［参见米哈伊洛夫、贝努瓦和拉沃尔（Mikhaylov，Benoit and Laver），2012，关于相关性和一致性之间差异的讨论］。另外，研究人员通过询问他们使用的指标在理论上是否与他们希望测量的基本观念相关来检验结构效度。在选择文件进行内容分析时，研究者必须关注结构效度，即这些文件的编写方式是否能够提供研究者感兴趣的潜在观念的信息。例如，如果一个人对衡量意识形态感兴趣，那么对议员的发言进行内容分析可能比分析议员的推特声明更有意义，在议员的发言中，研究人员可以合理地假设议员表达了他们对立法的立场，而在议员的推特声明中，他们可能会对当前事件发表简短评论，但不一定是对当前立法发表评论。

这些有效性的问题表明，研究人员必须小心留意产生他们希望分析的文本的战略环境，必须仔细检查文本背后的数据生成过程。如果研究人员希望利用立法演讲来研究政党的意识形态，他或她必须仔细考虑为什么立法者要发表演说，以及他们在发表演讲时所面临的压力。他们是否试图与他们的选民、他们的同党成员或其他政党的成员沟通？他们的政党领导层在多大程度上控制了他们在议会上的发言，甚至控制了他们进入议会的机会？听众和政党压力的程度将决定演讲的内容，以及演讲在多大程度上反映了立法者自己的意识形态立场，而不是其他团体（如政党或选区）的立场。或者，演讲的内容可能根本不是关于意识形态，而是提供一个机会来谈论选区服务和立法者为该地区带来的政府资金，或者只是批评政府的政策决定。在这种情况下，分析演讲可能会提供有关地方建设政治的重要性以及政府和反对派议员之间的差异的信息，但不会提供有关特定意识形态立场的信息。换句话说，研究人员不可能从一份文档中提取该文档不打算传达的信息。例如，普罗克施和斯拉平（Proksch 和 Slapin，2012）认为，制度约束和选举考量因素极大地影响了谁可以在议会发表演讲及其信息的内容。除非研究人员在进行内容分析时考虑到演讲的战略性质，否则他们将无法有效地衡量他们希望捕捉的潜在观念。这就是为什么在试图抓住政党意识形态时政党宣言如此有用。政党宣言就是为了在选举竞争中展示政党的主要意识形态纲领而写的。数据生成过程显然与研究人员希望测量的潜在变量有关。

　　与此相关的是，研究人员必须关注可靠性问题。可靠的方法是指每次进行分析时都产生相同结果的方法，并且与精确化的统计概念（方差的倒数）有关。一个可靠的方法可能有效，也可能无效；如果它无效，那么不管是谁，每次以同样的方式进行测量，都是无效的。这些问题，有效性和可靠性，涉及争论的核心，即在内容分析方面，人类编码更好还是机器编码更好。机器编码的支持者认为他们的技术是 100% 可靠的（即使它们可能不是完全有效的）。当使用 Wordscore 或 Wordfish（或任何计算机算法）从政策文件或宣言中估算政党立场时，研究人员做出相同的研究设计决策（例如，在分析中包括哪些文件，是否从词根中提取单词，以及是否从分析中排除停用词，即没有意识形态内容的单词，如介词和连词），每次进行分析时都会获得相同的结果。而对于使用人工编码的项目来说，这可能无法实现。两个编码员可能以不同的方式阅读同一份文档，并对其进行不同的分类。也许，通常，他们会得到与机器编码相同的结果，但在这个过程中可能会有更多的"噪声"。例如，米哈伊洛夫、贝努瓦和拉沃尔（Mikhaylov, Benoit and Laver，2012）发现，在以 CMP 的方式对宣言进行人类编码的过程中存在大量"噪声"。这并不是说机器编码优于人工编码。那些支持人工编码的人通常认为，人工编码的有效性更高。计算机可能总是产生相同的答案，但这些答案不一定是正确的。人类能够更好地利用各种各样的知识来"正确地"对文本进行分类，而计算机只能利用人类研究人员提供的信息。

　　当然，评估人类编码员之间的可靠性的一种方法是检查编码间的可靠性。如果两个或两个以上的人面对相同的编码任务，他们在多大程度上能得出相同的答案？如果多个编码员不能得出相同的答案，可能是编码任务太难，或者给编码员的指令不够清楚。例如，（这一直是对 CMP 的一种批评）通常情况下，CMP 对于每份文档仅雇用一名编码员，这使得人们不能对编码员之间的可靠性进行评估。最近的工作研究了在 CMP 方案的基础上，多名人类编码员实际上

137

能够对句子进行分类的程度［米哈伊洛夫、贝努瓦和拉沃尔（Mikhaylov, Benoit and Laver），2012］。其结果不尽如人意。编码员间可靠性的常见测量［即弗莱斯（Fleiss）的 Kappa］表明，编码员不能以可靠的方式对句子进行分类。在最新的一期中，宣言项目现在是雇用两名编码员来对每个宣言进行分析，但它确实保留了编码方案。

最后，在分析文本语料库时，研究人员必须确保其中的所有文本都是可比较的。例如，将演讲、法案和宣言作为一个语料库的一部分同时进行分析是没有意义的。正如上面所讨论的，这些文本是为不同的目的而写的，有不同的目标受众，使用不同的语言，并受到不同的限制。简而言之，它们是通过不同的数据生成过程生产出来的，因此不能直接比较。虽然同时比较演讲和宣言似乎很明显是没有意义的，但是通常进行的比较没有那么明显的问题，尽管如此，还是会引发重要的问题。例如，人们可能会问，对不同国家和不同时间的宣言内容进行比较是否合适。政治竞争的基本维度在世界各地并不相同，在不同的选举中也不尽相同——在德国和日本，立法机构中党派冲突最突出的维度可能有所不同。20 世纪 70 年代冲突最突出的方面可能是也可能不是今天冲突最突出的方面。同样，虽然议会质询在一个议会中可能主要作为一种监督手段，但在其他地方，它们可能主要作为解决选区服务问题的一种手段。这些差异可能是由于管理选举激励、政党竞争或其他考虑因素的制度造成的。但无论如何，即使文件的类型名义上是相同的，如果产生这些文件的基本战略环境不同，文件的内容可能就无法直接比较。

6.5　前进的道路

内容分析和立法研究的最新趋势涉及应用新的技术手段和研究新的数据来源，以回答新的实质性问题。在方法论上，从计算语言学和计算机科学领域引入新的机器学习方法这一趋势非常迅猛［例如，霍普金斯和金（Hopkins and King），2010；奎因（Quinn）等人，2010；迪尔迈尔（Diermeier）等人，2012；斯帕林（Spirling），2012］。最近的其他进展，包括利用新的立法数据库来研究以前基本上被忽视的议会行为形式，例如，议会质询。前面讨论的最近的研究都使用了最新的可用数据，以一种以前不可能的方式来研究有关选区服务、代表性等方面的问题。这些研究带来了关于政党竞争的新见解，也使研究人员能够窥视党内动态的黑箱，以探索后座议员如何与政党领导人互动［例如，马丁和范伯格（Martin and Vanberg），2008b；普罗克施和斯拉平（Proksch and Slapin），2012］。为了以最有效的方式使用这些数据，研究人员必须注意他们用作数据的文本的产生过程（通常是未观察到的），以及他们所采用的方法的假设。接下来，概述了我们认为立法政治的内容分析研究必须解决的一系列问题。

6.5.1　战略数据生成过程

政治家是战略传播者。这意味着所有内容分析都需要考虑所使用的特定文本数据的数据生成过程，不是所有立法机构的政治文本都是被同样创造的。在发表演讲或向议会提问时，政治家心中可能有特定的听众。立法草案有其自身的技术特点，这使得它看起来与政党及其议员的立场声明大不相同。作为数据方法的文本对数据的要求很高。例如，当应用 Wordscore 或 Wordfish 时，如果所提取的维度被解释为意识形态，则需要满足词数是根据一维意识形态偏好生成的假设。如果议程是预先制定的，行为者不能自由地强调或不强调问题（例如，在议会演讲的发言中），这可能比在行为者可以自由选择问题的情况下（例如，在竞选期间或在关于预算等具体议题的议会式辩论中）问题更大。另一层意思是，对不同类型的文本应用相同的估算技术可能是不可取的，特别是如果这些文本是以不同方式生成的。例如，比较基于演讲和宣言的立场可能特别困难，因为信息的受众和背景完全不同。最后，学者们必须考虑制度背景。例如，在一些政治制度中，后座议员比其他人更容易参与议会式辩论［普罗克施和斯拉平（Proksch and Slapin），2012］。因此，存在这样一种可能性，即尽管各政治制度之间的偏好分布是相同的，但一种制度中的制度障碍阻止了偏好的表达，而另一种制度中允许偏好的表达。如果不考虑这种差异，很可能会导致推论出现偏差。

6.5.2　分析层次

一些研究问题涉及非常详细的测量。例如，当目标是了解议员是否就现行法律的监督向议会提出问题时，测量过程必须确定个别议员提出的问题，也许还要对这些问题的特征进行手工编码。在其他情况下，目标可能仅仅是在议会辩论或立法议程上的议题中找出政党制度的意识形态差异。在这里，汇总同一党派成员的所有发言并应用无监督检测或分类技术可能就足够了。所使用的测量方法需要适合手头的问题。在某些情况下，劳动密集型和成本较高的手工编码方法（理想情况下涉及多个编码员）可能更可取，而在其他情况下，计算机辅助技术在处理大量文本时似乎更有前途。因此，内容分析技术应根据分析层次来选择，而分析层次又是由项目的实质性研究问题驱动的。

6.5.3　潜在变量

意识形态和党派冲突的显著层面是极难测量的概念。这些变量和其他相关概念（如党内凝聚力和政党制度凝聚力）从根本上是无法被观察到的，但它们被议员们以各种形式间接地表达出来。国会议员通过政治演讲、议会投票、支持立法或通过媒体和竞选活动中的声明来表达他们的潜在立场。这意味着，研究意识形态的恰当方法是将其视为一个潜在变量，并应用相关的测量模型。但是，为这些潜在观念制定适当的测量标准，也意味着要考虑产生数据的立法环境中的战略性质——例如，在发言、投票、参加委员会等时，政党对成员施加了什么压力。潜在变量方法与其他方法形成对比，例如，CMP，它假设存在正确的"黄金标准"，编码员在经过充分培训的情况下可以达到该标准。

6.5.4　不确定性

基于人和计算机辅助的内容分析都涉及测量不确定性。多名人类编码员就如何对文本进行编码方面永远不会完全一致。现有的手工编码方法通常基于所选编码来提供编码员间可靠性度量，但很少将不确定性纳入编码框架中。计算机辅助分析需要使用可用的文本。经典的基于字典的分析很难衡量测量误差，而最近的潜在变量模型提供了在频率论或贝叶斯框架中考虑不确定性的方法。最终，政治文本分析中的不确定性有多个组成部分。首先，文本生成过程本身是随机的，这意味着国会议员或政党可以使用不同的文本来表达完全相同的立场［贝努瓦（Benoit）等人，2009］。其次，存在与所选择的统计模型相关联的测量不确定性。当然，捕获测量误差本身并不是目的。在理想情况下，它应该被带入二次分析，将从文本中提取的感兴趣的数量作为自变量或因变量［例如，贝努瓦（Benoit）等人，2009；普罗克施和斯拉平（Proksch and Slapin），2010］。

6.5.5　想想立法者没有说的话

所有的内容分析技术都依靠可用的政治文本来进行推理陈述，但技术的不同之处在于它们包含了没有说出来的信息。政治语言的战略模式可以预测，由于选举和体制原因，某些议会成员获得的发言时间较少［如普罗克施和斯拉平（Proksch and Slapin），2012］。例如，政党领导人可能希望阻止持不同政见者在议会发表与该党主要纲领相悖的观点。当领导人系统地阻止某些党派发表演讲时，议会演讲可能无法准确反映党内的真实观点（以及观点的多样性）。如果这是真的，那么未考虑选择效应的模型将产生无效或有偏差的结果（偏差的方向和程度不一定是先验明确的）。因此，对缺失值的分析可以帮助研究人员研究行为者在什么条件下选择保持沉默，以及这对推断议会和政府中的政治冲突意味着什么。

141

6.6　结论

内容分析是研究政党和立法机构的一个有力工具。数据和方法的新进展使其成为研究意识形态等潜在变量的一种特别有趣和动态的技术。如今有越来越多的数据可供利用，目前正在开发新的统计技术和作为数据的文本方法来分析它们。然而，为了有效地将内容分析应用于立法机构的研究，研究人员必须仔细考虑他们所应用的估算技术的假设，以及他们所使用的数据的性质。这些考虑包括，例如，手工编码与计算机编码哪个是最好的，有监督的学习技术与无监督的学习技术哪个是最合适的，以及在给定数据生成过程的情况下，从文本中提取所需信息是否可能。进一步的发展最有可能发生在各种领域的交叉点上。应用内容分析的立法政治学者可能会极大地受益于计算语言学、统计学和计算机科学领域的进步。

在缺乏政治演讲（或文本）的一般理论的情况下，学者们必须继续使内容分析策略适应手头的问题。新数据意味着，现有的文本测量模型在应用于该模型的原意之外的情形时，其作用可能是有限的。此外，新的文本数据类型不断涌现。全面的议会在线档案使人们能够更好地获取文本数据以进行内容分析。然而，议会可以改变其数据库的结构，这意味着数据的获取和获取方式可能会在没有通知的情况下发生变化。政治学家需要获取议会提供的信息，并通过建立数据库，以更持久和稳定的格式储存这些信息，确保利用议会档案数据进行的研究具有可复制性。虽然以文本作为数据的技术在立法机构的研究中具有很大的前景，但需要谨慎应用。在应用定量内容分析技术时，上一节中概述的五点可以作为研究人员的指南。最后，对不同类型的文档进行有效比较可能是一个理想的研究目标，但也是一个困难的目标。我们将这些不同数据源的概念和经验整合，例如，各政党和立法者的立法草案和政策声明，视为文本即数据文献的未来挑战之一。

参考文献

Adams, J., Clark, M., Ezrow, L., and Glasgow, G., 2006. Are Niche Parties Fundamentally Different From Mainstream Parties? The Causes and the Electoral Consequences of Western European Parties' Policy Shifts, 1976–1998. American Journal of Political Science, 50: 513–29.

Adams, J., Ezrow L., and Somer–Topcu, Z., 2011. Is Anybody Listening? Evidence that Voters Do Not Respond to European Parties' Policy Statements During Elections. American Journal of Political Science, 55: 370–82.

Bawn, K. and Rosenbluth, F., 2006. Short versus Long Coalitions: Electoral Accountability and the Size of the Public Sector. American Journal of Political Science, 50: 251–65.

Benoit, K. and Laver, M., 2006. Party Policy in Modern Democracies. New York: Routledge.

Benoit, K. and Laver, M., 2007. Estimating Party Policy Positions: Comparing Expert Surveys and Hand–Coded Content Analysis. Electoral Studies, 26: 90–107.

Benoit, K. and Laver, M., 2008. Compared to What? A Comment on "A Robust Transformation Procedure for Interpreting Political Text" by Martin and Vanberg. Political Analysis, 16: 101–11.

Benoit, K., Laver, M., and Mikhaylov, S., 2009. Treating Words as Data with Error: Uncertainty in Text Statements of Policy Positions. American Journal of Political Science, 53: 495–513.

Bernauer, J. and Bräuninger, T., 2009. Intra–Party Preference Heterogeneity and Faction Membership in the 15th German Bundestag: A Computational Text Analysis of Parliamentary Speeches. German Politics, 18: 385–402.

Budge, I., Robertson, D., and Hearl, D. (eds.), 1987. Ideology, Strategy, and Party Change: Spatial Analyses of Post–War Election Programmes in 19 Democracies. Cambridge: Cambridge University Press.

Budge, I., Klingemann, H.–D., Volkens, A., Bara, J., and Tanenbaum, E. (eds.), 2001. Mapping Policy Preferences: Estimates for Parties, Electors, and Governments, 1945–1998. Oxford: Oxford University Press.

Budge, I. and Pennings, P., 2007. Do They Work? Validating Computerised Word

Frequency Estimates Against Policy Series. Electoral Studies, 26: 121–29.

Debus, M., 2009. Pre–Electoral Commitments and Government Formation. Public Choice, 138: 45–64.

Diermeier, D., Godbout, J.–F., Yu, B., and Kaufmann, S., 2012. Language and Ideology in Congress. British Journal of Political Science, 42: 31–55.

Giannetti, D. and Laver, M., 2005. Policy Positions and Jobs in the Government. European Journal of Political Research, 44: 91–120.

Grimmer, J., 2010. A Bayesian Hierarchical Topic Model for Political Texts: Measuring Expressed Agendas in Senate Press Releases. Political Analysis 18: 1–35.

Groseclose, T. and Milyo, J., 2005. A Measure of Media Bias. The Quarterly Journal of Economics, 120: 1191–237.

Hakhverdian, A., 2009. Capturing Government Policy on the Left–Right Scale: Evidence from the United Kingdom, 1956–2006. Political Studies, 57: 720–45.

Hopkins, D. J. and King, G., 2010. A Method of Automated Nonparametric Content Analysis for Social Science. American Journal of Political Science, 54: 229–47.

Huber, J. D. and Shipan, C. R., 2002. Deliberate Discretion: The Institutional Foundations of Bureaucratic Autonomy. Cambridge: Cambridge University Press.

Klemmensen, R., Hobolt, S. B., and Hansen, M. E., 2007. Estimating Policy Positions using Political Texts: An Evaluation of the Wordscores Approach. Electoral Studies, 26: 746–55.

Klingemann, H.–D., Volkens, A., Bara, J., Budge, I., and McDonald, M. (ed.). 2006. Mapping Policy Preferences II: Estimates for Parties, Electors and Governments in Central and Eastern Europe, European Union and OECD, 1990–2003. Oxford: Oxford University Press.

König, T., Luig, B, Proksch, S.–O., and Slapin, J., 2010. Measuring Policy Positions of Veto Players in Parliamentary Democracies. In T. König, G. Tsebelis, and M. Debus (eds.). Reform Processes and Policy Change: Veto Players and Decision–Making in Modern Democracies, pp. 69–95. New York: Springer.

Krippendorff, K., 2004. Content Analysis: An Introduction to Its Methodology. Thousand Oaks: Sage Publications.

Laver, M, and Budge, I. (eds.), 1992. Party Policy and Government Coalitions. London: Macmillan.

Laver, M. and Garry, J., 2000. Estimating Policy Positions from Political Texts. American Journal of Political Science, 44: 619–34.

Laver, M., Benoit, K., and Garry, J., 2003. Extracting Policy Positions from Political Texts using Words as Data. American Political Science Review, 97: 311–32.

Lipsmeyer, C. S. and Pierce, H. N., 2011. The Eyes that Bind: Junior Ministers as Oversight Mechanisms in Coalition Governments. Journal of Politics, 73: 1152–64.

Lowe, W., 2008. Understanding Wordscores. Political Analysis, 16: 356–71.

Lowe, W., Benoit, K., Mikhaylov, S., and Laver, M., 2011. Scaling Policy Positions from Coded Units of Political Texts. Legislative Studies Quarterly 36: 123–55.

Maltzman, F. and Shipan, C. R., 2008. Change, Continuity, and the Evolution of the Law. American Journal of Political Science, 52: 252–67.

Martin, L. W. and Stevenson, R. T., 2001. Government Formation in Parliamentary Democracies. American Journal of Political Science, 45: 33–50.

Martin, L. W. and Vanberg, G., 2005. Coalition Policymaking and Legislative Review. American Political Science Review, 99: 93–106.

Martin, L. W. and Vanberg, G., 2008a. A Robust Transformation Procedure for Interpreting Political Text. Political Analysis, 16: 93–100.

Martin, L. W. and Vanberg, G., 2008b. Coalition Government and Political Communication. Political Research Quarterly, 61: 502–16.

Martin, L. W. and Vanberg, G., 2011. Parliaments and Coalitions: The Role of Legislative Institutions in Multiparty Governance. Oxford: Oxford University Press.

Martin, S., 2011. Using Parliamentary Questions to Measure Constituency Focus: An Application to the Irish Case. Political Studies, 59: 472–88.

McDonald, M. D. and Budge, I., 2005. Elections, Parties, Democracy: Conferring the Median Mandate. Oxford: Oxford University Press.

Mikhaylov, S., Laver, M., and Benoit, K., 2012. Coder Reliability and Misclassification in the Human Coding of Party Manifestos. Political Analysis, 20: 78–91.

Monroe, B. L. and Maeda, K., 2004. Talk's Cheap: Text–based Estimation of Rhetorical Idealpoints. Paper prepared for the 21st Meeting of the Society for Political Methodology, 29–31 July.

Neuendorf, K. A., 2002. The Content Analysis Guidebook. Thousand Oaks: Sage Publications.

Proksch, S–O. and Slapin, J. B., 2006. Institutions and Coalition Formation: The German Election of 2005. West European Politics, 29: 540–59.

Proksch, S–O. and Slapin, J. B., 2010. Position taking in European Parliament Speeches.

British Journal of Political Science, 40: 587–611.

Proksch, S–O. and Slapin, J. B., 2011. Parliamentary Questions and Oversight in the European Union. European Journal of Political Research, 50: 53–79.

Proksch, S–O. and Slapin, J. B., 2012. Institutional Foundations of Legislative Speech. American Journal of Political Science, 56: 520–37.

Quinn, K., Monroe, B. L., Colaresi, M., Crespin, M. H., and Radev, D. R., 2010. How to Analyze Political Attention with Minimal Assumptions and Costs. American Journal of Political Science, 54: 209–28.

Schonhardt–Bailey, C., 2008. The Constitutional Debate on Partial–Birth Abortion: Constitutional Gravitas and Moral Passion. British Journal of Political Science, 38: 383–410.

Slapin, J. B. and Proksch, S–O., 2008. A Scaling Model for Estimating Time–Series Party Positions from Texts. American Journal of Political Science, 52: 705–22.

Spirling, A., 2012. U.S. Treaty Making with American Indians: Institutional Change and Relative Power, 1784–1911. American Journal of Political Science, 56: 84–97.

Steiner, J., Bächtiger, A., Spörndli, M., and Steenbergen, M. R., 2004. Deliberative Politics in Action: Analysing Parliamentary Discourse. Cambridge: Cambridge University Press.

Walgrave, S. and Nuytemans, M. 2009. Friction and Party Manifesto Change in 25 Countries, 1945–98. American Journal of Political Science, 53: 190–206.

Warwick, P. V., 2011. Voters, Parties, and Declared Government Policy. Comparative Political Studies, 44: 1675–99.

第七章　立法机构中的辩论与协商[*]

安德烈·贝奇泰格（André Bächtiger）

7.1　引言

　　尽管演讲和辩论在议会中发挥着核心作用，但在当代政治学的学术议程中，议会演讲的作用并不突出。正如普罗克施和斯拉平（Proksch and Slapin，2012，520）所指出的："参与立法辩论是议会议员最引人注目的活动之一，但辩论仍然是一种尚未得到充分研究的立法行为的形式。"传统观点认为，议会式辩论对政策制定没有任何影响，只不过是"政府和反对派政策纲领的公开展示"［布伦南和哈姆林（Brennan and Hamlin），1993，447］。因此，议会式辩论的目的在很大程度上似乎是象征性的。

　　然而，在过去的二十年里，学者们已经开始完善并挑战传统观点。立法演讲不仅比人们通常认为的更具多样性，一些学者还主张，在特定条件下，立法演讲可能远不止是政府与反对派之间毫无结果的辩论对抗，甚至可能表现出规范性诉求的特征。研究方法可以分为三种：策略与党派修辞方法（以理性选择理论为基础）、协商方法和话语方法。策略与党派修辞方法对传统观点进行了系统化和

---

　　*　陆幸福译，尤雯校。

延伸。它的出发点是，假设立法演讲是无意义的空谈，并且其主要目的关涉党派和选举。该方法在其可变性方面提供了一些有趣的见解，特别是通过采用比较的方法，以及探索不同的制度安排和党内政治对议会式辩论结构的影响。协商方法反过来又挑战了对立法演讲的传统理解。它试图确定制度性条件和基于问题的条件，在这些条件下，立法演讲是审慎的，即理性的、尊重的、知情的，并以达成一致为导向。最后，话语方法侧重于议会式辩论的构造特征，并对其规范和惯例进行深入研究。话语方法的最新变种也开始分析立法演讲的具体框架，有时也与规范性期望有关。

本章对议会式辩论的策略与党派修辞、协商和话语三种方法进行了概述。本章始于三种方法的基本理论假设，然后介绍了一些主要的实证研究结果。鉴于协商在当代政治理论中的突出地位，其对立法演讲的不同理解以及协商在立法机关领域可行性的巨大争议，本章特别关注立法演讲的协商方法。[1]最后，本章将讨论一些共性、存在的张力以及将来进一步研究的某些途径。

7.2　策略和党派修辞方法

立法演讲的理性选择（或正式）方法对立法辩论的传统观点进行了系统化和延伸，可以分为两个版本。奥斯汀－史密斯（Austen-Smith，1990）提出了一个模型，在该模型中，立法辩论被视为"空谈"，并可能通过信息披露（即通过交换其他立法者不知道的信息）来影响决策。奥斯汀－史密斯（Austen-Smith）的正式模型认为，辩论的作用是有限的，而且是一种时机问题。决策过程中的辩论阶段披露了原本将通过议程设置披露的所有信息。或者，正如奥斯汀－史密斯（Austen-Smith，1990，144）简洁地指出的那样："辩论不会引出在决策过程中原本无法获得的信息。"一般来说，私人信息的披露可能会影响立法，但只有在一些非常严格的条件下，即当立法者对后果的偏好分布没有太大不同时，才会影响立法。相反，当立法者的偏好不同时，他们就有动机歪曲

---

〔1〕　保罗·夸克（Paul Quirk）和威廉·本迪克斯（William Bendix，2011）在《牛津美国国会手册》（*The Oxford Handbook of the American Congress*）上发表了一篇关于"国会中的协商"的精彩文章。[E. 西克勒和 F.E. 李（E.Sickler and F.E.Lee）]。他们在一定程度上补充了当前的章节，但主要侧重于与美国具体情况有关的立法演讲的信息和协商方面。

信息，操纵决策过程，使其对自己有利。由于立法者的相似偏好在立法政治中极其少见，因此通过辩论披露的信息很少会影响最终结果。正如普罗克施和斯拉平（Proksch and Slapin，2012，521）所同意的，如果立法者主要关心立法演讲对其他议员的说服力影响，那么"我们预计根本不会发现有多少立法辩论"。因此，议员参与立法辩论肯定有其他理由。

理性选择传统中的第二种观点从这样一种假设出发，即立法者在议会发表演讲时关注的是选举和党派因素。立法演讲使议会议员能够向选民和普通党员传达政党或个人的信息，因为所有类型的媒体都会报道立法辩论。因此，立法演讲提供了一个表明立场、做广告和邀功的机会，这些都是提高议会议员连任机会的关键策略［梅休（Mayhew），1974］。此外，理性选择理论家也开始深入研究党内政治（如政党与其选民之间的关系）和制度安排（如不同的选举制度），这些被认为是解释立法演讲变化的关键因素。然而，根据奥斯汀－史密斯（Austen-Smith）对辩论的重要性和影响力的悲观预期，党派修辞观点的一个核心假设是，立法演讲通常对政策制定没有说服力。正如我们将在后面看到的，这与协商方法形成了鲜明的对比，协商方法认为立法演讲可能不会被一种立场策略模式所完全涵盖，在这种模式中，沟通完全是为了确保或促进选举成功。

近年来，理性选择学者致力于经验性地研究议会式辩论。一个重要的研究领域是利用立法演讲来分析议员或政党的立场［例如，拉沃尔和贝努瓦（Laver and Benoit），2002；门罗和梅达（Monroe and Maeda），2004；普罗克施和斯拉平（Proksch and Slapin），2010；迪尔迈尔（Diermeier）等人，2012］。这主要是通过基于计算机的内容分析（如 Wordfish）来完成的，这一主题在本卷普罗克施和斯拉平（Proksch and Slapin）撰写的章节中有所涉及。然而，这项研究并不直接涉及立法辩论的运作，因此本章不予讨论。

实证研究的另一个领域是研究立法者发表演讲的实际原因。在一项开创性的研究中，马尔茨曼和西格尔曼（Maltzman and Sigelman，1996）审视了哪些因素会影响美国国会中无约束发言时间的使用。芬诺（Fenno，1973）主张国会议员的动机既有选举因素，也有政策因素，据此，他们重点研究了选举因素和政策因素对发表演讲倾向的解释。根据经验，马尔茨曼和西格尔曼（Maltzman and Sigelman，1996）发现基于选举的解释效果不佳。例如，在选举上处于劣势地位的议员比在选举上处于优势地位的议员使用的无限制发言时

间更少。相比之下，基于政策的解释效果要好得多：党派领导地位、少数派
地位和意识形态极端主义都有利于延长发言时间。虽然党的领导人可能有意想
要保护和促进党的形象，但少数党的党派成员和政治极端分子可能发现很难
影响政策结果，因此有动机在会场发言。马尔茨曼和西格尔曼（Maltzman and
Sigelman）的结论是，基于选举的解释的失败并不一定意味着议员们对此不关
心："可以想象，处于选举劣势地位的议员发现他们的时间最好花在比如筹款之
类的其他活动上，而不是向美国公共事务频道的听众发表演讲"［马尔茨曼和西
格尔曼（Maltzman and Sigelman），1996，827—828］。

在马尔茨曼和西格尔曼（Maltzman and Sigelman，1996）研究成果的基础
上，莫里斯（Morris，2001）重点研究了议员们在第104届国会发表一分钟党
派性演讲的频率。在证实马尔茨曼和西格尔曼（Maltzman and Sigelman）的一
些调查结果的同时，他还发现党派偏见对辩论行为有很大的影响。例如，选
举安全感较差的议员会使用更多的党派修辞。在这方面，奎因（Quinn）等人
（2010）也表明，在选举期间，政治家在演讲中会更多地强调象征性和社会性
问题。

148　　　理性选择传统的晚近研究深入考察了塑造议会式辩论结构的党内政治和制
度安排。马丁和范伯格（Martin and Vanberg，2008）认为，议会民主制国家中
的联盟政党必须向其选民传达一个信息，即他们同意与联盟伙伴达成政策妥协
时，他们没有违反选举承诺。实现这一目标的一个途径是立法辩论。马丁和范
伯格（Martin and Vanberg）假设，联盟政党将在那些与联盟伙伴有分歧的问题
上进行更广泛的沟通。这与选举周期的观点结合在一起：选举越近，参与这一
活动的政党就越多。他们用立法演讲的时长来表示政党与其选民沟通的程度，
表明联盟政党确实在使其与联盟伙伴产生分歧的问题上进行了更广泛的沟通，
并且在选举临近时更是如此。尽管仅演讲时长并不能直接反映演讲的内容，但
该研究仍然提供了旁证，证明联盟政党利用立法辩论来说服选民"他们没有放
弃票仓来换取职务之便"［马丁和范伯格（Martin and Vanberg），2008，513—
514］。

普罗克施和斯拉平（Proksch and Slapin，2012）基于党内政治策略模式，
提出了一种立法演讲的比较制度方法。他们首先假设为了维护党的形象，政党
的领导人必须阻止他们的议员发表与党的中心思想相矛盾的演讲。然而，政党
领导人能施加多大程度的控制取决于制度因素，即选举制度的配置。在这方面，

普罗克施和斯拉平（Proksch and Slapin）重点讨论了四种情况。第一种情况，即在实行多数决选举制的总统制的情况下，立法机构和行政机构之间选举的独立性意味着政党团结不是很重要，政党领导人在议员发言时不会施加太多控制。第二种情况，即在实行多数决选举制的议会制的情况下，政党领导人通常会比总统制中的政党领导人更重视政党团结。然而，在强调个人候选人重要性的"得票最多者当选"的选举制度中，政党领导人对政党团结的重视程度较低，对议员发言的控制也较少。第三种情况，即在实行封闭名单比例代表制的议会制的情况下，政党领导人会高度重视政党团结，因为选民严重依赖政党"标签"来做出选举的选择。因此，政党领导人将控制国会议员的公众曝光率。第四种情况，即在实行混合成员比例代表制的议会制度的情况下，封闭名单代表制因素与单一议员选区相结合。这意味着，尽管政党领导人高度重视党内团结，但议员们的动机取决于他们是从政党名单中当选还是从单一议员选区当选。虽然从政党名单中选出的议员会高度重视政党的地位，但对于在单一议员选区中选出的议员来说，情况并非如此。因此，政党领导人会试图"阻止"这些议员发言，因为后者有动机向选民表明自己的立场，而这些立场可能偏离政党的中心思想。普罗克施和斯拉平（Proksch and Slapin）用英国（多数决选举制的议会民主制的例子）和德国（混合成员比例代表制的例子）的政党领袖和普通议员发表立法演讲数量的数据检验了他们的理论模型的意义。研究结果证实了理论上的预期：德国政党领导人在会场中比普通议员更积极。相比之下，在英国，多数决选举制度使领导人阻止普通议员发言的理由更少。此外，在德国，意识形态上偏离其政党领导人的德国议员不太可能发言。而在英国，意识形态上偏离其政党的议员比遵循政党路线的议员更有可能发言。最后，德国的数据显示，在单一议员选区当选的议员往往比从政党名单中选出的议员发言更少，但如果考虑到普通议员和领导人之间的意识形态差距，这种影响就会减弱。该研究不仅表明立法辩论受到特定选举背景下党派策略的强烈影响，还表明政党凝聚力与立法演讲中传达的政党立场呈负相关："演讲可能……低估了许多议会制度中政党内部的意识形态差异"［普罗克施和斯拉平（Proksch and Slapin），2012，535］。这对将立法演讲作为一种资源来评估政党偏好和政党凝聚力具有重要意义。

　　这两个例子很好地说明了理性选择分析如何能够深化我们对立法演讲的理解，尽管基本假设与对议会式辩论的传统的和党派修辞的理解完全相符。

149

7.3 协商方法

议会式辩论的协商方法使立法政治重新具有规范维度。在其经典版本中，协商意味着行为者以共同利益为重点证成自己的立场，以尊重的态度权衡不同的观点和立场，愿意服从于更好观点的力量，并试图在有效性主张上达成合理的共识［哈贝马斯（Habermas），1983，1996；钱伯斯（Chambers），1996；古特曼和汤普森（Gutmann and Thompson），1996］。协商的目标是认识论上的成果和共识：协商应产生更合理、更知情、更面向公众和更有共识的决定，从而更加正当且有效。在过去十年中，协商已成为"政治理论最活跃的领域"之一［德雷泽克（Dryzek），2007，237］。协商方法不仅为分析政治话语提供了一种新的语言，还引发了一场关于政治应该如何理想地运作的激烈辩论。在这方面，协商理论对立法研究（以及一般的政治科学）中的标准聚合模式提出了异议，在这种模式中，结果由数字，即谁拥有最多的选票决定，而不是由理由，即谁拥有最好的论证决定。

杰出的协商理论家们一再指出，议会是一个重要的协商领域，因为它们具有重要的正当化和社会整合功能［例如，哈贝马斯（Habermas），1996］。哈贝马斯（Habermas，2005，389）甚至指出，立法协商"恰好触及整个协商政治方法的中心"。约瑟夫·贝塞特（Joseph Bessette，1994）在其著作《温和的理性之声》（*Mild Voice of Reason*）中也对美国国会的政策制定进行了首次协商解读。在这里，贝塞特（Bessette）对比了对立法政治关键方面政治的（或选举的）和协商的解释。例如，政治解释认为议会式辩论的功能只是在形式上提高在选民中的地位，而协商解释则认为议会式辩论是"听取最有力的赞成和反对意见的最后机会"［贝塞特（Bessette），1994，152］，同时也是复杂法案内容的信息来源。或者，政治解释将委员会听证视为"动员国会以外的支持"的宣传手段，而协商解释则将听证会视为"为做出可靠判断而获取必要的信息和论据"的论坛［贝塞特（Bessette），1994，152］。

然而，许多政治学家，甚至一些协商论学者［例如，菲什金和卢斯金（Fishkin and Luskin，2005）］，强烈质疑议会是否能够进行真正的协商。主要的批评是，议会式辩论以投票而不是以收集和汇总信息为导向［见费里埃（Ferrié），2008；拉施（Rasch），2011］。批评者认为，从党派修辞的方法来看，立法演讲中的论辩不是为了说服其他议员，而是为了动员外部听众——选民、公民以及普通的党派人士。现代立法机构的运作有严格的时间限制，发表演讲的权限也有严格准入规制，这一事实也限制了议会的协商［拉施（Rasch），2011］。时间限制和权限规制使议会式辩论具有仪式化和僵化的特点。演讲不是即兴的，反而经常是提前准备的。拉施（Rasch，2011，20）将对议会协商的批评观点总结如下：

　　争论很少影响信息和偏好，而这种影响在最后投票阶段会变得很重要。结果几乎总是事先已经被知晓。全体会议的辩论缺乏动态要素，而动态要素是以冲突偏好为标志的所有协商进程的核心。

　　换句话说，从协商视角，假设议会式辩论可以改变议员的意见，这似乎是愿景性的和批判性的，而不是描述性的［见埃斯特林（Esterling），2011，191］。

　　当前的协商论学界承认，选举、党派和代表的压力在议会中非常明显，限制了全面的协商。尽管如此，他们仍然认为，传统和党派言论的方法可能过于局限。首先，许多对议会中协商可能性的批评源于对议会制度与当代美国政治的分析。正如我们将在后面看到的那样，在议会制度以及当代美国国会的协商失败方面，批评者当然没有被误导；但批评者往往忽视了立法机构的不同制度组织（结合议题类型和党派策略）可能有利于提高协商行动的潜力。在这方面，协商论学者还声称，制度和情境在塑造政治行为方面的作用比理性选择型学者所认为的更深远。他们认为，制度和其他情境不仅影响立法者的策略动机，还可能为不同的行动逻辑（包括协商）创造空间。按照这种观点，策略行动并不是政治中唯一的行动逻辑，而策略行动的重要性可能因不同的情境而不同。该观点认为，当利害关系很重大时，行动者将会采取与理性选择理论的预测高度一致的行动路线。但如果利害关系不大时，行动者就有更多的空间来采取不同的行动：他们可能仍然是策略性的，但他们也可能成为真正的协商性行动者［见贝奇泰格和汉加特纳（Bächtiger and Hangartner），2010］。其次，虽然协商论学者承认，即使在最好的情况下，议会中也不太可能出现核心价值的根本性意见变化，但协商仍然可以通过允许立法者更新其偏好或了解不可预见的政策后果，助益立法者偏好的理论构成［范伯格和布坎南（Vanberg and Buchanan），1989］。具体的政策是由较小的要素组成的复杂实体，参与其中的政治家可以习得并改变他们的想法。再次，批评者还（部分）歪曲了协商和

151

投票之间的联系。在协商理论中，说服是否真的发生并不总是主要的考虑因素，因为这些文献赋予了论证和讨论本身的质量以规范性的重要性［参见埃斯特林（Esterling），2011，192］。因此，事先准备的演讲可能是协商性的，即它们可能表现出高度的理由合理性和尊重，甚至文本观点也发生了变化，即使它们不是充分互动的。最后，或许也是最重要的一点，我们不应预先判断议会协商的可能性：支持和反对立法机关协商可能性的主张都需要从经验上加以证明或反驳。

不过，立法机关究竟有多少协商性行动，它又是如何运作的？为此，让我们集中讨论 3 个不同的立法机构，即瑞士、美国和德国的立法机构［参见斯坦纳（Steiner）等人，2004；贝奇泰格（Bächtiger），2005］。具体而言，瑞士议会是非议会共识制的范例，美国国会是竞争性总统制的范例，德国议会是竞争性议会制的范例。这里的分析是对贝奇泰格（Bächtiger，2005）研究的再分析。它参考了这 3 个国家共 52 次有记录的辩论，这些辩论大多发生在 20 世纪 80 年代末和 90 年代。这些辩论涵盖了经济政策和堕胎等党派分化严重的议题，以及残疾人权利、动物福利和预防犯罪等分化程度较低的议题。这些辩论包括近 4500 次演讲，这些演讲根据其协商质量而被编码。请注意，在瑞士和德国的立法机构中，非公共性委员会辩论记录可以用于协商质量的定量分析。

协商的质量由话语质量指数（DQI）来衡量［DQI；斯滕贝亨（Steenbergen）等人，2003］。基于协商的哈贝马斯式（Habermasian）理解，话语质量指数采用了一系列哲学衍生的协商质量指标。本节的重点是 4 个关键指标：（1）证成的合理性（发言者是为其立场提供详尽的理由，还是在没有或只有简单理由的情况下提出要求和立场？）（2）共同利益取向（发言者是从共同利益的概念还是从狭隘的群体或选区利益的角度来提出他们的理由？）；（3）尊重要求及其反驳（发言者是否贬低、中立地对待、重视或同意其他发言者的要求和观点？）（4）建设性政治（发言者是否坚持自己的立场或提出替代或调解建议？）。这 4 个指标抓住了协商理论的两个基本概念：理性论证的概念——以理由合理性和共同利益取向来衡量；以"对与自己意见相左的人持积极态度并与之进行建设性互动"［古特曼和汤普森（Gutmann and Thompson），1990，85］来衡量立场和理由的概念——以尊重和建设性政治来衡量。事实证明，话语质量指数是一种可靠的衡量工具，也就是说，人们对某一特定的演讲行为如何符合 4 个指标，普遍达成了广泛共识。对本文所考虑的辩论，两个编码员各自对一部分演讲行为进行了评分。编码器间的可靠性从尊重反驳观点的 0.919 的低比例到辩护内容的 1 的高比例不等。科恩的 kappa（Cohen's kappa）系数随机控制编码者之间的一致性，其范围是从尊重反驳观点的 0.881 到建设性政治的 0.954。这些数字表明编码器间的可靠性非常高。[1] 话语质量指数也得到了协商论理论家的大力支持 [哈贝马斯（Habermas），2005；汤普森（Thompson），2008]。例如，哈贝马斯（Habermas，2005，389）写道，话语质量指数抓住了"适当协商的本质特征"。因此，话语数据指数似乎具有良好的结构效度。

让我们首先关注这 3 个立法机关协商行动的限度。总的来说，高质量协商的数量相当有限，这似乎证实了悲观的预期：复杂证成占 39%，共同利益取向占 15%，明确尊重（并同意）要求及其反驳占 12%，建设性政治占 9%。然而，在这 3 个立法机构之间以及在这些立法机构内部的不同领域和不同问题之间，协商质量存在相当大的差异。现在让我们来探究是什么导致了这种差异。这些数据构成了一个多层次结构，52 场辩论中有近 4488 场演讲，而这些辩论又嵌套在 7 个立法机构中（德国联邦议院、联邦参议院协商委员会；瑞士国民议会和联邦院；美国众议院和参议院）。由于这种数据结构，我们采用了多层次分析。该分析包括不同预测因子和方差分量的固定效应，其针对的是立法机构、辩论，以及适当情况下的（即采用随机截距模型进行估计的）演讲的水平。系统类型和议院因立法机构而异，而其余的预测因子则因辩论而异。在演讲的水平上没有预测因素。

表 7.1 显示了 3 个立法机构之间协商质量的比较结果。由其可知，尊重程度是最敏感的协商指标，而其他指标，特别是建设性政治，对制度和问题的变化表现出显著的适应性。一个可靠的发现是，瑞士大联盟的设置增强了议员的尊重行为。在 7 分制的尊重等级中，瑞士议会与美国国会和德国议会的差距为 0.4。制度性论点是，联盟安排为政治化程度较低的互动开辟了空间，因为各方可以（至少偶尔）共同从政策的成功中获益。在瑞士的案例中，由于联盟安排是永久性的，这使得各方能够承受更多的风险并拥有更大的立法范围 [卢皮亚和斯特罗姆（Lupia and Strøm），2008，36—37]，所以扩大了协商空间。相比之下，政府与反对派（或多数派与少数派）的环境，如德国或美国国会，则

---

[1]　高可靠性分数可以由其他使用 DQI 的研究者复制 [参见，例如，洛德和塔姆瓦基（Lord and Tamvaki），2012；卡鲁瓦尔茨（Caluwaerts），2012]。看起来，衡量论证的形式方面，如论证链接或尊重，似乎并没有对编码者提出过高的要求。

有利于相关各方之间的零和博弈，破坏了相互尊重的行为和建设性解决问题的活动。德国议会在这里代表了一个耐人寻味的个案。尽管德国经常被描述为一个有着共识立法机构［加拉赫（Gallagher）等人，2006，64］的共识体系［利普哈特（Lijphart），1999］，但这并没有转化为德国国会议员更多的协商行为。在德国，议会制与激烈的政党竞争相结合的结果是，议会式辩论确实完全以投票为导向，这迫使议员积极捍卫其政党的立场。建立共识和解决问题的活动则被委托给其他机构（如德国的协商委员会）。甚至当政府和反对党被迫合作时也是如此［例如，当反对党在上议院（联邦参议院）中占多数并可以否决政府的政策时，就可能发生这种情况］。此外，总统制和较宽松的政党纪律几乎不影响话语数据指数的指标。乍一看，这是个令人惊讶的结果。在总统制和政党纪律较宽松的情况下，立法者可以在不威胁政府稳定的情况下投票反对政府，与具有严格政党纪律的议会制相比，人们会认为其产生协商行动的可能性要高得多［见拉舍尔（Lascher），1996］。然而，这一结果在很大程度上是由当代美国国会协商的低质量所造成的。在此，我们面临着这样一个事实，即作为一种促进协商的机制，松弛的政党纪律近年来已经变得不活跃。对美国众议院投票行为的研究［例如，奥尔德里奇和罗德（Aldrich and Rohde），2000］表明，存在明显的党派投票模式，特别是自 20 世纪 90 年代中期的"金里奇革命"以来更是如此。其次，以政党阻止政策的能力来衡量的否决权并不影响协商质量。这一方面的文献是相当模糊的；心理学家认为，在否决权下，以登记异议的形式退出是不可能的，说服和协商才是最好的选择［参见门德尔伯格（Mendelberg），2002］。相反，奥斯汀 – 史密斯和费德森（Austen-Smith and Feddersen，2006）声称，否决权和一致表决规则为一些参与者隐瞒信息创造了动机，使来自所有话语参与者的信息变得可疑。因此，在一致同意规则下，协商程序往往会崩溃。本部分的结果不支持这两种方法。然而，新的实验结果表明，一致同意和超级多数投票规则都提高了协商质量［通过话语质量指数衡量；卡鲁瓦尔茨（Caluwaerts），2012］。再次，辩论的公开是一把"双刃剑"。在公开会场的辩论中，尊重程度低于非公共委员会，而理由合理性和公共利益取向则高于非公共委员会（对于公共利益取向，采用的是 Gompit 模型预测较小群体或选区利益）。这个因素对理由合理性的影响尤为显著。保持所有其他预测因素为零的情况下，从公共领域转移到非公共领域，复杂证成的预测概率降低了 0.28（从 0.32 降到 0.04）。非公共委员会中更高的尊重程度证实了学者们的观点，即当陈述的压力降低时，政治家更容易反思，更容易尊重他人的主张，甚至更容易改变自己的观点［例如，斯塔萨维奇（Stasavage），2007］。相反，公共领域增强了理由合理性和共同利益取向的事实支持了埃尔斯特（Elster，1998）的观点，即公共性会提高文明程度，因为行动者希望在公共领域表现出理性和共同利益取向。反过来，第二议院也会提高尊重程度。有几个因素推动了这一协商过程：第二议院的议员通常有更丰富的政治经验、当选的任期也较长，并且与第一议院的议员相比，第二议院的规模较小。最后，议题的类型也会影响协商；与高度两极分化（和高度突出）的问题相比，不那么分化（和不那么突出）的问题更容易引发理性和尊重的辩论。这一发现间接证实了奥斯汀 - 史密斯（Austen-Smith，1990）的正式研究结果，即只有当对后果的偏好分布没有太大不同时，才会发生结果信息交换。

155

153

表 7.1　预测三个立法机构（瑞士、美国和德国）的审议质量

预测对象	复杂证成	共同利益诉求	尊重要求及其反驳	建设性政治
第二议院	（0.86）	（0.20）	（0.07）	（0.18）
	0.15	0.24	0.36**	−0.22
	（0.78）	（0.15）	（0.07）	（0.17）
非公共领域	−2.33**	0.86**	0.31**	−0.11
	（0.28）	（0.17）	（0.06）	（0.08）
低极化问题	0.52**	−0.03	0.43**	−0.09
	（0.19）	（0.15）	（0.07）	（0.08）
宽松政党纪律	1.37**	−0.31	0.09	0.16
	（0.37）	（0.22）	（0.09）	（0.13）
强否决权	0.13	−0.20	0.03	−0.01
	（0.23）	（0.18）	（0.09）	（0.10）
常数	−0.77	0.63**	1.74**	0.79**
	（0.71）	（0.21）	（0.10）	（0.18）
方差分量				
立法机关层面	0.97+	0.00	0.00	0.04
	（0.55）	（0.00）	（0.00）	（0.03）
辩论水平	0.23**	0.11**	0.03**	0.03*
	（0.07）	（0.04）	（0.01）	（0.01）

续表

预测对象	复杂证成	共同利益诉求	尊重要求及其反驳	建设性政治
演讲水平	—	—	1.36**	—
	—	—	（0.03）	—
发言次数	4464	4464	4464	4464
方法	对数分析法（Logit）	贡皮特方法（Gompit）	线性方法（Linear）	贡皮特方法（Gompit）

注：表中条目为最大似然多水平模型估计值，括号内为估计标准误差。使用迭代广义最小二乘（IGLS）算法估计线性模型。使用二阶惩罚拟似然（PQL）估计来估计 Logit 和 Gompit 模型。Gompit 模型考虑了极端偏态分布；请注意，在 Gompit 模型中，预测得分为 0。所有估计值均使用 MLWIN 2.01 版本获得。**P<0.01，*P<0.05，+P<0.10（双尾检验）。

　　除了制度和问题因素外，党派特征也很重要。贝奇泰格和汉加特纳（Bächtiger and Hangartner，2010）以德国和瑞士为研究对象，区分了执政党和反对党。他们的观点是，反对党的合作和协商程度较低，因为他们不会像执政党那样从政策的成功中获利［甘霍夫和布劳宁格（Ganghof and Bräuninger），2006］。事实上，在尊重程度方面，德国和瑞士执政党的议员比各自的反对党表现得好。在瑞士，一个耐人寻味的结果是，并非大联盟中的所有政党都采取相同的策略［见贝奇泰格和汉加特纳（Bächtiger and Hangartner），2010］。协商工作主要是由愿意承担政府责任的温和派和中间派政党完成的，而反对党的协商性要差得多。其他行为者特征的影响不大，性别、较长的任期、年龄和是否担任主席不会（或只是非常有限地）影响协商质量。这些结果可能并不那么令人惊讶。立法机构是高度制度化和政党主导的环境，这使得立法者的大多数个人特征变得无关紧要。总之，对党派特征的控制并没有消除瑞士和德国之间的制度差异，这表明制度和党派特征共同塑造了立法机构的协商能力。

　　但是，瑞士、美国和德国议会之间的差异究竟是制度上的还是文化上的？文献中有一种流行的观点认为，协商质量的差异不是不同制度的产物，而是不同政治文化的产物。为了阐明这个问题，贝奇泰格和汉加特纳（Bächtiger and Hangartner，2010）研究了瑞士和德国的辩论，在这两个国家，党派规则在国家或文化背景下都有所不同。他们比较了德国一些政策问题的尊重程度，在德国，辩论的背景与瑞士大联盟的背景相似，即政党纪律宽松，辩论不被视为是政府和反对派之间的事。在德国，尊重程度变化很大，德国辩论的尊重程度与瑞士相同［见贝奇泰格和汉加特纳（Bächtiger and Hangartner），2010］。同样有趣的是，当德国议会的制度条件改变时，有几个记录在案的意见发生了变化，立法者由此确认说服发生于其他政党或议员提出更好论点的基础之上。这些发现不仅挑战了议会式辩论中传统的和党派修辞观点的僵化应用，还是一个重要的提示，即无论国家或文化背景如何，制度安排的变化都会对协商质量产生深远影响［另见佩德里尼（Pedrini），2012］。

然而，当我们考虑影响的大小时，我们必须得出结论，制度和问题因素不会造成协商质量的巨大变化。例如，在 7 分的尊重标度内，不同制度和问题背景之间的差异只有大约 0.3 和 0.5 分。这清楚地表明，尽管制度设计存在差异，但议会话语仍有许多相似之处。然而，当有利条件结合在一起时，即当在瑞士的共识环境中辩论一个不那么两极化的问题时，我们发现辩论在一定程度上具有理想协商的特征，行为者高度尊重、反思、开放、理性和具有建设性。在这里，尊重要求及其反驳达到了 70%，而复杂证成为 54%，共同利益取向为 28%，建设性政治为 15%。请记住，上述分析中考虑的辩论的相应数值分别为 12%、39%、15% 和 9%。

现在让我们来看协商和立法结果之间的关系。为了最大限度地减少制度的混乱，斯波恩德利（Spörndli，2004）分析了德国协商委员会（Vermittlungs-sausschuss）这一单一机构背景下的正式和实质性成果，该机构试图调和联邦议会和联邦参议院之间的冲突。关于正式结果，他发现，在协商委员会中，一致或接近一致的决定与先前辩论中高水平的协商质量有关，这是用 DQI 衡量的。[1] 这表明协商可以增强妥协意愿。然而，在实质性成果方面，斯波恩德利（Spörndli）并未发现话语与更平等的决策（在社会中最弱势群体得到特别帮助的意义上）之间存在联系。尽管如此，斯波恩德利（Spörndli）的发现仍然提供了一些线索，即在有利的条件下，协商可能不仅仅是一种程序上的"开胃菜"，即不仅仅是在真正的政治权力大餐开始之前的享受。

最后我们注意到，斯坦纳（Steiner）等人（2004）的研究仅描述了 3 个理想的典型立法背景下进行协商的可能性。因此，该研究并没有说明全世界议会中协商的一般频率。事实上，正如许多对协商方式持批评态度的人所说的那样，世界上绝大多数议会可能根本不是协商性质的。尽管如此，上述结果还是强调，

---

[1] 斯波恩德利（Spörndli，2004）关注的是会议委员会可用且高质量的会议记录。1969 年 10 月至 1982 年 9 月间的情况就是如此。他根据以下标准选择了 20 场辩论：一定的最小长度（会议记录中的最少页数）；没有小组委员会的辩论（辩论不按程序进行）；并且包括（再）分配的层面。

156

在适当的制度、议题和党派条件下，即在联盟设置、议题低程度两极化和温和派政党强势存在的情况下，立法机构有可能进行真正的协商［另见洛德和塔姆瓦基（Lord and Tamvaki），2013，对欧洲议会部分辩论的话语质量指数分析］。

另外两项研究对美国国会议会式辩论的协商质量进行了深入研究，重点关注协商的认知方面，并完善了斯坦纳（Steiner）等人的分析（2004）。毛奇亚罗尼和夸克（Mucciaroni and Quirk，2006）研究了1995年至2000年间参众两院3个主要政策过程的信息质量：福利改革、废除遗产税和解除电信管制。他们关注的是立法者对政策效果（或与之相关）的主张的准确性和现实性。他们将立法者的主张与辩论时可获得的最佳经验证据和分析进行比较（如果相关证据和意见混杂或不确定，则立法主张和反驳应反映相同的不确定性水平）。他们将整个辩论从"非常好"到"非常差"进行了分类。非常好的辩论中所有基本信息都被现有最佳证据支持。非常差的辩论则指的是，最初的主张是不准确的，并且没有试图去纠正。请注意，毛奇亚罗尼和夸克（Mucciaroni and Quirk）并不关心话语质量指数标准，如合理程度、共同利益取向或尊重程度。根据立法演讲的党派修辞方法，他们认为，立法者有明确的动机使用他们认为会对受众产生最大政治影响的修辞和信息。但与此同时，他们认为立法者也关注公信力。正是这种公信力促使立法者关注准确而现实的主张。

总体而言，毛奇亚罗尼和夸克（Mucciaroni and Quirk）在他们研究的辩论中，发现了大量误导性信息和"彻头彻尾的谎言"。39%的辩论被归类为"很差"或"差"，而只有24%被归类为"很好"或"好"。毛奇亚罗尼和夸克（Mucciaroni and Quirk）发现，尤其令人失望的是，立法者在被多次纠正后仍坚持不准确的说法。然而，采用比较的视角会看到更细微的情况。首先，关于效果最突出的相关问题的信息质量通常好于受关注度较低的问题。在这种情况下，辩论中会出现发言者承认对方主张的准确性或承认己方主张的不准确性的发言。其次，毛奇亚罗尼和夸克（Mucciaroni and Quirk）发现，跨越党派界限的涉及解除电信管制的辩论，一般比关于福利改革和废除遗产税的辩论要好，在这两个问题上，民主党和共和党之间的分歧很大。这证实了斯坦纳（Steiner）等人（2004）关于联合安排背景下协商质量更高的发现。然而，与斯坦纳（Steiner）等人（2004）的发现相反，在非常突出的问题上，议会式辩论的质量并没有明显下降。毛奇亚罗尼和夸克（Mucciaroni and Quirk，2006）也发现，参议院的辩论通常比众议院的质量更高。一个关键原因是参议院花了大量时间进行辩论。

然而，当众议院也花更多的时间进行辩论时，众议院和参议院的差别就基本上消失了。

　　埃斯特林（Esterling，2011）重点研究了1990—2003年举行的美国国会关于医疗保险计划的听证会内容中可证伪和不可证伪的观点。埃斯特林（Esterling）从哈贝马斯式（Habermasian）观点"论断必须包含可抗辩的有效性主张"中提出，可证伪的观点是协商质量的一个指标。相反，不可证伪的观点提出的论断不符合经验，或者包含不可反驳的陈述以及主观经验。埃斯特林（Esterling）假设，可证伪的观点最有可能发生在适度分歧的情况下。在这种情况下，参与者可以希望其他人更愿意接受说服。然而，在极端分歧的情况下，参与者更有可能忽略可证伪的观点。埃斯特林（Esterling）复杂的统计分析结果证实了这些预期：在适度分歧的情况下，医疗保险委员会听证会的参与者使用可证伪理由的频率远高于极端分歧的情况。机构和个人特征也会影响可证伪论点的使用频率。与斯坦纳（Steiner，2004）等人的发现相似，在两党合作、较少的意识形态问题（即不涉及左右话题的问题）、低曝光率（某个议题被新闻报道的次数）以及参议院委员会的背景下，可证伪论点的数量有所增加。总体而言，埃斯特林（Esterling，2011）及毛奇亚罗尼和夸克（Mucciaroni and Quirk，2006）的研究表明，国会辩论不仅仅是策略沟通的问题，恰当的情境对能否开展知情和审慎的理想辩论来说也是非常重要的。

　　并不是所有的实证研究都对立法机关的协商行动得出同样正面的结论。兰韦尔和霍尔津格（Landwehr and Holzinger，2010）比较了德国关于胚胎干细胞进口的全体议会式辩论和公民会议，发现议会式辩论不是协商性的。在他们的实证分析中，议会式辩论被证明是独断的和不协调的，也就是说，其不是为了制定相应的政策。兰韦尔和霍尔津格（Landwehr and Holzinger，2010）的研究将议会协商的传统观点具体化。但正如前面所提到的，在定义上强调对话和结果性讨论是协商的标志，这与协商理论中的一些重要部分不一致。协商理论还关注认知和过程中固有的质量标准，如可证伪性和尊重程度，这些标准并不完全依赖于交流的直接互动和结果性。

　　议会协商的最后一个方面是"议会在多大程度上有助于形成和支持更广泛的公共领域，并提高公民社会中理性公共辩论的质量"［乌尔（Uhr），1998，226］。这一理念也可以追溯到白芝浩［Bagehot，2001（1867）］的议会"教育职能"，它将"真实的思想展示在国家面前，这是其最高思想的职能"。但这种教育职能不应是单向的。根据哈贝马斯（Habermas，1996）的协商民主双轨模型，德波（DePauw，2007）认为，正式立法机构和非正式公共领域之间的相互作用至关重要："那么，议会应当对通过构成公共领域的公民交流网络而发现的问题和提出的规范性理由保持开放态度。"这一关注与对协商体系的重新关注是一致的［帕金森和曼斯布里奇（Parkinson and Mansbridge），2012］，认为研究者不应只关注特定机构（如议会）内部的互动，而应充分考虑各种协商场所（如议会和公民领域）的互动和关系。到目前为止，这种系统性方法还没有经过系统的经验审查。然而，在现实世界中，人们一直在尝试更好地将议会与公民领域联系起来。在这方面，新成立的苏格兰议会是一个有趣的例子，它在代表与更广泛的公众、有组织的公民以及普通公民之间有一个制度化的互动领域。戴维森和斯塔克（Davidson and Stark，2012）研究了1999—2009年苏格兰议会委员会所有协商活动的性质，发现在议员与利益相关者和公民直接互动的情况下，协商活动的频率相对较高。然而，这种协商制度目前正在衰落。

159   **7.4   话语方法**

    话语方法主要关注议会式辩论的构成特征、基本规则、惯例和日常。贝利（Bayley，2004）是这样描述的：议会话语是仪式化的、受规则约束的；它受传统、规则和条例的支配，新议员必须尊重它们。最近的理论研究也从仪式和典礼的角度来理解议会式辩论的这些构成特征［克鲁（Crewe），2005；拉埃（RAI），2010］。根据施帕里（Spary，2010，340）的观点，"议会式辩论是议会制度中体现民主代表的象征性规范的众多仪式之一"。总体而言，议会话语表现出许多区别于日常谈话的具体特征。它由一系列针对同一个问题的独白组成，尽管它的整体性质"不是独白，而是对话"［贝利（Bayley），2004，25］。对话性的特点源于议员们引用、质疑或同意其他议员所说的话。议会式辩论也有一些特定的文本属性，如特定形式的政治无礼，以及一些众所周知的礼貌套语，如"我尊敬的朋友"。话语理论家认为，议会式辩论的一般原理在于对立政治阵营的存在［范迪克（Van Dijk），2004］。同时，议会话语的一大特点是有强烈的为一些受众和在受众面前行事的意识。政党竞争和受众期望的结合有利于议员开展对抗性对话和采取修辞立场［例如，伊利耶（Ilie），

2003］。正如伊利耶（Ilie，2010）所写的那样，"议员们故意质疑对手的精神特质，即他们的政治信誉和道德形象，同时提升自己的精神特质，试图在理性（即逻辑推理）与情感（Pathos，即情感诱导力）之间取得平衡"。在这方面，议员们也严重依赖于修辞的陈词滥调："议会议员倾向于强化普遍持有的信念、价值观和规范，这些往往是政党政治意识形态的可预测成分"［伊利耶（Ilie），2010］。因此，议会讨论既不是真正的推理过程，也不是旨在发现真相的讨论。议员们充分意识到，他们实际上无法指望说服政治对手相信他们的思想和信仰的优越性。然而，在话语理论家看来，将议会话语的性质描述为完全对抗也是一种误导。正如贝利（Bayley，2004，21）所写的那样，在许多议会中不但存在两党制，而且要处理大量没有真正政治化的日常事务。在这种情况下，"相互商量、系统协商、共同话语担当"成为议会话语的指导逻辑［伊利耶（Ilie），2003，73］。在这里，议员们主要关心的是，通过展示专业能力以及他们的言论和行动之间的一致性来加强他们自己的公信力。

　　然而，除了一些重要的出版物［沃达克和范迪克（Wodak and Van Dijk），2000；贝利（Bayley），2004］，很少有关于议会实践中语言的制度化使用的系统性实证调查。例如，伊利耶（Ilie，2004）比较了瑞典和英国，对"（非）议会语言"进行了实证研究。她理解的（非）议会语言指的是侮辱和其他贬低性的评论。伊利耶（Ilie）发现两国议会之间存在重大差异。即使在使用侮辱性语言时，瑞典议员也比英国议员更关心意识形态问题。相比之下，英国国会议员在使用侮辱性语言时，更关注个体方面，比如政治对手的智力。根据伊利耶（Ilie，2004）的说法，这是由于英国受众的一种特殊期望，"即看到议员们质疑其他议员，从而进行一场真正的斗智"。

　　另一种分析议会话语的方法，包括使用计算机辅助文本分析来识别立法辩论中的突出主题和独特的话语模式［例如，见巴拉（Bara）等人，2007；贝利和舒恩哈特－贝利（Bayley and Schonhardt-Bayley），2008］。以美国参议院关于 2003 年半分娩堕胎禁令法案的辩论为重点，舒恩哈特－贝利（Schonhardt-Bayley，2008）使用自动内容分析工具 Alceste，从而确定了辩论的两个重要方面：关于堕胎过程本身的情感辩论与关于法案合宪性的辩论。令人惊讶的是，第一个维度并没有反映出最终投票中的分歧，而第二个维度则体现了这一点。根据舒恩哈特－贝利（Schonhardt-Bayley）的说法，这种"反常现象"可以用法案发起人的话语策略来解释；虽然在国会通过该法案不是什么大问题，但该

160

法案发起人的主要目标是最高法院。他们试图通过将半分娩的堕胎方法定义为道德上不可接受的行为——杀婴行为，来推动其反堕胎议程，同时将支持堕胎的人推向一种艰难的修辞处境。事实上，参议院中该法案的大多数反对者几乎没有涉及堕胎过程的话题；相反，他们将注意力集中于宪法论证，而宪法论证则确定了最终投票的内容。舒恩哈特－贝利（Schonhardt-Bayley，2008，384）总结道，对立法话语的深入分析对更好地理解政治决策来说至关重要：

只看投票，我们无法确定国会议员投票的原因。因此，我们有充分的理由不局限于对唱名表决的分析，而是去审查形成法案内容和结果的论证、协商和修辞。

在最近的一项研究中，威尔（Weale）等人（2012）使用 Alceste 探讨了英国议会关于堕胎的辩论中是否存在互惠的协商原则［古特曼和汤普森（Gutmann and Thompson），1996］。他们分析了论证是否以尽可能被广泛接受的方式构建，是否试图将偏颇的理解汇集在一起，以及议员们是否接受"其道德立场所预设原则的更广泛含义"，例如，任何反对堕胎的人都应该支持适当的财政支持方案，以增进儿童的福祉［古特曼和汤普森（Gutmann and Thompson），2004，82］。其中主要的发现是，"党派人士各执一词的现象并不意味着完全背离互惠原则"［古特曼和汤普森（Gutmann and Thompson），2004，22］，正如我们通常在政治运动中发现的那样。恰恰相反，威尔（Weale）等人发现有证据表明，他们试图与对方的立场进行接触，并"找到一些使得决定可以被广泛接受的共同的公民立场"［威尔（Weale）等人，2012，13］。然而，当涉及汇集偏颇理解时，证据就不那么乐观了：不同的议员不仅关注复杂问题的不同方面，还对普遍认为重要的问题做出了不同的解释。最后，很少有议员承认他们所提出的原则有更广泛的含义。威尔（Weale）和他的合著者的研究代表了话语分析中一条有趣的新研究路线，即针对议会话语的现实来检验哲学期望。

尽管在方法和概念上有所创新，话语传统中的实证研究仍处于起步阶段。与理性选择（Rational Choice）和协商主义（Deliberative）学者所进行的实证研究相比，现有的话语传统研究主要集中在议会话语中相对孤立的方面，很少有关于立法机构之间话语差异的确切原因的理论研究。此外，尽管话语学者提到了议会话语的多样性，但仍有通过强调议会式辩论的仪式化和对抗性以传递议会式辩论的传统观点的倾向。事实上，话语方法有时只是合理化了（竞争制和议会制）实践者对自身活动的描述。最后，话语学者（仍然）尚未解决这个问题，即议会式辩论的具体结构及其文本属性是否（以及在多大程度上）是规范引导和常规行为的结果，或者策略激励是否（以及在多大程度上）决定了立法演讲的基调和内容的问题。事实上，舒恩哈特－贝利（Schonhardt-Bayley，2008）的研究强调了策略考虑在这方面的重要性。

7.5 展望

长期以来，议会式辩论并没有引起政治学界的学术兴趣。这种情况在过去十年中发生了明显的变化。研究理性选择、协商和话语框架的学者已经开始对立法演讲进行更深入的研究，探索其可变性，并重新思考其在各种条件下的性质。新出现的情况可能不会完全改变人们对议会式辩论的传统看法，即强调其无关紧要和纯粹的对抗性特点。但本章所述的新研究思路表明，不同的制度安排（通常与党内政治和议题类型相结合）可以使议会式辩论的方式产生巨大的变化。例如，协商论学者发现，在大联盟、两党制和温和分歧的条件下，议会中就可能出现知情的、相互尊重和有结果的互动。当然，这并不能说明议会式辩论结构的模式化方式。但现实世界的立法机构中存在这一可能性的事实，可能会让我们对制度变革如何促进处理议会事务的不同方式产生幻想。事实上，协商性方法通过将规范性维度带回立法演讲来促使研究人员重新思考议会式辩论的真正目的：我们是应该坚持自由和集体的原则并（重新）重视对抗性辩论〔见福尔斯达尔和希克斯（Follesdal and Hix），2006〕，还是应该争取立法机构更具协商性的定位？

最后，让我们把这三种方法相互联系起来，找出它们之间的共性和仍然存在的矛盾，并强调未来研究的一些途径。

理性选择和协商方法都强调制度安排，以及党内政治和党派策略对把握立法演讲变化的至关重要性。然而，这两种方法之间的分界线是，理性选择模型假设立法演讲从根本上是策略性的，其偏好不能通过立法辩论改变。这与协商方法形成鲜明对比，后者认为策略沟通不是一成不变的，而是当（制度）环境发生变化时，可能会被其他行动逻辑（如协商）补充（甚至取代）。虽然对立法演讲的研究表明，真正的协商时刻是罕见的（并且只有在有利的制度和问题

162

背景下才有可能），但协商论学者仍然保留了这样一种可能性，即在立法过程中存在类似基于理由的偏好［迪特里希和利斯特（Dietrich and List），2010］和基于论辩的学习。很明显，要证实这一说法还需要更多的研究［另见夸克和本迪克斯（Quirk and Bendix），2011，567］。这方面的一个紧迫问题是，协商办法（尚）不能完全区分真正的协商行动和策略行动。从经验上看，要衡量行为人是否真正把他们所言当真或其所说即其真正所指，是极其困难的。协商理论的最新发展趋势甚至否定了作出这种区分的重要性［例如，汤普森（Thompson），2008］。正如曼斯布里奇（Mansbridge，2009）所强调的，谈判过程中的尊重等协商要素应被视为民主协商不可分割的正当部分。但这可能并不能完全满足理性选择学者的要求，这就要求协商学者找到更好的方法来正确区分策略行动和协商行动。要做到这一点，一种方法是超越对文字记录的分析，通过采访立法者去了解他们如何判断议会中协商的可能性和空间［在这方面加德纳（Gardner）进行了尝试，2007］。

到目前为止，协商学者和话语学者相互之间几乎没有接触。然而，最近协商理论对修辞学的开放［德雷泽克（Dryzek），2010］可能会刺激出这样的突破。例如，协商学者可能会了解到重要的协商指标——如尊重程度——是如何也被用作修辞手段和语义策略的。虽然协商研究一直在努力避免将仪式化的礼貌形式（如"我尊敬的朋友"）或明确的策略行动作为协商实例，但协商学者最好还是更多地了解政治交锋中的典型修辞策略。联合研究工作可能会带来对议会言论更有效的分类。

163　　最后，议会式辩论是一个比传统智识更吸引人的研究课题。它是议会政治的一个必要方面，值得政治学家关注。

致　谢

感谢苏珊娜·福克斯（Susanne Fuchs）、塞莱纳·佩德里尼（Seraina Pedrini）、保罗·夸克（Paul Quirk）、托马斯·萨尔费尔德和雷托·伍斯特（Thomas Saalfeld and Reto Wüest）对本章的前几个版本提出的宝贵意见。非常感谢汉斯·维森查夫茨科列格［Hanse Wissenschaftskolleg（HWK）］在我撰写本章时提供了良好的研究环境和资金支持。

参考文献

Aldrich, J. and Rohde, D. W., 2000. The Republican Revolution and the House Appropriations Committee. Journal of Politics, 62: 1–33.

Austen–Smith, D., 1990. Information Transmission in Debate. American Journal of Political Science, 34: 124–52.

Austen–Smith, D. and Feddersen, T. J., 2006. Deliberation, preference uncertainty, and voting Rules. American Political Science Review, 100: 209–18.

Bächtiger, A., 2005. The Real World of Deliberation: A Comparative Study of its Favorable Conditions in Legislatures. Bern: Paul Haupt.

Bächtiger, A. and Hangartner, D., 2010. When Deliberative Theory Meets Political Science: Theoretical and Methodological Challenges in the Study of a Philosophical Ideal. Political Studies, 58: 609–629.

Bagehot, W., 2001 [1867]. The English Constitution. Oxford: Oxford University Press.

Bara, J., Weale, A., and Bicquelet, A., 2007. Analysing Parliamentary Debate with Computer Assistance. Swiss Political Science Review, 13: 577–605.

Bayley, A. and Schonhardt–Bailey, C., 2008. Does Deliberation Matter in FOMC Monetary Policymaking? The Volcker Revolution of 1979. Political Analysis, 16: 404–427.

Bayley, P. (ed.), 2004. Cross–Cultural Perspectives on Parliamentary Discourse. Amsterdam: John Benjamins.

Bessette, J. M., 1994. The Mild Voice of Reason: Deliberative Democracy and American National Government. Chicago: University of Chicago Press.

Brennan, G. and Hamlin, A., 1993. Rationalizing parliamentary systems. Discussion Paper Series in Economics and Econometrics 9313, Economics Division, School of Social Sciences, University of Southampton.

Caluwaerts, D., 2012. Confrontation and Communication: Deliberative Democracy in Divided Belgium. Brussels: Peter Lang.

Chambers, S., 1996. Reasonable Democracy: Jürgen Habermas and the Politics of Discourse. Ithaca: Cornell University Press.

Crewe, I., 2005. The opinion polls: the election they got (almost) right. Parliamentary Affairs, 58: 28–42.

Davidson, S. and Stark, A., 2011. Institutionalising Public Deliberation: Insights from the Scottish Parliament. British Politics, 6: 155–86.

Depauw, S., 2007. Deliberation and Reason–Giving in Parliament: A Preface to Analysis. Paper presented at the ECPR Joint Sessions Helsinki, 7–12 May 2007.

Dietrich, F. and List, C., 2010. A Reason–Based Theory of Rational Choice. Political Science and Political Economy Working Paper, London School of Economics.

Dryzek, J., 2007. Theory, Evidence, and the Tasks of Deliberation. In S. W. Rosenberg (ed.). Deliberation, Participation, and Democracy: Can the People Govern?, pp.237–50. Basingstoke: Palgrave Macmillan.

Dryzek, J. S., 2010. Rhetoric in Democracy: A Systemic Appreciation. Political Theory, 38: 319–39.

Elster, J. (ed.), 1998. Deliberative Democracy. Cambridge: Cambridge University Press.

Esterling, K. M., 2011. "Deliberative Disagreement" in U.S. Health Policy Committee Hearings. Legislative Studies Quarterly, 36: 169–98.

Fenno, R. F., 1973. Congressmen in Committees. Boston: Little, Brown and Co.

Ferrié, J–N., 2008. Comprendre la délibération parlementaire: Une approche praxéologique de la politique en action. Revue française de science politique, 58: 795–815.

Fishkin, J. S. and Luskin, R. C., 2005. Experimenting with a Democratic Ideal: Deliberative Polling and Public Opinion. Acta Politica, 40: 284–98.

Follesdal, A. and Hix, S., 2006. Why There is a Democratic Deficit in the EU: A Response to Majone and Moravcsik. Journal of Common Market Studies, 44: 533–62.

Gallagher, M., Laver, M., and Mair, P., 2006. Representative Government in Modern Europe: Institutions, Parties, and Governments. Boston: McGraw–Hill.

Ganghof, S. and Bräuninger, T., 2006. Government Status and Legislative Behaviour: Partisan Veto Players in Australia, Denmark, Finland and Germany. Party Politics, 12: 521–39.

Gardner, J., 2007. Deliberation in Congress: An Institutional Impossibility? Paper presented at the MPSA Conference, Chicago.

Gutmann, A. and Thompson, D., 1996. Democracy and Disagreement. Cambridge: Harvard University Press.

Gutmann, A. and Thompson, D., 2004. Why deliberative democracy? Princeton: Princeton University Press.

Habermas, J., 1983. Moralbewusstsein und kommunikatives Handeln. Frankfurt: Suhrkamp.

Habermas, J., 1996. Between Facts and Norms. Cambridge: MIT Press.

Habermas, J., 2005. Concluding Comments on Empirical Approaches to Deliberative Politics. Acta Politica, 40: 384–92.

Ilie, C., 2003. Discourse and Metadiscourse in Parliamentary Debates. Journal of Language and Politics, 1: 269–91.

Ilie, C., 2004. Insulting as (un)parliamentary Practice in the British and Swedish Parliaments: A Rhetorical Approach. In P. Bayley (ed.). Cross–Cultural Perspectives on Parliamentary Discourse, pp. 45–86. Amsterdam: John Benjamins.

Ilie, C., 2010. European Parliaments Under Scrutiny: Discourse Strategies and Interaction Practices. Amsterdam: John Benjamins.

Landwehr, C. and Holzinger, K., 2010. Institutional Determinants of Deliberative Interaction. European Political Science Review, 2: 373–400.

Lascher, E. L., 1996. Assessing Legislative Deliberation: A Preface to Empirical Analysis. Legislative Studies Quarterly, 21: 501–19.

Laver, M. and Benoit, K., 2002. Locating TDs in Policy Spaces: Wordscoring Dáil Speeches. Irish Political Studies, 17: 59–73.

Lijphart, A., 1999. Patterns of Democracy: Government Forms and Performance in Thirty–six Countries. New Haven: Yale University Press.

Lord, C. and Tamvaki, D., 2013. The Politics of Justification? Applying the 'Discourse Quality Index' to the Study of the European Parliament. European Political Science Review, 5: 27–54.

Lupia, A. and Strøm, K., 2008. Bargaining, Transaction Costs, and Coalition Governance. In T. Bergman, W. C. Müller, and K. Strøm (eds.). Cabinets and Coalition Bargaining: The Democratic Life Cycle in Western Europe, pp. 51–84. Oxford: Oxford University Press.

Maltzman, F. and Sigelman, L., 1996. The Politics of Talk: Unconstrained Floor Time in the U.S. House of Representatives. Journal of Politics, 58: 810–21.

Mansbridge, J. J., 2009. Deliberative and Non–deliberative Negotiations. Harvard Kennedy School Faculty Research Working Paper Series RWP09–010, John F. Kennedy School of Government, Harvard University.

Martin, L. W. and Vanberg, G., 2008. Coalition Government and Political Communication. Political Research Quarterly, 61: 502–16.

Mayhew, D. R., 1974. Congress: The Electoral Connection. New Haven: Yale University Press.

Mendelberg, T., 2002. The Deliberative Citizen: Theory and Evidence. In M. X. Delli Carpini, L. Huddy, R. Shapiro (eds.). Research in Micropolitics: Political Decisionmaking, Deliberation and Participation, pp. 151–93. Greenwich, CT: JAI Press.

Monroe, B. L. and Maeda, K., 2004. Rhetorical Ideal Point Estimation: Mapping Legislative Speech. Paper Presented at the Society for Political Methodology. Palo Alto: Stanford University.

Morris, S., 2001. Political Correctness. Journal of Political Economy, 109: 231–65.

Mucciaroni, G. and Quirk, P. J., 2006. Deliberative Choice: Debating Public Policy in Congress. Chicago: University of Chicago Press.

Parkinson, J. and Mansbridge, J. (eds.), 2012. Deliberative Systems: Deliberative Democracy at the Large Scale. Cambridge: Cambridge University Press.

Pedrini, S., 2012. Culture Matters for Deliberation? Linguistic Speech Cultures and Parliamentary Deliberation in Switzerland. Manuscript.

Proksch, S–O. and Slapin, J. B., 2012. Institutional Foundations of Legislative Speech, American Journal of Political Science, 56: 520–37.

Quinn, K. M., Monroe, B., Colaresi, M., Crespin, M., and Radev, D., 2010. How to Analyze Political Attention with Minimal Assumptions and Costs. American Journal of Political Science, 54: 209–28.

Quirk, P. J. and Bendix, W., 2011. Deliberation in Congress. In E. Schickler, E. and F. E. Lee (eds.). The Oxford Handbook of the American Congress, pp. 550–74. New York: Oxford University Press.

Rai, S. M., 2010. Analysing Ceremony and Ritual in Parliament. Journal of Legislative Studies, 16: 284–297.

Rasch, B. E., 2011. Legislative Debates and Democratic Deliberation in Parliamentary Systems. Paper presented at Workshop on Epistemic Democracy in Practice, Yale University, New Haven, 20–22 October 2011.

Schonhardt–Bayley, C., 2008. The Congressional Debate on Partial–Birth Abortion: Constitutional Gravitas and Moral Passion. British Journal of Political Science, 38: 383–410.

Spary, C., 2010. Disrupting Rituals of Debate in the Indian Parliament. Journal of Legislative Studies, 16: 338–51.

Spörndli, M., 2004. Diskurs und Entscheidung: eine empirische Analyse kommunikativen

Handelns im deutschen Vermittlungsausschuss. Wiesbaden: VS Verlag für Sozialwissenschaften.

Stasavage, D., 2007. Polarization and Publicity: Rethinking the Benefits of Deliberative Democracy. Journal of Politics, 69: 59–72.

Steenbergen, M. R., Bächtiger, A., Spörndli, M., and Steiner, J., 2003. Measuring political deliberation: A Discourse Quality Index. Comparative European Politics, 1: 21–48.

Steiner, J., Bächtiger, A., Spörndli, M., and Steenbergen, M. R., 2004. Deliberative Politics in Action. Cambridge: Cambridge University Press.

Thompson, D. F., 2008. Deliberative Democratic Theory and Empirical Political Science. Annual Review of Political Science, 11: 497–520.

Vanberg, V. and Buchanan. J. M., 1989. Interests and Theories in Constitutional Choice. Journal of Theoretical Politics, 1: 49–62.

Van Dijk, T. A., 2004. Text and Context of Parliamentary Debates. In P. Bayley (ed.). Cross–Cultural Perspectives on Parliamentary Discourse, pp. 339–72. Amsterdam: John Benjamins.

Van Dijk, T. A. and Wodak, R., 2000. Racism at the Top: Parliamentary Discourses on Ethnic Issues in Six European Countries. Klagenfurt: Drava.

Weale, A., Bicquelet, A., and Bara, J., 2012. Debating Abortion, Deliberative Reciprocity and Parliamentary Advocacy. Political Studies, 60: 643–67.

第八章　立法研究中的访谈与调查[*]

斯蒂芬妮·贝勒（Stefanie Bailer）

8.1　引言

访谈和调查是社会科学中最流行的研究方法之一，与之相对应，它们是立法研究中经常使用的工具［莫里斯（Morris），2009］。如果我们不参考西林（Searing，1994）对不同议会角色基于访谈的分析等研究，或不参考诸如欧洲候选人调查［如齐特尔和格施文德（Zittel and Gschwend），2008］等既定调查所产生的数据及其后续研究，我们对议员动机和行为的理解就会大打折扣。访谈和调查——无论是面对面的访谈还是自填式的问卷调查——都能最直接地衡量政治家的想法和意图，使其成为研究政治行为最有价值的数据来源之一。然而，尽管它们很重要，但目前进行访谈的做法往往被冠以缺乏质量控制的特点，并且调查也存在答复率很低的问题。鉴于此，重要的是要开发工具，确保良好的访谈标准得到保障，并确保访谈对象有机会对访谈情境作出反应。至于问卷调查答复率低以及可能出现的选择偏见，建议开展国际合作并应用统计工具。

* 陆幸福译，谢鲲龙校。

在访谈中，研究人员有极好的机会深入了解参与政治进程的行动者对事件的心态、想法和主观分析［理查兹（Richards），1996］。因此，访谈提供了深入的定性叙述，兼及广度和深度。不过，它们的主要缺点是不考虑报告研究人员的不可靠程度［金、基奥恩和韦尔巴（King, Keohane and Verba），2001］。因此，特别建议将访谈作为一种探索性策略，用于分析以前没有研究过的领域，包括在秘密会议（如政党小组会议）中发生的事件［利勒克（Lilleker），2003］。

自填式调查通常通过邮件或在线进行，同样可以用来直接衡量政治家的态度、立场和想法。与访谈相比，由于有大量的数据，研究人员考虑对数据进行定量分析，从而对他们推论的不确定性程度进行合理的估计［金、基奥恩（King, Keohane），等人，2001，31］。然而，这样的一个缺点是，研究人员的缺席和随机分配的受访者可能会导致误差，这是因为问题的意图无法得到面对面的解释，也无法避免受访者对问题措辞的可能误解。

与通常用于确定议员观点和偏好的其他指标相比，调查和访谈具有一定优势。特别是，议员的态度和想法由行为者自己直接报告，因此，研究者不必依赖更多的间接指标，如投票、议会质询、动议或发言。唱名表决数据［凯里（Carey），2009；希克斯、努里和罗兰（Hix, Noury and Roland），2006］、议会质询［马丁和罗森贝格（Martin and Rozenberg），2012］、动议［布劳宁格、布伦纳和杜布勒（Bräuninger, Brunner and Däubler），2009］和发言［普罗克施和斯拉平（Proksch and Slapin），2010］可能更容易收集，但它们不一定代表议员的实际偏好和态度。尽管这些都是议会意见和活动的表达，但它们可能并不直接反映实际的偏好，因为议员可能受到下列因素的影响，即党派领导人的纪律压力、同事的同僚压力、立法提案的某些特征或他们自己的策略性考虑（关于偏好和政党压力对唱名表决影响的分析，见［安索拉贝赫、斯奈德和斯图尔特（Ansolabehere, Snyder and Stewart），2001］。尽管如此，访谈和调查的优势是以由此产生的数据的可靠性和有效性更难确定为代价的，这一主题将在本章末尾处理。

在介绍了一些最具影响力的作品之后，关于访谈的一节讨论了使用访谈时所涉及的最大挑战，紧随其后的是对使用访谈作为研究工具进行总体评估。令人惊讶的是，由于几乎没有可获得的关于访谈议员的信息［例外情况见贝克（Baker），2011；普瓦尔（Puwar），1997］，本章8.2列出了相关的实用建

168

议[1]。8.4 介绍了在未来的立法研究中应对访谈和调查挑战的工具。

8.2 立法研究中调查和基于访谈的研究之发展

访谈和调查在结构和研究目标的程度上有所不同。由于调查的研究目标非常明确且由理论事先确定，而基于访谈的研究的目的往往更具探索性和归纳性，因此，调查比访谈更加结构化。这一点清楚地反映在立法研究中：虽然早期的访谈研究已经奠定了最初的基础，但调查现在被用来在更常规的方式上探究各自的概念。

刘易斯·德克斯特（Lewis Dexter，1969）和理查德·芬诺（Richard Fenno，1973；1978）的研究就是这种通过访谈进行探索性研究的例子。这两项调查都涉及对美国国会众议员的广泛访谈，旨在分析他们的利益、在委员会中的活动以及在选区的工作。芬诺（Fenno，1978）在对 18 名立法者的选区工作的研究中，稍微拓宽了他的方法，除了对议员及其幕僚进行访谈外，还运用了参与式观察。德克斯特（Dexter，1969）采取了一个稍微不同的角度，但也运用了广泛的探索性访谈，调查了公民对立法者决策的影响程度。理查德·霍尔（Richard Hall，1996）再次在美国进行了一项关于参与立法活动的动机的重要研究，他采访了幕僚而不是议员本人。

对议会作用的研究是立法研究之概念发展和调查之不同用途的一个典型例子，它以 20 世纪 50 年代和 60 年代的探索性研究为基础。例如，在对立法规范的集中且早期的研究中，尤劳、沃尔克（Eulau，Wahlke）和他们的同事（1959）以向 474 名美国州立法者提出开放式问题的方式探讨了"受托人""代表"和"政客"的代表角色类型，该问题是："你如何描述立法者的工作——你在这里应该做的最重要的事情是什么？"西林（Searing，1994）在其关于下议院的研究中运用了类似的开放且探索性方法，他根据 136 次访谈确定了更具体的议会角色类型。因此，通过研究，这些研究人员为研究议员的各种角色和代表取向的更具演绎性的定量工作，奠定了基础。事实上，这已经成为一个非常成熟的研究领域，以至关于议员角色和代表取向的问题已经成为议会调查中的

---

[1] 关于定性访谈的一般介绍，例如，见德克斯特（Dexter，2006）；克瓦莱和布林克曼（Kvale and Brinkmann，2009）；鲁尔斯顿（Roulston，2010）。

一个标准项目。正因如此，以调查问卷问问题现在是更常用的方法，用于确定代表是更关注选区（"代表"），还是他们更愿意遵循自己对最佳公共福利的判断（"受托人"）[1]。

一个相关的学术成果是对议会规范的研究，尽管沃尔克（Wahlke）等人（1962）使用开放式问题来确定是否存在议会规则，但后来汤普森等（Thompson，1996），赫伯特和麦克勒莫尔（Hebert and McLemore，1973），以及阿舍（Asher，1973）等人对美国的研究，仍然建立在这一早期知识的基础上。对欧洲议会的研究，如洛文伯格和曼斯（Loewenberg and Mans，1988）、克罗（Crowe，1983）、鲍勒和法雷尔（Bowler and Farrell，1999）或斯克贾维兰（Skjaeveland，2001），也做了类似的工作，因此，到目前为止，以调查的形式采用涵盖议会规范的既定封闭式问题已成为标准做法［如帕特纳（Partirep），2012；韦贝尔斯（Weßels），2003］[2]。事实上，总体而言，对立法研究领域最重要的学术期刊——《立法研究季刊》——在过去20年中发表的问题的研究表明，目前调查的使用频率远高于访谈。从1992年至2012年发表在《立法研究季刊》上的481篇文章中，95篇（20%）运用了调查数据（的手段），36篇（8%）运用了访谈（的手段），16篇文章（3%）结合了调查和访谈。在111篇依靠调查的文章中，38篇（34%）运用了对议员和议会候选人进行的调查（的手段）；在52篇依赖访谈数据的文章中，有25篇（48%）运用了对议员和候选人的访谈（的手段）。这清楚地表明，一般性调查以及对议员和候选人的调查使用得更多，也许是因为这些数据更容易获得，且有时在研究人员之间共享。相反，访谈则不太常见，这可能是由于所需费用较高。

图8.1表明所有类型的调查之使用普遍增加，包括人口、候选人和议员（浅灰色线表示当年在《立法研究季刊》中运用的所有调查的百分比）。黑条和白条显示了议员访谈和议员调查在《立法研究季刊》所有研究中所占的百分比。在这里我们可以看到，访谈的使用频率较低，但并没有明显的下降趋势，这表明这种方法仍然用于具有探索性且深入的研究。

接下来的两个部分讨论了立法研究中访谈和调查的主要挑战，并就问卷设

---

　　〔1〕　这个问题的措词通常类似于"在你看来，如果他 / 她的选民有一种意见，而他 / 她的政党采取不同的立场，那么国会议员应该如何投票？"［帕特纳（Partirep），2012］。关于最近一项基于调查数据的角色实证比较研究，见布洛姆格伦和罗森贝格（Blomgren and Rozenberg，2012）。
　　〔2〕　例如：你认为下列各项是正确的还是错误的？议员经常在未经议会党授权的情况下提出议会倡议［帕特纳（Partirep），2012］。

计、问题措辞和一般访谈规则提出了实用建议。

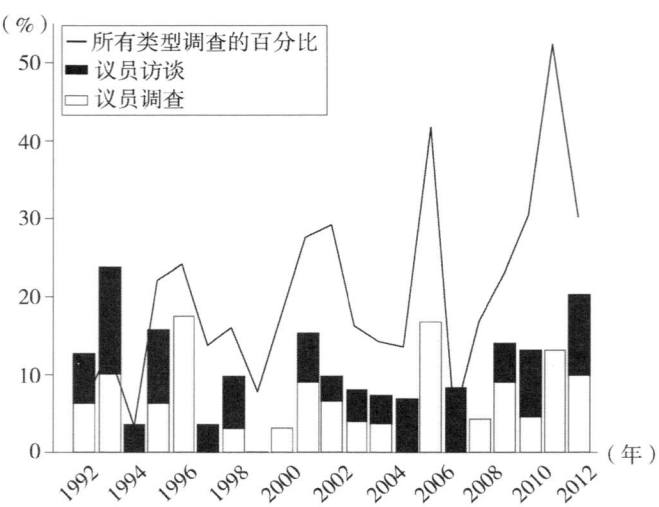

图 8.1　作为《立法研究季刊》（1992 —2012 年）所发表研究的一部分，每年对国会议员进行的调查和访谈的比例图

注：本图数据来源：笔者计算。

171　　8.3　采访议员

8.3.1　采访者和被采访者之间的一般互动

对议员的调查和访谈通常在精英研究的名目下进行，其中精英被定义为那些拥有权力的人［利勒克（Lilleker），2003，207］，即在社会中拥有特权地位，或可能比普通公众对政治结果有更大的影响力［理查兹（Richards），1996］。这一区别通常被认为具有适切性，因为“向上访谈”（意思是研究精英，即接近权力的人）与“向下访谈”（即访谈不属于精英阶层的人，如选民）具有不同的含义［德斯蒙德（Desmond），2004，262］。更准确地说，向上访谈意味着“被采访者是拥有权力的人”［理查兹（Richards），1996，201］，因为他或她通过主导访谈、改变问题或拒绝回答的手段使自己处于控制和支配访谈的地位。在这种情况下，传统的访谈指导手册建议尝试重新控制访谈，并坚持发问准备好的问题［利勒克（Lilleker），2003，211］。

另外，上下访谈之间的区别也可能被认为是一种相当过时的方法，它忽视了这样一个事实，即所有比研究人员更了解特殊情况的人都处在强势地位，这是采访者先进行访谈的原因之一。如此采访者不可避免地处于弱势地位，因为他们依赖于对方的合作。尽管如此，事实上，人们经常发现政治家对研究人员的利益表现出极大的尊重，并成为对研究人员有帮助和专注的采访伙伴："我经常惊讶于一些最资深受访者的自我反思、不确定和紧张程度，也惊讶于他们愿意与我分享他们的想法。"[史密斯（Smith），2006，647]

访谈中的权力问题是根据以下观点进一步讨论的：向上访谈的标准与向下访谈的标准不同。与被认为适合采访权力较小者的处理方式相比，受访者的强势地位通常被认为是改变（受访者）待遇的正当理由，例如，改变问题、（提出）更微妙且更坚定的问题，以及不同程度的伦理行为。这种区别对待也许是合理的，因为政客们已经习惯了访谈，并且在接受批判性提问方面很有经验，以至于他们被"训练"去寻求那些答案可能会对他们不利的问题。然而，有争议的是，访谈对象的优越等级地位是否确实需要有不同的待遇，因为精英们在职业生涯中享有的权力不一定非要体现在访谈情境中[史密斯（Smith），2006，646]。议员也可能在采访中感到被曝光和脆弱，权力不对称不仅由结构性权力决定，也由情境决定。

因此，访谈情境应被视为一种社会交换形式，在这里，研究者和被调查者在互惠的基础上建立关系。在这种互惠或合作[德克斯特（Dexter），2006]的访谈情境中，受访者拥有接触信息的权力，而研究者拥有传播信息的权力。这种合作方式有助于进行富有成效的意见交流，此情境的特点是相互信任，即研究人员相信议员的诚实性，而议员相信研究人员在未经其同意的情况下不分享数据。这种对称的权力关系被认为对所创造的知识类型有直接影响[康蒂和奥尼尔（Conti and O'Neil），2007]。

8.3.2　抽样、联系和接触访谈对象

与非精英研究人员在确定受访者（如非选民或抗议者）时面临的挑战相比，立法研究人员通常不会遇到这个问题，因为政治家的地址大多是公开的，与他们联系很直接[奥登达尔和肖（Odendahl and Shaw），2001，305]。此外，议员的抽样也相当明确，因为某一议会的全体议员通常都是（访谈）目标[戈德斯坦（Goldstein），2002]。对更具体的研究问题，抽样程序可以更突出重

点，例如，当要研究参与某一立法项目的所有议员时。研究人员可以依靠**滚雪球**的方法，即要求访谈对象向研究人员推荐更多的受访者，这种可能会有高回应率，但也会导致严重的选择偏见［有关描述，请参阅戈德斯坦（Goldstein），2002］。另一种可以依靠的方法是声誉法，即邀请外部专家辨别参与某一事项的关键人物，例如，立法改革［霍夫曼 – 朗格（Hoffmann–Lange），1987，30；有关方法的概述，另见马埃斯塔斯、尼利和小理查森（Maestas、Neeley and Richardson Jr），2003，89］。虽然这种外部视角可能会减少选择偏见，但可能会以专家不像实际参与者那样深入了解为代价。

然而，实际上，获得访谈预约可能"更多的是艺术而不是科学"［戈德斯坦（Goldstein），2002，669］，因为接受并安排与精英的访谈非常耗时。因此，建议在使用这种调查方法实施研究项目时，要留出足够的时间和财政资源［奥登达尔和肖（Odendahl and Shaw），2001，308］。另一种选择是在立法机关实习或获得奖学金，这种"嵌入"会提供更容易接触到相关人员的机会［贝克（Baker），2011 年］。

要接近一个议员，建议通过使用官方大学信笺的邮件或电子邮件提出书面请求。同时应尊重联系人的文化特性，例如，其是否可接受电子邮件或是否更喜欢书面信件［关于法国特性的典型讨论，见洛伊芬（Leuffen），2006］。总的来说，详细说明研究项目的内容至关重要，也建议解释为什么被联系的人与项目相关且至关重要。在这种情况下，"奉承他们"［利勒克（Lilleker），2003，209］可能会有所帮助，例如，概述这项研究对其专业知识的依赖程度。确定访谈的预期持续时间也很有用，但由于访谈时间可能有很大差异，因此应明示最短时间，且不超过 30 分钟［哈维（Harvey），2010，200］。

8.3.3　访谈期间的行为

受访者希望自己看起来很好，所以他们善于改变问题，可能拒绝回答问题，还可能有记忆空白［莫里斯（Morris），2009，211］。因此，研究人员必须提出"好"的问题，并采取一切可能的预防措施，以最大限度地减少测量影响和偏差，并确保获得有效结果。在这种实证主义方法中，采访者被认为在数据生成中不起作用［鲁尔斯顿（Roulston），2010］。然而，这忽略了一种可能性，即采访者的特性和态度可能会扭曲总体的方法效果，在这种情况下，忽略采访者的作用可能并不完全合适。建构主义访谈理论的立足点在某种程度上反映了这一点，即认为采访者和被采访者共同创造数据，因此数据是"共同建构的"〔鲁尔斯顿（Roulston），2010〕。

在访谈过程中，研究人员应给人留下了解情况（尽管不是过度知情的印象，并表现出"友好和好奇"〔利奇（Leech），2002，665〕，以便与访谈对象建立融洽的关系。建议以很短的评论鼓励被采访者，以表明你注意力集中，你在认真倾听，并且"你站在他们一边"〔利勒克（Lilleker），2003，210〕。然而，采访者不应该过于恭敬，而是应该保持警惕，这样如果受访者偏离主题太远，他就可以随时把他们拉回来。做一个完全中立的采访者是不可能的，而营造一种友好的氛围是完全正当的，在这种氛围中，访谈对象感到被欣赏被鼓励，而不是被评判，尽管应该避免直接的赞同和反对。

访谈情境和采访者承担的角色可能因访谈的背景以及采访者和受访者的年龄、性别和／或专业水平而异〔普瓦尔（Puwar），1997〕。例如，麦克道尔（McDowell，1998，2138）描述了对一系列视觉和语言线索的快速评估如何足以让她以不同的情境角色表现自己（的例子），从与父权制人物"装傻"，到对年长而凶猛的女性表现出"直接高效"，再到与年龄相仿的女性"姐妹相称"，以及对比她更年轻男性呈现出"超快、见多识广、不屈尊俯就"。

在任何情况下，研究人员应始终仔细考虑这种动态可能影响访谈的程度。有几个工具可以用来减少这些影响：例如，采访者可以通过使用书面问卷来确保类似的访谈环境，该问卷包含简短的介绍性文字，用以在每组问题前简要解释主题。这使访谈情况具有更好的可比性成为可能，如果有几个采访者参与数据收集工作，这些介绍性文字就特别有用。

174

8.3.4　调查问卷：问题形式和问题顺序

有必要说明的是，访谈问题的选择取决于研究者的目标和对问题领域知识事先的掌握程度。一般来说，封闭式和开放式问题的混合有助于使受访者保持一致，有助于考虑整个访谈过程中的可比性和指导性，并避免单调乏味。不过，在任何情况下，含有开放式问题都是必需的，因为这可以让研究人员更充分地利用访谈对象的专业知识。

在精英研究中，开放式问题（很少给出问题或提示，在极端情况下，只提出没有具体问题的主题，例如，叙述性访谈）曾经是标准，因为建议不要将精英"置于封闭式问题的束缚中"〔阿伯巴赫和罗克曼（Aberbach and

Rockman），2002，674]。的确，开放式问题不仅非常有价值，因为它们让研究人员有机会充分利用受访者的专业知识，还容纳发现全新现象和洞见的可能性，以及更好的连贯性 [利勒克（Lilleker），2003，210]。此外，开放式问题允许受访者在回答问题时使用自己的参考系统。不过，它最大的缺点是回答很难解释和编号：非常详细的编号规则和对答案更耗时的解释是对可能更有趣且丰富的回答的折中。

问开放式问题也更具挑战性，因为访谈对象可能会以新的且意想不到的方式回答，以至于很难引导他或她回到问题的最初目的。由于以这种方式引导受访者完成访谈也会增加采访者影响的可能，因此采用预先制定的提示可能是有用的，它们可以帮助采访者引导受访者回到最初的问题。但这可能比最初的问题稍具启发性，因此可能有助于获得答案[1]。如前所述，在几个采访者合作进行一个研究项目的情况下，预先制定的提示也有助于降低采访者的影响。总体而言，它们是开放性问题和封闭性问题之间的一种明智妥协。

如果访谈对象特别健谈或难以访谈，在访谈过程中回答封闭式问题有助于确保至少特定问题获得回答。它还使访谈更具可比性，更容易编号，并降低采访者的影响。此外，封闭式问题使研究人员能够生成一些定量数据，以补充从更开放的问题中获得的定性数据 [哈维（Harvey），2010，203]。他们还给研究人员一个在提出试探性问题时，暗示某种常态的可能性，例如，"你多久会因为某个立法服务而被提议给予一次特殊福利或报酬？"与"你曾经被贿赂过吗？"相比，可能是一个不那么具有威胁性的问题。封闭式问题的缺点是，无法捕捉到意想不到的答案，以及受访者被迫面对某些类型的问题，这些问题通常被认为相当无聊，因此可能导致受访者注意力不集中，反而致使数据质量下降。

关于开放式和封闭式问题的确切措辞，读者可以参考赫尔曼诺维奇（Hermanowicz，2002）、谢弗和普雷瑟（Schaeffer and Presser，2003）以及萨里斯和加尔霍夫（Saris and Gallhofer，2007），它们就哪种问答形式对哪种研究兴趣有用提供了很好的初步建议，例如，答案组合中的中间类型是否合理，多少个答案类型有用，如何避免默示偏见，如何使用被迫选择的问题，是否包

---

〔1〕 这方面的一个例子是在一个关于所谓的"跳伞者"（没有政党经验的议员）在政党团体中作用的项目中使用的问题 [贝勒、迈斯纳、大村和塞尔布（Bailer, Meissner, Ohmura and Selb），2013]："跳伞者的优势是什么？"提示如下："他们是否有更多的专业经验？""他们是否在某些政策领域比他们的同事有更多的专业知识？"

括"不知道"等选项[1]。

当涉及问题排序时，建议在访谈开始时提交总体介绍性文字材料，以便使访谈情境、研究目标以及任何有争议的概念（如有必要）有共同的界定[2]。在此之后，提出一个对专家来说容易回答的热身问题通常是有用的，但这已经表明，为了回答这个问题，他或她是被需要的。一个典型的例子是"大旅行"问题，要求议员或政治家描述"他或她生活中典型的一天"［利奇（Leech），2002］。不建议在访谈开始时询问容易获得的信息，如传记细节，因为这会浪费受访者的时间，并表明访谈官没有做好功课［赫尔曼诺维奇（Hermanowicz），2002，491］。就访谈的推进而言，从探究性较少的问题到探究性更多的问题被认为是适当的［莫里斯（Morris），2009，213］。最后，应该感谢访谈对象给予时间，并赞扬他们为研究所不可或缺的专业知识。

需要特别注意敏感问题，特别是因为它们可能是最有趣的问题，这是因为它们揭示了专家的知识，而这些知识是其他人不可能获得的。以表达特定行为的"常态性"的方式提出敏感问题是合理的［所谓的"假定问题"，利奇（Leech），2002，666］。这种问题的一个例子是："党派领导要尽可能保证党派的团结。不给予委员会席位等影响深远的手段是实现这一目标的正当手段。你不同意 / 同意吗？"专家们对敏感问题立场不一：有些人建议在访谈结束时问这些问题，而另一些人则认为把这些问题放在中间是最好的选择。这是因为在访谈进行到一半的时候，采访者已经"热身"了，之后可以被引导到更敏感的问题上。另外，鉴于访谈时间往往有限，因此访谈可能不得不提前结束，最后提出敏感问题的风险是，最有趣的问题可能得不到回答。

关于格式，建议由一个人对调查问卷进行总体安排并翻页，这样大量的翻页就能激励受访者不断推进。如果受访者希望自己填写对封闭问题的答案，最好准备第二份问卷。采访者应充分了解访谈问题的措辞和顺序，以确保访谈顺利进行，并避免因不得不查找下一个问题而造成中断。

176

关于访谈录音，一般接受访谈都是要录音的，但在使用录音工具之前，应始终询问受访者是否同意。录音有一个巨大的优势，即使采访者可以更专注于

---

〔1〕　在付和朱（Fu and Chu，2007）的文章中可以找到对问题和答案形式的可能误解所带来的跨国调查挑战的有益介绍。

〔2〕　在这里，帕泽尔特（Patzelt，1996）引用了一个例子，即在询问议员对政党忠诚、政党压力、政党纪律和政党团结的态度之前，议员们是如何首次介绍这些概念并判断其充分性的。

采访、给出提示，并通过问题引导受访者；相反，记下答案会占用大量宝贵的采访时间，并且容易遗漏［利勒克（Lilleker），2003，210］。如果受访者拒绝录音，研究人员应在访谈结束后直接分配时间，尽可能多地录制或记下印象和笔记。

8.3.5 判断访谈的质量

根据赫尔曼诺维茨［赫尔曼诺维奇（Hermanowicz），2002，481］的说法，一次极好的访谈是采访者在离开时意识到"一个人的本质或内在核心——使他们运行的东西——已经被挖掘和榨取出来，以展示受访者的几个构成要素"，而一次好的访谈是要捕捉基本且偶尔深层次的意义。

然而，在实践中，评估受访者回答的真实性极具挑战性，特别是因为访谈通常是在对某一主题没有太多事先了解的情况下进行。在这里，就某一事件或问题采访不止一个人，对那些针锋相对的描述进行相互交叉检查，并进行"不可信检查"［贝克（Baker），2011，108］，是控制有效性仅有的手段。

访谈情境本身也可能是错误的来源，特别是如果受访者感到不自在（这就是为什么访谈最好在受访者选择的地点进行，例如，他或她自己的办公室），或者如果某种情境使受访者感到不安或分心，例如，在票决失败后［狄克曼（Diekmann），1997，382］。评估这些错误来源对访谈质量的影响可能同样相当困难，因为进行精英访谈的机会是如此罕见，以至于很难与同一个访谈对象进行两次类似的访谈。然而，认真记录访谈，包括采访者的所有提示和问题，可以提高透明度，并发现采访者、问卷和情境可能扭曲数据的方式[1]。

评估精英访谈质量的一种新方法是要求访谈对象自己在最后的简短评估表上快速评价问题、采访者和访谈期间的气氛，以便获得与采访者不同的对访谈的印象。关于访谈质量的一个很好的问题是，询问受访者是否准备在将来再次接受该研究人员或其他人的访谈，这个问题也要问采访者。如果受访者拒绝，那就可以再问其原因（例如，缺少时间、不愉快的访谈经历等），这同样可以显示访谈的质量。

177

---

[1] 有关转录访谈的大量示例，请参见德克斯特（Dexter，1969）。

8.4　立法调查

如前所述，调查已成为立法研究中越来越受欢迎的工具。议会调查目前在欧洲以及对立法行为了解较少的国家尤为普遍，而对美国国会的研究则特别借鉴了容易获得的基于唱名表决数据的提名数据。这反过来又导致了观察、精英访谈和"戳破泡泡的方法"等方法在美国的使用减少［奥本海默（Oppenheimer），2011］。表 8.1 概述了最近提供数据的议会调查。

调查有一个很大的好处，即随机选择的答复者样本使对整个群体作出陈述成为可能［布雷迪（Brady），2000］；这些好处还包括大量参与者，使从分析中得出更广泛的推论并估计不确定性的程度成为可能。下一部分概述了议会研究中最常见和最广泛的调查，并总结了当前调查研究的一般优势和挑战。另一部分将讨论专家调查，它是立法研究生成数据的一种特殊形式。

调查是一种工具，它通过面对面访谈、邮件、电话、互联网或这些方式的组合（例如，访问、留下问卷、可能的电话跟进），根据标准化问题从受访者处获取信息。如今，使用在线调查是相当普遍的，一个例子是已建立的欧洲议会研究小组调查，该调查通过电子邮件联系欧洲议会成员，并要求他们填写在线问卷［斯卡利、希克斯和法雷尔（Scully，Hix and Farrell），2012］。通过在线问卷，议员可以选择适合自己的时间回答问题，不存在采访者效应。虽然在线调查因此被认为更可靠，但它们确实要求具备互联网素养，而发达国家的大多数议员都有望具备互联网素养［约翰斯顿（Johnston），2008］。

据报道，电话访谈或使用计算机辅助电话访谈（CATI）[1]即使对精英和议会研究而言，也相当成功［德勒尤、霍克斯和斯奈克斯（de Leeuw，Hox and Snijkers），1995；雅尔（Jahr），2006］。例如，根据其实践经验，贝克（Baker，2011，112）建议在美国国会进行电话调查，因为他发现电话调查非常省时而且灵活。不过，他承认这样失去了亲密感。此外，虽然互联网和邮件问卷被认为在答案质量和答案分布方面表现最好，但电话访谈经常因可靠性而受到批评［约翰斯顿（Johnston），2009］。与直接调查相比，电话采访还存在"调查满意度"行为走音的危险，这意味着受访者更有可能默许问题组合，并减少对其答案的区分［霍尔布鲁克、格林和克罗斯尼克（Holbrook, Green and Krosnick，2003）；帕塞克和克朗斯尼克（Pasek and Kronsnick），2010］。

185

---

　　［1］　在 CATI 中，访谈官按照软件应用程序提供的脚本，在听取答案的同时插入数据。

表 8.1 近年来相关的议会调查概览表

调查名称	国家/议会	传导的年份	一般目标	方法	可用数据	回复率	样本量	数据可用性——条件	数据可用性——网址	文献引用
PartiRep（大学间吸引参与和代表的能力）的国会议员比较调查	15个国家：AUT, BEL, FRA, DEU, HUN, IRL, ISR, ITA, NLD, NOR, POL, POR, ESP, CHE, GBR；在BEL, DEU（州级），HUN, ISR, NOR 完成数据收集。	2009年3月-2011年1月	分析现代民主国家参与和代表的变化模式；在70多个议会的地区和国家议员进行的跨国家立法者调查	根据合作伙伴的不同，方法多样；一般：通过邮件联系、电子邮件调查，通过电话或网络调查、通过信件和重新邀请提醒和电话支持；在一些情况下：面对面访谈	（1）代表的焦点：国会议员希望为社会中的哪些群体发言，尤其是在领土群体或联邦式领土组织的国家。（2）代表风格：议员如何看待他们的任务、哪些活动定义代表角色的核心。（3）对代表和民主的态度：民主的含义是什么？代议制民主有问题吗？如何修复或改进？	全国：7.1% — 46.7%（平均=24.9%）；地区：21.6% — 40.4%（平均=31%）	2326	—	http://www.partirep.eu/	德舒尔、德斯沃和安德烈（Deschouwer, Depauw and André 2014）
欧洲议会研究组（EPRG）	欧洲的议会	2010年4-11月（最新版），以前的调查是在2000年和2006年进行的	提供新的欧洲议会成员的数据来源	通过邮件联系、网络调查	个人资料、选举制度和候选人甄选、2009年选举的竞选目标和活动、对代表权的态度/行为、议会内部的委员会和投票、总体政治态度、对欧盟政策和机构改革的态度	36%	270	访问人联系Simon Hix（西蒙·希克斯@lse.ac.uk>）获取（<S.hix @lse.ac.uk>；仅需要登录；仅用于学术目的	<http://www2.lse.ac.uk/government/research/resgroups/EPRG/MEPsurveyData.aspx>	斯卡利、希克斯和法雷尔（Scully, S. Hix, and Farrell），2012

续表

调查名称	国家/议会	传导的年份	一般目标	方法	可用数据	回复率	样本量	数据可用性——条件	数据可用性——网址	文献引用
为欧盟选举民主（PIREDEU）	欧洲议会所有27个成员国	2008—2011年	为欧盟公民身份，政治参与和选举民主的（综合）研究提供基础设施；对美国全国选举研究（ANES）基准的改进；源自欧洲选举研究（EES）	欧洲议会选举研究：2009年候选人研究：邮件问卷，网络调查	对政治问题的态度（立场和效价问题），价值取向，感知到的政党和选民对问题的立场，竞选风格、策略和手段，对欧洲一体化的态度，对国家和欧洲层面之间权力分配的偏好，代表焦点，提名程序，政治纪律的态度，政治背景，移民背景，政治经验信息，职业、教育，宗教和生活水平	4.4%—42.9%（平均值=20.71%）	1346	注册后免费，需要登录（GESIS）	https://dbk.gesis.org/dbksearch/SDesc2.asp?no=5048&tab=3&11=10&notabs=&af=&nf=1&db=D	<http://www.piredeu.eu>[吉布勒（Giebler）等人，（2009）；吉布勒和伍斯特（Giebler and Wüst），（2011）]
比较的候选人研究（CCS）	15个国家（进行或目前正在进行）：ALB, AUS, AUT, BEL, BGR, CAN, CZE, DNK, EST, FIN, FRA, DEU, GBR, GRC, HUN, ISL, IRL, LUX, ITA, NLD, NZL, NOR, POL, PRT, ROM, SVN, SWE, CHE	每个国家不同（最大时间跨度：2005—2011年）	研究候选人，政党和选民之间的关系	四个备选方案方式（加组合）：邮件调查，面对面访谈，电话调查，在线调查	个人资料、选举制度和候选人甄选，2009年候选人的竞选活动，对代表权的态度/行为，议会内部的委员会和投票，总体政治态度，对欧盟政策和机构改革的态度	平均值=40.81%	样品量：17—1871（平均值=700，总量=14392）	注册后免费，需要登录	http://www.comparativecandidates.org/node	<http://www.comparativecandidates.org/>

续表

调查名称	国家/议会	传导的年份	一般目标	方法	可用数据	回复率	样本量	数据可用性——条件	数据可用性——网址	文献引用
拉丁美洲精英议会（PELA）	18个拉丁美洲国家：ARG, BRA, BOL, COL, CRI, CHL, ECU, GTM, SLV, HND, MEX, NIC, PAN, PRY, PER, DOM, URY, VEN	每个国家都不同（最长时间跨度：1993—2011年）	提供关于所有拉丁美洲国家议会成员的意见、态度和看法的数据	通过电话预约，在受访者的办公室进行面谈。	个人信息（性别、年龄、教育、工资、公民身份、政治生涯、党派、动机、家庭政治背景、宗教信仰……）；意见关于：离婚、堕胎，民主（如稳定、巩固），选举和选举制度，政党的重要性，政党和政治家的左右定位，人口之间的关系，以及政党和本党的民主程度、投票纪律，与本省的关系以及在省利益与政党利益发生冲突时候选人的行为，司法制度、自由市场或计划经济，国家责任，直接或间接税收	24%—90%（平均值=57%）（Saiegh, 2009）	46—134（平均值=85.9）	—	免费注册和签署保密协议，需要登录。	http://americo.usal.es/oir/elites/bases_de_datos.htm

180

续表

调查名称	国家/议会	传导的年份	一般目标	方法	可用数据	回复率	样本量	数据可用性—条件	数据可用性—网址	文献引用
旭东大精英调查（ATES）	日本下议院和上议院	2003年（众议院议员和候选人），2004年（候选人众议员议员），2005年（参议院候选人和议员），2007年（参、众两院候选人、议员），2009年（候选人、议员），2010年（参议院议员和候选人和议员）	调查候选人和/或成员（参议院和众议院）在各种问题上的立场	邮寄问卷，传真回复	个人信息（姓名、选区等）；政治上的情况（党派和关系）；重大政策：个人资质（有资质胜任的领域）和强大的专业知识；对联合政府的个人观点；进一步的政策问题：宪法，国防和政策安全，外交政策，社会政策，政府规模，私有经济和财政政策，预算化，农业政策，福利，教育/文化，技术发展，环境保护，国际援助/协助，国内安全，移民，死刑，区域政策等	76.7%—95.3%（平均=86.6%）	392 & 1104 (2003)，433 (2004)，1043 (2005)，433 (2007)，1301 (2009)，457 (2010)	免费在线	http://www.masaki.j.u-tokyo.ac.jp/ats/atpsdata.html	[平野，今井，白人，谷口（Hirano, Imai, Shiraito, and Taniguchi 2011]

续表

调查名称	国家/议会	传导的年份	一般目标	方法	可用数据	回复率	样本量	数据可用性——条件	数据可用性——网址	文献引用
项目智能投票	USA	国会候选人：1992—2012年，州立法机构候选人：1996—2012年，州长的候选人：1996—2012年	收集和分发有关公职候选人的信息，如发布职位、投票记录、竞选资金等	所有使用的方法因年而异。标准联系人：（1）介绍性邮件（包括一封宣布政治勇气测试和传记问卷）；（2）确认我们的数据库有在电子邮件（所有介绍性的候选人寄一封电子邮件后收到确认以收到）；（3）红色邮件寄（在截止日期前3周发送给候选人的红色提醒明信片提醒他们在提供信息；（4）固定电子邮件（所有在我们数据库中有电子邮件地址的候选人在截止日期前一周收到一封电子邮件提醒他们索取信息的日期）	一个候选人最近完成的信息：个人信息：婚姻状况、教育、专业和政治经验，非立法委员会、组织成员资格，对堕胎的意见，预算、支出和税收，经济，环境和能源外交政策，枪支，医疗，移民，同性婚姻和社会保险；关于特殊利益集团及其对候选人的评级的关键立法以及候选人的投票，基本选举信息，委员会及其成员，州和联邦选举中的候选人，担任某些领导职务的官员	2012年：28.72%（国会候选人）；1992—2010年：38%—63%（平均值=53.9%，国会候选人），14%—38%（平均值=29%，州立法候选人），34%—77%（平均值=52.79%，州长候选人）	274（2012年国会候选人）	填写注册表格（联系方式、预期用途）以及支付售价100美元的所需款项：代表教育机构进行研究	http：//votesmart.org/share/api/	votesmart <http：//votesmart.org/>

续表

调查名称	国家／议会	传导的年份	一般目标	方法	可用数据	回复率	样本量	数据可用性——条件	数据可用性——网址	文献引用
候选人涌现研究（CES）	美国（众议院）选举活动	1998年，2000年，2002年	了解美国众议院的潜在候选人如何决定是否参加竞选国会议员，审查众议院竞选活动的强度和内容，以及选民对竞选活动的反应	通过求助函、调查问卷、提醒明信片来首次接触	潜在候选人调查：党派关系、个人信息，对担任职务的兴趣，对选区重要划的特点，国家和州一级的比较，未来的职业、政治哲学（自由派-保守派），选举因素的重要性，政治条件对选举的重要性、经济条件，对党选美国众议院议员履行职责所花费的时间，选民的要求（个人问题，向中央／地方政府的投诉，立法活动等），进入政党选举名单第一行的重要因素，在大选中连任的重要性，选民用来了解政治家活动的通信媒体	1998年：33%	线人：1548人：免费在线潜在候选人：2952人：命名潜在候选人：452人：州议员：872人	免费在线	http：//ces.iga.ucdavis.edu/datasets.html	http：//ces.iga.ucdavis.edu/>

184

续表

调查名称	国家/议会	传导的年份	一般目标	方法	可用数据	回复率	样本量	数据可用性——条件	数据可用性——网址	文献引用
对土耳其议会议员的调查	土耳其议会	1995年	收集有关时间需求及其解决方案、政党提名的动机、政党名单提名、选举、媒体、选区规模，以前的任职情况	邮寄问卷、电话提醒	花在议员各种职责上的时间，选民的要求，进入政党选举名单第一行的重要因素，在大选中连任的重要因素，选民们用来了解政治家活动的通信媒体	19.8%	85	可根据作者个人要求进行研究：hazama@ide.go.jp	—	[哈扎马（Hazama）2009]

8.4.1　应答率和选择偏差

访谈和调查的主要挑战之一是回复率低（单位无响应）［一般调查见马西和图朗高（Massey and Tourangeau），2013；关于精英研究，见蒙哥马利、库珀、赖特和古安（Montgomery，Cooper，Reiter and Guan），2008；古普塔、肖和德莱瑞（Gupta，Shaw and Delery），2000］，而访谈的回复率通常高于调查［马埃斯塔斯（Maestas）等人，2003］。调查中单位无响应的问题是，研究人员可能只留有很少的案例，这可能使统计方法的使用出现问题，并导致选择偏差，进而可能导致扭曲的结果。在国际上，无回复率似乎在上升，对精英研究的影响与对普通人群的影响一样大，因此，到目前为止，需要付出更大的努力才能达到可接受的回复率［德希尔（De Heer），1999］。一方面，邮件和在线调查的回复率很低，因为在线调查很容易进行，所以调查需求大幅增加，这使议员们越来越"超负荷"，因此不太愿意作出答复。另一方面，寻找访谈伙伴往往更加直截了当，但无回复率往往不像自我进行的调查那样系统地报告。对此有几种应对方式。首先，人们可以通过反复打电话邀请参与和进行个人访谈，而不是以邮件调查的方式来提高回复率。霍夫曼－朗格（Hoffmann-Lange，1987）对这种方法进行了很好地讨论和论证。提高回复率的其他建议包括使用对回复者友好的问卷、使用个人化通信，并承诺将研究结果提供给受访者［马埃斯塔斯（Maestas）等人，2003］。

其次，如果低答复率不是有偏见的话，它本身不一定是一个问题（蒙哥马利等人，2008）。关于哪些议员群体通常不容易对调查作出回应，我们已有一些了解，例如，来自较大党派的议员［韦贝尔斯（Weßels），2003］或较高职位的政治家。通过将可能相关的变量，如年龄、性别、职位等级、党派团体和整个群体（通常是立法机构）的职业阶段，与样本进行比较，可以明显看出哪种"类型"的议员可能代表性不足。邓肯相似性指数[1]［马什和韦贝尔斯（Marsh and Weßels），1997］可用于此目的。在发现样本有偏差的情况下，一种可能的补救措施是对样本进行加权，就如在凯里（Carey）等人的州选举研究中所为（2002）。因为他们发现，女性议员，特别是在任期较短和人口较少的州的上议院任职的，以及来自非南方州的，更有可能进行回应，他们分配权重，以校正不同的回复率。

186

---

　　[1]　它的计算方法是将两组中每一组在量表项目的每一类别中所占比例的绝对差异相加，然后将总数除以 2。其范围从 0（完全一致）到 100（最大差异）。

再次，到目前为止，已经开发了几种方法来明确地对选择偏差进行建模，并对某些对象进入样本的原因进行建模［约翰斯顿（Johnston），2008］。有了赫克曼（Heckman，1976）和相关的选择模型，现在可以对哪些人对调查有回复，哪些人没有回复进行建模。因为我们通常也有数据——例如，那些没有回复议会研究的受访者的党团成员、职位和年龄，所以这是一件相当直接的事情。影响回复率的可能因素是收入、年龄、种族和工作状态［格罗夫斯和库珀（Groves and Couper），1998］，然而，我们对这些变量在议会研究中的作用的了解要少得多（关于人口研究中的调查无回应模型，见布雷姆（Brehm，1999 年）。

最后，一种减轻填写长问卷负担并有希望提高回复率的替代方法，是拆分问卷设计，其中回答者只需填写问卷的部分内容，剩余的空白部分随后由研究人员通过输入缺失数据的方式来填写［关于这些技术的进一步讨论，见利特尔和鲁宾（Little and Rubin），1987；拉古纳坦和格里兹尔（Raghunathan and Grizzle），1995］。不过，迄今为止，这主要适用于人口调查，而不是精英调查。类似地，有一些用于处理项目无回复的统计技术（当回答者不回答某些问题时），其中最成熟的是金（King，2001）等人的多重替换技术。该技术提出了一种填补缺失数据的算法，作为列表删除和拆分问卷设计的可能替代方案［戈德斯坦（Goldstein），2002］。

总体而言，立法研究者仍然面临这样一个问题，即尽管对调查问题的研究和当前的技术都很先进，允许进行更快、更便宜和更复杂的调查，但他们的调查得到的答案越来越少。因此，为了纠正这一点，第一步是系统地调查议会调查的回复率，其中的具体因素，如问卷的长度、提醒联系的频率和类型、调查的时间安排以及回应者的某些属性，都被用来解释没有回复的原因。从长远来看，鼓励更好的数据共享文化也很重要，特别是在资助机构和期刊编辑方面，以便议会研究人员能够更有效地利用已经进行的调查，避免重复相同或类似的调查。做出这种尝试的一个例子是网页 VoteWorld[1]。

8.4.2　专家调查

专家调查在政党和议会研究中越来越受欢迎，因为它们相当容易实施、全

---

[1]　http：//www.voteworld.berkeley.edu.

面且非常灵活。通过向一些国家的专家发送在线或纸质问卷，要求他们提供关于政党立场、立法权力和资源的判断，可以收集涵盖较大地理范围的政党和立法政治的许多方面的数据。拉沃尔和亨特（Laver and Hunt，1992）进行的专家调查被认为是政党和立法事务文献中最早的有影响力的专家评估之一。这项调查提供了关于 24 个民主国家的不同政党政策评估，并在其原始版本［贝努瓦和拉沃尔（Benoit and Laver），2005］以及几位学者修改／修订的版本中进行了重复。特别是，教堂山调查因其对欧洲一体化层面的具体关注而引人注目，并因其包括了 1999 —2010 年进行的总共四轮调查，涵盖 24 个国家和 237 个缔约方［巴克（Bakker）等人，2012］而如此。贝努瓦（Benoit）和麦克尔罗伊（McElroy，2012）对欧洲议会政党团体的专家估计（2004 年、2007 年和 2010年进行的调查）明显强调立法政党团体而不是政党。

　　菲什和克罗尼格（Fish and Kroenig，2009）提供了一个特别有用的、地理上更精细的数据源。他们对来自 158 个国家的社会科学家、记者、工作人员和知情专家，就构成立法权的 32 个因素进行了调查，并据此制定了议会权力指数。除其他事项外，受访者的专业知识被用来区分正式文书和实际使用的文书，因此，只有在专家认为文书真正可执行时，文书才被编码为行使权力的工具。一方面，这清楚地表明了调查专家的优势，因为他们能够区分无关的立法文书和已执行的立法文书。另一方面，它也突出了某些缺点，那就是专家调查措施是静态的，必须重复才能捕捉到变化［德斯波萨托（Desposato），2012］。此外，这一数据收集工作的另一个缺点是忽略了对专家判断的异议或不确定性的衡量，如标准误差［德斯波萨托（Desposato），2012］。相比之下，教堂山政党立场调查［Chapel Hill Party Positions Survey（S）］列出了这些异议措施，从而为大量有趣的研究问题提供了材料，例如，关于政党之间故意模糊其立场的常见做法［罗夫尼（Rovny），2012］。

　　虽然对专家数据用于衡量政党立场［马克斯、胡格、斯滕贝亨和巴克（Marks, Hooghe, Steenbergen and Bakker），2007；斯滕贝亨和马克斯（Steenbergen and Marks），2007］有广泛的争论（相对于政党宣言数据），使用专家调查来调查议会的特点尚未得到深入讨论。专家调查在一般情况下以及在议会研究中的优势在于，人们基本上可以向专家询问与专家有关的任何事情［马克斯（Marks）等人，2007］。通常，专家掌握的信息也远远多得多［例如，关于议会中唱名表决的实际使用情况，正如 2012 年哈格（Hug）所调查的那样］，例如，比起分析议会规则手册所传达的（信息），专家掌握的要多得多。

　　然而，还必须铭记，专家只能表达主观判断，因此他们的答案可能不太可靠。此外，专家们往往只能被要求提供关于过去不久的事实或情况的信息，因为（如在议会或人口调查中）溯及既往的合理化可能会扭曲结果。此外，相当易变或不稳定的调查对象（如新的政党）也可能导致专家的估计错误［马克斯（Marks）等人，2007］。在政党立场判断的情况下，巴奇（Budge，2001）批评了对专家的调查，因为不清楚专家实际上是根据什么标准和哪个时间框架作出判断的。斯滕贝亨和马克斯（Steenbergen and Marks，2007）在对政党立场的专家判断进行广泛评估时，讨论了这些批评观点，并展示了如何使用相似性指数来比较政党立场的各种衡量标准。最后，值得注意的一点是，专家调查的回复率不断下降，一些报告的回复率几乎与精英调查的回复率一样低。在一个理想的世界里，研究人员应该使用几个数据来源来调查他们的研究对象。就政党立场而言，现在很容易做到这一点，因为基于不同方法的广泛研究（从政党宣言分析到议员和民众的估算，到专家调查和媒体分析［关于这些方法的讨论，见赫尔布林和特雷奇（Helbling and Tresch），2010］，为比较各种估算提供了丰富的数据库。

8.5　结论

　　尽管关于立法行为（如唱名表决）的数据广泛可用，但直接从议员、其工作人员和专家那里收集关于议员态度、想法和见解的数据仍有价值。这一研究领域的发展，从在现代议会早期进行的探索性研究到使用和形成更成熟的立法行为模式和理论，与之相伴的是从运用访谈到运用调查的转变。然而，这两种方法在立法研究中仍然有效，而这取决于研究问题和先前的知识水平。我发现运用这些方法的主要挑战是当前定性访谈缺乏质量控制。在合作性访谈方法概念的传统中，对此的补救措施可以是在访谈结束时为受访者提供一份非常简短的评估表，让受访者有机会评估访谈情境以及采访者。关于调查，改进议会研究的一项建议是更加重视各研究人员之间的协调，以减少议员正在（重复）处理的调查数量，从而提高回应率。这种协调努力的一个例子是通过欧洲社会调查进行的比较选举研究，这是协调舆论研究的最广泛尝试之一［库尔蒂斯（Curtice），2007］。即使是在这一成熟的舆论和选举研究领域，合作也是要求极严、十分困难的，并且依赖于机构支持，例如，欧盟或欧洲科学基金会提供的支持。这已经表明，未来协调议会调查的尝试，如 PARTIREP 的情况，将是耗时的，并取决于个人努力。

参考文献

Aberbach, J. D. and Rockman, B. A., 2002. Conducting and Coding Elite Interviews. PSOnline, 35:673–76.

Ansolabehere, S., Snyder, J. M., and Stewart, C., 2001. The Effects of Party and Preferences on Congressional Roll–Call Voting. Legislative Studies Quarterly, 26: 533–72.

Asher, H. B., 1973. The Learning of Legislative Norms. American Political Science Review, 67: 499–513.

Bailer, S., Meissner, P., Ohmura, T., and Selb, P., 2013. Seiteneinsteiger im Deutschen Bundestag. Wiesbaden: VS Springer Verlag.

Baker, R. K., 2011. Touching the Bones: Interviewing and Direct Observational Studies of Congress. In E. Schickler and F. E. Lee (eds.). The Oxford Handbook of the American Congress, pp. 95–114. Oxford: Oxford university Press.

Bakker, R., de Vries, C., Edwards, E., Hoogher, L. H., Jolly, S., Marks, G., and Vachudova, M. A., 2012. Measuring Party Position in Europe: The Chapel Hill Expert Survey Trend File, 1999–2010. Party Politics, DOI: 10.1177/1354068812462931.

Benoit, K. and Laver, M., 2005. Party Policy in Modern Democracies. London: Routledge.

Blomgren, M. and Rozenberg, O., 2012. Parliamentary Roles in Modern Legislatures. Milton Park Abingdon: Routledge.

Bowler, S. and Farrell, D. M., 1999. Parties and Party Discipline within the European Parliament: A Norms–Based Approach. In S. Bowler, D. M. Farrell, and R. S. Katz (eds.). Party Discipline and Parliamentary Government, pp. 208–226. Columbus: Ohio State university Press.

Brady, H. E., 2000. Contributions of Survey Research to Political Science. PS: Political Science and Politics, 33: 47–57.

Bräuninger, T., Brunner, M., and Däubler, T., 2012. Personal Vote–seeking in Flexible List Systems: How Electoral Incentives Shape Belgian MPs' Bill Initiation Behaviour. European Journal of Political Research, 51: 607–45. doi: 10.1111/j.1475–6765.2011.02047.x.

Brehm, J., 1999. Alternative Corrections for Sample Truncation: Applications to the 1988,

1990, and 1992 Senate Election Studies. Political Analysis, 8: 183–99.

Budge, I., 2001. Validating Party Policy Placements. British Journal of Political Science, 31: 210–23. Carey, J. M., 2009. Legislative Voting and Accountability. Cambridge: Cambridge university Press Carey, J. M., Niemi, R. G., Powell, L. W., and Moncrief, G. F., 2002. 2002 State Legislative Survey. ICPSR 20960, <http://www.icpsr.umich.edu/icpsrweb/ICPSR/studies/20960>.

Conti, J. A. and O'Neil, M., 2007. Studying power: qualitative methods and the global elite. Qualitative Research, 7: 63–82.

Crowe, E., 1983. Consensus and Structure in Legislative Norms: Party Discipline in the House of Commons. The Journal of Politics, 45: 907–31.

Curtice, J., 2007. Comparative Opinion Surveys. In H–D. Klingemann and R. Dalton (eds.). Oxford Handbook of Political Behavior, pp. 898–909. Oxford: Oxford university Press.

De Heer, W., 1999. International response trends: results of an international survey. Journal of Official Statistics, 15: 129–142.

De Leeuw, E. D., Hox, J. J., and Snijkers, G., 1995. The effect of computer–assisted interviewing on data quality: A review. Journal of the Market Research Society, 37: 325–44.

Desmond, M., 2004. Methodological Challenges Posed in Studying an Elite in the Field. Area, 36: 262–69.

Deschouwer, K., Depauw, S. and André, A., 2014. Representing the People in Parliaments. In K. Deschouwer and S. Depauw (eds.). Representing the People: a Survey of Statewide and Substate Parliaments, pp. 1–18. Oxford:Oxford University Press.

Desposato, S. W., 2012. The Handbook of National Legislatures. Book Review. Legislative Studies Quarterly, 37: 389–96.

Dexter, L. A., 1969. The Sociology and Politics of Congress. Chicago: Rand McNally & Company.

Dexter, L. A., 2006 [1970]. Elite and Specialized Interviewing. Colchester: ECPR Press.

Eulau, H., Wahlke, J. C., Buchanan, W., and Ferguson, L., 1959. The Role of the Representative: Some Empirical Observations on the Theory of Edmund Burke. American Political Science Review, 53: 742–52.

Fenno, R. F. J., 1973. Congressmen in Committees. Boston: Little, Brown and Co.

Fenno, R. F. J., 1978. Home Style: House Members in their Districts. Boston, Toronto: Little, Brown and Company.

Fish, M. S. and Kroenig, M., 2009. The Handbook of National Legislatures: A Global

Survey. New York: Cambridge university Press Nueva York.

Fu, Y–c. and Chu, Y–h., 2007. Different Survey Modes and International Comparisons. In W. Donsbach and M. W. Traugott (eds.). The Sage Handbook of Public Opinion Research, pp. 284–375. Los Angeles London: Sage.

Giebler, H. and Wüst, A. M., 2011. Campaigning on an upper Level? Individual Campaigning in the 2009 European Parliament Elections in its Determinants. Electoral Studies, 30: 53–66.

Giebler, H., Haus, E., and Weßels, B., 2009. 2009 European Election Candidate Study—Codebook (Advanced Release, V2). <http://info1.gesis.org/dbksearch19/SDesc2.asp?no=5048&tab=3&ll=10&notabs=&af=&nf=1&db=D>.

Goldstein, K., 2002. Getting in the Door: Sampling and Completing Elite Interviews. PSOnline, 669–72.

Groves, R. M. and Couper, M. P., 1998. Nonresponse in Household Interview Surveys. New York: John Wiley and Sons.

Gupta, N., Shaw, J. D., and Delery, J. E., 2000. Correlates of Response Outcomes Among Organizational Key Informants. Organizational Research Methods, 3: 323–47.

Hall, R. L., 1996. Participation in Congress. New Haven and London: Yale university Press.

Harvey, W. S., 2010. Methodological Approaches for Interviewing Elites. Geography Compass, 4: 193–205. doi: 10.1111/j.1749–8198.2009.00313.

Hazama, Y., 2009. Constituency Service in Turkey: A Survey on MPs. European Journal of Turkish Studies. Social Sciences on Contemporary Turkey.

Hebert, T. F. and McLemore, L. E., 1973. Character and Structure of Legislative Norms: Operationalizing the Norm Concept in the Legislative Setting. American Journal of Political Science, 17: 506–27.

Heckman, J. J., 1976. Sample Selection Bias as a Specification Error. Econometrica, 47: 153–61.

Helbling, M. and Tresch, A., 2010. Measuring Party Positions and Issue Salience from Media Coverage: Discussing and Cross–validating New Indicators. Electoral Studies, 30: 174–83.

Hermanowicz, J. C., 2002. The great interview: 25 strategies for studying people in bed. Qualitative Sociology, 25: 479–99.

Hirano, S., Imai, K., Shiraito, Y., and Taniguchi, M., 2011. Policy Positions in Mixed Member Electoral Systems: Evidence from Japan. Manuscript, <http://imai.princeton.edu/research/japan.html>.

Hix, S., Noury, A., and Roland, G., 2006. Dimensions of Politics in the European Parliament. American Journal of Political Science, 50: 494–511.

Hoffmann–Lange, u., 1987. Surveying National Elites in the Federal Republic of Germany. In G. Moyser and M. Wagstaffe (eds.). Research Methods for Elite Studies, pp. 27–46. London: Allen & unwin.

Holbrook, A. L., Green, M. C., and Krosnick, J. A., 2003. Telephone Versus Face–to–face Interviewing of National Probability Samples with Long Questionnaires: Comparisons of Respondent Satisficing and Social Desirability Response Bias. Public Opinion Quarterly, 67: 79–125.

Hug, S., Wegmann, S. and Wüest, R., 2015. Parliamentary Voting Procedures in Comparison. West European Politics, 38:940–968 .

Jahr, S., 2006. Telefonische Befragung Von Parlamentarischen Eliten—CATI auf Abwegen? In T. Ritter (ed.), CATI abseits von Mikrozensus und Marktforschung. Telefonische Expertenbefr agungen: Erfahrungen und Befunde, pp. 43–56.

Jena: Reihe: Gesellschaftliche Entwicklungen nach dem Systemumbruch.

Johnston, R., 2008. Survey Methodology. In J. M. Box–Steffensmeier, H. E. Brady, and D. Collier (eds.). The Oxford Handbook of Political Methodology, pp. 385–403. Oxford: Oxford university Press.

King, G., Honacker, J., Joseph, A., and Scheve, K., 2001. Analyzing Incomplete Political Science Data. American Political Science Review, 95: 49–69.

King, G., Keohane, R. O., and Verba, S. 2001. Designing Social Inquiry: Scientific Inference in Qualitative Research. Princeton: Princeton university Press.

Kvale, S. and Brinkmann, S., 2009. Interviews. Learning the Craft of Qualitative Research Interviewing. Thousand Oaks: Sage Publications.

Laver, M. and Hunt, B. W., 1992. Policy and Party Competition. New York: Routledge.

Leech, B. L., 2002. Asking Questions: Techniques for Semistructured Interviews. Political Science and Politics, 35: 665–68.

Leuffen, D., 2006. Bienvenue or Access Denied? Recruiting French Political Elites for In–Depth Interviews. French Politics, 4: 342–47.

Lilleker, D. G., 2003. Interviewing the Political Elite: Navigating a Potential Minefield. Politics, 23: 207–14.

Little, R. J. A. and Rubin, D. B., 1987. Statistical Analysis with Missing Data (Vol. 4). New York: Wiley.

Loewenberg, G. and Mans, T. C., 1988. Individual and Structural Influences on the

Perception of Legislative Norms in Three European Parliaments. American Journal of Political Science, 32: 155–77.

Maestas, C., Neeley, G. W., and Richardson Jr., L. E., 2003. The State of Surveying Legislators: Dilemmas and Suggestions. State Politics and Policy Quarterly, 3: 90–108.

Marks, G., Hooghe, L., Steenbergen, M. R., and Bakker, R., 2007. Crossvalidating data on Party Positioning on European Integration. Electoral Studies, 26: 23–38.

Marsh, M. and Weßels, B., 1997. Territorial Representation. European Journal of Political Research, 32: 227–41. doi: 10.1023/a:1006880302886.

Martin, S. and Rozenberg, O., 2012. The Roles and Function of Parliamentary Questions. London: Routledge.

Massey, D. S. and Tourangeau, R., 2013. The Nonresponse Challenge to Surveys and Statistics. The ANNALS of the American Academy of Political and Social Science, 645: 6–22.

McDowell, L., 1998. Elites in the City of London: Some Methodological Considerations. Environment and Planning A, 30, 2133–46.

McElroy, G. and Benoit, K., 2012. Policy Positioning in the European Parliament. European Union Politics, 13: 150–67.

Montgomery, J. M., Cooper, A., Reiter, J., and Guan, S., 2008. Nonresponse Bias on Dimensions of Political Activity Amongst Political Elites. International Journal of Public Opinion Research, 20: 494–506.

Morris, Z. S., 2009. The Truth about Interviewing Elites. Politics, 29: 209–17.

Odendahl, T. and Shaw, A. M., 2001. Interviewing Elites. In J. F. Gubrium and J. A. Holstein (eds.), Handbook of Interview Research: Context and Method, pp. 299–316. London: Sage Publications.

Oppenheimer, B. I., 2011. Behavioral Approaches to the Study of Congress. In E. Schickler and F. E. Lee (eds.). The Oxford Handbook of the American Congress, pp. 11–35. Oxford: Oxford university Press.

Pasek, J. and Krosnick, J. A., 2010. Optimizing Survey Questionnaire Design in Political Science: Insights from Psychology. In J. E. Leighley (ed.), Oxford Handbook of American elections and political behavior, pp. 27–50. Oxford: Oxford university Press.

Patzelt, W., 1996. Deutschlands Abgeordnete: Profil Eines Berufsstands, Der Weit Besser ist als Sein Ruf. Zeitschrift für Parlamentsfragen, 27: 462–502.

Proksch, S.–O. and Slapin, J. B., 2010. Position Taking in European Parliament Speeches. British Journal of Political Science, 40: 587–611.

Puwar, N., 1997. Reflections on Interviewing Women MPs. Sociological Research Online, 2, <http://www.socresonline.org.uk/2/4.html>.

Raghunathan, T. E. and Grizzle, J. E., 1995. A Split Questionnaire Survey Design. Journal of the American Statistical Association, 90: 54–63.

Richards, D., 1996. Elite Interviewing: Approaches and Pitfalls. Politics, 16: 199–204.

Roulston, K., 2010. Reflective Interviewing: A Guide to Theory and Practice. London: Sage.

Rovny, J., 2012. Who Emphasizes and Who Blurs? Party Strategies in Multidimensional Competition. European Union Politics, 13: 269–92.

Saiegh, S. M., 2009. Recovering a Basic Space from Elite Surveys: Evidence from Latin America. Legislative Studies Quarterly, 34: 117–45.

Saris, W. E. and Gallhofer, I., 2007. Estimation of the Effects of Measurement Characteristics on the Quality of Survey Questions. Survey Research Methods, 1: 29–43.

Schaeffer, N. C. and Presser, S., 2003. The Science of Asking Questions. Annual Review of Sociology, 65–88.

Scully, R., Hix, S., and Farrell, D. M., 2012. National or European Parliamentarians? Evidence from a New Survey of the Members of the European Parliament. Journal of Common Market Studies, 50:670–83.

Searing, D. D., 1994. Westminster's World. Understanding Political Roles. Cambridge: Harvard university Press.

Skjaeveland, A., 2001. Party Cohesion in the Danish Parliament. Journal of Legislative Studies, 7: 35–56.

Smith, K. E. 2006. Problematising Power Relations in 'Elite' Interviews. Geoforum, 37, 643–53. doi: 10.1016/j.geoforum.2005.11.002.

Steenbergen, M. R. and Marks, G., 2007. Evaluating Expert Judgments. European Journal of Political Research, 46: 347–66.

Thompson, J. A., Kurtz, K., and Moncrief, G. F., 1996. We've Lost That Family Feeling: The Changing Norms of the New Breed of State Legislators. Social Science Quarterly, 77: 345–62.

Wahlke, J. C., Eulau, H., Buchanan, J. M., and Ferguson, L. C., 1962. The Legislative System: Explorations in Legislative Behavior. New York: Wiley.

Weßels, B., 2003. Abgeordnetenbefragung 2003. Berlin: Wissenschafts-zentrum Berlin.

Zittel, T. and Gschwend, T., 2008. Individualised Constituency Campaigns in Mixed–member Electoral Systems: Candidates in the 2005 German Elections. West European Politics, 31: 978–1003.

第九章　立法行为的实验性研究[*]

詹姆斯·N. 德鲁克曼 (James N. Druckman)

托马斯·J. 利珀 (Thomas J. Leeper)

凯文·J. 马利尼克斯 (Kevin J. Mullinix)

9.1　引言

A. 劳伦斯·洛厄尔 (A. Lawrence Lowell) 是 20 世纪和 21 世纪初最具影响力的政治学家之一，曾担任哈佛大学校长和美国政治学会 (APSA) 的会长。在洛厄尔 (Lowell) 对 APSA 所做的主席演讲中，他建议政治学研究不要去效仿自然科学的模式："我们受限于实验的不可能性。政治学是一门观察性而非实验性的科学……[洛厄尔 (Lowell)，1910，7]"然而，与此观点相反，实验在过去的 25 年中已然成为政治学中一种重要的（尽管不是核心的）研究方法[如德鲁克曼和卢皮亚 (Druckman and Lupia)，2012]。只是，这些研究对洛厄尔 (Lowell) 大部分工作关注的领域——立法研究——究竟产生了多大影响？我们将在这篇文章中解答这个问题。首先，我们澄清了我们所指的"实验"的含义，并讨论实验方法变化的一些关键方面。然后，我们审视了立法研究中实验应用的 3

* 陆幸福译，王涵阅校。

个领域：立法投票、议会联盟和回应性研究。在文章最后，我们讨论了立法机关实验的挑战和局限性，同时也强调了未来对立法机关进行实验的可能性。

9.2　实验的含义及其应用方法[1]

研究人员通过设计实验的方法解决因果问题，这与解决描述性或解释性问题的研究模式有很大不同。解决一个因果问题要求在世间事物的两种（或多种）存在状态之间进行比较：一种是经历了某种刺激的状态，另一种是没有经历某种刺激的状态，此外其他一切条件都处于恒定不变的状态（未被处理的状态）。因果关系就在这些不同状态引发的结果差异中得以展现。而当我们无法对处于不同状态中的人或实体同时进行观察时，就会出现**因果推理的根本问题**［霍兰（Holland），1986］。试想多数决规则与一致同意规则的因果效应——在任何给定的时间点，这些规则中只能有一个能够被实现。在这种情况下，我们如何能孤立地区分不同规则对立法者行为的影响呢？想要完全做到这一点，就需要完全相同的立法者在同一个时间点上进行一次投票。并且，在一种情况下需要多数同意，而在另一种情况下需要一致同意。而这显然是不可能的。因此，社会科学家通常采取观察性研究和实验两种方法之一来探索这种规则（和其他因素）的影响。

观察性研究涉及对受到不同实验处理的人进行比较。这在上述例子中可能意味着，要在立法机关采取不同的投票规则的情况下，分析两个具有类似意识形态构成的类似立法机关，或者确定一项类似的立法。例如，如果一致同意规则会导致立法者更具策略性地投票，那么我们就可以得出结论：一致同意规则相对于多数决定规则（对策略性投票）更具有因果效应。当然，这一结论的有效性将取决于两个立法机构之间以及它们的投票之间真正具有可比性的程度。如果在一开始设立一致同意程序的立法机构中，已经存在倾向于进行策略性投票的个人，那么因其内生性，任何可观察到的关系都是虚假的。

举个例子，很多针对立法机关的研究的目标都是了解制度安排如何影响其行为，但立法者自己（其行为利益相关）同时也是制度的设计者和改变者［见

195

---

［1］　本节部分内容摘自德鲁克曼（Druckman）等人的文章（2006；2011a；2011b）。

赖克（Riker），1980]。因此，在这种情况下，实验结果就是因制度安排而固有的。另一个更具体的例子来自德鲁克曼（Druckman）和蒂斯（Thies）2002年的发现：在两院制中，当一个执政联盟不具备上院多数时，其稳定性可能会因院际冲突而降低。然而，各政府在组建之初就能预见到两院制的寿命缩短效应，它们组建的联盟也因此往往不太受两院制的负面影响。如此形成的联盟类型会影响其存续时间，预期的存续时间也会影响如此形成的联盟类型。这种固有的内生性使得人们对因果机制的精准识别充满挑战。考虑到立法行为的动态性，这一点便显得尤为正确了。立法行为的动态性意味着立法行为随着时间的推移而发生，并且有许多变量逐渐发挥作用 [德鲁克曼（Druckman），2008]。以上种种因素重新激发了人们对明确检验因果关系的最直接方法——实验——的兴趣。

实验性研究之所以不同于观察性研究，是因为其研究实体被外源性地分派给**实验处理方法**（treatment）。这里，处理指向潜在因果关系（即独立）变量的不同值。比如，实验者可能会随机指定一些参与者作为立法者，并在多数决规则（一种处理方法）下对提案进行投票，而其他参与者则在一致同意规则（另一种处理方法）下做同样的事情。在某些实验设计中，也有不受特殊处理的对照组（例如，他们投票，但不被告知如何确定结果）和 / 或多个处理组（例如，使用各种投票规则，如绝对多数规则）。随机分配是指被研究的每个实体（如个人）都有非零（且独立）的机会被分配到特定的处理组或对照组。

那么，随机分配是如何克服因果推理的根本问题的？根据定义，随机分配消除了对内生性的担忧，并确保就平均而言（即在足够大的样本中），各组在各个方面都是相同的（例如，"天然"策略型和非策略型个体的数量相同、平均年龄相同，以及每个像这样的可能变量都相同）。因此，两个或多个实验组的平均行为差异（例如，在一致同意规则的情况下有更多策略性的投票）有把握表明投票规则会对立法行为产生影响。尽管我们无法观察到同一个体在两个不同的处理状态下的情况（在多数同意和一致同意的情况下投票），但随机分配使研究人员能够评估两种状态下个体群体之间的平均差异，**这就是平均处理效应**。干预前，随机分配的处理组（和对照组）具有相同的预期行为。除偶变情况外，随机分配提供了一个假设基础，即一个处理组的行为与未受到指定处理的其他处理组相同。因为实验者可以控制自变量的值并随机分组，所以在确定自变量的影响时能够排除所有混杂变量（包括未实际观察到的变量）。

通过提供清晰的因果证据，实验使社会科学家能够解决各种问题。罗斯（Roth，1995，22）确定了实验的三种非排他性作用。一个简要回顾即可表明，政治科学家已经在实验中利用了这三个作用：第一个作用，罗斯（Roth）描述了"寻找事实"，其目标是"通过改变实验方式的细节，分离出一些观察到的规律性的原因"。这些类型的实验通常是对观察性研究的补充。"寻找事实"描述了许多试图估计因果参数的实验研究，例如，少数派政府对内阁稳定性的影响。第二个作用需要"与理论家对话"，其目标是"检验表述清晰的形式理论的预测（或假设）"；第三个作用是"对王子耳语"，它促进了科学家和决策者之间的对话。

此处有四个关于实验设计的重要问题需要我们澄清。

第一，不应将**随机分配**与**随机抽样**混为一谈。随机抽样指向一种在某些研究中选择参与者的程序。相比之下，随机分配并不要求从更大的人群中随机抽取参与者（像随机抽样那样），因为大多数实验性研究并不包括实际的立法者。参与者（如大学生）与实际的立法者是否具有可比性是一个重要的问题，我们将在后面讨论这个问题。

第二，许多社会科学实验采用**被试者间设计**，即研究者将参与者随机分配到不同的**处理**组（例如，采用多数或一致同意规则的组）。另一种方法是**被试者内设计**，即观察给定的参与者在**受到处理**前后的区别（如被试者之间没有随机分配）。被试者内设计的一个例子是，相同的被试者先在多数规则下投票，然后他们在一致同意规则下再次投票（反之亦然）。原则上，只有在假设每个参与者都没有以任何与研究相关的方式发生变化的情况下，被试者内设计才有效（例如，参与前一轮投票不会影响随后的行为）。由于社会科学家必须应对记忆和预期的问题，所以被试者间的实验设计更为典型。

话虽如此，也有一些重要的例外存在。从定义上讲，实验在研究人员开始进行干预（例如，操纵感兴趣的自变量）并能可靠地将各单位视为平均可比时才开始进行。这种可比性有时可以通过使用**诱导价值理论**来假定。诱导价值理论指的是通过金钱奖励来控制实验参与者的偏好。实现诱导价值需要满足四个必要条件：非饱和性、显著性、支配性和隐私性［瓜拉（Guala），2005，232—233］。几乎在所有情况下，奖励都是指某种经济回报。我们下面讨论的许多研究都采用了诱导价值理论，但这并不意味着随机分配不会发生。从理论

197

上讲，诱导价值极大地支配着受试者的偏好，以至受试者实际上是同质的，因此，研究设计可以满足缺乏随机分配实验的要求。

一个早期的政治联盟实验采用了这种方法。具体而言，赖克（Riker，1967）研究了三人团体如何在预先指定的收益约束下形成联盟。在这个只有单一处理方式的实验中（即没有对照组），被试者要在报酬表（自变量）的范围内协商如何在他们之间分配一笔钱（三人联盟不被提供任何东西，而在两人联盟中可以为彼此提供不同的金额）。赖克（Riker）把实验的每一次运行都视为独立的。

第三，值得注意的是，政治经济学家和政治心理学家有着设计实验的不同传统。心理学实验经常包含某种形式的欺骗，但经济学家认为这是不可接受的。同样，心理学家也很少为被试者在实验中采取的具体行动支付报酬（即他们不使用诱导价值），但经济学家则经常要求给被试者提供报酬。

第四，实验一般在三种背景下进行：实验室、田野实验和大规模调查。实验室实验涉及研究人员在其创建和控制的环境中进行干预；田野实验在自然发生的环境中进行；调查实验涉及在民意调查过程中进行干预（可以在现场亲自进行，也可以通过电话或网络进行）。所采用的方法和设计的细节能够说明，指定的研究在多大程度上具有高水平的内部和 / 或外部效度。虽然这些概念比通常处理的要复杂得多［德鲁克曼和卡姆（Druckman and Kam），2011］，但对其基本理解如下：**内部效度**是指一个人能够做出明确的因果推理的信心。在许多情况下，涉及内部效度的实验被视为相对可靠。

198 效度的另一种主要类型是**外部效度**。它源于这样一个事实，即研究人员通常着眼于比"（实验）处理方式对这一特定人群的因果影响是什么？"这一问题更大的问题来进行实验。比如说，尽管参与实验的立法者或学生的数据相对较少，他们却可能仍想要据此探究立法者的普遍行为。外部效度包括以下方面：参与者是否类似于通常面对这些刺激的行动者；行动者运作的环境（包括时间）是否类似于有利益相关的环境；研究中使用的影响因素是否类似于现实世界利益的影响因素；以及结果的判定是否类似于理论或实践利益的实际结果。几个标准同时发挥作用这一事实意味着很难从外部效度方面去评价实验。

本文的其余部分分为四节。前三节对实验的重要应用进行了回顾。[1]在最

---

〔1〕 前两节分别大量引用了米勒（Miller，2011）和迪尔迈尔（Diermeier，2011）的研究，其中每个部分都回顾了这些领域的实验应用。

后一节的结论部分，我们谈到了一些对立法机构进行实验研究的挑战。

9.3 立法机关投票实验

对立法机关进行调查的最基本对象之一就是投票。正是投票决定了什么样的执政联盟能够生存，什么样的法律能够制定，以及谁最终能在政治斗争中获胜。在此，一个最重要的问题是：考虑到立法者的偏好、政策的维度和现有制度，人们能在立法机构中找到一个稳定的政治联盟吗？这是一个经典的社会选择问题，也是 40 多年来实验的主题。实验允许控制这些不同的因素，并使研究人员能够使用诱导价值理论来控制偏好。几乎在所有情况下，这项工作都是对社会选择理论的检验。

阿罗（Arrow，1951）的《一般可能性原理》（*General Possibility Theorem*）是一部开创性的社会选择理论著作。它提出的问题是，对于任何合理的民主制度来说，将单个选民的偏好集合成一个稳定的、多数人支持的政策是否有可能。阿罗（Arrow）工作的一个可能的暗示是，任何能够为特定政策取得多数支持的立法联盟都会被不同配置的多数联盟轻而易举地击败。麦凯尔（McKelvey，1976）指出，在多维政策空间中，投票机构似乎可以通过任何可能的政策产生一个循环。在现实中，大多数政策都可以在多个层面上进行讨论［例如，医疗保健关系到经济和社会层面的问题；见赖克（Riker，1986）］。如果不能形成稳定的多数人联盟，政府又如何进行治理？更不用说代表性了。

多数决定制（不）稳定性的问题仍然存在，但已然从实验调查法里受益良多。事实上，尽管米勒（Miller，2011）描述了早期的实证研究［如赖克（Riker），1986］试图观察多数决定制度、立法者的偏好与政策结果三者之间的联系的方法，但由于无法衡量立法者的偏好，或者说，在很大程度上无法衡量这些偏好操纵的制度规则或立法投票的结果，这种方法又是"极有缺陷的"。

关于多数决定制度的实验几乎与麦凯尔（McKelvey）著作的发表同时开始［见麦凯尔和奥德斯霍克（McKelvey and Ordeshook），1990］。具体而言，菲奥里纳和普洛特（Fiorina and Plott，1978）考察了简单多数决制度对集体决策的影响。他们采取了这样一种实验设计：被试者的任务是从二维空间中选择一项政策，每个被试者都有明确（但私人的）偏好，但他们之间的交流基本上不受限制，并且小组根据前瞻性议程规则下的严格多数投票来决定。在前瞻性议程规则中，一种政策可能被立即引入和投票决定，它反对现状，并且会一直持续到没有新的提案获胜为止。

菲奥里纳和普洛特（Fiorina and Plott）的实验方法解决了观察方法的许多不足。首先，他们巧妙处理了偏好和制度规则，研究人员因此能够避免观察和量化这些关键自变量的挑战性任务。其次，菲奥里纳和普洛特（Fiorina and Plott）进行了一项实验，在该实验中，决策不受立法程序中不可观察因素（如象征性投票、互助投票交易、政党或选区压力、游说等）的干扰，他们能够利用实验的反复迭代，只巧妙处理偏好（以便在一种情况下存在多数决定规则的均衡状态——"核心"——而在另一种情况下则不存在），以明确哪些来自政策空间中的提案将在模拟立法过程中得到支持。规范理论认为，只有在核心存在时，多数人统治的制度才能产生稳定的（甚至是略微可预测的）结果，否则就会产生混乱。在一维政策空间中，核心相当于中间选民的立场。在多维空间中，核心是选民偏好的类似"中间"位置，但这样的核心并不总是存在，其存在与否取决于偏好的配置。（例如，沿着多个维度的中位数将是核心）。

因此，偏好配置之间的差异检验了多数决定规则在各种合理条件下的局限性。在菲奥里纳和普洛特（Fiorina and Plott）的研究中，关键的实验比较是在两种条件之间进行的。一种是有核心的条件，在这种条件下，多数决定规则应该始终导致政策结果接近核心，因此是稳定的；另一种是无核心条件，用来检验"当任何事情都可能发生时，会发生什么"的情况［米勒（Miller），2011，355］。尽管麦凯尔（McKelvey，1976）的理论预测有可能发生无尽的循环，但即使没有核心，菲奥里纳和普洛特（Fiorina and Plott）的实验在很大程度上仍然产生了类似核心的结果，实验因此没有"爆炸"［菲奥里纳和普洛特（Fiorina and Plott），1978，590］。

为什么实验并没有产生理论预期的无限循环呢？回答这一问题可以说是实验被用来"与理论家对话"的一个很好的例子。一种解答是，实验程序给实验施加了某些制度特殊性，从而限制了行为。菲奥里纳和普洛特（Fiorina and Plott）的实验依赖于前瞻性议程（每个新提案都会针对上一个成功提案进行投票），无论核心是否存在，它都会不可避免地使政策偏离现状，但这并不被认为是先验地将最终的集体决策约束在政策空间的任何特定部分。相反，回顾性议程涉及以提出提案相反的顺序对提案进行投票，最终使最后一个成功的提案（如果有提案成功的话）与原来的状况相对立。运用这一规则可以产生更多可预测的结果，因为立法者可以推断出哪些可能的提案会被投票，以使其效用最大化。如果没有提案能够获得多数联盟的稳定支持，那么现状就会获胜。威尔逊（Wilson，1986）关于前瞻性和回顾性议程（对于具有核心的偏好配置）的实验表明，议程规则很重要：在保持其他一切条件不变的情况下，回顾性议程明显抑制了不稳定性（通常是通过保持政策现状），而前瞻性议程则没有为这种抑制提供保证。因此，议程规则可能不是对菲奥里纳和普洛特（Fiorina and Plott）实验中明显稳定性的最佳解释〔因为议程设置规则不是菲奥里纳和普洛特（Fiorina and Plott）发现稳定性的显著原因〕。

麦凯尔（McKelvey）预期的混乱没有发生的另一个原因可能在于偏好的性质。在菲奥里纳和普洛特（Fiorina and Plott）之后进行的实验表明，混乱的缺失并非他们的实验设计的产物，因为在所有被试者都被公开了实验的理想点、完全不受约束地讨论，并且没有正式的议程规则的情况下，这种稳定性依然存在〔麦凯尔（McKelvey）等人，1978〕。麦凯尔（McKelvey，1986）本人对混乱的缺失给出了一种解释。他的理论是，多数表决的结果可以是"去制度"的，从理论上讲，甚至一个"未覆盖的集合"（指一个政策空间领域，如果存在核心的话就相当于核心，不存在核心就由可以在正面交锋的表决中直接或间接击败所有其他备选方案的所有备选方案组成）似乎就能涵盖一系列非常不同的制度安排的可能结果。实验有力地证明，即使没有核心，结果也始终落在未覆盖的集合之内。为了解决理论上的矛盾，比安科（Bianco）等人运用"寻找事实"的方法（2008）重新分析了先前运行的多数决规则投票实验的 272 次迭代。结果表明在 93.75% 的情况下，多数决规则会在未覆盖集合内产生决策。[1]因此，这些研究最初的作者认为他们的实验已经证明了不稳定性。但重新分析表明，这些研究证明了未覆盖集合内的可预测结果，也就是直接或间接主导大多数其他替代方案的结果。实验对于证明社会选择的稳定性至关重要，即使最初的实验者没有足够的理论来解释他们的实证结果。

菲奥里纳和普洛特（Fiorina and Plott）曾想知道为什么他们的无核心条件试验产生了一系列相当小范围的、集中的结果。未覆盖的集合似乎可以对此给

---

〔1〕 然而，未覆盖集合内的结果不一定是稳定的——不稳定性只是被限制在空间的较小区域内。

出解释。虽然理论能够预测制度因素（例如，前瞻与回顾性议程规则）对社会选择的影响，并用实验来检验这些预测，但这些实验也揭示了多数决定规则的一个被忽略的特征：当看上去任何事情都可能发生时，即使没有核心，偏好本身也会严重限制可行联盟的产生，从而限制可能的集体决策。实验揭示了制度如何塑造决策的其他重要见解，如跨研究（如公开讨论、不讨论、逐个问题讨论）使用的讨论规则的细微变化可能对集体决策产生重大影响。麦凯尔和奥德斯霍克（McKelvey and Ordeshook，1984）就比较了在无讨论或无限制讨论的条件下进行逐个问题投票的实验结果（即提案一次只能在一个维度上推进）。尽管逐个问题投票将每个提案限制在一个维度上，但与这一严格的投票方式相比，讨论使小组的行为更像是在不受限制的多数决规则下运作。

　　这些结果重申了对形式理论进行实验测试的重要性，而且具有能够"与王子对话"的意义。首先，投票实验显示了联盟如何以理论之前没有预测到的方式形成和击败反对提案的：妥协可以依靠精心设计而非稳定的多数"强行通过"立法，并在面对反提案时保留关键的联盟成员通过立法机构达成〔如郑（Jeong）等人，2011〕。其次，"王子"们可能会了解到，尽管限制性的制度规则可能会产生更可预测的结果（即未覆盖集合中的政策），但这些结果并不一定符合纯粹的多数决定规则所产生的结果。根据立法机关的政策目标，这些实验表明相对简单的程序规则（而不是像绝对多数制投票这样的重大规则变化）可以极大地限制多数决规则的决策结果。实验已经证实，"去制度"的多数规则产生的联盟更可预测，产生的结果也比先前理论预测的更加稳定。

9.4　议会联盟实验

　　议会制政府的本质是组建和运作联盟。与总统制不同，议会制下的国家领导人以及所执行的政策不是由选举决定，而是由联盟谈判决定的。在过去的40年里，联盟的组建始终是一个被密集研究的主题〔例如，戈尔德（Golder）等人，2012〕。这些研究大多集中在对联盟谈判后会出现什么样的政府、如何分配投资组合，以及联盟将持续多久的问题上进行预测。实证经验上的挑战是，许多变量都会影响到这些动态中的每一个方面〔例如，马丁和史蒂文森（Martin and Stevenson），2001〕。实验能够解决这一挑战，因其可以控制混杂因素。此外，观察性数据中总是存在内生性，因为各方政党都预见到了潜在的制度影响，并采取相应的行动。因此，为了真正隔绝制度的影响，需要一种控制制度存在或不存在的方法。

因此，实验对了解立法者如何就潜在的联盟进行谈判就非常有用了。由于控制制度性特征的必要性，几乎所有的实验工作都在高度结构化的实验室环境中进行（而非在现场或调查环境中）。这些实验的大部分都涉及测试巴伦和费里约翰（Baron and Ferejohn，1989）提出的标准模型。而且，由于该研究的重点是对植根于政治经济学的形式理论进行实验检验，它几乎完全采用了诱导价值理论。

巴伦 – 费里约翰（Baron–Ferejohn，1989）模型反映了在多数决规则下非合作的、连续且多次的会议博弈中的立法谈判。该模型从承认一方当事人为提案人（即组阁者）开始。这一承认规则规定，提案人是随机选择的。被认可提出建议的政党，因提出了一个联盟，并且推荐了联盟中各政党之间利益分配的特定方式（由一个固定的、有限的总量组成）而被称为拥有"议程权"。在此，存在封闭式与开放式两种规则。封闭式规则要求禁止提出修正案，并且要立即对提案进行表决。然而，开放式规则允许在会议上对提案进行修正。各政党使用多数决规则对提案进行表决，如果提议通过，博弈结束，联盟形成，每一方都可以获得提议的利益分配；如果提案失败，流程将继续（即重新开始），直到提案被接受。该模型适用于有限次和无限次会议的场景。

巴伦 – 费里约翰（Baron–Ferejohn）模型对封闭式规则有限次会议、封闭式规则无限次会议和开放式规则无限次会议的设置做了预测。首先，在封闭式规则和有限次会议情况下，该模型预测了多数主义的结果，即只有极少数成员获得了积极的利益分配，而提案人获得了不成比例的大份额利益（例如，内阁职务）。发生这种情况不仅是因为提案人的议程权，还因为封闭规则阻止其他各方政党对提案进行修正或修改。该模型还导致一些政党被完全排除在联盟之外，因为提议方选择了具有最小延续值（必须达到该数量才能被接受）的联盟伙伴。当会议的数量不再受到任意限制时，封闭规则无限会议模型继续预测到只有最小多数才能获得利益，且提案人拥有不成比例的优势。与这些预测相反，一个简单的开放规则允许在提案中未被分配延续值的成员提出替代提案。组阁者知道其他成员有能力做出这样的修正，并且在提出最初提案时就考虑到这一点。因此，该模型预测，在一个适用开放式规则无限次会议的立法机构中，提案人的议程权会大大减少，利益分配更加平等。[1]

　　大量的实验研究试图检验巴伦－费里约翰（Baron-Ferejohn）模型。在这样做的过程中，它们也同时参与了"与理论家对话"的关键任务。第一次这样的尝试是由麦凯尔（McKelvey，1991）完成的。在他的研究中，三个投票者在一个有限次会议的封闭式规则场合中就如何分配收益进行谈判，后因未能就分配达成一致导致了 5% 的股份损失。与巴伦－费里约翰（Baron-Ferejohn）模型相反，麦凯尔（McKelvey）发现提案者通常出价太高，而较低均衡提案经常被拒绝。也就是说，联盟伙伴获得的份额往往比模型预测的要大得多，而提案人并没有获得比其他合伙人多得多的份额，这与模型的预测不同。迪尔迈尔（Diermeier，2011）解释了理论和事实证据之间的差异。他认为由于有限的时间限制、模型的稳定性假设（要求一个成员在结构等效的子博弈中也采取相同的行动），以及特有的稳定均衡包含随机化倾向，在实验室中完全实现巴伦－费里约翰（Baron-Ferejohn）模型是具有挑战性的。[2]由于模型预期和麦凯尔（McKelvey）的实验结果之间的明显区别，一系列实验研究被激发出来，试图解释差异并克服实验的限制。

　　一组实验研究解决了巴伦－费里约翰（Baron-Ferejohn）模型的制度预测问题。弗雷谢特（Fréchette，2003）等人在保持立法谈判的分配模型框架不变的情况下，分析了开放（允许修正）与封闭（不允许修正，立即投票）修正规则的影响。与巴伦－费里约翰（Baron-Ferejohn）模型一致，弗雷谢特（Fréchette）等人发现在开放修正规则下，利益的分配更加平等且延迟时间更长。他们还发现，在两种规则下，提案人都比其他联盟成员获得了更大的利益份额。并且，在封闭式修正规则下，该博弈趋向于最小化获胜联盟［赖克（Riker）1962］。与巴伦－费里约翰（Baron-Ferejohn）模型相反，弗雷谢特（Fréchette）等人证明在封闭规则下，出现最小化获胜联盟的频率要高得多（该模型预测了两种规则下都存在最小化获胜联盟），并且利益分配比预期要平等得多。

　　为了解决麦凯尔（McKelvey，1991）一些方法论上的局限性，迪尔迈尔和

---

〔1〕 巴伦－费里约翰（Baron-Ferejohn）模型预测，除非没有失去耐心，立法机构将更倾向于封闭规则而非开放规则。

〔2〕 "如果每个结构等价子博弈的连续值相同，则称均衡是平稳的"［巴伦和费里约翰（Baron and Ferejohn），1989，1191］。

莫顿（Diermeier and Morton，2005）进行了一项实验，去更直接地检验巴伦 –
费里约翰（Baron–Frejohn）的预测。他们集中于在有限的时间内使用多数决规
则，其中三个参与者在封闭规则程序下分配固定收益。与麦凯尔（McKelvey）
的实验相反，迪尔迈尔和莫顿（Diermeier and Morton）的设计不必假设稳定
性，子博弈精练均衡不涉及随机化，并且通过采用加权多数博弈，他们能够分
离比较静态，而不是简单的点预测。在此过程中迪尔迈尔和莫顿（Diermeier
and Morton）发现，巴伦 – 费里约翰（Baron–Frejohn）模型预测提案人会选
择哪个联盟伙伴"几乎像抛硬币一样不确定"（201）。与模型预测相反，提案
人分配给其他参与者的钱比预期的要多得多。因此，实验的结果是：提案人经
常把钱分配给所有参与者，最便宜的联盟伙伴并不总是被选中，提案人提供的
金额过多，许多高于延续值的第一阶段提案被拒绝。事实上，迪尔迈尔和莫顿
（Diermeier and Morton）发现，一个简单的均分规则所产生的预测，可以占到被
接受的提议的一半到 3/4。

巴伦 – 费里约翰（Baron–Frejohn）模式并非没有竞争对手——这并不令
人惊讶，因为它在实验测试中的成功是有限的。事实上，大量的观察研究和实
地研究支持了加姆森（Gamson，1961）的主张，即投资组合将（根据每个联
盟成员对联盟的相对席位贡献）按比例分配。这通常被称为加姆森（Gamson）
定律［例如，沃里克和德鲁克曼（Warwick and Druckman），2001］。加姆
森（Gamson）定律和巴伦 – 费里约翰（Baron–Frejohn）模型预测结果的高度
不一致，促使其他工作集中于需求谈判［莫雷利（Morelli），1999］。莫雷利
（Morelli）的需求谈判模式剥夺了组阁者的议程设定权，使各方能够提出连续的
要求，以最大化他们的利益份额。与巴伦 – 费里约翰（Baron–Frejohn）模型
中的组阁者提出关于如何分配投资组合的建议不同，在这里，组阁者仅仅因它
选择了提出连续需求的顺序而有所区别。其他各方政党不再局限于接受 / 拒绝
组阁者的建议，而是可以提出要求，以最大限度地分享自己的利益。在三方谈
判的情况下，莫雷利（Morelli）的模型会预测前两个行动者之间平分利益，而
第三方被排除在联盟之外，什么也得不到。因此，博弈的结果与巴伦 – 费里约
翰（Baron–Frejohn）的预测截然不同。巴伦 – 费里约翰（Baron–Frejohn）模
式中的三方谈判将大约 2/3 的利益分配给提案者，1/3 的利益分配给联盟伙伴，
而第三方什么也得不到。虽然有一些重要的情况可以说明莫雷利（Morelli）的
结果与加姆森（Gamson）的结果有所区别［见弗雷谢特（Fréchette）等人，

2005〕，但一般的结论是博弈有可能获得接近比例收益分配的均衡结果。

在一项富有成效的调查路径中，有许多实验直接检验了巴伦－费里约翰（Baron-Frejohn）、加姆森和莫雷利（Gamson and Morelli）模型〔例如，弗雷谢特（Fréchette）等人，2005〕。这些实验是"与理论家对话"和"寻找事实"的极好例证，因为它们提供了对竞争性理论命题的明确检验，并试图理解投资组合将如何分配。这些研究一致发现莫雷利（Morelli）的需求谈判模型表现最好。例如，这些实验的许多预测与巴伦－费里约翰（Baron-Frejohn）的期望不同，因为利益的分配比预期的更加平等，而且许多被试者拒绝高于其持续价值的报价。

迄今为止，上述研究的实验背景尚未被讨论。迪尔迈尔（Diermeier，2011）指出，这项研究很大一部分遵循实验经济学和博弈论所开发的方法，其中被试者通过计算机终端进行匿名互动，并根据其表现获得报酬，这与大多数投票研究中使用的面对面范式有明显不同。迪尔迈尔（Diermeier）断言，许多根植于心理学的有前途的研究路径将实验设计从抽象的经济环境转向情境丰富的环境。

其中，部分研究超越了巴伦－费里约翰（Baron-Frejohn）的范围。它们不仅探讨联盟是如何形成的，还探讨他们实际上如何以增强互信的方式进行谈判。背景丰富的实验使学者们能够研究可能促进信任的多个维度，包括：基于面对面互动的非语言交流与基于计算机的谈判的比较，公开与私人交流之间的比较，以及秘密交流环境的作用〔斯瓦布（Swaab）等人，2009〕。实验表明，面对面的互动可以提高谈判效率，私人交流会降低谈判效率，而秘密交流似乎会破坏信任并完全阻止有效的谈判。通过丰富实验背景，研究人员能够在更现实的环境中检验联盟形成理论和巴伦－费里约翰（Baron-Frejohn）模型预测，以此说明沟通策略的变化。

模型预测和经验结果之间的差异依然存在，研究问题仍未得到解答。规范模型和经验工作之间的不一致性已然使一些人建议应"自下而上"地重新考虑政府和联盟形成的话题〔例如，戈尔德（Golder）等人，2012〕。在实验中纳入关于谈判的动态理论的最新研究可能是有益的。在这些理论中，一个时期的决定将成为下一个时期的现状〔巴伦（Baron）等人，2012〕。想要将背景丰富的实验结果与抽象的传统经济学方法的结果结合起来，还有很多工作要做。

当然，潜藏于所有立法行为表面之下的是这样一种现实，即选举导向的行动

205

者是在着眼于未来竞选时采取行动。因此，另一个重要的研究领域——也是最近才成为实验调查主题的领域——是立法者对选民的回应程度。

9.5 回应性实验与立法者作为被试者的实验

立法联盟并非孤立地运作。立法行为规范分析和实证分析的核心都是对回应性的关注。长期以来，观察性研究一直试图厘清选民偏好、立法行为和政策结果之间的关系，却经常受到内生性问题的困扰。最近的实验已被证明在直接测试立法者如何回应公众偏好方面很有帮助，其中许多研究还包括真正的立法者在现实的政治环境中的运作。毕竟，还有什么方法能比实际与立法者交谈，以看到和听到他们的反应，更能实现"对王子耳语"呢？

巴特勒·布罗克曼（Butler Broockman，2011）采用了一个设计巧妙的田野实验来研究州议员如何回应选民的质询。他们向州议员发送电子邮件，请求他们帮助选民注册投票。这些电子邮件随机包含一个白人或黑人的化名以及发件人的党派偏好指示。实验表明，使用黑人化名的电子邮件收到的回复较少，并且，即便控制了政党倾向，因种族产生的差异也没有消失。该研究阐明了一种歧视模式，即两个政党的白人立法者回复黑人发件人的频率远低于少数族裔立法者，这表明他们对公众关切的回应是不对称的。

这项研究提出了对当选官员进行实验研究的重要伦理考量。当实验中利益相关的结果相对于个人福利来说是政治性的时候，这个问题就变得十分明显了。巴特勒和尼克森（Butler and Nickerson，2011）随机向新墨西哥州众议院的一半议员提供了关于某一特定政策之下特定地区的民意数据的结果，这些数据在其他情况下是无法获取的。他们随后衡量了收到这些信息的立法者是否按照选民的观点投票，并发现这些信息确实有助于立法者遵循选民的偏好。这项研究为了解立法者投票行为的本质提供了无与伦比的见解，研究作者将他们的发现描述为对民主的积极贡献。然而，他们并没有提到未给予立法机构中随机选择的另一半人实验处理的伦理意义。

206

在另一个方向上，内布洛（Neblo）等人（2010）报告了以选民为焦点的实验。这些实验将立法者作为实验处理方法的一部分，调查了哪些类型的选民愿意参与审议。审议由两种类型随机组成，一种是公民与美国国会议员进行审议，另一种是公民仅与其他公民一起进行审议。虽然政治学中的许多实验工作在处理或结果中调用公职人员，但大多数实验都是使用虚构的处理方法来帮助研究人员实现研究目的。内布洛（Neblo）等人的研究与众不同，它涉及实际招募议员来参与研究，并将问题集中在谁选择审议上。例如，内布洛（Neblo）等人证明，若有与国会议员一起审议的机会，选民参与审议的意愿将显著增加［另见埃斯特林（Esterling）等人，2011 ］。

这些对立法行为的实验研究虽然与联盟和投票研究截然不同，却因其**世俗的现实主义**（即使用真实的立法者作为参与者和将真实的立法机构作为背景）而具有创新性。显然，在关于立法行为的实验文献中，对实验现实主义、外部有效性、控制和伦理考量之间的权衡还不够充分。

9.6　实验的挑战与未来

我们对实验的诸多应用进行回顾，是希望能够清楚说明实验为我们对立法机构的了解提供了相当多的洞见。它们使研究人员能够克服观测数据面临的常见问题（如内生性、混杂变量）。然而，实验并没有成为立法研究中主导的方法论，这可能是由于存在一些重大的挑战，本节将指出其中的一些。

实验参与者的性质也许是最值得注意的一个限制。大部分的研究（除了那些关于回应性的研究）都依赖于学生被试者，或者至少是那些不是实际立法者的人。这使许多人担心，这种研究的结果对立法行为的现实情况提供的帮助不足。我们承认这是一个制约因素，但我们也采取了更为乐观的态度，并提出了两个主要观点。

首先，简要查看关于国际谈判的相关文献，就可以证明用学生作为被试者是可以取得进展的。这可以通过角色扮演来实现，且在产生与实际国际谈判有显著相关性的预测 / 解释方面已被证明是成功的。其中，大部分是通过模拟实验中将被试者分配到不同的角色和条件中来完成的。此外，卡姆（Kam）等人（2007）建议，如果担心学生身份本身的问题，那么即使在校园实验室进行的研究也应招募非学生被试者。

其次，必须澄清实验推理的目标。实验的目标是确定因果关系，这与观察性研究不同。后者通常关注推断总体的单变量特征。实验控制通过创建具有研究人员感兴趣的精确特征（例如，特定的投票规则）的现实情况来帮助研究人员。研究者认为，虽然个体被试者可能以未知的方式变化，但诱导价值的使用会使这些差异变得近乎无关紧要，因为他们的偏好在实验心理环境中被严格结构化了（而随机分配则平衡了处理组之间的任何差异）。由于诱导价值压倒了被试者的行为，给定的被试者样本与推断所针对的真实立法者群体之间的差异变得不那么重要了。只有当样本的特征与目标人群显著不同，并且这些差异影响被试者对实验处理方法的反应程度时，被试者的特征才会成为问题［参见德鲁克曼和卡姆（Druckman and Kam），2011］。一般来说，特别是当诱导价值模仿推理所针对的真实立法机关的偏好时，任何被试者群体都可以用来得出准确的因果推断，除非被试者群体有一些独有的特征使他们对刺激因素的反应与实际立法者的反应显著不同。

最后，许多最近令人感兴趣的联盟进程本质上是动态的——也就是说，它们要么随着时间的推移而发生并且关注正在进行的决策过程，要么只侧重决策过程［例如，德万和米亚特（Dewan and Myatt），2012］。事实上，要解决立法联盟稳定性的问题需要更长的时间段，而不可能在单一的实验室阶段中得到模拟，但这种研究需要投入的成本和努力可能相当大。

尽管如此，我们还是通过强调在立法研究中扩大实验的潜力，得出了一个更振奋人心的结论。正如所示，这些实验在某些领域已被证明相当成功，我们相信能做的还有很多。其中一种途径是增加那些采用政治心理学和政治经济学方法的研究者之间的合作——事实上，立法研究的许多进展都采用了经济学式的方法，但许多政治学实验本质上更多是心理学方面的。同样值得注意的是，在我们对实验应用的回顾中，调查实验明显是缺席的。这多少有些令人惊讶，因为长期以来，无论是立法机构本身还是某些领域的专家都成功运用了调查法进行研究。不过，把实验嵌入此类调查中，探索立法者将如何应对不同的情景将不难实现［例如，托姆兹（Tomz），2009］。

总而言之，实验作为研究工具的一种也将成为其他研究工具的补充。但我们认为它应该与统计方法的进步和大型合作数据集的收集一起发挥更大的作用［如穆勒和斯特罗姆（Müller and Strom），2000］。尽管我们在文章开头引用了洛厄尔（Lowell）对实验的反对，但实际上，实验早已成为立法机构研究的一部分［例如，赖克（Riker），1967］。我们相信，与该学科的其他大部分内容一样，在未来，实验可能会发挥更加重要的作用。

参考文献

Arrow, K. J., 1951. Social Choice and Individual Values. New Haven: yale University Press.

Baron, D. P. and Ferejohn, J. A., 1989. Bargaining in Legislatures. American Political Science Review, 89: 1181–206.

Baron, D. P., Diermeier, D., and Fong, P., 2012. A Dynamic Theory of Parliamentary Democracy. Economic Theory, 49: 703–38.

Bianco, W. T., Lynch, M. S., Miller, g. J., and Sened, I., 2008. The Constrained Instability of Majority Rule. Political Analysis, 16: 115–37.

Butler, D. M. and Broockman, D. E., 2011. Do Politicians Racially Discriminate Against Constituents? American Journal of Political Science, 55: 463–77.

Butler, D. M. and Nickerson. D. W., 2011. Can Learning Constituency Opinion Affect How Legislators Vote? Quarterly Journal of Political Science, 6: 55–83.

Dewan, T. and Myatt, D. P., 2012. Dynamic government Performance. American Political Science Review, 106: 123–46.

Diermeier, D., 2011. Coalition Experiments. In J. N. Druckman, D. P. green, J. H. Kuklinski, and A. Lupia (eds.). Cambridge Handbook of Experimental Political Science, pp. 399–412. New york: Cambridge University Press.

Diermeier, D. and Morton, R., 2005. Experiments in Majoritarian Bargaining. In D. Austen–Smith and J. Duggan(eds.). Social Choice and Strategic Decisions: Essays in Honor of Jeffrey S. Banks, pp. 201–26. New York: Springer.

Druckman, J. N., 2008. Dynamic Approaches to Studying Parliamentary Coalitions. Political Research Quarterly, 61: 479–83.

Druckman, J. N. and Kam, C. D., 2011. Students as Experimental Participants. In J. N. Druckman, D.P. Green, J.H. Kulinski, and A. Lupia (eds.). Cambridge Handbook of Experimental Political Science, pp. 41–57. New york: Cambridge University Press.

Druckman, J. N. and Lupia, A., 2012. Experimenting with Politics. Science, 335: 1177–79.

Druckman, J. N., green, D. P., Kuklinski, J. H., and Lupia, A., 2006. The Growth and

Development of Experimental Research Political Science. American Political Science Review, 100: 627–35.

Druckman, J. N. and Thies, M. f., 2002. The Importance of Concurrence. American Journal of Political Science, 46: 760–71.

Druckman, J. N., Green, D. P., Kuklinski, J. H., and Lupia, A., 2011a. Experimentation in Political Science. In J. N. Druckman, D.P. Green, J.H. Kulinski, and A. Lupia (eds.). Cambridge Handbook of Experimental Political Science, pp. 3–11. New York: Cambridge University Press.

Druckman, J. N., green, D. P., Kuklinski, J. H., and Lupia, A., 2011b. Experiments. In J. N. Druckman, D. P. green, J. H. Kulinski, and A. Lupia (eds.). Cambridge Handbook of Experimental Political Science, pp. 15–26. New York: Cambridge University Press.

Esterling, K. M., Neblo, M. A., and Lazer, D. M. J., 2011. Means, Motive, and Opportunity in Becoming Informed about Politics. Public Opinion Quarterly, 75: 483–503.

Fiorina, M. P. and Plott, C. R., 1978. Committee Decisions under Majority Rule. American Political Science Review, 72: 575–98.

Fréchette, G. R., Kagel, J. H., and Lehrer, S. f., 2003. Bargaining in Legislatures: An Experimental Investigation of Open versus Closed Amendment Rules. American Political Science Review,97: 221–32.

Fréchette, G. R., Kagel, J. H., and Morelli, M., 2005. Gamson's Law versus Non–Cooperative Bargaining Theory. Games and Economic Behavior, 51: 365–90.

Gamson, W. A., 1961. A Theory of Coalition formation. American Sociological Review, 26: 373–82.

Golder, M., Golder, S. N., and Siegel, D. A., 2012. Modeling the Institutional foundation of Parliamentary government formation. Journal of Politics, 74: 427–45.

Guala, f., 2005. The Methodology of Experimental Economics. New York: Cambridge University Press.

Holland, P. W., 1986. Statistics and Causal Inference. Journal of the American Statistical Association, 81: 945–60.

Jeong, G.-H., Miller, G. J., Schofield, C. S., and Sened, I., 2011. Cracks in the Opposition. American Journal of Political Science, 55: 511–25.

Kam, C. D., Wilking, J. R., and Zechmeister, E. J., 2007. Beyond the 'Narrow Data Base'. Political Behavior, 29: 415–40.

Lowell, A. L., 1910. The Physiology of Politics. American Political Science Review, 4:

1–15.

Martin, L. W. and Stevenson, R. T., 2001. Government formation in Parliamentary Democracies. American Journal of Political Science, 45: 33–50.

McKelvey, R. D., 1976. Intransitivities in Multidimensional Voting Models and Some Implications for Agenda Control. Journal of Economic Theory, 12: 472–82.

McKelvey, R. D., 1986. Covering, Dominance, and Institution–free Properties of Social Choice. American Journal of Political Science, 30: 283–314.

McKelvey, R. D., 1991. An Experimental Test of a Stochastic game Model of Committee–Bargaining. In T. R. Palfrey (ed.). Laboratory Research in Political Economy, pp. 139–67. Ann Arbor: University of Michigan Press.

McKelvey, R. D. and Ordeshook, P. C., 1984. An Experimental Study of the Effects of Procedural Rules on Committee Behavior. Journal of Politics, 46: 182–205.

McKelvey, R. D. and Ordeshook, P. C., 1990. A Decade of Experimental Research on Spatial Models of Elections and Committees. In J. M. Enelow and M. J. Hinich (eds.). Advances in the Spatial Theory of Voting, pp. 99–144. Cambridge: Cambridge University Press.

McKelvey, R. D., Ordeshook, P. C., and Winer, M. D., 1978. The Competitive Solution for N–Person games Without Transferable Utility, With an Application to Committee games. American Political Science Review, 72: 599–615.

Miller, G. J., 2011. Legislative Voting and Cycling. In J. N. Druckman, D.P. green, J.H. Kulinski, and A. Lupia (eds.). Cambridge Handbook of Experimental Political Science, pp. 353–68. New York: Cambridge University Press.

Morelli, M., 1999. Demand Competition and Policy. American Political Science Review, 93: 809–20.

Müller, W. C, and Strøm, K. (eds.), 2000. Coalition Governments in Western Europe. Oxford: Oxford University Press.

Neblo, M. A., Esterling, K. M., Kennedy, R. P., Lazer, D. M. J., and Sokhey, A. E., 2010. Who Wants to Deliberate—And Why? American Political Science Review, 104: 566–83.

Riker, W. H., 1962. The Theory of Political Coalitions. New Haven: yale University Press.

Riker, W. H., 1967. Bargaining in a Three–Person game. American Political Science Review, 61: 642–56.

Riker, W. H., 1980. Implications from the Disequilibrium of Majority Rule for the Study of Institutions. American Political Science Review, 74: 432–46.

Riker, W. H., 1986. The Art of Political Manipulation. Binghamton: Vail–Ballou Press.

Roth, Alvin E., 1995. "Bargaining Experiments." In J. Kagel and A. Roth (eds.). Handbook of Experimental Economics, pp. 253–348. Princeton: Princeton University Press.

Swaab, R. I., Kern, M. C., Diermeier, D., and Medvec, V., 2009. Who Says What to Whom? Social Cognition, 27: 385–401.

Tomz, M., 2009. The foundations of Domestic Audience Costs. In M. Kohno and A. Tanaka (eds.). Expectations, Institutions, and Global Society, pp. 85–97. Tokyo: Keiso–Shobo.

Warwick, P. V. and Druckman, J. N., 2001. Portfolio Salience and the Proportionality of Payoffs in Coalition governments. British Journal of Political Science, 31: 627–49.

Wilson, R. K., 1986. forward and Backward Agenda Procedures: Committee Experiments on Structurally Induced Equilibrium. Journal of Politics, 48: 390–409.

第三编
代表与立法工作

第十章　候选人推选：对立法行为的影响与挑战[*]

鲁文·Y. 哈赞（Reuven . Y. Hazan）

10.1　引言

　　任何一个现任政治家的首要目标都是在被公众再次选举之前，在获得政党职务之前，在取得任何立法或行政公职之前，先赢得自己政党的再次推选。再次推选也就成为一切政治目标当中最为重要的一个，因为没有达到这一点，任何其他的目标都无法实现（除非他们愿意冒险争取得到相竞争的政党的推选或者以无党派人士的身份参选），也无法追求任何议程。因此，再次推选将对立法者在立法机关中的表现发挥重要影响，除非他们决定不去谋求再次当选。

　　本章重点阐述一种影响着其成员行为的议会外制度（extra-parliamentary institution），即候选人推选方法。本章认为，特定的候选人推选方法会鼓励或阻碍某种立法行为，而且向更具包容性的候选人推选方法的转变，即候选人推选上的"民主化"，将对立法行为产生重大影响。也

---

　　[*]　杨蒙译。

就是说，为了正确地研究立法机关，我们必须考虑一个超出立法机关本身的外部制度，将其作为一个可能影响立法行为机制的因素或变量。实际上，立法机关是由占据其职位的个体驱动的。但是，候选人推选方法也可以驱动议员，改变他们的构成，左右他们的流动率，影响和改变他们的集体行为。

214   ## 10.2　候选人推选对立法研究的意义

候选人推选方法是政党用来选出各自的大选候选人的机制。推选候选人是政党在选举前必须首先要完成的头等大事。因此，在多元民主制下候选人推选是一个政党的决定性功能之一。确实，推选出参加竞选的候选人乃是各政党区别于其他组织的特定职能。根据萨托里（Sartori，1976，64）的说法，"政党是在选举中提出并能够通过选举安排候选人担任公职的所有政治团体"。那些被委任公职的人将是成功的候选人，他们将在很大程度上决定这个政党的面貌和它的行动。候选人推选程序的结果将在选举结束后的很长一段时间内影响着议员、政党和立法机关。

候选人推选几乎完全在特定政党内部进行。在大多数国家，允许政党自己决定候选人推选规则。美国则是最大的例外，它的法律制度广泛地调整着候选人推选程序，而在芬兰、德国、新西兰和挪威（直到 2002 年），法律制度都只规定了候选人推选的标准。因此，本章牵涉的是立法招募（legislative recuitment）的一个特定的、重要的方面，它发生在政党内部领域，而且在很大程度上并不受法律调整。那么，候选人推选就是"各政党用来选出它们的大选候选人的非标准化的和在多数情况下都未严加管制的特定的政党机制"［哈赞和拉哈特（Hazan and Rahat），2010，4］。

候选人推选方法对于理解政治行动者行为的重要性源于两个因素的结合。第一，政党改变其候选人推选方法相对容易，它比改革像选举制度这样的法定的国家制度要容易得多。第二，候选人推选方法改变将会影响立法的政治。

候选人推选的意义会被以下事实放大：决定谁将成为一名立法者的有效选择不是由参加大选的选民做出的，而是由候选人推选程序做出的。在单个议员选区制（single-member districts）国家中，安全席位的数量极为庞大。在美国和英国，有超过一半的选区对一个政党或另一个政党来说都是安全的，多数投票率超过 10%。在实行比例代表制的国家，一个政党排名表前列的候选人的推选事实上保证着当选，尤其是在有竞选能力的主要政党之中，而且实际上也不管大选的结果怎样。总之，在大多数民主国家、大多数选举、大多数政党中，推选等于选举。正如迪韦尔热（Duverger，1954，353）所主张的，"代表在被自己的选民选出之前是由政党选出的……每个部分的重要性因国家和政党而异；总体而言，政党的授权似乎比选民的授权更有分量"。

本章立基于加拉赫（Gallagher）和马什（Marsh）的重要的开创性工作（1988），他们认为候选人推选程序可能主要在三个领域产生影响：议会的组成、议员的行为和政党的凝聚力"［加拉赫（Gallagher），1988，265］。候选人推选对立法研究的意义在于，为了分析立法行为，倘若不把作为这一行为前提的一项重要制度囊括在内就无法成功地实现目标。 215

10.3　候选人推选方法分类：包容性和排他性选举团

可以对候选人推选方法进行分类，它的框架基于以下四个标准或维度［哈赞和拉哈特（Hazan and Rahat），2010］：

（1）选举团（谁选择候选人？）。
（2）候选人资格（谁可以被选中？）。
（3）权力下放（选择发生在何处？）。
（4）程序（如何选择候选人？）。

然而，当人们评估候选人推选的立法影响时，因为一个清晰的标准等级的存在，他们很可能只关注单一的标准。虽然所采用的四项标准每个都对政治产生着明显的影响，但是总体而言体现出最重要和最深远影响的是选举团，尤其是选举团的包容性与排他性的对抗。相应地，这里的焦点放在作为划分候选人推选方法主要标准的选举团，以及评价其立法影响的选举团民主化问题上。

选举团是推选候选人的团体。选举团可以由一个人、几个人或很多人组成，实际上可以多到相当于一个国家的全体选民。在一个从包容性到排他性的区间内，当全体选民都有权参与选举时，选举团是最具包容性的，而当存在由单个领导人组成的提名实体时，选举团是最为排他的。如图 10.1 所示，我们可以区分出五种典型的选举团类型：

（1）最为包容的选举团：选民。这个选举团包括在大选中有投票权的整个选举人口。

（2）高度包容的选举团：党员。这里我们包括的是欧洲意义上的党员，也就是说，不是像在美国[1]那样简单登记为受州管理的党员（这属于上述类别），而是由政党本身控制的登记。

216

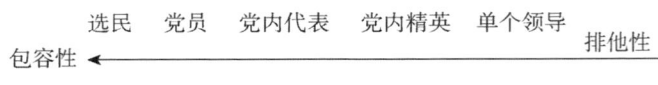

图 10.1　政党选举团类型示意

（3）中间选举团：党内代表。这个选举团由党员选出的代表组成。他们既可以是政党机构（例如，大会、中央委员会、代表大会）的成员，也可以是专门为此目的而选出的代表机构的成员。

（4）具有高度排他性的选举团：党内精英。这里包括一些间接选出的，或者其组成经过更广泛的政党机构和其他不太正式的团体批准的小型政党机构和委员会。

（5）最具排他性的选举团：一个由单个领导人组成的提名实体。

候选人推选程序民主化表现为沿着这个连续体向包容性端点的运动——候选人推选制度改革后的选举团比以前更具包容性。只有采用更具包容性的候选人资格条件，或实施权力下放，可能会促进各种要素，但它们没有界定民主化，也不应这样界定民主化。[2]换言之，扩大的选举团包容性、广泛的参与度才是候选人推选民主化的必要要素。

本章认为，根据每个选举团的不同优先级，要对所选候选人施加特定的限制。换言之，就人口统计、意识形态，尤其是行为而言，不同的选举团优先级产生不同的候选人，并且进而产生不同的议员。候选人推选可能会对立法政治的许多其他方面产生影响，其中一些影响会被粗略地提到，而另一些则不可能

---

〔1〕　关于美国政党登记和党员身份之间的区别，见卡茨和科洛德尼（Katz and Kolodny，1994）。

〔2〕　例如，如果选举团的权力从拥有数千名参与者的全国政党代表大会下放到由少数政党知名人士组成的地方执行委员会，权力下放就可能导致民主化的反面。

单章讨论清楚。

但是，沿着选举团区间向包容端点的运动，并不必然意味着选举团将更能代表公民。甚至相对包容的党员群体在社会、职业和意识形态上也不具有代表性［范比岑、梅尔和波贡特克（Van Biezen, Mair and Poguntke），2012］，因此候选人推选更为包容也并不意味着更多代表性的议员，或者对广大选民有更多的回应。

10.4　近期研究前沿：候选人推选民主化对议员和立法机关的影响

民主不仅仅是参与。除了参与之外，还有其他基本要素，它们也是民主概念的基本要素，特别是党内民主。例如，代表性、竞争和回应度对民主制度的发展同样至关重要。参与和竞争是两个基本标准，它们甚至是最狭义的民主概念的构成部分。代表性和回应度是民主制度的两个相关产物。从这个观点来看，越是民主的国家越是能够满足尽可能多的要素：高比率的有意义和实质性的政治参与，重要的社会力量和各种意见的代表，对安全席位或政党候选人名单上安全位置的真正竞争，和一个将迫使当选者回应公众的需求和不满的有效推选或选举机构。

然而，最近研究认为，当涉及党内领域时，满足包容性参与的标准（"民主化"）可能会导致平衡代表的能力的下降，产生较弱竞争性的竞选，并造成回应模式的扭曲。[1]也就是说，政党不像国家，实现民主时受普遍参与的前提条件的限制；当它们也将参与要素置于所有其他要素之上时，就需要在控制方面付出代价，而且会遇到与权威有关的问题［克罗斯和卡茨（Cross and Katz），2013；卡茨和克罗斯（Katz and Cross），2013］。正如韦尔（Ware，2002）所指出的，美国各政党的相对劣势是由于他们对参与理想的坚持造成的，这导致他们丧失了作为国家和社会之间的中间人的能力。

本节将介绍涉及候选人推选中采用更具包容性的选举团的立法影响的最新

217

---

　　［1］　更具包容性的选举团增加了参与者的数量，但不一定提高了质量，而且它们诱发了某些参与反常行为。因此，提高的参与度不仅影响民主的其他三个要素，也影响参与本身［拉哈特和哈赞（Rahat and Hazan），2007］。

研究发现。[1] 调查结果显示，候选人推选参与度的提高会影响其他三个民主维度，并继而影响立法行为。因此，如果我们能确定选举团的包容性的变化对议员和立法机关的主要影响，那么对立法机关的研究就能得到推进。

第一个是代表性问题。选举团的包容性提高会对单一选区候选人的整体特征，或对政党候选人名单的组成产生什么影响？其次是竞争问题。包容性的程度会对政党名单上安全位置的竞争，或单一选区安全政党候选人，特别是对任者的命运产生怎样的影响？这两个维度帮助我们确定将被选出什么样的议员。立法机关的组成除了具有象征意义外，还影响到立法行为。你的身份将影响你的行为 [菲利普（Phillips），1995]。例如，女性的出席对立法机关的工作产生了重大影响 [蔡尔兹和克鲁克（childs and Krook），2009]。人员更替也可能影响议员的行为 [索米特（Somit）等人，1994]。

如果我们重点关注代表性问题，较小的选举团能够比较大的选举团更好地平衡候选人名单的组成，或单一选区的候选人。在后一种情况下，来自一个占主导地位的群体的候选人可以赢得名单上的大多数安全席位，或该政党安全席位的候选人资格。选举团的包容性越强，所选候选人的代表性就越低，反之亦然。例如，女性、少数族裔和来自地方和其他社会边缘的候选人会发现，当选举团更具包容性时，他们就更难被选中。[2]

218　　　所以，候选人推选民主化似乎对代表性有消极影响。在性别问题上，党内选举与大选在决定议会性别平衡方面都发挥着重要作用。正如纳鲁德（Narud）、佩德森（Pedersen）和瓦伦（Valen）（2002，222）所主张的那样，"然而，公开初选制度深刻地影响了女性的地位，它不承担任何让更多女性获得安全席位的责任"。从各政党自身的行为就可以明显看出，他们预料到由一个包容性的选举团进行推选会引起代表性问题。也就是说，当西欧候选人推选程序趋向民主化时，各种纠正机制的使用也在增加 [科尔（Caul），1999；比勒（Bille），2001]。各政党越来越需要限制其更具包容性的选举团的推选，以确保女性的代表权 [诺里斯（Norris），2006]。

第二个问题，如果我们重点关注竞争程度，较小的选举团将给那些还不是

---

〔1〕 值得注意的是，向更具包容性的选举团转变所产生的影响会在某种程度上被向更具排他性的候选人资格要求的转变所抵消。如果允许更多的选民来推选政党候选人，但在此之前，候选人的数量因政党而大幅减少，那么更具包容性的选举团将不一定表现出本章所述的后果。

〔2〕 这是基于这样一种假设：相较于普通党员，政党领导层对招募女性和其他少数族裔候选人更感兴趣，因此能够统筹协调。

议员的候选人一个机会，使其有机会被了解并亲自联系自己的推选人。当选举团更大且由所有党员组成时，支持就不可能以个人的从属关系为基础，而在任可能会带来更大的优势。这主要是因为，作为公职人员，现任议员受到媒体的关注，并且能够对利益集团和财政支持者的要求作出回应。选举团的包容性越强，现任议员重新当选的成功率就越高。[1]

美国的实践经验证实了现任议员在初选中获得优势。谋求连任参众两院议员的现任议员很少是在党内初选中落败，更多的现任议员是在大选而非党内初选中落败。正如梅塞尔（Maisel）和斯通（Stone）（2001，43）所宣称的那样，"很明显，党内初选并没有起到刺激更多竞争的作用，就竞争是民主的重要组成部分而言，它们是否达到了提高美国民主的预期目的尚不清楚"。

第三个问题，在代表性和竞争之外，涉及回应的程度，正是在这里，我们看到了候选人推选对立法行为的主要影响。不同的选举团是如何影响议员的回应的？虽然现代民主国家主要是由代表对人民做出回应，但这种回应由政党或非政党的行动者来居间促成。立法情况很可能受到议员回应不同选举团的方式的影响，当议员回应政党行动者时，政党的团结程度可能更高，而当涉及的是非政党中间人时，政党的团结程度可能更低。

当我们关注回应度时，最近的研究表明，较小的选举团将敦促议员主要回应政党行动者，而在较大的选举团中，议员也会回应非党派中间人。由于议员行为的主要动机是再次当选，所以他们将对其选举团的要求做出回应。当由小的选举团——政党领袖、几个政党领袖或一小群政党代表——推选时，议员会表现出相当高程度的政党团结。他们的目标将是满足那些有权力再次推选他们，或者至少在他们的再次推选中发挥主导作用的小寡头。当由一个非常具有包容性的选举团——如全体选民或所有党员——推选时，议员将要应对各种各样并有时是相互冲突的施压。试图回应这样范围的交叉施压，可能会导致议员偏离政党的纲领，或以削弱政党团结的方式行事。如图 10.2 所示，因此，选举团的包容性是区分以候选人为中心和以政党为中心的立法行为的一个主要解释变量。[2]鲍勒（Bowler，2000）认为，对政党团结的最佳诠释是提名程序，特别

219

─────────

〔1〕　不同于包容性和代表性之间的关系，这种关系不一定是线性的。也就是说，选举团维度的两端的竞争可能比中间低［拉哈特，哈赞和卡茨（Hazan and Katz），2008；哈赞和拉哈特（Hazan and Rahat），2010〕。不幸的是，目前还没有跨国比较来验证这一说法。

〔2〕　根据候选人推选的其他维度来分析以政党为中心的与以候选人为中心的代表，见阿特莫尔，哈赞和拉哈特（Atmor, Hazan and Rahat，2011）。

是谁来提名。西贝勒（Sieberer，2006）对 1945 年以来 11 个议会制民主国家的研究发现，候选人推选比选举规则更能预测政党投票的团结程度。

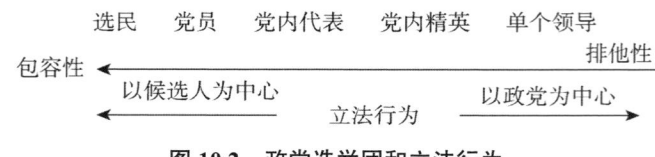

图 10.2　政党选举团和立法行为

候选人推选制度的包容性越强，政党的团结程度就越低。当议员面对一个庞大且易变的选举团时，他们将回应那些能够提供资源、选票和有渠道联络这个选举团选民的人。回应本身就不可能是针对个体成员本身的，因为直接联络一个大的、不稳定的、无定形的选举团选民的投入成本过高。因此，议员将对能够促进他们与如此广泛的选举团选民建立联系的中间人做出回应，例如，大众媒体或利益集团。这些中间人可以促进不同的利益，甚至是与政党、政党的意识形态或政党的领导人的利益不一致的利益。

对不同国家的政党团结程度的对比说明了选举团的包容性对议员行为的影响。美国国会议员是通过具有高度包容性的初选程序推选出来的。尽管近年来其议员党内凝聚力有所提高，但仍被认为处于较低水平。相比之下，英国、爱尔兰和挪威的议员（以及大多数其他西欧国家的议员）虽然是由更具排他性的选举团选出的，他们却表现出更高程度的团结。两种情况的主要制度差异在于候选人推选程序中选举团的包容程度，而不是选举制度的性质。正如加拉赫（Gallagher，1988，271）所主张的那样，"从这个意义上说，哪个政党机构推选了候选人可能不太重要，重要的是某些政党机构推选了他们"。正如詹内蒂（Giannetti）和贝努瓦（Benoit，2009，7）所主张的那样，"当党内初选公开时，地方激进分子就有机会选出不认同领导层政策偏好的议员，从而放松政党对政党代表行为的控制，并影响其立法投票模式"。

220

在对欧洲议会议员的投票行为的研究中，法斯（Faas，2003）和希克斯（Hix，2004）都发现，候选人推选制度会影响政党的凝聚力，而更具排他性的候选人推选制度会使（国家）政党对其代表的行为产生更大的影响。德波（Depauw）和马丁（Martin）（2009，111）对 16 个欧洲民主国家的政党团结的研究发现，"当政党选民同时也是政党成员的比例增加时，政党团结就会受损"。

如果我们把最近研究发现所提出的主要观点整理出来，可以得出以下结论：不同的候选人推选制度导致不同的立法机关组成和不同的立法者行为，这很大程度上要归因于所涉及的选举团的包容性。相较于由排他性选举团推选的议员组成的立法机关，由包容性选举团推选的议员组成的立法机关更少反映社会的人口构成，因此他们不太可能履行其代表社会的象征性功能。立法机关的组成也受到候选人推选程序中竞争程度的影响。例如，人员更替不仅是一个政党在大选中赢得的席位数量的结果，也是候选人推选的结果——在一个低波动性的选举中，这可能是立法机关的组成更新的主要来源。拥有更具包容性的选举团的政党将给在任议员带来更大的优势，并表现出低的立法人员更替率。候选人推选制度越具有排他性，政党将发挥着相较其他可能的行动者更加重要的作用。随着选举团包容性的扩大，非政党行动者在候选人推选中发挥更加重要的作用，他们作为回应对象的重要性和对立法行为的影响力都会提高。

10.5　政党的立法统一：凝聚力和纪律

如果更具包容性的候选人推选可能导致立法机关的代表性降低，党内竞选的竞争力下降，议员的回应减少，这将如何影响立法行为？现代政党的一个显著特征，特别是在议会制民主国家，是它们的立法统一。然而，统一的政党并不必然存在。一些政党作为统一的行动者进入议会，另一些政党进入议会时不那么统一，但它们在议会中统一起来。这里存在着凝聚力和纪律之间的区别——这两个术语在文献中很少得到恰当地描述［参见本卷中的卡姆（Kam）］，也几乎没有人就它们如何受到候选人推选的影响做出过详细区分。在我们详细阐述候选人推选的未来研究面临的一些挑战之前，分辨清楚是凝聚力还是纪律维持着政党团结是相当重要的，因为这二者的决定因素不同，候选人推选对它们的影响也不同。

为了阐明这一区别，审视针对立法行为及政党团结的两种不同研究方法是相当重要的。社会学的方法强调规范和作用；其认为议员是出于意识形态信念、社会化、政党团结等规范性理由而一致行动的。这种方法强调约束议员的非正式行为规则，并将政党视为一个基于忠诚和团结等规范建立的权威体系。第二种方法是制度性的；它强调战略性激励和约束，并认为政党团结是基于政党和议会的正式组织构成，这种组织构成利用友好或强制性措施，促使议员发现效用最大化的利己理由。

　　社会学方法的关键是适当的社会化，这必须在进入议会之前就在很大范围内产生。牢固的团队合作规范、责任感和忠诚感不可能在短时间就内化。制度性方法的关键是政策、职位和选票——议员最基本的利益需求［穆勒和斯特罗姆（Müller and Strøm），1999］。议会和政党提供和控制着影响力、特权和再次推选或重新选举的分配——政党和议会掌握着议员需要的东西。这两种方法之间的差异揭示了政客、政党和议会之间的关系的本质。内在凝聚力（协议或共同偏好）和纪律（强制或预期制裁）之间的区别就在于此。

　　一旦我们理解了这种区别，我们就能看出候选人推选是如何影响立法行为的。仅当政党团结的社会和行为理由变弱时，制度和组织措施才会变得有意义。换句话说，只要有非制度性（即社会学／行为学）的理由维持着政党团结，那么事实上，我们就有一个有凝聚力的政党在议会中发挥着作用。但是，当候选人推选民主化导致政党的凝聚力开始瓦解时，就需要制度性机制来维持政党的团结——这就是纪律发挥作用的地方。也就是说，当候选人推选更具包容性时，就需要更多的纪律。在某种程度上，当凝聚力被广泛地瓦解时，甚至连纪律也可能无法成功地使政党团结。[1]

　　简言之，由于政党组织结构内部的权力分配的变化，采用党内初选与政党团结之间就存在着某种联系。回应意味着一种对代表和被代表者之间以及代表本身之间保持相对一致的有约束力的要求，这种要求产生了一个有凝聚力的政党。政党纪律意味着政客和政党的命令之间的一种截然不同的一致性。本章认为，候选人推选制度打破了政党和非政党行动者在推选过程中的影响力的平衡——一个扩大且更加民主的选举团的激励破坏了凝聚力。此外，在政党内部，它们打破了政党领导和其代表之间影响力的平衡，从而影响了纪律，并阻碍了政党对其议员施加纪律措施的能力。

222　　## 10.6　未回答的问题和未来研究的建议

　　如果党内的推选偏好会妨碍政党的凝聚力和纪律，那么当偏好还不明确时，

---

　　〔1〕　有些人反对这种基于偏好或基于政党的行为统一性之间的区分［克雷比尔（Krehbiel），1993；1999］，然而，最近的研究发现表明，政党可以以可观察到的方式影响其成员的行为，从而改变立法结果［鲍勒、法雷尔和卡茨（Bowler, Farrell and Katz），1999；鲍勒（Bowler），2000］。

以及／或当执行机制被破坏时，政党如何能团结起来呢？如果各政党决定采取更具包容性的候选人推选制度，它们的内部运作和立法统一将面临哪些挑战？

提到选举团，本节将阐述关于政党如何应对一个民主化的选举团对立法行为的影响，特别是对政党团结的影响的三种不同观点。第一种观点认为，一个更具包容性的选举团与维持政党团结的能力之间是负相关关系，更具包容性的选举团会导致政党凝聚力和纪律的下降。第二种观点认为，一个更具包容性的选举团可能会导致凝聚力不足的问题，但这种观点还认为，建立在政治表象和政治实质的分离，或者政党如何自我管理基础上的纪律性措施仍可能维持团结。第三种观点认为，政党内部的民主并不必然导致政党团结的下降，无论是凝聚力还是纪律都是如此，因此该观点与本章的主要论点背道而驰。

10.6.1 观点一：分裂型政党（The Disjointed Party）

分裂型政党的观点认为，如果政党在其候选人推选制度中采用更具包容性的选举团，这将对政党的凝聚力产生消极影响——因为非政党的行动者将能够与政党的社会化和决定同质性的意识形态信念竞争——而且任何议会和政党纪律性工具都不能挽救这种凝聚力的下降。

爱泼斯坦（Epstein，1964，55）早已表达过更具包容性的候选人推选与政党团结的下降有关的观点，他说："初选旨在使议员独立于政党，议会制度要求有凝聚力的立法政党以产生稳定的政府，将这两者结合起来似乎无法逻辑自洽。"基（V.O. Key，1967，452）以美国的情况来说明："提名阶段是能够最有效地运用政党纪律的阶段。然而，直接初选则是一种不容易被国家领导层或一个地区的选民用于这一目的的程序。"爱泼斯坦和基（Epstein and Key）都认为，党内初选将对政党团结产生消极影响；前者认为这会削弱凝聚力，而后者则指出这会妨碍纪律。

当冰岛各政党扩大其候选人推选程序的参与度时，克里斯蒂安森（Kristjánsson）声称这导致了政党凝聚力和纪律的下降。"自上世纪70年代初以来，冰岛的初选阶段与政党凝聚力下降相重合。冰岛的政党越来越像针对个体政客的伞形组织，而不是高度自律的组织"［克里斯蒂安森（Kristjánsson）1998，177］。在墨西哥，初选的采用不仅损害了政党的凝聚力，还造成了脱党现象，那些未能在原政党的推选过程中获胜的脱党者会带着自己的支持者从一个政党转移到另一个政党（库姆斯，2003年）。在以色列，候选人推选

223

制度民主化的总体趋势与私人议员法案的提议（减少凝聚力）和通过（削弱纪律）的增加［哈赞（Hazan），1997；拉哈特和谢弗（Rahat and Sheafer），2007］密切相关，还有其他类型的个体行为。安德韦格（Andeweg）和托马森（Thomassen）（2011）对荷兰议会的研究表明，随着候选人的选择变得更加开放，偏好同质性和党派忠诚度下降。参与代表（参与度和代表性）研究项目调查了 15 个国家的议员，结果显示候选人推选的包容性和政党凝聚力二者密切相关——在国家议会中，相较于由政党机构或政党领导人推选的议员，党内初选推选的议员之间的意见分歧相对增加了 20%［范文诺（Van Vonno）等人，即将发表］。

10.6.2 观点二：卡特尔型政党（The Cartel Party）

卡特尔型政党的观点同样认为，候选人推选的民主化将损害政党的凝聚力，但其指出，一些纪律性工具——包括积极的和消极的——可以维持政党的团结，在内生激励和外在限制的作用下政客们会服从纪律。卡特尔型政党的领导人认为，政党团结的问题是出在组织管理而非意识形态上［卡茨（Katz），2001，290 — 293］。卡特尔型模式要求政党领导层能够跨越党派分歧而达成妥协，他们摆脱了一群意识形态激进分子施加的束缚。为了使政党激进分子中立化，候选人推选等政党的决策机制要向全体成员开放。因此，卡特尔型政党模式指导政党领导人采取民主化战略，因为这给他们带来更大的影响力［卡茨和梅尔（Katz and Mair），1995，20 — 21］。

但是，如果政党领导层遇到持不同观念的候选人（缺乏凝聚力），并且没有必要的工具来管理他们，政党团结的问题就可能出现。博列耶（Bolleyer，2009，565）对此表示赞同，他说："在一个完全成熟的卡特尔政党内，政党领导层面对的是一个由议员组成的越来越缺少凝聚力的议会政党，在他们进入公共领域之前，他们只受命于有限的组织内部控制。"但是，团结在很大程度上仍然可以得到维持。卡茨（Katz，2001，293）认为，候选人推选民主化以及维持政党团结的压力提出一些要求，对这些要求的一个可能解答制造出"政治的表象和实质的分离"，这意味着"议员的修辞性和实质性行为将出现越来越严重的分离"。因此，由于普通议员甚至部长公开表达党内反对意见，政党凝聚力的"形象"出现裂痕，甚至被粉碎；然而，在一天结束的时候，他们都团结起来，并且以一种有组织的方式投票来保持政党的"实质性"团结。更具包容性的候选人推选会对凝聚力产生消极影响，但纪律仍能使政党在立法机关中保持统一。也就是说，赖斯凝聚力指数（Rice，1925）将显示政党仍然在一起投票，但是它不会显示凝聚力已经瓦解。

最近的一项研究发现，以色列议员在大众媒体上发出的"噪音"与他们在议会中的实际投票之间存在明显的差异［沙皮拉和拉哈特（Shapira and Rahat），2011］。这项研究挑选了 2009 — 2010 年间议会中最主要的 12 位"媒体政见不合者"，他们在公开表达反对自己政党的立场并威胁要投票反对该党方面表现得最明显，但他们实际上违反政党纪律的情况很少发生：在几乎 99% 的情况下，他们投票支持自己的政党。

博列耶（Bolleyer，2009）认为，政党团结问题的解决依赖不同的纪律性工具。当政党执政时，政治任命和其他形式的恩惠被用来确保团结。当政党处于反对党地位时，其领导层会发起改革以规范组织的进入，并授予中央组织对推选过程的一些控制权。因此，可以利用推选利益来克服卡特尔政党的组织脆弱性。爱尔兰共和党（Fianna Fail）的行动证实了这一点：该党在执政时利用恩惠，在作为反对党时利用内部改革来促进政党团结。在以色列，卡特尔化程度更高的政党（前进党、利库德集团和工党）是通过执政期间不断增加的部长任命和其他形式的恩惠"收买"议员的忠诚，而在作为反对党时则利用党内改革。

然而，卡特尔型政党的观点可能只是部分地解决了问题，因为它是建立在难以长期维持的表面和实质之间脆弱的平衡基础上的。此外，因为可能只能在有限的时间内从那些被直接"给予"恩惠职位的人那里获得纪律，而持续的党内改革也会适得其反，所以恩惠 / 改革的解决办法也有其局限性。

10.6.3 观点三：分权型政党（The Stratarchical Party）

分权型政党模型提出，采用更具包容性的候选人推选制度对政党凝聚力或立法纪律几乎不会产生影响。这一模型宣称，随着个别党员获得越来越大的决策权，尤其是候选人推选方面的决策权，政党的认同感会下降，这迫使政党越来越多地借助机会主义选举呼吁。其结果是，现代政党的领导取向更加明显，但同时政党内部是民主的，而且政党只能在一个支持基础不够坚实的更开放的选举市场上竞争。因此，政党已成为多层级的组织，各组织层级享有重大的自主权。换句话说，政党已经成为类似于联邦系统或者附属组织的网络体系的事物。卡蒂（Carty，2004）认为，政党已经成为一种连锁经营系统，它将规模和标准化的效能与地方参与组织产品交付的优势相结合。即，分权型政党的核心是不同层级之间关于权利和义务的连锁交易。

在加拿大——许多分权型模型的文献都以加拿大为案例，尽管它的应用可以扩展到制度上类似的议会制度——政党已经用严格的国家纪律取代了地方自治［卡蒂、克罗斯和杨（Carty, Cross and Young），2000；卡蒂和克罗斯（Carty and Cross），2006］。也就是说，包容性并没有导致政党团结的下降，因为地方选举团在国家立法机关中选出的是将坚持政党路线的候选人。

因此，分权型政党模型认为，不断增强的包容性并不会损害政党维持团结的能力。然而，党员控制候选人推选的前提是他们愿意避免任何这种尝试，即试图影响政党在国家政策上采取的立场。成员推选和代表服从党的命令这两者之间不会产生过多的联系。正如桑德里和保韦尔斯（Sandri and Pauwels，2010，1241）在讨论比利时和意大利政党时所说的那样，"国家精英负责制定政策，而地方组织负责候选人的推选"。或者，用一种古老的说法来说，分权型政党的选举团选择的是受托人，而不是在立法机关中仍然遵守纪律的代表。

这三个仍待进一步研究的观点是存在于一个区间上的，这个区间致力于解决候选人推选民主化和立法行为之间关系的问题。一种观点认为，一旦一个政党采用更具包容性的候选人推选制度，将不可避免地影响立法行为，并对政党团结产生消极影响（观点一：分裂型政党）。相反的观点认为，只要政党保持一个权力下放的分权结构，这种影响就不会出现（观点三：分权型政党）。在这两种方法之间，我们有第三条中间路径，它承认有关立法行为的"问题"确实是由候选人推选民主化造成的，但其声称至少可以部分地和暂时地解决该问题。（观点二：卡特尔型政党）。

这三种观点中的两种得出了相似的结论：党内民主与统一的立法政党行为之间是取舍关系。这两种观点的不同之处在于，他们认为对凝聚力的消极影响可以被纪律抵消。只有分权化的观点认为，党内民主与政党立法统一之间不存在任何关系。

226

10.7 结论

芬诺（Fenno，1973）和梅休（Mayhew，1974）是研究立法者动机的先驱，他们认为立法者的主要动机是再次当选，这决定了他们后续的立法活动要服务于这一目标。本章试图将立法者的这个主要目标前移一步——将其从政党间领域转移到党内领域，从重新选举转移到再次推选——并评估候选人推选及其民主化的最新趋势对立法行为的影响。[1] 以理性选择制度主义的范式来措辞，本章着重于制度的政治影响，在我们的案例中，着重于外部制度的限制和规范如何影响立法者的行为。像候选人推选制度这样的制度重要，不是固其是，作为立法行为的特别决定因素，而是作为相对未知领域，这些制度可以帮助我们更多地了解选出的立法者的类型、立法机关内部的动态，以及内部更民主的政党的立法表现。当然，这也提高了我们研究立法机关的能力。

本章认为立法者的行为在很大程度上受到他们重新当选目标的影响，为了实现这一目标，代理人——政党代表——将试图满足他们的委托人。一个关键的——如果不是最重要的——委托人是政党选举团。如果政党团结对再次推选有积极作用，我们期待代表们重视以政党为中心的立法行为，并且表现出高度的政党团结。然而，如果重新当选的目标使更加个人主义的行为受到重视，那么我们期待代表们积极以候选人为中心做出回应，将导致更低程度的政党团结。

候选人推选会对政治，特别是立法政治产生影响。因此，本章提出一个关键要素——选举团的包容性程度——以区分候选人的推选制度，并评估其对立法行为的影响。值得注意的是，本章并不认为候选人推选制度是立法行为的唯一决定因素。相反，这里主张的是立法研究不能忽视或不重视候选人推选制度。此外，我们必须指出，讨论候选人推选可能要考虑其产生的另外一些的影响，如推选程序对政治生涯轨迹、个人寻求选票、个人主义（猪肉桶政治）和游说活动的影响。但这些都不是本章的重点，因此这里也没有讨论，本章的实质性关切应是更加全面地讨论候选人推选制度及其政治影响。

为了检验本章提出并将引起进一步研究的观点，对加拉赫和马什（Gallagher and Marsh，1988）所描述的"政治的秘密花园"进行进一步的跨国研究是必要的，其中比较数据的收集尤其重要。此外，最近对候选人推选的研究表明，在党内层面产生的驱动因素可能会有助于或者不利于那些参加政党间竞选的候选人——个人寻求选票就是一个例子——采用一个包含政党内部和政党间因素的

227

---

[1]　斯特罗姆（Strøm，1997）已经提议，立法目标应该从再次推选开始。

二维方法，而不是采用政党间的一维视角，可以更多地揭示政党、民主和立法行为之间的关系。

致　谢

非常感谢南希和劳伦斯·E. 格利克基金对本项研究的支持。感谢英属哥伦比亚大学举办的"作为组织的政党和作为系统的政党"研讨班以及安特卫普大学举办的欧洲政党初选 ECPR 研讨班的与会者，他们对前期草稿提出了宝贵的意见和建议。

参考文献

Andeweg, R.B. and Thomassen, J., 2011. Pathways to Party Unity: Sanctions, Loyalty, Homogeneity, and Division of Labour in the Dutch Parliament. Party Politics, 17: 655–72.

Atmor, N., Hazan, R.Y., and Rahat, G., 2011. Candidate Selection. In J.M. Colomer (ed.). Personal Representation: The Neglected Dimension of Electoral Systems, pp. 21–35. Colchester: ECPR Press.

Bille, L., 2001. Democratizing a Democratic Procedure: Myth or Reality? Candidate Selection in Western European Parties 1960–1990. Party Politics, 7: 363–80.

Bolleyer, N., 2009. Inside the Cartel Party: Party Organization in Government and Opposition. Political Studies, 57: 559–79.

Bowler, S., 2000. Parties in Legislatures: Two Competing Explanations. In R.J. Dalton and M.P. Wattenberg (eds.). Parties Without Partisans, pp. 157–79. Oxford: Oxford University Press.

Bowler, S., Farrell, D.M., and Katz, R.S., 1999. Party Cohesion, Party Discipline, and Parliaments. In S. Bowler, D.M. Farrell, and R.S. Katz (eds.). Party Discipline and Parliamentary Government, pp. 3–22. Columbus: Ohio State University Press.

Carty, R.K., 2004. Parties as Franchise Systems: The Stratarchical Organizational Imperative. Party Politics, 10: 5–24.

Carty, R.K., Cross, W., and Young, L., 2000. Rebuilding Canadian Party Politics. Vancouver: University of British Columbia Press.

Carty, R.K. and Cross, W., 2006. Can Stratarchically Organized Parties be Democratic? The Canadian Case. Journal of Elections, Public Opinion and Parties, 16: 93–114.

Caul, M., 1999. Women's Representation in Parliament: The Role of Political Parties. Party Politics 5: 79–98.

Childs, S. and Krook, M.L., 2009. Analysing Women's Substantive Representation: From Critical Mass to Critical Actors. Government and Opposition, 44: 125–45.

Combes, H., 2003. Internal Elections and Democratic Transition: The Case of the Democratic Revolution Party in Mexico (1989–2001). Presented at the European Consortium for Political Research Joint Sessions of Workshops.

Cross, W.P. and Katz, R.S., 2013. The Challenges of Intra-Party Democracy. In W.P. Cross and R.S. Katz (eds.). The Challenges of Intraparty Democracy, pp. 1–12. Oxford: Oxford University Press.

Depauw, S. and Martin, S., 2009. Legislative Party Discipline and Cohesion in Comparative Perspective. In In D. Giannetti and K. Benoit (eds.). Intra-Party Politics and Coalition Governments, pp. 103–20. London: Routledge.

Duverger, M., 1954. Political Parties: Their Organization and Activity in the Modern State. London: Methuen.

Epstein, L.D., 1964. A Comparative Study of Canadian Parties. American Political Science Review, 58: 46–59.

Faas, T., 2003. To Defect or Not to Defect: National, Institutional and Party Group Pressures on MEPs and their Consequences for Party Group Cohesion in the European Parliament. European Journal of Political Research, 42: 841–66.

Fenno, R.F., 1973. Congressmen in Committees. Boston: Little, Brown.

Gallagher, M., 1988. Conclusion. In M. Gallagher and M. Marsh (eds.). Candidate Selection in Comparative Perspective: The Secret Garden of Politics, pp. 236–83. London: Sage.

Gallagher, M. and Marsh, M., 1988. Candidate Selection in Comparative Perspective: The Secret Garden of Politics. London: Sage.

Giannetti, D. and Benoit, K., 2009. Intra-party Politics and Coalition Governments in Parliamentary Democracies. In D. Giannetti and K. Benoit (eds.). Intra-Party Politics and Coalition Governments, pp. 3–24. London: Routledge.

Hazan, R.Y., 1997. Executive-Legislative Relations in an Era of Accelerated Reform: Reshaping Government in Israel. Legislative Studies Quarterly, 22: 329–50.

Hazan, R.Y. and Rahat, G., 2010. Democracy within Parties: Candidate Selection Methods and Their Political Consequences. Oxford: Oxford University Press.

Hix, S., 2004. Electoral Institutions and Legislative Behavior: Explaining Voting Defections in the European Parliament. World Politics, 56: 194–223.

Katz, R.S., 2001. The Problem of Candidate Selection and Models of Party Democracy. Party Politics, 7: 277–96.

Katz, R.S. and Cross, W.P., 2013. Problematizing Intra-Party Democracy. In W.P. Cross and R.S. Katz (eds.). The Challenges of Intraparty Democracy, pp. 170–6. Oxford: Oxford

University Press.

Katz, R.S. and Mair, P., 1995. Changing Models of Party Organization and Party Democracy: The Emergence of the Cartel Party. Party Politics, 1: 5–28.

Key, V.O., 1967 Politics, Parties, and Pressure Groups. New York: Crowell Company.

Krehbiel, K., 1993. Where's the Party? British Journal of Political Science, 23: 235–66.

Krehbiel, K., 1999. Paradoxes of Parties in Congress. Legislative Studies Quarterly, 14: 31–64.

Kristjánsson, S., 1998. Electoral Politics and Governance: Transformation of the Party System in Iceland, 1970–1996. In P. Pennings and J–E. Lane (eds.). Comparing Party System Change, pp. 167–82. London: Routledge.

Maisel, L.S. and Stone, W.J., 2001. Primary Elections as a Deterrence to Candidacy for the U.S. House of Representatives. In P.F. Galderisi, M. Ezra, and M. Lyons (eds.). Congressional Primaries and the Politics of Representation, pp. 29–47. New York: Rowman and Littlefield.

Mayhew, D.R., 1974. Congress: The Electoral Connection. New Haven: Yale University Press.

Müller, W.C. and Strøm, K. (eds.), 1999. Policy, Office, or Votes? How Political Parties in Western Europe Make Hard Choices. New York: Cambridge University Press.

Narud, H.M., Pedersen, M.N., and Valen, H., 2002. Conclusions. In H.M. Narud, M.N. Pedersen, and H. Valen (eds.). Party Sovereignty and Citizen Control: Selecting Candidates for Parliamentary Elections in Denmark, Finland, Iceland and Norway, pp. 217–27. Odense: University Press of Southern Denmark.

Norris, P., 2006. Recruitment. In R.S. Katz and W.J. Crotty (eds.). Handbook of Party Politics, pp. 89–108. London: Sage.

Phillips, A., 1995. The Politics of Presence. Oxford: Clarendon.

Rahat, G. and Sheafer, T., 2007. The Personalization (s) of Politics: Israel 1949–2003. Political Communications, 24: 65–80.

Rice, S.A., 1925. The Behavior of Legislative Groups: A Method of Measurement. Political Science Quarterly, 40: 60–72.

Sandri, G. and Pauwels, T., 2010. Party Membership Role and Party Cartelization in Belgium and Italy: Two Faces of the Same Thing? Politics and Policy, 38: 1237–66.

Shapira, A. and Rahat, G., 2011. Cohesion and Personalization of Israeli Politics. Presented at the Hebrew University of Jerusalem conference on The Institutionalization of

Political Parties in Canada and Israel.

Sieberer, U., 2006. Party Unity in Parliamentary Democracies: A Comparative Analysis. Journal of Legislative Studies, 12: 150–78.

Somit, A., Wildenmann, R., Boll, B., and Römmele, A. (eds.), 1994. The Victorious Incumbent: A Threat to Democracy? Aldershot: Dartmouth.

Strøm, K., 1997. Rules, Reasons and Routines: Legislative Roles in Parliamentary Democracies. Journal of Legislative Studies, 3: 155–74.

Van Biezen, I., Mair, P., and Poguntke, T., 2012. Going, Going, ⋯ Gone? The Decline of Party Membership in Contemporary Europe. European Journal of Political Research, 51: 24–56.

Van Vonno, C., Malka, R.I., Depauw, S., Hazan, R.Y., and Andeweg, R.B. (Forthcoming). Agreement, Loyalty and Discipline: A Sequential Approach to Party Unity. In K. Deschouwer and S. Depauw (eds.), Representing the People: A Survey Among Members of Statewide and Substate Parliaments. Oxford: Oxford University Press.

Ware, A., 2002. The American Direct Primary: Party Institutionalization and Transformation in the North. Cambridge: Cambridge University Press.

Wu, C–L., 2001. The Transformation of the Kuomintang's Candidate Selection System. Party Politics, 7: 103–18.

第十一章　选举制度对立法行为的影响[*]

奥黛丽·安德烈（Audrey André）

萨姆·德波 （Sam Depauw）

马修·S.舒加特（Matthew S. Shugart）

11.1　引言

选举制度塑造着（将要成为的）议员在两次选举之间的行为。议员谋求连任，这是情理之中的事情［参见梅休（Mayhew），1974］。[1] 议员会集中关注他们相信选民将在下一次选举中予以褒奖的那些立法领域的事情，同时避开选民不予褒奖的事情。选民们通常对政治了解不多，也不愿意去了解更多。为了决定如何投票，他们综合利用源于政党和源于候选人的资讯捷径［唐斯（Downs），1957；波普金（Popkin），1991］。更重要的是，他们在不同的选举制度下走不同的捷径［舒加特（Shugart）等人，2005］。具体来说，选举制度精心组织着可供选民选择的意见，从而强化或弱化那些激励议员去培养个人声誉而

＊　杨蒙译。

〔1〕　这并不是说议员不受各种职业目标和情感激励的驱动［参见西林（Searing），1994］。有些人出于责任感行动，有些人是被他们制定的政策所驱动，还有一些人希望得到晋升。但是，如果他们不被选入议会，他们的下一个目标是什么就不重要了［斯特罗姆（Strøm），1997］。

非政党声誉的动机［凯里和舒加特（Carey and Shugart），1995］。候选人的政党标签是一个低成本的线索，它使选民了解到他或她一旦（再次）当选将寻求制定的政策以及他或她将迎合的选区［基维特和麦克库斯宾（Kiewiet and McCubbins），1991，40］。然而，根据定义，政党记录无法区分在同一政党标签下竞选的政党成员。当选民有机会在同党派议员间表明自己的偏好时，候选人将需要赢得个人选票。候选人需要向选民示意某些基于个人素质、资格和行动的竞选理由，使选民投票给候选人而不是另一个同党派议员［考克斯和蒂斯（Cox and Thies），1998，268］。特别对现任议员来说，这可能意味着候选人向选民提供帮助，例如，为该地区获得的项目和资金，或者他或她为赢得少数族裔采取的立场［凯恩（Cain）等人，1987］。

232   目前的研究在很大程度上忽视了舒加特［（Shugart），2005，50］所说的议员的行为戏目（repertoire）与将选票转化为席位的规则之间的"理论联系"。迪韦尔热（Duverger，1951）对选举制度的机制影响和心理影响做出了著名的区分。机制影响决定着谁赢谁输，而心理影响则是指选民和政党领袖对选举制度的预期后果的战略性回应［相关评论参见格罗夫曼（Grofman），2006］。关于选举制度对立法领域普通议员行为影响的文献是一个已建立并快速发展的子领域。然而，研究往往容易从选举制度的形式属性跳跃到立法领域的行为和结果，而没能确定对选民、政党和个体议员产生激励的因果机制。因此，我们对选举制度的形式属性是如何转化为相互冲突的激励的了解程度不尽如人意。而且，我们也不知道个体议员是如何在多重行为戏目之间进行选择的，它们通常被称为个人寻求选票。

11.2　论证大纲

选举制度经常在符合政党利益和符合个体议员利益之间形成一种张力［凯里和舒加特（Carey and Shugart），1995］。选票结构、选举规则和选区规模在这方面定义了选举制度，不过选举法会进一步包括本章范围之外的候选人要求、选民登记以及政党和竞选活动规则。它们精心组织着向选民开放的选项，并将选票转化为席位，从而将政治家选入公职。通过这种方式观察到它们首先塑造了问责制的模式，其次是选举的**竞争范围**。也就是说，选举制度的形式属性授予并限制了选民监督和制裁个体议员不良表现的能力［凯里（Carey），2009］。它们进一步影响了议员要面对的竞争范围，而正是这种对他们连任这一首要职业目标的威胁，驱动并激励其利用稀缺的职务特权来赢得个人选票［凯恩（Cain）等人，1987］。因此，本章第一节研究了选举制度的机制影响如何转化为对议员培养个人选票的激励，正如图11.1箭头1所示。

但是，这种激励不能轻易被观察到，往往必须从议员的行为中来推断［斯特罗姆（Strøm），1997，162］。第二节转向选举制度的心理影响，正如箭头2所示，它检视培养个人选票的激励如何转化为行为，集中关注三种个人寻求选票的行为：启动特定的立法工作，做选区个案工作，以及打破政党纪律为选民代言。然而，选举制度决定行为的能力不应该被夸大。在第三节（箭头3）中，我们展示了政党领袖如何频繁利用所掌握的推选特权来监督和制裁议员以维护政党记录。在第四节（箭头4）中，我们探讨了选民对代表的偏好如何打乱议员的选举报偿。我们在这样做时会集中关注有关个人寻求选票的实证研究［关于对立法领域政党的评论，参见乌斯兰纳和齐特尔（Uslaner and Zittel），2006］，以及对不同选举制度的比较研究，而不是单一案例研究。

233

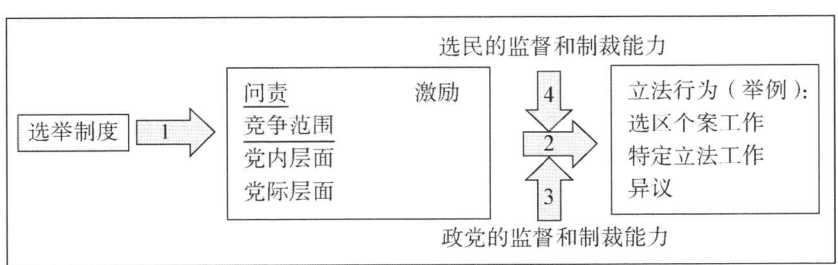

图11.1　选举制度如何影响立法行为

11.3　将选举制度的机制因素转化为激励

曼斯布里奇（Mansbridge，2003）指出，代表在很大程度上是能够被预测的；议员在两次选举之间会以特定的方式行事，这是因为他们相信选民将在下一次选举中对他们予以褒奖。一方面，选民会被认为将选择特定的议员，因为这些议员确实具备最受这些选民青睐的个人声誉；另一方面，选民会被认为将制裁那些没能践行他们个人声誉的议员。议员在这方面的信念植根于他们身处其中争取连任的选举制度。首先，选举制度的形式属性对选民追究议员的责任以及监督和制裁其表现的能力有直接影响。其次，选举制度的形式属性进一步转化为选举的竞争力，塑造了议员培养个人声誉的选举激励。

234

11.3.1 问责

一个议员经他或她的选举授权而代表其选民行事；如果满足两个条件，现任者也可以说是对其选民负责。首先，选民可以监督议员的行为，其次，制裁或奖励他或她的表现［弗雷泽弗尔伦（Fearon），1999，55］。选举制度对监督和制裁都有影响，从而使议员或多或少地向选民做出回应。也就是说，如果议员将对自己的行为负责，他们就不会推卸照顾选民的职责［鲍勒和法雷尔（Bowler and Farrell），1993］。辩论首先将单一席位选区与多席位选区进行了对比。作为该选区唯一代表的议员承担着促进其利益的职责［米歇尔（Michel），2000］。在这种情况下，选民只需要监督一个人的行为，这提高了议员的知名度［库尔蒂斯和夏夫利（Curtice and Shively），2009］。另外，当选民由许多议员来代表时，监督的成本很快就会超过理性无知的选民通常用于政治的时间和精力［塞缪尔斯（Samuels），1999；舒加特（Shugart）等人，2005；凯里（Carey），2009］。当议员的行为不为人知且无法鉴定时，推卸责任和搭便车就会随之而来［布克和凯恩（Buck and Cain），1990］。事实上，问责会随着选区规模的扩大而线性减弱；每增加一个现任者，选民监督他们的能力就会下降，选举竞争的个人化程度就会越低［韦塞尔斯（Wessels），1999］。

然而，如果我们只关注单一席位选区和多席位选区之间的差异就会错失很多东西［格罗夫曼（Grofman），2008］。具体来说，选票结构决定了选民在制裁现任者方面的选择。在封闭名单制中，包括单一席位选区［凯里和舒加特（Carey and Shugart），1995］，只有当足够数量的选民改变对另一政党的忠诚时，现任者才能被赶下台［米歇尔（Michel），2000］，这是因为分配给候选人的席位顺序是由他们在政党名单上的顺序预先决定的。但是，在开放名单的比例代表制（PR）下，候选人是从由选民偏好选票决定等级的名单中选出的，选民可以选择制裁表现不佳的现任者，而投票给同党派议员。[1]凯里和舒加特（Carey and Shugart，1995）认为，问责的这个方面可以通过三个简单的三分法

---

〔1〕 有一些中间制度，通常称为"灵活列表"，其中考虑了预选列表排名和偏好选票以确定选举顺序。为简单起见，并且由于有关它们的文献较少，我们不详述此类列表的影响。

予以体现，即（1）选民是偏好候选人还是政党（投票）；（2）对候选人的偏好在多大程度上提高了该现任者（再次）当选的概率（选票）；（3）该概率多大取决于同党派议员赢得的选票，因为鉴于席位的分配选票是各政党名单共享的（共享）。[1]然而，选择以这种方式制裁个别现任者也对竞争范围产生着重要影响。

11.3.2 竞争范围

议员重视连任，正是对其首要目标的威胁才促使他们培养个人声誉而非政党声誉。在竞争激烈的竞选中，甚至是基于议员的个人素质和行为而赢得的几张额外的选票，都可能造成连任和败选的区别［凯恩（Cain）等人，1987］。在单一席位选区，胜者和败者之间的差额越小，议员就越会寻求"展示个人形象"，从而吸引一些额外的选票［另见海修森（Heitshusen）等人，2005］。相比之下，在多席位选区，更多的票数往往会使政党赢得或失去另一个席位。因此，凯里和舒加特（Carey and Shugart，1995）认为，培养个人声誉的激励会随着选区规模的扩大而减弱，但这只是在封闭式的比例代表制（PR）之下。舒加特（Shugart，2005，46）澄清说，议员培养个人声誉的努力对他们在这些情况下连任概率的影响可以忽略不计。他们的努力可能导致的选票变化不足以为该党赢得一个额外的席位。另外，当选民可以在同党派的候选人之间表明自己的偏好时，议员培养个人声誉的激励就会随着选区规模而增加［凯里和舒加特（Carey and Shugart），1995］。

卡茨（Katz，1986，97）首先区分了受到党际失败和党内失败威胁的议员。[2]党际层面的失败是由于选票流失到其他政党；该党赢得更少的席位，而且并非所有以该党名义竞选的现任者都能再次当选。另外，在党内层面的失败是由于在同一政党标签下竞选的另一个候选人当选。凯里和舒加特（Carey and Shugart，1995）指出，事实上，随着选区规模的扩大，党内层面的席位竞争越来越激烈；在开放名单的代表比例制（PR）中，党内竞争的范围会随着在同一政党标签下竞选的候选人的增加而增加。选民会更多地使用基于候选人的资讯

〔1〕 已经开发了大量的指数，根据培养个人投票的激励对不同的选举制度进行排序［凯里和舒加特（Carey and Shugart），1995；舒加特（Shugart），2001；法雷尔和麦卡利斯特（Farrell and McAllister），2006］。然而，没有两个排名顺序是相同的。

〔2〕 卡茨（Katz，1986，97）使用了"党派失败"（partisan defeat）的概念。出于一致性的原因，我们更喜欢这里的"党际失败"（inter-party defeat）一词。

捷径［舒加特（Shugart）等人，2005］，这使在同一政党标签下竞选的议员面临"产品差异化问题"［考克斯和蒂斯（Cox and Thies），1998，271］。因此，议员必须在选民心目中较同党派竞争者更脱颖而出，并且凭借其个人素质、行为和成就来争取选票。也就是说，凯里和舒加特（Carey and Shugart，1995）预测选区规模会产生一种差异化的效应，[1]但他们将不同的潜在过程与同一指标关联起来；封闭名单的比例代表制（PR）中的负面效应归结于赢得一个席位所需的票数，而开放名单的比例代表制（PR）中的正面效应则与同党派竞争者的数量有关。此外，随后一些受凯里和舒加特（Carey and Shugart，1995）文章启发的研究，针对将未被觉察的激励与选举制度的形式属性联系起来的潜在过程问题，往往不是十分精确。

11.3.3 寻找竞争范围的替代操作

选举制度一方面调整着各政党席位分配（党际维度），另一方面调整着候选人席位分配（党内维度）。但是，现任者要被选入立法机关，需要在党际和党内竞争中同时获胜。然而，选区规模对这两个维度都有影响。

一方面，竞争范围的代用指标通常指向的是保留席位所需票数的不确定性。

236 就这个方面，对党际维度的选区竞争范围的衡量在各种选举制度中正在取得进展［布莱斯和拉戈（Blais and Lago），2009；格罗夫曼和塞尔布（Grofman and Selb），2009；安德烈（André）等人，2012］。例如，在党内维度，对竞争范围的衡量等于一个政党在其最后获得的席位转让给另一个政党之前必须失去的最低票数，或者在其获得另一个席位之前必须赢得的票数［格罗夫曼和塞尔布（Grofman and Selb），2009］。之所以使用票数，是因为比较不同人口规模的选区的得票率可能会产生误导［参见格罗夫曼（Grofman），2005］。此外，在开放名单制中，这一衡量标准可以很容易地转化到党内维度，这等于一个失去席位的议员必须转让给一个不同候选人的最低票数。在封闭名单制中，在名单上排在第 r 位的议员的党内竞争范围可以用该党为赢得不超过 r−1 个席位而必须失去的最低票数来衡量（因此不能将该议员送回立法机关）。

另一方面，凯里和舒加特（Carey and Shugart，1995）认为，党内竞争的范围是由每个竞争席位的选票上的**同党派竞争者的数量**进一步决定的。由于

---

［1］ 在任何既定的规模下，随着偏好选票对党内席位分配顺序影响的增长，个人声誉预期会给议员带来更大价值——尽管他们在脚注中对这一主张更加谨慎［凯里和舒加特（Carey and Shugart），1995，432］。

在同一政党标签下竞选的候选人数量（C）往往随着选区规模（M）的扩大而增加，M 被用作 C：M 比值的"固定和可识别的决定因子"。然而，克里斯普（Crisp）等人（2007）回应说，这种预测是不准确的；随着选区规模的扩大，每个席位的同党派竞争者的比率可能会上升、下降或保持不变。相反，克里斯普（Crisp）等人（2007）提出用 C：P 的比值作为替代：用同党派竞争者的数量除以该党根据前三次选举预计在该选区赢得的席位数。然而，预期的政党规模并不是一个易于被观察到的数量。更重要的是，在缺乏对过度提名的处罚的情况下（即存在选票集中的情况下），竞争的范围会被高估，因为包括了许多得票数很低而无法影响竞选的候选人。在比较不同规模的政党时，这一点尤其突出。在这方面，一个关于偏好选票如何在同党派议员之间分配的概念对于开放名单制下的党内竞争范围至关重要［伯格曼（Bergman）等人，2013］。相比之下，在封闭名单制中，席位的分配仅由议员在预先确定的政党名单中的位置与他的政党可能赢得的席位数之间的比率决定。

研究未能完全把握竞争范围与问责之间经常存在的紧张关系［但另见舒加特（Shugart）等人，2005］：虽然党内竞争会随着选票上同党派议员的数量增加而更加激烈，但这种效应可能被选民对他们日益增长的监督和要求他们履行职责的认知无能所抵消。诺里斯（Norris，2006）指出，随着选民数量的增加，他们不太可能记得任何一个候选人的名字。此外，研究基本上忽略了竞争范围的两个维度之间的紧张关系；因此，我们不知道党际和党内维度是如何相互关联的。在开放名单制下，议员往往容易遭受丢掉自身席位的失利，输给获得更多优先选票的同党派议员，但是其他议员，如政党领袖，却只会在其政党丢掉在该区的席位时遭受失利。在封闭名单制下，议员往往容易遭受丢掉自身席位的失利，输给另一党派，但是在党派名单上排名靠前的议员不会失利，只有那些排名靠后的议员才会。这些相互关系可能会对议员试图迎合的特定选区和他们在其中塑造个人声誉的方式产生重要结果。

237

11.4　选举制度心理影响的行为转化

选举制度决定了问责条件和竞争范围，从而产生了议员培养个人选票的激励。然而，激励是无法被直接观察到的。它们只能被从它们激发的行为模式中推断出来［斯特罗姆（Strøm），1997，162］。一些议员提出了主要有利于当地社区的法案或修正案；另一些则举行经常性的接待，解决选民的不满；还有一些议员采取了违抗党鞭的立场。从个人选票文献中产生的隐含假设是，激励将转化为所有通常被认为是个人寻求选票的行为方式和结果。但是，摩根施特恩和巴斯克斯－德埃利亚（Morgenstern and Vázquez–D'Elía，2007）强调，选举制度不过是游戏规则；它们并不强加特定的行动方案。更重要的是，一种个人寻求选票的行动方案可能被另一种方案替代［凯里和舒加特（Carey and Shugart），1995，430；米歇尔（Michel），2000］。由于研究只关注个人寻求选票的单一指标，我们对议员在同样是个人寻求选票的不同行动方案之间进行选择的方式知之甚少，因而存在低估个人寻求选票的风险［克里斯普（Crisp），2007］。

芬诺（Fenno，1978，3）指出，没有一个代表会把选举他或她的选区看作"一个无差别的球体"。他们倾向于从支持的同心圆的角度来看待该选区：他们认为，有些人总是会投票给他们，而如果代表的工作足够努力，另一些人也会投票给他们；但仍然有一些人无论代表怎么做都不会投票给他们。大多数选区都存在大量的（大部分是潜在的）社会、经济和文化方面的裂痕，代表可能选择激活它们［曼宁（Manning），1997］。在这个方面，两个维度都很重要。首先，一个议员可能会选择迎合一个分散在领土各地或地理上相当集中的选区的利益。格罗夫曼（Grofman，2005）指出，随着议员竞选的一个选区规模的变大，照顾这种地方利益的"小范围"激励预期会减弱。其次，议员可能会寻求与无党派人士建立联系，或者更愿意动员党内选民的某个分支并说服其投票给他或她，而不是投给在同一政党标签下竞选的一些同党派议员［罗尔施奈德（Rohrschneider），2002］。而且，可以预计那些议员们会寻求迎合的选区将与他们所面临的党际和党内竞争关联起来：例如，那些其席位容易遭受党际挫败的议员将会偏爱无党派的选区，否则他们就不会投票给该政党；另外，可以预期，席位容易遭受党内挫败的议员将会迎合党内选民的某个分支。

由单一席位选区选举产生的议员将更能回应小范围的地方利益诉求；通过单记让渡投票制（STV）、单记非让渡投票制（SNTV）或开放名单的比例代表制（PR）选举产生的议员，将比通过封闭名单的比例代表制（PR）选举产生的议员更多地推动有利于小范围利益的政府计划。他们将因对特定的——通常是地理上集中的——选区提供有针对性的利益而获得个人声誉。相比之下，根据政党投票选出的议员比根据提名投票选出的议员更容易克服集体行动问题。他们更容易就惠及广大民众的一般政策达成一致。通过对选举制度的不同排序，大量且越来越多的研究证实了管理选举竞争的制度与贸易自由化［尼尔森（Nielson），2003；克里斯普（Crisp）等人，2010］、外国直接投资［加兰和比格莱瑟（Garland and Biglaiser），2009］、经济改革［加维里亚（Gaviria）等人，2004］、公共产品支出［佩尔松和塔贝利尼（Persson and Tabellini），2003；爱德华兹和泰晤士（Edwards and Thames），2007；希肯和西蒙斯（Hicken and Simmons），2008］、补贴支出［里卡德（Rickard），2012］、人权保护［辛格拉内利和菲利波夫（Cingranelli and Filippov），2010］和腐败［昌和戈尔登（Chang and Golden），2005］之间的关系。

然而，这组文献中使用的总体水平的代用指标与选举规则的近端效应相去甚远［舒加特（Shugart），2005，50］。例如，克里斯普（Crisp）等人（2010）发现，有证据表明，当美国的选举制度提供个人寻求选票的激励时，美国和伙伴国之间的双边投资条约系统地计算出更多的谈判例外。他们声称，在这些条件下，议员更有可能就旨在放宽其投资环境的条约进行豁免谈判，以保护特定选区免受无制约的外国竞争的影响。由于理论和运作之间的差距，他们的结论特别容易受到生态学谬误的影响，因为他们对个别议员行为的推断可能是不准确的。特别是，考虑到较多的国内变量，平均选区规模不能充分反映个别议员的激励。此外，选举机构的编码和规模差异往往容易掩盖不同政策与结果的研究发现的不一致之处。毕竟，结果变量包含了许多其他因素——经济、政治和社会——与个别议员的激励和行为无关［里卡德（Rickard），2012，8］。

我们很难获得那些衡量普通议员迎合特殊利益的程度的个人层面的数据。因此，横跨各种选举制度的跨国研究也是少之又少。一个值得注意的例外是克里斯普（Crisp）等人（2004）在 6 个拉美总统制民主国家进行的关于**政治分肥法案动议**的研究。在封闭名单制下，随着选区规模的扩大，议员发起针对当地公共利益或私人利益的法案的概率被发现会下降。相反，党内的选票竞争激励着智利和哥伦比亚的议员通过提出针对小规模选区的法案来提高他们的个人声誉。艾姆斯（Ames，1995）同样得出结论，同党派议员竞争的范围增加了巴西议员对国家预算提出有针对性的修正案的激励。有趣的是，针对毗连地区或分

239

散地区的策略与议员之前在地方政府或企业的职业轨迹有关。然而,并不是所有的人都可以选择将利益输送到选区。它取决于立法组织和议事规则,特别涉及预算权力[参见克里斯普(Crisp)等人,2009;马丁(Martin),2011],或者特定委员会[斯特拉特曼和鲍尔(Stratmann and Baur),2002;克里斯普(Crisp)等人,2009]方面。

另外,**选区个案工作**往往只需要议员的时间(或者他或她的工作人员的时间)。全球各地的议员都会回到该选区的家中,参加当地的社区活动,听取选民的不满,并协助他们与公共当局打交道……因此,与他们在议会的工作相比,议员的家庭风格受到更少的党派限制[西林(Searing),1994;另见芬诺(Fenno),1978]。大量的案例研究文献记录了议员的选区活动,并强调了在单一席位选区[芬诺(Fenno),1978;凯恩(Cain)等人,1987;西林(Searing),1994]、单记让渡投票制(STV)[加拉赫和科米托(Gallagher),2010年]和单记非让渡投票制(SNTV)[考克斯和蒂斯(Cox and Thies),1998;格罗夫曼(Grofman)等人,1999]情境下"选举联系"的强度。选区个案工作旨在向选民表明一个议员对当地社区的持续承诺——他或她还没有搬到首都也没有失去与该选区的联系[克里斯普(Crisp)等人,2004,835]——并获得他们对个人的信任。因此,它的基调基本上是非意识形态的,不会与政党的领导层对立[凯恩(Cain)等人,1987]。事实上,它可能会加固在该选区的政党结果。

最近关注混合选举制度的研究都支持了这些结论。例如,在德国、苏格兰和威尔士,选区成员被发现比名单成员更致力于选区服务[伦德伯格(Lundberg),2007]。事实上,展示个人形象甚至可以提高该党在该选区的政党名单投票表现[费拉拉和赫伦(Ferrara and Herron),2005]。其他研究则比较了议员在选举改革前后或在欧洲议会内的行为。与关于混合选举制度的研究一样,这些研究考虑了单个立法机关内不同选举制度的影响(从而限定了其他制度解释)。两者都证实了选区个案工作在多席位选区不太常见的研究结论。新西兰1993年的选举改革从单一席位选区的多数制转为混合比例选举制的证据表明,名单成员的服务工作随着时间的推移而减弱[麦克利和沃尔斯(McLeay and Vowles),2007]。然而,与文献中的隐含假设相反,尽管党内竞争的范围不断扩大,但在多席位选区,选区的个案工作似乎也在减少。鲍勒(Bowler)和法雷尔(Farrell)(1993)总结说,在优待制度下当选的欧洲议会议员与个人选民的接触更加频繁，与那些从封闭政党名单中选出的议员相比，他们更倾向于保留一个永久性的选区办公室。然而，选区规模明显减少了他们花费在处理个人选民诉求上的时间。法雷尔和斯卡利（Farrell and Scully，2007）证实，无论选票结构如何，随着选区规模的扩大，公共选举委员（MEPs）都不太可能做个案工作或举行接待。

240

　　在那个可能是地理上分散的人口中，是否存在一种采取无组织舆论团体所青睐的立场的选举激励呢？很少有可观察到的迎合无组织的选民的行为方式。相反，研究主要集中在候选人的提名上，例如，女性候选人的推选［马特兰和斯图德拉尔（Matland and Studlar）1996 年；泰晤士和威廉姆斯（Thames and Williams），2010］。藐视党鞭而公开支持某些特定的意见可以说是最接近于迎合地理上分散的选区的。事实上，唱名投票的异议在以候选人为基础的选举制度下比在以政党为基础的选举制度下更加常见［凯里（Carey），200 年；德波和马丁（Depauw and Martin），2009］。但就选区规模的影响而言，证据就不那么有说服力了［西贝勒（Sieberer），2006］。卡姆（Kam，2009）指出，采取反对自己政党的立场可能会在选民中的无党派人士中赢得更多的选票，但这几乎不会引起核心党派支持者和政党的领导层的青睐。[1]

　　很少有研究在含蓄地说明议员们在其间做出选择的同时，比较不同的个人寻求选票的策略。一个值得注意的例外是克里斯普（Crisp，2007）对委内瑞拉混合比例选举制下议员纠缠的选举激励的研究。他发现了某个证据，可以说明选举激励影响了议员的法案动议和委员会分配，但没有影响异议。此外，他还发现了其他至少同样重要的因素：立法或司法规则和议员需要适应选举改革的时间［另见伦德伯格（Lundberg），2007］。另一个例外是比较了 12 个欧洲民主国家的国家和地区议员的不同"家庭风格"［芬诺（Fenno），1978］［安德烈和德波（André and Depauw），2013］。在开放名单制和封闭名单制中［参见凯里和舒加特（Carey and Shugart），1995］，选区规模被发现在关于议员在该选区花费的时间、项目工作对议员的重要性，以及他们与社会组织接触的频率方面具有预期的差异效应。但是，议员与大量选民逐一联系的边际成本很高，随着开放名单制和封闭名单制中选区规模的扩大，他们花费在个案工作上的时间也会减少［另见米歇尔（Michel），2000；凯里（Carey），2009］。

────────────

　　〔1〕　正如塞缪尔斯和舒加特（Samuels and Shugart，2010）所表明的，在总统制或半总统制下，关于党派控制行政人员的常见假设并不那么有效。

11.5　政党的监督和制裁能力

有人认为［凯里和舒加特（Carey and Shugart），1995］，选举制度经常在符合政党选举利益和符合个别议员的利益之间产生一种张力。在这种情况下，议员被激励去强调他们的个人记录。但是，政党领导人往往有能力直接影响建立在行为方式之上的记录。一方面，如果议员的行为会损害政党的集体声誉，政党领导人将设法限制他们个人寻求选票。另一方面，政党领导人可能会让议员从事他们个人并不受益的行为［斯温德尔（Swindle），2002］。然而，挫败选举激励的能力主要取决于政党领导层所掌握的监督和制裁个别议员行为的手段。这些手段包括对职业发展、人员分配的控制以及立法领域的众多程序性优势［例如，通过委员会分配和议程控制，萨尔费尔德（Saalfeld），1995；鲍勒（Bowler），2002］。更重要的是，政党往往控制着选举中政党标签的使用权；他们能够通过候选人提名协调党内竞争，从而在候选人票数分散不均可能使政党付出代价的情况下"管理"制度中的选票［约翰逊和霍约（Johnson and Hoyo），2012；伯格曼、舒加特和瓦特（Bergman, Shugart and Watt），2012］。

候选人推选制度塑造了议员培养个人选票的激励，从而可能加强或削弱选举规则产生的影响［阿特莫尔（Atmor）等人，2011，22；另见哈赞（Hazan），本卷］。即使在竞选选举之前，候选人也必须赢得政党提名。在众多的选举制度中，政党标签对选民来说是一个有价值的线索。提名程序越集中，越具有排他性，政党领导人就越能约束议员的行为，尤其是可能损害政党记录的行为［塞缪尔斯（Samuels），1999；哈赞和拉哈特（Hazan and Rahat），2010］。另外，权力下放迫使议员对可能与国家政党的纲领和政策相抵触的地方利益做出回应。此外，控制提名的人越是多样化，政党领导人在面对议员寻求个人选票时就越弱，因为议员将他们在候选人推选程序中的提名归功于选民（阿特莫尔等人，2011）。通过集中的提名程序，巴西工人党（PT）能够抵消开放名单的比例代表制所产生的培养个人选票的选举激励［塞缪尔斯（Samuels），1999］。相形之下，以色列候选人推选方法的民主化在一个极端以政党为中心的封闭名单制中引入了一些个人代表的元素［哈赞和谢弗（Hazan and Sheafer），2007］。

候选人的加入和选票管理进一步突出了政党之间的协调。在单记让渡投票制（STV）和单记非让渡投票制（SNTV）中，提名太多候选人的政党有可能分散其选票至失去席位的地步；而提名太少候选人的政党则以超过所需的票数赢得席位［考克斯（Cox），2008］。前单记非让渡投票制（SNTV）下的日本政党甚至比单记让渡投票制（STV）下的爱尔兰政党更积极，它们较少过度提名，并将选票更均匀地分散到各候选人身上［斯温德尔（Swindle），2002；另见约翰逊和霍约（Johnson and Hoyo），2012］。伯格曼、舒加特和瓦特（Bergman, Shugart and Watt）补充说，在单记非让渡投票制（SNTV）下，政党也比在开放名单的比例代表制（PR）下更积极，更少过度提名，更少把选票浪费在未当选的候选人身上。即使面对候选人培养个人声誉的强烈激励，政党也会通过提名具有互补性的候选人或阻止候选人以同党派议员的辖区为目标来进一步遏制党内竞争［加拉赫（Gallagher），2008，524］。最后，即使在没有选举激励的情况下，政党也会要求议员以其他政党的辖区为目标［克里斯普和德斯波萨托（Crisp and Desposato），2004］。即使在无法获胜的选区，在混合选举制下，名单上的议员也会"盯梢"另一党派的现任议员并为他们的"义务选民"提供选区服务——希望在下一次选举中在政党名单上获得更安全的地位［海修森（Heitshusen）等人，2003；伦德伯格（Lundberg），2007］。即使在有禁止连任的任期限制的情况下，哥斯达黎加的政党也会让议员提供选区服务并政治分肥［泰勒（Taylor），1992；凯里（Carey），1996］。

242

11.6　选民的监督和制裁能力

在个人选票文献中，该学科中最确凿的发现之一经常会被忽视，即选民对政治的理性无知和有限兴趣。研究经常想当然地认为，选民了解议员的行为，并将其考虑在内以区分好的代表和坏的代表。这是一种假设，即当选民可以在同一政党标签下竞选的候选人中进行选择时，更多的选民将依赖基于候选人的线索［舒加特（Shugart）等人，2005］。然而，选民在其决策计算中加入或排除的特定候选人线索的类型取决于选择情况的复杂性。劳（Lau）和雷德劳斯克（Redlawsk）（2001）证明，选民调整他们的信息筛选策略和启发式能力，以平衡他们需要跟踪的候选人数量的增加。选民将首先停止关注要求最高的信息线索［舒加特（Shugart）等人，2005］。低要求的信息线索不需要选民花什么力气去了解，而高要求的信息线索对选民来说通常并不那么重要。也就是说，可以预期选民在低规模和高规模的选区会注意到不同的个人寻求选票的行为。只要议员选择的行为方式集中在他或她认为选民将使用的信息线索上，议员就会根据竞争者的数量来支持某些行动而不是另外一些行动。

很少有研究考虑到这样一个明显的悖论：为什么议员要投入这么多资源来培养个人声誉，而很少有证据表明他们的努力确实得到了回报，至少在单席位选区制度中是这样［凯恩（Cain）等人，1987；鲍勒（Bowler）等人，1996］。人们对选民想要得到什么样的代表和他们的选票上的奖励知之甚少，而且这个问题迄今还没有扩展到多席位选区。民主理论家指出了多种且经常相互冲突的评价标准［参见皮特金（Pitkin），1967；曼斯布里奇（Mansbridge），2003］。此外，除了最近的一个例外［多维（Dovi），2007］，他们并没有试图帮助选民在这些标准之间做出选择。以前的研究主要集中在候选人的特征上［麦格劳（Mcgraw），2011］：选民经常从候选人的外表吸引力或容易观察到的群体特征（如性别或种族）来推断其能力、问题立场和当选后的行为。最近的一项研究［格里默（Grimmer）等人，2012］指出，选民对议员的战略性的声誉宣传的反应比对结果的反应要大。其他研究则转向选民对代表和代表的受托人风格的偏好［卡曼（Carman），2006］以及他们对个案工作的态度［瓦格纳（Wagner），2007；安德烈（André）等人，2013］。如果有什么不同的话，这些正在发展的文献指出选民对代表关系的性质有偏好和期望，这些偏好和期望似乎与选民的成熟度和党派认同有关。

关于个人寻求选票行为的选举收益的研究几乎完全集中在个案工作上。凯恩（Cain）等人（1987）证明，辛勤的选区服务为英国议员（MPs）提供了一个幅度不大但仍然重要的安全差额。美国国会议员的选举优势被发现甚至更大（但参见约翰内斯和麦克亚当斯，1981年）。塞拉（Serra）和科弗（Cover，1995，177）进一步补充说，党派偏见的解决方案在个案工作的选举影响；个案工作提高了议员在所有选民中的知名度，选举报偿在政党的核心支持者中可以忽略不计，但在未决定的选民和挑战者政党的核心支持者中却很可观。卡姆（Kam，2009）对新西兰议员的异议得出了类似的结论。在单一席位选区之外，也发现了选区工作会带来个人选票的证据。马丁（Martin，2010）指出，在选民中投入更多精力建立个人声誉的爱尔兰议会议员，赢得了比在该选区赢得席位所需更多的首选选票和更大比例的配额。但遍及不同的选举制度，几乎没有人研究过个人寻求选票行为的选举收益。

11.7 结论

人们普遍认为，调整选票转化为席位的那些制度塑造着议员培养个人声誉或政党集体声誉的激励，从而影响着他们可选择的行为戏目。选举规则已经成功地与选区个案工作、政治分肥、投票异议等关联起来，但是不断增多的个人选票文献在两个重要方面都处于尚不发达的状态。一方面，它在很大程度上未能成功地确立将选举制度的形式属性与议员的行为联系起来的潜在因果机制。另一方面，它也未能解释议员在什么情况下会倾向于采取一种行动过程而不是另一种过程来建立他们的个人声誉。更好地理解选举规则是如何在党内和党际两个维度影响问责条件席位竞争范围的，应该能够为不同行为方式的理论联系和有效性提供宝贵的线索。鉴于在一系列选举规则中收集个人层面数据的高昂成本，知识的积累很可能只能从通常被称为个人寻求选票的具体行为的微观理论的发展（和后期整合）中推进。这样做的时候，人们必须考虑到其他因素，例如政党、选区和政治机遇结构等，这些因素可能直接制约议员对戏目的选择。

244

本章表明，选举规则在塑造政治代表模式方面有重要影响。但是，在总结时有必要指出，这个子领域的研究因选举制度本身的性质而变得更加复杂［摩根施特恩和巴斯克斯—德埃利亚（Morgenstern and Vázquez–D'Elía，2007）］。格罗夫曼（Grofman）等人（1999）强调，选举制度是在总统制和联邦制等更广泛的制度框架和社会背景下运作的"嵌入式制度"。此外，选举制度设计的选择并不独立于社会、经济和文化背景；政党和议员往往会调整选举制度，以实现他们在普遍规范下的最佳利益［科洛梅尔（Colomer），2005］。这突出了选举制度的内生性问题［普尔泽沃斯基（Przeworski），2004，528］；选举制度是否会使议员做他们本来不会做的事，并使他们不做他们本来会做的事？加拉赫（Gallagher）和科米托（Komito，2010）认为，虽然爱尔兰下议院议员（TDs）的选区个案工作与单记让渡投票制（STV）一致，但不能将其追溯到选举规则，文化因素被认为具有重要作用［另见法雷尔（Farrell），1985］。议员必须从具体文化的行为戏目中进行选择，而这些戏目仅在一定程度上是议员竞选连任的条件塑造的［塞沃德（Saward），2010］。这些戏目的关键在于议员对选民将回应或拒绝的行为的看法，但选民的期望在很大程度上会随着议员所做的事情而发展。厘清这种错综复杂的关系仍然是选举和立法研究领域未来研究的一个主要挑战。

参考文献

Ames, B., 1995. Electoral Strategy under Open–List Proportional Representation. American Journal of Political Science, 39: 406–33.

André, A. and Depauw, S., 2013. District Magnitude and Home Styles of Representation in European Democracies. West European Politics, 36: 986–1006.

André, A., Depauw, S., and Deschouwer, K., 2012. Legislators' Local Roots: Disentangling the Effect of District Magnitude. Party Politics, forthcoming (DOI10.1177/1354068812458617).

André, A., Depauw, S., and Sandri, G., 2013. 'Belgian Affairs' and Constituent Preferences for 'Good Constituency Members'. Acta Politica, 48: 167–91.

Atmor, N., Hazan, R.Y., and Rahat, G., 2011. Candidate Selection. In J. M. Colomer (ed.). Personal Representation: The Neglected Dimension of Electoral Systems, pp. 21–35. Oxford: Routledge/ ECPR studies in European Political Science.

Bergman, M., Shugart, M.S., and Watt, K. A., 2013. Patterns of Intra–Party Competition in Open–List and SNTV Systems. Electoral Studies, 32: 321–33.

Blais, A. and Lago, I., 2009. A General Measure of District Competitiveness. Electoral Studies, 28: 94–100.

Bowler, S. 2002. Parties in Legislature: Two Competing Explanations. In R. J. Dalton and M. P. Wattenberg (eds.). Parties without Partisans: Political Change in Advanced Industrial Democracies, pp. 157–79. Oxford: Oxford University Press.

Bowler, S. and Farrell, D. M., 1993. Legislator Shirking and Voter Monitoring: Impacts of European Parliament Electoral Systems upon Legislative–Voter Relationships. Journal of Common Market Studies, 31: 45–69.

Bowler, S., Farrell, D.M., and McAllister, I., 1996. Constituency Campaigning in Parliamentary Systems with Preferential Voting: Is there a Paradox? Electoral Studies, 15: 461–76.

Buck, V. J. and Cain, B. E., 1990. British MPs in their Constituencies. Legislative Studies Quarterly, 15: 127–43.

Cain, B. E., Ferejohn J. A., and Fiorina, M.P., 1987. The Personal Vote: Constituency

Service and Electoral Independence. Cambridge: Harvard University Press.

Carey, J. M., 1996. Term Limits and Legislative Representation. New York: Cambridge University Press.

Carey, J.M., 2007. Competing Principals, Political Institutions, and Party Unity in Legislative Voting. American Journal of Political Science, 51: 92–107.

Carey, J.M., 2009. Legislative Voting and Accountability. Cambridge:Cambridge University Press.

Carey, J. M. and Shugart, M. S., 1995. Incentives to Cultivate a Personal Vote: A Rank Ordering of Electoral Formulas. Electoral Studies, 14: 417–39.

Carman, C.J., 2006. Public Preferences for Parliamentary Representation in the UK: An Overlooked Link? Political Studies, 54: 103–22.

Chang, E.C.C. and Golden, M.A., 2006. Electoral Systems, District Magnitude and Corruption. British Journal of Political Science, 37: 115–37.

Cingranelli, D. and Filippov, M., 2010. Electoral Rules and Incentives to Protect Human Rights. Journal of Politics, 72: 1–15.

Colomer, J.M., 2005. It's Parties That Choose Electoral Systems (or, Duverger's Laws Upside Down). Political Studies, 53: 1–21.

Cox, G., 2008. Electoral Institutions and Political Competition: Coordination, Persuasion, and Mobilization. In C. Ménard and M. M. Shirley (eds.). Handbook of New Institutional Economics, pp. 69–89. Berlin: Springer Verlag.

Cox, G. W. and Thies, M.F., 1998. The Cost of Intra–Party Competition: The Single Non–Transferable Vote and Money Politics in Japan. Comparative Political Studies, 31: 267–91.

Crisp, B.F., 2007. Incentives in Mixed–Member Electoral Systems: General Election Laws, Candidate Selection Procedures, and Cameral Rules. Comparative Political Studies, 40: 1460–85.

Crisp, B. F. and Desposato, S. W., 2004. Constituency Building in Multimember Districts: Collusion or Conflict. Journal of Politics, 66: 136–56.

Crisp, B.F., Escobar–Lemmon, M.C., Jones, B.S., Jones, M.P., and Taylor–Robinson, M.M., 2004. Vote–Seeking Incentives and Legislative Representation in Six Presidential Democracies. Journal of Politics, 66: 823–45.

Crisp, B.F., Escobar–Lemmon, M.C., Jones, B.S., Jones, M.P., and Taylor–Robinson, M.M., 2009. The Electoral Connection and Legislative Committees. Journal of Legislative

Studies, 15: 35–52.

Crisp, B.F., Jensen, K.M., and Shomer, Y., 2007. Magnitude and Vote Seeking. Electoral Studies, 26: 727–34.

Crisp, B.F., Jensen, K.M., Rosas, G., and Zeitzoff, T., 2010. Vote–seeking incentives and investment environments: The need for credit claiming and the provision of protectionism. Electoral Studies, 29: 221–26.

Curtice, J. and Shively, P., 2009. Who Represents us Best? One Member or Many? In H. D. Klingemann (ed.). The Comparative Study of Electoral Systems, pp. 171–92. Oxford: Oxford University Press.

Depauw, S. and Martin, S., 2009. Legislative party discipline and cohesion in comparative perspective. In D. Giannetti and K. Benoit (eds.). Intra–party politics and coalition governments, pp. 103–120. London: Routledge.

Dovi, S., 2007. The Good Representative. Oxford: Blackwell.

Downs, A., 1957. An Economic Theory of Democracy. New York: Harper and Row.

Duverger, M., 1951. Les Partis Politiques. Paris: Librairie Armand Colin.

Edwards, M.S. and Thames, F.C., 2007. District Magnitude, Personal Votes and Government Expenditures. Electoral Studies, 26: 338–45.

Farrell, B., 1985. Ireland: From Friends and Neighbours to Clients and Partisans: Some Dimensions of Parliamentary Representation under PR–STV. In V. Bogdanor (ed.). Representatives of the People? Parliamentarians and Constituents in Western Democracies, pp. 237–64. Aldershot: Gower.

Farrell, D.M. and McAllister, I., 2006. Voter Satisfaction and Electoral Systems: Does Preferential Voting in Candidate–Centred Systems Make a Difference? European Journal of Political Research, 45: 723–49.

Farrell, D.M. and Scully, R., 2007. Representing Europe's Citizens? Electoral Institutions and the Failure of Parliamentary Representation. Oxford: Oxford University Press.

Fearon, J., 1999. Electoral Accountability and the Control of Politicians:Selecting Good Types versus Sanctioning Poor Performance. In A. Przeworski, S. Stokes, and B. Manin (eds.). Democracy, Accountability and Representation, pp. 55–97. Cambridge: Cambridge University Press.

Fenno, R. F., 1978. Home Style: House Members in their Districts. Boston: Little. Brown and co.Ferrara, F. and Herron, E.S., 2005. Going It Alone? Strategic Entry under Mixed Electoral Rules. American Journal of Political Science, 49: 16–31.

Gallagher, M., 2008. Ireland: The Discreet Charm of PR-STV. In M. Gallagher and P. Mitchell (eds.). The Politics of Electoral Systems, pp. 511–32. New York: Oxford University Press.

Gallagher, M. and Komito, L., 2010. The Constituency Role of Dáil Deputies. In J. Coakley and M. Gallagher (eds.). Politics in the Republic of Ireland, pp. 230–62. London: Routledge.

Garland, M. and Biglaiser, G., 2009. Do Electoral Rules Matter? Political Institutions and Foreign Direct Investment in Latin America. Comparative Political Studies, 42: 224–51.

Grimmer, J., Messing, S., and Westwood, S. J., 2012. How Words and Money Cultivate a Personal Vote: The Effect of Legislator Credit Claiming on Constituent Credit Allocation. American Political Science Review, 106: 703–19.

Grofman, B., 2005. Comparisons among Electoral Systems: Distinguishing between Localism and Candidate-Centered Politics. Electoral Studies, 24: 735–40.

Grofman, B., 2006. The Impact of Electoral Laws on Political Parties. In B. R. Weingast and D. A. Wittman (eds.). The Oxford Handbook of Political Economy, pp. 102–118. Oxford: Oxford University Press.

Grofman, B., 2008. A Taxonomy of Runoff Methods. Electoral Studies, 27: 395–399.

Grofman, B. and Selb, P., 2009. A Fully General Index of Political Competition. Electoral Studies, 28: 291–6.

Grofman, B., Lee, S.C., Winckler, E.A., and Woodall, B., 1999. Elections in Japan, Korea and Taiwan under the Single Non-Transferable Vote: The Comparative Study of an Embedded Institution. Ann Arbor: University of Michigan Press.

Hazan, R.Y. and Rahat, G., 2010. Democracy within Parties: Candidate Selection Methods and their Political Consequences. Oxford: Oxford University Press.

Heitshusen, V., Young, G., and Wood, D.M., 2005. Electoral Context and MP Constituency Focus in Australia, Canada, Ireland, New Zealand, and the United Kingdom. American Journal of Political Science, 49: 32–45.

Hicken, A. and Simmons, J.W., 2008. The Personal Vote and the Efficacy of Education Spending. American Journal of Political Science, 52: 109–24.

Johannes, J.R. and McAdams, J.C., 1981. The Congressional Incumbency Effect: Is It Casework, Policy Compatibility, or Something Else? An Examination of the 1978 Election. American Journal of Political Science, 25: 512–42.

Johnson, J.W. and Hoyo, V., 2012. Beyond Personal Vote Incentives:Dividing the Vote in

Preferential Electoral Systems. Electoral Studies, 31: 131–42.

Kam, C., 2009. Party Discipline and Parliamentary Politics. Cambridge: Cambridge University Press.

Katz, R.S., 1986. Intraparty Preference Voting. In B. Grofman and A. Lijphart (eds.). Electoral Laws and their Political Consequences, pp. 85–103. New York: Agathon Press.

Kiewiet, D.R. and McCubbins, M.D., 1991. The Logic of Delegation:Congressional Parties and the Appropriations Process. Chicago: University of Chicago Press.

Lau, R.R. and Redlawsk, D.P., 2001. Advantages and Disadvantages of Cognitive Heuristics in Political Decision Making. American Journal of Political Science, 45: 951–71.

Lundberg, T.C., 2007. Proportional Representation and the Constituency Role in Britain. Basingstoke: Palgrave Macmillan.

Manin, B., 1997. The Principles of Representative Government. Cambridge: Cambridge University Press.

Mansbridge, J., 2003. Rethinking Representation. American Political Science Review, 97: 515–28.

Martin, S., 2010. Electoral Rewards for Personal Vote Cultivation under PR–STV. West European Politics, 33: 369–80.

Martin, S., 2011. Electoral Institutions, the Personal Vote, and Legislative Organization. Legislative Studies Quarterly, 36: 339–61.

Matland, R.E. and Studlar, D.T., 1996. The Contagion of Women Candidates in Single–Member District and Proportional Representation Systems: Canada and Norway. Journal of Politics, 58: 707–33.

Mayhew, D.R., 1974. Congress: The Electoral Connection. New Haven: Yale University Press.

McLeay, E. and Vowles, J., 2007. Redefining Constituency Representation:The Roles of New Zealand MPs Under MMP. Regional & Federal Studies, 17: 71–95.

Mitchell, P., 2000. Voters and their Representatives: Electoral Institutions and Delegation in Parliamentary Democracies. European Journal of Political Research, 37: 335–51.

Morgenstern, S. and Vázquez–D'Elía, J., 2007. Electoral Laws, Parties, and Party Systems in Latin America. Annual Review of Political Science, 10: 143–68.

Nielson, D.L., 2003. Supplying Trade Reform: Political Institutions and Liberalization in Middle–Income Presidential Democracies. American Journal of Political Science, 47: 470–91.

Norris, P., 2006. Ballot Structures and Legislative Behavior: Changing Role Orientations via Electoral Reform. In T.J. Power and N.C. Rae (eds.). Exporting Congress? The Influence of the U.S. Congress on World Legislatures, pp. 157–84. Pittsburgh: University of Pittsburgh Press.

Persson, T. and Tabellini, G., 2003. The Economic Effects of Constitutions. Cambridge: MIT Press.

Pitkin, H., 1967. The Concept of Representation. Berkeley: University of California Press.

Popkin, S.L., 1991. The Reasoning Voter: Communication and Persuasion in Presidential Elections. Chicago: University of Chicago Press.

Przeworski, A., 2004. Institutions Matter? Government and Opposition, 39: 527–40.

Rahat, G. and Sheafer, T., 2007. The Personalization(s) of Politics: Israel, 1949–2003. Political Communication, 24: 65–80.

Rickard, S. J., 2012. Electoral Systems, Voters' Interests and Geographic Dispersion. British Journal of Political Science, 42: 855–77.

Rohrschneider, R., 2002. Mobilizing versus Chasing: How do Parties Target Voters in Election Campaigns? Electoral Studies, 21: 367–82.

Saalfeld, T., 1995. Parteisoldaten und Rebellen. Fraktionen im Deutschen Bundestag, 1949–1990. Opladen: Leske und Budrich.

Samuels, D.J., 1999. Incentives to Cultivate a Party Vote in Candidate–Centric Electoral Systems: Evidence from Brazil. Comparative Political Studies, 32: 487–518.

Samuels, D.J. and Shugart, M.S., 2010. Presidents, Parties, and Prime Ministers: How the Separation of Powers Affects Party Organization and Behavior. New York: Cambridge University Press.

Saward, M., 2010. The Representative Claim. Oxford: Oxford University Press.

Searing, D.D., 1994. Westminster's World. Understanding Political Roles. Cambridge: Harvard University Press.

Serra, G. and Cover, A.D., 1995. The Electoral Impact of Casework. Electoral Studies, 14: 171–77.

Shugart, M.S., 2001. Electoral "Efficiency" and the Move to Mixed–Member Systems. Electoral Studies, 20: 173–93.

Shugart, M.S., 2005. Comparative Electoral Systems Research: The Maturation of a Field and the New Challenges Ahead. In M. Gallagher and P. Mitchell (eds.). The Politics of Electoral Systems, pp. 25–55. Oxford: Oxford University Press.

Shugart, M.S., Valdini, M. E., and Suominen, E., 2005. Looking for Locals: Voter Information Demands and Personal Vote–Earning Attributes of Legislators under Proportional Representation. American Journal of Political Science, 49: 437–49.

Sieberer, U., 2006. Party Unity in Parliamentary DemocraciesA Comparative Analysis. Journal of Legislative Studies, 12: 150–78.

Stratmann, T. and Baur, M., 2002. Plurality Rule, Proportional Representation, and the German Bundestag: How Incentives to Pork–Barrel Differ across Electoral Systems. American Journal of Political Science, 46: 506–14.

Strøm, K., 1997. Rules, Reasons and Routines: Legislative Roles in Parliamentary Democracies. In W.C. Müller and T. Saalfeld (eds.). Members of Parliament in Western Europe: Roles and Behaviour, pp. 155–74. London: Frank Cass.

Swindle, S.M., 2002. The Supply and Demand of the Personal Vote. Theoretical Considerations and Empirical Implications of Collective Electoral Incentives. Party Politics, 8: 279–300.

Taylor, M.M., 1992. Formal versus Informal Incentive Structures and Legislator Behavior: Evidence from Costa Rica. Journal of Politics, 54: 1055–73.

Thames, F.C. and Williams, M.S., 2010. Incentives for Personal Votes and Women's Representation in Legislatures. Comparative Political Studies, 43: 1575–600.

Uslaner, E.M. and Zittel, T., 2006. Comparative Legislative Behavior. In R. A. W. Rhodes, S. A. Binder, and B.A. Rockman (eds.). The Oxford Handbook of Political Institutions, pp. 455–73. Oxford: Oxford University Press.

Wagner, M.W., 2007. Beyond Policy Representation in the U.S. House: Partisanship, Polarization, and Citizens' Attitudes About Casework. American Politics Research, 35: 771–89.

Weßels, B., 1999. Whom to Represent? Role Orientations of Legislators in Europe. In H. Schmitt and J. Thomassen (eds.). Political Representation and Legitimacy in the European Union, pp. 209–34. Oxford: Oxford University Press.

第十二章　性别与立法机关[*]

米歇尔·M.泰勒-罗宾逊（Michel. M. Taylor Robinson）

12.1　引言

在国家和州立法机关中女性代表有所增加，但她们在大多数议院中所占席位仍远低于半数。在女性至少占人口半数的情况下，何以至此？女性对代表工作的看法是否与男性不同？她们在议院里的表现不同吗？或者她们有着不同的立法议程？哪些女性在立法机关占有席位重要吗？几十年来，这些问题一直激励着女性和政治学者，而且这些人的研究使人们越来越了解那些影响着女性选举的因素，以及女性在公职中所做的事情。然而，研究这些主题的理由仍不胜枚举，尤其是考虑到女性多样化和那些复杂的因素组合中的重要的细微差别，这些因素促进或限制着以下可能性：女性的描述性代表的增加将会产生实质性代表。

本章将集中讨论两个主题：使女性进入立法机关，以及当女性进入立法机关后她们做什么。首先简要回顾一下这一研究领域的发展历程，然后总结一下学者们过去的发现，它涉及那些有助于女性当选的制度因素，以及女性和男性在立法机关中的行为差异，同时也包含本研究当下的

---

[*]　杨天江译。

前沿。本章最后一节为该领域未来的研究议程提供思路。

12.2　本领域研究的历史与演变

251

　　随着女性代表在政府中的增加，这一研究领域业已有所发展。早期的研究探讨了女性不竞选公职的原因（这仍然是一个重要的主题，不过它超出了本章的主旨），并且一大堆作品评估那些影响着女性选举的社会人口统计、文化、经济和制度因素。学者们也已经分析过女性在政府中的活动，尤其是为了判定女性议员对工作的看法是否与她们的男性同事不同，在她们的时间分配上是否不同，是否在不同的议题上进行立法，以及是否代表了女性的利益。学者们探究了女性的委员会指派和担任领导职位时立法机关是否以及如何成为性别机关，以及女性参与的方式不同于男性，是因为她们在议院中被边缘化了，还是因为她们上任时就带着不同的立法议程。

　　对议会中的女性的研究遍及全球的民主国家。美国国会和州立法机关被广泛的研究，尽管美国在女性选举方面落后于许多国家。几十年来，学者们一直在研究斯堪的纳维亚政治中的女性，因为该地区的女性在政府中的代表性在世界上处于领先地位，并以其平等主义的性别价值观而闻名。许多关于欧洲议会中的女性的研究集中关注政党在促进女性选举方面的作用问题［科尔（Caul），1999；基蒂尔森（Kittilson），2006］，因为有些政党（尤其是左翼政党）采取性别配额规则，并且长此以往造成"蔓延"，给其他政党施压促进女性提名和选举时［马特兰和斯图德拉尔（Matland and Studlar，1996］。阿根廷1991年正式通过的《国家性别配额法》（*Ley de Cupos*）引起了人们对拉丁美洲的注意，尤其是随着性别配额的传播，对拉丁美洲和其他地区立法机关中的女性的研究得到了扩展。2012年，女性在立法机关中占比最高的是卢旺达，她们占据了下议院（议会间联盟）80个席位中的45个（56.3%）。

　　这项研究往往会被一个规范性的关注所强化，即女性在政府中的代表性和政策中女性利益的增加。同时，它也受到激励去理解数据的（描述的）代表性和政策（实质的代表性）之间的理论联系［皮特金（Pitkin），1967］。[1]有一

---

　　〔1〕　曼斯布里奇（Mansbridge，2005）概述了代表制的额外形式，它同样为这篇文献提供了一个理论基础。

种规范的预期，即政府中的女性较多就将提高女性利益的代表性，但这是一个经验性问题，它需要被细致地验证：例如，哪些女性利益得到了代表；更多的女性出现在立法机关之中或者担任"关键角色"是否促使男性改变他们的代表行为［参见蔡尔兹（Childs）和克鲁克（Krook），2009］？

12.3　近期研究前沿

我们已经了解了很多关于制度如何促进或阻碍女性选举的信息。[1] 其中最明显的是，比例代表制（PR）选举制度比多数代表制度更有利于女性［例如，参见诺里斯（Norris），1985；鲁尔（Rule），1987，1994；帕克斯顿（Paxton），1997；肯沃西和马拉米（Kenworthy and Malami），1999；雷诺兹（Reynolds），1999；尹（Yoon），2004；库诺维奇和帕克斯顿（Kunovich and Paxton），2005］，不过在发展中国家或后共产主义国家的发现不太一致［马特兰（Matland），1998；莫泽（Moser），2001］。然而，比例代表制的积极影响具有背景限制，因为它的体系已经存在了一个多世纪，而且这些体系只被与最近几十年的女性选举的增加联系起来。[2] 特伦布莱（Tremblay，2007）发现比例代表制对相对新近的民主制国家的女性最有帮助，而在老牌民主制国家中，对性别采取一种平等主义的态度对女性选举至关重要。休斯和帕克斯顿（Hughes and Paxton，2008）也发现了一种随时间而改变的关系，而且他们也主张，对**增减类型**的解释不同于采取横截面分析去解释不同国家的女性代表的不同水平。总的来说，一旦女性成为政党的一个相关选区选民，比例代表制就会有利于女性的选举；而且政党会在提名男性的同时也看到提名女性的选举利好［参见马特兰和斯图德拉尔（Matland and Studlar），1996；科尔（Caul），1999；基蒂尔森（Kittilson），2006］。在比例代表制体系内部，针对哪种类型的比例代表制最有益于女性的选举存在争议。据说这个问题的答案取决于控制着提名的政党领袖是否将女性安排在可选名单上，如果政党领袖乐于提拔女性，

---

〔1〕　许多因素被假定会影响到女性选举（例如，左翼政党的席位安排、经济发展、文化、女性拥有选举权的时间长短），虽然其中一些因素的影响预计将浸微浸消。由于空间限制，我此处只关注制度因素。

〔2〕　一些研究发现，一种性别平等的文化比女性选举的选举规则更为重要［参见英格尔哈特和诺里斯（Inglehart and Norris），2003；库诺维奇和帕克斯顿（Kunovich and Paxton），2003］。

则封闭名单有利于女性；但是，假设政党领袖不提拔女性，而选民却支持女性，则公开名单或优先投票最佳［参见鲁尔（Rule），1994；鲁尔和舒加特（Rule and Shugart），1995；琼斯（Jones），1996；雷诺兹（Reynolds），1999；施密特（Schmidt），2003b；基蒂尔森（Kittilson），2005；马特兰（Matland），2006；埃利斯（Ellis），2012；对于比例代表制体系之间制度差异的概括比较，参见施密特（Schmidt），2008；对于 STV 体系，参见施温特－拜耳（Schwindt–Bayer）等人，2010］。

巨大的选区规模有助于女性的选举［例如，参见恩斯特龙（Engstrom），1987；鲁尔（Rule），1987；马特兰和布朗（Matland and Brown），1992；施温特－拜耳（Schwindt–Bayer），2005］，不过有些学者认为不是地区规模而是政党大小才是重要的［马特兰（Matland），1993；马特兰和泰勒（Matland and Taylor），1997；但是琼斯（Jones），2009 提出了一个相反的观点］。施温特－拜耳［（Schwindt–Bayer），2005］通过经验研究证明，现任者的高比率阻碍了女性的当选，而且任期限制有利于女性的当选。

性别配额通常有助于女性进入议会［关于广泛的文献梳理，尤其是配额怎样被采用的，参见克鲁克（Krook）2009 年的作品］。然而，细节决定一切，而且假设在设计配额时附加安置命令，这样政党就不能把所有女性置于名单底部，如果不服从者将处以严厉刑罚，那么配额就更加成功［吞和琼斯（Htun and Jones），2002；诺里斯（Norris），2004；达勒鲁普和弗赖登瓦尔（Dahlerup and Freidenvall），2005；马特兰（Matland），2005；特里普和康（Tripp and Kang），2008；施温特－拜耳（Schwindt–Bayer），2009］。初选不推翻配额的实施也是很重要的［巴尔德兹（Baldez），2007］。

扩大的女性的描述性代表没有正面回答一旦她们进入立法机关会做什么的问题。[1]这已得到了多种方式的研究，从女性认为谁是她们的选区选民或她们如何看待自己作为代表的角色，到女性担任什么类型的委员会指派，再到女性在立法机关的活动是否与她们的男性同事在参与辩论、各自的立法议程或投票行为或者选区服务方面有所不同。

---

〔1〕 一个相关的问题是，如果立法机关出现更多的女性，是否会让女性议员更可能代表女性的利益。起初认为对女性的"批判群体"有重要性，但批判群体的影响在经验层面的测试令人不足为意，因此许多学者如今将这一概念视为理论化不足，或者说批判性的行为而非大多数才是问题所在［例如，参见贝克威斯和考威尔 - 迈耶斯（Beckwith and Cowell-Meyers），2007；蔡尔兹和克鲁克（Childs and Krook），2006；达勒鲁普（Dahlerup），1988；2006］。

采访和调查通常会表明，女性对自己的选区选民或自身的代表性角色有着不同于男性的观念。女性倾向于将自己视为女性的代理性代表，或者她们会比男性更加频繁地阐明一种代表女性群体的责任［莱因戈尔德（Reingold），1992；蔡尔兹（Childs），2001，2004；卡罗尔（Carroll），2002；弗兰切斯凯特和皮斯科波（Franceschet and Piscopo），2008；圣日耳曼和查维斯·梅托耶（Saint-Germain and Chavez Metoyer），2008；施温特 – 拜耳（Schwindt-Bayer），2010；斯穆斯（Smooth），2011］。在这一主题的最古老的研究中，切妮艾尔莎·钱尼（Elsa Chaney，1979）探究了 20 世纪 60 年代和 70 年代初智利和秘鲁的女性立法者，并且发现她们对待自己的选区选民和自身的工作就像 "超级妈妈" 一样，把她们在各自家庭中的母亲角色延伸到针对更为广泛的人群的一个相似的角色上。最近的研究探讨了随着女性在整个地区对工作和政府的参与不断扩大，这种对女性的传统态度是否仍然存在问题。虽然女性立法者仍然比男性更有可能表达对代表女性和女性利益的关切，但她们已不再认为自己的工作仅仅局限于刻板的女性政策领域，因此她们至少在自己的职业人设上看起来与男同事极为相似［弗朗和里格斯（Furlong and Riggs），1996；施温特 – 拜耳（Schwindt-Bayer），2006，2010］。研究还表明，当被问及她们花在选区服务上的时间时，女性比男性做得更多，或者说她们收到的个人需要的帮助请求要比她们的男同事多［参见托马斯（Thomas），1992；理查森和弗里曼（Richardson and Freeman），1995；圣日耳曼和查维斯·梅托耶（Saint-Germain and Chavez Metoyer），2008；但是，莱因戈尔德（Reingold），2000 提出这个发现的一个例外］。

从态度迈向行动，研究发现，女性比男性更有可能提出关于女性权利的法案（例如，性别平等、女性健康、保护免受暴力），或者解决儿童和家庭问题的法案［参见圣日耳曼（Saint-Germain），1989；托马斯和韦尔奇（Thomas and Welch），1991；托马斯（Thomas），1991，1994；琼斯（Jones），1997；莱因戈尔德（Reingold），2000；韦恩格鲁德（Wängnerud），2000；布拉顿（Bratton），2002；斯威尔斯（Swers），2002，2005；沃尔布雷希特（Wolbrecht），2002；泰勒 – 罗宾逊和希思（Taylor-Robinson and Heath），2003；格里蒂（Gerrity）等人，2007；德夫林和埃尔吉（Devlin and Elgie），2008；弗兰切斯凯特和皮斯科波（Franceschet and Piscopo），2008；麦克唐

纳和奥布赖恩（McDonald and O'Brien），2011］。[1]在那些传统上与女性政策利益相连的政策领域中，例如教育、卫生、环境、福利等，女性在提出法案上是否与男性不同，调查结果不一［托马斯（Thomas），1994；莱因戈尔德（Reingold），2000；泰勒–罗宾逊和希思（Taylor–Robinson and Heath），2003；斯威尔斯（Swers），2005；施温特–拜耳（Schwindt-Bayer），2006，2010；参见斯威尔斯（Swers），2001对美国文献的梳理］。应当进行更多的研究，以探究这种结果不一是否是由于男性代表也认为这些主题是重要的，还是选民或政党关心这些政策领域，以便男性和女性代表都觉得有必要就这些主题提议立法。有几项研究表明，政党，尤其是隶属于左翼的政党，对于立法者是否支持女性权利政策来说，是一个比立法者的性别更准确的预测项［参见特伦布莱和佩尔蒂埃（Tremblay and Pelletier），2000；卡罗尔（Carroll），2001；波吉奥内（Poggione），2004；吞和鲍尔斯（Htun and Powers），2006］。或许男性和女性在这些主题上立法的方式与他们的法案内容上有所不同。当研究对法案内容进行审查时［参见凯瑟琳（Kathlene），1995；斯威尔斯（Swers），2007］，人们发现当男性和女性就同一主题提出法案时，提案的实质往往不同。

那种更具交叉关注点的美国立法机关研究已经发现，有色人种议员，尤其是有色人种女性议员，往往在社会福利立法方面最为活跃［参见莱因戈尔德和史密斯（Reingold and Smith），2012］。女性的解集（Disaggregation）在其他语境下也是有用的。施温特–拜耳（Schwindt-Bayer，2010）已经将对性别和立法议程的比较分析提升至一个全新水平，方法即通过研究当女性在法案动议方面不如男性积极时，是因为她们对某一政策领域不那么感兴趣，还是因为她们认为该主题是一个优先事项，却没有提议就该主题立法。她认为，前者表明了行为上的性别差异，而后者可能是女性边缘化的明证。在她对阿根廷、哥伦比亚和哥斯达黎加国会的研究中，她发现了一些议程上的差别证据（例如，女性议题），以及某种边缘化的证据（例如，尽管阿根廷众议院的女性和男性表达了经济和财政事务都是重要议题的类似偏好，女性却不太可能针对那些议题领域进行立法）。

254

---

　　[1]　有许多重要的研究关注女性利益立法这一特定的主题（例如，探亲假［基蒂尔森（Kittilson），2008］，针对女性的暴力［韦尔登（Weldon），2002]）。基蒂尔森发现，女性在议会的比例是鼓励更大方的休假政策的一项重要因素。韦尔登发现，公民社会中的女性组织在推动女性利益政策时是重中之重的。

虽然提案是立法者工作的一个重要组成部分，但这并非他们影响政策的唯一途径，而且它甚至不是议会系统工作的一个主要部分，或者说不是那些其政党要求党纪的立法者工作的一个主要部分。辩论参与度是评估女性和男性在立法机关中是否表现不同的另一种途径。[1]对美国州立法机关中女性的较早研究表明，女性在辩论中发言频率较低［凯瑟琳（Kathlene），1994］。[2]然而，对较近的立法条件的分析发现，女性与其男性同事一样，都是辩论的积极参与者［参见皮尔逊和丹西（Pearson and Dancy），2011 作品关于美国情况的研究；布劳顿和帕尔米耶里（Broughton and Palmieri），1999 作品关于对澳大利亚情况的研究；默里（Murray），2010a 作品对法国情况的研究］。与男性同事相比，女性更愿意谈论政策中的性别问题，并参与有关女性问题法案的辩论［参见泰勒－罗宾逊和希思（Taylor–Robinson and Heath），2003；蔡尔兹和威西（Childs and Withey），2004；艾尔莎·钱尼（Elsa Chaney），2006；卡塔拉诺（Catalano），2009；皮尔逊和丹西（Pearson and Dancy），2012；斯威尔斯（Swers），2012；参见斯威尔斯（Swers），2001 对美国文献的梳理］。

女性是否发言以及对什么主题发言将我们带进一个问题，这个问题构成了许多关于立法机关中的女性研究的基础：立法机关是性别机构吗？［阿克尔（Acker），1992；霍克斯沃思（Hawkesworth），2003；杜厄斯特·拉赫蒂（Duerst–Lahti），2005］在许多国家中，立法机关是在女性拥有投票权之前就已经建立起来的，而且直到最近，立法机关几乎全部由男性政治家组成，因此这些机构似乎有利于男性政治家的职业需求和立法风格。经验研究可以探究立法机关的组织是否表明机构运作方式的性别天性——例如，女性是否比她们的男性同事更少地参与全体辩论或委员会听证。探究立法机关性别天性的另一种途径是通过女性和男性委员会指派的类型。我们往往不知道某位议员**想要**进入哪个委员会，但我们可以观察到，相对于女性在议会中的比例，某些类型的委员会中女性的代表是过多还是过少。一些研究揭示，在那些固守女性政策领域

---

〔1〕 即使在一个议员能够随心所欲地提出自己支持的议案的立法机关中，立法者也可能放弃自己作为议案提出者的邀功机会，而是让政党领袖或是委员会主席来提出他们真心想通过为法律的议案，这是提高方案成功概率的一种策略［参见霍克斯沃思（Hawkesworth），2003，535］。如果制定这么一种战略是家常便饭，那么计算男性和女性所提出的那些法案的类型就不能明确答复男性和女性议员是否有不同的政策议程了。

〔2〕 一项针对20世纪90年代哥斯达黎加立法议会常务委员会的参与（在实施性别配额之前，它显著提高了女性在议会中的参与）的研究也表明，女性参与的比例比男性低［泰勒－罗宾逊和罗斯（Taylor-Robinson and Rose），2011］。

的委员会中，女性代表人数过多，而且女性更有可能担任这些委员会的主席，而在实权委员会中她们的代表人数则不足［阿帕里西奥和兰斯顿（Aparicio and Langston），2009；泽特伯格（Zetterberg），2008[1]（墨西哥）；希思（Heath）等人，2005（六个拉丁美洲国家）；默里（Murray），2010b（法国）；汤斯（Towns），2003（挪威和瑞典）］。然而，弗里德曼（Friedman，1996）通过对美国国会的经年研究表明，到 20 世纪 70 年代，白人女性在委员会指派中的平均声望值并不低于她们的白人男性同事。[2]多兰（Dolan）和福特（Ford，1997）对各州立法机关的经年研究也表明，女性委员会的指派中存在着更大的多样性和声望。德夫林和埃尔吉（Devlin and Elgie，2008）发现，卢旺达的女性已经获得了各种委员会的席位，而且不局限于具有女性政策领域管辖权的那些委员会。在一项对美国的研究中（那里的委员会偏好是众所周知的），法斯和凯利（Firsch and Kelly，2003）发现，第一届任期内的女性比男性同事更不可能被分配到自己喜欢的委员会，但一旦女性获得资历，歧视行为仅仅继续针对共和党女性。

255　　　随着性别配额的扩大，学者们研究了女性进入立法机关的方式是否会影响她们在公职上的工作（或者能够做的事情）［参见德夫林和埃尔吉（Devlin and Elgie），2008；弗兰切斯凯特和皮斯科波（Franceschet and Piscopo），2008；施密特（Schmidt），2003；特里普（Tripp），2006；文森特（Vincent），2004］。有时有人会提出一个主张反对使用性别配额来迅速增加女性的选举，因为通过配额选举产生的女性将会被污名化，认为她们无法以任何其他方式赢得选举，或者她们缺乏作为代表开展自己工作的经验或独立性。[3]然而，那些比较实行配额制度前后当选的女性的研究［弗兰切斯凯特和皮斯科波（Franceschet and Piscopo），2008（阿根廷）；默里（Murray），2010a（法国）］，或比较墨西哥有和没有性别配额的州的研究［泽特伯格（Zetterberg），2008］，或对比在卢旺达通过选举席位保留当选的女性与直接选举当选的女性的研究［德夫林和埃尔吉（Devlin and Elgie），2008］发现，这种针对配额女性

---

〔1〕　泽特伯格（Zetterberg，2008，452）发现，女性被要求在女性政策领域的委员会供职，所以他并不把她们在委员会的任命解释为边缘化的迹象。

〔2〕　非裔美国人的男性和女性成员被作为一个单一群体而受考察，而他们委员会任命的平均声望值仅仅在 20 世纪 70 年代超过了白人的得分。

〔3〕　关于性别配额的利弊的具有真知灼见的文章，参见 the Critical Perspectives sections in *Politics & Gender* 2005, Vol. 1, no 4 and 2006, Vol. 2, No 1.

的污名是不公正的。总的来说，这些作者得出的结论是，在政党领袖控制提名的地方，议员们对政党领袖负有责任，如果他们想开创政治生涯，就会从政党领袖那里获得行为线索，而且无论是否存在性别配额，这种约束都是存在的。

12.4　推进

有大量的文献论及描述性代表，它们探讨了什么样的条件有利于将女性选进议会，以及什么可以解释即使在具有相似的民主和经济发展历史国家中女性代表却存在差异。越来越多的文献探讨描述性代表和实质性代表之间是否存在着某种联系。为什么女性，以及更多的女性需要在立法机关中有代表，可以提出的论证之一是，女性将会把不同的议题，特别是女性议题，列入政策议程。然而，我们对女性的描述性代表与实质性代表之间的联系知之甚少，而且在这方面，推动性别领域和议会向前发展面临着诸多挑战。具体来说，我认为应强化对交叉性、"女性利益"的可操作性和有政治抱负的政治家所面临的政治机遇结构的关注。

12.4.1　交叉性

女性并非千篇一律，但这种多样性给研究代表带来了挑战。从历史的角度来说，女性在政府中的代表性一直不足（假设女性有代表的话），并且因此女性的代表性往往与历史上代表性不足的少数群体的代表性相提并论。但是在大多数国家里，女性并非一个数量上的少数群体。女性存在于所有的社会阶层、民族、种族、语言和宗教社区，而且女性在地理位置上并非积聚在一起。虽然与许多少数族裔在他们的相较于其人口百分比的代表性不足相似，女性极少组建一个"女性党"［吞（Htun），2004］[1]，而且也极少就某些政策达成一致（更多是就后面的女性利益达成一致）。

正如温迪·斯穆斯（Wendy Smooth，2011，438）雄辩地问道：哪些女性的代表性？如果女性在政府中的代表性不足，那么，社会中来自少数群体的女

256

---

［1］　一些女性政党已经形成了，这通常是作为一种策略，以对已经建立的政党施加压力，选举更多的女性［莱文（Levin），1999；塞恩斯伯里（Sainsbury），2004；帕克斯顿和休斯（Paxton and Hughes），2007，145］。

性往往更缺乏代表性，而且当她们当选时，她们至少戴着两顶代表帽子，既作为女性的代表也作为少数群体的代表。这是否意味着她们在推动自己的立法议程方面倍加忙碌，倍加不利［霍克斯沃思（Hawkesworth），2003；汉考克（Hancock），2007；斯特罗洛维奇（Strolovich），2007］？立法机关可能成为种族和性别的机构。即使在民族或种族上更为同质的社会中，女性（和男性）也会因社会阶层不同而区分，这没有正面回答一个问题：女性在政府中的描述性增加是否真的只意味着是精英的女性。如果大多数代表来自上层社会，那么那些不太富裕的人们的政策利益得到了代表了吗？对于那些身兼多职的立法者来说，我们需要进一步探讨：那对她们的政策优先事项和策略，以及她们如何与其他女性联系起来，意味着什么。在预示着政治机遇结构的同时，斯威克（Smooth，2011，438）写道，"那些确实选择去代表最边缘化的女性的代表所付出的代价，在政治学中仍是一个未被充分研究的女性主题"。

从经验研究的角度来看，将交叉性更为完整地纳入我们对代表的分析也很重要。莱因戈尔德和史密斯（Reingold and Smith，2012）表明，当女性立法者被视为一个单一群体时，我们可能会得出结论，女性在立法上与男性没有区别，甚至在福利政策这个通常被视为女性政策领域应特别关涉女性问题上也是如此。然而，如果将女性解集到不同的种族群体，结果就会截然不同，而且具体到西班牙裔女性代表来说，她们站出来支持福利立法。这项研究可能只是冰山一角，需要在不同的议题和立法设置上做更多这类工作。

女性在其党派隶属上也各不相同。在一个国家的政党体系中，女性为所有政党投票，而且随着女性描述性代表的增加，不仅仅是自由派政党提名和选举女性。但是，女性在立法机关中的党派多样性引发了女性是否会合作的问题。她们能加入"女性党团会议"吗？或者加入这样一个多党团体会得到她们所在政党的批准吗？女性实质性代表的研究者通常会把政党控制加进来，但是需要对何时以及为何政党差异会影响女性立法者代表女性展开更多的理论探讨。因此，我重申斯威克（Smooth）的呼吁（2011，438）："设计和开展研究，认真对待差异的影响……研究框架，评定这些差异何以使得群体利益和这些利益的代表变得复杂。"

12.4.2 女性的利益是什么？

为了研究女性的描述性代表是否会导致实质性代表，我们需要考虑什么是"女性利益"，以及怎样衡量这个概念？［参见贝克威斯和考威尔－迈耶斯（Beckwith and Cowell-Meyers），2007；巴尔德兹（Baldez），2011］。贝克威斯（Beckwith，2011）建议区分兴趣、议题和偏好。她提出，"利益不是对'女性'作为一个群体的本质主义理解的一部分，而是对女性生活环境的恒定背景的一个承认，以及对女性提高其人类能力和行动选择并改善其生活机会的一种评定"（424）。其他学者认为，所有的政策领域都是有性别的，因此所有议题都是女性的议题。[1]

　　许多研究者都采用一个一般的定义，例如，"女性选民特别关注的议题"［莱因戈尔德（Reingold），1992，517］。其他研究者则采取了一个带有"女性主义腔调"的定义［蔡尔兹和洛文杜斯基（Childs and Lovenduski），2013，499；但是有一个包含着保守主义代表制主张的论证，参见塞利斯和蔡尔兹（Celis and Childs），2012］。另一项研究策略是研究一个国家或跨越多个国家对某一特定类型政策采纳的政治（例如，堕胎权、探亲假、反暴力政策）。但是，正如贝克威斯（Beckwith，2011）所解释的那样，即使女性同意某一主题是她们的兴趣所在，她们也可能会对如何解决该问题产生分歧。因此，对于研究者来说，如何处理反女权主义的政策提案仍然是一个问题，特别是当这些提案是由女性立法者发起的时候（例如，反堕胎法案）。特伦布莱和佩尔蒂埃（Tremblay and Pelletier，2000）提出，并不是更多女性的当选带来对女性利益的更多代表，而是立法者的意识形态，尤其是女性主义者的当选。但是，保守的女性的利益会怎样呢［塞利斯和蔡尔兹（Celis and Childs），2012］？我们对那些拒斥女权主义标签的女性立法者的行为又应期待什么呢？

　　经验研究存在着一个挑战，假如我们采用一个女性利益的狭义定义，那么我们会发现，女性在立法机关中没有提供实质性的女性代表，因为女性政治家对女性利益的界定不同于研究者。正如斯威尔斯（Swers）在2001年（第178页）所写，"未来研究必须调查女性立法者在一些并非明显是女性议题的议题上将女性利益融入政策讨论之中的途径"。10年前提出的研究要求至今仍然中肯。

12.4.3　政治机遇结构

　　提高对描述性—实质性代表之间联系的理解有一个挑战，即要发展出一

---

　　［1］　就像卢旺达的例子，"预算与国家遗产常委会的首长强调了她将'两性平等'纳入预算的努力，另一位副手也表示她在农业发展与土地问题的工作中纳入了性别平等"。

种更为系统的理论来处理以下问题："立法机关中的女性应被期望参与实质性的女性代表吗？""学者们需要更多地关注政治和制度语境在涉及应追求何种政策上塑造立法者决策算子的途径"［斯威尔斯（Swers），2001，175］。虽然这是一个关注个案研究持续进行的研究过程，政治机会结构也需要被置于比较研究的更为核心的位置。如果我们假设女性和她们的男性同事一样有政治抱负，那么关注女性议题和女性的代表性是一种理性的职业建设策略吗？答案可能部分取决于选举制度，以及谁控制着提名。至少在一些比例代表制体系中，追求女性投票可能是一种可行的选举策略，这就像一个有政治抱负的人可以作为劳工或商业利益的代表，或作为少数民族的代表，在他们的政党名单上获得一个选举席位一样。然而，特别是在单一席位选区（SMD）选举制度中，立法者通常需要代表一个地理区域内大多数人的政策偏好，以便最大限度地提高他们的连任机会［不过斯威尔斯（Swers），2005，410—411］指出，一名女性的现任者可能会试图利用她的立法记录来吸引女性提名或者连任选区。如果投票者期待的是代表自己的选区，而非集中关注女性利益，那么排除男性选民可能就是一个危险的策略。[1]许多女性立法者说，她们除了代表自己的选区或自己的政党之外，还把自己的角色看作女性的代理性代表［斯威尔斯（Swers），2002］。即使在党派投票可以让政治家当选的地方［卡雷和舒加特（Carey and Shugart），1995］，成为一个"女性部门代表"是否是一个向党内高层晋升的好策略，无论是在议院内还是在议院外，这都是一个经验问题。政党纲领或意识形态也可能塑造男性和女性的政治机遇结构（参见前文提到的不同作者的发现，即隶属左倾政党比立法者的性别更能预测对女性权利立法的支持）。如果该政党的纲领促进福利政策，那么来自该党的女性议员不仅可能促进女性利益，而且该党的女性议员也可能会被该党要求担任其在那些议题上的发言人。但是，一个在许多议会制中普遍存在的负责任的政党政府模式，会预测"极少量的观点和行为上的基于性别的差异"［麦卡利斯特和斯图德拉尔（McAllister and

页边标注：258

---

　　〔1〕　但值得考虑的是，一名政客意识到能够寻求支持的组织是哪些。在对亚利桑那州和加利福尼亚州男性和女性立法者态度的研究中，莱因戈尔德（Reingold，1992）发现，女性立法者比她们的男性同事更可能说她们从女性群体那得到了强有力的支持（财政或是其它形式），女性也更不可能列出其他群体的支持。她得出结论："或许这些女性立法者向其他女性寻求支持恰好是因为她们难以在别处求得支持"（第 525 页）。施温特－拜耳（Schwindt-Bayer，2010，135）希望，女性立法者能在某种程度上为女性组织和女性做更多服务性的工作，因为她们是从女性那寻求支持的（也同样是因为女性更可能为女性立法者提要求，正如代表式官僚体制的文献所预测的那样）。

Studlar），1992，389］。在目前美国共和党高度保守的时代，对于国会中的共和党女性来说，去推动要求更大的政府科层制或社会自由政策的女性议题可能是一个危险的职业策略［参见斯威尔斯（Swers），2002，2005］。研究英国政治的学者还发现，政治性的政党（而非性别）才是"代表的价值观和态度的最强预测项"，而且"极有可能，政治家正反映着他们的（或他们政党的）选民的偏好"［卡塔拉诺（Catalano），2009，47—48；诺里斯（Norris），2001］。另一个政治机遇结构可能塑造立法者想要力争议题的方式是，政府在一个议题上所花费的资源数量。斯威尔斯（Swers，2012）认为，对美国参议员来说，医疗保健是一个比教育政策更有趣的议题，因为医疗保健是美国联邦预算的大头，而教育政策只是国家预算的一小部分。参议员可以在高预算议题上表明自己的立场，从而引起更大的政治轰动。这一动机既适用于男性立法者也适用于女性立法者，并可能将女性立法者吸引到某些政策领域，而远离其他领域，从而塑造出那些引发关注的女性议题的类型，甚至是来自立法机关中的女性的关注。

韦伯（Whip，1991，17—18）在研究澳大利亚议会时解释说："女性的代表性让许多（女性议员）陷入两难。她们必须决定是否代表女性行动……（或去履行）一个类似于她们男性同行相似的角色……"基于类似的逻辑，"托马斯（Thomas，1994）断言，对女性进入政治领域的缓慢接受阻碍了她们把自己的更为自由的政策态度转化为立法优先事项，因为女性不愿冒着失去在立法机关中的地位的风险去追求那些不被她们的男性同事视为合法的议题"［斯威尔斯（Swers）引用，2001，172］。但是，随着美国州议会中女性人数的增加，女性成为全面的参与者，其中包括表达她们不同的政策优先事项［斯威尔斯（Swers），2001，173］。因此，理论也需要成为动态的，因为政治机遇结构会随着时间的推移而改变，就像政策优先事项或执政党变化一样，或者像女性成为一个政党的重要的选区选民一样。后者也会激励男性立法者去代表女性的利益。

总之，性别和议会的研究领域已经建立了一个关于女性如何进入立法机关的坚实的知识基础。我们已经开始收集关于女性在立法机关中工作的知识，其中包括比较性的知识。这一基础应使该领域在以下方面变得更加微妙：研究这些机构是否以及何以被性别化，交叉身份如何影响代表、策略和女性利益的定义，以及政治机遇结构对于女性和男性立法者是否不同，还有它怎样塑造他们提供的代表类型和为谁提供。

参考文献

Acker, J., 1992. From Sex Roles to Gendered Institutions. Contemporary Sociology, 21: 565–9.

Aparicio, J. and Langston, J., 2009. Committee Leadership Selection without Seniority: The Mexican Case. Working Paper, CIDE.

Baldez, L., 2007. Primaries vs. Quotas: Gender and Candidate Nominations in Mexico, 2003. Latin American Politics and Society, 49: 69–96.

Baldez, L., 2011. The UN Convention to Eliminate All Forms of Discrimination Against Women (CEDAW): A New Way to Measure Women's Interests. Politics and Gender, 7: 419–23.

Beckwith, K., 2011. Interests, Issues, and Preferences: Women's Interests and Epiphenomena of Activism. Politics and Gender, 7: 424–9.

Beckwith, K. and Cowell–Meyers, K., 2007. Sheer Numbers: Critical Representation Thresh olds and Women's Political Representation. Perspectives on Politics, 5: 553–65.

Bratton, K. A., 2002. The Effect of Legislative Diversity on Agenda Setting: Evidence from Six State Legislatures. American Politics Research, 30: 115–42.

Broughton, S. and Palmieri, S., 1999. Gendered Contributions to Parliamentary Debates: The Case of Euthanasia. Australian Journal of Political Science, 34: 29–45.

Carey, J. M. and Shugart, M. S., 1995. Incentives to Cultivate a Personal Vote: A Rank Ordering of Electoral Formulas. Electoral Studies, 14: 417–39.

Carroll, S. J. (ed.), 2001. The Impact of Women in Public Office. Bloomington: Indiana University Press.

Carroll, S. J., 2002. Representing Women: Congresswomen's Perceptions of their Representational Roles. in C.S. Rosenthal (ed.). Women Transforming Congress, pp. 49–68. Norman: University of Oklahoma Press.

Catalano, A., 2009. Women Acting for Women? An Analysis of Gender and Debate Participation in the British House of Commons 2005–2007. Politics & Gender, 5: 79–98.

Caul, M., 1999. Women's Representation in Parliament: The Role of Political Parties. Party Politics, 5: 79–98.

Celis, K. and Childs, S., 2012. The Substantive Representation of Women: What to Do with Conservative Women? Political Studies, 60: 213–25.

Chaney, E. M., 1979. Supermadre: Women in Politics in Latin America. Austin: University of Texas Press.

Chaney, P., 2006. Critical Mass, Deliberation and the Substantive Representation of Women: Evidence from the UK's Devolution Programme. Political Studies, 54: 691–714.

Childs, S., 2001. In Their Own Words: New Labour Women and the Substantive Representation of Women. British Journal of Politics and International Relations, 3: 173–90.

Childs, S., 2004. New Labour Women's MPs: Women Representing Women. New York: Routledge.

Childs, S. and Krook, M. L., 2006. Should Feminists Give Up on Critical Mass? A Contingent Yes. Politics & Gender, 2: 522–30.

Childs, S. and Krook, M. L., 2009. Analysing Women's Substantive Representation: From Critical Mass to Critical Actors. Government and Opposition, 44: 125–45.

Childs, S. and Lovenduski, J., 2013. Political Representation. In G. Waylen, K. Celis, J. Kantola, and L. Weldon (eds.). The Oxford Handbook of Gender and Politics, pp. 489–513.

Oxford: Oxford University Press.

Childs, S. and Withey, J., 2004. Women Representatives Acting for Women: Sex and the Signing of Early Day Motions in the 1997 British Parliament. Political Studies, 52: 552–64.

Dahlerup, D. 1988. From a Small to a Large Minority: Women in Scandinavian Politics. Scandinavian Political Studies, 11: 275–97.

Dahlerup, D., 2006. The Story of the Theory of Critical Mass. Politics & Gender, 2: 511–22.

Dahlerup, D. and Freidenvall, L., 2005. Quotas as a 'Fast Track' to Equal Representation for Women. International Feminist Journal of Politics, 7: 26–48.

Devlin, C. and Elgie, R., 2008. The Effect of Increased Women's Representation in Parliament: The Case of Rwanda. Parliamentary Affairs, 61: 237–54.

Dolan, K. and Ford, L. E., 1997. Change and Continuity among Women State Legislators: Evidence from Three Decades. Political Research Quarterly, 50: 137–51.

Duerst–Lahti, G., 2005. Institutional Gendering: Theoretical Insights into the Environment of Women Officeholders. In. S. Thomas and C. Wilcox (eds.). Women and Elective Office, pp. 230–43. New York: Oxford University Press.

Engstrom, R. L., 1987. District Magnitude and the Election of Women to the Irish Dail. Electoral Studies, 6: 123–32.

Franceschet, S. and Piscopo, J. M., 2008. Gender Quotas and Women's Substantive Representation: Lessons from Argentina. Politics & Gender, 4: 393–425.

Friedman, S., 1996. House Committee Assignments of Women and Minority Newcomers, 1965–1994. Legislative Studies Quarterly, 21: 73–81.

Frisch, S. A. and Kelly, S. Q., 2003. A Place at the Table: Women's Committee Requests and Women's Committee Assignments in the U.S. House. Women & Politics, 25: 1–26.

Furlong, M. and Riggs, K., 1996. Women's Participation in National–Level Politics and Government: The Case of Costa Rica. Women's Studies International Forum, 19: 633–43,

Gerrity, J. D., Osborn, T., and Mendez, J. M., 2007. Women and Representation: A Different View of the District? Politics & Gender, 3: 179–200.

Hancock, A. M., 2007. When Multiplication Doesn't Equal Quick Addition: Examining Intersectionality as a Research Paradigm. Perspectives on Politics, 5: 63–79.

Hawkesworth, M., 2003. Congressional Enactments of Race–Gender: Toward a Theory of Raced–Gendered Institutions. American Political Science Review, 97: 529–50.

Heath, R., Schwindt–Bayer, L., and Taylor–Robinson, M. M., 2005. Women on the Sidelines: The Rationality of Isolating Tokens. American Journal of Political Science, 49: 420–36.

Htun, M., 2004. Is Gender Like Ethnicity? The Political Representation of Identity Groups. Perspectives on Politics, 2: 439–58.

Htun, M. and Jones, M. P., 2002. Engendering the Right to Participate in Decision–Making: Electoral Quotas and Women's Leadership in Latin America. In N. Craske and M. Molyneux (eds.). Gender and the Politics of Rights and Democracy in Latin America, pp. 32–56. New York: Palgrave Publishers.

Htun, M. and Powers, T. J., 2006. Gender, Parties and Support for Equal Rights in the Brazilian Congress. Latin American Politics and Society, 48: 83–104.

Hughes, M. M. and Paxton, P., 2008. Continuous Change, Episodes, and Critical Periods: A Framework for Understanding Women's Political Representation over Time. Politics & Gender, 4: 233–64.

Inglehart, R. and Norris, P., 2003. Rising Tide: Gender Equality and Cultural Change around the World. New York: Cambridge University Press.

Jones, M. P., 1996. Increasing Women's Representation via Gender Quotas: The Argentine Ley de Cupos. Women & Politics, 16: 75–96.

Jones, M. P., 1997. Legislator Gender and Legislator Policy Priorities in the Argentina Chamber of Deputies and the United States House of Representatives. Policy Studies Journal,

25: 613–29.

Jones, M. P., 2009. Gender Quotas, Electoral Laws, and the Election of Women: Evidence from the Latin American Vanguard. Comparative Political Studies, 42: 56–81.

Kathleen, L., 1994. Power and Influence in State Legislative Policymaking: The Interaction of Gender and Position in Committee Hearing Debates. American Political Science Review, 88: 560–76.

Kathleen, L., 1995. Alternative Views of Crime: Legislative Policymaking in Gendered Terms. Journal of Politics, 57: 696–723.

Kenworthy, L. and Malami, M., 1999. Gender Inequality in Political Representation: A Worldwide Comparative Analysis. Social Forces, 78: 235–69.

Kittilson, M., 2005. In Support of Gender Quotas: Setting New Standards, Bringing Visible Gains. Politics & Gender, 1: 638–44.

Kittilson, M., 2006. Challenging Parties, Changing Parliaments. Columbus: Ohio State University Press.

Kittilson, M., 2008. Representing Women: The Adoption of Family Leave in Comparative Perspective. Journal of Politics,70: 323–34.

Krook, M. L., 2009. Quotas for Women in Politics: Gender and Candidate Selection Reform Worldwide. New York: Oxford University Press.

Kunovich, S. and Paxton, P., 2005. Pathways to Power: The Role of Political Parties in Women's National Political Representation. American Journal of Sociology, 111: 505–52.

Levin, L. S., 1999. Setting the Agenda: The Success of the 1977 Israel Women's Party. Israel Studies, 4: 40–63.

Mansbridge, J., 2003. Rethinking Representation. American Political Science Review, 97: 515–28.

Matland, R. E., 1993. Institutional Variables Affecting Female Representation in National Legislatures: The Case of Norway. Journal of Politics, 55: 737–55.

Matland, R. E., 1998. Women's Representation in National Legislatures: Developed and Developing Countries. Legislative Studies Quarterly, 23: 109–25.

Matland, R. E., 2005. Enhancing Women's Political Participation: Legislative Recruitment and Electoral Systems. In J. Ballington and A. Karam (eds.). Women in Parliament, Beyond Numbers (rev. ed.), pp. 93–111. Stockholm: International IDEA.

Matland, R. E., 2006. Electoral Quotas: Frequency and Effectiveness. In D. Dahlerup (ed.). Women, Quotas, and Politics, pp. 275–92. New York: Routledge.

Matland, R. E. and Brown, D. D., 1992. District Magnitude's Effect on Female Representation in U.S. State Legislatures. Legislative Studies Quarterly, 17: 469–92.

Matland, R. E. and Studlar, D. T., 1996. The Contagion of Women Candidates in SMD and PR Electoral Systems: Canada and Norway. Journal of Politics, 58: 707–33.

Matland, R. E. and Taylor, M. M., 1997. Electoral System Effects on Women's Representation: Theoretical Arguments and Evidence form Costa Rica. Comparative Political Studies, 30: 186–210.

McAllister, I. and Studlar, D. T., 1992. Gender and Representation among Legislative Candidates in Australia. Comparative Political Studies, 25: 388–411.

McDonald, J. A. and O'Brien, E. E., 2011. Quasi–Experimental Design, Constituency, and Advancing Women's Interests: Reexamining the Influence of Gender on Substantive Representation. Political Research Quarterly, 64: 472–86.

Moser, R. G., 2001. The Effects of Electoral Systems on Women's Representation in Post–Communist States. Electoral Studies, 20: 353–69.

Murray, R., 2010a. Second Among Unequals? A Study of Whether France's 'Quota Women' are Up to the Job. Politics and Gender, 6: 93–118.

Murray, R., 2010b. Linear Trajectories or Vicious Circles? The Causes and Consequences of Gendered Career Paths in the National Assembly. Modern and Contemporary France, 18: 445–59.

Norris, P., 1985. Women's Legislative Participation in Western Europe. Western European Politics, 8: 90–101.

Norris, P., 2001. Gender and Contemporary British Politics. In C. Hay (ed.). British Politics Today. Cambridge: Polity.

Norris, P., 2004. Electoral Engineering: Voting Rules and Political Behavior. New York: Cambridge University Press.

Paxton, P., 1997. Women in National Legislatures: A Cross–National Analysis. Social Science Research, 26: 442–64.

Paxton, P. and Hughes, M. M., 2007. Women, Politics and Power: A Global Perspective. Los Angeles: Pine Forge Press.

Paxton, P. and Kunovich, S., 2003. Women's Political Representation: The Importance of Ideology. Social Forces, 82: 87–114.

Pearson, K. and Dancey, L., 2011. Elevating Women's Voice in Congress: Speech Participation in the House of Representatives. Political Research Quarterly, 64: 910–23.

Pearson, K. and Dancey, L., 2012. Speaking for the Under–represented in the House of Representatives: Voicing Women's Interests in a Partisan Era. Politics & Gender, 7: 493–519.

Pitkin, H., 1967. The Concept of Representation. Los Angeles: University of California Press.

Poggione, S., 2004. Exploring Gender Differences in State Legislators' Policy Preferences. Political Research Quarterly, 57: 305–14.

Reingold, B., 1992. Concepts of Representation among Female and Male State Legislators. Legislative Studies Quarterly, 27: 509–37.

Reingold, B., 2000. Representing Women: Sex, Gender, and Legislative Behavior in Arizona and California. Chapel Hill: University of North Carolina Press.

Reingold, B and Smith, A. R., 2012. Welfare Policymaking and Intersections of Race, Ethnicity, and Gender in U.S. State Legislatures. American Journal of Political Science, 56: 131–47.

Reynolds, A., 1999. Women in the Legislatures and Executives of the World: Knocking at the Highest Glass Ceiling. World Politics, 51: 547–72.

Richardson, L. E., Jr. and Freeman, P. K., 1995. Gender Differences in Constituency Service among State Legislators. Political Research Quarterly, 48: 169–79.

Rule, W., 1987. Electoral Systems, Contextual Factors and Women's Opportunity for Election to Parliament in Twenty–Three Democracies. Western Political Quarterly, 40: 477–98.

Rule, W., 1994. Parliaments of, by, and for the People: Except for Women? In J. Zimmerman and W. Rule (eds.). Electoral Systems in Comparative Perspective: Their Impact on Women and Minorities, pp. 15–30. Westport: Greenwood Press.

Rule, W. and Shugart, M., 1995. The Preference Vote and Election of Women: Women win more seats in open list PR. Voting and Democracy Report 1995, pp.177–8.

Sainsbury, D., 2004. Women's Political Representation in Sweden: Discursive Politics and Institutional Presence. Scandinavian Political Studies, 27: 65–87.

Saint–Germain, M. A., 1989. Does Their Difference Make a Difference? The Impact of Women on Public Policy in the Arizona Legislature. Social Science Quarterly, 70: 956–68.

Saint–Germain, M. A. and Metoyer, C. C., 2008. Women Legislators in Central America: Politics Democracy, and Policy. Austin: University of Texas Press.

Schmidt, G. D., 2003a. The Implementation of Gender Quotas in Peru: Legal Reform, Discourses and Impact. Paper presented at International IDEA Workshop, The Implementation of Quotas: Latin American Experiences, February 23–24, Lima, Peru.

Schmidt, G. D., 2003b. Unanticipated Successes: Lessons from Peru's Experiences with Gender Quotas in Majoritarian Closed List and Open List PR Systems. Paper presented at International IDEA Workshop, The Implementation of Quotas: Latin American Experiences, February 23–24, Lima, Peru.

Schmidt, G. D., 2008. The Election of Women in List PR Systems: Testing the Conventional Wisdom. Electoral Studies, 28: 190–203.

Schwindt–Bayer, L. A., 2005. The Incumbency Disadvantage and Women's Election to Legislative Office. Electoral Studies, 24: 227–44.

Schwindt–Bayer, L. A., 2006. Still Supermadres? Gender and the Policy Priorities of Latin American Legislators. American Journal of Political Science, 50: 570–85.

Schwindt–Bayer, L. A., 2009. Making Quotas Work: The Effect of Gender Quotas Laws on the Election of Women. Legislative Studies Quarterly, 34: 5–28.

Schwindt–Bayer, L. A., 2010. Political Power and Women's Representation in Latin America. Oxford: Oxford University Press.

Schwindt–Bayer, L. A., Malecki, M., and Crisp, B. F., 2010. Candidate Gender and Electoral Success in Single Transferable Vote Systems. British Journal of Political Science, 40: 693–709.

Smooth, W., 2011. Standing for Women? Which Women? The Substantive Representation of Women's Interests and the Research Imperative of Intersectionality. Politics and Gender, 7: 436–41.

Strolovich, D., 2007. Affirmative Advocacy: Race, Class and Gender in Interest Group Politics. Chicago: University of Chicago Press.

Swers, M. L., 2001. Research on Women in Legislature: What Have We Learned, Where Are We Going? Women & Politics, 23: 167–85.

Swers, M. L., 2002. The Difference Women Make: The Policy Impact of Women in Congress. Chicago: University of Chicago Press.

Swers, M. L., 2005. Connecting Descriptive and Substantive Representation: An Analysis of Sex Difference in Cosponsorship Activity. Legislative Studies Quarterly, 30: 407–33.

Swers, M. L., 2007. Building a Legislative Reputation on National Security: The Impact of Stereotypes Related to Gender and Military Experience. Legislative Studies Quarterly, 32: 559–96.

Swers, M. L., 2012. Unpacking Women's Issues: Gender and Policymaking on Health Care, Education, and Women's Health in the U.S. Senate. Paper presented at the Identity,

Gender and Representation: Empirical Analysis of Representation of Women's Interests Conference, Texas A&M University, 24–25 February 2012.

Taylor–Robinson, M. M., and Heath, R. M., 2003. Do Women Legislators Have Different Policy Priorities than Their Male Colleagues: A Critical Case Test. Women & Politics, 24: 77–101.

Taylor–Robinson, M. M. and Ross, A., 2011. Can Formal Rules of Order be Used as an Accurate Proxy for Behavior Internal to a Legislature? Evidence from Costa Rica. Journal of Legislative Studies 17 (4): 479–500.

Thomas, S., 1991. The Impact of Women on State Legislative Policies. Journal of Politics, 53: 958–76.

Thomas, S., 1992. The Effects of Race and Gender on Constituency Service. Western Political Quarterly, 45: 169–80.

Thomas, S., 1994. How Women Legislate. New York: Oxford University Press.

Thomas, S and Welch, S., 1991. The Impact of Gender on Activities and Priorities of State Legislators. Western Political Quarterly, 44: 445–56.

Towns, A., 2003. Understanding the Effects of Larger Ratios of Women in National Legislature: Proportions and Gender Differentiation in Sweden and Norway. Women & Politics, 25: 1–29.

Tremblay, M., 2007. Democracy, Representation, and Women: A Comparative Analysis. Democratization, 14: 533–53.

Tremblay, M. and Pelletier, R., 2000. More Feminists or More Women? Descriptive and Substantive Representation of Women in the 1997 Canadian Federal Elections. International Political Science Review, 21: 381–405.

Tripp, A. M., 2006. Uganda: Agents of Change for Women's Advancement? In G. Bauer and H. E. Britton (eds.). Women in African Parliaments, pp. 111–32. Boulder: Lynne Rienner.

Tripp, A. M. and Kang, A., 2008. The Global Impact of Quotas: On the Fast Track to Increased Female Legislative Representation. Comparative Political Studies,41: 338–61.

Valdini, M. E., 2012. Electoral Institutions and the Manifestation of Bias: The Effect of the Personal Vote on the Representation of Women. Paper presented at the Western Political Science Association meeting, Portland, OR, 22–25 March 2012.

Vincent, L., 2004. Quotas: Changing the Way Things Look without Changing the Way Things Are. Journal of Legislative Studies, 10: 71–96.

Wängnerud, L., 2000. Testing the Politics of Presence: Women's Representation in the

Swedish Riksdag. Scandinavian Political Studies, 23: 67–91.

Weldon, L. S., 2002. Beyond Bodies: Institutional Sources of Representation for Women in Democratic Policymaking. Journal of Politics, 64: 1153–74.

Whip, R., 1991. Representing Women: Australian Female Parliamentarians on the Horns of a Dilemma. Women and Politics, 11: 1–22.

Wolbrecht, C., 2002. Female Legislators and the Women's Rights Agenda: From Feminine Mystique to Feminist Era. In C. S. Rosenthal (ed.). Women Transforming Congress, pp. 170–97. Norman: University of Oklahoma Press.

Yoon, M. Y., 2004. Explaining Women's Legislative Representation in Sub–Saharan Africa. Legislative Studies Quarterly, 29: 447–68.

Zetterberg, P., 2008. The Downside of Gender Quotas? Institutional Constraints on Women in Mexican State Legislatures. Parliamentary Affairs, 61: 442–60.

第十三章　立法机关中的角色[*]

鲁迪·B. 安德韦格（Rudy B. Andeweg）

13.1　引言

　　1778 年，布里斯托尔的议员埃德蒙·伯克（Edmund·Burke）拒绝了选民反对取消对爱尔兰贸易的限制的请求。因为这不符合布里斯托尔作为一个贸易城市的利益。伯克（Burke）的选民早已被警告。当他们在四年前选举伯克为他们的代表时，伯克曾向他们概述了他如何看待自己作为一名议员的角色：

　　发表意见是所有人的权利，选民的意见是有分量的、值得尊敬的意见。议员应始终洗耳恭听，并且应该始终郑重地考虑这些意见。但**权威性**的指示、所发布的命令，议员必须盲目地、毫无保留地服从，为其投票，为其争辩。尽管这与他的判断和良心中最清晰的信念相悖——这些都是这片土地上的法律完全不知道的事情，它们来自整个国家的一个基本错误。这是从我们政体的整个秩序和主旨产生的一个基本错误。议会不是由来自不同和敌对利益的大使组成的大会；每个利益都必须由代理人和倡导者来维护，

---

*　杨天江译。

以对抗其他的代理人和倡导者。但议会是一个国家的审议大会，只有一个利益，即整个国家的整体利益。在这里，应该引导的不是各地的目的，不是当地的偏见，而是整体的利益，这产生于整体的理性。你确实选择了一个议员；但当你选择了他，他就不是布里斯托尔的议员，而是议会的成员。如果当地的选民确实享有一种利益，或者确实形成了一种草率的意见，但这显然与其余团体的真正利益相反，那么该地的议员就应该远离任何人或任何想要影响到他的势力。［伯克（Burke），1774，81］

伯克（Burke）没有连任，但他的演讲因区分两种代表性角色而闻名。两个代表角色的概念：一个是受托人，另一个是受指示的代表。这一区别不仅在关于政治代表权的规范性辩论中发挥了重要作用［例如，皮特金（Pitkin），1967］，而且还深深影响了实证中对议会角色的研究。"埃德蒙·伯克（Edmund Burke）理论的一些经验观察"，是尤劳（Eulau）、沃尔克（Wahlke），布坎南（Buchanan）和弗格森（Ferguson）首次将角色分析引入立法行为研究的副标题，［尤劳（Eulau）等人，1959］他们后来在他们里程碑式的研究《立法系统》《立法行为的探索》中详细阐述了这一点［沃尔克（Wahlke）等人，1962］。政治角色的概念在这本书里占据了中心地位，尤其是伯克（Burke）式类型的代表角色一直主导着立法角色分析。

至少对作者之一海因茨·尤劳（Heinz Eulau）来说，对议会角色的研究只是一个开始，因为他在当时新兴的政治学行为方法中将"角色"视为分析的基本单位："政治行为总是在履行政治角色的过程中进行的。"［尤劳（Eulau），1963，40］但是角色分析除了少数应用于政府大臣之外，几乎没有延伸到立法行为的研究之外［海蒂（Headey）1974年；西林（Searing），1994］。此外，关于议会作用的文献综述［萨尔费尔德和穆勒（Saalfeld and Müller），1997；布洛姆格伦和罗森贝格（Blomgren and Rozenberg），2012］同意即使与立法行为有关，角色也逐渐失宠，尽管角色分析在20世纪80年代后期随着对威斯敏斯特角色研究在政治制度中的重新发现而有限回归，但这种"新制度主义转折点"［布洛姆格伦和罗森贝格（Blomgren and Rozenberg），2012］在很大程度上仅限于欧洲。一般而言，对非洲、亚洲和拉丁美洲议会的研究较少，但角色分析在其中并不突出。在美国，这一研究的诞生地，对国会或州立法机关角色的研究如今倒成了例外：它只是在加姆（Gamm）和休伯（Huber）对美国立法研究状况的概述中顺带一提（而且只是在历史部分）。［加姆与休伯（Gamm and Huber），2002，320]

　　为什么角色分析在对立法行为和政治代表的研究中失去了它的重要性？本章在展望议会角色研究的前景之前，探讨了两个可能的答案——关于角色的概念和角色分析的内容。

13.2　概念：议会扮演什么角色？

　　社会科学很少能成功地从存在于社会话语的特定现象的各种松散定义中提炼出明确的概念（如"民主""影响"）。"角色"也不例外，但是有几个共同点。首先，角色意味着个体之间的互动：被抛诸荒岛的人就没有角色。其次，角色与特定的职位 [或"地位"：普拉特（Platt），2001] 相关，但并不完全相同，如社会中的性别角色和议会中的立法角色。与制度地位的关系解释了角色分析的命运是如何与政治学内部（新）制度主义的命运交织在一起的，正如我们之前提到的。地位与角色的关系也引起了两种观点的争论，一种观点认为角色是只由地位决定的（源于结构功能主义的观点），另一种观点认为角色主要是由拥有地位的人创造的（源于符号互动论的观点）。实际上，这一阶段的结构—能动者（structure-agency）之争要微妙得多。例如，尤劳和沃尔克（Eulau and Wahlke）等人关于立法作用的作品通常被归类为结构功能主义传统 [西林（Searing），1994，9；布洛姆格伦和罗森贝格（Blomgren and Rozenberg），2012，11-14]，但它的大部分内容是用来解释为什么议员们对自己的工作细节有如此不同的解释。地位在多大程度上决定角色也是一个非常重要的经验问题，不容特定理论观点的假设和定义。

13.2.1　行为是角色的一部分吗？

　　一个更根本的问题是，在定义角色时应当包括还是排除行为。这两种观点都可以大概在角色理论 [比德尔（Biddle），1986，68-69；普拉特（Platt），2001，150-190] 和在对议会作用的研究中找到。沃尔克（Wahlke）清楚地从角色行为中区分出角色："角色，对于任何个别的立法者来说，指的是一套连贯的行为'规范'，这些行为'规范'被那些参与互动的人认为适用于所有占据立法者地位的人" [沃尔克（Wahlke），1962，8]。并且"为了避免任何可能的混淆，使用特定术语'角色行为'来指代那些由立法者按照角色中包含的规范行事而产生的公开行为是方便的"〔沃尔克（Wahlke），1962，9〕。斯特罗姆（Strøm）关于立法角色的观点"是由议员运作的制度框架所制约的行为策略"〔斯特罗姆（Strøm），1997，157〕，这是非常不同的，但它也排除了行为。他认为，将太多不同的变量包含在角色的概念中，包括实际行为，在某种程度上导致了角色分析失宠〔斯特罗姆（Strøm），1997，171〕。另外，西林（Searing）将政治角色定义为"处于特定地位的人所特有的相互关联的**目标、态度和行为**的特定模式"〔西林（Searing），1994，18；加重为原文所加〕。布洛姆格伦和罗森贝格（Blomgren and Rozenberg）的观点是，立法角色"是议员们共有的态度和 / 或行为的综合模式⋯⋯"〔布洛姆格伦和罗森贝格（Blomgren and Rozenberg）。2012，8〕，这甚至暗示角色可能仅由行为组成。将行为纳入角色的定义之中，这可以在一些对机构的著名定义中找到支持，如"稳定的、循环的行为模式"〔古丁（Goodin），1996，22〕，但这样做对这一概念的分析性使用施加了严苛的限制：如果行为是角色的一部分，我们仍然可以试图解释角色定位的出现或变化，但我们不能再用议员的角色定位来解释他或她的行为了。西林（Searing）明确否认他发现的角色和行为之间的相关性是无价值的重复，例如，支持"选区成员"（Constituency Members）角色的议员在选区花费更多的时间〔西林（Searing），1994，380–381〕，但他对角色的定义表明的是别的。

270
13.2.2　角色是被感知到的预期、策略还是动机？

如果角色与职位相关联，但不完全等同于职位，那么问题就来了，是什么弥补了职位和角色之间的差异？沃尔克（Wahlke）的定义强调感知规范。在他的定义的一个脚注中，沃尔克（Wahlke）清楚地表明术语"规范"（norms）包括行为的期望，它在角色定义中更为常见。职位和角色的区别在于，职位是用正式规则来定义的，但这些规则留有解释的余地，而且它们往往由非正式规则来补充，非正式规则甚至需要更多的解释。这种解释导致不同的议员产生不同的角色定位，但他们都试图满足他们认为重要的其他人对他们职位的期望。从这个意义上说，角色是特定机构的"适当性逻辑"〔马奇与奥尔森（March and Olsen），1989，21–26〕在那一机构的个人"囚徒"层面上的应用：个人试图找出在这一特定机构中处于他或她的地位的人最适当的行动路线，然后跟着该行动路线采取行动。将角色视为感知规范和期望的观点早于阿杰恩和菲什拜因的社会心理学的理性行动理论［阿杰恩和菲什拜因（Ajzen and Fishbein），1975］及其后来的修订版，但有一个基本的相似之处：除了个人偏好（态度），一个人还受"主观规范"的影响，即对他重要的人是否希望他——鉴于他的特殊地位——作出特定行为的看法。主观规范的引入极大地提高了从态度预测行为的模型的解释力。阿杰恩和菲什拜因（Ajzen and Fishbein）通过个体遵从他人期望的动机来衡量"主观规范"。这种倾向性的差异可能会潜在地显著提高角色的解释力，但它尚未被纳入立法角色研究。

马奇与奥尔森（March and Olsen）将他们的规范的新制度主义"适当性逻辑"与代表理性选择制度主义的"结果性逻辑"进行了对比［马奇与奥尔森（March and Olsen），1989，23］。从那个角度来看，当个人进入一个机构时，他们继续最大化他们的效用，但是这个机构限制了他们这样做的选择。斯特罗姆（Strøm）将角色概念化为受制度框架制约的策略是这一传统的一个很好的例子［更早的例子请参见阿尔珀特（Albert），1979］。根据这种观点，职位和角色之间的区别是通过政治家的目标加以解释的，由于政治家可能因事制宜根据不同的情况追求不同的目标，所以他们也扮演不同的角色。将角色等同于策略受到了批评，因为与这两个概念相联系的是不同的时间视角："在选举前两个月做手术无疑是一种选举策略；通过一个立法机关长期这样做最好被描述为扮演**选区成员**的角色"［布洛姆格伦和罗森贝格（Blomgren and Rozenberg），2012，28］。斯特罗姆（Strøm）认识到，策略会产生重复行为，我们可能会将其视为"常规"［斯特罗姆（Strøm），1997，158］或"常规化策略"［斯特罗姆（Strøm），2012，87］。这延长了时间框架，但是在这一常规中，很难将纯粹理性的计算与路径相关的惯例中的计算行为分开。正如西林（Searing）所说，"问题在于频繁重复的行为惯例听起来也像习惯，这与战略行为框架中使用的形容词'战略'不相容"［西林（Searing），2012，xxv］。

西林（Searing）自己的激励进路与斯特罗姆（Strøm）的战略进路有一个基本的相似之处：西林（Searing）也认为议员的个人目标塑造着他们的角色选择。然而，这两种概念化之间也有重要的区别。首先，斯特罗姆（Strøm）假设最重要的目标是什么，并按等级排列它们：重选、连任、党内职务和立法职务。他欣然承认，议员也可能有其他目标和动机，但"许多立法者不能纵容他们不那么自私的动机。这样做可能会导致他们的政治生涯比他们原本可能享有的更短、更不令人满意"[斯特罗姆（Strøm），2012，99]。西林（Searing）在这些"认知职业目标"中加入了他所称的"情感激励"。这种激励是非常个人化的，因此西林（Searing）对其内容或其中的任何等级都不做任何假设[西林（Searing），1994，19—20]。

其次，如果角色是策略，那么它们显然是工具性的。但是，如果角色的塑造部分是为了满足情感需求，扮演一个特定的角色本身就可能令人满足。工具性角色行为和表达性角色行为之间的这种差异可以通过两种对选区服务的处理方法得到很好的说明。西林（Searing）强调扮演选民成员角色的内在回报：满足责任感、能力感等。斯特罗姆（Strøm）认为，采用诸如选民的"福利官员"（welfare officers）或选区利益的"地方促进者"（local promoter）等角色定位有助于实现连任的目标。因此，"在选区竞争特别激烈的议员中，我们应该期待看到这样的角色"。这两种方法都可以为他们的假设提供经验支持。齐特尔（Zittel，2012）发现，在单一成员选区竞争的德国，立法者如果有公平的获胜机会，更有可能担任选区代表；如果他们不太可能赢得选区，而且必须依靠政党名单进行连任，那么他可能倾向于担任政党代表。在西林（Searing）自己的研究中，选举的不安全感并不是一个重要因素：在所有以不到两个百分点的差额当选的英国议员中，26% 可以被归类为选区成员；同样，27% 的议员以32 个百分点或更多的优势当选[西林（Searing），1994，146—147]。斯图德拉尔和麦卡利斯特（Studlar and McAllister，1996）也观察到边际性对澳大利亚选区运作没有影响，但代表角色对选区运作类型有影响。其他研究发现，战略考虑和角色定位都会影响选区工作[例如，加拉赫和霍利戴（Gallagher and Holliday），2003]。

最后，在斯特罗姆（Strøm）的方法中，议员的目标被视为制度环境的外部因素。当它们相对于其他目标的显著性受到瞬息万变的环境（如或多或少的选举安全）的影响时，它们可能会发生变化，但它们不会受到议员在扮演特定角色时的互动的影响，或是其社交经历的影响。相比之下，西林（Searing）强调对角色的解释是学习过程的结果，是逐渐形成。"因此，在激励方法中，政治家的偏好并不像在经济模型中那样，被视为完全外在于制度环境"[西林（Searing），1994，20]。

总之，西林（Searing）强调个人目标而非被感知期望是塑造角色定位的因素，这一事实使他的激励方法接近斯特罗姆（Strøm）的观点，但他允许这些角

272

色定位是表达性的而不是工具性的，是内源性的而不是外源性的，这个事实则指向了一个与规范制度主义的更大的相似性，其中沃尔克（Wahlke）是在此之前（*avant la lettre*）的一个例子。

13.2.3　概念或假设？

角色理论的第三个问题是，它只不过是一个概念框架，发展了各种概念，如"角色扮演""角色距离""角色冲突"等。角色理论为我们提供了一个词汇表，但它不会通向角色和其他变量之间的关系的假说；它不是一个"命题理论"［比德尔（Biddle），1986，86—88］。西林（Searing）认为"这种对角色一般理论的探索从根本上来说是被误导的"，因为角色令人眼花缭乱，但在一个较抽象的层面上，他主张寻求"在特定类型的制度环境中对特定类型的角色的特定解释"［西林（Searing），1994，7］。这可能是一个过于保守的目标。西林（Searing）本人通过区分职位角色和偏好角色作出了重要贡献。"职位角色与需要履行许多特定义务与责任的职位相关联。相比之下，偏好角色与要求履行极少数特定义务和责任的职位相关联"［西林（Searing），1994，12］。在"职位角色"中，个人诠释或角色创造的空间很小——职位决定角色，角色决定行为。西林（Searing）将议会中的前排位置（在他对英国议会的研究中，是党鞭和大臣）与职位角色联系起来，将后排座位与偏好角色联系起来。西林（Searing）对职位角色和偏好角色的区分可以很容易地转化为关于解释多样性的假设（偏好角色的共识较少），以及关于角色对行为的解释力的假设（职位角色的相关性较强）。

13.3　内容：议会角色的两种经典类型

13.3.1　尤劳 – 沃尔克（Eulau–Wahlke）的类型学

在《立法系统》中，沃尔克（Wahlke）等人建立了一个复杂的模型，将议员扮演的不同角色划分为不同的"角色部门"（见图 13.1）。三种角色构成了这个模型的核心部分：一个包含如何玩立法游戏的"工作共识"的"合意角色"（Consensual roles）。"目标角色"（Purposive roles）包括对议员活动的最终目标的期望；"代表角色"（Representational roles）由管理议员与其选民关系的规范

273

组成。围绕这些核心角色的是三个次要角色的部门：其中最大的是客户角色部门（Clientele-Roles Sector），它处理与立法机关之外的行动者的互动："区域角色"（Areal Roles）、"压力集团角色"（Pressure Group Roles）、"政党角色"（Party Roles）和关于执行—立法关系的"行政角色"（Administration Roles）。次要角色的第二个部门致力于立法机关内部的互动："领导角色"（Leadership Roles）和"主题专家角色"（Subject Matter Expert Roles）。最后，次要角色的部门还包括亲属关系、友谊和诸如体育俱乐部等协会成员的"附带"非政治角色。这些角色类别中的大部分都是基于 1957 年对美国四个州立法机关（加利福尼亚州、新泽西州、俄亥俄州和田纳西州）成员的 474 次采访进行分析的。

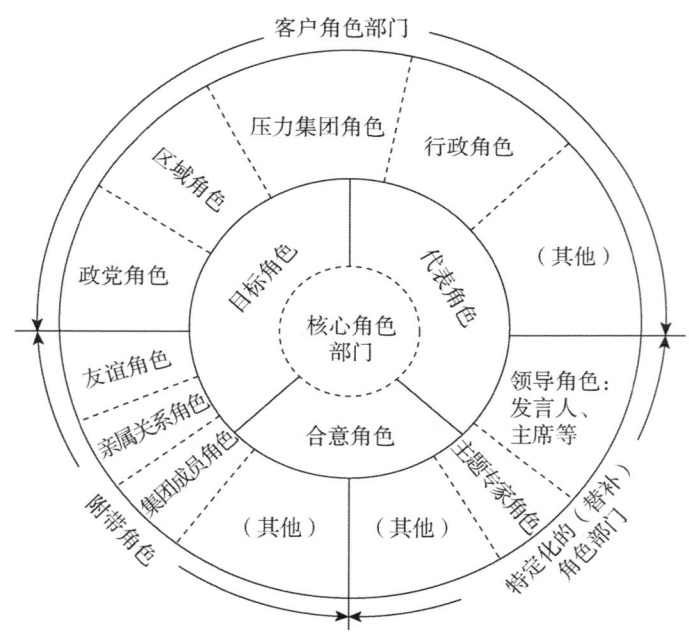

图 13.1　沃尔克（Wahlke）等人的法律角色类型

资料来源：沃尔克（Wahlke，1962：14）。

事实上，代表角色组成的只是一个更大的类型学的一个方面，这一点很大程度度上被遗忘了，但是这些代表角色的影响远远弥补了这一点。尤劳和瓦尔克［尤劳（Eulau）等人，1959；尤劳（Eulau），1962］指出，在本章开头所引用的伯克（Burke）演讲中，他混淆了代表的两个维度。一个维度指的是代表制的焦点：议会是"大使的代表大会"还是"一个国家的集会"，以选区或整个国家作为单个议员代表制的相关焦点。除了这些地域焦点之外，人们还可以设想议员试图代表的是非属地的职能团体或类别。第二个维度指的是代表的风格，涉及的问题是代表是否应该将选民的"权威指示"置于自己的"良知和判断"之上。除了受托人和委托人之外，尤劳和沃尔克（Eulau and Wahlke）还增加了第三种角色定位，即"政客"（politico），对他们来说，他视自己为受托人还是委托人取决于所涉问题的情况或性质。这两个角色维度是相互独立的：一个代表可以是一个受托人，同时专注于他的选区或国家。

在后来的研究中，焦点和表现形式都被广泛使用。对于"焦点"，在采访议员的问卷中包括一个诸如"你认为自己主要是这个国家所有人的代表、你的选区的代表，还是你的政党的选民的代表"？问题已经成为标准的做法。代表角色焦点维度最有趣的应用之一是对欧洲议会成员的应用，因为它为分析增加了额外的超国家焦点［卡茨（Katz），1997，1999；韦塞尔斯（Wessels），1999；斯卡利与法雷尔（Scully and Farrell），2003］。然而，总的来说，立法事务的代表焦点的相关性受到了质疑。议会可能一开始是一个向王室表达地方不满的场所，但随着议会本身成为权力中心，议员们不得不处理全国性的问题，而不是选区利益。由于各选区对全国性问题的看法不太可能一致，代表制的选区焦点对议员形成自己的观点没有太大帮助［托马森（Thomassen），1994］。托马森（Thomassen）的观点很好，但他所关注的历史发展并没有导致以次国家（或在欧盟、国家的）为代表的议员比例下降。矛盾的是，选民的关注点似乎在一些国家的崛起，尤其是在英国［鲍尔（Power），2012，59—60］。然而，在以地区为焦点的角色定位和实际立法行为之间出现了分歧：选区工作占用了许多议员越来越多的时间，但并没有产生政策倡议［鲍尔（Power），2012，66］：当谈到议会的立法事务时，对政党的关注似乎取代了对选区的关注。

代表的"风格"经常被一个问题所抓住，如"如果一个议员认为他的大多数选民对某一具体问题有不同于他自己的意见，他该怎么办？他在议会中的投票应该根据他的选民的意见，还是根据他自己的意见"？受托—代表—政客的类型学已被应用于世界各地的许多议会［朱厄尔（Jewell），1985，104—106］，但它也受到了批评。理论上，受托人和委托的概念所隐藏的维度比这一简单问题所引发的更多［例如，雷费尔德（Rehfeld），2009］。经验上，在一个单一的态度问题中捕获整个代表角色被批评为简化论者［西林（Searing），1994，13］。此外，代表和受托人之间的经验性区分所基于的规范性"授权—

独立性争议"并不是一场富有成效的辩论。就其本质而言,代表权意味着代表不能完全认同被代表的观点,代表也不能完全脱离这些观点:"鉴于委任统治独立性的争议包含基于代表权含义的概念争议,双方都是对的。"[皮特金(Pitkin),1967,154]康弗斯(Converse)和皮尔斯(Pierce)对尤劳和沃尔克(Eulau and Wahlke)的经验类型学作出了同样的评论:"如果 0.0 是指一个代表的立法记录,它是纯粹的和不屈不挠的伯克(Burke)式的,完全不考虑明确的地区愿望,而 1:00 反映了一个立法记录制定的每一步,以回应感知的地区指令,如果许多政治代表在立法机关中可以在更小的范围内产生,如 0.3 至 0.7,甚至 0.35 至 0.65,我们应该感到惊讶。"(康弗斯与皮尔斯,1986,497)

第二类批评认为,受托—代表的区别并没有超越美国的政治制度。这些角色是作为个人代表和地方选区之间的关系来运作的,而没有提及强大和有凝聚力的政党的存在[托马森(Thomassen),1994;高亚(Gauja),2012]。公平地说,尤劳和沃尔克(Eulau and Wahlke)虽然确实提到了政党,但他们对待政党的方式并不一致。首先,他们认为政党是一个潜在的代表重点[尤劳(Eulau)等人,1959,745]。从这个角度来看,议员要么是他们选区的代表,要么是他们政党的代表,但不能两者兼而有之。后来,他们将政党角色确定为他们的客户角色之一,而不是代表角色[沃尔克(Wahlke),1962]。在他们对法国代表制的研究中,康弗斯(Converse)和皮尔斯(Pierce)试图通过将从代表到受托人的维度转换成一个三角形来解决这个问题,其中忠诚的党羽是第三种角色类型(康弗斯与皮尔斯,1986,664—696)。这接近于尤劳和沃尔克(Eulau and Wahlke)将政党视为代表焦点的原始解决方案:根据康弗斯和皮尔斯的说法,忠诚的党派只是代表角色的一种变化,焦点是政党而不是选区。这一解决方案允许他们在有和没有强大政党的国家之间(美国、法国和荷兰)对代表角色进行比较,但它再次混淆了风格和焦点,也没有解释政党议员和选民之间的互动进行构建的方式。尽管如此,许多作者还是以康弗斯和皮尔斯为榜样,并且似乎在代表角色的类型学上有所收敛,包括受托人、地方代表和党代表[参见布洛姆格伦和罗森贝格(Blomgren and Rozenberg),2012]。

第三类批评指出,尤劳和沃尔克(Eulau and Wahlke)的代表角色定位对议员的态度和行为产生了令人失望的影响。伯克(Burke)在按照他的角色定位行事方面可能是个例外。大多数行为后果的证据存在于代表的焦点。如前所述,地方代表的焦点可能引起选区的事务,但很少激发立法事务。代表制的其他焦点似乎也是如此：例如，在对五个北欧国家的比较研究中，代表们认为为一个特殊利益而斗争（地区、个人选民，或是团体：妇女、农民、养老金领取者等）是很重要的。它还报告了联系这些利益和联系内阁大臣以促进这些利益方面的更多活动［埃赛亚松（Esaiasson），2000］。代表风格似乎没有行为的后果。索劳夫（Sorauf，1963）发现在宾夕法尼亚州立法者之间，不同的角色定位在唱名表决中只有很小的差异，这与预期相反。受托人比代表们更加对政党的路线亦步亦趋。同样违反直觉的是，弗里塞马和海德伦德（Friesema and Hedlund，1974）报告说，代表并不比受托人更可能根据他们对其选民意见的看法进行投票。格罗斯（Gross）发现，受托人意识到的选区意见和唱名表决之间的相关性与代表之间的相关性一样强，从选区意见到唱名表决的路径，对受托人而言，比对代表而言，更经常地通过意识到的选区意见运行。另外，库克林斯基（Kuklinski）等人坚持认为，如果利害攸关的问题是突出的［库克林斯基与埃林（Kuklinski and Elling），1977］，并且如果选民提供了有关地区偏好的一致线索［麦克龙与库克林斯基（McCrone and Kuklinski），1979］，代表的唱名表决就比受托人的投票更能代表选区偏好。

　　诚然，将角色与登记表（rollcalls）联系起来可能是一个过高的要求。议员们必须就一系列问题进行表决：对受托人来说，这些问题太多，无法就每个问题形成自己经过深思熟虑的意见，因此不得不依赖外部线索，包括选民的意见；包括许多代表的选民没有强烈观点的问题，从而迫使他形成自己的观点或从别处寻找线索。结果是代表和受托人的唱名表决之间的区别变得模糊不清［朱厄尔（Jewell），1970］。此外，在大多数欧洲议会中，立法投票中政党团结的必要性几乎不给个人的角色定位留下空间。正如埃赛亚松和霍姆博格（Esaiasson and Holmberg）所说：“代表风格作为行为角色的一个决定因素……显然没那么有趣。在瑞典的背景下，受托人或代表的分类只不过是议员们为了国会议员为表现自己的花枝招展而穿上的周日套装，或是让打破砂锅问到底的研究者高兴。”［埃赛亚松与霍姆博格（Esaiasson and Holmberg），1996，57］然而，除了立法行动，这些角色定位的影响无足轻重。在对美国八个州立法机关的研究中，库珀和理查森（Cooper and Richardson，2006）发现角色定位和办公时间频率之间的相关性相对较弱，但海德伦德和弗里塞马（Hedlund and Friesema，1972）和埃里克松（Erikson）等人（1975）都观察到，在对选区意见进行评估时，受托人比代表更准确。在美国之外，金和吴（Kim and Woo，1972）发现，代表的风格或重点对所代表的韩国利益而采取的行动没有影响。卡茨（Katz，1997）表明，在欧洲议会中，代表们报告收到更多的邮件，与受托人相比也更经常联系公民和社会团体，但这种相关性通常很弱。对于荷兰议员，安德韦格（Andeweg）的结论是，代表对公民的态度比对受托人的态度更愤世嫉俗，他们与公民和组织的联系更少。事实证明，受托人在左与右的尺度上对本党选民立场的认知与代表们一样准确［安德韦格（Andeweg），2012］。

13.3.2　西林（Searing）的类型学

277

作为立法行为的预测因素，这种糟糕的表现一直是试图发展新的角色类型的主要动机之一。其中一些尝试集中在代表角色上。女权主义学者认为，对身份的表述关注太少，特别是对妇女和少数民族等弱势群体的表述。研究发现，有证据表明女议员在促进性别平等方面更加积极［例如，韦恩格鲁德（Wängnerud），2000］，但这是否会转化为"团体代表"或"代理代表"的新角色，还没有定论［卡罗尔（Carroll），2002；塞利斯与沃特斯（Celis and Wauters），2010］。显然，议会制度的"性别性质"是这样的，规范和期望（还）不包括随处可见的身份代表，或者使身份代表成为一种可行的战略惯例在政治上没有足够的回报。

安德韦格和托马森［（Andeweg and Thomassen），2005］试图完全取代尤劳—瓦尔克的分类法。利用现有的关于政治代表的理论，他们得出了两个维度：代表和选民之间的互动是自上而下还是自下而上，以及选民对其代表是行使事前还是事后控制。自上而下的代表与自下而上的代表之间的区别已被证明比受托人—代表的区别具有更大的解释力［安德韦格（Andeweg），2012］，但布洛姆格伦和罗森贝格（Blomgren and Rozenberg）认为，由两个维度组合而成的代表模式并不能轻而易举地转化为议员的角色定位［布洛姆格伦和罗森贝格（Blomgren and Rozenberg），2012，19］。

其他国家则更广泛地将其类型从代表扩大到立法角色。詹妮和穆勒［（Jenny and Müller），2012］研究了立法行为的模式，以区分五个角色：从活跃在大多数前线的模范议员到基本上不活跃的旁观者，还有埋头苦干的人（除了演讲外都非常活跃），报告员（主要负责向全体会议报告法案），以及介于两者之间的表演者（除了发表演讲外都非常消极）。纳瓦罗（Navarro，2012）在深入访谈的基础上区分了四种角色：鼓动者（Animators），他们是政治通才；

专家（Specialists），他们寻求影响特定领域政策；中间人（Intermediaries），他们视自己为特定人群或地区的大使；以及局外人（Outsiders），他们蔑视（欧洲）议会的传统功能。

还可以举出更多的例子，但立法角色类型学中最引人注目的是西林（Searing）所建构的那个（1994）。如前所述，西林（Searing）首先区分了职位角色和偏好角色。他的职位是与大臣职位和领导职位相关。它们只适用于少数议员，尤其是在不允许大臣职位和议会席位相结合的政治体系中。对于普通议员的立法角色，西林（Searing）的偏好角色更重要（见图13.2）。

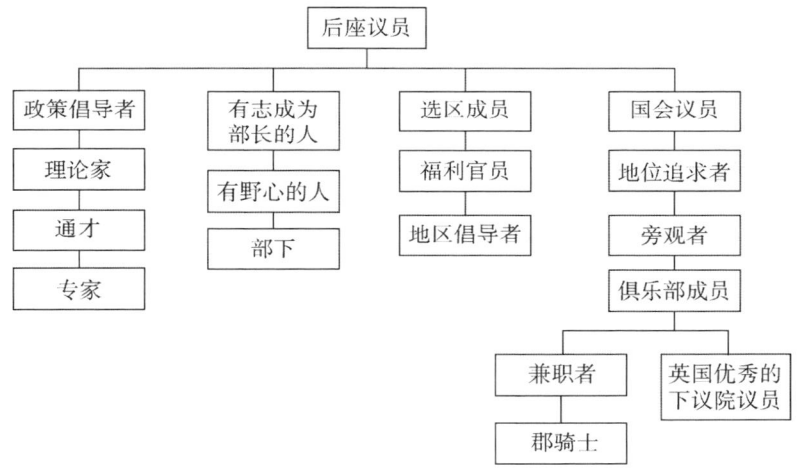

图 13.2　西林（Searing）的立法角色类型

资料来源：西林（Searing，1994，32）。

西林（Searing）的类型学由四个角色组成，每个角色都有多个子角色。这四个角色中有一个有点特殊：1971年至1972年间，西林（Searing）采访了521名英国国会议员，其中1/4被描述为有志成为部长的人，但这并不是一个真正的立法角色。这些议员认为他们在议会的逗留仅仅是前往招聘英国部长中的一个中转站，或充其量作为一个宣传他们技能和才能的机会。要做到这一点，他们必须以与西林（Searing）的其他角色相关的方式积极参与。最大比例（41%）的议员扮演政策倡导者（Policy Advocate）的角色，寻求在立法或更广泛的公共政策上留下自己的印记。他们中的大多数可以被归类为专家的子角色，专注于特定的政策领域，但超过1/3的政策倡导者是通才（Generalists），只有少数是理论家（Ideologues）。第三个角色，即选区成员，在1972年的调查对象中，

278

有 1/4 的人担任这一角色。其中，3/4 的选区成员专门扮演福利官员的角色，认为自己是解决选民个人问题的政府巡查员。选区成员的第二个次角色是地方倡导者，由议员担任选区或地区的大使。最后，不到 10% 的议员被归类为国会议员（Parliament Men），他们认同议会是一个机构。在这个小角色部门中，西林（Searing）区分了地位追求者（Status Seekers）、旁观者（Spectators）和俱乐部成员（Club Men），后者又进一步分为优秀的下议院议员（Good House of Commons Men）和兼职者，如郡骑士（Knights of the Shires）。

西林（Searing）认为，尤劳—瓦尔克类型学在解释立法行为方面的记录令人失望，因为受托人和代表是"存在于许多社会科学家头脑中的构想，而不是存在于我们研究的政治家头脑中的概念"［西林（Searing），1994，13；以及普赖斯（Price），1985，169］。尚不清楚尤劳和沃尔克（Eulau and Wahlke）的方法是否完全是演绎的：他们对埃德蒙·伯克（Edmund Burke）的引用确实表明了这一点，但他们使用了一个开放式的问题"你将如何描述作为一名立法者的工作——在这里你应该做的最重要的事情是什么？"来构建他们的角色类型［沃尔克（Wahlke）等人，1962，465—470，494］，这与西林（Searing）自己的归纳方法没有太大的区别［西林（Searing），1994，411—418］。也许此处无需关注演绎法和归纳法之间的竞争：令人惊讶的是，其他人使用截然不同的方法，也已经提出了非常相似的角色类型（见表 13.1）。斯特罗姆（Strøm）甚至复制了西林（Searing）的四个角色作为他的演绎战略方法：对连任前景没有安全感的议员会选择选区成员角色；如果这对他们来说不成问题，他们可以通过扮演有志成为部长的人或政策倡导者的角色来争取政党职位，这取决于制度环境；如果他们想要立法部门，他们将扮演议会成员的角色。斯特罗姆（Strøm）在西林（Searing）的类型学中发现的唯一没起到作用的情况是，当重新选举不确定，同时议员们试图取悦政党选举委员会时［斯特罗姆（Strøm），1997；2012］。从金的"行政立法关系模式"中［金（King），1976］，安德韦格（Andeweg）提炼出议员、倡导者和党羽（Partisans）［安德韦格（Andeweg），1997］来研究荷兰议会中的立法角色。鉴于荷兰的选举制度，议员是在全国范围内选出的，在他的类型学中没有选区成员，但在议员和倡导者方面，与西林（Searing）的角色有明显的相似之处。法雷尔和斯卡利（Farrell and Scully）向欧洲议会议员询问各种任务的重要性和代表各种利益的重要性，并使用因素分析得出四种角色定位：议员，强调立法和议会监督；利

279

益表达者（Interest Articulator），类似于西林（Searing）的选区成员，专注于代表领土单位；社会仲裁者（Social Arbitrators），重点是为欧盟政策和群体代表制定战略，这使他们接近西林（Searing）的政策倡导者（法雷尔和斯卡利（Farrell and Scully，2003）。像安德韦格（Andeweg）一样，法雷尔和斯卡利（Farrell and Scully）也区分了党派定位，这是斯特罗姆（Strøm）暗示的，但在西林（Searing）的类型学中是缺失的。

表 13.1　立法角色类型的一致性

研究者	立法角色类型			
西林 （Searing，1994）	有志成为部长的人	政策倡导者	选区成员	国会议员	—
斯特罗姆 （Strøm，1997，2012）	有志成为部长的人	政策倡导者	选区成员	国会议员	？
安德韦格 （Andeweg，1997）	—	拥护者	（不适用）	资深议员	党羽
法雷尔和斯卡利（Farrell and Scully，2003）	—	社会制裁者	利益表达	资深议员	党派迎新会

在西林（Searing）的类型学中，党派角色的缺失令人困惑，因为政党似乎主宰着英国下议院的生活。这个难题的答案可以在附录的脚注中找到："在我们的类型学中根本没有出现过的，但经常出现在议员和政治评论家出版的类型学中出现的，是政党政治家（Party Politician）或政党忠诚者（Party Loyalist）的'角色'。这显然是后座议员最重要的倾向一。但它是一种**倾向**，而不是一种角色，一种类似于'委托人'或'受托人'的倾向，一种功能类似于决策规则的倾向，可以由**任何角色**的议员应用。"［西林（Searing），1994，486：脚注16］这种角色和性格之间的区别是令人困惑的，尤其是当着眼点在尤劳和沃尔克（Eulau and Wahlke）的代表和受托人时。此外，"政党"似乎不太可能成为其他角色的决策规则，例如，当西林（Searing）的选区成员之一来处理选民的问题时。政策倡导者的增加和部门游说团体中政党凝聚力的下降之间的相关性也表明政党可能也不是政策倡导者的一般决策规则。如果我们把党羽加入西林（Searing）的偏好角色类型中，这些类型会变得非常相似。如同代表角色的类型一样，立法角色的类型正在出现一致性。

关于西林（Searing）的类型学的最后一点讨论是他的假设，即议员专门

280

从事一个特定的角色，这是"每个人的固定态度属性"。布洛姆格伦和罗森贝格（Blomgren and Rozenberg，2012，26—27）将这一假设与激励方法联系起来：个人需求可能是稳定的，如果角色选择受到个人需求的影响，那么可以得出结论，角色选择也是稳定的。其他人认为角色扮演是由环境具体决定的，并指向与戏剧中角色扮演的类比："根据单一的角色定位将议员分类（将会）像将伟大的演员分类为'哈姆雷特''万尼亚舅舅'或'阿尔吉·蒙克里弗斯'（Algernon Moncrieff）"［安德韦格（Andeweg），1997，122］，以及"就像演员在春天扮演哈姆雷特，然后在秋天扮演李尔王一样，议员在不同的所处环境中可能会有不同的行为，例如，他／她的选民，他／她的议会团体和游说组织"［布洛姆格伦和罗森贝格（Blomgren and Rozenberg），2012，9］。尤劳和沃尔克（Eulau and Wahlke）已经认识到角色转换的可能性："我们不应该认为任何特定的角色定位是每个人的固定态度属性，这会一成不变地导致他在每种情况下以同样的方式行动和反应。更有可能的是，大多数立法者在一种情况下根据一种角色定位形成他们的行为，但在其他情况下根据另一种形成他们的行为"［沃尔克（Wahlke），1962，17］，而且"当然，即使在逻辑上矛盾的角色定位也可能在没有冲突经历的情况下存在。立法者可以依次扮演角色，在一个关系中扮演一个角色，而在另一个关系中不扮演这么一个角色，而不会感到涉及一致性问题"［尤劳（Eulau），1962b，385］。然而，还没有太多的研究致力于这样一个问题：哪种情境引发了哪种角色定位。安德韦格（Andeweg，1997）发现，党羽角色普遍在荷兰议会中占主导地位，特别是在全体会议中。然而，在议会调查委员会中，或者当议会处理政府惨败时，议员人数会增加，而在准备新立法的专门议会委员会中，更多的议员承担政策倡导者的角色。

　　然而，这两种观点之间的差异不应被夸大。西林（Searing）承认他的四个立法角色"并不完全相互排斥"［西林（Searing），1994，416］。他的后座议员每一个角色都得到了分数，只有 6.5% 的议员在两个或两个以上的角色方面得分相同，其他角色的得分比他们的最高分还要高，这也不容忽视。西林（Searing）提供了两个例子：

　　例如，对政策倡导者这一角色的综合评分表明，大多数后座议员确实涉足这一角色……同样的模式也非常适用于选区成员的角色：几乎每个人都做一些，但只有少数人把它作为主要职业。［西林（Searing），1994，416］

同样，安德韦格（Andeweg）认识到"党羽"角色在荷兰议会的大多数情况下是占主导地位的。范文诺（Van Vonno，2012）通过最近两次对荷兰议员的采访，继承并发展了他的研究，表明专门从事党羽角色的荷兰议员的比例正在增加，而角色转换者的比例正在减少。

13.4　议会角色研究的前景

角色概念的附加价值在于它将机构与个体政治行为者联系起来。作为一个干预变量，通过制度立场所提供的规范性和战略性约束和机会的主观解释，它有助于我们理解这些立场如何影响政治行为。通过使制度变得主观，角色可以将相关性转化为解释。在他们最近的综述中，罗森贝格和布洛姆格伦（Rozenberg and Blomgren）满怀希望地得出结论"角色正在回归立法研究"［罗森贝格和布洛姆格伦（Rozenberg and Blomgren），2012，211］，但本章开始于一个不太乐观的记录，它指出角色分析从未在议会成员的研究之外站得住脚，甚至在政治学的这个子领域它也已经衰落。它在欧洲有所恢复，但在世界其他地方却没有，在美国的立法研究中则几乎消失了。

本章可能提供一些线索来解释为什么会出现这种情况。《立法系统》的先驱们总结了我的推断，他们早在 1962 年就宣布"这里要报告的研究并不是从一个要测试的理论开始，也不是以一个理论结束"［沃尔克（Wahlke），1962，3］。角色分析的理论工作主要涉及概念化和一些概念性问题（角色在多大程度上由职位或其他变量决定；这些"其他变量"在多大程度上是意识规范、私人需求或战略考虑）进行了讨论，就好像它们是信条，而不是要测试的有趣的替代假设。角色分析的实证工作导致了本章中讨论的两种开创性的类型学，它也在很大程度上是描述性的，给我们留下了关于角色内容及其分布的丰富描述，但也让我们疑惑："那又怎样？"

罗森博格和布洛姆格伦概述了立法研究中角色分析的未来议程，主要关注制度和社会变化对议会角色的潜在影响：选举改革对代表角色有什么影响？对女性和少数民族描述的日益关注是否导致了新的角色定位？政党制度的转变会影响政党在立法角色中的重要性吗？通过超国家化和权力下放，越来越多的多级治理对角色定位有什么影响？特别是对从一级转到另一级的代表，或活跃在几个级别的代表［罗森贝格和布洛姆格伦（Rozenberg and Blomgren），2012，220—222］。这些都是适合未来研究议程的问题，但它们不会改变记叙的总体印象。

与此同时，我们遇到了一些有希望的发展，可以作为更有理论基础的解释性研究的出发点。职位角色和偏好角色之间的区别有助于澄清角色定位中剧本和演绎口译之间的平衡。可以假设政治家个人需求的强度和情境背景的力量之间的平衡，以确定角色是由动机还是由计算形成的。在我们的分析中加入各种重要的其他角色（选民、政党领袖、议员同事）的重要性可能会提高角色对行为的解释力。像议会和议会政党的规模这样的因素可以用来预测议员们是专攻某个角色还是根据环境转换角色，而这种知识反过来又可以导致更好的行为预测。这些只是几个例子，但是如果研究议程加入了诸如这些问题，那么议会角色研究的相关性和吸引力将会得到加强。

参考文献

Alpert, E.J., 1979. A Reconceptualization of Representational Role Theory. Legislative Studies Quarterly, 4: 587–603.

Andeweg, R.B., 1997. Role Specialization or Role Switching? Dutch MPs between Electorate and Executive. Journal of Legislative Studies, 3: 110–127.

Andeweg, R.B., 2012. The Consequences of Representatives' Role Orientations: Attitudes, Behaviour, Perceptions. In M. Blomgren and O. Rozenberg (eds.). Parliamentary Roles in Modern Legislatures, pp. 66–84. London: Routledge.

Andeweg, R.B. and Thomassen, J.J.A., 2005. Modes of Political Representation; Toward a New Typology. Legislative Studies Quarterly, 30: 507–28.

Biddle, B.J., 1986. Recent Development in Role Theory. Annual Review of Sociology, 12: 67–92.

Blomgren, M. and Rozenberg, O., 2012. Legislative Roles and Legislative Studies: The Neo–Institutionalist Turning Point? In M. Blomgren and O. Rozenberg (eds.). Parliamentary Roles in Modern Legislatures, pp. 8–36. London: Routledge.

Burke, E., 1774. Speech to the Electors of Bristol, In The Works of the Rt Hon Edmund Burke, Vol.2 (<www.gutenberg.org/files/15198>).

Carroll, S.J., 2002. Representing Women; Congresswomen's Perceptions of their Representational Roles. In C.S. Rosenthal (ed.). Women Transforming Congress, pp.50–68. Norman: University of Oklahoma Press.

Celis, K. and Wauters, B., 2010. Pinning the Butterfly: Women, Blue–Collar and Ethnic Minority MPs vis-à-vis Parliamentary Norms and the Parliamentary Role of the Group Representative. Journal of Legislative Studies, 16: 380–93.

Converse, Ph.E. and Pierce, R., 1986. Political Representation in France. Cambridge, Mass: Belknap.

Cooper, C.A. and Richardson Jr., L.E., 2006. Institutions and Representational Roles in American State Legislatures. State Politics and Policy Quarterly, 6: 174–94.

Erikson, R.S., Luttbeg, N.R., and Holloway, W.V., 1975. Knowing One' District: how legislators predict referendum voting. American Journal of Political Science, 19:231–46.

Esaiasson, P., 2000. How Members of Parliament Define Their Task. In P. Esaiasson and K. Heidar (eds.). Beyond Westminster and Congress; The Nordic Experience, pp.51–82. Columbus: Ohio State University Press.

Esaiasson, P. and Holmberg, S., 1996. Representation from Above: Members of Parliament and Representative Democracy in Sweden. Aldershot: Dartmouth.

Eulau, H., 1962. The Legislator as Representative: Representational Roles. In J.C. Wahlke, H. Eulau, W. Buchanan, and L.C. Ferguson. The Legislative System; Explorations in Legislative Behavior, pp. 267–86. New York: John Wiley.

Eulau, H., 1963, The Behavioral Persuasion in Politics. New York: Random House.

Eulau, H., Wahlke J.C., Buchanan, J., and Ferguson, L., 1959. The Role of the Representative. Some Empirical Observations on the Theory of Edmund Burke. American Political Science Review, 53: 742–56.

Fishbein, M.Y.A. and Ajzen, I., 1975. Belief, Attitude, Intention, and Behavior: An Introduction to Theory and Research. Reading: Addison–Wesley.

Friesema, H.P. and Hedlund, R.D., 1974. The Reality of Representational Roles. In N.R. Luttbeg (ed.). Public Opinion and Public Policy, pp. 413–17. Homewood: Dorsey Press.

Gallagher, M. and Holliday, I., 2003. Electoral Systems, Representational Roles and Legislator Behaviour: Evidence from Hong Kong. New Zealand Journal of Asian Studies, 5: 107–20.

Gamm, G. and Huber, J., 2002. Legislatures as Political Institutions: Beyond the Contemporary Congress. In I. Katznelson and H.V. Milner (eds.). Political Science: State of the Discipline, pp. 313–41. Washington: American Political Science Association an New York: Norton.

Gauja, A., 2012. Party Dimensions of Representation in Westminster Parliaments: Australia, New Zealand and the United Kingdom. In M. Blomgren and O. Rozenberg (eds.). Parliamentary Roles in Modern Legislatures, pp. 121–44. London: Routledge.

Goodin, R.E., 1996. Institutions and their Design. In R.E. Goodin (ed.). The Theory of Institutional Design, pp. 1–53. Cambridge: Cambridge University Press.

Gross, D.A., 1978. Representative Styles and Legislative Behavior. Western Political Quarterly, 31: 359–71.

Headey, B., 1974. British Cabinet Ministers; The Roles of Politicians in Executive Office.

London: George Allen & Unwin.

Hedlund, R.D. and Friesema, H.P., 1972. Representatives' Perceptions of Constituency Opinion. Journal of Politics, 34: 730–52.

Jenny, M. and Müller, W.C., 2012. Parliamentary Roles of MPs in Sharp and Soft Focus: interviews and behavioural record compared. In M. Blomgren and O. Rozenberg (eds.). Parliamentary Roles in Modern Legislatures, pp.145–61. London: Routledge.

Jewell, M.E., 1970. Attitudinal Determinants of Legislative Behavior: The Utility of Role Analysis. In A. Kornberg and L.D. Musolf (eds.). Legislatures in Developmental Perspective, pp. 460–500. Durham: Duke University Press.

Jewell, M.E., 1985. Legislators and Constituents in the Representative Process. In G. Loewenberg, S.C. Patterson, and M.E. Jewell (eds.). Handbook of Legislative Research, pp. 97–131. Cambridge: Harvard University Press.

Katz, R.S., 1997. Representational Roles. European Journal of Political Research, 32: 211–226.

Katz, R.S., 1999. Role Orientations in Parliament. In R.S. Katz and B. Wessels (eds.). The European Parliament, the National Parliaments, and European Integration, pp.61–85. Oxford: Oxford University Press.

King, A., 1976. Modes of Executive–Legislative Relations: Great Britain, France, and West–Germany. Legislative Studies Quarterly, 1: 11–36.

Kim, C.L. and Woo, B–K., 1972. Political Representation in the Korean National Assembly. Midwest Journal of Political Science, 16: 626–51.

Kuklinski J.H. with Elling, R.C., 1977. Representational Role, Constituency Opinion, and Legislative Roll–Call Behavior. American Journal of Political Science, 21:135–47.

March, J.G. and Olsen, J.P., 1989. Rediscovering Institutions: The Organizational Basis of Politics. New York: Free Press.

McCrone, D.J. and Kuklinski, J.H., 1979. The Delegate Theory of Representation. American Journal of Political Science, 23: 278–300.

Navarro, J., 2012. The Cognitive Rationality of Role Choices: Evidence from the European Parliament. In M. Blomgren and O. Rozenberg (eds.). Parliamentary Roles in Modern Legislatures, pp. 184–210. London: Routledge.

Pitkin, H.F., 1967. The Concept of Political Representation. Berkeley: University of California Press.

Platt, G.M., 2001. Social Psychology of Status and Role. In N.B. Smelser and P.B. Baltes (eds.). International Encyclopedia of the Social and Behavioral Sciences, Vol. 22, pp. 15090–5. Amsterdam: Elsevier.

Power, G., 2012. Global Parliamentary Report; the changing nature of parliamentary representation. Geneva/New York: Inter–Parliamentary Union/United Nations Development Programme.

Price, K.C., 1985. Instability in Representational Role Orientation in a State Legislature. Political Research Quarterly, 38: 162–71.

Rehfeld, A., 2009. Representation Rethought: On Trustees, Delegates, and Gyroscopes in the Study of Political Representation and Democracy. American Political Science Review, 103: 214–30.

Rozenberg, O. and Blomgren, M., 2012. Bringing Parliamentary Roles Back In. In M. Blomgren and O. Rozenberg (eds.). Parliamentary Roles in Modern Legislatures, pp.211–230. London: Routledge.

Saalfeld, Th. and Müller, W.C., 1997. Roles in Legislative Studies: A Theoretical Introduction. Journal of Legislative Studies, 3: 1–16.

Scully, R. and Farrell, D.M., 2003. MEPs as Representatives: Individual and Institutional Roles. Journal of Common Market Research, 41: 269–88.

Searing, D.D., 1994. Westminster's World; Understanding Political Roles. Cambridge: Harvard University Press.

Searing, D.D., 2012. Foreword. In M. Blomgren and O. Rozenberg (eds.). Parliamentary Roles in Modern Legislatures, pp. xxi–xxvii. London: Routledge.

Sorauf, F., 1963. Parties and Representation. New York: Atherton.

Strøm, K., 1997. Roles, Reasons and Routines: Legislative Roles in Parliamentary Democracies. Journal of Legislative Studies, 3: 155–74.

Strøm, K., 2012. Roles as Strategies: Toward a Logic of Legislative Behavior. In M. Blomgren and O. Rozenberg (eds.). Parliamentary Roles in Modern Legislatures, pp. 85–100. London: Routledge.

Studlar, D.T. and McAllister, I., 1996. Constituency Activity and Representational Roles among Australian Legislators. Journal of Politics, 58: 69–90.

Thomassen, J., 1994. Empirical Research into Political Representation: Failing Democracy or Failing Models? In M.K. Jennings and Th. E. Mann (eds.). Elections at Home and Abroad, pp. 237–64. Ann Arbor: University of Michigan Press.

Van Vonno, C.M.C., 2012. Role Switching in the Dutch Parliament: reinvigorating role theory? Journal of Legislative Studies, 18: 119–36.

Wahlke, J.C., 1962. Theory: A Framework for Analysis. In J. C. Wahlke, H. Eulau, W.Buchanan, and L. C. Ferguson. The Legislative System; Explorations in Legislative Behavior, pp.3–28. New York: John Wiley.

Wahlke, J.C., Eulau, H., Buchanan, W., and Ferguson, L.C., 1962. The Legislative System Explorations in Legislative Behavior. New York: John Wiley.

Wängnerud, L., 2000. Representing Women. In P. Esaiasson and K. Heidar (eds.). Beyond Westminster and Congress; The Nordic Experience, pp.132–54. Columbus: Ohio State University Press.

Wessels, B., 1999. Whom to Represent? Role Orientations of Legislators in Europe.In H. Schmitt and J. Thomassen (eds.). Political Representation and Legitimacy in the European Union, pp. 209–34. Oxford: Oxford University Press.

Zittel, Th., 2012. Legislators and their Representational Roles: Strategic Choices or Habits of the Heart? In M. Blomgren and O. Rozenberg (eds.). Parliamentary Roles in Modern Legislatures, pp. 101–20. London: Routledge.

第十四章　立法职业[*]

斯科特・A. 麦肯齐（Scott A. MacKenzie）
泰德・库瑟（Ted. Kousser）

14.1　引言

　　35 年之前，纳尔逊・波尔斯比（Nelson Polsby）认为，大部分的立法机关只不过是在"对行政权的有限制约"的竞技场上进行争辩［波尔斯比（Polsby），1975］，这一极具挑衅性的说法挑战了学术团体。波尔斯比（Polsby）宣称，美国国会不一样，它的权力是转变型的，以"独立的能力，频繁地行使，来塑造和改变任何来源于法律的提议"作为特征。虽然学术团体可能会在"**竞技场**"和"**转变型的**"立法机关这两者之间的区别吹毛求疵，也不同意美国具有独一无二的变革能力，但以下事实仍是毋庸置疑的：各立法机关在政策制定的权力上迥然不同［梅泽（Mezey），1979］。"什么是造成政策制定权力的区别的重要因素"是立法研究的核心问题。

　　立法机关转变能力的提升可能来源于多种多样的因素，一些是外部或者环境上的因素，其他则是内部或组织上的因素。但是，有一项因素可能会被认为是很重要的：

---

　　[*]　杨天江译。

立法机关吸引和容纳天赋异禀的和雄心勃勃的政治家的能力。在解释美国国会如何保持它的区分性，独立性和影响力的时候，谢普瑟（Shepsle，1988）引用它的能力来培养立法职业主义。他认为，当立法者接受的报酬主要地依赖于他们自己的努力和运气而非他人赠予的支持的时候，立法职业主义便是被提倡的。在那些成员千篇一律或是公众机构的不稳定导致了在立法服务的投入会招致风险的时候，立法职业主义便是不被提倡的。

　　学术团体很早之前就认识到，立法职业主义的此消彼长提供了一个晴雨表，来观察立法机关转变型参与政策制定的能力［波尔斯比（Polsby），1968］。因此，大部分的努力都用于衡量与分析法律职业的不同阶段——立法预审或称征集阶段、立法机关的内部事务和立法后的服务。鉴于这些努力，并且认识到立法者的命运和他们所处的机构的命运是紧密相连的，有人可能会觉得立法职业主义的组织基础已经根深蒂固。事实上，有充分理由来怀疑立法机关的规格、任期的长度、立法者的补偿、立法职业化和其他会形成立法服务的成本与收益的基础的制度因素。但一项先前对于法律职业的评论的结论仍然振聋发聩——这些问题几乎没被研究过［马修斯（Matthews），1984］。

　　不那么根本的政治体制与法律职业之间的关系同样几乎是块无主地。政治科学家已然论证：不同的选举规则影响政党的数量以及一个国家会拥有的政党系统形式［迪韦尔热（Duverger），1954；塔格佩拉和舒加特（Taagepera and Shugart），1989；考克斯（Cox），1997］。在美国，学者们已将选举激励与国会的内部组织联系起来［梅休（Mayhew），1974；菲奥里纳（Fiorina），1977；卡茨和萨拉（Katz and Sala），1996］。同样地，学者们已经重视选举激励在多大程度上影响立法行为，包括点名表决中的政党忠诚度。我们仍然不知道选举制度规则的区别如何塑造法律职业的影响力，或影响立法环境中职业的发展。近年来，一部著作已经揭露政权结构是如何塑造招募与留存的［帕泽尔特（Patzelt），1999］。尽管如此，即使法律职业的研究已经取得重大突破，在这一领域仍然存在许多开放性问题。

　　在本章，我们就民主立法机关的法律职业研究作报告，重点关注于政治体制的影响。在开头，我们将简要回顾早期关于法律职业的定义与衡量的努力。这些研究很大程度上依赖于第一人称观察、采访与调查数据，尝试着以类型或角色来界定立法者，将这些与个人因素和经历相联系。下一节将讨论施莱辛格（Schlesinger，1966）和波尔斯比（Polsby，1968）的基础性研究，这一研究聚

287

焦于政治体制与法律职业的关系。我们将描述立法职业研究的演变，这一研究从宏观层面的职业模式，再到微观层面的职业选择。之后我们来探索研究前沿，包括对立法任期限制的研究，这提供了这样一个样本：关注机构和立法机构职业之间的联系如何为关于立法机构决策能力的研究提供参考。最后一节辨明了研究者们终将会亲自处理的一些重要而又悬而未决的问题和挑战。

14.2　先前研究的演变

14.2.1　何谓立法职业？

先前对立法职业的研究的努力必须对两个问题使出浑身解数：（1）如何定义法律职业；（2）如何衡量它们。"如何定义法律职业"的问题使大家议论纷纷。其中一个理由与"职业"（career）这一词模棱两可的定义有关，它或者是"一个人的使命（calling）"，或者是"一个人的工作（occupation）"。这一术语包含着两种暧昧不明的倾向：要么是立竿见影或微小工作的渴望——以及可见的成就——要么是在立法机关中服务或在这里蹉跎时日。

一些学者拒绝这样的观点：个人参与政治——更不用说立法服务了——符合通常所理解的"职业"这一术语。这些批评在拉斯韦尔（Lasswell）不厌其烦地引用中得到总结（1930，303），这持续地告诫学者不要太过于关注于法律职业的形式：

在美国政治上，通往顶点的自动扶梯并不是那么死板与整齐划一，而是杂乱无章的梯子、绳子和跑道，这在进程的各个阶段吸引各行各业的人，而让其他的人走进死胡同或是感到落差。

金（King，1981）同样拒绝了这一术语"职业政治家"，宣称政治"在任何一般意义上都不是职业"（251）。他认为政治家缺乏与专业人士在其他领域相区分的特征，包括（1）全职工作的实践，这被作为收入的主要来源；（2）对一项职业的承诺；（3）职业组织的成员关系；（4）拥有专业技能或训练；（5）职业的自主权。

金的定义可能过于狭隘。即便如此，大部分的美国国会的立法者和州立法机关也会中意这些标准，更不用说金（King）的英国下议院了。虽然如此，并不是所有的立法机关的成员都可以被视为一位职业政治家，这也是毋庸置疑的。

在他对于纽约、芝加哥和洛杉矶的社团活动的研究中，威尔逊（Wilson，1962）分辨了业余爱好者——那些并不以政治为生计，但思想上坚定的人——和职业政治家——那些绝大多数将政治视为胜与负的人。追随着威尔逊（Wilson），布莱克（Black，1970）认为，职业政治家表现出了极强的承诺或是雄心，对于立法者来说，这一方面的不同与招募和社会化有关。

在对于美国国会和美国的州立法机关的研究上面，发展立法者和法律职业的类型学的尝试占据着支配地位。这些类型基于对当时的立法者的采访，并试图衡量法律职业不太可感知的方面，包括立法者对他们工作的承诺。例如，在对四家州立法机关的研究中，沃尔克（Wahlke）等人（1962）通过"角色"的概念，将立法者的背景和经验与他们的行为联系起来——个别立法者对所有担任该职位的人的期望和信念［另见普鲁伊特（Prewitt），1970］。在美国参议院，马修斯（Matthews，1960）区分了四种立法者——贵族（patricians），专家（professionals），煽动者（agitators）和业余人员（amateurs）——且声称只有前两种参议院议员才行使了真正的权力。

虽然在美国，对于立法角色的研究已大多数不合时宜，但它在欧洲的学者们中仍然流行着。基于宽泛的采访，西林（Searing，1994）界定了英国下议院四种后座议员，并发现这些角色帮忙解答了这些立法者所欲完成的。他认为，这一系列在议会中存在的立法者角色不仅影响了制度约束，也影响了个人偏好。随后，学者们在将立法者角色与欧洲立法机关的外部环境和个人立法者的党派性、阶级和其他的因素相结合时，运用了这一经验［穆勒和萨尔费尔德（Müller and Saalfeld），1997；埃赛亚松（Esaiasson），2000；布洛姆格伦和罗森贝格布（Blomgren and Rozenberg），2012］。

289

随着学者在区别立法者角色的不同方面取得进展，历史学家也在《美国国会传记目录》（以下简称《目录》）中完成一项全面调查，这提供了美国参众两院成员的传记速写。由校际政治研究联盟和卡罗尔·麦吉宾（Carroll McKibbin）带头，《目录》编码的努力以新的资料组达到巅峰，即《美国国会官员花名册和美国国会议员的简历特征》（以下简称《花名册》）。《花名册》提供了名目繁多的关于成员的背景，从政经历和服务活动的概述，从那时起便已成为研究国会职业和国会行为的数据的主要来源。《花名册》使学者能够直截了当地预测立法者的措施将取得的可见的成果，包括他们在国会所消耗的时间。

14.2.2 制度化与政治雄心的理论：作为因变量的机构

法律职业的研究方向由 1960 年的两项研究所奠定。第一项是波尔斯比（Polsby，1968）的研究，"美国众议院的制度化"。第二项是约瑟夫·施莱辛格（Joseph Schlesinger，1966）的书，《雄心与政治》。两项研究都关注政治制度和法律职业之间的关系。波尔斯比（Polsby）审查了制度化的原因和（绝大多数）的结果，这是组织借以发展内部规范和制度的过程，使他们免于外界影响，在资源配置、解决问题和矛盾消解方面帮助他们的成员。波尔斯比（Polsby）对美国众议院内部从 1789 年到 1963 年漫长的职业发展进行了追踪，该机构从它的环境中取得自主权，并且有必要让成员在获得领导职位之前度过漫长的实习期。

波尔斯比（Polsby）的研究开启了这样一个问题：是职业塑造了立法机关，还是机关塑造了法律职业［希宾（Hibbing），1991］？最初，研究关注于后者之间的联系。美国众议院更长的职业生涯的趋势从 20 世纪 60 年代始到 70 年代初。例如，布洛克［（Bullock），1972］发现，在 30 年内，美国众议院成员任期在 10 年以上的比例翻了一番。他将这一增长归因于更完善的选举安保和留任的新理由——包括扩大联邦权力、资历制度的上行和制度化的其他方面。当国会的退休比率在 20 世纪 70 年代开始走高时，学者们同样诉诸机构的解释，例如，削减机构的容纳量与增加工作量［弗朗齐奇（Frantzich），1978；库珀和韦斯特（West and Cooper），1981；希宾（Hibbing），1982］。

290

政治制度塑造个人从事法律职业和立法服务的愿望，这一可能性绝大多数得到了施莱辛格（Schlesinger，1966）言简意赅地表述。施莱辛格（Schlesinger）区分了三种雄心——离散的、静止的和进步的——并且肯定机关的个人行为可以追溯到他们机关的目标。施莱辛格（Schlesinger）洞察的关键之处在于认识到机构的安排，或称"政治机遇结构"（political opportunity structure），是如何塑造雄心的。例如，他发现在 1900 年到 1958 年，绝大多数的高级国家公务员只在 13 个州中产生。州长和美国参议院的候选人大部分是沿着一条几乎不相干的职业道路走到这些公职的［关于美国众议院职业道路的相似分析，参见梅泽（Mezey），1970］。强化政治职业的有序性属于政党制度，这被用于规范竞争。同样地，出现的显明条件（重叠选区，功能的一致性和共享政治竞技场）鼓励一些机关的过渡，而不鼓励其他机关也这么做。

这些样式的影响有两个方面。其一，在美国存在等级制的政治制度，类似于一个金字塔，特征如下：吃香的机关处于顶层（总统、内阁、参议院和州长），令人神往的国会机关和州机关处于中部（众议院，副州长），不太理想的州立法院和地方办事处处于金字塔底端。晋升方向是向上的，但是每个级别的晋升机会都会递减。其二，结构的有序性意味着政治家能够形成机关如何适当行动和哪些尝试能够成功的合理预期［参见卡农（Canon），1990］。

14.2.3　从宏观层面到微观层面

雅各布森和克内尔（Jacobson and Kernell）关于国会候选人的研究（1981）大大推动了法律职业的研究，这是第一批用理性选择模型来适用于法律职业的。雅各布森和克内尔（Jacobson and Kernell）将候选人挑战现任者的决定套用到模型内，作为预期效用的对比。如果运营的预期效用超过了按兵不动或是停止运营的预期效用，则个人会选择参加竞争。这些效用是胜率的因变量、机关的利益和运营它的开销。现任者选择退休、竞选连任或是寻求其他机关的决定也是基于同样的想法。这些经济框架形成了后续关于法律职业研究的基础。

雅各布森和克内尔（Jacobson and Kernell，1981）将学者们的注意力从现任者转移到候选人。强大的挑战者在国会选举中更容易成功，在他们运营之前会待时而动直到瓜熟蒂落，这些认识涌现了充足的实证研究文献，它们寻求去解释候选人的出现［更细节的回顾参见福勒（Fowler），1993］。学者们关注影响胜率的因素，例如，候选人先前的票数差额［雅各布森（Jacobson），1989］、空缺席位［班克斯和基维特（Banks and Kiewiet），1989；加迪和布洛克（Gaddie and Bullock），2000］、丑闻［彼得斯和韦尔奇（Peters and Welch），1980；韦尔奇和希宾（Welch and Hibbing）1997］和募捐［博克斯－斯特芬斯梅尔（Box-Steffensmeier），1996］。早在 19 世纪就能找到候选人参与策略的证据［卡森和罗伯茨（Carson and Roberts），2005；2013］。

这些和其他的研究标志着从立法变更的宏观层面到职业选择的微观层面的转变。之前，学者绝大多数关注法律职业整体层面的改变，例如，服务条款变更的平均数。近年来，大部分法律职业的研究将政治家的特定时刻作为研究的一个单元，将选择模型调整到微观层面给予了一些优势。第一，选择模型能够同时评估多种随机性因素，其结果是更多的全面分析。第二，它使学者们能够研究个人特性和环境因素如何影响宏观层面的权力。第三，选择模型能够提供在原因（例如，政治制度）和结果（例如，退休）之间的关系中的更严谨的假

291

设检验。选择模型的使用并不需要除却整体层面的分析；事实上，雅各布森和克内尔（Jacobson and Kernell，1981）考虑现任者和挑战者的选择是为了解释全国性政治潮流是如何在总体上影响国会的。

这些微观的模型天生适合研究美国的法律职业，在这里立法者定期面临再选举的挑战，政党相对而言在提名上没有影响。对美国法律职业的研究大部分属于下述两种类别之一。其一以研究短暂时期的选择作为代表性研究所组成，如一个国会。例如，1992 年的国会选举由于是诸多事件的交汇处而被仔细审查，它允许学者厘清诸多因素的影响［雅克布森和迪莫克（Jacobson and Dimock），1994；霍尔和范豪韦林（Hall and Van Houweling），1995］。这包括：1990 年立法机关席位的重新分配，它导致许多众议院选区的大改变；众议院的银行丑闻，它意味着开支票的成员们的账目超过他们在众议院银行的存款；以及竞选漏洞的废止，它允许 1980 年前被选举的现任者将未被使用的竞选资金转为现金。

关于现任者职业选择的研究的第二种类别研究了延长时间下的再选举考验。这一部分最著名的研究是基维特（Kiewiet）和曾（Zeng）（1993）［同样参见吉尔摩和罗斯坦（Gilmour and Rothstein），1993；布雷迪（Brady）等人，1999］，这一研究分析了从 1947 年到 1986 年 8353 种众议院现任者的职业选择。基维特和曾（Kiewiet and Zeng）运用她们漫长的时间序列，评估了关于国会更替的早期研究的许多影响因素，包括众议院现任者的个人特征（年龄、政党和意识形态）、选举环境（先前选票差额、丑闻和重新划区）和机关地位（委员会主席和领导职位）。她们同样关注两种公共机构的因素。其一是政治机会，施莱辛格（Schlesinger，1996）认定为通往公共机构的主要途径。基维特和曾（Kiewiet and Zeng）发现，当空缺职位对他们开放时，在所有的州选区中，那些州长和参议员中有更多重叠部分的选区的众议院现任者更可能寻求公共机构的帮助。另一个因素是在 1971 年开始的美国众议院的选举改革，它弱化了资历标准在选举委员会主席时作为主要的标准。基维特和曾（Kiewiet and Zeng）认为，这些改革淡化了众议院席位的重要性。她们发现这些改革使退休率上升，并在其他机构中影响到更高级的成员。

这个从宏观到微观的转变同样对研究政治抱负的学者们起到影响，亦即使其在更高的机关中尝试。罗德（Rohde，1979）设计用于预测哪些众议院成员会竞选州长或参议员的成本—收益模型是这一方面的第一个微观模型［另见布雷斯（Brace），1984］。随后，学者们开始分析其他的离散转变，包括从州长到参议院议员的转变［科迪斯波蒂（Codispoti），1987］，从美国众议院到参议院的转变［弗朗西斯（Francis），1993］，从美国众议院到联邦官僚机构的转变［帕默和沃格尔（Palmer and Vogel，1995］，以及从美国参议院到总统的转变［艾布拉姆森、奥尔德里奇和罗德（Abramson，Aldrich and Rohde），1987］。大部分研究考察了美国州立法机关和美国众议院的转化［参见马埃斯塔斯（Maestas）等人，2006］。这一转变令人饶有兴趣的地方是，州机构设置的差异使得学者能够评估立法职业主义的影响。菲奥里纳（Fiorina，1994）和伯克曼（Berkman，1994）认为，众议院议员中具有州立法经验背景的比例的增加影响了州立法机关的专业化——正如立法机关的薪酬、工作人员和开会天数所显示的。有趣的是，职业化同样为州的立法职业主义产生激励［斯夸尔（Squire），1988，1992；贝里（Berry）等人，2000］，使得众议院的经费开销更高。

研究者同样尝试去验证施莱辛格（Schlesinger，1966）的这一主张，即机关的立法者的行为会体现他们机关的目标。这一研究在对于职业愿景是独立因素而非因变量时是特别的例外。在对于立法活动的详细分析中，赫里克和摩尔（Herrick and Moore，1993）发现在寻求更高职位之前，众议院现任者会引入更多的法案，举办更多的演讲，提出更多的修正案，以及保持比他们同事更多的雇员。一些研究比较了竞选更高职位的成员和并没有这么做的成员之间的投票记录。例如，希宾（Hibbing，1986）和凯里（Carey，1994）发现，在竞选前一年，成员确实改变自己的投票行为。弗朗西斯和肯尼（Francis and Kenny，1996，2000）发现，议员们会向本州的共同党员的平均立场靠拢。随后，行动在最后一个期限到来之前开始，并且提高了胜率。

14.3 职业研究的前沿

14.3.1 事件史和其他选择模型的教训

近年来，学者们已经发展出更精密的方法论方式来解决立法职业选择在微观层面模型所遇到的问题。有一个问题涉及时间的影响——**何时**一件事件的发生能与**是否**发生同等重要的观点。许多选择模型将立法者的职业选择视为代表

293 性的数据。同一立法者在职业生涯中的多次选择被假定为彼此独立的观察资料。但是，立法者在某一特定时刻及时做出的选择可能是受先前选择的影响。而且在那一刻立法者的选择是取决于他之前的立法职业。博克斯－斯特芬斯梅尔和琼斯（Box-Steffensmeier and Jones，1997）表明，解释持续期依赖的失败会导致实证模型的异质性，即选择过程的结果是受选择的时机和做出这一选择的立法者的特征所影响的。

博克斯－斯特芬斯梅尔和琼斯（Box-Steffensmeier and Jones）同样论证了时间持续模型如何适应于解释复杂事件，例如，立法职业终止时的多种方式（如，退休、寻求另一机关、初选失败或大选）。他们评估了从 1950 年到 1976 年在众议院服务的现任者的竞争风险模型，发现留任对职业生涯的结束有轻微影响——每一任期被打败的风险都会降低 8%，但退休的风险都会增加 6%。更近一段时间，福本（Fukumoto，2009）观察到过去研究所采用的选择模型并没有解决另一个具有理论上至关重要的问题——立法者战略性退休而非面对连任竞选的困难的可能性［雅各布森与克内尔（Jacobson and Kernell），1981］。先前的研究假定这一模型中的竞争风险是独立的，而对选举挑战的影响轻描淡写。福本（Fukumoto）重新分析了博克斯－斯特芬斯梅尔和琼斯（Box-Steffensmeier and Jones）用异质模型来解释现任者失败率的偏差的数据。他发现因为更高的选举风险而选择策略性退休很重要。这证明了即使现任者的失败很少见，但选民有能力通过强迫退休来取代他们的立法者。

近期关于候选人出现的研究同样在着力解决战略互动的问题。之前，对于候选人出现和立法职业选择的研究是分别完成的。这些研究表明有力的挑战者会等到时机成熟，例如，一位现任者选择退休的时候。同样地，现任者在选择连任或是退休时，会考虑到醋战的可能性。因此，挑战者和现任者的这些决定是相互联系的，不能解释挑战者和现任者的战略互动导致学者们在模型化职业选择时误入歧途。卡森（Carson，2003；2005）运用博弈论框架的战略概率模型来研究参众两院选举中挑战者和现任者彼此的选择。其结果是，现任者在先前选举中的付出阻止了挑战者，但挑战者倾向于在现任者的投票记录表现出一种不寻常的党派忠诚度时进行挑战。

关于法律职业的研究，有其他两条方法可圈可点。第一种研究了政治抱负的起源。例如，马埃斯塔斯（Maestas）等人（2006）调查了一份州立法委员的国家样本，以研究导致政治抱负形成的个人和组织特征（换言之，美国众议院

议席的吸引力）。总的来说，他们发现，专业的州立法机关的资格会导致政治
抱负的形成。从专业的立法机关出来的州立法者同样对赢得更高职位的感知概
率更为敏感。福克斯与劳利斯（Fox and Lawless，2005；2010）和福克斯与劳
利斯（Fox and Lawless，2005）同样通过一项调查来研究政治抱负的形成，这
一调查是关于倾向于产生民选职位，但尚未竞选公职的职业人员的调查。他们
发现女性和少数种族更不倾向于表达政治期望，因此女性更不可能受到政党领
导者和其他看门人的鼓励。

294

第二种方法由两项评估的研究组成，第一项评估针对保有立法机关的价
值，另一项评估涉及立法者补偿调整方式的影响。迪尔迈尔（Diermeier）等人
（2005）发现立法职业的研究忽视了政治家对立法后的职业期望。例如，国会服
务在私营部门或许是值得的，这导致了立法者在特定阶段离开，以便最大化他
们后国会时代的收入。迪尔迈尔（Diermeier）等人将参众两院的现任者的职业
选择模型化，发现国会服务确实增加了议员后国会时代的薪资。他们同样发现
国会服务的非金钱奖励十分丰厚。有趣的是，他们发现施加期限限制会不均匀
地影响那些具有更娴熟的技能和更重视个人成就的政治家。埃格斯和海因穆勒
（Eggers and Hainmueller，2010）将英国国会议员的财富与那些持盈守成的人的
财富相对比。他们运用了匹配和不连续性回归分析，发现立法服务使保守党议
员的财富近乎翻番，而对工党议员的财富无关痛痒。运用同样的方法，帕默和
施内尔（Palmer and Schneer，2006）发现赢得一场州选举会提升在公司董事会
上取得一份薪资丰厚的职位的概率。

14.3.2　作为因变量的职业：期限限制文献的例子

当方法论的前沿都着力于国会职业时，近年来，州政治和立法机关的比较
研究都取得了许多明显的进步。立法任期限制的文献——在过去十年里在立法
研究和州政治领域出现了许多卓有成效的工作——提供了职业的前沿研究。它
与上面讨论的一些特征有共通之处，更重要的是，它使职业从视为因变量到可
解释立法行为的独立因素。在本节，我们将简要回顾文献的各个方面，正是这
些方面使其成为其他研究领域的简要模型。

14.3.3　后任期限制职业中的解释范例

职业限制决定了法律职业的选择，而它归于选举法，最早可以追溯到古

代雅典，而从 1990 年开始在美国许多州重新出现［彼得拉卡（Petracca），1992］。立法任期限制同样在其他有总统的政治体制中实施，如哥斯达黎加，墨西哥，厄瓜多尔和菲律宾——但它不存在于任何议会系统的国家。美国在现任者以与日俱增的胜率赢得选举的时期通过这些法案。许多立法者在利用官僚特权保持权力上越来越驾轻就熟。这种熟练度有时会导致腐败，例如，加利福尼亚州的重大丑闻（FBI 在一次暗访中有多名立法者因拉票贿选而锒铛入狱）和缅因州（众议院议长助手在篡改选票的指控中认罪）直接导致这些州通过了任期限制。任期限制清退了数十名长期在任者，给州议会带来了巨大的人事变动。

借助于阻止立法者寻求超过固定的任期，他们要求立法的更替。这对法律职业举足轻重，也可以易如反掌地在总水平上进行量化。表 14.1 前两列来源于全国会议汇编的州立法机关的数据，表现了在最初实施任期限制的州中，强制实施任期限制时的人员更替水平。这些数据显示了每个州的下议院有多少的职业任期被削减，因此，任期限制对州立法机构产生了巨大影响。第一批实施任期限制的州——阿肯色州、科罗拉多州、密歇根州和俄勒冈州——人员更替率达 37% 到 58% 不等，这也带来了因任期限制而带来的大量空缺席位。即使是在 1996 年首次广泛实施任期限制时便带来重大影响的加州和缅因州，在两年后仍有 1/3 的席位更替。当对比波尔斯比（Polsby，1968）国会更替数据时，这些数据表明限制会使得许多州的时光倒流，类似于 19 世纪的美国国会。

这些总体的变更数目只说明了一部分任期限制对立法职业的影响。一旦立法者离开机关时他会去哪儿？当在机关时，他们对未来职业的雄心和期望对其行为的影响应当占有一席之地。事实上，甚至在法律适用之前，任期后的职业限制也是一个重要的令人争论不休的话题。俄勒冈州的任期限制倡议被戏称为"LIMITS"，亦即"让现任者一直默哀直到日落"（Let Incumbents Mosey Into the Sunset），它得到了那些希望看到立法者在最后任期临到便结束职业生涯的活动者的支持。学者们争论这是否真的会发生。在他的国会任期限制提案中，政治评论员乔治·威尔（George Will，1992，2001）说它们"会提高进入国会的人回到私营部门工作的预期的可能性，因此，在他们立法时，会考虑在他们制定的法律下，生活会是什么样子"。波尔斯比（Polsby，1993，7）回应威尔（Will）的警告："任期限制会危及考虑退出的立法者的独立性，他们会更倾向于选择回到有未来的其他职位，而不是像辛辛纳图斯回到等待他的犁那儿。即使是辛辛纳图斯，也可能会在回家前发放一两笔农业补贴。"

尔后的学术研究似乎证明了波尔斯比（Polsby）的洞见。罗森塔尔（Rosenthal，1988，77）写道："一旦立法者在有任期限制的制度下当选，他们会寻思下一步去哪儿。"鲍威尔（Powell，2003）收集了在6个州任期后的职业限制的信息。表14.1中的数据表明：任期限制不会终止立法者的政治抱负。根据州的不同，1998年被选举的立法者中，有48%—71%的人随后竞选另一职位；另外18%的有任期限制的立法者在联邦、州或地方政府机关中任职，8%的人成为说客。一项针对任期限制的全国性调查也得出了相似的结果：只有18%的众议院议员和28%的参议员考虑退休，其余的人计划竞选另一个民选职位、游说或担任委任的职位［蒙克里夫（Moncrief）等人，2007］。

表14.1　州下议院的人员更替和职业变化（1998年）

（%）

	人员流动	任期限制	任期有限的其他职位
阿肯色州	56	49	62
加利福尼亚州	33	15	59
科罗拉多州	37	28	70
缅因州	32	7	55
密歇根州	58	58	48
俄勒冈州	38	37	71

注：关于更替率和任期限制百分比的数据来自全国州议员会议，见鲍威尔（Powell，2003，139）。关于有任期限制的立法者竞选另一职位的百分比数据取自鲍威尔（Powell，2003，141）。

对职业的研究同样绘制了任期后的职业限制时期立法者的来源。保罗·雅各布（Paul Jacob），这位"美国任期限制"的前负责人，预测任期限制会让更多的立法者"经历所谓的'真实世界'，即非政府经济部门"［雅各布（Jacob），1995，706］。凯恩和库瑟（Cain and Kousser，2004）对任期限制前后职业生涯的研究在这方面提供了不一样的证据，表明了在任期限制后，立法者不太可能是前立法人员，但更可能来自州政府。近期更多的关于任期限制的工作以这种方式扩展了鲍威尔（Powell）的研究，即既为联系州选举和国家选举的联邦文件提供信息，又为任期限制自身的研究提供了信息。拉扎勒斯（Lazarus，2006）和斯蒂恩（Steen，2006）明确地将州立法者任期后的职业限制的选择模型化，表明任期限制是如何影响对国会现任者的供给的。

总体而言，这一对个人职业的重点研究追溯到了不同的政治层面，它告诉我们的远远不是我们对单独的众议院人员更替率浮光掠影的观察能比的。任期限制在众议院确实带来了人员更替率的激增，但它们并没有削短其成员的政治生涯。这一认知改变了学者对于职业任期该如何影响立法行为的期许。有限任期的立法者可能会探求给他想要参选的选区的选民留下印象，或者他们更容易受到他们正在寻求任命的州长或是能够向他们提供未来的职位的利益集团的影响。在个人层面上，这些期望可能随着职业目标的不同而各异，但重中之重是，关于当任期限制驱使立法者离开众议院时立法者将何去何从的这项研究明确表明，没有人会坐以待毙。任期限制只会中断而不会终止职业生涯。

14.3.4 评估任期限制的影响

随着对立法者职业的任期限制的影响被准确地衡量，学者们能够将职业模式的转变作为解释立法行为变化的一个因素。通过形式模型和简要的文字推理，理论作品已研究缩减立法经验和缩短时间范围如何对立法者所扮演的代表性角色，他们的权力对其他政治体和他们制定的政策类型产生影响。实证研究已检验这些假设的关系。许多有趣的结果允许学者去评估立法机关是否能够在任期限制后产生转变性的作用，以及这些被提出的改革是否实现了承诺。

首先，一系列的调查证明了任期限制使得众议院充斥着许多初来乍到的立法者，削弱了机关集体的专业性。蒙克里夫（Moncrief）等人（2007）报告了"见多识广的观察者"的观点——立法者、前立法者、行政机关工作人员、说客和记者——各州的任期限制有的存在有的则否。按他们的观点，与十年前的立法者相比，现今的任期后限制的立法者对州际性问题、立法过程和委员会面对的问题所知甚少。一系列的其他研究表明，制宪者和立法者之间的联系遭到侵蚀，这可能是因为立法者不能够预见在单一地区的长期服务。一项针对 18,000 名受访者的国家性研究发现，在任期受限的州，居民更难记住他们的州长，也更不可能去联系他们［鲍威尔与涅米（Powell and Niemi），2003］。立法者自己报告说，在任期限制后，他们为选民服务的时间更少了［鲍威尔、涅米与史密斯（Powell, Niemi and Smith），2007］。对加州立法预算的研究表明，随着自己在一个地区的任期接近尾声，任期届满的人员更少花时间在与选民们之间的联系上［范维克滕（Van Vechten），2003］。

一项全国性的调查发现，这种选举关系的弱化导致了立法者寻求扮演的代表角色的转变。对他们任期的缩短导致了一种"伯克式转变"，从选民代表改换为公共善的受托人。被问到"当你觉得最好的事情和你选区的人民想要的东西之间产生冲突时，你会选择遵从内心，还是听从选民的意见"的时候，任期受限的立法者更有可能回答前者。他们也更可能将国家需要置于地区需要之上，这有可能是因为他们的政治前景与狭隘的地区利益分离了［凯里（Carey）等人，2006，鲍威尔、涅米与史密斯（Powell, Niemi and Smith），2007］。这种任期限制可能有利的影响似乎直接归因于职业的变化。

任期限制也会削减委员会主席和立法领导人的任期，从而影响政策制定的模式和权力的分配。党派领袖的任期要短很多，在短见薄识时便已当任［鲍泽（Bowser）等人，2003；利特尔与法默（Little and Farmer），2007］，并自称自己大权旁落［皮里与利特尔（Peery and Little），2003］。委员会主席在法律制定中似乎无足轻重［阿波罗尼奥与拉拉贾（Apollonio and LaRaja），2006］，并且因为有这么多的新成员，委员会也变得不那么专业与游刃有余［库瑟（Kousser），2005；凯恩和瑞特（Cain and Wright），2007］。这些倾向促使关于任期限制的最明确和最重要的影响：它们将权力从立法部门转移到了行政部门。库瑟［（Kousser），2005］证明，任期限制后，立法者更不可能去修改州的预算提案（这是在各州不受限的趋势）。一项针对立法者的全国性调查发现，任期限制已经使得权力转移给了州长和官员［凯里（Carey）等人，2006］，而针对见多识广的观察者的调查则发现，在任期限制缩减立法者的任期时，行政机关的权力发生了广泛变化［库瑟和斯特拉耶（Kousser and Straayer），2007］。最后，任期限制也改变了各州的政策制定。它们导致了短期法案的通过［库瑟（Kousser），2006］，并且，出人意料的是，可能导致州支出的增加。在一项直接探讨职业模式与法律制定的关系的研究中，库瑟（Kousser，2005）证明，资深立法者更可能会在卸任前通过变革性的法案，但随后经验较少的接任者则会制定更保守的方案。

总之，任期限制的影响增加了立法者个人和立法机关集体在州政治中的转变。库瑟（Kousser，2005）下结论说，它们使立法机关面对外部需求时转变得更少。许多学者在全面研究一个或多个州任期限制的影响下结论时，将它们的实际效果与支持者和最初反对者的预测进行比较。

14.3.5 比较视野下的职业

许多年来，对非美国背景下的立法职业研究"如堕云雾"。一位著名学者

298

将这类型的文献描述为在知识隔离下对单一国家研究的拼攒，这为美国研究视角和方法的侵入大开方便之门，且通常缺乏"变量导向的定向研究"[帕泽尔特（Patzelt），1999，241]。尽管如此，调和研究结果的努力还是取得一些令人印象深刻的作品集[参见加拉赫和马什（Gallagher and Marsh），1988；诺里斯（Norris），1997；贝斯特和科塔（Best and Cotta），2000；西瓦维利斯和摩根施特恩（Siavelis and Morgenstern），2008]。这些作品中的一部分为立法职业的跨国研究提供了一个共通的分析框架。例如，诺里斯（Norris，1997）将招募描述为供给端和需求端两种因素的相互结果，其中供给端决定谁寻求立法机关，需求端影响政党组织、个人派系、选民和其他负责挑选候选人的选择。贝斯特和科塔（Best and Cotta，2000）通过吸收正式的机会结构以扩展这种"供给—需求"框架——通过规范立法机关的投票权和竞争的法律与行政惯例。

除了为世界各国提供丰富的关于立法招募和保留的描述性信息外，比较法学者还利用了最近的方法创新和研究设计，这些方法创新和研究设计利用了制度差异的来源。例如，柏林斯基（Berlinski）等人（2007；2010）使用持续时间模型来分析英国的部长任期。虽然政府任期受到了学者的大量关注[拉弗和谢普斯尔（Laver and Shepsle），1996]，但部长个人的职业生涯却很少得到系统的研究。柏林斯基（Berlinski）等人表明，部长生涯是由立法者的个人属性、任命总理的特征以及他们在执政中的表现决定的。

考克斯（Cox）等人（2000）用日本国会的议员选举规则来研究立法者的职业抱负是如何影响党派主义的。他们发现在日本众议院所使用的"不可转移单票制"（single non-transferable vote，SNTV）系统下，几乎所有的立法者都加入某一派系，以确保在地区选举中与共同党派的人竞争时能够寻求协助。在使用三种不同方法来选举议员的日本参议院，考克斯（Cox）等人发现，在比例代表制选举的成员中，这些成员如果在竞争非公开的政党名单职位时，派系之间的协作最为常见。他们还发现，派系协作与在内阁服务有关，这说明了即使直接选举的利益有限，进取性的抱负可能也会导致立法者加入某一派系。同样地，佩卡宁（Pekkanen）等人（2006）发现，这些不同的选举规则产生的不同的选举激励有助于解释立法组织，特别是政府、国会和政党职位的分配。

近年来也同样涌现了一些展示定量、假设检验和真正地比较框架的研究，这是比较学者一直所设想的。这些作品大多聚焦于拉丁美洲。凯里（Carey，1996）的研究结合了委内瑞拉、美国和哥斯达黎加——它们对立法者设定了单一任期限制——的数据，并有了关于任期限制和职业的惊人发现。自从哥斯达黎加立法议会的成员得知自己不能竞选连任时，他们的职业抱负便指向为政府的任命。这些职位被胜选的政党所控制，使得立法者甚至在任期结束之后也要为政党选举的胜利而奔波。因此，他们像委内瑞拉的立法者一样"踔厉奋发"地追求特殊利益。然而，他们并不像委内瑞拉的议员一样坚定遵从党的路线，凯里（Carey）也通过职业模式解释这一发现。塞缪尔斯（Samuels，2000）分析了巴西的立法的更替率，发现这个国家一反常态的高的更替率，一半是因为有抱负的立法者离开众议院而尝试升职，另一半是因为选举在机关中剔除了许多剩余的、死气沉沉的立法者。塞缪尔斯（Samuels，2003）同样发现，巴西对地方职业的关注使得立法者在地方利益中扮演一种"使节"的作用，这影响了与行政机关的关系。琼斯（Jones）等人（2002）凭靠单一一国家的丰富数据，展示了阿根廷的政党领导人对立法职业的强硬控制如何减损了议员的专业化动机，因此削弱了整个立法部门。 300

克里斯普（Crisp）等人（2004）收集了阿根廷、智利、哥伦比亚、哥斯达黎加、洪都拉斯和委内瑞拉的职业模式和法案实施的数据，揭示了公共机构激励和政策制定之间的关系的特殊性。克里斯普（Crisp）等人（2009）的研究探究了其中 3 个立法机关的数据，以表明职业激励有助于形成委员会结构体的选定。这些工作中的每一个都远远不局限于对职业模式的描述和解释，它表明了它们是如何影响立法行为、政策制定，甚至是政府管理机构的表现的。

最近欧洲的比较研究同样欣欣向荣。斯卡罗（Scarrow，1997）对欧洲议会职业道路的研究追踪了从 1979 年到 1994 年的英国、法国、德国和意大利的议员，回顾他们先前的经历，在斯特拉斯堡的任期，以及在欧洲议会后的职业。虽然总体的人员更替率仍处于高位，斯卡罗（Scarrow）发现这些大的国家已经发展出关注于欧洲事业的欧洲议会骨干议员。这反过来又增加了每个国家代表团的权力和整个议会的影响力。梅泽夫（Meserve）等人（2009）评论道，无论欧洲议会议员关注的是欧洲议会内部的职位还是回国后的更高职位，都会影响他们的投票行为。学者们同样将注意力转到东欧的新生民主，在这里，立法职业的发展和专业化可能是这些制度化的立法机关取得成功的必不可少的部分。

最后，帕泽尔特（Patzelt）要求对立法职业进行真正的比较研究，近期的一系列研究尝试着回应他的呼吁。例如，斯托尔兹（Stolz，2003；2009）研究在一系列的西方民主国家中，联邦制度专业化和原先整体系统的区域化是如何塑造一群有志于地方政治职业的政治家的。在 2011 年,《地方与联邦研究》的一期特刊发布了一篇关于多层级系统的政治职业的议题。这些相同主题的研究以个人层面的清晰理论为基础,以一个国家为样本追踪了政府不同层级下立法者的职业。解释了对于政治机会体系如何在各式各样的环境下驱动有抱负的立法者越过政府的不同等级的关注,以及抱负理论是如何在非美国国家中起到立竿见影的作用的。综上,这些文章同样证明了,在研究立法机关的招募与留存中,完全的比较方法同样也能够增进我们对不同系统下立法机关地位的理解,即它们独立做出政治制定的行为的能力。

14.4　结论

霍尔和范豪韦林(Hall and Van Houweling,1995)在 1992 年对国会选举的研究中,他们为了为从宏观到微观的转变辩护,澄清说学者要去全面理解总体层面的时间序列,就应当理解个人选择过程。研究人员运用微观层面的模型辨析了组成这些选择的个人、选举和制度因素。随着事件史模型的改进和对于影响立法者选择的战略环境的关注,现在这些模型为分析立法职业提供了一条安如磐石且深入人心的方法论。这些成功的模型证明了立法机关内部组织的改变所带来的边际或是**直接**的影响,也证明了选举激励(其由选举系统的规则所规定)对立法更替的影响,再度验证了施莱辛格(Schlesinger,1966)和波尔斯比(Polsby,1968)对于制度和立法职业之间关系的宣称。

但从另一个角度来看,这些立法者职业选择的模型对于学者们理解制度的结果的作用可能并没有那么神乎其神。迄今为止,它们仍不能对一些被持之以恒地关注的问题提供一个满意的答案。什么是政治制度,例如,政权结构、选举系统规则,和其他政治机会结构的其他方面,对立法机关招募的影响?政党在确定候选人和培育职业——换言之,在党内,立法机关或是其他机关中委派他们担任领导职务——中起到的作用是什么?美国立法职业的文献将政党置于次要地位,这或许可以解释美国职业研究和比较职业研究两者之间相对无言。最后,如果有的话,在立法者职业生涯的三个阶段中,可以建立哪些联系?例如,立法者的招募经验会否在立法机关内部影响他们的行为〔马修斯(Matthews),1984〕?换言之,研究者应当关注制度的间接影响;亦即,制度对候选人选举的影响，而候选人的选择也会反过来影响立法者的行为。

为了回答这些问题，研究人员应当克服一些挑战。挑战之一就是现阶段如何研究立法职业。个人选择模型暗中假定了立法者的选择能够被模型化，而无需顾及总体的职业模式。事实上，这一观点的极端版本会认为，形成政治职业的一系列任职安排仅仅是随机过程的副产品，它是以渐进的方式产生的选择结果。本质上，职业序列是"你会以什么结束"——以松散的联系的选择组成的无序的"毛线团"，它不可被系统性地分析。但一些学者建议将职业序列视为由制度塑造的模式，因此有可能会对立法者的行为产生影响［麦肯齐（MacKenzie），2014］。确实应该更加聚焦于宏观层面的模式，在此处，制度的影响（如果它们重要的话）应当被明确记录。

第二个挑战是缺乏许多国家立法者的详细职业数据。几乎没有国家（州立法机关亦同）会像《花名册》一样详细记录立法职业；即使是《花名册》，也缺乏现任者在国会服务前后的政治履历的详细信息［参见卡农（Canon），1990；麦肯齐（MacKenzie），2015］。对职业信息的缺乏，使得对立法职业的真正意义上的比较学研究寸步难行。幸运的是，这种近况正在被努力改变。例如，在欧洲，学者们正在通力合作制作一本资料组，这会提供 17 个欧洲系统下立法者的社会背景、政治履历和立法职业的详实数据［贝斯特和科塔（Best and Cotta），2000］。但学者如果要利用各国在政治体制、选举系统规则和政治机会结构的充足的差异的话，就需要对拉丁美洲和其他环境进行更进一步的数据收集。

立法职业模式对代表理论、制度设计和我们认为的立法能力和行为理论所提供的坚实支柱将证明我们进行这艰难工作的合理性。职业不仅仅对在政府中工作的人而言是重要的。正如任期限制文献所证明的，职业模式会决定立法机关的功能、它是否真的是转变性的，以及立法者是否积极且真挚地代表选民的动机。正如"抱负理论"的奠基者施莱辛格（Schlesinger）所言：

一个无法在政府机关中点燃雄心之火的政治系统与一个无法抑制雄心的政治系统同样都面临崩溃的危险。最重要的是，代议制政府依赖如此被驱动的人；对选举而言，更重要的是，对连任的渴望成为选民对公职人员的制约。最不负责任的政府就是一群对自己的政治前途漠不关心的高人雅士。

302

参考文献

Abramson, P.R., Aldrich, J.H., and Rohde, D. W., 1987. Progressive Ambition among United States Senators: 1972–1988. Journal of Politics 47: 3–35.

Apollonio, D.E. and LaRaja, R.J., 2006. Term Limits, Campaign Contributions, and the Distribution of Power in State Legislatures. Legislative Studies Quarterly 31: 259–81.

Banks, J.S. and Kiewiet, D.R., 1989. Explaining Patterns of Candidate Competition in Congressional Elections. American Journal of Political Science 33: 997–1015.

Berkman, M. B., 1994. State Legislators in Congress: Strategic Politicians, Professional Legislatures and the Party Nexus. American Journal of Political Science 38: 1025–55.

Berlinski, S., Dewan, T., and Dowding, K., 2007. The Length of Ministerial Tenure in the United Kingdom, 1945–97. British Journal of Political Science 37: 245–62.

Berlinski, S., Dewan, T., and Dowding, K., 2010. The Impact of Individual and Collective Performance on Ministerial Tenure. Journal of Politics 72: 559–71.

Berry, W.D., Berkman, M.B., and Schneiderman, S., 2000. Legislative Professionalism and Incumbent Reelection: The Development of Institutional Boundaries. American Political Science Review 94: 859–74.

Best, H. and Cotta, M. (eds.), 2000. Parliamentary Representatives in Europe 1848–2000. Oxford: Oxford University Press.

Black, G.S., 1970. A Theory of Professionalization in Politics. American Political Science Review 64: 865–78 .

Black, G.S., 1972. A Theory of Political Ambition: Career Choice and the Role of Structural Incentives. American Political Science Review 66 : 144–59.

Blomgren, M. and Rozenberg, O. (eds.), 2012. Parliamentary Roles in Modern Legislatures. London: Routledge.

Bowser, J.D. and Moncrief, G., 2007. Term Limits in State Legislators. In K. T. Kurtz, B. Cain, and R.G. Niemi (eds.). Institutional Change in American Politics: The Case of Term Limits, pp. 10–21. Ann Arbor: University of Michigan Press.

Bowser, J. D., Jones, R., Kurtz, K. T., Rhyme, N., and Weberg, B., 2003. The Impact of

Term Limits on Legislative Leadership. In R. Farmer, J. D. Rausch Jr., and J. C. Green (eds.). The Test of Time: Coping with Legislative Term Limits, pp. 119–32. Lanham: Lexington Books.

Box–Steffensmeier, J. M., 1996. A Dynamic Analysis of the Role of War Chests in Campaign Strategy. American Journal of Political Science 40: 352–71.

Box–Steffensmeier, J. M. and Jones, B. S., 1997. Time is of the Essence: Event History Models in Political Science. American Journal of Political Science 41: 1414–61.

Borchert, J., 2011. Individual Ambition and Institutional Opportunity: A Conceptual Approach to Political Careers in Multi–level Systems. Regional and Federal Studies 21:117–40.

Brace, P., 1984. Progressive Ambition in the House: A Probabilistic Approach. Journal of Politics46: 556–71.

Brady, D., Buckley, K., and Rivers, D., 1999. The Roots of Careerism in the U.S. House of Representatives. Legislative Studies Quarterly 24: 489–510.

Bullock, C. S., III., 1972. House Careerists: Changing Patterns of Longevity and Attrition. American Political Science Review 66: 1295–300.

Cain, B. E. and Kousser, T., 2004. Adapting to Term Limits: Recent Experiences and New Directions. San Francisco: Public Policy Institute of California.

Cain, B. E. and Wright, G., 2007. Committees. In K. T. Kurtz, B. Cain, and R. G. Niemi (eds.). Institutional Change in American Politics: The Case of Term Limits, pp. 73–89. Ann Arbor: University of Michigan Press.

Canon, D. T., 1990. Actors, Athletes and Astronauts. Chicago: University of Chicago Press.

Carey, J., 1994. Political Shirking and the Last Term Problem: Evidence for a Party–Administered Pension System. Public Choice, 81: 1–22.

Carey, J., 1996. Term Limits and Legislative Representation. New York: Cambridge University Press.

Carey, J. M., 2003. The Reelection Debate in Latin America. Latin American Politics and Society 45: 119–33.

Carey, J., Niemi, R., and Powell, L., 1998. The Effects of Term Limits on State Legislatures. Legislative Studies Quarterly, 23: 271–300.

Carey, J. M., Niemi, R. G., Powell, L. W., and Moncrief, G. F., 2006. The Effects of Term Limits on State Legislatures: A New Survey of the 50 States. Legislative Studies Quarterly, 31: 105–34.

Carson, J. L., 2003. Strategic Interaction and Candidate Competition in U.S. House Elections: Empirical Applications of Probit and Strategic Probit Models. Political Analysis, 11: 368–80.

Carson, J. L., 2005. Strategy, Selection, and Candidate Competition in U.S. House and Senate Elections. Journal of Politics, 67: 1–28.

Carson, J. L. and Roberts, J. M., 2005. Strategic Politicians and U.S. House Elections, 1874–1914. Journal of Politics, 67: 474–96.

Carson, J. L. and Roberts, J. M., 2013. Ambition, Competition, and Electoral Reform: The Politics of Congressional Elections Across Time. Ann Arbor: University of Michigan Press.

Codispoti, F., 1987. The Governorship–Senate Connection: A Step in the Structure of Opportunities Grows Weaker. Publius, 17: 41–52.

Cooper, J. and West, W., 1981. Voluntary Retirement, Incumbency, and the Modern House. Political Science Quarterly, 96: 279–300.

Cox, G. W., 1997. Making Votes Count: Strategic Coordination in the World's Electoral Systems. Cambridge: Cambridge University Press.

Cox, G. W., Rosenbluth, F. M., and Thies, M. F., 2000. Electoral Rules, Career Ambitions, and Party Structure: Comparing Factions in Japan's Upper and Lower Houses. American Journal of Political Science, 44: 115–22.

Crisp, B. F., Escobar–Lemmon, M. C., Jones, B. S., Jones, M. P., and Taylor–Robinson, M. M., 2004. Vote–Seeking Incentives and Legislative Representation in Six Presidential Democracies. Journal of Politics, 66: 823–46 .

Crisp, B. F., Escobar–Lemmon, M. C., Jones, B. S., Jones, M. P., and Taylor–Robinson, M. M., 2009. The Electoral Connection and Legislative Committees. The Journal of Legislative Studies, 15: 35–52 .

Diermeier, D., Keane, M., and Merlo, A., 2005. A Political Economy Model of Congressional Careers. American Economic Review , 95: 347–73 .

Duverger, M., 1954. Political Parties. New York: Wiley.

Eggers, A. C. and Hainmueller, J., 2009. MPs for Sale? Returns to Office in Postwar British Politics. American Political Science Review, 103 : 513–33.

Esaiasson, P., 2000. How Members of Parliament Define Their Task. In P. Esaiasson and K. Heidar (eds.). Beyond Westminster and Congress: The Nordic Experience, pp. 51–82. Columbus: Ohio State University Press.

Fiorina, M. P., 1977. Congress: Keystone to the Washington Establishment. New Haven: Yale University Press.

Fiorina, M. P., 1994. Divided Government in the American States: A Byproduct of Legislative Professionalism? American Political Science Review, 88 :304–16.

Fowler, L. L., 1993. Candidates, Congress, and the American Democracy. Ann Arbor: University of Michigan Press.

Fox, R. L. and Lawless, J., 2005. To Run or Not to Run for Office: Explaining Nascent Political Ambition. American Journal of Political Science, 49: 642–59.

Fox, R. L. and Lawless, J., 2010. If Only They'd Ask: Gender, Recruitment, and Political Ambition. Journal of Politics, 72: 310–26.

Francis, W. L., 1993. House to Senate Career Movement in the U.S. States: The Significance of Selectivity. Legislative Studies Quarterly, 18: 09–20 .

Francis, W. L. and Kenny, L. W., 1996. Position Shifting in Pursuit of Higher Office. American Journal of Political Science, 40: 768–86 .

Francis, W. L. and Kenny, L. W., 2000. Up the Political Ladder. Thousand Oaks: Sage Publications, Inc.

Frantzich, S. E., 1978. Opting Out: Retirement from the House of Representatives. American Politics Quarterly, 6: 251–73.

Fukumoto, K., 2009. Systematically Dependent Competing Risks and Strategic Retirement. American Journal of Political Science, 53: 740–54.

Gaddie, R. K. and Bullock, C. S., III, 2000. Elections to Open Seats in the U.S. House: Where the Action Is. New York: Rowman & Littlefield Publishers.

Gallagher, M. and Marsh, M. (eds.), 1988. Candidate Selection in Comparative Perspective. London: Sage Publications.

Gilmour, J. B. and Rothstein, P., 1993. Early Republican Retirement: A Cause of Democratic Dominance in the House of Representatives. Legislative Studies Quarterly, 18: 345–365.

Hall, R. L. and Van Houweling, R. P., 1995. Avarice and Ambition in Congress: Representatives' Decisions to Run or Retire from the U.S. House. American Political Science Review, 89: 121–36 .

Herrick, R. and Moore, M. K., 1993. Political Ambition's Effect on Legislative Behavior: Schlesinger's Typology Reconsidered and Revised . Journal of Politics, 55: 765–76.

Hibbing, J. R., 1982. Choosing to Leave. Washington: University Press of America, Inc.

Hibbing, J. R., 1986. Ambition in the House: Behavioral Consequences of Higher Office Goals Among U.S. Representatives. American Journal of Political Science, 30: 651–65.

Hibbing, J. R., 1991. Congressional Careers. Chapel Hill: University of North Carolina Press.

Jacob, P., 1995. From the Voters with Care. Excerpted in D. H. Lowenstein (ed.). Election Law: Cases and Materials. Durham: Carolina Academic Press.

Jacobson, G. C., 1989. Strategic Politicians and the Dynamics of U.S. House Elections, 1946–86. American Political Science Review, 83: 773–93.

Jacobson, G. C. and Dimock, M., 1994. Checking Out: The Effects of Overdrafts on the 1992 House Election. American Journal of Political Science, 38: 601–24.

Jacobson, G. C. and Kernell, S., 1981. Strategy and Choice in Congressional Elections. New Haven: Yale University Press.

Jones, M. P., Saiegh, S., Spiller, P. T., and Tommasi, M., 2002. Amateur Legislators– Professional Politicians: The Consequences of Party–Centered Electoral Rules in a Federal System. American Journal of Political Science, 46: 356–69.

Katz, J. N. and Sala, B. R., 1996. Careerism, Committee Assignments, and the Electoral Connection. American Political Science Review, 90: 21–33.

Kiewiet, D. R. and Zeng, L., 1993. An Analysis of Congressional Career Decisions, 1947–1986. American Political Science Review, 87: 928–4 .

King, A., 1981. Th e Rise of the Career Politician in Britain — And Its Consequences . British Journal of Political Science, 11: 249–85.

Kousser, T., 2005. Term Limits and the Dismantling of State Legislative Professionalism. Cambridge: Cambridge University Press.

Kousser , T. , 2006 . Th e Limited Impact of Term Limits: Contingent Patterns in the Complexity and Breadth of Laws. State Politics and Policy Quarterly , 6 : 410–29 .

Kousser, T. and Straayer, J., 2007. Budgets and the Policy Process. In K. T. Kurtz, B. Cain, and R. G. Niemi (eds.). Institutional Change in American Politics: The Case of Term Limits, pp. 148–64. Ann Arbor: University of Michigan Press.

Kurtz, K. T., Niemi, R. G., and Cain, B., 2007. Conclusion and Implications. In K. T. Kurtz, B. Cain, and R. G. Niemi (eds.). Institutional Change in American Politics: The Case of Term Limits, pp. 185–98. Ann Arbo: University of Michigan Press.

Lasswell, H. D., 1930. Psychopathology and Politics. Chicago: University of Chicago Press.

Laver, M. and Shepsle, K. A., 1996. Making and Breaking Governments. New York: Cambridge University Press.

Lawless, J. and Fox, R. L., 2005. It Takes a Candidate: Why Women Don't Run for Office. New York: Cambridge University Press.

Lazarus, J., 2006. Term Limits' Multiple Effects on State Legislators' Career Decisions. State Politics and Policy Quarterly, 6: 357–83.

Little, T. H. and Farmer, R., 2007. Legislative Leadership. In K. T. Kurtz, B. Cain, and R. G. Niemi (eds.). Institutional Change in American Politics: The Case of Term Limits, pp. 55–72. Ann Arbor: University of Michigan Press.

MacKenzie, S. A., 2014. From Political Pathways to Senate Folkways: Electoral Reform, Professionalization and Representation in the U.S. Senate. Political Research Quarterly, 67: 743–757.

MacKenzie, S. A., 2015. Life Before Congress: Using Pre–Congressional Experience to Assess Competing Explanations for Political Professionalism. Journal of Politics, 77: 505–518.

Maestas, C. D., Fulton, S., Maisel, S., and Stone, W. J., 2006. When to Risk It? Institutions, Ambitions, and the Decision to Run for the U.S. House. American Political Science Review, 100 :195–208.

Matthews, D. R., 1960. U.S. Senators and Their World. Chapel Hill: University of North Carolina Press.

Matthews, D. R., 1984. Legislative Recruitment and Legislative Careers. Legislative Studies Quarterly, 9: 547–85.

Mayhew, D. R., 1974. Congress: The Electoral Connection. New Haven: Yale University Press.

Meserve, S. A., Pemstein, D., and Bernhard, W. T., 2009. Political Ambition and Legislative Behavior in the European Parliament. Journal of Politics, 71: 1015–1032.

Mezey, M. L., 1970. Ambition Theory and the Office of Congressmen. Journal of Politics, 32: 563–79 .

Mezey, M. L., 1979. Comparative Legislatures. Durham: Duke University Press.

Moncrief, G., Powell, L., and Storey, T., 2007. Composition of State Legislatures. In K.T. Kurtz, B. Cain, and R. G. Niemi (eds.). Institutional Change in American Politics: The Case of Term Limits, pp. 22–37. Ann Arbor: University of Michigan Press.

Muller, W. C. and Saalfeld, T. (eds.), 1997. Members of Parliament in Western Europe. London: Frank Cass and Company Limited.

Norris, P. (ed.), 1997. Passages to Power. Cambridge: Cambridge University Press.

Palmer, H. D. and Vogel, R. J., 1995. Political Opportunity for Federal Appointment: The Case of Departing Members of the U.S. House of Representatives. Journal of Politics , 57: 677–95.

Palmer, M., and Schneer, B., 2016. Capitol Gains: Th e Returns to Elected Office from Corporate Board Directorships. Journal of Politics, 78: 181–196.

Patzelt, W. J., 1999. Recruitment and Retention in Western European Parliaments. Legislative Studies Quarterly, 24 :239–79.

Peery, G. and Little, T. H., 2003. Views from the Bridge: Legislative Leaders' Perceptions of Institutional Power in the Stormy Wake of Term Limits. In R. Farmer, J. D. Rausch Jr., and J. C. Green (eds.). The Test of Time: Coping with Legislative Term Limits, pp. 105–18 . Lanham: Lexington Books.

Pekkanen, R., Nyblade, B., and Krauss, E. S., 2006. Electoral Incentives in Mixed–Member Systems: Party, Posts, and Zombie Politicians in Japan. American Political Science Review, 100: 183–93.

Peters, J. G. and Welch, S., 1980. The Effects of Charges of Corruption on Voting in Congressional Elections. American Political Science Review, 74: 697–708.

Petracca, M., 1992. Rotation in Office: Th e History of an Idea. In G. Benjamin and M. Malbin (eds.). Limiting Legislative Terms, pp. 20–28. Washington, DC: CQ Press.

Polsby, N. W., 1968. The Institutionalization of the U.S. House of Representatives. American Political Science Review, 62: 144–68.

Polsby, N. W., 1975. Legislatures. In F. I. Greenstein and N. W. Polsby (eds.). Handbook of Political Science, pp. 257–319. Reading: Addison–Wesley.

Polsby, N. W., 1990... No, It'll Shift Power to the Unelected. Los Angeles Times, 27 September 1990.

Polsby, N. W., 1993. Restoration Comedy. The Yale Law Journal, 1: 1–12.

Powell, L. W., Niemi, R. G., and Smith, M., 2007. Constituent Attention and Interest Representation. In K. T. Kurtz, B. Cain, and R. G. Niemi (eds.). Institutional Change in American Politics: The Case of Term Limits, pp. 38–54. Ann Arbor: University of Michigan Press.

Powell, R. J., 2003. The Unintended Effects of Term Limits on the Career Paths of State Legislators. In R. Farmer, J. D. Rausch Jr., and J. C. Green (eds.). The Test of Time: Coping with Legislative Term Limits, pp. 133–46. Lanham: Lexington Books.

Prewitt, K., 1970. The Recruitment of Political Leaders: A Study of Citizen–Politicians. Indianapolis and New York: The Bobbs–Merrill Co. Inc.

Rohde, D. W., 1979. Risk–Bearing and Progressive Ambition: Th e Case of Members of the United States House of Representatives. American Journal of Political Science, 23: 1–26.

Rosenthal, A., 1998. The Decline of Representative Democracy. Washington, DC: CQ Press.

Samuels, D., 2000. Ambition and Competition: Explaining Legislative Turnover in Brazil. Legislative Studies Quarterly, 25: 481–9 .

Samuels, D., 2003. Ambition, Federalism and Legislative Politics in Brazil. Cambridge: Cambridge University Press.

Sarbaugh–Thompson, M., Thompson, L., Elder, C. D., Strate, J., and Elling, R., 2004. The Political and Institutional Effects of Term Limits. New York: Palgrave Macmillan.

Scarrow, S., 1997. Political Career Paths and the European Parliament. Legislative Studies Quarterly, 22: 253–63.

Schlesinger, J. A., 1966. Ambition and Politics. Chicago: Rand MacNally.

Searing, D., 1994. Westminster's World: Understanding Political Roles. Cambridge: Havard University Press.

Shabad, G. and Slomczynski, K. M., 2002. The Emergence of Career Politicians in Post–Communist Democracies: Poland and the Czech Republic. Legislative Studies Quarterly , 27: 333–59.

Shepsle, K. A., 1988. Representation and Governance: The Great Legislative Trade–off. Political Science Quarterly, 103: 461–84.

Siavelis, P. M. and Morgenstern, S. (eds.), 2008. Pathways to Power: Political Recruitment and Candidate Selection in Latin America. University Park: Penn State University Press.

Squire, P., 1988. Member Career Opportunities and the Internal Organization of Legislatures. Journal of Politics, 50: 726–44.

Squire, P., 1992. The Theory of Legislative Institutionalization and the California Assembly. Journal of Politics, 54: 1026–54.

Steen, J. A., 2006. The Impact of State Legislative Term Limits on the Supply of Congressional Candidates. State Politics and Policy Quarterly, 6: 430–47.

Stolz, K., 2003. Moving Up, Moving Down: Political Careers Across Territorial Levels. European Journal of Political Research, 42: 223–248.

Stolz, K., 2009. Toward a Regional Political Class? Professional Politicians and Regional Institutions in Catalonia and Scotland. Oxford: Manchester University Press.

Taagepera, R. and Shugart, M. S., 1989. Seats and Votes: The Effects and Determinants of Electoral Systems. New Haven: Yale University Press.

Van Vechten, R. B., 2003. Keeping Lame Duck Legislators in Line: Shirking, Accountability, and Reputation. Paper presented at the 2003 Western Political Science Association Meetings, Denver, 2003.

Wahlke, J. C., Eulau, H., Buchanan, W., and Ferguson, L. C., 1962. The Legislative System. New York: Wiley.

Welch, S. and Hibbing, J. R., 1997. The Effects of Charges of Corruption on Voting Behavior in Congressional Elections, 1982–1990. Journal of Politics, 59: 226–39.

Will, G. F., 1992. Restoration: Congress, Term Limits, and the Recovery of Deliberative Democracy. New York: Free Press.

Wilson, J. Q., 1962. The Amateur Democrat. Chicago: University of Chicago Press.

第四编
组织和规则

第十五章　立法机构中的程序和规则[*]

沃尔夫冈·C. 穆勒（Wolfgang C. Müller）

乌尔里希·西贝勒 （Ulrich Sieberer）

15.1　引言

在最一般的意义上，"规则"意味着指导行为。《牛津词典》将规则宽泛地定义为"在某一特定活动领域内，调整行为或程序的一套明确、可理解的规则或原则之一"。在本章中，我们主要关注正式规则。因此，我们关心的是宪法和其他法律文件对议会程序的进行有何规定，从而使之在法律上具有可执行性。这并不是说议会惯例（即关于议事厅内的事务应该如何进行的普遍接受或既定的意见）是无关紧要的。在正式规则缺失的情况下，它们可能会提供重要的指引，实际上，许多正式规则都与在某个时间点形成的早期惯例有关。惯例在很大程度上是自我实施的，因为违反公认的惯例总是要付出一些代价。然而，纯惯例（例如结对的安排——来自不同政党的两名议员相约不出席议会——这在许多议会中都存在）对参与者没有约束力。此外，惯例的确切内容，对参与者中的新手和局外人来说可能很难掌握，并且可能随着时间的推移而逐渐变

---

* 何永红译。

化，有时甚至不被察觉。因此，在大多数制度化的环境中，如议会，真正重要的规则通常是正式的。

规范议会工作的正式规则通常载于宪法和议事规则或议会程序规则。虽然宪法总是明确规定议会的外部关系，特别是与国家元首和政府首脑的关系，但是，国与国之间、政体与政体之间，议会内部的法规数量存在很大的差异。例如，民主化之后没有多少更新的欧洲君主制宪法（如荷兰）和法兰西第五共和国宪法之间就是如此。前者只包含少量的与一般的有关议会内部运行的规则，但法国宪法非常详细地规定了最重要的议会议事规则。

宪法和长期有效的议事规则并非议会规则的唯一来源。例如，英国下院也采用与议事规则一样具有约束力的暂时性议事规则，但只适用于一届议会。我们还发现有规定具体议会程序的个别法律（与议事规则并存），如德国关于调查委员会的法律。最后，议会规则可能包含相当数量的判例法，其形式是早期在特定情况下对一般规则的解释。在适当的时候适用这些先例的能力是议会中最老练的政客的优秀品质。对议会事务更远距离的观察人士只能指望在议会法的法律评注（通常由行内人士撰写）中找到这样的细节。

议会规则通常涵盖一系列广泛的主题。其中一些主题对议会事务和斗争的进行至关重要，而另一些则更为边缘化，可能也不需要大量的法律规定（例如议会管理细节、众议院权利等）。政治上最重要的规则建立了议会内部机构（如委员会、领导机构和议会党团），界定了其职能和义务的范围，明确规定了重要议会进程的开展（如审议、全体辩论和决策），确定了议员之间和党团之间稀缺资源的分配原则。例如，议会规则通常设立议会专门委员会，作为议会内部结构的一部分；解释这些委员会如何设立（如根据议会各政党之间的某些分配原则，由全体会议选举产生）；确定委员会的任务，相对于议会或内阁等其他参与者的权利和义务；确定何时以及如何开始、进行和结束立法提案审议程序。同样，议会规则通常为全体辩论的主持人和（潜在的）发言人提供相当详细的规则，包括谁有权发言、发言多长时间、以何种顺序发言，以及在列入名单的发言人均已发言之前结束辩论的条件。最后一个例子是，议会规则通常规定了在专门委员会和全体会议上作出决定的法定人数和多数决要求。

这些规则限制参与者的行为，使立法学者通常研究的程序形成体系。本章涵盖的大多数研究，都是关注这些过程及其后果，并将有关议会规则视为所研究的过程的外生因素。赖克（Riker，1980）对这一视角提出了挑战，他认为制度是内生的，因而与"偏好"或"价值观"没有根本不同。从这一视角出发，当规则与多数人的价值观不符时，改变规则应成为当务之急，而观察到制度稳定时，就表明当前规则与多数人的"偏好"相符。相比之下，当"偏好"和制度不匹配时——赖克（Riker）称之为"动荡时期"——"制度是不断变化的，唯有人类贪婪似乎是不变的"。如果这一说法是正确的，制度主义研究的大部分计划都会建立在"幻觉"上［赖克（Riker），1980，432］。

虽然赖克（Riker）的论点有着不容否认的力量，但相关文献列举了许多　313理由，解释了为什么制度可能相对不受当时大多数人"偏好"的影响［穆勒（Müller），2002；谢普瑟（Shepsle），2006］。此外，对研究议会行为的学者来说，在整个为他们所关注的过程中，规则通常是稳定的。这两个主张都有助于维持制度研究的传统做法，把焦点主要集中在外生制度上，这些制度系统性地影响过程和结果，从而使它们更容易预测。事实上，即使是赖克（Riker，1980，432）也承认："我们可以从相对稳定的制度中获得很多好处。"与文献中的主流看法一致，本章主要着眼于理解制度的影响。不过，我们会在本章倒数第二节简要介绍制度的变迁。

议会规则不是政治学家的专属领域。特别是，法学家深入研究议会规则，侧重于规则的描述和正确解释，以及相关法律问题的辨别甚至可能的解决方案。法学者主要关注规范性问题，经常就某一届议会所受制的全部规则发表评论。如此全面的政治学著作却是少见的［也有例外，请参见奥莱塞克（Oleszek），2010］。相反，大多数经验研究关注的是某一套规则，或者更确切地说，是某一类在一定程度上由规则组织起来的议会行为。由于议会规则的涉及面广，本章需要有选择性。我们重点关注的是议会的核心职能，以及这一类西欧国家，它们拥有的一些代表机构，得到了世界上最充分的研究。不过，研究得再充分，也不如对美国国会的研究透彻。虽然有关国会的文献没有直接回溯到欧洲的议会政党政府体系［加姆和休伯（Gamm and Huber），2002］，但它树立了有用的标杆，以测量所提出的理论问题是否创新，所得出的答案是否严谨。出于这些原因，我们偶尔也会提到这一方面的成果。

本章内容如下：首先，我们总体性地提出规则为何出现的问题，然后通过一些例子来讨论在规则缺失或设计不当的情况下，会产生哪些严重的负面后果。然后，我们转向大多数评论者认为的民主立法机构的核心任务，以说明民主议会所适用的规则中有哪些最重要的变化，并讨论变化的后果。在这个过程中，我们将从精确划定的、现有研究相对丰富的领域，转移到政治制度学者尚未给予太多关注的领域。在各个议会进程中，制度基本是稳定的，但仍然容易改变。因此，在本章总结之前，我们将讨论规则制定和制度变迁。

15.2　规则为何出现?

加里·考克斯（Gary Cox，2006，141）解释说，如果乘坐时光机回到过去，研究人员将到达"立法自然状态"，"那里所有的事务都在全体会议（没有委员会）上进行，议员的发言和动议资格基本不受限制"。

314　　　这种内部组织使全会成为瓶颈，越来越需要举行全体会议时，尤其如此。考克斯在早期（Cox，1987）关于英国内阁政府为何出现的研究中，分析了一种典型情况：日益激烈的选举竞争，促使议员们通过可见的议会活动来证明占有议席的正当性，与此同时，（由社会需求所驱动的）立法事务增多、政党政治性的政策议题增加，以及集体选举的刺激，更加有力地推动处理议会事务的程序权力向内阁集中。因此，引入规则，摆脱"立法自然状态"，便是一个不可抗拒的过程，它满足了议员个人、政党团体、议会机构和整个社会的需求。

因此，规则所能做的就是保证议会运作，并能够履行宪法赋予它的基本任务。凭着机构的精确设置，这意味着选举和追究公职人员的责任，决定政策（主要是通过立法），监督和制约行政部门，并公开最重要的政治选择及其替代方案。如果议会开始认真处理这些任务，并进行得有条不紊，议会就是**有效的**机构。一旦这些最低的要求得到满足，注意力就会转向过程和结果的质量。

如果议会的内部程序符合重要的质量要求，我们就可以说议会是**结构良好的**机构。至少在某种程度上，这种质量评估将取决于旁观者的看法，并取决于使用什么样的规范性思想来定义相关标准。例如，提倡政党民主制的人所采用的标准，与那些以个人代表制为理想的人截然不同。可见，议会是否运行良好，始终是充满争议的。尽管如此，对于结构良好的议会不得不面临哪些基本挑战，是有着广泛共识的。因此，各国议会（几乎）普遍接受了这样一些规则，它们通过某种分工和专业化来提高自身的能力和专业知识，使议会的运行更有效［与考克斯（Cox）的"自然状态"相比］。在这点上，也有着广泛的共识：要实现公开决策这一想法，就需要全体会议在法律付诸表决之前，对所选择的内容在一定程度上进行公开辩论和解释。人们普遍认为，作出决定时，应充分了解情况，仔细考虑所有的利弊，并全面考量实现预期目标的替代方法。因此，议会形成了系统性的审议程序，使审查备选方案和论证、征求专家意见成为可能。简化现实，在古典的议会制（密尔在 1861 年作了理想化的描述）中，这些程序旨在实现最佳的社会结果，并且确实是审议的程序。在后古典的议会制（白芝浩在 1873 年首次描述了这种制度）中，它们旨在为在议会中占多数席位的团体争取最好的结果，所起到的主要作用是，让各个团体在作为仲裁人的选民面前进行竞争［马宁（Manin），1997］。

　　永久〔有效的〕规则有助于取得有效并成功的结果。把规则确定下来，而不是每次都讨论如何重新开始，显然对议会事务的处理更有效。此外，如果没有永久性的规则，我们将处于赖克（Riker）的世界中，每个行为者都设法预测某些程序会产生何种结果，然后选择那个能给自己带来最好结果的程序。［现实中最接近这一理论极端的是美国众议院，其规则委员会是逐一分别决定如何处理提案的［奥莱塞克（Oleszek），2010］。如此一来，决定采用什么规则和决定如何根据这些规则来处理事务就合二为一了。政策冲突和规则冲突结合在一起，会破坏公平程序和良好规则的理想，从而有可能危及当今统治者的合法性，而且危及整个制度的合法性。

　　除规则的普遍性之外，大多数实践者和规范理论家可能都会认为，好的规则至少会满足以下标准。第一，规则应得到这两类人的认可，认为它们是合理的，一是根据规则进行互动的行为者，二是受到根据规则所作决定的约束的人。第二，规则应该简单明确，即在作出程序性决定时，不需要法律专业知识和大量解释就能正确适用规则。第三，单个规则都应适用于所有大体相同的决策事项，以避免例外和决策简化。第四，完整的规则应该全面涵盖所有相关事项（至少包含明确的失责条款），不应留有漏洞，不然在已经存在冲突的情况下往往就会造成麻烦。

　　即使有了这些关于好的规则的基本标准，规则实际设计起来仍然很费脑筋，制定规则还可能是一个政治难题。议会在事务的组织安排中所遇到的问题，规则可以通过多种方式来应对。因此，现实中各国议会并没有采用相同的规则，也没有趋于一致形成一个共同的安排，尽管它们的任务基本相同。相反，我们观察到议会之间的巨大差异，甚至随着时间的推移，在每一种主要政体类型内部，都有着相当大的差异。这些差异可能是非常重要的。例如，规

315

则能够在议会和内阁、政府和反对派、多数和少数，以及政党团体和单个议员之间产生分配效应，即便所有这些行为者都认为这些规则是合理的，宁愿选择规则，而非"立法自然状态"［考克斯（Cox），2006］，也是如此。这种分配效应，以及解决基本问题的替代方案的存在，表明制度改革既有动力，也有空间。

15.3 当立法规则失效时

议会会议的历史中，有许多例子表明，缺乏规则或规则设计不当，最后对议会的能力甚至国家的命运都有着重大影响。让我们首先看看议会决策规则。议会历史上最苛刻的规则，是在 1652 年至 1791 年的波兰议会中实行的，当时，议会中代表波兰贵族的每一位成员都被赋予了**自由否决权**，从而有权阻止任何法案的通过（或解散议会，废除议会开会期间通过的所有法案）。事实上，频繁使用这一手段常常使政府瘫痪，并且使得波兰无法建立与邻邦类似的强大专制政权。国王试图限制否决权，这甚至引发了内战、外国军事干预和波兰的第一次分裂［杰德鲁奇（Jedruch），1998］。用分析性的术语来说，**自由否决权**正将绝对多数的要求推向逻辑的极端。虽然波兰的情况在一致性要求和所有决定都服从这一要求方面都是独特的，但许多国家在更有限的决策范围内需要各种绝对多数的支持。

安德鲁斯（Andrews，2002）表明，全体会议经常推翻委员会通过的立法提案。根据她的分析，缺乏特定规则，例如，美国式的封闭规则委员会特权，以及议员之间复杂的偏好结构，为循环提供了基础。在这种情况下，议会主席可以战略性地利用主席团的巨大权力，实现符合其利益的循环。因此，这些规则的最大问题不是缺乏封闭的规则委员会特权，而是主席团拥有操纵结果的巨大权力。

关于议会时期的规则使用，哈布斯堡君主制下的奥地利议会就是一个突出的例子。在 1897 年至 1909 年的大部分时间里，由于缺乏限制辩论和加快商业进程的规则，议会实际上陷入了瘫痪。在这个多民族帝国存在的最后几十年里，困扰帝国的民族冲突在议会接连上演，民族冲突也致使批评政府民族议题政策的团体采取各种阻挠策略。这些不仅限于有关民族利益的立法，而且适用于所有领域。1875 年的议事规则使大多数议员对各种阻挠战术毫无抵抗力，其中最重要的是任何 50 名议员都有权要求非常耗时的记录表决。将这种投票程序应用于边缘事务（如在当天议程之前阅读的请愿书）使得几乎不可能实现多数决规则。除程序上的法律障碍外，这几十年来的奥地利议会还遭受了大量非法行为，例如噪声干扰会议或斗殴［赫贝尔特（Höbelt），2000；见特温（twain），1898 年的一份内容丰富的报告］。这种议会政治漫画般的长期经历常常被视为对两次世界大战期间奥地利议会制度失败的部分原因。实际上，1933 年与民主的决裂是由政府利用议会议事规则中的漏洞造成的：在议院全体混乱和所有前任官员辞职之后，政府宣布议会已经永久解散［詹妮和穆勒（Jenny and Müller），1995，360—361］。

在其他情况下，观察到了不那么激烈但有后果的规则失效。19 世纪 80 年代，即使是备受推崇的英国下议院也在很短的一段时间内受到了阻挠，但由于议长接管了阻止此类行动的权力，最终在 1887 年的新常态中引入了关闭投票［雷德利克（Redlich），1903，Vol.I，164—185］，这场阻挠告一段落。洛厄尔（Lowell，1912，292）借鉴了这一经验和其他地方的类似经验，在 20 世纪初就得出结论："当今几乎所有伟大的立法机构都被迫采取某种方法停止辩论，并对正在讨论的问题进行决定性的表决。"这位作者指出了这一进程背后的两种力量：议会多数派"抵御少数派的蓄意阻挠"和议会"完成工作"的需要。

请注意，用于（合法）阻碍的所有方法首先都具有非阻碍功能，并在"正确"时刻过度使用而成为阻碍手段［汉弗莱斯（Humphreys），1991］。只要每一位国会议员都有权通过各种手段将自己的提案付诸表决，就只有两种方法有能力可以保持全体会议达成协议：在发言者名单耗尽之前结束辩论，通常是通过结束投票和严格的事前配给（使用工具和时间）。然而，如果个别议员合并为规模较大的政党团体，配给个人权利可能不足以遏制阻碍行为，因为在协调一致的政党努力中耗尽所有团体成员的个人权利仍可能导致僵局。在这种情况下，议会规则需要将权利分配给政党团体，而不是议员个人，以达到预期效果。这确实是我们观察到的长期趋势［海达尔和库尔（Heidar and Koole），2000，17］。

正如我们的立法机构受到阻碍的例子所表明的那样，结束这种行为并恢复正常可能是一项重大挑战。事实上，在这些情况下，打破这种模式需要英雄般地解释规则（英国）或打破规则（奥地利）。相比之下，美国参议院从一个基本上不受阻碍的议院顺利发展到一个有 3/5 结束讨论要求的议院（1917 年起），但直到 20 世纪 70 年代才很少使用它，在意识形态冲突加剧之前，又一次顺利进入事实上的超级多数统治的议院［瓦罗（Wawro），2011］。

在证明了议会规则的必要性之后，我们现在转向这些规则的变化及其影响。我们首先从议会事务领域开始，在这个领域，该学科可以说是汇编了最系统的知识体系：外部官员的选举（选拔）和罢免，特别是内阁的就职和罢免。

15.4　议会选举规则

主要的政体类型——议会制、半总统制和总统制——在行政权力的组织方式上、行政职务与议会行为相联系的程度与方式上，都有着不同的规则（每种类型内部也有一些差异）。这些规则远远超出了我们的主题，在关于政体类型的文献中有详细介绍。因此，我们不在这里讨论这些问题。我们也不讨论两院制和其他一些宪法选择的相关性［斯特罗姆（Strøm）等人，1994 年］。相反，我们专注于议会制度和内阁成员就职规则。

最根本的是，我们可以区分"积极议会制"和"消极议会制"，前者是指新任首相或内阁需要多数议员的支持，后者是指内阁可以就职，除非多数议员反对［伯格曼（Bergman），1993］。伯格曼（Bergman）最初的论点认为，少数党内阁更有可能处于消极的议会制之下。这种直觉已经获得了一些经验上的支持［马丁和史蒂文森（Martin and Stevenson），2001］，但当后来的改进引入支持要求时，认为只有绝对多数要求才能使少数党内阁不太可能处于积极的议会制状态［萨尔费尔德（Saalfeld），2008，353；西贝勒（Sieberer），2010，104］，统计检验仍然不确定。然而，对相关案例的仔细检查为这种论点提供了支持［西贝勒（Sieberer），2010，120］。在积极的议会制度下，内阁授权投票可以是公开的，也可以是秘密的。秘密投票对即将上任的内阁来说是一个更大的障碍，因为个别议员可能不同意内阁组建背后的战略选择，或可能只是表达他们对政党领导人的不满。例如，来自法兰西第三共和国和意大利"第一"共和国以及 21 世纪德国地方议会的轶事证据为这些考虑的相关性提供了支持。总之，积极的议会制、绝对多数要求和秘密投票使内阁就职成为一项更为艰巨的挑战。绘制欧洲 25 个议会制度的规则显示，德国在对新政府的要求方面表现突出，而消极议会制国家占据了另一个极端［西贝勒（Sieberer），2010，124；另见德温特（De Winter），1995；伯格曼（Bergman）等人，2003］。

内阁罢免程序是从根本上规范议会和内阁关系的第二组规则。虽然任何议会多数派都有能力在任何时候通过不信任投票罢免内阁，这是议会制政府的决定性属性，但罢免的程序与内阁任命规则一样不同。最根本的区别在于普通的不信任投票和建设性的不信任投票。根据普通的不信任程序，内阁可以被大多数（投票）议员投票反对而被迫下台。相反，建设性的不信任规则要求选举新首相以取代旧首相。后一种程序显然要求更高。其目的是防止消极投票联盟（其成员不会就新内阁达成一致）推翻政府。最初是在德国魏玛共和国末期政治中间派受到极端左右派挤压的背景下发明的，建设性不信任投票于 1949 年首次被引入（西德）德国宪法，此后在许多国家（包括比利时、匈牙利、以色列、波兰和西班牙）获得采用，取得了促进政府稳定的预期效果。

通过要求多数议员罢免（从而计算出对政府有利的弃权票），以及通过以各种方式限制不信任投票的规则，例如要求最低数量的支持以启动不信任投票，限制每位议员可以支持的此类投票的数量，可以进一步促进政府的生存，将此类投票限制在首相手中（从而在危机开始时增加赌注），以及与过程相关的限制（例如，在提出提案和投票之间需要一段"冷却期"）。虽然法兰西第五共和国已经采取了所有这些补救措施来促进政府稳定，但其他国家的做法更具可选择性［伯格曼（Bergman）等人，2003，156］。 319

除内阁之外，对议会选举规则的研究已经扩展到议会以外的其他高级官员，如国家元首、法官、审计机构负责人和监察人员［西贝勒（Sieberer），2010；2013］，以及议会议长［詹妮和穆勒（Jenny and Müller），1995］。

选举规则的一个优点是，其管理的过程的结果很容易观察到。此外，在大多数情况下，相关行为者的偏好要么是已知的，要么是可以重建或假设并且具有足够的确定性的。这两个特点都使我们能够评估制度是否以及如何影响选举结果。虽然现有的研究通常是横向研究的，地理范围有所限（因此为进一步的工作留出了空间），但它们具有相当大的制度差异，并使选举规则成为议会规则及其影响方面研究最广的领域之一。

15.5 议程设置和投票规则

在立法研究中，"议程设置"一词可以用在广义和狭义上。狭义地说，议程设置主要是提案权：决定将对哪些法案和修正案进行投票。因此，议程制定者是可以向其他参与者提出"要么接受，要么放弃"提案的参与者，即议会参与者只能投票"是"或"否"的立法提案［泽伯利斯（Tsebelis），2002，2］。议程设置狭义定义的其他要素包括选择此类投票的时间和适用的投票规则［考克斯和麦卡宾斯（Cox and McCubbins），2005，25、37］。本节重点讨论议程设置的狭义观点。作为一个通用术语，议程设置适用于许多领域。在议会背景下，多林（Döring，2005）将议题议程（待讨论的问题）确定为议会时间表和狭义定义涵盖的议会投票议程之外的一个额外要素［另见鲍姆加特纳和琼斯（Baumgartner and Jones），1993；琼斯和鲍姆加特纳（Jones and Baumgartner），2005］。我们将在下文关于联系公众的章节中讨论这一更广义的议程设置概念。正式的理论工作已将提案权确定为避免立法循环［麦凯尔（McKelvey），1976］、赋予议程制定者权力［罗默和罗森塔尔（Romer and Rosenthal），1978］以及实现结构诱导均衡［谢普瑟（Shepsle），1979］的一种手段。基于这些理论见解，议程权力是美国国会委员会权力的重要基础之一［谢普瑟（Shepsle），1986；谢普瑟–温加斯特（Shepsle–Weingast），1981、1987；温加斯特–马歇尔（Weingast–Marshall），1988］。

更一般地说，泽伯利斯（Tsebelis，2002）展示了否决者之间的议程设置如何有助于解释政策变化的发生。最后，机构议程权力为政治行为者提供了极大的激励，以优化他们对其控制。这是在美国国会［考克斯和麦卡宾斯（Cox and McCubbins），1993；2005］背景下发展起来的立法机构中作为程序性卡特尔政党理论的核心推理，显示了传播到其他国家的巨大潜力。

议会制政府中制定立法议程的规则已经过仔细地描绘和分析［多林（Döring），1995b，2001；拉施和泽伯利斯（Rasch and Tsebelis），2011］。在制度上给予政府特权的国家（如法国、英国和西班牙）和政府在立法中的主导地位建立在对多数党或政党的严格控制之上的国家之间，或在少数党内阁的情况下，内阁在议会中的关键地位的国家之间出现了明显的差异［拉施和泽伯利斯（Rasch and Tsebelis），2011］。多林（Döring，2001）预测并通过实证研究表明，政府对立法议程的控制和更具限制性的预算议程权利与更少的法案和更低的支出、预算赤字有关。即使是表面上微不足道的细节，例如部长们在立法进程后期提出"最后提议"修正案的权力，也可能很重要：赫勒（Heller，2001）的博弈论模型将这一规则确定为一种手段，以维护联盟政策妥协，反对反对派通过向一些联盟伙伴提供更好的交易来分裂政府的企图。尽管多林（Döring，2001）、多林和哈勒伯格（Döring and Hallerberg，2004）进行了开创性的工作，但在很大程度上还需要做的就是利用不同国家、整个立法范围的立法数据，并在一段较长的时间内，对这一理论进行全面的实证检验。所需数据收集的复杂性和绝对数量可能会使这项任务在未来一段时间内保持在学科议程上。

如上所述，议程控制规则还包括投票顺序。关于投票规则的数学上的文献已经深入探讨了比议会背景下以经验性为主的方案更多的备选方案［例如，巴林斯基和拉拉基（Balinski and Laraki），2010］。事实上，拉施（Rasch，1995；2000）仔细绘制了欧洲议会的投票规则，发现只有两个主要规则被使用（修正程序和连续程序）。当然，我们仍然可以从研究这些规则如何经验性地与参与者的偏好相互作用中获益，但此类研究的主要焦点更多地在于政治制度中的冲突，而不是规则本身。一个例外是拉施（Rasch，2014）对挪威议会"连续程序"下的投票（即对制定为互斥选项的备选方案逐一进行连续投票）的研究，这表明不真诚或战略性投票非常少见。

法定人数和多数要求是决策的另一个方面，允许不同的规则。就前者而言，通过宪法修正案通常要求更高。一些共享法国法律体系遗产的欧洲国家（如法国、西班牙和葡萄牙）制定了组织法，这是一种派生宪法，也要求较高的出席法定人数（西班牙需要绝大多数，葡萄牙需要 2/3），或在立法程序的其他方面与普通法不同。他们的监管范围大致符合宪法学家所称的客观意义上的宪法事项，如选举法或少数族群权利。

就多数要求而言，我们可以区分传统多数要求和超多数要求。虽然宪法修改在许多政体中都需要这样的多数票（或必须通过其他障碍，如全民公决或中期选举的第二轮投票），但各国对绝对多数的准确定义有所不同（例如，德国 2/3、法国 3/5 等）。它们在要求绝对多数的立法范围上也有所不同。奥地利在西欧是独一无二的，它拥有大量的宪法性法律和宪法性条款，这些条款有些分散在数百项的普通立法中，还有一些是含在一种用于许多教育问题的以绝对多数通过的立法之中。这种体制源于主要政党之间的相互不信任，因为这些政党只能通过联合行动通过此类立法［穆勒（Müller），2000，91］。其邻国匈牙利也出于同样的原因通过了此类立法，以限制向民主过渡后的议会多数。2010 年的一次大动荡选举在匈牙利议会中产生了前所未有的宪法上的单一多数党，宪法性立法已成为确保未来多数党获得政策收益的一种手段，这一模式最初被发现与为立法僵局所困扰的分权制度相关［莫伊（Moe），1990］。因此，多数党要求具有明显的实际意义。文献描绘了这些规则并将其后果理论化［拉施（Rasch），1995］，但仅限于有关绝对多数立法的实际范围以及政治行为者如何应对绝对多数规则的零星信息。

我们已经在政府就职的背景下提到了不同的投票方法。议会规则显示了大量不同的投票方法，这些方法对程序效率、政党领导对后座议员的控制以及议员的选举责任具有重要的实质性影响。在欧洲议会中，萨尔费尔德（Saalfeld，1995）发现了各种不同的投票技术，可以分为秘密（封闭）或公开（公开投票，记录和未记录）。根据秘密投票规则，任何党派、选民或议会外的势力（例如，历史上的天主教会）都不知道具体的议员们是如何投票的。在这种规则下，党内团结和个人问责制更难维持。相比之下，公开投票提供了充分的透明度，至少对当代观察家来说是这样。最后，投票技巧在效率方面有所不同。虽然电子投票花费的时间最少，但传统的点名投票（每个议员都被召集，原地起立，并以口头方式进行投票记录）是最耗时的方法（在大型议会中，一次投票可能需要数小时）。

议会规则通常规定了一些决定（例如政府就职、官员选拔）的固定投票方法，但仅为其他事务的投票提供了默认选项。这给参与者留下了战略选择［卡鲁巴（Carrubba）等人，2008；哈格（Hug），2010］。政党领导人可能会以记录在案的投票作为约束后座议员的手段，那些想突出他们对某一特定案件（公告）的承诺或想拖延（阻挠）的政党也可能会这样做。相反，在某一问题上团结一致的政党可能希望通过秘密投票（如果他们希望以这种方式获胜），或者相反，通过公开和记录投票（如果它们希望从证明其他党派分裂中受益）来利用其他党派的不团结。

322　　　当这些理由发生冲突时，如何选择实际投票方法的规则至关重要。在现代，意大利是研究不同投票方法的政治后果的典范。在 1988 年议会改革之前，意大利的议事规则要求对立法进行秘密投票。但是，立法也可以通过唱名方式进行额外信任投票，这一表决先于但不取代对立法的秘密投票。三个意大利战后内阁在同一问题上赢得信任投票后，就因立法秘密投票而倒台［海因（Hine），

1993，190—193]。这表明，投票方式的选择对于政党控制国会议员和维护联盟的纪律确实具有重要意义。不幸的是，议会投票行为的实证研究——近年来一个不断发展的领域——遭受了这样一个事实的困扰，即大多数欧洲议会给研究人员留下的关于这一关键决策阶段的信息很少。可用的唱票数据通常会受到选择偏差的影响[哈格（Hug），2010]。然而，正是不同投票方法之间的战略选择为提出有趣的研究问题提供了机会。

15.6 政治控制规则

根据密尔（Mill，1861，73），"监督和控制政府"是"代表大会的特有职责"的核心。议会的控制，是通过由议会规则形成的各种体制机制来运作的。最广泛和最常用的控制手段是议会质询。尽管在结构上有很大的相似性，但随着时间的推移，该工具在各国之间的更精细的制度细节方面显示了相当大的差异。然而，关于这种变化是否相关以及如何相关的问题，理论工作很少。我们知道，议会质询的任务与国会议员对选区问题的关注以及对政府或联盟伙伴的检查一样不同。然而，理论工作几乎完全集中于选举制度的影响（如提供激励措施以建立个人投票）和质询者的政府/反对派角色对质询的使用，并在很大程度上忽视了质询规则的变化。最重要的例外是口头和书面质询格式之间的区别。这两种格式对其来源、控制、内容、答案的有效性、目标受众和功能产生了一系列不同的期望[马丁和罗森贝格（Martin and Rozenberg），2011]。尽管具有指导意义，但大多数议院中都存在这两种类型的质询[伯格曼（Bergman）等人，2003，167—172]以及口头质询时间的常规消耗限制了从这一区别中得出的分析杠杆。

议会质询规则中的其他差异包括对质询的限制和强制回答的方式。虽然可以从议会质询这两个维度的变化中得出理论上有趣的预期，但我们预计，"真正的"变化更多的是规则解释，而不是书面规则。

一方面，在大多数议会中，质询是个人议会行为的唯一出路，因此不受规则的太多约束。因此，我们预计真正重要的制度变化很少。另一方面，强制回答大多是直接或间接的多数派特权，因此，如果不将政府的后果作为非制度因素考虑在内，就不会得到适用。如果这些假设是正确的，那么议会质询模式之间的重要差异应该更多地受到非制度因素和在正确时间提出正确质询的纯粹机会的影响，而不是受到程序差异的影响。然而，对议会问题的研究刚刚起步，这一切都是推测。

议会委员会对于控制目的也很重要，因为平行部委的委员会在其管辖范围内至少对前者拥有一些控制权。他们可能要求（或定期收到）政府报告，听取证人证词，并充分利用其专业成员的知识和背景信息来检查行政人员的行为。虽然专门从事控制工作的英国专门委员会受到了一些关注［德鲁里（Drewry），1989；乔格斯特（Jogerst），1993；库巴拉（Kubala），2011］，但据我们所知，自马特森和斯特罗姆（Mattson and Strøm，1995）初步绘制委员会权力图以来，关于议会委员会在其他议会系统中行使的控制权，尚未发表太多文章。这项工作揭示了委员会控制权的巨大差异，但就活动和影响而言，我们仍不清楚这意味着什么。

调查委员会的使用相对较少，这使得研究人员只能处理一些分散在不同时间和空间的案件。此外，制度规则的变化可能不如其他参数重要，如政府排序、受影响的当事人、媒体环境和要调查案件的性质。它们的罕见性和所调查的具体情况，使得对调查委员会的程序及其相关性的比较研究，成为一项仍有待探索且特别具有挑战性的前沿研究。建立非常任调查委员会，审查涉及政府官员的涉嫌管理不善，是议会最有力的控制手段（除罢免政府或个人成员外）。在这方面，我们发现各国在这些委员会是否在议会的武器库中设立这些委员会的权利（多数或少数）［伯格曼（Bergman）等人，2003，173］以及它们开展业务的方式方面存在很大的制度差异。当合格的少数派能够成立调查委员会，并且当公众能够参与他们的听证会和审议时，可以放心地期待它将得到更多的使用，也许会产生更大的影响。我们可以预期，在进行调查时，更广泛的委员会权利也会产生类似的影响。不幸的是，从经验上评估此类说法非常困难。调查委员会的使用相对较少，研究人员只能处理一些分散在不同时间和空间的案件。此外，制度规则的变化可能不如其他参数重要，例如政府精英、受影响方、媒体环境和待调查案件的性质。它们的稀缺性和调查中的具体情况使得对调查委员会程序及其相关性的比较研究成为一个特别具有挑战性的研究前沿，仍有待探索。

与这些事后监督机制相比，事前预算规则及其对政府支出的影响受到了相当大的关注。在现代，议会控制政府支出的前现代观点（集中体现在政治口号

"无代表，不纳税"中）已被推翻。

现代议会通常被视为挥霍者，而不是限制政府开支以降低税收，因为政党、党内团体和独立立法者都试图将其喜爱的项目纳入预算。因此，限制议会作用的规则通常被视为促进预算纪律［斯塔彭赫斯特（Stapenhurst）等人，2008］。具体而言，预算规则可能会限制议会的修正权，要求通过相应的削减或增税来抵消任何预算增加，并要求在审议个别项目之前对总体预算进行表决，从而将潜在的共同资金池问题内在化［哈勒伯格（Hallerberg）等人，2009，63］。在迄今为止对预算拨款的制度改善措施所进行的广泛研究中，包括 1971 年至 1996 年的 58 个国家，韦纳（Wehner）确实发现，政府拨款往往发生在"立法机构有不受限制的权力修改行政部门预算提案的国家"［Wehner，2010，133 — 134］。他的分析进一步表明，议会预算规则的细微差异可能也很重要，但要证实这些说法，需要更深入的理论和更好的制度数据［Wehner，2010，136 — 141］。

15.7　规则与联系公众

一般认为，议会的主要任务之一是所谓的"沟通""公开""联系"［洛文伯格和帕特森（Loewenberg and Patterson），1979］，或作为国民的"意见大会"［密尔（Mill），1861］。这些术语都是不明确的，也非议会独有的特征。我们这里的意思是，议会是在公众面前完成政治决策的舞台。观察议会舞台上发生的事情有助于促进政治研究，并使公民能够追究其代表的责任。

与公众联系是通过许多不同的议会手段进行的。在大多数情况下，所用手段的最初目的是不同的，但由于其潜在的宣传效果（例如，全会辩论和质询时间），行为者实际上可能会使用它。这样做通常需要他们额外努力来宣传他们的贡献（在新闻发布会、新闻稿、新闻媒体采访等），而这些努力是否成功，则取决于议员和政党能否满足传统新闻媒体的要求，即提供新的、重要的和有争议的信息。因此，在某种程度上，哪些议会程序对联系公众特别重要，仍然是一个经验问题。

虽然议会规则妨碍到所有可能引起公众注意的程序和手段，但在目前的情况下，第一研究选择是那些直接向公众公开的程序：那些在全体会议上展开的

324

程序。我们已经提到，全体会议是处理议会事务的瓶颈。因此，为了共同利益，参加全体会议需要严格监管［考克斯（Cox），2006］，但它也涉及在议会参与者之间分配资源的重要选择。相关问题包括：谁可以发言，目的是什么，什么时间发言，发言时间有多长？

　　虽然说明规则中的这种变化相对容易，但研究其后果更具挑战性，而且实际上还没有进行很多实证研究。正如普罗克施和斯拉平（Proksch and Slapin，2012，520）恰当地总结的那样，"政治学家对政党在辩论中的作用、管理发言的机构以及立法者试图传达的信息的战略性质知之甚少，这令人惊讶"。大多数实证研究涉及单个议会和相对较短的时期（即相关规则没有变化或变化非常有限），并侧重于不同背景条件下单独代表的理由和行为或政党战略［有关显著例外，请参见马丁和范伯格（Martin and Vanberg），2008；斯坦纳（Steiner）等人，2004］。相比之下，议会规则的改革者们显然认为，规则是有区别的，例如，试图通过使辩论更加活跃或引入"专题时间"等新的手段来提高人们对议会作为一个政治舞台的关注，以便在议程上没有相关立法的情况下讨论"热点"问题。

　　与议会给公众传递信息有关的一个关键问题是，如何将议会进程传达给公众。很少有公民在议会旁听席上观看辩论或自己阅读会议记录。因此，新闻媒体对议会工作的报道对议会作为一个集体机构、议会党派和议员个人来说都至关重要。议会在某种程度上与其他政治舞台争夺媒体的关注，它可能或多或少是发布政府政策的真正新闻发布中心。一些国家授予议会优先听取政府计划的特权［然而，这在实践中可能会受到破坏；科克雷尔（Cockerell）等人，1984］，而其他国家则给予行政部门更多的回旋余地。我们不知道是否有研究将这种随意的观察变成了确凿的事实。

　　各国议会在向媒体曝光其工作的程度上也有所不同。闭门工作的委员会更有可能成为建立共识的舞台，而不是向公众开放的舞台［肖（Shaw），1979］，因此议会参与者可能有充分的理由将某些程序隐匿起来。各国议会在报告方法和作出相关决定的时间方面也有所不同。直播为公民提供了根据自己的观察和解释作出判断的机会。有趣的是，议会对电视的出现［富兰克林（Franklin），1989］和最近的互联网传播的处理方式截然不同。回想一下古典的议会场所［波尔斯比（Polsby），1975］，也许具有反讽的意味，因为在这方面英国下议院（British House of Commons）是后来者，1978 年之前不允许无线电广播，1989 年之前也不允许动态图像传播。

总之，通过议会行动让公众知晓信息，虽然对理解作为代表机构的议会很重要，但这种知晓过程很少受到学术界的关注。尽管许多相关过程已经被研究过，但学者们很少关注它们的外部效应。因此，在很大程度上，我们尚有大量值得深入探索的未知领域。

15.8　规则的改变

本章表明，该学科在对议会规则进行跨学科的理论化和描绘取得了相当大的进展。然而，研究议会规则对实际行为的影响的尝试大多依赖于纵向行为数据，将不同年份或立法时期的信息汇总在一起。因此，此类研究设计必须假设制度稳定。虽然我们认为这一假设对于个别议会程序来说是现实的，但从中长期来看，这是不可信的，因为鸟瞰图显示了大量规则变化［西贝勒（Sieberer）等人，2011］。这种改变可以采取多种形式，服务于不同的目的。泽伯利斯（Tsebelis，1990）将造福（几乎）所有在这些规则下生活和工作的参与者的"有效变革"与牺牲他人利益为当前大多数人的利益服务的"再分配变革"区分开来。适应技术变革或其他外部发展（如欧盟一体化），使议会作为一个集体机构受益于前者，而限制少数派获得议会资源（如全体会议时间）则说明了后者。

迄今为止，对议会制政府中议会规则变化的研究，主要是以个案研究的形式进行的，侧重于个别国家具有相当规模程度的单一改革［泰森（Thaysen），1972；诺顿（Norton），2001；弗林德斯（Flinders），2007］。对美国国会规则变化的研究建立在全面彻底的理论化、系统的长期数据收集和统计分析基础上［宾德（Binder），1997；戴恩（Dion），1997；希克勒（Schickler），2001］，但就其地理重点和稳定的政权基础体制而言，也具有类似的特殊性。因此，系统和相对地描绘议会制度中的规则变化图是明显的研究前沿之一。区分"有效"改革和再分配改革，解释制度变迁及其时机，是议会机构研究学者面临的另一个挑战。虽然已经采取了初步步骤来设计这样的研究计划［如西贝勒（Sieberer）等人，2011］，但大部分工作仍有待完成。制订一个统一的框架，对总统与议会分歧有所超越的规则变革进行理论构建和实证研究设计［加姆和休伯（Gamm and Huber），2002〕，不仅对议会研究者，而且对那些有兴趣更全面地解释制度设计和变革的学者来说，都是一个挑战。

15.9　结论

规则和程序涉及的领域很广，是研究议会和其他机构的一个主要角度。在本章中，我们强调了它们的相关性，并回顾了西欧议会的研究现状，包括一些世界上得到最好研究的议会。在这样做的过程中，我们的注意力集中在一些通常归于议会的核心职能上：创建行政机构并对其问责、立法、行使控制权和联系公众。

我们认为，对议会规则的理论理解和实证研究在这些领域的分布非常不均衡。我们对导致内阁就职、内阁罢免和立法通过等权威决策的过程的规则了解得很多，但对行使控制权和联系公众的规则了解得很少。在某种程度上，这对应于议会在前一进程中具有（至少是正式的）垄断作用，但在后一进程中不具有——尽管这很重要。

研究中最大的缺陷可能与这样一个事实有关：研究制度效应需要有关制度变化和这些制度下的行为的数据。这些条件很少同时满足。建立在收集议会行为数据基础上的研究非常少见，即使是在单个议会上，对西欧议会行为的比较研究也仅限于少数研究〔如多林和哈勒伯格（Döring and Hallerberg），2004〕。这就给研究留下了一个巨大的议程，即使是在那些已经在理论化和描绘制度图（如法律制定）方面进行了大量尝试的领域。

此外，中长期制度稳定的标准假设也受到质疑。因此，随着时间的推移，描绘制度图对于研究制度效应非常重要。与此同时，制度变迁本身就是一个迷人的话题，也是本章确定的第二个主要研究前沿。这可能含有更大的挑战，因为国会文献可能更难适应议会制度和多党制度的复杂性，而且规则制定，至少在大型改革中，是事关议会参与者的一个重要的独创性因素，这在系统的概念范畴或甚至类似法律的推测中很难掌握。

参考文献

Andrews, J. T., 2002. When Majorities Fail. The Russian Parliament, 1990–1993. Cambridge: Cambridge University Press.

Bagehot, W., 1873. The English Constitution. London: Constable. Baumgartner, F. R. and Jones, B. D., 1993. Agendas and Instability in American Politics. Chicago: University of Chicago Press.

Balinski, M. and Laraki, R., 2010. Majority Judgement. Cambridge: MIT Press.

Bergman, T., 1993. Formation Rules And Minority Governments. European Journal of Political Research, 23: 55–66.

Bergman, T., Müller, W. C., Strøm, K., and Blomgren, M., 2003. Democratic Delegation and Accountability: Cross National Patterns. In K. Strøm, W. C. Müller, and T. Bergman (eds.). Delegation and Accountability in Parliamentary Democracies, pp. 109–221. Oxford: Oxford University Press.

Binder, S. A., 1997. Minority Rights, Majority Rule. Cambridge: Cambridge University Press.

Carrubba, C., Gabel, M., and Hug, S., 2008. Legislative Voting Behavior, Seen and Unseen: A Theory of Roll–call Vote Selection. Legislative Studies Quarterly, 33: 543–72.

Cockerell, M, Hennessy, P., and Walker, D., 1984. Sources Close to the Prime Minister. London: Macmillan.

Cox, G. W., 1987. The Efficient Secret: The Cabinet and the Development of Political Parties in Victorian England. Cambridge: Cambridge University Press.

Cox, G. W., 2006. The Organization of Democratic Legislatures. In B. R. Weingast and D. A. Wittman (eds.). The Oxford Handbook of Political Economy, pp. 141–61. Oxford: Oxford University Press.

Cox, G. W. and McCubbins, M. D., 1993. Legislative Leviathan. Berkeley: University of California Press.

Cox, G. W. and McCubbins, M. D., 2005. Setting the Agenda. Cambridge: Cambridge University Press.

De Winter, Lieven, 1995. The Role of Parliament in Government Formation and Resignation. In H. Döring (ed.). Parliaments and Majority Rule in Western Europe, pp. 115–51. Frankfurt am Main: Campus.

Dion, D., 1997. Turning the Legislative Thumbscrew. Minority Rights and Procedural Change in Legislative Politics. Ann Arbor: University of Michigan Press.

Döring, H. (ed.), 1995a. Parliaments and Majority Rule in Western Europe. Frankfurt am Main: Campus.

Döring, H., 1995b. Time as a Scarce Resource: Government Control of the Agenda. In H. Döring (ed.). Parliaments and Majority Rule in Western Europe, pp. 223–46. Frankfurt am Main: Campus.

Döring, H., 2001. Parliamentary Agenda Control and Legislative Outcomes in Western Europe. Legislative Studies Quarterly, 26: 145–65.

Döring, H., 2005. Worauf Gründet sich Die Agenda–Setzer–Macht der Regierung? Theoretische und Vergleichende Perspektiven auf den Deutschen Fall. In S. Ganghof and P. Manow (eds.). Mechanismen der Politik: Strategische Interaktion im Deutschen Regierungssystem, pp. 109– 48. Frankfurt am Main: Campus.

Döring, H. and Hallerberg, M. (eds.), 2004. Patterns of Parliamentary Behaviour. Passage of Legislation Across Western Europe. Burlington: Ashgate.

Drewry, G. (ed.), 1989. The new Select Committees. Oxford: Clarendon Press.

Flinders, M., 2007. Analysing Reform. The House of Commons, 2001–5. Political Studies, 55: 174–200.

Franklin, B., 1989. Televising Legislatures. The British and American Experience. Parliamentary Affairs, 42: 485–502.

Gamm, G. and Huber, J., 2002. Legislatures as Political Institutions: Beyond the Contemporary Congress. In I. Katznelson and H. V. Millner (eds). Political Science: The State of the Discipline, pp. 313–41. New York: W. W. Norton.

Hallerberg, M., Strauch, R. R., and von Hagen, J., 2009. Fiscal Governance in Europe. Cambridge: Cambridge University Press.

Hallerberg, M., 2004. Domestic Budgets in a United Europe. Ithaca: Cornell University Press.

Heidar, K. and Koole, R. (eds.), 2000. Parliamentary Party Groups in European Democracies: Political Parties Behind Closed Doors. London: Routledge.

Heller, W. B., 2001. Making Policy Stick: Why the Government Gets What It Wants in

Multiparty Systems. American Journal of Political Science, 45: 780–98.

Hine, D., 1993. Governing Italy. Oxford: Oxford University Press.

Höbelt, L., 2000. Parteien und Fraktionen im Cisleithanischen Reichsrat. In H. Rumpler and P. Urbanitsch (eds.). Verfassung und Parlamentarismus. Vol. 1 (Die Habsburgermonarchie 1948–1918), pp. 895–1006. Vienna: Verlag der Österreichischen Akademie der Wissenschaft.

Hug, S., 2010. Selection Effects in Roll Call Votes. British Journal of Political Science, 40: 225–35.

Humphreys, R. F., 1991. Legislative Obstruction: How to Do it. Administration, 39: 55–69.

Jedruch, J., 1998. Constitutions, Elections, and Legislatures of Poland, 1493–1993: A Guide to Their History. New York: Hippocrene Books.

Jenny, M. and Müller, W. C., 1995. Presidents of Parliaments. Neutral Chairmen or Assets of the Majority? In H. Döring (ed.). Parliaments and Majority Rule in Western Europe, pp. 326–64. Frankfurt am Main:Campus.

Jogerst, M., 1993. Reform in the House of Commons: The Select Committee System. Lexington: University Press of Kentucky.

Jones, B. D. and Baumgartner, F. R., 2005. The Politics of Attention. How Government Prioritizes Problems. Chicago: University of Chicago Press.

Kubala, M., 2011. Select Committees in the House of Commons and the Media. Parliamenatary Affairs, 64: 694–713.

Loewenberg, G. and Patterson, S. C., 1979. Comparing Legislatures. Boston: Little, Brown and Company.

Lowell, A. L., 1912. The government of England. New York: Macmillan.

Manin, B., 1997. The Principles of Representative Government. Cambridge: Cambridge University Press.

Martin, L. W. and Vanberg, G., 2008. Coalition Government and Political Communication. Political Research Quarterly, 61: 502–16.

Martin, L. W. and Stevenson, R. T., 2001. Government Formation in Parliamentary Democracies. American Journal of Political Science, 45: 33–50.

Martin, S. and Rozenberg, O. (eds.), 2011. Parliamentary Questions. Special Issue of Journal of Legislative Studies, 17 (3).

Mattson, I. and Strøm, K., 1995. Parliamentary Committees. In H. Döring (ed.). Parliaments and Majority Rule in Western Europe, pp. 249–307. Frankfurt am Main: Campus.

McKelvey, R. D., 1976. Intransitivities in Multidimensional Voting Models and Some

Implications for Agenda Control. Journal of Economic Theory, 12: 472–82.

Mill, J. S., 1861. Considerations on Representative Government. London: Parker, Son & Bourn.

Moe, T. M., 1990. Political Institutions: The Dark Side of the Story. Journal of Law, Economics, and Organization, 6: 213–53.

Müller, W. C., 2000. Austria. Tight Coalitions and Stable Government. In W. C. Müller and K. Strøm (eds.). Coalition Governments in Western Europe, pp. 86–125. Oxford: Oxford University Press.

Müller, W. C., 2002. Parties and the Institutional Framework. In K. R. Luther and F. Müller–Rommel (eds.). Political Parties in the New Europe, pp. 249–92. Oxford: Oxford University Press.

Norton, P., 2001. Playing by the rules. The Constraining Hand of Parliamentary Procedure. Journal of Legislative Studies, 7: 13–33.

Oleszek, W. J., 2010. Congressional Procedures and the Policy Process. Washington: CQ Press.

Polsby, N. W., 1975. Legislatures. In F. I. Greenstein and N. W. Polsby (eds.). Handbook of Political Science. Vol 5. Governmental Institutions and Processes, pp. 257–319. Reading: Addison–Wesley.

Proksch, S–O. and Slapin, J. B., 2012. Institutional Foundations of Legislative Speech. American Journal of Political Science, 56: 520–37.

Rasch, B. E., 1995. Parliamentary Voting Procedures. In H. Döring (ed.). Parliaments and Majority Rule in Western Europe, pp. 488–527. Frankfurt am Main: Campus.

Rasch, B. E., 2000. Parliamentary floor Voting Procedures and Agenda Setting in Europe. Legislative Studies Quarterly, 25: 3–23.

Rasch, B. E., 2014. Insincere Voting Under the Successive Procedure. Public Choice, 158: 499–511.

Rasch, B. E. and Tsebelis, G. (eds.), 2011. The Role of Governments in Legislative Agenda Setting. London: Routledge.

Redlich, J., 1903. The Procedure of the House of Commons. London: Archibald Constable.

Riker, W. H., 1980. Implications From the Disequilibrium of Majority Rule for the Study of Institutions. American Political Science Review, 74: 432–46.

Roemer, T. and Rosenthal, H., 1978. Political Resource Allocation, Controlled Agendas, and the Status Quo. Public Choice, 33: 27–43.

Saalfeld, T., 1995. On Dogs and Whips: Recorded Votes. In H. Döring (ed.). Parliaments and Majority Rule in Western Europe, pp. 528–65. Frankfurt am Main: Campus.

Saalfeld, T., 2008. Institutions, Change and Choices: The Dynamics of Cabinet Survival in the Parliamentary Democracies of Western Europe (1945–1999). In K. Strøm. W. C. Müller, and T. Bergman (eds.). Cabinets and Coalition Bargaining, pp. 125–43. Oxford: Oxford University Press.

Schickler, E., 2001. Disjointed Pluralism. Princeton: Princeton University Press.

Shaw, M., 1979. Conclusion. In J. D. Lees and M. Shaw (eds.). Committees in Legislatures, pp. 361–434. Oxford: M. Robertson.

Shepsle, K. A., 1979. Institutional Arrangements and Equilibrium in Multidimensional Voting Models. American Journal of Political Science, 23: 27–59.

Shepsle, K. A., 1986. Institutional Equilibrium and Equilibrium Institutions. In H. F. Weisberg (ed.). Political Science: The Science of Politics, pp. 51–81. New York: Agathon Press.

Shepsle, K. A., 2006. Old Questions and New Answers about Institutions. The Riker Objection Revisited. In B. R. Weingast and D. A. Wittman (eds.). The Oxford Handbook of Political Economy, pp. 1031–49. Oxford: Oxford University Press.

Shepsle, K. A. and Weingast, B. R., 1981. Structure–induced Equilibrium and Legislative Choice. Public Choice, 37: 503–19.

Shepsle, K. A., and Weingast, B. R., 1987. The Institutional Foundations of Committee Power. American Political Science Review, 81 (1): 85–104.

Sieberer, U., 2010. Parlamente als Wahlorgane. Baden–Baden: Nomos.

Sieberer, U., 2013, Elections in Western European Parliaments. European Journal of Political Research, 52: 512–35.

Sieberer, U., Müller, W. C., and Heller, M. I., 2011. Reforming the Rules of the Parliamentary Game: Measuring and Explaining Changes in Parliamentary Rules in Austria, Germany, and Switzerland, 1945–2010. West European Politics, 34: 948–75.

Stapenhurst, R., Pelizzio, R., Olson, D. M., and von Trapp, L. (eds.), 2008. Legislative Oversight and Budgeting. A World Perspective. Washington: The World Bank.

Steiner, J., Bächtiger, A., Spörndli, M., and Steenbergen, M. R., 2004. Deliberative Politics in Action. Cambridge: Cambridge University Press.

Strøm, K., Budge, I., and Laver, M. J., 1994. Constraints on Cabinet Formation in

Parliamentary Democracies. American Journal of Political Science, 38: 303–35.

Strøm, K., Müller, W. C., and Bergman, T. (eds.), 2008. Cabinets and Coalition Bargaining. Oxford: Oxford University Press.

Thaysen, U., 1972. Parlamentsreform in Theorie und Praxis. Opladen: Westdeutscher Verlag. Tsebelis, G., 1990. Nested Games. Berkeley: University of California Press.

Tsebelis, G., 2002. Veto Players. Princeton: Princeton University Press.

Twain, M., 1989. Stirring Times in Austria. Harper's New Monthly Magazine, 96: 530–40.

Wawro, G. J., The Supermajority Senate. In E. Schlicker and F. E. Lee (eds.). The Oxford hand–book of the American Congress, pp. 426–50. Oxford: Oxford University Press.

Weingast, B. R. and Marshall, W. J., 1988. The Industrial Organization of Congress; or, Why Legislatures, Like Firms, are Not Organized as Markets. Journal of Political Economy, 96: 132–63.

Weingast, B. R. and Wittman, D. A. (eds.), 2006. The Oxford Handbook of Political Economy. Oxford: Oxford University Press.

Wehner, J., 2010. Legislatures and the Budget Process. Houndmills: Palgrave Macmillan.

第十六章　两院制政治[*]

威廉·B. 赫勒（William B. Heller）
戴安娜·M. 布兰杜斯（Diana M. Branduse）

16.1　引言

两院制在政治制度的万神殿中占据着一个自相矛盾的
地位。一方面，它之所以引起关注并得到分析，是因为它
在宪法制度中占有特殊的地位。两院制政治制度清晰明白
地将大约 1/3 的国家与采用一院制立法机构政体的国家区
分开来。此外，两院制与其他许多通常被视为对理解政治
很重要的具体制度细节没有明确的系统关系。例如，议会
制和总统制似乎并不意味着更倾向于一院制或两院制，而
且选举规则在不同国家和议院之间也有很大差异。即使在
联邦制的情况下，两院制至少有一种假定的关系，上议院
的选择方式和权力的变化可以进行富有成效的研究。总而
言之，两院制是很难被忽视的，因为即使对最漫不经心的
观察者来说，立法机构究竟是由一个议院还是两个议院所
组成的这个问题是相当显著的。

另一方面，至少从法国大革命时代以来，观察家们就
习惯宣称：两院制往好了说是无关痛痒，往坏了说是一种

332

---

* 何永红译。

刺激剂。除了这一批判观点，宪法的设计者和学者们还将两院制视为治疗各种政治弊病的良方——这些弊病包括多数人的暴政、粗制滥造的法律［《联邦党人文集》中强调了这一点，并又将目光投向了孟德斯鸠（1689—1755）］，还有联邦系统中各地方之间的集体困境。一些人发现两院制对于精心设计的一院制来说是多余的［卡特龙和麦卡蒂（Cutrone and McCarty），2006］，而另一些人则将其视为民主的基本保障［赖克（Riker），1992a；1992b］。从根本上来讲，很难判断两院制是否或如何影响结果，主要有两个原因。第一，战略行为者根据现有的制度规则适当地调整自己的行为，从而使规则的影响基本上不为人所注意。第二，由于两院制立法机构中不同议院在分配主权方面的宪法差异，以及每个议院的党派组成常常反映另一个议院的党派组成的情况，很难确定两院制会在何时或在何种情况下影响政治和政策结果。［以利普哈特（Lijphart，1984；1999）的说法来看分别是"对称"和"一致"的程度］。

333　　　　这种明显的矛盾是不可避免的：两院制很容易观察到并且相当普遍，但它的影响很难衡量，如果它们存在的话，很可能是微不足道的。

　　利普哈特（Lijphart，1984，1999更新，205—213）对两院制的经典处理是将其定义为强两院制或弱两院制，这取决于上议院的正式权力、民主合法性（基于选举方式）或两院组成的差异（一般来说，下议院形式上比上议院强，至少不弱于上议院）。把这些标准合在一起产生出一个指数，粗略地说，这个指数可以分解为一个 2 乘 2 的类型，由议院的**对称性**程度（由正式权力和选择方法的结合所决定）和构成成分的**一致性**程度来定义。这种典型的两院制的实证处理［见格林（Gerring）等人，2005；赫尼斯（Henisz），2000，2002，2006；休伯（Huber）等人，2004］方法的问题是双重的。首先，它将宪法规则中定义的正式权力与以下概念混为一谈，即通过直接选举以外的其他方式选出的上议院成员将避免使用宪法权威来对抗更合法选出的下议院议员的意愿。我们认为，对两院制的制度主义方法要求将选择方法与正式权威分开考虑。其次，它既忽略了两院制可能会增加党内差异的可能性，而且这种差异可能永远不会进入决策计算中［参见赫勒（Heller），2001；范杜斯基 – 艾伦和赫勒（VanDusky–Allen and Heller），2014］，又使两院制的衡量——立法结构的一个宪法定义元素——受制于选民的周期性变幻莫测的选择。

　　考虑到将正式规则与选举结果和规范或文化问题区分开来的固有困难，对两院制如何运作的综合理论和实证研究相对较少，这并不奇怪。典型的方法是对两院制进行分类［例如作为否决点的构型，例如赫勒（Heller），1997；泽伯利斯和莫尼（Tsebelis and Money），1997；或作为可供利用的资源，无论是作为信息还是作为产生租金的手段，分别见迪尔迈尔和迈尔森（Diermeier and Myerson），1999；罗杰斯（Rogers），2001］并从此建立一个关于两院制可能如何影响结果的论点。这些研究在理解结果方面的效用，被它们发出的关于两院制的重要性及原因的矛盾信号混淆。两院制确实造成了拖延或否决，产生了额外的接触点和影响力［例如对游说者；特斯塔（Testa），2010］，并可能会造成僵局［宾德（Binder），1999］。然而，作为立法结构和立法程序的重要组成部分，它决定了法案如何成为法律。如果没有程序，两院制就毫无意义；作为这一过程的一部分，即使表面上软弱无力的两院制也能产生深刻而微妙的影响。

在我们看来，一个议院是强是弱的问题必须植根于正式权威。如果上议院没有多少正式权力，即使再多的不一致也不会给它更多的权力；但是在两院制一致性较高的议院中，成员可以利用他们的正式权威在其党内的党团会议中增加自己的利益。

由于决定谁会影响政治决策的政治交换很可能发生在公众的视野之外，特别是在后一种情况下，两院制的定义和衡量在理论上合理而正当，并且不受选举结果或民主合法性问题的阻碍就尤为重要。为此，我们将两院制的定义（我们将在下文用它来建立两院制指数）建立在两个标准之上：第一，必须有两个由宪法定义的立法议院（无论采用何种选举方式）；第二，至少每个立法议院都可以延长一些法案从提出到最终投票通过的过程［泽伯利斯和莫尼（Tsebelis and Money），1997］。

两院制的研究者所面临的，是任何试图理解政治制度运作的人都面临的基本问题：在平衡中，它们对结果的影响是无形的，但这并不意味着它们没有影响。我们确定可能有助于区分和澄清两院制对政策（和政治）结果的总体贡献的研究路线，并提出有助于推动两院制和政治制度研究的更广泛的前沿性建议。

我们将在 16.2 中对两院制研究的发展作一个简要考察，以此开始这项任务。在 16.3 中，我们将更深入地研究最近的研究进展，并就研究两院制能给我们带来什么以及如何实现这一目标提出我们自己的观点。最后，我们讨论在现实世界中评估两院制的策略，以及一个纯粹以机构为中心的两院制指数的细节，并在本章最后进行总结。

334

16.2　两院制的演变

包括本章在内的许多对两院制的考察，都有机会引用阿贝·西耶斯（Abbé Sieyès）的声明："如果第二议院不同意第一议院，那就是错误的；如果它同意，那就是多余的。"［坎皮恩（Campion），1954，1；参见菲斯克（Fisk），2011，231；谢尔（Shell），2001，13；泽伯利斯和莫尼（Tsebelis and Money），1997，1；乌尔（Uhr），2006，477］也就是说，即使是两院制的弱版本，现在也被认为会影响结果［参见利普哈特（Lijphart），1999，211］。一般来说，对两院制的研究可分为两大类：要么对两院制如何影响立法质量的问题采取规范性的方法，要么将两院制作为政策过程中的一个特权要素。我们依次简要地谈谈每一个问题。

16.2.1　两院制与公共利益

关于两院制价值的争论突出了四个基本问题：两院制如何影响政策稳定？两院制如何影响立法者可获得的信息［以及立法的质量；参见克雷比尔（Krehbiel），1991］？两院制是如何影响立法所需时间的？两院制是如何影响代表性的？学者们可以根据他们最初的关注点，将每一种观点视为积极的或消极的（或无关紧要的），但除了最近的一些探索，大多数分析都取决于两院制是否、如何以及以何种目的影响代表性。

在其他条件都相同的情况下，两院制可能比一院制提供更多而非更少的代表性。例如，上议院可以被用来保证在选举中可能不会获胜的特定行为者发挥立法作用。最初两院制被视为构建良好政府的工具［谢尔（Shell），2001，6］，上议院被视为让智者也能被代表的手段。然而，赋予诸如贵族、地方政府或地域性利益集团或不同的选民阵营等可识别阶层特权，这是更为容易的［参见马斯蒂亚斯和格兰热（Mastias and Grangé），1987，82］。相比之下，如果上议院的成员与下议院的成员在相同的基础上、从相同的人口中选出，那么他们可能也会代表相同的利益［利普哈特（Lijphart），1999；参见布坎南和塔洛克（Buchanan and Tullock），1974；利弗莫尔（Levmore），1992；卡特龙和麦卡蒂（Cutrone and McCarty），2006］。统治者为了巩固自己的权力而将立法权力转让给特定群体，这一论点的逻辑延伸开来［诺斯和温加斯特（North and Weingast），1989］，两院制被视作一种保护那些地位和影响力可能消失的群体或阶级特权的手段，这就是有道理的［参见博伊克斯（Boix），1999；布莱斯（Blais）等人，2005］。因此，保护少数特殊利益一直是两院制的正当理由［麦迪逊（Madison），1947；坎皮恩（Campion），1954；德米农（de Miñón），1975；拉塞尔（Russell），2001a，2001b；德迪恩（de Dijn），2005］。无论受保护的阶层是哪个，第二议院只有在能够影响立法结果时才能发挥作用［即使只是通过拖延；泽伯利斯和莫尼（Tsebelis and Money），1997］。

保护少数利益并不一定有助于制定良好的公共政策。赖克（Riker，1992a；1992b）进一步论证了两院制保护多数原则不受其本身的影响——也就是，不受社会选择政策周期的影响，理论认为当决策是多维的时，这种社会选择政策循环有潜在问题［参见普洛特（Plott），1967；麦凯尔（McKelvey），1976；斯科菲尔德（Schofield），1983］——从而不受民粹主义悖论的影响。这里的基本思想是两院制将决策简化为议院之间的高效、一维的交易［哈蒙德和米勒（Hammond and Miller），1987；利弗莫尔（Levmore），1992；泽伯利斯和拉施（Tsebelis and Rasch），1995；米勒（Miller）等人，1996；泽伯利斯和莫尼（Tsebelis and Money），1997；博顿（Bottom）等人，2000；布拉德伯里和克雷恩（Bradbury and Crain），2002；康格尔顿（Congleton），2003］。当然，如果现状本身就是一种有效的交易，那么导致政策稳定的逻辑也意味着政策僵局［阿尔特和劳里（Alt and Lowry），1994；宾德（Binder），1999，2003；布鲁尼格（Breunig），2008；广居（Hiroi），2008a，2008b］。这种分歧来自两院在政策上的根本分歧，只有当明显不同的政党或联盟控制着不同的两院时，这种分歧才有可能存在。

特里维利（Trivelli，1975，310）呼应了阿贝·西耶斯（Abbé Sieyès），认为有用的第二议院是在某些时候积极反对下议院的议院。无论如何，太多的反对会使上议院从有用的政策刹车变成对多数人意志的威胁［参见罗科（Rockow），1928］。其他理论预测的政策效果并不是源于明确划定的议院权力——"议程设定模式"的变体［罗默和罗森塔尔（Romer and Rosenthal），1978］或否决博弈［见麦卡宾斯（McCubbins），1991a，1991b；泽伯利斯（Tsebelis），1995；赫勒（Heller），1997；泽伯利斯和莫尼（Tsebelis and Money），1997］——而是从战略计算中得出的。考尼格（König，2001）注意到同类的议院多数派拒绝互相检查，赫勒（Heller，2001；2007）的争论来自

336

闭门谈判，在这种谈判中，议院多数派将微小的分歧置于他们共同拥有的更大目标之下。抛开党派不谈，陈（Chen，2010）和谢普瑟（Shepsle，2009）等人研究了两院制如何影响在议院相重叠的地域的政府开支政策。迪尔迈尔和迈尔森（Diermeier and Myerson，1999）进一步从政党政治中抽象研究出了来自游说者的外部资源的可用性如何影响议院之间的竞争，以及议院如何进行内部组织以更好地获取这些资源。其他人在迪尔迈尔和迈尔森（Diermeier and Myerson）结果的基础上进一步展示了由于两院制使收买立法者的成本更高，两院制也可以减少腐败［特斯塔（Testa），2010］，并有助于产生社会理想的政策结果［特别是环境政策；弗雷德里克松和米利米特（Fredriksson and Millimet），2007］。这些对两院制的形式上的研究与两院制提供了"反思院"（chambre de réflexion）［比蒂科费尔和哈格（Bütikofer and Hug），2010；艾瑙迪（Einaudi），1948；海德伦德（Hedlund），1984］的学说相符合，减缓政策进程，迫使延长对法案的审议时间，从而使得在冲突的情况下头脑更为冷静。

为了促成任何结果，无论好坏，两院制必须影响立法决策。决策的制定方式通常会影响其内容，这是有道理的，但要在立法过程的背景下看待两院制［哈格（Hug），2010a 就是一个很好的例子；2010b 则需要摆脱它是**独一无二**的观念］。像所有制度一样，两院制为特定行为者提供了他们在其他情况下不可能拥有的影响力［赫勒（Heller），2007；范杜斯基 – 艾伦和赫勒（VanDusky–Allen and Heller），2014］。与许多机构不同的是，这种影响力只能集体行使，而且行使这种影响力的人（在形式上）是独立于其他议院的同行们的。

16.2.2　两院制与立法过程

以两院制作为否决游戏基础的研究，往往将议院视为独立的行动者。然而，它们显然不是独立的：它们被政党的纽带联系在一起或者被分裂开来——至少在两院都是通过选举组成的议会制度中，政府的战略是既要寻求通过立法又要掌握权力。党派的考虑和政府的操纵都造成了观察研究的巨大困难，更不用说在其他条件一致的情况下衡量两院制与一院制下的结果是否和如何不同。

其中问题主要有两个方面。首先，鉴于第二议院阻碍了政府的目标或是政党的胜利，我们希望政府和政党设法改善这个问题。其次，无论政府或政党是否能够成功地将两院制的影响最小化，就像在议程设定模型或最后通牒游戏［古思和蒂茨（Güth and Tietz），1990］等结构的博弈中那样，理性的提议者不会费心处理不会通过的提案，引发明显冲突的法案应该是最少的［莱纳特（Lehnert）等人，2008］。[1]

从议会制政府的角度来看，第二议院是一个障碍。例如，德鲁克曼和蒂斯（Druckman and Thies，2002）发现，在上议院多数席位与政府中的政党一致的情况下，政府的任期就比较长。如果政府任期是合适的，而且似乎是合理的［迪尔迈尔、埃拉斯兰和默洛（Diermeier, Eraslan and Merlo），2007］明确地将在政府任期等同于从政府那里获得的回报，那么政府组建者（formateurs）应该努力确保他们的政府在上下两院形成多数派［德鲁克曼（Druckman）等人，2005］。迪尔迈尔等人（Diermeier，2007）将德鲁克曼（Druckman）及其合著者的见解正式化，方法是在联合政府的规模和内阁持续时间之间设定一个权衡（就政府组建者的收益而言）。他们发现，如果观察到的内阁稳定性在上议院对政府生存的影响（假设的）波动面前是不变的，那么联合政府的规模应该以可预测的方式变化，这与很难判断均衡状态下发生了什么的自明之理保持了一致。更普遍地说，上议院的多数人希望得到与下议院不同的结果，如果政府想要得到任何结果，那么它就必须得寻求更多的妥协［见拉金和乌尔（Larkin and Uhr），2009；菲斯克（Fisk），2011］。

政党是政府在两院制下所面临问题的根源。法案的审议不是在"声学"隔绝的房间里进行的［罗杰斯（Rogers），2001］，而是由不同的参与者在对其他处于类似立场的人进行的概述。在这种情况下，与议程设定模式的逻辑一致，议院之间的冲突并不能说明全部问题。例如，布伦纳和德布斯（Brunner and Debus，2008）以德国为例表明，在德国联邦参议院提出的反对派法案更有可能**在该议院**失败，即使它们在程序上与联邦参议院多数派的偏好一致。简单的解释是，这样的法案永远不会在联邦议院获得通过，所以把它们送到另一个议院来搅乱这个过程是一种资源的浪费。

在议院多数派有分歧的地方，冲突在所难免。在可见的情况下，冲突可能会让合适的党派立场选择和成果差异化。然而，在政党内部，立场选择和成果差异化的动机促使不同议院的党派合作伙伴坚持同一党派路线［赫

337

---

〔1〕 观察冲突的罕见性是研究机构的一个普遍问题。在他们工作的地方，他们应该激励制度授权的行为者们内化彼此的偏好。观察结果（处于均衡状态）是所有的建议都被接受。只有在它们不起作用、信息不足或有其他考虑的情况下，我们才应该观察到制度工具正在被使用。

勒（Heller），2007〕。因此，期望各党派组织起来确保各议院信息的一致性是有道理的，就像期望政府的**组建者**平衡联盟规模和预期持续时间以实现预期收益的最大化是有道理的〔迪尔迈尔（Diermeier）等人，2007；德鲁克曼（Druckman）等人，2005；德鲁克曼和蒂斯（Druckman and Thies），2002〕。事实上，范杜斯基 – 艾伦和赫勒（VanDusky-Allen and Heller，2014）表明，在两院制中，政党集中选择候选人，恰恰是为了确保其在每个议院的成员对同一主体负责。

两院制是政党组织和政府组建战略的关键因素，这是一个重要发现。正确的推论甚至更为深刻。组织的结构决定了他们如何作决定，社会选择文献中一个常有的教训是，不同的决策过程往往产生不同的决定，即使参与其中的个体没有改变。同样地，政府组成的基础选择决定了**是谁**进入政府与政府寻求实现的**是什么**〔拉沃尔和谢普瑟（Laver and Shepsle），1996〕。因此，两院制的影响远远超出了可以观察到的多数派竞争的授权，学者们通常将多数派竞争视为上议院对结果是否"重要"或有多重要的关键定义特征。

两院制的研究必须从立法结构和立法过程的角度来审视。[1] 也就是说，大多数倾向于将议院视为某种讨价还价游戏中的独立实体，而不是立法过程中决定法案如何（以及是否）从想法变成法律的正式决策点（即结构）。在这种情况下，重要的细节在于讨价还价的规则——特别是停止规则〔格罗斯（Gross），1979；莫尼和泽伯利斯（Money and Tsebelis），1992〕——结合每个议院的主要偏好。这方面的研究大大促进了对两院制的理解，但这并非没有代价。

把两院制作为利益的对象，而不是作为政治难题的一部分，在两个关键方面阻碍了研究。一方面，在研究两院制的影响时，很难在两院制的定义中不包含议院一致性的某些方面。另一方面，把两院制作为利益主体有把它放在神坛上的风险，把它当作**自成一格**的，在某种程度上区别于其他制度结构。正如我们在16.1中指出的，两院制是特殊的，因为它是由宪法定义的（因此很难改变）和容易识别的，因为它赋予不同的立法行动者特权；然而，就比较静力学而言，这只是制度设计的另一个要素。

---

〔1〕 我们把第二院及其议员的研究放在一边，因为它不包含议院间互动的任何方面。沿着这条路线的研究有时会被贴上"两院制"的标签，这只是因为上议院在立法研究中很少得到应有的重视，但它们只关注下议院，因而实质上并不是对两院制的研究。

在我们看来，最近最有用的两院制研究将其视为激励战略行为的过程元素。我们提倡的方法是将两院制的分析与立法委员会的研究［例如，基维特和麦卡宾斯（Kiewiet and McCubbins），1991；克雷比尔（Krehbiel），1991］、两院制会议委员会［谢普瑟和温加斯特（Shepsle and Weingast），1987；温加斯特（Weingast），1989；1992］和议程权力的分配［考克斯和麦卡宾斯（Cox and McCubbins），1993；2005］放在同一视域下。对两院制的研究能够而且应该充分利用其他立法研究领域的进展；我们怀疑关注两院制的特性会分散学者们的注意力，使他们不再把它仅仅当作结构和过程的又一要素（在不计其数的教科书和立法网站上可以找到关于"法案如何成为法律"的经典思考）。因此，我们对两院制的理解比其他情况下发展得更缓慢、更零散。

16.3　继续推进：过程、党派和第二院

观察到议院多数议员相互依赖，他们必须考虑（并被考虑）立法博弈中的其他参与者，如总统、内阁甚至法院，这导致一些有趣的发现。格罗斯（Gross）［1982，米勒（Miller）于 1984 年修正］将各议院对法案的审议视为政策过程中的一个步骤，但专注于该过程的结束，他认为，预期中的会议委员会协议的存在不同于任何一个议院自行产生的协议，这意味着仅将分析局限于单个议院是不能解决问题的。

无论中止规则是什么，法案必须在不同的议院进行审议的这一简单要求，都意味着在大多数情况下，无论在一个会议厅发生什么，都会在另一个会议厅中发生什么的阴影下发生［布伦纳和德布斯（Brunner and Debus），2008；哈格（Hug），2010b；2010a；马丁（Martin），2001］。邱和罗滕伯格（Chiou and Rothenberg，2003）通过改写一个关键政治僵局模型来表明，只有当理论为政党纪律和独立的总统留出空间时，对美国立法僵局的真实世界的观察才与理论预测相符合。科斯特洛（Costello，2011）将欧洲议会（EP）和部长理事会视为两院制中的两个议院，利用了立法程序的不同版本（共同决定和协商）的存在所提供的自然实验，这些立法程序提供了不同级别的欧洲议会的立法影响力。他指出，在这两种程序下，欧洲议会议员的行为不同，共同决策产生了更清晰、更一致的联盟模式。拉塞尔（Russell，2010）在一项关于（部分）改革

339

后的上议院的有趣研究中指出，那些看似合理地赋予上议院成员某种程度的政治合法性的变化，是世袭特权无法承受的，这将导致上议院在面对下议院时变得更加独断。拉塞尔（Russell）至少表明，当立法者愿意使用立法程序所提供的影响力时，使一个议院显得软弱的程序可能看起来完全不同。

16.3.1 两院制与地域代表制

在现代，两院制最为成功的制度是地域代表制［拉塞尔（Russell），2001a］。在这里，两院制重要性的关键在于它在将地方利益注入国家政策制定中的（预设）作用［利弗莫尔（Levmore），1992］。例如，利普哈特（Lijphart，1979）认为，没有两院制的联邦制是不完整的，菲利波夫、奥德斯霍克和什维佐娃（Filippov, Ordeshook and Shvetsova，2004，280）将拥有相对强大的上议院的两院制纳入了"使联邦政府长期可持续发展"的"最低限度"的必要条件清单中。同理，莫尼和泽伯利斯（Money and Tsebelis，1992）认为，上议院实力和联邦制是相互依存的：联邦制赋予上议院（代表地区利益）合法性，这反过来使上议院更坚定果断［拉塞尔（Russell），2010］，并因此更有效。然而，如果正当合法的下议院可以不受惩罚地忽视上议院的关切，那么世界上所有的坚定果断都将一文不值。

然而，上议院的存在并不能保证有效的地域代表制。谢普瑟（Shepsle，2009）等人认为，美国国会参众两院都代表了地区利益，证明立法者在作出拨款决定的同时考虑了地区关切和选举周期。

党派在他们的辩论中没起任何作用。这与布伦纳和德布斯（Brunner and Debus，2008）的发现形成了鲜明的对比，他们发现德国**地方**政府最有可能看到他们的提案成为法律的恰恰是那些拥有与政府相同党派色彩的政府［见考尼格（König），2001］。此外，卡兰德拉基斯（Kalandrakis，2004）质疑这样一种假设，即拥有不同利益的个别地区从两院制中获得的利益，如果有的话，要比在恰如预料分配不当的一院制立法机构中获得的更多［见卡特龙和麦卡蒂（Cutrone and McCarty），2006］。赫勒（Heller，2002）表明，有动机的地区政党可以从一院制联盟谈判中获益，因为立法党派制度留下了操作的空间。因此，使两院制成为有效联邦制的必要或重要的机制充其量也是模糊的。

在一个联邦或准联邦结构被誉为解决国内冲突办法的世界里，我们需要认真对待两院制和联邦制之间的联系。在大多数情况下，学者们认为两院制为地方利益提供了有效的代表，但没有试图检验这一概念。粗略地看一下特雷斯曼（Treisman，2007）确定的 19 个国家，就会发现这种关系在经验上是成立的，但鉴于有证据表明，两院制的重担是在政党内部和之间完成的，有必要问一下两院制是什么让它对联邦制如此重要。相反的证据［如西班牙案件；见卢比奥·略伦特和阿尔瓦雷斯·琼科（Rubio Llorent and Álvarez Junco），2006］被归因于选举规则或立法程序中的具体案例缺陷，因此不能挑战一般联邦制 / 两院制关系的概念。从两院制维持联邦制的假设，到理解为什么它能（以及为什么它可能会失败），需要从两个不同但相关的方向进行研究。一方面，有证据表明政党发挥了关键作用；另一方面，为了更好地理解两院制是如何运作的，我们需要更好地处理它是如何适应立法结构和程序的。第一个要求在很大程度上是政党结合理论的问题——特别是联邦体制中的政党理论［菲利波夫（Filippov）等人，2004；奥德斯霍克和什维佐娃（Ordeshook and Shvetsova），1997］，以及两院制理论。第二个要求迫切需要一种更好衡量两院制的方法，这种方法是区别于议院多数派的偏好和议院内部一致性问题的。

16.3.2 两院制评估

我们认为，对两院制的考察是最有成效的，因为它们利用党间和党内竞争和谈判的政治手段来取得立法机构的效果。延伸这一研究路线，将联邦制的政党中心理论、两院制和联邦制之间关系的传统智慧结合起来，拥有很广阔的前景。然而，为了实现这一承诺，两院制的措施必须从议院相对权力的正式定义中分离党派和偏好的问题。换句话说，我们需要另一种两院制的评估标准。

迄今为止，唯一可行的替代方案［见范杜斯基 – 艾伦和赫勒（VanDusky-Allen and Heller），2014］是将宪法规定有两个立法院或上议院拥有不可推翻的立法否决权的国家视为两院制国家［分别见赫勒（Heller），2001；1997］。为了提供一种更普遍有用的评估方法，我们提出了一种两院制的指数，它基于结构和过程的概念，并明**确不包含党派**关切。那些想要把两院制和党派结合在一起进行论证的研究者，我们认为他们应该以适合他们试图回答的问题的方式来这样做。

我们首先假设，议院多数派寻求影响政策结果。我们接着假设参与者，无论是集体还是个人都将利用他们的正式权力来促进自己的利益，尽管可能会受到诸如党派关系等其他关切的限制，但不会被否决。这提供了一个理论基础，

341

可以设想议院的权力基本上是基于其在政策过程中所处地位而影响政策结果的正式能力。这种能力独立于议院组成的一致性而存在，尽管就观察而言，我们预计在一致性高的议院的多数派之间的分歧应会在公众视野之外发生。

为了构建我们的指数，我们依赖于 2011 年 12 月可用的 75 个国家的宪法（取自里士满大学的宪法查找数据库（http://confinder.richmond.edu/index.html），并且对于一些有问题的案例 HeinOnline 世界宪法文库（http://home.heinonline.org/content/list-of-libraries/），这些国家的立法机构符合我们对两院制的定义。我们设计的编码方案是为了捕捉纯粹的制度特征，比如议院是否可以否决立法或只能推迟立法，或者法案是否只能在一个议院产生。本质上，我们把上议院的权力分为三种，是否可以否决所有的立法、法案的一部分，或者仅仅是延迟通过（以及延迟多长时间），按最终得分的重要性排序，然后我们还会根据是否可以推翻任何否决进行相应的调整（详细信息在 http://bingweb.binghamton.edu/~wheller/research/data.html）。我们认为，否决权对立法内容具有重大影响，即使没有相应的修正权，因为它迫使关心结果的议程制定者去考虑否决者的利益。[1]

我们的指数（见表 16.1）在 0 到 1 之间，1 表示上议院权力与下议院基本相等，0 表示一院制。[2] 意大利和美国都得 1 分（还有澳大利亚和巴拉圭）。这些数据只代表了一段时间的大致印象，但编码足够透明，可以将研究标准继续延伸［例如纳入重要的变化，如比利时 1994 年修订其宪法，成为正式的联邦宪法，即使它削弱了它自己的**参议院**］。虽然将一院制转变为两院制（或反之）的修宪并不多见，但我们认为这是重要的，可以产生微妙而深远的影响。

我们的指数与其他两院制评估标准的区别是［利普哈特（Lijphart），1984，1999；赫尼斯（Henisz），2000；2002；2006；休伯（Huber）等人，2004；格林（Gerring）等人，2005］它的制度重点和将上议院视作立法程序的组成部分。[3]

---

〔1〕 我们和其他人使用的大部分数据都来自政府质量数据集［参见斯文松（Svensson）等人，2012］。

〔2〕 我们的研究指数只包括两院制，根据我们的研究，其中"最少"的两院制指数国家是乌兹别克斯坦，指数为 0.0545。

〔3〕 时机可能也很重要，如果有任何一个国家在我们提到的旧研究方法制定以来的修改了两院中任其一的宪法权威。

表 16.1 两院制措施对比

国别	赫勒和布兰杜斯（Heller and Branduse）	利普哈特（Lijphart），1999	休伯（Huber）等人，2004	格林（Gerring）等人，2005	赫尼斯（Henisz），2007	范杜斯基－艾伦和赫勒（VanDusky-Allen and Heller），2014
阿富汗	0.1667	—	—	—	0	—
阿尔及利亚	0.6000	—	—	—	1	—
安提瓜和巴布达	0.4982	—	—	2	0	—
阿根廷	1.0000	—	—	1	1	—
澳大利亚	1.0000	4	2	1	1	—
奥地利	0.4848	2	0	0	1	0.46
巴哈马	0.4982	—	—	2	0	—
巴林	1.0000	—	—	1	0	—
巴巴多斯	0.4982	—	—	—	0	—
白俄罗斯	0.0839	—	—	1	0	—
比利时	0.5000	3	1	—	1	0.67
伯利兹	0.4982	—	—	1	0	—
不丹	1.0000	—	—	1	0	—
玻利维亚	1.0000	—	—	—	1	—
波斯尼亚和黑塞哥维那	1.0000	—	—	0	0	—
巴西	1.0000	—	—	2	1	—
布隆迪	0.4945	—	—	0	1	—
柬埔寨	0.0918	—	—	2	0	—
加拿大	0.9839	3	0	0	1	—
智利	0.5000	—	—	2	1	—
哥伦比亚	1.0000	—	—	0	0	—
刚果金	0.1612	—	—	0	1	—
刚果布	0.1612	—	—	—	0	—

续表

343

国别	赫勒和布兰杜斯（Heller and Branduse）	利普哈特（Lijphart），1999	休伯（Huber）等人，2004	格林（Gerring）等人，2005	赫尼斯（Henisz），2007	范杜斯基－艾伦和赫勒（VanDusky-Allen and Heller），2014
捷克	0.1505	—	—	—	1	—
多米尼加	1.0000	—	—	1	1	—
埃及	0.5000	—	—	0	0	—
埃塞俄比亚	1.0000	—	—	—	0	—
法国	0.1631	3	0	0	1	—
加蓬	0.1354	—	—	1	0	—
德国	0.9773	4	2	2	0	0.67
格林纳达	0.4972	—	—	0	0	—
海地	1.0000	—	—	1	1	—
印度	0.9972	—	—	0	1	—
爱尔兰	0.1648	2	0	0	0	0.45
意大利	1.0000	3	1	2	0	1
牙买加	0.4976	—	—	1	1	—
日本	0.0918	3	1	1	1	—
约旦	1.0000	—	—	1	0	—
哈萨克斯坦	1.0000	—	—	1	0	—
莱索托	0.4839	—	—	2	0	—
利比里亚	1.0000	—	—	2	1	—
马达加斯加	0.4945	—	—	0	0	—
马来西亚	0.4986	—	—	2	0	—
毛里塔尼亚	0.4945	—	—	1	0	—
墨西哥	1.0000	—	—	—	1	—
摩洛哥	0.4945	—	—	0	1	—
缅甸	0.5000	—	—	—	0	—

续表

344

国别	赫勒和布兰杜斯（Heller and Branduse）	利普哈特（Lijphart），1999	休伯（Huber）等人，2004	格林（Gerring）等人，2005	赫尼斯（Henisz），2007	范杜斯基－艾伦和赫勒（VanDusky-Allen and Heller），2014
纳米比亚	0.0839	—	—	—	1	—
荷兰	1.0000	3	1	2	1	0.81
尼日利亚	1.0000	—	—	1	1	—
巴基斯坦	0.9945	—	—	0	1	—
帕劳	1.0000	—	—	0	1	—
巴拉圭	1.0000	—	—	2	1	—
菲律宾	1.0000	—	—	1	1	—
波兰	0.6000	—	—	0	1	—
罗马尼亚	0.9918	—	—	1	0	—
俄罗斯	0.0667	—	—	2	0	—
卢旺达	0.5000	—	—	0	0	—
圣卢西亚	0.4972	—	—	—	0	—
塞内加尔	0.1042	—	—	2	0	—
斯洛文尼亚	0.4375	—	—	2	0	—
南非	0.0839	—	—	2	1	—
南苏丹	0.5000	—	—	0	—	—
西班牙	0.0918	3	—		—	1
苏丹	0.4839	—	—	1	0	—
斯威士兰	0.9375	—	—	—	0	—
瑞士	1.0000	4	2	—	1	—
塔吉克斯坦	0.1000	—	—	0	0	—
泰国	0.4979	—	—	—	0	—
特立尼达和多巴哥	0.4982	—	—	1	1	—
英国	0.4972	2.5	0	1	0	0.52
美国	1.0000	4	2	2	1	—
乌拉圭	1.0000	—	—	0	1	—

续表

国别	赫勒和布兰杜斯（Heller and Branduse）	利普哈特（Lijphart），1999	休伯（Huber）等人，2004	格林（Gerring）等人，2005	赫尼斯（Henisz），2007	范杜斯基－艾伦和赫勒（VanDusky-Allen and Heller），2014
乌兹别克斯坦	0.0545	—	—	2	0	—
津巴布韦	0.4945	—	—	—	0	—

我们所知道的其他方法要么忽视各议院之间在各自权力方面的重要差异，要么使党派／偏好成为评估的一个组成部分。我们的方法比其他研究更全面，包括非民主制度［见甘地（Gandhi），2008］，而且有意忽略了因可观察到的议院间交易而形成的党派关系。

尽管如此，利普哈特（Lijphart，1999）和休伯（Huber，2004）等人的评估相当吻合。相比之下，赫尼斯（Henisz，2000；2002；2006）和格林、撒克和莫雷诺（Gerring, Thacker and Moreno，2005）的评估结果与我们的评估结果的关系则不大（见表16.2）：赫尼斯（Henisz）的二进制编码引进了行政—立法关系［来自 Polity 数据集；马歇尔和贾格斯（Marshall and Jaggers，2010）］，而格林、撒克和莫雷诺［Gerring, Thacker and Moreno，2005］评估了"非两院制"（因此存在负相关），并与其他人一起将议院一致性纳入他们的编码［斯文松（Svensson）等人，2012；考德布克（Codebook），2006，202］。

表 16.2　两院制措施：相关性

	赫勒和布兰杜斯（Heller and Branduse）	利普哈特（Lijphart），1999	休伯（Huber）等人，2004	格林（Gerring）等人，2005	赫尼斯（Henisz），2007	范杜斯基－艾伦和赫勒（VanDusky-Allen and Heller），2014
赫勒和布兰杜斯（Heller and Branduse）	1.0000	—	—	—	—	—

345

续表

	赫勒和布兰杜斯（Heller and Branduse）	利普哈特（Lijphart），1999	休伯（Huber）等人，2004	格林（Gerring）等人，2005	赫尼斯（Henisz），2007	范杜斯基－艾伦和赫勒（VanDusky-Allen and Heller），2014
利普哈特（Lijphart），1999	0.6076	1.0000	——	——	——	——
休伯（Huber）等，2004	0.6118	0.8984	1.0000	——	——	——
格林（Gerring）等人，2005	−0.3049	−0.9693	−0.9469	1.0000	——	——
赫尼斯（Henisz），2007	0.2655	0.2226	0.1393	−0.3388	1.0000	——
范杜斯基－艾伦和赫勒（VanDusky-Allen and Heller），2014	0.8262	0.5721	0.6025	−0.6025	−0.0355	1.0000

16.4　结论

两院制是一个有吸引力的研究对象，或者更可能正因如此，它是一个难以攻克的难题。在民主国家，无处不在的政党和党派间竞争掩盖了两院制可能产生的任何独立影响（和激励）。在非民主政权中，甘地（Gandhi，2008）的关键见解是，正式权威赋予某种程度的真正影响力，但认为立法机构只是装点门面的假设使两院制显得无关紧要［见赫尼斯（Henisz），2000；2002；2006］。[1]基本上，两院制的任何影响都倾向于被权力的不对称以及党内和党际

---

〔1〕　这种假设可能是错误的。如果就像［甘地（Gandhi），2008］所说的那样，立法机构甚至在独裁政权中也很重要，并且如果制度结构普遍很重要，那么立法机构是两院制还是一院制应该是有区别的。

政治的影响掩盖，但这种影响不会被扫除或消除。

我们在本章中试图做两件事。我们试图描绘两院制研究的趋势，并试图确定如何认真对待两院制为理解更大的问题提供手段。基于对两院制研究现状的回顾，我们认为下一件"大事"需要从学者们通常对两院制立法机构的思考方式后退两步。第一，我们需要放弃两院制是联邦制的基本支柱这一毋庸置疑的假设。它可能是，但简单地假设并无帮助。第二，我们不要再认为两院制脱离了立法结构和程序的其余方面。两院制的独特之处在于，它在一些制度中明确存在，在另一些制度中明确不存在，但在存在两院制的地方，它可以而且应该使用学者们用于研究制度架构其他方面的相同工具来解释两院制。

我们的初始目标将我们引向第三个目标。为了帮助研究人员更自然地将两院制吸收到立法研究中，我们提出了一种新的、纯制度的两院制研究方法。我们的研究指数将上议院（和下议院）议员的偏好和党派关系与他们拥有多少权力的问题分开。因此，想要研究党派冲突的研究者们可以将有关政党或立法院党派组成的数据与我们的方法结合起来，从立场选择与政策制定的作用［见梅休（Mayhew），1974］到政府与联盟之间的交易，以便深入研究一系列问题。例如，研究人员如果想探索涉及党内政治或政党组织与立法机构中政党之间的关系的问题，可以利用两院制作为一种分散党内和党间权力的手段。

346 　　想要了解联邦和近似联邦制度的演变和存在的研究人员可以结合关于政党、联邦结构和两院制的多层次数据，以深入了解稳定的来源。目的不是简单地、孤立地研究两院制，而是要理解两院制对政治参与者的计算和行为的影响。其目的是将强调不仅是在议院内部而且是**跨**议院的政治的研究纳入主流。

参考文献

Alt, J. E. and Lowry, R. C., 1994. Divided Government, Fiscal Institutions, and Budget Deficits: Evidence from the States. American Political Science Review, 88: 811–28.

Binder, S. A., 1999. The Dynamics of Legislative Gridlock, 1947–1996. American Political Science Review, 93(3): 519–33.

Binder, S. A., 2003. Stalemate. Washington, DC: Brookings Institution Press.

Blais, A., Dobrzynska, A., and Indridason, I. H., 2005. To Adopt or Not to Adopt Proportional Representation: The Politics of Institutional Choice. British Journal of Political Science, 35(1): 182–90.

Boix, C., 1999. Setting the Rules of the Game: The Choice of Electoral Systems in Advanced Democracies. American Political Science Review, 93(3): 609–24.

Bottom, W. P., Eavey, C. L., Miller, G. J., and Victor, J. N., 2000. The Institutional Effect on Majority Rule Instability: Bicameralism in Spatial Policy Decisions. American Journal of Political Science, 44(3): 523–40.

Bradbury, J. C. and Crain, W. M., 2002. Bicameral Legislatures and Fiscal Policy. Southern Economic Journal, 68(3): 646–59.

Breunig, C., 2008. Legislative Politics in Germany: Some Lessons and Challenges. German Politics, 17(3): 381–92.

Brunner, M. and Debus, M., 2008. Between Programmatic Interests and Party Politics: The German Bundesrat in the Legislative Process. German Politics, 17(3): 232–51.

Buchanan, J. M. and Tullock, G., 1974. The Calculus of Consent: Logical Foundations of Constitutional Democracy. Ann Arbor: University of Michigan Press.

Bütikofer, S. and Hug, S., 2010. The Swiss upper house. "chambre de refléxion" or conservative renegades? Journal of Legislative Studies, 16(2): 176–94.

Campion, Lord, G. C. B., 1953–54. Second Chambers in Theory and Practice. Parliamentary Affairs, 7: 17–32.

Chen, J., 2010. The Effect of Electoral Geography on Pork Barreling in Bicameral Legislatures. American Journal of Political Science, 54(2): 301–22.

Chiou, F–Y. and Rothenberg, L. S., 2003. When Pivotal Politics meets Partisan Politics. American Journal of Political Science, 47(3): 503–22.

Congleton, R. D., 2003. On the Merits of Bicameral Legislatures: Policy Stability within Partisan Polities. In M. J. Holler, H. Kliemt, D. Schmidtchen, and M. E. Streit (eds.). European Governance. Jahrbuch für Neue Politische Ökonomie, pp. 29–49. Tübingen: Mohr Siebeck.

Costello, R., 2011. Does Bicameralism Promote Stability? Inter–institutional Relations and Coalition Formation in the European Parliament. West European Politics, 34(1): 122–44.

Cox, G. W. and McCubbins, M. D., 1993. Legislative Leviathan: Party Government in the House. Berkeley: University of California Press.

Cox, G. W. and McCubbins, M. D., 2005. Setting the Agenda: Responsible Party Government in the U.S. House of Representatives. Cambridge: Cambridge University Press.

Cutrone, M. and McCarty, N., 2006. Does Bicameralism Matter? In B. R. Weingast, and D. Wittman (eds.). The Oxford Handbook of Political Economy, pp. 180–95. Oxford: Oxford University Press.

de Dijn, A., 2005. Balancing the Constitution: Bicameralism in Post–revolutionary France, 1814–31. European Review of History, 12(2): 249–68.

de Miñón, M. H., 1975. The Passing of Bicameralism. The American Journal of Comparative Law, 23(2): 2254–360.

Diermeier, D., Eraslan, H., and Merlo, A., 2007. Bicameralism and Government Formation. Quarterly Journal of Political Science, 2(3): 227–52.

Diermeier, D. and Myerson, R. B., 1999. Bicameralism and its Consequences for the internal Organization of Legislatures. The American Economic Review, 89(5): 1182–196.

Druckman, J. N., Martin, L. W., and Thies, M. F., 2005. Influence without Confidence: Upper Chambers and Government Formation. Legislative Studies Quarterly, 30(4): 529–48.

Druckman, J. N. and Thies, M. F., 2002. The Importance of Concurrence: The Impact of Bicameralism on Government Formation and Duration. American Journal of Political Science, 46(4): 760–71.

Einaudi, M., 1948. The Constitution of the Italian Republic. American Political Science Review, 42(4): 661–76.

Filippov, M., Ordeshook, P. C., and Shvetsova, O. V., 2004. Designing Federalism: A Theory of Self–Sustainable Federal Institutions. Cambridge: Cambridge University Press.

Fisk, D., 2011. Superfluous or Mischievous: Evaluating the Determinants of Government Defeats in Second Chambers. Legislative Studies Quarterly, 36(2): 231–53.

Fredriksson, P. G. and Millimet, D. L., 2007. Legislative Organization and Pollution Taxation. Public Choice, 131(1/2): 217–42.

Gandhi, J., 2008. Political Institutions under Dictatorship. Cambridge and New York: Cambridge University Press.

Gerring, J., Thacker, S. C., and Moreno, C., 2005. Centripetal Democratic Governance: A Theory and Global Inquiry. American Political Science Review, 99(4): 567–81.

Gross, D. R., 1979. Conference Committees, Sophisticated Voting, and Cyclical Majorities. Legislative Studies Quarterly, 4(1): 79–94.

Gross, D. R., 1982. Bicameralism and the Theory of Voting. Western Political Quarterly, 35(4): 511–26.

Güth, W. and Tietz, R., 1990. Ultimatum Bargaining Behavior: A Survey and Comparison of Experimental Results. Journal of Economic Psychology, 11: 417–49.

Hammond, T. H. and Miller, G. J., 1987. The Core of the Constitution. American Political Science Review, 81(4): 1155–174.

Hedlund, R. D., 1984. Organizational Attributes of Legislatures: Structure, Rules, Norms, Resources. Legislative Studies Quarterly, 9(1): 51–121.

Heller, W. B., 1997. Bicameralism and Budget Deficits: The Effect of Parliamentary Structure on Government Spending. Legislative Studies Quarterly, 22(4): 485–516.

Heller, W. B., 2001. Political Denials: The Policy Effect of Intercameral Partisan Differences in Bicameral Parliamentary Systems. Journal of Law, Economics, and Organization, 17(1): 34–61.

Heller, W. B., 2002. Regional Parties and National Politics in Europe: Spain's estado de las autonomías, 1993 to 2000. Comparative Political Studies, 35(6): 657–85.

Heller, W. B., 2007. Divided Politics: Bicameralism, Parties, and Policy in Democratic Legislatures. Annual Review of Political Science, 10: 245–69.

Henisz, W., 2000. The Institutional Environment for Economic Growth. Economics and Politics, 12: 1–31.

Henisz, W., 2002. The Institutional Environment for Infrastructure Investment. Industrial and Corporate Change, 11: 355–89.

Henisz, W., 2006. Polcon codebook, 2006 version. [Available for download with the POLCON database at <http://www−management.wharton.upenn.edu/henisz/>].

Hiroi, T., 2008a. The Dynamics of Lawmaking in a Bicameral Legislature: The Case of Brazil. Comparative Political Studies, 41(12): 1583–606.

Hiroi, T., 2008b. Timing and Outcome of Legislation: Brazilian Pension Reform in a Bicameral Perspective. Journal of Legislative Studies, 14(4): 394–420.

Huber, E., Ragin, C., Stephens, J. D., Brady, D., and Beckfield, J., 2004. Comparative Welfare States Data Set. Northwestern University, University of North Carolina, Duke University, and Indiana University [<http://www.lisproject.org/publications/welfaredata/welfareac– cess.htm>].

Hug, S., 2010a. Sophisticated Voting in Bicameralism. Paper Presented at the Annual Conference of the Midwest Political Science Association, Palmer House Hilton, Chicago, 22–25 April.

Hug, S., 2010b. Strategic Voting in a Bicameral Setting. In T. König, G. Tsebelis, and M. Debus (eds.). Reform Processes and Policy Change: Veto Players and Decision–Making in Modern Democracies, pp. 231–46. New York: Springer.

Kalandrakis, T., 2004. Bicameral Winning Coalitions and Equilibrium Federal Legislatures. Legislative Studies Quarterly, 29(1): 49–79.

Kiewiet, D. R. and McCubbins, M. D., 1991. The Logic of Delegation: Congressional Parties and the Appropriations Process. Chicago: University of Chicago Press.

König, T., 2001. Bicameralism and Party Politics in Germany: An Empirical Social Choice Analysis. Political Studies, 49(3): 411–37.

Krehbiel, K., 1991. Information and Legislative Organization. Michigan Studies in Political Analysis. Ann Arbor: University of Michigan Press.

Larkin, P. and Uhr, J., 2009. Bipartisanship and Bicameralism in Australia's 'war on Terror': Forcing Limits on the Extension of Executive Power. Journal of Legislative Studies, 15(2–3): 239–56.

Laver, M. and Shepsle, K. A., 1996. Making and Breaking Governments: Cabinets and Legislatures in Parliamentary Democracies. Political Economy of Institutions and Decisions. Cambridge and New York: Cambridge University Press.

Lehnert, M., Linhart, E., and Shikano, S., 2008. Never say Never Again: Legislative Failure in German Bicameralism. German Politics, 17(3): 367–80.

Levmore, S., 1992. Bicameralism: When are Two Decisions Better Than One? International Review of Law and Economics, 12: 145–62.

Lijphart, A., 1979. Consociation and Federation: Conceptual and Empirical Links. Canadian Journal of Political Science, 12(3): 499–515.

Lijphart, A., 1984. Democracies: Patterns of Majoritarian and Consensus Government in

Twenty–One Countries. New Haven: Yale University Press.

Lijphart, A., 1999. Patterns of Democracy: Government Forms and Performance in Thirty–Six Countries. New Haven: Yale University Press.

Madison, J., 1947. The Federalist. no. 62. In E. G. Bourne (ed.). The Federalist: A Commentary on the Constitution of the United States, pp. 353–58. New York: Tudor Publishing.

Marshall, M. G. and Jaggers, K., 2010. Polity iv Project: Political Regime Characteristics and Transitions, 1800–2010. [<http://www.systemicpeace.org/inscr/inscr.htm>].

Martin, A. D., 2001. Congressional Decision Making and the Separation of Powers. The American Political Science Review, 95(2): 361–78.

Mastias, J. and Grangé, J., 1987. Sur la Fonctionnalité des Secondes Chambres. In J. Mastias, and J. Grangé (eds.). Les secondes chambres du parlement en Europe occidentale,ch.5. Paris: Economica.

Mayhew, D. R., 1974. Congress: The Electoral Connection. New Haven: Yale University Press.

McCubbins, M. D., 1991a. Government on lay–away: Federal spending and deficits under divided party control. In G. W. Cox, and S. Kernell (eds.). The Politics of Divided Government, pp. 113–54. Boulder: Westview.

McCubbins, M. D., 1991b. Party Governance and U.S. Budget Deficits: Divided Government and Fiscal Stalemate. In A. Alesina, and G. Carliner (eds.). Politics and Economics in the Eighties, pp. 83–12. Chicago: University of Chicago Press.

McKelvey, R. D., 1976. Intransitivities in Multidimensional Voting Models and Some Implications for Agenda Control. Journal of Economic Theory, 12: 472–82.

Miller, G. J., Hammond, T. H., and Kile, C., 1996. Bicameralism and the Core: An Experimental Test. Legislative Studies Quarterly, 21(1): 83–103.

Miller, N. R., 1984. Bicameralism and the Theory of Voting: A Comment. Western Political Quarterly, 37(4): 641–47.

Money, J. and Tsebelis, G., 1992. Cicero's Puzzle: Upper House Power in Comparative Perspective. International Political Science Review, 13(1): 25–43.

North, D. C. and Weingast, B. R., 1989. Constitutions and Commitment: The Evolution of Institutions Governing Public Choice in Seventeenth–century Britain. Journal of Economic History, 49(4): 803–32.

Ordeshook, P. C. and Shvetsova, O., 1997. Federalism and Constitutional Design. Journal of Democracy, 8(1): 27–42.

Plott, C. R., 1967. A Notion of Equilibrium and its Possibility Under Majority Rule. The American Economic Review, 57(4): 787–806.

Riker, W. H., 1992a. The Justification of Bicameralism. International Political Science Review, 13(1): 101–16.

Riker, W. H., 1992b. The Merits of Bicameralism. International Review of Law and Economics, 12(2): 166–68.

Rockow, L., 1928. Bentham on the Theory of Second Chambers. American Political Science Review, 22(3): 576–90.

Rogers, J. R., 2001. An Informational Rationale for Congruent Bicameralism. Journal of Theoretical Politics, 13(2): 123–51.

Romer, T. and Rosenthal, H., 1978. Political Resource Allocation, Controlled Agendas, and the Status Quo. Public Choice, 33:27–44.

Rubio Llorente, F. and Álvarez Junco, J. (eds.), 2006. El Informe del Consejo de Estado sobre la Reforma Constitucional. Logroño: Centro de Estudios Politicos y Constitucionales.

Russell, M., 2001a. The Territorial Role of Second Chambers. Journal of Legislative Studies, 7(1): 105–18.

Russell, M., 2001b. What are Second Chambers for? Parliamentary Affairs, 54: 442–58.

Russell, M., 2010. A Stronger Second Chamber? Assessing the Impact of House of Lords Reform in 1999 and the Lessons for Bicameralism. Political Studies, 58(5): 866–85.

Schofield, N., 1983. Generic Instability of Majority Rule. Review of Economic Studies, 50(4): 695–705.

Shell, D., 2001. The History of Bicameralism. The Journal of Legislative Studies, 7(1): 5–18.

Shepsle, K. A., Van Houweling, R. P., Abrams, S. J., and Hanson, P. C., 2009. The Senate Electoral Cycle and Bicameral Appropriations politics. American Journal of Political Science, 53(2): 343–59.

Shepsle, K. A. and Weingast, B., 1987. The Institutional Foundations of Committee Power. American Political Science Review, 81(1): 85–104.

Svensson, R., Dahlberg, S., Kumlin, S., and Rothstein, B., 2012. The QoG Social Policy Dataset, version 4apr12. The Quality of Government Institute, University of Gothenburg [<http:// www.qog.pol.gu.se>].

Testa, C., 2010. Bicameralism and Corruption. European Economic Review, 54(2):

181–98.

Treisman, D., 2007. What have we Learned About the Causes of Corruption from Ten Years of Cross–national Empirical Research? Annual Review of Political Science, 10: 211–44.

Trivelli, L., 1975. Le Bicamérisme: nstitutions Comparées: Etude Historique, Statistique et Critique des Rapports entre le Conseil National et le Conseil des Etats. Lausanne: Diffusion Payot.

Tsebelis, G., 1995. Decision Making in Political Systems: Veto Players in Presidentialism, Parliamentarism, Multicameralism, and Multipartism. British Journal of Political Science, 25: 289–326.

Tsebelis,G.and Money, J.,1997.Bicameralism.Political Economy of Institutions and Decisions. Cambridge: Cambridge University Press.

Tsebelis, G. and Rasch, B. E., 1995. Patterns of Bicameralism. In H. Döring (ed.). Parliaments and Majority Rule in Western Europe, pp. 365–90. New York: St. Martin's Press.

Uhr, J., 2006. Bicameralism. In R. A.W. Rhodes, S. A. Binder, and B. A. Rockman (eds.). Oxford Handbook of Political Institutions, pp. 474–94. Oxford and New York: Oxford University Press.

VanDusky–Allen, J. and Heller, W. B. (2014). Bicameralism and the Logic of Party Organization. Comparative Political Studies, 47(5): 715–42.

Weingast, B. R., 1989. Floor Behavior in the U.S. Congress: Committee Power Under the Open Rule. American Political Science Review, 83(3): 795–815.

Weingast, B. R., 1992. Fighting Fire with Fire: Amending Activity and Institutional Change in the Postreform Congress. In R. H. Davidson (ed.). The Postreform Congress, pp. 142–68. New York: St. Martin's Press.

第十七章　委员会[*]

谢恩·马丁（Shane Martin）

17.1　引言

至少自从伍德罗·威尔逊（Woodrow Wilson）的这个经典观察以来，即"开会的国会是公开展示的国会，而在委员会会议室里的国会是工作中的国会"［威尔逊（Wilson），1963（1885），69］，立法学者一直试图理解立法委员会的起源、设计、作用和意义。委员会被定义为由立法者组成的立法机关的内设机构，并享有某种被授予的权力，这是一种常见的立法组织形式。事实上，几乎所有民主国家的立法机构都至少有一个委员会。今天，传统观念认为，一个无论怎样定义的强有力的委员会系统，如果不是充分条件也得是立法机关有效运作的必要条件，尤其是在影响立法内容和追究行政责任方面。

尽管建立委员会制度似乎是为了克服全体会议瓶颈的一个明显的组织选择［考克斯（Cox），2006］，但委员会作为一种立法组织形式受欢迎的确切原因已经引起了相当的关注。的确可以说，立法学经历了委员会研究的"黄金时代"，对美国国会委员会的分析不仅影响了立法研

---

[*]　何永红译。

究，而且更广泛地影响了美国政治和政治制度的研究〔迪尔迈（Diermeier），本卷〕。本章首先回顾了这个黄金时代出现的四个最著名的理论：分配论、信息论、卡特尔政党论、两院制冲突论。这些理论都试图解释为什么委员会是美国众议院和参议院组织的基础。

随后，17.3 讨论从经验上去检验非美国立法机构委员会的理论的各种尝试。比较立法研究具有为委员会组织理论研究提供明确实验室的潜力。尽管国会研究日益影响着比较立法研究的趋势，但对国会委员会的研究的流行并没有导致多少对这些机构的跨国研究。

各国立法机构组织委员会的方法及其在决策过程中的作用各不相同。然而，除了一些显著的例外，观测和解释这种变化的尝试是相当缺乏的。

17.4 回顾了这种例外情况。在多种制度下审查委员会是振兴国会和立法组织比较研究的适当手段。如果委员会真的是现代议会有效运作和实现集体组织和个体议员共同目标的必要组成部分，那么对委员会的更多了解，对于更充分地了解立法机构的运作是至关重要的。

17.2　解释国会委员会

本部分探讨了 20 世纪 70 年代末至 90 年代的发展，这些发展引起了相当大的关注，人们关心委员会为什么对美国国会的运作和日常生活如此重要。这个时代产生了四种重要并相互竞争的立法组织理论。可以说，理论的水平、在较小程度上的实证创新以及文献对政治研究的广泛影响，证明这一时期是立法研究的黄金时代。在这一部分，我们首先将重点放在这些理论最初被考虑的背景中，即美国国会特别是美国众议院。

17.2.1　分配论

分配理论的命名源于这样一种提议：委员会的存在是为了允许委员会成员将特殊利益分配给他们的选民。利益可能包括议员所在选区选民支持的具体政策，或者所谓的"政治分肥项目"，用立法术语来说就是"财政立法特殊主义"，它指的是将国家税收用于经济效率低下、地理目标明确的项目。许多假设是理解立法组织分配理论的关键因素；特别是，立法者的自身利益和连任目标的动机，需要通过提供拉选票的"政治分肥"项目和使政策关注与选民的突出议题相一致，从而在选民中建立个人声誉［梅休（Mayhew），1974；芬诺（Fenno），1978］。例如，密歇根州一个拥有或接近一家汽车制造企业集团的选区的选民对政策的关注可能与堪萨斯州农村地区的选民不同，后者对政策的重视程度与纽约市的选民不同。虽然这些选民强调城市环境和公共交通，但密歇根州选民的关注点可能集中在保护国内制造业免受外国竞争。农村的选民可能寻求促进农业发展，特别是确保政府继续提供补贴以支持农业。要想连任，现任者必须采取对选民最有吸引力的政策，控制公共政策，并将稀缺资源分配给能增强在选民中信誉的部门。

354　　　然而，在一个以全体议员为中心的立法机构中，只要有简单多数就可以制定政策变更，每个议员在影响所有提案的能力上是平等的。因此，除非来自农村地区的代表控制了全体会议的多数席位，否则他们显然无法控制、宣称有争取到农业政策的功绩。使情况更加复杂的是，由于存在多个突出的政策问题，任何一个利益集团都不可能在全体会议中保持多数席位。社会选择理论认为，在这种条件下假设的简单多数规则，其政治结果是内在不稳定的［阿罗（Arrow），1951］。经典的分美元游戏说明了这个问题：在这个游戏中，三个玩家必须同意来分 1 美元。根据多数原则，任何两党都可以组成胜选联盟以就100 美分的分配达成一致。玩家 A 和玩家 B 可能会同意平分美元导致让玩家 C 一无所有，这样就使 A 和 B 的效用"最大化"。然而，玩家 C 可能会提出一个相反的建议，可能会给玩家 A 51 美分，自己保留 49 美分，从而不给玩家 B 任何钱，这同时提高了玩家 A 的地位（增加 1 美分）。游戏就这样继续。这样就没有明显的结果，任何相反决策都很容易否定之前的决策。

从本质上讲，分美元游戏适用于任何分配稀缺资源的立法环境。在"政治分肥"中，资金分配就是一个典型的例子——立法者们必须集体同意每个议员获得的数额，但在多数决的情况下，任何决定都有可能被反对的提议改变，就像在分美元游戏中一样。然而，这种循环也会以不那么明显的方式发生：为了简单起见，假设众议院根据议员及其选民对政策的偏好分为三种。第一个群体的关注焦点是国内制造业，第二个群体是农业，第三个群体是城市环境，这三个利益集团都希望改变对公共开支敏感的政策。这种情况是序贯博弈的特征，它需要两个群体的联合来进行改变。国内制造业和农业利益可能与农业集团联合起来，在达成协议后投票支持制造业集团的利益，制造业集团随后将在下次支持农业集团的利益。但是一旦制造业法案获得批准，制造商就没有动力不违背他们对农业同行的承诺。相反，制造商的理性行动应该是寻求达成一项新协议，以确保剩余资源的额外预算。因此，循环出现了，政治联盟总是在变化，并且没有可靠的能力致力于相互投赞成票——连续的选票交换。这个游戏虽然简单，却说明了社会选择学者通常所说的"孔多塞循环"。总之，没有一个决策是稳定的。

谢普瑟和温加斯特（Shepsle and Weingast，1981）提出，委员会的存在是为了打破循环预测的混乱，允许在相互投赞成票中作出可信的承诺，从而允许成员将特定的政策和预算分配给他们的选民。立法机构通常决定其内部组织并可以组成一个委员会系统，以确保对政策有特殊偏好的成员控制这些政策领域。

因此，农业利益的代表们寻求建立一个农业委员会，以控制政府政策和与该行业有关的资源分配——实际上是把决策从全体会议中移走，把权力交给在该政策领域中得失最大的成员。也就是说，委员会代表的规则是防止政策优先次序不同的群体之间的合作破裂，并通过合作推进立法［温加斯特和马歇尔（Weingast and Marshall），1988］。从经验上讲，卡茨和萨拉（Katz and Sala，1996）指出，以候选人为中心的选票的出现创造了向选民兑现竞选承诺的需要，并将其与国会委员会的出现联系起来。

对委员会分配起源的如此简洁有力的解释要求委员会具有三个特征。第一，委员会必须有能力在政策管辖范围内控制议程和结果——通常称为把关的权力。因此，全体会议必须将重要的权力下放给委员会，使他们在立法过程中拥有否决权。因此农业政策的任何改变都必须得到有关农业委员会的批准。第二，成员必须能够自我选择进入心仪的委员会［谢普瑟（Shepsle），1978］。第三，相关的是委员会由"政策局外人"组成［谢普瑟和温加斯特（Shepsle and Weingast），1987］。换句话说，委员会不应该是全体会议（或全体会议的中间）的代表，而应该包括对委员会管辖权有极端偏好的成员。因此，继续举个例子，一个农业委员会将由对该行业非常感兴趣并致力于该行业的成员组成。因此，该委员会将不能代表议院。至关重要的是，立法机构制定的政策最终不能代表全体会议中多数人的意见——正是因为委员会有权控制该政策领域的议程。

将委员会作为一种制度解决方案，以推动以地域为焦点的特殊分配，进而推动在任者的连任，这一建议对社会选择理论和美国政治的研究产生了深远影响。社会选择理论学者早就提出，循环和混乱是立法环境中料想的状态，而

355

现实世界中的立法机构不以这种方式行事的原因实际上是提出了一个难题。正如塔洛克（Tullock，1981）所问的那样，"为什么有这么多的稳定性"？研究国会委员会的学者提出的答案是，内部立法机构的设计可以避免循环，促进互投赞成票并稳定决策。因此，制度可以重塑决策——这是一个重要的见解，同时反映和推动了政治学中新制度理论视角的发展。最好的例子可能是谢普瑟（Shepsle，1979）的"结构诱导平衡"理论。"结构诱导均衡"理论的核心是制度结构的概念，如决策规则、权力分配和委员会的议程控制可以产生稳定的结果。换句话说，是由制度结构诱导出均衡。建议是，我们在现代立法机构中没有观察到混乱，是因为像委员会这样的内部立法结构阻止了不断循环。

356   17.2.2   信息论

每当一个理论接近既定的传统智慧的地位时，就像分配论所发生的那样，它很可能受到其他观点的挑战，分配论也是如此。立法组织的信息论产生于与分配论相同的范式，即理性选择制度主义的视角。但信息论从根本上挑战了正统的观点，即委员会的存在是为了帮助分配，进而帮助成员连任。

信息视角的基础是不完全信息的概念。大多数理性选择政治行为的模型都假设信息是完全的，然而，在现实世界中，结果是不确定的，行为者在有限或不完全的信息下作出选择。尽管立法者知道他们喜欢的政策结果，但实现政策结果的最佳路径可能并不清楚。决策是复杂的，当立法机构面对一个更有资源的行政部门和官僚机构时，可能更具挑战性。创建二级机构和授权可以有效和高效地利用时间。委员会的这种组织优势不仅是立法机构的特点，任何组织都可以从创建成员专门从事的二级机构中受益。因此，由于全体会议的瓶颈使各委员会不得不同时工作，议会的工作量机会就会立即急剧增加，从而成倍地增加立法机构可能的工作量和产出。

重要的是，吉利根和克雷比尔（Gilligan and Krehbiel，1987）的信息论超越了组织效率的简单论证，他们认为立法机构的结构是为了最大化成员的信息的获取和共享。一系列的文章［尤其参见吉利根和克雷比尔（Gilligan and Krehbiel），1987、1990］和一本开创性的关于国会组织的专著［克雷比尔（Krehbiel），1991］都认为委员会提供一种机制，使得国会成员能够专注于特定的政策领域并专门从事该领域的工作。因此，委员会不仅允许做更多的工作，还允许成员发挥专业化积累信息优势和隐性知识，从而更好地开展有利于整个议院的立法活动。这样，委员会成员为集体公共利益提供政策专业知识并服务议院。

信息论的一个更微妙的方面与成员专业化的基本原理有关。从分配的角度来看，委员会成员的动机是明确的：委员会的成员资格可以为连任提供分配利益。但是从信息的角度来看，委员会的成员资格提供集体利益。承担委员会任务的委员必须认识到，其贡献所获得的是议院的尊重和荣誉。因此，委员会必须有特权，即使议院保留对议程的监督。

确保委员会立场和议院立场在意识形态上一致的关键因素是任命程序和选择标准；委员会应该是议院的缩影。委员的任命不应迎合选民的特殊利益，而应以委员的个人专长和知识为标准。

这种对委员会成员作为基层代表的期望，与分配论认为委员会由"政策局外人"组成的意见形成了鲜明的对比。成员预期特征的差异提供了一个可观察到的结果，并提供了一个潜在的机会，通过经验地比较委员会的组成和议院的组成，来检验哪一种理论最正确地反映了议院委员会的现状。

克雷比尔（Krehbiel，1990）是第一批检验委员会组成假设的人之一。利用利益集团对成员观点的评级和委员会成员的数据，出现了一些反对分配论的证据。随后的国会研究试图调查委员会与议院的一致性。然而，可能没有确凿的证据可以支持分配论或信息论的观点。例如，格罗斯克洛斯（Groseclose，1994）发现，几乎没有证据表明委员会是由偏向局外人的或者议院的代表组成。阿德勒和拉宾斯基（Adler and Lapinski，1997）报告了支持分配论的证据，发现委员会不成比例地由立法者组成，其选民在委员会的不同组合中有着特殊利益。

最终，信息论视角和分配论视角代表了现实的程式化抽象，它们都不可能单独完全解释立法组织。对许多人来说，信息论视角是一种关于组织和机构内部授权的完全直观的理论。然而，正如克雷比尔（Krehbiel，1990）似乎承认的那样，解释个别立法者投入资源来建立政策专业知识需要委员会工作的一些回报。鉴于国会背景下的主要动机是连任，克雷比尔（Krehbiel，1991，259）承认"信息论的公理基础既有信息的成分，也有分配的成分"。

与此同时，比较立法学者很可能会质疑立法党派在国会政治理论中所扮演的角色。在某种程度上，之前的两种理论都强调议员个人是分析和贴现的核心单位，如果不是完全忽视了政党在国会中的作用的话。相比之下，关于委员会组织的第三种主要理论将立法党派置于解释的中心。

17.2.3　政党卡特尔理论

如前所述，立法内部组织的两种主要理论（分配论和信息论）强调个体成员的利益和塑造委员会制度的能力。与国会理性选择的传统大相径庭，考克斯和麦卡宾斯（Cox and McCubbins，1993）建议有必要重新评估美国国会中立法党派的作用和影响［另见奥尔德里奇（Aldrich），1995；罗德（Rohde），1991］。考克斯和麦卡宾斯（Cox and McCubbins）承认，国会的许多可观察到的工作都是在委员会内部和委员会之间进行的，但他们认为，政党在塑造委员会制度和委员会活动方面发挥着至关重要的作用。

358　　　此外，在考克斯和麦卡宾斯（Cox and McCubbins）看来，政党的体系结构通过立法权力的卡特尔化来辅助政党的领导。委员会制度远非权力的焦点，而是一种允许各党派影响委员会成员行为的结构。在党派卡特尔的模式中，对一般的观察者来说一切都不那么明显，特别是，委员会并不像传统的国会组织解释所说明的那样，是影响力和权威的主要来源。

类似于对现有委员会组织理论的实证调查，考克斯和麦卡宾斯（Cox and McCubbins，1993）关注分配（和重新分配）过程——成员获得任命的规则。考克斯和麦卡宾斯（Cox and McCubbins）认为，该党领导层在任命过程中扮演的角色远比之前所认识的重要。对 1947 年至 1988 年期间分配给委员会的任务的分析，推翻了委员会由政策局外人组成的假设。国会议员并不总是被分配给他们所喜欢的选项。相反，有证据表明，党的领导人将分配的任务结成卡特尔，战略性地利用分配来奖励忠诚的党员，惩罚在唱名投票中违抗领导的成员。在探索调换分配（重新分配委员会成员）的请求时，出现了类似的控制模式。简而言之，这种观点认为，将委员会作为国会内部一个重要单位的关注，掩盖了一个事实，即各党派控制着由谁在哪个委员会任职。这种控制决定了委员会的组成，进而决定了委员会的性质，也决定了政党的领导在执行党的纪律方面所掌握的权力。这可能不是委员会对抗政党的问题，而是政党利用委员会的问题。

萨托里（Sartori，1997）认为，两党行为和持续互动是以委员会为中心而不是以全体为中心的立法机构的特征。事实上，可以认为委员会能够比全体会议具有更少的政治性。美国的情形似乎并不符合这一模式。在探索国会委员会内部的行为模式时，考克斯和麦卡宾斯（Cox and McCubbins，1993）发现了党派关系的重要证据，他们认为，这证实了他们的论点，即国会学者们的传统智慧低估了政党的作用和影响。例如，法案的倡议与党派路线一致。因此，委员会在立法机构内不是党的替代品，但在其运作和行为上反映了党的主导地位。这种与"以委员会为中心的国会"这一论点的重大背离，导致美国的外观更类似于议会制，学者们长期以来一直认为，在议会制中，中央组织结构是政党而非委员会占据主导地位。

17.2.4　两院竞争论

国会委员会的第四个理论的基础再次来自理性选择的角度，委员会是由成员设计的，为成员实现其目标提供制度上的帮助。

然而，在两院制竞争理论中，最直接的目标既不是连任，也不是寻求政策影响，而是期望游说者给立法者的报酬最大化。委员会作为从游说者那里获得最多报酬的机制的基本原理与立法机构是由一个议院还是两个议院组成有关，因此得名两院制竞争理论［格罗斯克洛斯和金（Groseclose and King），2001］。

迪尔迈尔和迈尔森（Diermeier and Myerson，1999）认为，竞争的议院之间的非合作博弈提供了对议院内部组织设计的最佳理解。因此，立法机构的结构（无论立法机关是由一院还是多院组成）决定了设立委员会并将其作为组织的核心特征的动机。迪尔迈尔和迈尔森（Diermeier and Myerson）的解释与模型依赖于贿买选票的视角，游说者通过贿赂试图影响立法结果。在这场博弈中，立法者希望最大化他们的金钱收益。迪尔迈尔和迈尔森（Diermeier and Myerson）的核心贡献是通过正式的模型证明，在两院制下，立法者通过在每个议院设置制度障碍来最大化他们的金钱收益。制度上的障碍包括议院内的否决点和绝对多数要求。因此，如果第一个议院设置了这样的障碍，而第二个议院选择不设置，那么第一个议院的成员就会不成比例地从游说者那里榨取更多的贿赂。在均衡的情况下，参众两院应该最大化他们的障碍，以便最大化他们的受贿份额。按理说，一个权力下放的强大委员会制度是一个议院制造内部障碍的明显途径。委员会可以设立内部否决权，以最大限度地提高现任议员从寻求通过心仪立法的游说者那里获得的金钱回报。

许多人会看似合理地拒绝或至少质疑这样一种基本假设，即议员们设计议院的内部组织结构以最大限度地从游说者那里获得金钱报酬。然而，正如格罗斯克洛斯和金（Groseclose and King，2001）敏锐地观察到的那样，仍然有可能保留迪尔迈尔和迈尔森（Diermeier and Myerson，1999）的模型和衍生预期，同时用"权力"或"政策影响力"取代贿赂作为立法者的核心动机。从这个角度来看，两院制议院参与了一场争夺决策影响力的非合作博弈。在这种情况下，迪尔迈尔和迈尔森（Diermeier and Myerson，1999）提出的方法将产生完全相同的期望：一个议院与另一个议院竞争立法影响力会造成内部障碍而使影响力最大化；显然，委员会是理想的内部障碍。

尽管与委员会的分配理论、信息理论和卡特尔党理论相比，两院制竞争理论没有得到足够的重视，但竞争理论因其简约性而引人注目。此外，它符合一个被广泛观察到的观点，即美国众议院和参议院在制定政策时相互之间竞争激烈。格罗斯克洛斯和金（Groseclose and King，2001）试图间接检验国会委员会的竞争理论的各种组成部分和可观察到的结果，他们认为两院制竞争理论至少在经验上与其他三个理论一样准确。盖尔马德和哈蒙德（Gailmard and Hammond，2011）回到了两院制的论点，认为委员会是与另一个议院互动的谈判代理人。

360   此外，通过正式的分析，他们认为这创造了一种激励机制，使委员会与"强硬的"代理人堆叠在一起，这些代理人的政策与所在议院不一致，但他们的强硬谈判干扰到了另一个议院。立法机构之间的竞争对议院内部组织的影响无疑值得更多的关注。

17.3   国会理论是否适用于其他议会？

显然，以美国国会为例，关于内部立法设计的起源和后果有着大量信息丰富的文献。相比之下，文献很少考虑议会制度中立法结构演变的原因。鉴于有关国会的文献中越来越倾向于将比较立法研究纳入框架，也许令人惊讶的是，对委员会作为一种立法组织形式的起源的理解并没有在其他环境中重现。对于委员会作为研究议程的非流动性的解释，可能与在议会制度下运作的大多数立法机构中委员会被认为的弱点有关［利斯和肖（Lees and Shaw），1979；哈赞（Hazan），2001］。当然，即使承认委员会在所有立法机构中都不是特别重要，但其原因也是合理和富有成效的研究问题。阻碍建立比较理论的第二个可能，也是更重要的因素，与缺乏数据来检验任何此类理论有关。简而言之，除了后面讨论的一些例外情况，关于国家委员会制度的可比数据缺乏，甚至对委员会制度的重要机构特征的认识也缺乏。总之，关于委员会结构的比较工作在很大程度上是针对具体国家的，或者在意图上是详细描述的。

一个明显的例外是马特森和斯特罗姆（Mattson and Strøm，1995）为多林（Döring）项目的一部分所做的经验贡献，该项目探索了 17 个西欧议会和欧洲议会的结构和运作。马特森和斯特罗姆（Mattson and Strøm，1995）对委员会的结构、程序和权力等方面的特点提供了大量令人印象深刻的细节。将每个议会中委员会机构的丰富细节和重大复杂性编纂到一起的简化主义方法，有可能错过许多重要信息。然而，令人印象深刻的数据显示，委员会制度在复杂性和安排上有很大的不同。委员会的实力至少在一定程度上代表了两个可观察到的方面。第一个方面涉及委员会起草立法的能力，包括例如发起立法或重写法案的权利。第二个方面涉及委员会控制其议程的能力，包括例如控制其自己的时间表和传唤证人和要求文件的能力。

马特森和斯特罗姆（Mattson and Strøm，1995）将他们的数据和分析嵌入理性选择的广泛框架中，并使用欧洲的数据作为对国会委员会的分配、信息和卡特尔政党理论的检验。

遗憾的是，他们得出的结论是，对这些相互竞争的命题进行明确的检验是不可能的，尽管他们假设证据似乎更倾向于信息视角。西欧的委员会制度似乎有许多与委员会有关的特点，委员会是通过政策专业化途径从交换中获得最大收益的机构。然而，这一建议是尝试性的，马特森和斯特罗姆（Mattson and Strøm，1995）在结束他们对欧洲议会委员会的探索时指出，"许多关键问题还没有被提出，更不用说回答了"。无论是在今天还是在最初，对他们的分析都很难质疑。

马丁（Martin，2011）报告了 39 个民主立法机关的委员会设计的原始数据，目的是建立一个委员会实力指数。这样的努力不可避免地会带来成本和挑战：事先确定强委员会制度相对于弱委员会制度的特点是必要的。在斯特罗姆（Strøm，1990）的基础上，提出了委员会制度的七个特征作为委员会影响公共政策和监督能力的潜在衡量标准：

（1）委员会与行政部门管辖权的一致性。

（2）立法过程中委员会审议法案的阶段，如果有的话。

（3）委员会发起立法的权利。

361

（4）委员会修改拟议立法或重写法案的权利。

（5）委员会有权强制部长出席会议并提供证据。

（6）委员会有权强制公务员出席。

（7）委员会小组的存在。

为了提供一个合理的例子，委员会实力指数的第一个组成部分——政府部委和委员会组合之间的一致性——可能是委员会影响力的一个关键指标。委员会制度与部长工作越接近，前者就越有可能对某一特定政策领域拥有"所有权"。部委和委员会之间的一致也应易于监督，委员会能够在与相关部门的持续互动中积累专门知识。值得注意的是，所有 7 个变量都是基于规则的，这并不意味着该委员会有任何直接的影响力。

即使普遍同意某些体制特点意味着重要性，也有必要对每个国家的每个变量打分。马丁（Martin，2011）采用了混合文件分析（国家宪法、议院的长期命令、其他程序规则）和对全国专家的调查。对委员会组织普遍缺乏跨机构和跨时期的评估措施，对机构结构的跨国研究中完全没有委员会的变量，这反映了获取这种数据的困难。例如，在菲什和克罗尼格（Fish and Kroenig，2009）关于国家议会权力和规则的研究中，委员会明显缺席。

另一种经验战略是把重点放在一个或少数立法机构上，详细地、通常是定量地探讨任命的模式。

362　　　回顾对委员会任命的分析构成了对国会委员会实证研究的支柱，这似乎是一种潜在的富有成效的做法。

考虑到美国国会和欧盟议会之间的相似性，欧盟议会（EP）的委员会系统为检验委员会分配理论提供了一个特殊的机会［参见希克斯和霍伊兰（Hix and Høyland），本卷］。对欧盟议会中各委员会的早期研究指出，委员会任务的分配与政党全体会议的规模成正比，因此各党派影响和塑造了委员会的组成［鲍勒和法雷尔（Bowler and Farrell），1995；麦克尔罗伊（McElroy），2006］，提出了支持政党 - 卡特尔观点的证据。相比之下，惠特克（Whitaker，2001；2011）指出，成员通常能够根据自己的政策兴趣自行选择任务，这反映出有利于信息视角的证据。约达诺娃（Yordanova，2009）发现支持党派理论的证据很少，但注意到具有分配潜力的委员会往往由"高要求"的优先局外人组成，这是支持分配理论的证据。相比之下，没有分配权力的委员会倾向于吸引具有相关专业知识但没有特殊利益的成员，这是支持信息理论的证据。与美国国会一样，对欧盟议会委员会的研究目前并没有使我们更接近于达成立法组织的一般理论。

克里斯普（Crisp，2009）等人研究了阿根廷、哥斯达黎加和委内瑞拉的委员会分配模式。他们发现，候选人的选择程序和选举规则有助于解释国家案例和个人职业分配模式的部分但非多数的差异。西夫奇、福里斯特和泰金（Ciftci，Forrest and Tekin，2008）研究了土耳其国民大议会委员会的分配模式，发现了政策利益和资历具有影响力的证据，并将其解释为分配理论和信息理论的证据。他们还发现，最接近党内中间立场的成员更有可能得到分配。因此，对土耳其案例的实证研究似乎表明，三种国会组织理论至少具有一定的预测价值，但没有一种理论能最好地解释土耳其模式。

最近的其他研究探索了丹麦的一院制议会［汉森（Hansen），2010］和爱尔兰的众议院［汉森（Hansen），2011］委员会的分配模式。丹麦的案例表明，在同一议院，不同党派的分配程序是不同的。一些政党将具有特殊知识的成员安排在有关委员会，尽管这种做法似乎正在减少。对较小的政党来说，委员会的分配似乎不那么具有战略意义。在爱尔兰的案例中，分配理论、信息理论和党派理论都不能解释分配的模式，这导致汉森（Hansen）推测整个过程只是随机的。最后，汉森（Hansen，2011，358）提出，要加深对欧洲议会委员会的理解，需要"与基于独特的美国制度设计的理论的明确决裂"，这引得我们考虑最近和正在进行的超越国会理论和立法组织的比较理论的尝试。

363

17.4 立法组织的比较理论

正如马丁和范伯格（Martin and Vanberg，本卷）所强调的，最近的比较研究表明，立法机构在帮助多党政府中的各个党派维持关系方面发挥着关键作用。这样的政府中每一党派必须保持对彼此的了解，以确保各部长执行议定的政策［斯特罗姆、穆勒和史密斯（Strøm, Muller and Smith），2010，回顾了立法和立法外控制机制］。

最近的研究表明，议院委员会是政府联盟中各党派保持相互监督的机制。特别是马丁和范伯格（Martin and Vanberg，2004；2005；2011）表明，政府各党派利用议会来审查其政治联盟伙伴的政策。对于任何一项政策建议，政党之间在该问题上的意识形态差距越大，法案在立法过程中通过委员会阶段所需的时间就越长。此外，就政府中各党派的偏好而言，这个话题的分歧越大，就会增加越多的修正案，以纠正任何"部长偏差"。正如哈勒伯格（Hallerberg，2000）所指出的，在预算政治的情况下，委员会制度至少具备两个特征使委员会作为联盟内部监督工具的效用最大化：首先，委员会的管辖范围应与部长的职责相一致；其次，在任命委员会主席方面，应该由控制内阁的政党以外的政党任命。换句话说，在一个两党政府中，一个党控制内阁农业部长，另一个党应该控制农业委员会主席。克拉克和尤尔盖勒维特（Clark and Jurgelevilt，2008）揭示了，立陶宛的政党在任命委员会主席时采用了这种策略。

卡罗尔和考克斯（Carroll and Cox，2012）对这场辩论做出了重要贡献，他们考虑了 19 个立法机构中政府各党派通过使用委员会主席相互跟踪模式。他们的发现与委员会是监督机制的理论一致。此外，卡罗尔和考克斯（Carroll and Cox，2011）证实了之前的结果，即当共同执政的政党在政策上彼此偏好的立场分歧最大时，最有可能发生监督（这一次是通过对委员会主席的战略性任命）。

马丁和德波（Martin and Depauw，2011）拓展了之前的观点，认为委员会是在议会制度下产生的，是一种结构性的解决方案，以满足联合政府中各党派保持对对方监督的需求。这一观点认为，政党对政治联盟伙伴"密切关注"的需要不仅塑造了立法行为，还塑造了立法组织的结构，特别是委员会结构和权力。强有力的委员会制度可能是立法机构通过审查政府产生的法律草案来追究个别内阁部长责任的最佳形式［利斯和肖（Lees and Shaw），1979］。值得注意的是，由于从贸易、信息获取和委员会成员的专业知识中获得的收益，它们可以比全体大会更有效地开展工作［克雷比尔（Krehbiel），1991］。

364

强大的委员会可以对个别部长的职务和非立法活动保持警惕，特别是当议会委员会跟踪某个特定的政府部门时。只有委员会继续为执政党的利益服务，互相监督，强大的委员会制度才会成为立法机构的特色。这一论点表明，委员会既要发挥信息作用，也要发挥党派作用，因为关键参与者是寻求保持彼此监督的政党。一个追踪爱尔兰从一党政府向多党政府转变后爱尔兰议会委员会的重组和加强情况的案例研究，支持了将政府类型（多党联合政府与一党执政政府）与立法机构结构联系起来的跨机构证据。这表明爱尔兰的立法机构发生了变化，委员会结构得到加强，以作为一种制度解决方案，满足联合政府中爱尔兰小党派的需求，以跟随他们大的政治伙伴。

鲍威尔（Powell，2000，34）注意到强大的委员会和比例代表性选举制度之间的经验相关性。这可能反映了多数选举制度倾向于导致一党政府，而比例代表制的选举制度导致议会中没有一个政党拥有绝对多数，使得联合政府更加普遍。如果委员会作为多党联合政府问题的解决方案，那么比例代表选举制与立法机构中强大的委员会制度之间必然会产生经验关联。

一个合理但很大程度上被忽视的建议是，委员会制度取决于立法机构是否在与多数民主相反的共识下运作［利普哈特（Lijphart），1999］。按照惯例，强大的委员会与反对派的影响力有关。因此，较强的委员会可能是基于共识的政治制度的一个特点，较弱的委员会制度更可能存在于多数政治制度中。

最后，马丁（Martin，2011）建议对分配理论进行修正，以解释议会制与总统制下不同的立法组织。国会组织分配理论的含义是，以候选人为中心的选举制度应该导致立法机构拥有强大的委员会。马丁（Martin，2011）建议忽视选举制度和立法组织之间关系的一个关键组成部分：**培养个人投票的机制**决定了立法者对制度设计的偏好。当寻求个人选票的议员提供财政特殊主义（油水）时，委员会将更加强大，但当议员通过向选区提供立法外服务来培养个人支持时，委员会将变得更弱。根据经验，马丁（Martin）发现个人投票的效果取决于立法者提供财政特殊主义的能力。投票结构对委员会优势的无条件影响在统计上不显著。选票结构对委员会力量影响的方向（和程度）关键取决于培养个人选票的机制。因此，委员会作为拉票工具的程度不同，决定了立法者对委员会工作的兴趣，并最终决定了委员会的组织。

17.5　结论

长期以来，学者们一直对美国国会委员会权力的起源感兴趣。事实上，20世纪80年代和90年代的理论建设和有影响力的相反理论的出现可能代表着国会研究的黄金时代。这一研究刺激了对国会组织的实证研究，但也严重影响了社会选择理论、制度政治经济学研究和更广泛的美国政治研究。这一时期所有主要的立法组织理论都呈现许多吸引人的特征和一些经验准确性的证据。与此同时，尽管有许多高质量的学术研究，但对国会的组织结构没有明确的解释。

对各立法机关委员会的设计和运作的研究更是有限。真正具有对比性的跨国家和跨时期研究一直是例外，而不是常态。评估议题和识别委员会系统最基本的困难可能是不同机构环境下委员会研究的障碍。然而，从规范上讲，强大委员会的观念仍然是立法机关对行政部门施加影响的必要条件，即使是非充分条件。

就国会研究而言，有必要进行进一步的理论和实证工作，以了解委员会与立法党派的运作竞争或互补的程度。特别是，了解独立思考的委员会和试图控制国会生活各个方面的政党领导之间的平衡的出现，是一个必要的调查途径。最成功的政治学理论往往是简洁的；然而，立法组织起源和基础的现实可能比目前提供的解释更加混乱，未来的理论探索可能需要更复杂的模型和论证。

当条件限制了实证检验的机会时，理论的力量至少在某种程度上受到了限制。除了对委员会任命模式和成员资格的竞争主张，观察相等性是对委员会组织的竞争理论进行实证评估的一个重要障碍。随着理论的假设、解释和预期变得更加精确，也许直接和间接的观察结果可以通过观察研究、文本分析或实验经受住识别和检验。

对现有国会研究理论的实证评估远远没有穷尽。委员会随着时间的推移所经历的变化，尤其是在当前这个被认为党派更大的时代，是一项值得进行实证评估的研究，无论是从当代还是从美国政治发展的角度来看。在拉丁美洲，将州立法机构作为实验室和总统体制中的立法机构进行实证检验，可能比侧重于议会制中立法组织的研究更能揭示国会委员会理论的有效性。

与此相关的是，最近试图为议会制下的议会委员会寻找新解释的工作需要在理论和经验上取得进展。这可能需要超越国会的理论，或使其适应非常不同的外部制度和政治环境。从根本上讲，了解政党和委员会之间的紧张关系（如果有的话）对于推动立法学术界更全面地了解议会运作至关重要。

最后，现有研究可能过于关注委员会起源问题，而对制度后果的政治经济学关注不足。研究委员会的结构可能很困难，但学者们在揭示委员会设计的后果方面只取得了很少的成就。自斯特罗姆（Strøm，1990）提出强有力的委员会有助于少数派政府以来，很少有研究证明委员会组织的重要性。委员会是否是有价值的，或者如果没有委员会，立法机构是否会同样高效和有效，仍然是一个没有答案的问题。显然，本章还假设委员会是强大立法机构的重要组成部分，这是一个需要理论和实证验证的典型事实。

参考文献

Adler, E. S. and Lapinski, J. S., 1997. Demand–Side Theory and Congressional Committee Composition: A Constituency Characteristics Approach. American Journal of Political Science, 41: 895–918.

Aldrich, J., 1995. Why Parties? The Origins and Transformation of Political Parties in America. Chicago: University of Chicago Press.

Arrow, K. J., 1951. Social Choice and Individual Values. New York: John Wiley & Sons.

Bowler, S. and Farrell, D. M., 1995. The Organizing of the European Parliament: Committees, Specialization and Co–ordination. British Journal of Political Science, 25: 219–43.

Carroll, R. and Cox, G. W., 2012. Shadowing Ministers: Monitoring Partners in Coalition Governments. Comparative Political Studies, 45: 220–36.

Ciftci, S., Forrest, W., and Tekin, Y., 2008. Committee Assignments in a Nascent Party System: The Case of the Turkish Grand National Assembly. International Political Science Review, 29: 303–24.

Clark, T. and Jurgelevilt, D., 2008. Keeping Tabs on Coalition Partners: A Theoretically Salient Case Study of Lithuanian Coalition Governments. Europe–Asia Studies, 60: 631–42.

Cox, G. W., 2006. The Organization of Democratic Legislatures. In B. R. Weingast and D. A. Wittman (eds.). The Oxford Handbook of Political Economy, pp. 141–61. Oxford: Oxford University Press.

Cox, G. W. and McCubbins, M. D., 1993. Legislative Leviathan. Berkeley: University of California Press.

Crisp, B. F., Escobar–Lemmon, M. C., Jones, B. S., Jones, M. P., and Taylor–Robinson, M. M., 2009. The Electoral Connection and Legislative Committees. The Journal of Legislative Studies, 15: 35–52.

Diermeier, D. and Myerson, R. B., 1999. Bicameralism and Its Consequences for the Internal Organization of Legislatures. American Economic Review, 89: 1182–96.

Fenno, R. F., 1978. Home Style: House Members in their Districts. Boston: Little, Brown.

Fish, M. S. and Kroenig, M., 2009. The Handbook of National Legislatures: A Global

Survey. New York: Cambridge University Press.

Gailmard, S. and Hammond, T., 2011. Intercameral Bargaining and Intracameral Organization in Legislatures. The Journal of Politics, 73: 535–46.

Gilligan, T. W. and Krehbiel, K., 1987. Collective Decision–Making and Standing Committees: An Informationale Rationale for Restrictive Amendment Procedures. Journal of Law, Economics, and Organization, 3: 287–335.

Gilligan, T. W. and Krehbiel, K., 1990. Organization of Informative Committees by a Rational Legislature. American Journal of Political Science, 34: 531–64.

Groseclose, T., 1994. Testing Committee Composition Hypotheses for the U.S. Congress. The Journal of Politics, 56: 440–58.

Groseclose, T. and King, D. C., 2001. Committee Theories Reconsidered. In L. C. Dodd and B. I. Oppenheimer (eds.). Congress Reconsidered, pp. 191–216. Washington: CQ Press. Seventh edition.

Hallerberg, M., 2000. The Role of Parliamentary Committees in the Budgetary Process within Europe. In R. Strauch and J. V. Hagen (eds.). Institutions, Politics, and Fiscal Policy, pp. 87–106. New York: Springer.

Hansen, M. E., 2010. Committee Assignment Politics in the Danish Folketing. Scandinavian Political Studies, 33: 381–401.

Hansen, M. E., 2011. A Random Process? Committee Assignments in Dáil Éireann. Irish Political Studies, 26: 345–60.

Hazan, R. Y., 2001. Reforming Parliamentary Committees: Israel in Comparative Perspective. Columbus: Ohio State University Press.

Katz, J. N. and Sala, B. R., 1996. Careerism, Committee Assignments, and the Electoral Connection. American Political Science Review, 90: 21–33.

Krehbiel, K., 1990. Are Congressional Committees Composed of Preference Outliers? American Political Science Review, 84: 149–63.

Krehbiel, K., 1991. Information and Legislative Organization. Ann Arbor: University of Michigan Press.

Lees, J. D. and Shaw, M., 1979. Committees in Legislatures: A Comparative Analysis. Durham: Duke University Press.

Lijphart, A., 1999. Patterns of Democracy. Government Forms and Performance in Thirty–Six Countries. New Haven: Yale University Press.

Martin, L. and Vanberg, G., 2004. Policing the Bargain: Coalition Government and

Parliamentary Scrutiny. American Journal of Political Science, 48: 13–27.

Martin, L. and Vanberg, G., 2005. Coalition Policy–Making and Legislative Review. American Political Science Review, 99: 93–106.

Martin, L. W. and Vanberg, G., 2011. Parliaments and Coalitions: The Role of Legislative Institutions in Multiparty Governance. Oxford: Oxford University Press.

Martin, S., 2011. Electoral Institutions, the Personal Vote and Legislative Organization. Legislative Studies Quarterly, 36: 339–61.

Martin, S. and Depauw, S., 2011. The Impact of Multiparty Government on the Internal Organization of Legislatures. Paper prepared for presentation at the 69th Annual National Conference of the Midwest Political Science Association, Chicago, 31 March–3 April 2011.

Mattson, I. and Strøm, K., 1995. Parliamentary Committees. In H. Döring (ed.). Parliaments and Majority Rule in Western Europe, pp. 249–307. Frankfurt: Campus Verlag.

Mayhew, D., 1974. Congress: The Electoral Connection. New Haven: Yale University Press.

McElroy, G., 2006. Committee Representation in the European Parliament. European Union Politics, 7: 5–29.

Powell, B., 2000. Elections as Instruments of Democracy: Majoritarian and Proportional Visions. New Haven: Yale University Press.

Rohde, D., 1991. Parties and Leaders in the Post–reform House. Chicago: University of Chicago Press.

Sartori, G., 1997. Comparative Constitutional Engineering. New York: New York University Press.

Shepsle, K. A., 1978. The Giant Jigsaw Puzzle: Committee Assignments in the Modern House. Chicago: University of Chicago Press.

Shepsle, K. A., 1979. Institutional Arrangements and Equilibrium in Multidimensional Voting Models. American Journal of Political Science, 23: 23–57.

Shepsle, K. A., and Weingast, B. R., 1981. Structure–induced Equilibrium and Legislative Choice. Public Choice, 37: 503–519.

Shepsle, K. A. and Weingast, B. R., 1987. The Institutional Foundations of Committee Power. American Political Science Review, 81: 85–104.

Strøm, K., 1990. Minority Government and Majority Rule. Cambridge: Cambridge University Press.

Strøm, K., Müller, W. C., and Smith, D. M., 2010. Parliamentary Control of Coalition

Governments. The Annual Review of Political Science, 13: 517–35.

Tullock, G., 1981. Why So Much Stability? Public Choice, 37: 189–205.

Weingast, B. R., and Marshall, W. J., 1988. The industrial Organization of Congress; or, why Legislatures, like Firms, are not Organized as Markets. The Journal of Political Economy, 96: 132–163.

Whitaker, R., 2001. Party Control in a Committee–Based Legislature? The Case of the European Parliament. Journal of Legislative Studies, 7: 63–88.

Whitaker, R., 2011. The European Parliament's Committees: National Party Influence and Legislative Empowerment. Abingdon: Routledge.

Wilson, W. W., 1963 [1885]. Congressional Government. Boston: Houghton–Mifflin.

Yordanova, N., 2009. The Rationale Behind Committee Assignments in the European Parliament: Distributive, Informational and Partisan Perspectives. European Union Politics, 10: 253–80.

第五编
立法机关中的政党

第十八章 政党与立法委员会[*]

托马斯·萨尔费尔德（Thomas Saalfeld）

卡雷·W. 斯特罗姆（KAARE W. Strøm）

18.1 引言：什么是参与立法的政党成员？

政党往往是具有多个目标的复杂组织［庞珀（Pomper），1992］。它们可以被定义为：为控制政府而联合起来的个人团队［唐斯（Downs），1957，24］。通常，政党也会因为一些共同的规范性或一致的表述性目的而联合在一起：例如，在《联邦党人文集》第十篇中，麦迪逊将这种政党的联合（他对政党的概念）定义为：

……（政党就是）一些公民，不论占全体的多数还是少数，他们被某种共同的情感或利益驱动而团结起来，这与其他公民的利益或社会的永久利益和总体利益相抵触。［汉密尔顿（Hamilton）等人，1961，78］

虽然参与立法的政党可以说面临着政策、职位和选举目标之间的艰难选择［斯特罗姆（Strøm），1990］，但它通过选举赢得政治（包括立法）职位的目标使其有别于诸如压力集团或社会运动组织之类的其他政治组织。

简单来说，参与立法的政党就是"一个由参与立法

---

* 梁西圣译。

372 的政党代表所构成的组织化团队。这些立法代表要么由同一政党选举产生，要么从多个不存在选举竞争关系的政党中选举产生。这些立法代表不会仅仅因为技术原因而明确创建一个团队"[海达尔和库尔（Heidar and Koole），2000，249]^[1]。参与立法的政党与立法委员会和（掌握立法权的）执政党一道构成了立法组织和偏好群体的重要组成部分。而内阁决策的效率和立法者对政策的影响程度则取决于参与立法的政党的团结程度。此外，参与立法的政党们还会组织起来反对现任政府。通过为选民提供政策和人事选择，政党提供了一套可以让党派政府对其行为负责的机制。通过这种"选举联系"[梅休（Mayhew），1974]参与立法的政党成员坚称一个"负责任的党派政府"[奥尔德里奇（Aldrich），1995]是可能的。在所有自由民主的国家中，政党是唯一可以指望提供某种透明的、稳定的和在政治上可以问责的组织形式。用沙特施奈德（Schattschneider，1942，1）的话来说，"政党创造了民主，……除政党外，民主是不可想象的"[另见奥尔德里奇（Aldrich），2011，3]。

然而，在大多数民主国家，参与立法的政党是更复杂的政党组织的一部分。参与立法的政党成员可能会因此而去迎合政党内其他成员的偏好。因此，基（Key，1964，163—165）将政党划分为"选民中的政党""作为组织的政党"和"执政的政党"。这种划分已被人们广为引用。为了解释在美国以外经常发现的更强大的议会外组织，卡茨和梅尔（Katz and Mair，1993）扩展了基（Key）所划分的"作为组织的政党"概念，以区别"基层政党"和"党中央"。前者包括竞选工作人员和党的财务支持者，后者则涵盖了（政党的）全国执行委员会和中央党务工作人员。立法委员往往受惠于这些议会外组织并要对其负责，而这也不仅仅是因为这些议会外组织倾向于选择本党候选人来担任公职。关于这一点，我们将在下面讨论，因此，立法委员可以通过其党派为多重主体服务。

在本章中，我们将聚焦一些成熟的民主国家来讨论参与立法的政党将以何种形式展开其活动。我们对参与立法政党的描述基于以下三个观察。首先，虽然我们关注的是执政党，但我们也不能忽略所有政党都共同面临的另外一种面

---

[1]　在大多数情况下，将立法政党定义为代表大会成员的有组织团体就足够了，这些成员是在同一个政党标签下选举产生的。但是，在某些情况下，如德国基督教民主党，在立法机关之外独立组织的政党可以组成一个联合立法政党。海达尔和库尔（Heidar and Koole）的定义也有助于排除一些纯粹为了克服议会常设命令（如欧洲议会）强加的最小规模要求而结成的立法联盟。

相：它们都受制于政党的选举和问责功能［参见穆勒（Müller），2000］。特别是在许多欧洲和某些亚洲及拉丁美洲的民主国家，基层政党和党中央可能对立法机构成员产生重大的影响。这些立法外组织可以像参与立法的政党成员本身一样，对被选举人的行为进行约束。因此，在规范立法行为时，可能有必要考虑未参与立法，但在党内有着举足轻重的影响力者的偏好。其次，在我们展示一些描述性研究成果作为佐证的同时，会特别强调对参与立法的各政党进行模式分析的价值以作比较研究。在此过程中，本章将向该手册补充一些较为正式的章节并特意从理性选择的传统中提炼出一些模式，如博弈论模式、社会选择结果模式以及呈现于代表制度中的委托—代理（Principal–Agent，PA）模式。最后，立法政党们的世界是相当复杂的，其中的重大决议往往难以被人觉察或者秘而不宣。此外，显而易见的立法活动往往充满了观察等价的问题［克雷比尔（Krehbiel），1999］，因此便可以有几种不同的解释。例如，立法学者经常使用立法委员的潜在偏好来解释他们的行为。但他们的偏好通常只能从他们的表决和发言记录中推断，由于各种原因，这些记录可能无法反映他们真实的信念与关切。比如某项在党内获得高度一致性表决的立法投票既可能反映了立法政党的一致偏好，也可能是高效的纪律使然，还可能是出于其他一些政策考量。因此，根据可见的唱名表决活动所作的推论，可能会受到选择偏差的影响［哈格（Hug），2013］。这种推论的效果也弱于对立法设置的逐个分析。因此，在试图理解这个由立法政党组成的复杂世界时，特别重要的是要谨慎地以分析模型为指导，这些模型的预测是精确的、其假设是明确且容易理解的。

373

在 18.2 和 18.3 中，我们将简要介绍立法政党的"形态"。换言之，我们将界定在参与立法的政党内部及围绕该政党而活动的核心参与者与个别立法委员的关系。委托—代理框架在其他地方得到了更充分的发展［如卢皮亚（Lupia），2003］，它将阐明立法委员经常参与的竞争性代理关系的复杂性。18.4 将讨论一些最有影响力的分析研究，它们试图解释立法政党的出现和普遍存在的原因。许多学者并没有将立法政党视为理所当然的存在，而是试图解决以下谜题：为什么名义上平等的立法委员会接受政党不平等的等级制度？是什么动机促使部分立法委员默认某些委员的领导地位？这些基本问题不仅对理解立法政党的出现来说很重要，而且也为了解立法机构的持续合作及其内部领导关系所面临的机遇与挑战提供了见解。我们还将强调立法政党如何与立法组织的其他主要组成部分，即立法委员会相互交织。18.5 将探讨一些正式著作已经讨论过的一个更深层次的基本问题，即政党是否对立法产出有任何明显的影响——如果有，是如何影响的。在 18.6 中，我们评估了立法政党可能产生影响的条件，以及如何在跨空间和时间的比较分析中对这些条件进行经验研究。

18.2　参与者、规则和资源

立法政党组织通常被视为多少具有一定持久性的议会投票联盟［例如，奥尔德里奇（Aldrich），1995］。一些作者在其有关工业化组织的著作中将其类比为公司［例如，多林（Döring），2001］。另一些人则将它们视为如律师事务所那样由"不同级别的初级和高级合伙人"组成的合伙，为"事务所提供全面的战略和战术方向"［考克斯和麦卡宾斯（Cox and McCubbins），2005，18］。无论其具体形式如何，政党组织参与立法都是为了组织谋取利益，因此这种通过合作所谋取的利益是排他的，至少在一定程度上是非竞争性的：一个成员的利益（一旦带有政党的标签）并不会损害任何其他成员的利益。然而，党员身份有利益也有代价。参与立法的政党的内部决策可能涉及激烈的竞争和旷日持久的讨价还价；它可能需要个人作出一些对其毫无益处的妥协，并且施加一些对受罚者和施罚者来说同样代价高昂的惩戒。因此，创建和管理一个立法政党的人必须小心地管理他们的资源，以确保收益超过党员们的成本预期，唯有如此，党员们的合作才是牢靠的。为了提振党员们对选举的共同预期并支持专业政策知识的生产，立法政党可能需要给予一些成员对行政或立法机构的控制权，从而使其能够掌控议程［考克斯和麦卡宾斯（Cox and McCubbins），2005］。因此，在立法政党中，党魁和后座议员的关系就类似于一种不稳定的代理关系，我们将进一步讨论这一问题。这类政党通常具有等级结构和不同程度的内部专业化。

18.2.1　等级制度

参与立法的各政党在规模、资源、等级和其他组织属性方面差异很大。就奥尔德里奇和罗德（Aldrich and Rohde，2000）所例举的有条件的党派政府模式而言，等级制度乃是这一模式的核心。在这种模式中，立法委员有意让他们的党魁拥有程序性和纪律性权力，以推动政党介入立法。然而，为什么名义上平等的成员会接受等级制组织，这是立法研究的一大困惑［洛文伯格（Loewenberg），2011，14］。但有一个场域，个体成员可以积极地、相对平等地参与集体决策。这一领域就是党团闭门会议，它通常由相关议院的所有党员组成而不论他们在政党中处于哪个等级。无论如何，非正式的等级制度不能完全避免，除非有一个组织，如英国 1922 年的保守党委员会，它只由该党的后座议员组成［诺顿（Norton），2013b］。党团闭门会议通常是正式授予立法政党最终决策权的主体；它可以正式选举政党的领导人、部长和委员会主席；同样，闭门会议也能对以上人选施以持续性的审查。党团闭门会议往往是内部政策审议的舞台。尤其是因为禁止媒体的报道，党团会议可以"促进坦率的讨论，避免媒体报道党派内斗"［史密斯（Smith）等人，2009，129；其他立法机构的类似描述见伊斯迈尔（Ismayr），2012，128—130；梅塞施密特（Messerschmidt），2005，282］。在克雷比尔（Krehbiel，1991）看来，党团闭门会议的审议往往允许党员吐露其真实的偏好，而这才是真正有效的信息。与此同时，政党领导人还可以利用党团闭门会议使其成员在议会中承诺统一立场［伊斯迈尔（Ismayr），2012，128—130］。各立法政党对党团闭门会议审议的使用差异很大。美国国会［史密斯（Smith）等人，2009，129］和德国联邦议院［伊斯迈尔（Ismayr），2012，122—123］在议会期间定期举行准备充分、出席人数众多的会议（每周或双周），而英国议会政党的党团闭门会议出席人数往往很少［诺顿（Norton），2000，43］。

　　在议会中参与立法的党员通常只服从位于等级制度顶端的一个人的领导，有时这个领导人就是首相（或未来的首相）。几乎在所有情况下，这位院内领袖、主席或总裁都肩负着确保政党团结的任务，并担任该党最重要的发言人［关于美国国会，参见史密斯（Smith）等人，2009，137—146］。各政党赋予其领导人的权力各不相同。有些政党领袖拥有作为立法政党核心代理人的重大权力［基维特和麦卡宾斯（Kiewiet and McCubbins），1993，43］，有相当大的机会将他们在党内的至高地位转化为政策、职位或选举收益，而其一些政党领袖则只是承担协调职能的主席。在已被广泛研究的成熟民主立法机构中，政党领导人往往由参与立法的政党的党团闭门会议或以该会议为重要组成部分的选举团（如英国工党）选举产生，或由该政党的议会外组织选举产生。尽管领导人的具体权利通常由参与立法的政党的纲领性文件规定，但他或她还可能保

375

留了一些重大的"剩余控制权利"（用契约理论的语言）。在某些情况下，这些权利加上政党领袖相对于后座议员的信息优势以及他们接触媒体的特权和手中的人事资源，或许足以颠覆党团闭门会议（作为委托人）和政党领袖（作为代理人）之间的代理关系。例如，梅塞施密特（Messerschmidt，2005，230）便讨论过法国议会政党"总统"日益独立，以及他们利用这一独立地位为竞选跳板并最终成为共和国总统的情况。

在党团会议和领导层之间，民主的立法政党往往都有着一个多少比较发达的中间结构。大多数立法政党会选举各种诸如特定政策工作组主席这样的中间领导人，并经常从这些中间领导人中再选出领导人来担任具有议程权的立法或政府职位。因此，政党通常具有旨在促进内部协调和控制的组织层级。特别是在较大的立法政党中，"中层管理人员"可能包括一名首席党鞭和一些助理党鞭，他们负责党内的信息收集、组织协调和执行党纪。此类较大的立法政党可能会有十几个这样的事务管理人员［参见诺顿（Norton），2013a，55，英国下议院；关于美国国会，见史密斯（Smith）等人，2009，143］。在其他议会中，由政策专家组成的具体政策工作组和立法委员会可能会主导立法政党的中层管理［德国联邦议院见萨尔费尔德（Saalfeld），1995b，272］。在议会系统中，这些中层管理人员构成了党内、议会或政府高层职位的候选群体。然而，在一些议会系统中，中层管理则更加非政治化。例如，在法国，立法政党由一位全职秘书长管理，他不是立法委员，本质上是一位向国民议会中的政党领导人报告的政党高级雇员［梅塞施密特（Messerschmidt），2005，214—217］。

立法政党及其领导人有时拥有相当多的人力资源。例如，2010年，德国联邦议院的五个议会政党总共聘用了870名工作人员，此外还有4209名工作人员是由个人代表聘用的。[1]当年立法政党可获得的资金总额超过7870万欧元。2000年，美国国会的领导人员总数为274名，这还不包括多数党和少数党院内工作人员，以及约11692名由国会个别议员雇用的个人工作人员。[2]其他大多数立法政党都不像德国或美国的政党那样人手充足。例如，法国的立法政党在2001年只有不到100名雇员［梅塞施密特（Messerschmidt），2005，218］。尽管如此，大多数欧洲和北美州立法政党的人力资源都还是得到了极大充实。海

376

---

　　〔1〕　Datenhandbuch zur Geschichte des Deutschen Bundestages (<http://www.bundestag. de/dokumente/ datenhandbuch/index.html>), Sections 5.9, 17.3, and 17.2, accessed 3 March 2013.

　　〔2〕　C-span home (2000), <http://legacy.c-span.org/questions/weekly35.asp>, accessed 3 March 2013.

达尔和库尔（Heidar and Koole，2000，259）因此得出结论，对大多数欧洲议会来说，"国家财富的增长带来了更好的人员配备和议会内部更专业的政党"。这种发展常常导致立法机构主导议会外政党组织，甚至在历史上具有强大的议会外根基的政党中也是如此［如卡茨和梅尔（Katz and Mair），1995］。

18.2.2　专业化

将立法政党视为一种完全靠等级协调而聚集在一起的组织模式是具有误导性的。党员们还可以从政策专业化中相互获益。专业化的政策委员会尤其为党内的政策宣传、派系和利益之间的妥协提供了场域，也为政党领导和党员提供了讨价还价的场所。对存在内部分化的立法政党来说，党团闭门会议可能会将积极议程权（制定政党政策）和消极议程权（阻止某些举措）委托给各委员会的政策专家或派系领导人。美国国会政党维持着一个政策委员会和执行小组的体系［见史密斯（Smith）等人，2009，129—131］。英国主要的议会政党通过各种主题委员会开展工作，当该党处于反对党地位时，主题委员会的活动特别活跃［诺顿（Norton），2000，44］。日本自民党一直都在党内设立名为"政策咨询研究委员会"（PARC）的各种政策委员会和次级委员会，其风头甚至盖过了主要的立法委员会［克劳斯和佩卡宁（Krauss and Pekkanen），2010，154—202］。类似地，德国议会政党的"工作组"（基于政策领域）在政党、立法委员会系统、政策团体和政府部门之间提供了一个高度结构化的接口。这些内部政策委员会的主席可能在政党间的联盟谈判中扮演重要角色［关于德国，参见萨尔费尔德（Saalfeld），2010］。然而，各国议会政党在有益的内部专业化建设程度上存在差异。在一些立法机构，比如法国国民议会中，支持者们就未能建立起这种持久而有区别的内部委员会制度［见梅塞施密特（Messerschmidt），2005］。

有了这种以政策为基础的委员会（特别是在较大的立法政党中），立法政党内部以等级制度为基础的冲突管理（例如在党团闭门会议中通过多数投票或授权领导人代表政党作出决定）便可能只是确保有效合作的几种机制之一。例如，舒特迈尔（Schüttemeyer，2001，2009）认为在德国的主要议会政党中，党的领袖对党的支配是有限的："如果采取等级制措施，这就可能意味着政府内多数派所主张的政治协商和协调机制的失效。"［舒特迈尔（Schüttemeyer），2009，6］。舒特迈尔（Schüttemeyer，2009，8）强调了基于专业化、专业知识、信息、主要立法政党的专门工作组之间交流的机制，这些机制有效淡化了议会中常规委员会的作用。立法政党的党团闭门会议或领导层通常会将制定了详细政策建议的任务委托给该党的政策专家。这些专家享受的政策自由裁量权似乎取决于该政策所覆盖的范围对于政党的重要性和政党内部偏好的不均匀性［舒特迈尔（Schüttemeyer），2001，44］。安德韦格和托马森（Andeweg and Thomassen，2011）在荷兰议会第二议院发现了非常类似的机制。

18.3 立法政党成员及其主要竞争者

立法政党的形态使研究人员能够了解院内领袖用以制定政党战略的自由裁量权以及领袖的决策过程。然而，参与立法的政党领导人可能不是立法政党成员所服务的唯一党内领导。从宪法的角度来说，议会制民主国家的政策制订过程好比一个授权和追责的链条。在这一链条中，选民向立法机构的成员授权；立法委员们向首相等第一行政首长授权；首相向个别内阁成员授权；最后再由这些内阁成员授权公务员和其他管理人员执行。问责链的运行方向则与此相反。因此，用委托—代理理论的语言来说，议会制民主国家的立法委员既是选民的代理人，又是首相和其他内阁成员的受托人。政党支持和介入这一授权链条当中。尽管它们对该链条的控制产生了时代性和跨民族性的变化，也会在政策制订的不同阶段有所差异［穆勒（Müller），2000］，但一些政党仍然有能力对其立法委员实施相当严格的控制。但实际上，这些代表有多重委托人，因为他们通常是其选民、立法政党的代理人，而且往往也是其议会外党员的代理人，这些议会外的基层党员既是党的根基，也是强大党中央的基础。因此，在某些情况下，立法机构以外的党员的偏好需要被纳入考虑。

虽然政治授权是必要的，但也有风险。代理人可能会滥用自由裁量权来追求自己的利益或其他不同于其委托人的目标。代理人与委托人的偏好和信息水平差异越大，代理问题就越严重。这类代理问题可能有两种常见的形式：逆向选择和道德风险［例如，卢皮亚（Lupia），2003］。虽然立法委员最终要对选民负责这一事实有助于遏制潜在的代理问题，但这绝不能保证公共政策将与大多数公民的偏好一致。而且，即使立法委员必须为多个主体服务，这也不一定能缓解代理产生的问题。如果参与立法的政党领袖和议会外政党领袖等委托人和选民具有相同但又不同于立法委员的共同偏好，那么这个委托人联盟可能能够驾驭他们的代理人。但是，一旦不同的委托人有不同的偏好并将其立法代理人拉向不同的方向，那么这些代理人要么被束缚住，要么处于和其他委托人相对立的位置，这两种情况都可能对社会不利。因此，为了了解政党对其代表的限制，我们需要了解政党内部的权威在哪里以及权力拥有者的偏好与政党立法委员的偏好有何不同。

关于政党组织的描述性文献含蓄地指出了政党内部的一些重要代理关系。我们将简要地利用这一丰富的学术体系来说明立法政党在党内授权和问责的链条中的作用是如何变化的。虽然从经验来看，这一文献倾向于关注欧洲和美国，但不论背景因素如何变化，其揭示的类型都具有重要的普遍性。例如，18 世纪末 19 世纪初在美国和欧洲建立的"精英"或"干部"政党［迪韦尔热（Duverger），1959；诺伊曼（Neumann），1956］，主要旨在解决立法机构内部的协调和集体行动问题［奥尔德里奇（Aldrich），1995，2011；考克斯（Cox），1987］，但它们做得并不完美。精英政党——最初是"一群地位平等的名流的集合"［洛文伯格（Loewenberg），2011，14］——往往无法在其成员中实施高水平的纪律，立法机构经常包括大量的独立人士。在立法整党内部，差异化的偏好往往会被明确地提出来。政党之间的意识形态差异往往定义不清，而且局限于特定的（有时是变化的）政策领域。考虑到当时的限制性选举权，社会经济分化（例如阶级，从 19 世纪后期开始变得如此重要）不像后来那样显著，因此议会外的群众组织也并非必要。例如，在英国，一些对立法政党纪律的批评者认为这种情形是"议会的黄金时代"［诺顿（Norton），2013a］，是独立于立法委员的辉煌岁月。但这种情形对政府效率和立法问责是不利的。这种情形能让某些关键的立法委员（而不是党内的中间派）获得优势，却妨碍了参与立法的政党从立法中获益［有关一般的正式论点，见克雷比尔（Krehbiel），1999］。

考克斯（Cox）展示了英国下议院特许经营权的逐渐扩展是如何改变这种局面的；从 19 世纪中期开始，（国家）政党的标签对议员（作为一种可靠的政策承诺）和选民（作为一种信息捷径）越来越有价值，从而获得了公共利益的特性。1867 年的《改革法案》几乎使选民规模翻了一番，并激励议员建立议会外的支持组织：议员们越来越依赖通过政党组织，以政党的名义参加选举，这促使他们希望在立法机构中能有更强大的政党。

379　　　这种依赖在 19 世纪下半叶出现的所谓"大众政党"〔迪韦尔热（Duverger），1959〕或"融合政党"〔诺伊曼（Neumann），1956〕中尤为明显。一旦这些政党在选举中受到压制，它们便会依靠其议会外党组织进行政治动员。而它们的当选立法委员往往仍然依赖甚至服从于基层党组织和党的中央机构。此外，议会外党组织还经常为有抱负的成员提供"职业规划"和生活保障〔穆勒（Müller），2000〕并以此来筛选、选择和奖励候选立法者。因此，除选民之外，大众政党的议会议员实际上还有第二个委托人。随着获得政党提名的重要性日益增加以及政党对其基层党组织和中央机构的日益依赖，这都往往有助于在立法机构中形成高水平的政党纪律。一旦政党当选，这些政党强大的纪律和明确的核心意识形态便能使他们排除那些中立的立法委员提出的政策。在议会中有强大大众政党的自由民主国家的不稳定，尤其是在 20 世纪 20 年代和 30 年代，表明这种趋势的发生可能是以牺牲民主合法性为代价的〔齐默尔曼和萨尔费尔德（Zimmermann and Saalfeld），1988〕。

　　从 20 世纪 50 年代开始，一些精英和大众政党将其组织转变为"包罗万象的政党"〔基希海默（Kirchheimer），1966〕。与 19 世纪和 20 世纪早期的精英和大众政党相比，此类政党追求更广泛的选民。包罗万象的政党的行为更像唐斯（Downs，1957）所比喻的"选票最大化"政党，因为它们的领导人开始发展和完善超越明确定义的核心群体的得票策略。这类政党通常被描述为在政策、职位和得票激励的平衡中向后者倾斜的政治组织。虽然其议会外组织依旧重要且组织良好，但对这些议会外组织而言说它们从属于立法政党已不再实际。精英政党的社会排他性以及大众政党与一些附属组织（如工会或信仰组织）的强大亚文化联系都限制了它们扩大选举的范围。这个包罗万象的政党可以通过减弱这些联系来吸引更广泛的选民。尽管如此，立法机构还是相对有纪律的。在立法机构中，立法政党及其领导人走到了舞台中央。领导层试图迎合国内中间选民（而不是传统支持者群体的典型成员），这经常导致立法政党和基层政党之间的冲突〔后者对党内中间选民反应更积极，参见梅（May），1973〕，正如 1945 年后英国工党的历史所呈现的那样〔见泽伯利斯（Tsebelis），1990，119—158〕。

　　立法政党的强大与议会外组织息息相关这一趋势因选民对政党的认同下降以及在许多情况下党员人数减少而得到加强〔摘要见道尔顿和瓦滕伯格（Dalton and Wattenberg），2000〕。因此，一些国家的立法政党开始减少对其议会外组织所提供资源的依赖，如会费和义务劳动，而更多地依赖国家补贴和捐款。由此产生的立法政党独立性已经被一些作者注意到，他们指出包罗万象的政党已经发展成为"选举专业政党"〔帕内比安科（Panebianco），1988〕，由政党等级制度之外的专业政治家和政治营销专家主导，或者（主要在欧洲）发展为"卡特尔政党"〔卡茨和梅尔（Katz and Mair），1995〕，据说这些政党通过创建卡特尔以获得国家津贴的方式来应对其议会外支持基础下降的问题。对我们的目标至关重要的是，发达民主国家的立法政党通常在更不确定的选举市场中运作，但与 20 世纪初强大的大众政党相比，它们在制定政策方面有更大的自由裁量权。选民显然是它们无可争议的委托人。

　　近几十年突出强调的另一种政党类型是"企业家政党"〔如霍普金和保卢奇（Hopkin and Paolucci），1999〕，在这种政党中，一个强大的政治企业家是终极委托人。这些政党往往是由这些政治企业家为实现他们自己的目的而创立的。它们往往反映出选举的高度不稳定性和一种不依靠建制化的选民，也没有基层基础的政党。企业家政党通常是由有政治野心的人（通常是民族主义者或民粹主义或极右政客）创建的，这些人最初可能不是立法委员。而这个企业家政党通常仍处于这位创始政治家的"所有权"和控制之下。虽然立法委员可能是该政党公众形象的重要组成部分，但从根本上说，这一形象不属于他们，而是属于政党的"老板"。用更专业的术语来说，剩余的产权以及对党产的控制，最终都操控于这一人之手。这种基本的组织属性使得企业家政党甚至比传统的"干部"政党更加寡头。这样的政党可能出现在一些欧洲国家，但它们在南美洲和中美洲以及一般在民族主义领导下进行非殖民化的国家更为普遍。

18.4　为什么会有政党，为什么会有立法政党？

　　虽然我们已经阐明了立法政党作为组织的性质以及它们如何嵌入更广泛的政党组织，但关于政党的最根本问题仍然是它们为什么会存在，以及它们为何成为代议制民主国家如此持久的特征。此外，政党的等级性质与立法机构作为名义上成员平等的团体精神相冲突。关于政党起源的问题很容易提出，却很难回答。这在一定程度上是因为概括政党政治不是一件小事。对政党——包括立法政党——的研究至少可以追溯到 19 世纪末和 20 世纪初〔例如洛厄尔（Lowell），1896；奥斯特罗戈尔斯基（Ostrogorski），1903；米歇尔斯（Michels），1915（1911）；韦伯（Weber），1978（1922）］，其是政治学中最多产和最多样化的研究领域之一。此外，政党参与立法也经常被认为是理所当然的。对许多政治观察家来说，它们是民主治理中一个无所不在且必不可少的部分，几乎不需要任何解释［例如，杜鲁门（Truman），1951］。试图解决这一基本问题的研究者采取的不外乎以下两种策略。一种是以整体的方法论将政党视为服务于社会目的和需求的组织，并在系统层面寻求解释，通常以功能术语表达。另一种则是通过个别为基础的方法论试图建立植根于政治家自身利益和偏好的解释框架。

18.4.1　整体方法论：功能性和规范性叙述

与上文所提到的第一种策略相关的著作试图从政党所服务的社会目的来理解政党。采用这种叙事的多为功能主义者和／或规范主义者。从本质上说，这些叙述采取了宏观视角，在方法上基本是整体性的。从功能主义的视角来看（例如在系统理论中），政党被认为是连接市民社会和政府的关键纽带。事实上，政党的确也是促成立法并让整个民主制度得以运行的组织形式。政党将广泛的社会需求转化为一系列可管理的正式的国家活动。作为一种结构，政党的首要功能是收集各式各样的政治诉求并将其整合为待选政策以备政府决策者进行选择［如鲍威尔（powell）等人，2012］；它们在利益表达——社会需求的形成——中作用尤为突出；它们促进社会利益转化为可以实施和执行的政治决策；它们是招募、教化和训练政治领导人的机构；如果它们能可靠地保证这样的政策会随时间的推移持续下去，它们就可以充当政治家的"长期"代际联盟。在实现这些功能的过程中，它们通过设定目标、作出适当的决定以及促进社会规范和价值的整合，从而促进政治系统的稳定［社会学系统理论的经典文本来自帕森斯（Parsons），1970］。

就构成功能主义视角之基础的规范性而言，关于政党是否可以在总体上服务于良性社会目的的普遍共识还远远没有达成。一些理论家着重捍卫政党在民主政治中的作用，要么隐晦地将其作为民主社会下多元主义规范概念的一部分［例如克里克（Crick），1962］，要么明确将政党作为一种确保政治竞争的机制［熊彼特（Schumpeter），1942；达尔（Dahl），1956］。相比之下，对代议制民主持严重怀疑态度的作者则批评代议制民主可能会进一步导致分裂和决策的无效率［如施密特（Schmitt），1969（1931），71］。其他学者认为政党应该对"立法机构的衰落"负责［如布赖斯（Bryce），1921］。对政党的怀疑并不新鲜。在《联邦党人文集》中，麦迪逊（Sasson）发出了著名的有关"派系的危害"的警告。麦迪逊（Sasson）认为，派系会促进特殊利益，并导致决策者之间的利益冲突。在本章中，我们所关注的不是那些有关整体性或规范性的著作。但是，由政党制度所产生的整体代价和收益会使人们产生有关规范性的争议，而我们所主张的更为个体化的解释对这种争议而言却具有启发意义。有关政党的当代著作已经拾起了麦迪逊（Sasson）的一些关键关注点，有时将其正式化，并将其置于授权和联盟谈判的框架内。从最广泛的意义上说，政党的存在是因为代议制民主通常要求决策得到一般的或至少是具有一定资格的立法多数的支持，但从效率和成果产出的角度来看，这些决策需要由拥有更专业技能或更多空闲时间的其他人来执行。因此，代议制民主面临两大根本挑战：联合和授权。政党可以帮助立法委员应对这两种挑战，但它们也意味着伴随而来的风险。然而，任何解释政党形成微观基础的模型都需要从立法委员个人的角度出发。

382

18.4.2　立法委员的视角

对政党功能主义或规范性叙述的一个局限是，即使政党可以发挥有用的政治功能，但我们依然还不清楚政治家们为什么会觉得创建或加入政党是有用的。尽管一些研究政党的历史学家往往从政治家们的动机角度出发来解释立法政党［如宾克利（Binkley），1962；博尔特（Boldt），1971］和议会外政党［例如，沙逊（Sassoon），1996］建立的背景和原因，但他们所作的描述在很大程度上缺乏一种有关立法委员动机和行为的明确理论并总是侧重于具体时期和个别的案例。然而，在关于政党的当代政治学研究著作中，其重要的研究方向之一就是试图精确地建立一个微观的基础理论。在此过程中，相关学者试图解释，为什么有着雄心壮志和私人利益的立法委员会高度重视政党的利益并愿意承担加入政党的包括服从政党纪律在内的代价。奥尔德里奇（Aldrich，1995，2011）的《为什么会有政党？》是这个观点的一个突出例子，它对美国自18世纪晚期以来形成的各种政党制度给出了一个著名的全面解释。奥尔德里奇（Aldrich）指出正是以下三重困境促使立法委员们去组建政党：（1）立法机构内部的集体行动问题；（2）政策制定中的社会选择问题；（3）选民动员中的集体行动问题。以立法机构内部出现的集体行动问题为例，如果放任立法委员们自行其是，他们就会通过一项为各自选区提供特殊利益的立法计划，但这一立法计划从整体上看是低效的，因为它缺乏协调或干脆破坏了立法者们的预算。因此，立法委员会发现自己陷入一个典型的因徒困境，在这个困境中，个人理性对集体来说是有害的。解决办法或许是通过一个强大的政党来控制立法机构，并安排一项具有集体高效性的立法计划。正如麦迪逊（Madison）或施密特（Schmitt）所认为的那样，政党不会激化矛盾，而是提供了一种解决方案，所有同党派的立法委员都服从于党的团队纪律并志在赢得对立法进程的控制权。

然而，尽管立法委员可能希望直接参与获胜的联盟，但尚不清楚他们为何更喜欢像政党这样的"长期"联盟。例如，对政党路线的承诺可以迫使立法委员采纳他们不同意，也不受其选民欢迎的政策。而未能赢得立法机构控制权的政党也无法为其成员提供诸多利益。因此，立法委员可能会有动机脱离那些失败的或政策规定过于严厉的政党。相反，我们可以想象一个独立的立法委员团体，从一个法案到另一个法案，日复一日地结成临时联盟。然而，这种散漫的临时派系的问题在于它们迫使立法委员重新协商每一个决定。组建临时派系所需要的时间和精力会耗尽立法委员们的资源，降低他们完成重要政策目标的能力。因此，立法政党作为"长期联盟"［奥尔德里奇（Aldrich），1995］的一个重要理由便是它降低了立法委员们的交流成本。

集体决策的困难构成了奥尔德里奇（Aldrich）解释政党合理性的第二个理由。一些关于社会选择的著作对集体决策所带来的挑战问题已有详述。但对集体决策的广泛研究却在滋生了一系列难题之余毫无结论［阿罗（Arrow），1951；麦凯尔（McKelvey），1976；斯科菲尔德（Schofield），1978］。之所以会出现这样的局面，是因为当三个或三个以上的行为人试图在多维政策空间中通过多数投票做出集体决策时，他们的选择可能无法汇聚到一个核心上或达到持续平衡。如果人们都只是完全直接地算计自己的偏好，那么多数人的决定便只可能在一个政策空间中"循环"。因此，最终选择可能更多地取决于议程规则，而不是群体内偏好的分布。在某种程度上，社会选择理论家不同意这种不稳定的集体偏好的重要性。相反，他们中的有些人认为这种不稳定的集体偏好完全破坏了人们对集体决策的稳定性和互利性的预期［赖克（Riker），1980］；另外一些人则将这种不稳定的集体偏好视为阻碍社会选择理论的异种，与真实的民主决策不符［费尔德和格罗夫曼（Feld and Grofman），1986；克雷比尔和里弗斯（Krehbiel and Rivers），1990；涅米（Niemi），1983］。然而，我们至少不能忽视集体决策不稳定的可能性，并且社会选择理论也表明，这种不稳定的可能性会随着决策者人数以及待选政策数量的增加而增加。奥尔德里奇（Aldrich）认为，政党可以通过减少决策者的数量，将议程控制权赋予一个核心代理人（该代理人由立法委员们选举并代表其行事）来缓解这一问题。

最后，奥尔德里奇（Aldrich）在立法委员于选举领域面临的共同行动这一问题上看到了政党之所以会存在的第三个原因。研究立法行为（尤其是以美国为研究背景）的学者，早就认识到选举动员的强大力量。事实上，在一本影响深远的书中，梅休（Mayhew，1974，5）将众议院议员描绘成"一心寻求连任的人"。在某种程度上，立法委员在无论是发自内心还是于功利上都关心政策决策［巴奇和拉沃尔（Budge and Laver），1986］，他们也希望其他具有类似偏好的候选人当选。奥尔德里奇（Aldrich）认为，实现这两个目标的关键是协调候选人参选以及动员普通公民参与选举。政党帮助立法委员推销自己，而政党纪律则使立法委员变得可靠。这种可靠性就是选民在选举期间挑选候选人的简易方式之一。

特别是在公民必须自己进行选民登记，且没有真正的投票奖励和弃权惩罚的社会中，立法委员可以通过组建政党来教育公民，帮助他们登记投票，并帮助（或贿赂或胁迫不完全民主的政党）他们在选举日参加选举，以显著提高选举参与率，从而助力他们自己的前途。如果共同的党内候选人表现出个人主义和不协调的行为，他们就会降低政党标签对选民的信息价值和信任度。有凝聚力的立法政党将立法委员与特定的政党标签捆绑在一起，而这些标签反过来又能带来政策声誉。这有助于选民对立法机构的候选人进行前瞻性的甄别。此外，统一的立法政党使选民更容易追踪需要被问责的政府官员，因为他们可以在现任政党和替代政党之间进行选择。因此，如果选民更喜欢一个行动可预测、一致且可制裁的立法机构，他们就应该奖励那些可信地致力于超越临时联盟的政治家［参见考克斯和麦卡宾斯（Cox and McCubbins），1993；基维特和麦卡宾斯（Kiewiet and McCubbins），1991］。

显然，奥尔德里奇（Aldrich）对政党的描述聚焦于 18 世纪以后的美国政党制度。但他也同样探讨了维多利亚时代英国的政党［考克斯（Cox），1987］，以及此类政党在包括瑞典等自由民主国家中的演变［梅特卡夫（Metcalf），1987；罗伯茨（Roberts），1986］。在为政党的出现寻找解释这

384

一传统中作出最全面分析和最大贡献的著作可能是康格尔顿（Congleton）的《完善议会制度》（*Perfecting Parliament*）（2011）。他将立法政党描述为这样一种组织：它通过把积极合作转化为立法委员们主导策略（尽管有的立法委员依然有逃离或转换政党的动机）改变了对立法委员的奖惩形式。康格尔顿（Congleton）将这一模型应用于一些民主议会的演变，包括英国、瑞典、荷兰、德国、日本和美国，并认为政党的出现至少表明了一种更为成功的民主化经验。

为了在理论上对政党予以解释，有时就不得不将其置于更具体的制度环境中。拉沃尔和谢普瑟（Laver and Shepsle，1999）在一篇关于名为"原生黏泥出政党"（*how political parties emerged form the primeval slime*）的有趣文章中，将他们对政党的分析置于议会多党制的背景中，认为在此背景中的政治决策都围绕如何安排组阁而展开。两位作者认为，成立政党不仅仅是因为政客们想控制立法程序，更重要的是因为他们想控制内阁的欲望。在作者看来，至关重要的议程控制权就蕴含在组建内阁的权力当中，因为一旦内阁成员被任命，就几乎不可能限制他们在其特有的管辖范围内执行他们最偏好的政策（这意味着某种形式的道德风险）。因此，拥有一批具有明确政策偏好且有着"担任内阁各部长潜力"的政治领袖人物有助于各政党在联盟谈判中坚持可靠的政策立场。矛盾的是，存在内部差异的政党因为能提供更多的可靠政策选项而比那些团结的政党拥有更多样化的、可靠的职务竞争者，并因此具有了较后者而言更大的讨价还价的优势［另见德布斯和布劳宁格（Debus and Bräuninger），2009］。因此，存在内部差异的政党便可以较低的政策风险而从众多政策选项中挑选有潜力的合作伙伴。

385　　　迄今为止我们所回顾的文献都假定，立法政党对一个议院的立法产出至关重要；否则，无论是出于内部还是外部动机，接受等级制的指导和纪律都没有多大意义。但这一观点并不容易被证明，也并非毫无争议。在《轴心政治》（*Pivotal Politics*）（1998）一书中，克雷比尔（Krehbiel）对"参与立法的政党不会对立法产生重大政策影响"这一论断提出了质疑，并认为如果出现了没有哪一个政党足以影响立法的情形，那么这一结果的产生可能并不只是如我们所预想由个别立法委员的偏好所致，而必然是由党争所造成的。更准确地说，如果立法决定总是反映关键角色，如中间立法委员们的偏好，那么将任何重大政策影响归因于立法政党都是没有意义的。就政策而言，一个政党（或政党联盟）只有在其内部能够确立自己的中间立场，或在其具有影响力的议会外团体确立一个中间立场时，才能影响立法。在审视从美国立法政治上所收集到的证据时，克雷比尔（Krehbiel）怀疑（尽管他也没有明确提出这种观点）政党并非总是能够影响立法。相反，他认为"竞争关键选票的政党组织大概率会打成平手，因此最终结果与一个更简单但完全明确的无党派理论所预测的结果没有太大区别"［克雷比尔（Krehbiel），1998，171］。

克雷比尔（Krehbiel）的成果对美国国会立法政党的研究产生了相当大的影响。批评人士梳理了大量的实证依据来挑战他的"无效假设"，即立法政党就立法而言是无关紧要的。例如，安索拉贝赫、斯奈德和斯图尔特［（Ansolabehere, Snyder and Stewart），2001］比较了关于代表的个人偏好和唱名行为的调查材料。他们在大约40%的唱名行为中观察到政党的影响［另见考克斯和普尔（Cox and Poole），2002］。换句话说，在某些情况下，政党或许是重要的。在其他情况下，党派力量的影响可能不那么重要。克雷比尔（Krehbiel）的研究成果引发了大量更进一步的经验性、方法性和理论性的研究［有关讨论参见史密斯（Smith），2007］。总而言之，政党和政党领导人在国会中是否重要这一问题似乎已经在经验上被"大致肯定"［斯特拉恩（Strahan），2011，371］。然而，即使是克雷比尔（Krehbiel）的批评者也承认他通过对他所认为的不清晰的理论、不充分的测量和不具有说服力或不充分的证据的深刻批评，对立法研究这一课题产生了深远的影响［门罗（Monroe）等人，2008，7］。

尽管到目前为止，我们还尚不清楚克雷比尔（Krehbiel）的分析研究的国际影响力，但他的论点似乎最不适合两党（或准两党）两极化立法机构，特别是在政党领导人拥有比美国国会更强大的纪律工具的地方。以英国政府的议会系统为例，政府由多数党领袖组建而成，且多数党领袖能够利用政府的议程设置权和国王授予的特权来控制议会事务［克沃特鲁普（Qvortrup），2011］。此外，在社会运动中，政党领袖及其议会外党组织的领导人可能主导政策制定和候选人选拔［海达尔和库尔（Heidar and Koole），2000，257—258］。因此，克雷比尔（Krehbiel）的推理可能在其他场合更具说服力，比如在立法政党就某一事务委员会的程序问题通过讨价还价达成共识的时候［德国，参见伊斯迈尔（Ismayr），2012，155—162］。在这种情况下，参议院的中间派或其他关键角色更有可能占上风。拉沃尔和谢普瑟（Laver and Shepsle，1996）的组合配置模型（以及其他强调中间议员权力的联盟商议理论）为克雷比尔（Krehbiel）的论文提供了分析性的论据，并以此来说明为什么克雷比尔（Krehbiel）的理论对多党联盟体系可能更重要。

考克斯和麦卡宾斯（Cox and McCubbins，2005）将立法政党视为一种"程序卡特尔"模型的观点构成了对克雷比尔（Krehbiel）关于立法政党有效性质疑的最新理论挑战之一。考克斯和麦卡宾斯（Cox and McCubbins）强调国会多数派政党的权力。与克雷比尔（Krehbiel）不同的是，他们并不认为政党的影响主要源于其作为议会投票联盟这一性质。相反，他们认为，多数党的权力来自它对立法议程的控制；在议会上审议和投票的一系列法案。考克斯和麦卡宾斯（Cox and McCubbins）区分了"积极"和"消极"议程权力。前者指的是"通过立法程序推动法案最终在议会投票通过的能力"。后者则指的是"阻止法案在议会获得最终通过投票的能力"［考克斯和麦卡宾斯（Cox and McCubbins），2005，20］。在考克斯和麦卡宾斯（Cox and McCubbins，2005）将政党作为程序性联盟的模式中，寻求连任的立法委员通过将积极和消极议程权委托给比本级更高的立法委员这一方式以期克服集体行动和团队合作的内部和外部问题。在美国众议院，设置议程的主要职位包括委员会主席、规则委员会的委员以及议长。卡特尔（政党）确保其成员或多或少垄断议程设置职位。党内高级官员利用其设置议事日程的权力实现政党的效用最大化并避免党内分裂。作为回报，普通党员则接受担任议程设置职务者的决定。简而言之，只要他们的领导人能够并愿意有效地使用议程设置权力，政党就不必依赖纪律和制裁来实现团结和立法产出，这与中间派立法有很大的不同。

本章简要而不完整地回顾了在方法论上个人主义对立法政党出现的描述，说明了为什么名义上平等的立法委员可以有动机加入政党，服从政党领导人，并在等级制的组织中工作。尽管我们取得的进步得益于这些方面的正式学术研究，但在这些简约而相对普遍的模型与我们对立法政党世界的描述性知识之间，仍然存在显著的差距。最后一部分旨在说明这一点，以及在未来的研究中，正式的学术研究和实证观察如何能够更富有成效地结合在一起。

18.5　条件与机制：立法政党如何实现其目标?

尽管人们经常断言议会政党至关重要，但大量比较性的经验研究（以及大多数正式工作）都将立法政党的内部运作视为"黑箱"。例如，泽伯利斯 （Tsebelis）颇具影响力的"否决权玩家理论"［泽伯利斯（Tsebelis），2002］虽然也关注立法政党的偏好，却将这种偏好视为其模型的外生因素。尽管否决权玩家理论强调了政府政党的重要性和凝聚力，但公平地说，这些组织内部的偏好异质性建模仍然是该理论的最大短板之一。其他试图解开立法政党黑箱的理论尝试，如"文化"理论［如贝尔（Bale），1997］则并没有得到太多的共鸣，尤其是在经验比较研究方面。相比之下，我们对立法政党内部运作的了解大多来源于描述性和具体性的成果［有见地的论述包括考利（Cowley），2002；考利和诺顿（Cowley and Norton），1999；伊斯迈尔（Ismayr），2012；梅塞施密特（Messerschmidt），2005；舒特迈尔（Schüttemeyer），1998］。然而，此类进行具体性研究的著作的缺点在于很难对各种制度、组织和其他情境变量的影响作出因果推断，因为从个案材料中可以确定的影响，就其本质而言，是超定的。因此，在本章的最后，为了更好地理解立法政党们发挥作用的前提条件，我们将提出一些需要被解释，并且可以被理解的变量。这将有助于我们在政党研究领域中去发现一些策略并以此来缩小模式分析和经验分析之间的差异。

首先，立法政党发挥作用的最根本（也是最多变的）前提条件是政府的"党派性"，即"决策是由选举产生的政党官员或其控制下的人作出的"［卡茨（Katz），1987，3］。这种前提条件更多反映的是政党赖以运行（以善变为特征）的政治环境的特征而非政党本身的特征。关于党派性，它不只（从规范性的角度来看）对政党责任政府的合法性至关重要，对那些政府职务候选人的自利算计而言也很重要。只有当政府的党派性很强时，候选人才会有强烈的动机加入政党，从而接受入党的成本和收益。只有当政党提供一种前瞻性和可追溯性的问责机制时，选民才有动机以政党标识为指导，而不是依赖他们关于个别候选人的信息来作出选择［参见考克斯（Cox），1987］。当一个独立执政的政党可以在所有政策领域不受干涉地表达自己的政策立场，能够通过对多数立法委员的掌控而垄断全部的职务和政治利益时，政府的党派性就达到了顶峰。而以下情况中政府的党派性有减弱的趋势：（1）联合执政、权利分离或少数党派执政；（2）执政党按照政策路线划分成派系；（3）个别立法委员能够形成强有力的个人投票；（4）最强大的政党有动机在它们之间形成卡特尔；（5）执政党能控制的政策领域很小［蒂斯（Thies），2000］。对于削弱政府党派性的情形，克雷比尔（Krehbiel）的怀疑或许是有道理的。

在一项针对 17 个欧洲议会制民主国家的研究中，斯特罗姆（Strøm）等人（2003）试图从广义上来测算政府的党派性。他们所采用的其中一项指标是立法机构外的党组织成员"筛选"当选公职的候选人并从立法机构外党组织内部征聘合适候选人的能力。此外，在议会制民主国家中，如果内阁部长绝大多数都是从执政党中招募（而不是由技术官僚或其他无党派人士担任），则党派性会得到加强［斯特罗姆（Strøm），2003，70］。党派控制也因下列因素而得到加强：（1）政党选民对政党的高度认同；（2）由没有行政经验的政党在议会中占多数席位（因为这些政党往往不能为现任政府提供可行的替代方案）；（3）执政党对行政任命有高度控制。党派性通常被认为只适用于由单一政党组成的政府。但是，我们不能据此就认为联盟政府中的各联合执政党没有党派性。事实上，这些加盟执政党也是在以政党的形式发挥着作用。这些政党的党派性可以从以下情形中体现出来：各政党可以通过诸如联盟协议的形式来制订高度的政策纪律；如果各政党对联盟协议怀有二心，那么它也会展现自己的高度党派性；又或者如果这些联合执政党一起经历了一场选举动荡，这就意味着在选民心中这些联合政党就是一个统一的政党［斯特罗姆（Strøm）等人，2003，695—697］。

其次，无论立法政党被塑造为"长期"的投票联盟还是程序性卡特尔，立法行为的高度统一是其在立法颁布中发挥作用的重要前提。只有政党团结起来，才能作出与有重要影响力的立法委员的偏好不同的政策决定。各立法政党在不同国家和不同时期的团结程度各不相同［参见卡姆（Kam），2009；卡姆（Kam），本卷］。如果党内团结不能被视为理所当然，重视自己团队的立法委员就必须想办法保护它。如何做到这一点？人们习惯将政党团结分为两个主要部分：一是"凝聚力"，指的是党内政策偏好的同质性；二是"纪律"，这反映了议会领导人即使在没有紧密一致的政策偏好的情况下，也能加强团结的能力。因此，团结往往一方面是自我选择的结果，另一方面是各种内部机制的议程控制、候选人筛选和事后制裁的结果。其中一些机制已经在本卷贝斯特和沃格尔（Best and Vogel）的章节中讨论过了。对构成政党纪律的前提条件在世界各国大同小异，但我们对政党凝聚力的估计仍然会因为记录的投票和类似指标的选择偏差［哈格（Hug），2013］而存在问题。

促进政党团结的一种方法是通过将协调党员行动的责任下放给一个中央机构——政党的领导层来建立纪律［基维特和麦卡宾斯（Kiewiet and

McCubbins），1993］。特别是关于国会政党的研究，产生了大量关于立法领导的重要发现［参见斯特拉恩（Strahan），2011］。即使在美国之外，政党领导也受到了大量的学术关注，尽管相关文献的积累较少。文献表明，领导人实施纪律的能力取决于他们在党内和议会中的权威和资源。政党领导人可能会（也可能不会）奖励忠诚（例如通过任免），惩罚公开的异议（例如在候选人连任中保留支持）。然而，政党领导人本身也必须被激励以在党内和选民面前保持团结。毕竟，通过"鞭笞"成员使之服从纪律，可能会让政党领导人及其政治声誉付出高昂代价［拉沃尔（Laver），1999］。各政党的不同之处在于，它们在多大程度上选择向领导人提供激励，以克服这个二级问题。如果政党领导人掌握立法议程，他们可能会使用消极议程设置权，防止分裂政党的问题进入议会。或者，他们可以使用他们的积极议程设置权来推动立法，从而提高政党的整体声誉，并使大量关键党员受益［考克斯和麦卡宾斯（Cox and McCubbins），2005］。因此，在经验分析中，议程设置的权力、政党领导人权威和立法政党团结之间的联系一定可以比许多现有研究更系统地加以说明。

再次，政党领导人要有能力和动机来监督其成员的行为，奖励党员的合作行为，并通过实施大幅降低退出回报的制裁来打击脱党行为。立法政党是相对较小的政治团体，他们遵守政党规则的情况可以相对容易地被监督［萨尔费尔德（Saalfeld），1995a；穆勒（Müller），2000，323—324；凯里（Carey），2008］。然而，这种监督的透明度可能存在差异。如果政党保持适当的组织结构，成员将有机会和动机在内部表达他们对政策和其他事项的意见。因此，在提供充分的自由内部审议和讨论机会的组织中，对偏好的内部监测将是最有效的。立法委员们越有理由相信他们可以影响其政党在重要问题上的立场，他们就越有动机阐明自己的偏好。

复次，为了迎合立法委员的兴趣并促使他们作出承诺，立法政党必须能够大力支持其成员的政治和个人目标。因此，他们首先必须有足够的规模和资源来满足这些立法委员们的抱负。一个议会政党的规模一方面取决于它在选民中的支持率，另一方面取决于它在议会中保持团结的能力。由于大多数立法机构采用的乃是多数主义（或在某些情况下是超级多数主义），故而有影响力的政党通常必须能够通过自己或与其他政党联盟获得立法多数。因此，一个政党在立法机构赢得选票的能力取决于它相对于其他政党的成员数量，以及它在与其他立法政党谈判时的议价能力。在单一立法政党占主导地位的体系中，或在一党占明显多数的两党制体系中，只要保持统一，这个政党就会控制议院的中间立法委员、立法议程以及立法结果。这样的政党或许能够为忠诚的立法委员提供重要的职位激励。大党也有更好的机会发展内部专业化制度，这可能有助于保持党的凝聚力。

行为人的期望不仅取决于立法政党的相对和绝对规模，还取决于它们在选举波动方面的稳定性以及它们长期保持团结的能力。一些立法机构的特点是其议会政党的数目和规模具有高度的连续性。其他一些立法机构则出现了相当大的波动，例如在新的民主国家或危机时期和政党制度转型时期。在后一种情况下，立法委员的任期时间跨度可能相对较短，以至于较少有动机来遵循政党路线，投资团队建设，并发展一个专门的长期组织。选举的高波动性也会缩短各政党在内阁或立法联盟中谈判的时间期限［卢皮亚和斯特罗姆（Lupia and Strøm），1995］。

政党领导人可以向立法委员提供的最重要的激励之一是让他们有机会获得在立法议会内部或外部的更高职位，包括最重要的行政职位，但也包括立法委员会议席、议长和党内其他领导职位。特别是在议会制民主国家，规模足够大且稳定的立法政党使其立法委员有机会在立法组织内部晋升，或进入内阁等行政职位。较大和稳定的政党也可能有能力建立内部专业化，使立法委员有机会进入立法政策委员会或进入政府之外的管理或领导职位。这些官员可能在立法党内享有重要的议程制定权。这使得立法职务也获得了与行政职务相比的相对吸引力。如果立法领域提供有吸引力的职业机会，这就能够激励政党在内部专业化方面的时间和资源投入。然而，如果议会仅仅是政府部长的培训基地，立法政党可能无法留住雄心勃勃的专家。

最后，各立法政党的成员作出（因受引诱而）退党决定的程度也不相同。高度的群体依赖（即缺乏吸引力的退出选项）是群体纪律的一个重要前提［赫克托（Hechter），1987；萨尔费尔德（Saalfeld），1995b］。如果退出（意味着驱逐或退出政党）代价高昂，立法委员就有强烈的动机来维持政党团结［参见康格尔顿（Congleton），2012］。在许多情况下，将党鞭从议会成员中撤下是立法政党所能实施的最严厉的制裁，通常是针对不守纪律的行为。然而，这种惩罚形式的有效性取决于议事规则。如果立法机构的议事规则允许独立代表影响政策，如果选举制度允许重要的"个人投票"，无党派或独立成员仍可能享有一定的政策影响力和政治生存前景。

议院的各种规定则影响了退党的成本。在一些议会中，议事规则将立法主动性和议会活动的大部分权利保留给立法政党。例如，在德国联邦议院（Bundestag）中，除非得到全体议员中至少 5% 的支持，否则个别议员实际上是被禁止提出立法的。立法政党（或来自几个政党的一些议员，这些议员的规模相当于议事规则所定义的一个议会政党的规模）也有提出议会质询主要文书的排他权利。因此，没有政党的叛党者几乎失去了他们所有的潜在影响力以及为其选区输送特定利益的能力。他们可能需要平衡两种成本：一是在党内处于边缘地位，二是几乎被排除在议会的立法事务之外（后者可能仍然允许他们获得议会的支持服务）。在这种限制存在的地方，对个别议员发起议会活动的权利进行限制，使得独立议员在议会（如果不是在媒体上）几乎完全失去政治意义。因此，"退出"的政治成本在这种议会规则优先于议会政党的立法机关中是极高的。这与其他立法机构（如美国国会）形成了鲜明的对比，在美国国会，每个成员都有权提出立法。

与这一点相关的是，立法政党领导人可以在多大程度上控制其成员获得选票和选举背书。候选人的选拔程序可能会对议会立法委员的行为产生重大影响。因此，选举候选人的宪法和党内规则很重要［哈赞和拉哈特（Hazan and Rahat），2009；另见哈赞（Hazan），本卷］。这些规则可能会限制议院的中间立法委员在与可能响应政党中间立场的立法委员群体的对峙中获胜的能力。"由政党代表选出的立法委员在大多数时候可能是政党的参与者，但也可能倾向于促进党内某些群体，即作为他们的权力基础的群体的诉求和利益。"［哈赞和拉哈特（Hazan and Rahat），2009，151］政党"选举人"可能因政党而异，可能包括一个地区的所有选民（例如，对于公开初选的政党）。后者往往会削弱党内活动人士在提名过程中的地位，并促使候选人对当地选民作出回应。[1] 在一个连续统一体的另一端，选举团可能由一名政党领导人组成，这显然为坚持这一领导制定的政策创造了巨大的激励。

总的来说，各政党在选举候选人的区域集中程度上存在差异［哈赞和拉哈特（Hazan and Rahat），2009，33 — 71］。穆勒（Müller，2000，319）注意到，欧洲政党组织通常有正式的党内选举机制，直接或间接地涉及普通成员。由于初选的盛行，美国政党在候选人的选择上非常分散，通常涉及该地区的所

391

---

［1］ 然而，布雷迪、汉和波普（Brady, Han and Pope，2007）发现，在美国初选中，初选可能会激励候选人采取比地区中间立场更极端的政策立场。

有选民［哈赞和拉哈特（Hazan and Rahat），2009］。因此，在欧洲，候选人往往是其政党的代理人。他们为政党目标而工作。作为回报，该党将自己的标签传递给该党的候选人。相比之下，在美国的制度中，选民的选择有更强的个人因素。因此，候选人选拔机制极其重要，因为它们决定了潜在候选人的偏好是否与该党的整体意识形态立场一致（通过自我选择），还因为它可能使立法政党领导人能够对潜在的异议者实施制裁。

18.6　结论性意见和未来研究

392
　　立法政党对立法机构的运作方式可能产生重大影响，尽管在这方面存在一些争议，但对立法产出也可能产生重大影响。政党是政客们的稳定联盟，之所以能形成，是因为在立法政治中，为了完成任何事情，政客们都需要合作。交易成本经济学提醒我们，要达到这样的目标，需要有在很长一段时间内克服机会主义和不确定性问题的能力。政党必须能够起草协议来保护他们所采用的政策——给立法委员坚持这些政策的动机。而那些认识到谈判、选举考虑和未来预测的核心地位的政党领导人，比那些忽视这些考虑因素中的任何一个的人更有可能在政治上取得成功。

　　关于立法政党的研究仍然存在分歧，一方面是正式的理论研究，另一方面是描述性研究。该领域显然将从更好的一体化中受益，正式的文献从行为人的视角提供了大量关于政党的理论基础的见解。此外，该文献中的一些模型引发了关于如何从理论上和经验上发现立法政党的影响的富有成效的方法论讨论。尽管有如此丰富的学术研究，但对立法政党的实证研究往往是狭隘的，似乎与这些理论辩论脱节。然而，形式模型也有其局限性。一种是对政治制度的简化假设。形式模式侧重于议程设置权，重点则是多数党和政府政党［如考克斯和麦卡宾斯（Cox and McCubbins），2005］。但是多党立法机构呢？如果关键人物是少数党呢？如果立法机构（例如在两院制或具有绝对多数要求的制度中）赋予少数党否决或拖延立法的实质性权力会怎样？显然，需要做进一步的工作来解释这些问题。

　　在某些领域（如对联盟的研究以及关键参与者框架的典型操作主义），尽管经常提到需要放宽这一假设，但政党仍倾向于被建模为单一的行为人。党内偏好异质性、组织和决策（及其对立法结果的重要性）的"黑箱"很少被打开。原因之一是很难对上述要素进行衡量。因此，我们必须认识到，许多重要的变量（如真诚的政策偏好）是不可观察的，试图捕捉这些变量（如记录的全体投票）会受到选择偏差的影响，而这一事实对衡量造成了相当大的障碍。

理论研究也往往在政党领导人如何在偏好多样性的情况下保持团结的问题上过于吝啬。这些文献非常强调等级制度和纪律，但往往忽略了政党领导人面临的执行问题［例如，拉沃尔（Laver），1999］。相比之下，对少数议会的描述性工作产生了丰富的、有条理的党内决策经验［例如，舒特迈尔（Schüttemeyer），1998；考利（Cowley），2002；梅塞施密特（Messerschmidt），2005］，偶尔允许学者追踪异质立法政党的决策过程。然而，尽管这些描述在经验上丰富且具有启发性，但容易受到过度决定、选择偏差和缺乏概括性的影响。

为了使我们对立法政党的认识不断积累，未来的研究应该更多地确保实证研究得到理论论证的支持，反之亦然。当形式模型建立在明显具有误导性的经验假设上时，经验主义者可以通过指出这一点并提出可能使模型更接近现实世界的替代方案来对这一学科做出相当大的贡献。尽管在复杂的形式模型和实证工作之间差距不断缩小，但仍然存在差距。为了解决这一问题，我们需要着重研究立法政党活动的机制，尤其是比较研究。

我们相信，在不放弃对累积知识的追求的情况下，有机会进一步揭开党内决策的黑箱。虽然立法委员的偏好通常是不可观察到的，但我们可以使用理性主义制度分析的标准方法来确定它们是否有助于我们解释所感兴趣的现象。通过利用关于相关行为人偏好的固定行为假设、关于制度规则影响的明确规定（包括立法政党内部的安排）以及博弈论逻辑，我们应该能够由此推导和测试关于组织行为的命题［参见迪尔迈尔和克雷比尔（Diermeier and Krehbiel），2003，131］。通过借鉴海达尔和库尔（Heidar and Koole，2000）提出的类型学差异，以及扬达（Janda，1983）对政党组织的比较经验研究，学者们可以开始系统地根据政党制度环境的更详细信息（例如，政府的党派性、候选人选择的集中化、对选票的控制以及退出选项的相对吸引力）、对政客的偏好以及它们的组织特征（例如它们的规模、稳定性、内部层级、集中化和内部专业化的程度）提出假设。我们认为，这些对研究立法政党有很大的帮助。

参考文献

Aldrich, J. H., 1995. Why Parties? Chicago: University of Chicago Press.

Aldrich, J. H., 2011. Why Parties? A Second Look. Chicago: University of Chicago Press.

Aldrich, J. H. and Rohde, D. W., 2000. The Republican Revolution and the House Appropriations Committee. Journal of Politics, 62: 1–33.

Andeweg, R. B. and Thomassen, J. J. A., 2011. Pathways to Party Unity: Sanctions, Loyalty, Homogeneity, and Division of Labor in the Dutch Parliament. Party Politics, 17(5): 655–72.

Ansolabehere, S., Snyder, J. M., and Stewart, C. III., 2001. The Effects of Party and Preferences on Congressional Roll–Call Voting. Legislative Studies Quarterly, 26: 533–572.

Arrow, K. J., 1951. Social choice and individual values. New York: Wiley.

Bale, T., 1997. Towards a "Cultural Theory" of Parliamentary Party Groups. Journal of Legislative Studies, 3(4): 25–43.

Binkley, W. E., 1962. American Political Parties: Their Natural History (4th ed.). New York: Knopf.

Boldt, W., 1971. Die Anfänge des deutschen Parteiwesens: Fraktionen, politische Vereine und Parteien in der Revolution 1848. Paderborn: Schoningh.

Bryce, J., 1921. Modern Democracies. London: Macmillan.

Budge, I. and Laver, M. J., 1986. Office Seeking and Policy Pursuit in Coalition Theory. Legislative Studies Quarterly, 11: 485–506.

Carey, J. M., 2008. Legislative Voting and Accountability. Cambridge: Cambridge University Press.

Congleton, R. D.,. 2011. Perfecting Parliament: Constitutional Reform, Liberalism, and the Rise of Western Democracy. Cambridge: Cambridge University Press.

Cowley, P., 2002. Revolts and Rebellions: Parliamentary Voting Under Blair. London: Politico's.

Cowley, P. and Norton, P., 1999. Rebels and rebellions: Conservative MPs in the 1992 Parliament. British Journal of Politics and International Relations, 1(1): 84–105.

Cox, G. W., 1987. The Efficient Secret: The Cabinet and the Development of Political Parties in Victorian England. Cambridge: Cambridge University Press.

Cox, G. W. and McCubbins, M. D., 1993. Legislative Leviathan: Party Government in the House. Berkeley: University of California Press.

Cox, G. W. and McCubbins, M. D., 2005. Setting the Agenda: Responsible Party Government in the U.S. House of Representatives. Cambridge: Cambridge University Press.

Cox, G. W. and Poole, K. T., 2002. On Measuring Partisanship in Roll Call Voting: The U.S. House of Representatives 1877–1999. American Journal of Political Science, 46: 477–89.

Crick, B. 1962. In Defence of Politics. London: Weidenfeld and Nicolson.

Dahl, R. A., 1956. A Preface to Democratic Theory. Chicago: University of Chicago Press.

Dalton, R. J. and Wattenberg, M. P., 2000. Unthinkable Democracy: Political Change in Advanced Industrial Democracies. In R. J. Dalton and M. P. Wattenberg (eds.), Parties without Partisans: Political Change in Advanced Industrial Democracies, pp. 3–17. Oxford: Oxford University Press.

Debus, M. and Bräuninger, T., 2009. Intra–party factions and coalition bargaining in Germany. In K. Benoit and D. Giannetti (eds.), Intra–Party Politics and Coalition Governments, pp. 121–45. London: Routledge.

Diermeier, D. and Krehbiel, K., 2003. Institutionalism as Methodology. Journal of Theoretical Politics, 15(2): 123–44.

Döring, H., 2001. Parliamentary Agenda Control and Legislative Outcomes in Western Europe. Legislative Studies Quarterly, 26: 145–65.

Downs, A., 1957. An Economic Theory of Democracy. New York: Harper and Row.

Duverger, M., 1959. Political Parties (2nd rev. ed.). London: Methuen.

Feld, S. L. and Grofman, B., 1986. Partial Single–Peakedness: An Extension and Clarification. Public Choice, 51: 71–80.

Hamilton, A., Madison, J., and Jay, J., 1961 [1788]. The Federalist Papers. New York: Signet.

Hazan, R. Y. and Rahat, G., 2009. Democracy within Parties: Candidate Selection Methods and Their Political Consequences. Oxford: Oxford University Press.

Hechter, M., 1987. Principles of Group Solidarity. Berkeley: University of California Press.

Heidar, K. and Koole, R., 2000. Parliamentary party groups compared. In K. Heidar and R. Koole (eds.). Parliamentary Party Groups in European Democracies: Political parties behind closed doors, pp. 248–70. London: Routledge.

Hopkin, J. and Paolucci, C., 1999. The business firm model of party organization: Cases from Spain and Italy. European Journal of Political Research, 35: 307–39.

Hug, S., 2013. Parliamentary Voting. In W. C. Müller and H. M. Narud (eds.), Party Governance and Party Democracy, pp. 137–58. New York: Springer.

Ismayr, W., 2012. Der Deutsche Bundestag (3rd ed.). Wiesbaden:Springer VS.

Janda, K., 1983. Cross–national Measures of Party Organizations and Organizational Theory. European Journal of Political Research, 11 (3): 319–32.

Kam, C. J., 2009. Party Discipline and Parliamentary Politics. Cambridge: Cambridge University Press.

Katz, R. S., 1987. Party Government and Its Alternatives. In R. S. Katz (ed.). Party Governments: European and American Experiences (The Future of Party Government, Vol. 2. pp. 1–26. Berlin: de Gruyter.

Katz, R. S., 2002. The Internal Life of Parties. In K. R. Luther and F. Müller–Rommel (eds.). Political Parties in the New Europe: Political and Analytical Challenges, pp. 87–118. Oxford: Oxford University Press.

Katz, R. S. and Mair, P., 1993. The Evolution of Party Organizations in Europe: The Three Faces of Party Organization. American Review of Politics, 14: 593–617.

Katz, R. S. and Mair, P., 1995. Changing Models of Party Organization and Party Democracy. Party Politics, 1(1): 5–28.

Key, V. O., Jr. 1964. Politics, Parties, and Pressure Groups (8th ed.). New York: Crowell.

Kiewiet, D. R. and McCubbins, M. D., 1993. The Logic of Delegation: Congressional Parties and the Appropriations Process. Chicago: University of Chicago Press.

Kirchheimer, O., 1966. Germany: The Vanishing Opposition. In R. A. Dahl (ed.). Political Oppositions in Western Democracies, pp. 237–59. New Haven: Yale University Press.

Krauss, E. S. and Pekkanen, R. J., 2010. The Rise and Fall of Japan's LDP: Political Party Organizations as Historical Institutions. Ithaca: Cornell University Press.

Krehbiel, K., 1991. Information and Legislative Organization. Ann Arbor: University of Michigan Press.

Krehbiel, K., 1998. Pivotal Politics: A Theory of U.S. Lawmaking. Chicago: University of Chicago Press.

Krehbiel, K., 1999. Paradoxes of Parties in Congress. Legislative Studies Quarterly, 24(1): 31–64.

Krehbiel, K. and Rivers, D., 1990. Sophisticated Voting in Congress: A Reconsideration.

Journal of Politics, 52: 548–78.

Laver, M. and Shepsle, K. A., 1996. Making and Breaking Governments: Cabinets and Legislatures in Parliamentary Democracies. Cambridge: Cambridge University Press.

Laver, M. and Shepsle, K. A., 1999. How Political Parties Emerged from the Primeval Slime: Party Cohesion, Party Discipline, and the Formation of Governments. In S. Bowler, D. M. Farrell, and R. S. Katz (eds.). Party Discipline and Parliamentary Government, pp. 23–48. Columbus: Ohio University Press.

Laver, M., 1999. Divided Parties, Divided Government. Legislative Studies Quarterly, 24(1): 5–29.

Loewenberg, G., 2011. On Legislatures: The Puzzle of Representation. Boulder: Paradigm.

Lowell, A. L., 1896. Government and Parties in Continental Europe. Cambridge: Harvard University Press.

Lupia, A., 2003. Delegation and its Perils. In K. Strøm, W. C. Müller, and T. Bergman (eds.). Delegation and Accountability in Parliamentary Democracies, pp. 33–54. Oxford: Oxford University Press.

Lupia, A., and Strøm, K., 1995. Coalition Termination and the Strategic Timing of Parliamentary Elections. American Political Science Review, 89: 648–65.

May, J. D., 1973. Opinion Structure of Political Parties: The Special Law of Curvilinear Disparity. Political Studies, 21(2): 135–51.

Mayhew, D. R,. 1974. Congress: The Electoral Connection. New Haven: Yale University Press.

McKelvey, R. D., 1976. Intransitivities in multi–dimensional voting models and some implications for agenda control. Journal of Economic Theory, 18: 472–82.

Messerschmidt, R., 2005. Fraktionenparlament Nationalversammlung: Entstehung und Bedeutung innerfraktioneller Geschlossenheit. Wiesbaden: VS Verlag für Sozialwissenschaften.

Metcalf, M., 1987. The Riksdag: A History of the Swedish Parliament. New York: St. Martin's Press.

Michels, R., 1915. Political Parties: A Sociological Study of the Oligarchical Tendencies of Modern Democracy. New York: Hearst's International Library (first edition in German 1911).

Monroe, N. W., Roberts, J. M., and Rohde, D. W., 2008. Introduction:Assessing the Impact of Parties in the U.S. Senate. In N. W. Monroe, J. M. Roberts, and D. W. Rohde (eds.). Why Not Parties? Party Effects in the United States Senate, pp. 1–19. Chicago: University of

Chicago Press.

Müller, W. C., 2000. Political Parties in Parliamentary Democracies: Making Delegation and Accountability Work. European Journal of Political Research, 37(3): 309–33.

Neumann, S., 1956. Toward a Comparative Study of Political Parties. In S. Neumann (ed.). Modern Political Parties, pp. 395–421. Chicago: University of Chicago Press.

Niemi, R. G., 1983. Why so much stability?! Another opinion. Public Choice, 41: 261–70.

Norton, P., 2000. The United Kingdom: exerting influence from within. In K. Heidar and R. Koole (eds.). Parliamentary Party Groups in European Democracies: Political parties behind closed doors, pp. 39–56. London: Routledge.

Norton, P., 2013a. Parliament in British Politics (2nd ed.). Basingstoke:Palgrave Macmillan.

Norton, P., 2013b. The Voice of the Backbenchers: The 1922 Committee–The First 90 Years, 1923–2013. London: Conservative History Group.

Ostrogorski, M., 1903. Democracy and the Organization of Political Parties, 2 Volumes. London: Macmillan (first edition in French 1903).

Panebianco, A., 1988. Political Parties: Organization and Power. Cambridge: Cambridge University Press.

Pomper, G. M., 1992. Passions and Interests: Political Party Concepts of American Democracy. Lawrence: University Press of Kansas.

Powell, G. B., Dalton, R. J., and Strøm, K., 2012. Comparative Politics Today: A World View (10th ed.). Boston: Longman.

Qvortrup, M., 2011. United Kingdom: extreme institutional dominance by the executive. . .most of the time. In B. E. Rasch and G. Tsebelis (eds.).The Role of Governments in Legislative Agenda Setting, pp. 78–94. London: Routledge.

Parsons, T., 1970. The Social System. London: Routledge & Kegan Paul.

Riker, W. H., 1980. Implications from the disequilibrium of majority rule for the study of institutions. American Political Science Review, 76: 753–66.

Roberts, M., 1986. The Age of Liberty, Sweden 1719–1772. Cambridge:Cambridge University Press.

Saalfeld, T., 1995a. On Dogs and Whips: Recorded Votes. In H. Döring (ed.), Parliaments and Majority Rule in Western Europe, pp. 528–65. Frankfurt am Main: Campus/ New York: St. Martin's Press.

Saalfeld, T., 1995b. Parteisoldaten und Rebellen. Opladen: Leske and Budrich.

Saalfeld, T., 2000. Bureaucratisation, coordination and competition: parliamentary party groups in the German Bundestag. In K. Heidar and R. Koole (eds.). Parliamentary Party Groups in European Democracies: Political parties behind closed doors, pp. 23–38. London: Routledge.

Saalfeld, T., 2010. Regierungsbildung 2009: Merkel II und ein höchst unvollständiger Koalitionsvertrag. Zeitschrift für Parlamentsfragen, 41(1): 181–206.

Sassoon, D., 1996. One Hundred Years of Socialism: The West European Left in the Twentieth Century. London: Fontana.

Schattschneider, E.E., 1942. Party Government. New York: Rinehart.

Schmitt, Carl. 1969 [1931]. Der Hüter der Verfassung. Berlin: Duncker & Humblot.

Schofield, N., 1978. Instability of simple dynamic games. Review of Economic Studies, 45: 575–94.

Schüttemeyer, S. S., 1998. Fraktionen im Deutschen Bundestag 1949–1997: Empirische Befunde und theoretische Folgerungen. Wiesbaden: VS Verlag für Sozialwissenschaften.

Schüttemeyer, S. S., 2001. Parliamentary Parties in the German Bundestag. Washington, DC: American Institute of Contemporary German Studies (AICGS German Issues No. 24).

Schüttemeyer, S. S., 2009. Deparliamentarisation: How Severely is the German Bundestag Affected? German Politics, 18(1): 1–11.

Schumpeter, J. A., 1942. Capitalism, Socialism and Democracy. New York: Harper.

Smith, S. S., 2007. Party Influence in Congress. Cambridge: Cambridge University Press.

Smith, S. S., Roberts, J. M., and van der Wielen, R. J., 2009. The American Congress (6th ed.). Cambridge: Cambridge University Press.

Strahan, R. W., 2011. Party Leadership. In E. Schickler and F. E. Lee (eds.).The Oxford Handbook of the American Congress, pp. 371–95. Oxford: Oxford University Press.

Strøm, K., 1990. A Behavioral Theory of Competitive Political Parties. American Journal of Political Science, 34(2): 565–98.

Strøm, K., 2003. Parliamentary Democracy and Delegation. In K. Strøm, W. C. Müller, and T. Bergman (eds.), Delegation and Accountability in Parliamentary Democracies, pp. 55–106. Oxford: Oxford University Press.

Strøm, K., Müller, W. C., Bergman, T., and Nyblade, B., 2003. Dimensions of Citizen Control. In K. Strøm, W. C. Müller, and T. Bergman (eds.). Delegation and Accountability in Parliamentary Democracies, pp. 651–706. Oxford: Oxford University Press.

Thies, M. F., 2000. On the Primacy of Party in Government: Why Legislative Parties Can Survive Party Decline in the Electorate. In R. J. Dalton and M. P. Wattenberg (eds.). Parties without Partisans: Political Change in Advanced Industrial Democracies, pp. 238–57. Oxford: Oxford University Press.

Truman, D., 1951. The Governmental Process: Political Interests and Public Opinion. New York: Knopf.

Tsebelis, G., 1990. Nested Games: Rational Choice in Comparative Politics. Berkeley: University of California Press.

Tsebelis, G., 2002. Veto Players: How Institutions Work. New York: Russell Sage Foundation and Princeton: Princeton University Press.

Weber, M., 1978. Economy and Society. Berkeley: University of California Press (first posthumous edition in German 1922).

Zimmermann, E. and Saalfeld, T., 1988. Economic and Political Reactions to the World Economic Crisis of the 1930s in Six European Countries. International Studies Quarterly, 32(3): 305–34.

第十九章　政党纪律[*]

克里斯托夫·卡姆（Christopher Kam）

19.1　引言

在一篇关于政党纪律的文章中，通常会先定义两个密切相关的术语：政党凝聚力和政党纪律。政党凝聚力是一个政党的成员被观察到的为追求政党目标而共同努力的程度［奥兹布顿（Ozbudun），1970，305］。因此，决定一个政党是否具有凝聚力完全是一个经验问题。政党纪律是指由政党领导人的行动产生和维持的政党凝聚力。因此，政党纪律是一种理论建构，它可能解释了为什么 A 政党比B 政党更有凝聚力。例如，可能 A 政党比 B 政党更有凝聚力，因为某些因素或策略使 A 政党的领导人能够对其追随者施加纪律约束，或能够削弱 B 政党的领导人对其追随者施加纪律的努力。另外一种观点则认为 A 政党可能比 B 政党更有凝聚力，只是因为 A 政党的成员有相同的政策偏好，而 B 政党的成员没有。在后一种情况下，A 政党与其说是一个纪律严明的政党，还不如说是一群志同道合的人的聚集。一段时间以来，尤其是对研究美国国会和美国各政党的学者来说，问题在于确定这两种有关政党凝聚力的

---

[*]　梁西圣译。

观点哪一种是正确的。对各种测试理论的广泛应用（这些测试理论均是基于以美国为研究背景的比较数据而开发）意味着"政党或偏好"的争论构建了比较政治学中政党纪律的经验性调查。人们很容易（也是错误的）认为这项工作以及有关政党或偏好的争论与议会无关，理由是议会各政党的统一不允许立法委员的偏好影响他们的投票行为。我在本章的论点是，从"政党或偏好"的角度来考虑议会政党，有助于我们深入了解议会政党是如何获得凝聚力的，并阐明这种凝聚力在多大程度上取决于政党纪律。同样，当我们从比较的角度看待政党纪律时便会暴露一些内在的局限性和隐含的假设，而它们就存在于美国国会的"政党或偏好"争论中。

400   19.2 美国政党纪律的知识背景

从某种意义上说，我们目前许多关于政党纪律的明确理论都植根于 60 年前对美国政党的规范性批评。美国政治科学协会（APSA）的政党委员会（APSA，1950）在一份报告中提出了这样的批评：美国的政党仅仅是松散的协会，没有能力提出连贯的政策纲领，更不用说执行这些纲领（APSA，1950，1）。立法是通过不断变化的联盟零星制定的。该制度效率低下，因为它既没有协调跨政策领域的立法，也没有解决政府日益增长的责任（APSA，1950，15—16）。它是不负责任的，因为它模糊了谁应该对政策结果负责（APSA，1950，19），并且让选民没有政治选择，只能"碰运气去选一个候选人"（APSA，1950，27—28）。

取而代之的是，APSA 委员会介绍了一种负责任且有效的两党制：每一个政党将制定并向选民提供一个连贯的政策纲领，获胜的政党将通过其具有凝聚力的多数党员将该纲领转化为一个明确且合理的立法计划，并承担相应的责任。反过来，选民在投票时也会知道每个政党的立场，任职的政党要对现有的政策负责，获胜的政党则将实现其竞选纲领中的承诺。在这种情况下，两党制给选民在现任执政党和反对党之间提供了明确而有意义的选择。简而言之，该委员会将政党凝聚力与政治责任明确联系起来。[1]

---

[1] 鲍勒、法雷尔和卡茨（Bowler, Farrell and Katz，1999），鲍威尔（Powell，2000），以及凯里（Carey，2009）提供了关于政党纪律和责任之间联系的更现代性的表述。

不太清楚的是，正如奥斯汀·兰尼（Austin Ranney，1951）所观察到的那样，APSA 委员会是否理解美国政党为什么会这样组织和运作。兰尼（Ranney）引用洛厄尔（Lowell，1902）对美国国会和英国下议院政党凝聚力的统计分析以证明国会中政党路线的薄弱性是长期存在的。这些统计分析向兰尼（Ranney）暗示了政党的凝聚力与宪法语境之间的逻辑关系。因此，如果规范性目标是赋予多数民众权力（就像在英国那样），那么纪律严明的政党和内阁政府就是实现这一目标的合理且可行的手段。然而，美国人更重视少数人的权利，而不是多数人的权力。因此，美国宪法分散（而不是集中）了权力，并赋予（而不是剥夺）少数群体保护自己的否决权。美国政党领导人成功地——也只能成功——围绕着一系列灵活的非意识形态诉求与少数派和"谋求政府职位者"组建起广泛的联盟。兰尼（Ranney）总结道，洛厄尔（Lowell，1897）所理解的和 APSA 委员会所未能理解的是，美国的政党是适应美国宪法背景的，它们只能在此基础上接受规范性评价。

兰尼（Ranney）呼吁学者们要"以美国的方式"来解释美国政党，更确切地说，就是要找对听众。自 20 世纪 50 年代以来，美国政治学家对美国国会和美国政党进行了大量的经验研究。后续的文献太多，以至于无法在这里逐一进行介绍，也没有必要逐一介绍。本章提供了一种理论用以帮助我们理解国会成员要面对的来自个人和集体两方面挑战。这才是以美国方式理解美国政党的关键。个人面临的主要挑战是确保连任，而议员们要实现这一目标，主要是通过制定符合其选民利益的立法［梅休（Mayhew），1974］。然而，国会的民主结构意味着议员们不能单方面这样做，他们需要建立多数联盟来通过立法。这给国会成员们带来了一系列的集体挑战，即

（1）他们必须确定一个各方都满意的政策。[1]

（2）协调他们的投票以通过这项政策。

（3）执行协议以确保成员不会违反他们的合意。

立法委员形式上的平等、搭便车的动机以及多数规则的内在不稳定性都不利于上述问题的解决。

到 20 世纪 80 年代末，鲜有国会学者对这种立法问题的描述提出异议。

---

　　[1]　双方都满意的政策可能采取分散谈判的形式［温加斯特和马歇尔（Weingast and Marshall），1988］或成员一致同意的为公共利益服务的政策［芬诺（Fenno），1973］。政策可能是显而易见的，或者只有在成员花时间调查一个政策领域后才能被发现［克雷比尔（Krehbiel），1991］。

同样，大多数研究国会制度的学者认为，立法数量之多和现任议员连任率之高直接与他们的理论相矛盾，国会议员显然已经解决了立法问题。学者们的尖锐分歧是造成这种悖论的原因。在这个问题上有两种学派的观点。第一种学派是将立法机构作为解决立法问题的途径。这一观点的支持者［如梅休（Mayhew），1974；谢普瑟（Shepsle），1979；谢普瑟和温加斯特（Shepsle and Weingast），1987；温加斯特和马歇尔（Weingast and Marshall），1988；克雷比尔（Krehbiel），1991］认为，国会的委员会体系结构本身就是为了解决国会成员面临的集体行动问题而运作的。第二种学派则是将政党视作立法问题的解决方案［例如，罗德（Rohde），1991；考克斯和麦卡宾斯（Cox and McCubbins），1993；奥尔德里奇（Aldrich），1995］。这种观点强调了国会政党在解决成员集体行动问题方面的作用：政党纲领将不同的利益聚合成一套统一且连贯的政策，党鞭帮助党员以协调他们的投票，而政党领导人则享有选择性激励（例如晋升到有声望的委员会）的分配权并以此来诱导和奖励党员对政党路线的忠诚。

以上有关国会组织理论和政党理论间的分歧引发了一场争论。争论的中心问题是，国会中各政党的存在是否会影响国会的运作及其政策的制定。克雷比尔（Krehbiel，1993，238）直截了当地提出了这个问题："在进行明显的政党投票时，个别立法委员究竟是昧心与党内同僚一起投票通过某一政策，还是真心拥护某一政策才与其党内同僚一起投票通过某一政策？"只有在前一种情况下，人们才能说政党改变了政治结果；在后一种情况下，党员按照自己的意愿投票，政党只不过是志同道合的个人的聚集地。

克雷比尔（Krehbiel）通过图 19.1 所示的简单空间模型阐述了他的论点。多边形 L 和 R 代表两个立法政党内部的政策偏好分布。两个政党的政策中值分别为 l 和 r，但在每个政党中都有持不同立场的成员。假设成员具有欧几里得偏好，从而投票支持最接近其理想点的政党政策（即 l 或 r）。如果偏好分布如图 19.1A 所示，L 的所有成员都更接近本党对 l 的政策立场，R 的成员对 r 的政策立场也是如此，那么在 l 与 r 之间的投票中，两党投票的凝聚力都将达到完美。相反，如果偏好分布如图 19.1B 所示，各个政党的部分成员更接近对方政党的政策立场，而不是自己政党的立场，那么对 l 与 r 的投票将会产生分裂，除非两党有能力约束其边缘成员，让他们遵守政党路线。由于缺乏对立法委员政策偏好的直接衡量，人们无法确定一个政党之所以团结，是因为其成员有相似的偏好（见图 19.1A），还是因为政党领导人成功地对边缘成员施加了纪律（见图 19.1B）。这是一个显著且严重的问题，因为它破坏了作为一个有意义的概念的政党纪律，并使各政党改变立法结果的能力受到质疑。

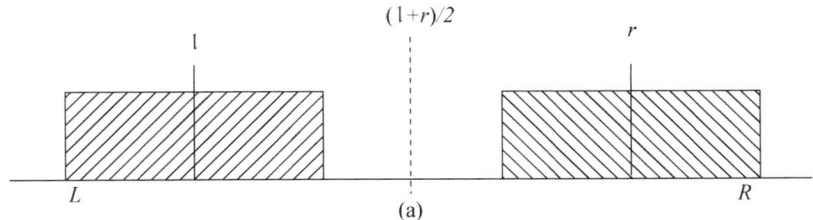

图 19.1A 克雷比尔（Krehbiel）的政党凝聚力模型：无论政党执行纪律的能力如何，都存在完美凝聚力的情况

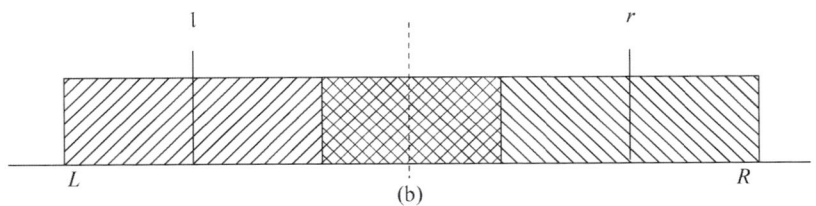

图 19.1B 克雷比尔（Krehbiel）的政党凝聚力模型：当且仅当政党有能力执行纪律时，才会产生完美凝聚力

19.3 政党重要吗？如果重要，我们如何知道其重要性？

403

19.3.1 议程控制

克雷比尔（Krehbiel）的核心论点是，如果议院的偏好如图 19.1A 分布，那么政党（以及政党纪律）便无法合理解释议员的投票决定或立法的结果。克雷比尔（Krehbiel）这一结论成立的唯一前提只能是——将提交立法机构票决的问题在本质上与提交票决的程序区分开来。然而，有大量证据表明事实并非如此［例如，萨尔费尔德（Saalfeld），2005；卡鲁巴（Carrubba）等人，2006］。例如，当政党领导人操纵了立法议程，则有可能出现图 19.1A 所示的情况。具体来说，多数党领袖可以采取积极的议程控制，以确保其成员意见一致的法案（如图 19.1A）被提交表决；也可以采取消极议程控制，以确保其成员意见分歧的法案（如图 19.1B）不会付诸表决。在这种情况下，多数党就像一个程序性的卡特尔［考克斯和麦卡宾斯（Cox and McCubbins），1993，2005］。也就是说，是一个利用其对立法议程的控制来掌握立法的生产和分配的合谋组织。

考克斯和麦卡宾斯（Cox and McCubbins）认为立法政党堪比程序性卡特尔的理论与两种经验模式相一致。首先，美国众议院推动通过的立法数量会随多数党在意识形态方面的一致性而变化：多数党越是意见一致，议程上的立法数量就越多［考克斯和麦卡宾斯（Cox and McCubbins），2005］。其次，众议院的多数党几乎从来没有"颠覆"过。也就是说，它很少因为内部不团结而招致失败。这表明，多数党领导人要么成功地避免了党内成员存在分歧的问题，要么有效地对党内成员施加纪律。无论哪种情况，在多数党领导人能够影响政治结果的意义上，政党都是"重要"的。

19.3.2　议程控制与议会政府

还有证据表明，美国以外的立法机构也存在议程控制。例如，对日本、瑞典和意大利的比较研究表明，这三个国家的多数联盟很少被推翻［增山、考克斯和麦卡宾斯（Masuyama, Cox and McCubbins），2001；考克斯、赫勒和麦卡宾斯（Cox, Heller and McCubbins），2008］。值得注意的是，日本、瑞典、意大利都是议会制国家。议会制度的特征之一是行政和立法部门之间存在信任关系。通过经典的威斯敏斯特议会构想，相互信任的传统允许行政部门（即内阁）在享有立法机构信任的前提下进行治理，并允许行政部门在立法机构拒绝再信任它时解散立法机构。从理论上讲，这种关系会激励团结一致且有纪律的行为，因为在职的大多数立法委员都可以按其共同偏好而组阁（因此也就有了一套政策和利益分配）。相应地，如果首相和内阁能赢得多数立法委员的支持，他们就能继续以自己认为合适的方式执政。

首相争取立法支持的主要手段之一是启动信任投票程序。信任投票程序使首相有能力向整个立法机构提出"要么接受要么离开"的提议，但它主要还是指向首相自己的支持者［拉沃尔（Laver），2006］。如果首相把一项法案的通过视为信任问题，而该法案失败，那么政府就会垮台，而执政的多数党成员要么放弃他们的党派利益，加入反对派席位，要么冒着所有风险和代价参加选举。在这方面，信任投票是一种强有力的积极议程控制形式；它不仅允许首相推进政府成员同意的立法，也允许首相推进他们不同意的立法。

404

信任投票是一个双管齐下的工具，它向首相的支持者们展示了提前选举的威胁和继续享受党派利益的诱惑。两个被广为引用的信任投票模型凸显了这些态势。在休伯（Huber，1996）的模型中，首相向议会提出"要么接受要么离开"的政策建议，政府成员则主要因为担心提前举行选举而一致同意。在迪尔迈尔和费德森（Diermeier and Feddersen，1998）的模型中，执政联盟的成员必须提交关于如何分配部门权力的建议，只要他们的建议在立法机构获得通过，他们就能集体保留这一权利。因此，在迪尔迈尔和费德森（Diermeier and Feddersen）的模型中，政府成员为了保持他们获得的部门权力而保持一致。

综合休伯、迪尔迈尔和费德森（Huber, Diermeier and Feddersen）的模型，无论哪种态势（即提前选举的威胁或继续获得部门利益的承诺），都足以促使执政联盟的成员们团结起来。然而，经验表明，似乎是执政的诱惑，而不是提前选举的威胁才促使执政党保持团结。首先，对英国和加拿大下议院的几项研究表明，最忠诚的议员要么是那些身居前座的高位议员，要么是那些有着上位途径的议员［参见盖恩斯和加勒特（Gaines and Garrett），1993；贝内代托和希克斯（Benedetto and Hix），2007；卡姆（Kam），2009］。其次，同样的研究还表明，最反叛的议员是那些从前排席位被降职的议员（因此他们不太可能再次成为部长），或者是那些在他们的议会生涯早期未能获得晋升的议员（因此他们很可能整个职业生涯都在后座席位上煎熬）。最后，鲜有证据能证明政党纪律植根于对提前选举的恐惧这一假设。按照这一理论假设，随着议会任期的推进和法定选举时间的临近，提前选举的威胁逐渐减弱。这表明执政党的凝聚力将会在任期内下降，但考克斯（Cox，1987，86）没有找到支持这一假设的证据。

不论信任关系是如何诱发凝聚力的，议会制的政党明显比总统制的政党更有凝聚力，这似乎是很自然的［鲍威尔（Powell），2000；凯里（Carey），2009］。毕竟，正是行政部门和立法部门之间存在或缺乏信任关系才区分了议会制和总统制的政府。这种基于"信任传统"的观点的逻辑困境在于它虽然可以解释为什么政党会具有凝聚力，但也只能被用来解释这一问题。从博弈理论的角度来考虑这个问题：如果执政的多数党是完全团结的，那么它就不可能被击败，因此反对党成员采取的任何投票策略都不会有什么影响。然而，在议会制中，反对党与执政党一样具有高度的凝聚力［凯里（Carey），2009；德波

405

和马丁（Depauw and Martin），2009〕。[1]此外，反对党倾向于一贯地投票反对政府，以至于大多数议会系统的投票都呈现政府—反对党的格局〔希克斯和努里（Hix and Noury），2011〕。

为了解释以上经验模式，德万和斯帕林（Dewan and Spirling，2011）提出了"议程设置"这一模型。他们的模型始于这样一个观察：议会政府对立法议程的控制比反对党大得多〔参见多林（Döring），1995，2001〕。然后他们举例了如图 19.2 所示的一种假设考虑，三个政府成员（g_1，g_2，g_3）在政策空间的左侧，两个反对党成员（O_1，O_2）在右侧，尽管 O_1 在 g_3 的左侧。因此，情况与图 19.1B 非常相似，两党成员之间有一些重叠。假设一名政府部长，比如 g_2，可以提出一项"要么接受要么离开"的提议，用一些其他政策 x 来取代现状 q。如果投票是真诚的，那么 g_2 可以确保的最佳结果将是 $x = O_1 - q$〔罗默和罗森塔尔（Romer and Rosenthal），1978〕。现在想想，如果 O_1 和 O_2 承诺投票反对任何部长级提案，结果会是什么。如果是这样，g_2 充其量只能得到 $x* = g_3 - q$，这是两个反对党成员都倾向于 $O_1 - q$ 的结果。因此，反对党成员一致投票反对部长的提案是可靠的。政府成员的最佳回应是全体投票支持部长的提议。但最终的结果是，反对党一致投票反对政府，反之亦然。

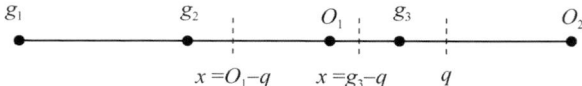

$$x = O_1 - q \qquad x = g_3 - q \qquad q$$

图 19.2　斯帕林和德万〔Spirling and Dewan〕的政府—反对党投票模型

正如本章开始所指出的那样，人们很容易认为政党或偏好的争论与议会环境无关，因为议会政党的整体统一表面上几乎没有给立法委员的偏好留下影响其投票行为的空间。然而，我们可以看到，德万和斯帕林（Dewan and Spirling）模型中的政府和反对党是有凝聚力的，而非有纪律的，他们这样做的原因与克雷比尔（Krehbiel）模型中的原因完全相同，即由于政党内部和政党之间分散的政策偏好。然而，这两个模型之间有一个重要且讽刺的差异，那就是德

---

〔1〕　在议会制度中，我们观察到执政党和反对党的凝聚力差别不大，这一事实可能是统计上的假象。卡姆（Kam，2009）研究了来自英国、加拿大、澳大利亚和新西兰的议会异议数据。当一名议员在议会中投票违反他或她所在政党的指示时，就会产生异议。卡姆（Kam）发现，执政党比反对党更频繁地出现异议，但这种异议在任何时候都往往只涉及少数成员。相反，反对党的异议往往涉及比例较大的成员。因此，执政党的凝聚力经常出现轻微的崩溃，而反对党的凝聚力的崩溃不频繁但严重。这种模式很可能导致政府和反对党的平均凝聚力水平相同。

万－斯帕林（Dewan–Spirling）模型中的政党凝聚力要求政府和反对党成员在政策偏好上存在部分重叠。[1] 这一不同点的真正重要性不在于它导致两个模型对议会内部政策偏好分布与政党凝聚力之间的关系作出不同的预测，而在于它改变了立法委员偏好与政党凝聚力之间的逻辑关系。具体来说，在德万－斯帕林（Dewan–Spirling）模型中，政策偏好在政党内部和政党之间的分布仅仅是政党凝聚力的必要条件［不像在克雷比尔（Krehbiel）模型中那样是充分必要条件］。德万－斯帕林（Dewan–Spirling）模型的充分性是由政府垄断控制议会议程的附加条件提供的。因此，我们又回到了这样一种观点：议会各政党所展现的高度凝聚力，在很大程度上是议会政府所享有的强有力的积极议程控制形式在起作用。

不过，作为政党团结的一种解释，议程控制显然存在局限性。首先，即使在政党领导人享有重大议程控制权的议会制中，我们也能看到领导人在某些问题上宣布"自由投票"。领导人们可能会宣布进行自由投票，以使他们的政党远离这个议题，但他们这么做也可能是因为他们知道，他们不能强迫自己的党员服从命令。这种议程控制证实而非否定了克雷比尔（Krehbiel）的论点。其次，我们观察到，即使在没有完全控制议程的情况下，政党仍能保持凝聚力。正如希克斯、努里和罗兰（Hix，Noury and Roland，2007）在研究欧洲议会时所发现的那样，对于党团领袖缺乏议程控制的事项，无论这些事项是由欧盟委员会提出还是由各政党的报告人自行提出，各党派都能在这些事项上保持一致并展现同样的凝聚力。因此，我们所持的立场是，我们的模型表明（强有力的）议程控制是政党团结的充分基础，但我们的经验表明，议程控制很少是完整的，［根据希克斯（Hix）等人的结果］对于政党团结来说是不必要的。这里没有矛盾，只是一个信号，即议程控制只是制度实现团结的几种可能手段之一。

19.3.3 系数、混淆和候选人选拔

克雷比尔（Krehbiel）将重大政党行为定义为"与已知的政党政策保持目标一致，但独立于个人偏好的行为"［克雷比尔（Krehbiel），1993，240］。根据这一定义，人们可以回到个别成员对有关其意识形态偏好和党派关系的某些提案的投票来检验重大的政党行为，即

---

[1] 例如，在图 19.2 中，如果 g_3 在 O_1 的左边，那么在 $x = O_1$-q 和 q 的投票中，O_1 会投票给 x，O_2 会投票给 q。

$$投票_{ij} = b_1 偏好_i + b_2 政党_i^{[1]} \qquad （等式 1）$$

其中，投票$_{ij}$表示成员 i 对某项立法提案的投票，b_1偏好$_i$表示成员 i 的意识形态偏好（如 i 在左右尺度上的位置），[1] b_2政党$_i$表示成员 i 的党派关系。[2]

407

在这个回归框架中对政党凝聚力和政党纪律的考虑表明，克雷比尔（Krehbiel）的论点只是一个类似于省略变量问题：如果从等式 1 中省略偏好$_i$，那么b_2的估值将偏离 0，立法委员的意识形态偏好与其党派关系之间的相关性越强，这种偏差就越严重。然而，一旦在模型中加入立法委员政策偏好的衡量标准，$b_2 \neq 0$似乎提供了政党"重要"的直接证据。也就是说，政党影响成员投票的方式。正是这个原因，等式 1 之类的估值模型是应对克雷比尔（Krehbiel）挑战的一种流行方法 [例如，艾姆斯（Ames），1995；斯奈德和格罗斯克洛斯（Snyder and Groseclose），2000；安索拉贝赫（Ansolabehere）等人，2001；麦卡蒂（McCarty）等人，2001；卡姆（Kam），2001；考克斯和普尔（Cox and Poole），2002；希克斯（Hix），2004；巴蒂斯塔和里奇曼（Battista and Richman），2011]。

通过将影响立法委员投票的其他变量添加到等式 1 中，分析人员就可以发现并理解立法委员和政党是如何来回应各种压力和激励的。例如，穆甘（Mughan，1997）等人将党派关系与议会任期长短相互作用，以调查立法社会化是否会增强英国议员的政党忠诚度。更通俗地来说，等式 1 的说明是以立法委员试图优化政策、职位和投票的某些组合的假设为依据的 [穆勒和斯特罗姆（Müller and Strøm），1999]。也就是说，立法委员正试图制定他们喜欢的政策、提升他们的议会地位以及提高他们的连任前景。如果政党领导层控制了所有这三项利益的取得途径，那么立法委员服从政党路线的决定就很直接了。然而，大多数研究所考察的情况是立法委员在面对两个或多个政治主体所提出的矛盾要求时所承受的交叉压力。这种交叉压力是普遍存在的。例如，希克斯、努里和罗兰（Hix, Noury and Roland，2007）就考虑了欧洲议会成员在他们的国家政党（提名欧洲议会议员）立场与他们的欧洲议会团体（控制欧洲议会议员的利益流）立场发生冲突时的反应。同样，赛格（Saiegh，2011）、凯里

---

[1] 关于如何最好地衡量立法委员的偏好存在一场辩论 [例如，范多伦（Vandoren），1990；杰克逊和金登（Jackson and Kingdon），1992；安索拉贝赫（Ansolabehere）等人，2001]，但与此无关。

[2] 让我强调一下，等式 1 是一个概念模型；根据因变量的性质和数据生成过程的不同，它可能会以多种方式进行估计（例如，使用概率模型来估计成员在单次唱名表决中的投票，或者使用最小二乘法来估计成员在大量唱名表决中与他们的政党持不同意见的百分比）。

（Carey，2003）和摩根施特恩（Morgenstern，2004）也考虑了拉丁美洲的立法委员如何回应总统的呼吁，以支持与他们政党立场相冲突的立场。

这些研究的一般结果是 $b_1 \neq 0$ 且 $b_2 \neq 0$。对这一结果的普遍解释是，"政党"和"偏好"都很重要。这种解释基于 b_2 提供了一个有效的预估，即党派关系对保持立法委员偏好不变的投票的边际效应。但 $b_2 \neq 0$ 的统计结果的实际意义和理论意义并不明显。当等式 1 这样的模型应用于多党立法机构时，情况尤其如此。例如，一个有 k 个政党的立法机构将要求分析人员估计 k−1 个政党系数的矢量（即 b_2，b_3，$\cdots$，b_{k-1}）。这些系数的大小会有所不同，这取决于将哪一政党作为比较的基础。这使得任何关于"政党"和"偏好"的统计比较都变得复杂，而且这仅仅是技术层面的比较。更大但更不明显的复杂性是，政党系数受到立法机构内部战略环境的影响。例如，如果政党体系和立法机构是围绕两个相互竞争的政党集团构建的（如在法国或瑞典），等式 1 将产生在不同集团之间的量值差异很大，而在集团内部却基本相同的政党系数。这种模式反映了这样一个事实：在这个假想的立法机构中，唱名表决通常会使执政集团的政党与反对党集团的政党相对立。因此，对政党系数的任何解释（例如，作为政党纪律的衡量）都取决于"集团凝聚力"与"政党凝聚力"的比例。如果有人想象一下，在立法机构中估值的等式 1，其中少数党政府获得了一系列不断变化的反对党的支持，那么这一点可能会得到更好地理解；在这种情况下，任意一个政党虚拟的系数反映了该政党支持或反对政府的频率及其凝聚力。[1]

更深层次的问题是，b_2 的标准解释基于一个隐含的假设，即立法委员是随机分配给政党的［安格里斯特和皮施克（Angrist and Pischke），2009］。而这显然是错误的。立法委员不会随意加入政党，政党也不会随意选择立法委员。政治学家在候选人选拔程序中理解这一点，他们也理解其纪律的意义［例如，奥斯特罗戈尔斯基（Ostrogorski），1902/1964；沙特施奈德（Schattschneider），1942；拉哈特和哈赞（Rahat and Hazan），2001；西瓦维利斯和摩根施特恩（Siavelis and Morgenstern），2008］。当政党的中央领导人控制候选人的选拔时，领导人可以通过威胁来阻止反叛的成员以政党的名义参选，或将他们贬斥进党内"不可能胜选者"的名单上，等等。从这个观点来看，候选人的选拔程序就是一种纪律手段，领导人在选举中以此来控制成员的行为。

────────────

〔1〕　这些问题是可以解决的（例如，通过控制集团成员、执政党或反对党的地位等），但只有在分析师理解政党确立其立场以及成员投票的立法背景的情况下。

然而，还有另一种轻松的途径，它让政党领导人可以通过候选人选拔程序来实现对党员的控制。这一途径涉及政党领导层在选举前将候选人选拔程序作为一种筛选工具，以剔除潜在的不适合选举的人。用克雷比尔（Krehbiel）空间模型的术语来说，候选人选拔程序可以被领导层用来筛选过于偏离自己立场的候选人。这意味着，政党系数 b_2，混淆了选举后的党纪处理效果和选举前的候选人选拔程序的选拔效果。

这一观点的一个明显的问题是，候选人选拔程序的选拔效果有多大。也就是说，政党能够在多大程度上有效地筛除不合适的人以及这一筛选过程对政党的凝聚力有什么影响（如果有的话）？赛格（Saiegh，2011）试图用拉丁美洲立法委员的调查数据来回答这个问题。这些数据被用来衡量智利和哥伦比亚立法委员的政策立场。这两个国家的选择是经过深思熟虑的：智利各政党对其候选人选拔程序有很强的控制力，并且具有高度的凝聚力；而哥伦比亚各政党几乎没有能力阻止不合适的党内候选人参选，而且政党的控制力很弱。赛格（Saiegh）提出疑问，智利的政党是否因此比哥伦比亚的政党在意识形态上更团结并因此而迥异于哥伦比亚的政党呢？事实上，智利立法机构中立法委员的政策偏好的分布情况使得两个集团截然不同，而在哥伦比亚，立法委员偏好的分布情况使得三个主要政党的成员相互重叠。

赛格（Saiegh）的研究可能是迄今为止评估候选人选拔对政党凝聚力影响的最佳成果，但即便如此，它也存在一个明显的弱点。这些政策立场来自对立法委员的调查。但要验证政党筛除意识形态不适合者的假设，所需要的乃是对有希望获胜的候选人的调查数据。而且事实上，哪怕是来自候选人的调查数据也可能不足。

409　　　这些调查的受访者都是被政党接纳的候选人（即经过筛选后获得批准的候选人），而验证筛选假设所真正需要的乃是那些来自申请成为候选人但被政党拒绝的人的数据。

然而，让我们假设政党可以并且确实使用其候选人选拔程序来限制党内的意识形态多样性。进一步假设，所有政党在这一努力中都取得了成功。也就是说，所有政党都成功地确保了它们的候选人（以及他们的立法委员）比其他任何政党都更接近自己政党的立场。在两党制中，这种偏好的配置本身就足以确保所有政党保持完美的凝聚力。让我们来在多党环境中考虑同样的情况。图19.3 描绘了一个三党体系，左、中、右三个政党的所有成员相较于其他政党的立场都更接近自己政党的立场（分别是 L、C、R）。在这个立法机构中，除非中间党领导人能够对其成员施加纪律，否则任何让 L 党与 R 党对立的投票都将导致中间党分裂。

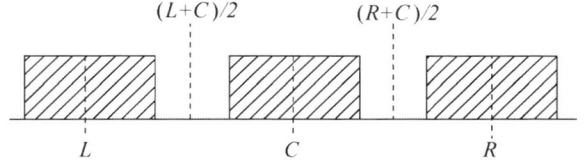

图 19.3　在多党立法机构中的克雷比尔（Krehbiel）模型

这个例子提供了关于政党纪律的三种见解。第一，它表明，在两翼都有对手的政党成员（例如，一元政党体系中的中间派政党）比只在一边面临竞争的政党成员（例如，一元政党体系中的左翼和右翼政党）更有可能发现自己受到了交叉压力。因此，在其他条件相同的情况下，一元政党体系中的中间派党员们应该不如他们的左翼和右翼对手有凝聚力。[1]摩根施特恩（Morgenstern，2004）对拉丁美洲国家立法机构政党凝聚力的分析所表明的情况大致如此。[2]第二，这个例子表明，党员们在意识形态上的一致性不足以确保多党环境下的政党团结。因此，如果我们观察在多党环境中具有高度凝聚力的政党，我们就知道一定有什么（议程设置、纪律等）在起作用。第三，将克雷比尔（Krehbiel）的模型援用到多党环境中将产生一个明显的问题，即候选人选拔在维系党的团结方面作用有限。无论中间政党的领导层在筛除与该党观点不同的候选人方面有多么成功，该党始终会面临分裂的风险，因为这些中间领导在政党系统内的位置会不断使其成员面临交叉压力。

上述最后一个观点提出了一个关于多党制背景下的政党凝聚力和纪律的具体假设，即如果一个中间派政党（在一元政党体系中）与政党体系中的左翼和右翼政党一样具有凝聚力，那么它必然：

410

（1）中间派政党的领导人尤其善于通过候选人选拔以外的手段来赢得选民的忠诚。

---

〔1〕　如果政策空间是多维的，则不能如此明确地陈述该假设，因为这样的环境可能使各个政党在两个或多个方面面临竞争，或使它们在一个维度上只与一方竞争。

〔2〕　摩根施特恩（Morgenstern）注意到了这种模式，但他没有考察它是否与其他因素保持不变。例如，目前尚不清楚中间派政党凝聚力较低是因为它们在政党体系中的地位，还是因为它们碰巧比可识别的左翼或右翼政党在意识形态上更多样化。

（2）中间政党能够借助诸如立法或选举规则等力量影响其他全部政党，这才是中间政党获得并维系其凝聚力的来源。

一些相关的假设也可能被提出。例如，当出现候选人筛选程序对维系中间政党的凝聚力来说边际效应较低的情形时，它会促使中间派政党减少对候选人事先筛选的资源投入，并对其当选成员的事后监督投入相应较多资源。这里有一个关于候选人选拔对政党团结的影响的潜在研究项目，但如上所述，测试这类假设所需的数据将很难获得。

19.3.4　选择性激励

政党领导人在多大程度上使用选择激励来激发党员的忠诚度是一个在本章反复出现的主题。问题的总体结构是这样的：所有立法委员都重视政策、职位和选票的某种组合，但普通的后座议员既无力影响政策，也享受不到多少职务上的利益。然而，她或他在立法机构中拥有投票权。相比之下，政党领导人拥有重大的政策影响力和职务利益。[1]领导人很少面临个人选举失败的危险，因此他们自己也不需要选民的投票；他们需要立法机构的投票。因此，在政党领导和一般立法委员之间存在一个交换的基础，即委员将其立法投票投给领导人，领导人则以某种政策、职位和选票（在选民中）的组合补偿后座议员。

每当领导人和后座议员就政党政策产生分歧时，就会出现这种交换的机会。这种分歧可能纯粹是意识形态性质的（对后座议员来说，领导人可能有点过于中立），也可能反映了后座议员担心该党的政策会威胁到他或她的连任前景（例如，该政策可能不受支持后座议员的选民们的欢迎）。当交换条件双方都能接受时，就会产生统一；当谈判失败时，则会导致不团结。制度变量既影响了可行谈判的范围，也影响了最终条款对领导人或后座议员的有利程度。以下三个变量尤其重要。

（1）选举制度允许并诱导立法委员建立独立于政党的个人投票的程度。

一项阻止立法委员建立独立于政党的个人投票的选举制度，从一开始就削弱了持不同意见的动机［希克斯（Hix），2004］。例如，在一个封闭提名的比例代表制下，议员的选举命运完全与政党的选举命运联系在一起，与政党唱反调并不能改变这一事实。相反，如果议会的不团结损害了该党的总体选举地位，

411

---

〔1〕　我不考虑领导人的政策影响力和职位津贴禀赋是其职位的外生还是内生这一重要问题。

那么它同时也损害了议员自己的连任前景，因此，议员甚至不能将其作为一种可靠的威胁，以迫使该党领导层作出让步。相反地，如果选举制度允许立法委员建立独立于政党的个人选票，立法委员就有动机通过以下方式在议会上对不合意的政党政策来回以异议：一是向选民发出信号，表明他们不同意政党的立场；二是希望使自己免受该政党政策在选举中不受欢迎的影响。

（2）立法机构的内部组织允许后座议员通过党外渠道独立（即作为可分离于政党的利益）实现其政策和职位目标的程度。

立法机构的内部组织对个别立法代表遵守政党路线的动机的影响，比选举制度的影响更难确定。这是因为不同的制度安排可能会导致相同的行为。我们可以考虑两种典型的立法组织模式对立法代表行为的影响。在第一种情况下，政策影响力被授予一小部分高级官员，且政党牢牢地控制着通往这些高阶职位的途径。这些安排是典型的威斯敏斯特议会制政府形式，内阁部长们主导决策，政党控制从后座议员到内阁的专业途径。这些安排在激发忠诚方面很有效，它们使后座议员的反叛代价高昂。也就是说，他们失去了出任部长的任何可能性，也失去了施加政策影响力的任何可能性。

在立法组织的第二种模式中，担任公职和制定政策是分开的（即一个人不需要担任更高的职位来影响政策），政党不完全控制政策影响的杠杆。[1]这种情形可能使政党以更高效且成本更低的方式来维系后座议员在议会中对政党政策的遵守，并利用这些后座议员的政策影响力来降低这种职务与决策权分离在背后给政党带来的冲击。例如，一个强有力的委员会制度可以为某一成员创造机会，使其为自己所在选区的大雇主争取公共工程合同，从而削减预算限制的一般政策所带来的影响。这反过来也会实现政党的团结。通过完全不同的立法安排，取得了同样的结果。因此，分析的挑战在于证明这些相同水平的政党凝聚力是通过不同的过程实现的，并进一步表明这些过程实际上在制度上是不确定的。

（3）政党领导层可以利用候选人选拔和选票准入规则作为对立法委员进行事后约束的程度。

阻止现任立法委员以政党候选人的身份竞选连任的能力，为该党领导人提

---

〔1〕 这些安排代表了改革前的美国众议院，并具有几个拉丁美洲国家总统制的特点（如哥伦比亚）。若干大陆议会（如意大利、西班牙、荷兰）也具有相对强大的委员会制度，其中立法委员可以行使一些独立的政策影响力〔见达姆加德（Damgaard），1995〕。

412   供了一个显著的"后发优势"。领导层的"后发优势"意味着，普通党员必须考虑到自己的未来并因此而调整自己的行为，否则政党领袖自有办法阻止他们在将来以政党的名义开展活动。这就把建立令人满意的忠诚记录的责任推给了后座议员，如果他或她做不到这一点，领导层就会毫无悬念地拒绝后座议员作为政党候选人的提名。

19.4   结论

克雷比尔（Krehbiel）推动学者们区分政党凝聚力和政党纪律。将这两个概念混为一谈的理论风险在于，将对其成员的影响归咎于政党，这在逻辑上是不必要的，也许在经验上也是没有根据的。然而，把克雷比尔（Krehbiel）的模式放在多党背景下考虑，人们会发现，政党纪律是政党团结的逻辑必要条件。挑战在于从经验上证明这一点，困难在于我们无法自动地将政党凝聚力的数据视为表面价值。制度不仅可以同时作为忠诚的诱因和不忠诚的威胁（如信任公约），还可以作为事前的筛选或事后的制裁（如候选人选拔规则）。此外，不同的制度可以结合起来产生相同水平的政党凝聚力。在同一套制度下运作的两个政党可能表现不同程度的凝聚力，因为它们在政党体系中占据着截然不同的位置。因此，我们眼前的挑战在本质上主要是经验性的，要求我们处理共线性和（尤其是）非随机选择的问题。

我的评论含蓄地建议，这些挑战应在几个可能的研究项目之一的背景下应对。事实上，我已经明确表示，我认为党纪和候选人选拔程序之间的关系值得进一步的学术关注，特别是候选人选拔程序被用作筛选手段的程度。我这么说有两个原因。首先，人们对政治中（逆向）选拔规则的兴趣和后续理论工作激增〔例如，贝斯利（Besley），2005；马托兹和默洛（Mattozzi and Merlo），2007；加拉索和南尼奇尼（Galasso and Nannicini），2011〕。这些文献可以为实证工作提供理论基础。其次，与这类研究项目相关的是一些有趣的问题。例如，政党在候选人选拔上投入的精力和资源是否取决于其在政党体系中的战略地位？政党如何在意识形态兼容性和其他可取品质（如能力）之间进行权衡？封闭名单比例代表制选举制度对政党凝聚力的贡献，很大程度上是因为它们赋予了政党领导人几乎完全控制其成员政治前途的权力，还是因为这种选举制度给领导人提供了强大的激励，以筛选可能损害政党标签的候选人？任何这类研究项目的核心挑战都将是，不仅要获得政党选拔的候选人的数据，还要获得那些被政党拒绝的人的数据。这些数据很难收集，但收集这些数据的投资回报肯定很高。

第二个可能的研究项目集中在政党领导层的结构和稳定性与政党纪律之间的关系。在上述许多关于政党纪律的理论中，政党凝聚力之所以能够实现，是因为政党领导层可以操纵后座议员的选择。例如，如果政党领导层控制候选人在政党名单上的出现顺序，后座议员的选择就会减少到要么顺从政党路线，要么被安排在接近政党名单底部的位置，从而失去他或她的席位。同样，如果政党领导层控制了通往更高职位的道路，后座议员的选择就会沦为要么顺从政党路线，要么放弃任何晋升的希望。这类争论忽略了后座议员选择中的一个关键的替换方案，即更换政党领袖。一个新的领导人可能意味着改善选举和联盟的前景，或改善党员中不同的职位分配 [例如，拉沃尔和谢普瑟（Laver and Shepsle），1996；斯科菲尔德和塞涅德（Schofield and Sened），2006；伊亚里克佐尔（Iaryczower），2008；詹内蒂和拉沃尔（Giannetti and Laver），2009]。这就提出了许多有趣的可能性。例如，政党领导人的选拔可能不仅取决于他们承诺推行的政策，还取决于他们承诺实施的福利的分配。相应地，后座议员可能会反对政党路线，不是因为他们不同意政党政策本身，而是因为他们希望动摇一个政治生涯停滞不前的领导人。（这就解释了为什么封闭名单比例代表制中的议员会反抗，即使这样做表面上损害了政党标签和他们自己的选举前景）因此，凝聚力可能反映领导人在政策、福利、选举和联盟前景方面的平衡。这些观点的要素和变量存在于文献中 [如斯特罗姆（Strøm），1994]，因此，与候选人选拔的研究项目（我认为挑战主要是经验的）相比，将政党纪律嵌入更大的党内政治理论的研究项目的挑战将需要更多综合的和理论的努力。尽管如此，政党内部政治的普遍不透明（尤其是在议会制度中）将对任何试图将政党纪律与政党领导人的选择和稳定性联系起来的研究项目提出重大的实证挑战。

参考文献

Aldrich, J., 1995. Why Parties? The Origin and Transformation of Political Parties in America. Chicago: University of Chicago Press.

Ames, B., 1995. Electoral Rules, Constituency Pressures, and Pork Barrel: Bases of Voting in the Brazilian Congress. Journal of Politics, 57: 324–43.

Angrist, J. D. and Pischke, J., 2009. Mostly Harmless Econometrics: An Empiricists Companion. Princeton: Princeton University Press.

Ansolabehere, S., Snyder, Jr., J. M., and Stewart, III, C., 2001. The Effects of Party and Preferences on Congressional Roll–Call Voting. Legislative Studies Quarterly, XXVI: 533–72.

APSA Committee on Political Parties, 1950. Toward a More Responsible Two–Party System: Report of the Committee on Political Parties. New York: Rinehart.

Battista, J. C. and Richman, J. T., 2011. Party Pressure in the U.S. State Legislatures. Legislative Studies Quarterly, XXXVI: 397–422.

Benedetto, G. and Hix, S., 2007. The Rejected, Dejected, and the Ejected: Explaining Government Rebels in the 2001–05 British House of Commons. Comparative Political Studies, 40: 755–81.

Besley, T., 2005. Political Selection. Journal of Economic Perspectives, 19: 43–60.

Bowler, S., Farrell, D., and Katz, R. S. (eds.), 1999. Party discipline and parliamentary government. Columbus: Ohio State University Press.

Carey, J., 2003. Discipline, Accountability, and Legislative Voting in Latin America. Comparative Politics, 35: 191–211.

Carey, J., 2009. Legislative Voting and Accountability. New York: Cambridge University Press.

Carruba, C., Gabel, M., Murrah, L., Clough, R., Montgomery, E., and Schambach, R., 2006. Off the Record: Unrecorded Legislative Votes, Selection Bias and Roll–Call Vote Analysis. British Journal of Political Science, 36: 691–704.

Cox, G. W., Heller, W. B., and McCubbins, M. D., 2008. Agenda Power in the Italian Chamber of Deputies, 1988–2000. Legislative Studies Quarterly, XXXIII: 171–98.

Cox, G. W., 1987. The Efficient Secret: The Cabinet and the Development of Political Parties in Victorian England. New York: Cambridge University Press.

Cox, G. W. and Poole, K. T., 2002. On Measuring Partisanship in Roll Call Voting: The U.S. House of Representatives, 1877–1999. American Journal of Political Science, 46: 477–89.

Cox, G. W. and McCubbins, M. D., 1993. Legislative Leviathan: Party Government in the House. Berkeley: University of California Press.

Cox, G. W. and McCubbins, M. D., 2005. Setting the Agenda: Responsible Party Government in the U.S. House of Representatives. New York: Cambridge University Press.

Damgaard, E., 1995. How Parties Control Committee Members. In H. Döring (ed.). Parliaments and majority rule in Western Europe. New York: St Martins Press.

Depauw, S. and Martin, S., 2009. Legislative party discipline and cohesion in comparative perspective. In D. Giannetti and M. Laver (eds.), Intra–Party Politics and Coalition Government, pp. 103–20. Abingdon: Routledge.

Dewan, T. and Spirling, A., 2011. Strategic Opposition and Government Cohesion in Westminster Democracies. American Political Science Review, 105: 337–58.

Diermeier, D. and Feddersen, T. J., 1998. Cohesion in Legislatures and the Vote of Confidence Procedure. American Political Science Review 92: 611–22.

Döring, H., 1995. Time as a scarce resource: Government control of the agenda. In H. Döring (ed.). Parliaments and majority rule in Western Europe, pp. 223–46. New York: St. Martins Press.

Döring, H., 2001. Parliamentary agenda control and legislative outcomes in Western Europe. Legislative Studies Quarterly, XXVI: 145–65.

Fenno, R. F., Jr., 1973. Congressmen in Committees. Boston: Little, Brown.

Gaines, B. J. and Garrett, G., 1993. The Calculus of Dissent: Party Discipline in the British Labour Government, 1974–79. Political Behavior, 15: 113–35.

Galasso, V. and Nannicini, T., 2011. "Competing on good politicians." American Political Science Review, 105: 79–99.

Giannetti, D. and Laver, M. (eds.), 2009. Intra–Party Politics and Coalition Government. Abingdon: Routledge.

Hix, S. and Noury, A., 2011. Government–Opposition or Left–Right? The Institutional Determinants of Voting in Legislatures. Unpublished Paper. Department of Politics, London School of Economics.

Hix, S., Noury, A., and Roland, G., 2007. Democratic Politics in the European Parliament.

New York: Cambridge University Press.

Hix, S., 2004. Electoral Institutions and Legislative Behavior. Explaining Voting Defection in the European Parliament. World Politics, 56: 194–223.

Huber, J. D., 1996. The Vote of Confidence in Parliamentary Democracies. American Political Science Review, 90: 269–82.

Iaryczower, M., 2008. Contestable Leadership: Party Leaders as Principals and Agents. Quarterly Journal of Political Science, 3: 203–25.

Jackson, J. and Kingdon, J. W., 1992. Ideology, Interest Group Scores, and Legislative Votes. American Journal of Political Science, 36: 805–23.

Kam, C., 2001. Do Ideological Preferences Explain Parliamentary behavior: Evidence from Great Britain and Canada. Journal of Legislative Studies, 7: 89–126.

Kam, C., 2009. Party Discipline and Parliamentary Politics. Cambridge: Cambridge University Press.

Krehbiel, K., 1991. Information and Legislative Organization. Ann Arbor: University of Michigan Press.

Krehbiel, K., 1993. Wheres the Party. British Journal of Political Science, 23: 235–66.

Krehbiel, K., 1999. Paradoxes of Parties in Congress. Legislative Studies Quarterly, XXIV: 31–64.

Laver, M. and Shepsle, K., 1996. Making and Breaking Governments: Cabinets and Legislatures in Parliamentary Democracies. New York: Cambridge University Press.

Laver, M., 2006. Legislatures and Parliaments in Comparative Context. In B. Weingast and D. Wittman (eds.). Oxford Handbook of Political Economy, pp. 121–40. Oxford: Oxford University Press.

Lowell, A. L., 1879. Essays on Government. Boston: Houghton, Mifflin.

Lowell, A. L., 1902. The Influence of Party upon Legislation in England and America. Annual Report of the American Historical Association for the Year 1901. Vol 1.

Masuyama, M., Cox, G. W., and McCubbins, M. D., 2001. Agenda Power in the Japanese House of Representatives. Japanese Journal of Political Science, 1: 1–22.

Mattozzi, A. and Merlo, A., 2007. Mediocracy (No. w12920). Washington, DC: National Bureau of Economic Research.

Mayhew, D., 1974. Congress: The Electoral Connection. New Haven: Yale University Press.

McCarty, N M., Poole, K. T., and Rosenthal, H., 2001. The Hunt for Party Discipline in Congress. American Political Science Review, 95: 673–87.

Morgenstern, S., 2004. Patterns of Legislative Politics: Roll Call Voting in the Latin America and the United States. New York: Cambridge University Press.

Mughan, A., Box–Steffensmeier, J., and Scully, R., 1997. Mapping Legislative Socialisation. European Journal of Political Research, 32: 93–106.

Müller, W. C. and Strøm, K. (eds.), 1999. Policy, Office, or Votes? How Political Parties in Western Europe Make Hard Choices. New York: Cambridge University Press.

Ostrogorski, M., 1964 [1902]. Democracy and the Organization of Political Parties. New York: Doubleday.

Ozbudun, E., 1970. Party Cohesion in Western Democracies: A Causal Analysis. SAGE Professional Papers in Comparative Politics. Thousand Oaks: Sage Books.

Powell, G. B., 2000. Elections as Instruments of Democracy: Majoritarian and Proportional Visions. New Haven: Yale University Press.

Rahat, G. and Hazan, R. Y., 2001. Candidate Selection Methods: An Analytical Framework. Party Politics, 7: 297–322.

Ranney, A., 1951. Toward a More Responsible Two–Party System: A Commentary. American Political Science Review, 45: 488–99.

Rhode, D., 1991. Parties and leaders in the post–reform House. Chicago: University of Chicago Press.

Romer, T. and Rosenthal, H., 1978. Political resource allocation, controlled agendas and the status quo. Public Choice, 33: 29–46.

Saiegh, S., 2011. Ruling by Statute: How Uncertainty and Vote Buying Shape Lawmaking. New York: Cambridge University Press.

Schattschneider, E. E., 1942. Party Government. New York: Farrar & Rinehart.

Schofield, N. and Sened, I., 2006. Multiparty Democracy: Elections and Legislative Politics. New York: Cambridge University Press.

Shepsle, K. and Weingast, B., 1987. The Institutional Foundations of Committee Power. American Political Science Review, 81: 85–104.

Shepsle, K., 1979. Institutional Arrangements and Equilibrium in Multidimensional Voting Models. American Journal of Political Science, 23: 27–59.

Siavelis, P. M. and Morgenstern, S. (eds.), 2008. Pathways to Power: Political Recruitment and Candidate Selection in Latin America. University Park: Pennsylvania State University Press.

Snyder, J. and Groseclose, T., 2000. Estimating Party Influence on Congressional Roll–

Call Voting. American Journal of Political Science, 44: 187–205.

Strøm, K., 1994. The Presthus Debacle: Intraparty Politics and Bargaining Failure in Norway. American Political Science Review, 88: 112–27.

Vandoren, P. M., 1990. Can We Learn the Causes OF Congressional Decisions from Roll–Call Data. Legislative Studies Quarterly, XV: 311–39.

Weingast, B. and Marshall, W., 1988. The Industrial Organization of Congress; or Why legislatures, like Firms, are not organized as markets. Journal of Political Economy, 96: 132–68.

第二十章　立法政党转换[*]

卡罗·梅尔尚（Carol Mershon）

20.1　引言

被推举为立法候选人和当选立法委员有时的确会导致候选人和当选者改投他党（即所谓政党转换[1]）并进而改变其官方的党派身份。尽管这种立法政党的转换现象在许多国家并不常见（比如澳大利亚），但在某些国家显得十分"泛滥"[比如菲律宾，参见希肯（Hicken），2006，388]。是什么导致议会成员转换门庭，改投他党？这种政党转换的后果是什么？什么样的情形会激化或缓和政党转换的现象？这些都是本章在研究"立法政党转换"这一现象时想要探讨的问题。

首先必须明确立法政党的转换这一现象非常复杂，也很重要。立法政党既是民主立法政治的核心，也是决策活动的组织者、选民利益的代理者，还是政客职业生涯的塑造者。通过在立法领域的活动，立法政党不断地创造和重塑着自己的政治标识，以便让那些谋求立法委员职务的候

---

* 梁西圣译。

〔1〕 关于政党转换，人们一般的共识是：政客们为了掌控或竞选公职而进行的任何有记录的改投其他党派的行为［赫勒和梅尔尚（Heller and Mershon），2009c，8］。在政党分立合并以及新设之时，往往就伴随着政党转换的现象。当然，政党转换同时也伴随着转换者获得或放弃其独立地位的现象。

选人佩戴着这些标识去参与竞选［参见奥尔德里奇（Aldrich），1995，2006，2011；考克斯和麦卡宾斯（Cox and McCubbins），2005，2007（1993）；考克斯（Cox），2006］。但为什么有的候选人一旦凭借这些政党标签当选后就要抛弃这些标识呢？

相对以上问题，在议会内发生的政党转换现象则更复杂。在民主制国家，立法政党是执政的基石：内阁由立法机构产生，其能否继续执政则仰赖立法委员们的不断支持。因此，一种传统观点认为政党制民主制度的设计本身就足以强化政党的团结［参见鲍勒、法雷尔和卡茨（Bowler, Farrell and Katz），1999；考克斯（Cox），2005（1987）；卡姆（Kam），本卷］[1]。但这种因政党制度设计而产生的政党凝聚力又是如何催生出一种潜在的、导致议员们脱离原政党而改投他党的可能的？即便是在总统制的国家，这一问题同样令人困惑。比如现代美国国会虽然鲜有政党转换，但在19世纪三四十年代这一现象频发［参见诺肯和普尔（Nokken and Poole），2004］。这一随时间推移而发生的改变又作何解释呢？

419　　立法政党的转换足以对民主代议制造成一定的影响。立法政党只有在两次选举期间保持相对的稳定、统一，选民才可以判断现任党派立法委员在任期内是否合格并据此选出更合乎政党标识的立法委员候选人。但频繁的政党转换似乎不仅使政党的人事决策活动变得困难，也削弱了选民对此类决策的问责能力［参见赫伦（Herron），2002；希肯（Hicken），2006；赖利（Reilly），2007］。

本章20.2会介绍研究政党转换的方法。20.3评述这些研究方法的发展。20.4探讨这一研究的前沿问题。最后，20.5也会指出未来的研究方向。本章作为一个整体，意在表明对政党转换问题的研究有助于我们更好地理解立法、政党以及民主政治。

20.2　立法政党转换的研究方法

研究立法政党的转换主要有两种方法，一曰策略，二曰制度。当然，这两

---

　　〔1〕　注意政党的团结和党纪的区别。团结意味着当选议员按照政党的要求一致行事，而党纪则只是产生党内团结，加强政党凝聚力的一种机制和工具。［参见鲍勒、法雷尔和卡茨（Bowler, Farrell and Katz），1999；卡姆（Kam），本卷］

种方法的界限并非泾渭分明。策略法的支持者会考察制度是会约束还是鼓励政党转换行为；制度主义者也会将立法委员的转党行为视为一种出于自身策略考量的个体行为。即便如此，二者依然在前提、分析要素和方法上都有区别。

对政党转换采用策略法的研究者赞成制度主义者所提出的理性选择的观点。他们关注作为个体的候选人和立法委员作为"理性人"在作出是否转党的决定时是如何进行成本—收益计算的。这些支持策略方法并对该研究方法有所贡献的学者都认为驱动候选人或立法委员是否决定转党的前提是他们的政治抱负。但此类研究依他们欲实现的具体目的而呈现不同的样貌，这些目的包括争取选民、获取公职以及争取政策，当然也可能是三者的结合。这类研究的早年文献虽背离了传统的实证分析理论［参见奥尔德里奇和比安科（Aldrich and Bianco），1992；拉沃尔和贝努瓦（Laver and Benoit），2003］，但近年他们也开始注意到将其理论与传统的实证分析理论相结合［参见德斯波萨托（Desposato），2006；赫勒和梅尔尚（Heller and Mershon），2008；梅尔尚和什维佐娃（Mershon and Shvetsova），2011，2013a，2013b］。但无论如何，这种方法所假设的前提都并非来自传统的理论模型。它们的立论基础是"行为效用最大化理论"［参见里德和沙伊纳（Reed and Scheiner），2003；泰晤士（Thames），2007；麦克劳克林（McLaughlin），2012］，并通过大量各式各样的数据和统计模型来验证这一前提假设。

但更多的学者倾向于制度主义，他们更重视政党转换现象背后宏观的制度背景。与历史制度主义者一样，坚持这种分析方法的学者们十分重视政党的历史传统和它们当前的党内关系，并认为这就是塑造党内政客对政党看法并选择加入哪个政党的关键［参见克鲁泽和佩泰（Kreuzer and Pettai），2003］。在有的学者看来，频繁的政党转换即政党制度化体系薄弱的指标［参见梅因沃林（Mainwaring），1999；希肯（Hicken），2009］。还有的学者并不怎么在乎政党转换者的个人行为对政党的影响，他们更关注转换对立法程序以及立法机构本身所带来的影响［参见伊隆斯基（Ilonszki），2007；科佩基和斯皮洛娃（Kopecký and Spirova），2008］。依据这些学者们研究主题的不同，他们也采用了不同的定性方法。综上所述，支持这两种研究方法的学者们的著述可谓汗牛充栋（哪怕在那些鲜有政党转换现象的国家也是如此），而且随着时间的推移，此类研究成果越来越多。［参见赫勒和梅尔尚（Heller and Mershon），2009c，表1.2，他们给出了20个现有和新生民主国家的相关研究数据］

420

20.3 对政党转移问题研究的发展

本章所作之研判侧重于已知的问题类型和主流的策略分析方法。对政党转换现象的研究始于 20 世纪 90 年代，当时提出的两个问题奠定了这项研究的基础，即为什么政客会转换政党？这一行为对他们有何影响？奥尔德里奇和比安科（Aldrich and Bianco）是此类研究的先驱，他们的研究（1992）表明政客会为了争取选民、谋求公职而转换政党以便让自己当选的机会最大化，因此政党转换行为和候选人的利益是息息相关的。在拉沃尔和贝努瓦（Laver and Benoit，2003）看来，如果以争取立法委员席位为动机，那么那些在立法机构占统治地位的强大政党就能吸引，也愿意吸纳更多的新党员。相反，立法机构中的第二大党对转党者来说就不那么有吸引力了。但他们同时也注意到对想要改变政策的政客来说，情况刚好反了过来。事实上，所有的政党都能吸引转党者，而当选议员们则不大愿意去改投一个在议会中占支配地位的政党。

尽管奥尔德里奇和比安科（Aldrich and Bianco）提出了假设认为选举、谋求公职和政策都是促使政客们转党的动机，但他们的理论在当时尚未获得实证数据的支持。但其他学者的一些研究则发现了一些证据来佐证这样的假设[1]。现有证据足以证明政客们的转党行为都是具有策略性的，都是为了获得更大的选举利益。根据候选人和政党在上次竞选中的表现［德斯波萨托（Desposato），2006，关于 1991 —1999 年巴西的研究；德斯波萨托和沙伊纳（Desposato and Scheiner），2008，关于 1991 —1998 年巴西和 1993 —1994 年日本的研究；里德和沙伊纳（Reed and Scheiner），2003，关于 1993 —1995 年日本的研究；泰晤士（Thames）关于 1998 —2002 年乌克兰的研究；杨（Young），2014，关于 1994 —2007 年马拉维的研究］或根据政党在任期内民意调查的受欢迎程度［麦克梅纳明和格威亚兹达（McMenamin and Gwiazda），2011，关于 1993 —2007 年波兰的研究］，立法委员们会脱离那些有可能会降低其连任机会的政党，更青睐能提升其连任机会的政党。即便如此，转党行为的发生还是需要一定的前提。以美国从 1960 —1995 年的历届当选立法委员为例，尽管他们在其候选人选举中也遭到各种不利因素的挑战，但这都还不足以促使他们改投他党［尽管还有一个南方民主党人标志性的，希望重划选区的虚

---

[1] 关于更晚近的研究，参见下文。囿于篇幅，本章无法穷尽所有的实证研究，因此只能依据两项标准而选取了某些国家的案例作为讨论对象。这两项标准即政党转换频率和全局性参数的变化。

拟变量增加了政党转换的可能，参见卡斯尔和费特（Castle and Fett），2000]。

各种证据表明，政府职位以及由这些职位所带来的好处会影响党员对党派的选择。拥有政党领导职位的议员往往会因其既得利益而忠于政党［卡斯尔和费特（Castle and Fett），2000；德斯波萨托（Desposato），2006；麦克尔罗伊（McElroy），2003；关于1989—1994年欧洲议会的研究]。在一些关键立法委员会任职的现任议员仍然会在立法机构中忠于其政党［麦克尔罗伊（McElroy），2003]，但这也并非始终如此［德斯波萨托（Desposato），2006；梅希亚·阿科斯塔（Mejía Acosta），2004，关于1979—2002年厄瓜多尔的研究]；立法委员不再忠于原政党的情形恰好反映了立法委员会的弱点［梅希亚·阿科斯塔（Mejía Acosta），2000，14—15；塞缪尔（samuel），2008，87—88，关于巴西的研究]。即便如此，在巴西，政党领导人还是会通过提供立法委员会职位的方式来吸引新成员［艾姆斯（Ames），2001，71—72]。而且相对来说，在立法委员们任职的前期，即委员会任命刚刚作出的时候，更容易发生党员改换政党的情形［德斯波萨托（Desposato），2006]。资历是促使立法委员们在立法机构中依然忠于原政党的诱因之一［麦克尔罗伊（McElroy），2003]^[1]，但资历较浅者则不然［卡斯尔和费特（Castle and Fett），2000；赫勒和梅尔尚（Heller and Mershon），2005；德斯波萨托（Desposato），2006：关于1996—2001年意大利的研究；麦克梅纳明和格威亚兹达（McMenamin and Gwiazda），2011]，其浅薄的资历恰恰加剧了他们转换政党的倾向［梅希亚·阿科斯塔（Mejía Acosta），2004]。此外，我们还需留意发生政党转换的背景。在某些情况下，资历反而提高了立法委员的自主权，并因此促使其改投政党［梅希亚·阿科斯塔（Mejía Acosta），2004，194]；但在另一些情况下，资历有助于他们获得担任领导职务的资格，提高了其政策影响力进而增强其对原政党的忠诚。乍一看，20世纪90年代初日本对资历的调查结果兼具以上两种情况［考克斯和罗森布鲁特（Cox and Rosenbluth），1995；卡托（Kato），1998；里德和沙伊纳（Reed and Scheiner），2003]，但当这两种情况相互作用时，问题就迎刃而解了：级别较低的议员相对更有可能脱离日本自由民主党，相较于高级议员而言，他们更可能支持政治改革［里德和沙伊纳（Reed and Scheiner），2003]。

---

〔1〕 资历会使立法委员保持忠诚，但这只是一种情况；另一种情况则相反，资深的立法委员会和政党产生间隙［麦克尔罗伊（McElroy），2003]。关于后者，我们稍后探讨。

对政党规模和政府地位的研究结果表明，政治家在谋求公职并同时寻求政策回报时会进行政党转换。立法政党规模越大，脱党的可能性就越小；议员们倾向于从较小政党转到更大政党［麦克尔罗伊（McElroy），2003；梅希亚·阿科斯塔（Mejía Acosta），2004；赫勒和梅尔尚（Heller and Mershon），2005；泰晤士（Thames），2007］。在两党制下，多数党的立法委员会避免转换政党［卡斯尔和费特（Castle and Fett），2000；肖尔和托科维亚克（Shor and Tomkowiak），2010；关于1993—2008年的美国，所有98个州党派议院的研究］。执政党的党员（总统制国家的总统党）也同样倾向于保留其执政党的党员身份，而立法代表则倾向于执政党（总统所在党）［德斯波萨托（Desposato），2006；赫勒和梅尔尚（Heller and Mershon），2008，关于1988—2000年对意大利的研究；梅希亚·阿科斯塔（Mejía Acosta），2004；泰晤士（Thames），2007；杨（Young），2014］。对以上情形起决定作用的乃是政治资源：相对较大的规模赋予政党以优势和权力，其塑造政策的能力也能因此而不断扩大；这样的情形也适用于议会制和半总统制国家的执政党，以及总统制国家中总统所在的政党。然而，无论是对政党规模的调查［四项条款中的两项，赫勒和梅尔尚（Heller and Mershon），2008；麦克梅纳明和格威亚兹达（McMenamin and Gwiazda），2011，全部四项条款］还是对执政党的调查，都出现了偏差［赫勒和梅尔尚（Heller and Mershon），2008；麦克梅纳明和格威亚兹达（McMenamin and Gwiazda），2011］。

其他研究发现了政策对立法政党转换的影响。对政治改革的支持促使日本自由民主党人脱离自民党［德斯波萨托和沙伊纳（Desposato and Scheiner），2008；里德和沙伊纳（Reed and Scheiner），2003］。一般来说，投票与本党一致的立法委员相对不太可能转换政党［卡斯尔和费特（Castle and Fett），2000；四项条款中的三项，赫勒和梅尔尚（Heller and Mershon），2008；赫伦（Herron），2002，关于1998—2001年乌克兰的研究］，而且议员们也会选择在意识形态上与他们一致的政党［麦克尔罗伊（McElroy），2003；德斯波萨托（Desposato），2006；德斯波萨托和沙伊纳（Desposato and Scheiner），2008；泰晤士（Thames），2007］。然而，议员在投票问题上与其政党保持一致，这更多是由于严格的纪律的鞭笞，而并非议员们和其政党就这一问题达成了一致。赫勒和梅尔尚（Heller and Mershon，2008）设计了四种基于投票的纪律衡量标准，发现纪律更严格的政党会经历更多的转换。

随着这一理论的发展，学者们往往更多地研究立法委员们转换政党的原因而不是这种转换行为对立法委员们自身的影响。格罗斯和吉中（Grose and Yoshinaka，2003，56）对奥尔德里奇－比安科（Aldrich-Bianco）根据 1947—2000 年美国当选议员的数据所作的模型进行了所谓的"部分实证检验"，发现在初选和大选中，转换者的选票份额都下降了。在巴西，转换政党也会带来选举损失［佩雷拉和雷诺（Pereira and Rennó），2003，1994—1998 年的数据］。吉中（Yoshinaka，2005）的研究表明，在 1975 年至 2002 年的美国众议院中，转换者获得了职位奖励：他们比效忠者更有可能在委员会的职务任命中得到越级提拔。有关受政策影响而脱党的一系列研究成果显示流动议员的选票与他们所加入的新政党保持一致［例如，德斯波萨托（Desposato）关于 1991—2009 年巴西的研究；哈格和伍斯特（Hug and Wüest），2011，关于 1997—2001 年波兰的研究；麦卡蒂、普尔和罗森塔尔（McCarty, Poole and Rosenthal），2001，关于 1947—1998 年美国众议院的研究；肖尔和托科维亚克（Shor and Tomkowiak），2010］。而其他一些采用不同衡量标准和方法的研究则强调美国的转换者只有在意识形态高度分化的时代才会表现出投票行为的重大转变［诺肯（Nokken），2000，关于 1947—1997 年众议院和参议院的研究；2009，关于 1953—2002 年众议院的研究；诺肯和普尔（Nokken and Poole），2004，对众议院和参议院的研究，年代久远］。

表 20.1 总结了该领域两个基本问题的研究，也指出了这一领域所面临的更为直接的问题拓展——影响转换的条件。学者们利用国家内部或两国之间的比较来解决这个问题，这一点我们在上文已有表述。让我们先来考虑一下政客们对选票的追求。在厄瓜多尔的比例代表制中，分得议席越少的地区，转换政党的议员就越多；梅希亚·阿科斯塔（Mejía Acosta，2004）认为这种情形下的政党转换事实上反映了这一选区的选民不太在乎政党标识。在巴西那种公开提名的比例代表制下，在选民关注政策和政党标识（以平均教育水平为代表）的地区则相对较少有议员脱党［德斯波萨托（Desposato），2006］。在 1991—2001 年波兰的公开提名比例代表制中，当选区登记的失业率上升时，选民会更青睐那些曾经属于执政党而后转向反对党的候选人，而不是那些依旧留在执政党的候选人［杰林斯基、斯洛姆钦斯基和沙巴德（Zielinski, Slomcynski and Shabad），2005］。在意大利混合党派成员联合选举法下，选举授权和明确的政党标识相互作用，决定了议员从所在政党和多党集团脱党的可能性［赫勒和

梅尔尚（Heller and Mershon），2005〕。在乌克兰非党派联合的混合制度下，比例代表制的代表和单一选区制的代表都被亲总统的政党吸引，尽管前者更倾向于在上次全国比例代表制选举中表现良好的政党，而后者则倾向于在地区一级表现良好的政党〔泰晤士（Thames），2007〕。

表 20.1　关于立法政党转换的研究：问题、调查结果和参考文献

问题	调查结果	参考文献
基础与发展		
为什么议员会转换政党	寻求选票和职位的候选人通过政党转换，以最大限度地增加选举胜利的机会	奥尔德里奇和比安科（Aldrich and Bianco），1992
	如果第一大党足够大，能够主导立法机构，那么它就会吸引以职位为导向的流动议员	拉沃尔和贝努瓦（Laver and Benoit），2003
	议员退出的政党可能会降低他们连任的机会，而其所支持的政党则可能会增加这种机会	德斯波萨托和沙伊纳（Desposato and Scheiner），2008；麦克梅纳明和格威亚兹达（McMenamin and Gwiazda），2011；泰晤士（Thames），2007；杨（Young），2014〔但是卡斯尔和费特（Castle and Fett），2000〕
为什么议员会转换政党	拥有重要立法机构和政党职位的议员留在原政党；关于资历的调查结果好坏参半	卡斯尔和费特（Castle and Fett），2000；麦克尔罗伊（McElroy），2003〔但是赫勒和梅尔尚（Heller and Mershon），2005；梅希亚·阿科斯塔（Mejía Acosta），2004〕
	议员通过政党转换来影响政策，这体现为议员们会投向较大政党和执政党；议员们转换到意识形态一致的政党	赫勒和梅尔尚（Heller and Mershon），2008；肖尔和托科维亚克（Shor and Tomkowiak），2010；泰晤士（Thames），2007〔但是麦克梅纳明和格威亚兹达（McMenamin and Gwiazda），2011〕
转换对议员有什么影响	转换政党者承担选举成本	格罗斯和吉中（Grose and Yoshinaka），2003；佩雷拉和雷诺（Pereira and Rennó），2003
	转换政党者在委员会职位上受益	吉中（Yoshinaka），2005
	议员们的投票与转换后的新政党保持一致	哈格和伍斯特（Hug and Wüest），2011；肖尔和托科维亚克（Shor and Tomkowiak），2010〔当高度极化诺肯和普尔（Nokken and Poole），2004〕
哪些条件影响转换	议员转换政党因地区教育水平及地区被分配议席的数量而异	德斯波萨托（Desposato），2006；梅希亚·阿科斯塔（Mejía Acosta），2004
	转换政党后的选举结果因地区经济状况而异	杰林斯基、斯洛姆钦斯基和沙巴德（Zielinski, Slomcynski and Shabad），2005

续表

问题	调查结果	参考文献
哪些条件影响转换	在政党成员构成复杂的政党体系中，不同层次的议员对政党转换有不同的看法	赫勒和梅尔尚（Heller and Mershon），2005；泰晤士（Thames），2007
	如何整合分散的利益会影响政党转换	德斯波萨托和沙伊纳（Desposato and Scheiner），2008
	政党的集权程度和规模会影响政党转换	肖尔和托科维亚克（Shor and Tomkowiak），2010
研究前沿		
哪些条件影响转换	候选人选拔规则对转换的影响有限	奥布赖恩和肖默（O'Brien and Shomer），2013
	一致投票的要求影响了政党转换的出现和普遍程度	奥布赖恩和肖默（O'Brien and Shomer），2013
	在议会制和（半）总统制之间，政党转换的情况类似	梅尔尚和什维佐娃（Mershon and Shvet-sova），2013b；奥布赖恩和肖默（O'Brien and Shomer），2013
	下一届选举的临近抑制了政党转换	梅尔尚和什维佐娃（Mershon and Shvetsova），2013a，2013b
哪些条件影响转换	不同的选举制度中的程序化差异滋生了政党转换的现象；在比例代表制的立法机构中，政党转换相对更频繁	梅尔尚和什维佐娃（Mershon and Shvetsova），2013a，2013b
	对于选举规则的控制，在一个任期开始时，议会政党的有效数量相对较高，政党转换的可能性相对较大	梅尔尚和什维佐娃（Mershon and Shvetsova），2013b
	民主选举时间越长，政党转换频率越低	梅尔尚和什维佐娃（Mershon and Shvetsova），2013b
政党领导人如何招募转换者	现有成员投票给潜在成员；领导人对纪律条件的决定；对议员归属的决定	德波萨托（Desposato），2006；海勒和默森（Heller and Mershon），2009b
	领导调整名单和地区位置	加藤和山本（Kato and Yamamoto），2009
	转换改变了一个政党的偏好特征；领导人可以容忍相对较大的内部政策多样性	海勒和默森（Heller and Mershon），2008；2009d；加藤和山本（Kato and Yamamoto），2009
	领导者招募超过（制度定义的）决定性的多数门槛	加藤和山本（Kato and Yamamoto），2009

续表

问题	调查结果	参考文献
转换如何影响系统	选举竞争可能会导致立法委员的政党转换	斯科菲尔德（Schofield），2009
	在两次选举之间的政党转换可能会破坏立法机构的决定性结构	詹内蒂和拉沃尔（Giannetti and Laver），2001；拉沃尔和卡托（Laver and Kato），2001；梅尔尚和什维佐娃（Mershon and Shvetsova），2014
	一个任期内的累计 N 次的转换次数越多，下一次选举的选举波动性越大	梅尔尚和什维佐娃（Mershon and Shvetsova），2013b

注：表格中的引用说明了，但没有穷尽文本中引用的内容。

还有一些国内比较研究揭示了政客们对公职和政策的谋求是如何作为前提条件影响他们选择改投他党或依旧留在原政党内的。在中央权力分散的巴西，地方和国家的立法委员都加入了他们各自的执政联盟参与利益输送，但在高度集权的日本，地方和国家的立法委员们则不会这么做［德斯波萨托和沙伊纳（Desposato and Scheiner），2008］。1996 — 2001 年意大利以及 1993 — 1995 年俄罗斯的当选议员们更倾向于政党转换。在这期间立法活法频繁，是在制度上划分各方利益，与各方获取公职及相关利益息息相关的重要时期［梅尔尚和什维佐娃（Mershon and Shvetsova），2008］。总体而言，在一个高度集权的时期（比如美国集权化程度较高的各州议院）政党转换的频率就比较低；而在参众两院的席位从多数党占绝对优势向势均力敌变化的过程中，多数党议员的政党转换率会上升，而少数党议员的政党转换率下降［肖尔和托科维亚克（Shor and Tomkowiak），2010］。此外，立法委员们抓住机会脱离其仅占微弱多数的政党，会打破议会的平衡进而形成新的多数党，这也会对政策产生影响。

20.4　研究前沿

这一研究的前沿领域是调查哪些情况会影响立法政党的转换。迄今鲜有学者对以上理论和 / 或统计模型进行跨国评估。针对以上理论假设，奥布赖恩和肖默（O'Brien and Shomer，2013）对 20 个民主国家，40 个任期的 239 个政党进行了观察，并以此来验证上述假设。他们发现，党内候选人选拔程序一般不会导致党员脱党，即使存在也无伤大雅。议会制和（半）总统制在转换的出现和普遍程度上也差别不大。奥布赖恩和肖默（O'Brien and Shomer，2013）在对选举机制的特征进行研究后发现唯一能影响转换的机制是一致性投票［参见凯里和舒加特（Carey and Shugart），1995］：与要求全党将其选票统一投给一名候选人相比，要求将全党选票统一投给"党中党"或者压根没有统一投票要求（选票池）的政党的脱党率更高。[1]

425

　　梅尔尚和什维佐娃（Mershon and Shvetsova）设计了一个选举威慑和立法政党转换的制度诱因的形式模型（2011；2013b），采集了对 8 个民主国家中 110 个任期总计 4072 个月的议员行为观察的原始数据，并将这些数据用于评估该模型的实证意义［2013b；参见梅尔尚和什维佐娃（Mershon and Shvetsova），2013a］。他们的研究显示下届立法选举的临近削弱了议员跨党派的流动性。此外，根据单一选区选举规则当选的议员会避免在任职早期改变其党派关系。在此意义上，定期选举这一基本的民主实践赋予了立法政党稳定性。他们还发现，现任议员会根据其在任期内能从其政党所获得的好处来制订自己的党派策略：议员在政党间的流动性在议会周期的活跃阶段相对较高，而在休眠阶段相对较低。而议会的活跃或休眠周期则是由立法程序和规则来决定的。在他们的发现中，选举机制的作用非常重要：单一选区制和比例代表制系统中截然不同的选举程序会导致程度不同的政党转换；总体而言，由比例代表制选举产生的立法机构相较于非比例代表制规则选举产生的立法机构表现了更强的政党转换倾向。虽然采取的措施和方法不同于奥布赖恩和肖默（O'Brien and Shomer，2013），但是梅尔尚和什维佐娃（Mershon and Shvetsova，2013b）同样发现在议会制和（半）总统制中的政党转换几乎没有变化。根据选举规则［如考克斯（Cox），1997］，若在立法任期开始时议会政党的有效数量相对较低，在整个任期内发生的转换就会相对较少。在包括选举规则和议会政党有效数量的模型中，离第一次民主选举越久，立法政党转换得就越少［梅尔尚和什维佐娃（Mershon and Shvetsova），2013b］。自由公正的选举的活动再次为立法政党提供了稳定

---

　　［1］　可与肯定政客们选择政党的制度性前提在一定程度上是要屈从于他们的自主选择的，他们的选择甚至构成了对制度本身的一种约束。但鲜有研究关注这一点［例如，扬达（Janda），2009；麦克劳克林（McLaughlin），2012］。而且当前的学者们就政客会在何时约束制度，何时遵守制度这一问题上也尚无共识。

性。[1]

　　第二个有待解决的问题是政党领导人如何招募转换政党者。相对而言，很少有学者关注拉沃尔和贝努瓦（Laver and Benoit，2003）强调的关于政党接纳新成员的理论。德斯波萨托（Desposato，2006）的理论从内部来解释政党的决策：如果政党能够规范成员资格，那么其成员将同时可以通过投票来决定哪些议员可以加入，哪些议员不能加入。正如德斯波萨托（Desposato）所言，如果现任议员转换政党，他们就会为这种"交易"付出代价（例如，下一次选举的选票减少，甚至是制度上强制剥夺其席位）。然而，理论模型与统计模型存在着不一致之处。例如，理论模型审查的是 A 政党的立法委员和 B 政党领导人之间的互动，而统计模型则审查了立法委员在多个政党中选择其一的情况。德斯波萨托（Desposato，2006）的理论区别了转党者给新政党带来的额外好处和新政党给转党者带来的政策回报，相反，估算模型所采取的方法不能区分两者。

426　　赫勒和梅尔尚（Heller and Mershon，2009b）描绘了一个博弈，在这一博弈中，政党领导人会以惩戒来限制议员的转党决定；而在作出选择党派关系的决定时，立法委员则会先预估选民的反应。他们对一项假设进行了检验，该假设认为党员加入和退出政党的行为会影响党的政策立场。他们对 1988—2000 年意大利的调查结果显示，一个政党的偏好会随着退出者和加入者的变化而变化，并因此建议"政党领导人……应确保加入政党的转党者不会限制政党领导对党的政策立场的影响"[赫勒和梅尔尚（Heller and Mershon），2009d，188]。

　　此外，还有另外一些数据（虽然不多）告诉政党领导们在面对立法政党转换时要采取的策略。来自 1988—2000 年意大利的证据表明，当立法政党的领袖在党内政策存在分歧时，该立法政党对转党者而言是最有吸引力的[赫勒和梅尔尚（Heller and Mershon），2008]。卡托和山本（Kato and Yamamoto，2009）发现从 2000 年到 2005 年，日本第二大党民主党（DPJ）的领导人也能接受党员在意识形态方面的差异，以扩大其党员队伍。在 2000 年民主党与第一大党自民党的选举竞争中，民主党向其新党员提供了对其更有利的提名和选区安排；因此，民主党领导人为日本的混合成员选举规则量身制订了战略。就自民党领导人而言，他们在 20 世纪 90 年代为了能使自民党成为国会中形式上的

---

　　[1]　正如梅尔尚和什维佐娃（Mershon and Shvetsova，2013b）所认识到的，他们将制度引入研究的结果可能会受到收集数据的国家数量不足这一限制。他们的核心论点是，在议会周期内，选举威慑的消涨和政党间流动的制度诱因，对于国家固定效应的引用和一系列模型规范是强有力的。

多数党和在实质上能主导决策的多数党，也希望有更多的党员加入——这是由日本政府委员会体系中的制度化特征所决定的。

　　尽管有以上这些理论成果，但总的来说，我们依然对政党领导人采取的为政党吸引新成员或拒绝潜在加入者或驱逐现任成员的策略所知相对较少。然而，政治家个人所属政党的改变隐含着两个政党之间的关系；对转换政党的退党者而言，他要么加入另一个政党，要么根据其该政党领导人指示的替代方案成为独立议员。这条双向道路值得进一步的理论和经验研究。

　　第三个前沿问题关注政党转换的全局性影响。鉴于立法委员总是想从政党的分裂和融合中捞到好处，因此在对由"职位追求"所驱动的政党转换进行分析的过程中，詹内蒂和拉沃尔（Giannetti and Laver，2001）以及拉沃尔和卡托（Laver and Kato，2001）分别研究了意大利和日本的政党选举系统，并希望了解这些系统是如何在立法机构任期内顶着政党分裂和融合的压力来对政党进行重整的。斯科菲尔德［Schofield，2009；比较斯科菲尔德和塞涅德（Schofield and Sened），2006］提出了一个基于选举、职位和政策假设的选举竞争的形式模型，并结合了两种效价作为诱发政党转换的媒介。在这一模型中，政党的规矩越多，候选人就更有可能转换政党，并引发原政党的重组；比例代表制下的高效价政党领导人可能会转向对政策空间的中心控制。斯科菲尔德（Schofield，2009）用以色列的例子来说明后一种可能性。斯科菲尔德（Schofield）关注选举竞争相反，梅尔尚和什维佐娃（Mershon and Shvetsova）开发了另外一种形式模型，在这个模型中，在任立法委员转换政党是为了试图操纵政策的结果和控制核心。他们的模型显示无论是立法政党制度中的选举，还是政党对共同决策的安排都有可能发生变化，并以来自美国、加拿大和意大利的证据说明了他们主张的合理性。

　　对政党转换全局性影响的研究既涉及现任议员党派关系的变化，这一变化会对上次选举产生的政党制度造成破坏；也涉及任期内立法政党党员身份的转换，这种转换可能在下一次选举中给政党制度造成影响。[1] 梅尔尚和什维佐娃（Mershon and Shvetsova）在其分析中（2013b）重新将分析的对象指向立法委员，并将立法委员的政党转换视作改变下届选举情况的潜在动力来加以研究。他们发现，在一个任期内转换的累计次数越多，下一次选举的波动性就越大。

427

---

　　〔1〕　如上所述，还存在另一种全局性后果的研究：个别立法委员从一个政党转向另一个政党，会影响政党内部偏好的变化［赫勒和梅尔尚（Heller and Mershon），2009d〕。

这一结果有力地控制了前一次选举的波动性、任期长度以及前一次大选后立即到任的政党议员的有效数量。至于当选议员在两次选举期间如何来重塑议会政党制度，则如表 20.2 所示。

表 20.2　立法政党转换的实证研究的分歧

单位	因变量	模式	参考文献
问：议员为什么转换政党？			
立法委员	1993—1995 年自民党成员 i 选择退出政党的虚拟变量	概率单位	里德和沙伊纳（Reed and Scheiner），2003
立法委员—任期内的两个时间点	立法委员 i 在一届任期的两个时间点对政党 r 的选择	混合条件逻辑回归	麦克尔罗伊（McElroy），2003
立法委员—年度	立法委员 i 在 23 年里每年累积 N 次转换	最小二乘法回归	梅希亚·阿科斯塔（Mejía Acosta），2004
立法委员	立法委员 i 在一届任期内的转换选择的虚拟变量	逻辑回归	赫勒和梅尔尚（Heller and Mershon），2005
立法委员—月度	立法委员 i 在当月对政党 r 的选择	条件逻辑回归	德斯波萨托（Desposato），2006
立法委员—会议	立法委员 i 在一届任期内的不同立法会议上对隶属关系的选择	Heckman 两阶段：第一阶段是概率单位叛逃，第二阶段是条件逻辑回归	泰晤士（Thames），2007
立法委员—内阁	在不同的内阁时期，立法委员 i 对政党 r 的选择	条件逻辑回归	德斯波萨托和沙伊纳（Desposato and Scheiner），2008
立法委员—转换周期	立法委员 i 根据重新计算每次在新党中的投票，选择转换的虚拟变量	逻辑回归	赫勒和梅尔尚（Heller and Mershon），2008
立法委员—15 天	立法委员 i 在任期的 15 天期间对政党 r 的选择	参数生存分析	麦克梅纳明和格威亚兹达（McMenamin and Gwiazda），2011
问：什么条件会影响转换？			
每届政党	政党 r 在任期内是否经历脱党的虚拟变量；在任期内议员退出 r 的百分比	逻辑符号	奥布赖恩和肖默（O'Brien and Shomer），2013
任期的月度	一个月内转换的计算；一个月里的任何转换行为的虚拟变量	零膨胀泊松回归；概率单位	梅尔尚和什维佐娃（Mershon and Shvetsova），2013a；2013b

注：回顾上表所示的一些研究，通过国内或少数国家的比较，也解决了影响转换的条件。

在一届任期内的累计转换次数，在很大程度上解释了任期结束后的选举波 动——这种波动依据常理是难以解释的。

政党领导和潜在的政党转换者之间的关系可能会改变两次选举之间立法部门的决策结构，同时他们之间的关系也会受到这种改变的影响。立法和选举制度为政党领导招募新成员的战略设置了参数，并以其来确定政党（第一大党除外）是否可以参与议会决策。这些前沿研究问题的关联性值得进一步的探讨。

因此，对前沿问题考察自然会在将来引出进一步的研究。然而，我们还必须把另外一个问题纳入前沿研究中，这一问题迄今都不被重视，并被看成其他研究的背景板：立法政党转换的经验研究在措施和方法上显示了巨大的分歧。表20.2突出显示了该研究领域惊人的多样性，尽管它将自己限制在了两个研究问题上，并忽略了模型设计的细节。事实上，纳入不同的自变量以及这些自变量起作用的方式就决定了模型估值的差异。可以肯定的是，在不同的制度背景下，这些自变量的运作方式是不同的。例如，不同的选举法要求对立法委员在上次选举中的选举表现采取不同的测量方法。对因变量采取不同的测算方法的部分原因在于立法（或政党）登记的政党转换频率的不同。不同的问题需要不同的因变量测量方法，这就是为什么表20.2将注意力局限于两个问题。然而，在对立法政党转换的研究中，单一和少数国家的研究占据最大的篇幅，这使得统计模型的功能形式、自变量和因变量的选择和测量，以及因变量测量的显著差异持续存在。其结果则是，该领域知识的积累和对这一领域的理解都因此而止步不前。

20.5 结论

在现有成果的基础上，我们下一步的研究是什么呢？表20.2直接告诉我们，共享数据、验证研究结论、对从现有模型中得出的结论与新模型结论进行比较研究，应该是对立法政党转换进行经验研究的下一步工作。收集个别候选人和现任议员选择政党的数据是一个费力的过程，这让分享这些费力得来的数据以进行学术合作显得尤为重要。因此，通过合作来扩大数据库并建立新的数据库便是理所当然的事情。

此外，对于前沿研究提出的三个问题可以继续作理论和经验的探讨。虽然当前学者们的研究已经指向了第一个问题，但后两个问题在立法政党的转换这一研究领域尚未引起足够的关注。

429　　　　作为个人的政治家们如何协调集体行动？赫勒和梅尔尚（Heller and Mershon，2009a）援引奥尔德里奇和比安科（Aldrich and Bianco，1992）关于转换政党者和接受转党者的政党相互依赖的观点，认为在某种程度上，个别立法委员的转党会影响一个政党的立法委员规模、政策形象和对选民的吸引力，而这可能会促使更多的党员转党。那些承诺将一个政党推到立法机构决策主导者地位的举动，要么可能刺激其他政党奋力赶超，要么便会刺激其他政党的党员退出该党并引发更大范围的转党现象［见拉沃尔和贝努瓦（Laver and Benoit），2003；卡托和山本（Kato and Yamamoto），2009；肖尔和托科维亚克（Shor and Tomkowiak），2010，24］。杰出政治家的举动尤其可能会引发更多的转党现象［参见斯科菲尔德（Schofield），2009］。赫勒和梅尔尚（Heller and Mershon，2009a，289—291）将这些现象称为"倾泻"，即立法委员（几乎）同时或快速地相继脱党。因此，从逻辑上讲，政党对党派选择问题的协调既要考虑招募新党员，也要考虑转党问题可能对政党造成的全局性影响，这两者都反映了政党的制度。然而，迄今为止，我们对这些过程知之甚少。但调查这个领域的时机已经成熟了。

　　　　以上关于协调政党转换的描述是以现任立法委员为假设前提展开的。现有的研究几乎没有涉及现任立法委员和非现任立法候选人在做出转党行为时可能存在的不同。换句话说，大量的理论和经验研究集中在当选立法委员身上，正如读者在本章前面所看到的那样。[1]我们相信决定非现任候选人选择是否转党的因素可能与在任者作出此类选择的因素存在系统性的差异。在相同的规则和程序下，更紧密的地理距离和共同的责任促进了在任者之间的沟通，并可能构建议员在党派战略上的协调。但目前还不清楚，当（未来的）非现任立法候选人和现任立法委员在为政党服务的过程中互动时，如何协调他们的党派选择。政党领导人在竞选活动中吸引其他政党的非现任立法候选人加入自己政党的努力，可能与他们为吸引其他党派任期内立法委员加入本党的策略不同。在任立法委员能够从政党的议会力量平衡中看出转党所带来的直接整体影响，故而无论是当选议员还是候选人都必须就转党而可能对选举结果所造成的最终影响进

---

　　〔1〕　奥尔德里奇和比安科（Aldrich and Bianco，1992）谈到了在选举竞争中非现任候选人和现任候选人转党之间的区别，但他们都认为立法委员一旦就职就不会转党。

行预估。因此，比较立法候选人和现任立法委员之间的转换行为依然有待进一步的理论和经验探索。

对立法政党转换的研究为理解这一长期困扰政治学中的问题打开了新的窗口，这些问题既是理论上的，也是经验性的。政治家们将政党视为选举的载体，谋得政治职位和施加政策影响的工具。而政党转换问题的研究则为我们提供了另外一些思路来理解政治家们对政党的上述看法。通过将政党视为单个政治家的可塑性联盟，我们获得了对立法机构的新见解，这些机构对其代表行为的约束，也是老练的政治家们手中的资源。通过认真对待政治家改变党派关系的意愿和能力，我们提高了对政党的认识，发现它是民主政治中不可或缺的关键黏合剂。此外，这一研究还加深了我们对政党在两次选举期间之所以发生体制性变化的理解，以及对它在民主选举中所扮演的角色的理解。

致谢

我感谢威尔·赫勒（Will Heller）、奥尔加·什韦佐娃（Olga Shvetsova）和编辑们的帮助和评论。

参考文献

Aldrich, J. H., 1995. Why Parties? The Origin and Transformation of Political Parties in America. Chicago: University of Chicago Press.

Aldrich, J. H., 2006. Political Parties in and Out of Legislatures. In R. A. Rhodes, S. A. Binder, and B. A. Rockman (eds.). Oxford Handbook of Political Institutions, pp. 554–76. Oxford: Oxford University Press.

Aldrich, J. H., 2011. Why Parties? A Second Look. Chicago: University of Chicago Press.

Aldrich, J. H. and W. T. Bianco., 1992. A Game–Theoretic Model of Party Affiliation of Candidates and Office Holders. Mathematical and Computer Modeling, 16: 103–16.

Ames, B., 2001. The Deadlock of Democracy in Brazil. Ann Arbor: University of Michigan Press.

Bowler, S., Farrell, D. M., and Katz, R. S., 1999. Party Cohesion, Party Discipline, and Parliaments. In S. Bowler, D. M. Farrell, and R. S. Katz (eds.). Party Discipline and Parliamentary Government, pp. 3–22. Columbus: Ohio State University Press.

Bruhn, K., 1997. Taking on Goliath: The Emergence of a New Left Party and the Struggle for Democracy in Mexico. University Park: Pennsylvania State University Press.

Carey, J. M. and Shugart, M. S., 1995. Incentives to Cultivate a Personal Vote: A Rank Ordering of Electoral Formulas. Electoral Studies, 14: 417–39.

Castle, D. and Fett, P. J., 2000. Member Goals and Party Switching in the US Congress. In W. T. Bianco (ed.). Congress on Display, Congress at Work, pp. 231–41. Ann Arbor: University of Michigan Press.

Cox, G. W., 1997. Making Votes Count: Strategic Coordination in the World's Electoral Systems. Cambridge: Cambridge University Press.

Cox, G. W., 2005 [1987]. The Efficient Secret. Cambridge: Cambridge University Press.

Cox, G. W., 2006. The Organization of Democratic Legislatures. In B. R. Weingast and D. A. Wittman (eds.). Oxford Handbook of Political Economy, pp. 141–61. Oxford: Oxford University Press.

Cox, G. W. and McCubbins, M. D., 2005. Setting the Agenda. Cambridge: Cambridge University Press.

Cox, G. W. and McCubbins, M. D., 2007 [1993]. Legislative Leviathan. Berkeley: University of California Press.

Cox, G. W. and Rosenbluth, F., 1995. Anatomy of a Split: The Liberal Democrats of Japan. Electoral Studies, 14: 355–76.

Desposato, S., 2006. Parties for Rent? Careerism, Ideology, and Party Switching in Brazil's Chamber of Deputies. American Journal of Political Science, 50: 62–80.

Desposato, S., 2009. Party Switching in Brazil: Causes, Effects, and Representation. In W. B. Heller and C. Mershon (eds.). Political Parties and Legislative Party Switching, pp. 109–44. New York: Palgrave Macmillan.

Desposato, S. and Scheiner, E., 2008. Governmental Centralization and Party Affiliation: Legislator Strategies in Brazil and Japan. American Political Science Review, 102: 509–24.

Gandhi, J. and Lust–Okar, E., 2009. Elections Under Authoritarianism. Annual Review of Political Science, 12: 403–22.

Giannetti, D. and Laver, M., 2001. Party System Dynamics and the Making and Breaking of Italian Governments. Electoral Studies, 20: 529–53.

Greene, K. F., 2007. Why Dominant Parties Lose: Mexico's Democratization in Comparative Perspective. Cambridge: Cambridge University Press.

Greene, K. F., 2008. Dominant Party Strategy and Democratization. American Journal of Political Science, 52: 16–31.

Grose, C. and Yoshinaka, A., 2003. The Electoral Consequences of Party Switching by Incumbent Members of Congress, 1947–2000. Legislative Studies Quarterly, 28: 55–75.

Heller, W. B. and Mershon, C., 2005. Party Switching in the Italian Chamber of Deputies, 1996–2001. Journal of Politics, 67: 536–59.

Heller, W. B. and Mershon, C., 2008. Dealing in Discipline: Party Switching and Legislative Voting in the Italian Chamber of Deputies, 1988–2000. American Journal of Political Science, 52: 910–25.

Heller, W. B. and Mershon, C., 2009a. Conclusions. In W. B. Heller and C. Mershon (eds.). Political Parties and Legislative Party Switching, pp. 287–93. New York: Palgrave Macmillan.

Heller, W. B. and Mershon, C., 2009b. Integrating Theoretical and Empirical Models of Party Switching. In W. B. Heller and C. Mershon (eds.). Political Parties and Legislative Party

Switching, pp. 29–51. New York: Palgrave Macmillan.

Heller, W. B. and Mershon, C., 2009c. Introduction. In W. B. Heller and C. Mershon (eds.), Political Parties and Legislative Party Switching, pp. 3–28. New York: Palgrave Macmillan.

Heller, W. B. and Mershon, C., 2009d. Legislator Preferences, Party Desires: The Impact of Party Switching on Legislative Party Positions. In W. B. Heller and C. Mershon (eds.), Political Parties and Legislative Party Switching, pp. 173–99. New York: Palgrave Macmillan.

Herron, E. S., 2002. Causes and Consequences of Fluid Faction Membership in Ukraine. Europe–Asia Studies, 54: 625–39.

Hicken, A., 2006. Stuck in the Mud: Parties and Party Systems in Democratic Southeast Asia. Taiwan Journal of Democracy, 2: 23–46.

Hicken, A., 2009. Building Party Systems in Developing Democracies. Cambridge: Cambridge University Press.

Hug, S. and Wüest, R., 2011. Ideological Positions of Party Switchers. Paper presented at the Joint Sessions of the European Consortium for Political Research, St. Gallen. < http://www.unige.ch/ses/spo/static/simonhug/ipops/ECPR_Hug_Wuest_2011.pdf >. Accessed June 2012.

Ilonszki, G., 2007. From Minimal to Subordinate: A Final Verdict? The Hungarian Parliament, 1990–1992. Journal of Legislative Studies, 13: 38–58.

Janda, K., 2009. Laws against Party Switching, Defecting, or Floor–Crossing in National Parliaments. Paper presented at the 2009 World Congress of the International Political Science Association, Santiago. < http://www.janda.org/bio/parties/papers/Janda%20 (2009b).pdf >. Accessed June 2012.

Kato, J., 1998. When the Party Breaks Up: Exit and Voice among Japanese Legislators. American Political Science Review, 92: 857–70.

Kopecký, P. and Spirova, M., 2008. Parliamentary Opposition in Post–Communist Democracies: Power of the Powerless. Journal of Legislative Studies, 14: 133–59.

Kreuzer, M. and Pettai, V., 2003. Patterns of Political Instability: Affiliation Patterns of Politicians and Voters in Post–Communist Estonia, Latvia, and Lithuania. Studies in Comparative International Development, 38: 76–98.

Laver, M. and Benoit, K., 2003. The Evolution of Party Systems between Elections. American Journal of Political Science, 47: 215–33.

Laver, M. and Kato, J., 2001. Dynamic Approaches to Government Formation and the

Generic Instability of Decisive Structures in Japan. Electoral Studies, 20: 509–27.

Laver, M. and Shepsle, K. A., 1999. How Political Parties Emerged from the Primeval Slime: Party Cohesion, Party Discipline, and the Formation of Governments. In S. Bowler, D. M. Farrell, and R. S. Katz (eds.), Party Discipline and Parliamentary Government, pp. 23–48. Columbus: Ohio State University Press.

McCarty, N., Poole, K. T., and Rosenthal, H., 2001. The Hunt for Party Discipline in Congress. American Political Science Review, 95: 673–87.

Magaloni, B., 2005. The Demise of Mexico's One–Party Dominant Regime. In F. Hagopian and S. P. Mainwaring (eds.). The Third Wave of Democratization in Latin America: Advances and Setbacks, pp. 121–48. Cambridge: Cambridge University Press.

Magaloni, B., 2008. Credible Power–Sharing and the Longevity of Authoritarian Rule. Comparative Political Studies, 41: 715–41.

Magaloni, B., 2010. The Game of Electoral Fraud and the Ousting of Authoritarian Rule. American Journal of Political Science, 54: 751–65.

Mainwaring, S., 1999. Rethinking Party Systems in the Third Wave of Democratization: The Case of Brazil. Stanford: Stanford University Press.

McElroy, G., 2003. Party Switching in the European Parliament: Why Bother? Paper presented at the Annual Meetings of the Midwest Political Science Association, Chicago.

McLaughlin, E., 2012. Electoral Regimes and Party Switching: Floor Crossing in South Africa's Local Legislatures. Party Politics, 18: 563–79.

McMenamin, I. and A. Gwiazda., 2011. Three Roads to Institutionalization: Vote–, Office–, and Policy–Seeking Explanations of Party Switching in Poland. European Journal of Political Research, 50: 838–66.

Mejía Acosta, A., 2000. Weak Coalitions and Policy Making in the Ecuadorian Congress. Paper presented at the 2000 Meeting of the Latin American Studies Association, Miami.

Mejía Acosta, A., 2004. Ghost Coalitions: Economic Reforms, Fragmented Legislatures and Informal Institutions in Ecuador (1979–2002). PhD dissertation, University of Notre Dame.

Mershon, C. and Shvetsova, O., 2008. Parliamentary Cycles and Party Switching in Legislatures. Comparative Political Studies, 41: 99–127.

Mershon, C. and Shvetsova, O., 2011. Moving in Time: Legislative Party Switching as Time–Contingent Choice. In N. Schofield and G. Caballero (eds.). Political Economy of Institutions, Democracy, and Voting, pp. 389–402. Berlin and Heidelberg: Springer–Verlag.

Mershon, C. and Shvetsova, O. 2013a. The Microfoundations of Party System Stability in

Legislatures. Journal of Politics, 75, 865–78.

Mershon, C. and Shvetsova, O., 2013b. Party System Change in Legislatures Worldwide: Moving Outside the Electoral Arena. Cambridge: Cambridge University Press.

Mershon, C. and Shvetsova, O., Forthcoming 2014. Change in Parliamentary Party Systems and Policy Outcomes: Hunting the Core. Journal of Theoretical Politics. Published online [doi:10.1177/0951629813511718].

Nokken, T. P., 2000. Dynamics of Congressional Loyalty: Party Defection and Roll Call Behavior, 1947–1997. Legislative Studies Quarterly, 25: 417–44.

Nokken, T. P., 2009. Party Switching and the Procedural Party Agenda in the US House of Representatives. In W. B. Heller and C. Mershon (eds.), Political Parties and Legislative Party Switching, pp. 81–108. New York: Palgrave Macmillan.

Nokken, T. P. and Poole, K. T., 2004. Congressional Party Defection in American History. Legislative Studies Quarterly, 29: 545–68.

O'Brien, D. Z. and Shomer, Y., 2013. A Cross–National Analysis of Party Switching. Legislative Studies Quarterly, 38 (1): 111–41.

Pereira, C. and Rennó, L., 2003. Successful Re–election Strategies in Brazil: The Electoral Impact of Distinct Institutional Incentives. Electoral Studies, 22: 425–48.

Reed, S. and Scheiner, E., 2003. Electoral Incentives and Policy Preferences: Mixed Motives Behind Party Defections in Japan. British Journal of Political Science, 33: 469–90.

Reilly, B., 2007. Political Engineering in the Asia–Pacific. Journal of Democracy, 18: 58–72.

Samuels, D., 2008. Political Ambition, Candidate Recruitment, and Legislative Politics in Brazil. In P. M. Siavelis and S. Morgenstern(eds.), Pathways to Power: Political Recruitment and Candidate Selection in Latin America, pp. 76–91. University Park: Pennsylvania State University Press.

Schofield, N., 2009. Switching Equilibria. In W. B. Heller and C. Mershon (eds.). Political Parties and Legislative Party Switching, pp. 55–79. New York: Palgrave Macmillan.

Schofield, N. and Sened, I., 2006. Multiparty Democracy: Elections and Legislative Politics. Cambridge: Cambridge University Press.

Shor, B., and Tomkowiak, M., 2010. The Causes and Consequences of Party Switching in American State Legislatures. Paper presented at the Annual Meetings of the American Science Association, Washington, DC. < http://home.uchicago.edu/~bshor/research/ switchers.pdf >. Accessed June 2012.

Thames, F., 2007. Searching for the Electoral Connection: Parliamentary Party Switching in the Ukrainian Rada, 1998–2002. Legislative Studies Quarterly, 32: 223–56.

Young, D.J., 2014. An Initial Look into Party Switching in Africa: Evidence from Malawi. Party Politics 20(1): 105–15.

Yoshinaka, A., 2005. House Party Switchers and Committee Assignments: 'Who Gets What, When, and How?' Legislative Studies Quarterly, 30: 391–406.

Zielinski, J. K., Slomczynski, M., and Shabad, G., 2005. Electoral Control in New Democracies: The Perverse Incentives of Fluid Party Systems. World Politics, 57: 365–95.

第二十一章　立法机构和联合政府[*]

兰尼・W. 马丁（Lanny W. Martin）

乔治・范伯格（Georg Vanberg）

21.1　引言

联合统治是当代代议制民主国家的常态。1945—2010 年，约有 70% 的欧洲内阁是由一个以上的政党组成［加拉赫、拉沃尔和梅尔（Gallagher, Laver and Mair），2011，434］。联合统治的一个显著特征是（用博弈论术语来说）它构成了一种混合动机的博弈。一方面，为了被视为一个有效和称职的政府并追求一套共同的目标，联盟伙伴必须在政策上相互合作和协调。[1]简单地说，就是多党制政府需要妥协。另一方面，妥协（可能）代价高昂。政党的政策偏好，在一定程度上就是其选区选民和其资助者们的偏好［梅休（Mayhew），1974；斯特罗姆（Strøm），1990a；穆勒和斯特罗姆（Müller and Strøm），1999］，而且这些偏好也并非统一的。如果政策结果与一个联盟政党的承诺相距甚远，甚至让人觉得该政党在合作

---

* 梁西圣译。

〔1〕 在本章中，我们将政党视为"单一行为人"，并以此为前提假设来探讨其在联合执政时的独立行为。为此，本章暂不会考察党内不同派系间的活动。［参见拉沃尔和斯科菲尔德（Laver and Schofield），1990］

过程中过于顺从于其伙伴政党，则都可能是有害的。因此，多党制政府便存在一种独特的张力。它既需要联合执政的各政党妥协合作，各政党又希望让其支持者认为联合政府的施政日程是自己独立掌控的。这种张力会随着联盟伙伴政策立场的分歧而愈加剧烈。

必要的妥协和妥协的代价——"放弃太多"之所以矛盾，多半是因为联合政府中共同施政的各政党要对不同的选民群体负责。不同于由一个政党控制统治权力并作为一个实体面对选民的一党制政府，参与联合政府的政党必须独立竞争，包括与他们的联盟伙伴竞争［斯特罗姆、穆勒和史密斯（Strøm, Müller and Smith），2010，519］。[1] 事实上选民是能够"辨识出"联合政府是由哪些政党组成的。这意味着，如果选民认为他们所支持的政党不能有效地代表其利益，或不赞成其与其他联合执政党所达成的政策妥协，那么这些政党就可能在投票时受到惩罚。考虑到政党精英和政党支持者之间隐藏的委托—代理问题，这种可能性更具有威胁性。支持者可能会感觉到，政党领导人是出于私人动机而去迁就联盟伙伴以获得参与执政（当选公职）的利益。正如拉沃尔和斯科菲尔德（Laver and Schofield，1990，24）所言：

一般的规则是，普通选民更关心意识形态而并不怎么在乎官场规则。因此，他们总是怨恨并因此而反对那些为了达成执政联盟所必须的妥协。但议会领导人，至少其中一些将成为内阁部长的人，更倾向于看到政策妥协的好处（只要这些政策妥协能增加政党进入政府的机会）。

对联合政府来说，其最重大的问题就在于它在政策制订时将面临一党制政府往往不会面临的挑战。在认识到合作与妥协的重要性的同时，每个政党也都有着将自己与其合作伙伴区分开来的强烈动机，并向其选民和支持者表明自己正在促进他们的利益。在某种程度上，政党们这样是为了维护自身和公众的良好关系。这也是一个"交付成果"的问题，即制定有利于自己选民利益的政府政策。但这种方式也可能损害与其联合执政的其他政党的利益。因此，联盟的妥协总是处在一种潜在的压力之下。政党可能会受到诱惑而破坏执政联盟协议（这点我们将在稍后讨论），而且它们经常有这样的机会。从这个意义上说，联

437

———————————

[1]　严格来讲，有些选举体制会允许选民支持同一个政党内的不同派系。以日本为例，其在1925—1994年的历次选举中，选民们必须在有多名国会议员的选区向其支持的候选人投出一票，这就使得来自同一政党的候选人们不得不相互竞争。这个制度产生的激励部分解释了执政的自民党的派系化，它面临着许多与联合政府相同的内部紧张关系［见蒂斯（Thies），2001］。

合政府比一党制政府更难在政策上达成共识。[1]当然，政党领导人也意识到联盟伙伴的投机行为构成了对联盟的威胁。因此，参与联合政府的政党有充分的理由"监视"他们的合作伙伴，并设计出各种手段以监督并潜在地控制这些机会主义行为［蒂斯（Thies），2001；斯特罗姆、穆勒和伯格曼（Strøm, Müller and Bergman），2008；马丁和范伯格（Martin and Vanberg），2011］。

综上所述，联合执政需要多个政党共同执政，而各个政党又必须单独面对各自选民的问责。这一事实引出了以下三个观点：

（1）联盟政党有动机选择自己的立场以区别于其合作伙伴并取悦其目标选民。

（2）联盟政党有动机将政策转向有利于其目标选民的方向，即使这意味着违背与合作伙伴达成的妥协。

（3）联盟政党有动机监督和控制其合作伙伴的机会主义行为。

在过去的 10 年间，出现了大量研究政党如何应对联合执政的问题的文献［哈勒伯格和冯·哈根（Hallerberg and von Hagen），1999；蒂斯（Thies），2001；马丁和范伯格（Martin and Vanberg），2004，2005，2008，2011，2013；金姆和洛文伯格（Kim and Loewenberg），2005；斯特罗姆、穆勒和伯格曼（Strøm, Müller and Bergman），2008；斯特罗姆、穆勒和史密斯（Strøm, Müller and Smith），2010；卡罗尔和考克斯（Carroll and Cox），2012；福尔图纳托（Fortunato），2012］。在本章中，我们关注的焦点是联盟伙伴如何利用立法机构来应对联合执政的问题。在相当长的一段时间里，立法机构一直被视为议会政策制订活动的边缘地带，仅仅是内阁决策中的橡皮图章［梅泽（Mezey），1993；拉沃尔和谢普瑟（Laver and Shepsle），1996］。最近的学者对这一观点提出了挑战，使得立法机构在决策过程中的作用重新受到重视。我们回顾和评估了其中的一些研究，首先从短小但数量不断增长的文献开始，这些文献研究了政党如何利用立法机构来选择自己的立场（即树立并保持区别于其联盟伙伴的独立身份）。此外，我们还会考察各政党是如何利用立法机构（尤其是通过对内阁部长们施加影响）来监督政策妥协和政策的制定。

438

_____

[1] 正如奥尔德里奇（Aldrich，1995）所言，独立的选举问责制带来的紧张关系是政党作为有组织实体形成的原因之一。通过形成稳定的长期联盟，政党内各派系便更容易实现妥协，其所达成的共识也更易于贯彻执行。一项相关文献调查了独立问责对财政结果的影响，认为联合政府比一党制政府更难以进行财政约束［例如，鲍恩和罗森布鲁特（Bawn and Rosenbluth），2006；佩尔松、罗兰和塔贝利尼（Persson, Roland and Tabellini），2007；马丁和范伯格（Martin and Vanberg），2013］。

21.2 立法机构和立场选择

最近关于联合政治和大规模投票行为交叉的研究表明，选民们将政党参与联合执政视为一种认识政党的工具，而这将影响他们对政党政策立场的解读［福尔图纳托和史蒂文森（Fortunato and Stevenson），2013］。具体来说，选民（尤其是那些不太关注日常政治的人）倾向于认为联盟伙伴比非伙伴在意识形态上更相似，即使他们在竞选活动中陈述的政策立场相当不同。相关研究发现，如果选民们认为一旦联合执政的政党在意识形态上过于接近，那么它们就会在选举中遭受更大的选举利益损失［福尔图纳托（Fortunato），2012］。综上所述，这些结果表明，参与执政联盟的政党面临着管理选民意见的问题。它们会利用一切机会向其核心支持者重申它们的立场，强调其与合作伙伴之间的差异，努力保持其独立身份。

显然，各政党可以通过一些重要的议会外途径来实现这一点，如竞选活动、记者招待会、公开露面等。但议会程序也提供了这样做的机会。这些机会使政党能够对选民的意见加以管理，因为它们提供的宣传通过媒体报道传达到了党内活动人士和选民那里。

21.2.1 议会演讲

大多数议会制民主国家的立法进程都可以让个别立法委员就重要的政策问题进行发言。共同执政的政党（大概）可以利用这些发言来区分自己和其合作伙伴。迄今为止，学者们研究了两种不同类型的立法演讲：议会质询和议会对由政府主导的立法进行辩论。参与联合执政的各政党究竟想在多大程度上通过这些议会讲话来阐明自己立场则会随着不同的场合而有所区别。

例如，在一项对比利时议会的调查中，丹多伊（Dandoy，2011）发现政党一旦参与联合执政，那么其立法委员提交给政府各部长的书面问题数量就越少。也就是说，大部分问题往往是反对党提出的。[1] 在另一项对比利时和丹麦议会的研究中，弗利根塔特和沃尔格雷夫（Vliegenthart and Walgrave，2011）也表明，反对党比执政党更有可能提出问题，尤其是那些事关反对党重大利益且获得媒体关注的问题。简而言之，迄今为止有限的经验证据表明，议会质询主要

439

---

　〔1〕　似乎这一情形在欧洲议会也是如此。向欧盟委员质询的主要是各国的反对党，而不是执政党［普罗克施和斯拉平（Proksch and Slapin），2011］。

是反对党，而非政府成员的舞台。[1]

　　然而，就政府立法的辩论而言，参与联合执政的政党们都会利用这一发言机会来表明自己的立场，这与学者们的研究结果相一致。正如马丁和范伯格（Martin and Vanberg，2008）对荷兰和德国有关政府法案的立法演讲研究所显示的那样，一旦联合政府内部对立法存在分歧，那么政府中至少有一个政党就必须作出重大妥协。在这个时候，作出妥协的联盟执政党领导人便必然特别关注其政党支持者对该妥协的反应。作出妥协的政党领导人更想证明该党在此类立法上的立场是正确的，并让支持者相信该党努力为他们的利益而奋斗。妥协政党证明其立场并试图说服其选民的努力可能会表现为更广泛地参与立法辩论，因为政党代表需要提出令人信服的妥协理由。事实上，马丁和范伯格（Martin and Vanberg，2008）以经验证明，联盟政党在存在分歧的问题上发言明显更多。他们还发现，随着选举临近，对立法分歧进行更广泛辩论的趋势会显著增加，这表明参与联合执政的伙伴正在利用他们的演讲来向其选民和支持者展示自己在行动与核心选区上与其他联合执政党的差异性。[2]因此，与议会质询的研究结果相反，关于政府立法的辩论似乎是参与联合执政的政党将自己区别于其他联合执政党的一个重要舞台。

21.2.2　立法和修正案

　　通过强调政党要将哪些问题纳入其立法议程以及该政党对这些问题采取什么样的实质立场这样的方式，联合执政的各党便有机会在立法过程中表明自己的立场。马丁和范伯格（Martin and Vanberg，2011，13）指出：

　　部长公布立法提案是一个引人注目的事件，通常会引起媒体的极大关注，并为联合执政的各党提供了召开新闻发布会和向党内活动人士发表声明的机会。政党可以在竞选活动和与关键选区的沟通中指出他们的立法倡议。这些倡议和沟通包括：制定有利于政党目标的法律，甚至将支持团体建议的草案纳入立法，

---

　　〔1〕　拉索和维伯格（Russo and Wiberg，2010）研究了质询程序的力度，即在多大程度上允许立法机构对部长进行对抗性质询，以及有效收集信息。他们得出的结论是：由联合政府主导的国家在质询程序中的力度往往弱于由一党制政府主导的国家。这表明，在联盟系统中，以质询来作为表明自身立场的机会要比在一党制政府主导的国家中少得多。

　　〔2〕　反对党也倾向于就立法发表较长的演讲，并借此凸显自己与提议法案的部长立场不同。但值得注意的是，即使反对党获得了议会的议席，他们发言的时长往往也只有（提议部长所在政党的）联合执政伙伴的一半左右。在整个选举周期中，这种趋势不会有变化。

展示政党在立法上所作努力的切实证据。因此，这些倡议和沟通也是一种讨好逢迎选民的方式。

福尔图纳托（Fortunato，2012）最近的研究表明，除了立法，法律修正案也可以被联合执政党用来表达其立场。在福尔图纳托（Fortunato）和史蒂文森（Stevenson，2013）研究的基础上，福尔图纳托（Fortunato）将联合执政的政党提交法律修正案的动机与选民认为该党与其合作政党在意识形态上接近的看法联系起来。一旦选民认为一个合作政党在意识形态上与提出法案的部长所在的政党相似时，那么该政党就有更大的动机通过提交更多的法律修正案来凸显自己和部长所在政党的差异。他对比利时、丹麦和荷兰的法案修正活动的实证分析支持了这一说法。这些分析显示各政党积极利用提出修正案的能力，以减轻参与联合执政的选举成本。

21.3　对联盟谈判的监督

上一节重点讨论了联合执政的各政党将议会作为表达其立场的舞台的情况。在本部分中，我们将转而研究联合执政的各党是如何利用立法机构的。这种利用将对政策效果有着更直接的影响。具体来说，我们讨论的是（在某些情况下）联合执政的各党是如何通过立法机构来对内阁部长们的政策提案进行监督（即审查和修改）的。首先，我们简要概述监督问题的性质。其次，我们将强调几种可能帮助联合执政党监督部长提案的议会机制。在此基础上，我们才来探讨立法机构所提供的可能解决方案。

在发达的工业化民主国家，政府广泛地参与到复杂的政策制定中。这使得法律的起草工作必须授权专业人士来进行。尽管政府在确定政策重点和制定政府政策大纲方面发挥着核心作用，但要让坐在内阁席位上的 20 多名政客都习得制定和评估具体备选政策所需的专业知识，或起草满足技术和法律要求的法律，这根本是不可能的［拉沃尔和谢普瑟（Laver and Shepsle），1994，1996］。因此，为了完成以上工作，内阁通过向各部长授予政策制定权的形式来建立内部的专业化。内阁为这些部长提供了大量（具有必要的技术专长）的工作人员来制定其管辖范围内的政策动议。因此，在某一特定政策领域具有管辖权的部长相较于他的内阁同事，享有极大的信息优势，从而牵头制定其管辖领域的政策建议。[1]

441 虽然授权是不可避免的，授权的好处也是显而易见的，但它在政策制定过程中赋予内阁部长特权地位这一事实也对授权关系构成了威胁。部长作为内阁的代理人，可能会滥用他们的自由裁量权，试图推进他们政党的目标，即推动政策结果朝着目标选民所青睐的方向发展（从而获得前面讨论的立场选择的好处）。[2]我们把部长们这样做的尝试称为部门利益倾斜。部长们享有的信息优势使他们处于一种独特的地位，可以参与这种利益倾斜。例如，假设一位内阁部长提出了一项法案，该法案似乎偏离了执政联盟协议，反而对其政党有利。这位部长辩称该法案是依据联盟政党（妥协的）协议所能得出的最优方案。对内阁的其他成员来说，他们可能无法清楚地判断这是一个准确的描述还是对部门利益倾斜的遮掩。此外，即使其他内阁成员相信可以将政策实施得更好，但他们也可能不清楚为了实现替代政策而需要对现行法案作哪些修改。

为了应对这一威胁，联合政府中的各党便需要在执行政策协议（这些协议代表了各党为联合组建政府所作的真正妥协）的过程中有办法去抵制"敌对"部长的影响并减少这些部长实现"部门利益倾斜"的机会。为此，各政党必须完成以下两项任务：

（1）它们应该减少部长们的信息优势，以便对部长级法案草案进行评估，并在拟议法案不可接受的情况下，提供替代方案。

（2）它们必须有机会敦促修改部长级草案。

换句话说，监督部门利益倾斜的能力由两项任务组成：监督和纠正部长提议。随着学者们对联合内阁如何执政这一问题越来越感兴趣（这是联合政府研究的传统重点），他们已经开始研究政党是如何来对敌对部长进行监督和纠正的。

---

[1] 当然，部长和手下公务员之间的关系是一种对决策至关重要的委托—代理关系［尤其可以参考休伯和石潘（Huber and Shipan），2002 年的开创性研究］。我们把这些考虑放在一边，因为目前的重点是内阁和议会。

[2] 当然，对这种威胁的认识构成了拉沃尔和谢普瑟那个著名理论模型（部门自治权模型）的基础（Laver and Shepsle，1990，1996）。鉴于部长的特权地位，一种替代方案就是假设每个部长都会利用他们的自由裁量权，在他们的领域内实施其最偏好的政策。因此，这些政策制定和实施的结果就需要进行跨部门评价（当然这些政策分给那些部门来评价是一个敏感的问题）。这种评价是由其他部门自主施行的，而非基于制定政策部门的授权委托。同时我们还要注意，拉沃尔和谢普瑟（Laver and Shepsle）的模型并非专为联合执政党共同制定政策这一问题而量身定做的。这一模型的本意是要创设一种在联合政府中预测政策制定活动的理论。

21.3.1　议会外部监督

在一定程度上，这种监督可以直接发生在内阁一级。例如，政府有时会创建由联盟政党领导人组成的核心内阁以及以议题为基础的内阁委员会，以审查政策建议［穆勒和斯特罗姆（Müller and Strøm），2000］。安德韦格和蒂默曼斯（Andeweg and Timmermans，2008）提出的证据表明，联盟政党经常使用这些内部机制。但更重要的是他们发现在特别有分歧的问题上，联合执政的政党系统性地使用这些机制（相对于其他冲突解决机制）的可能性较低。当然，原则上这种内阁级别的监督机制面临着一个重要的约束，即这种监督首先同样需要授权，这意味着它只能用于监督内阁各部门的政策——内阁根本不可能联合起草所有的政策建议。因此，无论是在经验上还是在理论上，我们都不认为内阁级别的机构足以监督多党政府。

因此，内阁必须求助于内阁以外的机构来处理各联合政党之间的紧张关系。安德韦格和蒂默曼斯（Andeweg and Timmermans，2008）特别强调了两种可能在这方面很重要的机制。首先，他们呼吁人们关注联盟委员会的影响，该委员会由内阁中的主要部长和政府以外的政党领导人组成。正如他们所指出的那样，意大利经常使用这种手段来讨论政府的总体政策和处理严重的政治危机。政党首脑峰会是另一个潜在的重要机制。通过此类峰会（在比利时最常使用）各联合政党领导人聚集在政府以外讨论有争议的政治议题，并在危机时刻为联盟伙伴之间的妥协奠定基础。值得注意的是，安德韦格和蒂默曼斯（Andeweg and Timmermans，2008）表示，相较于前文所述之内阁内部监督而言，政府更有可能在执政联盟分歧较大的问题上使用外部监督手段。不幸的是，安德韦格和蒂默曼斯（Andeweg and Timmermans）的实证分析将联盟委员会和政党首脑峰会与另外两种外部机制——议会领导人委员会和部长及议会领导人委员会——放置在一起加以探讨，后两种机制只是部分存在于内阁之外，但依然存在于立法机构之中。因此，通过他们的研究我们无法断定各联合政党最常用于处理分歧性问题的制度机制究竟是位于议会内部还是外部。

还有一些研究则重点关注另外一种议会外监督手段，即政府各部次长的立场。在各国议会制体系中，内阁部长由这些部门次长协助履行职责。作为仅次于内阁部长的委任制官员，部门次长在一个部门中担任"二把手"（他们也是各党公开培养的未来部长）。次长不仅是部长的副手，各政党同时也可以战略性

442

地将自己的次长委任到由敌对政党掌控的部门。这些次长作为本党的影子便可以为其政党提供有关各部政策活动的重要信息。蒂斯（Thies，2001）分析了意大利、德国、荷兰，甚至是派系化的日本自民党内部的部门次长任命模式，发现了与这种监督相一致的明确证据。同样，利普斯迈尔和皮尔斯（Lipsmeyer and Pierce，2011）在一项对 12 个战后欧洲民主国家的分析中表明，当各联合执政党在突出的政策问题上具有较大的意识形态分歧时，联合执政的各党就更有可能任命这种影子次长。

通过研究意识形态差异如何影响影子内阁次长的任命，马丁和范伯格（Martin and Vanberg，2011）对各联盟政党怎样任命次长这一问题作出了补充分析并认为：政党的规模将决定它们如何任命自己的次长。鉴于部门次长职位和内阁职位一样是按比例分配给联盟各党的，因此大党（那些贡献了联盟议会半数以上议席的政党）在任命部门次长方面相对不受限制。理论上讲，这些大党有足够数量的部门次长来监督由其他政党控制的所有部门。相比之下，小的联盟政党（那些在联合政府的议席位中贡献不足半数的政党）则没有足够的部门次长来监督所有敌对的部长，因此它们必须有选择性地来安插自己的部门次长。随着联盟各政党在部门管辖权这一问题上的分歧日益扩大，在部门中增设影子次长的价值也在上升。如果联盟政党利用部门次长作为监督手段，那么人们就会预期：（1）大党可能会对大多数敌对的部长进行监督，而且这种监督可能并不一定是因为在执政联盟内部存在分歧；（2）小党将战略性地把它们（有限的）部门次长安排到那些掌控在和自己存在政策分歧的政党所控制的部门中来解决这些有分歧的政策问题。通过对德国、荷兰、爱尔兰和法国在 20 年间部门次长任命的分析，马丁和范伯格（Martin and Vanberg，2011，89ff）发现了以上两种预测的有力佐证。从他们的分析中可以得出两个要点。首先，无论分歧程度如何，大政党总是有很大的可能性（超过 50%）监督其联盟伙伴。其次，小党在任命部门次长时对执政联盟内部的分歧尤其敏感，因此它们将其部门次长留给了那些掌控在和自己存在最大分歧的政党手里的部门。

虽然部门次长是监督内阁部长的重要手段，但联盟政党还是基于以下两个原因不能完全依靠部门次长来控制部门利益倾斜。一个原因是，（正如上文所讨论的那样）小党囿于其次长数量的不足而对各部的监督有限。更重要的是，虽然部门次长能够很好地向所属政党提供有关部长级法律草案的信息，但他们是否能够强制修改部长级草案则不那么清楚。原因很简单，部门利益倾斜这一问题首先就在于部长们有强大的动机来提出令目标受众满意的法案，以便从部长职位上捞到好处。这一现象在执政联盟内部存在巨大分歧的问题上尤其明显。因此，即使一个影子部门次长可以在起草阶段就指出部门利益倾斜的问题，虽然部长自己也预料到自己提出的动议会在以后被修改，但他也依然可能会在法案出台之前拒绝修改法案。迫使法案改变很可能需要一种不同的机制。这自然就引出了最后一套监督机构——那些位于立法领域内的机构。

21.3.2 议会内部监督

虽然从形式上讲，通过议会辩论和立法审查，可以对立法提案进行修改。但在大多数情况下，议会都必须通过这些立法。因此，虽然议会程序在理论上似乎是监督内阁部长的天然舞台，然而议员们是否能对政策的制定过程进行有效监督还要取决于他们能在多大程度上能有效行使其正式权力以审查和修改立法提案。正如学者们早就认识到的那样，立法委员会制度本质上起着对决策进行监督的重要作用，这主要是因为制度化的常设委员会体系为政策专业化提供了机会，这对有效地审查、审议和修正政策建议至关重要〔参见拉帕隆巴拉（LaPalombara），1974；利斯和肖（Lees and Shaw），1979；马特森和斯特罗姆（Mattson and Strøm），1995〕。444

一些重要而成熟的文献已经指出了立法委员会制度的一些特征，这些特征使立法委员更有可能利用立法程序来获取信息（监测）并推动法律草案的实质性修改（更正）。[1] 从大量欧洲议会的有关记录〔马特森和斯特罗姆（Mattson and Strøm，1995）和哈夫斯特和施纳普（Harfst and Schnapp，2003）〕中，我们便能一窥这些特征：

（1）立法委员会的数量：委员会数量越多，政策专业化就越有效。

（2）委员会与部门管辖范围之间的对应性：一个委员会对应一个部门管辖权限，这有利于部门法案起草的专业性。

（3）委员会的规模：如果委员会的成员人数过多，成员专业化的可能性就会降低，委员会本身也会变得笨拙。

---

〔1〕 主要文献有波尔斯比（Polsby，1975）、洛文伯格和帕特森（Loewenberg and Patterson，1979）、梅泽（Mezey，1979）、马特森和斯特罗姆（Mattson and strøm，1995）、诺顿（Norton，1998）、多林（Döring，1995）、哈夫斯特和施纳普（Harfst and Schnapp，2003）。文献综述见梅泽（Mezey，1993）和加姆和休伯（Gamm and Huber，2002）。

（4）在议案提交委员会审议前所进行的议会全体辩论对委员会的约束性：议会全体辩论会限制委员会审查和提出修改意见的能力。

（5）强制要求证人和文件的权利：拥有强制要求提交文件和证词等广泛权力的委员会能够更好地审查提议的法案。

（6）重写权力：有权重写法案的委员会比那些必须依靠议员来提出修正案的委员会更有能力推动法案的修改。

除了委员会制度，广义的立法程序（这种广义的立法程序尤其包括了议会和内阁部长们的权力）还有另外两个特点。这两个特点对立法委员是否能有效监督和纠正政府立法尤其致命。这两种特点表现为两种紧急程序。它们使部长们有权通过对立法程序设定时限，以及设定法案的审查时限来反对拟议修正案并迫使立法委员们对法案作出"要么同意，要么不同意"的表决。这种对立法程序的限制减少了议会影响政策的机会［另见休伯（Huber），1992］。

长期以来，学者们一直认为，强大的立法委员会制度可以为反对党提供政策影响力［斯特罗姆（Strøm），1990b；利普哈特（Lijphart），1999；鲍威尔（Powell），2000］。但强大的立法机构同时也可以帮助参政政党应对和解决多党治理的挑战。强大的立法机构尤其能为联盟关系紧张的联合政党们提供一种管控部门利益倾斜的工具。强有力的委员会体系可以让各政党通过有效的审查来减少部长们的信息优势，并通过提议修改法法草案来抵消部门利益倾斜的影响［马丁和范伯格（Martin and Vanberg），2004，2005，2011；金姆和洛文伯格（Kim and Loewenberg），2005；卡罗尔和考克斯（Carroll and Cox），2012］。

445　　在对"强有力的立法委员会制度可以允许联盟政党对其合作伙伴进行监督"这一理论进行扩展基础上，金姆和洛文伯格（Kim and Loewenberg，2005）重点讨论了德国立法委员会成员分配的问题。金姆和洛文伯格（Kim and Loewenberg）同意蒂斯（Thies）关于政党会系统地任命部门次长去监督联盟伙伴的观点，并认为，参与执政的政党可以类似的方式来安排立法委员会成员，通过为联盟伙伴所控制的部门指派立法委员会成员的方式以监督这些部门——这一预期显然得到了数据的证实。卡罗尔和考克斯（Carroll and Cox，2012）通过研究 19 个议会民主制国家的委员会成员的任命来扩展了这项研究。这些研究数据表明，部长所在政党与其合作伙伴之间的政策分歧越大，这位部长就越有可能受到立法委员会成员的监督。

很明显，证明以上观点最重要的一步就是要证明各政党试图控制委员会资源（特别是委员会成员的席位），并将其用作一种对执政联盟进行内部监督机制。关键的第二步则是了解这些机构在实践中是如何被利用的。各政党是否利用立法程序对部长级法案草案进行审查和修正？如果是这样，那么立法机构的能力是否足以承担此项工作呢？

回答这些问题需要两种不同的研究思路：（1）研究执政联盟内部对具体政策建议的分歧，以确定部门利益倾斜的威胁（这取决于政策分歧）是否会推动立法活动；（2）对立法机构的实力进行研究，以确定立法机构是否确实有能力监督内阁各部长。援用这一思路，马丁和范伯格（Martin and Vanberg，2011）作出了一项横跨 5 个欧洲国家、囊括近 1300 项政府法案的立法史分析。

以马特森和斯特罗姆（Mattson and Strøm，1995）以及哈夫斯特和施纳普（Harfst and Schnapp，2003）的成果为基础，马丁和范伯格（Martin and Vanberg，2011，44ff）根据前文讨论的 16 个欧洲议会立法机构的 8 个特征，制订了一个立法监督的强度指数。图 21.1 中总结的这一指数与现有的立法强度评估相一致，将荷兰、奥地利、卢森堡、德国和丹麦的"强"立法机构放在天平的一端，而将法国、爱尔兰和英国的"弱"立法机构放在天平的另一端[1]。它还清楚地表明，立法机构的实力——以及由此而产生的联盟政党利用立法程序来监督联盟谈判的潜力——在各个立法机构之间存在很大差异。从以上所列举的各国中，马丁和范伯格（Martin and Vanberg）考察了三个以强立法机构为特征的国家（丹麦、德国和荷兰）和两个以弱立法机构为特征的国家（法国和爱尔兰）。

执政联盟各政党对不同的政策建议的分歧是不一样的。为了解释这一点，马丁和范伯格（Martin and Vanberg，2011）利用了拉沃尔和亨特（Laver and Hunt，1992）和贝努瓦和拉沃尔（Benoit and Laver，2006）所作的专家调查。这些调查被用以评估对政党而言哪些领域是至关重要的，以及在这些领域政党的政策立场如何。为了证明立法活动是由监督潜在的部门利益倾斜的需要推动的，他们选取了 20 年间能与那些被各政党所重视的领域相匹配的政府立法，并据此收集了近 1300 项的政府法案数据。

446

---

〔1〕　该指数具体数值如下：荷兰（0.88）、奥地利（0.81）、卢森堡（0.76）、德国（0.68）、丹麦（0.62）、瑞典（0.48）、芬兰（0.39）、西班牙（0.33）、挪威（0.30）、意大利（0.28）、比利时（0.26）、葡萄牙（0.24）、希腊（−0.51）、法国（−1.18）、爱尔兰（−1.84）、英国（−2.51）。

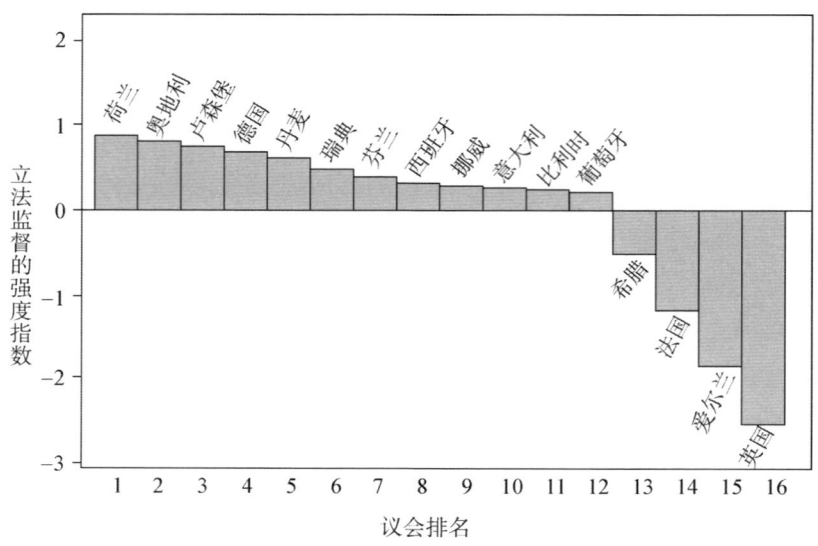

图 21.1　16 个欧洲议会的监督强度排名

资料来源：马丁和范伯格（Martin and Vanberg，2011）。

马丁和范伯格（Martin and Vanberg，2011）的研究结果表明，在议会机构强大的系统中，联合政府能够利用这些机构来解决其代理问题。这些系统中的合作政党能够利用立法审查程序收集部长政策建议的信息（即加强监督），而且更有可能在各政党有冲突的问题上这样做。此外，在立法议案严重背离联合执政的各党所达成的妥协协议时，各政党也更有可能迫使这些立法议案作出修改。他们的分析还揭示了在这些系统中议会和内阁机构之间有趣的互动。具体来说，当联盟政党在提出议案的部门中安排了一位影子内阁次长时，议会委员会的审查程度要小于没有影子内阁次长的情况。也就是说，影子次长往往取代了（强有力的）委员会所承担的信息收集功能。然而，一旦要根据这些采集到的信息而采取行动时，影子内阁次长并不能代替立法程序。事实上，无论是否存在发挥监督作用的次长，立法委员会大概率都会对无法获得联合执政党认可的法案作出修改。相比之下，在议会机构势单力薄的国家，联合执政党实际上无法利用立法审查来讨价还价。重要的是，马丁和范伯格（Martin and Vanberg，2011）在两种情况下都没有发现任何证据表明在野的反对党能够利用立法机构来监督政府部长。也就是说，强大的立法机构主要是为了解决联盟内部的紧张关系，而不是促进议会对整个内阁的监督。

21.4 可能的扩展研究

诚如我们在本章开头所讨论的那样，正是因为在多党制政府中各政党必须共同制定政策，但又必须分别对其各自选民负责这一事实使得联合执政的各党在必要妥协和妥协所需的巨大代价之间来回拉扯。而立法机构则为联盟政党提供了一套可以用来减少这种摩擦的工具。虽然关于联盟政党如何能够完成这项任务的研究仍处于早期阶段，但到目前为止，这一研究的前景是光明的，随着这一领域的学术研究的扩展，我们看到了几个前进的方向。

首先，关于立场的选择——特别是联盟伙伴对立法演讲的利用——我们认为学者们应该进一步探讨议会质询与议会立法辩论所产生的不同结果。回想一下，与立法辩论不同的，现有证据显示联合执政的政党一般不会利用议会质询来表明其政策立场。造成这种情况的原因可能只是相关研究尚未详细调查政府部长被询问的问题类型。也就是说，虽然联盟伙伴向部长们提出的问题可能确实比反对党少（正如最近的实证研究表明的那样），但也有可能是因为联盟政党提出的问题是非常有选择性的。换句话说，就像马丁和范伯格（Martin and Vanberg，2008）在立法辩论中所展示的那样，联盟伙伴可能会利用提问的机会来讨论那些最能让他们区别于部长所在政党的问题。随着下次选举的临近，他们这样做的可能性会更大。

更普遍地说，我们认为，除了对质询和提问的发生频率或发言长度进行分析，更重要的是评估这些质询和发言是否有助于维持一种独特的选举身份。幸运的是，随着语音数据电子化的发展，再加上自动化内容分析技术的进步［拉沃尔、贝努瓦和加里（Laver, Benoit and Garry），2003；斯拉平和普罗克施（Slapin and Proksch），2008；门罗、科拉雷西和奎因（Monroe, Colaresi and Quinn），2008；克莱巴诺夫、迪尔迈尔和贝格曼（Klebanov, Diermeier and Beigman），2008］，这种方法越来越可行。

其次，我们认为，利用立法机构作为联盟监督手段的研究可以在几个方面进一步发展。一项迫在眉睫的任务是更详细地审查具体的立法程序和结构如何影响联盟伙伴监督和纠正部长行动的能力。不同的议会，即使是图 21.1 中处于"强势"一方的议会，在联盟伙伴可利用的特征（以及特征的组合）上也表现了显著的差异［见马丁和范伯格（Martin and Vanberg），2011，46］。在确保减少部门利益倾斜的可能性方面，其中一些特征在理论上和经验上可能比其他特征更重要。

448　　未来的研究还应进一步探讨议会外机构如何与立法机构相互作用，从而影响多党执政。马丁和范伯格（Martin and Vanberg，2011）提供的证据表明，影子内阁次长能够在立法委员会中为他们的政党提供关键的内幕信息，从而使他们能够更好地审查部长级倡议，但他们在修改这些倡议方面几乎没有发挥作用，至少在强大的议会中是这样。然而，正如我们前面所讨论的那样，在内阁一级以及内阁和议会之外，还有其他一些机构可能扮演类似于部门次长的角色，这些机构甚至可能在立法提交议会之前就能够强制修改立法。总的来说，我们对多党制政府何时以及为何使用这些手段，或执政的各政党如何与立法机构一起使用这些手段来监督联盟政党的讨价还价还知之甚少。

参考文献

Aldrich, J., 1995. Why Parties? The Origin and Transformation of Political Parties in America. Chicago: University of Chicago Press.

Andeweg, R.B. and Timmermans, A., 2008.Conflict Management in Coalition Government. In K. Strøm, W. C. Müller, and T. Bergman (eds.). Cabinets and Coalition Bargaining: The Democratic Life Cycle in Western Europe, pp. 269–300. Oxford: Oxford University Press.

Bawn, K. and Rosenbluth, F., 2006. Short versus Long Coalitions: Electoral Accountability and the Size of the Public Sector. American Journal of Political Science, 50(2): 251–66.

Benoit, K. and Laver, M., 2006. Party Policy in Modern Democracies. London: Routledge.

Carroll, R. and Cox, G. W., 2012. Shadowing Ministers: Monitoring Partners in Coalition Governments. Comparative Political Studies, 45(2): 220–36.

Dandoy, R., 2011. Parliamentary Questions in Belgium: Testing for Party Discipline. Journal of Legislative Studies, 17(3): 315–26.

Döring, H, (ed.), 1995. Parliaments and Majority Rule in Western Europe. New York: St Martin's Press.

Fortunato, D., 2012. Essays on Voter and Legislative Behavior in Coalitional Democracies. PhD thesis, Rice University.

Fortunato, D. and Stevenson, R. T., 2013. Perceptions of Partisan Ideologies: The Effect of Coalition Participation. American Journal of Political Science, 57(2): 459–77.

Gallagher, M., Laver, M., and Mair, P., 2011. Representative Government in Modern Europe (5th ed.). New York: McGraw–Hill.

Gamm, G. and Huber, J., 2002. Legislatures As Political Institutions: Beyond the Contemporary Congress. In I. Katznelson and H. V. Milner (eds.). Political Science: State of the Discipline, pp. 313–43. New York: Norton.

Hallerberg, M. and Hagen, J. von,1999. Electoral Institutions, Cabinet Negotiations, and Budget Deficits in the European Union. In J. M. Poterba and J. von Hagen (eds.). Fiscal Institutions and Fiscal Performance, pp. 209–32. Chicago: University of Chicago Press.

Harfst, P. and Schnapp, K–W., 2003. Instrumente Parlamentarischer Kontrolle der Exekutive in Westlichen Demokratien. Discussion paper sp iv 2003–201. Wissenschaftszentrum Berlin für Sozialforschung (WZB).

Huber, J. D., 1992. Restrictive Legislative Procedures in France and the United States. American Political Science Review, 86(3): 675–87.

Huber, J.D. and Shipan, C. R., 2002. Deliberate Discretion: The Institutional Foundations of Bureaucratic Autonomy. Cambridge: Cambridge University Press.

Kim, D–H. and Loewenberg, G., 2005. Committees in Coalition Governments. Comparative Political Studies, 38(9): 1104–129.

Klebanov, B. B., Diermeier, D., and Beigman, E., 2008. Lexical Cohesion Analysis of Political Speech. Political Analysis, 16(4): 447–63.

LaPalombara, J., 1974. Politics within Nations. Englewood Cliffs: Prentice–Hall.

Laver, M. and Shepsle, K. A., 1990. Coalitions and Cabinet Government. American Political Science Review, 84(3): 873–90.

Laver, M., Benoit, K., and Garry, J., 2003. Extracting Policy Positions from Political Texts using Words as Data. American Political Science Review, 97(2): 311–31.

Laver, M. and Shepsle, K., 1996. Making and Breaking Governments: Cabinets and Legislatures in Parliamentary Democracies. Cambridge: Cambridge University Press.

Laver, M. and Shepsle, K. (eds.), 1994. Cabinet Ministers and Parliamentary Government. Cambridge: Cambridge University Press.

Laver, M. and Schofield, N., 1990. Multiparty Government: The Politics of Coalition in Europe. Oxford: Oxford University Press.

Laver, M. and Hunt, W. B., 1992. Policy and Party Competition. New York: Routledge.

Lees, J.D. and Shaw, M. (eds.), 1979. Committees in Legislatures: A Comparative Analysis. Durham: Duke University Press.

Lijphart, A., 1999. Patterns of Democracy. New Haven: Yale University Press.

Lipsmeyer, C. and Pierce, H. N., 2011. The Eyes that Bind: Junior Ministers as Oversight Mechanisms in Coalition Governments. Journal of Politics, 73(4): 1152–64.

Loewenberg, G. and Patterson, S. C., 1979. Comparing Legislatures. Boston: Little Brown.

Martin, L.W. and Vanberg, G., 2004. Policing the Bargain: Coalition Government and Parliamentary Scrutiny. American Journal of Political Science, 48(1): 13–27.

Martin, L. W. and Vanberg, G., 2005. Coalition Policymaking and Legislative Review. American Political Science Review, 99: 93–106.

Martin, L. W. and Vanberg, G., 2008. Coalition Government and Political Communication. Political Research Quarterly, 61: 502–16.

Martin, L. W. and Vanberg, G., 2011. Parliaments and Coalitions: The Role of Legislative Institutions in Multiparty Governance. Oxford: Oxford University Press.

Martin, L. W. and Vanberg, G., 2013. Multiparty Government, Fiscal Institutions, and Public Spending. Journal of Politics, 75(4): 953–67.

Mattson, I.and Strøm, K., 1995. Parliamentary Committees. In H. Döring (ed.). Parliaments and Majority Rule in Western Europe. New York: St Martin's Press.

Mayhew, D.R., 1974. Congress: The Electoral Connection. New Haven: Yale University Press.

Mezey, M.L., 1979. Comparative Legislatures. Durham: Duke University Press.

Mezey, M.L., 1993. Legislatures: Individual Purpose and Institutional Performance. In A. W. Finifter (ed.). Political Science: The State of the Discipline II. Washington, DC: American Political Science Association, pp. 335–64.

Monroe, B.L., Colaresi, M. P., and Quinn, K. M., 2008. Fightin' Words: Lexical Feature Selection and Evaluation for Identifying the Content of Political Conflict. Political Analysis, 16(4): 372–403.

Müller, W.C. and Strøm, K., 1999. Policy, Office, or Votes? How Political Parties in Western Europe Make Hard Decisions. Cambridge: Cambridge University Press.

Müller, W. C. and Strøm, K. (eds.), 2000. Coalition Governments in Western Europe. Oxford: Oxford University Press.

Norton, P. (ed.), 1998. Parliaments and Governments in Western Europe. London: Frank Cass.

Persson, T., Roland, G., and Tabellini, G., 2007. Electoral Rules and Government Spending in Parliamentary Democracies. Quarterly Journal of Political Science, pp. 1–34.

Polsby, N.W., 1975. Legislatures. In F. I. Greenstein and N. Polsby (eds.). Handbook of Political Science, pp. 257–319. Reading: Addison–Wesley.

Powell, G. B., 2000. Elections as Instruments of Democracy: Majoritarian and Proportional Visions. New Haven: Yale University Press.

Proksch, S–O. and Slapin, J. B., 2011. Parliamentary Questions and Oversight in the European Union. European Journal of Political Research, 50(1): 53–79.

Russo, F. and Wiberg, M., 2010. Parliamentary Questioning in 17 European Parliaments: Some Steps towards Comparison. Journal of Legislative Studies, 16(2): 215–32.

Slapin, J.B. and Proksch, S–O., 2008. A Scaling Model for Estimating Time–Series Party Positions from Texts. American Journal of Political Science, 52(3): 705–22.

Strøm, K., 1990a. A Behavioral Theory of Competitive Political Parties. American Journal of Political Science, 34(2): 565–98.

Strøm, K., 1990b. Minority Government and Majority Rule. Cambridge: Cambridge University Press.

Strøm, K., Müller, W. C., and Smith, D. M., 2010. Parliamentary Control of Coalition Governments. Annual Review of Political Science, 13: 517–35.

Strøm, K., Müller, W. C. and Bergman, T. (eds.), 2008. Cabinets and Coalition Bargaining: The Democratic Life Cycle in Western Europe. Oxford: Oxford University Press.

Thies, M.F., 2001. Keeping Tabs on Partners: The Logic of Delegation in Coalition Governments. American Journal of Political Science, 45(3): 580–98.

Vliegenthart, R. and Walgrave, S., 2011. Content Matters: The Dynamics of Parliamentary Questioning in Belgium and Denmark. Comparative Political Studies, 44(8): 1031–59.

第六编
政策制定与监督

第二十二章 立法议程设置的制度基础[*]

比约恩·埃里克·拉施（Bjørn Erik Rasch）

22.1 引言

在立法政治中，议程设置机构确定哪些问题和提案需要予以考虑，以及这些问题最终如何决定。议程设置工作是立法研究的核心，关于这一主题的研究数量很多，而且增长迅速。既有研究包括至少三个主要方向。在绝大多数情况下，在这一主题上充斥的各种文献似乎是平行共存的，没有太多的互动或相互影响。第一个研究方向是关于公众舆论和传播方面的，这些文献分析大众媒体在多大程度上决定了人们思考的问题以及他们是如何思考这些问题的，而不是他们的想法本身［科恩（Cohen），1963；麦库姆斯和肖（McCombs and Shaw），1972］。近些年来，学者们退了一步，开始追问"谁设置了媒体的议程"，不再仅仅追问"谁设置了公共议程"［麦库姆斯和肖（McCombs and Shaw），1993，60］。框架设置和事先准备的观念越来越重要，因为议程中议题的设置方式往往会产生某种行为后果［宗和德鲁克曼（Chong and Druckman），2007；延加（Iyengar），1991；谢弗利和

---

* 张玉洁译。

图克斯伯里（Scheufele and Tewksbury），2007］。第二个研究方向聚焦于政策议程动力学，之所以聚焦这个方向，是因为人们对政策议程设置背后的动因关注不足［迪尔林和罗杰斯（Dearing and Rogers），1996；鲍姆加特纳和琼斯（Baumgartner and Jones），1993］。这项研究的共同核心，是试图理解"新思想、新政策提案和对问题的新理解如何在政治体系中被接受或不被接受"的背后动因［鲍姆加特纳（Baumgartner）等人，2006，960］。在某种程度上，当前对政策议程的比较研究立基于沙特施奈德（Schattschneider，1960）、巴克拉克和巴拉茨（Bachrach and Baratz，1962）以及金登（Kingdon，1984）等经典著作之上，这些著作强调了组织其他议程和发现在议程限定与动员支持时偏见来源的能力的重要性。第三个研究方向涉及议程设置的机制及其对政策结果的影响，包括立法环境中的社会选择问题模型和投票流程［例如，赖克（Riker），1982；克雷比尔（Krehbiel），1988；米勒（Miller），1995］。将议程设置视为最后决策阶段主要决定因素的文献本身也是丰富多彩的，这也是本章讨论的依据所在。

456

　　上述对既有研究方向的描绘与赖克（Riker，1993，2）关于政治中最终选择之路的评论类似。一般来说，会有一组可行的可能议题——**可行集（feasible-set）**——供集体决策。由此，形成了一组**已考虑议题（considered issues）**。媒体在这个过程中显然发挥了作用，但是发挥作用的还有各种规则和条例，以及政治家的修辞和花招。下一步，参与者形成一组可接受的备选方案，即最终从中选择一个备选方案的**备选方案集（alternative set）**。从人们讨论的事情（可行集）到最终选择的整个过程就是一个议程。

　　关于备选方案集，议程设置必须在得到结果之前或之时**添加（adding）**（或生成）、**阻止（blocking）**（或延迟）和**排序（sequencing）**（或排列）有关备选方案。议程设置权力中的第一种变量是积极的，能够确保替代方案得到考虑。第二种类型的变量则是消极的，这是一种阻止替代方案得到考虑的能力。议程设置的第三种变量即排序型，有时被称为议程控制［如爱泼斯坦和什维佐娃（Epstein and Shvetsova），2002］。由于这种类型与固定的备选集相关，因此在非常狭义的意义上是对议程的控制。从广义上讲，议程控制除了排序，还包括积极和消极的方面。在这个语境中，"控制"一词并不意味着议程设置者必然决定决策过程的结果。相反，议程控制可强可弱，可以从议程设置者能够设计产生其希望的任何政策结果的议程的情形，到其形成议程并影响最终结果的能力受到巨大限制的情形。

本章其余部分分为四节。22.2 回顾了关于基于多数规则的议程设置方面最有影响力的一些研究。22.3 和 22.4 在更详细地讨论议会系统中的议程设置之前，概述了立法议程设置的程序权利和体制机制，这些机制与更大范围的政府结构相关。22.5 总结并指出未来可以进一步研究的一些领域。本章不会系统地评论解释民主制国家议程设置机制变化的最新文献，不过其中涉及的一些洞见会顺便提及。[1]

22.2　基于多数规则的议程设置

关于议程设置群体决策研究的核心理论结果是麦凯尔（McKelvey，1976；1979）的全面循环［另见斯科菲尔德（Schofield），1978］和议程定理。结果证明在多维环境中，议程设置者极度强大。至少从 13 世纪起，人们就已经多次发现、遗忘和重新发现周期性多数的现象［麦克莱恩（McLean），1990；科洛梅尔（Colomer），2013］。如果存在多数循环，那么仅凭偏好无法在循环备选方案中确定唯一的获胜者，投票顺序和其他议程限制等制度细节变得十分关键。阿罗（Arrow，1963）在更大的范围内证明了一致性和参与者影响之间的基本张力，在任何合理的（非独裁的）程序之下，只要参与者的偏好获得考虑，那么"有意义的"社会选择就无法获得保证。

麦凯尔（McKelvey）指出，在多维决策情况下，如果不存在多数胜利者，那么循环集会充斥整个多维议程空间。无论我们关注哪种备选方案，它都可能在多数竞争中被其他备选方案击败。我们可以从政策空间的任何地方开始，通过多数规则，最终到达任何地方；对于政策空间中的任意两个备选方案，都可以安排一系列多数票，先投第一个，再投第二个。这就是这句话的意思："如果多数规则被破坏，那么它就会完全崩溃"——而且"几乎总是这样"。[2]

不平衡或"混乱"的结果在议程问题上有一个重要影射：它可以被强大的议程设置者利用。如果有一个议程设置者能够完全控制提案设置和投票顺序，

---

〔1〕　例如，"均衡制度"相关文献［赖克（Riker），1980；谢普瑟（Shepsle），1986］。也有实证研究，如祖贝克（Zubek，2011）、祖奇尼（Zucchini，2011；2011a）和西贝勒（Sieberer，2006），这些研究将政党制度特征和议会制度中的议程设置机制联系起来。

〔2〕　更多参考文献请参见谢普瑟（Shepsle，1986，51）。普洛特（Plott，1967）表明，在除极端和不太可能的情况外的所有情况下，多维政策空间中不存在均衡。

457

那么就有可能通过多数规则以民主的方式从政策空间中的任何现状点移动到议程设置者的理想点。图 22.1 以最简单的方式对此进行了说明。假设在具有欧几里得偏好（Euclidian preferences）的二维政策空间中，我们有三位参与者 A、B 和 C，以及一个现状（SQ），如图 22.1（a）所示。决策备选方案或潜在结果是政策空间中的点，它们与参与者理想点的距离反映了偏好的方向，即备选方案越近越好。任何两个参与者都构成多数派。参与者 A 控制议程。现在，如果 A 提出 P，那么它将得到大多数参与者 A 和 B 的支持，因为它是在现状的花瓣形获胜集内的一个提议［图 22.1（a）中重叠的无差异曲线的阴影区域］。因此，在 P 被采用后，它成为新的现状。接下来，议程设置者提出 A（议程设置者最喜欢的备选方案在图 22.1（b）中以阴影显示的多数获胜集内］，并且议程设置者加上参与者 C 确保 A 超越决策过程前一阶段刚刚建立起的新现状。当然，这个例子非常简单，但如果在备选方案构成连续、多维空间的环境中不存在孔多塞获胜方案（Condorcet Winner），那么大体上多数规则可能会在任何地方游荡。一个决定投票选择和投票顺序的参与者实际上也决定了投票结果。始终存在一条使得议程设置者的理想点成为立法最终决定的路径，只要每个参与者在每一次就提案和他 / 她面临的当前现状之间的成对投票中真诚地投票。换句话说，在投票过程的每个阶段，参与者都会像在最后一个阶段一样投票（这意味着没有策略性投票的激励）。因此，在信息方面也存在根本的不对称：议程设置者拥有完整的信息和长远规划的能力，而其他人别无选择，只能采取目光短浅的行动，因为议程设置者的提案和议程设计，包括对二元可比较备选项顺序的设计，其他参与者都不知晓。

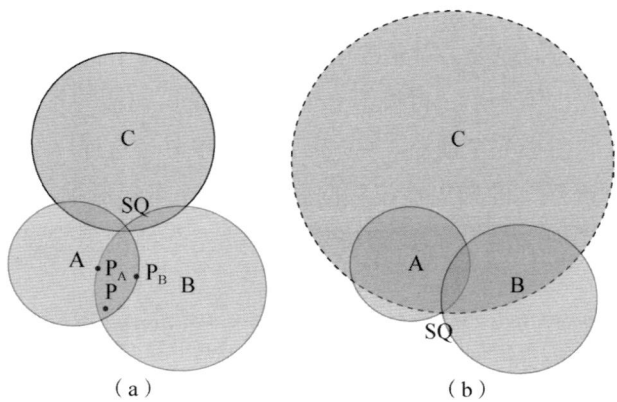

图 22.1　三位参与者 A、B 和 C，以及阴影部分作为多数派在现状（SQ）中的获胜集

　　对不平衡结果的解释各不相同。赖克（Riker，1980，443）强调，"不平衡，或现状被打破的可能性，是政治的特性"。换句话说，任何事情都可能发生。其他人则强调麦凯尔（McKelvey）见解的逻辑性而非行为性或描述性［奥斯汀－史密斯（Austen Smith），1999；考克斯和谢普瑟（Cox and Shepsle），2007］。不平衡结果有助于我们理解多数规则适用的条件和偏好聚集规则的性质。我们既无法观察到根本的不稳定性，也无法观察到参与者对议程的完全主导。不过，对麦凯尔（McKelvey）议程设置的现实性进行探讨仍然是有价值的。

　　为什么在实践中，无论现状点位于何处，都很难在多维政策空间中移动至任何替代方案之处？首先，选民可能无法感知备选方案之间的边际差异，也无法对此采取行动。只要多数获胜集很小，且选民面临的选择非常接近，那么就很难对多数票的选择进行改善。即使在这些情况下，一致行为的可能性对议程结果至关重要［例如，斯科格（Skog），1994］。其次，为了能够通过多数规则在政策空间的任何两点之间移动，投票机构在许多情况下必须经历大量精心设计的成对投票。这种精心设置的议程通常需要将极端立场纳入中间赢家的行列，这在实践中是极不可能的。向内导向中心位置的备选方案，而不是向外导向越来越极端的方案的议程，更加容易设计［费尔德（Feld）等人，1989］。再次，与前一点相关的是，在任何民主投票机构中，投票顺序通常在投票开始时公布并为选民所知。一方面，在麦凯尔（McKelvey）的世界里，在议程设置者的无知之幕下进行零碎的成对投票，在立法政治中从未发生过。另一方面，如果选民在投票开始前知道整个议程，那么策略性行为的问题就会出现。这反过来又限制了具有垄断性的议程设置者能够实现的目标［例如，谢普瑟和温加斯特（Shepsle and Weingast），1984］。最后，如果我们开始增加更现实的制度结构和细节时，情况会发生更大的变化。在许多现实世界的投票机构中，现状点通常在最后一次投票时展现［谢普瑟和温加斯特（Shepsle and Weingast），1982；拉施（Rasch），2000］。根据投票方法的不同，这种限制通常意味着决策过程的结果要么是现状点，要么是现状获胜集中的某个替代方案。显然，"任何事情都有可能发生"的情况已经不复存在。同样，分工安排和专业的组织模式可能会将复杂、多维的情况转变为一个逐议题的决策过程序列，其中每个决策过程都是一维的。这创造了一个结构导致的均衡，即由单议题决策序列产

459

生的政策空间中的稳定点［谢普瑟（Shepsle），1979］。[1]除其他影响因素外，这一均衡在政策空间中的位置将取决于，什么样的额外议题限制适用于一维情况。

我们应当仔细观察一下一维情况。假设有一个单一议题的标准空间模型，如图 22.2 所示。这条线代表了备选方案或政策选择的连续统一体。每个参与者在这条线上的某个地方有一个理想点，各种备选方案越接近参与者的理想点，其评价就越好。在一组参与者中，无论是选民还是特定投票机构的成员，中间参与者将该群体分成两个相等的部分。这个参与者的理想点是一个居中的替代方案或这个情况下的真正多数获胜者［布莱克（Black），1958］。

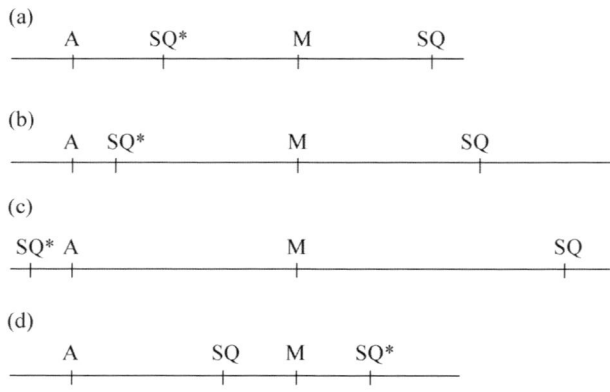

图 22.2　设置者模型，其中相对于议程设置者（A）和否决者（M）的理想点，有不同位置的现状点（SQ）

在这一领域，一个非常重要的成果是罗默和罗森塔尔（Romer and Rosenthal，1978）提出的所谓设置者模型。该模型关注垄断议程设置和限制提案权的影响。假设有两个参与者：以 A 为理想点的提议者或议程设置者和以 M 为理想点的否决者。决策分两个阶段进行。第一阶段，议程设置者提出提案。第二阶段，否决者对提案投赞成票或反对票。如果提案被否决，那么以现状点为准。第二阶段的参与者只有一个简单的选择，要么接受要么放弃，他们没有能力提出替代方案。这是议程设置者可能会利用的东西。因此，如果偏好分布如图 22.2（a）所示，那么议程设置者可以采纳任何在现状点（SQ）和 SQ* 的区

460

---

〔1〕　这必须是一种制度安排，在这种安排中，立法决策可以分为不同辖区的单独决定，每个辖区都是一维的。在实践中，立法机构中的委员会系统可能或多或少地符合委员会管辖和议题维度之间的这种一对一关系，即使议员偏好达到单峰值的选择情况［布莱克（Black），1958］。

间内的提案。由于 M 是否决者的理想点，该参与者对 SQ 和 SQ* 不感兴趣（两者都与 M 等距），并会接受非常接近于 SQ* 的提议。现在，如果我们逐渐向右移动 SQ，那么 SQ* 会接近 A，如图 22.2（b）所示。这意味着，从两个参与者的角度来看，现状点变得更糟，但从否决者的角度来看，议程设置者的提案将（逐渐）变得更糟（但仍然可行）。我们还注意到，如果议程设置者的理想点 A 在 SQ 和 SQ* 之间，那么它当然会被采纳［见图 22.2（c）］。最后，由于现状点介于两个参与者的理想点之间，因此不会出现任何提案，现状点占了上风。

设置者模型已广泛地应用于各种设置。最初，罗默和罗森塔尔（Romer and Rosenthal，1978）分析了美国一个州的地方一级学校董事会融资情况。在这一研究中，学校董事会拥有对议程的独家控制权，其提案在公民投票中被投赞成票或反对票。作者发现，即使作为议程设置者的学校董事会想要一个比中间选民赞成的金额更大的融资提案，它也可以通过强制投票者在设置者的提案和现状点或备选方案之间作出选择来实现。许多类型的备选方案或复归点可能是相关的（例如零支出或上一年度的支出），而且，自相矛盾的是，复归点越差，设置者的建议可能或者仍然被采用的情况越突出。如果可能的话，尝试制定相应的备选方案符合议程设置者的利益。

在设置者模型中，第二阶段的参与者不能提出提案是至关重要的。当然，这将削弱议程设置者的权力，并推动政策结果朝着 M——否决者的理想点、投票者的中间点或孔多塞获胜方案（这取决于模型应用的情境）——的方向发展。在其中的一个模型中，考克斯和麦卡宾斯（Cox and McCubbins，2005）认为，议程设置者有能力阻止提案到达议会，但是如果提案被允许，那么其可能会被多数议员修改。因此，任何议程的议程设置者都会在 SQ 和 M 之间进行选择，如果首选 M，那么会出现一个提案。这使得议程设置者的权力明显弱于罗默和罗森塔尔（Romer and Rosenthal）模型中的议程设置者，但是作者表示，议程设置者仍然拥有通过阻止或允许就特定议程维度作出决定来影响政策变化的显著能力。

泽伯利斯（Tsebelis，2002）提出的否决者路径可用于分析所有政治制度中的政策变化，无论政体如何，该路径既立基于又阐明了上述的一些基本模型。不论否决者是个人或是集体参与者，获得他们的同意对于改变现状是必要的。它们要么是宪法或其他正式规则中明确规定的机构，要么是党派。议程设置是该路径的核心，也是其众多实际应用的关键特征［例如，考尼格（König）等人，2010；拉施和泽伯利斯（Rasch and Tsebelis），2011；甘霍夫（Ganghof），2003］。然而，在其基本理论框架中，议程设置者具有与麦凯尔、罗默和罗森塔尔（McKelvey、Romer and Rosenthal）理论中的议程设置者相似的优势。在某种意义上，这是罗默和罗森塔尔（Romer and Rosenthal）的多维伪装。决策分两个阶段。议程设置者在是否接受提案的决定作出之前提出提案。在这种情况下，议程设置的否决者"可以将其他人的获胜集视为自己的范围，并从中选择他喜欢的结果"［见泽伯利斯（Tsebelis），2002，第 34 页的命题 1.5］。如果其他否决者也可以提出提案，那么情况就不会如此。如果我们回顾图 22.1（a），并将 A 视为议程设置者，那么该参与者将提出尽可能接近理想点的提案，即 P_A，并使其被多数人接受。B 作为议程设置者同样会提出 P_B。

461

这里我们应当提及否决者理论的另一个观察结果，因为其加深了我们对决策过程中议程设置优势的理解。如果现状获胜集的规模缩小，那么成为议程设置者的重要性就会下降。假设现状点的位置保持不变，那么获胜集的缩小可能是否决者之间政策距离增加的结果，也可能是增加更多否决者的结果。在图 22.1（a）中，B 是或 C 是议程设置者，这一点无关紧要，因为在两个参与者的无差异曲线的交点处有一个微小的获胜集（阴影）。如果 B 的理想点与 C 的更加接近，那么谁有权制定提案将变得非常重要。这枚硬币的另一面是，与其他否决者相比，议程设置者的位置越靠近中心，成为议程设置者就越重要。

简要总结本部分内容：我们从麦凯尔（McKelvey，1976）的见解开始，即如果多维政策空间中不存在均衡，那么一个充分掌握信息的议程设置者可以创建一系列二元多数投票，从任何现状点的位置引导到议程设置者自己的理想点作为决策过程的结果。结构和组织可能会减少不稳定性，如果决策是逐维度进行的，那么就会产生稳定的结果。谢普瑟（Shepsle，1979）的结构导致平衡就是这种情况。稳定的结果只是每个议题中间点的交叉。然而，中间点实际上在多大程度上成为每个维度的最终决定，取决于对议程设置的普遍限制。例如，罗默和罗森塔尔（Romer and Rosenthal，1978）展示了具有垄断性的议程设置者如何通过向第二阶段的否决者提供受限的"要么接受要么放弃"选择而获益。这通常会产生非中间点的结果。

22.3　程序性权利和议程设置的机制

在本部分，我们将仔细研究立法议程设置各个方面的机制。到目前为止，模型都很简单，即有一个议程设置者拥有独家提案权，一个或多个其他参与者有机会否决提案。关于谁可以提出或拒绝，以及如何和何时提出或拒绝提案的规则很复杂。立法过程以充满令人困惑的特殊细节为显著特征，我们面临的挑战是提取出经常出现的更具一般性的机制。各种程序性权利和体制机制被分为四类：安排议程和控制立法进程时间表的能力；生成提案的能力；阻止政策变化的能力；在决策的最后阶段对选项进行排序或排列的能力。这份清单并没有包括立法过程中的所有机制，但是它涵盖了相关文献中讨论的所有主要议程设置类型。

22.3.1　时间表控制

在各个地方的立法过程中都能够发现具有议程设置权的议员。考克斯（Cox，2006）使用立法自然状态作为分析工具来帮助解释个中原因。想象一下一个完全不受监管的议会，其主要任务仍然是立法。如果没有任何规则，任何人都可以提出议案和修正案，而且如果所有希望发言的人都可以发言，那么辩论将没有限制。即使以简单多数作为决策规则，也很容易阻碍立法进程。事实上，要求几乎全体一致同意的类似规则将成为实际上的决策规则。各种协调、谈判和集体行动问题很容易出现。各种交易的收益不太可能实现，缺乏信任会阻碍人们互投赞成票的安排。除非议会仅就几个议题作出决定，否则全体会议将不可避免地遇到重大瓶颈。在自然状态下，议会没有真正的立法或行动能力。

解决这些问题的少数的可行方法之一是组织和监管。因此，在所有现实世界有立法权的国家机构中，无论是立法机构还是行政机构，都设立了具有特别议程制定权的办公室。正式规则中列明的程序规定了进入全体会议的时间、拟定提案和修正案的权利、如何投票（包括对官员和动议的投票）等。然而，全体会议仍然是所有现代民主立法机构面临的一个问题。除了极少数例外，议案只有在全体会议上经过辩论并获得足够票数后才能通过。议程制定者必须考虑繁忙的立法机构时间匮乏的问题，因为这是对他们能做什么的根本性限制。由谁来确定立法时间表并能够在（潜在）提案中确定优先顺序变得十分重要。多林（Döring，1995a，2001）和考克斯（Cox，1987）的著作是最早引起学术界对立法议程设置中时间限制重要性的关注的著作之一。

时间表控制有许多方面。可能与议会辩论的时间安排和程度有关，但也与优先考虑哪些议题和忽略哪些议题有关。对时间表的控制是一种工具，有助于将分裂性的问题从议题中剔除。通过这种方式，议程设置者（例如多数派联盟）可能会减少对规训措施或用于维护联盟的激励措施的需要。多林（Döring，2003）在对欧洲议会制度的比较研究中，证明了负责议程设置的政府的日程安排优势与政党纪律之间的联系。考克斯和麦卡宾斯（Cox and McCubbins）单独以及与其他合作者一起，也在一系列案例研究中强调了这种关系。[1]多数党可以通过党的纪律和控制议会投票以及控制立法时间表，在立法过程中实现其想要的目标。钱德勒（Chandler，2006，27）等人在一项关于德国联邦议会的研究中写道："在唱名表决中观察到的高水平的联盟纪律，其功能在很大程度上是政府对议程的控制，具体来说，是联盟防止在议会投票中出现将其成员分裂的议案的能力，因为这些议案是执政党用来鞭策自己的成员支持本党的胡萝卜和大棒。"议程设置和激励方法在一定程度上是可以相互替代的。

尽管现代立法机构对时间表进行了详细规定，但在某些情况下，通过发言进行阻挠仍然是一种可能的策略。一个著名的例子是美国参议院的阻挠议事行动［宾德和史密斯（Binder and Smith），1997；瓦罗和希克勒（Wawro and Schickler），2006］。阻挠议事行动使少数参议员能够阻止多数人赞成的提案。[2]不过，由 60 名参议员投票仍然可以结束辩论并得出最终结论。这样，事实上的决策规则就从简单多数变成了 3/5 的绝对多数。其逻辑与考克斯（Cox，2006）的观点相同，即在立法的自然状态下，阻挠议事行动和其他阻碍策略将使得实际决策规则接近全体一致要求。结束辩论策略的另一个例子是英国下议院的议会"终止辩论将议案付诸表决法"，这是一种可以在固定时间点结束辩论，也可以阻挠反对派修正案的投票。如果议程设置者谨慎使用结束辩论策略，那么它会是一种强大的工具。

本部分首先讨论了时间表控制，但值得注意的是，日程安排等策略的实施

---

〔1〕 例如，考克斯、增山和麦卡宾斯（Cox, Masuyama and McCubbins，2000）；考克斯（Cox，2001）；阿莫林·内托、考克斯和麦卡宾斯（Amorin Neto, Cox and McCubbins，2003）；考克斯和麦卡宾斯（Cox and McCubbins，2005）；钱德勒、考克斯和麦卡宾斯（Chandler, Cox and McCubbins，2006）；阿基拉夫、考克斯和麦卡宾斯（Akirav, Cox and McCubbins，2010）。

〔2〕 阻挠议事行动并不总是能够产生预期结果。斯特罗姆·瑟蒙德（Strøm Thurmond）主持了美国参议院有史以来最长的阻挠议事行动（24 小时 18 分钟），但未能成功阻止 1957 年《民权法案》的通过。

以某种积极或消极的议程权力为前提。如果没有启动、延迟或阻止立法的能力，那么在立法过程的任何阶段时间表影响都不可能真正产生。

22.3.2　提案权和修正权

提出或制定提案的权利是立法政治中的一种积极的或建设性力量。修正权也是如此，该权利是对已经在审议的一个或多个议题提出修正的权利。提案权可能被垄断或集中在议程设置者手中，就像在麦凯尔、罗默和罗森塔尔（McKelvey, Romer and Rosenthal）的模型中一样，也可能或多或少地分散。同样，修正权要么对所有相关参与者开放，要么以某种方式受到限制。在世界各地的立法机构中，可能都有对修正活动的一系列限制，但是其制度细节差异很大。垄断性议程设置的极端情况意味着只有议程设置者才能制定提案，任何其他参与者都不能将修正案提上议程以供审议，决策是在封闭规则下进行的。今天的民主立法机构中的限制性（辩论和修正）规则是内生的，可以由议会自己修改。因此，限制议程设置者（无论是立法委员会还是行政部门）重写提案的权利，是立法者明确（在宪法或其他正式规则中）或隐含（在政治规范或实践中）地限制自己行动自由的一种方式［菲奥里纳（Fiorina），1987］。虽然这听起来令人费解，但从策略角度来看，在某些情况下，参与者可能希望自缚其手，以取得比他们可能在无束缚之下能够获得的更好的结果［谢林（Schelling），1960；另见迪克西特和纳莱布夫（Dixit and Nalebuff），1991；埃尔斯特（Elster），2000］。

464

学者们深入分析了立法机关的委员会的议程设置能力及其与所在的议院之间的关系。让委员会占上风的限制性规则是否常见？非中间点结果是诉诸限制性规则的结果吗？立法机关的委员会通常由与所在的议院类似的政党比例组成，而且它们通常根据所在的议院的授权进行运作［马特森和斯特罗姆（Mattson and Strøm），1995］。如果所在的议院中有多数党，那么通常由同一多数党控制委员会。委员会的正式权力因立法机构而异［例如马丁（Martin），2011］。它们在设置立法议程方面的作用也是如此。委员会会审查法案，收集和掌握相关信息。它们会提出修正案，并为会议的最终决定提出建议。少数群体的意见往往是委员会报告内容的一部分。委员会很少有权自行启动立法，但它们仍可能有相当大的权力起草（或重写）议案，并对会议处理议案的方式产生影响。因此，它们的议程权力倾向于（有限的）积极的和（有限的）日程安排上的。

在现代立法机构中，在全体辩论中自然地或在议会投票时提出修正案可能很难，这使得委员会成为修正案产生的舞台。[1]

这里的简要介绍表明，立法机关的委员会的议程设置能力总体上比罗默和罗森塔尔（Romer and Rosenthal，1978）和谢普瑟（Shepsle，1979）模型中第一阶段参与者的议程设置能力要弱。美国国会和欧洲议会的许多案例研究的结果都指向同一方向［例如，希克勒和皮尔逊（Schickler and Pearson），2009；戴恩和休伯（Dion and Huber），1996；卡森（Carson）等人，2011；温加斯特（Weingast），1989；克雷比尔（Krehbiel），1991；考克斯和麦卡宾斯（Cox and McCubbins），2005；多林和哈勒伯格（Döring and Hallerberg，2004］。尽管如此，委员会仍然可能对议程有足够的控制，以使得最终的结果偏离全体议员投票的中间点位置。例如，美国众议院规则委员会（Rule Committee）有能力在立法过程中制定特别修正案规则。在一项研究中，门罗和罗宾逊（Monroe and Robinson，2008）展示了众议院多数党如何通过限制性规则最终达至有偏见的政策结果，这些限制性规则使得参众议院委员会向议会提出支持或反对提案成为可能。如果多数党或多数派联盟的中间点偏离全体议员的中间点（例如，在中左翼或中右翼占据多数的情况下），并且该多数希望结果更接近多数的中间点位置，那么即使委员会既具有广泛的代表性，又积极回应所在的议院的要求，也可能会发生这种情况。这与谢普瑟和温加斯特（Shepsle and Weingast，1987）的讨论不同。不同之处在于，他们认为委员会由偏好异常者组成，他们想要知道的是与拥有修正非中间点提案的所有必要工具的议院相比，委员会如何能够获胜。答案是制度性的：与罗默和罗森塔尔（Romer and Rosenthal）的两阶段模式不同，决策过程可能会在第三阶段结束，也就是基于限制性规则的委员会阶段。在后一阶段的支持或反对决定中，首先，议程设置委员会可能会代表所在的议院的意见。然而，关于这种所谓的事后否决机制的性质和效果都存在很大争议［尤其见克雷比尔（Krehbiel），1987］。

在任何地方，立法机关委员会的成员与其所在的议院相比，几乎都是少数。议院通常控制委员会的组成以及委员会运作的规则。因此，委员会只是名

---

［1］ 马特森（Mattson，1995，457—468）对西欧议会议员个人启动立法权的限制进行了系统概述。他区分了数字限制（一定数量的议员必须支持该提议）、时间限制（规定提案可以提出的时间）、技术要求和提案内容限制。马特森（Mattson）还提到，如果委员会能够在不向议会报告的情况下否决提案，那么这也是对议员提出提案权利的一种限制。另见布劳宁格和德布斯（Bräuninger and Debus，2009）。

义上的少数人议程设置者。对修正案相关活动等的限制通常是可以接受的，因为这是一种委托代理关系，在这种关系中，委员会和其所在议院都由同一多数群体主导。然而，少数人议程设置的真实例子确实存在于其他情境中。一个例子是美国最高法院的"四人规则"[维尔梅勒（Vermeule），2007]。9 名法官中的任意四人都有权将案件列入法院全体听证会的日程。类似地，要求将议案排除出美国众议院委员会的排除请愿，在早些时候也遵循了次多数原则[宾德（Binder），1997；皮尔逊和希克勒（Pearson and Schickler），2009]。努斯伯格（Nussberger）等人（2010，15）提到了一些给予议会少数群体发起和决定提案的积极能力的规则的实例，但强调这类少数群体权利"最常用于程序性议程，或与议会监督和审查有关的议程"。

提案权的价值不尽相同。洛温（Loewen，2014）等人利用加拿大下议院独特的制度特征，调查了能够提出提案的权利的影响。在加拿大的议会中，非内阁成员提出法案的权利是通过抽签分配的。那些被授予提出法案的权利并且确实提出了法案的人在民意调查中的表现要好于那些没有机会提出提案的人。这主要是因为这些议员更容易获得更多的竞选捐款。

22.3.3　否决权和把关控制

与积极的议程权力一样，消极的议程权力也依赖于复杂多样的规则和制度。消极的议程权力是以某种方式进行否决的能力。[1]绝对否决权可以阻止一项决定的作出，因此是比暂时中止性的否决权更有力的工具，后者仅仅是能够将一项决定的作出推迟一段时间的能力。正如我们已经看到的那样，对一个参与者来说，"要么接受要么放弃"的否决权不如附带修正权的否决权（即某种修正性的否决权）更有价值。[2]此外，否决权可以是全面的，也可以是有限的。单项或部分否决权是后一种类型的实例。在某些情况下，存在推翻的选项作为对抗否决权不受欢迎的行使的一种方式。

根据《美国宪法》，总统应在 10 日内签署或退回国会的议案[第 1 条第 7 款；例如，见肯尼迪（Kennedy），1977]。这意味着总统可以通过两种方式阻止议案，一种是将议案连同总统的反对意见（常规否决权）一起发回给立法

---

[1]　施瓦兹（Schwartz，1999）分析了各种行政否决规则。切伊布（Cheibub，2002，115）概述了总统制和议会两院制背景下的否决权和推翻可能性。

[2]　阿莱曼和泽伯利斯（Alemán and Tsebelis，2005）分析了拉丁美洲国家修正否决权的起源和后果。

者，另一种是在国会将于 10 日期限内休会的情况下，不签署议案（口袋否决权）。常规否决权可以被两院 2/3 多数推翻。口袋否决权事实上并非正式的否决权。国会可以仅仅通过重新引入立法来抵制此类否决。1789 年后的 2 个世纪里，总统行使了 1400 多个常规否决权和约 1000 个口袋否决权［麦卡蒂和普尔（McCarty and Poole），1995；卡梅伦（Cameron），2000］。不到 10% 的（常规）否决决定被推翻。

否决权游戏使总统变得相当软弱。国会是议事日程的设置者，总统只有一个支持或反对的选择。总统不能提出议案。与罗默和罗森塔尔（Romer and Rosenthal）的模型相比，议程设置者甚至有第三阶段推翻选项（尽管有绝对多数要求）。然而，这种简单的解释是有争议的。可以说，现代的总统实际上在立法过程中起到了更大的作用。由于他们肩上承担的国家使命和与人民站在一起的立场，使得他们在立法过程中掌握了一些启动权和提案权。

例如，一些人会认为美国总统的地位不如法国总统。休伯（Huber，1996）在对法兰西第五共和国的分析中指出，总统不能提出、修正或否决立法。从形式上讲，法国总统在立法过程中既没有积极的议程权力，也没有消极的议程权力。然而，法国总理确实对立法过程产生巨大影响，这反映了该制度体系中无疑的议会逻辑。[1]

世界上约 1/3 的议会中的两院制是另一种积极和消极议程设置的复杂组合［拉施和泽伯利斯（Rasch and Tsebelis），1995；泽伯利斯和莫尼（Tsebelis and Money），1997］。与立法机关的委员会不同，议院在招聘（选举）议员和权力方面几乎总是相互独立的；议院和议院之间的关系不是委托人和代理人的关系。在设置议程的能力方面，两院往往相互效仿，但在一些国家，两院中只有一个可以提出议案，而另一个议院可以否决（有权或无权修改）或推迟通过。此外，决策步骤的数量也不尽相同，从罗默和罗森塔尔（Romer and Rosenthal）框架中的两个步骤到可能的无限多的步骤不等［例如，见泽伯利斯和莫尼（Tsebelis and Money），1997，56—62］。掌握这些细节以及它们如何与政党制度相互作用，对于理解立法机关每个组成部分的立法权至关重要，仅仅考虑议会两院在政治上的对称程度是不够的。

值得注意的是，把关权也是一种否决权［丹佐和麦凯（Denzau and Mackay），

---

［1］　下一部分将详细介绍议会制。

1983；克雷比尔（Krehbiel），2004〕。通过紧闭关隘并否决任何提案，参与者拥有"单方面强加现状点的能力"〔克伦贝兹（Crombez）等人，2006，331〕；只有符合把关人利益的变化才会发生。通常，如果一个参与者拥有排他性的启动权，那么其就拥有把关权，但正如克伦贝兹（Crombez，2006）等人所强调的那样，如果在更大范围的立法过程中，其他参与者能够迫使议程设置者采取某种行动，那么这种提案权就不足以维持现状点。这些作者仔细研究了各种常见的推定把关机构，发现在立法政治中几乎不存在很强意义上的把关。例如，立法机关的委员会似乎没有被授予把关权（例如，因为议院可以采取排除或类似措施），或者在欧盟，议会和理事会都可以要求有权根据协商和共同决策程序启动立法的委员会提出提案。〔1〕

467

严格的关联性规则可以被视为立法委员会的把关工具。委员会有权摒弃没有关联性的提案。尽管如此，此类提案可以通过其他渠道进入议会——在某些体制中，只要它们有足够的支持，这些支持可能直接来自议会。

22.3.4　排序和排列

如果在委员会讨论和议会辩论后，在一个议题上存在两个以上的备选方案（例如，以对政府法案的反对性修正案的形式存在），那么需要进行某种投票程序才能作出决定。投票程序包括投票方法和决策规则〔梅里尔（Merrill），1988〕。投票方法决定投票的方式和形式。在立法机构中，常见的方法是举手、唱名、发言、分组表决，以及使用越来越多的电子投票装置〕萨尔费尔德（Saalfeld），1995〕。决策规则可能非常复杂，包括获胜的要求（简单多数、绝对多数等），以及在需要进行多次投票才能作出决策的情况下确定投票顺序的规则。

学者文献中分析了许多投票程序〔赖克（Riker），1982；努尔米（Nurmi），1987；米勒（Miller），1995〕。实际上，在议会中，似乎只有两种投票程序主导着表决：修正程序或连续程序，或其中任意一种的某种变体〔拉施（Rasch），2000〕。前者是盎格鲁－美利坚的路径，按预定顺序两个两个备选方案地投票。在每个阶段，一个备选方案被淘汰，获胜者就将遇到下一个备选方案（直到不再有备选方案）。进入这一过程的最后一个备选方案通常是现状

---

〔1〕　帕蒂（Patty，2007）认为，美国众议院的排除程序远非纯粹的多数决定。众议院议长或规则委员会多数成员的支持是确保议案进入议会审议的必要条件。

点，这意味着结果要么是现状点，要么是一些打破现状点的提案。由于议程上有 n 个备选方案，因此在投票结束之前要进行 n–1 次投票。

连续程序的工作原理是按照通常由议会自己提前决定的顺序逐个对备选方案进行投票。因此，投票从对单个备选方案（投票顺序中的第一个）的赞成票或反对票开始。如果多数人支持该备选方案，那么决定已经作出，不再需要进行投票，所有其他备选方案均被淘汰。不过，如果第一个备选方案被否决，那么第二个备选方案将与（n–2）个剩余备选方案相比较。投票一直持续到有一个备选方案获得多数支持。在最后阶段只剩下两个备选方案的时候，其中一个可能是现状点。如果议程上有 n 个备选方案，就从 1 到 n–1 进行投票。

排序对这两种议会投票方式影响都非常大，尤其是连续程序投票［例如，拉施（Rasch），1995；努尔米（Nurmi），2010］。总的来说，布莱克（Black，1958，40）认为，"任何动议进入表决的时间越晚，通过的机会就越大"适用于这两种程序［涅米和格雷特林（Niemi and Gretlein），1985；涅米和拉施（Niemi and Rasch），1987］。如果偏好是循环性的，那么投票顺序和议程设置机制对结果的影响至关重要；（顶部）循环中的任何一个备选方案都有可能被采用。然而，如果存在孔多塞获胜方案或中间点备选方案，那么在修正程序下，只要议员真诚投票，备选方案的排序就会变得不那么重要。对于连续程序，排序仍然会影响结果，如果过早地将中间点备选方案放在议程上（即使每个人都真诚地投票），那么很容易导致该方案的失败。除排序外，删除或添加备选方案都可能会以不明显的方式影响最终结果。因此，修正活动也可以作为策略性的花招，如否决或挽救修正案［埃尼洛和凯勒（Enelow and Koehler），1980；詹金斯和芒格（Jenkins and Munger），2003］。

值得注意的是，对不利的投票顺序的反击方式之一是策略性投票。例如，如果在连续程序中，孔多塞获胜方案排序过于靠前，那么如果足够多的议员采取策略性行动，就可以拯救这一备选方案［麦凯尔和涅米（McKelvey and Niemi，1978］。

只有提案权广泛存在时，才会出现投票问题。在议会制度中，只有议会中的党派有资源和技能制定备选提案时，政府议案才会受到重大挑战。同样，如果存在一个纪律严明的多数党或多数联盟，那么投票顺序问题即使出现也很少。无纪律的政党或少数党政府可能会使全体会议投票的情况更加不稳定，并且更加容易受到投票顺序的影响。

尽管如此，议会似乎并不经常在投票阶段遇到严重问题。尽管可以找到相反的例子，但议员的投票似乎也基本是真诚的［普尔和罗森塔尔（Pool and Rosenthal），1997］。一个原因是议会处理问题的方式使其成为一维的投票场所［谢普瑟（Shepsle），1979］。如果使用中间点投票顺序，即投票从最极端的提案开始，然后逐渐接近处于偏好分布中心的备选方案，那么议员将以中间点备选方案作为结果，因为不真诚投票的决定和动机将会很弱或不存在［霍伊兰（Hoyland），1976；拉施（Rasch），2014］。

22.4 议会制政府（parliamentary governments）和立法议程

当今世界民主国家的数量比以往任何时候都多。大多数民主国家通过了议会制的宪法，即立基于对议会的信任之上的宪法［斯特罗姆（Strøm），2000；斯特罗姆（Strøm）等人，2003；切伊布（Cheibub），2007］。议会信任体系，是指政府为了获得和保持权力，必须至少得到议会多数容忍的体制。信任投票程序存在于大多数议会制民主国家，该程序对于了解政府在立法过程中的地位非常重要［休伯（Huber），1996a；迪尔迈尔和费德森（Diermeier and Feddersen），1998；多林和赫尼格（Döring and Hönnige），2006］。[1]这一程序使得政府能够提出不允许修改的议案（因此，这是一种限制性程序），并将议案的命运与政府的存续联系起来。尽管如此，正是不信任程序或谴责投票反映了议会制度的本质。[2]然而，在先进的议会制民主国家中，只有约5%的不信任动议导致政府的终止，这表明大多数不信任动议并不打算通过［威廉姆斯（Williams），2011］。相反，这些提案可能为反对党提供了一个表明政策重点并获得选票的机会。

在立法过程中，行政机关和立法机关之间的互动由议程设置规则规定［泽伯利斯（Tsebelis），2002，92］。文献中的标准观点是，在议会制中，政府控制议程，而在总统制中，立法机关是议程设置者。我们已经提到美国总统在立

469

---

〔1〕 冰岛是一个没有信任投票的议会制民主国家。冰岛1944年《宪法》在很大程度上模仿了丹麦宪法，但信任程序并没有被纳入其中。瑞士政府由立法机构产生，但由于政府不依赖议会对其日常程序的信任，政府官员也不能在大选之前被投票罢免，因此瑞士的制度不是议会制。

〔2〕 议会制政府（以某种方式）控制议会的经常但并非总是的对应工具是提前举行选举的能力［见卢皮亚和斯特罗姆（Lupia and Strøm），1995；史密斯（Smith），2004；布伦克里克（Brunclik），2013］。

法过程中的有限作用，议程相关权力属于国会。不过，美国的体系相当独特。总体上，不同的总统制国家在立法议题设程方面的情况相当多样化〔参见切伊布和利蒙吉（Cheibub and Limongi），2011；阿莫林·内托（Amorim Neto）等人，2003；菲格雷多和利蒙吉（Figueiredo and Limongi），2000〕。这一点在议会制度中更为显著，不同国家的议程设置机构的差异很大，因此导致立法过程中政府的力量也呈现多样性〔多林（Döring），1995；伯格曼（Bergman）等人，2003〕。

这里的研究与部分文献中对政府角色的标准评价的不同令人震惊。例如，奥布勒（Obler，1981，127）指出，在议会制下，"立法者不立法，行政机关立法"。[1]勃朗德尔（Blondel，1990，241）同样声称，政府"通常可以控制议会"。因此，他继续说道，政府"可以确保法律以他们希望的形式获得通过"。[2]根据泽伯利斯（Tsebelis，2002，93）的观点，每个议会制政府"都能够将其意愿强加给议会"。如果立法机关是主要国家机构，通过不信任程序掌握着任何政府的命运，那么政府怎么可能将自己的意志强加给议会呢？我将指出应该成为答案一部分的四个政府优势：起草权力优势；多数优势；位置优势（政策中心）；限制性程序的可行性（制度优势）。[3]

议会制度下政府力量强大的一个原因是，在大多数领域，政府实际上垄断了议案起草权。在现代社会起草立法需要议会立法机构通常缺乏的专业知识和其他资源。因此，重要的立法必然出自政府部门。下面引用的拉沃尔和谢普瑟（Laver and Shepsle，1994，295）的这段话简明扼要地反映了这一点：

如果政府严格控制议会时间表，几乎垄断了为立法做准备所需的信息和起草技能，那么反对党可能很难将重要的制定法草案列入立法议程。这将有效地防止立法机关将特殊政策强加给不愿意接受的内阁。

另一个原因是，所有内阁中大约有 2/3（的政党）控制着议会的多数席位〔例如斯特罗姆（Strøm），1990〕。议会和政府不是互相独立的、各自内部统一的参与者；政党的联系超越了两个机构的影响，将政府及其在议会中的支持者联合起来〔安德韦格和尼津克（Andeweg and Nijzink），1995；麦甘恩

470

---

〔1〕 拉沃尔和谢普瑟（Laver and Shepsle，1996）在《关于政府的建立和破坏》一书的开篇部分也作出了类似的陈述："在大多数议会制民主国家，行政部门以外的任何人都很难对立法过程产生重大影响。"

〔2〕 关于不同宪法下的立法通过率，参见赛格（Saiegh，2011）和迪尔迈尔和弗莱库（Diermeier and Vlaicu，2011）。

〔3〕 泽伯利斯和拉施（Tsebelis and Rasch，2011）对后三种方法（制度、党派和位置）的讨论方式略有不同。

（McGann），2006］。多数派的地位加上对政府机构起草权的控制，也赋予了政府消极的议程权力。例如，只要议会拥有提案权但起草权有限，政府就可以成功地将分裂性议题从议程中剔除，以避免对联盟团结的挑战。[1]

少数派政府显然也享有范围较广的起草权。可是，这些政府不一定拥有足够的支持，以避免他们不希望的议题被列入立法议程，而且大多缺乏此类消极的议程权力。少数派政府仍然能够形塑立法结果，只要它们占据了位于政策空间中间的位置优势［泽伯利斯（Tsebelis），2002；拉施和泽伯利斯（Rasch and Tsebelis），2011］。除非有一个强有力的制度性措施工具箱可供使用，否则没有占据中间位置的少数派政府几乎不可能存在。

前面已经讲到，信任投票是议会制政府手中的一项重要程序。在实践中，该程序很少使用，但是它总是作为迫使内阁成员辞职（可能还有新一轮的选举）的潜在威胁存在。通过将信任附加在议题之上，各国政府强制议员进行赞成或反对的投票，议会提出的修正案变得无关紧要。议会可以选择的一面是政府及其政策提案，另一面是政策现状但伴随政府危机。

在一些议会制度中，为了避免不友好的反对派修正案的破坏性影响，一种更为普遍和常用的方法是授予政府最后提议权。这是"在流程结束、即没有其他人可以修改议案时，提出修正案的能力"［赫勒（Heller），2001，783］。从某种意义上讲，这就像是增加了一个新的决策阶段，在这个阶段，修正权仅限于有特权的参与者——尤其是政府议案的原始提案人——行使。不过，最后提议权的行使在金融立法领域比普通立法领域更为普遍。根据赫勒（Heller，2001）的研究，最后提议权对少数派政府特别有用。与信任投票相比，限制修正案的提出并潜在地瓦解反对派联盟肯定是一种不那么危险的方式。

在立法中完全遵循议会制逻辑的法国宪法体系，为政府提供了两种重要工具：一揽子投票（整体投票）和终止辩论将议案付诸表决式的信任投票［休伯（Huber），1996；布鲁瓦德（Brouard），2011；切伊布和利蒙吉（Cheibub and Limongi），2012］。[2]这两种工具都严重限制了立法机关的作用。一揽子投票（宪法第44.3条）使得政府能够迫使议会就政府希望纳入的选择性一揽子议题提案和任何修正案进行"要么接受要么放弃"投票。终止辩论将议案付诸表决法（见第49.3条）允许政府将议案的命运与国民议会的不信任投票联系起

---

〔1〕 参见考克斯、麦卡宾斯（Cox, McCubbins）及各位合著者的研究贡献。
〔2〕 布鲁瓦德（Brouard，2011，41）还提到了宪法中其他三个限制性规则的例子（第40、41.3、45条）。

来。国民议会不会就政府议案本身进行表决，如果不信任动议未在 48 小时内提出并被多数接受，那么政府议案就会被视为已通过。在这一投票方式中，政府也不会接受议会提出的任何修正案，如果议会进行投票，那么这就是对政府是否能够继续执政作出决定。

471 　　很少有议会系统像法兰西第五共和国的政府那样拥有如此强大的制度性工具，其他议会系统必须依靠其他优势才能继续执政，例如，多数派地位或在政策空间中的中心地位［拉施和泽伯利斯（Rasch 和 Tsebelis），2011a，272］。休伯（Huber，1992）表明，法国政府提出的议案越复杂，就越有可能诉诸具有限制性的程序。此外，政府的地位越弱，这些程序启动得就越频繁，弱势政府更依赖制度优势。此外，政府联盟也可以启动议案的限制性程序，以避免尴尬的辩论和议会投票。在政策方面，一揽子投票和终止辩论是将议案付诸表决法的主要目的之一，是保护政府议案立基于其上的讨价还价的结果。

　　为了深入了解法国议会制的运作，休伯（Huber，1992；1996）采用了罗默和罗森塔尔（Romer and Rosenthal，1978）的设置者模型，以及为理解美国国会委员会与议员之间关系提出的其他模型。为了更好地反映立法过程中政府内部议程的设置，学者们还建立了类似的模型。拉沃尔和谢普瑟（Laver and Shepsle，1996）的部长级政府模型假设每个部长几乎都垄断了提案权。部长有积极的提案能力，也有消极的紧闭大门从而阻止不必要的提案的权力。泽伯利斯（Tsebelis，2002）、考克斯和麦卡宾斯（Cox and McCubbins）在他们撰写的许多论文中，都强调部长的否决权，而不是他们的提案权。政府中各党派对政府面临的一系列问题都拥有否决权。因此，没有部长拥有单方面的提案权。

　　本部分关于议会制政府的最后一点是，在对立法与行政关系的分析研究中，很少有更深入地考查预期的作用的。立法决策错综复杂，包括各种各样的谈判过程［弗罗曼（Froman），1967］。在议会制中，如果政府需要在议会投票前围绕议题建立起多数联盟，那么部长们（或者他们在议会中的支持者）可以使用传统的谈判工具，如说服、解决问题、妥协、选票交易和互投赞成票，以使得他们的政策获得通过。一种不同的路径是预期议会的反应，这是一种隐性的谈判过程，其中参与者的出价和还价是未知的或模糊的。政府预测议会的偏好，并据此起草议案。如果这一机制运作成功，那么每一项政府议案都将不加修改地获得通过，所有议员个人提出的议案都将被否决。一个缺乏强有力的议程设置或谈判工具的政府，为了生存，将不得不在其日常程序中诉诸对议会反应的预期。

22.5 结论

本章并不是对议程设置理论和模型的总体概述。本章的重点是机制方面。立法议程的设置与议程的安排和时间表控制、生成提案的能力、避免或阻止提案的能力，以及最后在议会全体会议时排序或排列选项的能力有关。本章回顾了一些关于基于多数规则的议程设置的最有影响力的研究，首先是与麦凯尔（McKelvey）的全面循环和议程定理以及罗默和罗森塔尔（Romer and Rosenthal）的设置者模型相关的研究。这些模型将关键的政策影响力赋予了控制议程的参与者。不过，本章随后对立法议程设置的程序性权利和体制机制的概览确实表明，现实世界中议会的议程设置通常比原始模型中的受到更大的限制。一般来说，议程设置者似乎没有那么强大，设置者获得影响力的机制往往微妙而复杂。

472

表 22.1 在不同机构环境中特定议程权力分配示例

设置者模型	立法机关委员会	两院制	美国式总统制	议会制
第一阶段参与者	委员会	第一院	国会	政府
提案权 把关权	授予的提案权 管辖权限制 （有限的时间表控制和日程安排权力）	提案权 排序权力 （开放式否决权）	提案权 时间表控制 排序权力 否决权推翻	有起草能力的提案权 时间表控制（议程） **其他手段：** 信任投票 （辞职威胁） 解散权力 最后提议权
第二阶段参与者	所在议院	第二院	总统	议会
封闭式否决权	提案权 开放式否决权 时间表控制 排序权力 委托代理关系	提案权 排序权力 （开放式否决权）	封闭式否决权 （政策启动）	有有限起草能力的提案权 开放式否决权 排序权力 **其他手段：** 不信任投票 （罢免威胁） 委托代理关系

注："公开规则否决权"一词用于需要相关参与者同意的情况，该参与者也可以修改正在审议的提案（即附有修正权的否决权）。

立法议程设置是一个充满活力和朝气的研究领域，不断出现新的见解。与

473　对普通立法的研究相比，关于其他决策过程的研究——如预算编制（国家预算）和长期适用的议会规则的变化（议会议事规则）——更为稀少，对议程设置的理解也不那么确凿。[1]迄今为止，尚没有对在政府形成过程中授权性规则中程序性权利的分配的系统调查。[2]在消极的议会制形式下（即没有授权），隐性的和非正式的议程设置规则更加难以理解。同样，对宪法改革过程中的议程设置［丹佐（Denzau），1985；马丁和拉施（Martin and Rasch），2013］和议员对不同位置和职位人员的选举［詹妮和穆勒（Jenny and Müller），1995；西贝勒（Sieberer），2013］的分析也很少。

在未来几年中，我们会看到议程模型向更需要仔细探究的决策领域和过程方向发展。另一种可能出现的发展是，进一步远离两阶段决策模型。立法过程的复杂性令人震惊。当然，很少有研究考虑到所有相关的制度细节，因为这将使得研究难以进行。挑战在于以减少变化维度的方式对制度特征进行概念化。例如，否决权—参与者路径［泽伯利斯（Tsebelis），2002］已被证明是此类工具中一种非常普遍和极度有效的工具，其所面临的挑战是创设在制度细节上更加丰富的高效模型，以便更好地理解体制机制在立法议程设置中的作用和重要性。

致谢

感谢编辑们提出的有益意见和建议。这项研究得到了挪威研究理事会的支持［弗里萨姆（FriSam）第 222442 号项目"议会制的演变及其政治后果"］。

---

〔1〕　例如，参见赫勒（Heller，1997）关于两院制和预算、西贝勒（Sieberer）等人（2011）关于既定议会议事规则的研究。

〔2〕　例如，参见拉沃尔和谢普瑟（Laver and Shepsle，1993)以及布洛赫和罗蒂尔 (Bloch and Rottier，2002) 的相关研究。

参考文献

Akirav, O., Cox, G. W, and McCubbins M. D., 2010. Agenda Control in the Israeli Knesset during Ariel Sharon's Second Government. Journal of Legislative Studies, 16: 251–67.

Aldrich, J.H., Alt, J. E., and Lupia, A. (eds.), 2007. Positive Changes in Political Science. The Legacy of Richard D. McKelvey's Most Influential Writings. Ann Arbor: University of Michigan Press.

Alemán, E. and Tsebelis, G., 2005. The Origins of Presidential Conditional Agenda–Setting Power in Latin America. Latin American Research Review, 40: 3–26.

Amorim Neto, O., Cox, G. W., and McCubbins, M. D., 2003. Agenda Power in Brazil's Câmara dos Deputados, 1989–98. World Politics, 55: 550–78.

Andeweg, R. and Nijzink, L., 1995. Beyond the Two–Body Image: Relations between Ministers and MPs. In H. Döring (ed.), Parliaments and Majority Rule in Western Europe, pp. 152–78. New York/Frankfurt: St. Martin's Press/Campus.

Bachrach, P. and Baratz, M.S., 1962. Two Faces of Power. American Political Science Review, 56: 947–52.

Baumgartner, F. R. and Jones, B. D., 1993. Agendas and Instability in American Politics. Chicago: University of Chicago Press.

Baumgartner, F.R., Green–Pedersen, C., and Jones, B. D., 2006. Comparative studies of policy agendas. Journal of European Public Policy, 13: 959–74.

Bergman, T., Müller, W.C., Strøm, K., and Blomgren, M., 2003. Democratic Delegation and Accountability: Cross–national Patterns. In K. Strøm, W. C. Müller, and T. Bergman (eds.). Delegation and Accountability in Parliamentary Democracies, pp. 109–220. Oxford: Oxford University Press.

Binder, S.A., 1997. Minority Rights, Majority Rule: Partisanship and the Development of Congress. Cambridge: Cambridge University Press.

Binder, S.A. and Smith, S. S., 1997. Politics or Principle? Filibustering in the United States Senate. Washington, DC: Brookings Institution.

Black, D.,1958. The Theory of Committees and Elections. Cambridge: Cambridge

University Press.

Bloch, F.and Rottier, S., 2002. Agenda control in coalition formation. Social Choice and Welfare, 19: 769–88.

Blondel, J., 1990. Comparative Government: An Introduction. New York: Phillip Allen.

Bräuninger, T. and Debus, M., 2009. Legislative agenda–setting in parliamentary democracies. European Journal of Political Research, 48: 804–39.

Brouard, S., 2011. France: systematic institutional advantage of governments in lawmaking. In B. E. Rasch and G. Tsebelis (eds.). The Role of Governments in Legislative Agenda Setting, pp. 38–52. London: Routledge.

Brunclik, M., 2013. Problem of early elections and dissolution power in the Czech Republic. Communist and Post–Communist Studies. <http://dx.doi.org/10.1016/j.postcomstud.2013.03.003>.

Cameron, C., 2000. Veto Bargaining: Presidents and the Politics of Negative Power. Cambridge: Cambridge University Press.

Carson, L., Monroe, N.W., and Robinson, G., 2011. Unpacking Agenda Control in Congress: Individual Roll Rates and the Republican Revolution. Political Research Quarterly, 64: 17–30.

Chandler, W.M., Cox, G. W., and McCubbins, M. D., 2006. Agenda Control in the Bundestag, 1980–2002. German Politics. 15: 27–48.

Cheibub, J. A., 2002. Presidentialism and Democratic Performance. In A. Reynolds (ed.). Architecture of Democracy. Constitutional Design, Conflict Management, and Democracy, pp. 104–140. Oxford: Oxford University Press.

Cheibub, J. A., 2007. Presidentialism, Parliamentarism, and Democracy. Cambridge: Cambridge University Press.

Cheibub, J. A. and Limongi, F., 2012. Legislative–Executive Relations. In T. Ginsburg and R. Dixon (eds.). Comparative Constitutional Law, pp. 211–33. Cheltenham: Edward Elgar.

Chong, D. and Druckman, J. N., 2007. Framing Theory. Annual Review of Political Science, 10: 103–26.

Cohen, B.C., 1963. The Press and Foreign Policy. Princeton: Princeton University Press.

Colomer, J.M., 2013. Ramon Llull: from 'Ars electionis' to social choice theory. Social Choice and Welfare, 40: 317–28.

Cox, G.W., 1987. The Efficient Secret. The Cabinet and the Development of Political Parties in Victorian England. Cambridge: Cambridge University Press.

Cox, G.W., 2001. Agenda Setting in the U.S. House: A Majority–Party Monopoly? Legislative Studies Quarterly, 26: 185–210.

Cox, G.W., 2006. The Organization of Democratic Legislatures. In B.R. Weingast and D.A. Wittman (eds.). The Oxford Handbook of Political Economy, pp. 141–61. Oxford: Oxford University Press.

Cox, G.W., Heller, W. B., and McCubbins, M. D., 2008. Agenda Power in the Italian Chamber of Deputies, 1988–2000. Legislative Studies Quarterly, 33: 171–98.

Cox, G.W., Masuyama, M., and McCubbins, M. D., 2000. Agenda Power in the Japanese House of Representatives. Japanese Journal of Political Science, 1: 1–21.

Cox, G.W. and McCubbins, M. D., 2005. Setting the Agenda. Responsible Party Government in the U.S. House of Representatives. Cambridge: Cambridge University Press.

Cox, G.W. and Shepsle, K. A., 2007. Majority Cycling and Agenda Manipulation: Richard McKelvey's Contributions and Legacy. In J.H. Aldrich., J.E. Alt, and A. Lupia (eds.).Positive Changes in Political Science. The Legacy of Richard D. McKelvey's Most Influential Writings, pp. 19–40. Ann Arbor: University of Michigan Press.

Crombez, C., Groseclose, T., and Krehbiel, K., 2006. Gatekeeping. Journal of Politics, 68: 322–34.

Dearing, J.W. and Rogers, E. M., 1996. Agenda Setting. London: Sage.

Denzau, A.T., 1985. Constitutional change and agenda control. Public Choice, 47: 183–217.

Diermeier, D. and Feddersen, T. J., 1998. Cohesion in Legislatures and the Vote of Confidence Procedure. American Political Science Review, 92: 611–21.

Diermeier, D. and Vlaicu, R., 2011. Executive Control and Legislative Success. Review of Economic Studies, 78: 846–71.

Dion, D. and Huber, J. D., 1996. Procedural Choice and the House Committee on Rules. The Journal of Politics, 58: 25–53.

Dixit, A.K. and Nalebuff, B. J., 1991. Thinking Strategically. The Competitive Edge in Business, Politics, and Everyday Life. New York: Norton.

Döring, H., 1995. Time as a Scarce Resource: Government Control of the Agenda. In H. Döring (ed.), Parliaments and Majority Rule in Western Europe, pp. 223–46. New York/Frankfurt: St. Martin's Press/Campus.

Döring, H., 2001. Parliamentary Agenda Control and Legislative Outcomes in Western Europe. Legislative Studies Quarterly, 26: 145–65.

Döring, H., 2003. Party Discipline and Government Imposition of Restrictive Rules. Journal of Legislative Studies, 9: 147–63.

Döring, H. and Hallerberg, M. (eds.), 2004. Patterns of Parliamentary Behavior. Passage of Legislation across Western Europe. Aldershot: Ashgate.

Döring, H. and Hönnige, C., 2006. Vote of Confidence Procedure and Gesetzgebungsnotstand: Two Toothless Tigers of Governmental Agenda Control. German Politics, 15: 1–26.

Elster, J., 2000. Ulysses Unbound. Studies in Rationality, Precommitment, and Constraints. Cambridge: Cambridge University Press.

Enelow, J. and Koehler, D., 1980. The Amendment in Legislative Strategy: Sophisticated Voting in the U. S. Congress. Journal of Politics, 42: 396–413.

Epstein, L. and Shvetsova, O., 2002. Heresthetical Maneuvering on the US Supreme Court. Journal of Theoretical Politics, 14(1): 93–122.

Feld, S. L., Grofman, B., and Miller, N. R., 1989. Limits on Agenda Control in Spatial Votin Games. Mathematical and Computer Modelling, 12(3/4): 405–16.

Figueiredo, A. C. and Limongi, F., 2000. Presidential Power, Legislative Organization, and Party Behavior in Brazil. Comparative Politics, 32: 151–70.

Fiorina, M. P., 1987. Comment: Alternative Rationales for Restrictive Procedures. Journal of Law, Economics, and Organization, 3: 337–43.

Froman, L. A., 1967. The Congressional Process: Strategies, Rules, and Procedures. Boston: Little, Brown and Company.

Ganghof, S., 2003. Promises and Pitfalls of Veto Player Analysis. Swiss Political Science Review, 9(2): 1–25.

Huber, J., 1992. Restrictive Legislative Procedures in France and the United States. American Political Science Review, 86: 675–87.

Huber, J., 1996. Rationalizing Parliament: Legislative Institutions and Party Politics in France. Cambridge: Cambridge University Press.

Iyengar, S., 1991. Is anyone responsible? How television frames political issues. Chicago: University of Chicago Press.

Jenkins, J. A. and Munger, M. C., 2003. Investigating the Incidence of Killer Amendments in Congress. Journal of Politics, 65: 498–517.

Jenny, M. and Müller, W. C., 1995. Presidents of Parliaments: Neutral Chairmen or Assets of the Majority? In H. Döring (ed.). Parliaments and Majority Rule in Western Europe, pp. 326–64. New York/Frankfurt: St. Martin's Press/Campus.

Kennedy, E. M., 1977. Congress, the President, and the Pocket Veto. Virginia Law Review, 63: 355–82.

Kingdon, J. W., 1984. Agendas, Alternatives and Public Policies. Boston: Little Brown.

König, T., Tsebelis, G., and Debus, M. (eds.), 2010. Reform Processes and Policy Change. Veto Players and Decision–Making in Modern Democracies. New York: Springer.

Krehbiel, K., 1987. Why are Congressional Committees Powerful? American Political Science Review, 81: 929–35.

Krehbiel, K., 1988. Spatial Models of Legislative Choice. Legislative Studies Quarterly, 13: 259–19.

Krehbiel, K., 1991. Information and Legislative Organization. Ann Arbor: University of Michigan Press.

Krehbiel, K., 2004. Legislative Organization. Journal of Economic Perspectives, 18: 113–28.

Laver, M. and Shepsle, K. A., 1990. Coalitions and Cabinet Government. American Political Science Review, 84: 873–90.

Laver, M. and Shepsle, K. A., 1993. Agenda Formation and Cabinet Governmen. In W.H. Riker (ed.). Agenda Formation, pp. 169–82. Ann Arbor: University of Michigan Press.

Laver, M. and Shepsle, K. A., 1994. Cabinet government in theoretical perspective. In M. Laver and K. A. Shepsle (eds.), Cabinet Ministers and Parliamentary Government, pp. 285–309. Cambridge: Cambridge University Press.

Laver, M. and Shepsle, K. A., 1996. Making and Breaking Governments. Cabinets and Legislatures in Parliamentary Democracies. Cambridge: Cambridge University Press.

Loewen, P. J., Koop, R., Settle, J. E., and Fowler, J. H. (2014). A Natural Experiment in Proposal Power and Electoral Success. American Journal of Political Science, 58(1): 189–96.

Lupia, A. and Strøm, K., 1995. Coalition Termination and the Strategic Timing of Parliamentary Elections. American Political Science Review, 89: 648–65.

Martin, S., 2011. Electoral Institutions, the Personal Vote, and Legislative Organization. Legislative Studies Quarterly, 36: 339–61.

Martin, S. and Rasch, B. E., 2013. Political Parties and Constitutional Change. In W.C. Müller and H. M. Narud (eds.). Party Governance and Party Democracy. Festschrift to Kaare Strøm, pp. 205–229. New York: Springer.

Mattson, I., 1995. Private Members' Initiatives and Amendments. In H. Döring (ed.). Parliaments and Majority Rule in Western Europe. New York/Frankfurt: St. Martin's Press/

Campus.

Mattson, I. and Strøm, K., 1995. Parliamentary Committees. In H. Döring (ed.). Parliaments and Majority Rule in Western Europe. New York/Frankfurt: St. Martin's Press/ Campus.

McCarty, N. M., 2000. Proposal Rights, Veto Rights, and Political Bargaining. American Journal of Political Science, 44: 506–22.

McCarty, N. M. and Poole, K. T., 1995. Veto Power and Legislation: An Empirical Analysis of Executive and Legislative Bargaining from 1961 to 1986. Journal of Law, Economics, and Organization, 11: 282–312.

McCombs, M. E. and Shaw, D. L., 1972. The Agenda–Setting Function of Mass Media. Public Opinion Quarterly, 36(2): 176–87.

McCombs, M. E. and Shaw, D. L., 1993. The Evolution of Agenda–Setting Research: Twenty–Five Years in the Marketplace of Ideas. Journal of Communication, 43(2): 58–67.

McGann, A. J., 2006. Social Choice and Comparing Legislatures: Constitutional versus Institutional Constraints. Journal of Legislative Studies, 12: 443–61.

McKelvey, R. D., 1976. Intransitivities in Multidimensional Voting Models and Some Implications for Agenda Control. Journal of Economic Theory, 12: 472–82.

McKelvey, R. D., 1979. General Conditions for Global Intransitivities in Formal Voting Models. Econometrica, 47: 1085–112.

McKelvey, R. D. and Niemi, R. G., 1978. A multistage game representation of sophisticated voting for binary procedures. Journal of Economic Theory, 18: 1–22.

McLean, I., 1990. The Borda and Condorcet Principles: Three Medieval Applications. Social Choice and Welfare, 7: 99–108.

Merrill, Ⅲ, S., 1988. Making Multicandidate Elections more Democratic. Princeton: Princeton University Press.

Miller, N. R., 1995. Committees, Agendas, and Voting. Chur: Harwood Academic Publishers.

Miller, N. R., Grofman, B., and Feld, S. L., 1989. The Geometry of Majority Rule. Journal of Theoretical Politics, 1: 379–406.

Monroe, N. W. and Robinson, G., 2008. Do Restrictive Rules Produce Nonmedian Outcomes? A Theory with Evidence from the 101st–108th Congress. Journal of Politics, 70: 217–31.

Niemi, R. G. and Gretlein, R. J., 1985. A Precise Restatement and Extension of Black's

Theorem on Voting Orders. Public Choice, 54: 371–76.

Niemi, R. G. and Rasch, B. E., 1987. An Extension of Black's Theorem on Voting Orders to the Successive Procedure. Public Choice, 54: 187–90.

Nurmi, H., 1987. Comparing Voting Systems. Dordrecht: D. Reidel.

Nurmi, H., 2010. Voting Weights or Agenda Control: Which One Really Matters? AUCO Czech Economic Review, 4: 5–17.

Nussberger, A., Özbudun, E., and Sejersted, F., 2010. On the Role of the Opposition in a Democratic Parliament. Study no. 497/2008. Strasbourg: European Commission for Democracy Through Law [Venice Commission].

Obler, J., 1981. Legislatures and the Survival of Political Systems: A Review Article. Political Science Quarterly, 96: 127–39.

Patty, J. W., 2007. The House Discharge Procedure and Majoritarian Politics. Journal of Politics, 69: 678–88.

Pearson, K. and Schickler, E., 2009. Discharge Petitions, Agenda Control, and the Congressional Committee System, 1929–76. Journal of Politics, 71: 1238–56.

Plott, C. R., 1967. A notion of equilibrium under majority rule. American Economic Review, 57: 787–806.

Poole, K. T. and Rosenthal, H., 1997. Congress: A Political–Economic History of Roll Call Voting. Oxford: Oxford University Press.

Rasch, B. E., 1995. Parliamentary Voting Procedures. In H. Döring (ed.). Parliaments and Majority Rule in Western Europe. New York/Frankfurt: St. Martin's Press/Campus.

Rasch, B. E., 2000. Parliamentary Floor Voting Procedures and Agenda Setting in Europe. Legislative Studies Quarterly, 25: 3–23.

Rasch, B. E., 2014. Insincere voting under the successive procedure. Public Choice, 158: 499–511.

Rasch, B. E. and Tsebelis, G., 2011. The Role of Governments in Legislative Agenda Setting. London: Routledge.

Rasch, B. E. and Tsebelis, G., 2011a. Conclusion. In B. E. Rasch and G. Tsebelis (eds.). The Role of Governments in Legislative Agenda Setting, pp. 270–73. London: Routledge.

Riker, W. H., 1982. Liberalism Against Populism. A Confrontation Between the Theory of Democracy and the Theory of Social Choice. San Francisco: W.H. Freeman.

Riker, W. A., 1993. Introduction. In: W.H. Riker (ed.). Agenda Formation. Ann Arbor: University of Michigan Press.

Romer, T. and Rosenthal, H., 1978. Political resource allocation, controlled agendas, and the status quo. Public Choice, 33: 27–43.

Saalfeld, T., 1995. On Dogs and Whips: Recorded Votes. In H. Döring (ed.).Parliaments and Majority Rule in Western Europe. New York/Frankfurt: St. Martin's Press/Campus.

Saiegh, S. M., 2011. Ruling by Statute. Cambridge: Cambridge University Press.

Schattschneider, E. E., 1960. The semi–sovereign people: A realist's guide to democracy in America. New York: Holt.

Schelling, T., 1960. The Strategy of Conflict. Cambridge, MA: Harvard University Press.

Scheufele, D. A. and Tewksbury, D., 2007. Framing, Agenda Setting, and Priming: The Evolution of Three Media Effects Models. Journal of Communication, 57: 9–20.

Schickler, E. and Pearson, K., 2009. Agenda Control, Majority Party Power, and the House Committee on Rules, 1937–52. Legislative Studies Quarterly, 34: 455–91.

Schofield, N., 1978. Instability of Simple Dynamic Games. Review of Economic Studies, 50: 695–705.

Shepsle, K. A., 1979. Institutional arrangements and equilibrium in multidimensional voting models. American Journal of Political Science, 23: 23–57.

Shepsle, K. A., 1986. Institutional Equilibrium and Equilibrium Institutions. In H. F. Weisberg (ed.). Political Science: The Science of Politics, pp. 51–81. New York: Agathon Press.

Shepsle, K. A. and Weingast, B. R., 1984. Political 'solutions' to market problems. American Political Science Review, 77: 417–34.

Shepsle, K. A. and Weingast, B. R., 1984. The Institutional Foundations of Committee Power. American Political Science Review, 81: 85–104.

Shepsle, K. A. and Weingast, B. R., 2012. Why so much stability? Majority voting, legislative institutions, and Gordon Tullock. Public Choice, 152: 83–95.

Sieberer, U., 2006. Agenda Setting in the German Bundestag: A Weak Government in a Consensus Democracy. German Politics, 15: 4972.

Sieberer, U., 2013. Elections in Western European Parliaments. European Journal of Political Research, 52: 512–35.

Sieberer, U., Müller, W. C., and Heller, M. I., 2011. Reforming the Rules ofthe Parliamentary Game: Measuring and Explaining Changes in Parliamentary Rules in Austria, Germany, and Switzerland, 1945–2010. West European Politics, 34: 948–75.

Skog, O–J., 1994. 'Volonté Generale' and the Instability of Spatial Voting Games.

Rationality and Society, 6: 271–85.

Smith, A., 2004. Election Timing. Cambridge: Cambridge University Press.

Strøm, G.S., 1990. The Logic of Lawmaking. A Spatial Theory Approach. Baltimore: The Johns Hopkins University Press.

Strøm, K., 1990. Minority Government and Majority Rule. Cambridge: Cambridge University Press.

Strøm, K., 2000. Delegation and accountability in parliamentary democracies. European Journal of Political Research, 37: 261–89.

Strøm, K., Müller, W. C., and Bergman, T. (eds.), 2003. Delegation and Accountability in Parliamentary Democracies. Oxford: Oxford University Press.

Tsebelis, G., 2002. Veto Players. How Political Institutions Work. Princeton: Princeton University Press.

Tsebelis, G. and Money, J., 1997. Bicameralism. Cambridge: Cambridge University Press.

Tsebelis, G. and Rasch, B. E., 1996. Patterns of Bicameralism. In H. Döring (ed.). Parliaments and Majority Rule in Western Europe, pp. 365–90. New York/Frankfurt: St. Martin's Press/ Campus.

Tsebelis, G. and Rasch, B. E., 2011. Governments and legislative agenda setting. An introduction. In B. E. Rasch and G. Tsebelis (eds.). The Role of Governments in Legislative Agenda Setting, pp. 1–20. London: Routledge.

Vermeule, A., 2007. Mechanisms of Democracy. Institutional Design Writ Small. Oxford: Oxford University Press.

Wawro, G. J. and Schickler, E., 2006. Filibuster: Obstruction and Lawmaking in the US Senate. Princeton: Princeton University Press.

Weingast, B. R., 1989. Floor Behavior in the U.S. Congress: Committee Power under the Open Rule. American Political Science Review, 83: 795–815.

Weingast, B. R., 1996. Political Institutions: Rational Choice Perspectives. In R.E. Goodin and H–D. Klingemann (eds.). A New Handbook of Political Science, pp. 167–90. Oxford: Oxford University Press.

Williams, L. K., 2011. Unsuccessful Success? Failed No–Confidence Motions, Competence Signals, and Electoral Support. Comparative Political Studies, 44: 1474–99.

Zubek, R., 2011. Negative Agenda Control and Executive–Legislative Relations in East Central Europe, 1997–2008. Journal of Legislative Studies 17: 172–92.

Zucchini, F., 2011. Italy: government alternation and legislative agenda setting. In B. E. Rasch and G. Tsebelis (eds.). The Role of Governments in Legislative Agenda Setting, pp. 53–77. London: Routledge.

Zucchini, F., 2011a. Government alternation and legislative agenda setting. European Journal of Political Research, 50: 749–74.

第二十三章　立法[*]

塞巴斯蒂安·M. 赛格（Sebastian M. Saiegh）

23.1　引言

2002 年 7 月 27 日，美国共和党控制的国会授予时任总统乔治·W. 布什在谈判国际贸易协定上的"快车道"权力。大多数议员按照自己所在党派的倾向投票：民主党人反对该议案，共和党人支持该议案。不过，许多共和党人担心自由贸易会使得他们所在选区的工作岗位减少，于是便分道扬镳，有些加入了反对党。与此同时，来自依赖商品出口选区的民主党人却支持这项措施。可是，民主党领导人希望能够使得党内多数人投票反对该议案，以迫使摇摆选区的共和党人投"赞成"票，这可能会在 11 月的选举中对他们不利。面对如此强势的反对意见，共和党领导人对迫使议员进行如此有争议的投票持谨慎态度。政府高级官员与多数党党员一起努力拉选票。当该议案付诸议会表决时，这些努力得到了回报——一些共和党人屈服于他们的恳请，其中包括 2 名议员，他们在获得布什帮助他们继续赢得他们选区的承诺后改变了投票。政府还获得了另外 5 名支持商业发展的民主党人的选票，他们顶住了来自

---

[*]　张玉洁译。

党内领导层的压力。在胜利得到保证的情况下，共和党领导人放过了那些拥有强大反"快车道"权力的选区的共和党人，他们投了"反对票"。凌晨 3 时 30 分，众议院以微弱的优势（215 票对 212 票）通过了《贸易法》，多数票由 190 名共和党人和 25 名民主党人组成。

　　几个月后，布什总统就没有这么幸运了。2003 年 3 月 1 日，土耳其议会以微弱优势否决了一项允许 62,000 名美国士兵进入土耳其领土的政府议案，这令美国政府官员感到震惊。该议案未能通过也让土耳其的政治领导人感到意外。土耳其时任首相阿卜杜拉·吉尔（Abdullah Gül）和执政党领袖雷杰普·塔伊普·埃尔多安（Recep Tayyip Erdoğan）支持该决议，两人都敦促他们所在的、控制议会绝大多数席位的政党支持该决议。美国军方希望在库尔德控制的伊拉克北部开辟第二条战线，以土耳其为发射台。埃尔多安（Erdoğan）支持这一请求，认为土耳其与美国之间的关系有着重要价值，不容忽视。但是美国的请求使得土耳其议会陷入困境，因为民意调查显示，多达九成的土耳其人反对参与对伊拉克的战争。在投票前几个小时，吉尔和埃尔多安（Gül and Erdoğan）举行了一场由 300 多名正义与发展党（Justice and Development Party）党员参与的预投票，这些党员在 550 个席位的议会中占据主导地位。只有大约 50 名成员表示反对，但是他们是该党的核心成员，由秉持伊斯兰思想的议员组成。然而，埃尔多安（Erdoğan）低估了自己党内持不同政见者的力量。支持这项措施的土耳其议员多于反对这项措施的土耳其议员（最终投票结果为 264 票赞成，251 票反对），但因为存在 19 票弃权，因此决议未能通过。根据土耳其宪法，一项决议只有得到出席会议的大多数议员的支持才能成为法律。许多议员以为这项措施已经获得通过，于是离开了议会，登上飞机返回家中。当吉尔和埃尔多安（Gül and Erdoğan）意识到他们选票计算错误时，想要改变结果为时已晚。

　　这两个例子揭示了制定法立法过程的几个普遍特征：政府和受到各方压力的议员如何相互影响；不确定性因素影响成功或失败的可能性；议员的投票意图如何随着不同的激励手段而变化。这两个例子都聚焦于政府主导的立法，并突出反映了其中有趣的困境。在当代大多数民主国家，政府在立法过程中发挥着主导作用。政府主导了相当大比例的议案，在世界上 1/3 的国家立法机关中，在税收、公共支出和政府债务领域引入立法的权利被留给了行政机关［菲什和克罗尼格（Fish and Kroenig），2009］。例如，在 19 个拉丁美洲的总统制国家中，除玻利维亚、哥斯达黎加、危地马拉、洪都拉斯和巴拉圭外，立法机关在预算立法方面的作用非常有限［佩恩（Payne）等人，2002；阿莱曼和泽伯利斯（Aleman and Tsebelis），2005］。议会制政府在立法过程中发挥着更为主导的作用。例如，在英国，政府可以决定辩论和投票的内容，只有少数反对党和议员个人日（Opposition and Private Member Days）除外［萨尔费尔德（Saalfeld），1995］。

由于享有提案权，政府主导的议案很少会被否决。如果政府知道一项议案得不到足够的支持，它完全可以不将其提交至立法机构，以保全自己的面子。而且，虽然政府议案一直很顺利、直到议会全体投票时才被否决的情况确实是例外，但的确发生过。事实上，即使是在英国下议院的全体会议上（许多人认为这是政府议案无法获得多数支持的最不可能的情况），也出现了即便党鞭施加，政府议案仍然未获通过的情况［诺顿（Norton），1980］。[1]

本章讨论允许政府首脑通过具有法律效力的政府行为出台政策的因素。[2]本章检视了政府和立法机关在制定法律方面的作用和影响。本章提出的主要观点是，立法通过率的变化是不确定性差异的结果，而不是因为党派支持的影响。本章尤其确定了影响立法的两个主要因素：议员投票行为的不可预测性，以及贿选情况的存在。因此，本章不仅对政府立法表现的变化提供了解释，还拓展了我们对立法决策、基于不确定性规则的议程控制以及立法机关中党的纪律的理解。

23.2 将简要讨论民主国家的立法过程。23.3 介绍本章的两个主要观点：（1）不确定性的差异导致政府首脑通过成文法出台政策的不同能力有所变化的理念；（2）在贿选的情况下，最终获胜的联盟规格不会过大（要么是严格意义上的最低限度多数，要么是多数议员加一）的观点。在 23.4 中，我会将这些观点与关于通过制定法出台决策和贿选的传统观点进行对比。在 23.5 中，我将证明不确定性和贿选如何影响立法。23.6 是结论。

───────────

〔1〕　根据布思罗伊德（Boothroyd，2001）的统计，1918—2001 年，共有 118 个分组会议中的政府提案未获通过。政府的立法失败大多集中在 1974—1979 年，与经济问题（财政法修正案）以及苏格兰和威尔士公投有关。即使是非常强硬的首相玛格丽特·撒切尔（Margaret Thatcher），也经历了议会中的失败。1945—1970 年，人们普遍认为失败的政府应该或者改变其决定、或者寻求信任投票、或者辞职（当时政府很少失败）。正如布思罗伊德（Boothroyd）所指出的，只有当希恩（Health）政府一再失败时，人们才意识到，只有在失去信任投票的情况下，政府才需要辞职［布思罗伊德（Boothroyd），2001］。

〔2〕　涉及议会制民主国家的情况，本章使用"政府首脑"一词来表示政府的政治首脑，而不是国家形式上的元首。此外，考虑到议会制民主国家（包括首相、内阁和行政部门）行政集体领导的性质，"政府首脑"仅因文风原因指代这一集体。类似的处理见鹤谷和加伯特（Tsurutani and Gabbert，1992）和赫尔姆斯（Helms，2005）。

23.2 立法过程

在所有民主国家，立法机关是成文法的权威来源。成文法仅从属于宪法，高于包括行政法规在内的所有其他形式的立法。立法过程的细节因国家而异。不过，大多数国家的议案都要经过一些基本步骤才能成为法律。在大多数民主立法机关中，议案会被正式引入"议会"（或全体会议），然后被提交给委员会；在委员会审议后，它们被"报告"回议会以进行辩论和投票。在两院制立法机关中，这一程序分别在每个议院中重复，然后需要进行特殊程序以获得两院对单一文本的共同同意［奥尔森（Olson），1994］。

在大多数立法机关中，议会委员会是立法过程的主力军。不过，委员会可能发挥的作用因国家而异，取决于管理体制、政党的实力和组织、可用资源和其他政治因素。在一些立法机关中，委员会有权阻止进一步审议它们不认可的立法；在一些其他立法机关中，委员会审议阶段可能只是一种形式。

议案一路顺利、直到议会投票时才被否决的情况是例外，但确实发生过。不过，总的来说，提案会以其他方式"灭亡"。它们的命运取决于每个国家的立法程序，一般来说，可以是以下任何一种方式：否定性委员会报告扼杀议案；没有委员会报告，因而议案从未离开委员会返回给议会；一份肯定性的委员会报告，使得议员有可能对该议案进行辩论，但并不保证该议案将被提交辩论；议案在全体会议投票时被彻底否决。

在大多数国家，未在立法年度审议的议案会过期，必须在下一个会期再次提交至立法机关。但在其他一些国家，立法提案可以延续到下一年。因此，如果一项议案没有达至议会全体会议，那么它的"灭亡"可能会在一段时间后自动发生，或者可能在立法机关中"煎熬"更长一段时间。如果议案未被采纳，那么议案在失效前的有效期因国家而异。在一些国家，议案必须在提出议案的立法会期内通过。否则，该议案必须在下届会议上重新提出。在其他一些国家，议案的有效期等于立法期限。因此，除非立法期限届满，否则议案不会失效。最后，在其他一些国家，议案永远不会失效，除非它们被明确投票否决。

议案经立法机关批准后，需要颁行或发布。在议会制民主国家，议案在成为法律之前必须得到国家元首的批准。但是，在实践中，立法过程的这个最后

484

阶段只是一种形式［菲什和克罗尼格（Fish and Kroenig），2009］。[1]不过，在大多数总统制政体中，行政部门有机会通过否决程序否决立法。反过来，立法者也可以推翻总统的否决权，在没有总统签字的情况下通过立法。在大多数总统制民主国家中，推翻总统否决权需要绝对多数。这种情况下的阈值通常为 2/3，尽管在一些国家是 3/5 或 4/5。在少数一些总统制民主国家，行政部门拥有否决权，但立法机关中的普通多数就可以推翻该否决［菲什和克罗尼格（Fish and Kroenig），2009］。[2]

23.3　制定法统治

前述立法步骤顺序简要地描述了大多数民主国家的立法过程。通常，这一过程从提出议案开始。立法提案可以由政府、立法机关的个别议员、议院、国家元首、团体或议会委员会提出。

在议会制民主国家，通常至少有 70% 的立法议题由政府提出，在他们提出的提案中，大约 80% 实际上获得通过。与之相反，议员个人向议会提出 27% 的法案，而这些提案中只有不到 20% 成为法律。相比之下，在总统制国家中，行政部门提出的立法议案略高于 25%，而个别议员向立法机关提出的议案超过总数的 72%。不过，与政府相比，议员个人要使得议案获得批准要困难得多。约 65% 的政府议案成为法律，而只有 20% 是由个别议员提出的提案成为法律。[3]

综上所述，这些数字表明，政府首脑在立法过程中发挥着主导作用。不过，这些数字也表明，用**垄断**来解释法律生产的过程过于牵强［克雷恩、霍尔库姆和托利森（Crain, Holcombe and Tollison），1979；考克斯和麦卡宾斯（Cox and McCubbins），1993］。如果议程控制被划分为多个具有不同程序特权的议程设置中心（这种情况会在许多民主国家发生），并且政党纪律并非理所当然的存在，那么很明显，通过制定法贯彻政策是一个复杂的现象，这通常取决于行政机关和立法机关之间的互相作用。因此，为了了解立法在当代民主国家的

485

---

［1］　唯一的例外是泰国。在泰国，国王可以拒绝批准一项议案，并迫使立法机构重新考虑该议案［菲什和克罗尼格（Fish and Kroenig），662］。

［2］　这些国家包括贝宁、巴西、哥伦比亚、马拉维、尼加拉瓜、巴拉圭、秘鲁、委内瑞拉和越南［菲什和克罗尼格（Fish and Kroenig），2009］。

［3］　附录 A 中提供了样本组成和有关数据来源的详细信息。

运作方式，我们需要研究决定议员是否会支持政府立法议题的制度因素和党派考虑的各种不同结合。

大多数学者指出，行政机关从立法机关的党派支持中获得的权力，可能与宪法赋予该机关的权力一样重要。而且，大量研究表明，政党制度影响着行政—立法之间关系的可行性。例如，我们可以关注魏玛共和国、法兰西第三共和国、法兰西第四共和国以及意大利在"冷战"期间的经验。20世纪90年代中期的一些学术文献认为，极端的行政—立法冲突会不可避免地导致政府僵局和/或政体崩溃［林茨（Linz），1990；梅因沃林（Mainwaring），1990；斯特潘和斯卡奇（Stepan and Skach），1993；林茨（Linz），1994；巴伦苏埃拉（Valenzuela），1994；梅因沃林和斯卡利（Mainwaring and Scully），1995；林茨和斯特潘（Linz and Stepan），1996；黄（Huang），1997］。

根据这种观点，在总统制中，当政党制度无法为总统提供足够的立法支持时，"……除了僵局之外，别无选择……"［梅因沃林和斯卡利（Mainwaring and Scully），1995，33］，而且"……政府冲突成为规则……"［琼斯（Jones），1995，38］。因此，"……多数党政府的理念在没有多数党的总统制中是有问题的……"［黄（Huang），1997，138］，"……稳定的多党总统制民主……很难……"［梅因沃林（Mainwaring），1990］，而且"……一直未能为总统提供足够的立法支持的总统制不太可能有所发展……"［琼斯（Jones），1995，38］。或者，正如泽伯利斯（Tsebelis，1995，321）所说，"……在不可能改变政府的政体中（除了像在总统制中固定的任期），政策保守主义者可能会通过宪法外的手段导致领导层的更替……"

不过，关于党派支持对立法决策的影响的观点和发现相互矛盾，这使得政府为什么以及在何种情况下能够成功通过制定法推行政策变化的问题没有答案［伊斯伯格（Isberg），1982；萨尔费尔德（Saalfeld），1990；舒加特和凯里（Shugart and Carey），1992；卢皮亚和斯特罗姆（Lupia and Strøm），1995；福尔雷克（Foweraker），1998；切伊布（Cheibub）等人，2004；切伊布（Cheibub），2007］。传统观点认为，政府立法通过率取决于其党派支持程度。根据这种观点，如果政府首脑所属的政党在立法机关中占多数席位，而且政府首脑所属政党的所有议员都赞成其提案，而不赞成现行政策，那么他或她就可以满怀信心地预期在立法机关中获胜。相反，如果政府首脑所在的政党在立法机关中占据少数，那么党派席位的分配将对其立法通过率产生相反的影响。

例如，泽伯利斯（Tsebelis，1995b，96）在讨论议会制民主国家中的法律产生时认为，"……只有当政府的组成与议会中多数的组成不同时，政府和议会之间的问题才会出现……"隐含的假设是，共同的党派归属自动转化为立法支持。可是，如果党派身份不一定反映议员的政策立场，那么会发生什么？

486

23.3.1　不确定性的后果

政府的立法失败通常与政府首脑无法完全预测议员投票行为的情况有关。不确定性的来源是存在受到多方压力的议员。议员要么属于执政党或执政党联盟，要么属于反对党，这是众所周知的。可是，议员也可能对特定的支持者群体作出回应。这些人可能包括议员所在选区的选民、富有的捐赠者、政党活动家以及负责候选人选拔过程的政党精英成员。因此，即使政府能够观察到立法机关中的党派分布，他们也可能无法确定议员支持者的政策偏好。政府首脑可能会基于自己先前对后一种偏好分布的信念向立法机关提交一份提案。但是，正如土耳其的例子所表明的那样，执政党领导人可能会因为错误地估计了他们的支持而导致开局就面临失利。当然，政府可能会试图用"财力雄厚"或"大棒"政策来处理交叉投票的影响。但是，如果获得这些选票的总成本超过了政策改变的价值，那么政府认输可能会更好。

对议员行为不可预测性的强调阐明了政府首脑立法失败提出的经验上的难题。不可预测性也有一些显然的现实影射，关于议员诱导偏好与制定法政策制定之间的关系。获胜的投票联盟的存在取决于立法机关席位的党派分配，也取决于议员支持者的政策偏好分布。如果议员的党派身份准确反映了其所在选区的理想政策，那么政府首脑可能能够更加准确地计算出他/她将如何投票。相反，如果党派归属与选民利益的相关性较弱，那么政府首脑更容易出错。因此，在一系列产生更多不可预测性的因素和行政立法的通过率之间存在系统关联。例如，议员代表"国家"而非"地方"选民的程度是影响党派和地区理想政策之间相关性的一个重要制度因素。

23.3.2　贿选

共和党筹集到足够选票、确保"快车道"立法议案获得通过的成功，表明政府有能力激励议员接受政府首脑偏好的政策结果。这些激励手段在立法决策

487 中无处不在，常见的术语如"讨价还价"或"交易"反映了贿选现象的存在。政府可能会诉诸其"经济资源"处理交叉投票的影响。不过，政府首脑只有在最终结果比以相对低的成本被击败更好的情况下才会提供资金。如果行政机关可以在议员投票具有决定性的情况下为其提供回报，那么这一成本可以忽略不计（通过承诺奖励至少比政府议案获得通过所需要的议员数量多一名议员，所有议员的投票都将变得不具有决定性，并且政府无须支付任何款项）。不过，在决定如何投票时，议员通常必须平衡他们自己的理想政策、行政机关的意愿和来自特定选区的压力。一方面，议员对其所在选区的回应，使得使用完全取决于集体立法结果的回报方案是行不通的。另一方面，由于立法的颁布意味着其赢得多数选票，因此政府首脑通常只关心获得恰好足够的选票即可。正如"快车道"立法例子所强调的，只要议员们的投票是非决定性的，这些议员就可以自由地按照其所在选区支持者的偏好进行投票。

　　事实上，贿选机会取决于制定法的性质及其产生方式。立法具有公益性质。如果立法引入新的税率，那么这会取悦那些赞成它的议员，但会使那些不赞成的人感到不快。不过，正如巴里（Barry，1980）所指出的，收益并不局限于那些投票赞成最终获胜方的人，损失也不局限于那些败阵的人。当然，例外情况是议员可以单方面改变结果（即当投票结果是平局或以一票之差平局）。因此，每当需要额外选票时，进行策略性考虑的政府首脑可能只需要购买足够的选票，以确保所有（没有）喜欢（不喜欢）该提案的受到多方压力的议员意识到自己能够单方面改变结果。而且，有时政府首脑购买一些选票并在获胜的联盟中增加足够的议员，从而使任何反对党议员实际上都不具有决定性，这可能会更便宜。因此，本章进行的立法行为特征描述的一个重要影射是，在存在贿选的情况下，超多数联盟不会存在：最终获胜的立法联盟要么是严格意义上的最低限度的多数，要么由严格意义上的多数额外加一个议员组成。[1]

23.4 政府立法通过率

　　比较政治学者一直认为，无论是总统制还是议会制下的政府首脑，都

[1] 关于这一论点的正式陈述，见赛格（Saiegh，2011，第3章）。

需要在立法机关中获得足够的党派支持才能执政（对总统制来说），以及在任期内留任（对议会制来说）。此外，决定政府各部门之间权力分配的安排通常被视为形成决策者激励机制的结构性因素，进而影响制定法中的政策制定。乔治·泽伯利斯（George Tsebelis）在否决者方面的研究就是一个很好的例子。它催生了大量关于不同政治制度产生政策变化的能力的研究［泽伯利斯（Tsebelis），1995a；2002］。

488

可是，这些研究大多未能解释为什么以及在何种情况下政府首脑无法通过制定法成功推行政策变革。就议会制政体而言，理论文献通常假设，只有当多重和两极分化的否决者在政府中有代表时，政策不变的可能性才存在［参见泽伯利斯（Tsebelis），1995b］。就总统制而言，大多数模型是立法机关投票理论的延伸，主要关注总统使其政策提案成功通过的方式。这些模型尤其认为，只有在处于中间点位置的议员宁愿改变政策而不愿维持现状的情况下，政府首脑才可能向立法机关提交法案。否则，政府首脑会意识到立法失败会令其付出政治代价，因此他/她最好不要向立法机关提出任何立法。根据这一逻辑，许多学者设计了制定法中的政策制定模型，在其中提案人从不会失败［谢普瑟和温加斯特（Shepsle and Weingast），1987；阿莱西纳和罗森塔尔（Alesina and Rosenthal），1995；格罗斯克洛斯和斯奈德（Groseclose and Snyder），1996；赫勒（Heller），2001］。例如，除提案人自己的愚蠢外，谢普瑟（Shepsle，2010）没有解释为什么提案人会提交一份将会被否决的议案。[1]

一些学者认为，政府首脑有时可能会选择失败，以向公众发出特定的信号［马修斯（Matthews），1989；英格伯曼和姚（Ingberman and Yao），1991；格罗斯克洛斯和麦卡蒂（Groseclose and McCarty），2001］。根据这种观点，政府首脑有时可能会采取"三角定位"的策略，将自己定位在自己的政党和立法机关中的反对势力之间，以增加人气。如果立法机关中的反对势力需要在公众面前曝光，那么这一策略对政府首脑来说是可以接受的。不过，如果公众认为立法机关是政府首脑权力的自然延伸，那么其过于频繁地强行挫败自己可能不是一个好主意。

---

〔1〕　正如他所指出的那样，如果一个立法机关的委员会和一个立法机关的议院想要将政策推向相反的方向，那么该委员会将拒绝打开大门。但是，"……如果他们愚蠢地打开了大门，那么他们提出的任何改善现状的建议都将被否决……"［谢普瑟（Shepsle），2010，389］。

23.4.1 信息的作用

上述分析的主要问题是众所周知的"希克斯（Hicks）悖论"。该悖论认为，谈判失败，如罢工、战争、否决或立法失败，在完整和完美的信息环境中是不合理的［凯南（Kennan），1986；加尔茨克（Gartzke），1999；卡梅伦（Cameron），2000］。如果政府首脑掌握了完整的信息，那么对于每一项可能的议案，他／她都可以根据自己对立法的支持程度，策略性地调整立法议题。而且，根据预期反应定律，立法通过率应始终为100%。

如果有人相信，对议员的政策偏好是无法提前完全预测的，那么预期就会改变。假设政府首脑必须向立法机关提出议案，立法机关由归属于各政党的议员组成，但他们必须回应各种压力。尤其是，我们能够想象，在决定如何投票时，议员会考虑各种影响，包括他们的个人价值观、已公开宣布的立场、选民的观点、政党活动家的偏好以及他们的政党领导人。如果这些压力的方向不一致，那么议员就会受到多重压力［菲奥里纳（Fiorina），1974；芬诺（Fenno），1978；金和泽克豪泽（King and Zeckhauser），2003］。[1]

许多文献都记载了议员在决定如何投票时会考虑不同的利益集这一事实［科温顿（Covington），1988；卡尔特和朱潘（Kalt and Zupan），1990；杰克逊和金登（Jackson and Kingdon），1992；莱维特（Levitt），1996；朗德雷根（Londregan），2000］。可是，上述大多数理论模型并未将这些限制因素纳入议员的投票决定中。[2]丹佐（Denzau）等人（1985）是一个例外，他们研究了委托人（支持者）诱导代理人（议员）偏好且限制其行为模式的观点。正如他们所指出的，议员在立法机关投票，但是他们在立法领域之外获得支持、资源和选举回报。因此，对议员的评判不仅基于他们自己和同事作出的集体选择，还有他们的个人行动［菲奥里纳和诺尔（Fiorina and Noll），1978；丹佐（Denzau）等人，1985；拉斯穆森和拉姆塞耶（Rasmusen and Ramseyer），

---

　　〔1〕　卡梅伦（Cameron，2000）依据不完整的信息解释美国政府各部门之间谈判失败情况的存在。迪尔迈尔和弗莱库（Diermeier and Vlaicu，2011）将立法过程建模为在不确定情况下的多阶段谈判博弈，以合理解释总统制国家中政府首脑的立法成功率低于议会制民主国家的事实。他们辩称，当议员预期不这样做会导致政府崩溃时，向立法机关提出的议案更有可能被接受。但是，与卡梅伦（Cameron，2000）、迪尔迈尔和弗莱库（Diermeier and Vlaicu，2011）没有指出议员偏好不确定性的来源不同，我明确断言，不完整信息源于承受多重压力的议员的存在。
　　〔2〕　例如，在格罗斯克洛斯和斯奈德（Groseclose and Snyder，1996）的模型中，议员主要关注他们投票决定所支持的立场，而不是政策结果。这似乎是一个特别不现实的假设。正如巴里（Barry，1980，184）明智地指出的，"一个完全由那些对追求某种特定结果没有兴趣但对过程本身着迷的人组成的委员会，就像一个所有顾客都是偷窥者的妓院一样令人懊恼"。

1994；格罗斯克洛斯和米尔约（Groseclose and Milyo），2010]。

从政府首脑的角度来看，一群议员可能会面临相互冲突的影响的事实意味着，为了能够策略性地行事，他/她需要评估这些议员将会如何投票。议员通常会被选为有组织政党的成员，他们的党派归属是公开信息。此外，议员在特定政党/立法集团中的成员身份通常是稳定的。[1]换言之，议员的党派归属不会因议题而异，而且与议案的内容无关。相反，议员在特定议案上的立场将取决于议案的内容。因此，虽然立法机关中的党派组成是可以事先观察到的，但是议员的偏好不能。那么，这就是即使是最具策略性的政府首脑也必须面对的主要困难。

23.4.2　实证评估

如何评估政府首脑在制定法上的表现呢？上述理论的局限性阻碍了我们对政府首脑在颁行制定法上的不同能力的理解。缺乏真正的跨国研究也阻碍了我们对这一问题的理解。

虽然对美国总统立法成功的研究有着悠久且富有成果的传统，但是很少有人将这些研究与其他国家进行系统的比较。同样，关于这一主题的大多数比较研究都依赖于对特定政府行为的案例研究或各个国家的研究。多林（Döring，1995）的研究可能是最明确的对立法行为进行比较的研究。[2]但是，正如加姆和休伯（Gamm and Huber，2003）所指出的，大多数研究都受到了为研究美国国会而设计的理论框架的启发。其中一些运用更常规的理论方法研究制定法中的政策制定。不过，他们几乎完全依赖各国议会联盟（Inter-Parliamentary Union）在 1986 年公布的数据 [见泽伯利斯（Tsebelis），1995a]。这些数据要么已经过时，要么甚至不适用于研究不同情况下政府的立法通过率。

490

在国际层面进行制定法中决策制定研究的另一个实质性障碍，是缺乏对立法成功的明确定义。行政—立法关系专业的学生使用几种测算方法和各种分析单元。事实上，通过、成功、生产力、支持、同意、主导、控制和影响都出现在学术文献中 [爱德华兹（Edwards），1980；1989；沙尔（Shull），1983；

---

〔1〕　即使在政党更替频繁的国家，议员也会公开宣布他们背离/加入政党的决定，而且他们通常不会在两届政府交替之时作出这些决定 [德斯波萨托（Desposato），2005]。

〔2〕　西贝勒（Sieberer，2011）研究了 15 个西欧议会的制度性权力。他使用了多林（Doring，1995）指出的一些立法和控制资源措施，以及更多关于议会选举权的最新指标。

邦德和弗莱舍（Bond and Fleisher），1990；彼得森（Peterson），1990］，有时可以互换使用。

一个常用的指标是立法产出。不过，这一测算指标不一定反映立法僵局的反面。因此，这不是一个测算政府首脑通过议案能力的好的指标。另一个常用的指标是计算立法机关批准的所有来源于政府的议案的百分比。这个指标回应了谁启动法律制定的问题。但是，它并没有反映任何有关政府首脑是否有能力使其立法提议获得批准的情况。其他测算方法诉诸立法唱名表决。政党成员支持率就是一个例子。该指标通常旨在反映政府对议程的控制，但是其并不计算未能通过一项政府偏好的议案的情况［考克斯和麦卡宾斯（Cox and McCubbins），2005］。

可以有把握地假设，在大多数情况下（如果不是所有情况下），政府首脑不仅关心他们的提案是否得到立法机关的审议、投票或几乎获得通过，还关心其提议的立法是否被颁行成为法律。而且，制定法数量是对立法产出的明确衡量方法，而对议题投票和在这个问题上的立场仅仅是结束不确定后果的手段。因此，如果我们的主要目的是调查政府首脑推动其政策议题通过立法机关的成功程度，那么使用统计表最为合适。这一指标是根据立法机关批准的行政议案的百分比进行计算的。[1] 它类似于击球平均数（即击中次数与下场击球次数的比例）。因此，它对政府首脑的胜负记录进行总结［邦德（Bond）等人，1996］。尽管有一些局限性，但统计表是一个有形的指标，使得我们可以对不同的政府首脑进行比较，并评估他们在不同情况下的相对表现。事实上，正如里弗斯和罗斯（Rivers and Ross，1985）以及金和拉格塞尔（King and Ragsale，1988）所指出的，从概念角度来看，这是一个理想的测算方法。[2]

---

　　［1］　就立法内容而言，一个关键问题是立法机关制定的议案是否反映政府首脑的偏好；或者更确切地说，由于不断的修正，这些议案与最初提出的议案是否有了实质性的不同。除马丁和范伯格（Martin and Vanberg，2011）最近的一项研究外，几乎不存在这方面的跨国证据。不过，一些国家的研究可以帮助我们了解这一问题。例如，就美国而言，巴雷特（Barrett，2005）审查了 233 项重要议案的内容，以计算 1977 年至 1996 年总统立法的成功率。他发现，在大约 69% 最终成为法律的议案中，总统得到了他们想要的大部分。因此，他得出结论，就立法内容而言，大多数总统的成功可以称为总统的**完胜**［巴雷特（Barrett），2005，149］。类似地，许多学者指出，在英国，威斯敏斯特体制中的多数人经常被党鞭驱赶投票支持未经修改的政府议案［格里菲思（Griffith），1974；伯顿和德鲁里（Burton and Drewry），1981；考利和斯图亚特（Cowley and Stuart），2011；汤普森（Thompson），2013］。

　　［2］　导致美国学者批评这一指标的主要现实问题与确定总统是实际提出立法提案之人的模糊性有关。这通常被称为"分母"问题［宾德（Binder），1999］。简单地说，由于有几种方法可以确定总统下场击球的次数，因此最终可能会计算出几种不同的总统立法通过率。需要注意的是，这一批评只与美国密切相关，因为总统立法没有宪法或制定法依据。

图 23.1 显示了 1946 年至 2008 年，以西欧、东欧、北美洲、拉丁美洲、亚洲和中东 52 个国家为样本的统计数据分布。[1] 值得一提的是两个重要趋势：其一，各国之间以及各国内部随着时间的推移，行政提案的批准率差异很大；其二，平均而言，行政长官的提案有 3/4 获得批准。

这个简单的例子强调了制定法中政策制定理论的重要性。实践中的情况表明，政府遭遇立法失败不是非同寻常的事件。立法失败还直接挑战了传统观念：立法通过率很少达到 100%。因此，任何合理的制定法中政策制定理论都需要考虑图 23.1 中反映的政府首脑议案通过率的不同。

491

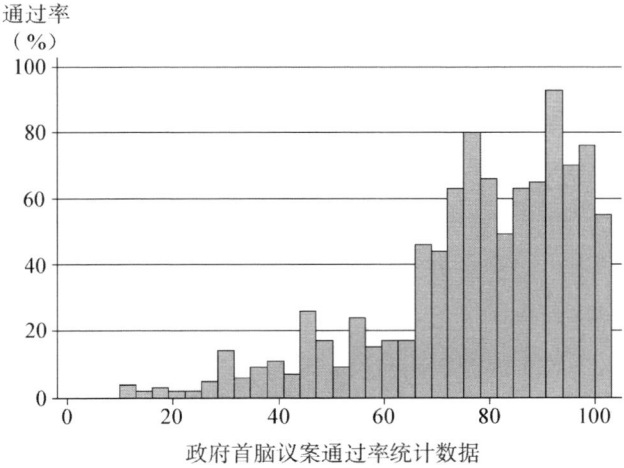

图 23.1 政府首脑议案通过率统计数据分布

23.5 制定法中的政策制定

使得政府首脑通过制定法进行统治的主要因素是什么？什么样的制度和党派考虑决定了议员是否会支持他们提出的议题？多数派政府的首脑是否比少数派政府的首脑的统计数据得分要低？政府由党派联盟执政会影响这些分数吗？图 23.2 所示的政府首脑议案通过率统计数据分布可以给出关于这些问题的

---

〔1〕 有关样品组成和数据来源的更多信息，请参见附录 A。

答案。[1]

宪法结构、政府状态以及立法通过率

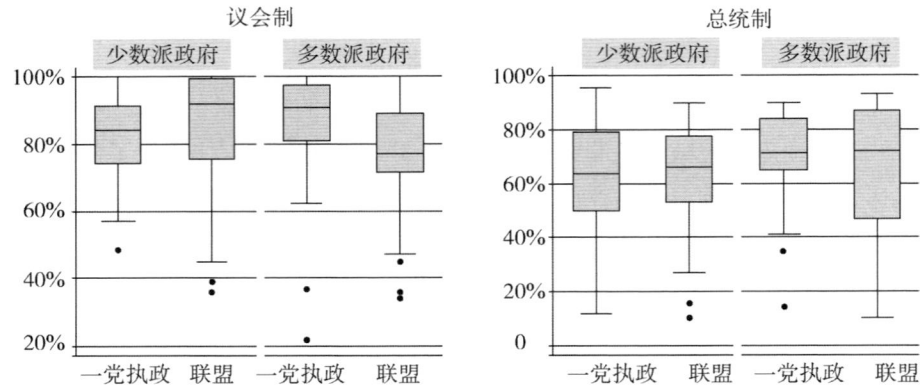

图 23.2　基于政府状态的立法通过率统计数据（单位：%）

领导由一党执政的多数派政府的首相拥有最高的平均立法通过率（88%），其次是在少数派联盟之下统治的首相（84%）。[2]在多数党联盟下执政的首相立法通过率最低（平均统计数据为76%），其次是领导由一党执政的少数派政府的首相（平均统计数据为82%）。不过，正如数据所表明的那样，即使在议会制下，由一党执政的多数派政府也会遭遇立法失败（包括威斯敏斯特式政府）。在总统制下，由一党执政的少数派政府的立法通过率（平均70%）高于联盟多数派政府（66%）和联盟少数派政府（62%）。正如切伊布（Cheibub）等人（2004）所指出的，当执掌政府的少数党与立法机构中的其他政党之间关于政策的意见分歧较大时，政府联盟往往会形成。因此，联合政府内部的成员通常是相当异质的，可能有更多的议员会否决一项政策变革。

492

---

　　[1]　立法通过率统计数据测算标准是指立法机构在一段时间内批准的由行政部门发起的议案的百分比。数据用箱形图显示。每个箱形从大约第一个四分位点延伸到第三个四分位点。超过第一个或第三个四分位点1.5个四分位差范围的情况单独绘制。附录A中列出了有关样品组成和数据来源的信息。我按照普尔泽沃斯基（Przeworski，2000）等人对国家宪法结构的分类，按照切伊布（Cheibub，2004）等人确定政府的状态（见正文）。关于宪法结构的数据记载在普尔泽沃斯基（Przeworski，2000）等人和切伊布（Cheibub，2010）等人的成果中。关于政府状态的数据记载在切伊布（Cheibub）等人（2004）的成果中。

　　[2]　我按照普尔泽沃斯基（Przeworski，2000）等人对国家宪法结构的分类。总统制在这里被理解为这样一种政府形式，其中：（1）总统既是国家元首又是政府首脑，由选民选举（或由他们专门为此目的的设立的选举人团）；（2）总统和议会的任期是固定的，并不取决于相互信任。相比之下，议会制被定义为这样一种政府形式，其中：①有国家元首和政府首脑，前者只是一个礼仪性的角色，后者是国家的政府首脑，由立法机关选举，要对立法机关负责；②行政机关和议会的任期不是固定的，取决于相互信任。根据这些标准，其他形式的政府不能被归类为议会制或总统制。这些国家的总统任期固定，但政府任期由议会酌情决定。此类宪法结构通常被称为"总理—总统制""半总统制"或"混合制"[普尔泽沃斯基（Przeworski）等人，2000]。

还要注意的是，由一党执政的少数派政府总统的表现并不比联合政府差多少。平均而言，62% 的由一党执政的少数派政府总统议案得到了立法机关的批准。因此，很明显，即使在总统制下，立法僵局也是一种相对罕见的现象。而且，从这些数据中可以明显看出，首相的立法通过率高于总统：无论政府联盟或多数党地位如何，议会制下通过的政府立法比例总是高于总统制下通过的政府立法比例。

图 23.2 所展示的数据表明，政府首脑的立法通过率与其国家的宪法结构以及政府状态之间存在关系。为了在多变量环境中评估政府首脑的表现，我大致设计了一个统计模型，以政府首脑的立法通过率统计数据为因变量，以制度设计中的跨国差异为首要相关因素。我还控制了一些其他的因素，例如政府在议会所占席位的比例、政府状态、选举规则和立法机关的结构。[1]因变量是指在给定年份内，由政府首脑提出并由其所在国家的立法机关批准的议案的比例（以分对数变换表示）。表 23.1 展示了两种可参考指标。[2]

结果表明，与威斯敏斯特式议会制国家相比，非威斯敏斯特议会制国家、半议会制国家，尤其是总统制国家的政府立法通过率较低。[3]这里值得注意的是另一个结果。这两个指标都表明，在其他条件相同的情况下，在议员代表全国选区的选举制度下，政府议案的通过率更高。这一发现支持了我关于立法机关议员行为的可预测程度对政府首脑立法通过率有所影响的观点。在议员行为更加确定的情况下，即当议员代表**全国**而不是**地方**选区时，政府可以更准确地评估立法机关将如何投票，从而在立法通过率上获得更大的成功。

493

---

〔1〕 由于数据限制，用于大致设计模型的样本组成与附录 A 中的样本组成略有不同。如果某个国家立法机关下院多数 / 所有席位由（未超过半数的）最多票数决定，那么**选举规则**变量的值为 1；如果采用比例代表制，则为 0；如果是混合制，则为 0.5。数据来源：基弗（Keefer，2005）。**选区平均规模**变量的计算方法为最低级别选区分配的席位总数除以该级别的选区总数。数据来源：戈尔德（Golder，2005）。**国家选区的席位**变量显示通过国家层面选举产生的议员在国家立法机关下院的比例。数据来源：沃勒克（Wallack）等人（2003）。如果国家立法机关是两院制，则**两院制**变量取值为 1，否则为 0。数据来源：沃勒克（Wallack）等人（2003）。

〔2〕 第一列显示了一个模型的结果，在该模型中，我仔细地估算了标准误差，而允许对每个国家的干扰项进行关联，而第二列显示了带有区域亚变量的模型的结果。

〔3〕 样本中的以下国家被认为属于威斯敏斯特体制：加拿大、孟加拉国、爱尔兰、马耳他、英国和新西兰。

493

表 23.1 政府立法通过率：多变量分析

变量	国家集群	地区影响
非威斯敏斯特式议会制	-1.896^{***}（0.531）	-1.941^{***}（0.252）
半议会制	-1.962^{***}（0.529）	-2.007^{***}（0.275）
总统制	-2.645^{***}（0.533）	-2.379^{***}（90.388）
政府在议会的席位份额	1.595^{**}（0.623）	1.785^{***}（90.446）
联合政府	-0.648^{***}（0.203）	-0.547^{***}（0.114）
选举规则	0.795^{***}（0.261）	0.210（0.208）
选区平均大小	0.004^{*}（0.002）	0.004^{**}（0.002）
全国选区席位	1.346^{**}（0.618）	1.555^{***}（0.456）
两院制	0.193（0.283）	0.129（0.144）
亚洲	—	0.681^{**}（0.296)）
拉丁美洲	—	-0.466（0.372）
东欧	—	-0.289（0.313）
中东	—	-0.729^{***}（0.249）
截取	2.249^{***}（0.563）	2.314^{***}（0.321）
N	272	272
R	0.473	0.52

注：标准误差在括号内。* 表示在 10% 的水平上具有重要性；** 表示在 5% 的水平上具有重要性；*** 表示在 1% 的水平上具有重要性。

494

　　不过，对于图 23.2 所展示的数据，一种可能的解释是，统计数据受到一种自我选择形式的偏见的影响，这种偏见有利于议会制中的政府首脑。正如切伊布（Cheibub）等人（2004）所指出的，由于首相在被击败时会存在在立法机关失去信任的风险，因此他们在提出立法时必须谨慎。正如人们所说的那样，总统可能会更加鲁莽：如果他们对现状漠不关心，那么他们可能提出预期不会通过的法案，以使反对派难堪。

　　但是，首相们在提出立法时真的会更加谨慎吗？数据显示，在某一年，议会制政府的首相提出了 131 项立法，而总统平均每年提出 109 项立法。[1]均值差异检验表明，根据传统经验，我们不能排除零差异假设。因此，这两类政府首脑提出的法案数量没有差别。换言之，至少就行政机关每年向立法机关提交的立法数

　　〔1〕　有关样品组成的更多信息，请参见附录 A。

量而言，该证据表明，首相不一定比总统更谨慎。

有人可能会辩称，政府首脑的谨慎反映在立法的内容上，而不是立法的数量上。不幸的是，我们无法使用能够收集到的数据对该观点进行检验。尽管如此，我们仍然有可能衡量政府首脑在提出议案时的"策略性"程度。尤其是，这些数据可以用来回答以下问题：（1）一些政府首脑是否真的可以通过不提出立法来提高他们的"成功率"？（2）议案提出与制定法获得通过之间的关系是什么？图 23.3 显示了立法机关批准的政府提案数量与政府首脑在给定年份提出的提案总数之间的函数关系（即议案通过率统计数据各自的分子和分母）。

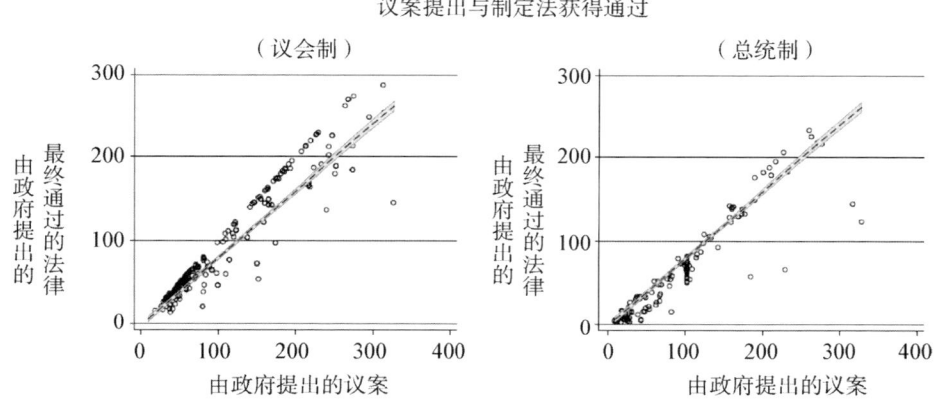

议案提出与制定法获得通过

（议会制）　　　　　　　　　　（总统制）

图 23.3　议案提出与制定法获得通过的关系

图 23.3 中的虚线表示根据线性回归得出的由政府提出的最终通过的法律的 495 预测数量，其中由政府提出的最终通过的法律数量按照由政府提出的议案的数量进行回归。阴影区域是这些估计值周围的 95% 置信区间。数据清晰地表明，政府首脑的立法成就与议案提出之间呈线性关系；预计由政府提出的最终通过的法律数量，随着政府首脑向立法机关提交的议案数量线性增加。因此，这些数据表明，无论政府提出的议案数量多少，议案通过率数据在某种程度上保持不变。

因此，该证据否定了政府首脑可以通过提出更少的立法来获得更高通过率的观点。证据还表明，总统制和议会制政府在议案通过率方面的差异与议案的提出无关。最后，尽管数据不够充足，无法直接对这一主张进行检验，但图 23.3 中的数据表明，不同宪法结构下的政府首脑也不一定总是能够成功地调整其议案的内容。

23.5.1 激励议员

政府可能需要激励议员支持其政策，并可能通过各种方式达到这一目的。有时，党派领导人可以利用"胡萝卜和大棒"政策，将一定程度的组织忠诚强加给他们的成员。不过，在政党制度尚不健全的国家，政府可能难以通过政党机制控制个别议员。在这种情况下，货币交易可能是政府所能够选择的通货。当然，研究直接涉及贿赂的贿选行为可能相当困难。这些交易的非法性质使得我们在实践中确认这些行为的存在时面临巨大障碍。虽然人们指控立法决策中经常出现腐败和讨价还价，但是我们很少能够获得相关信息。乔治三世（George Ⅲ）即位之前和美国独立战争（1754—1783 年）结束后的英国为我们提供了一个独特的机会，因为详细记录显示，在为换取立法机关成员的支持而支付金钱时存在性别歧视。

历史学家经常将这一时期称为英国下议院的个人政党（personal parties）时代。这种描述对我们理解议会议员政治独立性有所误导，因为他们中的许多人实际上把自己的席位归功于赞助人的帮助。这种描述还显示了在这个时期缺乏党派区分的情况。到 1754 年，人们普遍认为辉格党和托利党的旧党派派别已经失去了意义［内米尔和布鲁克（Namier and Brooke），1964］，而且不存在现代的党组织。相反，政治忠诚主要源自个人关系网络，以及国家和省级官僚机构中职位和闲职的分配［内米尔（Namier），1957；帕默（Palmer），1959；斯佩克（Speck），1977；考克斯（Cox），1987］。

496 　　缺乏有组织的政党对有序和稳定的政府构成了严重挑战，因为个别议员的行为相当不可预测。事实上，首相们经常对议员们难以捉摸的政治忠诚感到失望。正如老威廉·皮特（Willian Pitt the Elder）所说，众议院议员是"没有纪律的部队"［内米尔和布鲁克（Namier and Brooke），1964］。处理议会的"突发奇想"需要的不仅仅是耐心。国王和大臣为确保立法机关积极回应而使用的方法可以用一个词来概括——影响。影响主要意味着赞助、授予荣誉、头衔、晋升、提供养老金和闲职［帕默（Palmer），1959］。虽然公务员和养老金领取者在在职议员中所占比例很高，但人们普遍认为，这种薪酬不应剥夺他们的独立性。因此，官员们并没有为政府提供"自动多数"［霍姆斯和塞奇（Holmes and Szechi），1993］。事实上，1760 年至 1800 年，政府立法提案的通过率达到 74.8%［霍皮特（Hoppit），1996］。

因此，诉诸影响是对议员行为不可预测性的首要回应。事实上，由于影响对各国政府至关重要，因此各国以系统方式进行操作。财政部发挥了关键作用。除了控制公共财政资金赞助（这些资金分配给议员，然后再分配给议员所在的选区），财政部还拥有另一个政治权力来源——特勤资金。这些资金完全由国王支配，国王不必对其支出向议会负责。因此，除了直接相关的人外，没有人知道这些资金怎么花的［内米尔和布鲁克（Namier and Brooke），1964］。其中一部分资金用于真正的特勤服务，但是这些资金也用于向议员发放养老金［内米尔（Namier），1957］。国王的私人账户记录，即记载特勤资金分配细节的账簿，有三个时期的保存了下来：纽卡斯尔（Newcastle）掌管财政部时（1754年3月至1756年11月、1757年7月至1762年5月）；罗金汉（Rockingham）的第一届政府时（1765年7月至1766年7月）；诺斯（North）内阁的最后3年（从1779年到1782年）［内米尔和布鲁克（Namier and Brooke），1964］。这些材料使我们能够辨别这些养老金的性质以及领取养老金的议员的类型。[1]

据内米尔和布鲁克（Namier and Brooke）称，1762年有16名议员领取了特勤资金发放的养老金，而1780年有10名议员领取了养老金。在这一时期的任何时候，都没有超过这些数字的议员领取养老金，到1782年8月，特勤资金名单上只剩下3名议员［内米尔和布鲁克（Namier and Brooke），1964］。据内米尔和布鲁克（Namier and Brooke）称，这些养老金的额度每年在500英镑到1000英镑［内米尔和布鲁克（Namier and Brooke），1964，125］。这些款项的性质存在长期的争议［内米尔（Namier），1957；帕默（Palmer），1959；坎农（Cannon），1984；霍姆斯和塞奇（Holmes and Szechi），1993］。不过，这些资金的支付基于绝对的自由裁量权且它们的接收者是最为政府所需要的议员，表明它们非常适合用于购买潜在的决定性议员的支持。此外，如上所述，如果一个政府采取贿选的策略，它可能只需要购买几张选票，就可以组建一个最低限度的获胜联盟。因此，特勤资金的支付应集中在少数议员身上，并以相对适度的数额。

在纽卡斯尔（Newcastle）在财政部的第一个任期（1754年3月至1756年11月）时，政府在下议院的支持者多达368人。如果这些议员团结在一

497

---

　　[1]　不幸的是，我们无法罗列一份完整的名单，列出在整个个人政党时代收到由特勤资金发放的养老金的议员，也不可能精确地将这些养老金的领取者与他们在特定分组会议中的投票选择相匹配。此外，在罗金汉（Rockingham）的第一届政府执政期间，很少发生分组会议。

起，他们将是不可战胜的多数，但他们是出了名的反复无常。评估纽卡斯尔（Newcastle）公爵为获得足够支持而付出的"成本"的一个简单方法，是检查每位议员在任期内的投票记录。1747 年至 1762 年，唯一完整的投票分析是所谓的**米切尔**（Mitchell）选举分组表决表［科利（Colley），1976］。该表记录了 1755 年 3 月 24 日下议院的关键投票，其中有 2 名当选议员未支持财政部的候选人。[1]

纽卡斯尔（Newcastle）获得了他获胜所需的恰好票数（416 票中的 209 票）。对议员投票的检视表明，政府能够建立一个最低限度的获胜联盟，并受益于"从众"效应：209 票中的 8 票由一群领取特勤资金发放的养老金的议员提供，另有 15 票来自改变先前宣布的投票的议员。没有历史证据表明后一组议员收受了贿赂以改变投票，但前一组议员值得检视。除 1 位议员外，这些议员在纽卡斯尔（Newcastle）政府的整个任期内都获得了特勤资金支付的养老金，这些资金并不是作为政府官员工资的替代品发放的。1754 年至 1762 年，这些议员平均每年领取 2712 英镑的资金。相比之下，投票反对纽卡斯尔（Newcastle）的候选人的养老金领取者则没有领取到多年的养老金，他们同期平均领取 1720 英镑。[2]

现在来看诺斯（North）的政府，众议院有 241 名议员支持政府，237 名议员投票支持反对党，还有 31 名未表明立场的议员［内米尔和布鲁克（Namier and Brooke），1964］。表 23.2 列出了 1779 年 3 月至 1782 年 3 月发生的 55 个明确的分组表决的汇总统计数据。数据表明，分组表决投票时（扣除缺席和成对投票）的平均出席人数约为 205 名议员，其中 1780 年 6 月 28 日最少（39 人），1782 年 3 月 15 日最多（467 人）。[3]

需要注意的是，分组表决中的平均票数差为 32 票，比未表明立场的议员数量多一。鉴于截至 1782 年 3 月，特勤资金资助名单上剩下的在职议员不到 5

---

〔1〕 每当进行分组会议（或唱名表决）时，都会生成投票"赞成"或"反对"的议员名单。这些名单是极佳的信息来源，除两个需要提醒注意的事项外：其一，对于议案的投票，即使是非常重要的议案，也并不总是通过分组表决的方式，只有有人质疑议长的总结是通过发言进行的投票时，才进行分组表决；其二，英国会直到 1836 年才开始保留议员投票的官方记录，因此，在该日期之前，所有记录都是非官方名单，通常公布在报纸上或在随机信件和手稿中。

〔2〕 尽管是政府养老金的领取者，但投票反对纽卡斯尔（Newcastle）候选人的 4 名议员（托马斯·法恩（Thomas Fane）、索阿梅·詹斯（Soame Jeyns）、威廉·阿考特-阿什（William A'court-Ashe）和乔治·麦凯（George Mackay）几乎不在政府最需要的议员之列［内米尔和布鲁克（Namier and Brooke），1964］。

〔3〕 这些分组会议数据源自唐纳德·E. 金特（Donald E.Ginter，1995）和朱利安·霍皮特（Julian Hoppit，1996）编制的数据库。

名，表 23.2 中的证据表明，诺斯（North）政府在立法投票中受益于"从众"效应。

表 23.2 众议院的分组投票统计（1779—1782 年）

投票情况	平均数	标准偏差	最少	最多
投票总数	205.6	151.82	39	467
差额	32.7	27.2	1	108

注：本表列出了在诺斯（North）政府最后 3 年（1779 年 3 月至 1782 年 3 月）内，众议院发生的 55 次重要的分组表决的投票情况的汇总统计数据。数据由金特（Ginter，1995）和霍皮特（Hoppit，1996）公布。

与乔治三世统治下的英国不同，在有强大的党派组织的国家，政府可以利用党派资源而不是直接贿赂来获得立法支持。具体来说，政党领导人可以通过两个途径对议员行为施加影响：未来可能的提名和意识形态筛选［朗德雷根（Londregan），2002］。为了理解党派资源如何能够成为直接贿赂的替代物，我将重点放在候选人的选择上，以试图了解政党领导人如何利用"胡萝卜和大棒"政策，将某种程度的"政党团结"强加给他们党派的议员［凯里和舒加特（Carey and Shugart），1995；梅因沃林（Mainwaring），1998；摩根施特恩（Morgenstern），2004］。

传统观点认为，有三个制度因素可以加强全国范围内的政党领导人的作用，减少立法异议的动机：（1）领导层对政党标签的强有力控制；（2）选票汇集，即在政党层面而不是在派别或个人层面对选票进行统计、汇总并转化为立法机关的席位；（3）只允许选民在政党名单中选择一个政党投票的投票结构［凯里和舒加特（Carey and Shugart），1995；尼尔森（Nielson），2003；沃勒克（Wallack）等人，2003］。在政党层面，提名候选人的程序可能因组织而异。例如，在一些政党组织中，创始人或最高领导人提名所有候选人，并对名单进行排序；其他政党通过会议或排他性预选来解决问题。不过在其他政党中，开放式的预选可能会决定候选人的排名［阿尔坎塔拉（Alcantara），2004；西瓦维利斯和摩根施特恩（Siavelis and Morgenstern），2008］。正如西瓦维利斯和摩根施特恩（Siavelis and Morgenstern）所指出的，开放式的名单制度激励候选人培育个人选票。可是，如果选区规模较小，且政党对提名拥有重要的控制权，那么这可能会导致政党忠诚度更高，但与选民的联系更少，进而对立法行为产生重要影响［西瓦维利斯和摩根施特恩（Siavelis and Morgenstern），2008］。

498

这些以政党为中心的选举规则如何影响制定法中的政策制定？约翰逊和沃勒克（Johnson and Wallack，2009）收集的关于选举制度的数据可以用来回答这个问题。如果候选人自己参加投票面临很少或没有法律障碍，那么我们可以规定他们可以**不受限制地**诉诸政党标签。如果政党允许独立候选人和 / 或使用预选选择候选人，那么在只选 1 名议员的选区中会出现这种情况。相比之下，候选人面临限制的情况是：（1）政党控制投票权，即使他们不控制候选人获得席位的顺序。在党内偏好投票显著影响对候选人选择的开放式名单中，以及在选举一个议员的地区，政党控制候选人名单时，会出现这些情况。（2）政党控制选票的获取以及个人进入政党赢得的席位的顺序。这些情况包括采取封闭式名单和开放式名单的选举多名议员的地区，其中候选人顺序几乎没有或完全没有实际变化［约翰逊和沃勒克（Johnson and Wallack，2009；沃勒克（Wallack）等人，2003］。

图 23.4 展示了以政党为中心的选举规则与宪法结构相互作用对政府首脑立法通过率的影响。[1]结果证实了这样一种观点，即政党领导人可以利用制度上的"胡萝卜和大棒"政策来奖励忠诚的投票，惩罚持不同政见者。结果还

499 表明，这些发现并不是议会民主制国家拥有更统一的政党的产物。[2]在议会制下，当政府属于少数派时，投票权对政府首脑立法通过率数据的影响可以忽略不计。可是，当个别候选人可以有限地诉诸政党标签时，议会制下多数派政府的立法通过率要高得多。平均而言，在无限制投票规则下，得到议会多数支持的首相往往会使得其提出的 75% 的议案获得通过。相比之下，当政党控制候选人的投票权时，多数派政府首相的平均得分会上升到 82%。这种差异不仅在统计数据上非常显著，在实质上也非常重要。总统的平均立法通过率为 65%。因此，即使议会制民主国家由多数派政府统治，当政党对候选人的投票权缺乏控制时，议会制民主国家政府首脑的立法通过率也类似于总统制民主国家。

---

〔1〕 用于生成这些结果的模型见附录 B。

〔2〕 根据传统观点，在议会制下，行政部门作为信任事项的立法提案的权力解释了为什么政党在议会制中比在总统制中更为统一［休伯（Huber），1996；迪尔迈尔和费德森（Diermeier and Feddersen），1998；凯里（Carey），2007］。正如卡姆（Kam，2009）所指出的，最简单地说，是信任传统压制异见，因为政府在下议院的议员不想推翻他们的政府，剥夺他们自己的特权。不过，也正如他所指出的那样，信任传统是一个严厉的工具，不适合持续确保成员的忠诚（对反对党领导人没有任何用处）。关于信任规定导致政党纪律这一观点的另一个批评性意见，请参阅切伊布（Cheibub，2007，第 5 章）。

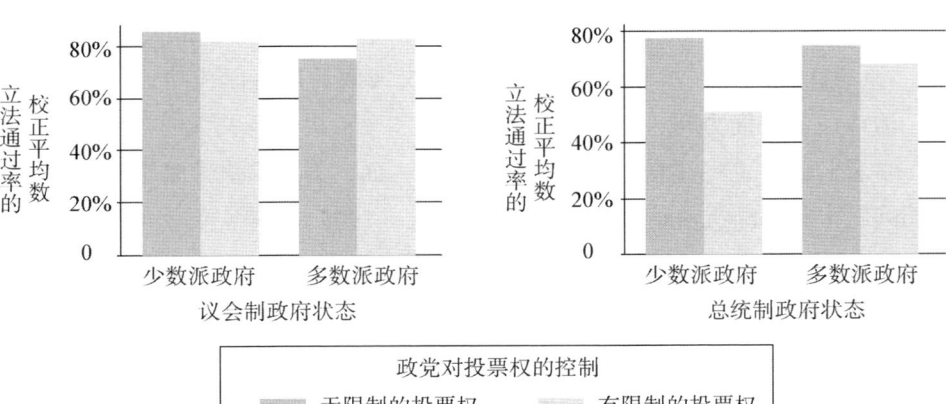

图 23.4　选举规则和立法通过率统计

　　至于总统制，当总统所在党派在议会中是少数时，投票权的影响更为明显。不过，在这种情况下，如果候选人可以不受限制地参加投票，那么政府首脑立法通过率似乎更高。少数派总统的无限制投票立法通过率平均得分为 78%，而在以政党为中心的选举规则存在的情况下，这一比例仅为 50%。因此，当党派对投票权的控制较弱时，少数派总统似乎更容易为其提案争取更多的支持。鉴于此类选举规则所导致的党派忠诚度下降，总统将能够劝说一些反对票进入他们的阵营。相反，当党派控制很强时，少数派政党总统面临着实质性的阻碍。在这种情况下，面对一个纪律严明的反对党阵营将使得总统更难争取这些议员。最后，在政府控制议会多数席位的情况下，投票权对总统的立法通过率影响不大。

　　这些发现的一个重要影射是，"强大"的政党并非总统制成功治理国家的**必要条件**。相反，强大的政党就像一把"双刃剑"：当政府所在党派在议会中占多数时，它们可能有助于立法通过；但当政府占少数时，它们就无能为力。因此，文献中普遍认为，新的民主国家，特别是新的总统制民主国家需要强大的政党来提升其执政表现，这似乎是没有根据的。

500

23.6　结论

　　自已故的塞缪尔·P. 亨廷顿（Samuel P. Huntington）认为英国、美国和原苏联属于同一类政治制度以来，40 多年过去了。根据他里程碑式的表述，"……所有政府均以这三种制度进行**治理**……"[亨廷顿（Huntington），1968，1]。他的意思是，在这些国家，内阁、总统或政治局可以成功地贯彻政策变化。**治理**或**治理能力**问题一直是政治科学家和政治决策者关注的核心问题。不过，学者们通常也将注意力集中在硬币的另一面，即政府决策是否符合公众偏好的问题[普尔泽沃斯基（Przeworski）等人，1999]。事实上，与民主质量相关的最重要挑战之一是如何提高治理能力，同时保护政府的**责任制**或**问责制**。

回到亨廷顿的观察，我们如何确定一个政府是否真正执政？或者说，使总统和首相可以通过具有法律效力的政府立法制定政策的主要因素是什么？本章所讨论的制定法中的政策制定理论强调了政府必须面对不可预测的议员行为的困境。本章研究的核心思想是，在决定如何投票时，议员会考虑各种影响。传统观点认为，议程设置权力和党派支持对政府首脑的制定法政策制定能力至关重要。宪法架构和党派结构肯定会影响制定法政策制定。但是，这些因素并非理解政府为何会遭遇立法失败的关键。议程设置者模型预测提案人永远不应被击败，这一事实突显了不确定性的重要性。而且，正如本章所述，将"贿选"和党派"胡萝卜和大棒"政策的辅助作用纳入考虑非常重要。

附录 A

国家	期间（年）	地区
阿根廷	1983 — 2003	拉丁美洲
澳大利亚	1974 — 1979, 1997 — 2006	大洋洲
奥地利	1974 — 1979, 1985	西欧
孟加拉	1973 — 1979, 1991 — 1999	南亚
比利时	1968 — 1987, 1989 — 1991, 1993 — 1996	西欧
玻利维亚	1995 — 2000	拉丁美洲
巴西	1946 — 1963, 1968 — 1981, 1983 — 2006	拉丁美洲
加拿大	1946 — 1967, 1969 — 1976, 1994 — 2006	北美
智利	1990 — 2005	拉丁美洲
哥伦比亚	1982 — 1983, 1986 — 1987, 1992, 1995 — 1999	拉丁美洲
哥斯达黎加	1958 — 1969, 1975, 1986 — 2003	拉丁美洲

国家	期间（年）	地区
丹麦	1953—2001	西欧
厄瓜多尔	1979—2001	拉丁美洲
斐济	1974—1999	大洋洲
芬兰	1962—1965, 1975—1979	西欧
法国	1946—1983	西欧
德国	1944—1949	西欧
希腊	1978—1982	西欧
洪都拉斯	1990—1996	拉丁美洲
匈牙利	1990—1993	东欧
冰岛	1951, 1961, 1971, 1977—1981	西欧
印度	1955—1971, 1976—2007	南亚
爱尔兰	1974—1979, 1985—1987, 1989—1991, 1998—2008	西欧
以色列	1957—1969, 1974—1982	中东
意大利	1948—1957, 1960—1961, 1963—1973, 1975—1996	西欧
科特迪瓦	1965—1970	非洲
日本	1947—1980, 1988—1997	东亚
约旦	1974—1979	中东
科威特	1974—1979	中东
黎巴嫩	1953—1972	中东
马来西亚	1974—1979	东南亚
马耳他	1974—1982	西欧
墨西哥	1982—2002	拉丁美洲
荷兰	1974—1982	西欧
新西兰	1974—1982	大洋洲
巴拿马	1994—2001	拉丁美洲
巴拉圭	1990—2002	拉丁美洲
秘鲁	1995—2002	拉丁美洲
波兰	1991—1995	东欧

续表

国家	期间（年）	地区
葡萄牙	1976—2001	西欧
俄罗斯	1996—1999	东欧
南非	1974—1979	非洲
朝鲜	1960, 1988—1999	东亚
西班牙	1974—1999	西欧
斯里兰卡	1974—1999	南亚
瑞士	1974—1999	西欧
土耳其	1983—2000	中东
大不列颠	1946—1979, 1997—2005	西欧
乌拉圭	1985—2002	拉丁美洲
委内瑞拉	1959—1988	拉丁美洲

资料来源：Ágh, A. and Kurtán, S. 1995. The first Parliament (1990–1994): democratization and Europeanization in Hungary. Budapest: Hungarian Centre for Democracy Studies; Ahmed, N. 1999. In Search of Institutionalisation: Parliament in Bangladesh. In Parliaments in Asia, ed. P. Norton and N. Ahmed. London: Frank Cass; Aleman, E. and Calvo, E. 2010. Unified Government, Bill Approval, and the Legislative Weight of the President. Comparative Political Studies, 43: 511–34; Neto, O. A. and Magar, E. 2000. Veto Bargaining and Coalition Formation: A Theory of Presidential Policymaking with Application to Venezuela. Paper delivered at the XXII International Congress of the Latin American Studies Association (Miami, March 16–18); Andeweg, R. B. and Nijzink, L. 1995. Beyond the Two–Body Image: Relations Between Ministers and MPs. In Parliaments and Majority Rule in Western Europe, ed. H. Döring(New York: St. Martin's Press); Arter, D. 2003. From the Rainbow Coalition Back Down to Read Earth? West European Politics, 26: 153–62; Baaklini, A. 1992. I. The Brazilian legislature and political system. Westport: Greenwood Press; Abdo I. Baaklini, Legislative and Political Development: Lebanon, 1842–1972, (Durham: Duke University Press, 1976); Abdo I. Baaklini, Guilain Denoeux, and Robert Springborg. Legislative Politics in the Arab World. (Boulder: Lynne Rienner, 1999); Bergara, Mario Bergara Andres Pereyra, Ruben Tansini,

Adolfo Garce, Daniel Chasquetti, Daniel Buquet, and Juan Andres Moraes. "Political Institutions, Policymaking Processes, and Policy Outcomes: The Case of Uruguay," Research Network Working Paper #R–510. Research Department, Inter–American Development Bank, Washington, DC (2006); Jean Blondel, Comparative legislatures (Englewood Cliffs: Prentice–Hall, 1973); Felipe Burbano de Lara and Michel Rowald Garcia, "Pugna de Poderes, Presidencialismo y Partidos en el Ecuador: 1979–1997," Quito: Proyecto CORDES–Gobernabilidad (1998); Colin Campbell, Canadian political facts 1945–1976, (New York: Methuen, 1977); Mauricio Cardenas, Roberto Junguito, and Monica Pachon. "Political Institutions, Policymaking Processes, and Policy Outcomes: The Case of Colombia," Latin American Research Network, Inter–American Development Bank, Washington, DC (2004); Mauricio Cardenas, Roberto Junguito, and Monica Pachon, "Political Institutions and Policy Outcomes in Colombia: The Effects of the 1991 Constitution," in Ernesto Stein and Mariano Tommasi (eds.) Policymaking in Latin America: How Politics Shapes Policies. Washington DC: IDB–Harvard University Press (2008); Maria Amparo Casar, "Executive–Legislative Relations: The Case of Mexico (1946–1997)," in Scott Morgenstern and Benito Nacif (eds.). Legislative Politics in Latin America. New York: Cambridge University Press (2002); William Chandler, Gary W. Cox and Mathew D. McCubbins. "Agenda Control inthe Bundestag, 1987–2002," German Politics, Vol.15, No.1: 89–111 (2006); Daniel Chasquetti, "Multipartidismo, coaliciones y estabilidad democratica en America Latina," Masters Thesis (Universidad de la Republica, Montevideo, Uruguay, 2001); Argelina Cheibub Figueiredo, "Government performance in multiparty presidential systems: the experiences of Brazil," paper delivered at the XVIII IPSA World Congress, (Quebec City, August 1–5, 2000); Argelina Cheibub Figueiredo and Fernando Limongi. "Presidential Power, Legislative Organization, and Party Behavior in Brazil," Comparative Politics, Vol. 32, No. 2: 151–170 (2000); Brian Crisp. Democratic Institutional Design. (Stanford: Stanford University Press, 2000); Erik Damgaard, Parliamentary change in the Nordic countries, (New York: Scandinavian University Press, 1992); Vincent Della Sala, Vincent, "The Italian Parliament: Chambers in a Crumbling House?," in Philip Norton (ed.). Parliaments and Governments in Western Europe; Lieven de Winter, "Parliament and Government in Belgium: Prisoners of Partitocracy," in Philip Norton (ed.). Parliaments and Governments in Western Europe; Neil Elder, Alastair

H.Thomas and David Arter. The Consensual Democracies? (Oxford: Blackwell: 1988); Peter Esaiasson and Knut Heidar. Beyond Westminster and Congress: the Nordic Experience (Columbus: Ohio University Press: 2000); Brian Farrell, "The Political Role of Cabinet ministers in Ireland," in Michael Laver and Kenneth Shepsle (Eds.) Cabinet Ministers and Parliamentary Government, (Cambridge: Cambridge University Press, 1994); Bonnie Field, "Frozen Democracy?," paper delivered at the XXII International Congress of the Latin American Studies Association (Miami, March 16–18, 2000); Valentine Herman Parliaments of the world: a reference compendium, (New York: DeGruyter, 1976); Steven W. Hughes, and Kenneth J. Mijeski, Legislative–Executive Policy–Making: The Cases of Chile and Costa Rica, (London: Sage Publications, 1973); Inter–Parliamentary Union, Parliaments of the World. A Comparative Reference Compendium. 2nd Edition (Aldershot: Gower House, 1986); Chong Lim Kim and Seong–Tong Pai. Legislative process in Korea (Seoul: Seoul National University Press: 1981); Amie Kreppel, "Impact of Parties on Legislative Output in Italy," European Journal of Political Research, Vol. 31, No. 3 (1997), pp. 327–49; Fabrice Lehoucq, Gabriel Negretto, Francisco Aparicio, Benito Nacif, and Allyson Benton, "Policymaking in Mexico Under One–PartyHegemony and Divided Government," in Ernesto Stein and Mariano Tommasi (eds.) Policymaking in Latin America: How Politics Shapes Policies. (Washington DC: IDB–Harvard University Press: 2008); Cristina Leston–Bandeira, "Relationship between Parliament and Government in Portugal: Expression of the Maturation of the Political System," in Philip Norton (ed.). Parliaments and Governments in Western Europe; Cristina Leston–Bandeira, "The Portuguese Parliament During the First Two Decades of Democracy," West European Politics, Vol. 24, No. 1, (2001), pp. 137–156; Cristina Leston–Bandeira. From Legislation to Legitimation. (London: Routledge: 2004); Cristina Leston–Bandeira and Andree Freire, "Internalising the Lessons of Stable Democracy: The Portuguese Parliament," Journal of Legislative Studies, Vol. 9, N0. 2: 56–84 (2003); Eric Magar and Juan Andres Moraes, "Of Coalition and Speed: Passage and Duration of Statutes in Uruguays Parliament, 1985–2000," unpublished manuscript, ITAM (2007); Andres Mejia–Acosta, "Weak Coalitions and Policy Making in the Ecuadorian Congress (1979–1996)," paper delivered at the Annual Meeting of the Latin American Studies Association (Miami, March 16–18 2000); Andres Mejia–Acosta, Maria Caridad Araujo,

Anibal Perez–Linan, and Sebastian Saiegh, "Veto Players, Fickle Institutions and Low–Quality Policies: The Policymaking Process in Ecuador (1979–2005)," in Ernesto Stein and Mariano Tommasi (eds.) Policymaking inLatin America: How Politics Shapes Policies. (Washington D.C.: IDB—Harvard University Press, 2008); Michael L. Mezey, Comparative legislatures, (Durham: Duke University Press, 1979); Akira, Miyoshi, "The Diet in Japan," in Philip Norton and Nizam Ahmed (eds.). Parliaments in Asia. (London: Frank Cass, 1999); Jose Molinas, Anibal Perez Linan, Sebastian Saiegh, and Marcela Montero. "Political Institutions, Policymaking Processes, and Policy Outcomes in Paraguay," in Ernesto Stein and Mariano Tommasi (eds.) Policymaking in Latin America: How Politics Shapes Policies. (Washington DC: IDB–Harvard University Press, 2008); N. Guillermo Molinelli, M. Valeria Palanza, and Gisela Sin, Congreso, Presidencia y Justicia en la Argentina, (Buenos Aires: Temas Grupo Editorial, 1999); Eduardo Moron and Cynthia Sanborn, "The Pitfalls of Policymaking in Peru: Actors, Institutions, and the Rules of the Game" Research Network Working Paper #R––511. Research Department, Inter–American Development Bank, Washington, DC (2006); Katsumi Numasawa, "Health Policy Formulation Practices of the American Medical Association (AMA) and the Japan Medical Association (JMA)," Research Paper No. 146, (Takemi Program in International Health, Harvard School of Public Health, 1998); David M. Olson. Democratic Legislative Institutions. (New York: M.E. Sharpe, 1994); Walter Opello, "Portugal's Parliament: An Organizational Analysis of Legislative Performance," Legislative Studies Quarterly, XI, 3, (1986).; Chan Wook Park, "Change is Short but Continuity is Long," in Gerhard Loewenberg, Peverill Squire, and D. Roderick Kiewiet (eds.) Legislatures, (Ann Arbor: University of Michigan Press, 2002); Jean Luc Parodi, Les rapports entre le législatif et l'exécutif sous la cinquième République, 1958–1962 (Paris: A. Colin, 1972); Andrea Prata, "Government Domination, Consensus or Chaos? A Study of Party Discipline and Agenda Control in National Legislatures," doctoral dissertation, Department of Political Science, University of California San Diego (2006); Peter Pulzer, "The devil they know: The German federal election of 2002," West European Politics, Vol. 26, No. 2: 153164 (2003); G. S. Reid and Martyn Forrest. Australia's Commonwealth Parliament 1901–1988. (Melbourne: Melbourne University Press, 1989); Thomas F. Remington, The Russian Parliament, (New Haven: Yale University Press,

2001); Richard Rose, "British MPS: More Bark than Bite?," in Ezra Suleiman (ed.) Parliaments and Parliamentarians in Democratic Politics. (New York: Holmes & Meier, 1986); Thomas Saalfeld, "The German Bundestag: Influence and Accountability in a Complex Environment," in Philip Norton (ed.). Parliaments and Governments in Western Europe; Peter Siavelis, The president and congress in postauthoritarian Chile: institutional constraints to democratic consolidation, (University Park: Pennsylvania State University Press, 2000); Ezra Suleiman, "Toward the Disciplining of Parties and Legislators," in Ezra Suleiman (ed.) Parliaments and Parliamentarians in Democratic Politics. (New York: Holmes & Meier, 1986); Michelle Taylor–Robinson, "Candidate Selection in Costa Rica," paper delivered at the XXIII International Congress of the Latin American Studies Association, (Washington, DC, September 6–8, 2001); Michelle Taylor–Robinson, and Christopher Diaz, "Who Gets Legislation Passed in a Marginal Legislature and is the Label Marginal Legislature Still Appropriate? A Study of the Honduran Congress," Comparative Political Studies, 32, (1999), pp. 590–626; Jaap Woldendorp, Hans Keman, and Ian Budge, "Political Data 1945–1990: Party Government in 20 Democracies," European Journal of Political Research, Vol. 24, No.1 (1993).

其他来源：

澳大利亚：<http://parlinfo.aph.gov.au/>.

巴西：Argelina Cheibub Figueiredo (IUPERJ)

加拿大：<http://www.parl.gc.ca>.

加拿大：<http://www2.parl.gc.ca>.

智利：Eduardo Aleman (University of Houston)

厄瓜多尔：Andres Mejia–Acosta (University of Sussex)

印度：<http://164.100.24.219/Bios Search/search2.aspx>.

爱尔兰：<http://www.oireachtas.ie/>.

巴拿马：Carlos Guevara–Mann (University of Nevada, Las Vegas)

505 **附录 B**

图 23.4 展示了以政党为中心的选举规则及其与宪法结构的相互作用对政府首脑立法通过率的影响。我诉诸以下方法生成的这些结果。我使用由政府提出并经其各自国家立法机关批准的议案的比例作为因变量。然后，我大致提出了两

个独立的模型，一个是用于总统制民主国家的样本，另一个是用于非威斯敏斯特式议会制国家的样本，使用了普通最小二乘法（OLS）。其中考虑了以下解释变量。

总统制、混合制和非威斯敏斯特式议会制。如果某个国家具有相关宪法结构，那么每个变量的值均为 1，否则为 0。宪法结构根据切伊布（Cheibub，2006）提出的标准进行分类。以下国家被认为拥有威斯敏斯特式的制度：加拿大、孟加拉国、爱尔兰、马耳他、英国和新西兰。

联合政府。这是一个二元指标，如果政府由多党联盟执政，那么价值取 1，否则取 0。如果在某个国家的立法机构中有两个或两个以上的政党在内阁中占据职位，那么政府就被视为由多党联盟执政。[1]

投票权。这是一个虚拟变量，如果单个候选人可以有限地诉诸政党标签，那么其值为 1。这些情况发生在：（1）政党控制投票权，即使他们不控制候选人获得席位的顺序；（2）政党控制投票权以及个人获得政党赢得的席位的顺序。当候选人出现在选票上面临很少或没有障碍时，该变量的值为 0。如果政党允许独立候选人参选和 / 或诉诸预选程序选择候选人，那么在选举 1 名议员的选区中会出现这种情况。[2]

选区平均大小。该变量衡量国家立法机关下院选区平均的标准大小。[3]

多数派政府。这是一个二元指标，如果政府控制国家立法机关下院的多数席位，那么价值取 1，否则取 0。[4]

为了反映政府状况和选举规则之间的相互作用，我还引入了相乘项，即多数派政府 * 投票权。表 23.B1 展示了这一结果。我在这两种模型中都仔细地估算了标准误差，并允许对每个国家的干扰项进行关联：

506

表 23.B1　投票权和立法通过率

	议会制	总统制
联合政府	1.655 （4.907）	−0.547[***] （0.114）
政府首脑所在党派在议会的席位份额	44.359[***] （10.868）	11.731 （30.011）

〔1〕　资料来源：切伊布（Cheibub）等人，（2004）和作者自己的计算。
〔2〕　资料来源：约翰逊和沃勒克（Johnson and Wallack），2009；沃勒克（Wallack）等人，（2003）。
〔3〕　资料来源：约翰逊和沃勒克（Johnson and Wallack），2009；沃勒克（Wallack）等人，（2003）。
〔4〕　资料来源：切伊布（Cheibub）等人（2004）和作者自己的计算。

续表

	议会制	总统制
多数派政府	-9.508 （7.499）	-3.821 （4.620）
投票权	-2.928 （5.563）	-27.285^{***} （5.145）
选区平均规模	0.115^{***} （0.041）	0.206 （0.256）
多数派政府* 投票权	9.733 （6.608）	22.065^{***} （8.641）
截取	64.083^{***} （5.012）	71.908^{***} （13.514）
N	151	180
R	0.24	0.36

注：标准误差在括号内。* 表示在 10% 的水平上具有重要性；** 表示在 5% 的水平上具有重要性；*** 表示在 1% 的水平上具有重要性。

参考文献

Alcantara, M., 2004. Instituciones o Maquinas Ideologicas? Origen, Programa y Organizacion de los Partidos Latinoamericanos. Barcelona: Institut de Ciencies Politiques i Socials.

Aleman, E. and Tsebelis, G., 2005. Presidential Conditional Agenda Setting in Latin America. World Politics, 57: 396–420.

Alesina, A. and Rosenthal, H., 1995. Partisan Politics, Divided Government, and the Economy. New York: Cambridge University Press.

Barrett, A. W., 2005. Are All Presidential Legislative Successes Really Victories? Examining the Substance of Legislation. White House Studies, 5: 133–51.

Barry, B., 1980. Is it Better to be Powerful or Lucky? Part 2. Political Studies, 28: 338–52.

Binder, S. A., 1999. The Dynamics of Legislative Gridlock, 1947–96. American Political Science Review, 93: 519–33.

Bond, J. R. and Fleisher, R., 1990. The President in the Legislative Arena. Chicago: University of Chicago Press.

Bond, J. R., Fleisher, R., and Krutz, G. S., 1996. An Overview of the Empirical Findings on Presidential–Congressional Relations. In J. A. Thurber (ed.). Rivals for Power, pp. 103–140. Washington, DC: CQ Press.

Boothroyd, D., 2001. House of Commons Divisions in which the Government was defeated since 1918. In <http://www.election.demon.co.uk/defeats.html>.

Burton, I. and Drewry, G., 1981. Legislation and Public Policy: Public Bills in the 1970–74 Parliament. London, Macmillan Press.

Cameron, C. M., 2000. Veto Bargaining. New York: Cambridge University Press.

Cannon, J., 1984. Aristocratic Century. New York: Cambridge University Press.

Carey, J., 2007. Competing Principals, Political Institutions, and Party Unity in Legislative Voting. American Journal of Political Science, 51: 92–107.

Carey, J. M. and Shugart, M. S., 1995. Incentives to Cultivate a Personal Vote: a Rank

Ordering of Electoral Formulas. Electoral Studies, 14: 417–39.

Cheibub, J. A., 2007. Presidentialism, Parliamentarism, and Democracy. New York: Cambridge University Press.

Cheibub, J. A., Przeworski, A., and Saiegh, S., 2004. Government Coalitions and Legislative Success Under Presidentialism and Parliamentarism. British Journal of Political Science, 34: 565–87.

Cheibub, J. A., Gandhi, J., and Vreeland, J. R., 2010. Democracy and dictatorship revisited. Public Choice, 143: 67–101.

Colley, L., 1976. The Mitchell election division, 24 March 1755. Bulletin of the Institute of Historical Research, XLIX: 80–107.

Covington, C. R., 1988. Building Presidential Coalitions among Cross–Pressured Members of Congress. Western Political Quarterly, 41: 47–62.

Cowley, P. and Stuart, M., 2011. Ignored, irresponsible and irrelevant? Opposition MPs in the House of Commons. In N. Fletcher (ed.). How to be in Opposition, pp. 173–85. London: Biteback.

Cox, G., 1987. The Efficient Secret. New York: Cambridge University Press.

Cox, G. and McCubbins, M., 1993. Legislative Leviathan: Party Government in the House. Berkeley: University of California Press.

Cox, G. and McCubbins, M., 2005. Setting the Agenda. New York: Cambridge University Press.

Crain, W., Holcombe, R., and Tollison, R., 1979. Monopoly Aspects of Political Parties. Atlantic Economic Journal, 7: 54–58.

Denzau, A., Riker, W., and Shepsle, K., 1985. Farquharson and Fenno: Sophisticated Voting and Home Style. American Political Science Review, 79: 1117–34.

Desposato, S. W., 2005. Parties for Rent? Ambition, Ideology, and Party Switching in Brazil's Chamber of Deputies. American Journal of Political Science, 50: 62–80.

Diermeier, D. and Feddersen, T. J., 1998. Cohesion in Legislatures and the Vote of Confidence Procedure. American Political Science Review, 92: 611–21.

Diermeier, D. and Vlaicu, R., 2011. Executive Control and Legislative Success. Review of Economic Studies, 78: 846–71.

Döring, H. (ed.), 1995. Parliaments and Majority Rule in Western Europe. New York: St. Martin's Press.

Edwards, III, G. C., 1980. Presidential Influence in Congress. San Francisco: W. H.

Freeman.

Fenno, R., 1978. Home style: House members in their districts. Boston: Little Brown.

Fiorina, M., 1974. Representatives, Roll Calls, and Constituencies. Lexington: Heath.

Fiorina, M. and Noll, R. G., 1978. Voters, legislators and bureaucracy: A rational choice perspective on the growth of bureaucracy. Journal of Public Economics, 9: 239–54.

Fish, S. M. and Kroenig, M., 2009. The Handbook of National Legislatures. A Global Survey. New York: Cambridge University Press.

Foweraker, J., 1998. Institutional Design, Party Systems and Governability. Differentiating the Presidential Regimes of Latin America. British Journal of Political Science, 28: 651–76.

Gamm, G. and Huber, J., 2003. Legislatures as Political Institutions: Beyond the Contemporary Congress. In I. Katznelson and H. Milner (eds.). Political Science: State of the Discipline, pp. 313–41. APSA: W.W. Norton.

Gartzke, E., 1999. War is in the Error Term. International Organization, 53: 567–87.

Ginter, D. E., 1995. Voting Records of the British House of Commons, 1761–1820. London: Hambledon Press.

Golder, M., 2005. Democratic Electoral Systems around the World. Electoral Studies, 24: 103–21.

Griffith, J. A. G., 1974. Parliamentary Scrutiny of Government Bills. London, Allen &Unwin Ltd.

Groseclose, T. and Snyder, J. M., 1996. Buying Supermajorities. American Political Science Review, 90: 303–15.

Groseclose, T. and McCarty, N., 2001. The Politics of Blame: Bargaining Before an Audience. American Journal of Political Science, 45: 100–19.

Groseclose, T. and Milyo, J., 2010. Sincere versus sophisticated voting in congress: theory and evidence. Journal of Politics, 72: 60–73.

Heller, W. B., 2001 Making Policy Stick: Why the Government Gets What It Wants in Multiparty Parliaments. American Journal of Political Science, 45: 780–98.

Helms, L., 2005. Presidents, Prime Ministers and Chancellors: Executive Leadership in Western Democracies. London: Palgrave Macmillan.

Holmes, G. and Szechi, D., 1993. The Age of Oligarchy. New York: Longman.

Hoppit, J., 1996. Patterns of Parliamentary Legislation, 1660–1800. The Historical Journal, 39: 109–31.

Huang, T–F., 1997. Party Systems in Taiwan and South Korea. In L. Diamond, M. F. Plattner, Y–H. Chu, and H–M. Tien (eds.). Consolidating the Third Wave Democracies: Themes and Perspectives, pp. 135–59. Baltimore: Johns Hopkins University Press.

Huber, J. D., 1996. The Vote of Confidence in Parliamentary Democracies. American Political Science Review, 90: 269–82.

Huntington, S. P., 1968. Political Order in Changing Societies. New Haven: Yale University Press.

Ingberman, D. E. and Yao, D. A., 1991. Presidential Commitment and the Veto. American Journal of Political Science, 35: 357–89.

Isberg, M., 1982. The First Decade of the Unicameral Riksdag. Stockholm: Stokholms Universitet.

Johnson, J. W. and Wallack, J. S., 2009. Electoral Systems and the Personal Vote. Available at: <http://dss.ucsd.edu/~jwjohnso/espv.htm>.

Jones, M., 1995. Electoral laws and the survival of presidential democracies. Indiana: University of Notre Dame Press.

Kalt, J. P. and Zupan, M. A., 1990. Apparent Ideological Behavior of Legislators: Testing for Principal–Agent Slack in Political Institutions. Journal of Law & Economics, 33: 103–31.

Kam, C., 2009. Party Discipline and Parliamentary Politics. New York: Cambridge University Press.

Keefer, P., 2005. Database of Political Institutions: Changes and Variable definitions. Washington DC: Development Research Group, World Bank.

Kennan, J., 1986. The Economics of Strikes. In O. Ashenfelter and R. Layard (eds.). Handbook of Labor Economics, Volume 2, pp. 1091–1137 Amsterdam: North Holland.

King, D. C. and Zeckhauser, R., 2003. Congressional Vote Options. Legislative Studies Quarterly, 28: 387–411.

King, G. and Ragsdale, L., 1988. The Elusive Executive. Washington, DC: CQ Press.

Jackson, J. E. and Kingdon, J. W., 1992. Ideology, Interest Group Scores, and Legislative Votes. American Journal of Political Science, 36: 805–23.

Levitt, S. D., 1996. How Do Senators Vote? Disentangling the Role of Voter Preferences, Party Affiliation, and Senator Ideology. American Economic Review, 86: 425–41.

Linz, J., 1990. The Perils of Presidentialism. Journal of Democracy, 1:51–69.

Linz, J. J., 1994. Presidential or Parliamentary Democracy: Does it Make a Difference. In J. J. Linz and A. Valenzuela. The Failure of Presidential Democracy: The Case of Latin

America, pp. 3–90. Baltimore: Johns Hopkins University Press.

Linz, J. J. and Stepan, A., 1996. Problems of Democratic Transition and Consolidation: Southern Europe, South America, and Post–Communist Europe. Baltimore: Johns Hopkins University Press.

Londregan, J. B., 2000. Legislative institutions and ideology in Chile. New York: Cambridge University Press.

Londregan, J. B., 2002. Appointment, Reelection, and Autonomy in the Senate of Chile. In S. Morgenstern and B. Nacif (eds.). Legislative Politics in Latin America, pp. 341–76. New York: Cambridge University Press.

Lupia, A. W. and Strøm, K., 1995. Coalition Termination and the Strategic Timing of Parliamentary Elections. American Political Science Review, 89: 648–65.

Mainwaring, S., 1990. Presidentialism in Latin America. Latin American Research Review, 25: 157–79.

Mainwaring, S., 1998. Party Systems in the third wave. Journal of Democracy, 9: 67–81.

Mainwaring, S. and Scully, T. R., 1995. Introduction: Party Systems in Latin America. In S. Mainwaring and T. R. Scully (eds.). Building Democratic Institutions: Party Systems in Latin America, pp. 1–36. Stanford: Stanford University Press.

Martin, L. W. and Vanberg, G., 2011. Parliaments and Coalitions: The Role of Legislative Institutions in Multiparty Governance. New York: Oxford University Press.

Matthews, S., 1989. Veto Threats: Rhetoric in a Bargaining Game. Quarterly Journal of Economics, 104: 347–69.

Morgenstern, S., 2004. Patterns of Legislative Politics. New York: Cambridge University Press.

Namier, Sir L. B., 1957. The Structure of Politics at the Accession of George III. New York: St, Martin's Press.

Namier, Sir L. B. and Brooke, J., 1964. The House of Commons, 1754–1790. New York: Oxford University Press.

Nielson, D. L., 2003. Supplying Trade Reform: Political Institutions and Liberalization in Middle–Income Presidential Democracies. American Journal of Political Science, 47 (3): 470–91.

Norton, P., 1980. Dissention in the House of Commons 1974–1979. Oxford: Oxford University Press.

Olson, D., 1994. Democratic Legislative Institutions. New York: M.E. Sharpe.

Palmer, R. R., 1959. The Age of the Democratic Revolution. New Jersey: Princeton University Press.

Payne, M. J., Zovatto, G. D., Florez, F. C., Zavala A. A., 2002. Democracies in Development: Politics and Reform in Latin America. Washington, DC: IADB.

Peterson, M. A., 1990. Legislating Together. Cambridge: Harvard University Press.

Przeworski, A., Stokes, S. C., and Manin, B., 1999. Democracy, Accountability, and Representation. New York: Cambridge University Press.

Przeworski, A., Alvarez, M., Cheibub, J. A., and Limongi, F., 2000. Democracy and Development. New York: Cambridge University Press.

Rasmusen, E. and Ramseyer, J. M., 1994. Cheap bribes and the corruption ban: A coordination game among rational legislators. Public Choice, 78: 305–27.

Rivers, D. and Rose, N., 1985. Passing the President's Program. American Journal of Political Science, 29: 183–96.

Saalfeld, T., 1990. The West Germany Bundestag after 40 Years. In P. Norton (ed.). Parliaments in Western Europe, pp 68–89. London: Frank Cass.

Saalfeld, T., 1995. On Dogs and Whips: Recorded Votes. In H. Döring (ed.). Parliaments and Majority Rule in Western Europe. New York: St. Martin's Press.

Saiegh, S. M., 2011. Ruling by Statute. New York: Cambridge University Press.

Shepsle, K. A., 2010. Analyzing Politics. New York: Norton.

Shepsle, K. A. and Weingast, B. R., 1987. The institutional foundations of committee power. American Political Science Review, 81: 85–104.

Shugart, M. S. and Carey, J., 1992. Presidents and Assemblies: Constitutional Design and Electoral Dynamics. Cambridge: Cambridge University Press.

Shull, S. A., 1983. Domestic Policy Formation. Westport: Greenwood Press.

Siavelis, P. and Morgenstern, S., 2008. Political Recruitment and Candidate Selection in Latin America: A Framework for Analysis. In P. Siavelis and S. Morgenstern (eds.). Pathways to Power, pp. 3–37. Pennsylvania: Pennsylvania State University Press.

Sieberer, U., 2011. The Institutional Power of Western European Parliaments: A Multidimensional Analysis. West European Politics, 34: 731–54.

Speck, W., 1977. Stability and Strife. London: Edward Arnold.

Stepan, A. and Skach, C., 1993. Constitutional Frameworks and Democratic Consolidation: Parliamentarism Versus Presidentialism. World Politics, 46: 1–22.

Thompson, L., 2013. More of the Same or a Period of Change? The Impact of Bill

Committees in the Twenty–First Century House of Commons. Parliamentary Affairs, 66 (3): 459–79.

Tsebelis. G., 1995a. Decision making in political systems. British Journal of Political Science, 25: 289–326.

Tsebelis. G., 1995b. Veto Players and Law Production in Parliamentary Democracies. In H. Döring(ed.). Parliaments and Majority Rule in Western Europe. New York: St. Martin's Press.

Tsebelis. G., 2002. Veto Players: How Political Institutions Work. New York: Princeton University Press and Russell Sage Foundation.

Tsurutani, T. and Gabbert, J. B., 1992. Chief executives: national political leadership in the United States, Mexico, Great Britain, Germany, and Japan. Pullman: Washington State University Press.

Valenzuela, A., 1994. Party Politics and the Crisis of Presidentialism in Chile. In J. J. Linz and A. Valenzuela (eds.).The failure of presidential democracy: The case of Latin America, pp. 91–150. Baltimore: Johns Hopkins University Press.

Wallack, J. S., Gaviria, A., Panizza, U., and Stein, E., 2003. Particularism around the World. The World Bank Economic Review, 17: 133–43.

第二十四章　立法机构和公共财政[*]

约阿希姆·韦纳（Joachim Wehner）

24.1　引言

争取由议会控制税收和公共支出的斗争在现代立法机关以及民主制度的最终出现中起着核心作用。《大宪章》（1215 年）、《美国宪法》（1787 年）和法国《人权和公民权宣言》（1789 年）等基本法律文件都试图确保政府不能单方面征税。如果没有民选立法机关定期批准财政措施的要求，那么现代民主国家的宪法就是不完整的。

虽然财政权力是代议制会议的一项基本职能，但令人惊讶的是，对立法和财政审查的系统性比较研究相对较晚出现。20 世纪 90 年代以前，对美国以外的立法机关在公共财政上作用的研究绝大多数是立基于案例的，没有明确的比较框架［奥本海默（Oppenheimer），1983］。20 世纪 90 年代以来，人们对立法机关的这一角色重新产生了兴趣，部分原因是苏联解体后一些国家出现了制度设计的紧迫问题，以及其他地区向更加民主的政体的政治转变［斯塔彭赫斯特和佩利佐（Stapenhurst and Pelizzo），2002］。国际组织和捐助机构也开始关注发展中国家为加

---

* 张玉洁译。

强“治理”对公共财政立法审查和监督的强化［美国国际开发署（United States Agency for International Development），2000］。学者对该领域研究兴趣的增加也从更大层面反映了关于立法机关的比较研究的发展。

本章回顾有关立法机关在公共财政上作用的比较文献。24.2 简要概述这一研究领域的文献发展；24.3 更详细地讨论几个前沿问题；24.4 重点介绍一些重要的未予回答或研究不足的问题，包括对未来研究的建议；24.5 是结论。

515

明确本章的重点是有益的。其一，本章的重点是关于国家立法机关和公共财政的比较研究。有大量关于美国国会的文献，也有关于财政制度——包括立法权力、结构和程序——的政治经济学文献。诉诸这些文献只是为了强调相关领域比较研究的部分起源，但它们不是本章的主要兴趣点所在。其二，在思考立法机关在财政上的作用时，区分事前和事后审查是有用的。前者指在执行年度预算之前对其进行批准，后者指根据年度账目和审计报告进行监督，这是在相关财政年度结束后行使的职能。这里讨论的许多比较文献都与事前审查有关，但也有一小部分研究事后控制的，这些研究本章也有涉及。

24.2　从案例研究到比较分析

对于立法学者来说，正确评价预算过程的设计对于理解政治系统中不同行为者之间的权力平衡以及相关的政治动态和结果（包括公共政策）非常重要。在 20 世纪的大部分时间里，关于立法机关和公共财政的学术工作都侧重于对程序方面的描述，而且大部分研究都是关于美国立法机关的［奥本海默（Oppenheimer），1983］。例如，重要贡献包括理查德·芬诺（Richard Fenno，1966）关于国会拨款政治方面的研究和阿伦·威尔达夫斯基（Aaron Wildavsky，1964）对预算过程政治的开创性分析，这些研究不属于立法研究传统，但提供了关于国会财政资源决策的重要说明。

在某些事项上，关于美国以外特定国家立法机关财政审查的文献相当多，如英国众议院［如查布（Chubb），1952；艾因齐格（Einzig），1959；里德（Reid），1966］、德国联邦议院［例如，赫希（Hirsch），1967；斯特姆（Sturm），1988；艾肯博姆（Eickenboom），1989］或法国国民议院［例如，斯图尔姆（Stourm），1917；希诺（Chinaud），1993；阿姆塞莱克

（Amselek），1998］。这些文献或者详细说明了议会预算角色的出现、发展和衰落，或者描述了在某个特定时间点的普遍做法，但基本上都没有比较研究的意图。

关于立法机关在公共财政中作用的比较学术研究历经了一些时间才发展出一套系统框架。一个早期例子——在许多方面领先于其时代——是由伦敦一家支持自由贸易的绅士俱乐部科布登俱乐部（Cobden Club）［普罗宾（Probyn），1877］进行的，这或许是有史以来第一次对预算程序的跨国调查。该俱乐部编制了一份关于预算立法程序的调查问卷，并发送给几个国家的受访者。这些问题反映出一种关切，即议会程序的设计可能会影响预算结果，而预算结果如今是研究的中心议题。此调查涉及了程序性问题，如预算的格式，以及议会如何审查预算，包括议会委员会的作用。此调查还需进一步询问，议会的审查是否"有削减政府建议预算或有限制政府滥用预算的效果"［普罗宾（Probyn），1877，5］。科布登俱乐部共收到来自 11 个国家的回复，这些回复反映了人们对议会控制公共财政的不同看法。不幸的是，多年来这一比较调查项目一直是此类研究中唯一的例子。

在科布登俱乐部开创性工作后的一个世纪，在这一领域的比较分析几乎没有取得实质性进展。例如，库姆斯（Coombes，1976）收集的案例研究提供了几个国家的详细历史信息，但缺乏严格的理论基础，无法使研究具有可比性，也无法从总体上进行分析。各国议会联盟（Inter-Parliamentary Union）的调查工作（1986）涵盖了议会的财政职能和许多其他方面，建立了一个非常有用和全面的数据来源，但也没有根据比较分析框架来架构这些材料。

20 世纪 90 年代，政治经济学学者的跨国研究开始强调预算制度作为财政结果——如赤字和债务——的决定因素的作用［冯·哈根和哈登（von Hagen and Harden），1995；阿莱西纳（Alesina）等人，1999］。这项研究强调预算编制中的"共同资源池问题"，当决策者未能将其行动的全部成本内部化时，这一问题就会出现［冯·哈根和哈登（von Hagen and Harden），1995］。议员可能特别倾向于将针对其特定选区的支出效益——例如，桥梁、道路和其他基础设施等传统的分肥拨款项目——内部化，这些项目由共同的财政池提供资金，从而使得成本由更多的纳税人分摊［温加斯特（Weingast）等人，1981］。

这一政治经济学文献的一个影射是，立法权力有限的预算制度不太利于支持支出偏好，因此更有可能与较小的政府和审慎的财政政策相关。这项研究中讨论的变量包括决定在预算编制中行政议程设置权范围的制度特征，特别是议员可以在多大程度上修改行政机关的支出和税收提案［冯·哈根和哈登（von Hagen and Harden），1995］，以及立法机关的委员会在预算决策上程序的分散性［克雷恩和缪里斯（Crain and Muris），1995］。这些观点在对立法机关在公共财政中作用的比较研究中发挥了重要作用。

随着过去 20 年来关于立法机关的比较文献变得更加系统化［奥尔森和梅泽（Olson and Mezey），1991；多林（Döring），1995］，出现了一系列试图在明确的比较框架内研究立法机关在预算决策中作用的研究。哈格德和麦卡宾斯（Haggard and McCubbins，2001）的这本书将在美国背景中发展起来的分配政治和立法机制研究扩展用于对其他地方立法政治的比较研究。该书概述了影响公共政策性质——包括预算选择——的两个关键的制度面向，即选举制度的设计和行政机关政策权力的范围。该书认为，"目的分离"（产生财政需求的离心式选举制度）和"权力分离"（受到宪法限制的总统对允许财政供应的政策的控制）的结合降低了决策力，增加了财政支持和资金的供给。

517

这项研究强调了立法—行政权力平衡与选举制度产生的激励之间的相互作用。哈勒伯格和马里尔（Hallerberg and Marier，2004）扩展了这一想法。他们借鉴了预算编制领域有关共同资源问题的文献，使用了阿莱西纳（Alesina，1999）等人从更广泛的预算机制指标中设计的一个子集变量，该指标反映了立法机关修改行政部门预算提案以及倒推性预算规定的权力。他们发现，这些制度特征对财政赤字有系统性影响，具体取决于选举制度在多大程度上推动了"个人投票"［凯里和舒加特（Carey and Shugart），1995］。他们的研究结果表明，拥有促进以选区为中心的立法服务的选举制度的国家赤字较高，除非关于预算事项的立法权力受到限制，例如，禁止立法者通过增加支出的修正案。这也意味着立法机关预算程序的改革对于那些议员与选区联系紧密、政党纪律遭到削弱的国家的财政选择可能更为重要。本章第三节将继续讨论这一点。

除了关于行政立法关系［哈格德和麦卡宾斯（Haggard and McCubbins），2001］和财政机构政治经济学［哈勒伯格和马里尔（Hallerberg and Marier），2004］的比较文献中的一些内容外，很少有人试图系统地反映和衡量立法机关在预算工作中作用的国际差异。韦纳（Wehner，2006，2010a）研究了公共财政立法控制的若干制度前提，集中关注两个方面。一个是立法机关在预算问题上的正式权力。这包括立法机关修改行政预算提案的权力，如果批准推迟到财政年度开始之后，那么修改行政机关执行的倒推预算的权力，以及行政机关在执行期间无需寻求立法批准就改变已批准预算的灵活程度。另一组变量反映立法机关的组织能力。这涉及财政年度开始前议会进行预算讨论的可用时间，议会审查时涉及专门的立法机关委员会的程度，以及议会以议会预算办公室的形式获得独立预算研究的能力。诉诸一项对多达 36 个国家进行的国际调查的数据，这些变量结合成为立法预算机制指标。

立法预算机制指标显示，当代自由民主国家的立法机关对政府财政的监督水平存在很大差异。美国国会显然是一个特例，其指标得分是排名最靠后的 9 个国家（主要是威斯敏斯特式制度的国家）的 3 倍多。美国国会在财政事务上拥有不受约束的宪法权力，国会对拨款法案的延迟批准可能导致政府关门。而且，国会对预算的批准事无巨细，并严格控制财政年度内对已批准支出的任何调整。总统的预算申请在财政年度开始的 8 个月前提交给国会，比任何其他民主国家都要早。此外，国会有大量专门委员会来分析预算问题，议员们可以进入世界上最大、资源最充足的立法预算机构——国会预算办公室（Congressional Budget Office）。

美国国会与英国议会之间的反差非常大。英国议会严重削弱了已经长期被废弃的预算修正权。政府通常在议会最终批准之前，根据所谓的"临时拨款"执行财政支出计划。拨款的综合程度非常高，以至于各部门在如何花钱方面几乎拥有无限的灵活性，只要它们不超过拨款总数。英国议会在财政年度开始时收到预算申请，只有在财政年度启动后才批准拨款。它缺乏专门的拨款委员会和专门的立法预算分析机构。在威斯敏斯特式议会和美国国会这两个极端情况之间，欧洲大陆国家的议会占据了中间的大部分位置。在某些国家，立法机关拥有的正式宪法权力是广泛的，但组织能力往往要弱得多。这一分布情况表明，尽管宪法普遍承认议会的"财政权力"，但实际上，很少有立法机关具备真正控制预算的制度性前提条件。

大多关于立法机关在公共财政上作用的现有研究集中关注预算过程的批准阶段，不过事后监督也引起了一些比较层面的关注。这一领域最精细的研究是对英联邦国家公共账目委员会（Public Accounts Committees）的研究［麦吉（McGee），2002；佩利佐（Pelizzo）等人，2006］。这些委员会专门负责审查政府年度账目的审计报告，在一些国家还负责审查总审计长进行的绩效审计。后者不同于财务审计，其包括对公共支出的经济性、效率和有效性的调查。该研究的描述有侧重点，有时还夹杂着规范性内涵。对公共账户委员会的研究反映了这些委员会实践中的一些普遍模式，例如由反对党成员担任主席的趋势［韦纳（Wehner），2003］。不过，到目前为止，该文献缺乏对议会在审查账目和审计报告方面的做法的详细分析，类似于对预算批准过程所做的分析。

尽管如此，关于公共账目委员会的现有研究表明，有几种模式值得进一步探索。现有研究的一个观察结果是，事后审查可能在威斯敏斯特式制度中最为发达，而在其他国家，专门的审计委员会不太常见，立法机关对审计结果的关注往往较少。此外，如果外部审计机构具有司法地位，如法国的审计法院（Cour des comptes），那么它们与立法机关的互动也往往较弱。相比之下，英国的审计官（Comptroller）和总审计长（Auditor General）是下议院的官员，而且公共账目委员会（Public Accounts Committee）的听证会对于公布审计结果和向政府施加压力以解决任何潜在问题和缺陷至关重要。随着对最高审计机构比较研究的发展［桑蒂索（Santiso），2009］，对立法审计进行更系统的跨国分析将是符合逻辑的下一步。

519

24.3　迄今为止的主要发现

本节讨论现有比较文献中的几个主要发现，大致分为两大类。第一类是关于已知的立法和财务审查的变化的。第二类着眼于迄今为止关于立法机关对公共财政的影响的研究。

最根本的是，现有研究突出了宪法权力和预算程序的变化。显示出巨大跨国差异的一个重要变量是立法机关修改行政机关提交的预算提案的宪法权力。一些议会拥有不受限制的决定支出和税收的权力，例如，美国国会、德国联邦议院或瑞士议会，而另一些议会可能在对行政提案进行的修改类型方面受到很大的限制。例如，英国议会只能减少行政机关提议的项目，但不能提出新的项目，也不能增加任何提议项目的经费。人们普遍认为，这一变量对预算事项中的行政—立法权力平衡非常重要［阿莱西纳（Alesina）等人，1999；哈格德和麦卡宾斯（Haggard and McCubbins），2001；韦纳（Wehner），2006；哈勒伯格（Hallerberg）等人，2009］。显然，立法者决定年度预算的规则，以及他们必须遵守的约束，都会对他们可能在预算问题上施加的影响程度产生影响。

也许令一些人惊讶的是，几乎没有证据表明议会制和总统制政府中立法机关的预算权限存在系统性差异。诚然，到目前为止，美国国会是公共财政领域最活跃、最强大的立法机关，而威斯敏斯特式的议会恰恰相反。但是，这些分别是总统制和议会制中的极端情况。在总统制中，不同国家立法机关的权力对预算的影响有很大差异［哈格德和麦卡宾斯（Haggard and McCubbins），2001］。这类国家中的一些国家，如智利，其立法机关的权力受到高度限制，只有有限的修改预算的宪法权力。在议会制国家中，英国议会是所有发达国家立法机关中在财政审查方面最不活跃的一个，并且早就停止修改"货币法案"——批准支出的拨款法案和修改税法的财政法案——除非政府提出修改。不过，其他一些国家的议会在预算方面拥有更为正式的权力，并经常利用此类权力修改预算提案［韦纳（Wehner），2006；2010a］。利纳特（Lienert，2005）除了确认威斯敏斯特式民主国家的特殊地位外，还发现立法机关预算权力与权力分离之间几乎没有协变关系。

520　　然而，宪法权力只是立法机关预算作用的决定因素之一。其他变量影响着议员诉诸权力的动机。值得注意的是，选举制度［哈格德和麦卡宾斯（Haggard and McCubbins），2001；哈勒伯格和马里尔（Hallerberg and Marier），2004］影响选区与议员之间的联系，并影响政党领导人要求和贯彻立法投票行为纪律的能力。此外，行政和立法机关中的党派多数也很重要。在由多数党执政的国家，即使是强大的宪法结构也不会引起大范围的立法审查［摩根施特恩（Morgenstern），2002］。相反，在少数党执政或联合政府的情况下，议会对行政机关的监督可能更为严格，立法机关对预算的影响可能更大［韦纳（Wehner），2010b；汉克拉（Hankla），2013］。

我们也主要从有关财政机制的政治经济学文献那里了解预算事项中的立法权力是如何影响财政政策结果。许多文章证明，拥有广泛预算权力的立法机关可能会对财政纪律构成威胁。冯·哈根和哈登（von Hagen and Harden，1995）发现，20世纪80年代12个欧盟国家的预算制度与赤字和债务之间存在关联。［阿莱西纳（Alesina）等人，1999］采用了类似的方法对20个拉丁美洲和加勒比国家进行了研究。他们发现，20世纪80年代和90年代初的预算制度与基本赤字之间存在关联［另见斯坦（Stein）等人，1998］。法布里齐奥和莫迪（Fabrizio and Mody，2006）利用伊劳迪宁（Yläoutinen，2004）的研究，对20世纪90年代和21世纪初10个中欧和东欧国家的小样本研究得出了类似的结果。韦纳

（Wehner，2010b）诉诸 20 世纪 70 — 90 年代工业化和发展中国家组成的一个大型数据组发现，对立法修正权的限制减轻了党派分裂对财政赤字的影响。

前一段介绍的研究发现为旨在加强财政纪律的改革奠定了基础。在一些立法机关的宪法权力不受限制的国家，改革后建立了更多"自上而下"的程序，包括在对可用资金分配作出详细选择之前先就总开支作出决定。一个例子是瑞典，该国在 20 世纪 90 年代中期对其预算程序进行了全面改革，严格遵循文献中提出的建议，将决策过程集中化，以遏制共同资源池问题。在改革之前，瑞典议会（Riksdag）的不同委员会处理预算的不同部分，很少进行全面协调。最终批准的预算常常会超过政府提出的数额。改革后由财政委员会集中对预算总数进行审议，并建立了一个新的程序，根据该程序，议会首先对总支出进行表决，然后才对拨款的详细分配进行表决。这一变化使得议员们更难修改政府预算提案［韦纳（Wehner），2010a］。

相比之下，我们几乎无法从比较研究中获得任何系统性的信息，以了解立法机关财政审查与其他结果——例如政府责任或减少腐败——之间的关系，这些结果在相关文献中被认为是立法机关发挥更大作用的核心益处［美国国际开发署（US Agency for International Development），2000；斯塔彭赫斯特和佩利佐（Stapenhurst and Pelizzo），2002；英国国际发展部（UK Department for International Development），2006，27］。在其他文献中，史蒂文·菲什（Steven Fish，2006，5）甚至声称："强大的立法机关的存在是民主化的一大福音。"这种想法激发了捐助机构的"立法机关强化"计划，这些计划的重点是改善财政委员会的功能或创建议会预算办公室。可是，国际金融机构的许多从业人员往往对立法机关参与资源决策持更加怀疑、更加不友善的看法。立法机关监督公共财政在实现发展成果（如减少腐败、提高政府效率和巩固民主）方面的潜在作用还有待更加系统的探索。没有这样的研究，我们就无法判断增加立法机关活动的好处是否超过可能的风险。

521

24.4　未来研究的问题

关于立法机关在预算决策和监督中的作用，仍有形构和进行比较研究的很大空间。奥本海默（Oppenheimer，1983）得出的结论是，关于美国以外的立法机关以及它们如何影响预算的知识相当稀少，其研究程度与对美国的研究相去甚远。自那之后，立法学者积累了更多不同的案例研究〔如，斯塔彭赫斯特（Stapenhurst）等人，2008〕。但是，比较研究的覆盖面还远远未能扩大到令人满意的程度。对更多国家和地区的关注能够使我们最终对立法机关预算批准的模式和趋势有更细微的了解。在一些研究尚显不足的地区，财政审查的"减少"不一定是最重要的问题。与此同时，广泛的问题和面向值得在我们在明确的比较框架内进行进一步处理，下文将重点介绍这些问题。

第一个挑战是进一步打破这种陈词滥调，即立法机关批准预算总是采用两种基本形式之一，要么是以英国下议院为代表的议会制，要么是以美国国会为代表的总统制。这种简单化的世界观假设政府总是在议会制中得到他们想要的东西，而权力分离使得各机关之间的关系更具斗争性。尽管一些比较学者付出了很大努力提高人们对议会制中各种实践做法的认识，但这一陈词滥调仍然很普遍〔如埃赛亚松和海达尔（Esaiasson and Heidar），2000〕。这一挑战更广泛地适用于对立法机关的比较研究，但肯定也适用于仅研究议会机关预算作用的部分文献。在粗略宏观宪法差异的基础上仔细审视政府形式，对于增进我们对立法机关预算行为的理解至关重要。

不过，美国国会和英国议会之间的对比有助于说明另一个被忽视的、有待进一步研究的问题：财政审查的事后控制和事前控制之间是否存在权衡问题，如果存在，原因是什么？美国国会的审查焦点几乎完全集中在预算编制上。国会一年里的大部分时间都花在了调和议员之间相互竞争的观点上，但议员们仍然经常不能及时就财政计划达成一致。事后审查远远不够发达，受到的关注也较少。相比之下，英国议会通常只在简单审查之后就批准行政预算提案，不做任何修改。可是，它拥有完善的事后审查基础机制，可以追溯到 19 世纪 60 年代的格拉斯顿（Gladstonian）改革。享有盛誉的公共账目委员会审查最高审计机构国家审计署（National Audit Office）编写的政府部门支出报告，国家审计署支持该委员会的工作。事前和事后审查之间的关系，包括各国立法机关之中是否存在系统的权衡，有待进一步的比较分析。

另一个需要进一步研究的领域是理解立法机关的参与对财政决策的影响。这一研究领域深受"财政制度主义者"基于共同资源池问题的研究项目的影响。该研究路径对理解程序安排（如委员会结构和修正权）与预算结果之间的关系产生了重大影响。此类研究对于比较研究者来说是一个重要的参考，但同时这一研究领域的重点仍有很大的空间可以拓展。尤其是，这些文献中的大部分都仅仅关注总体财政结果：赤字、债务、总支出等。立法机关的参与是否以及如何影响预算构成或特定预算项目值得更多的关注［例如，基弗和赫曼尼（Keefer and Khemani），2009］。此外，如上所述，关于"治理"和"加强立法机关作用"的应用性更强的文献提出了议会监督的各种有益影响，我们应以经验为基础对这些影响进行更仔细的研究，这也是因为它们构成了向发展中国家提供政策支持和技术援助的基础。因变量仍有多样化的空间。

到目前为止，许多研究仍存在一个局限，就是往往局限于探索某些制度特征的直接影响，而不是更微妙的互动。文献中有一些例子表明，立法机关中的某些机构减轻了其他变量——如选举制度中的离心倾向［哈勒伯格和马里尔（Hallerberg and Marier），2004］或党派分裂［韦纳（Wehner），2010b；汉克拉（Hankla），2013］——的影响。这种从直接影响到探究更微妙的相互作用的转变有望为理解财政表现的决定因素以及可能的其他预算影响做出进一步的重要贡献。

最后，对立法机关预算作用的比较研究倾向于短期视角或地区间横向比较的方法。在实践中，立法机关的影响以及行政—立法权力的平衡可能会随着时间推移而发生变化。例如，在其被广泛使用的美国联邦预算过程指南中，希克（Schick，2000）区分了国会主导时期（1789—1921年）和总统主导时期（1921—1974年），以及分庭抗礼时期（1974—2000年）。虽然一些历史记录显示立法机关在预算上的作用逐渐衰落［例如，斯图尔姆（Stourm），1917；艾因齐格（Einzig），1959］，但其他人指出，一些国家的立法积极主义可能会重新抬头［希克（Schick），2002］。在这场争论中，有太多文献引用了传闻证据。比较立法学者还可以做更多的工作来在更长时间内记录和研究预算决策以及不断变化的立法—行政关系模式［如韦纳（Wehner），2013］。如果在更长的历史背景下考虑，那么10年内出现的引人注目的趋势可能看起来并不那么值得注意。

523

24.5　结论

在过去的20年中，对公共财政中立法机关作用的比较研究变得更加系统。

此类研究大部分集中关注立法机关的预算批准职能，较少涉及事后审查。比较文献记录了不同国家立法机关预算权力和程序的重大差异。选举制度和政党政治多数似乎在解释正式权力在何种情况下会转化为立法积极主义的问题上发挥了重要作用。政治经济学学者已经证明，强大的立法机关与纪律较差的财政政策结果相关。立法机关财政审查的其他可能影响，例如，对责任制和民主制的影响，已有文献做出断言，但尚未有缜密的研究。

将研究对象的地理范围扩大到发达民主国家之外，将有助于对立法机关财政审查制度进行比较研究。未来的研究应避免被陈词滥调误导，即将总统制和议会制之间的差异自动转化为立法机关在预算决策中角色的根本不同。相反，对更细微问题的研究可能会推动这一领域的比较研究。立法机关在事前和事后的财政审查中是否有系统的权衡，为什么？除了对总体财政政策的影响，关于立法机关参与财政决策的影响，我们还能说些什么——例如，对预算构成或特定预算项目的影响，或者对包括腐败和责任制在内的政府治理的其他方面的影响？在什么情况下，预算权力的制度差异最为重要？在一个较长时期内，我们如何记录和评估立法机关对预算的影响？

参考文献

Alesina, A., Hausmann, R., Hommes, R., and Stein, E., 1999. Budget Institutions and Fiscal Performance in Latin America. Journal of Development Economics, 59: 253–73.

Amselek, P., 1998. Le Budget de l'État et le Parlement sous la Ve République. Revue du Droit Publique (Supp.): 1444–73.

Carey, J. M. and Shugart, M. S., 1995. Incentives to Cultivate a Personal Vote: A Rank Ordering of Electoral Formulas. Electoral Studies, 14: 417–39.

Chinaud, R., 1993. Loi de Finances—Quelle Marge de Manoevre Pour le Parlement? Pouvoirs, 64: 99–108.

Chubb, B., 1952. The Control of Public Expenditure: Financial Committees of the House of Commons. Oxford: Clarendon Press.

Coombes, D. L. (ed.), 1976. The Power of the Purse: The Role of European Parliaments in Budgetary Decisions. London: George Allen and Unwin.

Crain, M. W. and Muris, T. J., 1995. Legislative Organization of Fiscal Policy. Journal of Law and Economics, 38: 311–33.

Döring, H. (ed.), 1995. Parliaments and Majority Rule in Western Europe. Frankfurt: Campus.

Eickenboom, P., 1989. Haushaltsausschuß und Haushaltsverfahren. Parlamentsrecht und Parlamentspraxis in der Bundesrepublik Deutschland. In H–P. Schneider and W. Zeh (eds.). Ein Handbuch, pp. 1183–220. Berlin: De Gruyter.

Einzig, P., 1959. The Control of the Purse: Progress and Decline of Parliament's Financial Control. London: Secker and Warburg.

Esaiasson, P. and Heidar, K. (eds.), 2000. Beyond Westminster and Congress: The Nordic Experience. Columbus: Ohio State University Press.

Fabrizio, S. and Mody, A., 2006. Can Budget Institutions Counteract Political Indiscipline? Economic Policy, 21: 690–739.

Fenno, R. F., 1966. The Power of the Purse: Appropriations Politics in Congress. Boston: Little Brown.

Haggard, S. and McCubbins, M. D. (eds.), 2001. Presidents, Parliaments, and Policy.

New York: Cambridge University Press.

Hallerberg, M. and Marier, P., 2004. Executive Authority, the Personal Vote, and Budget Discipline in Latin American and Caribbean Countries. American Journal of Political Science, 48: 571–87.

Hankla, C. R., 2013. Fragmented Legislatures and the Budget: Analyzing Presidential Democracies. Economics and Politics, 25: 200–28.

Hirsch, J., 1967. Zur Reform der parlamentarischen Haushaltskontrolle. Politische Vierteljahresschrift, 8: 88–102.

Inter–Parliamentary Union, 1986. Parliaments of the World: A Comparative Reference Compendium. Aldershot: Gower.

Keefer, P. and Khemani, S., (2009). When Do Legislators Pass on Pork? The Role of Political Parties in Determining Legislator Effort. American Political Science Review, 103: 99–112.

Lienert, I., 2005. Who Controls the Budget: The Legislature or the Executive? IMF Working Paper WP/05/115.

McGee, D. G., 2002. The Overseers: Public Accounts Committees and Public Spending. London: Commonwealth Parliamentary Association and Pluto Press.

Olson, D. M. and Mezey, M. L. (ed.), 1991. Legislatures in the Policy Process: The Dilemmas of Economic Policy. Advances in Political Science. New York: Cambridge University Press.

Oppenheimer, B. I., 1983. How Legislatures Shape Policy and Budgets. Legislative Studies Quarterly, 8: 551–97.

Pelizzo, R., Stapenhurst, F. C., Sahgal, V., and Woodley, W., 2006. What Makes Public Accounts Committees Work? A Comparative Analysis. Politics and Policy, 34: 774–93.

Probyn, J. W. (ed.), 1877. Correspondence Relative to the Budgets of Various Countries. London: Cassell Petter and Galpin.

Reid, G., 1966. The Politics of Financial Control: The Role of the House of Com mons. London: Hutchinson University Library.

Santiso, C., 2009. The Political Economy of Government Auditing: Financial Governance and the Rule of Law in Latin America and Beyond. New York: Routledge.

Schick, A., 2000. The Federal Budget: Politics, Policy, Process. Washington, DC: Brookings Institution Press.

Schick, A., 2002. Can National Legislatures Regain an Effective Voice in Budget Policy?

OECD Journal on Budgeting, 1: 15–42.

Stapenhurst, F. C. and Pelizzo, R., 2002. A Bigger Role for Legislatures. Finance and Development, 39: 46–48.

Stapenhurst, R., Pelizzo, R., Olson, D. M., and von Trapp, L. (eds.), 2008. Legislative Oversight and Budgeting: A World Perspective. Washington, DC: World Bank.

Stein, E., Talvi, E., and Grisanti, A., 1998. Institutional Arrangements and Fiscal Performance: The Latin American Experience. NBER Working Paper Series 6358.

Stourm, R., 1917. The Budget. New York: D. Appleton for the Institute for Government Research.

Sturm, R., 1988. Der Haushaltsausschuß des Deutschen Bundestages: Struktur und Entscheidungsprozeß. Opladen: Leske und Budrich.

United Kingdom Department for International Development, 2006. Making Governance Work for the Poor: A White Paper on International Development. London: DFID.

United States Agency for International Development, 2000. USAID Handbook on Legislative Strengthening. Washington, DC: USAID.

Von Hagen, J. and Harden, I. J., 1995. Budget Processes and Commitment to Fiscal Discipline. European Economic Review, 39: 771–79.

Wehner, J., 2003. Principles and Patterns of Financial Scrutiny: Public Accounts Committees in the Commonwealth. Commonwealth and Comparative Politics, 41: 21–36.

Wehner, J., 2006. Assessing the Power of the Purse: An Index of Legislative Budget Institutions. Political Studies, 54: 767–85.

Wehner, J., 2010a. Legislatures and the Budget Process: The Myth of Fiscal Control. New York: Palgrave Macmillan.

Wehner, J., 2010b. Institutional Constraints on Profligate Politicians: The Conditional Effect of Partisan Fragmentation on Budget Deficits. Comparative Political Studies, 43: 208–29.

Wehner, J., 2013. Electoral Budget Cycles in Legislatures. Legislative Studies Quarterly, 38: 545–70.

Weingast, B. R., Shepsle, K. A., and Johnsen, C., 1981. The Political Economy of Benefits and Costs: A Neoclassical Approach to Distributive Politics. Journal of Political Economy, 89: 642–64.

Wildavsky, A. B., 1964. The Politics of the Budgetary Process. Boston: Little Brown.

Yläoutinen, S., 2004. Fiscal Frameworks in the Central and Eastern European Countries. Helsinki: Ministry of Finance.

第二十五章　立法机构、游说和利益团体[*]

安妮·斯科亚尔·宾德克朗茨（Anne Skorkjær Binderkrantz）

25.1　引言

议员一直受到萦绕在立法机关走廊里寻求政治影响的社会利益团体的压力的影响［比尔（Beer），1956；迪韦尔热（Duverger），1972；罗泽尔和威尔科克斯（Rozell and Wilcox），1999，3］。在今天的议会中，各种各样的利益团体试图与议员有所接触、利用能够进入议会的制度渠道，以及通过举行游说活动试图让自己的观点影响议员。虽然有组织的利益集团代表的群体和事业多种多样，但将它们团结在一起的是影响立法进程，并最终在通过的立法上留下自己的印记这一共同的目标。本章讨论议员和利益集团之间的关系，以及旨在促进我们对这种关系的性质和影响的理解的文献。

针对立法机关的压力集团的活动被认为对民主既有害又有益。一方面，利益集团被誉为将公民的观点和要求提请议员注意的核心［达尔（Dahl），1961；杜鲁门（Truman），1951］。另一方面，观察者警告我们，倡导私人利益之人可能扭曲政治进程，损害公共利益［麦迪

---

[*]　张玉洁译。

逊（Madison），1787；奥尔森（Olson），1982］。这些担忧在今天仍然不绝于耳，例如，在关于对竞选活动的财政捐助和对游说者的强制登记制度的公共辩论中［霍尔曼和卢内堡（Holman and Luneburg），2012］。因此，研究利益集团和议员之间的关系可以为理解民主社会的运作这一难题提供重要的线索。

关于议会组成和活动中充斥着集团利益的证据至少可以追溯到 18 世纪。在许多国家，有组织的利益集团甚至积极参与议会的建立［比尔（Beer），1956，4；罗泽尔和威尔科克斯（Rozell and Wilcox），1999，3］。有组织集团的早期例子包括组织松散的公民团体以及代表商人的行会。更加现代的利益集团，如工会、农民组织和行业协会，通常在 19 世纪后半叶成立［比尔（Beer），1956；希尼（Heaney），2010］。在许多国家，特别是西欧，主要利益集团与政党一样，开始反映社会分歧。例如，工会和社会民主党的根基都在劳工运动，工会和政党之间有着密切的组织联系［法纳（Finer），1966，50；迪韦尔热（Duverger），1972；萨尔费尔德（Saalfeld），1999；豪厄尔（Howell），2001］。在其他国家，政党和利益集团更加独立地各自发展，但即使在美国，政党和利益集团的发展也被描述为一个共同进化的过程，例如，有组织的工人团体和民主党之间存在着联系［希尼（Heaney），2010，569］。

虽然游说国会一直是美国利益集团的核心诉求，但在传统上，欧洲的利益集团却一直忽视议会［比尔（Beer），1956］。相反，将利益集团纳入公共决策的社团式制度安排一直是这些集团参与政治的主要途径，利益集团之间直接进行沟通协商，而议员往往被边缘化为公务员［罗坎（Rokkan），1966；施密特（Schmitter），1974；理查森和乔丹（Richardson and Jordan），1979］。当立法到达议会时，协议和妥协已经达成，在接下来的议会程序中几乎不会有变化。正如格兰特在一次关于英国利益集团的讨论中所说："尽管大多数大型利益集团都联系了一名议会官员或聘请了一家顾问公司来负责跟进立法机关的活动，但人们看到真正的权力属于白厅里的行政机关。"［格兰特（Grant），2001，337］利益集团对议会渠道的利用被描述为在政策制定中被排除在核心地位之外的一种相当无效的武器，或者被描述为利益集团可能会使用来拯救仍然未能获得议会多数支持的议题的一种紧急方法［乔丹和理查森（Jordan and Richardson），1987，270］。

在过去的几十年里，这种情况发生了变化。随着社团式安排的减少，议会在利益集团的政治工作中获得了更重要的地位 [克雷帕兹（Crepaz），1994；克里斯琴森和罗姆梅特维特（Christiansen and Rommetvedt），1999；韦塞尔斯（Wessels），1999；宾德克朗茨（Binderkrantz），2003；施密特（Schmitter），2008]。此外，欧盟已成为压力集团的一个新舞台——反映了加强其作用的体制改革的效果——欧洲议会对这些集团在欧盟层面寻求影响力有着核心作用 [科勒 – 科赫（Kohler–Koch），1997；韦塞尔斯（Wessels），1999]。这些发展使得学者们越来越关注利益集团与议员之间的关系 [拜尔斯（Beyers），2004；宾德克朗茨（Binderkrantz），2005；克里西、特雷奇和约胡姆（Kriesi, Tresch and Jochum），2007]。从更大范围来看，学界对利益集团政治活动的兴趣也在上升，在大西洋彼岸，最新一代的学术研究都集中在共同的主题上 [洛厄里和格雷（Lowery and Gray），2004；拜尔斯、艾辛和马洛尼（Beyers, Eising and Maloney），2008；马奥尼和鲍姆加特纳（Mahoney and Baumgartner），2008]。因此，从许多方面来看，评价利益集团与议会之间的关系以及该领域的文献的时机已经成熟。本章首先描述学术界对立法游说活动的越发关注。此后讨论在理解利益群体和议员之间关系方面的最新学界进展，最后一节指出可能取得进一步进展的一些领域。

25.2　压力集团研究的兴衰

在不同的时间段和不同的国家，学者对利益集团议会游说活动的关注有很大的不同。随着时间的推移，对这一问题的关注时增时减，反映了利益集团研究领域的总体发展。纵观各国，在 20 世纪的大部分时间里，对美国和欧洲的研究沿着不同的道路发展，几乎没有交叉借鉴 [鲍姆加特纳和利奇（Baumgartner and Leech），1998；马奥尼和鲍姆加特纳（Mahoney and Baumgartner），2008]。在美国，压力集团的政治角色在 20 世纪 50 年代和 60 年代成为一个核心研究领域。本特利、杜鲁门和达尔 [本特利（Bentley），1908；杜鲁门（Truman），1951；达尔（Dahl），1961] 等多元主义学者将利益集团置于研究的核心位置，游说国会被视为其政治角色的最重要方面。欧洲学者关注利益集团活动的其他领域。与关注利益集团在立法领域影响的压力集团视角相比，社团主义视角与行政决策的关系更为紧密 [比尔（Beer），1956；罗坎

（Rokkan），1966；施密特（Schmitter），1974］。

关于压力集团在美国国会的活动的开创性研究包括沙特施奈德对 1929-1930 年关税谈判的研究［（Schattschnenider），1974（1935）］。沙特施奈德发现了议员和商业利益之间密切互动的充分证据——预见了他后来关于有偏见的压力系统的结论［Schattschneider，1975（1969）］——他得出结论，集团对国会施加的压力极度不平衡［1974（1935），287］：

少数人能够对政府进程产生重大影响，因为他们是有组织的，时刻保持警觉，能够获得相关信息，知道自己想要什么，并且在正式政府组织之外的经济体制中拥有权力，而群众则保持惰性。

另一项开创性贡献是杜鲁门的《政府进程》（*The Governmental Process*）（Truman，1951）。虽然杜鲁门（Truman）意识到在利益集团和议员的接触和成功说服议员方面存在差异，但他对动员和影响的各种方式普遍持乐观态度。鉴于集团的利益经常受到很大的威胁，他们总是会动员议员，而政府机构等反向力量则会保护公共利益。一般而言，利益集团理论依赖于多元假设，即集团利益冲突会产生最佳的政治结果。因此，议员会因来自具有竞争性的有组织团体的观点而受益［鲍姆加特纳和利奇（Baumgartner and Leech），1998，48］。

后来的研究质疑这种对利益集团的良性看法，并指出利益集团之间存在权力不平衡以及政治动员和影响障碍［沙特施奈德（Schattschneider）1975（1969）］。此时一系列的发展将关于利益集团政治活动的研究从研究议题里挤了出去［鲍姆加特纳和利奇（Baumgartner and Leech），1998］。首先，围绕以经验衡量利益集团权力和影响力的困难展开了一场大辩论。实际上，随后的研究在很大程度上避开了对利益集团影响力的研究［杜尔（Dür），2007；马奥尼（Mahoney），2007］。其次，一项有影响力的研究发现，利益集团最终可能没有那么大的影响力。鲍尔、普尔和德克斯特［Bauer, Pool and Dexter，2007（1963）］因此认为，游说者主要针对已经倾向于支持其目标的国会议员，并将这些利益集团称为议员的"服务局"。此外，他们认为：

……总的来说，这些游说团体资金不足，管理不善，与国会联系很少，充其量只能在支持已经从其他来源获得了相当大的国会推动力的趋势和措施方面起到微乎其微的作用。［鲍尔（Bauer）等人，2007（1963），324］

最后，奥尔森的《集体行动的逻辑》（*The Logic of Collective Action*）［奥尔森（Olson），1965］对压力集团研究传统造成了重大打击。他在该书中指出，

529

鉴于一个个体的成员身份不会影响集团实现其目标的选择，因此事实上，理性的议员没有为利益集团做贡献的动机。这引发了学术界对利益集团动员和吸引集团成员的激励措施的兴趣［鲍姆加特纳和利奇（Baumgartner and Leech），1998］。到 20 世纪 60 年代末，压力集团研究路径陷入危机，关于利益集团政治活动的研究越来越少。

随着美国新一轮学术研究——例如，对竞选捐助和游说策略的集中关注——的兴起，在过去几十年中，该领域出现了复苏［鲍姆加特纳和利奇（Baumgartner and Leech），1998］。最近的美国文献甚至被贴上了"新多元主义"的标签，强调对达尔和杜鲁门（Dahl and Truman）等多元主义作者的传承［洛厄里和格雷（Lowery and Gray），2004］。欧洲学术界也经历了显著的转变，对利益集团的研究，特别是对利益集团与立法机关之间关系的研究，呈现为一个不断发展的领域［拜尔斯（Beyers）等人，2008，1103］。在经历了几十年不同路径的发展之后，最近的文献有了更多的共同点［马奥尼和鲍姆加特纳（Mahoney and Baumgartner），2008］。新一代学者已经超越了社团主义和多元主义政治制度之间的传统差异，并在诸如绘制利益集团游说战略和理论化利益集团—议员关系等方面取得了进步。下一节对这些进展进行回顾。

25.3 利益集团—议员关系研究的最新前沿

利益集团具有最终相关性，因为它们影响公共政策。它们的政治作用可能被视为"影响力产生过程"［洛厄里和格雷（Lowery and Gray），2004］，研究通常关注这一过程的不同阶段。整理该领域文献的核心方法是区分策略、接触和影响。策略是利益集团在寻求其政治目标时采用的总体方法，在实践中我们观察到的可能是特定活动或策略的结合［贝里（Berry），1977，212］。接触要求利益集团成功地通过某一领域的门槛，例如，被邀请参加议会听证会［汉森（Hansen），1991］。虽然接触意味着政治重要性，但只有当利益集团影响政治决策，包括关于哪些问题应列入政治议程的决策时，其影响力才得以展现［杜尔（Dür），2007；沙特施奈德（Schattschneider），1975（1969）］。尽管最近的研究已经开始解决影响力研究的问题，但这可能被视为未来研究所要面临的主要挑战。相比之下，学界在理论化和绘制各利益集团为寻求对议会的影响力以及在某种程度上与立法机关的接触而采用的游说策略方面取得了相当大的进展。

25.3.1 影响立法机关的策略

学者们并没有面临在研究影响力时似乎无法克服的困难，而是专注于研究利益集团的策略。游说活动比较容易调查，研究利益集团和决策者之间的接触模式为我们提供了重要的经验教训。20 世纪 70 年代及之后的一系列美国调查研究要求利益集团报告它们所采取的策略。其中，联系议员和在立法听证会上作证等活动一直是最普遍的［鲍姆加特纳和利奇（Baumgartner and Leech），1998，152］。在欧洲，最近的研究也表明，大多数利益集团都会诉诸与立法机关的联系［拜尔斯（Beyers），2004；宾德克朗茨（Binderkrantz），2005；艾辛（Eising），2007b；克里西（Kriesi）等人，2007］。在对七个欧洲国家的利益集团进行的研究中，克里西及其同事（Kriesi 等人，2007）发现，它们和议会的接触与和行政机关的接触一样广泛存在。这些发现导致学界对议会在利益集团政治工作中的作用进行了重新评价。与议会之间的接触并非被排除在更具吸引力的政治影响渠道之外的利益集团的退路，相反，其现在被视为集团行动计划的重要组成部分。

这一发展与将利益集团纳入公共决策的社团主义结构的减少以及议会权力的上升有关［宾德克朗茨（Binderkrantz），2003；克雷帕兹（Crepaz），1994；诺顿（Norton），1999；罗姆梅特维特（Rommetvedt），2005；奥伯格（Öberg）等人，2011］。在斯堪的纳维亚国家，20 世纪 60 年代和 70 年代的立法机关被描述为相对弱势群体的舞台。罗坎（Rokkan，1966）认为"票数有用但资源决定结果"，反映了与社团互动相关的利益集团的资源比议会选举中获得的席位分配更重要。不过，对丹麦和挪威的利益集团、议员和公务员之间接触的纵向研究表明，从 1980 年起，利益集团在社团委员会中的代表权以及与公务员的接触逐渐得到对政府和议员游说的补充，在某些情况下甚至被对政府和议员的游说所取代［罗姆梅特维特（Rommetvedt）等人，2012，10］。针对议会的策略在决策机构的制度安排中也有很好的代表性的利益集团中使用最为广泛。因此，它不能被视为"弱者的武器"［宾德克朗茨（Binderkrantz），2005；罗姆梅特维特（Rommetvedt）等人，2012］。

欧盟的崛起对欧洲利益集团的政治工作也具有决定性意义。成员国内的利

531

益集团已将游说欧盟纳入其行动计划，欧盟级压力集团体系也建立起来。虽然对欧盟利益集团的第一波研究在某种程度上与其他领域相隔离，但该领域已逐渐与关于利益集团的一般研究文献相结合［沃尔（Woll），2006，457］。如今，欧盟是欧洲利益集团学者最为关注的政治体系，对其的研究在大西洋两岸出现的更为统一的研究议题中处于核心地位［马奥尼和鲍姆加特纳（Mahoney and Baumgartner），2008］。对欧盟的研究主要关注的是利益集团对欧盟委员会的游说，但随着欧洲议会在立法过程中权力的逐步扩大，欧洲议会在关于利益集团的研究和相关研究人员的议题上都逐渐占据了更为重要的位置［科勒－科赫（Kohler-Koch），1997；拜尔斯（Beyers），2004，225；鲍文（Bouwen），2004b，475；拉斯马森（Rasmussen），2012］。

　　从这些研究中得到的一个重要经验是，与其假设各种策略在任何特定领域占据主导地位，不如将它们在利益集团政治工作中的突出地位视为一个经验性问题。我们有理由更多地关注议员—利益集团关系以及这些关系与其他策略的结合。因此，利益集团直接接触议员的内部策略可能与外部策略相结合。利益集团据此可以给议员留下深刻印象，即它们得到了愿意参与行动的广大选民的支持。科尔曼（Kollman，1998）已经证明，草根运动既可以提醒议员现有的公众情绪，也可以提升问题的重要性。类似地，关于欧盟的研究发现，利益集团将与立法机关之间的联系作为更大行动计划的一部分，更大的行动计划包括试图提高公众对相关问题的认识，从而获得议员的关注［艾辛（Eising），2007b］。

　　利益集团不一定关注立法机关整体，而是联系个别议员或专门委员会［鲍文（Bouwen），2004b，482］。影响立法机关想要达成的具体目标可能因利益集团类型而异，例如，国内的利益集团最倾向于频繁地游说本国议员［拜尔斯和克雷曼斯（Beyers and Kerremans），2012，283］。此外，议题的特性影响策略的选择［拜尔斯和克雷曼斯（Beyers and Kerremans），2012；宾德克朗茨和克罗耶（Binderkrantz and Krøyer），2012］。一个明显重要的因素是问题对于公众的重要性，因为这会影响通过草根运动向议员施压的机会［科尔曼（Kollman），1998］。最近的一项研究还发现，在特定情况下追求普遍利益的集团比追求更有限利益的集团更积极地对议会施加影响［宾德克朗茨和克罗耶（Binderkrantz and Krøyer），2012］。

　　游说活动的数量因议题而异。基于美国《游说披露法》（*Lobbying*

Disclosure Act）提交的报告，鲍姆加特纳和利奇（Baumgartner and Leech，2001）发现，45% 以上的游说是针对前 5% 的议题的，而只有不到 3% 的游说是针对后 50% 的议题的。基于这一模式产生的一个重要经验是，对研究的议题的选择可能会扭曲我们的发现。学者通常会挑选一些引人注目的问题进行案例研究，因为这确保可以找到大量的材料和高度的政治相关性。然而，这些研究的结果可能与范围更大的问题无关，因为只有一个或几个利益集团在寻求影响力［鲍姆加特纳和利奇（Baumgartner and Leech），1998］。

25.3.2　接触议员：政治交流事宜

进入政治舞台是获得影响力的一个特别关键的步骤，虽然调查这一点比调查利益集团游说活动更为复杂，但这并不意味着其和影响力研究一样困难。接触意味着政治重要性，并最终意味着产生更大政治影响的可能［艾辛（Eising），2007a，387］，正如汉森（Hansen1991，11）所说："能够接触到立法机关的倡导者的政策观点总是会获得持续、认真的考虑。"相比之下，不参与政策过程的利益集团不太可能捍卫自己的利益，正如华盛顿特区的格言所说："如果你不在餐桌边，那么你就在菜单上。"［施洛兹曼、韦尔巴和布雷迪（Schlozman, Verba and Brady），2012，309］虽然接触不一定意味着必然产生影响，但它是实现影响力的必要步骤［鲍文（Bouwen），2004a；艾辛（Eising），2007a］。

接触概念引起了相当大的关注。一些研究在调查中询问利益集团的接触程度时，使用了不同的研究设计，而其他研究则依赖访谈数据或档案资料［拜尔斯和克雷曼斯（Beyers and Kerremans），2004；鲍文（Bouwen），2004a；艾辛（Eising），2007a］。正如在其他研究领域一样，美国学者是最早研究利益集团和议会之间接触情况的学者之一。例如，汉森（Hansen，1991）阐释了利益集团向议员提供相关信息的能力的大规模波动如何导致了其与议员接触模式的变化。欧盟学者也接受了研究利益集团与欧盟间接触情况的挑战，一项发现是，在利益集团与欧盟之间进行接触时，政治官员处于核心位置［拜尔斯和克雷曼斯（Beyers and Kerremans），2004；鲍文（Bouwen），2004b］。在美国以外的其他国家，关于利益集团与议会之间接触情况的研究很少，但有少数研究在广泛绘制利益集团在政治领域的存在情况时，涉及它们与立法机关的接触情况［宾德克朗茨（Binderkrantz）等人，2014；哈尔平（Halpin）等人，

2012 〕。

在解释接触模式时，利益集团和议员之间的关系日益被视为一种资源交换，议员拥有利益集团所重视的资源，反之亦然。因此，利益集团和议员处于资源依赖关系中，根据各自拥有资源的相对价值，可以对接触模式做出解释〔鲍文（Bouwen），2004b，476；拜尔斯和克雷曼斯（Beyers and Kerremans），2007；艾辛（Eising），2007b；希尼（Heaney），2010 〕。学界的大多数注意力都集中在利益集团向议员提供的资源上，一系列不同的资源被认为是重要的。美国学术界一股有影响力的力量仅仅强调财政资源是赢得选票或赢得议员时间和注意力的关键〔奥斯汀 – 史密斯和赖特（Austen–Smith and Wright），1994；霍尔和韦曼（Hall and Wayman），1990 〕。例如，利益集团为议员竞选活动捐款，是希望在其就职后获得与其接触的机会，以及获得有利的政策。因此，利益集团可能会向特别容易竞选成功的候选人捐款，而不是通过捐款改变选举结果〔罗泽尔和威尔科克斯（Rozell and Wilcox），1999 〕。

其他投入涉及无形资源，如提供专业知识、政治情报和宣传。汉森（Hansen，1991）认为，政策倡导者为利益集团提供选举情报和支持性宣传。霍尔和迪尔多夫（Hall and Deardorff，2006）将游说视为一种立法补贴，其中专门的游说者为议员提供有价值的信息和劳动力。两种区别可能有助于我们梳理利益集团向议员提供的各种资源。其一，资源是否与利益集团提供的信息或采取的行动有关；其二，资源是否与立法的制定和实施有关，抑或与议员的选举命运有关。因此，正如社团研究文献中强调的，利益集团可以为议员提供制定有效立法所需的重要的专家知识，也可以帮助立法实施〔鲍文（Bouwen），2004a；艾辛（Eising），2007b，385；奥伯格（Öberg）等人，2011 〕。利益集团还可以帮助议员寻求连任的机会——特别是在美国文献中，这通常被视为唯一相关的资源。鲍文（Bouwen，2004b，480）认为，欧洲议会议员特别关注获取有关国内利益的信息。由于欧洲议会议员是由各个成员国选举产生的，因此这类信息最有可能提升他们再次当选的机会。

利益集团也向议员寻求资源。一个常见的简单假设是利益集团想获取政治影响力〔鲍文（Bouwen），2004a；霍尔和迪尔多夫（Hall and Deardorff），2006；汉森（Hansen），1991；奥伯格（Öberg）等人，2011 〕，因此资源交换这一要素受到的关注较少。不过，利益集团在参与议会政治时可能有不同的目标。虽然最明显的是影响议会采纳的政策，但利益集团也可能希望将其议题列入议会议程。因此，一个更细致的观点指出，利益集团试图影响议程设置以及具体的政策决定［伯恩哈根和特拉尼（Bernhagen and Trani），2012，50］。重要的是，议会在决策和作为议程设置更为开放的场域方面发挥着至关重要的作用［阿德韦格和尼津克（Adeweg and Nijzink），1995］。虽然颁布议案或修正案需要议会多数票，但在大多数议会中，议员个人有议程设置的渠道，因此，这些资源对利益集团具有吸引力［宾德克朗茨（Binderkrantz），2003］。因此，对议员和利益集团之间资源交换的充分理解必须包括这一等式的双方。

25.3.3　议员—利益集团接触模式

利益集团有很多不同的类型。有些代表特定的选民，如工人、企业或患者；其他则倡导更具一般性的事业，如环境保护或人权［贝里（Berry），1977］。在现代民主国家，几乎所有可以想象到的利益和事业都有组织团体的倡导者。不过，代表性和政治成功的机会在这些群体中的分布并不均匀［施洛兹曼（Schlozman），2012］。对利益集团研究而言，解释和绘制利益集团与议员之间的接触模式是一项关键挑战。资源交换模型的一个优势是能够对表征利益集团—议员关系的各种模式进行理论化。

关于利益集团政治作用讨论的核心，是集团是否主要试图说服立法反对者改变他们的观点，或者将它们的游说活动限制在同情其事业的议员身上。例如，这可能取决于立法过程的阶段，但一般来说，人们发现，利益集团最关注同情其事业的议员［霍伊纳基和金博尔（Hojnacki and Kimball），1998］。这些议员可以充当利益集团的立法代理人，他们通常会重视集团所能够提供的信息和立法帮助［霍尔和迪尔多夫（Hall and Deardorff），2006］。在政党和利益集团所代表的利益有相当大重叠的国家，这种友好的接触模式尤其稳定［艾伦和贝尔（Allern and Bale），2012］。

在西方民主国家，政党和利益集团之间的联系在过去几十年中已经下降。虽然政党和一些利益集团在历史上可以被视为同样的社会分裂的表现，但整个 20 世纪的社会经济变化对政党—集团联系产生了深远的影响［艾伦和贝尔（Allern and Bale），2012，10；豪厄尔（Howell），2001，32；施密特 – 贝克和滕舍尔（Schmitt–Beck and Tenscher），2008，151–2］。在整个欧洲，集团和政党之间的联系普遍下降，因为它们希望获得更大的独立性［艾伦（Allern），

534

2010，5；艾伦和贝尔（Allern and Bale），2012，67–68；豪厄尔（Howell），2001，7；托马斯（Thomas），2001]。例如，有组织的工人和社会民主党仍然有着共同的利益，但与工会的联系过于密切会对社会民主党的竞选成功产生负面影响。因此，当今的利益集团有在整个政治领域进行接触的动机。集团和政党的联盟不再依赖传统的接触模式，而可能在特定问题上达成一致。

人们发现，对于不同的利益集团，接触议会的重要性各不相同。在一篇有影响力的文章中，索尔兹伯里认为，不同类型的压力参与者的比例在不同的政治舞台上有所不同，取决于该舞台的公开程度和可见性[索尔兹伯里（Salisbury），1984]。两项最近的研究发现了类似的模式，公民群体在议会舞台的代表性比在政府协商和公共委员会中更为突出[哈尔平（Halpin）等人，2012；宾德克朗茨（Binderkrantz）等人，2014]。这些发现印证了早先的猜测，即议会是特别适合环境团体和其他事业团体的场所，这不仅因为它们在其他领域的代表性不高，还因为它们关注的议题如果与议会接触可能有助于吸引媒体的关注[乔丹和理查森（Jordan and Richardson），1987，252；诺顿（Norton），1999，9]。随着议会成为更加重要的游说场所，罗姆梅特维特（Rommetvedt，2005，757）认为，利益集团通常需要将其诉求扩大到特定社会团体的自身利益之外。因此，能够表明自己的观点促进公共利益的参与者成功的机会更大。

25.4 未来研究的方向

25.4.1 将议会放在核心位置

在美国以外，专门关注利益集团—议员关系的文献特别缺乏。在宣布"后议会民主"之后，议会和政党显然又回到了政治舞台上[理查森和乔丹（Richardson and Jordan），1979]。此外，偶然的观察和更系统的分析表明，立法游说以及利益集团和议员之间的接触具有重要的政治后果。尽管如此，很少有研究绘制这一领域的模型，几乎没有任何一项研究比较不同国家的利益集团—议员关系[例外情况见罗姆梅特维特（Rommetvedt）等人，2012]。虽然欧洲议会受到了一些关注，但对集团活动模式和对国内立法机关的影响的研究也很少。充其量只有对集团活动的更广泛的调查包括针对议会的策略或接触议员的方式的研究［宾德克朗茨（Binderkrantz），2005；克里西（Kriesi）等人，2007］。而且，在美国和西欧以外，很难找到任何关于利益集团和议员关系的最新研究。

更加明确地关注利益集团和议员之间的互动，将非常有助于提高我们对现代民主国家决策过程的认识。而且，对不同时期和不同国家利益集团策略模式、接触渠道和影响力的更复杂的理论化和研究也会有所帮助。随着时间的推移，当前的猜测主要集中在议会的相对权力作为利益集团游说的决定因素上，而更仔细的理论分析可以纳入从以差异为核心转向更以媒体和议程为导向的政治的影响［宾德克朗茨（Binderkrantz），2003；格林－佩德森（Green-Pedersen），2007；罗姆梅特维特（Rommetvedt）等人，2012］。现有国家间的研究通常涉及的是基于对国家总体的描述对其进行的粗略区分，不同的国家被标识为社团主义、多元主义和中央经济统制主义。其他人则认为，关于不同的游说风格，跨国差异也可能存在于更细微的层面。例如，美国的游说活动比欧盟更直接、更积极，因为欧盟的游说者采取了更细微和更以共识为导向的方法［沃尔（Woll），2006，461］。或许并不奇怪的是，支持各种观点的经验证据都有，还经常与预期相矛盾［艾辛（Eising），2007b；克里西（Kriesi）等人，2007；伯恩哈根和米切尔（Bernhagen and Mitchell），2009；拜尔斯和克雷曼斯（Beyers and Kerremans），2012］。

与特定国家相关的因素和机构设置对于立法机关在利益集团整体策略中的作用和接触立法机关的集团类型及其影响程度可能都很重要［马奥尼和鲍姆加特纳（Mahoney and Baumgartner），2008］。议会相对于行政机关的力量显然影响各利益集团对议会游说的重视程度，这种力量不仅在不同时期不同，在各个国家也不同［罗姆梅特维特（Rommetvedt）等人，2012］。这是美国国会一直是利益集团和学者所关注的核心的主要原因之一。议会力量在不同的议会功能中也各不相同，因为一些立法机关在议程设置方面特别重要，而其他立法机关在影响立法的命运和形式方面权力更大［马特森和斯特罗姆（Mattson and Strøm），1995］。这不仅会影响利益集团对议会的普遍重视程度，还会影响那些认为议会舞台有吸引力的集团。虽然一些利益集团主要关注对法律和条例的影响，但其他集团更关注一般的议程设置［宾德克朗茨（Binderkrantz）等人，2014］。如上文所述，将对利益集团的研究与关于立法机关的文献更加紧密地结合在一起，能够启发未来的学术研究。

536

25.4.2　更加接近精准影响力

或许当前关于利益集团的学术研究中最具影响力的活动，是试图从经验上解释利益集团影响力这一古老问题。这也是一个可以通过更多的对概念和方法问题的关注取得重大进展的领域。利奇（Leech，2010，534）将寻求关于游说者权力的明确阐述描述为利益集团研究的圣杯（Holy Grail）——"所有人都在寻求，但总是被引入歧途"。最近的研究采用两种主要方法来寻找影响力圣杯。其一，如前文所述，学者们关注利益集团成功的过渡性措施，如进入政治舞台或将议题列入政治议程。其二，既有研究将利益集团的立场与政策结果联系起来［鲍姆加特纳（Baumgartner）等人，2009；马奥尼（Mahoney），2009］。在这些研究中特别重要的是，它们超越了单一案例研究，从而得出更具普遍性的结论。

鲍姆加特纳及其同事（Baumgartner 等人，2009）进行了一项开创性的研究，他们分析了 98 个案例，并将相关集团的立场与结果联系起来。这项研究的一个重要经验是，在许多情况下，维持现状者获胜，因为没有实施任何政治变革。因此，例如根据新立法选择案例并不能准确地涵盖各集团正在努力影响的所有问题。另一个重要的发现是，资源对于结果决定并不重要。马奥尼（Mahoney，2009）在比较美国和欧盟的成功游说活动时采用了类似的方法，并发现两种政治制度下的游说活动存在明显差异。麦凯（McKay，2011，13）重新分析了海因茨等人（Heinz，1993）对美国游说者的研究数据，她将原始访谈数据与政策结果是否有利于游说者这一衡量标准联系起来。她的分析表明，组织机构的财富对政策成功的影响很小，但资金的使用方式会影响集团获得想要的东西的能力。

虽然已经取得了相当大的进展，但显然仍有有待解决的问题。特别是——正如这些研究使用"游说成功"一词而不是影响力，因而已经意识到——将集团目标与政策结果联系起来，并不能证明在没有任何集团行动的情况下，结果会有所不同。因此，未来的研究应更直接地关注利益集团活动与成功影响政治决策之间的因果关系［杜尔（Dür），2007］。此类研究可以与对集团在接触立法机关时持有的许多不同目的的关注相结合［佩德森（Pedersen），2013］。利益集团可能并不总是对政策结果感兴趣，而是寻求将议题列入议程或向议员表达他们是其事业的积极倡导者［利奇（Leech），2010；洛厄里（Lowery），2007］。理解利益集团的政治影响还需要关注集团和政党之间的关系。在许

537

多立法机关中，是政党而不是单个议员是最重要的组成单元［萨尔费尔德（Saalfeld），1999，44-46］。

25.4.3　利益集团和议员之间的联系

最近的研究与经典的压力集团视角有共同点，即将利益集团视为通过游说议员寻求影响力的外部参与者。在这一"影响力产生过程"中，各集团积极采取行动，并采取一系列策略以寻求政治影响力的获得［洛厄里和格雷（Lowery and Gray），2004］。虽然这一视角显然有助于反映利益集团—议员关系中的大部分情况，但更关注组织的方法可能会进一步揭示利益集团、政党和个别议员之间的复杂联系。

首先，利益集团和政党代表着推动社会集团观点和利益的不同渠道，因此处于同时竞争和合作的关系中［希尼（Heaney），2010］。两种组织形式所代表的利益经常重叠。历史上，例如工会的成员资格通常与社会民主党的成员资格一致，尽管这种模式已经消失，但成员资格重叠仍然存在［豪厄尔（Howell），2001］。例如，一项对美国党代会代表的研究记录了它们之间存在的广泛的团体联系［希尼、马斯科特、米勒和斯特罗洛维奇（Heaney，Masket，Miller and Strolovich），2011］。议员也存在类似的联系，其中许多人是利益集团的成员。

其次，利益集团可能直接参与党内政治，而且人们发现利益集团会影响政党提名的候选人［萨尔费尔德（Saalfeld），1999，46-49］。实际上，议员可能会将自己视为利益集团的代表，或者至少将集团视为其选区的重要组成部分。

最后，利益集团、议员和政党之间的关系显然超出了在具体政治问题上互动这一范围［拉斯马森和林德博姆（Rasmussen and Lindeboom，2013］。利益集团被要求为党的计划和立场文件提供支持，例如，利益集团和议员参与制定针对媒体的共同策略。选举是民主国家中特别具有决定性的事件。在这里，利益集团可以寻求对谁当选议员产生影响［艾伦和萨格利（Allern and Saglie），2008］。渠道可能仅限于竞选捐款，但在许多情况下，利益集团会更直接地以例如志愿劳动等方式支持政党。虽然在过去几十年中，这种参与方式对许多主要利益集团来说是一种自然而然的活动，但其也面临着压力，因为如果两党和利益集团被认为参与此类活动过多，都有可能疏远其支持者。相反，一些集团采取了"不引人注意的行动"（below-the-radar campaigns）［拉塞尔（Russel）

等人，2008〕，但行动范围基本未知。此外，一旦选举结束，我们对竞选活动如何影响利益集团和议员之间的关系知之甚少。

538　　　　总之，从学术角度重新关注利益集团和议员之间互动的时机已经成熟。这一领域的发展在很大程度上是为了回应利益集团政治作用的发展。美国和欧洲的学术研究可能有很大的不同，但在过去 10 年中，学者的关注点发生了显著的变化，他们都转向了类似的问题，在某种程度上也都转向了更为普遍的理论基础。虽然我们对利益集团的一般政治作用和影响力的认识有所提高，但要理解利益集团与议会之间的关系，仍有很多地方需要研究。

参考文献

Adeweg, R. B. and Nijzink, L., 1995. Beyond the Two–body Image: Relations between Ministers and MPs. In H. Döring (ed.). Parliaments and Majority Rule in Western Europe, pp. 152–78. Frankfurt: Campus Verlag.

Allern, E. H., 2010. Political Parties and Interest Groups in Norway. Essex: ECPR Press.

Allern, E. H. and Bale, T., 2012. Political parties and interest groups: Disentangling complex relationships. Party Politics, 18: 7–25.

Allern, E. H. and Saglie, J., 2008. Between Electioneering and 'Politics as Usual': The Involvement of Interest Groups in Norwegian Electoral Politics. In D. M. Farrell and R. Schmitt-Beck (eds.). Non-party Actors in Electoral Politics, pp. 67–101. Baden–Baden: Nomos.

Austen–Smith, D. and Wright, J. R., 1994. Counteractive Lobbying. American Journal of Political Science, 38: 25–44.

Bauer, R. A., Pool, I. S., and Dexter, L. A., 2007 [1963]. American Business and Public Policy. New Brunswick: Aldine Transactions.

Baumgartner, F. R. and Leech, B. L., 1998. Basic Interests. The Importance of Groups in Politics and in Political Science. Princeton: Princeton University Press.

Baumgartner, F. R. and Leech, B. L., 2001. Interest Niches and Policy Bandwaggons: Patterns of Interest Group Involvement in National Politics. Journal of Politics, 63: 1191–213.

Baumgartner, F. R., Berry, J. M., Hojnacki, M., Kimball, D., and Leech, B. L., 2009. Lobbying and Policy Change. Who Wins, Who Loses, and Why. Chicago: University of Chicago Press.

Beer, S. H., 1956. Pressure Groups and Parties in Britain. American Political Science Review, 50: 1–23.

Bentley, A. F., 1908. The Process of Government. Chicago: University of Chicago Press.

Bernhagen, P. and Mitchell, N. J., 2009. The Determinants of Direct Corporate Lobbying in the European Union. European Union Politics, 10: 155–76.

Bernhagen, P. and Trani, B., 2012. Interest group mobilization and lobbying patterns in

Britain: A newspaper analysis. Interest Groups and Advocacy, 1: 48–66.

Berry, J. M., 1977. Lobbying for the People: The Political Behavior of Public Interest Groups. Princeton: Princeton University Press.

Beyers, J., 2004. Voice and Access. Political Practices of European Interest Associations. European Union Politics, 5: 211–40.

Beyers, J. and Kerremans, B., 2004. Bureaucrats, Politicians, and Societal Interests. How is European Policy–making Politicized? Comparative Political Studies, 37: 1119–50.

Beyers, J. and Kerremans, B., 2007. Critical Resource Dependencies and the Europeanization of Domestic Interest Groups. Journal of European Public Policy, 14: 460–81.

Beyers, J. and Kerremans, B., 2012. Domestic Embeddedness and the Dynamics of Multilevel Venue Shopping in Four EU Member States. Governance: An International Journal of Policy, Administration, and Institutions, 25: 263–90.

Beyers, J., Eising, R., and Maloney, W., 2008. Researching Interest Group Politics in Europe and Elsewhere: Much We Study, Little We Know? West European Politics, 31: 1103–28.

Binderkrantz, A., 2003. Strategies of Influence: How Interest Organizations React to Changes in Parliamentary Influence and Activity. Scandinavian Political Studies, 26: 287–306.

Binderkrantz, A., 2005. Interest Group Strategies: Navigating Between Privileged Access and Strategies of Pressure. Political Studies, 53: 694–715.

Binderkrantz, A. S. and Krøyer, S., 2012. Customizing strategy: Policy goals and interest group strategies. Interest Groups and Advocacy, 1: 115–38.

Binderkrantz, A. S., Pedersen, H. H., and Christiansen, P. M., 2014. Interest groups in the bureaucracy, parliament and the media: Is access to political arenas cumulative or distinct? Governance (forthcoming).

Bouwen, P., 2004a. Exchanging access goods for access: A comparative study of business lobbying in the European Union institutions. European Journal of Political Research, 43: 337–69.

Bouwen, P., 2004b. The Logic of Access to the European Parliament: Business Lobbying in the Committee on Economic and Nonetary Affairs. Journal of Common Market Studies, 42: 473–95.

Christiansen, P. M. and Rommetvedt, H., 1999. From Corporatism to Lobbyism? Parliaments, Executives and Organized Interests in Denmark and Norway. Scandinavian Political Studies, 22: 195–221.

Crepaz, M. L., 1994. From Semisovereignty to Sovereignty: The Decline of Corporatism and Rise of Parliament in Austria. Comparative Politics, 27: 45–65.

Dahl, R. A., 1961. Who Governs? Democracy and Power in an American City. New Haven: Yale University Press.

Dür, A., 2007. The Question of Interest Group Influence. Journal of Public Policy, 27: 1–12.

Duverger, M., 1972. Party Politics and Pressure Groups. A Comparative Introduction. London: Thomas Nelson and Sons.

Eising, R., 2007a. The Access of Business Interests to EU Institutions: Towards élite pluralism. Journal of European Public Policy, 14: 384–403.

Eising, R., 2007b. Institutional Context, Organizational Resources and Strategic Choices: Explaining Interest Group Access in the European Union. European Union Politics, 8: 329–62.

Finer, S. E., 1966. Anonymous Empire. A Study of the Lobby in Great Britain. London: Pall Mall Press.

Grant, W., 2001. Pressure Politics: From 'Insider' Politics to Direct Action? Parliamentary Affairs, 54: 337–48.

Green-Pedersen, C., 2007. The Growing Importance of Issue Competition. The Changing Nature of Party Competition in Western Europe. Political Studies, 55: 608–28.

Hall, R. L. and Deardorff, A. V., 2006. Lobbying as Legislative Subsidy. American Political Science Review, 100: 69–84.

Hall, R. L. and Wayman, F., 1990. Buying Time: Moneyed Interests and the Mobilization of Bias in Congressional Committees. American Political Science Review, 84: 797–820.

Halpin, D., Baxter, G., and MacLeod, I., 2012. Multiple Arenas, Multiple Populations: Counting Organized Interests in Scottish Public Policy. In D. Halpin and G. Jordan, (eds.). The Scale of Interest Organization in Democratic Politics. Data and Research Methods, pp. 118–40. Basingstoke: Palgrave Macmillan.

Hansen, J. M., 1991. Gaining access. Congress and the Farm Lobby, 1919–1981. Chicago: University of Chicago Press.

Heaney, M. T., 2010. Linking Political Parties and Interest Groups. In S. Maisel and J. M. Berry (eds.). The Oxford Handbook of American Political Parties and Interest Groups, pp. 568–87. Oxford: Oxford University Press.

Heaney, M. T., Masket, S. E., Miller, J. M., and Strolovich, D. Z., 2011. Polarized

Networks: The Organizational Affiliations of National Party Convention Delegates. American Behavioral Scientist, 56: 1654–76.

Heinz, J. P. M., Laumann, E. O., Nelson, R. L., and Salisbury, R. H., 1993. The Hollow Core. Private Interests in National Policy Making. Cambridge: Harvard University Press.

Hojnacki, M. and Kimball, D., 1998. Organized Interests and the Decision of Whom to Lobby in Congress. American Political Science Review, 92: 775–90.

Holman, C. and Luneburg, W., 2012. Lobbying and transparency: A comparative analysis of regulatory reform. Interest Groups and Advocacy, 1: 75–104.

Howell, C., 2001. The End of the Relationship Between Social Democratic Parties and Trade Unions? Studies in Political Economy, 65: 7–37.

Jordan, A. G. and Richardson, J. J., 1987. Government and Pressure Groups in Britain. Oxford: Clarendon Press.

Kohler–Koch, B., 1997. Organized Interests in the EC and the European Parliament. European Integration online Papers. <http://eiop.or.at/eiop/pdf/1997–009.pdf>. Accessed January 13th 2014.

Kollman, K., 1998. Outside lobbying. Public Opinion and Interest Group Strategies. Princeton: Princeton University Press.

Kriesi, H., Tresch, A. and Jochum, M., 2007. Going Public in the European Union. Action Repertoires of Western European Collective Political Actors. Comparative Political Studies, 40: 48–73.

Leech, B. L., 2010. Lobbying and Influence. In S. Maisel and J. M. Berry (eds.). The Oxford Handbook of American Political Parties and Interest Groups, pp. 568–87. Oxford: Oxford University Press.

Lowery, D., 2007. Why do Organized Interests Lobby? A Multi–goal, Multi–context Theory of Lobbying. Polity, 39: 29–54.

Lowery, D. and Gray, V., 2004. A Neopluralist Perspective on Research on Organized Interests. Political Research Quarterly, 57: 163–75.

Madison, J., 1787. The Federalist, no. 10.

Mahoney, C., 2007. Lobbying Success in the United States and the European Union. Journal of Public Policy, 27: 36–56.

Mahoney, C., 2009. Brussels vs. the Beltway. Advocacy in the United States and the European Union. Washington, DC: Georgetown University Press.

Mahoney, C. and Baumgartner, F., 2008. Converging Perspectives on Interest Group

Research in Europe and America. West European Politics, 31: 1253–73.

Mattson, I. and Strøm, K., 1995. Parliamentary Committees. In H. Döring (ed.) Parliaments and Majority Rule in Western Europe, pp. 248–307. Frankfurt: Campus Verlag.

McKay, A., 2011. Buying Politics? The Effects of Lobbyists' Resources on Their Policy Success. Political Research Quarterly, 65, 4: 908–23.

Norton, P., 1999. Introduction: Putting Pressure on Parliaments. In P. Norton (ed.). Parliaments and Pressure Groups in Western Europe, pp. 1–18. London: Frank Cass Publishers.

Öberg, P., Svensson, T., Christiansen, P. M., Nørgaard, A. S., Rommetvedt, H., and Thesen, G., 2011. Disrupted Exchange and Declining Corporatism: Government Authority and Interest Group Capability in Scandinavia. Government and Opposition, 46: 365–91. 501-504

Olson, M., 1965. The Logic of Collective Action. Public Goods and the Theory of Groups. Cambridge: Harvard University Press.

Olson, M., 1982. The Rise and Decline of Nations. Economic Growth, Stagflation and Social Rigidities. New Haven: Yale University Press.

Pedersen, H. H., 2013. Is measuring interest group influence a mission impossible? The case of interest group influence in the Danish parliament. Interest Groups and Advocacy, 2, 1: 27–44.

Rasmussen, A. and Lindeboom, G. J., 2013. Interest group—party linkage in the 21st century: Evidence from Denmark, the Netherlands and the United Kingdom. European Journal of Political Research, 52, 2: 264–89.

Rasmussen, M., 2012. Is the European Parliament still a policy champion for environmental interests? Interest Groups and Advocacy, 1: 239–59.

Richardson, J. J. and Jordan, A. G., 1979. Governing under Pressure. The Policy Process in a Post–parliamentary Democracy. Oxford: Martin Robertson.

Rokkan, S., 1966. Norway: Numerical Democracy and Corporate Pluralism. In R. A. Dahl (ed.). Political Oppositions in Western Democracies, pp. 70–115. New Haven: Yale University Press.

Rommetvedt, H., 2005. Norway: Resources Count, but Votes Decide? From Neocorporatist Representation to Neo–pluralist Parliamentarism. West European Politics, 28: 740–63.

Rommetvedt, H., Thesen, G., Christiansen, P. M., and Nørgaard, A. S., 2012. Coping with

Corporatism in Decline and the Revival of Parliament: Interest Group Lobbyism in Denmark and Norway, 1980–2005. Comparative Political Studies, 46, 4: 264–89.

Rozell, M. J. and Wilcox, C., 1999. Interest Groups in American Campaigns. The New Face of Electioneering. United States: Congressional Quarterly Inc.

Russel, A., Denver, D., Cutts, D., Fieldhouse, E., and Fisher, J., 2008. Non–party Activity in the 2005 UK General Election: Promoting or Procuring Electoral Success? In D. M. Farrell and R. Schmitt–Beck (eds.). Non–party Actors in Electoral Politics, pp. 103–25. Baden–Baden: Nomos.

Saalfeld, T., 1999. Germany: Bundestag and interest groups in a 'party democracy'. In P. Norton (ed.). Parliaments and Pressure Groups in Western Europe, pp. 43–66. London: Frank Cass Publishers.

Salisbury, R. H., 1984. Interest Representation: The Dominance of Institutions. American Political Science Review, 78: 64–78.

Schattschneider, E. E., 1974 [1935]. Politics, Pressures and the Tariff. New York: Arno Press.

Schattschneider, E. E., 1975 [1969]. The Semisovereign People. A Realist's View of Democracy in America. US: Thomson Learning.

Schlozman, K. L., 2012. Counting the Voices in the Heavenly Chorus: Pressure Participants in Washington Politics. In D. Halpin and G. Jordan (eds.). The Scale of Interest Organization in Democratic Politics. Data and Research Methods, pp. 23–43. Basingstoke: Palgrave Macmillan.

Schlozman, K. L., Verba, S., and Brady, H. E., 2012. The Unheavenly Chorus. Unequal Political Voice and the Broken Promise of American Democracy. Princeton: Princeton University Press.

Schmitt–Beck, R. and Tenscher, J., 2008. Divided we march, divided we fight: Trade unions, social democrats, and voters in the 2005 general election. In D. M. Farrell and R. Schmitt–Beck (eds.). Non–party Actors in Electoral Politics, pp. 151–82. Baden–Baden: Nomos.

Schmitter, P. C., 1974. Still the Century of Corporatism? Review of Politics, 36: 85–131.

Schmitter, P. C., 2008. The Changing Politics of Organised Interests. West European Politics, 31: 195–210.

Thomas, C. S., 2001. Toward a Systematic Understanding of Party–group Relations in Liberal Democracies. In C. S. Thomas (ed.). Political parties and interest groups, pp. 269–91.

Boulder: Lynne Rienner.

Truman, D. B., 1951. The Governmental Process. Political Interests and Public Opinion. New York: Alfred A. Knopf.

Wessels, B., 1999. European Parliament and Interest Groups. In R. S. Katz and B. Wessels (eds.). The European Parliament, National Parliaments, and European Integration, pp. 105–128. Oxford: Oxford University Press.

Woll, C., 2006. Lobbying in the European Union: From sui generis to a comparative perspective. Journal of European Public Policy, 13: 456–69.

第二十六章　立法机关和外交政策[*]

塔皮奥·劳尼奥（Tapio Raunio）

26.1　引言

人们通常认为，外交政策在很大程度上由行政机关主导，议会对其的影响力微乎其微，充其量也只有有限的影响。根据这一公认的观点，议会民主在外交政策中的作用不如在国内政策中的作用大。外交政策决策的特点是有限的公开性，其保密性通常被视为保护国家利益的有机组成部分。由于外交政策的有效执行，特别是在使用武力方面，还需要灵活性和快速反应能力，所以议会的参与可能会造成不必要的拖延，阻碍重要外交政策目标的实现。国际问题很明显与选民也没什么关联，这进一步降低了议会参与外交政策决策的动机。因此，外交政策由政治和官僚精英决定，不涉及议员，更无关公众。外交政策通常也需要国内团结，要求主要政党至少试图在这些问题上达成共识。此类观念尤其适用于具有军事影响的决策："由于安全维护政策需要特别快速作出决定，有时需要高度保密，因此被视为行政机关的专属领域，不属于议会的控制范围。"［彼得斯（Peters）等人，2010，3］

---

   *　张玉洁译。

这种思路并不新鲜，可以追溯到洛克（1960）或托克维尔（1990）等政治哲学家。但是，是什么原因导致议会的影响力水平如此之低？存在两种相互关联的解释：要么是立法机关自愿默许这种由政府驱动的决策，要么它们根本无法在对外关系领域对政府进行控制。根据第一种观点，议会将决策权委托给在国际谈判中代表国家的行政机关。有效表达和捍卫国家利益需要给予行政机关足够的灵活性和回旋余地，因此议会的参与仅限于对政府行动设置事前约束。事后控制在政治上也很困难，因为拒绝政府达成的国际单边协议可能代价极高，有可能损害该国的声誉及其在未来谈判中的成功概率。授权模式对议员们也很有吸引力，因为外交关系对连任并不那么重要。因此，议员对政府外交行为进行严格审查的成本大于收益。第二种观点认为，国际谈判的两层博弈逻辑结构保护政府免受议会控制。行政机关利用国际机制将自己与议会和其他国内的政治参与者隔离开来，并推动甚至不受欢迎的内部改革或使之合法化。除了这些可能的策略性考虑之外，全球或区域治理本质上是政府间的，因此以立法机关为代价赋予政府权力。但重要的是，两层博弈场景还强调，政府往往受到国内政治参与者的约束，如立法机关，因为其最终可以单方面否决协议，行政部门也可以利用这种立法约束作为谈判优势［帕特南（Putnam），1988；埃文斯（Evans）等人，1993；莫拉夫西克（Moravcsik），1994；沃尔夫（Wolf），1999；帕尔（Pahre），2006］。

本章对这一观点进行了批判性的重新评价，证明议会在外交政策中绝对没有也几乎从未被边缘化。恰恰相反，立法机关有多种方式影响对外关系，尤其是欧洲国家的议会面对其政府越来越自信。26.2 主要关注美国国会，重新审视关于弱议会的说法，并解释为什么立法机关比以往任何时候都更多地参与外交事务。在关于国会的研究文献的基础上，26.3 分析欧洲议会如何应对区域一体化带来的挑战。虽然全世界的议会都受到政治全球化、特别是经济全球化带来的越来越多的外部制约，但在欧盟内部，这种制约最为强烈，逐渐但持续地对欧盟的赋权引发了人们对欧洲治理"去议会化"的担忧。26.4 提出未来研究的方向作为总结。

26.2　虚构的弱议会

人们普遍认为议会在外交事务中并不重要，这可能部分解释了为什么学者对这一有趣的立法研究领域关注相对较少。在欧洲，人们普遍觉得或几乎想当然地认为，随着外交政策被视为议会对行政机关进行最大授权的议题领域，议会制的逻辑进一步边缘化了立法机关。然而，最近关于议会对欧盟事务的审查研究开始逐渐挑战这种关于立法机关放任行政机关外交行为的观念，如26.4所述，学界有必要调查国内立法机关是否也能够影响政府在其他外交政策问题上的活动。

美国的情况则大不相同，美国的宪法制度及其中的制约与制衡激发了大量关于总统与国会外交政策关系的研究。这一研究主要由两类文献组成。一方面，有大量出版物涉及国会和总统之间的竞争，这在很大程度上是由威尔达夫斯基（Wildavsky，1966）最初提出的"两位总统"的观点推动的，该观点认为总统在外交事务上比在国内事务上享有更大的裁量权。[1]这些研究大多集中关注各种国会活动，主要是唱名表决，以分析党派联盟和个别议员在各种外交政策问题上的立场。另一方面，主要是国际关系学者，或者更准确地说是国际政治经济学专业的学者，推断出国内政治与国际谈判之间存在联系，因此也将重点放在了议会在影响涉及贸易和安全政策的全球或区域谈判回合结果的作用上。

根据上述研究，从第二次世界大战结束到20世纪60年代，美国国会很少质疑外交政策中行政机关的领导权。但是众所周知，在20世纪60年代和70年代的越南战争期间，国会的角色发生了巨大变化。从那时起，国会的干预变得更加详细和实质。从那时起，总统的自由裁量权被一个更加自信的国会所取代，国会开始更愿意质疑和拒绝关于外交经济和安全政策的行政决定。党派共识或所谓的两党合作，让位于民主党和共和党之间的意识形态之争，而且越来越多的议员开始积极参与外交政策问题。20世纪70年代，参议院切断了美国在柬埔寨军事行动中的所有资金，国会也成功地切断了对南越的援助。随着1973年总统对《战争权力决议案》（War Power Resolution）行使否决权，国会宣称其打算审查未来总统关于使用武力的任何决定（见26.2.1）。国会还大幅削减了国防预算。20世纪80年代，国会作出了许多与里根政府的政策相矛盾的决定，可以说，美国针对中美洲的政策实际上是由立法机关而不是总统作出的。20世

---

〔1〕 威尔达夫斯基（Wildavsky）最初的观点是基于美国国会唱名表决的经验证据作出的。诉诸《国会季刊年鉴》（Congressional Quarterly Almanac）中的总统投票分数，他发现国会支持总统关于外交政策和国家安全的建议多于支持总统关于国内政策的建议。从那时起，人们普遍认为总统在外交政策上得到了国会更多的支持。

90年代，为了避免国会更广泛的干预，克林顿不得不直接将其政策向海地、波斯尼亚和索马里宣布。

事实上，美国宪法的最初起草者有意赋予国会在对外关系方面重大权力，包括宣战和贸易［施莱辛格（Schlesinger），1989］。由于外交政策与其说是基于立法，不如说是基于国内政策，因此国会外交政策工具箱包含了大量工具。除了对预算项目进行投票和批准国际协议外，国会议员还可以事先设置对总统行动的限制，改变授权规则以减少行政自由裁量权，或者利用公开姿态和立场来影响国家的外交政策。例如，国会引入了更严格的报告要求或程序，迫使总统在国际经济谈判和军事冲突决策前或期间咨询国会的意见。也许并不奇怪，在分裂的政府中，国会的影响力往往更强。[1]

546

让我们通过两个主要的政策问题，战争权力和国际政治经济，来更仔细地研究一下国会和其他立法机关是如何影响外交事务和国际谈判的。

26.2.1 战争权力

关于在国外使用武力和短期战争权力的决定，对于理解议会的发展至关重要。自1688年英国贵族在光荣革命中达成宪法协议以来，授权征兵入伍、为军费筹措资金以及对外交权力的补贴一直是现代早期议会制的核心。英国议会也定期就外交政策进行辩论，议员们就国际问题向行政机关提问，并要求其对提议或采取的行动方案作出解释（Black，2004）。除了这些历史遗产之外，议会参与战争决策的权利还可以从更规范的角度进行辩护。由于几乎没有什么决定比关于军事任务的决定对公民生活的影响更严重，因此可以说，任何有意义的民主观念都不会使安全政策免受议会的控制。这里的问题不一定是关于议会的实际影响力。也许更重要的是，立法机关提供了一个辩论的场域，在这里，关于安全政策的决定可以获得解释和正当化［洛德（Lord），2011］。

然而，不可否认，立法机关在对安全政策——特别是与军事行动有关的决定——施加影响方面面临挑战［博恩和汉吉（Born and Hänggi），2004］。有

---

〔1〕 关于国会和外交政策的文献非常广泛。例如，参见罗宾逊（Robinson，1967）；威尔科克斯（Wilcox，1971）；弗兰克和魏斯班德（Franck and Weisband，1979）；帕斯特（Pastor，1980）；斯帕尼尔和诺吉（Spanier and Nogee，1981）；曼（Mann，1990）；麦考密克和维特科普夫（McCormick and Wittkopf，1990）；米尔尼克（Meernik，1993）；林赛（Lindsay，1993；1994a；1994b）；欣克利（Hinckley，1994）；维特科普夫和麦考密克（Wittkopf and McCormick，1998）；赫内汉（Henehan，2000）；赫斯曼（Hersman，2000）；凯利（Kelley，2005）；and 豪厄尔和普韦豪斯（Howell and Pevehouse，2007）。

效的控制首先必须事先实施，不过议会自己也认识到，为了能够成功执行军事任务，行政机关需要一定程度的操控能力。正如彼得斯和瓦格纳（Peters and Wagner，2011，178）总结的那样：

议会控制的支持者和批评者并不否认，议会的参与减缓了涉及军事任务的决策的速度，增加了事前的公众审查，结果是，如果发生冲突，犹疑的公众的利益更有可能压倒安全考虑。主要的分歧在于这种结果的可欲性，批评者对行政机关充分应对国际压力和要求的能力更有信心，而支持者对可能出现的误判甚至行政自由的滥用更为警惕。

事实上，在第二次世界大战期间和之后，美国赋予总统在安全政策上的自由裁量权得以扩大，部分原因是国会自己认为其干预不利于美国在战争期间采取有效的安全政策。[1] 1950 年，杜鲁门总统只是通知国会他决定参与朝鲜战争。国会在 1962 年古巴导弹危机和向越南派兵期间也被边缘化。但在越南战争期间，国会的复兴以《战争权力决议案》告终。尽管总统行使了否决权，但是该决议案仍然于 1973 年通过，旨在限制总统在美国境外使用武力的权利。该决议案确保行政机关征求国会的意见，并在军事行动中获得批准。根据该决议，总统只有在国会授权或在国家紧急情况下才能派遣武装部队到国外参与行动。总统必须在武装部队采取军事行动后 48 小时内通知国会；该决议还禁止武装部队在未经授权使用武力或未经国会宣战的情况下在国外停留 60 天以上，再加 30 天的撤离期。没有一位总统承认该决议案的合宪性，几位总统对此置之不理。里根总统在 1981 年向萨尔瓦多派遣军队时就如此行为；同样，克林顿总统在 1999 年科索沃地区爆炸案以及奥巴马总统在 2011 年袭击利比亚时都没有寻求国会的批准，奥巴马辩称该决议案不适用于袭击行动。

《战争权力决议案》也是议会参与局限性的一个很好的例子。国会内部的许多声音认为，这项决议案野心过大，走得过远。有些问题最好留给行政机关处理，总统需要一定程度的自由裁量权才能有效开展军事行动。除了该决议案的特殊性之外，程序的复杂性也会阻碍国会的参与，特别是军事决策往往需要对突然变化的环境做出快速反应。不过，国会和其他议会可以在必要时

---

[1] 事实上，1941 年 8 月，罗斯福总统勉强说服国会扩充草案的规定（以 203 票对 202 票）。总的来说，罗斯福在第二次世界大战初期曾多次遭到国会孤立主义倾向的挫败，这种倾向直到日本袭击珍珠港后才消失。实际上，美国外交政策文献中的一个标准观点是，总统倾向于更加国际主义，倾向于更广泛的外交接触，而代表面积较小选区的议员在观点上更为狭隘。

使用特别程序，以便保密和更快地处理问题［豪厄尔和普韦豪斯（Howell and Pevehouse），2007；史蒂文森（Stevenson），2007］。

彼得斯和瓦格纳（Peters and Wagner，2011；2014）比较了 1989—2004 年间 49 个立法机关的战争权力，结果表明，议会对军事部署的否决权范围相对广泛，尽管在他们的研究中仍然仅限于少数国家。彼得斯和瓦格纳（Peters and Wagner）认为，各国在是否允许立法机关否决部队部署、议会控制适用的行动类型以及行使这种控制的程序等方面存在很大差异。议会对部队部署的否决权与政治制度的一般方面（如总统制和议会制之间的区别）联系较少，更多的是与一个国家的特定文化和过去经验以及它所面临的威胁程度联系在一起。议会否决权几乎只存在于与英国宪法传统无关的国家。而且，过去战争损失惨重的经验似乎有助于议会战争否决权的制度化。最好的例子是日本或德国，第二次世界大战的经历引起了人们对滥用行政自由和议会广泛参与军事问题的强烈关注。此外，外部安全环境也有一些影响，国家外部面临的威胁越大，议会在部队部署方面的权力越小。

主要由北大西洋公约组织（NATO）、联合国和欧盟协调的联合军事任务或集体防御条款给议会参与军事决策带来了更多问题［博恩和汉吉（Born and Hänggi），2004；彼得斯和瓦格纳（Peters and Wagner），2011；2014］。在正在加入北约和欧盟的情况下，许多中欧和东欧国家放宽了议会限制，废除了议会对北约和欧盟行动的限制性条款："北约成员国身份尤其明显地放大了通过事先议会控制程序建立合法性和通过精简、以行政为中心的决策获得效率性之间的权衡。从北约的角度来看，拥有一些受到国内议会否决权限制的成员国政府似乎非常没有吸引力。北大西洋理事会已经很难达成一致决定，尤其是在北约扩大之后。因此，即使在北大西洋理事会作出决定后，国内议会仍有可能否决其战略部署的可能在北约层面造成了一些不安。北约努力限制各国议会对决策的干预，重点放在正在加入进程中的国家以及因此适用此类条件的国家。"［彼得斯和瓦格纳（Peters and Wagner），2011，186］

2003 年 3 月，土耳其大国民议会拒绝批准政府允许美国将土耳其用作其在伊拉克行动的空军基地的决定［凯斯金和卡尔博（Kesgin and Kaarbo），2010］，正是这一行动的集体面向让人如此惊讶。

一些"民主和平"学派的研究侧重于立法机关在冲突局势中作为潜在制约因素的作用，即是否存在议会参与降低使用武力可能性的"议会和平"效应。

548

这些分析得出的结果好坏参半。埃尔曼（Elman，2000，98）比较了不同类型的政体，根据他的研究，在冲突中，拥有强大多数的一党执政政府不受议会的约束：

尽管事实上，行政机关是由立法机关产生的，并取决于是否获得立法机关的信任，但立法机关没有任何否决机制来阻挠……（行政机关）。行政机关可能会仰仗立法机关对其外交政策的批准，这主要是因为投票反对政府意味着将执政权交给反对派。

奥尔斯瓦尔德（Auerswald，1999）还指出，一党执政的多数派政府比联合内阁更有可能使用武力。勒布朗和陈（Leblang and Chan，2003）则认为，采用比例代表制选举制度的国家不太可能卷入战争。赖特和蒂尔曼（Reiter and Tillman，2002）表明，议会在条约批准方面拥有更大权力的国家不太可能发起军事冲突。超越政体和联盟类型比较的研究通过将议会参与程度纳入方程，丰富了我们对相关情况的了解。迪特里希（Dietrich 等人，2009；2010）通过与欧盟成员国参与 2003 年开始的伊拉克战争的程度相联系，研究了其议会的战争权力，发现在军事行动上参与战争的国家的议会拥有"基本"或"不足"的战争权力，而拥有"全面"战争权力的议会的国家除了后勤支持外没有做出任何贡献。梅洛（Mello，2012，447）也分析了 30 个国家参与伊拉克战争的程度，强调议会否决权本身并不是一个充分的约束，相反，他强调宪法规则与政党政治之间的互动："在行政机关获得绝大多数议员支持或党派联合的情况下，强制性议会批准不太可能构成立法机关否决行政决策的关键。"

总之，政府的立法和行政机关都有充分的理由避免或限制议会参与安全政策决策，这一点是肯定的。选举方面的考虑可能有利于行政自由裁量权。虽然议员可能会投票反对对其选区产生负面分配后果的贸易协定（见 26.2.2），但在军事问题上攻击行政机关更具风险，甚至可能导致议员失去席位。议员们还可能会认为，公众对政府的批评可能会损害国家安全。因此，至少在军事行动中，避免指责似乎是一种有说服力的策略。

另外，行政机关可能并不总是喜欢最大限度的自由裁量权。政府可能要求事先获得议会批准，要么是因为批准会对军队士气产生积极影响，要么是为了避免军事冲突过程中的国内反对。如林赛（Lindsay，1993，613）所述：

总统们尤其可能会预测国会在外交政策上的反映，因为公开的失败有可能削弱他们在世界舞台上的信誉。正如国务卿詹姆斯·贝克（James Baker）在解释布什总统不情愿请求国会批准沙漠风暴行动（Operation Desert Storm）时所说："总统不想向国会请求这样一项决议，除非国会领导层能向他保证这样的决议即将出台，因为如果不出台，他的权力就会被削弱。"

但显然，议会事先接受政府在国外使用武力并不会自动为战争创造有利的国内条件。在英国，2003 年开始的伊拉克战争分裂了公众舆论，尽管政府的行动在下议院获得了跨党派的支持。[1]

26.2.2 政治经济

议会对国际、地区或全球贸易决策的参与至少部分遵循不同的逻辑，其中涉及议会参与规则和国内政党政治竞争的性质。总体而言，对外贸易具有更直接的经济分配后果，在各个国家内部产生赢家和输家。因此，立法机关中有关贸易的讨价还价和投票更多地受到选区利益的驱动。

550

对美国国会投票情况的分析明确证实了政治经济学理论的解释力。总的来说，这些分析结果与斯托尔帕－萨缪尔森（Stolper-Samuelson）定理对此类政策的经济影响预测一致：从贸易和援助中获益的选区更支持国际经济参与。当议员来自一个技能化较高的选区时，国会和其他特定议会更有可能为国际货币基金组织（IMF）等国际金融机构的对外经济援助、贸易和资金提供立法支持。左倾议员更有可能支持国际金融机构的外援和融资［例如，贝利（Bailey），2001；希斯科克斯（Hiscox），2002a，2002b；布罗兹（Broz），2005，2008，2011；布罗兹和霍斯（Broz and Hawes），2006；米尔纳和廷利（Milner and Tingley），2011，2012］。

根据宪法规定，包括美国国会在内的立法机关在国际政治经济中享有比在安全政策中更大的权力，特别是批准和拒绝国际条约与协定的权力。与本章导言部分提到的否决者角色文献和两层博弈逻辑的观点一致，政府间的国际合作受到国内政治的制约，如利益集团、执政党内部的分裂或议会。因此，赋予议会否决权会使国际谈判更加困难，而且肯定会阻碍全球或区域合作规则的重大改革。因此，当立法机关和其他国内否决者的作用更加制度化时，倾向于维持现状的意见就会更多。不过，内阁自然也可以利用这些国内限制作为讨价还价

---

[1] 在作出向伊拉克派遣英国军队这一有争议的决定后，工党政府表示愿意对未来的军队部署引入议会否决权。然而，尽管政府在 2008 年提出了更广泛的宪法改革建议，但到目前为止，这一改革尚未实施［彼得斯和瓦格纳（Peters and Wagner），2014］。

的筹码，例如，如果明确哪些决定是立法机关可以接受的，那么立法机关必然会批准协议。后一种特性被称为"谢林猜想"[谢林（Schelling），1960]，根据该理论，被议会否决权等国内批准权力束缚的行政官员可能会谈判出比无约束的行政官员更有利的结果[帕特南（Putnam），1988；埃文斯（Evans）等人，1993；米尔纳（Milner），1997；帕尔（Pahre），2006；曼斯菲尔德和米尔纳（Mansfield and Milner），2012]。

可是，事前立法参与也可以提高谈判者的可信度，并对条约的最终执行产生积极影响：

> 只要立法机关有能力阻碍国际协定的执行，在国际合作的初始阶段之前就将其逼停，并试图阻止谈判者的偏好影响谈判进程，就有可能造成严重的承诺困境。归根结底，孤立的行政机关并不是强大的行政机关，因为它们会发现很难实施国际协议。相反，以正式的、定期的方式将议员纳入合作进程，使得各国能够更有效地进行谈判，并向其他国家保证，其在国际谈判桌上签署的协议将实际上在国内落实。[马丁（Martin），2000，198]

551　　　马丁（Martin，2000）在其重要著作中关注了美国国会对经济制裁、行政协议和粮食援助的支持，以及各国议会在欧盟中的作用，她表明，对行政机关更严格的立法限制会改善国际协议的执行情况，并能提高行政机关的谈判地位和可信度。马丁还说明了国会如何利用各种工具影响美国的对外经济关系，以及在分裂的政府之下，国会的影响力或自信心如何变得更大。[1]

但是，尽管有更明显的选区联系和更强大的宪法权力，贸易决策也显示出，议会需要在行政自由裁量权和积极控制之间取得平衡。例如，1974年的《贸易法》（Trade Act）使美国贸易代表更直接地向国会负责，该机构被认为对国会意见高度敏感。该法还确立了让国会两院议员与行政机关的成员一起直接参加贸易谈判的做法。1988年，国会则通过了《综合贸易和竞争法》（Omnibus Trade and Competitiveness Act），扩大了总统的谈判权限，使得行政机关能够更有效地就诸如北美自由贸易协会（NAFTA）和关税及贸易总协定（GATT）乌拉圭回合等重大交易进行谈判。

---

[1]　马丁（Martin，2000，201）还为未来的研究提出了一个有趣的建议，即行政机关可能试图在某个一次性的情况下规避或设法规避立法机关的约束，而议会参与将在稳定和不断重复的国际合作形式中更加制度化。当然，立法机构在控制国际贸易和欧盟方面的作用要比在安全政策（没有两个冲突完全相同）方面的作用更大，这表明这种行为模式真实存在。

26.2.3　向加强议会参与方向发展？

也有很好的理由期待议会的影响力，以及议员对非国内事务的普遍兴趣在未来会增加。早在 20 世纪 70 年代末，曼宁（Manning，1977）就注意到了介于纯外交和国内政策之间的议题，或者他所说的"国家间"议题的兴起。显然，过去几十年来，特别是"冷战"结束以后，世界上的国家变得更加相互依存。如何管理全球和地区贸易、能源和环境政策以及移民问题现在经常出现在全世界各个民主国家的政治议程之中，这些政策对选区利益分配的影响也比"传统"外交政策议题更为明显。国际承诺可能比以前更加昂贵，考虑到大多数民主国家财政的不确定性和预算赤字，立法机关有更强的经济动机来限制外交政策中的行政自由裁量权。

此外，美国和欧洲最近的研究也表明，外交政策在选举和投票选择方面很重要。因此，在外交事务中存在一种"选举联系"在运作——公民对外交政策的偏好决定了美国政治领导人奉行的政策，也有证据表明，外交问题影响了选民的投票行为［奥尔德里奇（Aldrich）等人，2006］。在 9·11 事件之后，人们甚至似乎更愿意讨论替代性政策，并质疑各国政府在国际事务中采取的政策。事实上，最近许多关于美国外交政策的研究都指出，冷战后，国会在外交政策上的自信心有所增强，立法议程上有了更多不同的外交政策问题，但这对两党合作水平或国会与总统之间的关系有何影响尚不清楚［维特科普夫和麦考密克（Wittkopf and McCormick），1998；库普钱和特鲁博维茨（Kupchan and Trubowitz），2007；肖多因（Chaudoin）等人，2010］。国会议员在外交事务中也变得更加积极和直言不讳，利用各种议会工具来塑造美国的外交政策，特别是当他们在外交事务问题上的态度与总统意见不一致时［卡特和斯科特（Carter and Scott），2004］。

不过，至少在某些国家，议会参与程度的提高可能会被反恐斗争以及更广泛地被国际关系文献中所称的"安全事务化"所抵消，后者关注参与者如何将政策问题转变为安全事务。毕竟，正如本节中回顾的研究所表明的那样，通常行政机关在安全和军事政策方面比在外交和经济政策方面拥有更多的自由裁量权，尤其在军事冲突期间，这种授权和议会的总体支持尤其明显［豪厄尔和罗戈夫斯基（Howell and Rogowski），2013］。当然，有证据表明"国土安全"问题在国会中非常重要［米德尔马斯和格罗斯（Middlemass and Grose），2007］。有趣的是，米尔纳和廷利（Milner and Tingley，2012）展示了总统如

552

何从将外交政策问题界定为安全或军事问题中获益。因此，总统可能会暗示，当前面临的问题超越了党派政治界限，影响到整个国家。例如，军事援助和部署以及双边援助等工具使得总统在军事问题上比在外交经济政策问题上更加自由和免于国会的限制。因此，总统可能倾向于使用军事或安全手段，因为其他类型的外交政策问题受到更大的立法约束。米尔纳和廷利（Milner and Tingley）表示，在关于外交事务投票的大型样本中，总统对具有明确国家安全面向的投票的影响力更大（例如，与发展援助投票相比，总统在军事援助投票中的影响力更为明显）。在联邦预算中涉及国防的领域，总统的影响力也更大，而在与国家安全关系不太密切的外交政策领域，总统影响力较弱。不过，欧文斯和佩利佐（Owens and Pelizzo，2009）编纂的这本书对"反恐战争"对 8 个国家立法—行政关系的影响进行了比较，结果表明，在这场危机中，议会不一定会被削弱，只有三个国家——美国、英国和俄罗斯——有行政权力增加的证据。

综上所述，虽然本节回顾的研究可能描绘了一幅关于议会对外交政策影响的相当积极的画面，但认识到某些现实世界的制约因素仍然很重要。基本上没有一项研究声称，美国或其他地方的议员能够获得与行政机关成员同等程度的外交信息。因此，信息不对称问题一直存在，正如在国内政策中一样，议会引入的许多程序创新或改革都是为了解决这种不对称问题。行政机关也有相当多的资源投入外交事务，而且最终在国际谈判中代表国家的始终是政府。因此，国际谈判的逻辑表明，议会必须真正试图事先影响政府，但行政机关本身也有动机请求议会批准其立场，特别是当立法机关有权拒绝全球或区域协议时。这些警示性说法也适用于欧盟各国议会的作用，我们将在下一节讨论这一主题。

26.3 成员国立法机关和欧盟

在研究议会对欧洲一体化的反应时，观察欧盟成员国国内立法机关与美国国会之间的相似之处是很有趣的。相似之处既在于议会在试图影响政策方面面临的巨大挑战，也在于促进这种影响的宪法权力和程序创新。虽然有这些相似之处，但值得注意的是，本节回顾的研究中很少有来自基于美国国会研究的见解，这确实令人沮丧。

欧洲国家加入欧盟是为了从区域一体化中获益。但是，即便成员国在经济和政治上可以从欧盟成员身份中受益，欧盟也对成员国内的民主制度施加了重要的制约。不过，对于欧盟对国内立法机关工作的实际影响程度，学术界还没有达成共识。尽管如此，人们普遍认为，欧洲一体化和欧盟的持续获权给各国议会带来了重大挑战。根据所谓的"去议会化"理论，欧洲一体化的发展导致了议会对行政机关控制的减弱。关于去议会化的争论立基于宪法规则和关于欧盟政策进程的政治动力学之上［劳尼奥和希克斯（Raunio and Hix），2000］。

欧盟成员国将一系列广泛而重要的问题的决策权转移到了欧盟层面，导致成员国议会直接失去了影响力。除了条约修正案和其他一致决定的问题等部分例外，在欧盟事务中，成员国立法机关的影响力主要限于审查欧洲委员会的动议，并影响在欧盟层面代表成员国的政府。欧盟理事会越来越多地诉诸符合要求的多数制投票方式（这意味着个别政府可能会发现自己属于失败的少数），而欧盟理事会（Council）和欧洲理事会（European Council）的讨价还价往往十分复杂，这使得成员国议会难以迫使政府在欧盟层面作出决定之前做出详细的事先承诺。但关键是，各国政府在欧盟谈判中代表本国，因此这导致了行政机关和立法机关之间的信息不对称。考虑到这一去议会化理论在学术工作和政治辩论中的主导地位，各国议会经常被称为欧洲一体化的主要"输家"或"受害者"并不奇怪［戈茨和迈耶－萨林（Goetz and Meyer-Sahling），2008；劳尼奥（Raunio），2009］。

不过，根据宪法，成员国议会在欧盟治理中享有重要的参与权。成员国宪法通常赋予国内立法机关某些权利（如从政府获得有关欧盟事务的信息），并规定其具体责任（如将欧盟法律转换为国内法或批准条约修正案），宪法通常包含关于议会如何处理欧盟事务的规则。除此之外，议会可以自由决定如何以及是否参与欧盟政治。欧盟各条约还赋予各国议会某些权利（如接收欧盟文件），并给它们分配了某些具体职责，主要涉及欧盟及其成员国之间的权限划分［西甘（Cygan），2013］。《里斯本条约》引入了"预警机制"，成员国立法机关有权监督向欧盟提出的法律动议是否符合辅助性原则。学术界普遍认为，预警机制不太可能有太大意义。它主要是为了应对合法性问题而引入的，其影响力可能会一直保持谦抑［例如，里特贝格（Rittberger），2005，189-192；基弗（Kiiver），2012］。

20世纪90年代中期，在关于如何解决欧盟民主国家赤字的争论中，欧盟成员国立法机关的作用首次受到了政治和学术界的高度关注［诺顿（Norton），1995；劳尼奥（Raunio），1999］。学术界对这一主题的兴趣在早先的比较研究中得到了进一步的启发，这些比较研究表明，国内立法机关在欧盟事务上对本国政府的控制基本上是无效的或不感兴趣的［劳森和帕帕斯（Laursen and Pappas），1995；诺顿（Norton），1995；史密斯（Smith），1996］。自此，各国议会的作用在议会和欧盟学者的研究议题上占据了相当重要的位置，千禧年以来，学术界完成了若干比较研究项目。学者们对比较替代审查制度的有效性和解释各国采纳的具体审查模式特别感兴趣。[1]关于各国立法机关（以及和欧洲议会）之间的议会间合作，也有着暂时规模较小但在不断增加的研究。［戈茨和迈耶－萨林（Goetz and Meyer-Sahling），2008；劳尼奥（Raunio），2009，2011］

　　由于这场激烈的学术辩论，我们现在能够更好地评估成员国立法机关受欧洲一体化影响和参与欧洲一体化的方式。虽然各国议会在融入欧盟问题上肯定是较晚的适应者，但毫无疑问，它们比以往更严格地监督着本国政府涉及的欧盟事务。这并不奇怪。毕竟，自 20 世纪 80 年代末以来，欧洲一体化已经取得了重大进展，欧盟的权限基本上延伸到了所有政策部门。国内立法机关对欧盟的这一权力做出了合乎逻辑的反应，主要是通过提升欧洲事务委员会（EAC）的权力和资源，并让专门委员会更经常地参与欧盟事务。欧洲联盟议会联盟事务议会委员会会议（COSAC）[2]和其他讨论场域中的议会间网络推动了"最佳做法"的共享，各议会可以评估其他立法机关审查安排的优缺点。这种对最佳做法的学习尤其适用于 2004 年和 2007 年加入欧盟的国家。事实上，关于这些新成员国的早期证据表明，它们的议会总体而言比老欧盟成员国的议会实施了更全面的审查机制［萨莱（Szalay），2005；奥布伦南和劳尼奥（O'Brennan and Raunio），2007；卡拉斯（Karlas），2012；温岑（Winzen），2012，

---

　　〔1〕　该文献主要关注成员国立法机关的制度改革，特别关注欧洲事务委员会。参见马丁（Martin，2000）；毛雷尔和韦塞尔斯（Maurer and Wessels，2001）；奥尔和本斯（Auel and Benz，2005）；萨莱（Szalay，2005）；盖茨（Gates，2006）；基弗（Kiiver，2006）；霍尔茨哈克和阿尔布克（Holzhacker and Albæk，2007）；奥布伦南和劳尼奥（O'Brennan and Raunio，2007）；坦斯等人（Tans et al.，2007）；巴雷特（Barrett，2008）。

　　〔2〕　两年一次的欧洲联盟议会联盟事务议会委员会会议将各成员国议会和欧洲议会的欧盟事务委员会代表团聚集在一起。欧洲联盟议会联盟事务议会委员会会议通常以协商一致的方式作出决定，但其不具有约束力的决定［称为"意见"（contributions）］可以投出票数的 3/4 通过（必须至少达到全体票数的一半）。欧洲联盟议会联盟事务议会委员会还在布鲁塞尔设有一个秘书处。

2013]。

考虑到议会之间的理念交流，同样的文献也指出 27 个议会之间的制度逐渐趋同，这并不奇怪。所有成员国议会都有一个欧洲事务委员会，其主要职能是协调议会对政府处理欧盟事务的监督。但重要的是，欧洲事务委员会的地位在成员国之间似乎有很大差异。例如，虽然在三个北欧欧盟成员国中，欧洲事务委员会是一个相当有声望的委员会，但地中海国家的情况则基本相反。对欧洲事务委员会的进一步研究可以探索这些委员会的吸引力，例如通过对议员的调查或分析议员的委员会就职经历。在专门委员会参与欧盟事务决策方面，多样性更为明显。将权力从欧洲事务委员会下放给专门委员会，一方面是由于欧洲事务委员会工作量巨大，此举实属必须，另一方面也有必要利用议员的政策专业知识。不过，虽然在一些立法机关（如芬兰议会、德国联邦议院、爱沙尼亚议会和斯洛文尼亚国民议会）中，专门委员会的作用已经制度化，但在大约一半的议会中，它们只是偶尔参与欧盟事务。

当我们审视议会全体会议的作用时，相关研究再次指向实质性趋同的方向。现有证据虽然非常稀少，但其表明，议会全体会议在欧洲事务中的作用往往相当有限。事实上，国内政治和欧盟政治之间的主要区别似乎与议会全体会议的作用有关。国内法和其他国家层面的突出问题通常在议会全体会议上进行辩论，而向欧洲事务委员会提出的立法动议等正常事项则似乎很少出现在全体会议的议程上。不过，大多数议会的确会就"高度政治性"的欧盟问题进行辩论，如条约改革、多年度金融框架、欧洲理事会会议或欧元危机和相关纾困措施［德王尔德（de Wilde），2011；温德勒（Wendler），2013；马奇（Maatsch），2014］。议会全体会议的这种有限作用可能是体制选择和政党利益的结合。欧洲事务委员会的设立减少了议会全体会议的使用，因为前者协调议会在欧盟事务中的工作，通常有权代表整个议会在这些问题上发言。虽然议员们可能会私下为委员会的审议结果进行辩护，以促进国家利益，并允许成员国政府和议会之间秘密交换意见，但这一机制显然也符合主流政党的利益。尤其是执政党可能希望议会在不公开批评的情况下私下监督政府，以免损害内阁的声誉［奥尔（Auel），2007］。

考虑到欧盟成员国内的大多数主要反对党在欧盟事务问题上的意见一致性总体上不比执政党强，或者在一体化问题上与执政党有相似的偏好，它们也不太可能要求就欧盟事务问题进行更多的在全体会议上进行的辩论。此

556

外，如果反对派攻击政府，首相可能会指责反对派破坏了政府在欧盟谈判中捍卫"国家利益"的努力［本斯（Benz），2004，881；奥尔和本斯（Aue and Benz），2005，379］。因此，希望就欧盟事务问题展开辩论的政党可能只有那些在该问题上与其选民意见更为一致、在一体化问题上更具内部凝聚力的政党。这些政党通常要么是民粹主义政党，要么是处于左翼—右翼极端的政党，例如，他们可以利用此类辩论批评政府在欧盟谈判中没有充分捍卫国家利益。因此，关于未来研究的一个可能的假设是，涉及欧盟事务的成员国议会全体会议辩论更有可能发生在对欧盟持怀疑态度的政党制度或对一体化有更两极分化或差异化政党偏好的国家。在这些成员国中，政党通过就欧盟相关问题进行公开辩论能够赢得更多的胜利，原因要么是他们可以挑战执政党，要么是他们可以利用辩论向选民发出信号［奥尔和劳尼奥（Auel and Raunio），2014］。

在制度改变方面，国内变化往往是渐进的和路径依赖的，老欧盟成员国实施的改革反映了国内议会文化和"做事方式"。此外，尽管制度逐渐趋同，审查制度中的优先事项甚至基本目标在不同国家的立法机关之间有所不同。例如，毛雷尔和韦塞尔斯（Maurer and Wessels，2001）编纂的书区分了在处理欧盟事务时，更多以文件为基础、更加具有支持性或更倾向于协商一致处理的议会，和强调对受《布鲁塞尔条约》约束的成员国内阁的授权的其他立法机关。考虑到审查过程基本方向上的这些差异，未来的研究应该更加关注如何衡量审查的力度。迄今为止，欧洲事务委员会通过设定讨价还价范围甚至发布明确的投票指示来代表整个议会授权行政部门部长的能力一直被用作证明强有力监督存在的主要指标（信息获取、欧洲事务委员会的权力和专门委员会的参与是其他主要指标）。这是丹麦式的有影响力的制度的结果，在丹麦，欧洲事务委员会以其通过发布投票指令来约束部长的能力而闻名。不过，这种对授权的强调并非完全没有问题，未来的研究应当分析议员和政党用来影响欧洲事务的多种策略，例如，控制手段的使用、报告要求、与欧盟层面的直接接触。

这些衡量标准直接关系到国家审查模型"排名"的有效性。解释欧盟事务审查水平跨国差异的文献产生了一些混杂的结果，但其显示，差异主要由三个因素导致：独立于一体化的议会实力、政党体系中存在欧洲怀疑论，以及加入欧盟的先后顺序，后加入欧盟的成员国政府在欧盟事务中受到更严格的审查［帕尔（Pahre），1997；伯格曼（Bergman），1997，2000；劳尼奥

（Raunio），2005；萨尔费尔德（Saalfeld），2005；卡拉斯（Karlas），2012；温岑（Winzen），2013〕。我们还需要研究不同体制和政党政治背景下的实际行为。只有通过深入的实证分析，我们才能回答议会是否真的影响政府行为，以及哪些欧盟事务受到议员的关注以及为什么。有证据表明，至少在一些成员国，共同决定立法的重要性或政府和反对党的激励因素可以解释议会审查的程度〔德瑞特（De Ruiter），2013；芬克和丹沃尔夫（Finke and Dannwolf），2013〕。另一个可能的前进方向是比较两种欧盟治理模式下的议会审查，样本包括超国家法律和各种形式的政府间协调领域内的事项。后一种模式的例子如在欧盟安全政策框架内协调国家政策〔彼得斯（Peters）等人，2008；彼得斯（Peters）等人，2010〕或开放式协调方法〔杜伊纳和劳尼奥（Duina and Raunio），2007〕。[1]

尽管研究激增，但我们仍然缺乏关于各国议会事实上欧洲化程度的实证研究，即欧盟在多大程度上以及以何种方式影响或限制了各国议会。现有文献几乎完全集中于法律制定。这项研究的灵感来源于欧盟委员会主席雅克·德洛尔（Jacques Delors）在20世纪80年代末多次提出的"80%"主张，即布鲁塞尔将产生的立法份额。研究表明，这一比例要低得多，即使包括在某种程度上受到欧盟"启发"的国内法。不过，欧盟的影响近年来有所增加〔布鲁瓦德（Brouard）等人，2012〕。在唯一一项采用更全面方法的研究中，劳尼奥和维伯格（Raunio and Wiberg，2010）用五个指标考察了芬兰议会的欧洲化：成员国制定的与欧盟相关的法律的份额、在欧盟事务中控制工具（信任投票和议会问询）的使用，以及委员会、全体会议和政党小组会议花在欧洲事务上的时间比例。劳尼奥和维伯格（Raunio and Wiberg）展示了欧盟对立法机关的影响在立法机关内部是如何变化的，其中议会委员会承担的欧盟事务负担最重。这一发现可能是由于芬兰宪法规定委员会有义务报告欧盟事务。因此，欧盟事务集中于欧洲事务委员会的程度可能是解释欧盟如何影响国内立法机关的一个关键变量。在欧盟事务主要集中于欧洲事务委员会的议会中，其他委员会很少处理欧盟问题。

---

〔1〕　在新千年，欧盟及其成员国越来越依赖各种形式的政府间政策协调或"软法律"工具，而不是具有约束力的超国家立法，以实现其政策目标。事实上，鉴于此类政策协调的政府间或非正式性质，在一些国家，关于如何在议会处理此类事项似乎存在程序上的模糊性。研究还表明，迄今为止，这种欧洲层面的协调进程基本上没有受到成员国议会的审查。

也许，更有趣的一点是，用以区分欧盟事务和国内事务的方法问题。虽然某些问题，如条约修改、扩充或欧盟预算，可以毫无争议地归类为欧盟事务，但更常见的情况是欧盟和国内领域日益交织在一起。与政策相关的问题（如农业、经济、环境等）尤其如此，无论该问题源于欧盟还是成员国。不仅越来越多的由成员国层面正式决定的事项具有欧洲面向，关于欧盟法律或欧盟层面程序的辩论也可能由国内议题主导。这一有趣的发现也符合多层次治理理论，根据该理论，欧洲一体化的特点是成员国和欧盟议程的相互关联性日益增

558

强。在这里，很容易发现其与美国国会研究之间的相似之处，该研究关注处于国内政策和外交政策类别某处的"国家间"问题的逐渐增加［劳尼奥和维伯格（Raunio and Wiberg），2010；奥尔和劳尼奥（Auel and Raunio），2014］。

进一步研究欧洲化的必要性将我们带入最后一个非常重要的问题：议会仍然可以被视为欧洲一体化的"输家"或"受害者"吗？正如本部分所讨论的，各国议会在欧盟事务中显然比以往更严格地审查其政府的行为。立法机关采取了反击，并在许多方面更善于在欧盟政治中控制政府。鉴于欧盟的政治影响力不断增加，没有理由预期这种趋势不会继续下去。国内监督也有利于欧盟治理的整体效率。伯格曼（Bergman，2000）和马丁（Martin，2000，164–189）表明，有效的事前议会参与与欧盟指令的更高执行率相关。这一点很重要，因为各国议会的积极监督常常被视为邪恶的（特别是那些支持深化一体化的国家），其通过缩小各国政府讨价还价的范围，减缓甚至阻碍了欧盟的决策［斯普朗格克（Sprungk），2013］。

但与美国国会的情况一样，毫无疑问，尽管各国议会的自信不断增加，但在欧盟治理中相对于其政府在结构上仍处于不利地位。未来的研究应该更多地从个别议员或政党的角度来研究这一复杂局面。也就是说，无论是在连任、政策影响还是在议员职业发展方面，参与欧盟事务都有哪些回报和成本？如果激励结构不利于积极参与欧盟事务，那么反映议员对欧盟事务的审查有限或对欧盟问题不感兴趣的研究不一定被理解为议会的弱势［莫勒·苏泽（Møller Sousa），2008，441］。有趣的是，最近的证据表明，欧盟在国内政治中变得越来越政治化和重要，欧洲问题也影响到政党在成员国议会选举中的表现［德弗里斯和蒂尔曼（de Vries and Tillman），2011；胡格和马克斯（Hooghe and Marks），2012］。这是否会转化为议会在欧盟问题上更有效的参与仍有待观察，但至少欧盟在成员国内政治中的地位比以往更为突出。

26.4 未来研究目标

本章回顾的文献显示，美国国会和欧洲国家议会有多种途径影响外交政策，从对政府设定事先限制到在条约批准中拥有最终否决权。根据各种说法，几十年来，外交政策中的行政自由决策程度有所下降，部分原因可能是国内议题和外交政策议题之间的相互依赖性提高。由于外交事务对国内利益分配结果的影响更加明确和多样化，议员可能有更强烈的动机参与外交事务。

然而，同样的研究也不断提醒我们，议员在努力跟上享有巨大信息优势并在国外代表国家的行政机关时面临的困难。全球或区域政治的多层次治理性质带来了进一步的挑战。根据这一框架，现代全球政治架构为成员国议会等参与者提供了影响政治的多个接入点。但多层次治理学派的主要观念更为消极，暗示立法机关往往被排除在政府间政策协调和谈判之外，而政府间政策协商和谈判主导着多层次治理体系的决策过程。一些学者认为——通常没有任何真正的经验证据——多层次治理涉及不同层次的参与者分享政策能力、混乱的问责标准以及代表机构的边缘化［例如，贝奇和弗林德斯（Bache and Flinders），2004；本斯和帕帕佐普洛斯（Benz and Papadopoulos），2006；本斯（Benz）等人，2007；柯廷（Curtin）等人，2010；贝拉米（Bellamy），2011］。立法机关通过建立跨国或区域议会大会和更经常的议会间合作作为回应，欧盟成员国议会尤其参与了各种议会间联系活动。这项活动的主要功能似乎在于信息交流，但需要更多的研究来确定各种形式的议会间合作的实际重要性［斯劳特（Slaughter），2004，104–130；马夏尔（Marschall），2005；卡夫－卡萨克（Kraft –Kasack），2008；沙比奇（Šabič），2008；克拉姆和福萨姆（Crum and Fossum），2013］。

未来的研究还应更多地关注参与外交政策问题的个别议员的利益。如上所述，美国国会议员在外交事务中变得更加积极，利用各种议会工具影响国家外交政策［卡特和斯科特（Carter and Scott），2004］。虽然我们习惯上认为，激励结构不利于议会在外交政策中的活动，但本章所考察的事态发展——例如，日益全球化、欧盟的权力持续增加以及国内政策和外交政策之间的界限模糊——无疑表明，议员恐怕有充分的理由更加关注外交或欧盟事务。例如，我们可以研究哪些类型的议员更可能提出问题、提交或发起立法动议，或进行与外交政策问题相关的演说［伯金（Burgin），1991；帕滕（Patten），2005；

559

马丁（Martin），2013]。

最后，本章最重要的结论可能是比较研究的缺乏。尽管美国的体制及其宪法制约和制衡制度与大多数民主国家截然不同，但我们应当利用大量关于美国国会文献中的见解，对世界其他地区立法机关在外交事务方面开展的工作进行实证比较调查。例如，关于美国国会贸易政策联盟的研究可以推广到其他国家。美国学者也非常关注国会塑造美国外交关系的各种方式，令人担忧的是，欧洲没有类似的研究传统。而且，由于美国和欧洲的研究一直专注于立法—行政关系，因此有必要调查外交政策在议员与公民的联系方面是否同样重要，例如，通过研究选民工作和议会辩论。随着世界各个国家变得越来越相互依存，议会的议程是否也越来越受到这些外国或"国家间"议题的影响？如果是，那么关于这些议题的行为、联盟或程序差异有多大？

560

参考文献

Aldrich, J.H., Gelpi, C., Feaver, P., Reifler, J., and Sharp, K. T., 2006. Foreign Policy and the Electoral Connection. Annual Review of Political Science, 9: 477–502.

Auel, K., 2007. Democratic Accountability and National Parliaments: Redefining the Impact of Parliamentary Scrutiny in EU Affairs. European Law Journal, 13: 487–504.

Auel, K. and Benz, A., 2005. The Politics of Adaptation: The Europeanisation of National Parliamentary Systems. Journal of Legislative Studies, 11: 372–93.

Auel, K. and Benz, A. (eds.), 2005. The Europeanisation of Parliamentary Democracy. Journal of Legislative Studies, 11:3–4.

Auel, K. and Raunio, T. (eds.), 2014. Connecting with the Electorate? Parliamentary Communication in EU Affairs. Journal of Legislative Studies, 20:1.

Auerswald, D.P., 1999. Inward Bound: Domestic Institutions and Military Conflicts. International Organization, 53: 469–504.

Bache, I. and Flinders, M. (eds.), 2004. Multi–level Governance. Oxford: Oxford University Press.

Bailey, M., 2001. Quiet Influence: The Representation of Diffuse Interests on Trade Policy, 1983–1994. Legislative Studies Quarterly, 26: 45–80.

Barrett, G. (ed.), 2008. National Parliaments and the European Union: The Constitutional Challenge for the Oireachtas and Other Member State Legislatures. Dublin: Clarus Press.

Bellamy, R. (ed.), 2011. Symposium on Democracy and New Modes of Governance. Government and Opposition, 46:1.

Benz, A., 2004. Path–Dependent Institutions and Strategic Veto Players: National Parliaments in the European Union. West European Politics, 27: 875–900.

Benz, A. and Papadopoulos, Y. (eds.) 2006. Governance and Democracy: Comparing National, European and International Experiences. London: Routledge.

Benz, A., Harlow, C., and Papadopoulos, Y. (eds.), 2007. Accountability in EU Multilevel Governance. European Law Journal, 13:4.

Bergman, T., 1997. National parliaments and EU Affairs Committees: notes on empirical variation and competing explanations. Journal of European Public Policy, 4: 373–87.

Bergman, T., 2000. The European Union as the next step of delegation and accountability. European Journal of Political Research, 37: 415–29.

Black, J., 2004. Parliament and Foreign Policy in the Eighteenth Century. Cambridge: Cambridge University Press.

Born, H. and Hänggi, H. (eds.), 2004. The 'Double Democratic Deficit': Parliamentary Accountability and the Use of Force Under International Auspices. Aldershot: Ashgate.

Brouard, S., Costa, O., and König, T. (eds.), 2012. The Europeanization of Domestic Legislatures: The Empirical Implications of the Delors' Myth in Nine Countries. New York: Springer.

Broz, J.L., 2005. Congressional Politics of International Financial Rescues. American Journal of Political Science, 49: 479–96.

Broz, J.L., 2008. Congressional Voting on Funding the International Financial Institutions. Review of International Organizations, 3: 351–74.

Broz, J.L., 2011. The United States Congress and IMF financing, 1944–2009. Review of International Organizations, 6: 341–68.

Broz, J.L. and Hawes, M.B., 2006. Congressional Politics of Financing the International Monetary Fund. International Organization, 60: 367–99.

Burgin, E., 1991. Representatives' Decisions on Participation in Foreign Policy Issues. Legislative Studies Quarterly, 16: 521–39.

Carter, R.C. and Scott, J.M., 2004. Taking the Lead: Congressional Foreign Policy Entrepreneurs in U.S. Foreign Policy. Politics and Policy, 32: 34–70.

Chaudoin, S., Milner, H.V., and Tingley, D.H., 2010. The Center Still Holds: Liberal Internationalism Survives. International Security, 35: 75–94.

Crum, B. and Fossum, J.E. (eds.), 2013. Practices of Inter–Parliamentary Coordination in International Politics: The European Union and beyond. Colchester: ECPR Press.

Curtin, D., Mair, P., and Papadopoulos, Y. (eds.), 2010. Accountability and European Governance. West European Politics, 33: 5.

Cygan, A., 2013. Accountability, Parliamentarism and Transparency in the EU: The Role of National Parliaments. Cheltenham: Edward Elgar.

De Ruiter, R., 2013. Under the radar? National parliaments and the ordinary legislative procedure in the European Union. Journal of European Public Policy, 20:1196–212.

de Tocqueville, A., 1990 [1835/1840]. Democracy in America. Vol. I. New York: Vintage

Books.

de Vries, C.E. and Tillman, E.R., 2011. European Union Issue Voting in East and West Europe: The Role of Political Context. Comparative European Politics, 9: 1–17.

De Wilde, P., 2011. Ex Ante vs. Ex Post: The Trade–off Between Partisan Conflict and Visibility in Debating EU Policy–formulation in National Parliaments. Journal of European Public Policy, 18:672–89.

Dietrich, S., Hummel, H., and Marschall, S., 2009. "Kriegsspielverderber"? Europäische Parlamente und der Irakkrieg 2003. Zeitschrift für Internationale Beziehungen, 16: 7–40.

Dietrich, S., Hummel, H., and Marschall, S., 2010. Parliamentary War Powers: A Survey of 25 European Parliaments. Geneva: Centre for the Democratic Control of Armed Forces, Occasional Paper No 21.

Duina, F. and Raunio, T., 2007. The open method of coordination and national parliaments: further marginalization or new opportunities? Journal of European Public Policy, 14: 489–506.

Elman, M.F., 2000. Unpacking Democracy: Presidentialism, Parliamentarism, and Theories of Democratic Peace. Security Studies, 9: 91–126.

Evans, P.B., Jacobson, H.K., and Putnam, R.D. (eds.), 1993. Double–Edged Diplomacy: International Bargaining and Domestic Politics. Berkeley: University of California Press.

Finke, D. and Dannwolf, T., 2013. Domestic scrutiny of European Union politics: Between whistle–blowing and opposition control. European Journal of Political Research, 52:715–46.

Franck, T. M. and Weisband, E., 1979. Foreign Policy by Congress. New York: Oxford University Press.

Gates, A.M., 2006. Promoting Unity, Preserving Diversity? Member–State Institutions and European Integration. Lanham: Lexington Books.

Goetz, K.H. and Meyer–Sahling, J–H., 2008: The Europeanisation of national political systems: Parliaments and executives. Living Reviews in European Governance, 3:2 (<http://europeangovernance.livingreviEWM.org/Articles/lreg–2008–2/>).

Henehan, M.T., 2000. Foreign Policy and Congress: An International Relations Perspective. Ann Arbor: University of Michigan Press.

Hersman, R.K.C., 2000. Friends and Foes: How Congress and the President Really Make Foreign Policy. Washington, DC: Brookings.

Hinckley, B., 1994. Less Than Meets the Eye: Foreign Policy Making and the Myth of the Assertive Congress. Chicago: University of Chicago Press.

Hiscox, M.J., 2002a. Commerce, Coalitions, and Factor Mobility: Evidence from Congressional Votes on Trade Legislation. American Political Science Review, 96: 593–608.

Hiscox, M.J., 2002b. International Trade and Political Conflict: Commerce, Coalitions, and Mobility. Princeton: Princeton University Press.

Holzhacker, R. and Albæk, E. (eds.), 2007. Democratic Governance and European Integration: Linking Societal and State Processes of Democracy. Cheltenham: Edward Elgar.

Hooghe, L. and Marks, G., 2012. Politicization. In E. Jones, A. Menon, and S. Weatherill (eds.). Oxford Handbook of the European Union, pp. 840–53. Oxford: Oxford University Press.

Howell, W.G. and Pevehouse, J.C., 2007. While dangers gather: Congressional Checks on Presidential War Powers. Princeton: Princeton University Press.

Howell, W.G. and Rogowski, J.C., 2013. War, the Presidency, and Legislative Voting Behavior. American Journal of Political Science, 57: 150–66.

Karlas, J., 2012. National Parliamentary Control of EU Affairs: Institutional Design after Enlargement. West European Politics, 35: 1095–113.

Kelley, D.R. (ed.), 2005. Divided Power: The Presidency, Congress, and the Formation of American Foreign Policy. Fayetteville: University of Arkansas Press.

Kesgin, B. and Kaarbo, J., 2010. When and How Parliaments Influence Foreign Policy: The Case of Turkey's Iraq Decision. International Studies Perspectives, 11: 19–36.

Kiiver, P., 2006. The National Parliaments in the European Union: A Critical View on EU Constitution–Building. The Hague: Kluwer Law International.

Kiiver, P. (ed.), 2006. National and Regional Parliaments in the European Constitutional Order. Groningen: Europa Law Publishing.

Kiiver, P., 2012. The Early Warning System for the Principle of Subsidiarity: Constitutional theory and empirical reality. Abingdon: Routledge.

Kraft–Kasack, C., 2008. Transnational Parliamentary Assemblies: A Remedy for the Democratic Deficit of International Governance? West European Politics, 31: 534–57.

Kupchan, C. and Trubowitz, P., 2007. Dead Center: The Demise of Liberal Internationalism in the United States. International Security, 32: 7–44.

Laursen, F. and Pappas, S.A. (eds.), 1995. The Changing Role of Parliaments in the European Union. Maastricht: EIPA.

Leblang, D. and Chan, S., 2003. Explaining Wars Fought by Established Democracies:

Do Institutional Constraints Matter? Political Research Quarterly, 56: 385–400.

Lindsay, J.M., 1993. Congress and Foreign Policy: Why the Hill Matters. Political Science Quarterly, 107: 607–28.

Lindsay, J.M., 1994a. Congress and the Politics of American Foreign Policy. Baltimore: Johns Hopkins University Press.

Lindsay, J.M., 1994b. Congress, Foreign Policy, and the New Institutionalism. International Studies Quarterly, 38: 281–304.

Locke, J., 1960 [1690]. Two Treatises of Government. Cambridge: Cambridge University Press.

Lord, C., 2011. The Political Theory and Practice of Parliamentary Participation in the Common Security and Defence Policy. Journal of European Public Policy, 18: 1133–50.

Maatsch, A., 2014. Are We all Austerians Now? An Analysis of National Parliamentary Parties' Positioning on Anti–crisis Measures in the Eurozone. Journal of European Public Policy, 21: 96–115.

Mann, T.E., 1990. A Question of Balance: The President, The Congress, and Foreign Policy. Washington, DC: Brookings.

Manning, B., 1977. The Congress, the Executive and Intermestic Affairs: Three Proposals. Foreign Affairs, 55: 306–24.

Mansfield, E.D. and Milner, H.V., 2012. Votes, Vetoes, and the Political Economy of International Trade Agreements. Princeton: Princeton University Press.

Marschall, S., 2005. Transnationale Repräsentation in Parlamentarischen Versammlungen: Demokratie und Parlamentarismus jenseits des Nationalstaates. Baden–Baden: Nomos.

Martin, L.L., 2000. Democratic Commitments: Legislatures and International Cooperation. Princeton: Princeton University Press.

Martin, S., 2013. Is All Politics Local? The Role–orientation of Irish Parliamentarians towards Foreign Policy. Irish Political Studies, 28: 114–29.

Maurer, A. and Wessels, W. (eds.), 2001. National Parliaments on their Ways to Europe: Losers or Latecomers? Baden–Baden: Nomos.

McCormick, J.M. and Wittkopf, E.R., 1990. Bipartisanship, Partisanship, and Ideology in Congressional–Executive Foreign Policy Relations, 1947–1988. Journal of Politics, 52: 1077–100.

Meernik, J., 1993. Presidential Support in Congress: Conflict and Consensus on Foreign and Defense Policy. Journal of Politics, 55: 569–87.

Mello, P.A., 2012. Parliamentary peace or partisan politics? Democracies' participation in the Iraq War. Journal of International Relations and Development, 15: 420–53.

Middlemass, K.A. and Grose, C.R., 2007. The Three Presidencies? Legislative Position Taking in Support of the President on Domestic, Foreign and Homeland Security Policies in the 107th Congress (2001–02). Congress and the Presidency, 34: 57–80.

Milner, H.V., 1997. Interests, Institutions, and Information: Domestic Politics and International Relations. Princeton: Princeton University Press.

Milner, H.V. and Tingley, D.H., 2011. Who Supports Global Economic Engagement? The Sources of Preferences in American Foreign Economic Policy. International Organization, 65: 37–68.

Milner, H.V. and Tingley, D.H., 2012. Sailing the Water's Edge: Where Domestic Politics Meets Foreign Policy (unpublished manuscript).

Moravcsik, A., 1994. Why the European Community Strengthens the State: Domestic Politics and International Institutions. Harvard: Center for European Studies Working Paper Series 52.

Norton, P. (ed.), 1995. National Parliaments and the European Union. Journal of Legislative Studies,1:3.

O'Brennan, J. and Raunio, T. (eds.), 2007. National Parliaments within the Enlarged European Union: From 'victims' of integration to competitive actors? Abingdon: Routledge.

Owens, J.E. and Pelizzo, R. (eds.), 2009. The Impact of the Post–9/11 'War on Terror' on Executive–Legislative Relations: A Global Perspective. Journal of Legislative Studies, 15:2–3.

Pahre, R., 1997. Endogenous Domestic Institutions in Two–Level Games and Parliamentary Oversight of the European Union. Journal of Conflict Resolution, 41: 147–74.

Pahre, R. (ed.), 2006. Democratic Foreign Policy Making: Problems of Divided Government and International Cooperation. Basingstoke: Palgrave Macmillan.

Pastor, R., 1980. Congress and the Politics of U.S. Foreign Economic Policy. Berkeley: University of California Press.

Patten, J.N., 2005. The Ethnic Connection: The Motivation Behind Senate Foreign Policy Bill Sponsorship. Politics and Policy, 33: 61–92.

Peters, D. and Wagner, W., 2011. Between Military Efficiency and Democratic Legitimacy: Mapping Parliamentary War Powers in Contemporary Democracies, 1989–2004. Parliamentary Affairs, 64: 175–92.

Peters, D. and Wagner, W., 2014. Executive Privilege or Parliamentary Proviso?

Exploring the Sources of Parliamentary War Powers. Armed Forces & Society (forthcoming).

Peters, D., Wagner, W., and Deitelhoff, N. (eds.), 2008. The Parliamentary Control of European Security Policy. Oslo: ARENA Report No 7/08.

Peters, D., Wagner, W., and Deitelhoff, N., 2010. Parliaments and European Security Policy: Mapping the Parliamentary Field. European Integration online Papers (EIoP), 14:1 (<http://eiop.or.at/eiop/texte/2010–012a.htm>).

Putnam, R.D., 1988. Diplomacy and Domestic Politics: The Logic of Two–Level Games. International Organization, 42: 427–60.

Raunio, T., 1999. Always One Step Behind? National Legislatures and the European Union. Government and Opposition, 34: 180–202.

Raunio, T., 2005. Holding Governments Accountable in European Affairs: Explaining Cross–National Variation. Journal of Legislative Studies, 11: 319–42.

Raunio, T., 2009. National Parliaments and European Integration: What We Know and Agenda for Future Research. Journal of Legislative Studies, 15: 317–34.

Raunio, T., 2011. The Gatekeepers of European Integration? The Functions of National Parliaments in the EU Political System. Journal of European Integration, 33: 303–21.

Raunio, T. and Hix, S., 2000. Backbenchers Learn to Fight Back: European Integration and Parliamentary Government. West European Politics, 23: 142–68.

Raunio, T. and Wiberg, M., 2010. How to Measure the Europeanisation of a National Legislature? Scandinavian Political Studies, 33: 74–92.

Reiter, D. and Tillman, E.R., 2002. Public, Legislative, and Executive Constraints on the Democratic Initiation of Conflict. Journal of Politics, 64: 810–26.

Rittberger, B., 2005. Building Europe's Parliament: Democratic Representation Beyond the Nation–State. Oxford: Oxford University Press.

Robinson, J.A., 1967. Congress and Foreign Policy–Making. Homewood: Dorsey Press.

Saalfeld, T., 2005. Deliberate Delegation or Abdication? Government Backbenchers, Ministers and European Union Legislation. Journal of Legislative Studies, 11: 343–71.

Šabič, Z., 2008. Building Democratic and Responsible Global Governance: The Role of International Parliamentary Institutions. Parliamentary Affairs, 61: 255–71.

Schelling, T.C., 1960. The Strategy of Conflict. Cambridge: Harvard University Press.

Schlesinger, A., 1989. The Legislative–Executive Balance in International Affairs: The Intentions of the Framers. Washington Quarterly, 12: 99–107.

Slaughter, A–M., 2004. A New World Order. Princeton: Princeton University Press.

Smith, E. (ed.), 1996. National Parliaments as Cornerstones of European Integration. London: Kluwer Law International.

Sousa, M. M., 2008. Learning in Denmark? The Case of Danish Parliamentary Control over European Union Policy. Scandinavian Political Studies, 31: 428–47.

Spanier, J. and Nogee, J. (eds.),1981. Congress, the Presidency and American Foreign Policy. New York: Pergamon.

Sprungk, C., 2013. Legislative Transposition of Directives: Exploring the Other Role of National Parliaments in the European Union. Journal of Common Market Studies, 51: 298–315.

Stevenson, C.A., 2007. Congress at War: The Politics of Conflict since 1789. Washington, DC: National Defense University Press and Potomac Books.

Szalay, K., 2005. Scrutiny of EU Affairs in the National Parliaments of the New Member States: Comparative Analysis. Budapest: Hungarian National Assembly.

Tans, O., Zoethout, C., and Peters, J. (eds.), 2007. National Parliaments and European Democracy: A Bottom–up Approach to European Constitutionalism. Groningen: Europa Law Publishing.

Wendler, F., 2013. Challenging Domestic Politics? European Debates of National Parliaments in France, Germany, and the UK. Journal of European Integration, 35:801–17.

Wilcox, F.O., 1971. Congress, the Executive, and Foreign Policy. New York: Harper & Row.

Wildavsky, A., 1966. The two presidencies. Trans–Action, 4: 7–14.

Winzen, T., 2012. National Parliamentary Control of European Union Affairs: A Cross–National and Longitudinal Comparison. West European Politics, 35: 657–72.

Winzen, T., 2013. European integration and national parliamentary oversight institutions. European Union Politics, 14:297–323.

Wittkopf, E.R. and McCormick, J.M., 1998. Congress, the President, and the End of the Cold War: Has Anything Changed? Journal of Conflict Resolution, 42: 440–66.

Wolf, K.D., 1999. The New Raison d'État as a Problem for Democracy in a World Society. European Journal of International Relations, 5: 333–63.

第二十七章　共同代理？立法机构和官僚机构*

马修·D. 麦卡宾斯（Mathew D. Mccubbins）

27.1　引言

自社会复杂性上升以来，统治者一直在努力控制其代理人。根据古埃及最早的历史，法老奥索斯（Othoês）在公元前 2333 年被自己的保镖暗杀［卡纳瓦蒂（Kanawati），2002］。公元前 509 年，国王卫队司令卢修斯·朱尼厄斯·布鲁特斯（Lucius Junius Brutus）推翻国王，建立了罗马共和国，罗马王国就此结束。罗马共和国在公元前 49 年开始走向崩溃，当时罗马元老院任命的高卢总督尤利乌斯·恺撒（Julius Caesar）违反元老院解除武装的命令，向罗马进军。尽管当代对这一主题的研究往往侧重于政策失误（或 "官僚机构任意权力"）问题，但对官僚机构的政治控制一直以来都是一个生死攸关的问题。

思考一个更温和、更现代的例子，美国国会行使其在州际贸易上的权力时，可能会像 1906 年的《食品和药品法》（*Food and Drug Act*）那样，禁止跨州运输受病原体污染的食品。虽然他们可能会通过这样一项法律，但国会议

---

　　* 张玉洁译。

员亲自执行起来则困难重重。事实上，国会甚至可能没有资源来确定哪些病原体应该被禁止。为了确保在美国出售的食品是安全的，国会必须将权力下放给官僚机构中的代理人。与所有形式的授权一样，授予执行政策的权力也会有代理损失的风险。也就是说，负责执行法律的代理机构执行法律的方式可能与创建该机构的立法联盟的意图或偏好不同。[1]

第二个例子是欧洲申根协定的签署国。现在包括西欧大部分地区的申根国家同意取消彼此之间的边界检查，同时集中资源控制与非申根国家之间的边界检查。这种激进的授权形式包括与其他所有申根国家分享谁可以和不能进入自己国家（以及携带什么货物）的控制权，并将一些权力下放给一个名为欧盟边境管理局（Frontex）的国际官僚机构，[2]该机构负责协调海关标准并协助边境巡逻（欧洲议会，2006）。

当单个雇主将工作委托给单个员工时，信息不对称和偏好差异会导致代理损失。当立法联盟将权力委托给官僚机构时，还有两个额外的复杂因素：委托人的多样性和时间不稳定性。在总统制中，多重政治委托人源于权力分离。在比例代表制的议会制度中，多重委托人源自联合统治。即使是拥有最清晰的授权链的政府，例如，威斯敏斯特系统中的"得票最多者当选"投票制度，通常也有不同的立法联盟，从2010年到本章撰写之时，英国的执政党就是如此。当然，政治委托人在时间上的不稳定是所有民主政府的特征［普尔泽沃斯基（Przeworski），1996］。政治科学家最近提出了一系列模型，用以处理立法委托人的多样性，包括国会委员会、两院制和总统否决权。（这些模型被称为共同代理模型。）较少涉及的是政治委托人在时间上的不稳定性等相关问题。

立法机关有四种关键方法来缓解与授权相关的代理人问题［参见基维特和麦卡宾斯（Kiewiet and McCubbins），1991，第2章］。前两种，合同设计和筛选/选择，在授权发生之前进行，后两项，监测/报告要求和制度性检查，在授权发生之后进行。[3]表27.1展示了这四种方法以及美国国会正式制度性权力的例子。

---

[1] 当然，并非所有的授权都是出于必要。毕竟，国会是由议员组成的。授权的另一个动机是国会可能希望实施一项政策，但避免因该政策而受到指责［菲奥里纳（Fiorina），1982；爱泼斯坦和奥哈洛伦（Epstein and O'Halloran），2000］。

[2] 该机构的法定名称实际上是欧洲成员国国外部边界业务合作管理机构（European Agency for the Management of Operational Cooperation at the External Borders of the Member States, EAMOCEBMS）。

[3] 注意只有后两种构成"监督"。本章中讨论的文献通常被错误地称为"对官僚机构的立法监督"。监督只是对官僚机构进行立法控制（或更恰当地说，影响）的一种形式。

一个多世纪以来，政治学家一直在争论这些工具是否以及在多大程度上能够允许美国国会或任何其他立法机关管理法律的实施。本章将简要介绍这些争论。

569

表 27.1　缓解代理损失的方法

方法	实施该方法的正式制度杠杆
合同设计（以避免道德风险）	架构官僚机构 建立程序 决定预算
筛选和选择（以避免反向选择）	总统任命和参议员确认
监测和报告要求	听证，警报 预算审查，政策审查
制度性检查	直接否决代理人规则 弹劾任何官员

27.1　关于监督的比较研究

大部分关于官僚机构立法控制的学术研究都是基于美国政治文献形成的［波拉克（Pollack），2002］，但一些研究将相关文献拓展以阐明东亚和欧洲的政治情况［例如，蒂斯（Thies），2001；鲍姆（Baum），2007a；2007b；波拉克（Pollack），2002］。本节仅包括几个典型的例子。

阿伯巴赫、帕特南和罗克曼（Aberbach, Putnam and Rockman，1981）提供了关于英国、法国、德国、意大利、荷兰、瑞典和美国的政治和官僚精英的调查数据。虽然并未关注监督，但他们有一些对于关注监督者来说很重要的观察结果。例如，在他们的受访者样本中，虽然美国代理机构负责人比他们的政治委托人略为自由，但他们的欧洲同行比自己的政治委托人更为保守。他们还认为，"美国国会在制定政策和监督政策实施方面的作用比欧洲的立法机关更为强大和独立"，而且"国会监督比欧洲议会监督更为详细和有效"。（据我所知，这一说法尚未得到严格证实。）

莫伊和考德威尔（Moe and Caldwell，1994）给出了一个关于议会和总统机制（分别以英国和美国为代表）如何影响官僚政治控制的理论视角。他们认为，首相对其官僚机构的控制要比总统有效得多。[1]

---

〔1〕　莫伊和考德威尔（Moe and Caldwell）的一个观点是："首相不需要一个庞大的政治化机构（如美国行政机关）才能看到他们的意志得到官僚机构的执行。"他们没有提到，自 1968 年成立以来，文职部门部长的职位一直由首相担任［丹蒂斯和佩奇（Daintith and Page），1999］。

拉姆塞耶和罗森布鲁特（Ramseyer and Rosenbluth，1997）在日本政治研究领域做出了非常有争议的贡献，他们扩展了温加斯特和莫兰（Weingast and Moran，1983）的工作，认为著名的独立日本官僚机构实际上是向长期执政的自民党负责的。

休伯和石潘（Huber and Shipan，2002）衡量了授权立法的冗长程度（对语言变量进行控制），作为议员试图事先彻底控制结果的代表。基于他们的工作，萨蒙德（Salmond，2011）认为，威斯敏斯特体制的议会中的质询制度影响了对官僚机构的授权和监督，其中"开放、自发的质询"通过增加部长声誉扫地的风险降低了其自由裁量权。

27.2　规范性争论：谁应当控制官僚机构？

在询问议员是否有能力控制官僚机构之前，我们应该先询问他们是否有权控制官僚机构。这对于比较主义者来说尤其如此，因为经验问题（"他们是否能"）的答案可能因政府而异，而规范性问题（"他们是否应当"）则以基本民主理论为基础。宽泛地说，今天大多数政治科学家都同意，在民主国家，民选代表有权控制官僚机构，因为民主是建立在**一系列授权**基础上的：议员是人民的代理人，负责决定法律；官僚是民选代表的代理人，负责执行该法律。

在谁应该控制官僚机构这一规范性问题上，政治科学家的意见并不总是一致的，即使在今天，对于这一权力应该在多大程度上行使也存在着各种各样的观点。威尔逊（Wilson，1887）认为，"行政问题不是政治问题"，应当"从政治的匆忙和冲突中移除"。威尔逊（Wilson，2006）和进步派觉得，内阁官员"并不一定是政治官员"，甚至"《宪法》以同样的方式看待总统本人"。整个 20 世纪，进步派继续支持官僚自治［韦伯（Weber），1946；兰第斯（Landis），1938］，而"民主派"（小写字母 d）主张立法主权［如夏皮罗（Shapiro），1964；诺尔（Noll），1971；沃尔（Woll），1977］。[1] 这一分歧触及了两种相互竞争的民主治理观点的核心。正如夏皮罗（Shapiro，1964，

---

〔1〕 霍姆斯（Holmes，1881；1897）、卡多佐（Cardozo，1922）和庞德（Pound，1931）的著作预示了这一观点。这三人认为，法律是政策的一种形式，法官有义务根据人民及其代表制定的法律执行政策。霍姆斯写道："如果我的同胞们想下地狱，我会帮助他们。这是我的工作。"［霍威（Howe），1953］

45）所说："在对美国政府的每一个机构进行审查时，我们可能会问，这个机构的结构和功能在多大程度上符合我们所拥有的任何民主理论。"

虽然威尔逊（Wilson，1887）认为政府应当"对公众舆论敏感"，但他认为公众应当"温顺和默从地了解自己无权思考和谈论的事情"，并避免干预政府，因为在"监督……政府的日常工作细节时，公众批评当然是一个难以处理的麻烦、一个由乡野之人操控的微妙机器"[1]。沃尔（Woll，1977，29）认为这是一种精英主义，担心"一个非选举产生的、行使广泛政治职能的官僚机构的发展显然导致了对恣意政府权力的主要宪法制约的崩溃"。

关于谁应当管理官僚机构，有六种思想流派：进步派（Progressives）、多元派（the Pluralist School）、新民主派（the Neodemocrats）、公共选择派（the Public Choice School）、公民共和派（the Civic Republicans）和新进步派（the Neoprogressives）。以下是这些观点的简要概述。

在官僚自治方面，进步派设想了一种非政治的技术官僚。兰第斯（Landis，1938）认为，"行政程序本质上是我们这一代人对司法和立法程序不足的回答"。进步派认为，美国国会应当只参与最高级别的决策，然后将广泛的权力下放给官僚机构，并期望官僚机构基于公共福利作出公正的选择。按照这些思路，韦伯（Weber，1946）写道："官僚化首先提供了根据纯粹客观考虑实现行政职能专业化的最佳可能性。"

多元派在 20 世纪 50 年代基本上取代了进步派［如杜鲁门（Truman），1951］，该学派建立在本特利（Bentley，1908）的研究基础上。多元派承认官僚机构是政治性的，但认为它能够在相互竞争的党派之间达成妥协。在这种观点看来，官僚机构和国会一样，是麦迪逊（Madison）在《联邦党人文集》第 10 篇中预见的党派竞争的恰当论坛。虽然进步派否认行政是政治的一部分，但多元派承认行政是政治性的，并且认为官僚（和法院）有权作出政治决定。

支持立法主权的新民主派将国会对官僚机构的控制视为民主问责制的关键［夏皮罗（Shapiro），1964；诺尔（Noll），1971；沃尔（Woll），1977；梅尔尼克（Melnick），1983］。新民主派更喜欢民主（主要是立法）机关控制官僚机构，重点阐述了这种控制的机制，即立法授权的结构和过程［威尔默丁

571

---

　[1]　许多法学学者将最高法院视为一个反多数的机构，这一观点拓展了对行政代理机构的这种看法。

（Wilmerding），1943；菲奥里纳（Fiorina），1977；科恩（Cohen），1979；威尔逊（Wilson），1980；费希尔（Fisher），1981；布瑞耶尔（Breyer），1982；麦卡宾斯和施瓦兹（McCubbins and Schwartz），1984；温加斯特（Weingast），1984；麦卡宾斯（McCubbins），1985；麦卡宾斯和佩奇（McCubbins and Page），1987；莫伊（Moe），1987；诺尔（Noll），1987；麦卡宾斯、诺尔和温加斯特（McCoubbins, Noll and Weingast），1987，1989；基维特和麦卡宾斯（Kiewiet and McCubbins），1991；鲍恩（Bawn），1995；爱泼斯坦和奥哈洛伦（Epstein and O'Halloran），1996]。[1]

公共选择派赞同对官僚机构进行由民主机构控制的倾向，但侧重于强调特殊利益，而不是公共利益才是政府干预的好处这一观点。也许公众选择派观点最简洁的表达（特别是作为对多元派的批评）来自沙特施奈德（Schattschneider，1960），他写道："多元派天堂的缺陷在于天堂合唱团的合唱带有强烈的上层阶级口音。"公共选择模型通常关注官僚如何受到特殊利益的影响来分配资源[布坎南和塔洛克（Buchanan and Tullock），1962；科尔科（Kolko），1965；麦卡沃伊（MacAvoy），1965；麦康奈尔（McConnell），1966；洛维（Lowi），1969；施蒂格勒（Stigler），1971；佩尔茨曼（Peltzman），1976]。马肖（Mashaw，1997）将这种观点描述为"虽然有点夸张，但是一个贪婪和混乱的世界，一个私人私利和公共利益不一致的世界……这是一个让所有公共行为都深受怀疑的景象"。由于特殊利益主导的监管威胁着经济效率，公共选择派学者希望国会减少行政行为并"取消"其立法权力[洛维（Lowi），1969]。

最后的两种路径扩展了进步派的观点。桑斯坦（Sunstein，1990）和塞登菲尔德（Seidenfeld，1992）等公民共和派学者认为，官僚机构可以在决策审议中引导公众，这既可以解决党派冲突，也可以向公民灌输公民共和主义的美德。学者们以协商规则制定[萨斯坎德和麦克马洪（Susskind and McMahon），1985]和协商投票[菲什金（Fishkin），1991；阿克曼和菲什金（Ackerman and Fishkin，2005)]的形式推动这种引导性审议。塞登菲尔德（Seidenfeld）写道：

考虑到当前的伦理认同私人追求私利作为制定社会政策的一种手段，依靠政治上更加孤立的行政国家可能是实现公民共和理想的必要条件。

---

[1] 当然，一些学者认为，行政程序往往无法诱导官僚机构遵循国会偏好[例如，巴拉（Balla），1998]。

新进步派［其中最主要的是马肖（Mashaw），1985；1994；1997］反对公共选择派的悲观主义，认为官僚机构实际上是有能力的，并会对公众意愿做出反应［例如，马肖（Mashaw），1997，206］。新进步派学者认为，官僚机构中的政治干预阻碍了官僚机构追求符合公共利益政策的能力［马肖（Mashaw），1994］。

27.3　有益的争论：谁控制官僚机构？

572

27.3.1　简短的调查

在美国政治中，关于授权给官僚机构的早期文献只是询问国会是否可以控制官僚机构，而答案通常是否定的。威尔逊（Wilson，1885）认为，很明显，国会控制各部门和行使其旨在行使的彻底监督的手段是有限和有缺陷的。洛维（Lowi，1969）和尼斯卡宁（Niskanen，1971；1975）可能是 20 世纪"退位假设"的主要支持者，即国会将对政府的控制权让给了行政机关，而行政机关又受到麦迪逊（Madison，1787）试图约束的党派的影响。退位假设的支持者指出，国会很少直接推翻这些机构的决策［皮尔逊（Pearson），1975；塞德曼（Seidman），1975；赫斯（Hess），1976；菲奥里纳（Fiorina），1977］。公共管理学派的学者同意行政机关拥有相当大的自由裁量权这一基本假设，但对官僚机构在不受国会或总统任命人士的政治干预的情况下执行政策的能力更为乐观［例如，威尔逊（Wilson），1974；赫克洛（Heclo），1977］。今天，在学者和议员中，国会退位仍然是一个流行的观点［例如，韦布（Webb），2013］。

传统的立法机关无能观点受到了被（错误地）称为"国会主导"的监督学派的挑战，其中最典型的代表可能是温加斯特和莫兰［Weingast and Moran，1983；以及卡尔弗特、莫兰和温加斯特（Calvert，Moran and Weingast），1987］，他们认为，缺乏证据证明国会凌驾于官僚机构之上完全符合一个官僚机构因害怕受到报复而完全按照国会的意愿行事的世界的情况。[1]温加斯特

---

［1］　拉姆塞耶和罗森布鲁特（Ramseyer and Rosenbluth，1997）针对日本政治提出了类似的观点，认为日本官僚机构的政策决策促进了执政的自民党的选举利益。这在日本是一个极具争议性的观点，在日本，长期以来，人们普遍认为官僚享有非凡的独立性。

和莫兰（Weingast and Moran，1983）认为，联邦贸易委员会（Federal Trade Commission）行为的变化可归因于参议院联邦贸易委员会监督小组委员会偏好的变化。尽管在等式中可以观察到支配和退位的等价性，但在 1994 年出现了一些证据表明，国会领导层可以控制官僚机构（通过任命委员会主席），当时即将上任的众议院议长纽特·金里奇（Newt Gingrich）"在拨款、能源、商业和司法委员会主席的选择中绕过了更为资深的共和党人"［考克斯和麦卡宾斯（Cox and McCubbins），2007］。

573 　　20 世纪七八十年代，美国政治学科的许多学者提出了"帝国总统"的观念。这一观点的倡导者认为，国会缺乏设定自己立法议程的能力，留下一个真空地带被总统进入［菲奥里纳（Fiorina），1974；爱德华兹（Edwards），1980；森德奎斯特（Sundquist），1981］。莫伊（Moe，1985）通过在行政机关之上施加额外的政治化层，主张总统对这些机构拥有（远不是绝对的）权力。［他的论点建立在杜鲁门（Truman，1951）和诺伊施塔特（Neustadt，1960）的研究基础上。］莫伊（Moe，1987；1987a）尤其在理论和经验基础上反对温加斯特和莫兰，并提出了一种替代模式，其中官僚机构有多个委托人（国会和总统），他通过对国家劳动审查委员会（National Labor Review Board）起源和发展的描述阐明了自己的论点。莫伊和豪厄尔（Moe and Howell，1999）表明，总统可以使用行政命令来控制官僚机构。他们声称，帝国式的总统地位的上升使总统而不是国会成为政治主要委托人。〔1〕

27.3.2　提出更细微的问题

　　前几段描述的理论都倾向于解决"谁控制官僚机构"的问题。关于官僚机构政治控制的现代文献倾向于诉诸代理理论来回答"不同的委托人如何和在何种情况下控制官僚机构，以及在多大程度上控制官僚机构"的问题。这始于麦卡宾斯和施瓦兹（McCubbins and Schwartz，1984）试图解决国会**如何**控制官僚机构的问题。他们认为有两种形式的监督，隐喻性地称为"警察巡逻"和"火灾警报"。警察巡逻是对机构行为的集中、主动、直接的调查。火警警报是规则、程序和非正式做法体系，允许其他人提醒国会官僚机构滥用自由裁量权。

---

　　〔1〕　麦卡宾斯〔（McCubbins）等人，1987；1989〕、基维特和麦卡宾斯（Kiewiet and McCubbins，1991）都使用"国会"一词作为美国《宪法》第 1 条第 7 款界定的联邦政府立法权力的简称，包括众议院、参议院和总统。

他们的分析基于三个假设：技术的（警察巡逻和火灾报警方法都可供国会使用）、动机的（国会议员寻求最大限度地维护支持者的利益，并避免被指责）和制度的（根据美国《宪法》规定，行政机关作为国会代理人）。他们得出结论，国会会忽略警察巡逻式监督，而是使用行政规则和程序来实现火灾警报式监督。

阿伯巴赫（Aberbach，1990）认为，国会确实参与了大量的警察巡逻式监督（尽管他提供了一个可适用于该类别的扩展分类法）。尽管许多学者认为国会想要控制官僚机构（并认为他们在选择方法时具有策略性），但阿伯巴赫特别关注国会试图控制官僚机构的策略选择。他认为，20 世纪 70 年代带来了国会工作人员的增加、可自由支配预算的缩减、政府范围和复杂性的增加以及国会与总统的政治竞争的加剧，这些变化和其他变化导致了监督活动的更高回报，这促使国会在听证会等方面花费更多时间。

麦克诺尔加斯特[1]（McNollgast，1987）进一步发展了这一观点，更准确地界定了执行机构的委托人，并考虑了其动机。他们解释说，授予行政权力的主要是通过该机构授权立法的**立法联盟**（包括总统）。他们还指出了这一授权的动机："许多行政法……都是为了帮助当选议员保持对政策制定的控制权。"就像战争模式将整个国家视为单一行为体一样，以前的向官僚机构的授权理论将国会视为个体。但国会不是一个单一的行动者，目前不是一个单一的个体，**随着时间的推移也不是一个单一的联盟**。

麦卡宾斯、诺尔和温加斯特（McCoubbins, Noll and Weingast，1987）写道，立法联盟的成员试图通过确定行政结构和程序，一致行动地对其代理人的行为实施事前控制。[2]该联盟的成员知道，每个联盟成员都有动机在代理机构成立后，适时地影响机构行为，他们也知道，未来纠正和治理不服从代理机构的努力"通常不会再次产生获胜联盟所寻求的政策结果"［麦卡宾斯、诺尔和温加斯特（McCoubbins, Noll and Weingast），1989］。因此，他们将尽可能提前约束官僚机构以符合联盟偏好的方式行事。

对官僚机构的事前控制确实有其局限性。阿诺德（Arnold，1987）认为，

574

---

〔1〕 麦克诺尔加斯特（McNollgast）是合著者马修·麦卡宾斯、罗杰·诺尔和巴里·温加斯特（Mathew McCubbins, Roger Noll and Barry Weingast）的笔名。这三人发表的前两篇论文（1987；1989）被认为是麦卡宾斯、诺尔和温加斯特的，随后的工作归于麦克诺尔加斯特（McNollgast）。

〔2〕 在分权制度中，该联盟由各机构内的决定派系（几乎总是多数党）组成；在议会制度中，该联盟由政府中的政党组成。

由于国会制定授权立法只有一次机会（重大改革的机会很少），事前控制不如持续监督官僚机构的努力有效。思朋斯（Spence，1997a；1997b）认为，立法者可能缺乏实施有效控制的远见。波托斯基（Potoski，1999）既发现了支持事前控制有效性的证据，也发现了反对其有效性的证据，他认为议员不能"暗中布局"，使结果有利于其所偏好的利益集团。另外，格伯（Gerber，2005）等人对美国各州的比较研究中可以找到支持事前控制的证据。他们发现，在对官僚决策施加更强有力的事前控制的州，官僚机构负责人更可能将"立法机构对官僚机构决策的影响程度"描述为"高"。

一旦民选议员联盟授权给官僚，他们基本上创造了一个新的参与者，其不受约束的动机可能与联盟的动机不同。出于这个原因，他们试图纳入能够产生更符合他们偏好结果的制度约束。做一个类比，如果一个企业主希望他的企业通过销售小部件而壮大，但他没有时间同时生产和销售小部件，那么他可以雇用代理人并将销售委托给他们。由于这些代理人并不天生关心小部件的销售，因此企业主向他们支付佣金，以促使他们关注。这种对官僚机构授权过程和公司授权过程的类比是政治学革命的基础：从产业组织领域引入工具，特别是代理理论和制度经济学。[1]

自将代理理论引入监督研究以来，总统控制官僚机构理论的倡导者也从询问"总统是否控制官僚机构"转向询问"总统如何以及在何种情况下控制官僚机构"。以下是他们的一些结论：

● 卡彭特（Carpenter，2001）提出了行政独立的条件，但没有一个非常明确的政治控制的一般均衡理论，仍然难以从经验上区分行政独立和政治控制〔如温加斯特和莫兰（Weingast and Moran），1983 所指出的那样〕。[2]

● 斯科夫罗内克（Skowronek，1982）提供了一种一般均衡理论，解释了20 世纪美国国家因利益集团、国会、总统、法院和各州之间的监管需求和供应而导致的扩张〔进一步参见奥伦和斯科夫罗内克（Orren and Skowronek），

---

〔1〕 关于产业组织方面的一些重要研究，参见阿尔奇安和德姆塞茨（Alchian and Demsetz），1972；诺斯和托马斯（North and Thomas），1976；蒂罗尔（Tirole），1988；米尔格罗姆和罗伯茨（Milgrom and Roberts），1992；奥斯特罗姆（Ostrom），1990；阿罗（Arrow），1970；诺斯（North），1981 和 1990；威廉姆森（Williamson），1975；奈特（Knight），1992；格雷夫（Greif），2006；奥尔森（Olson），1965；谢林（Schelling），1965。

〔2〕 休伯和石潘（Huber and Shipan，2002）提出了一种具有创新性的衡量对官僚机构的政治控制结构的比较尝试，通过衡量授权立法的彻底性。

2004]。

    ● 爱泼斯坦和奥哈洛伦（Epstein and O'Halloran，1996）表明，国会将更 575
多的权力下放给统一政府下的行政机构，并将更多权力下放给统一政府下的独
立机构和委员会。[1]

    ● 威尔逊（Wilson，1989）认为，当产出或结果不可观察时，官僚机构有
更多的自由裁量权。

27.3.3　给定时刻多个委托人的空间模型

    美国政府的权力分离在任何一届国会任期内都产生了多个决策委托人。此
外，众议员、参议员和总统的任期更替，甚至在一个任期内不断变化的压力和
偏好，意味着昨天的委托人今天不复存在。由于委托权力给一个官僚机构的委
托人是创建该机构的立法联盟，该委托人只存在于总统决定签署机构授权立法
的最终版本到他真正签署该授权立法的那一刻，这是立法联盟所有成员都期待
该立法能够产生确定结果的唯一时期。一旦立法成为现状，合作通过立法的
个人就会开始希望推动政策更接近自己的理想点。正如莱弗和谢普瑟（Laver
and Shepsle，1990，873）所说："组建政府不是政治的结束，而是政治的
开始。"

    官僚机构的设计（尽可能）是为了维护组成或改革它们的联盟的利益。但
一旦一个官僚机构真正存在，它就服务于多个代理人。为了模拟这种复杂的委
托代理关系，政治学家通常使用空间模型来反映偏好。伍德（Wood，1988）表
明，当国会和总统持有的理想观点都在机构当前政策的同一方向时，它们可以
迫使该机构朝着他们偏好的方向推进政策。当国会和总统持有的理想观点在该
机构当前政策的对立的两个方向时，该机构在选择政策方面拥有更大的自由裁
量权［进一步参见基维特和麦卡宾斯（Kiewiet and McCubbins），1988］。他诉
诸环保署监测和减排行动的月度数据来说明这一点。

    石潘（Shipan，2004）提供了关于一维政策连续体上三个角色的一个更
为正式的空间模型，他将三个角色标记为 C、F 和 A（委员会、议会和官僚机
构）。在该模型中，A 提出动议 a；C 选择不采取行动或提出一项标为 b 的法
案；如果 C 提出 b，那么 F 或者选择拒绝该法案（产生结果 a），或者以书面

---

    〔1〕 爱泼斯坦和奥哈洛伦（Epstein and O'Halloran，1999）对权力委托中涉及的交易成本进行了模拟。麦
卡宾斯和佩奇（McCubbins and Page，1987）通过提案和否决的顺序游戏得出了相同的结论。

形式通过该法案（结果 b），或者通过修正法案（结果 b*）。游戏中还有一个元素，即 C（F），或者委员会关于 F 的无差别点。三种不同的"体制"，或连续体中三点的安排，如下所列。图 27.1 摘自石潘（Shipan）的文章，表明了这三种情况。

1. 委员会—议会体制：A < C(F) < C < F

2. 守门人体制：A ∈ [C(F), F]

3. 议会体制：C < F < A

576

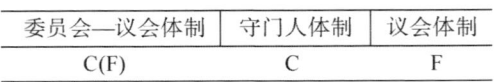

委员会—议会体制	守门人体制	议会体制
C(F)	C	F

图 27.1 监管体制（按代理机构位置）

在委员会—议会体制下，代理机构选择 C（F），委员会对这一政策感到满意，选择不采取行动。在守门人体制下，代理机构选择自己的理想点 C，委员会不采取行动。在议会体制下，代理机构选择 F，委员会仍然不采取行动。延伸此表，石潘（Shipan）将总统视为一位参与者，在游戏开始前，他可以选择在代理机构偏好的附近，但在游戏开始后，他不能使用否决权。[1] 他还向模型中增加了第二个立法机构，但最终将体制分解为相同的三种空间安排，以便于分析。

27.4 监管研究前沿

27.4.1 理解代理机构

政治科学家已经设计出强有力的模型来解释当选官员的偏好和预测他们的行为。相比之下，有经验证明的关于官僚偏好和行为的理论少得令人惊讶。关于政策授权的规范性争论关键取决于制定政策的代理机构的偏好。如果官僚们寻求社会福利最大化，那么也许进步派及其智识传统继承人认为议员不应该干预官僚机构是正确的。相反，如果官僚们寻求最大限度地增加预算或向产业提供优惠以换取个人财富，那么新民主派主张对官僚机构进行立法控制可能是正

---

〔1〕 奇怪的是，石潘（Shipan）观察到，总统在其相关研究所涵盖的时间段内从未否决过食品和药品监督管理局的立法，他以此来为总统缺乏否决权辩护。鉴于他的整个模型是基于这样一种理念，即参与者根据对手的可预测反应采取策略性行动，石潘永远不可能观察到否决权的行使。尽管如此，他应该预期总统拥有这一权力会显著改变游戏情况。

确的。

关于谁控制官僚机构的激烈争论也取决于官僚的偏好。思考一下图
27.2 [谢普瑟（Shepsle），1992 中所示]，该图释明了麦克诺尔加斯特
（McNollgast）的官僚任意权力概念。在这张图中，众议院（H）和参议院（S）
中的多数派与总统（P）组成的立法联盟通过了一项法律。政治委托人是这一参
与者联盟，我们可以将每个参与者置于二维政策空间中。（我们可以选择任何正
数的维度，但两个维度产生最清晰的画面）H、S 和 P 妥协通过一项法律，旨
在在 HSP 中心附近的某个地方产生结果 X，但一旦该法律通过，官僚机构就可
以在 HSP 内实施任何政策 X'。这种官僚任意权力无法被民选议员消除，因为
无论 X' 在 HSP 中的何处，对于三个联盟成员中的至少一个，每个备选点（包
括原始结果 X）都不如 X'。[1] 然而，图 27.2 只有在 B 的偏好可以限定在与 H、
S 和 P 相同的维度时才有意义。如果 B 的唯一偏好是联盟成员普遍反对的东
西——例如，为了最大化官僚机构成员的工资——那么联盟成员应该能够防止
权力的任意行使（通过机制设计）。

577

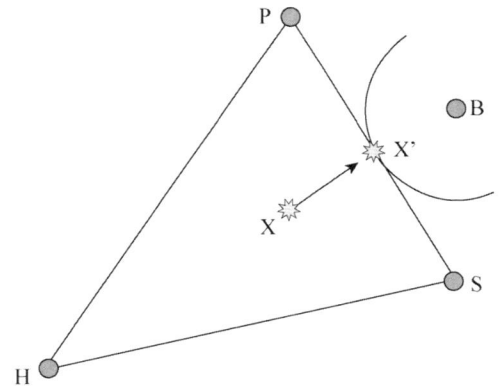

图 27.2　麦克诺尔加斯特（McNollgast）的官僚任意权力

当然，这一描述假设，当一个机构将政策从 X 拉到 X' 时，"权力的任
意行使"是由官僚煽动的，也就是说，由于官僚的政治偏好，政策发生了变
化。这是一个常见的假设 [例如，见罗默和罗森塔尔（Romer and Rosenthal），
1978；1979]，但一个可行的替代假设是，行为不当的代理人不是官僚机构，

---

〔1〕　谢普瑟（Shepsle）指出，B 很可能处于三角关系中的 S、P 一方，因为总统任命机构负责人时需要获
得参议院批准。这意味着，众议院在官僚任意权力的情况下损失最大。

而是"次级政府"的其他部分，如有权监督官僚机构的国会委员会或小组委员会。

基维特和麦卡宾斯（Kiewiet and McCubbins，1991）在《授权的逻辑》（*The Logic of Delegation*）一书中认为，多数党及其在众议院或参议院的领导层在向其委员会主席授予决策权力时，或执政联盟在向其部长授予决策权时产生的代理损失〔蒂斯（Thies），2001〕是最具挑战性的。区别二者很重要，因为这两种情况下减轻代理损失的方法不同。如果代理机构行为不端，国会可以通过拨款委员会（拨款委员会必须批准任何消耗资金的政策变更）来控制它。寻求政策改变的官僚机构可能还必须与预算委员会谈判，预算委员会比拨款委员会更受多数党领导层的控制。但如果拨款委员会主席偏离了多数党领导层的偏好，那么授权和问责的链条就基本上被打破了。也许这解释了为什么纽特·金里奇（Newt Gingrich）在 1995 年接管众议院时，选择了一位在意识形态上更为忠诚的初级议员，而不是排名靠前的共和党人担任主席。

578 无论行为不当的官僚机构是在寻求自己的政策目标，还是遵循部长或有权管理它们的国会委员会的突发奇想，很明显，官僚的偏好在大多数立法监督模式中起着至关重要的作用〔例如，德赛因（Dessein），2002；本多尔和迈罗维茨（Bendor and Meirowitz），2004；贝尔泰利和费尔德曼（Bertelli and Feldmann），2007；普伦德加斯特（Prendergast），2007；盖尔马德（Gailmard），2009〕。考虑到官僚偏好的核心作用，缺乏关于这些偏好的有经验证明的理论令人惊讶。尼斯卡宁（Niskanen，1971；1975）最初假设官僚寻求机构预算最大化，后来拓展了米格和贝朗格（Migué and Bélanger，1974）的观点，即官僚寻求**自由裁量**预算的最大化。麦克诺尔加斯特（McNollgast，1987）认为，"在缺乏有效监督的情况下"，官僚的动机是"个人偏好，源自私人政治价值观、个人职业目标和其他所有条件平等的情况下对努力的厌恶"。盖尔马德和帕蒂（Gailmard and Patty，2012）观察到，大多数当代模型假设官僚"最大化地与大多数其他政治参与者具有相同性质的政策偏好"。这一观点当然与进步派的观点完全相反，即"行政领域是一个商业领域……远离政治的匆忙和冲突"〔威尔逊（Wilson），1887〕。

为什么一个官僚在可以通过更直接的方式获得私人利益的情况下，却要通过自由裁量预算的最大化〔如尼斯卡宁（Niskanen）的模型〕来寻求私人利益？例如，美国内政部发现其矿产管理局成员"经常在产业公司组织的活动中饮酒，使用可卡因和大麻，并与石油和天然气公司代表发生性关系"（美国内政部，2008），此外还接受"滑雪和高尔夫之旅、体育赛事门票、新奥尔良派对之旅"和其他礼物（丹佛邮报，2008）。在相反的另一个极端，卡彭特（Carpenter，2001）认为，食品和药品管理局高度重视其科学彻底性和客观性的声誉，如果不是对出色工作的内在满足感，那么至少作为公众支持的来源、议员更大自治权的谈判筹码，以及招聘优秀员工的资源。鉴于这些不同的观点，现在可能是时候停止将官僚偏好视为铁板一块了。也可能是时候采用芬诺（Fenno，1978）式的"沉浸和揭露"（soak-and-poke）方法来理解官僚及其偏好了。

麦克诺尔加斯特（McNollgast）［以及威尔逊（Wilson），1989，第9章］认为，官僚们可能会为了在政府内部的职业发展而选择遵循指示，这一点自1982年以来尤其可能，当时安妮·戈萨奇（Anne Gorsuch）被判处蔑视国会，被迫辞去环保署署长的职务。然而，斯皮勒（Spiller，1990）指出，官僚在其监管的产业中可能会面临更为有利可图的职业机会，多位学者认为，官僚的职业轨迹影响其政策选择［戈姆利（Gormley），1979；格雷斯和菲利普斯（Grace and Phillips），2008］。"政治旋转门"（监管者转向产业，反之亦然）不仅在美国（美国总审计局，1986），而且在整个西欧［撒切尔（Thatcher），2002］和日本［堀内和清水（Horiuchi and Shimizu），2001］都很常见，这种现象被称为amakudari，或"从天堂降临"。

27.4.2　委托人在时间上的不稳定性

579

如前所述，根据定义，政治更替是民主治理的普遍特征。如上所述，产生官僚代理机构的委托人是短暂的立法联盟［麦克诺尔加斯特（McNollgast），1987］。不幸的是，关于监督的文献往往忽略了政治委托人在时间上的不稳定性。值得注意的例外包括霍思和谢普瑟（Horn and Shepsle，1989）对麦克诺尔加斯特（McNollgast，1987；1989）的回应、梅西（Macey）对霍恩和谢普瑟的补充，以及梅西（Macey）的研究成果［莱文（Levine），1992；谢普瑟（Shepsle），1992；爱泼斯坦和奥哈洛伦（Epstein and O'Halloran），1994；夏皮罗（Shapiro），1994；2007；汉密尔顿和施罗德（Hamilton and Schroeder），1994；伍德和波赫特（Wood and Bohte），2004；汤姆森（Thomson）等人，2006］。在这一研究中，委托人在时间上的不稳定性被称为**联盟漂移**。谢普瑟（Shepsle，1989）认为，联盟漂移使得对官僚机构的事前控制比事后监督对国会更有吸引力，因为（1）在政治委托人被取代后，这种控制能够更好地保护他们的偏好；（2）通过更好地保护他们选择的政策，事前控制提高了立法联盟向利益集团提供的任何好处的价值。最近，斯蒂芬森（Stephenson，2006）和阿莱西纳和塔贝利尼（Alesina and Tabellini，2008）研究了代理机构在时间上的不稳定性的影响。

27.5　结　论

　　作为结论，我将简要讨论授权如何随着时间的推移而发挥作用，为什么它可能导致政治委托人不采取行动，以及我们是否可以将其视为一件好事或坏事。在这个简单的跨时间授权模型中，在每个时间点（每个时间段 t），当前的国会（C_t）决定法律。一旦国会采取行动，这一时刻就结束了，国会发现自己处于一个新的时刻。不过，这项法律在被废除之前仍然有效。（实际上，这通常意味着法律永远不变。）因此，在第 1 阶段，C_1 创建法律 A。在第 2 阶段，C_2 创建法律 B。在第 3 阶段，如果法律 A 和 B 发生冲突，C_3 必须决定是否以及如何回应。如果 C_3 没有回应，那么利益集团将向法院提起诉讼，法院将作出改变一部或两部法律的判决。在法院判决之后，C_3 可以选择改革一部或两部法律。但是，C_3 要成功改革任何法律，改革后的法律必须得到两院相关委员会和全体议会以及总统的赞成。

　　在这个小模型中，当两部法律发生冲突时，国会有很多理由不采取行动。首先，修改法律是困难的，法院可能会作出维持 C_3 的判决，因此国会可以只是决定等着看法院怎么做。其次，国会可能不知道公众或利益集团对替代结果的支持程度。观察利益集团在法院案件中的投入以及公众对其结果的反应，为国会提供了关于替代政策解决方案可能产生的回报的免费信息。最后，国会可能知道自己的否决权参与者的偏好分歧足以使改革成为不可能。

580　　很明显，美国建国者在《宪法》第 1 条第 7 款中确立了**协商一致程序**。麦迪逊（Madison）在《联邦党人文集》中的文章，特别是《联邦党人文集》第 15 篇中的一个主要观点是，这使得立法非常困难。从这一简单的立法模式中可以清楚地看出，当两个机构认为他们的指令使彼此陷入冲突时，或者当两个党派因一个机构的裁决而发生冲突时，国会很可能**不**会采取行动。

麦克诺尔加斯特（McNollgast）等新民主派学者指出，《宪法》第 1 条第 7 款规定的协商一致决策反映在行政代理机构的程序中，其结果是减少了机构的活动，或者更简单地说，机构没有做多少工作。当然，官僚机构活动对社会的价值取决于所采取的行动，因此像马肖（Mashaw）这样的新进步派学者对国会强制行政代理机构执行的协商一致决策规则造成的令人窒息的僵局表示遗憾，而公共选择学派的学者则为国会在官僚们施加扭曲市场的自然倾向之中设置障碍而欢欣鼓舞。

在什么条件下才能完成这些事情？在美国，进步派从 1933 年到 1969 年（可以说一直到 20 世纪 70 年代）控制着众议院、参议院和总统，因此也控制着法院，从"新政"到《民权法案》发生了一系列变化。从那时起，一段分裂的政府时期——尤其是最近，分裂的国会——大大减缓了政策变化的速度。这是好是坏在很大程度上取决于人们在关于官僚机构适当角色的规范性论争上的看法。

参考文献

Aberbach, J. D., Putnam, R. D., and Rockman, B. A., 1981. Bureaucrats and politicians in western democracies. Cambridge, Mass: Harvard University Press.

Ackerman, B. A. and Fishkin, J. S., 2005. Deliberation Day. New Haven: Yale University Press.

Alchian, A. A. and Demsetz, H., 1972. Production, information costs, and economic organization. American Economic Review, 62: 777–95.

Alesina A, Tabellini G., 2008. Bureaucrats or politicians? Part II: Multiple policy tasks. Journal of Public Economics, 92: 426–47.

Arnold, R. D., 1987. Political Control of Administrative Officials. Journal of Law, Economics, and Organizations, 3: 279–86.

Arrow, K. J., 1970. Social choice and individual values (Vol. 12). New Haven: Yale University Press.

Balla, S. J., 1998. Administrative Procedures and Political Control of the Bureaucracy. American Political Science Review, 92: 663–73.

Baum, J. R., 2007a. Presidents have problems too: The logic of intra–branch delegation in East Asian democracies. British Journal of Political Science, 37: 659–84.

Baum, J. R., 2007b. Reining in the bureaucrats: Democratic transition and administrative procedural reform in Korea. Governance, 20: 233–54.

Bawn, K., 1995. Political Control versus Expertise: Congressional Choices About Administrative Procedures. American Political Science Review, 89: 62–73.

Bendor J, and Meirowitz, A., 2004. Spatial models of delegation. American Political Science Review, 98: 293–310.

Bentley, A. F., 1908. The Process of Government. Chicago, Il: University of Chicago Press.

Bertelli, A. and Feldmann, S., 2007. Strategic appointments. Journal of Public Theory, 17: 19–38.

Breyer, S., 1982. Regulation and Its Reform. Cambridge: Harvard University Press.

Buchanan, J. M. and Tullock, G., 1962. The Calculus of Consent. Ann Arbor: University of Michigan Press.

Calvert, R.L., Moran, M.J., and Weingast, B.R., 1987. Congressional Influence Over Policymaking: The Case of the FTC. In M. D. McCubbins and T. Sullivan (eds.). Congress: Structure and Policy, pp. 493–522. New York: Cambridge University Press.

Cardozo, B.N., 1922. The Nature of the Judicial Process. New Haven: Yale University Press.

Carpenter D. P., 2001. The Forging of Bureaucratic Autonomy: Reputations, Networks, and Policy Innovation in Executive Agencies, 1862–1928. Princeton: Princeton University Press.

Cohen, L.R., 1979. Innovation and Atomic Energy: Nuclear Power Regulation, 1966 Present. Law and Contemporary Problems, 43: 67–97.

Cox, G. W. and McCubbins, M. D., 2007. Legislative leviathan: Party government in the House. New York: Cambridge University Press.

Dessein, W., 2002. Authority and communication in organizations. Review of Economic Studies, 69: 811–38.

Edwards III, G.C., 1980. Presidential Influence in Congress. San Francisco: W. H. Freeman.

Epstein, D. and O'Halloran, S., 1994. Administrative procedures, information, and agency discretion: slack versus flexibility. American Journal of Political Science, 38: 697–722.

Epstein, D. and O'Halloran, S., 1996. A Theory of Strategic Oversight: Congress, Lobbyists, and the Bureaucracy. Journal of Law, Economics and Organization, 11: 227–55.

European Parliament, 2006. Regulation (EC) No 562/2006 of the European Parliament and of the Council Establishing a Community Code on the Rules Governing the Movement of Persons Across Borders (Schengen Borders Code).

Fenno, R., 1978. Home style: House members in their districts. Boston: Little, Brown and Company.

Fiorina, M.P., 1977. Congress: Keystone of the Washington Establishment. New Haven: Yale University Press.

Fiorina, M.P., 1974. Representatives, Roll Calls, and Constituencies. Lexington, MA: Lexington Books.

Fiorina, M.P., 1982. Legislative Choice of Regulatory Forms: Legal Process or Administrative Process. Public Choice, 39: 33–66.

Fisher, L., 1981. The Politics of Shared Power: Congress and the Executive. Washington DC: Congressional Quarterly Press.

Fishkin, J. S., 1991. Democracy and deliberation: New directions for democratic reform (Vol. 217). New Haven: Yale University Press.

Gailmard, S., 2009. Discretion rather than rules: choice of instruments to constrain bureaucratic policy–making. Political Analysis, 17: 25–44.

Gailmard, S. and Patty, J. W., 2012. Formal Models of Bureaucracy. Annual Review of Political Science, 15: 353–77.

Gerber, B. J., Maestas, C., and Dometrius, N. C., 2005. State legislative influence over agency rulemaking: The utility of ex ante review. State Politics and Policy Quarterly, 5: 24–46.

Gormley Jr., W. T., 1979. A test of the revolving door hypothesis at the FCC. American Journal of Political Science, 23: 665–83.

Grace, M. F. and Phillips, R. D., 2008. Regulator performance, regulatory environment and outcomes: An examination of insurance regulator career incentives on state insurance markets. Journal of Banking and Finance, 32: 116–33.

Greif, A., 2006. Institutions and the path to the modern economy: Lessons from medieval trade. New York: Cambridge University Press.

Hamilton, J. T. and Schroeder, C. H., 1994. Strategic regulators and the choice of rulemaking procedures: The selection of formal vs. informal rules in regulating hazardous waste. Law and Contemporary Problems, 57: 111–60.

Heclo, H., 1977. A Government of Strangers: Executive Politics in Washington. Washington, DC: Brookings Institution.

Hess, S., 1976. Organizing the Presidency. Washington: Brookings.

Holmes, O.W., 1881. The Common Law. Boston: Little, Brown and Company.

Holmes, O.W.,1897. The Path of Law. Cambridge, Mass: Harvard Law Review,10: 457–78.

Horiuchi, A. and Shimizu, K., 2001. Did amakudari undermine the effectiveness of regulator monitoring in Japan? Journal of Banking and Finance, 25: 573–96.

Horn, M. J. and Shepsle, K. A., 1989. Commentary on "Administrative Arrangements and the Political Control of Agencies": Administrative Process and Organizational Form as Legislative Responses to Agency Costs. Virginia Law Review, 499–508.

Howe, M. D., 1953. Holmes–Laski Letters. Volume 1: 1916–1935. Cambridge, Mass: Harvard University Press.

Huber, J. D. and Shipan, C. R., 2002. Deliberate discretion?: The institutional foundations of bureaucratic autonomy. New York: Cambridge University Press.

Kanawati, N., 2002. Conspiracies in the Egyptian palace: Unis to Pepy I. New York: Routledge.

Kiewiet, D.R. and McCubbins, M.D., 1991. The Logic of Delegation: Congressional Parties and the Appropriations Process. Chicago: University of Chicago Press.

Knight, J., 1992. Institutions and social conflict. New York: Cambridge University Press.

Kolko, G., 1965. Railroads and Regulation, 1877–1916. Princeton: Princeton University Press.

Landis, J., 1938. The Administrative Process. New Haven: Yale University Press.

Laver, M. and Shepsle, K. A., 1990. Coalitions and cabinet government. American Political Science Review, 84: 873–90.

Levine, M., 1992. Comment on Macey. Journal of Law, Economics, and Organization, 8: 119–25.

Lowi, T., 1969. The End of Liberalism: The Second Republic of the United States. New York: Norton.

MacAvoy, P. W., 1965. The Economic Effects of Regulation: The Trunk–Line Railroad Cartels and the Interstate Commerce Commission before 1900. Cambridge: MIT Press.

Macey, J.R., 1986. Promoting Public–Regarding Legislation through Statutory Interpretation: An Interest Group Model. Columbia Law Review, 86: 223–313.

Madison, J., 1787. Federalist 10. The federalist papers, 77–84.

Mashaw, J., 1985. Due Process in the Administrative State. New Haven: Yale University Press.

Mashaw, J., 1994. Improving the Environment of Agency Rulemaking: An Essay on Management, Games, and Accountability. Law and Contemporary Problems, 57: 185–257.

Mashaw, J., 1997. Greed, Chaos, and Governance. New Haven: Yale University Press.

McConnell, G., 1966. Private Power and American Democracy. New York: Knopf.

McCubbins, M.D., 1985. Legislative Design of Regulatory Structure. American Journal of Political Science, 29: 721–48.

McCubbins, M.D. and Page, T., 1987. A Theory of Congressional Delegation. In McCubbins, M. D. and Sullivan, T. (eds). Congress: Structure and Policy, pp. 409–425. New York: Cambridge University Press.

McCubbins, M.D. and Schwartz, T., 1984. Congressional Oversight Overlooked: Police Patrols and Fire Alarms. American Journal of Political Science, 28: 165–79.

McCubbins, M.D., Noll, R.G., and Weingast, B.R., 1987. Administrative Procedures as Instruments of Political Control. Journal of Law, Economics, and Organization, 3: 243–77.

McCubbins, M. D., Noll, R. G., and Weingast, B.R., 1989. Structure and Process, Politics and Policy: Administrative Arrangements and the Political Control of Agencies. Virginia Law Review, 75: 431–82.

Melnick, R.S. 1983. Regulation and the Courts: The Case of the Clean Air Act. Washington, DC: Brookings Institution.

Migue, J–L. and Belanger, G., 1974. Toward a General Theory of Managerial Discretion. Public Choice, 17: 27–47.

Milgrom, P.R. and Roberts, J., 1992. Economics, organization and management. Upper Saddle River, NJ: Prentice–Hall International.

Moe, T., 1985. The Politicized Presidency. In J. E. Chubb and P. E. Peterson (eds.). The New Direction in American Politics, pp. 235–71. Washington, DC: Brookings Institution.

Moe, T., 1987. An Assessment of the Positive Theory of Congressional Dominance. Legislative Studies Quarterly, 12: 475–520.

Moe, T. and Howell, W., 1999. The Presidential Power of Unilateral Action. Journal of Law, Economics, and Organization, 15: 132–79.

Mulkern, A. C., 2008. Sex, Drugs, and Alleged Oil Deals. Denver Post. September 11.

Neustadt, R.E., 1960. Presidential Power: The Politics of Leadership. New York: John Wiley & Sons, Inc.

Niskanen, W., 1971. Bureaucracy and Representative Government. Chicago: Aldine–Atherton.

Niskanen, W. A., 1975. Bureaucrats and politicians. Journal of law and economics, 18: 617–43.

Noll, R. G., 1971. Reforming regulation: An evaluation of the Ash Council proposals (Vol. 837). Washington, DC: Brookings Institution.

North, D. C., 1981. Structure and change in economic history. New York: Norton.

North, D. C., 1990. Institutions, institutional change and economic performance. New York: Cambridge University Press.

North, D. C. and Thomas, R. P., 1976. The rise of the western world: A new economic history. New York: Cambridge University Press.

Olson, M., 1965. The logic of collective action: public goods and the theory of groups (Vol. 124). Cambridge, Mass: Harvard University Press.

Orren, K. and Skowronek, S., 2004. The search for American political development. Cambridge: Cambridge University Press.

Ostrom, E., 1990. Governing the commons: The evolution of institutions for collective action. New York: Cambridge University Press.

Pearson, J., 1975. Oversight: A vital yet neglected congressional function. Kansas Law Review, 23: 277–88.

Peltzman, S., 2012. Toward a More General Theory of Regulation. Journal of Law and Economics, 19: 211–40.

Pollack, M., 2002. Learning from the Americanists (Again): Theory and Method in the Study of Delegation. West European Politics, 25: 200–19.

Potoski, M., 1999. Managing uncertainty through bureaucratic design: Administrative procedures and state air pollution control agencies. Journal of Public Administration Research and Theory, 9: 623–40.

Pound, R., 1931. The Call for a Realist Jurisprudence. Harvard Law Review, 44: 697.

Prendergast, C., 2007. The motivation and bias of bureaucrats. American Economic Review, 97: 180–96.

Przeworski, A., 1996. Classifying Political Regimes. Studies in Comparative International Development, 31: 3–36.

Ramseyer, M. and Rosenbluth, F., 1995. The Politics of Oligarchy: Institutional Choice in Imperial Japan. New York: Cambridge University Press.

Romer, T. and Rosenthal, H., 1978. Political Resource Allocation, Controlled Agendas, and the Status Quo. Public Choice, 33: 27–44.

Romer, T. and Rosenthal, H., 1979. Bureaucrats versus voters: On the political economy of resource allocation by direct democracy. Quarterly Journal of Economics, 93: 563–87.

Salmond, R., 2011. Bureaucrats in the headlights: question times and delegation to bureaucrats. Journal of Legislative Studies, 17: 368–81.

Schattschneider, E.E., 1960. The Semisovereign People: A Realist's View of Democracy in America. New York: Holt, Rinehart and Winston.

Schelling, T. C., 1960. The Strategy of Conflict. Cambridge: Harvard University Press.

Seidenfeld, M., 1992. A Civic Republican Justification for the Bureaucratic State. Harvard Law Review, 105: 1511.

Seidman, H., 1975. Politics, Position, and Power: From the Positive to the Regulatory State. New York: Oxford University Press.

Shapiro, M., 1964. Law and Politics in the Supreme Court: New Approaches to Political Jurisprudence. New York: Free Press of Glencoe.

Shapiro, S., 2007. The Role of Procedural Controls in OSHA's Ergonomics Rulemaking. Public Administration Review, 67: 688–701.

Shapiro, S. A., 1994. Political Oversight and the Deterioration of Regulatory Policy. Administrative Law Review, 46: 1–40.

Shepsle, K. A., 1992. Bureaucratic drift, coalitional drift, and time consistency: A comment on Macey. Journal of Law, Economics, and Organization, 8: 111–18.

Shipan, C. R., 2004. Regulatory regimes, agency actions, and the conditional nature of congressional influence. American Political Science Review, 98: 467–80.

Skowronek, S., 1982. Building a new American state: The expansion of national administrative capacities, 1877–1920. New York: Cambridge University Press.

Spence, D. B., 1997a. Agency Policy Making and Political Control: Modeling Away the Delegation Problem. Journal of Public Administration Research and Theory, 7:199–220.

Spence, D. B., 1997b. Administrative Law and Agency Policy–Making: Rethinking the Positive Theory of Political Control. Yale Journal on Regulation, 14: 407–50.

Spiller, P. T., 1990. Politicians, Interest Groups, and Regulators: A Multiple–Principals Agency Theory of Regulation, or "Let Them Be Bribed." Journal of Law and Economics, 33: 65–101.

Stephenson, M. C., 2006. Legislative allocation of delegated power: uncertainty, risk, and the choice between agencies and courts. Harvard Law and Economics Discussion Papers. No. 506.

Stigler, G. J., 1971. The Theory of Economic Regulation. Bell Journal of Economics and Management Science, 2: 3–21.

Sundquist, J. L., 1981. The decline and resurgence of Congress. Washington DC: Brookings Institution Press.

Sunstein, C., 1990. After the Rights Revolution: Reconceiving the Regulatory State. Cambridge: Harvard University Press.

Susskind, L. and McMahon, G., 1985. The Theory and Practice of Negotiated Rulemaking. Yale Journal on Regulation, 3: 133.

Thatcher, M., 2002. Delegation to independent regulatory agencies: pressures, functions and contextual mediation. West European Politics, 25: 125–47.

Thies, M., 2001. Keeping tabs on partners: The logic of delegation in coalition governments. American Journal of Political Science, 45: 580–598.

Thomson, R., Torenvlied, R., and Arregui, J., 2006. The Paradox of Compliance: Infringements and Delays in Transposing European Union Directives. British Journal of Political Science, 37: 685–709.

Tirole, J., 1988. The theory of industrial organization. Cambridge: MIT Press.

Truman, D., 1951. The Governmental Process: Political Interests and Public Opinion. New York: Knopf.

US Department of the Interior. 2008. Memorandum on OIG Investigations of MMS Employees. Office of Inspector General.

US General Accounting Office. 1986. DOD Revolving Door: Relationships between Work at DOD and post DOD Employment.

Webb, J., 2013. Congressional Abdication. The National Interest, March–April 2013.

Weber, M., 1946. Bureaucracy. In H. Gerth and C. W. Mills (eds.). From Max Weber, Essays in Sociology, pp. 196–244. New York: Oxford University Press.

Weingast, B.R., 1984. The Congressional Bureaucratic System: A Principal–Agent Perspective. Public Choice, 44: 147–92.

Weingast, B.R. and Moran, M.J., 1983. Bureaucracy Discretion or Congressional Control? Regulatory Policymaking by the Federal Trade Commission. Journal of Political Economy, 91: 765–800.

Williamson, O., 1975. Markets and hierarchies: analysis and antitrust implications: a study in the economics of internal organization. New York: Free Press.

Wilmerding, L., 1943. The Spending Power: A History of the Efforts of Congress to Control Expenditures. New Haven: Yale University Press.

Wilson, J. Q., 1974. Political Organizations. Princeton, NJ: Princeton University Press.

Wilson, J.Q., 1980. The Politics of Regulation. New York: Basic Books.

Wilson, J. Q., 1989. Bureaucracy. New York: Basic Books.

Wilson, W., 1887. The study of administration. Political Science Quarterly, 2: 197–222.

Wilson, W., 2006. Constitutional government in the United States. New Brunswick, NJ, Transaction Publishers.

Woll, P., 1977. American Bureaucracy. New York: Norton.

Wood, B. D., 1988. Principals, bureaucrats, and responsiveness in clean air enforcements. American Political Science Review, 82: 213–34.

Wood, B. D. and Bohte, J., 2004. Political transaction costs and the politics of administrative design. Journal of Politics, 66: 176–202.

第七编
扩大立法分析的范围

第二十八章　欧洲议会中的政治行为[*]

西蒙·希克斯（Simon Hix）

比约恩·霍伊兰（Bjørn Høyland）

28.1　引言

　　近 20 年来，对欧洲议会中的政治行为研究在数量和复杂程度上都有所增长。在过去 10 年中，关于欧洲议会中立法政治的论文和书籍，可能比美国国会以外的任何其他立法机构都要多。学术兴趣增长的部分原因，可以被解释为欧洲议会在欧盟内部的权力扩张。有关欧洲议会的数据有直接来自议会的网络数据，还有来自欧洲议会研究者传播的综合数据集。这些数据的可用性，都使新的研究者能够在现有研究的基础上推进研究，并检验新观点。立法政治领域研究增长的另一个主要原因，是关于美国国会研究的范式转移到欧洲议会的研究是相对容易的，因为美国国会和欧洲议会的制度背景惊人地相似。例如，欧盟的权力分离意味着欧洲议会议员和美国国会议员比与欧洲许多国家议会议员更为相似，因为他们不受制于其政党领导人，同时如果政府失去信任票，他们也不会面临解散议会的威胁。欧洲议会也有类似于美国国会的委员会制度。而

* 谭清值译。

且，由于这两个因素，欧洲议会多数时间都花在审查和修改立法或欧盟预算上，而不是让政府承担责任。

对欧洲议会政治行为的许多研究主要侧重于从政治学的其他领域引进理论，以帮助解释欧盟内唯一经选举产生的立法机构的行为和制度。然而，越来越多研究欧洲议会行为的学者试图利用欧洲议会的经验材料，阐明原理，以帮助我们理解民主政治制度中的立法行为和机构。从这个角度看，欧洲议会是一个迷人的实验室。例如，选民和欧洲议会议员之间薄弱的"选举联系"，意味着欧洲议会中的个人行为以及政党和联盟的形成，是由欧洲议会内部的政策目标和（或）职业关切驱动的。同样，议员是根据各种不同的选举机构和规则选举产生的，这为选举规则如何在单一立法机构内塑造立法行为提供了一个几乎独一无二的测试。因此，这就提出了一个有趣的问题，即选举激励（electoral incentives）是否应被视为民主制度中立法行为和组织的主要决定因素。而且，随着学者开始了解欧洲议会报告员（负责编写法案立法报告和指导法案通过阶段的欧洲议会议员）的角色和权力，可以在具有该类报告员的其他议会中提出一些检验的建议。

本章回顾了欧洲议会政治行为研究的发展和贡献，特别是在过去 10 年左右。我们首先研究了欧洲议会议员的产生和选举过程，以及这一过程如何塑造欧洲议会议员及其政治偏好。其次，我们研究欧洲议会内部的行为，重点关注研究人员如何理解欧洲议会中政党和委员会的组成，谢普瑟（Shepsle，1986）称之为"均衡机构"。最后，我们转向这些政党和委员会如何在欧洲议会中塑造议员行为和政策结果，谢普瑟（Shepsle，1986）将其称为"均衡制度"。在每个部分中，讨论我们认为学者们已经发现的内容，以及我们认为还不知道的内容，以及下一代学者可能试图发现的内容。

28.2　欧洲议会议员的选举、招聘和偏好

公民在选举中的投票选择与欧洲议会政党或政治家的行为之间的直接联系是微弱的。也就是说，政党在欧洲议会选举中获得的选票份额，更多地取决于选举时国家政党在国家政治体系中的地位（包括其执政地位、在国家选举周期中欧洲议会选举的时间安排以及国家政府的表现），而不是欧洲议会政治团体

的表现［希克斯和马什（Hix and Marsh），2007；2011］。这主要是由于鼓励国家政党在其国内政治职位争夺战中利用好欧洲议会选举。然而，欧洲议会选举中缺乏选举联系，部分原因是欧洲一级政党未能为欧盟或委员会主席职位的竞争对手提出相互竞争的政策议程［希克斯（Hix），2008］。

然而，在个别候选人层面，有证据表明，某特定国家使用的选举规则会影响候选人竞选欧洲议会的方式、选举政治家的类型以及当选后欧洲议会议员在欧洲议会中的行为。所有欧盟成员国都采用某种形式的比例代表制（PR）选举其议员。但是，大约一半的成员国使用优先选举制度，即"开放"名单比例代表制（OLPR）或单一可转让投票制（STV），这使选民能够在同一政党的候选人之间以及政党之间进行选择。另外一半的成员国采用"封闭"型的比例代表制（CLPR），选民只能在预先安排好的、来自选区各政党的候选人名单中进行选择。

有证据表明，这种差异会影响候选人和议员的行为。例如，法雷尔和斯卡利（Farrell and Scully，2007）发现，相比于在"封闭"型的比例代表制下当选的议员（如来自英国或德国的大部分地区），在优先选举制度下当选的议员（如来自芬兰或爱尔兰），倾向于花更多的时间直接向选民竞选，并在议会中代表其选民的利益。同样，希克斯和哈格曼（Hix and Hagemann，2009）发现，在优先选举制度的国家中，选民更有可能为候选人联系，而且更了解选举的情况。然后，希克斯（Hix，2004）发现，在优先选举制度中当选的议员往往更独立于其国家政党，因此，他们对遵循其欧洲政治团体投票指示压力的反应也更为迅速。

在第一次关于欧洲议会获得席位的政治家类型的跨国研究中，斯卡罗（Scarrow，1997）确定了三种不同类型的欧洲议会议员：一是将欧洲议会视为国家政治生涯的垫脚石和训练场；二是将欧洲议会视为对良好服务的奖励，且在国家政治生涯结束后向退休迈进一步；三是希望在欧洲议会获得长期职业生涯。有趣的是，斯卡罗的研究没有更新，尽管现在通过互联网等方式收集职业背景数据比她在近30年前进行研究时更容易。在少量关于候选人职业背景如何影响欧洲议会选举进程的近期研究中，霍博尔特和霍伊兰（Hobolt and Høyland，2011）发现，在欧洲议会选举中，相比于候选人名单由经验不足的国家政治家或现任欧洲议会议员领导的政党，选择具有丰富国家政治经验的候选人领导竞选活动的政党将会获得更多选票。

然后，一旦当选，人们普遍认为，欧洲议会议员将通过他们在欧洲议会的经验变得更加亲欧，而不是变成类似的国家政治家［如克尔（Kerr），1973］。

594 然而，斯卡利、法雷尔（Scully and Farrell，2003）和斯卡利（Scully，2005）已经证明，这种假设在很大程度上是错误的。斯卡利（Scully，2005）发现证据表明，那些认为欧洲一体化比普通党员更突出的政治家可能会自行选择在布鲁塞尔工作。另外，斯卡利和法雷尔（Scully and Farrell，2003）利用2000年对欧洲议会议员的调查证据发现，在欧洲议会的任职年限，对欧洲议会议员关于欧盟改革或欧洲议会权力的看法影响甚微。他们还发现，欧洲议会议员潜在的意识形态偏好，决定了他们对欧盟制度改革的看法，而这与其本国的联系不大。具体而言，无论其来自哪个成员国，一个欧洲议会议员越左翼，他或她就越倾向于更普遍地增加欧盟机构和欧盟政策的权力［对比斯卡利（Scully）等人，2012］。

议员们潜在的意识形态政策偏好也影响到他们在议会中的政治行为。无论采用何种测量方法（如提名、项目响应模型或对应分析），在欧洲议会中测量记名投票时提取的第一个维度与欧洲议会议员的外源性意识形态偏好高度相关［克雷佩尔和泽伯利斯（Kreppel and Tsebelis），1999；托马森（Thomassen）等人，2002；希克斯（Hix）等人，2006；汉（Han），2007；希克斯和努里（Hix and Noury），2009］。此外，与大多数其他民主议会一样，欧洲议会的记名表决绝大多数是单向的。第二个维度可以从数据中提取出来。然而，第二个维度仅解释了欧洲议会特定会议中2%—5%的差异，并且很难对这第二个维度的实质性含义给出清晰的解释，因为只有在议会的某些时期，第二个维度才与欧洲议会和国家政党对欧洲一体化的立场相关。然而，有趣的是，潜在的政策偏好并没有解释欧洲议会议员在议会演讲中采取的立场。［普罗克施和斯拉平（Proksch and Slapin），2009］。

当然，欧洲议会议员并不是完全自由的代理人。实际上，欧洲议会议员有两个主要原则［如希克斯（Hix），2002；克雷佩尔（Kreppel），2002］。第一，欧洲议会议员需要取悦本国政党，这些政党在选择欧洲议会选举候选人的过程中发挥主导作用，并决定议员将属于何种政治团体，以及决定议员可以在议会内担任何种职务。第二，欧洲议会议员在议会内的行为受其所属欧洲政治集团的影响，因为政治集团控制着欧洲议会内的财政资源、委员会任务、发言时间、议程时间、报告员的分配以及大多数其他程序。根据以上两项原则，议员们很少收到在记名表决中相冲突的投票指示。但是，当他们这样做的时候，欧洲议会议员倾向于支持他们本国政党，而不是他们的欧洲政治集团［希克斯（Hix），2002］。

各国政党领导人对欧洲议会政治的关注因政党而异，而且随着时间的推移也有所不同［劳尼奥（Raunio），2000］。也有证据表明，在一个立法任期内，国内政党的影响力各不相同。在选举前的国家周期内，国内政党监控欧洲议会议员更紧［林施泰特（Lindstädt）等人，2011］。有证据表明，新当选的欧洲议会议员需要一些时间来学习，如何平衡其国内政党和欧洲政治团体的要求［林施泰特（Lindstädt）等人，2012］。

595

总之，我们对欧洲议会中议员角色的想法，可以总结如下。欧洲议会议员有三种类型：一是早期的野心家，他们把欧洲议会视为通往国家政治的垫脚石；二是经验丰富的政治家，对他们来说，进入欧洲议会意味着从国家政治中败退；三是布鲁塞尔[1]的野心家，他们把欧洲议会视为自己职业生涯的主要舞台。由于欧洲议会议员在每届任期之间的更替率很高，而且许多议员会在每届任期内离开欧洲议会到其他地方谋职，因此布鲁塞尔的职业主义者人数不多。另外，议员的政治偏好倾向于与其国家政党保持一致，而议和国家政党的潜在意识形态偏好是议员投票方式的有力预测因素。几乎没有证据表明，欧洲议会议员通过留在布鲁塞尔而变得更加亲欧。最后，欧洲议会议员和他们的选民之间的选举联系是薄弱的，如果它存在的话。然而，所采用的具体选举规则（无论议员是在优先选举制度下还是在封闭名单比例代表制下当选）以及候选人被选择的方式，都可以影响欧洲议会议员对其国家政党领导层的感激程度。

然而，对于这些问题，我们还有很多未知之处。对欧洲议会的研究，尚未揭示职业类型差异的含义。首先，职业类型在多大程度上影响议员们的行为？有人可能会认为，在国家舞台上寻求职业生涯的年轻职业者，更愿意脱离其欧洲政治集团的立场——如果该立场有可能成为国内政治话语中的一个负担。相比之下，主要寻求欧洲职业生涯的议员可能更重视与议会内的其他行动者建立长期关系和信任。我们还可以预见，那些将欧洲议会视为其政治生涯最后阶段的人可能会逃避其立法努力，这在对各国议会最后任期影响的研究中得到证明。对欧洲议会的研究还没有对任何这种关系提供有说服力的解释。

---

［1］　欧洲议会位于比利时首都布鲁塞尔。——译者注

其次，很少有人知道欧洲议会议员的素养。虽然欧洲议会相对于其他欧盟机构改进了其政治权力，但我们不知道有任何研究发现（或反驳）欧洲议会机构权力的发展导致议员们整体素质的提高。

最后，关于议员行为与他们职业发展之间的联系阙如。为了他们的国内政治生涯，欧洲议会议员在布鲁塞尔，甚至在欧洲议会做什么，这重要吗？虽然有一些例子表明，欧洲议会议员的职业生涯由于在关键选票上脱离国内政党路线而被缩短，且他们在议会后的职业生涯显然可以追溯到他们在欧洲议会委员会的工作（例如，在布鲁塞尔找到一个拥有强大利益集团的职位），但缺乏关于这些模式的系统证据。

596

28.3　均衡机构：政治团体和委员会的构成

影响欧洲议会政治行为的两个主要聚集机构是"政治团体"（跨国议会政党组织）和委员会。欧洲议会一个有趣的特点是，这两个机构都是由欧洲议会议员在内部自我创建的。因此，从比较立法研究的角度来看，一个明显的问题是如何解释这两个立法机构的设计和改革。我们先讨论政治团体，然后再讨论委员会。

28.3.1　政治团体的组成

与其他国际议会和一些国家议会不同的是，欧洲议会议员是跨国政治团体成员，而不是国家代表团成员。这是自 1952 年欧洲议会第一次会议以来的惯例［哈斯（Haas），1958］。这些政治团体的成员随着时间的推移而变化。最稳定的群体是那些成员与传统欧洲"政党家族"类似的群体。例如，目前被称作社会主义者和民主者联盟（S&D）的主要中左派群体，汇集了来自每个成员国的社会民主党或工党，其成员要比中右派群体更稳定，如欧洲人民党（EPP）。在欧洲人民党中，随着时间推移，基督教民主党和保守党之间的紧张关系导致了不断的合并和分裂。例如，英国保守党在 1992 年加入该集团后，在 2009 年选举后离开了欧洲人民党，与来自中欧和东欧新成员国的几个持欧洲统一怀疑论的保守党一起，在欧洲人民党的右翼建立了一个较小的集团。1979 年以来，还发生了其他各种政治团体的分裂和合并以及国家代表团在政治团体之间的转换。

　　尽管存在这些分裂和合并，但特定意识形态"政党家族"成员与欧洲议会政治团体成员之间的关联表明，这些政治组织在欧洲议会中的目的是以政策为导向的。其目的是促进各集团内国家成员党和欧洲议会议员们的共同政策目标［见希克斯和洛德（Hix and Lord），1997；尼德梅耶尔（Niedermayer），1983；普里德姆和普里德姆（Pridham and Pridham），1981；范奥登霍夫（Van Oudenhove），1965］。事实上，欧洲议会本身的议事规则明确承认政治团体的意识形态性质，其中第 30 条规定"成员可根据其政治亲和力组成团体"。欧洲法院支持议会拒绝不具有可识别的"政治亲和力"的团体（例如，纯粹为了从议会预算中获得资源而成立的"技术"或"混合"团体）。[1]

597

　　麦克尔罗伊和贝努瓦（McElroy and Benoit，2010；2012）对国家政党立场和欧洲政治团体成员之间的政策一致性进行了最彻底的分析，他们使用了专家判断的数据，这些数据涉及国家政党和欧洲政治团体在一系列政策维度上的地位。平均而言，国家政党的政策立场是其政治团体成员的有力预测因素。例如，了解国家政党和政治团体的政策立场，使得麦克尔罗伊和贝努瓦（McElroy and Benoit，2010，392）正确预测了 2004—2009 年议会中 148 个国家政党中的 117 个政治团体成员。

　　麦克尔罗伊和贝努瓦发现了一些明显的异常现象，然而这不能仅仅用国家政党的政策立场来解释。例如，爱尔兰的两个主要政党——共和党和统一党（Fianna Fáil and Fine Gael）——很可能属于"错误"的政治团体，鉴于其潜在的政策立场。两政党中比较保守的共和党，现在是自由派，而统一党则是欧洲人民党的成员。原因是爱尔兰在 1973 年加入当时的欧洲共同体时，统一党在共和党之前成为欧洲人民党的成员，然后成功阻止另一方加入该集团。因此，除了政策立场外，其他因素也解释了各类团体的成员资格。特别是，由于议会中最大的两个集团——社会主义者、民主者联盟与欧洲人民党——控制着议会中的大多数领导职位，同时也占据了那些最重要委员会的主席职位，因此其他政党有强烈的动机加入这两个集团［巴尔迪（Bardi），1996］。

　　简言之，我们对欧洲议会政治团体形成的了解是，这些组织的存在主要是为了促进国家政党和个别欧洲议会议员的政策目标。与大多数其他民主立法机构的政党不同，欧洲议会中的政治团体不帮助欧洲议会议员获得连任。相反，

---

　　［1］　见欧洲法院第 2004/C 59/03 号判决。

这些组织使欧洲议会议员能够与志同道合的政治家组织起来，影响欧洲议会的政策议程和政策成果。各政治团体在议员之间、领导人和追随者之间以及委员会中不同的政策专家之间建立了分工。作为承担这些角色的回报，议员愿意遵循各政治团体的投票指示，因为他们知道，集体性的政治团体比单独行动的任何一个议员更有影响力。政策立场与其所属政治集团的中间立场不完全一致的国家政党和欧洲议会议员，通常愿意承担对有时违背其自身政策偏好而遵循集团指示的成本，因为他们知道，政治集团中的其他欧洲议会议员和国家政党，也会在更接近政治集团立场的问题上采取同样的做法。从这一角度看，欧洲议会中的政治团体与 19 世纪欧洲和北美许多国家议会中形成的议会派系非常类似，这些派系是在组织大规模民主选举之前形成的，目的是在立法过程中促进其成员的政策立场，而不是打击竞选活动［参见希克斯（Hix）等人，2007］。

然而，我们仍然不知道为什么会有政治团体存在。例如，为什么国家政党和个别欧洲议会议员会更换政治团体？这些转变主要是由政策驱动的，还是由议会内部的组织激励（如改善其委员会职位）驱动的？我们对政治团体内部的职业分配也知之甚少。例如，如何解释谁成为政治团体的主席或谁成为某一委员会的团体"协调员"？是否有些国家的政党比其他政党更系统地影响政治集团内部，控制其规模？欧洲议会议员的资历是否重要？而且，在点名表决中，是否忠诚的议员比不太忠诚的议员在团体中更有可能获得晋升？

28.3.2　委员会的构成

继鲍勒和法雷尔（Bowler and Farrell，1995）之后，对欧洲议会委员会的研究通常寻求运用美国国会委员会的三个经典理论［谢普瑟和温加斯特（Shepsle and Weingast），1994，另见马丁（Martin），本卷］。强调选举联系和选区利益，并预测委员会由高需求者和偏好异常者组成的分配理论［谢普瑟和温加斯特（Shepsle and Weingast），1981］，在欧洲议会中被认为基本不相关，因为很少有特定选区公共产品可供分配。欧洲议会的规则规定，每个委员会的政治组成必须与全体会议大体相同。该类规则确保了每个委员会成员平均而言对整个议会有类似的偏好，尽管委员会成员和全体会议之间可能存在一些团体内的差异。此外，委员会的报告可以在全体会议上被轻易修改，任何政治团体都可以在全体会议上提出修正案，这一事实妨碍了委员会在其政策领域中把握政策议程。

然而，有证据表明，在某些利益集团中，欧洲议会议员的背景影响其加入的委员会，这符合委员会政策管辖区内委员会成员和利益集团之间密切联系的分配理论假设［约达诺娃（Yordanova），2009］。例如，环境委员会是欧洲议会中权力最大的立法委员会，其成员与环境利益集团的联系通常比欧洲议会的普通成员更密切［麦克尔罗伊（McElroy），2006］。环境委员会的报告员职位往往分配给来自环境标准较高的成员国的欧洲议会议员［卡丁（Kaeding），2004］。

或者，信息视角得到了更多支持［约达诺娃（Yordanova），2009］。这一观点强调了各委员会在通过专门化提高立法质量方面的作用，以促进立法会议厅专门知识的发展，并预测各委员会应代表全体会议［吉利根和克雷比尔（Gilligan and Krehbiel），1987；克雷比尔（Krehbiel），1991］。一旦分配给一个委员会，议员倾向于留在该委员会，并在特定的政策领域积累其专业知识。另外，欧洲议会议员不像美国国会议员那样拥有大型私人办公室，因此，他们依赖委员会的行政人员来帮助他们准备立法报告和修正案，这再次表明了技术专业知识在欧洲议会委员会工作中的特殊作用，而不是成为党派利益或利益集团的俘虏。

最后，党派观点得到了支持［鲍勒和法雷尔（Bowler and Farrell），1995；麦克尔罗伊（McElroy），2006；惠特克（Whitaker），2001；2005］，其依据是将不同委员会成员的投票行为差异与欧洲议会其他成员进行比较。这一观点强调政党领导人如何将一个政策领域的自主权委托给后座议员，以换取对所有其他政策领域的忠诚，并预测委员会将反映不同政党的实力［考克斯和麦卡宾斯（Cox and McCubbins），1993］。然而，在某种程度上政治团体能够塑造个别成员的投票行为，从点名表决行为中提取的理想点估计值（ideal point estimates）可能是一个有问题的指标。该指标用于衡量欧洲议会各委员会中个人层面的偏好。尽管如此，各政治团体通过在每个委员会中使用"团体协调员"和主要政治团体任命"影子报告员"，逐渐增加了它们在委员会中的影响力。而且，任命委员会主席和副主席的过程具有高度的党派性，即根据每个政治团体在议会室中的人数比例以及德洪特（d'Hondt）除数法产生的顺序，分配给每个政治团体。

在委员会内部，任命报告员起草立法报告的权利，与每个政治团体中担任委员会正式成员的议员人数成比例。在每个政治集团内，标准是国家代表团之间的比例。然而，马马杜和劳尼奥（Mamadouh and Raunio，2003）发现，各国代表团和政治团体在第三届和第四届议会任期中存在一些差异。由于欧洲议会实行分配报告的竞争制度，而且有些报告可能被认为比其他报告更为重要，这种差异可能只是反映出，各政治团体和其国内代表团在报告数量和报告显著性之间的取舍可能不同。事实上，霍伊兰（Høyland，2006）表明，在每个政治集团内，在理事会（Council）的代表权事关各政党在显著性与报告频率之间如何进行权衡。欧盟成员国政府中的政党，往往比没有代表参加理事会的政党编写更多的立法报告。吉中、麦克尔罗伊和鲍勒（Yoshinaka, McElroy and Bowler，2010）将重点放在报告员队伍的个人特征上，他们表示，报告员队伍代表了所有议员中的一小部分，其特征表明他们都忠于政治团体，并拥有来自他们在议会前的职业生涯中政策领域的相关经验。最后，马歇尔（Marshall，2010）发现，根据欧洲议会议员的专业知识和将修正案纳入立法的能力，利益集团有选择地将议员作为目标。

简言之，自鲍勒和法雷尔（Bowler and Farrell，1995）的里程碑式研究以来，我们对欧洲议会委员会制度的了解呈指数级增长。尽管他们的一些研究结果仍然成立，但越来越多的证据不支持他们所说的没有"资历效应"。资历在欧洲议会显然不如在美国国会那么重要。然而，我们仍然看到，大多数委员会主席被分配给了现任议员，这些议员在立法报告中占较大比例。另外，尽管各委员会在政治团体成员和议员投票行为方面代表全体会议，但仍然有一些根据背景和利益而私自选择进入委员会的因素，这意味着，与委员会成员被随机分配的情况相比，委员会成员与委员会政策领域的利益集团存在更密切的联系。我们还知道，报告分配给参加唱名表决并忠于政治团体的议员［但见克雷佩尔（Kreppel），2002］。这意味着报告员在唱名表决中显示的偏好方面代表整个议会。

就未知领域而言，虽然有一些证据表明，在委员会主席和报告的分配中具有"资历效应"，但这种制度的确切运作——如果确实存在的话——尚未令人信服地得到确立。该分歧是仅存在于那些任职超过一个任期的人和新来者，还是制度背后有等级制度呢？我们很容易举出在某一特定领域有影响力的长期职业的例子。另外，虽然关于分配给委员会和委员会内职责的文献越来越多，但没有对委员会制度本身进行系统的研究。例如，无论是在成员方面还是在工作量方面，伴随特定的委员会管辖权和委员会规模的巨大差异，为什么该制度是以这样的方式发展？例如，委员会的规模与编写的报告数量或一个委员会的立法活动之间，没有完美的关系。同样，我们对如何分配委员会主席的了解，也仅仅超出了政治团体与国内代表团之间的比例原则。最后，尽管众所周知，委员会协调员已成为委员会内的重要行动者，但我们尚不知道他们是如何被任命的，也不知道他们在多大程度上影响了委员会的内部决议。

28.4　制度均衡：政党和委员会对欧洲议会议员行为的影响

政党和委员会等立法机构一旦建立，便会塑造行为，有时是以机构设计者（立法者本身）所期望的方式，有时则相反。那么，在欧洲议会中，政治团体和委员会是如何塑造政治行为的呢？

28.4.1　政治团体的影响

对欧洲议会投票行为的研究表明，政治团体的主要影响之一，是提高在会议厅进行唱名表决的政治团体成员的投票凝聚力［希克斯（Hix）等人，2005；2007］。关于欧洲议会议员或国家政党偏好的外部考察（如来自议员的调查、国家政党宣言或国家政党立场的专家判断），显示欧洲议会政治团体成员的左右立场有相当大的重叠［参见希克斯（Hix），2002；麦克尔罗伊和贝努瓦（McElroy and Benoit），2010］。例如，英国工党和大多数处于中左翼社会主义者和民主者联盟（S&D）集团的英国工党议员，显得较比利时基督教民主党和处于中右翼欧洲人民党（EPP）集团议员更右。然而，在点名投票行为中，英国工党议员几乎总是和他们的社会主义者和民主者联盟（S&D）同事一起投票，而比利时基督教民主党几乎总是和他们的欧洲人民党（EPP）同事一起投票。

这种行为的主要解释是，议员们参与了一个重复的博弈，即议员们仔细计算在投票中反对他们的团体，是否可能在不久的将来得到回报［参见希克斯（Hix）等人，2009］。在集团内部的分工中，议员们成为政策专家（例如，在他们专门从事委员会工作的领域）。通过这种专业化，议员们有机会影响其团体在议员们所处领域的政策问题上的立场。然后，欧洲议会议员可能会在每个问题上遵循其团体的路线，前提是，若他们有时间和专业知识来确定他们的偏好，这将是欧洲议会议员在这个问题上的立场。因此，如果一个议员在非常显著的投票中投票反对集团的路线，那么当他们有机会就其特殊问题确定集团立场时，这会损害该议员的可信度。政治团体也有一些制裁措施来惩罚不遵守团体指示的议员。例如，有证据表明，遵守团体指示的议员比不忠诚的议员更有可能成为报告员〔吉中（Yoshinaka）等人，2010〕。

随着政治团体在其内部分工以及在各委员会和全体会议内的组织结构方面变得更加制度化，它们的投票凝聚力随着时间的推移而增强。事实上，欧洲议会中的主要政治团体在唱名表决中比美国众议院的民主党和共和党更具凝聚力，尽管它们的凝聚力仍然不如欧洲各国议会中的议会政党（执政党对议会政党拥有强大的控制权）。较大的政治团体也往往比较小的团体更具凝聚力，随着团体规模的增长，他们的凝聚力也随之增强〔希克斯（Hix）等人，2005〕。较大的团体有动机加强其内部分工，也更有能力在委员会内部和全体会议上影响政策议程，这有助于它们的凝聚力提升。〔贝勒（Bailer）等人，2009〕指出，政党集团领导人维持投票团结的能力各不相同。

此外，政治团体的凝聚力随着两个最大团体之间日益激烈的竞争而增强。在组成立法联盟时，两个最大政治团体的领导人需要权衡统一战线的动机，以便最大限度地发挥议会相对于其他欧盟机构的影响，而不是需要在一个问题上采取明确立场〔克雷佩尔（Kreppel），2000〕。然而，克雷佩尔和希克斯（Kreppel and Hix，2003）发现，两个主要团体之间的"大联盟"不大可能在立法规则要求超半数的立法投票中形成，但比较有可能在向欧盟理事会和委员会发出强烈信号的最终投票中形成。话虽如此，欧洲议会联盟的形成往往在一个政策领域内是稳定的，但在不同政策领域会有所不同。例如，在 2004—2009 年和 2009—2014 年迄今为止的任期内，中右翼联盟（在欧洲人民党、自由党和欧洲人民党右翼团体之间）往往在市场自由化问题上获胜，而中左翼联盟（社会主义者和民主者联盟、自由党、社会主义者和民主者联盟左翼团体之间）往往在公民自由和环境问题上获胜。[1]

然而，人们对欧洲议会中政治团体凝聚力的主张越来越怀疑，因为唱名表决中可能存在选择偏见。唱名表决只占欧洲议会所有投票的 1/3 左右。另外，政治团体也会要求进行唱名表决。一个团体要求就某一问题进行唱名表决有几个原因，例如，向外部利益团体或其他欧盟机构表明该团体的立场，或表明每个团体就某一问题投票的方式，或加强团体凝聚力〔卡鲁巴（Carrubba）等人，

〔1〕 数据来自 https：// www.VoteWatch.eu。

2008；卡鲁巴（Carrubba）等人，2006］。这些战略性激励措施表明，与非唱名投票相比，团体在唱名投票中更有凝聚力［参见哈格（Hug），2010］。此外，卡鲁巴［（Carrubba）等人，2006］指出，在环境问题（绿色团体）和非立法问题上，要求进行唱名表决的比例过高。希克斯、努里和罗兰（Hix，Noury and Roland，2007）和霍伊兰（Høyland，2010）表明，政治团体在非立法问题上比在立法问题上更具凝聚力。在非立法问题上，欧洲议会完全控制自己的议程，而在立法问题上，欧洲议会被迫就欧洲委员会或欧盟理事会提出的问题表达立场。希克斯、努里和罗兰（Hix，Noury and Roland，2007）发现，当一个团体要求唱名时，它比其他团体要求唱名时更具凝聚力。不同于以上发现，随着时间推移，唱名表决的数量在增加，唱名被要求用于最突出的表决上（当议员们可能面对许多竞争压力时）。由于任何政治团体都可以要求进行唱名表决，因此任何一个团体都难以将唱名表决限制在他们能够加强凝聚力的问题上。所以这个问题还没有定论。

简言之，我们知道欧洲议会中的政治团体在唱名投票方面具有惊人的凝聚力，而且这种凝聚力似乎随着时间的推移而增强。我们还知道，尽管内部意识形态的异质性越来越大，但各团体的凝聚力越来越强，而且一些议员为了支持各政治团体的立场，经常投出违背自己意识形态立场的选票。因此，这表明在欧洲议会中"政党很重要"。换句话说，在没有政治团体的情况下，欧洲议会的政策结果会有所不同。

然而，欧洲议会政治团体的理论微观基础尚不成熟。例如，我们还没有一个有数据支持的可靠模型，该模型可以分析关于政治团体得以团结的条件或投票团结破裂时的条件。此外，我们还不知道唱名表决中的选择效应，在多大程度上破坏了这一关键结果，即关于欧洲议会中政党凝聚力的程度和增长。也不清楚，为什么政治团体之间会形成而且似乎是稳定的特定问题的联盟。

28.4.2　委员会的影响

603

与欧洲议会委员会组织影响方面的研究相比，委员会组织结构方面的研究发展得更为深入。委员会是否提高了欧洲议会立法投入的质量？他们提高了欧洲议会的议价地位吗？由于很难衡量立法者或立法机构的影响力，因此在回答这些问题方面的研究进展较少。

尽管如此，就报告人的影响而言，科斯特洛和汤姆森（Costello and Thomson，

2010）发现，根据共同决定程序提前达成协议，使报告员能够偏向于赞同他们自己成员国立场的欧洲议会意见，但没有发现赞同议员所在政治团体立场这一类偏向的影响。考虑到政治团体在分配报告方面的主导作用，这一发现令人惊讶，尽管该发现是与在一读程序中缺乏透明度的怀疑性估评结果［例如，沙克尔顿和劳尼奥（Shackleton and Raunio），2003］是一致的。

相比之下，拉斯马森和托什科夫（Rasmussen and Toshkov，2011）发现，在一读程序中，欧洲议会分配给共同决定立法的时间比根据其他程序通过的立法的时间要多得多。此外，政策偏好接近欧洲议会中位数（按唱名表决比例衡量）的报告员，更有可能仅一读就达成协议［拉斯马森（Rasmussen），2011］。然而，林格（Ringe，2005；2010）证明，报告员可以利用立法中有争议问题的战略框架来塑造欧洲议会的立场。贝内代托（Benedetto，2005）阐述了报告员如何作为立法企业家，即在与理事会进行两院制谈判的同时，兼顾在欧洲议会内找到获胜联盟的必要性。

这些发现表明，文献已经达成共识，即委员会制度对立法产出很重要，它是欧洲议会的"立法支柱"［纽霍尔德（Neuhold），2001］。然而，对于委员会内的行动者究竟如何以及在多大程度上能够影响欧盟立法，没有达成实质性一致意见。鉴于欧洲议会全体会议上的公开修正规则，以及委员会成员和委员会作用分配的高度相称性，尚不清楚委员会的专业化是否实际导致了与欧洲议会中位议员的立场有实质性差异的立法。

委员会制度对欧洲议会的影响还有其他几个方面尚未调查。例如，委员会的决策在多大程度上影响政策结果？将一份立法报告分配给某个委员会而不是另一个委员会，是否影响欧洲议会在立法上的立场？虽然在与内部人士访谈的基础上存在这方面的暗示性证据，但没有对这一问题进行系统分析。此外，欧洲议会的参与是否提高了欧盟立法的质量，或者它是否是利益集团不适当影响欧盟立法的一个途径，使得欧盟立法有利于特定利益而远离公众利益？

604 哈格曼和霍伊兰（Hagemann and Høyland，2010）表明，理事会中的分歧使得欧洲议会不太可能形成足够广泛的联盟，以满足二读程序中修正共同决定立法的"绝对多数"要求。然而，很少有关于机构间的动态如何以及在多大程度上影响欧洲议会政治行为的系统研究。虽然报告员可能能够塑造议会的立场，并成功地促进欧洲议会在机构间谈判中的地位［考尼格（König）等人，2007］，但我们对报告员如何、在多大程度上以及在什么条件下能够以牺牲其他利益为代价而促进某些利益，尚缺乏正确的理解。另外，虽然我们知道很多关于跨程序和政策领域而倾向于形成何种联盟的情况，但我们不知道有研究揭示了立法法案之间、立法法案内部或缺乏立法法案时的互投赞成票立法（log-rolling）——无论是在欧洲议会内部还是在欧盟机构之间，或者也不清楚这如何可以影响欧盟的政策结果。

28.5　结论

在过去 10 年左右的时间里，最初用于研究美国国会政治行为的理论和方法，被广泛应用于欧洲议会的政治行为研究。希克斯（Hix，2001）和努里（Noury，2002）首先将提名申请用于研究欧洲议会唱名表决的人，随后开展了一项雄心勃勃的研究计划，即收集和分析自 1979 年欧洲议会第一次直接选举以来的所有记录表决。总体而言，该研究计划表明，欧洲议会在政党凝聚力和联盟形成方面是一个"正常议会"［希克斯（Hix）等人，2007］。通过公开提供完整的记录投票和个别欧洲议会议员的"提名分数"，欧洲议会学者能够测试引进的研究设计，这些设计需要在欧洲议会的政策空间中一些对个人层面意识形态位置的测量［例如豪塞默（Hausemer），2006；麦克尔罗伊（McElroy），2006；约达诺娃（Yordanova），2009］。

因此，我们现在知道，欧洲议会的委员会虽然在民族和意识形态方面具有代表性，但由忠诚和积极的欧洲议会议员组成。然而，各政治团体和各委员会之间的权力平衡仍未完全解决。这可能至少部分是由于缺乏关于各委员会活动和欧洲议会议员背景的类似综合数据集。然而，也许同样重要的是，缺乏雄心勃勃的研究设计，该设计能够使理论上衍生的行为含义获得仔细评估。

综上所述，通过广泛引进立法行为的成熟方法和一般理论，欧洲议会的政治学研究实质性地提高了我们对欧洲议会政治的认识。作为欧盟立法机构中最透明的机构，对欧洲议会行为的研究也提高了我们对欧盟政治的总体认识。然而，在有限程度上，我们只能从程序规则、选举制度和政治职业道路等制度内的变量，来加强我们对立法政治的总体认识。未来几代的欧洲议会研究者，应该努力使他们的核心发现与欧盟政治领域之外的立法学者更相关联。

参考文献

Bailer, S., Schulz, T., and Selb, P., 2009. What Role for the Whips? A Latent–Variable Approach to Leadership Effects on Party Group Cohesion in the European Parliament. Journal of Legislative Studies, 15: 355–78.

Bardi, L., 1996. Transnational Trends in European Parties and the 1994 Elections of the European Parliament. Party Politics, 2: 99–114.

Benedetto, G., 2005. Rapporteurs as Legislative Entrepreneurs: The Dynamics of the Codecision Procedure in Europe's Parliament. Journal of European Public Policy, 12: 67–88.

Bowler, S. and Farrell, D.M., 1995. The Organization of the European Parliament: Committees, Specialization and Co–ordination. British Journal of Political Science, 25: 219–43.

Carrubba, C., Gabel, M., and Hug, S., 2008. Legislative Voting Behavior, Seen and Unseen: A Theory of Roll–Call Vote Selection. Legislative Studies Quarterly, 33: 543–72.

Carrubba, C., Gabel, M., Murrah, L., Clough, R., Montgomery, E., and Schambach, R., 2006. Off the Record: Unrecorded Legislative Votes, Selection Bias and Roll–Call Analysis. British Journal of Political Science, 36: 691–704.

Costello, R., and Thomson, R., 2010. The policy impact of leadership in committees: Rapporteurs' influence on the European Parliament's opinions. European Union Politics, 11: 219–40.

Cox, G.W. and Mc Cubbins, M.D., 1993. Legislative Leviathan: Party Government in the House. Berkeley, CA: University of California Press.

Farrell, D.M. and Scully, R.M., 2007. Representing Europe's Citizens? Electoral Institutions and the Failure of Parliamentary Representation. Oxford: Oxford University Press.

Gilligan, T. and Krehbiel, K., 1987. Collective Decisionmaking and Standing Committees: An Informational Rationale for Restrictive Amendment Procedures. Journal of Law, Economics and Organization, 30: 287–335.

Haas, E.B., 1958. The Uniting of Europe: Political, Social and Economic Forces, 1950–57. London: Stevens & Sons.

Hagemann, S. and Høyland, B., 2010. Bicameral Politics in the European Union. Journal of Common Market Studies, 48: 811–33.

Han, J–H., 2007. Analysing Roll Calls of the European Parliament. European Union Politics,8: 479–507.

Hausemer, P., 2006. Participation and Political Competition in Committee Report Allocation: Under What Conditions Do MEPs Represent Their Constituents? European Union Politics, 7: 505–30.

Hix, S., 2001. Legislative Behaviour and Party Competition in the EU: An Application of Nominate in the Post 1999 European Parliament. Journal of Common Market Studies,39: 663–88.

Hix, S., 2002. Parliamentary Behavior with Two Principals: Preferences, Parties, and Voting in the European Parliament. American Journal of Political Science, 46: 688–89.

Hix, S., 2004. Electoral Institutions and Legislative Behavior: Explaining Voting–Defection in the European Parliament. World Politics, 56: 194–223.

Hix, S., 2008. What's Wrong with the European Union and How to Fix It. London: Polity Press.

Hix, S. and Hagemann, S., 2009. Could Changing the Electoral Rules Fix European Parliament Elections? Politique Européenne, 28: 27–41.

Hix, S. and Lord, C., 1997. Political Parties in the European Union. Basingstoke: Macmillan Press.

Hix, S. and Marsh, M., 2007. Punishment or Protest? Understanding European Parliament Elections. Journal of Politics, 69: 495–510.

Hix, S. and Marsh, M., 2011. Second–Order Effects Plus Pan–European Political Swings: An Analysis of European Parliament Elections Across Time. Electoral Studies, 30: 4–15.

Hix, S. and Noury, A., 2009. After Enlargement: Voting Patterns in the Sixth European Parliament. Legislative Studies Quarterly, 34: 159–74.

Hix, S., Noury, A., and Roland, G., 2005. Power to the Parties: Cohesion and Competition in the European Parliament, 1979–2001. British Journal of Political Science, 35: 209–34.

Hix, S., Noury, A., and Roland, G., 2006. Dimensions of Politics in the European Parliament. American Journal of Political Science, 50: 494–511.

Hix, ., Noury, A., and Roland, G., 2007. Democratic Politics in the European Parliament. Cambridge: Cambridge University Press.

Hix, S., Noury, A., and Roland, G., 2009. Voting Patterns and Alliance Formation in the European Parliament. Philosophical Transactions of the Royal Society B, 364: 821–31.

Hobolt, S.B. and Høyland, B., 2011. Selection and Sanctioning in European Parliamentary Elections. British Journal of Political Science, 41: 477–98.

Hug, S., 2010. Selection Effects in Roll Call Votes. British Journal of Political Science, 40: 225–35.

Høyland, B., 2006. Allocation of Codecison Reports in the Fifth European Parliament. European Union Politics, 7: 30–50.

Kaeding, M., 2004. Rapporteurship Allocation in the European Parliament: Information or Distribution? European Union Politics, 5: 353–78.

Kerr, H., 1973. Changing Attitudes in the European Parliament: European Parliamentarians and Interation. International Organization, 27: 45–83.

Krehbiel, K., 1991. Information and Legislative Organization. Ann Arbor: University of Michigan Press.

Kreppel, A., 2000. Rules, Ideology and Coalition Formation in the European Parliament. European Union Politics, 1: 340–62.

Kreppel, A., 2002. The European Parliament and Supranational Party System: A Study of Institutional Development. Cambridge: Cambridge University Press.

Kreppel,A. and Hix, S., 2003. From Grand Coalition to Left–Right Confrontation: Explaining the Shifting Structure of Party Competition in the European Parliament. Comparative Political Studies, 36: 75–96.

Kreppel, A. and Tsebelis, G., 1999. Coalition Formation in the European Parliament. Comparative Political Studies, 32: 933–66.

König, T., Lindberg, B., Lechner, S., and Pohlmeier, W., 2007. Bicameral Conflict Resolution in the European Union: An Empirical Analysis of Conciliation Committee Bargains. British Journal of Political Science, 37: 281–312.

Lindstädt, R., Slapin, J.B., and Vander Wielen, R.J., 2011. Balancing Competing Demands: Position Taking and Election Proximity in the European Parliament. Legislative Studies Quarterly,36: 37–70.

Lindstädt, R., Slapin, J.B. and Vander Wielen, R.J., 2012. Adaptive Behaviour in the European Parliament: Learning to Balance Competing Demands. European Union Politics, 13: 465–86.

Mamadouh, V. and Raunio, T., 2003. The Committee System: Powers, Appointments and Report Allocation. Journal of Common Market Studies, 41: 333–51.

Marshall, D., 2010. Who to lobby and when: Institutional determinants of interest group strate– gies in European Parliament committees. European Union Politics, 11: 553–75.

McElroy, G., 2006. Committee Representation in the European Parliament. European Union Politics 7: pp. 5–29.

McElroy, G. and Benoit, K., 2010. Party Policy and Group Affiliation in the European Parliament. British Journal of Political Science, 40: 377–98.

McElroy, G. and Benoit, K., 2012. Policy Positioning in the European Parliament. European Union Politics, 13: 150–57.

Neuhold, C., 2001. The "Legislative Backbone" keeping the institution upright? The role of European Parliament Committees in the EU Policy–Making process. European Integration Online Papers (EIoP) 5:<http://eiop.or.at/eiop/texte/2001–2010a.htm>.

Niedermayer, O., 1983. Europäishe Parteien? Zur grenzüberschreitenden Interaktion politischer Parteien im Rahmen der Europäishen Gemainschaft. Frankfurt: Campus Verlag.

Noury, A., 2002. Ideology, Nationality and Euro–parliamentarians. European Union Politics,3: 33–58.

Pridham, G. and Pridham, P., 1981. Transnational Party Cooperation and European Integration. London: George Allen and Unwin.

Proksch, S.O. and Slapin, J.B., 2009. Position Taking in European Parliament Speeches. British Journal of Political Science, 40: 587– 611.

Rasmussen, A., 2011. Early conclusion in bicameral bargaining: Evidence from the co–decision legislative procedure of the European Union. European Union Politics,12: 41–64.

Rasmussen, A. and Toshkov, D., 2011. The Inter–institutional Division of Power and Time Allocation in the European Parliament. West European Politics, 34: 71–96.

Raunio, T., 2000. Losing Independence or Finally Gaining Recognition? Contact between MEPs and National Parties. Party Politics, 6: 211–24.

Ringe, N., 2005. Policy Preference Formation in Legislative Politics: Structures, Actors, and Focal Points. American Journal of Political Science, 49: 731–46.

Ringe, N., 2010. Who Decides, and How? Preferences, Uncertainty, and Policy Choice in the European Parliament. Oxford: Oxford University Press.

Scarrow, S.E., 1997. Political Career Paths and the European Parliament. Legislative Studies Quarterly, 22: 253–63.

Scully, R., 2005. Becoming Europeans? Attitudes, Behaviour, and Socialization in the European Parliament. Oxford: Oxford University Press.

Scully, R. and Farrell, D.M., 2003. MEPs as Representatives: Individual and Institutional

Roles. Journal of Common Market Studies, 41: 269–88.

Scully, R., Hix, S., and Farrell, D.M., 2012. National or European Parliamentarians? Evidence from a New Survey of the Members of the European Parliament. Journal of Common Market Studies, 50: 670–83.

Shackleton, M. and Raunio, T., 2003. Codecision since Amsterdam: a laboratory for institutional innovation and change. Journal of European Public Policy, 10: 171–87.

Shepsle, K.A., 1986. Institutional Equilibrium and Equilibrium Institutions. In H. F. Weisberg (ed.). Political Science: The Science of Politics. New York: Agathon Press, 51–81.

Shepsle, K.A. and Weingast, B.R., 1981. Structure–induced Equilibrium and Legislative Choice. Public Choice, 37: 503–20.

Shepsle, K. and Weingast, B., 1994. Positive Theories of Congressional Institutions. Legislative Studies Quarterly, 19: 149–79.

Thomassen, J., Noury, A., and Voeten, E., 2002. Political Competition in the European Parliament: Evidence from Roll Call and Survey Analyses. In G. Marks and M. Steenbergen (eds.). Dimensions of Contestation in the European Union, pp. 141–64. Cambridge: Cambridge University Press.

Van Oudenhove, G., 1965. The Political Parties in the European Parliament. Leyden: A.W. Sythoff.

Whitaker, R., 2001. Party Control in a Committee–Based Legislature? The Case of the European Parliament. Journal of Legislative Studies, 7: 63–88.

Whitaker, R., 2005. National Parties in the European Parliament: An Influence in the Committee System? European Union Politics, 6: 5–28.

Yordanova, N., 2009. The Rationale behind Committee Assignment in the European Parliament: Distributive, Informational and Partisan Perspectives. European Union Politics,10: 226–52.

Yoshinaka, A., McElroy, G., and Bowler, S., 2010. The Appointment of Rapporteurs in the European Parliament. Legislative Studies Quarterly, 35: 457–86.

第二十九章　地方立法机构

威廉·唐斯（William Downs）[*]

29.1　引言：边缘立法政治

地方立法机构的研究是政治学研究的一个日益重要的焦点。虽然大多数学术研究限定于对国民议会的关注，但现在一个充满活力的工作机构探索经典和前沿问题，这些问题针对的是地方代表机构提供的证据。这些"二级"机构对于理解各种民主制度类型的治理和政治行为，具有内在的关键意义；此外，作为一个尚未开发的经验性案例地带，它们具有工具价值，可以用来发展和检验理论。长期以来主导立法研究的许多问题（例如，行政－立法关系、立法者对选举的反应、内部组织和程序、成员的投票行为）同样地描绘区域、省、州和其他地方机构研究的特征。文献中出现了其他专题，包括地方立法机构的国际关系、选举后政府的组建、利用地方议会作为政策创新的实验室以及公众观念的变迁。值得注意的是，在具有明显折衷主义特征的初次检视下，关于地方立法机构的既有研究，确实提供了关于提升理论严谨性和更频繁跨国比较的证据。

---

[*]　谭清值译。

地方议会研究的增长，在一定程度上是西方民主国家权力下放趋势的作用。正如现代民族国家面临着来自上层的全球化和跨国主义的向心拉力一样，它们也面临着来自下层的离心压力。近几十年来，一系列动机（民主化、行政效率、平息地区民族主义、卸下不受欢迎的负担）促使各国调整其内部权力和责任的分配。中央国家机构在某些情况下将权力下放给新的地方管理机构。在别处，中央国家机构则恢复了旧结构，并赋予它们新的责任。抵制这种趋势的国家仍然保持着地方代议制民主的网络。洛克林（Loughlin，2001，480—481）将这些发展描述为：

"……民主理论和民主实践面临的新问题。以前，民主主要被理解为自由代议制民主，其合法性在于国家一级。今天，理论和实践都必须通过引入区域和地方民主的概念加以修正，而这些概念现在被视为民主本身的基本要素。这就产生了一系列问题，即有关合法性所在地、代表权性质、各级政府之间的关系（等级制或平等主义）以及参与形式。"

学者们致力于解释权力下放的决定、形式和后果［汉克拉和唐斯（Hankla and Downs），2010；特雷斯曼（Treisman），2007；德弗里斯（De Vries），2000；唐斯（Downs），1999］。如下文所述，这项解释工作的相当大一部分检视了民选地方议会及其成员所发挥的作用。

"地方立法机构"是一个涵盖广泛的术语，可以包括位于国家首都以外的众多民选机构。可以肯定的是，有大量的学术研究侧重于市级和其他地方一级的议会［参见达尔（Dahl），1961；诺顿（Norton），1994；利德斯特伦（Lidström），1999；埃格纳和海内尔特（Egner and Heinelt），2008］，这促进了我们对城市政治和比较地方政府的理解。然而，在规模、范围和（有时）政治吸引力方面，城市议会通常与中层立法机构不同。因此，本章必然承认已发表的关于地方选举产生议会的研究成果。然而，鉴于地方立法研究的最大增长领域是在中间区域层面，因此更多的重点放在了这一部分。根据标准的职能期望（代表、审议、立法、监督），可以评估各级代议机关，而且那些在多层治理系统中与其有更具体联系的位置（保护地方国家机关的自主权不受中央干预、反对行政主导、政党联盟与国家一级联盟的一致性）也是根据。本章的目的是概述地方立法机构的研究，描述该领域目前的状况，并为今后的研究描绘紧迫的问题。

29.2　比较范围

地方立法机构学术研究的一个明显现实是，多种研究传统并存，有时相互补充，但过于频繁地孤立发展。事实上，地方议会文献中存在"大西洋鸿沟"（Atlantic divide），这反映了立法研究的总体趋势。正如在更广泛的立法研究分支中一样，美国案例的研究更可能包含演绎理论、运用数学推理，或是大样本定量化，而对欧洲案例的研究也以定量数据为标志，但"深度描述方法仍然经常使用，纯理论工作相对较少"［马丁（Martin），2008，558］。各州在联邦体系中的重要性，加上长期以来的美国例外主义意识，产生了一项针对美国 50 个州一级立法机构的长期研究计划。马尔科姆·朱厄尔（Malcolm Jewell）的《州立法机构代表》（1982）是这一传统中最具影响力的早期作品之一，它开创了系统的、多州访谈方法，以捕捉立法者的角色感知。随后对美国各州立法机构的研究，首先是试图记录在美国国会观察到的现象在各州的表现程度［参见琼斯（Jones），1986；弗朗西斯（Francis），1989；普林斯和奥弗比（Prince and Overby），2005］；其次是通过努力描绘州立法机构在该国特定联邦风格中不断演变的角色［参见查菲（Chaffey），1970；罗森塔尔（Rosenthal），1996；斯夸尔（Squire），2006］。尽管在州立法机构的知识方面取得了重大进展，但议会研究文献仍然"缺乏强有力的理论导向"［克卢卡斯（Clucas），2003，388］。根据克卢卡斯（Clucas，2003，388）的说法，问题在于：

"不只是缺乏理论，因为今天发表的大多数研究都是从某种理论角度进行的。相反，问题是在试图解释州立法政治时缺乏更广阔的视野。许多州立法政治研究集中在狭义的、离散的问题上。除了一些重要的例外，很少有人努力发展和应用严格和综合的立法行为理论来解释国家立法政治，并将这些狭隘的问题置于更广泛的背景中。"

虽然还没有充分认识到整合理论构建的潜力，但美国文献至少在范围和方法上具有常规的可比性。斯夸尔和哈姆（Squire and Hamm，2005）特别主张，通过比较美国国内的立法机构，可以改善各国立法机构比较中固有的问题，并且这种优势经常被利用。如果将美国各州立法机构置于跨国背景下，最常与加拿大省级议会进行比较［蒙克里夫和汤普森（Moncrief and Thompson），1990；蒙克里夫（Moncrief），1994；博列耶（Bolleyer），2010］。

大西洋分水岭的另一边是欧洲学者，他们在立法形式、角色和地方层面的表现上面临着更大的差异。联邦制同样增加了地方立法机构的重要性，对德国、奥地利、比利时和瑞士的地区或州议会的研究在文献中占主导地位。联邦制"被认为为地方立法机构提供了区别于中央立法机构的机会"[马西科特（Massicotte），2003，19]，但这种明显程度在各国之间差异很大。20 世纪 70 年代和 80 年代，传统单一制国家的改革赋予了法国、西班牙、葡萄牙和意大利的地方议会权力，扩大了可供研究的、有意义的地方立法机构的范围。在帕特南（Putnam）的《让民主发挥作用》（1994）中意大利的地方委员会占据着重要地位，强调了社会资本对制度成功的影响。施密特（Schmidt）的《民主化的法国》（1990）是第一部考察传统单一制国家中区域和地方议会的历史和政治背景的著作。法国学者对地方立法的研究只是略有增长，对他们来说，"对国民议会和地方议会生活的兴趣相对较低"可以部分解释为"法国议会干预的薄弱，这是由于行政部门在制定公共政策时越来越重要"[内伊（Nay），2003，95]。正如科斯塔（Costa，2010，71）所评价的，"法国专家在很大程度上并没有运用主流立法研究的方法、概念和框架：他们更喜欢自己做事情，并且往往对国际的盎格鲁－撒克逊文献（international Anglo-Saxon literature）持批评态度"。

在传统的单一制国家中，地方议会一直受到立法学者的关注，英国表现得突出。与法国不同的是，更大的研究兴趣可能是因为英国将政治责任下放给地方议会符合历史特征（而不是行政区划）。苏格兰（自 1999 年起）、威尔士（自 1999 年起）和北爱尔兰（自 1998 年起，但随后暂停）的议会选举，为英国的非英语的组成国提供了发言权和至少象征性的权威。尽管缺乏广泛的正式权力（其中大部分由下议院和伦敦首相政府保留），"地方议会在试图对其部长的行为施加少量影响方面取得了成功"[劳尼奥和赖特（Raunio and Wright），2006，294]。然而，施加"少量的影响"并不总是能满足民族主义情绪，关于单一制国家中地方立法机构的大部分文献都涉及令人预期失望的政治[布拉德伯里和米切尔（Bradbury and Mitchell），2002；卡特和墨菲（Catt and Murphy），2002；阿特尔（Arter），2004]。苏格兰于 2014 年 9 月举行的独立公投为这一研究领域提供了新的活力和紧迫性。

原苏联加盟国家也为研究地方立法机构提供了重要的背景。俄罗斯的联邦性质提升了地方立法机构的重要性，区域立法议会"不完全地构成了在过去千年的俄罗斯文明中归属于地方的第一个真正主权"[摩西（Moses），2003，

1053］。它们"为反应敏捷、日益专业化的民主机构的崛起提供了一些希望，该民主机构可以直面被逐渐侵蚀的联邦政府"。［莫拉斯基（Moraski），2006，135］。在俄罗斯，"政党对区域政治机构（如区域立法机构）的渗透程度相对较低"［石山（Ishiyama），2002，165］，这意味着各地区机构之间的差异和波动较大。

613

作为超国家组织（如欧盟）的成员国，地方立法机构将嵌入复杂的多层次治理体系中。通过审查地方立法机构在此类制度中政策制定的反应：

"我们可以获得关于多层次民主的新观点，而不仅仅是强调民主赤字的普遍怀疑观念。我们可以发现制度学习和适应是由政府间和政府内部的紧张关系驱动的。"［本斯（Benz），2010–2011，111］

欧洲化时代地方立法机构的相关工作主要集中在一系列职能上：审查和监督、平衡行政权力、自主行动、检查国会的决定以及外部代表。立法审查研究的核心是欧盟事务委员会所发挥的作用，而对欧盟政策领域的区域管理人员的问责检查，则通过口头和书面问题、辩论、听证会和信任投票等控制机制表现出来。在欧盟日益复杂的多层次治理网络中，地方立法机构采取可能与中央政府政策立场相矛盾的单边政策立场的能力，被视为自治的一种措施，而其在欧盟问题上表达地区利益则是对国家政府的一种重要且潜在的约束。更直接的是，地方立法机构在布鲁塞尔对该地区代表权行使控制权的能力，可以极大地扩展其形象投射和信息收集能力。这些信息、责任和控制功能中的每一项（如果执行），都为地方立法机构提供了一些制度相关性度量［唐斯（Downs），2003］。

在北美和欧洲以外的地方立法机构研究中，存在规模小得多但仍然丰富的文献。联邦制再次吸引了对一系列国家的研究兴趣，包括澳大利亚［哈利根、威廉姆斯、霍克（Halligan，Williams，Hawker），1988］、巴西［塞缪尔斯（Samuels），2003］、印度［然（Jain），1972］、墨西哥［比尔（Beer），2001；2003］、尼日利亚［苏贝鲁（Suberu），1993］和委内瑞拉［阿拉戈特（Aragort），2008］。除了拥有正式联邦结构的国家外，还努力了解地方议会在南非政治问责［拉普（Rapoo），2004；洛奇（Lodge），2005］、马拉维的腐败［坦布拉西（Tambulasi），2009］和日本立法者的政党更替［米拉佐和沙伊纳（Milazzo and Scheiner），2011］等议题中的作用。在这些作品中占主导地位的是民主化、发展和政治能力问题。对于曾经与中央集权主义作斗争的国家来说，政治权力下放使政府"更贴近人民"，增加公民获得公共权力的机会，并可能提高政治效能。与对北美或欧洲案例的研究相比，此类研究不太可能展示跨国的比较方法，而是倾向于对个别背景进行描述性研究。值得注意的例外包括伊顿（Eaton）的《超越首都的政治》（2004），该书比较了阿根廷、巴西、智利和乌拉圭的地方机构设计的政治。尽管明显不同于在成熟的民主国家，民主不太开放国家的地方议会仍然因其功能角色而受学者关注。

29.3 领域的演变

我们可以将地方立法机构的研究划分为三个核心领域：招聘和选举；立法行为；制度设计。每一个领域都有双重利益起源的证据，例如，在国家首都以外立法政治中的内在利益和工具性利益。可能被视为"地方政府传统"的东西，因其内在的政治重要性而将分析的重点放在议会上。地方和中层代表机构最初与它们告诉我们的关于国家边缘地区民主进程和质量的信息有关。隐含的假设是，通过促进政治参与、立法响应和公民教育，地方层面的政治确实事关紧要并产生一定的"规范价值"[范阿斯切和迪里克斯（Van Assche and Dierickx），2007，26]。一种平行的"比较立法机构传统"是通过在地方代表机构中发现工具价值而演进的，以利用最初在国家议会一级形成的假设进行新的检验。在这一传统中，对地方领域的研究，与其说是由该层面的立法政治的实质性输入所驱动，不如说是因为认识到跨地区议会的比较"使复杂程度、理论构建和假设检验成为可能，而这在我们将注意力局限于国家立法机构时是不可能的"[拉姆斯登（Ramsden），2002，177]。这两种传统的融合，使我们对国家首都以外的立法政治的理解取得了一些重大进展。此外，它还突出了未来工作可能获得收益的明显差距。

29.3.1 地方立法机构选举

正如国家立法机构一样，选举对地方立法机构研究的中心地位是明确和持久的。在美国的案例中，克卢卡斯（Clucas，2003，389）认定"自1990年以来最受学术关注的州立法政治方面是选举"。候选人招募、竞选活动、选举制度规则和选举结果也是比较研究的重要主题。总之，这些主题将注意力引向地方一级立法成员的可变价值。

关于地方立法机构的招募，现存文献集中于长期活跃于国家议会研究的三个基本问题："1. 谁被招募？2. 个人如何以及为什么被招募？3. 什么情况会影响前两个问题的变化？"［科恩伯格、克拉克和沃森（Kornberg, Clarke and Watson），1975，253］而变化显然存在于国家一级，其变化率在地方机构中大幅增加。参选的吸引力在一定程度上取决于该机构的政治和政策影响力（实际的和感知的）、获得席位可转化为进一步职业发展的前景、预期的经济收益以及追求意识形态和 / 或心理回报。在许多关于美国州立法机构的文献中，关键的维度是机构专业化；随着薪酬的提高、工作人员的增多和任期的延长，成为一名立法者的吸引力也随之增加。反过来，这种增加应产生一批有能力的立法者，"他们更有可能希望从事政治职业，因此更有可能受到连任目标的激励"［克卢卡斯（Clucas），2007，2］。除了美国的例子外，关注机构专业化的背后还有这样的兴趣，即政治家如何利用地区议会作为跳板，以实现国家立法目标。在复杂、多层次的政体中，拥有地方选举经验的重要性可能是巨大的，该类经验是作为确保在党的国家名单上占有一席之地的先决条件。［博彻特和斯托尔兹（Borchert and Stolz），2011；蒙特罗（Montero），2007］。国家和地方立法政治之间的联系以及政治家的职业轨迹，在允许同时累积多重选举授权的制度中受相当大的影响。例如，法国在其第五共和国的大部分时间里都允许"强制性宪法"（cumul des mandats）的做法，即国家议员通常也作为地方和（或）区域一级的理事会成员而参加会议。双重授权在联邦制中通常是被禁止的。

在地方一级征聘和谋求职位的工作，越来越注重特定群体在代表机构中享有席位的机会。在这方面，妇女和少数群体的成功存在争议，地方立法机构提供了观察选举规则对代表权的影响的机会（特别是在国家和地方各级采用不同规则的制度中）。中间层议会"提供的议席往往缺乏竞争力，需要的竞选费用较低，不太可能需要从家庭需求中重置，所有这些条件传统上限制了妇女参与"立法政治［文格罗夫、尼里和富吉罗（Vengroff，Nyiri，and Fugiero），2003，163］。撇开这些抑制因素不谈，人们期望比例代表制比多数制或混合制，在更大程度上增加妇女在地方立法机构中的代表性，这也可能受到国家经济发展水平的制约。以对美国州立法机构的研究为主导，少数族裔的招募和代表性研究寻求关于地区类型和规模影响的证据［海尼（Haynie），2001；卢布林和沃斯（Lublin and Voss），2000；布洛克和加迪（Bullock and Gaddie），1993］。重新划分区域以改善少数民族（特别是美国的非裔美国人）的代表性，是地方一级研究的一个日益增长的焦点，并有可能将理论启发的研究与政治改革的实践联系起来。

616　　对地方立法者的征聘和选举进行的比较分析，在投票行为领域和作为"二级"现象的地方选举的描述中最为发达。首先由赖夫和施密特（Reif and Schmitt，1980）提出，旨在解释为什么国家政府（即一级领域）的执政党在欧洲议会选举中遭受重大损失，二级选举预期提案会减少，进而导致投票率降低，选民会更多地尝试较小或新的政党（在全国选举中，这些政党的选票会被"浪费"），以及对在一级舞台上执政的政党的排斥程度会更高。赖夫和施密特（Reif and Schmitt，1980，8）在他们对二级选举的定义中包括"补选、市政选举、各种地区选举、第二议院选举等"，他们认为，随着选民在一级舞台上作出判断，独特的地方问题会被国家问题所掩盖。杰弗里和霍夫（Jeffery and Hough，2009，219）通过比较英国、德国、西班牙和加拿大，证明了这种明显的动态，即证据表明"当更多的权力下放给地方层面时，而且如果地方身份和政党更强大，那么这种'二级秩序'就会减少"。在其他地方，瑞士的"区域选举作为二级全国选举的概念显然被数据所否定"［塞尔布（Selb），2006，70］。地方因素在多大程度上干预二级选举的预期效果，是目前需要研究关注的重要前沿问题。如果地方立法机构的选举主要是根据国家政府的表现进行的全民公投，那么我们应该期待，与更多地方性问题和行动推动投票结果相比，在外围的政党战略看起来明显不同。［帕拉雷斯和基廷（Pallarés and Keating），2003；杰弗里和霍夫（Jeffery and Hough），2003］。

29.3.2　立法行为

虽然有关招聘和选举的研究因这些主题的数据收集相对容易而得到便利，但更具挑战性的——因此在文献中不太明显——是研究关于当选为地方议会议员的实际行动和行为。对行为的研究通常需要直接观察、调查和访谈，所有这些都有助于获得丰富的原始数据；然而，产生此类数据所需的实地工作可能会限制比较范围。这种方法要求的一个显著例外是对地方立法机构内投票行为的研究，这种研究可以更容易地远距离完成。尽管存在研究挑战，但确实存在关键贡献，我们对国家环境以外行为的理解正在以适当累积的方式取得进展。尽管如此，大西洋鸿沟（Atlantic divide）在地方立法研究的这一层面上尤其明显，真正的比较工作仍然很少。

　　随着有关地方环境下立法行为的工作不断发展，焦点集中在两个问题上：（1）立法者的作用、看法和选民行为；（2）他们的投票行为和对党的纪律的忠诚。哈利根［（Halligan）等人，1988］援引代表和受托人之间的经典伯克式区别，通过对澳大利亚州和加拿大省立法者邮寄问卷的回复，发现"代表—仆人"角色取向（其中选民的意见优先于成员的个人判断）是罕见的。然而，对于那些以代表为导向的地方立法者来说，花在选区服务上的时间要多得多。当然个别立法者的特征可能会影响他们的角色认知，而这些认知可能会被选举规则的干预效应所阻断。例如，如果立法机构采用混合选举制度（例如，一些成员直接当选为选区代表，另一些成员则按政党名单按比例当选），有理由期望名单成员比选区代表承担更少的社会服务性工作［卡曼和谢泼德（Carman and Shephard），2007］。这种区别不适用于美国的情况，在美国，对州立法者的研究比比皆是［参见托马斯和韦尔奇（Thomas and Welch），1991；朱厄尔和惠克（Jewell and Whicker），1994；克卢卡斯（Clucas），2007］。与政党驱动的议会制度相比，"在大多数美国立法机构中，个别立法者在某种程度上是选举自由代理人，在选区服务、委员会工作和他/她自己的筹款能力方面建立影响力和连任成功"［蒙克里夫和汤普森（Moncrief and Thompson），1990，15］。在地方机构较新和较弱的地方，立法者的角色认知和选民活动主要取决于他们如何适应民主化进程和政治争辩［比尔（Beer），2001；拉普（Rapoo），2004］。

　　除了对角色认知和选区服务的研究外，还有越来越多的工作涉及立法者的实际投票行为。美国以外的立法政治学专业的学生"羡慕地看着国会山"，在那里，"美国众议院每年产生大约 100 张唱名表决票（RCVs），提供机会用方法上高度成熟的、可靠的个人数据测试议会行为理论"［斯特克（Stecker），2010，438］。由于美国以外的国家议会缺乏类似的大量数据，一些学者已转向地方议会，以获得记录投票的证据和其他形式的立法行为——这些行为可能提供有关政党团结和决策的见解。联邦德国的工作就说明了这一点。在联邦德国，16 个有着严格政党纪律传统的州议会面临着越来越大的公众压力，以要求其代表投票表决自己的观点，而不是遵循严格的政党路线。戴维森 – 施米奇（Davidson–Schmich，2003，100）在她对五个新的东方大陆（five new eastern Landtage）的分析中发现，即便是在"一个社会学因素（包括反党规范、低意识形态凝聚力以及弱党组织和认同）都表明政党团体在投票时不具有凝聚力的环境中，也会出现相反的情况"。德国统一后强大的立法党的出现，证明了立法者对民主制度中的激励措施作出了理性和战略性的反应，而不考虑先前的社会化。显然，这样一个前提要求进行额外的检验，以否认在其他过渡制度中的地方立法机构所提供的证据。

29.3.3 制度设计

关于地方立法机构的第三部分论述了代议制民主这一层面上存在的各种形式和职能。从事这一领域工作的学者，试图加深对立法机构规模、议院数量、任期、委员会组织以及其他一系列结构属性的理解。以制度为中心的分析将这些属性作为解释变量，优先用于政府支出、政党互动和策略以及立法—行政权力关系等主题的研究。不仅正式的结构被认为是重要的，非正式的制度规则和规范也是重要的。

在最基本的层面上，努力阻断立法机构规模对行为和结果的影响。规模在一定程度上说明了代表性和效率之间的权衡选择，它也可能影响立法产出。在温加斯特等人（Weingast，1981）和施蒂格勒（Stigler，1976）早期工作的基础上，菲奥里诺和里丘蒂（Fiorino and Ricciuti，2007，118–119）提出了立法规模和政府支出之间的联系，其中"政府支出和立法规模之间的关系本质上是一个经验问题，其答案取决于作出集体决策的不同成本的相对强度"。通过考察1980—2000年意大利各地区的法规，菲奥里诺和里丘蒂（Fiorino and Ricciuti）发现，随着机构规模的增加，人均支出亦显著增加。可操作的逻辑是，游说立法者的利益集团的成本随着成员数量的增加而下降（可能会导致更多增长立法影响力），而互投赞成票立法的发生率也会增加。如果对意大利地方立法机构的研究结果可以以任何方式加以推广，那么它们应该为财政紧缩时期可能倾向于扩大成员的机构设计者和改革者提供一个警示。

制度主义方法还侧重于地方立法机构的内部工作，特别是委员会在立法组织中的作用。美国案例的观察家们利用州立法机构来检验一些假设，即为了在利益和党派之间分配权力或者为了整个立法机构提供必要的政策信息而去运用委员会的意图和能力，这反映了立法委员会在美国国会中的重要性。这里的经验标志是，委员会是否代表其自身所在的立法机关（建议高需求成员不成比例的分配，以满足个人连任的动机），还是更接近全体成员的偏好分配（从而向各议院提供有关立法潜在影响的更好信息）。例如，普林斯和奥弗比（Prince and Overby，2005，81）调查了美国各州立法机构上议院的委员会组成，提出了一个结论，即"为立法机构的信息模型可在美国众议院之外推广的主张，提供有力支持"。虽然这一说法至少在美国的地方立法机构看来是正确的，但尚未通过比较和跨国分析予以证实。事实上，尽管确实存在一些重要的例外情况〔例如阿特尔（Arter），2004；凯尔尼（Cairney），2006〕，但对地方立法机构委员会的实证研究仍处于初级阶段。

对立法权和行政权之间平衡的结构性影响，构成了以制度为中心分析的第三个主要研究重点。无论行政机关是由选民直接选举产生，还是由中央政府任命，还是由立法者间接选举产生，都有助于从根本上塑造行政机关对立法机关的责任。然而，即使在遵循负责任政府的议会模式的地方立法机构中，绘制地方议会体制安排图的宪法往往"以不同方式组织行政和议会之间的权力融合"〔罗伊特（Reutter），2006，288〕。行政与立法关系的变化将影响议程设置、预算编制以及否决拟议立法的能力等各个方面。许多文献记录了反映在一些国家议会语境中行政主导的明显趋势，这一现实越来越被描述为一种民主赤字的证据："当立法者仍然服从行政部门而不是选民时，有意义的代表权就会受到损害"〔比尔（Beer），2001，425〕。这里存在关于效率与正当性困境的重要争论，即更大的立法权力（其为维持民主正当性所必需）可能会降低制度效率。更系统的比较研究尚未专门针对这一主题，"这是惊人的，因为地方议会比国家议会面临更大程度的效率与正当性困境，因为权力集中的风险更为明显"〔博列耶（Bolleyer），2010，412〕。

619

29.4 地方立法机构研究的前沿

我们对这一领域演变的调查，只是有选择性地从一个庞大文献中取样，并没有穷尽吸引学者研究的所有谜题和主题。然而，从目前致力于地方立法机构的广泛研究来看，有可能确定一些新出现的问题，这些问题构成了新的和有希望的研究前沿。其中包括政府组建和联盟动态、地方机构的国际活动，以及在地方议会中使用媒体技术和电子化民主。在每一个专题领域都存在着新的理解基础；更重要的是，对新发现的研究潜力，将使这些主题成为未来研究的主要目标。

29.4.1　联盟研究的新领域

对于国家立法机关而言，选后政府组建与联盟建设的研究，处于立法研究与内阁治理的交叉点。鉴于联盟谈判和行为越来越被视为动态民主生命周期的一个方面，立法学者显然有必要在政治的各个层面对其进行调查。此外，地方立法机构中的联盟行为提供的证据，可以弥补国家一级的联盟研究中明显的数据限制。卢皮亚和斯特罗姆（Lupia and Strøm，2008，56）援引唐斯（Downs，1998）和贝克（Bäck，2003）的文献指出："对国家以下各级联盟的研究表明，令人惊讶的是，出现了与国家一级存在的伙伴关系背道而驰的伙伴关系，而且似乎不符合共同政策偏好的解释。"旨在解释当选为国家立法机构成员的政党联盟行为的理论，往往做出激励性假设，但这些假设无法解释为什么同一政党的不同地方分支机构选择不同的联盟战略，尽管面临类似的替代方案。曾经被视为"政治学中几乎完全没有研究的领域"［梅勒斯（Mellors），1989，8］，地方议会中的联盟政治现在吸引了学者的注意，使他们要更好了解：中央政党协调外围决策的努力［拉芬（Laffin），2007］、极端政党通过谈判取得权力的机会［唐斯（Downs），2012］，以及混合动机情况下立法政党的协商行为［斯特夫里克（Ştefuriuc），2009］。为了推进这些理解的新进展，未来的研究必须继续吸引不仅是主流联盟理论家，还包括比较立法机构的学生的注意。地方立法机构中政党行为所提供的大量尚待开掘的经验证据，可用于进一步完善多层次环境中政党战略的概念，并有助于更好了解地方议会合作对中心党派关系的影响。为了证明政党的相容性、政党的执政能力以及其他权力分享组合在选举中的受欢迎程度，地方立法机构中的联盟可能是首都政党战略家的宝贵反馈来源。

29.4.2　地方立法机构的创业和国际活动

第二个新兴的研究前沿是地方立法机构的外向型创业和国际活动。这类活动往往是针对被察觉或受到威胁的边缘化而做出的防御反应。如果当代国家立法机构日益与超国家当局的行政主导或篡夺权作斗争，那么地方议会对一系列类似威胁的脆弱性就更大。如果地方议会正式权力受到限制，且其主要成为被动性的机构，那么相关性就受到威胁。新出现的研究试图更好了解地方议会如何以及如何成功地应对这些压力。一个观察到的补救办法是博列耶（Bolleyer，2010，415）所称的"议会间行动主义"，即试图平衡行政主导的政府间关系的议会集体行动。通过国内外的合作和战略交流，地方立法机构可以控制和利用政治意愿，独立于其行政人员进行组织。在地方一级各国议会间积极行动主义的程度和成功各不相同。例如，美国各州立法机构通常与行政官员分开追求利益，瑞士州议会也这样做，但力度不及美国同行，加拿大省议会回避类似做法。康兰、达德利和克拉克（Conlan, Dudley and Clark，2004，185）在对美国各州立法机构进行的单一国家研究中，考察了各国议会间行动主义的国际层面，发现在经济发展、执法、教育、应急准备等关键领域的独立参与程度大幅增加："作为一个整体的立法机构已经与州政府其他部门联合起来，成为 21 世纪全球舞台上越来越积极的参与者。"随着省级和地区立法机构积极向外发展，以应对多层次决策的挑战，研究人员有必要解释在影响和系统相关性增长上的变化。为了满足这一需要，未来的比较工作必须继续转变，从将具体行动主义视为行政人员的专属领域开展。

29.4.3　地方立法机构在线

互联网、新媒体技术和电子化民主在地方立法机构的使用，构成了另一个新兴研究兴趣领域，似乎为未来的扩展做好了准备。新媒体对区域／地方选举、立法和公共关系的影响是立法学者日益关注的问题。迄今为止（并复制了其他地方发现的模式），有关这一主题的绝大多数研究都以美国的州立法机构为焦点。赫恩森（Herrnson，2007，31）等人认为，"对候选人的互联网使用知之甚少"，并试图弥补这一不足，通过消除年龄和教育对州立法候选人特征的影响来实现。将注意力从候选人转移到在任代表，库珀（Cooper，2004）调查了艾奥瓦州、佐治亚州和加利福尼亚州的州立法者，以记录政策信息对在线资源的依赖程度。费根和费根（Fagan and Fagan，2004，81）评估了美国各州立法网站的可访问性，他们认为这"显然是各州的一个'热点'问题"；费伯、福尔茨和普格利泽（Ferber，Foltz and Pugliese，2008）认为，此类网站的质量不稳定直接归因于各州自身的人口和政治特征。然而，在麦克尼尔（McNeal，2003，53）等人注意到"关于电子政务中国家政策创新的决定因素的研究很少发表"的 10 年之后，关于技术和新媒体作为行政效率的来源和加强民主参与的机制的研究工作仍然很少。在美国之外，数据收集和假设检验的潜力很大，布拉加和尼古拉斯（Braga and Nicolas，2008，107）就是一个例子，他们调查了巴西的州立法机构，并对其在线主页上明显的"透明度不足"提出了批评。这一领域的其他比较工作可能对如下方面提供重要线索：地方立法机构的专业化、数字民主的可行性，以及新的信息传递模式对公民参与的影响。

29.5　未来的紧迫问题

622

对地方层面的立法研究所进行的这项检视的所有证据都表明，人们越来越重视在某些情况下长期被视为名义上的机构。近几十年来，立法学者愿意超越国家议会机构，再加上一些地方政府专家将其工作与更广泛的立法进程问题联系起来的雄心壮志，产生了获取数据和进行一些突破性研究的动力。因此，今天人们对广泛的实质性问题和理论关切，有了更多的认知和理解。虽然政治学家在立法研究的这一分支领域取得了重大进展，但研究领域仍极不发达。更积极的框架，意味着有一些关键的主题，其中具有理论意义的和空间概括研究的潜力是特别巨大的。

在方法论上具有讽刺意味的是，吸引研究人员在单个国家的地方立法机构之间进行比较的因素（例如，控制一系列潜在干预性环境影响的能力），似乎混淆了进行跨国比较的尝试。相较于系统之间的比较而言，文化、游戏规则和问题显著性是更受系统内部比较（intra-system comparisons）有效控制的因素。然而，下一波研究显然有责任进行细致的对比分析，以便于检验现有假设并帮助产生新的假设。这样做有助于回答与当代分权主义趋势相关的行动者、机构和系统层面的问题。将责任、资源和地位转移给地方立法机构，是否改变了被吸引就任的立法者的素质和能力？如果是这样，行动者能力的提高是否产生了更大的公众期望和更有力的问责机制？在地方立法机构获得授权的情况下，地方政府目睹了自己的权力、地位和合法性被吸走，取而代之的是一个"新中心"（即区域机构），这对地方政府有何影响？最后，在思考外围立法政治的制度层面导入时，信息、策略和经验是否会逐渐渗透？换言之，地方立法机构的最佳特征是什么，充其量只能作为国家政府政治支持的反应性晴雨表，而它们在国家一级的政治和战略方面的信息和影响是什么？推进这些问题的答案，将增进对代议制民主最被遮蔽的制度层面的理解。

参考文献

Aragort, Y., 2008. La descentralización política y los consejos comunales. Parroquia J. J. Osuna Rodríguez-Municipio Libertador del Estado Mérida. Provincia, 20, 63–87.

Arter, D., 2004. The Scottish committees and the goal of a 'new politics': A verdict on the first four years of the devolved Scottish Parliament. Journal of Contemporary European Studies,12: 71–91.

Bäck, H., 2003. Explaining and Predicting Coalition Outcomes: Conclusions from Studying Data on Local Coalitions. European Journal of Political Research, 42: 441–72.

Beer, C., 2001. Assessing the Consequences of Electoral Democracy: Subnational Legislative Change in Mexico. Comparative Politics, 33: 421–40.

Beer, C., 2003. Electoral Competition and Institutional Change in Mexico. Notre Dame: University of Notre Dame Press.

Benz, A., 2010–2011. Multilevel Parliaments in Canada and Europe. International Journal, 66: 109–25.

Bolleyer, N., 2010. Why Legislatures Organise: Inter-Parliamentary Activism in Federal Systems and its Consequences. Journal of Legislative Studies, 16: 411–37.

Borchert, J. and Stolz, K., 2011. German Political Careers: The State Level as an Arena in its Own Right? Regional and Federal Studies, 21: 205–22.

Bradbury, J. and Mitchell, J., 2002. Devolution and Territorial Politics: Stability, Uncertainty and Crisis. Parliamentary Affairs, 55: 299–316.

Braga, S. and Nicolás, M. A., 2008. Prosopografia a partir da Web. Avaliando e mensurando as fonts para o estudo das elites parlamentares brasileiras na Internet. Revista de Sociologia e Politica, 16: 107–30.

Bullock, C. and Gaddie, R. K., 1993. Changing from Multi-Member Districts: Partisan, Racial, and Gender Consequences. State and Local Government Review, 25: 155–63.

Cairney, P., 2006. The analysis of Scottish Parliament committee influence: Beyond capacity and structure in comparing West European legislatures. European Journal of Political Research, 45: 181–208.

Carman, C. and Shephard, M., 2007. Electoral Poachers? An Assessment of Shadowing Behaviour in the Scottish Parliament. Journal of Legislative Studies, 13: 483–96.

Catt, H. and Murphy, M., 2002. Sub–State Nationalism: A Comparative Analysis of Institutional Design. London: Routledge.

Chaffey, D. C., 1970. The Institutionalization of State Legislatures: A Comparative Study. Western Political Quarterly, 23: 180–96.

Chunli, X., 2008. Autonomy and China's Ethnic Minorities: An Observation of Autonomous Legislatures. Asia–Pacific Journal on Human Rights and the Law, 2: 11–46.

Cho, Y., 2006. The Politics of Lawmaking in Chinese Local People's Congresses. China Quarterly,187: 592–609.

Clucas, R. A., 2003. Improving the Harvest of State Legislative Research. State Politics and Policy Quarterly, 3: 387–419.

Clucas, R. A., 2007. Legislative Professionalism and the Power of State House Leaders. State Politics and Policy Quarterly, 7: 1–19.

Conlan, T. J., Dudley, R. L., and Clark, J. F., 2004. Taking on the World: The International Activities of American State Legislatures. Publius: Journal of Federalism, 34: 183–99.

Cooper, C. A., 2004. Internet Use in the State Legislature. Social Science Computer Review,22: 347–54.

Costa, O., 2010. The state of legislative studies in France. French Politics, 8: 68–71.

Dahl, R. A., 1961. Who Governs? Democracy and Power in an American City. New Haven: Yale University Press.

Davidson–Schmich, L.K., 2003. The Development of Party Discipline in New Parliaments: Eastern German State Legislatures 1990–2000. Journal of Legislative Studies, 9: 88–101.

De Vries, M., 2000. The rise and fall of decentralization: A comparative analysis of arguments and practices in European countries. European Journal of Political Research, 38: 193–224.

Downs, W. M., 1998. Coalition Government, Subnational Style: Multiparty Politics in Europe's Regional Parliaments. Columbus: Ohio State University Press.

Downs, W. M., 1999. Accountability Payoffs in Federal Systems? Competing Logics and Evidence from Europe's Newest Federation. Publius: Journal of Federalism, 29: 87–110.

Downs, W. M., 2000. Constructing a New Scottish Parliament for the "Europe of Regions": Can Institutional Engineering Assure Subsidiarity? Journal of Legislative Studies, 6:

67–92.

Downs, W. M., 2003. El Parlament de Catalunya: A Model for Regional Assertiveness in the EU? South European Society and Politics, 8: 33–63.

Downs, W. M., 2012. Political Extremism in Democracies: Combating Intolerance. New York: Palgrave.

Eaton, K., 2004. Politics Beyond the Capital: The Design of Subnational Institutions in South America. Palo Alto: Stanford University Press.

Egner, B. and Heinelt, H., 2008. Explaining the Differences in the Role of Councils: An Analysis Based on a Survey of Mayors. Local Government Studies, 34: 529–44.

Fagan, J. C. and Fagan, B., 2004. An accessibility study of state legislative Web sites. Government Information Quarterly, 21: 65–85.

Ferber, P., Foltz, F., and Pugliese, R., 2008. Demographics and Political Characteristics Affecting State Legislature Websites: The Quality and Digital Divides. Journal of Political Marketing,7: 48– 68.

Fiorino, N. and Ricciuti, R., 2007. Legislature size and government spending in Italian regions: Forecasting the effects of a reform. Public Choice, 131: 117–25.

Francis, W. L., 1989. The Legislative Committee Game: A Comparative Analysis of Fifty States. Columbus: Ohio State University Press.

Halligan, J., Krause, R., Williams, R., and Hawker, G., 1988. Constituency Service Among Sub–National Legislators in Australian and Canada. Legislative Studies Quarterly, 13: 49– 63.

Hankla, C. and Downs, W., 2010. Decentralisation, Governance and the Structure of Local Political Institutions: Lessons for Reform? Local Government Studies, 36: 759–83.

Haynie, K. L., 2001. African–American Legislators in the American States. New York: Columbia University Press.

Herrnson, P. S., Stokes–Brown, A. K., and Hindman, M., 2007. Campaign Politics and the Digital Divide: Constituency Characteristics, Strategic Considerations, and Candidate Internet Use in State Legislative Elections. Political Research Quarterly, 60: 31–42.

Ishiyama, J. T., 2002. Regionalism and the nationalization of the legislative vote in post–communist Russian Politics. Communist and Post–Communist Studies, 35: 155–68.

Jain, C. M., 1972. State Legislatures in India: The Rajasthan Legislative Assembly; A Comparative Study. New Dehli: S. Chand.

Jeffery, C. and Hough, D., 2003. Regional Elections in Multi–Level Systems. European

Urban and Regional Studies, 10: 199–212.

Jeffery, C. and Hough, D., 2009. Understanding Post–Devolution Elections in Scotland and Wales in Comparative Perspective. Party Politics, 15: 219–40.

Jewell, M. E., 1982. Representation in State Legislatures. Lexington: University of Kentucky Press.

Jewell, M. E. and Whicker, M. L., 1994. Legislative Leadership in the American States. Ann Arbor: University of Michigan Press.

Jones, R. S., 1986. State and Federal Legislative Campaigns: Same Song, Different Verse. Election Politics, 3: 8–12.

Kornberg, A., Clarke, H. D., and Watson, G. L., 1975. Toward a Model of Parliamentary Recruitment in Canada. In A. Kornberg (ed.). Legislatures in Comparative Perspective, pp. 250–81. New York: McKay.

Laffin, M., 2007. Coalition–Formation and Centre–Periphery Relations in a National Political Party. Party Politics, 13: 651– 68.

LaPlant, J. T., Baun, M., Lach, K., and Marek, D., 2004. Decentralization in the Czech Republic: The European Union, Political Parties, and the Creation of Regional Assemblies. Publius: The Journal of Federalism, 34: 35–51.

Lidström, A., 1999. The Comparative Study of Local Government Systems—A Research Agenda. Journal of Comparative Policy Analysis, 1: 97–115.

Lodge, T., 2005. Provincial Government and State Authority in South Africa. Journal of Southern African Studies, 31: 737–53.

Loughlin, J., 2001. Subnational Democracy in the European Union: Challenges and Opportunities. Oxford: Oxford University Press.

Lublin, D. and Voss, S., 2000. Racial Redistricting and Realignment in Southern State Legislatures. American Journal of Political Science, 44: 792–810.

Lupia, A. and Strøm, K., 2008. Bargaining, Transaction Costs, and Coalition Governance. In K. Strøm, W. C. Müller, and T. Bergman (eds.). Cabinets and Coalition Bargaining: The Democratic Life Cycle in Western Europe, pp. 55–84. Oxford: Oxford University Press.

Martin, S., 2008. Two Houses: Legislative Studies and the Atlantic Divide. PS, Political Science and Politics, 41: 557– 65.

Massicotte, L., 2003. To Create or to Copy? Electoral Systems in the German Länder. German Politics, 12: 1–22.

McNeal, R. S., Tolbert, C. T., Mossberger, K., and Dotterweich, L. J., 2003. Innovating in

Digital Government in the American States. Social Science Quarterly, 84: 52–70.

Mellors, C., 1989. Sub–National Government: A New Arena for the Study of Coalitions. In C. Mellors and B. Pijnenburg (eds.). Political Parties and Coalitions in European Local Government, pp. 1–15. London: Routledge.

Milazzo, C. and Scheiner, E., 2011. When do you follow the (national) leader? Party switching by subnational legislators in Japan. Electoral Studies, 30: 148–61.

Moncrief, G. F., 1994. Professionalization and Careerism in Canadian Provincial Assemblies: Comparison to U.S. State Legislatures. Legislative Studies Quarterly, 19: 33–48.

Moncrief, G. F. and Thompson, J. A., 1990. Contrasting the American and Canadian Subnational Legislatures. Canadian Parliamentary Review, 13: 15–17.

Montero, A. P., 2007. The Limits of Decentralisation: Legislative Careers and Territorial Representation in Spain. West European Politics, 30: 573–94.

Moraski, B., 2006. Prospects for Professional Parliaments in Russia's Regions. Journal of Communist Studies and Transition Politics, 22: 135– 61.

Moses, J. C., 2003. Voting, Regional Legislatures and Electoral Reform in Russia. Europe–Asia Studies, 55: 1049–75.

Nay, O., 2003. La vie à l'assemblée, angle mort de la science politique française. Swiss Political Science Review, 9: 83–96.

Norton, A., 1994. International Handbook of Local and Regional Government: A Comparative Analysis of Advanced Democracies. Aldershot: Edward Elgar.

O'Dwyer, C., 2006. Reforming Regional Governance in East Central Europe: Europeanization or Domestic Politics as Usual? East European Politics and Societies, 20: 219–53.

Pallarés, F. and Keating, M., 2003. Multi–Level Electoral Competition: Regional Elections and Party Systems in Spain. European Urban and Regional Studies, 10: 239–55.

Prince, D. W. and Overby, L. M., 2005. Legislative Organization Theory and Committee Preference Outliers in State Senates. State Politics and Policy Quarterly, 5: 68–87.

Putnam, R. D., 1994. Making Democracy Work: Civic Traditions in Modern Italy. Princeton: Princeton University Press.

Ramsden, G. P., 2002. State Legislative Campaign Finance Research: A Review Essay. State Politics & Policy Quarterly, 2: 176–98.

Rapoo, T., 2004. Constituency service and political accountability at provincial level: Case Studies of Mpumalanga and Gauteng. Politeia, 23: 51–71.

Raunio, T and Wright, A., 2006. Holyrood and Europe: An Incremental Response to

Deparliamentarization. Regional and Federal Studies, 16: 281–96.

Reif, K. and Schmitt, H., 1980. Nine Second–Order National Elections: A Conceptual Framework for the Analysis of European Election Results. European Journal of Political Research, 8: 3–44.

Reutter, W., 2006. The Transfer of Power Hypothesis and the German Länder: In Need of Modification. Publius: The Journal of Federalism, 36: 277–301.

Rosenthal, A., 1996. State Legislative Development: Observations From Three Perspectives. Legislative Studies Quarterly, 21: 169–98.

Samuels, D.,2003. Ambition, Federalism, and Legislative Politics in Brazil. Cambridge: Cambridge University Press.

Schmidt, V., 1990. Democratizing France: The Political and Economic History of Decentralization. Cambridge: Cambridge University Press.

Selb, P., 2006. Multi–Level Elections in Switzerland. Swiss Political Science Review, 12: 49–75.

Squire, P., 2006. Historical Evolution of Legislatures in the United States. Annual Review of Political Science, 9: 19–44.

Squire, P. and Hamm, K. E., 2005. 101 Chambers: Congress, State Legislatures and the Future of Legislative Studies. Columbus: Ohio State University Press.

Stecker, C., 2010. Causes of Roll–Call Votes Supply: Evidence from the German Länder. The Journal of Legislative Studies, 16: 438–59.

Ștefuriuc, I., 2009. Government Formation in Multi–Level Settings. Party Politics, 15: 93–115.

Stigler, G. J., 1976. The Size of Legislatures. Journal of Legal Studies, 5: 17–34.

Suberu, R., 1993. The Travails of Federalism in Nigeria. Journal of Democracy, 4: 39–53.

Tambulasi, R., 2009. All that glitters is not gold: new public management and corruption in Malawi's local governance. Development Southern Africa, 26: 173–88.

Thomas, S. and Welch, S., 1991. The Impact of Gender on Activities and Priorities of State Legislators. Western Political Quarterly, 44: 445–56.

Treisman, D., 2007. The Architecture of Government: Rethinking Political Decentralization. New York: Cambridge University Press.

Van Assche, D. and Dierickx, G., 2007. The Decentralisation of City Government and the Restoration of Political Trust. Local Government Studies, 33: 25–47.

Vengroff, R., Niyiri, Z., and Fugiero, M., 2003. Electoral System and Gender

Representation in Sub–National Legislatures: Is there a National—Sub–National Gender Gap? Political Research Quarterly, 56: 163–73.

Weingast, B., Shepsle, K., and Johansen, C., 1981. The Political Economy of Benefits and Costs: A Neo–Classical Approach to Distributive Politics. Journal of Political Economy,89: 642–64.

Xia, M., 1997. Informational Efficiency, Organisational Development and the Institutional Linkages of the Provincial People's Congresses in China. Journal of Legislative Studies, 3: 10–38.

第三十章　拉丁美洲立法机构研究[*]

布莱恩·F. 克里斯普（Brian F. Crisp）

康斯坦萨·F. 希伯（Constanza F. Schibber）

30.1　引言

在过去 30 年中，拉丁美洲出版的关于立法政治的参考文章和书籍的数量每年都在增加，并且正在加速增加。拉丁美洲的立法政治工作利用了最初为研究世界其他地区而发展的立法或议会政治理论，但更重要的是，该区域的学者们扩展了这些理论，或作出了完全独创的理论贡献，并积累了大量系统的实证研究。

我们集中研究代议机关（在当前的民主时代），包括其成员在机构内外的活动，它们与其他政治机构的关系，以及它们对公共政策的影响。[1]我们仅限于以英文发表的

---

[*]　谭清值译。

[1]　这意味着，例如，我们没有将利用选举结果（如立法政党的有效数目或当选为立法机构的妇女比例）作为首要利益概念的研究包括在内。作为第一个切入点，我们将以下搜索脚本放入社会科学引文索引和谷歌学术搜索（Google Scholar）中："（阿根廷或玻利维亚或巴西或智利或哥伦比亚或'哥斯达黎加'或'多米尼加共和国'或厄瓜多尔或'萨尔瓦多'或危地马拉或洪都拉斯或墨西哥或尼加拉瓜或巴拿马或巴拉圭或秘鲁或乌拉圭或委内瑞拉或'拉丁美洲'）和（议会*或立法*或国会*或众议院或参议院或议会）和'政治学'"。另外，我们通过用标题替代脚本中的"政治学"一词来单独搜索可能的期刊。最后，我们使用几本书的参考书目来帮助识别其他作品，特别是其他书籍。

文章和以英文、西班牙文或葡萄牙文撰写的书籍（2012 年初出版）。我们找到了聚焦于研究拉丁美洲立法政治的 31 本书和 151 篇期刊文章。

我们将文章分为三大类。整整有 30 篇文章聚焦我们所称的选举关系：立法者与选民之间的关系。另外发表了 53 篇文章，内容是我们所称的议院内部政治（cameral politics）：在议院内部进行的政治，包括在各委员会进行的政治。最后，有 60 篇文章聚焦立法和行政的关系：两个具有不同选举起源和不依赖彼此生存的分支，如何在决策过程中相互作用。我们发现的文献比我们在这里总结的要多得多。[1]

30.2　选举关系   629

梅休（Mayhew，1974）在试图理解立法政治时强调了与选民的问责关系，强调了连任激励。芬诺（Fenno，1978）也将重点放在了在多个方面强调民选代表与其选区之间关系上。他们从这一联系中推断出代表行为的若干含义：国会山风格（hill style）和所在地区的家庭风格（home style）。他们的思想，无论是隐式的还是显式的，已经成为许多学者研究拉丁美洲立法机构的基础。在候选人甄选程序和选举规则中的跨国家和时间序列变化意味着，建立选举关系的机构使我们有机会推断出在任何单一机构下都没有意义的影响。

拉丁美洲所有关于所在地区家庭风格的文献中都出现了一个有趣的转折，即多成员区使这种关系复杂化，使芬诺（Fenno）确定的"地理选区"成为不止一个在任成员的领地。克里斯普和德斯波萨托（Crisp and Desposato，2004）使用了一套独特的旅行记录来研究立法者如何与在多成员区的当前和未来选民互动，在这种情况下，如哥伦比亚的全国参议院区。他们发现，立法者肯定会回到他们现有的辖区，而且在寻找未来的支持者时，他们会避开已经被其他人控制的地区。泰勒（Taylor，1992）在一个不太可能的环境中研究选区服务，即立法者不能竞选连任的哥斯达黎加的多成员区。她发现，议员们定期与所在地区的公民举行会议（GIRA），利用这些会议了解选民的想法，并让他们了解议员代表他们在圣何塞（San José）的工作。她得出的结论是，成员们不会逃避选

---

[1]　另有 8 篇文章属于"剩余"类。整个参考书目可在 Crisp 网站的复制页上找到（Crisp.wustl.edu）。

区服务，因为他们了解它对其政党未来前景的重要性，而且该党控制着他们下一个政治职位进入的事实——无论在哪里都可能缺乏立刻连任的机会——这使得培养该党声誉的必要性就非常重要。

有几部著作对立法者发起的法案进行了研究，试图确定其主题或地理焦点是否与发起人的选区有关。例如，泰勒·罗宾逊和迪亚兹（Taylor Robinson and Diaz，1999）制定了一个分类方案，以确定立法提案所针对的总体水平：国家、区域、部门、地方和个人。他们用它来表明洪都拉斯的立法者（Honduran legislators）主要对国家一级的政治感兴趣，与公认的关于地方强人重要性的智慧相反。这似乎与使用封闭名单比例代表制以及它强调各党派的共同声誉（而不是个别立法者的声誉）是一致的。克里斯普、埃斯科巴－莱蒙、琼斯、琼斯和泰勒·罗宾逊（Crisp, Escobar-Lemmon, Jones, Jones and Taylor Robinson，2004）在一项六国（阿根廷、智利、哥伦比亚、哥斯达黎加、洪都拉斯和委内瑞拉）研究中也采用了泰勒·罗宾逊和迪亚兹（Taylor Robinson and Diaz）分类法，研究个人与政党寻求投票激励是否解释了立法者的优先权。他们发现，个人寻求选票的动机导致了有针对性法案的提出，而且由于个人寻求投票激励，发起人将与之分享信用的共同发起人数量减少。

630

关于妇女实质性代表性的大量文献，也利用法案赞助作为立法者努力回应其选民的指标。例如，施温特－拜耳（Schwindt-Bayer，2010）研究了阿根廷、哥伦比亚和哥斯达黎加的法案启动情况，将其作为妇女利益的实质性代表性指标，证实了在许多情况下妇女问题上的性别差异。她还发现了女性成员边缘化的证据，这些女性成员与男性成员一样有可能将经济问题作为优先事项，但不太可能就此问题提出法案。

30.2.1 志向与事业

选举联系逻辑的基本假设是，当选代表正在战略性地努力延长其职业生涯。如果立法者的目标是再次当选同一个席位，那么他们会表现出静态的雄心，而当他们在当前职位上采取行动谋求另一个职位时，他们会表现出动态的雄心。在两个职位的选区相同的情况下，对两者进行排序可能是不可能的，但在两者不同的情况下，学者们努力区分两者。由于不存在立即连任条款，以及特别是在权力下放的体制下州长和市长职位受到重视，使得拉丁美洲成为研究抱负和职业建设问题的富饶之地。

塞缪尔斯（Samuels，2000）解释说，巴西相对较高的（通常高于50%）的离职率，在很大程度上是雄心勃勃的结果。他能够证明，在国会选举时最强有力的候选人议员不成比例地寻求当选为部和市一级的行政部门职位，往往是在其立法任期届满之前。因此，寻求连任（表现出静态野心）的现任者相对较弱，因此更替率更高。

立法者们认为延续其职业生涯的核心是候选人甄选程序。由西瓦维利斯和摩根施特恩（Siavelis and Morgenstern，2008）编著的《权力之路：拉丁美洲的政治招募和候选人选择》（*Pathways to Power：Political Recruitment and Candidate Selection in Latin American*），是迄今为止最广泛的处理这一研究课题的著作。编者们利用选举制度的体制特点，结合政党结构层面的若干变量，来确定征聘和甄选过程。然后，他们推断出这些特征组合应该倾向于支持的候选人类型，将他们界分为政党忠诚者、选民服务者、企业家或团体代表。在此之后，他们提出了关于每一类候选人在就职后的表现的假设。他们的框架随后被一组学者使用，他们对几个国家进行了仔细的案例研究。该书明确指出，管理征聘和甄选的机构对所选立法者的类型产生影响，这些立法者是政党忠诚者、选民服务者、企业家或团体代表，而所选立法者的类型影响竞选行为、党际关系（联盟）、立法政党的纪律以及政治的其他方面。

631

30.2.2　选区与代表关系

广义地说，选区与代表之间的联系构成了许多有关立法政治文献的主题。在这里，我们将限定在一些事例，当学者明确认为立法者的行动在观念中首先考虑到选民的构想。学者们已经取得了巨大的成功，展示了如何利用选举规则中体现的激励机制来了解那些被立法者视为选民的人，以及立法者将从事哪些活动来为这些选民服务。

在我们看来，一个很少受到学术关注的领域是家庭风格。我们必须迎接发展"贯穿"整个案件的系统性指标的挑战。"贯穿"记录是系统的，可能贯穿得还很好（没有双关语的意思），而且很容易获得，但我们需要更多、更丰富的方法来检查代表与其选民的互动。例如，一种可能是要求立法者及其工作人员提供载有（公开）会议的日历。另一种可能是抄写在该地区发表的演讲或发表在当地报纸上的评论文章，以便进行各种文本分析。无论采取何种措施，我们认为这是一个需要坚实的理论分析和丰富的实证工作的领域。

最近才得到适当重视的另一个领域，是候选人甄选程序。在为希望延长其职业生涯的立法者提供激励结构方面，候选人甄选程序的重要性不亚于选举法，但收集和编码它们的挑战，特别是在历史上，意味着它们没有像选举法那样被频繁考虑。具有讽刺意味的是，收集它们这些具有难度的特征——随着时间的推移、不同党派，甚至在不同地区的党派内部都有所不同的特征——是解决立法者视谁为其选民这一问题的重要来源。

30.3　议院内部政治

拉丁美洲立法政治方面的大量文献致力于研究议院（chambers）本身是如何构成的，以及作为个人、同党派成员和联盟成员，他们在这些议院内部中究竟做了什么。大多数文献使用唱名表决结果来衡量那些最感兴趣的概念，但是，正如我们将在这里详细介绍的，一些作品侧重于其他活动。

30.3.1　立法委员会

立法者或行政部门直接向议院提交的法案，通常分配给一个或多个立法委员会，但谁有权作出这一决定有些不同。琼斯、赛格、斯皮勒和托马西（Jones，Saiegh，Spiller and Tommasi，2002）研究了阿根廷委员会主席的任命，在阿根廷，省长和政党领袖在国家立法者的职业前景中扮演着关键角色。鉴于个别立法者的连任率较低，以及这些立法者的职业生涯与其所在政党之间的密切联系，作者们认为，一些立法者更有可能获得委员会主席职位，享受与这些职位有关的额外资源。更具体地说，他们发现与本省省长结盟的立法者、以前担任过委员会主席的立法者和资历较高的立法者，更有可能被任命为委员会主席。

除了委员会的组成之外，在拉丁美洲案例中发现委员会工作的性质与在美国国会中观察到的有很大不同。在美国，由于委员会成员具有专门化和获取信息的动机，因此委员会成员拥有其职位的产权，委员会拥有强大的把关权力，但阿莱曼（Alemán，2006）表明，在许多拉丁美洲议院的委员会不具有把关权——简单的多数决程序可以迫使投票将一项法案由全体会议审议。卡尔沃和萨加尔扎祖（Calvo and Sagarzazu，2011）关注阿根廷下议院的情况，其中委员会拥有强大的把关权力，认为委员会主席的把关策略随着下议院党派组成的变化而变化。如果一个政党控制了全体会议的多数席位，主席就利用把关权来阻止不受会议中间层欢迎的立法。相比之下，在多数人领导的国会中，委员会主席变得更加宽容，提出了更多的法案，从而将"进一步把关的权力"下放给负责安排法案供议会审议的其他机构。

30.3.2 现场投票

相当大一部分的文献致力于议院内部政治的重点，是个人立法者是否投票于他们的党的多数。摩根施特恩（Morgenstern，2004）分析了政党凝聚力和政党团结之间的关系，通过对立法者的调查来衡量政党的意识形态凝聚力，通过唱名表决来衡量政党团结。他发现，有凝聚力的政党或团体倾向于拥有更高的投票团结度，而有内部冲突的政党在投票时不太可能团结在一起，这显然与领导人所持的"胡萝卜"和"大棒"无关。同样，祖科（Zucco，2009）发现，通过调查测量，在意识形态上更接近总统的立法者，更有可能按照议院议长投票，议院议长也是总统的鞭子——在 WNOMINATE 理想点分析的第一维度中，以立法者的理想点与议长之间的绝对距离进行测量。

一个重要的文献脉络分析了立法机构内的总统、州长和 / 或集团领导人是否会影响个别立法者的投票行为。两种截然不同的理论——卡特尔理论和竞争主体法——已被用于理解拉丁美洲议院的投票行为。第一种理论强调议院规则的作用和议程设定权在立法者之间的分配。第二个重点是选举规则与政党之间的相互作用，而政党是立法者竞争主体（总统、州长或政党领袖以及选民）影响力的来源。

633

阿莫林·内托、考克斯和麦卡宾斯（Amorim Neto, Cox and McCubbins，2005）将卡特尔理论扩展到了巴西下议院，在那里，党派分裂和拥有强大议程权力的总统有可能潜在允许议会发挥议会议程卡特尔的作用。他们表明，只有当总统通过将内阁职位分配给关键政党的政治家来组建多数联盟时，才会形成议程卡特尔。因此，总统将自己的议程权力与立法多数党的政党领导人的议程权力结合起来，使多数党政府能够控制法案在议程上的位置，并降低被推上议事日程的可能性。

琼斯和黄（Jones and Hwang，2005）提出了原始卡特尔理论的修正版本，以解释为什么尽管阿根廷省级政党领导人对立法者的职业生涯具有强大的影响力，但在唱名投票行为中未观察到省级影响。多数党领导层对议会议程拥有相当大的权威和控制——通过指派党员担任政治上最重要的委员会主席，在重要委员会承担工作多数，以及对向委员会提交法案的控制——使其能够把那些将该党分隔开的法案排除在外（消极议程控制），并将获得该党支持的立法纳入议程（积极议程控制）。因此，在某种意义上，省／州长影响的是议程上的内容，而不是立法者如何投票决定议程的内容。这些权力和由此产生的优势并没有延伸到少数群体。[1]

阿莱曼（Alemán，2006）调查了拉丁美洲的所有议院规则，并强调了这些规则在政党领导人之间如何分配积极和消极议程权力的差异。通过分析阿根廷、智利和墨西哥下议院的投票率，他发现，在前两院，多数党领导人利用议程权力避开安排立法日程，以免在议员席上造成党派分裂。相反，在墨西哥，三个主要政党没有单方面把关权，其中至少有两个政党必须同意将立法列入议程，以防止卡特尔的出现。

竞争主体方法关注的是制度特征（主要外生于议院规则）是否影响立法者的行为。特别是，采用这种方法的人侧重于关注立法者在多大程度上受到竞争主体的影响，而且主体的需要可能彼此之间是冲突的。例如，有人假设，党内竞争加强了选民对立法者的影响；州长或地方党魁对提名过程的控制增加了他们向立法者施压的能力；总统议程设定的权力和对重要资源的控制增强了他们影响立法者投票方式的可能性。

凯里（Carey，2007）通过研究制度因素（党内竞争、联邦制、信任投票的存在以及总统制）对政党团结的影响，提供了竞争主体方法的跨国检验。他认为，所有立法者都会受到议会中集团领导人的影响，令人信服地说明了为什么我们可能期望其他行动者在正确的环境中仍然具有影响力。例如，他认为，在总统制中，行政长官是一个潜在的竞争主体，从经验上看，他发现总统制中的执政党不如议会制下的执政党统一。他还发现，党内竞争加强了选民相对于政党领导人的影响力，而且对团结产生了负面影响。

如前所述，州长通常在立法者实现其职业目标的能力中发挥核心作用，在某些情况下将自己定位为立法者。我们还注意到，州长的影响可能难以准确检测，因为他们的偏好是预期的。罗塞斯和兰斯顿（Rosas and Langston，2011，

---

〔1〕 值得指出的是，作者对多数党的定义有时是一个拥有多个席位而不是过半数席位的政党。

490）采用了一种独特的策略来揭示州长压力对墨西哥下议院议员投票行为的影响。他们利用唱名表决来估计立法者的理想分数，并计算"缔约州代表团分散程度分数，该分数被建模为州长任职时间长短的函数"。利用州长和立法者任期的长短（他们都不能连任），他们表示，随着州长留任时间的增加，他们对属于本党和本州的立法者的投票行为产生的影响也随之增加。

选举制度形成了立法者培养个人投票的激励，该类选举制度常常被认为会增加立法党派内部的冲突。然而，德斯波萨托（Desposato，2006）将巴西下议院与上议院进行比较，每一个议院的选举制度都产生了不同的激励因素以培养个人投票。他发现，各议院之间的政党团结程度没有差异。令人惊讶的是，尽管巴西立法者强烈鼓励培养个人投票权，但由于立法机构内的政党领导人成功地对其普通成员施加纪律，因此政党团结程度相当高［菲格雷多和利蒙吉（Figueiredo and Limongi），1999］。机构不是决定因素的发现本身具有信息性，它还指出需要考虑其他变量——候选人甄选程序、关于议程控制的议院规则、各政党席位分配、总统的立法权力等——当试图梳理出跨国研究设计中选举规则的影响时（其中选举规则显示了最多的变化）。

议程卡特尔和竞争主体方法并不冲突。为了将重点放在议院外的行动者上，凯里（Carey，2007）认为："几乎所有立法者都从属于议会内的政党领导人，而政党团体统一或凝聚力的程度取决于具有竞争性要求的负责人是否也控制着向立法者施压的资源。"在向政党领导人分配议程权力［阿莱曼（Alemán），2006］以及政党领导人在不同党派配置下成功利用这些权力［阿莫林·内托、考克斯和麦卡宾斯（Amorim Neto, Cox and McCubbins），2003；卡尔沃和萨加尔扎祖（Calvo and Sagarzazu），2011］方面，各议院之间存在显著差异。因此，今后关于政党团结的跨国研究应该能够设想嵌入国家结构中的不同议院组织组合，这些组合或多或少地建立起相互竞争的原则。

635

30.3.3　唱名表决之外

依赖唱名表决并不是没有缺陷的。最根本的是，它们不可能随处可见。此外，在政党领导人（和行政人员）拥有的任何议程控制权已经行使之后，都会进行现场投票。因此，我们看到立法者在为他们战略性选择的一系列问题上表达偏好。在政党领导人严格控制立法议程的地方，唱名表决告诉我们政党团结的基本概念并不清楚。事实上，当各方在战略上被阻止就一个可能使它们产生分歧的问题公开投票时，它们可能显得相当团结。除了这些或多或少被广泛承认的困难之外，还潜藏着一些没有得到足够重视的问题。

克里斯普和德里斯科尔（Crisp and Driscoll，2012）认为，如果议院程序不强制要求对所有投票使用唱名程序（该地区的许多议院都是如此），那么基于立法者自己决定进行唱名表决样本的估计，可能会产生偏差。一旦记录在案，是否进行唱名表决以及投票赞成或反对的这些决定，都是战略性行动。来自阿根廷和墨西哥的数据表明，某些类型的提案——起源于行政部门的提案，以及之前经过长时间辩论的提案——最有可能在标准操作程序为口头表决时进行表决。它们还表明，在阿根廷，当立法者选择对行政部门的提案和有关议程的提案进行唱名时，政党纪律得到加强。另外，如果立法者选择对一个项目进行唱名表决，然后进行长时间的辩论，可能是因为立法者需要向竞争主体证明他们的投票选择是正确的，那么政党纪律低于平均水平。

罗塞斯和肖默（Rosas and Shomer，2008）指出，从假设不回应（如缺席、弃权等）的投票中获取理想点的工具可以忽略，因为我们知道这些通常是战略行为，表明不回应者在这个问题上的偏好（或相冲突偏好）。他们扩展了项目反应理论模型的适用范围，以适应不可忽略的弃权这些情形。来自阿根廷的数据表明，唱名中缺少的值可能是竞争主体的一个函数，在那里省级／州长的压力会告知立法者何时不投票——在衡量立法者的理想点时不应忽视这些信息。

受唱名表决（多数情况下不可用）相关问题的刺激，一些学者已寻求方法，用唱名表决结果以外的指标来定位个别政治家和政党。许多国家（尤其是美国）都采用了共同提案的方式，作为立法者共同偏好的指标。阿莱曼、卡尔沃、琼斯和卡普兰（Alemán, Calvo, Jones and Kaplan，2009）比较了阿根廷（和美国）唱名决定和共同提案决定所揭示的偏好。他们发现，共同提案可以很好地替代唱名结果，同时提供了一个非常类似的政策空间的描绘。尽管如此，德斯波萨托、卡尼和克里斯普（Desposato, Kearney and Crisp，2011）对共同提案的使用提出了一些警告，表明关于数据生成过程的强大理论尚未形成，并且可能理论（possible theories）关于共同提案的决定或未能共同提案的实际含义，提出了非常不同的假设。

636

维斯霍迈尔和贝努瓦（Wiesehomeier and Benoit，2009）根据原始的专家调查数据，对 18 个拉丁美洲国家的总统和政党在多个政策层面的立场和重要性进行了独立估计。他们发现，单个左右维度可以捕获大多数问题的政策空间。他们还确定，在两院制和比例代表制中，当总统对某一特定政策层面的重视程度不同时，以及当与立法机构的选举不一致时，总统往往更倾向于独立于政党。显然，我们不能期望专家为每一位议会议员提供"理想点"，但正如维斯霍迈尔和贝努瓦（Wiesehomeier and Benoit，2009）所示，他们可以帮助学者获得一些次等重要的信息，如政党和知名人士在其中的位置，以及政策空间的维度。

　　萨拉曼卡大学的拉丁美洲议会精英项目收集了极其丰富的数据，并产生了大量信息丰富的研究。他们最有价值的数据贡献之一，是在几乎每一次立法选举之后对整个区域的议员进行一系列调查。赛格（Saiegh，2009）利用议员对问题的回答，要求他们将自己和其他政治行动者放在一个从左到右的十点范围内，以估计来自九个国家的政党、首席执行官和立法者在一个共同意识形态空间中的位置。他指出，这一指标绕过了精英控制议程可能产生的任何偏见（尽管它确实对受访者施加了预先确定的规模）。他的分析揭示的政策空间描述与每个国家的学术和新闻描述都很吻合。他得出结论，精英调查在某些方面可以替代唱名结果，并可能比其他指标有一些优势。

　　这些替代措施中的每一项都有自己的利弊。然而，事实证明，它们在界定国家政策空间的维度、在这些空间中定位政党、审查党派集团的统一性以及刻画行政立法关系方面卓有成效。尽管有一些缺点，但我们认为，思考这些指标如何相互关联，以及这些指标是否可用于三角测量法测量理论信息的数量，是一种富有成效的前进方式。

30.3.4　分析议院政治

　　我们在议院本身进行的政治审查，揭示了一些领域存在非常有趣的工作，但它们可能为需要进行的额外工作指明了方向。首先，相对于委员会工作如何改变立法内容或立法会实际看到的立法内容，我们更了解委员会的分配过程。对唱名表决结果的分析告诉我们许多关于政党团结、政策空间的维度以及政党在其中的位置的信息。我们对投票程序本身的选择考虑较少（当立法者可以通过唱名表决或"声音"表决时），以及如何选择可能是一个关于立场、信号或纪律的战略性选择。对共同提案法案的研究也许可以作为唱名表决结果一个很好的补充，但我们需要花更多的时间仔细研究共同提案的可能决定因素。厘清议程卡特尔方法和竞争主体方法的可观察的影响之间的区别，将有助于推动两者向前发展。我们还可以使用系统的、跨国家的措施,既包括议院领导人的议程权力,也包括竞争主体在何时何地有相互冲突的偏好。最后,我们对议院程序本身知之甚少。它们显然是内生的,了解需要什么来改变它们、改变的频率以及对什么的反应是很有趣的。

30.4 立法与行政关系

拉丁美洲专门研究立法政治的独特文献集中在立法者和行政人员如何互动,通常目的是解释一些最终的政策结果。在简单的运动或缺乏运动方面(可被称为稳定或僵局),取决于一个人的观点;总统在执行其议程方面的成功程度;在方向方面,通常是在左右或国家市场连续性上,以上均是政策结果。相关工作集中于联盟形成、维持和瓦解的临时步骤。

在讨论僵局、政策结果、总统议程命运和立法联盟等主题的同时,有助于我们组织许多单个工作的实质性重点。本节开始时,读者可以阅读三本优秀的著作,这些著作涵盖了在这里共同提到的所有主题,包括梅因沃林和舒加特(Mainwaring and Shugart,1997)编著的《拉丁美洲的总统主义和民主》(*Presidentialism and Democracy in Latin America*)、摩根施特恩和纳西夫(Morgenstern and Nacif,2002)编著的《拉丁美洲的立法政治》(*Legislative Politics in Latin America*),以及阿尔坎塔拉·赛斯和加西亚·蒙特罗(Alcántara Sáez and García Montero,2011)的《总统的算法》《拉丁美洲立法机构》(《不仅仅是总统:拉丁美洲立法机构的作用》)。梅因沃林和舒加特(Mainwaring and Shugart,1997)从总统的角度处理立法与行政关系,强调宪法分配的权力(包括主动权和被动权)与其党派权力的相互作用,或立法机构(特别是总统的政党)中党派集团的规模和统一性。编著图书包括关于阿根廷、玻利维亚、巴西、智利、哥伦比亚、哥斯达黎加、墨西哥和委内瑞拉的稿件。虽然调查结果丰富多样,但从这本书中得到的一些重要启示是:其一,尽管宪法和党派权力各不相同,但总统仍能找到成功的途径;其二,即使在立法机构党派分裂的情况下,长期的政策僵局也不常见。

摩根施特恩和纳西夫(Morgenstern and Nacif,2002)从立法机关的角度更直接地处理立法和行政关系。它们侧重于研究总统推动其政策议程的可用工具的使用、立法机构中党派集团表现出的团结程度，以及这些工具和立法者的激励措施在决策过程中如何发挥相互作用。关于这三个实质性主题，本书均包括关于阿根廷、巴西、智利和墨西哥的研究。同样，个人贡献的结论是丰富多样的，但该书得出的一般结论包括：（1）立法机构在很大程度上是被动的（相对于总统的主动努力）；（2）这种被动角色存在很大差异；（3）这种差异主要是制度设计的功能结果。

638

阿尔坎塔拉·赛斯和加西亚·蒙特罗（Alcántara Sáez and García Montero，2011）则认为，拉丁美洲立法机构在决策过程中没有发挥边际作用，而是加强了该地区的代议制民主。有些章节侧重于行政和立法关系的不同方面，例如，总统立法议程的成功或立法联盟的形成；其他章节则研究立法者的选举激励以及党派集团的规模和统一如何影响政策结果。结合了关于这些主题的跨国作品，以及关于阿根廷、巴西、哥伦比亚、哥斯达黎加、厄瓜多尔、墨西哥和乌拉圭这些特定国家的作品，该书作出了重大贡献。

这部作品中得出的结论在后面讨论的许多作品中得到了回应。

30.4.1　僵局

不同的出身和固定的任期可能产生一个立法和行政机关之间不可调和的分歧，造成政策僵局。科洛梅尔和尼格雷托（Colomer and Negretto，2005）将关键政治模型中美国制度的克雷比尔（Krehbiel，1998）正式化作为出发点，但他们指出需要扩展（或放宽一些假设），以允许拉丁美洲总统制的制度设计差异。最值得注意的是，他们模拟了多党立法机构的影响，以及党派集团在立法机构中表现出的纪律水平可能会有所不同的可能性。他们的理由是，多党制和相对较低的纪律水平，都会减少在政策空间区域的一系列结果，该空间区域以僵局为特征。他们并没有提供任何关于其理论建构演习产生的可观测影响的实证检测，但他们是通过建议未来的实证工作可能采取的路线而得出结论。

切伊布（Cheibub，2002）不仅试图确定总统的共同党派是少数成员的立法机构是否会导致僵局，而且还试图确定少数政府和僵局是否与民主崩溃有关。他的数据集跨越了50年，覆盖了拉丁美洲以外的所有总统制度，尽管案件最集中的地区是拉丁美洲。他总结说，事实上，总统制度中的选举规则更容易产生少数政府，但少数政府不比其他政府更容易出现僵局。更重要的是，少数政府和僵局与总统制中民主的存在无关。

30.4.2　政策结果

文献中的一个相关线索将注意力从改变现状的自由或者说有能力改变现状，转移到试图解释特定政策结果：预算赤字的规模；社会项目支出比例；或者经济受市场或国家控制的程度。

约翰逊和克里斯普（Johnson and Crisp，2003）运用美洲开发银行的结构政策指数来决定经济政策是以政府为中心还是以市场为导向，以测试选民能够在多大程度上作出选举授权。更具体地说，他们研究了立法者实现其意识形态偏好的能力，正如政党声誉所体现的那样，如何与他们采取集体行动的潜力有关。根据来自 11 个国家 46 个国会任期的数据，他们发现政党较少的立法机构，尤其是那些党派集团可能受到约束的立法机构，在追求普通议员的政策偏好方面的表现更为出色。

在试图解释智利的预算结果时，特别是盈余趋势时，巴尔德兹和凯里（Baldez and Carey，1998）确定了限制立法者选择的宪法条款。立法者不能修改税收数字，他们只能减少总统提出的开支选择。如果国会未能通过一项预算案，总统提出的预算案就是一个转折点。他们提出了一个空间模型，说明了这些条款如何限制开支，并赋予总统优先权。他们还提供了实证数据，支持他们关于智利财政政策结果的主张，并将智利的机构与该地区的其他机构进行对比，将其他机构设计与赤字支出趋势联系起来。

30.4.3　总统的议程

文献中有一个重要的研究脉络，它更明确地设想了政策结果，即在总统成功执行其议程方面。这条线索中的许多因果推理类似于上面讨论的工作，但这里更多强调议程设置权力，特别是体制和党派特征，这使得总统有可能限制甚至有时支配立法机构的议程。在这一关于议程设置的文献中，特别关注的是总统启动和优先考虑立法、总统令权力的作用，最精致的作品表明，它们不是行政人员在任何时候或任何地方选择使用的钝器。

卡尔沃（Calvo，2007）综合了非制度特征（如总统受欢迎程度）和制度特征（包括总统有能力将法案引入更有利的议院而可能获得的优势），同时说明了阿根廷总统提出的法案的执行情况。他在单个和聚合级别上对法案批准率进行建模，阐明了单个法案特有的因素（如实质性主题）和表征整个任期的因素（如各议院的党派组成）很可能会影响通过率。他得出结论说，尽管存在强大的立法卡特尔，但法案批准率不仅仅是"政党纪律、理想点的空间分布以及提案相对于现状的位置"的函数。相反，当这些其他因素不变时，立法卡特尔似乎对不断变化的公众舆论作出反应。

当只审查个别案件时，如总统否决权的强度这类制度特征，就保持不变，而且在理论上往往是含蓄的。赛格（Saiegh，2011）在这一领域的工作在理论和实证方面都具有可比性，不仅涵盖了整个拉丁美洲，也涵盖了其他案例。他在非正式和正式的理论论据中提出的主要论点，是立法者偏好而不是党派支持程度的不确定，决定了行政长官采纳方案的能力。他发展了他称之为"首席执行官的得分（通过率）"的指标来衡量"一个政府管理的程度"。他发现，行政成功的几个决定因素是专制优于民主，议会优于总统，而立法者拥有政党寻求选票的激励优于个人寻求选票的激励。这些发现所依据的经验数据范围，确实令人印象深刻。他还提供了一系列模拟，以显示立法者偏好的不确定性对行政长官提案获得采纳率的负面影响。

有一套相关的作品涉及总统令的使用。虽然这些著作可能属于行政研究手册，但值得一提的是，因为几乎所有这些著作都考虑到总统运用法令权力的程度，这是其与立法机关关系的一个函数。由凯里和舒加特（Carey and Shugart，1998）编著的一书是最早论及这一主题的。他们首先从授权政令权力和宪法分配政令权力之间的重要区别开始。除了一个总体的理论动机和一个关于宪法最有可能提供每种类型的法令权力的比较结论章节，其他作者还提供了阿根廷、俄罗斯、秘鲁、委内瑞拉、意大利、巴西、法国和美国的研究。最近，佩雷拉、鲍尔和雷诺（Pereira, Power and Rennó，2005；2008）回顾了巴西法令使用的几个方面，尼格雷托（Negretto，2004）提供了动态的直接形式化描述，随后对阿根廷和巴西的法令使用进行了案例研究。尽管在推动法令使用的因素上彼此并不完全一致，但所有这些著作中的一个总主题是，宪法赋予的发布具有法律效力的法令的权力并不会使立法机关变得无关紧要。每一部作品都列出了总统面临的一系列限制，其中许多都与引发立法机构不必要行动的前景有关。从某种意义上说，他们认为，鉴于立法特权，宪法分配的法令权力可能不像简单的一瞥所显示的那样与委托的法令权力不同。

赖希（Reich，2002）利用了巴西颁布的所有总统法令最终都必须获得批准这一事实，更深入地挖掘了立法者是如何影响总统执行其议程的能力的，我们认为这是一个独特的贡献。他认为，授予法令权力是授予立法权力的一种理性

之举，利用行政部门在起草立法方面的专业知识，同时避免了繁重和无回报的

641 委员会工作。立法者可以通过修改选定的修正案来减少机构的损失。根据经验，
他接着指出，修订法令的建议在可能引起媒体注意的项目上更多——货币兑换、
最低工资和私有化，以及可能影响立法者的赞助来源的项目也更多——关闭联
邦机构、住房计划以及向州和地方政府转移资金。不足为奇的是，随着拟议修
正案数量的增加，该法令不经修正就获得批准的可能性降低了。赖希（Reich）
没有停留在区分成功和拒绝之间，把所有的批准放在一个单一的得分框中，而
是区分了总统的成功。

最后一个注意事项，在前面讨论的卡尔沃（Calvo，2007）的文章中，发
现了行政法令和法案倡议之间一个非常重要的替代效应。他的工作揭示了法令
与阿根廷国会批准的总统提案之间的负面关系，这表明，从据称来自总统的法
令威胁中获得的战略收益是有限的。结合本章总结的关于法令使用的细致入微
的研究，现有的文献表明，行政法令权力的可用性并没有降低立法政治的重
要性。

30.4.4　立法联盟[1]

鉴于拉丁美洲的选举规则往往导致多党制，迄今为止讨论的任何决策都不
可能在不成立立法联盟的情况下进行。在拉丁美洲（及其他地区）的总统体制
中，有几篇文章讨论了联合政治的问题。他们中的大多数人指出，对联盟的研
究曾经是那些对议会制度感兴趣的人的专利。考虑到相互信任的需要，人们认
为，在解释议会制度中的政策结果时，联盟政治要频繁得多，也重要得多。相
反，人们认为，作为总统政体特征的固定条款使得组建联盟的必要性降低。作
为一个整体，这些研究表明，与许多其他动态一样，总统政体内部的变化意味
着议会与总统的二分法可能是错误的，或者至少经常被夸大。

切伊布、普尔泽沃斯基和赛格（Cheibub，Przeworski and Saiegh，2004）
最全面地指出，当涉及联盟政治时，总统与议会的分歧至多是模糊的。他们的
数据集跨越了 1946 年至 1999 年的民主政体，虽然它包括了大部分（如果不是
全部的话）拉丁美洲的例子，但它远远超出了这一范围，使得明确的总统和议
会对比成为可能。他们发现，稳定的政府联盟有半数以上（其中只有总统的政

---

[1]　有一组相关的研究侧重于立法政治在总统个人命运和民主政权存续中的作用，但由于篇幅限制，我
们将不在此进行回顾。有关这些论文的列表，请参阅我们的复制参考书目。

党不构成多数），少数政府在立法方面的成功程度不亚于多数联盟（后者同时把控着总统和议会），以及政府的联盟地位对这两种政体中的民主没有影响。

642

阿莫林·内托（Amorim Neto，2006）所著的关于美洲的总统制和执政能力研究一书，用 18 个国家 30 多年的数据对联盟的形成及其后果进行了非常透彻的研究。他区分了希望通过立法机构批准其议程的总统和拥有提供另一种选择的单方面权力的总统。他推理说，前者将与各党派在议会中的规模成比例地建立联盟（直到它们积累了超过多数的支持）。他发现，正如先前关于法令权力的文献所表明的那样，仅拥有法令权力并不会降低总统建立多数联盟的可能性。然而，当他将标准提高到"有效多数"——始终能够作为多数集团投票时，他确实发现，有权势的总统并不总是建立联盟。然后，他讨论了组建联盟的后果，考察了内阁的持久性、部长的稳定性和财政政策。在某种程度上，本书前面解释的内阁联盟的特点有助于我们理解这些后果，内阁组合和在议院席位的比例是最一致的重要的协变量。

马丁内斯－加利亚多（Martinez-Gallardo，2012）还收集了大量数据——在近 20 年的时间里，来自十几个拉丁美洲国家的 121 个政府内阁。她发现，总统的支持率有助于保持政党在执政联盟中的地位。另外，如果总统拥有法令权力而允许其单方面改变政策现状，那么联盟伙伴更有可能离开联盟，也许是觉得行政部门不太需要与他们妥协。不足为奇的是，在联盟有盈余的情况下，离任的可能性也更大，这样一个政党的离任就不会危及政府的多数地位。

总之，在总统和议会政体中，联盟的动态并没有完全不同。更重要的是，一个似乎特别有希望的研究领域是比较工作，它发展了我们的理论，即考虑到不同总统政体在宪法分配的权力和政党制度方面的差异，联盟政治应该如何在不同的总统政体之间变化。

30.4.5　分支间关系

篇幅限制使我们无法对许多有助于我们理解立法政治对部际关系影响的著作，进行详细评论。然而，即便是本章所审查的选定样本也表明，政党制度之间的差异（往往源于选举规则）和宪法权力分配的差异，意味着拉丁美洲的总统民主政体为在立法政治研究的许多核心问题上取得影响力，提供了丰富的机会。政党的有效数量（以及总统所在政党的规模）、立法者寻求选票的动机，以及宪法或程序上分配给每个分支机构处置的工具，都有助于确定立法者在面

643

对总统时采取的策略，反之亦然。

30.5 结论

正如我们在这里所展示的，拉丁美洲有丰富多样的立法政治研究文献。该领域在理论和方法上都很成熟。尽管如此，在这篇文章中，我们试图找出我们认为有趣的研究问题，需要更多的工作。最后，我们想就该领域的未来方向提出一项补充建议。在编目工作的审查中，对单一国家研究之间的平衡和它们与多国研究之间的平衡，让我们感到惊讶。

在 151 篇参考期刊文章中，有 92 篇（或占比 62%）涉及一个国家。整整 43% 的单一国家研究（或 40 篇文章）集中在一个案例，即巴西。[1] 阿根廷（15 篇）、智利（12 篇）和墨西哥（6 篇）也得到了很大的关注，而对其他国家的研究没有 3 篇以上的文章，许多国家根本没有得到关注。我们发现有 40 篇文章是多国研究，另外 14 篇主要是理论构建。

相对而言，我们并没有利用跨国差异的广度，来帮助我们在几个问题上取得优势。鉴于拉丁美洲立法政治研究的体制方法占主导地位，这一点特别令人吃惊，因为一个国家内的许多重要机构几乎没有变化。可以肯定的是，一个国家内部的制度改革为观察立法者前后的行为提供了很好的研究设计机会，同时，自然保持了许多其他特征不变。有时，学者们会利用各个议院之间的制度差异来获得对研究问题的影响力，但上议院的研究相对较少。通过观察随时间而变化的非体制因素（如席位的党派平衡）如何影响行为（包括使用诸如法令权力和否决权等体制权力），也有许多益处。

尽管如此，跨国差异仍然未获得深入研究。例如，这里回顾的许多实证文章都受到理论文章的影响，如凯里和舒加特（Carey and Shugart，1995）关于个人与政党寻求选票激励的思考，在那里当我们跨国考察时，那些可能影响立法者行为的因素只取它们的全范围值。令人惊讶的是，我们对立法者行为的

---

〔1〕 巴西人有一个类似于充满活力的家庭手工业的研究群体，他们相互对话，讨论如何最好地描述该国的立法机构，尤其是行政与立法的关系。关于巴西决策过程有多混乱的争论引发了一个接一个的回应。参见艾姆斯（Ames，2002）对摩根施特恩和纳西夫（Morgenstern and Nacif，2002）的贡献，了解标志着这场争论起源的文献综述。参见佩雷拉、鲍尔和雷诺（Pereira, Power and Rennó，2008），了解关于这场辩论如何演变的最新情况。

许多假设所依据的这些理论工具，并没有以比较的方式得到广泛的检验。凯里（Carey，2007；2009）关于选举规则对政党团结影响的跨国研究是一个显著的例外。

　　不足为奇的是，书籍篇幅较长，更具跨国性。在我们确定的 31 本书中，22 本（占比 72%）是多国研究。但是，其中有 9 本是经过编辑的卷本，其中的个别章节往往是单一国家的研究。不过，基于例外情况，跨国研究显然不需要以书的体量来处理。我们认为，更加注重多国研究将是一个富有前景的趋势。

644

参考文献

Alcántara Sáez, M. and García Montero, M. (eds.), 2011. Algo más que Presidentes. El Papel del Poder Legislativo en América Latina. Zaragoza: Fundación Manuel Giménez Abad de Estudios Parlamentarios y del Estado Autonómico.

Alemán, E., 2006. Policy Gatekeepers in Latin American Legislatures. Latin American Politics and Society, 48: 125–55.

Alemán, E., Calvo, E., Jones, M.P., and Kaplan, N., 2009. Comparing Cosponsorship and Roll–Call Ideal Points. Legislative Studies Quarterly, 34: 87–116.

Ames, B., 2002. Party Discipline in the Chamber of Deputies. In S. Morgenstern and B. Nacif(eds.) Legislative Politics in Latin America, pp. 185–221. New York: Cambridge University Press.

Amorim Neto, O., 2006. Presidencialismo e governabilidades nas Américas. Rio de Janeiro: Konrad Adenauer Stiftung/FGV Editora.

Amorim Neto, O., Cox, G.W., and McCubbins, M.D., 2003. Agenda Power in Brazil's Camara dos Deputados, 1989–98. World Politics, 55: 550–78.

Baldez, L. and Carey, J. M., 1999. Presidential Agenda Control and Spending Policy: Lessons from General Pinochet's Constitution. American Journal of Political Science, 43: 29–55.

Calvo, E., 2007. The Responsive Legislature: Public Opinion and Law Making in a Highly Disciplined Legislature. British Journal of Political Science, 37: 263–80.

Calvo, E. and Sagarzazu, I., 2011. Legislator Success in Committee: Gatekeeping Authority and the Loss of Majority Control. American Political Science Review, 55: 1–15.

Carey, J.M., 2007. Competing Principals, Political Institutions, and Party Unity in Legislative Voting. American Journal of Political Science, 51: 92–107.

Carey, J.M., 2009. Legislative Voting and Accountability. Cambridge: Cambridge University Press.

Carey, J.M. and Shugart, M.S. (eds.), 1995. Incentives to Cultivate a Personal Vote: A Rank Ordering of Electoral Formulas. Electoral Studies, 14: 417–39.

Carey, J.M. and Shugart, M.S., 1998. Executive Decree Authority. Cambridge: Cambridge University Press.

Cheibub, J.A., 2002. Minority Governments, Deadlock Situations, and the Survival of Presidential Democracies. Comparative Political Studies, 35: 284–312.

Cheibub, J.A., Przeworski, A., and Saiegh, S.M., 2004. Government Coalitions and Legislative Success Under Presidentialism and Parliamentarism. British Journal of Political Science,34: 565–87.

Colomer, J.M. and Negretto, G.L., 2005. Can Presidentialism Work Like Parliamentarism? Government and Opposition, 40: 60–89.

Cox, G.W. and McCubbins, M.D., 2005. Setting the Agenda: Responsible Party Government in the US House of Representatives. Cambridge: Cambridge University Press.

Crisp, B.F. and Desposato, S.W., 2004. Constituency Building in Multimember Districts: Collusion or Conflict? Journal of Politics, 66: 136–56.

Crisp, B.F. and Driscoll, A., 2012. The Strategic Use of Legislative Voting Procedures. Legislative Studies Quarterly, 37: 67–97.

Crisp, B.F., Escobar–Lemmon, M.C., Jones, B.S., Jones, M.P., and Taylor–Robinson, M.M., 2004. Vote–Seeking Incentives and Legislative Representation in Six Presidential Democracies. Journal of Politics, 66: 823–46.

Desposato, S.W., 2006. The Impact of Electoral Rules on Legislative Parties: Lessons from the Brazilian Senate and Chamber of Deputies. Journal of Politics, 68: 1018–30.

Desposato, S.W., Kearney, M.C., and Crisp, B.F., 2011. Using Cosponsorship to Estimate Ideal Points. Legislative Studies Quarterly, 36: 531–65.

Fenno, R.F., 1978. Home Style: House Members in their Districts. Boston: Little, Brown.

Figueiredo, A.C. and Limongi, F., 1999. Executivo e Legislativo na nova ordem constitucional. Rio de Janeiro: Fundação Getulio Vargas Rio de Janeiro.

Johnson, G.B. and Crisp, B.F., 2003. Mandates, Powers, and Policies. American Journal of Political Science, 47: 128–42.

Jones, M.P. and Hwang, W., 2005. Party Government in Presidential Democracies: Extending Cartel Theory Beyond the US Congress. American Journal of Political Science, 49: 267–82.

Jones, M.P., Saiegh, S., Spiller, P.T., and Tommasi, M., 2002. Amateur Legislators–Professional Politicians: The Consequences of Party–Centered Electoral Rules in a Federal System. American Journal of Political Science, 46: 656–69.

Krehbiel, K., 1998. Pivotal Politics: A Theory of US Lawmaking. Chicago: University of Chicago Press.

Mainwaring, S. and Shugart, M.S. (eds.), 1997. Presidentialism and Democracy in Latin America. New York: Cambridge University Press.

Martínez–Gallardo, C., 2012. Out of the Cabinet: What Drives Defections from the Government in Presidential Systems? Comparative Political Studies, 45: 62–90.

Mayhew, D., 1974. The Electoral Connection. New Haven: Yale University Press.

Morgenstern, S., 2004. Patterns of Legislative Politics: Roll–call Voting in Latin America and the United States. Cambridge: Cambridge University Press.

Morgenstern, S. and Nacif, B. (eds.), 2002. Legislative Politics in Latin America. New York: Cambridge University Press.

Negretto, G.L., 2004. Government Capacities and Policy Making by Decree in Latin America — The Cases of Brazil and Argentina. Comparative Political Studies, 37: 531–62.

Pereira, C., Power, T.J., and Rennó, L.R, 2005. Under What Conditions Do Presidents Resort to Decree Power? Theory and Evidence from the Brazilian Case. Journal of Politics,67: 178–200.

Pereira, C., Power, T.J., and Rennó, L.R., 2008. Agenda Power, Executive Decree Authority, and the Mixed Results of Reform in the Brazilian Congress. Legislative Studies Quarterly,33: 5–33.

Reich, G., 2002. Executive Decree Authority in Brazil: How Reactive Legislators Influence Policy. Legislative Studies Quarterly, 27: 5–31.

Rosas, G. and Langston, J., 2011. Gubernatorial Effects on the Voting Behavior of National Legislators. Journal of Politics, 73: 477–93.

Rosas, G. and Shomer, Y., 2008. Models of Nonresponse in Legislative Politics. Legislative Studies Quarterly, 33: 573–601.

Saiegh, S.M. 2009. Recovering a Basic Space from Elite Surveys: Evidence from Latin America. Legislative Studies Quarterly, 34: 117–45.

Saiegh, S.M., 2011. Ruling by Statute: How Uncertainty and Vote Buying Shape Lawmaking. Cambridge: Cambridge University Press.

Samuels, D., 2000. Ambition and Competition: Explaining Legislative Turnover in Brazil. Legislative Studies Quarterly, 25: 481–97.

Schwindt–Bayer, L.A., 2010. Political Power and Women's Representation in Latin America. Oxford: Oxford University Press.

Siavelis, P.M. and Morgenstern, S. (eds.), 2008. Pathways to Power: Political Recruitment and Candidate Selection in Latin America. University Park: Penn State University Press.

Taylor, M.M., 1992. Formal Versus Informal Incentive Structures and Legislator Behavior. Evidence from Costa Rica. Journal of Politics, 54: 1055–73.

Taylor–Robinson, M.M. and Diaz, C., 1999. Who Gets Legislation Passed in a Marginal Legislature and is the Label Marginal Legislature Still Appropriate? Comparative Political Studies, 32: 589– 625.

Universidad de Salamanca. Parliamentary Elites of Latin America, PELA (2012). Available from the Observatorio de Élites Parlamentarias de América Latina website: <http://americo.usal. es/oir/elites/>.

Wiesehomeier, N. and Benoit, K., 2009. Presidents, Parties, and Policy Competition. Journal of Politics, 71: 1435–47.

Zucco, C., 2009. Ideology or What? Legislative Behavior in Multiparty Presidential Settings. Journal of Politics, 71: 1076–92.

第三十一章　中欧和东欧的立法机构[*]

约瑟芬·T. 安德鲁斯（Josephine T. Andrews）

31.1　引言

　　立法机构在民主化进程中的作用推动了中欧和东欧后共产主义国家的学术研究。菲什（Fish）使用与克罗尼格（Kroenig）一起开发的立法实力指数表明，立法机构越强大，民主越强［菲什（Fish），2006］。尽管很少有其他系统性研究将立法实力与民主联系起来［巴坎（Barkan），2008］，但调查中欧和东欧后共产主义民主国家立法机构的大部分工作都是由以下问题驱动的：强大立法机构的特征是什么？立法实力有多重要？本章围绕这一中心问题展开。

　　目前关于后共产主义国家立法机构的大量文献强调了有助于立法机构的力量和运作的三个因素：（1）相对于行政机构之立法机构的宪法权力；（2）立法成员的党派结构及其对决策和政府稳定的影响；（3）立法机构的内部组织特征——制度能力。关于这些新民主国家的立法实力的学术研究，以关于行政与立法关系［舒加特和凯里（Shugart and Carey），1992；利普哈特（Lijphart），1999］、选

---

　　*　谭清值译。

举规则、政党制度和政府期限［斯特罗姆（Strøm），1985；考克斯（Cox），1997；泽伯利斯（Tsebelis），2002］和内部立法组织［奥尔森（Olson），1980；谢普瑟和温加斯特（Shepsle and Weingast），1987；肖（Shaw），1990］的经典文献为起点。

　　在这一章中，我讨论了中欧和东欧国家（CEE）的立法机构的设计和运作，在这些国家，立法机构是立法的决定性舞台。这组案例包括六个原苏联加盟共和国：立陶宛、拉脱维亚、爱沙尼亚、俄罗斯、乌克兰和摩尔多瓦；六个原苏联卫星国家：波兰、捷克共和国、斯洛伐克、匈牙利、保加利亚和罗马尼亚；四个原南斯拉夫加盟共和国：斯洛文尼亚、克罗地亚、北马其顿和塞尔维亚；另外还有一个巴尔干国家：阿尔巴尼亚。[1]

648

　　如前所述，关于中欧和东欧议会的文献确定了有助于立法力度和影响的三个关键解释变量，本章围绕这三个重要研究方向对中欧和东欧议会文献进行了回顾。首先，对政府体制的宪法结构进行了比较，讨论了导致整个区域采用具体宪法安排的历史情况以及这些政府体制的影响。其次，对多党制和立法碎片化的原因和后果进行了审查。最后，比较了内部组织特征（如委员会、议会政党团体和代表经验）及其对立法效力的影响。自始至终，我考虑了民主立法机构的这三个关键特点对整个区域民主化的影响。

31.2　东欧剧变与宪法设计的首要性

　　对中欧和东欧立法机构的研究始于过渡时期［卡尔多和维耶沃达（Kaldor and Vejvoda），1999；麦克福尔（McFaul），2001；斯托克斯（Stokes），2012］。[2] 正是在这种情况下，重新设计了政治机构。虽然有些国家的宪法规则是在第一次竞争性选举之前制定的，但在大多数国家，宪法是由议会或特别选举产生的大会起草的。此外，在大多数国家，议会有权修改宪法，而且大多数国家都这样做了。作为新宪法秩序的缔造者，议会至少在过渡初期成为政治的焦点［阿格（Agh），1995；科佩基（Kopecky），2004］。

　　学者将注意力转向了这一非同寻常的历史时刻，这为研究正在形成的机

---

〔1〕　本书将白俄罗斯、波斯尼亚和黑塞沃维那和科索沃地区排除在我的分析之外。

〔2〕　例外情况包括乌克兰、摩尔多瓦、阿尔巴尼亚以及那些陷入国内冲突的原南斯拉夫加盟共和国。

构提供了机会［普尔泽沃斯基（Przeworski），1991］。随着社会制度发生根本性变化，留下一张白板，新的精英可以在上面起草新的制度结构［埃尔斯特（Elster）等人，1998，25］。正如利普哈特（Lijphart，1992，207）所写：

在民主国家必须作出的所有宪法选择中，最重要的是行政与立法之间关系的选择，特别是总统与议会政府之间的关系。

中欧和东欧关于宪法选择的许多工作，侧重于作为理性行为结果的制度。格迪斯（Geddes，1996，18）在她1996年的一篇有影响力的论文中指出，那些设计机构的人这样做，是为了在新的竞争性政治环境中增加他们获得政治权力的机会。在政党众多而不占主导地位的国家，如匈牙利，则选择纯粹的议会制；而在一个政党占主导地位并由全国知名人士领导的国家，则选择总统制或半总统制，如波兰、罗马尼亚和许多其他国家［格迪斯（Geddes），1996］。在解释整个区域采用比例选举制度时也提出了类似的论点［利普哈特（Lijphart），1992；雷明顿和史密斯（Remington and Smith），1996；麦克福尔（McFaul），1999；什维佐娃（Shvetsova），2003；贝努瓦和海登（Benoit and Hayden），2004；贝努瓦和沙伊曼（Benoit and Scheimann），2001］。

然而，制度选择并不总是战略考量的结果。例如，有人提出在波兰议会增加一个上议院的建议，以安抚一位重要的参与者［奥西亚廷斯基（Osiatynski），1996），瓦茨拉夫·哈维尔（Vaclav Havel）］；为了将捷克斯洛伐克联邦团结在一起［（卡尔达（Calda），1996］，推出了不符合其公民论坛党最佳利益的制度。此外，精英们的行动是否基于对自身利益的清晰理解，还不得而知。在匈牙利的圆桌谈判期间，虽然匈牙利前共产党领导人赞成增加一个他肯定不会赢得的直选总统职位，但更受欢迎的匈牙利民主论坛领导人［约瑟夫·安塔尔（Joseph Antall）］反对这一决定［萨约（Sajó），1996］。就选举规则而言，主张特定规则的行为者往往在下一轮竞争中被他们选择的规则淘汰［卡明斯基（Kaminski），2002；安德鲁斯和杰克曼（Andrews and Jackman），2005］。战略性行为在选择政府和选举制度方面发挥了重要但不是决定性的作用。

学者们还强调了西欧制度设计，特别是欧洲联盟（欧盟）中具有高度影响力的国家（特别是德国和法国）的宪法对负责起草新宪法的政治精英的影响［埃尔斯特（Elster），1991；奥尔森和诺顿（Olson and Norton），1996］。正如宪法学者埃尔斯特（Elster，1991，469）告诉我们的那样："只有一小部分可以想象的宪法方案曾在东欧的议程上。"马洛瓦和霍顿（Malova and Haughton，2002，101）观察到：

"该区域最初体制改革的核心是希望按照西欧模式建立现代民主国家。然而，在整个 20 世纪 90 年代，出现了一个更具影响力的机制，即欧洲联盟，以促进中欧和东欧的体制趋同。"

因此，毫不奇怪，整个中欧和东欧的现行体制模式涉及议会民主，无论是否有当选国家元首，以及比例代表制。此外，对于那些有宪法经验的国家，战争间宪法常被用作谈判开始的模板 [怀特菲尔德（Whitefield），1993；埃尔斯特（Elster）等人，1998]。因此，中欧和东欧民主国家行政—立法关系和选举规则的最初设计是两种因素的结合：一是在过去宪法经验的背景下政党精英采取的战略行为；二是西欧采取符合欧盟规范的制度所带来的有效压力。

650

宪法安排不仅是政治精英之间讨价还价的结果，还受到诸如过去经验和欧盟规范等外部因素的影响，这一事实应减少人们的关切，即宪法设计的结果仅仅是有助于首先制定特定规则的条件的延续。同样重要的是，尽管几乎每个国家都立即建立了一个基本的宪法框架，而且体制改革的步伐已经放缓，但在整个 20 世纪 90 年代，大多数国家都在就宪法设计进行谈判，有些国家的谈判一直持续到今天。只有波罗的海和东欧卫星国（波兰和匈牙利除外）立即通过了新《宪法》。[1] 在匈牙利议会最近于 2011 年 4 月 18 日通过该《宪法》之前，匈牙利《宪法》是 1949 年苏联时期《宪法》的修订版。[2] 原苏联加盟共和国的宪法改革是零碎进行的。[3] 在原南斯拉夫，三个加盟共和国（斯洛文尼亚、克罗

---

〔1〕　本说明中的材料基于卢德维科夫斯基（Ludwikowski，1996）。波兰议会最初只通过了一个宪法框架，即 1992 年的所谓"小宪法"；新《宪法》直到 1997 年 4 月才被议会通过，爱沙尼亚和拉脱维亚的议会都重新颁布了苏联时期以前生效的《宪法》。爱沙尼亚《宪法》于 1992 年 6 月通过公民投票颁布，拉脱维亚《宪法》于 1993 年 7 月通过议会颁布，而立陶宛《宪法》则是国民议会内部谈判的结果，并于 1992 年 10 月通过公民投票予以批准。捷克共和国和斯洛伐克共和国的《宪法》分别于 1993 年 1 月 1 日和 1992 年 9 月 1 日在捷克斯洛伐克和平解体时由各自的国家立法机构通过。保加利亚的《宪法》于 1991 年 7 月由直接选举产生的大会通过。罗马尼亚的《宪法》由直接选举产生的罗马尼亚议会批准，并于 1991 年 12 月通过公民投票予以批准。在每一种情况下，新宪法秩序的细节都是议会各党派领导人之间谈判的结果。

〔2〕　匈牙利民主从第一次竞争性选举开始就顺利运作的规则，是根据对共产主义时代《宪法》的修正案制定的，并由匈牙利前共产党领导人和谈判前成立的几个反对党领导人制定 [埃尔斯特（Elster）等人，1998]。

〔3〕　1993 年 12 月通过了俄罗斯《宪法》[史密斯和沙雷特（Smith and Sharlet），2008]，1994 年 7 月通过了摩尔多瓦《宪法》，但 2000 年对其进行了修订，以减少总统的权力，并将选举方式从人民直接选举改为议会间接选举 [布雷齐亚努和斯帕努（Brezianu and Spânu），2007]。乌克兰《宪法》最终于 1996 年 6 月获得通过，并于 2004 年进行了重大修订，以减少总统的权力，但这些修订于 2010 年被乌克兰宪法法院推翻 [克里斯滕森（Christensen）等人，2005]。

地亚和北马其顿）在东欧剧变后立即通过了新《宪法》。

在那些推迟通过新《宪法》的国家，有关行政和立法机关相对权力的规则以及选举规则可能会发生变化，但即使在宪法通过较早的国家，这些规则也可能而且确实会发生修正。一些国家的选举规则多次发生变化，摩尔多瓦、斯洛伐克和捷克共和国的国家元首选举规则也发生了重大变化。[1]因此，体制规则仍在不断变化［罗伯茨（Roberts），2009］。

从早期强调机构的选择开始，随后与中欧和东欧立法机构有关的工作，侧重于这些规则对立法实力和民主过渡的影响。

31.3 行政与立法关系：评估议会实力

在关于中欧和东欧立法机构的文献中，政府体制的分类有许多不一致之处，特别是在既有直接选举的国家元首（总统）又有政府首脑（总理）的国家。俄罗斯的体制被一些作者称为总统制［科尔顿（Colton），1995；菲什（Fish），2000］，但也有人称其为半总统制［哈斯佩尔（Haspel）等人，2006］。摩尔多瓦有时被描述为总统制，但这种描述使我们忽视了摩尔多瓦体制发展轨迹上有趣的差异，摩尔多瓦议会既减少了总统的权力，又将总统选举方式从直接选举改为间接选举。这与我们研究中的另外两个例子（乌克兰和俄罗斯）形成对比，那里的总统仍然是直接选举产生的，而且权力很大。罗马尼亚总统通常被认为比波兰总统更有权力，但仔细分析这两位总统的权力并不支持这一结论（见表31.1）。

651

制度分类和总统权力评估中的不一致很重要，因为这些不一致导致对整个区域立法机构作用的比较评估的不准确。如麦甘恩（McGann，2006）所说，如果宪法特征比人们所认识到的更能决定立法的实力和影响力，那么为了比较立法机构，我们必须就所有中欧和东欧国家的宪法结构有一致把握。

---

〔1〕 一般来说，选举规则的变化涉及选举门槛或将选票转换成比例制席位的方法类型，尽管在某些情况下，各国从一种制度转变为另一种制度［伯奇（Birch）等人，2002］。从1999年开始，斯洛伐克总统由直接选举产生。捷克共和国下一任总统将于2013年直接选举产生。摩尔多瓦总统是通过1996年的选举直接选举产生的，但从2000年开始由议会选举产生。

利普哈特（Lijphart，1999）认为，纯粹的议会制是一种没有直接选举的国家元首，由政府首脑和内阁担任的主要行政机关对立法机关负责的制度。一个纯粹的总统制是一个主要行政机构，即国家元首，由直接选举产生，任期由宪法规定，但不向立法机关负责。在总统制中，国家元首选举内阁成员，尽管通常必须得到立法机关的批准。混合体制首先由迪韦尔热（Duverger，1980）确定，但由舒加特和凯里（Shugart and Carey，1992，19-24）系统地定义，在该类体制中既有当选的国家元首又有当选的政府首脑。值得注意的是，根据舒加特和凯里（Shugart and Carey）的说法，包括议会选举产生的国家元首和政府首脑的体制不是混合体制，它是议会制。国家元首与政府首脑的相对权力决定了混合制的类型，一些作者认为，国家元首的宪法权力是确定的［罗珀（Roper），2002］。如果政府首脑任命内阁，以及国家元首的规范性权力最小，舒加特和凯里（Shugart and Carey）将该制度称为"总理—总统制"。然而，如果国家元首任命政府首脑和内阁，而政府首脑和内阁又对立法机关负责，国家元首的规范性权力相当大，舒加特和凯里（Shugart and Carey）称该制度为"总统—议会制"。

根据这些标准，对本研究所包括的 17 个国家进行分类是一个简单的问题。因此，将 17 个国家分类为：

- 议会制包括阿尔巴尼亚、捷克共和国（至 2012 年）、爱沙尼亚、匈牙利、拉脱维亚和摩尔多瓦（自 2000 年以来）。
- 总理—总统制包括保加利亚、克罗地亚、立陶宛、北马其顿、波兰、罗马尼亚、塞尔维亚、斯洛伐克（自 1999 年以来）和斯洛文尼亚。
- 总统—议会制包括俄罗斯和乌克兰。

作者经常提到乌克兰的体制越来越总统化［克里斯滕森（Christensen）等人，2005］，但乌克兰总统［通过舒加特和凯里（Shugart and Carey）的总统权力指数衡量］和议会［通过菲什和克罗尼格（Fish and Kroenig）的议会权力指数衡量］的相对权力与法国相当。[1]另外，如表 31.1 所示，乌克兰总统确实拥有不受限制解雇部长的权力，然而推翻否决权的要求是很高的。因此，我把它和俄罗斯放在同一个类别。中欧和东欧没有采用纯粹的总统制。

---

〔1〕　舒加特和凯里（Shugart and Carey）给法国总统 5 分；根据他们的指数，乌克兰的菲什（Fish）指数为 8，法国的克罗尼格（Kroenig）指数为 56，乌克兰为 59。

表 31.1 中欧和东欧立法机构的宪法权力

国家	1.立法动议权	2.预算修改权	3.否决权	4.总统命令权	5.两院制或一院制	6.解散议会权	7.选举总统	8.总理选择方式	9.政府选择方式	10.解除政府职务权	11.谴责
波兰	议会、政府、总统	显著受限	特别的	无	两院制,仅延迟	下院2/3投票,总统基于第3次组建政府失败或通过预算失败	直接	总统任命,议会确认	总理任命,议会确认	总理单独解雇	不信任的建设性投票
捷克共和国	议会、政府	不受限制	绝对的	无	两院制,仅延迟	总统基于组建政府失败或信任投票失败	间接至2012年,之后直接	总统任命,议会确认	总理任命,议会确认	总统和总理共同解雇	不受限制谴责权
斯洛伐克	议会、政府	不受限制	绝对的	无	一院制	总统基于组建政府失败或信任投票失败	间接至1998年,之后直接	总统任命,议会确认	总理任命,议会确认	议会解雇	不受限制谴责权
匈牙利	议会、政府、总统	不受限制	简单的	限制	一院制	由总统提名而议会选举总理失败和第4次信任投票	间接	总统任命,议会确认	总理任命内阁	总统和总理共同解雇	不信任的建设性投票
保加利亚	议会、政府	不受限制	绝对的	无	一院制	总统基于组建政府失败	直接	议会提名	总理任命,议会确认	议会解雇	不受限制谴责权
罗马尼亚	议会、政府、总统	最小限制	简单的	限制	一院制,否决者	经议会提议的总统和政党无法组建政府	直接	议会提名	总统任命,议会确认	议会解雇	不受限制谴责权

续表

国家	1.立法动议权	2.预算修改权	3.否决权	4.总统命令权	5.两院制或一院制	6.解散议会权	7.选举总统	8.总理选择方式	9.政府选择方式	10.解除政府职务权	11.谴责
爱沙尼亚	议会、政府	显著受限	简单的	无	一院制	总统基于第3次组建政府失败或预算通过失败或在不信任投票之后	间接	总统任命，议会确认	总理任命内阁	总统和总理共同解雇	不受限制谴责权，可触发解散
拉脱维亚	议会、政府、总统	最小限制	简单的	无	一院制	总统可提议，但由全民公投决定	间接	总统任命总理	总理任命内阁	议会解雇	不受限制谴责权
立陶宛	议会、政府、总统	最小限制	绝对的	无	一院制	议会的3/5，总理基于信任投票失败可诉诸总统，总统基于组建政府失败	直接	总统任命，议会确认	总统任命，议会确认	总统和总理共同解雇	不受限制谴责权，可触发解散
俄罗斯	议会、政府、总统	不受限制	特别的	规范性	两院制，否决者	总统基于第3次选举总理失败或针对政府的第2次不信任投票	直接	总统任命，议会确认	总统任命	总统单独解雇	总统可忽略谴责
乌克兰	议会、政府、总统	不受限制	特别的	限制	一院制	行政部门不能解散	直接	总统任命，议会确认	总统任命	总统单独解雇	不受限制谴责权

续表

国家	1.立法动议权	2.预算修改权	3.否决权	4.总统命令权	5.两院制或一院制	6.解散议会权	7.选举总统	8.总理选择方式	9.政府选择方式	10.解除政府职务权	11.谴责
摩尔多瓦	议会、政府、总统	显著受限	简单的	限制	一院制	总统基于第2次组建政府失败或基于立法陷入僵局3个月或未能选举总统	直接至1996年；之后间接	议会提名	总统任命，议会确认	总统和总理共同解雇	不受限制谴责权
斯洛文尼亚	议会、政府	不受限制	无否决权	无	两院制，仅延迟	在不信任成功投票之后，总统基于组建政府的多次失败或基于选举新政府的失败	直接	议会提名	总理任命，议会确认	议会解雇	不信任的建设性投票
北马其顿	议会、政府	不受限制	绝对的	限制	一院制	议会多数	直接	议会提名	总理任命，议会确认	议会解雇	不受限制谴责权
克罗地亚	议会、政府	最小限制	无否决权	限制	一院制	议会多数，在不信任投票之后总统基于总理的提议或如果议会未能批准预算	直接	议会提名	总理任命，议会确认	议会解雇	不受限制谴责权，可触发解散

续表

国家	1.立法动议权	2.预算修改权	3.否决权	4.总统命令权	5.两院制或一院制	6.解散议会权	7.选举总统	8.总理选择方式	9.政府选择方式	10.解除政府职务权	11.谴责
塞尔维亚	议会、政府	不受限制	绝对的	无	一院制	总统基于政府的提议或组建政府失败或在不信任投票之后选举新政府失败	直接	议会提名	总理任命，议会确认	议会解雇	不受限制谴责权
阿尔巴尼亚	议会、政府	最小限制	绝对的	限制	一院制	总统基于选举新总统或选举总理失败	间接	议会提名	总理任命，议会确认	总统和总理共同解雇	不受限制谴责权

在 17 个国家中，有 11 个国家元首目前是普选产生的（到 2013 年捷克总统首次直接选举时，这一数字将上升到 12 个）[1]。而且，在每一种情况下，无论国家元首是软弱的还是强大的，政府都得到议会的确认，并可能受到议会的谴责，尽管在 7 种情况下，议会的谴责权受到强力限制。在除爱沙尼亚、乌克兰、北马其顿和克罗地亚以外的每个国家，如果新当选的立法机构无法确认总理或组建新政府，国家元首可以解散下议院并要求重新选举。此外，在爱沙尼亚、立陶宛、克罗地亚和俄罗斯，不信任投票可能导致政府首脑和 / 或国家元首解散议会。虽然国家元首在这种情况下解散议会的权力是常见的，但俄罗斯总统在三个月内未能选举总理或两次谴责政府时解散下议院的能力得到了极大的关注，这支持俄罗斯拥有总统制甚至"超级总统制"的观点。

在俄罗斯，对行政与立法关系的正确分类存在分歧，这说明在决定议会相对于总理和总统的相对实力时，机构权力相对于立法机构的党派结构的作用在文献中存在普遍的混乱。由于混合的总统—议会制的盛行，这一问题在中东

---

[1] 原作引用数据为 2013 年之前，现已上升到 12 个。——编者注

欧民主国家的讨论中更加严重。俄罗斯总统能够支配政府和立法机构的主要原因，不是因为管理内阁组建和谴责的制度规则，而是因为俄罗斯《宪法》赋予国家元首非常强大的法令规范性权力，叶利钦（Yeltsin）和 普京（Putin）总统运用了这些法令权力［舒加特和凯里（Shugart and Carey），1998；哈斯佩尔（Haspel）等人，2006］。特别是，普京（Putin）总统利用其法令权力，从而设计了一个占主导地位的政党制度，这反过来又使议会批准总理的议题变得没有实际意义［黑尔（Hale）等人，2004；克劳瑟（Crowther），2011］。相比之下，在叶利钦（Yeltsin）的第二个任期内，由共产主义者和民族主义者组成的议会多数成功地否决了叶利钦（Yeltsin）提出的政府首脑候选人之一［雷明顿（Remington），2010］。俄罗斯的例子突出了总统—议会制的问题，舒加特和凯里（Shugart and Carey）也强调了这些问题。在这种制度中，总统既享有政府首脑的权力，也享有国家元首的权力，如果国家元首的宪法权力允许总统在没有议会的情况下立法，其结果确实是有问题的［舒加特和凯里（Shugart and Carey），1998］。

657　　　　立法权的宪法基础的关键维度与行政权的维度高度相关，这是舒加特和凯里（Shugart and Carey，1992）首次提出的。我创建了立法权的机构规模表，如表 31.1 所示。表中所列项目的灵感来自舒加特和凯里（Shugart and Carey，1992，148–166）首次阐述的宪法特征，以把握总统的权力［另见梅特卡夫（Metcalf），2000］。表 31.1 中总结的所有信息均基于对表中所列 17 个国家的《宪法》和修正案进行的详细研究和编码。[1]该指数围绕立法权的三个关键维度构成：

---

[1]　除非另有说明，本表所列编码均以原《宪法》文件的英文译本为基础。如果发生了与表中所列权力有关的修正案（如总统选举方式），则在表中注明立法权力的变化。保加利亚、捷克和斯洛伐克共和国、爱沙尼亚、匈牙利、立陶宛、罗马尼亚和俄罗斯的《宪法》见卢德维科夫斯基（Ludwikowski，1996）。引用的《宪法》文件包括：

　　1998 年阿尔巴尼亚《宪法》<http://www.ipls.org/services/kusht/contents.html>；

　　1990 年克罗地亚《宪法》<http://www.servat.unibe.ch/icl/hr00000_.html>；

　　拉脱维亚《宪法》<http://www.wipo.int/wipolex/en/text.jsp?file_id=190855>；

　　1992 年立陶宛《宪法》<http://www3.lrs.lt/home/Konstitucija/Constitution.htm>；

　　1991 年北马其顿《宪法》<http://www.servat.unibe.ch/icl/mk00000_.html>；

　　1994 年摩尔多瓦《宪法》<http://confinder.richmond.edu/admin/docs/moldova3.pdf>；

　　1997 年波兰《宪法》<http://www.constitution.org/cons/poland/konse.htm>；

　　2006 年塞尔维亚《宪法》<http://legislationline.org/documents/action/popup/id/8851/preview>；

　　1991 年洛夫尼亚《宪法》<http://legislationline.org/documents/section/constitutions>；

　　1996 年乌克兰《宪法》<http://www.infoukes.com/history/constitution/index-en.html>。

1. 对决策的控制程度（第 1–5 项）

a. 立法机关是否决者吗

b. 立法否决权的强度

2. 对立法机构组成的控制程度（第 6 项）

a. 谁挑选立法机关成员

b. 谁解散立法机关

3. 对行政机构组成的控制程度（第 7–11 项）

a. 谁选择行政机构成员

b. 谁开除行政机构成员

为了把握立法机关的决策权，我考虑：（1）除了立法机关之外，谁有权启动立法；（2）立法机关对国家预算的控制程度；（3）推翻总统否决所需的多数票；（4）总统命令权的范围；（5）立法机构是否是两院制，如果是，上议院是否是否决者；（6）因为在这项研究中考虑的所有下级议会都是直接和全国选举产生的，所以我通过编码解散立法机构的标准来把握对立法机构组成的控制；（7）为了把握对行政人员组成的控制，我制定了总统选举模式；（8 和 9）挑选总理和政府；（10 和 11）以及解雇和谴责政府的权力。虽然总结和比较表 31.1 中所列机构权力的各个方面超出了本研究的范围，但我提请读者注意与上述立法权力的三个维度有关的几个重要问题。

31.3.1　立法对政策制定的控制程度

根据所提供的资料，我们看到，在每个国家的情况下，政府和议会都可以启动立法。因此，在这些国家中的每一个，政府都与立法机构分享议程控制权。每年通过的最重要的立法是国家预算。在这项研究所包括的每个国家，政府而不是总统负责编制预算草案。议会的主要作用是审查和修正预算，届时政府必须对议会提出的修正案作出回应（Gleich，2003）。在其中 9 个国家中，立法机关的修改权没有宪法限制。立法机关可以增加或减少开支，也可以改变开支的优先次序。此外，立法机关可在整个财政年度内修改预算。在五种情况下，立法机关可以修改预算，但它不能在没有找到资金支付增加的情况下增加开支；简言之，有一个宪法的平衡预算的要求，预算支出的限额由政府规定。在这五种情况下，对修改的限制是存在的，但是最小的。只有波兰、爱沙

658　尼亚和摩尔多瓦 3 个国家对立法机关的修改方式，有更严格的限制。在这种情况下，立法机关既不能增加也不能减少开支，而且在未经政府批准的情况下，立法机关也不能改变年度预算。因此，在中欧和东欧的大多数立法机构中，对立法机构修改政府编制的预算的能力，要么没有限制，要么只有最低限度的限制。

我们还必须考虑决策是否需要立法机构（始终是否决者）。事实上，只有一个国家（俄罗斯）的元首可以颁布规范性法令。在 9 个国家，国家元首没有任何颁布法令的权力，而在其余 7 个国家，总统法令仅限于宪法所概述的非常具体的情况。因此，除了一个国家外，立法机关对立法过程至关重要。如前所述，11 个（即将成为 12 个）国家直接选举总统，但立法机构的决策只受到总统否决权的最低限度限制，要求绝对多数否决（7 个国家），或简单多数否决（5 个国家），或不否决（2 个国家）。注意，在该地区的 11 位直接选举的总统中，只有 3 位拥有否决权，需要绝对多数才能推翻。大多数立法机构都是一院制，这一事实增加了立法机构的决策权，因为两院制在决策过程中又引入了一个否决者，从而使政策改变更加困难［泽伯利斯和莫尼（Tsebelis and Money，1997］。只有 5 个国家设有上议院，其中只有 2 个国家（罗马尼亚和俄罗斯）设有立法所需的上议院。[1] 总的来说，中欧和东欧立法机构的决策权很大。俄罗斯总统显然是个例外。俄罗斯总统可以通过其规范性法令的权力进行干预，而且否决的要求是禁止的。因此，俄罗斯总统对决策拥有极大的控制权。在这些例子中，俄罗斯国家杜马（Russian Duma）在决策方面最弱。

31.3.2　立法机关组成的立法控制程度

中欧和东欧地区的每一个议会都是直接选举产生的；因此，本章只涉及解散权。在中欧和东欧国家，总统或总理都没有不受限制地解散立法机关的权力，在 3 个国家中，行政机关在任何情况下都不能解散立法机关（拉脱维亚、乌克

---

〔1〕　在拥有上议院的 5 个国家中，波兰、捷克共和国和罗马尼亚的参议员在全国竞选中直接当选。仅间接选择斯洛文尼亚和俄罗斯的上院。波兰、捷克共和国和斯洛文尼亚的上议院只能推迟立法的通过，并限制对立法议程的投入。然而，罗马尼亚和俄罗斯的上议院完全参与了立法进程，即使不是全部。在罗马尼亚，上下两院必须各自就最终立法文本达成一致（如在美国）。在俄罗斯，上下两院对特定议程项目都有具体的控制权，上议院的否决权必须被下议院的 2/3 多数推翻。因此，在罗马尼亚和俄罗斯，一个强大的上议院的存在使立法机关迅速采取行动的能力复杂化，从而加强了行政机关的权力。俄罗斯的情况更为严重，因为任命了上议院；因此，它的成员与下议院的成员完全不同。事实上，一个强大的、间接选举产生的立法否决者的存在，极大地损害了俄罗斯的民主。

兰和北马其顿）。因此，至少在这方面，没有任何中东欧国家的首相可与英国相比，也没有任何总统可与法国相比。一般来说，中欧和东欧宪法防止议会解散。在大多数情况下，要么行政机关（总统或总理）无权解散立法机关，要么在选举或不信任投票成功后，只有议会几次试图建立一个政府失败了，国家元首才能解散议会。[1]

31.3.3　行政人员构成的立法控制程度

在中东欧民主国家，议会对政府施加了很大的控制，而政府反过来又控制着总统的大部分活动（俄罗斯和乌克兰除外，其行动不需要由政府部长会签）和是否当选。在除 1 个以外的所有国家中，议会必须确认总理，即使是由国家元首提名。在 12 个国家中，议会也必须确认政府的组成。在 8 个国家中，只有立法机关可以罢免政府成员；在 10 个国家中，立法机关拥有不受限制的谴责政府的权力。因此，总体而言，中欧和东欧的立法机构拥有很大的宪法权力来控制政府的组成。这是中欧和东欧立法机构权力的一个极为重要的组成部分，因为立法机构的谴责权意味着，如果这些国家的政府偏离立法多数批准的政策，它们所能做的事情将受到相当大的限制。

为了比较所有 17 个国家宪法授予的立法权，我根据表 31.1 中包含的 11 个类别中的每一个，创建了一个立法权等级。我将编码归纳为每个类别 3 个，1 代表宪法对立法权的限制最多，3 代表最少。在表 31.2 中，我以数字形式提供了表 31.1 中的信息，将每个国家的总数汇总在第 12 项中。

根据表 31.2 提供的资料，我得出一个极为重要的观点：在对议会负责的政府中，直接选举的国家元首的存在对立法机关的权力影响甚微或没有影响，但俄罗斯和乌克兰的总统—议会制除外［参贝利斯（Bayliss），1996］。

此外，如果我们将中欧和东欧立法机构的宪法权力（如前所述）与西欧立法机构的宪法权力进行比较，我们会发现中欧和东欧立法机构在制度上是强大的。根据 10 个西欧民主国家的类似编码（这些国家的宪法反映了现代做法），[2]我得出结论，在西欧，立法机构修改或改变预算的能力通常受到更多限制，而且不太可能参与确认总理和政府，也不太可能成为唯一能够罢免政府

---

〔1〕　在 3 种情况下，如果议会未能及时通过预算，国家元首也可以解散（波兰、爱沙尼亚和克罗地亚）。在任何情况下，政府首脑都不得自行解散议会，而总理必须向国家元首提出这样的建议并进行辩论。即便是在俄罗斯立法机构的情况下，国家元首也不可能解散下议院，除非它 3 次未能组建政府。

〔2〕　比利时、芬兰、法国、德国、希腊、爱尔兰、意大利、葡萄牙、西班牙、瑞典。

成员的机构。平均而言，中欧和东欧的立法机构的权力与西欧更古老的民主国家相当。

这些结论与菲什和克罗尼格（Fish and Kroenig，2009）的议会权力指数（PPI）的结论几乎完全吻合。它们的索引包含 32 个项目，其中 27 个（第 1—25、27 和 30 项目）是根据宪法确定的，其中 23 个涉及立法机关相对于行政机关的权力。根据他们的指数，本章包括的 17 个国家的平均 PPI 为 0.73，与在东扩开始之前是欧盟成员国的 15 个国家（EU15）的平均 PPI 完全相同！如果俄罗斯不在计算范围内，中欧和东欧的平均 PPI 增加到 0.76，这表明中欧和东欧的立法机构比西欧的立法机构稍强。

表 31.2　中欧和东欧立法机构宪法权力指数

国家	制度类型	1.立法动议权	2.预算修改权	3.立法否决权	4.总统命令权	5.两院制或一院制	6.解散议会权	7.选举总统	8.总理选择方式	9.政府选择方式	10.解除政府职务权	11.谴责	12.总的立法权	PPI
波兰	总理—总统	2	3	2	2	3	3	1	3	3	3	3	17	0.75
捷克共和国	议会	2	3	2	3	3	2	1	3	3	3	3	26	0.81
斯洛伐克	总理—总统	2	2	2	2	3	2	3	3	3	2	3	27	0.72
匈牙利	议会	2	3	2	3	3	1	1	3	3	3	3	23	0.75
保加利亚	总理—总统	2	3	2	3	3	1	2	2	3	3	3	28	0.78
罗马尼亚	总理—总统	1	2	3	3	3	3	3	1	2	3	3	25	0.72
爱沙尼亚	议会	2	3	2	2	2	3	3	2	3	2	3	24	0.75
拉脱维亚	议会	2	2	3	2	3	1	1	3	3	3	2	27	0.78
立陶宛	总理—总统	2	3	3	3	2	1	1	3	3	3	1	22	0.78

续表

国家	制度类型	1.立法动议权	2.预算修改权	3.立法否决权	4.总统命令权	5.两院制或一院制	6.解散议会权	7.选举总统	8.总理选择方式	9.政府选择方式	10.解除政府职务权	11.谴责	12.总的立法权	PPI
俄罗斯	总统—议会	1	2	3	2	2	2	1	3	3	3	3	14	0.44
乌克兰	总统—议会	2	1	4	3	3	1	3	2	2	2	2	21	0.59
摩尔多瓦	议会	1	1	3	2	3	1	2	3	3	2	3	24	0.75
斯洛文尼亚	总理—总统	1	3	3	2	3	1	3	2	2	2	1	25	0.75
北马其顿	总理—总统	1	2	3	3	3	1	1	2	3	2	2	28	0.81
克罗地亚	总理—总统	1	3	1	2	3	3	1	2	1	1	3	25	0.78
塞尔维亚	总理—总统	1	1	1	3	2	1	1	2	3	1	1	27	0.69
阿尔巴尼亚	议会	1	3	1	1	1	1	1	2	1	1	1	27	0.75

注：11 个类别中的每一个都从 1（宪法对立法权的限制最少）到 3（宪法对立法权的限制最多）。

31.4 立法实力与政党制度

立法机构在体制上不独立，特别是在议会制度中。在中、东欧，国家都采用议会制或某种形式的混合总统—议会制。这种制度中的决策深受立法成员党派结构的影响，因为这会影响政府中的政党数目和决策所需的党派否决者数目〔泽伯利斯（Tsebelis），2002〕。因此，如果不考虑政党制度，就无法理解立法和行政的相对力量。

东欧国家政治的一个显著特点是，在该地区的政党体系中，有大量政党竞争并赢得席位［罗斯和芒罗（Rose and Munro），2003］。这一点在早期选举中尤其明显［赖希（Reich），2004］。因此，在早期选举历史的大部分时间里，各国议会都是四分五裂的，而且往往高度分散［比拉西亚克（Bielasiak），2002；卡拉西莫诺夫（Karasimeonov）等人，1999］。表31.3列出了本研究所审议的所有国家议会中政党有效数目的数据。考虑到该区域每个国家都采用了比例代表制或混合选举制度，其中涉及相当规模的比例阶层，因此预计会出现多党制［考克斯（Cox），1997；伯奇（Birch），2001；莫泽和沙伊纳（Moser and Scheiner），2012］。[1]除了有大量政党参与竞争外，学者们还注意到，整个区域的选举波动程度历来很高，这是低党派制度化的结果［托卡（Toka），1995；梅尔（Mair），1997；西克（Sikk），2005；塔维茨（Tavits），2005；刘易斯（Lewis），2007；塔维茨（Tavits），2008；鲍威尔和塔克（Powell and Tucker），2009；特别见比拉西亚克（Bielasiak），2002，表2］。虽然对中欧和东欧政党分裂和低党派制度化的现实几乎没有分歧［基舍尔特（Kitschelt）等人，1999］，但学者们针对其对立法和行政实力影响的意见不一致［克鲁泽和佩泰（Kreuzer and Pettai），2003；西克（Sikk），2005］。

表31.3　中、东欧国家议会中政党有效书目数据

国家	总理人数（人）	议会中政党的平均有效人数（人）	2010年政体	自由之家FIW评分
波兰	12	3.67	10	1（F）
捷克共和国	9	3.88	8	1（F）
斯洛伐克	7	4.65	10	1（F）
匈牙利	8	2.94	10	1（F）
保加利亚	7	3.07	9	2（F）
罗马尼亚	9	3.99	9	2（F）
爱沙尼亚	8	4.91	9	1（F）
拉脱维亚	12	5.82	8	2（F）
立陶宛	9	4.08	10	1（F）

---

［1］　莫泽和沙伊纳（Moser and Scheiner）认为，语境决定了规则对政党制度的影响；因此，中、东欧政党制度化的普遍缺失应该会增强公共关系的影响。

国家	总理人数（人）	议会中政党的平均有效人数（人）	2010年政体	自由之家FIW评分
俄罗斯	10	6.07	4	5.5（NF）
乌克兰	12	6.83	6	3（PF）
摩尔多瓦	7	2.67	8	3（PF）
斯洛文尼亚	7	5.47	10	1（F）
北马其顿	6	3.43	9	3（PF）
克罗地亚	4	3.21	9	1.5（F）
塞尔维亚	3	——	8	2（F）
阿尔巴尼亚	10	2.85	9	3（PF）

注：本表为中欧和东欧国家简要资料。不同的总理人数（有些人曾不止一次任职）、议会中政党的平均有效人数（从第一届选举产生的议会开始，到现在的议会结束）、2010年政体第4代指数（Policy IV）和2010年FIW。

　　一些学者指出，高度的政党分裂和低党派制度化，导致了内阁不稳定和行政软弱。马洛瓦和霍顿（Malova and Haughton，2002，112）认为，议会的分裂以及议会成员对政党的忠诚度不高，通过"模糊政府和反对派之间的区别"导致了行政部门的软弱。科佩基（Kopecky，2004）认为，议会议员缺乏对政党的忠诚，这通常阻碍了政府提案的通过，从而削弱了行政部门。的确，中、东欧国家的总理和政府经常变动［勃朗德尔和穆勒－隆美尔（Blondel and Müller–Rommel），2001；穆勒－隆美尔（Müller–Rommel）等人，2004；罗伯茨（Roberts），2006］。如表31.3所示，在（包括至少6次选举）举行选举的国家中，不同的总理不少于7位（其中一些总理的任职不止一次），有些国家则多达12位。在不同政府中总理的数量变化相当大。萨默－托普库和威廉姆斯（Somer-Topcu and Williams，2008，表1）报告说，在加入欧盟第四次扩大的中欧和东欧国家中，内阁的平均持续时间比西欧的平均持续时间短约50天，如果不包括匈牙利（匈牙利的内阁持续时间甚至比西欧的内阁还要长），内阁持续时间短约为100天。目前尚不清楚的是，内阁不稳定和总理频繁变动对行政实力产生了什么影响。中欧和东欧内阁不稳定是否值得关注？

　　关注中欧和东欧问题的学者发现，内阁不稳定的原因一般与西欧较古老和非常稳定的民主国家的原因相似［斯特罗姆（Strøm），1985；沃里克（Warwick），1994］。萨默－托普库和威廉姆斯（Somer Topcu and Williams，

2008，表 3）报告说，内阁任期受到立法的不成体系以及联盟的多数与少数地位的显著影响。[1]尽管总理的更替率、短期任期率均很高，但政府的更替率并非如此的频繁，以至于下降到西欧民主国家的正常政治范围之外［勃朗德尔和穆勒－隆美尔（Blondel and Müller–Rommel），2001］。最重要的是，在民主和经济方面较为成功的中欧和东欧国家（至少通过民主程度的标准衡量指标，如从独裁到民主的四级政治体系，以及经济发展的标准衡量指标，如人均国内生产总值），是行政人员更替率高至极高的国家（见表 31.3）。事实上，赫尔曼（Hellman，1998，图 8）发现，政治权力更分散、决策过程中否决权更多的后共产主义国家，比政治权力更集中的国家稳定得更快、更有效。

其他作者认为，政府可能已经变得过于强大，而且现在主导着中欧和东欧的议会，就像他们在西欧所做的那样［奥尔森和诺顿（Olson and Norton），2007］。特别是，正如一些学者所讨论的，外部组织，特别是国际货币基金组织和欧盟实施复杂经济和政治计划的需要，降低了议会的立法作用，这些组织的成员不得不通过这些外部组织授权的立法（这些外部组织主要通过政府进行工作）［科佩基（Kopecky），2004；曼斯费尔多瓦（Mansfeldova），2011；芬克－哈夫纳（Fink-Hafner），2011］。在加入进程的最后阶段尤其如此，当时各国议会几乎把议程都用于通过欧盟法律，这一进程由欧盟主导，并通过希望欧盟加入者国家的政府实施。

意识形态左翼和右翼政府监督欧盟法律的出台和通过，这一事实似乎支持了这样一个结论，即议会在这一过程中作用不大，政党分裂对政府实力没有影响。然而，议会和议会政党集团的明显顺从，可能是各政党及其左右领导人就加入欧盟达成共识的结果［普里德姆（Pridham），2002］。在欧盟第四次扩容中加入的国家，民众对加入欧盟的支持率非常高［卡普拉诺娃、奥尔维斯卡和哈德逊（Caplanova，Orviska and Hudson），2004；道尔和菲德穆克（Doyle and Fidrmuc），2006］，而巴尔干国家目前的支持率相当高，这是下一次加入欧盟的国家［贝切夫（Bechev），2012］。无论是左翼还是右翼的各国政府，通过迅速有效协调通过欧盟法律，正在履行其议会和选举的授权。

在议会制（或总理－总统混合制）中，行政机关在制度上与议会没有区别，

---

[1] 尼科莱尼（Nikolenyi，2004）提醒我们谴责规则，特别是建设性不信任投票在减少不稳定方面的重要性。波兰、匈牙利和斯洛文尼亚进行了建设性不信任投票（见表 31.1）。特泽尔戈夫（Tzelgov，2011）报告说，政府的意识形态组成，特别是政府是否包括共产党的继承党，也关系到生存。

因此，理论上很难确定政府所负责的议会比它所维持的政府弱还是强；事实上，这可能不是一个恰当的问题。在总理—总统制和总统—议会制中，立法碎片化对中欧和东欧立法实力的有意义影响，可能是总统相对于总理和议会的相对权力。

普罗提斯克（Protysk，2005，136）认为，无论行政机关的宪法权力（在中、东欧，这些权力通常较弱），总统的普选，"在半总统制中是总统政治合法性的一个非常强大的来源"。此外，与少数联盟支持的总理相比，依赖多数联盟支持的总理在民选总统面前拥有更强大的地位。数据告诉我们，少数联盟与更分散的议会有关［普罗提斯克（Protysk），2005，153］；因此，政党分裂与总统和总理之间的冲突率较高有关。正如普罗提斯克（Protysk，153）所解释的，"通过降低总统攻击缺乏议会坚实支持的总理和内阁的政治成本，议会分裂引发总统对行政领导权的主张"。因此，在中欧和东欧的总理—总统制中，政党分裂削弱了立法机构相对于总统的地位，总统的宪法权力越大，影响就越大。在两种总统—议会制（俄罗斯和乌克兰）中，我们期望发现，各自为政的政党制度增加了总统相对于总理和议会的权力［梅因沃林（Mainwaring），1993；诺顿和奥尔森（Norton and Olson），2007］。

664

31.5 中欧和东欧立法机构的制度化

中欧和东欧立法机构内部组织和运作的研究最初受到美国国会早期研究的启发。谢普瑟（Shepsle，1979）、谢普瑟和温加斯特（Shepsle and Weingast，1987）以及奥尔德里奇（Aldrich，1994）的经典论文认为，立法机构内部由政党和委员会组织。当政党处于弱势时，就像在美国国会一样，委员会作为内部机构的特征，有助于协调决策。当政党强大时，委员会的作用就会减少。威斯敏斯特议会制度的学者们注意到了委员会在决策过程中的弱点［肖（Shaw），1990］，在议会制度中，多数党主导着政府和政策制定。然而，在西欧大陆的多党背景下，特别是在具有多党联合政府传统的国家，学者们发现，委员会和政党在决策中都发挥着重要作用［奥尔森（Olson），1980；肖（Shaw），1990］。

关于立法机构内部体制特征的最早研究强调了委员会相对于政党的相对重

要性。在对原苏联最高苏维埃的单独分析中，奥斯特罗夫（Ostrow，2000）和安德鲁斯（Andrews，2002）发现，最高苏维埃缺乏连贯一致的政党以及适当分化和授权的委员会导致决策不连贯，最终导致体制崩溃。正如史密斯和雷明顿（Smith and Remington，2001）所描述的，继任的俄罗斯国家杜马成员通过将政党和委员会的作用制度化，弥补了苏联时期立法机构的缺陷。新当选的代表，其中大多数是不同政党的代表，使政党在决定委员会的组成和成员方面的主要作用制度化。在整个中欧和东欧，由政党主导的委员会制度的有机演变得到了发展、推广 [雷明顿（Remington），1994；奥尔森和克劳瑟（Olson and Crowther），2002]。

665

根据诺顿和奥尔森（Norton and Olson，2007）的观点，学者们已经发现"这些制度特征之间存在相互关系，其中最重要的变量是政党"。在一党主导的情况下，委员会是软弱的，其业务由该多数党主导。然而，在许多中、东欧国家，多党联盟是规则，在这些情况下，政党和委员会之间的相互关系更加复杂。在政党特别薄弱的地方，如乌克兰，委员会可能成为立法活动的中心；然而，决策质量很低 [惠特莫尔（Whitmore），2006；奥尔森和克劳瑟（Olson and Crowther），2002]。当政党强大并控制其成员和议程时，委员会最为有效 [奥尔森和克劳瑟（Olson and Crowther），2002；惠特莫尔（Whitmore），2003]。委员会成员由议会政党团体决定 [赫梅尔科（Khmelko），2011]；因此，委员会成员的变化是常见的，因为立法成员的组成在选举中发生了重大变化。此外，虽然委员会往往反映具体的政府部委，但在这一期间，几乎所有国家的委员会的数目和管辖权都有相当大的调整 [扎伊奇（Zajc），2007；纳莱瓦伊科和韦索洛夫斯基（Nalewajko and Wesolowski），2007；伊隆斯基（Ilonszki），2007]。

在大多数中欧和东欧国家仍然存在高度的政党分裂和不稳定性的情况下，增加议员的组织经验可以缓解政党制度不稳定的影响。因此，学者们越来越强调议员的专业化是立法制度化的一个重要方面 [奇瓦（Chiva），2007，144]。赫梅尔科（Khmelko，2011）对包括俄罗斯、乌克兰和摩尔多瓦在内的 7 个中欧和东欧国家议会组织的讨论，强调了许多方式。通过这些方式，所有 7 个立法机构的成员试图改进议会政党团体和委员会内部组织运作。伊隆斯基和埃丁格（Ilonszki and Edinger，2007，155–156，表 4 和表 5）对包括俄罗斯在内的 7 个中欧和东欧议会中的议会精英进行了研究，发现在所有情况下，具有专业经验的代表人数都在增加，议会成员更替率在减少。曼斯费尔多瓦（Mansfeldova，2011，表 1）报告了类似的趋势。

　　显然，关于中欧和东欧立法组织的文献非常丰富，并由一系列关于政党和委员会相对作用的标准问题驱动。制度化对立法机关在决策中的作用产生的影响（即立法机关相对于行政机关的实力），尚不清楚。麦甘恩（McGann，2006，443）认为，"宪法特征实际上比人们所认识到的更能决定政策结果"［另见，麦格雷戈（McGregor），1996］。在详细讨论乌克兰、俄罗斯和摩尔多瓦议会的弱点时，克劳瑟（Crowther，2011）将大多数问题归因于宪法制定的过程（在这些情况下，宪法制定过程缓慢且零碎）和立法机构相对于总统的宪法权力。

　　整个中欧和东欧预算编制过程的细节，提供了一个例子予以说明。虽然立法组织和效率的变化重要，但对立法实力或民主轨迹影响甚微。如果宪法赋予立法机关的权力对决定议会在决策中的作用至关重要［麦甘恩（McGann），2006］，我预计预算编制和通过的过程将高度反映立法机关根据宪法获得的预算权力（见表 31.1）以及立法机关相对于行政机关的权力。

666

　　本章所考虑的每个中欧和东欧国家，宪法规定，政府负责起草国家预算；然而，立法机构有责任通过预算。俄罗斯和乌克兰，以及现在加入欧盟的 5 个国家，都是 10 个国家之一。在这些国家中，针对立法机关修改政府起草的草案或一旦通过就修改预算的能力，立法机关没有宪法性限制。根据经济及合作发展组织（OECD）《预算杂志》（*Journal of Budgeting*）[1]中公布的 11 个中欧和东欧国家的国别报告（可获得报告），以及格莱克（Gleich，2003）拟定的关于中欧和东欧预算编制的一般性报告，我发现，对在最终通过期间和之后修正案的宪法性限制，指导了这一过程，并决定了立法的参与程度。此外，预算过程

---

[1]　为了讨论中欧和东欧立法机构在预算过程中的作用，我参考了发表在经合组织预算期刊上的以下文章。Budgeting in Bulgaria by Ian Hawkesworth, Richard Emery, Joachim Wehner, and Kristin Saenger, 2009, Vol. 3; Budgeting in Croatia by Dirk-Jan Kraan, Daniel Bergvall, Iris Müller, and Joachim Wehner, 2006, Vol. 5; Budgeting in Estonia by Dirk-Jan Kraan, Joachim Wehner, and Kirsten Richter, 2008, Vol. 8; Budgeting in Hungary by Dirk-Jan Kraan, Daniel Bergvall, Ian Hawkesworth, and Philipp Krause, 2007, Vol. 6; Budgeting in Latvia by Dirk-Jan Kraan, Joachim Wehner, James Sheppard, Valentina Kostyleva, and Barbara Duzler, 2009, Vol. 3; Budgeting in Lithuania by Ian Hawkesworth, Richard Emery, Joachim Wehner, and Jannick Saegert, 2010, Vol. 3; Budgeting in Moldova by Dirk-Jan Kraan, Valentina Kostyleva, Colin Forthun, Jutta Albrecht, and Ragnar Olofsson, 2010, Vol. 3; Performance Budgeting in Poland: An OECD Review, 2011, Vol. 1; Budgeting in Romania by Michael Ruffner, Joachim Wehner, and Matthias Witt, 2005, Vol. 4; Budgeting in Russia by Dirk-Jan Kraan, Daniel Bergvall, Ian Hawkesworth, Valentina Kostyleva, and Matthias Witt, 2008, Vol. 8; Budgeting in Slovenia by Dirk-Jan Kraan and Joachim Wehner, 2005, Vol. 4。

的技术细节均由成文法确定。也就是说，它们是议会内生的［马丁（Martin），2005］，因此议会可以在宪法规定的框架内随时对其进行修改。

在所有中东欧国家，预算编制过程中政府和立法机构之间的关键联系是议会委员会，该委员会直接与财政部合作。[1]正如人们所料，经济及合作发展组织的报告主要涉及政府的工作。然而，每一份报告都强调了管理预算进程的基本宪法规定，因为这些规定建立了议会和政府运作的框架［格莱克（Gleich），2003］。根据经济及合作发展组织的报告，决定中欧和东欧预算编制质量的因素有两个：（1）财政部和参与起草草案的其他政府机关的行政管理水平；（2）预算过程的透明度，其中议会审查和参与是一个关键组成部分。尽管中欧和东欧国家的预算编制质量各不相同，但议会在预算编制过程中的作用在每个中欧和东欧国家都在增加，预算编制的复杂程度也在增加。经济及合作发展组织报告的作者将预算编制质量的差异，归因于一个国家融入欧盟复杂的经济体，或者是俄罗斯这个国家融入全球经济。

从预算编制过程的角度看，立法制度化是宪法设计和经济发展的产物。此外，立法机构对预算实际构成的影响是其与行政部门关系的产物。科佩基（Kopecky，2004，149）描述了中东欧各国的行政部门如何"围绕一系列强大的机构，尤其是部长理事会和财政部部长获得并巩固其地位"。然而，在议会制和总理—议会制中，这些强大的部长对议会负责，并可能被议会多数罢免。因此，他们是议会的代理人。在俄罗斯和乌克兰，这些部长对总统负责，可能被总统免职，无论议会预算审查和批准程序在内部如何制度化，财政部部长都是总统的代理人［科佩基（Kopecky），2004］。

31.6　立法实力与民主化

作为关于制度设计和运作的最广泛文献之一，中欧和东欧立法机构的研究对比较政治领域做出了重要贡献。

我们目睹了 11 个新的双重行政制度的建立，议会、总理和总统拥有不同的宪法权力。此外，中欧和东欧国家采用了各种比例和多层选举制度。因此，中

---

〔1〕 这个委员会在不同的情况下有不同的名称。例如，在俄罗斯是预算和税收委员会，在保加利亚是预算和财政委员会。

欧和东欧的精英设计了许多新的、复杂的民主形式，并创造了机会来研究长期以来对比较政治很重要的三个方面的变化：（1）行政与立法的关系，特别是在总统议会混合制中；（2）多党制及其对立法和行政相对权力的影响；（3）在复杂的政府系统中，政党和委员会在议会行政组织中的相对作用。

毫无疑问，立法机构宪法权力的变化与中欧和东欧民主轨迹的变化有关。拥有宪法上最强大立法机构的国家〔根据表31.1和表31.2所列指数或菲什和克罗尼格（Fish and Kroenig）的PPI衡量〕在民主方面取得了最大进展，而立法机构较弱的国家则需要更长的时间。显然，这种关系太复杂，不可能是因果关系。它是一个受包括区域特征在内的多种因素影响的组合。欧洲议会主义规范的影响以及欧盟授权的制度化带来的好处，有助于它们的立法实力。然而，区域确定的变量不能说明全部情况。

在双重行政系统中发生的复杂的制度互动对民主的影响方面，还有许多工作要做。我们还不了解总统、总理和议会在不同政策领域和总统实力不同的系统决策中的作用。此外，大多数中、东欧民主国家存在的高度分散和看似不稳定的政党制度的影响尚不清楚，因为这些国家中的大多数不是最近才加入欧盟，就是正在加入欧盟。随着那些在过去10年中加入欧盟的国家加入欧盟进程逐渐消退，我们要么将看到政党制度稳定，要么必须在没有这种稳定的情况下试图去理解民主的新平衡。

关于中欧和东欧双重行政制度的大多数研究，都集中在那些已经加入欧盟的例子上，因此显然是完全民主的，或者集中在俄罗斯身上。今后的研究应侧重于民主程度中等的国家、尚未加入欧盟的国家，如原南斯拉夫共和国和摩尔多瓦。原南斯拉夫各共和国都实行总理—总统制。另一个仍处于转型期的国家（摩尔多瓦）发生了变化——从总统—议会制到纯粹的议会制，因此提供了一个很好的例子，即根据行政与立法关系的变化来比较民主轨迹。

最重要的是，关于中欧和东欧立法机构的研究应按开始时的情况进行，重点放在制度设计对民主的影响上。

参考文献

Aceuska, L., 1996. The Republic of Macedonia: An Atypical Balkan Country. Fordham International Law Journal, 20: 1521–31.

Agh, A., 1995. The Experiences of the First Democratic Parliaments in East Central Europe. Communist and Post–Communist Studies, 28: 203–14.

Aldrich, J., 1994. A Model of a Legislature with Two Parties and a Committee System. Legislative Studies Quarterly, 19: 313–39.

Andrews, J. T., 2002. When Majorities Fail: The Russian Parliament, 1990–1993. New York: Cambridge University Press.

Andrews, J. T. and Jackman, R. W., 2005. Strategic Fools: Electoral Rule Choice Under Extreme Uncertainty. Electoral Studies, 24: 65–84.

Barkan, J. D., 2008. Legislatures on the Rise? Journal of Democracy, 19: 124–37.

Bayliss, T. A., 1996. Presidents versus Prime Ministers: Shaping Executive Authority in Eastern Europe. World Politics, 48: 297–323.

Bechev, D., 2012. The Periphery of the Periphery: The Western Balkans and the Euro Crisis. European Council on Foreign Relations Policy Brief, Vol. 60, August. www.ecfr.eu.

Benoit, K. and Hayden, J., 2004. Institutional Change and Persistence: The Evolution of Poland's Electoral System, 1989–2001. Journal of Politics, 66: 396–427.

Benoit, K. and Scheimann, J. W., 2001. Institutional Choice in New Democracies: Bargaining over Hungary's 1989 Electoral Law. Journal of Theoretical Politics, 13: 153–82.

Bielasiak, J., 2002. The Institutionalization of Electoral and Party Systems in Postcommunist States. Comparative Politics 34: 189–210.

Birch, S., 2001. Electoral systems and party systems in Europe East and West. Perspectives on European Politics and Society, 2: 355–77.

Birch, S, Millard, F., Popescu, M., and Williams, K., 2002. Embodying Democracy: Electoral System Design in Post–Communist Europe. New York: Macmillan.

Blondel, J. and Muller–Rommel, F., 2001. Cabinets in Eastern Europe. New York: Palgrave.

Brezianu, A. and Spânu, V., 2007. The A to Z of Moldova. Lanham: Rowman &

Littlefield Publishing Group.

Calda, M., 1996. The Roundtable Talks in Czechoslovakia. In J. Elster (ed.). The Roundtable Talks and the Breakdown of Communism, pp. 135–77. Chicago: University of Chicago Press.

Caplanova, A., Orviska, M., and Hudson, J., 2004. Eastern European Attitudes to Integration with Western Europe. Journal of Common Market Studies, 42: 271–88.

Carey, J. M. and Shugart, M. S., 1998. Executive Decree Authority. New York: Cambridge University Press.

Chiva, C., 2007. The Institutionalisation of Post–Communist Parliaments: Hungary and Romania in Comparative Perspective. Parliamentary Affairs, 60: 187–211.

Christensen, R. K., Rakhimkulov, E. R., and Wise, C. R., 2005. The Ukrainian Orange Revolution Brought More Than a New President: What Kind of Democracy Will the Institutional Changes Bring? Communist and Post–Communist Studies, 38: 207–30.

Colton, T., 1995. Superpresidentialism and Russia's Backward State. Post–Soviet Affairs,11: 144–48.

Cox, G., 1997. Making Votes Count: Strategic Coordination in the World's Electoral Systems. New York: Cambridge University Press.

Crowther, W. E., 2011. Second Decade, Second Chance? Parliament, Politics and Democratic Aspirations in Russia, Ukraine and Moldova. Journal of Legislative Studies, 17: 147–71.

Doyle, O. and Fidrmuc, J., 2006. Who Favors Enlargement?: Determinants of Support for EU Membership in the Candidate Countries' Referenda. European Journal of Political Economy,22: 520–43.

Duverger, M., 1980. A New Political System Model: Semi–Presidential Government. European Journal of Political Research, 8: 52–69.

Elster, J., 1991. Constitutionalism in Eastern Europe: An Introduction. University of Chicago Law Review, 58: 447–82.

Elster, J, Offe, C., and Preuss, U.K., 1998. Institutional Design in Post–communist Societies: Rebuilding the Ship at Sea. New York: Cambridge University Press.

Fink–Hafner, D., 2011. Interest Representation and Post–Communist Parliaments Over Two Decades. Journal of Legislative Studies, 17: 215–33.

Fish, S., 2000. The Executive Deception: Superpresidentialism and the Degradation of Russian Politics. In V. Sperling (ed.). Building the Russian State: Institutional Crisis and the Questfor Democratic Governance, pp. 177–92. Boulder, CO: Westview.

Fish, S., 2006. Stronger Legislatures, Stronger Democracies. Journal of Democracy, 17:

5–20.

Fish, S and Kroenig, M., 2009. The Handbook of National Legislatures: A Global Survey. New York: Cambridge University Press.

Geddes, B., 1996. Initiation of New Democratic Institutions in Eastern Europe and Latin America. In A. Lijphart and C. H. Waisman(eds.), Institutional Design in New Democracies: Eastern Europe and Latin America, pp. 15–41. Boulder: Westview Press.

Gleich, H., 2003. Budget Institutions and Fiscal Performance in Central and Eastern European Countries. European Central Bank Working Paper No. 215.

Grabbe, H., 2002. European Union Conditionality and the "Acquis Communautaire." International Political Science Review, 23: 249–68.

Hale, H, McFaul, M., and Colton, T. J., 2004. Putin and the "Delegative Democracy" Trap: Evidence from Russia's 2003–04 Elections. Post–Soviet Affairs, 20: 285–319.

Haspel, M., Remington, T. F., and Smith, S. S., 2006. Lawmaking and Decree Making in the Russian Federation: Time, Space, and Rules in Russian National Policymaking. Post–Soviet Affairs, 22: 249–75.

Hellman, J., 1998. Winners Take All: The Politics of Partial Reform in Postcommunist Transitions. World Politics, 50: 203–34.

Ilonszki, G., 2007. From Minimal to Subordinate: A Final Verdict? The Hungarian Parliament, 1990–2002. Journal of Legislative Studies, 13: 38–58.

Ilonszki, G and Edinger, M., 2007. MPs in Post–Communist and Post–Soviet Nations: A Parliamentary Elite in the Making. Journal of Legislative Studies, 13: 142–63.

Ilonszki, G and Olson, D. M., 2011. Questions about Legislative Institutional Change and Transformation in Eastern and East Central Europe: Beyond the Initial Decade. Journal of Legislative Studies, 17: 116–27.

Kaldor, M. and Vejvoda, I. (eds.), 1999. Democratization in Central and Eastern Europe. New York: Pinter.

Kaminski, M. M., 2002. Do Parties Benefit from Electoral Manipulation? Electoral Laws and Heresthetics in Poland, 1989–93. Journal of Theoretical Politics, 14: 325–58.

Karasimeonov, G., Lawson, K., and Rommele, A., 1999. Cleavages, Parties, and Voters: Studies from Bulgaria, the Czech Republic, Hungary, Poland, and Romania. Westport, CT: Praeger Publishers.

Khmelko, I. S., 2011. Internal Organisation of Post–Communist Parliaments over Two Decades: Leadership, Parties, and Committees. Journal of Legislative Studies, 17: 193–214.

Kitschelt, H., Mansfeldova, Z., Markowski, R., and Toka, G., 1999. Post–Communist Party Systems: Competition, Representation, and Inter–Party Cooperation. New York: Cambridge University Press.

Kopecky, P., 2004. Power to the Executive! The Changing Executive–Legislative Relations in Eastern Europe. Journal of Legislative Studies, 10: 142–53.

Kreuzer, M. and Pettai, V., 2003. Patterns of Political Instability: Affiliation Patterns of Politicians and Voters in Post–Communist Estonia, Latvia, and Lithuania. Studies in Comparative International Development, 38: 76–98.

Lewis, P. G., 2007. Party Systems in Post–communist Central Europe: Patterns of Stability and Consolidation. Democratization, 13: 562–83.

Lijphart, A., 1992. Democratization and Constitutional Choices in Czecho–Slovakia, Hungary and Poland, 1989–1991. Journal of Theoretical Politics, 4: 207–23.

Lijphart, A., 1999. Patterns of Democracy: Government Forms and Performance in Thirty–Six Countries. New Haven: Yale University Press.

Ludwikowski, R. R., 1996. Constitution–Making in the Region of Former Soviet Dominance. Durham: Duke University Press.

Mainwaring, S., 1993. Presidentialism, Multipartism, and Democracy: The Difficult Combination. Comparative Political Studies, 26: 198–228.

Mair, P., 1997. Party System Change: Approaches and Interpretations. Oxford: Clarendon Press.

Malova, D. and Haughton, T., 2002. Making Institutions in Central and Eastern Europe, and the Impact of Europe. West European Politics, 25:101–20.

Mansfeldova, Z., 2011. Central European Parliaments over Two Decades—Diminishing Stability? Parliaments in Czech Republic, Hungary, Poland and Slovenia. Journal of Legislative Studies, 17: 128–46.

Martin, S., 2005. Why Committees? Multiparty Ministerial Government and Legislators' Preferences in Comparative Perspective. Paper for presentation at the Annual Meeting of the American Political Science Association, Washington, Sept. 2005.

McFaul, M., 1999. Institutional Design, Uncertainty, and Path Dependency during Transitions: Cases from Russia. Constitutional Political Economy, 10: 27–52.

McFaul, M., 2001. Russia's Unfinished Revolution: Political Change from Gorbachev to Putin. Ithaca: Cornell University Press.

McGann, A. J., 2006. Social Choice and Comparing Legislatures: Constitutional Versus

Institutional Constraints. Journal of Legislative Studies, 12: 443– 61.

McGregor, J. P., 1996. Constitutional Factors in Politics in Post–communist Central and Eastern Europe. Communist and Post–Communist Studies, 29: 147–66.

Metcalf, L. K., 2000. Measuring Presidential Power. Comparative Political Studies, 33: 660–85.

Moser, R. G. and Scheiner, E., 2012. Electoral Systems and Political Context: How the Effects of Rules Vary Across New and Established Democracies. New York: Cambridge University Press.

Müller–Rommel, F., 2001. Cabinets in Post–Communist East–Central Europe and the Balkans: Empirical Findings and Research Agenda. In Blondel and Müller–Rommel: 193 – 201.

Müller–Rommel, F., Fettelschoss, K., and Harfst, P., 2004. Party Governmentin Central Eastern European Democracies: A Data Collection (1990–2003). European Journal of Political Research, 43: 869–93.

Nalewajko, E. and Wedołowski, W., 2007. Five Terms of the Polish Parliament, 1989–2005. Journal of Legislative Studies, 13: 59–82.

Norton, P. and Olson, D. M., 2007. Post–Communist and Post–Soviet Legislatures: Beyond Transition. Journal of Legislative Studies, 13: 1–11.

Olson, D.M., 1980. The Legislative Approach. New York: Harper & Row.

Olson, D. M. and Crowther, W. 2002. Committees in Post–Communist Democratic Parliaments: Comparative Institutionalization. Columbus: Ohio State University Press.

Olson, D. M. and Norton, P., 1996. The New Parliaments of Central and Eastern Europe. London: Frank Cass and Company Ltd.

Osiatynski, W., 1996. The Roundtable Talks in Poland. In J. Elster (ed.). The Roundtable Talks and the Breakdown of Communism, pp. 21–58. Chicago: University of Chicago Press.

Ostrow, J., 2000. Comparing Post–Soviet Legislatures: A Theory of Institutional Change and Political Conflict. Columbus: Ohio State University Press.

Powell, E. N. and Tucker, J. A., 2009. New Approaches to Electoral Volatility: Evidence from Postcommunist Countries. Paper presented at the 2008 Annual Meeting of the Midwest Political Science Association, Chicago, 3–6April. Working paper.

Pridham,G., 2002. EU Enlargement and Consolidating Democracy in Post–Communist States–Formality and Reality. Journal of Common Market Studies, 40: 953–73.

Protsyk, O., 2005. Politics of Intraexecutive Conflict in Semipresidential Regimes in Eastern Europe. East European Politics and Societies, 19: 135–60.

Przeworski, A., 1991. Democracy and the Market: Political and Economic Reforms in Eastern Europe and Latin America. New York: Cambridge University Press.

Reich, G., 2004. The Evolution of New Party Systems: Are Early Elections Exceptional? Electoral Studies, 23: 235–50.

Remington, T., 1994. Parliaments in Transition. Boulder: Westview Press.

Remington, T., 2001. The Russian Parliament: Institutional Evolution in a Transitional Regime, 1989–1999. New Haven: Yale University Press.

Remington, T., 2010. Parliament and the Dominant Party Regime. In S. K. Wegren and D. R. Herspring (eds.), After Putin's Russia: Past Imperfect, Future Uncertain, pp. 39–58. New York: Rowman and Littlefield.

Remington, T. F. and Smith, S. S., 1996. Political Goals, Institutional Context, and the Choice of an Electoral System: The Russian Parliamentary Election Law. American Journal of Political Science, 40: 1253–79.

Roberts, A., 2006. What Kind of Democracy Is Emerging in Eastern Europe? Post–Soviet Affairs, 22:37–64.

Roberts, A., 2009. The Politics of Constitutional Amendment in Postcom-munist Europe. Constitutional Political Economy, 20: 99–117.

Roper, S. D., 2002. Are All Semipresidential Regimes the Same? A Comparison of Premier–Presidential Regimes. Comparative Politics, 34: 253–72.

Rose, R. and Munro, N., 2003. Elections and Parties in New European Democracies. Washington DC: CQ Press.

Sajó, A., 1996. The Roundtable Talks in Hungary. In J. Elster (ed.). The Roundtable Talks and the Breakdown of Communism, pp. 135–77. Chicago: University of Chicago Press.

Shaw, M., 1990. Committees in Legislature. In P. Norton (ed.). Legislatures, pp. 237–71. New York: Oxford University Press.

Shepsle, K., 1979. Institutional Arrangement and Equilibrium in Multidimensional Voting Models. American Journal of Political Science, 23: 27–59.

Shepsle, K. and Weingast, B., 1987. The Institutional Foundations of Committee Power. American Political Science Review, 81: 85–104.

Shugart, M. S. and Carey, J. M., 1992. Presidents and Assemblies: Constitutional Design and Electoral Dynamics. New York: Cambridge University Press.

Shvetsova, O., 2003. Endogenous Selection of Institutions and their Exogenous Effects. Constitutional Political Economy, 14: 191–212.

Sikk, A., 2005. How Unstable? Volatility and the Genuinely New Parties in Eastern Europe. European Journal of Political Research, 44: 391–412.

Smith, G. B. and Sharlet, R., 2008. Russia and Its Constitution: Promise and Political Reality. The Netherlands: Martinus Nijuhoff Publishers.

Smith, S. S. and Remington, T., 2001. The Politics of Institutional Choice: The Formation of the Russian State Duma. Princeton: Princeton University Press.

Somer–Topcu, Z. and Williams, L. K., 2008. Survival of the Fittest? Cabinet Duration in Postcommunist Europe. Comparative Politics, 40: 313–29.

Stokes, G., 2012. The Walls Came Tumbling Down: Collapse and Rebirth in Eastern Europe, 2nd ed. New York: Oxford University Press.

Strøm, K., 1985. Party Goals and Government Performance in Parliamentary Democracies. American Political Science Review, 79: 738–54.

Tavits, M., 2005. The Development of Stable Party Support: Electoral Dynamics in Post–Communist Europe. American Journal of Political Science, 49: 283–98.

Tavits, M., 2008. On the Linkage Between Electoral Volatility and Party System Instability in Central and Eastern Europe. European Journal of Political Research, 47: 537–55.

Toka, G., 1995. Parties and Electoral Choices in East– Central Europe. In G. Pridham and P. G. Lewis (eds.). Stabilising Fragile Democracies: Comparing New Party Systems in Southern and Eastern Europe, pp. 100–125. New York: Routledge.

Tsebelis, G., 2002. Veto Player: How Political Institutions Work. Princeton: Princeton University Press.

Tsebelis, G. and Money, J., 1997. Bicameralism. New York: Cambridge University Press.

Tzelgov, E., 2011. Communist Successor Parties and Government Survival in Central Eastern Europe. European Journal of Political Research, 50: 530–58.

Warwick, P., 1994. Government Survival in Parliamentary Democracies. Cambridge: Cambridge University Press.

Whitefield, S., 1993. The New Institutional Architecture of Eastern Europe. New York: St. Martin's Press.

Whitmore, S., 2006. Challenges and Constraints for Post–Soviet Committees: Exploring the Impact of Parties on Committees in Ukraine. Journal of Legislative Studies, 12: 32–53.

Wilson, A., 2005. Ukraine's Orange Revolution. New Haven: Yale University Press.

Zajc, D., 2007. Slovenia's National Assembly, 1990–2004. Journal of Legislative Studies, 13: 83 –98.

第三十二章　不情愿的民主主义者及其立法机构*

加里·W. 考克斯（Gary W. Cox）

32.1　引言

最近有一篇重要的文献研究了不情愿的民主主义者试图颠覆选举进程，当他们觉得无法完全拒绝竞争性选举的要求时。[1]例如，后冷战时代的文献探讨了选举权威主义者采取的各种策略以逃避前述要求，当他们接受多党选举时［谢德乐（Schedler），2002，2006；列维茨基和韦（Levitsky and Way），2005；比利和海德（Beaulieu and Hyde），2009］。正如谢德乐（Schedler）所说，操作流程很长。

在这一章中，我考虑了不情愿的民主主义者在立法领域的策略。自19世纪以来，统治者面临着国内和国际的压力——建立国家立法机构，赋予它们西方议会特有的权力。然而，许多统治者选择颠覆他们的立法机构，而不是像他们有时在纸上表现出的那样接受它们：一种对行政权

---

* 谭清值译。
〔1〕 文献（见正文中的例子）认为，被称为"不情愿的民主主义者""选举权威主义者"等的领导人只在压力下接受引入或延续选举民主，并试图颠覆选举进程，以便继续掌权。

力的强大而独立的制衡。与选举文献中的问题类似，问题是威权主义者如何成功地保留立法问责制的外观，同时避免其具有实效。[1]

为了探讨这个问题，本章首先考虑英国议会如何首先确定"西方议会的权力特征"。[2]通过对这些权力取得的历史顺序以及其中最重要的是什么的一些观察，然后，本章考虑了不情愿的民主主义者被迫将这些权力写入国家宪法的选择。它认为，潜在的威权主义者面临的基本任务是绕过他们的立法机关对财政的权力，并分析了实现这一目标的方法。

697　　　此处强调的方法有赖于重新设计的预算逆转（budgetary reversion）、逆转触发（reversionary trigger）和行政部门的补充权力。"预算逆转"是指在发生特定事件时生效的预算。"逆转触发"是指足以使逆转发生生效的那些事件。例如，在某些宪法中，如果新财政年度开始时没有通过新的预算，则会触发逆转。行政机关的补充权力是，如果它愿意，那些使其能够触发逆转的权力。例如，如果触发事件是在行政部门提交提案后 40 天内没有通过新的预算，行政部门可以否决预算，则其否决权构成一种补充权力。通过对 1920—1971 年 4 个国家的案例研究以及 2005 年 156 个国家更系统的数据，说明了这些术语以及预算逆转的逻辑。

实质上，我认为在 20 世纪的过程中，全球各地不情愿的民主主义者成功地改写了预算逆转和触发政策，使行政部门受益。这种重新设计带来了重要的制度和行为关联：信任投票程序较弱，对行政命令的控制较弱，以及更频繁地使用宪法以外的手段来获取权力。

32.2　英国议会

现在世界各地宪法中所规定的各种立法权可以追溯到英国光荣革命（1688年）的政治遗产。[3]本节描述了这些早期权力是如何在英国产生的，重点是财政权力、信任权力和管理行政命令的权力。

---

〔1〕　关于立法机关在威权政权中作用的更广泛分析，见甘地（Gandhi，2008）及其引用。

〔2〕　我指的是英国议会，因为关键事件发生在 1707 年《联邦法案》之前。然而，英国（联合王国）议会继承了最初在英国建立的权力。

〔3〕　尽管在确定英国宪法规定的立法权的先例时存在一些困难，但由于缺乏统一的成文宪法，我们可以确定英国（British，UK）历史上宪法地位的主要文件。

正如我们将看到的，英国的案例表明，在理解行政和立法的权力平衡时，有两个普遍相关的点。首先，在逻辑上和历史上，财政权力先于罢免大臣或控制皇室法令的权力。其次，确立所需的财政权力：（1）不只是巩固议会每年批准国家预算所载收入和支出的权力；（2）也确保有利的预算逆转，以便立法机构在年度预算谈判中的谈判地位强大；（3）确保立法机构有能力控制预算项目转换、贮量以及各种"预算后"和"预算外"支出。

32.2.1　财政权力[1]

财政权力按以下顺序发展。第一，1689年的《权利法案》明确规定了对行政机关新的宪法性限制，即"征税……时间……比（法规）规定的**时间更长**，是非法的"（加着重号）。正如J.R.琼斯（J.R. Jones，1994，70）指出的那样，1674年提出了这样一项禁令，目的是使"任意延长税收超过议会规定的期限是非法的"，从而消除逃避议会控制的"操作上最简单的方法"。

议员们在获得皇室对《权利法案》的批准后，立即开始对他们的税收补助施加比以前更加严格的时限革命。例如，在他们统治初期，议会授予威廉三世（1689—1702年在位）和玛丽二世（1689—1694年在位）关税收入的共同代理权，期限分别为6个月、另外6个月、1年、4年和5年［希尔（Hill），1976、38、40、42、49、62；霍皮特（Hoppit），1997，25–26］。因此，最后期限总是迫在眉睫，除非与议会达成另一项协议，否则皇室将损失其总收入的1/5以上。这使得威廉和玛丽的共同代理权处于与查理二世和詹姆斯二世截然不同的讨价还价地位。查理二世和詹姆斯二世都终身接受关税，而且都没有被迫承认议会时限的有效性。

第二，由于对税收补助规定了时限，议会开始在拨款法案中更详细地规定了公共资金的授权使用［考克斯（Cox），2012a］，并进行事后审计，以核实资金的实际使用情况［诺斯和温加斯特（North和Weingast），1989］。其结果是英国第一个年度国家预算制度。[2]

第三，在确立了其宪法权利和实际能力以使王室能够稳定地获得短期和自

698

---

［1］　本节基于考克斯（Cox，2011；2012a）。

［2］　对什么构成年度预算制度有不同的定义。根据丁塞科（Dincecco，2009）的标准，英国从1689年开始建立了这样一个体系。但当然，该体系的要素在很久之后经历了重要的改革。例如，辉格党统治后，审计下降，只有在合并基金成立（1787年）后，才作为一个一致的特征重新出现。

动到期的税收收入后，议会下一步努力防止王室在未经议会同意的情况下借款［考克斯（Cox），2012a］。议会的理由很简单："由银行家提供的贷款——其以已投票的税收或永久收入为担保，可使王室规避拨款所施加的限制……"［琼斯（Jones），1994，71］。然而，直到 1693—1694 年，不情愿的威廉三世国王才同意"国家"而不是"皇室"债务的原则，并批准了特许英格兰银行的法案。

在其他地方［考克斯（Cox），2012a］，我认为英国著名金融革命的延迟开始与其行政落后无关［正如 2022 年爱泼斯坦（Epstein）所说］。相反，国王认识到，如果自己无法举债，其从议会获得的财政独立性就会崩溃，而这种独立性已经受到限时赋税新做法的冲击。因此，成立英格兰银行的决定是一个大开眼界的决定（当与法国的一场大战对新国王在荷兰的资产构成了生存威胁时），它跨越了金融界线。

到了 19 世纪 90 年代中期，英国下议院行使了三项权力，这三项权力构成了传统意义上的"财政权力"：拒绝、修改或批准新税收的权力，新主权债务以及国家的年度支出。此外，这些权力在光荣革命后的英国是以一种非常有利于立法机关的方式配置的：任何立法多数都可以仅仅通过拒绝批准，迫使行政部门减少或完全停止开支。

换言之，预算逆转类似于"政府关闭"。[1] 尽管他们没有使用逆转的语言和逻辑，但革命解决方案的辉格党缔造者及其后来的仰慕者们暗暗记住了预算逆转，当读到《联邦党人文集》第 58 篇中的麦迪逊［Madison，2009（1788），298］等著名段落时，应该记住这一点：

"事实上，这种支配钱袋的权力可被视为最完整和最有效的武器，任何宪法都可以用它武装人民的直接代表，使每一项冤屈得到纠正，并使每一项公正和有益的措施生效。"

699

32.2.2　信任投票

在议会确立了其财政权的大约 10 年后，最早的成功版本的信任投票出现在英国的舞台上。在本节中，我将解释为什么财政权力先于罢免权。

在光荣革命后，英国的部长们成为专家，他们的中心目的是：通过议会

---

〔1〕　即使在皇室的永久收入结束和公民名单（Civil List）建立之后，不通过新的预算将导致整个政府立即关闭的说法仍然不正确，因为存在许多授权和余额不同的独立账户。尽管如此，收入和支出授权的很大一部分都受到威胁。

引导供给和拨款法案。直到 19 世纪 30 年代，非金融立法仍然是非官方成员的领地——反对党议员、政府后座议员和在其能力范围内作为私人身份的政府部长［威廉姆斯（Williams），1948；瑞兹（Rydz），1979；考克斯（Cox），1987］。

为了控制供给，革命后大臣们集合了下列程序性权力。第一，他们起草了提交下议院的供应法案。[1]第二，1693 年后，他们控制了下议院的委员会，允许他们保护自己草拟的法案免受不必要的修正［海顿（Hayton），2002，393，425–426］。第三，1706 年后，议会议员不能在全体会议上提出任何修正案，除了那些减少政府要求供给的修正案［考克斯（Cox），2011］。

刚刚勾勒出来的制度是高效的，供应法案的成功率随着它的到位而稳步提高。然而，如果议会多数派没有一些可行的方法用来惩罚部长们利用自己的立场推行那些多数派不赞成的政策，部长们新的程序性权力将不符合议员们的集体利益。那么，议会如何控制部长呢?[2]

自恢复君主制以来，议会一直利用弹劾来迫使不受欢迎的部长下台。但弹劾的证据标准是高标准、明确，处罚严厉。革命后，议会开始停止供应以迫使部长们下台。然而，在一个主要致力于发动战争的国家［布鲁尔（Brewer），如果供应减少损害了英国在双方都希望获胜的战争中的机会。1990］威胁减少供应，那就像是一场斗鸡游戏，尽管议会尽了最大的努力去寻找相比中间派议员更能伤害皇室的削减方案，但实际上实施这些削减方案仍然会伤害皇室和议会内的各个派系。

人们可以将"减少供应"视为一种"低效冲突"。这类冲突的标准理论［弗尔伦（Fearon），1995］认为，双方将寻求通过谈判达成解决办法，避免冲突的代价，但在其他方面反映冲突的预期结果。从这个角度看，谴责投票是对削减供应的威胁，一旦议会建立了只在准备实施时才发出这种威胁的信誉，国王宁愿立即解雇受到谴责的部长。双方都从新宪法规范中获益，因为它避免了实际的供应中断。

32.2.3 控制皇家法令

如果行政机关有宪法权力颁布法令，要求收取或支出国家收入，那么任何

---

［1］ 随着君主只能根据大臣的建议行事的宪法规范的发展，国王影响这一阶段的能力下降。最终，王室只能有两种选择：接受大臣们的提议，或者拒绝大臣们的提议，再找新的大臣。

［2］ 下面几段给出的答案是基于罗伯茨（Roberts，1966）和考克斯（Cox，2011）。

立法机关都不能真正控制支出。例如，如果英国国王可以单方面指挥海军进攻法国，预算后果将不可避免地随之而来，不管宪法对公共财政有何其他规定。

英国议员充分意识到皇家法令可能被滥用，首先采取零碎的方法来管理法令。例如，1689 年《权利法案》和 1689 年《兵变法案》禁止君主在未经议会批准的情况下建立或维持常备军。

考虑到很难预测所有用途（有创造性的行政人员可能会赋予不受限制的法令权力），零碎的方法是有问题的。无论是否认识到这一点，议会很快制定了一个更全面的解决方案：让部长们（通过谴责投票）对所有王室法案承担政治责任。一旦确定了部长的职责，部长们就可以通过拒绝其反签名（couter-singatures）来控制皇家法令的使用；[1]议会也可以通过谴责投票来控制部长们。

32.2.4 总结

在光荣革命后的一代人中，英国议会获得了一系列足以确保财政控制的权力。首先，它确立了拒绝新税收、新贷款和新支出的权力。其次，它确保了预算逆转是政府关门，而且这种逆转将定期（每年）出现。最后，它利用其对财政的新权力，形成了两种新权力（通过谴责投票罢免部长和通过部长责任控制王室法案），这两种权力共同作用使它能够通过法令管理贮量、预算项目转换和支出。

英国的案例表明，对财政拥有实权有助于使信任投票和部长职责作为宪法规范在平衡中持续。因为在议会缺乏财政权力的情况下，行政部门尊重其谴责投票或接受部长建议施加的限制的动机要小得多。我将在后面的一节中用当代数据探讨这些猜想。

今天，税收、贷款和支出的传统权力在世界立法机构中如此广泛，以至于没有人费心系统记录它们的影响范围。[2]然而，尽管财政权力是那么的普遍，没有人会声称所有在纸面上拥有这些权力的立法机构实际上都在使用麦迪逊所写的"完整而有效的武器"。那么，出了什么问题？

---

〔1〕 每一项皇家命令，无论其确切形式如何，长期以来都需要得到一位大臣的批准和签署，才能取得任何法律效力。见罗伯茨（Roberts，1966，4–7）。

〔2〕 菲什和克罗尼格（Fish and Kroenig，2009）的 32 点"立法权力指数"以及埃尔金斯、金斯伯格和梅尔顿（Elkins, Ginsburg and Melton，2009）的《当代宪法综合编码》均未记录这些权力。2001 年，国际议会联盟和世界银行研究所进行的一项调查确实询问了立法机构是否批准了国家预算，发现在 52 个作出答复的国家中，92% 的国家批准了国家预算〔佩利佐和斯塔彭赫斯特（Pelizzo and Stapenhurst），2004，7〕。

32.3　移植英国议会制度的困难

英国议会制度能否移植？在这里，我们关注的是相对有利的政治土壤，其中宪法规定了多党选举，并赋予立法机构对新税收、贷款和支出的传统权力。即便在这样相对有利的条件下，不情愿的民主主义者可以阻止立法机关财政权力的膨胀吗？

一种选择是彻底根除移植——例如，重写宪法以确保非独立立法机构[1]或取消财政权力。在这里，我们考虑的是那些对这些激进策略的成本过高的统治者。这些统治者可以选择选举威权主义以破坏立法机构的独立性，或选择财政威权主义以破坏财政权力，或两者兼而有之。我们在这里研究后者，纯粹的立法战略。

实际上，在立法机构中缺乏多数投票权的财政权威主义者，必须依赖行政部门在预算过程中制定议程的权力。根据几乎所有的宪法，行政部门都有权就预算提出第一个议案。有两种主要的方法可以使这项提案对行政部门有利。一种选择是剥夺立法机关修改拟议预算的任何权力。众所周知，提出"要么接受要么放弃"的提案的能力赋予了其相当大的讨价还价能力［罗默和罗森塔尔（Romer and Rosenthal），1978］。另一种选择依赖于设定有利的预算逆转，并确保行政部门能够触发这种逆转。例如，假设预算逆转是行政官的建议：如果没有制定新的预算，则预算逆转将在新财政年度开始时自动生效；行政机关可以否决预算；两院制立法机构需要两院 2/3 多数才能推翻行政机关的否决。在这种情况下，行政部门可以制定任何得到至少一个议院 1/3 以上成员支持的预算。

当预算逆转是行政建议或上一年的预算时，我说它是"行政受益"（exeutive favouring）。行政受益型逆转（EFRs）否定了立法机关在光荣革命后英国议会获得的杠杆作用。因为如果不采取任何行动，资金的流动就会自动停止，议会可以坐视不理，等待皇室向它提出请求，要求提供维持政府运转所必需的资金。与此相反，在当代绝大多数行政受益型逆转案例中，如果议会根本不采取行动，行政人员的生活就不会那么糟糕。[2]

---

〔1〕　一些宪法允许行政部门任命足够的立法者来确保他们的总体合规性，如利比亚（1951—1968）、韩国（1972—1979）和泰国（1932—1945、1947—1996）。其他宪法将反对党定为非法，允许执政党为多数或所有立法席位选举单一候选人，并帮助确保行政部门控制这些候选人的提名。

〔2〕　例外的是那些对预算逆转有时间限制或范围限制的宪法，如德国、新加坡和韩国。

　　除了行政或立法支持的性质外，还应评估预算逆转的另外三个特点：它是永久性的还是临时性的？触发的事件范围是宽的还是窄的？行政机关的补充权力是强还是弱？在接下来的两节中，我将考虑 4 个国家的 5 部宪法，以说明这些特征及其后果。

　　发展的总主题是，世界上大多数宪法规定的预算逆转比光荣革命后制定的预算逆转更加有利于行政部门，并使其首席执行官能够触发这种逆转。相对于英国的基准，结果是大多数立法机构对预算的法律权力较弱。

32.4　当预算逆转是行政部门的建议时

　　2005 年，在 156 部接受调查的宪法中，有 38 部（主要在拉丁美洲的 7 部、讲法语的非洲 13 部和中东 8 部）规定，恢复逆转是行政部门的提案。[1] 其中大多数还建立了触发因素和互补的行政权力，使行政部门能够从回归中获得实质性的杠杆作用。作为例子，我讨论了两个早期的宪法：智利 1925 年《宪法》和布基纳法索 1970 年《宪法》。虽然这两部宪法都没有完整保存到 2005 年，但每一部宪法都说明了许多 2005 年《宪法》中涉及的设计原则。

32.4.1　智利 1925 年《宪法》

　　智利 1925 年《宪法》载有以下条款（原第 44 条第 4 款）：预算法案必须在其生效日期四个月前提交国会；如果在这一期限届满时，该法案未获批准，共和国总统提出的法案将生效。

　　同一条明确指出，预算只能通过法律颁布，而第 53—54 条允许总统否决法律，需要两院 2/3 的投票才能推翻。

　　根据智利 1925 年《宪法》，下列任何事件（加上新财政年度的开始）都会触发逆转：（E1）国会未能对预算进行最后表决；（E2）国会通过经修正的预算，总统予以否决，国会不推翻否决权；（E3）国会否决了预算。在上述任何事件中，预算"未被批准"。阻止预算逆转生效的特定事件是：（E4）国会通过提交的行政提案；（E5）国会通过经修正的预算，总统予以接受；（E6）国会通

---

　　[1]　样本开始于菲什和克罗尼格（Fish and Kroenig，2009）中的 158 个国家，这是一项对所有拥有立法机构的主要国家的调查，删除了一个拥有过渡议会的国家（索马里）和一个独立不到 10 年的国家（东帝汶）。

过一项修正后的预算案，总统予以否决，但国会推翻否决。

智利的特点是我称之为"广泛的"触发，即一系列广泛的事件（集合 {E1，E2，E3}）足以触发逆转。具有广泛触发条件的宪法将逆转描述为在预算"尚未批准""尚未通过"或"尚未完成"时生效。其他宪法则选择"狭义"触发条件，即在预算"尚未表决"或"尚未采取行动"时逆转生效。这种语言对应于触发集合 {E1}。

在广泛的触发条件下，行政机关的否决权成为重要的补充权。事实上，广泛触发和行政否决的结合意味着，只有立法机构中不具有否决权的多数才能违背行政机关的意愿修改行政机关的拟议预算，而且只有在新财政年度开始之前完全完成否决，他们才能这样做。

智利也有我所说的"永久"逆转。换言之，一旦触发预算逆转，预期它将在下一个财政年度继续有效。正如我们将看到的，其他宪法设想"临时"逆转，其中的期望是新的预算将最终颁布并取代临时预算逆转。

智利《宪法》的基本财政规定自 1925 年以来没有改变，其结果是，智利总统可以颁布任何预算（其可以确保至少一个议院中有略多于 1/3 的议员支持）。当然，总统可能还有其他理由寻求更广泛的立法支持。例如，他或她可能需要这种支持才能通过其立法议程或确保连任。然而，这些影响力的来源远远没有达到古典理论家所设想的"完整而有效的武器"。

32.4.2　布基纳法索 1970 年《宪法》

布基纳法索 1970 年的《宪法》载有一项条款（第 72 条），这是法语非洲国家的典型做法，规定了两个阶段的预算逆转。第一阶段是这样规定的："如果国民议会在（预算）法案提交后 45 天内没有采取行动，其内容可通过（行政机构）的法令生效。"在这里，国民议会未能及时"采取行动"将导致逆转，因此唯一可作为触发因素的事件是 E1（没有就预算进行最后表决）。

如果议会希望修改预算怎么办？总统对法律没有否决权。但是，《宪法》第 85 条规定："如果政府提出要求，国民议会应就所讨论的全部或部分案文进行一票表决，只考虑政府提出或接受的修正案。"因此，国民议会没有独立的能力修改政府不同意的预算。换句话说，在布基纳法索，行政部门的主要补充权力是不允许修改预算的权力（不可能推翻行政部门的决定）。

如果议会完全拒绝预算（E3），该怎么办？然后，议会将采取"行动"，

703

意味着拟议预算不能通过法令生效，至少不能根据《宪法》第 72 条的授权生效。在这种情况下，宪法没有明确规定预算逆转应该是什么。

然而，《宪法》第 35 条明确规定，政府有权"在宪法性公共部门的正常运作中断时"采取需要花费资金的行动，因为如果停止资金的流动，肯定会发生这种情况。因此，在立法上否决了行政部门的拟议预算之后，布基纳法索恢复逆转显然不是完全的政府关闭，而且可能等同于行政部门的建议。

如果议会没有在分配给它的 45 天内采取行动，《宪法》第 72 条规定在预算过程中进行"第二阶段"。特别是，它要求政府召开一次为期 15 天的特别会议，并规定："如果议会在特别会议结束时仍未通过预算，则应通过法令予以确定。"因此，第一阶段以临时逆转结束，而第二阶段以永久逆转结束。[1]

32.5 当逆转是上一年的预算时

2005 年，调查的 156 部宪法中有 61 部规定，预算逆转应为上一年的预算。这种规定在拉丁美洲（8 个）、撒哈拉以南非洲（18 个）、中东和北非（9 个）、东欧和苏联地区（13 个）尤其常见。以下是 3 个 20 世纪的例子。

32.5.1 西班牙 1931 年《宪法》

西班牙 1931 年《宪法》第 107 条规定："预算法案的制定与政府相对应，由议会批准。政府将在每年 10 月上半月向议会提交下一财政年度的国家预算草案。预算的有效期为一年。如果在下一个财政年度的第一天之前无法投票表决，上一个预算将每季度延长一次，延长时间不得超过四次。"

第 110 条明确规定，制定预算不需要行政部门的同意；议会可以单独制定预算。

在这种情况下，触发因素是预算未"在下一个财政年度的第一天之前投票"（E1）。因此，如果预算法案被拒绝，则不会触发。由于《宪法》明确规定"预算的有效期为一年"，预算被否决的后果是政府必须在没有预算的情况下运作。

---

〔1〕 我不确定措词从"未采取行动"改为"未通过"是否准确。其他法语国家的宪法在两个条款中都使用 voté（投票）一词，但我这里只有一个英文译本。如果这种转换是准确的，那么第一阶段的触发事由比较窄，而第二阶段的触发事由比较宽。

但第 109 条明确规定，必须有一个单一的预算来支付普通开支，任何特别开支必须得到议会绝对多数的批准。因此，否决预算的后果将是政府关门，国会批准的任何超常开支都会改变。

然而，由于绝大多数议会可以以其认为合适的任何方式修改预算（第 108 条），立法机关几乎完全控制预算的程序。行政部门享有的任何杠杆作用都源于其对起草预算的专业人员和专业知识的控制，而不是逆转。

32.5.2　西班牙 1966 年《组织法》

弗朗西斯科·佛朗哥（Francisco Franco）将军 1966 年 12 月 14 日颁布的《组织法》第 54 条规定："如果预算法在下一财政年度的第一天之前未获批准，上一财政年度的预算应视为自动延长，直至新预算获得批准。"佛朗哥已经根据 1942 年 7 月 17 日关于议会的法律第 15 — 17 条，对议会提出的法案行使否决权，而且没有否决权的规定。[1] 因此，他得到了支出的最低限度的保证，因为如果行政部门的提议"未获批准"（E1、E2、E3），就会触发预算逆转。

虽然佛朗哥（Franco）的议会不敢拒绝他的一项预算，但这种拒绝的后果相对温和。由于宪法也为直接涉及支出的单方面行政行动提供了充足的空间，因此，与上一年的预算相比，西班牙的真正逆转可能更接近行政部门的提议。

32.5.3　巴基斯坦 1962 年《宪法》

巴基斯坦 1962 年《宪法》第 41 条第 3 — 4 款规定：（3）对于年度预算报表中未列为新支出的款项的补助金要求，可在国民议会讨论，但在不违反本条第（4）款的情况下，不得提交国民议会表决，国民议会应视为已同意该项要求：（a）声明提交大会后 14 天届满；或（b）在报表所涉财政年度开始时，以最后发生者为准。（4）国民议会经总统同意，可减少本条第（3）款所述的补助金要求，在这种情况下，国民议会应视为已同意减少的要求。

从本质上说，这项规定确保行政部门继续执行前一年预算中核准的支出。只要政府至少提前 14 天提交预算，预算逆转（可能包括经总统同意的修正案）在新财政年度开始前一定会触发。我将这种触发器称为"自动"。

---

〔1〕　此外，《科尔特斯法》序言指出，"制定立法基本措施的最高权力继续赋予国家元首……"

申请新的支出如何？在这里，英联邦宪法中典型的逆转是"没有新的支出"。尽管立法机构因此在新支出方面的谈判地位更好，但就新支出进行谈判可能对行政部门更有利，因为谈判分歧的结果是"上一年的预算"，而不是"政府关门"。[1]

32.6 行政受益型预算逆转的后果

前两节中讨论的行政受益型逆转的示例总结在表 33.1 中。在本节中，我们探讨行政受益型逆转的后果。对成熟民主国家行政受益型逆转的研究有时提倡将其作为"最佳实践"〔利纳特（Lienert），2010〕。行政受益型逆转还被视为缓解了财政共同池问题〔阿莱西纳（Alesina）等人，1999；韦纳（Wehner），2010〕，尽管其代价可能是过度强化了行政机构〔桑蒂索（Santiso），2004；切伊布（Cheibub），2007〕。然而，当我们考虑到各种各样的政体时，行政受益型逆转看起来就不那么良性了。

32.6.1 行政受益型逆转邀请行政主导

西班牙 1931 年《宪法》的例子表明，在行政受益型逆转面前保持立法机关的谈判地位是可能的。尽管如此，一旦行政受益型逆转到位，许多特征的组合将导致立法机关对财政的权力受到严重侵蚀，例如：

（配方 1）自动触发。示例：巴基斯坦 1962 年《宪法》。

（配方 2）宽触发 + 永久逆转 + 补充权力。[2]示例：智利 1925 年《宪法》，西班牙 1966 年《组织法》。

（配方 3）窄触发 + 永久逆转 + 补充权力。[3]示例：布基纳法索 1970 年《宪法》。

我提供了行政受益型逆转如何侵蚀其他地方财政权力的进一步分析〔考克

---

〔1〕 例如，假设根据 Nash 讨价还价划分预算饼；行政部门在旧预算中的份额超过了立法部门。在这种情况下，当逆转为零支出时的 Nash 解为（1/2,1/2），但当逆转为上一年支出时的 Nash 解会给执行者一半以上的收益。

〔2〕 在这方面，充分的补充权力包括：（a）难以推翻的行政否决权；（b）行政任命的参议院，可以否决或推迟预算；（c）严格限制立法机关修改行政机关提案的能力。

〔3〕 在这方面，充分的补充权力包括：（a）行政任命的参议院可以否决或推迟预算；（b）严格限制立法机关修改行政机关提案的能力；（c）立法少数群体有充分机会阻止及时审议预算。

斯（Cox），2012b〕。

32.6.2　行政受益型逆转破坏信任投票

早些时候提及的英国案例表明，财政权力是产生和维持信任票的重要先决条件。要详细说明这一主张，首先请注意，许多遵循英国先例的宪法允许国家元首对不信任投票做出反应，解散议会。[1]接下来请注意，行政部门解散立法机构并举行选举以回应不信任投票的动机，除其他外，取决于预算逆转。如果行政受益型逆转已经到位，并且没有新的预算得到批准，那么政府将面临时间限制（必须尽快建立新议会才能通过预算）和竞选资金限制（租金较少）。相比之下，如果行政受益型逆转已经到位，那么政府就不必加快选举进程，可以为竞选活动支付更多租金。

707

表 32.1　预算逆转分类

国家／年份	逆转触发	逆转	逆转是临时还是永久	补充权力：关于行政否决权的评论；立法评论
智利 1925 年《宪法》	宽：行政部门提交预算后 4 个月失效和未批准预算	行政部门的提案	永久的	2/3 否决；修正案必须与收入无关
西班牙 1931 年《宪法》	窄：新财政年开始和预算未被表决	去年的预算	临时的（最多 4 个季度）	无否决权；无修订限制
巴基斯坦 1962 年《宪法》	自动：行政部门提交预算后 14 天失效	去年的预算	永久的	2/3 否决；未经政府批准，立法机关不得修改持续性支出
西班牙 1966 年《组织法》	宽：新财政年开始和未批准预算	去年的预算	临时的（不确定）	设想无否决；无修订限制
布基纳法索 1970 年《宪法》	窄：行政部门提交预算后 45 天失效和议会未采取行动	行政部门的提案	第一阶段是临时的，第二阶段是永久的	无否决权；未经政府批准，立法机关不得修改预算

如果每个人都知道，行政部门可以通过举行非民主选举来应对不信任投票，并在选举中部署预算租金，那么威胁撤销信任就失去了很多效力。换句话说，宪法规定的信任程序只是"羊皮纸壁垒"。要将这些壁垒转变为具有政治约束

---

[1]　根据菲什和克罗尼格（Fish and Kroenig，2009）的数据，89% 的议会体制在 2005 年左右允许行政机关解散立法机关。

力的约束，议会必须能够惩罚无视不信任投票的行政机关。最安全的惩罚是阻止资金流动的能力。如果没有这种惩罚机制，行政机关往往会受到诱惑，进而向选民上诉议会关于"不信任"的裁决，特别是如果他们任命的人将管理由此产生的选举，预算租金有助于为竞选提供资金。

这些担心是不是因为行政受益型逆转有可能破坏议会对行政部门的控制？假定的途径是行政受益型逆转能够操纵选举进程，而这反过来又会削弱议会威胁撤回信任的效力。因此，我将侧重于议会制国家最初能否成功地实现和维持选举民主，作为其最初预算逆转的一个功能。

分析的重点是 1875 年后颁布第一部《宪法》并截止到 1990 年人口超过 1 千万的所有 130 个国家。Pj 表示 j 国成为选举民主国家的年份百分比（从其第一部宪法到其作为一个国家解散或到 2005 年）。[1] 如果国家 j 的创始宪法规定行政受益型逆转 =0，则设行政受益型逆转 j=1 ；如果国家 j 的创始宪法允许大多数立法机关对政府投不信任票，那么让议会 j=1。表 32.2 显示了关于行政受益型逆转 j、议会 j，以及行政受益型逆转 j 与议会 j 相互作用的逆转结果。

表 32.2　选举民主作为建立行政受益型逆转因变量的函数

自变量	系数（标准误差）
常量	18.3** （7.6）
行政受益型逆转 j	–9.1（8.5）
议会 j	40.3*** （8.9）
行政受益型逆转 j * 议会 j	–32.9*** （11.1）

注 [1]：观察数 =130，调整后的 R^2=0.34。***p 值 <0.01，**p 值 <0.05。只有 1875 年后颁布第一部《宪法》的国家才纳入分析。

注 [2]：本函数为从颁布第一部宪法之日到解散或到 2005 年，一个国家成为选举民主国家的年份百分比。

可以看出，最初有立法受益型逆转的非议会制政体平均 18.3% 的年份经历了选举民主。与此相反，最初拥有行政受益型逆转的非议会制政体一生中只有 9.2% 经历了选举民主。然而，这种差异在统计学上并不显著。

与以往表明议会制度促进选举民主的工作相一致，最初，拥有立法受益型逆转的议会制政体的民主寿命为 58.6%，比拥有立法受益型逆转的非议会制政

---

〔1〕 我使用博伊克斯、米勒和罗萨托（Boix, Miller and Rosato，N.d.）对选举民主的分类。

体多 40%。与此相反，最初有行政受益型逆转的议会制政体的民主寿命只有 16.6%。当最初的预算逆转有利于行政部门时，最初议会制的全部民主优势就消失了。

32.6.3　行政受益型逆转破坏了对法令权力的监管

英国的案例还表明，行政受益型逆转应与监管不那么严格的行政命令权相关联。表 32.3（具体见本章 6.4）提供了这方面的一些证据，显示了一个国家在 2005 年是否拥有行政受益型逆转与该年是否对行政命令权进行了强有力的管制之间的强有力的跨表关系。特别是，89% 拥有立法受益型逆转的国家对行政命令权进行了强有力的监管，而 65% 拥有行政受益型逆转的国家对行政命令权的监管较弱。

这可能是预算逆转和法令权力的规定共同演变，而不是因果关系只从前者流向后者。事实上，在概念上，两者是紧密结合的。首先，无论是对法令的强有力管制，还是立法受益型逆转，都依赖于行政命令或权力在某些时候自动失效，因此，仅仅是立法不作为通常是行政机关不喜欢的。其次，如果对法令的监管很弱，那么"法令支出"的大门就要大得多，从而在立法机关控制财政的权力上打了一个不同的洞。

32.6.4　行政受益型逆转降低了民主国家的预期寿命

考克斯（Cox，2012b）考察了 1875 —2005 年间 165 个国家的行政受益型逆转与民主持续时间之间的关系。分析表明，民主政体在行政受益型逆转下开始产生时，其消亡速度更快，甚至控制了人均 GDP、经济增长率、政权类型、之前的民主崩溃和英国血统。

表 32.3　截至 2005 年 156 个国家的财政权力和行政法令统计

统计对象	立法受益型逆转	行政受益型逆转
法令的弱监管[a]	5（11%）	71（65%）
法令的强监管	42（89%）	38（35%）
总计	47	109

注：X^2=43.34(p-vaule=0.000)。

a：如果（1）无事前的立法批准，行政机关能够发布立法性法令 —— 例如，它们的法律地位相当于成文法，和（2）这些法令持续有效，除非立法机构明确反对，那么法令监管即"弱"的，否则，它就是"强"的。

32.6.5　行政受益型逆转正在上升

考克斯（Cox，2012b）还表明，拥有行政受益型逆转的世界大国比例从1875 年的 33% 上升到 2005 年的 68%。这一趋势主要是由新独立国家采用行政受益型逆转所驱动的。然而，相当多的国家也从立法受益型逆转国家转变为行政受益型逆转国家。做出这种改变的理由（例如，在智利 1925 年、法国 1958 年）通常是立法者为了争取让步而阻碍预算的通过。虽然启蒙运动理论家认为立法者有利地控制了预算，因为它允许纳税人的代表从一个未经选举的君主那里获得"每一个冤屈的补偿"，欧洲的理性议会主义倡导者［比较拉沃（Lavaux），1988］和拉丁美洲所谓的"强化总统制"［比较奥多内尔（O'Donnell），1994；舒加特（Shugart），1998］认为这种行动是低效和破坏性的。他们的解决办法是打破立法机关的预算权力，让他们相信选举产生的行政长官。

随着第一次世界大战、第二次世界大战和冷战后新国家的建立，行政受益型逆转的采用浪潮不断。因此，他们在很大程度上与亨廷顿（Huntington，1991）著名的选举民主化浪潮相吻合。由于行政受益型逆转的后果更符合孟德斯鸠关于不要把财政托付给行政部门的警告，而不是那些主张将权力集中在民选行政部门的人的预测，因此可以说，行政受益型逆转的浪潮抵消了更为人所知的选举民主化浪潮。

32.7　研究方向

在本节中，我将考虑到目前讨论中提出的一些研究方向。这些内容以一系列问题的形式陈述。

32.7.1　如何衡量立法权？

本章对这一问题提出了实质性和方法性的观点。首先，任何立法权的衡量标准都应该主要是关于立法机关对财政的权力。如果这种权力失效，其他权力很可能是虚幻的。[1]

---

　　[1]　这一点既与启蒙思想（如洛克、孟德斯鸠和麦迪逊）产生共鸣，也与强调立法控制重要性的公共财政历史研究的重要脉络产生共鸣，如诺斯和温加斯特（North and Weingast，1989）、霍夫曼和诺伯格（Hoffman and Norberg，1994）、巴泽尔和凯泽（Barzel and Kiser，2002）、斯塔萨维奇（Stasavage，2011）和丁塞科（Dincecco，2011）。

其次，人们应该怀疑立法权的附加指数〔如菲什和克罗尼格（Fish and Kroenig），2009；韦纳（Wehner），2010〕。一个立法机构的财政权是可靠的，只有当它拥有三项权力：每年批准、拒绝或修改国家收入和支出；在有利的逆转下协商国家预算；控制预算项目转换、储量和各种特殊支出。如果立法机关没有这些权力中的任何一项，其财政控制就会受到严重损害。因此，立法权指数的合理形式是柯布—道格拉斯（Cobb–Douglas）生产函数。例如，可以考虑：

权力—预算 α 逆转 β 项目转换 γ

如果预算是必须由立法机关批准的国家收入和支出的比例，则逆转（reversion）反映了它对立法机关的有利程度，预算项目转换（virement）衡量立法机关控制预算获批后跨预算类别的资金转移程度，以及 α、β 和 γ 是反映每一项权力决定议会对控制国家财政的整体能力方面的重要性参数。取对数可能会恢复加法指数的情况，但这一步应该是明确和合理的。

32.7.2　法定条文呢？

包括美国在内的许多国家都通过法规大幅改变了预算逆转。[1]什么时候国家更愿意在宪法中确立其逆转，什么时候将其交由成文法处理？有多少有着逆转规定的宪法有明确权力平衡的法规（这样或那样）？

32.7.3　如何利用行政受益型预算逆转？

虽然我认为这里提供的答案——强调了广泛的逆转触发因素和实质性的补充权力——基本正确，但可能还有其他滥用的方法。

32.7.4　行政受益型预算逆转是如何驯服的？

少数公认的民主国家，如法国、德国和韩国，拥有行政受益型预算逆转，但也设法赋予其立法机构相对强大的财政权力。大多数情况下，这似乎是由于建立临时恢复和谨慎地限制其期限和范围；或者给予立法机关完全的修正权，剥夺行政机关的否决权。但是，可能还有其他方法可以减少行政受益型预算逆转对立法机关谈判地位的损害，对这一点有更全面的了解是件好事，特别是考虑到现在有大量宪法规定了这种逆转。

---

〔1〕 就美国而言，《反赤字法案》是美国预算逆转的第一个法定变更。

711

32.8 结论

一个没有太多立法支持就能获得收入、留任和颁布法律的行政长官，没有什么理由迎合立法者所代表的利益。斯图亚特时代的英国议员们对这一立法现实相当熟悉。他们面对的国王有永久的收入、终身的职位和充足的法令权力；这些君主常常选择长期统治而不召集议会。

在光荣革命后的一代人中，英国议员设法用英国第一个议会制政府取代了皇室政府。除非部长们提出建议，否则国王不能采取行动；除非得到议会的信任，否则大臣们不能留任；在此基础上，所有议会都灵活及时地控制着所有国家的收入和支出。因此，政府成为立法机构的代理人，立法机构可以通过（在任何时候）罢免部长和（每年一次）削减预算来惩罚它不喜欢的政策。至关重要的是，为了保持削减资金威胁的可信度，议会确保预算逆转类似于政府倒闭，并根据议会认为合适的额外收入予以调整。

许多统治者将英国议会主义的元素写入了他们的宪法中，同时试图确保这些元素不能复制任何类似于原始的东西。威权主义领导人一直特别小心地限制立法机构对财政的法律权力，主要是通过重新设计预算逆转。在一篇配套论文［考克斯（Cox），2012b］中，我指出，在 20 世纪，行政受益型预算逆转在世界宪法中急剧上升。在这里，我集中讨论了一个综合的制度和行为特征，威权主义的特点（与行政受益型预算逆转相关）。

这些相关性表明，我们需要更好地理解当代国家的行政—立法权力平衡，特别是在专制政体、半民主政体以及在选举民主和专制之间来回摆动的国家。如果只有当立法机构拥有控制财政的安全权力时，它们才可以有效地让行政机关为自己的行为负责。事实上，我认为，与总统、半总统和议会政体之间的典型区别相比，是否有财政实力强大的立法机构的政体之间的区别可能更为根本。

参考文献

Alesina, A., Hausmann, R., Hommes, R., and Stein, E., 1999. Budget Institutions and Fiscal Performance in Latin America. Journal of Development Economics, 59: 253–73.

Barzel, Y. and Kiser, E., 2002. Taxation and Voting Rights in Medieval England and France. Rationality and Society, 14: 473–507.

Beaulieu, E. and Hyde, S., 2009. In the Shadow of Democracy Promotion: Strategic Manipulation, International Observers, and Election Boycotts. Comparative Political Studies, 43: 392–415.

Boix, C., Miller, M., and Rosato, S. N.D., A Complete Dataset of Political Regimes, 1800–2007. Comparative Political Studies 46: 1523–54.

Brewer, J., 1990. The Sinews of Power: War, Money, and the English State, 1688–1783. Cambridge: Harvard University Press.

Cheibub, J. A., 2007. Presidentialism, Parliamentarism and Democracy. Cambridge: Cambridge University Press.

Cox, G. W., 2011. War, Moral Hazard, and Ministerial Responsibility: England After the Glorious Revolution. Journal of Economic History, 71: 120–48.

Cox, G. W., 2012a. Was the Glorious Revolution a Constitutional Watershed? Journal of Economic History, 72: 567–600.

Cox, G. W., 2012b. The power of the purse and the budgetary reversion, 1875–2005. Unpublished typescript, Stanford University.

Dincecco, M., 2009. Fiscal Centralization, Limited Government, and Public Revenues in Europe, 1650–1913. Journal of Economic History, 69: 48–103.

Dincecco, M., 2011. Political Transformations and Public Finances: Europe, 1650–1913. New York: Cambridge University Press.

Elkins, Z., Ginsburg, T., and Melton, J., 2009. The Endurance of National Constitutions. Cambridge: Cambridge University Press.

Epstein, S., 2000. Freedom and Growth: The Rise of States and Markets in Europe, 1300–1750. London: Routledge.

Fearon, J., 1995. Rationalist Explanations for War. International Organization, 49: 379–414.

Fish, M. S. and Kroenig, M., 2009. The Handbook of National Legislatures. Cambridge: Cambridge University Press.

Gandhi, J., 2008. Political Institutions Under Dictatorship. New York: Cambridge University Press.

Hayton, D. W., 2002. The House of Commons, 1690–1715. Cambridge: Cambridge University Press.

Hill, B. W., 1976. The Growth of Parliamentary Parties, 1689–1742. Winchester: Allen & Unwin.

Hoffman, P. and Norberg, K. (eds.), 1994. Fiscal Crises, Liberty and Representative Government, 1450–1789. Stanford: Stanford University Press.

Hoppit, J. (ed.), 1997. Failed Legislation, 1660–1800. London: Hambledon Press.

Huntington, S. P., 1991. The Third Wave: Democratization in the Late Twentieth Century. Norman: University of Oklahoma Press.

Jones, J. R., 1994. Fiscal Policies, Liberties, and Representative Government During the Reigns of the Last Stuarts. In Hoffman and Norberg (eds.). Fiscal Crises, Liberty and Representative Government, 1450–1789, pp. 67–95.

Lavaux, P., 1988. Parliamentarisme rationalize et stabilité du pouvoir executif. Bruxelles: Bruylant. Levitsky, S. and Way, L., 2005. International linkage and democratization. Journal of Democracy, 16: 20–34.

Lienert, I., 2010. Role of the Legislature in Budget Processes. Technical Notes and Manuals April 2010. International Monetary Fund, Fiscal Affairs Department.

Madison, J., 2009 [1788]. The Federalist Papers. New Haven: Yale University Press.

Montesquieu, C. de S., 1989 [1748]. Spirit of the Laws. Cambridge: Cambridge University Press.

North, D. and Weingast, B., 1989. Constitutions and Commitment: The Evolution of Institutions Governing Public Choice in Seventeenth–Century Britain. Journal of Economic History, 49: 803–32.

O' Donnell, G., 1994. Delegative Democracy. Journal of Democracy, 5: 55–69.

Pelizzo, R. and Stapenhurst, R. (eds.), 2004. Legislatures and Oversight. Washington, DC: IBRD/ World Bank.

Roberts, C., 1966. The Growth of Responsible Government in Stuart England.

Cambridge: Cambridge University Press.

Romer, T. and Rosenthal, H., 1978. Political Resource Allocation, Controlled Agendas, and the Status Quo. Public Choice, 33: 27–44.

Rydz, D. L., 1979. The Parliamentary Agents. London: Royal Historical Society.

Santiso, C., 2004. Legislatures and Budget Oversight in Latin America. OECD Journal on Budgeting 4(2):47–76.

Schedler, A., 2002. The menu of manipulation. Journal of Democracy 13: 36–50.

Schedler, A., 2006. Electoral Authoritarianism. New York: Lynne Rienner.

Shugart, M. S., 1998. The Inverse Relationship Between Party Strength and Executive Strength: A Theory of Politicians' Constitutional Choices. British Journal of Political Science, 28: 1–29.

Stasavage, D., 2011. States of Credit: Size, Power and the Development of European Polities. Princeton: Princeton University Press.

Wehner, J., 2010. Legislatures and the budget process: The myth of fiscal control. London: Palgrave.

Williams, O.C., 1948. The Historical Development of Private Bill Procedure and Standing Orders in the House of Commons. London: H.M.S.O.

主题索引

（索引页码为本书边码，即原著页码）

人名索引